4., vollständig überarbeitete Auflage

Moritz Jacobi, Mischa Loose,
Christian Wachsmuth
unter Mitarbeit von Stefanie Daena,
Stephan Kitzbichler, Christina Ley,
Cynthia Wachsmuth und Marc Weiglein

INDONESIEN

STEFAN LOOSE
TRAVEL HANDBÜCHER

Inhalt

Themen

INDONESIEN

Die Highlights

Jahrtausendealte Kulturschätze und schillernde Metropolen, üppige Dschungel und bunte Unterwasserwelten, lebendige Traditionen und moderner Lifestyle – der Inselstaat ist facettenreich und faszinierend. Unsere Highlights verstehen sich als Anregungen, die bei der Reiseplanung helfen können.

1 **JAKARTA (Java)** Die pulsierende Megastadt ist ein Schmelztiegel aller Völker Indonesiens. Die größten Museen, Malls und Märkte geben einen guten Einblick in die Vielseitigkeit des Landes. S. 140

2 **YOGYAKARTA (Java)** Ob Batik oder Street-Art: Die Kunst- und Kulturhauptstadt Indonesiens pflegt die alten höfischen Künste genauso wie moderne Gegenwartskunst. Besucher können sich von Tanz- und Theateraufführungen bezaubern lassen, einer Führung durch den Sultanspalast beiwohnen oder die Strände und Höhlen der Umgebung erkunden. S. 200

3

3

3 BOROBUDUR UND PRAMBANAN (Java)

Die gigantischen Tempelanlagen der buddhistischen und hinduistischen Dynastien des 1. Jahrtausends n. Chr. sind Weltkulturerbe und in ihrer Form und Größe einmalig in der Region. Von Yogyakarta aus bequem zu erreichen, ziehen sie täglich Tausende Besucher an und gehören auf einer Java-Reise einfach dazu. S. 222 und S. 225

4 GUNUNG BROMO (Java)

(s. Folgeseite) Während der mächtige Semeru im Hintergrund thront, vollzieht sich über dem vulkanischen Sandmeer des Bromo-Kraters allmorgendlich das Spektakel des Sonnenaufgangs. S. 281

4

5

5 TANZAUFFÜHRUNG IN UBUD (Bali) Der Besuch einer Tanzaufführung im kulturellen Zentrum Balis ist der beste Einstieg in die einmalige Kultur der Insel. S. 340

6 GUNUNG KAWI UND PURA TIRTA EMPUL (Bali) Zwei der schönsten Heiligtümer der Insel: Am Gunung Kawi locken spektakulär in den Fels geschlagene hinduistische Monumente in einer steilen Dschungelschlucht, während nicht weit entfernt die sagenumwobenen heiligen Quellen von Tirta Empul ein beliebter Wallfahrtsort sind. S. 361 und S. 362

7 MUNDUK (Bali) Vom wunderbar gelegenen Dorf bieten sich beeindruckende Aussichten auf die Bergwelt. Bei Wanderungen lässt sich der geruhsame Dorfalltag erleben. S. 384

6

6

7

8 **GUNUNG RINJANI (Nusa Tenggara)** Die Besteigung von Indonesiens zweithöchstem Vulkan ist ein anstrengendes, aber lohnendes Abenteuer. S. 459

9 **KOMODO-NATIONALPARK (Nusa Tenggara)** Nicht nur die Warane ziehen Besucher in den Komodo-Nationalpark, auch Taucher kommen hier auf ihre Kosten. S. 475

10 **KELIMUTU-SEEN (Nusa Tenggara)** Der Farbwechsel der Seen hält an – wie sehen sie wohl heute aus? S. 500

11

11 **GUNUNG LEUSER-NATIONAL-PARK (Sumatra)** Orang-Utans sind die Stars der Wälder, doch gibt es auf Wanderungen noch mehr zu entdecken. S. 532

12 **TOBA-SEE (Sumatra)** Im größten vulkanischen See der Erde gewährt die Insel Samosir Erholung in idyllischer Landschaft und Einblicke in die Kultur der Batak. S. 547

13 **BUKITTINGGI (Sumatra)** Im Hochland von Bukittinggi locken fotogene Landschaften und traditionelle Kultur. S. 569

14 **BANJARMASIN (Kalimantan)** Auf den schwimmenden Märkten verkaufen die Händler ihre Erzeugnisse noch in alter Tradition von Boot zu Boot. S. 597

12

13

14

15 TANJUNG PUTING-NATIONALPARK (Kalimantan)

Das größte geschützte Sumpfgebiet Südostasiens beherbergt die landesweit erste Orang-Utan-Auswilderungsstation, Camp Leakey. S. 605

16 TANA TORAJA (Sulawesi)

Im malerischen Toraja-Hochland haben sich traditionelle Strukturen, einzigartige Bestattungsrituale sowie beeindruckende Architektur über Jahrhunderte erhalten. S. 638

17 TAUCHEN UND SCHNORCHELN IM BUNAKEN-NATIONALPARK (Sulawesi)

Eine berauschende Vielfalt an bunten Meeresbewohnern tummelt sich am Steilhang der Westküste. S. 669

18 BALIEM-TAL (West-Neuguinea) Besonders exotische Begegnungen verspricht eine Wanderung zu den Dörfern der Dani. Das entlegene Tal und die traditionelle Lebensweise des Papua-Volkes stehen in starkem Kontrast zum urbanen Lifestyle vieler Menschen auf Java und Bali. S. 689

19 RAJA AMPAT (West-Neuguinea) Die Inseln und Gewässer nordwestlich von Neuguinea liegen mitten im Korallendreieck und gelten als das Nonplusultra für Taucher. Wer die weite Anreise in Kauf nimmt, kann in die artenreichste Unterwasserwelt der Erde eintauchen oder auf einer Kajaktour kleine Eilande, einsame Strände und das einfache Leben der Einheimischen entdecken. S. 695

Reiseziele

Indonesien, damit verbinden viele tropische Strände, dichten Regenwald, Reisfelder, Vulkane, exotische Tiere und freundlich lächelnde Menschen. Und liegen damit gar nicht so falsch. Immer mehr Menschen entdecken die vielgestaltigen Reize des Inselstaats, der sein enormes touristisches Potenzial noch längst nicht ausschöpft und einmalige Attraktionen bereithält.

Das vielleicht facettenreichste Land Südostasiens vereint kulturell und geografisch sehr verschiedene Destinationen – für viele ein Grund, es wiederholt und intensiv zu bereisen. Dabei tut sich auch Kennern immer wieder Neuland auf. Die Vielfalt von Land und Leuten und die Geheimnisse, die das Land selbst für eingefleischte Indonesien-Fans birgt, verleihen einer Reise durch den Archipel schnell etwas Abenteuerliches mit großem Potenzial für Entdeckungen.

Faszinierend und mit europäischen Verhältnissen schwerlich zu vergleichen ist die kulturelle und religiöse Vielfalt. Hunderte Bevölkerungsgruppen mit eigenen Traditionen, Sprachen und Glaubensformen zollen den launischen Naturgewalten genauso Respekt wie den fernen Göttern und Ahnengeistern. Nicht nur China und Indien blicken auf uralte **Hochkulturen** zurück, auch in Indonesien existieren seit Jahrtausenden Zivilisationen, gingen lange vor ihrer „Entdeckung" durch die Europäer mächtige Großreiche auf und unter und wurden Bauwerke für die Ewigkeit geschaffen.

In Indonesien haben sich Elemente aus den chinesischen, arabischen und indischen **Kulturkreisen** geradezu symbiotisch mit den malaiischen und proto-malaiischen Lebensweisen verbunden. Die geografische Lage des Archipels und seine Rolle als Seepassage und **Handelsregion** sorgt seit Jahrtausenden für Austausch mit anderen Völkern. Dass man in Indonesien an Besucher gewöhnt ist, spürt man überall: Selbst in abgelegenen Dörfern werden Ankömmlinge freundlich begrüßt, schnell lernt man die ganze Familie kennen, und Scheu vor Fremden ist Indonesiern gänzlich unbekannt. Ihre Herzlichkeit, Offenheit und Hilfsbereitschaft machen es leicht, auch über Sprachbarrieren hinweg Kontakte zu knüpfen, und tragen ganz wesentlich zum Reiseerlebnis bei.

Auch landschaftlich hat das Inselreich einiges zu bieten. Spektakuläre, einmalige oder einfach schöne **Naturphänomene und Landschaften** in den Unterwasserwelten des Indischen und Pazifischen Ozeans, auf den Gipfeln unzähliger Vulkane, an den Küsten und in den Wäldern machen Indonesien zu einem spannenden Reiseziel für Naturbegeisterte und Aktivurlauber.

Südostasien wie aus dem Bilderbuch

- Die Gemüsefelder über den Wolken auf dem **Dieng-Plateau** auf Java, S. 242.
- Die grünen Teeplantagen am **Gunung Kerinci**, **Gunung Lawu** und in **Ciater** bei Bandung, S. 589, S. 239 und S. 190
- Die fotogenen Reisterrassen am **Candi Selogriyo** auf Java, in **Jatiluwih** und **Tegallalang** auf Bali sowie im Hochland von **Tana Toraja** auf Sulawesi, S. 251, S. 367, S. 361 und S. 638.
- Die saftig grünen Bergwälder zwischen **Labuan Bajo** und **Bajawa** auf Flores, S. 480 und S. 493.
- Die Insel **Samosir** im von Bergketten eingerahmten **Toba-See** auf Sumatra, S. 544.
- Die traditionellen Schwimmenden Märkte von **Banjarmasin** in Kalimantan, S. 597.
- Die majestätischen Orang-Utans im **Gunung Leuser-Nationalpark** auf Sumatra sowie im **Tanjung Puting**- und **Kutai-Nationalpark** in Kalimantan, S. 532, S. 605 und S. 620.

? Fragen und Antworten

Für unser Indonesien-Handbuch recherchiert **Moritz Jacobi** den Sundabogen von Sumatra bis Alor. Am wohlsten fühlt sich der gebürtige Berliner dabei auf Bali, in West-Sumatra, Ost-Java und Yogyakarta.

■ Wann ist Indonesien am schönsten?

In Indonesien wird die Trockenzeit wegen der geringen Niederschläge und viel Sonne oft bevorzugt, doch sollte man sich ab August nicht wundern, wenn einige stark vom Regen abhängige Gebiete etwas vertrocknet wirken. Wasserreiche und gebirgige Regionen sind davon kaum betroffen, und vom Ende der Regenzeit im März/April bis Juni sind viele Landstriche noch sattgrün.

■ Reisen im Ramadan?

Zwar sind in moslemischen Gebieten (d. h. nicht auf Bali) tagsüber viele Restaurants geschlossen, am Nachmittag weniger Transportmöglichkeiten vorhanden und der Fastenmonat auch sonst eine Zeit verminderter Aktivität. Aber wer sich darauf einrichtet, tagsüber nicht im Beisein von Fastenden zu essen und zu trinken, hat kaum Probleme. Es kann sogar Vorteile haben: Viele Hotels sind unterbelegt und gewähren Rabatte. Unmittelbar vor Ende des Ramadan vervielfachen sich allerdings die Transportpreise, und es ist für ein bis zwei Wochen fast alles ausgebucht, weil dann viele Indonesier ihren Urlaub nehmen. Für diesen Zeitraum sollte man sehr flexibel sein oder gut im Voraus planen.

■ Wie sicher sind indonesische Fluggesellschaften?

Gemessen an der vier Mal höheren Absturzquote noch vor 20 Jahren und dem seither um ein Vielfaches gestiegenen Verkehrsaufkommen: relativ sicher. Busse und Fähren verunglücken viel häu-

Ob Bali, Java, Sumatra, Kalimantan, Lombok, Sumbawa, Flores, Sulawesi oder Neuguinea: Auf allen Hauptinseln existiert eine **touristische Infrastruktur**, und das Reisen wird zunehmend einfacher. Die Molukken, Süd-Sumatra, West-Kalimantan und einige Inseln Nusa Tenggaras stecken noch in den touristischen Kinderschuhen oder sind nicht gut erschlossen und schwierig zu bereisen, weshalb sie in diesem Buch ausgespart werden.

Man kann in Indonesien die Vergnügungen des Massentourismus, den Komfort von Luxusreisen oder individuelle Rucksackabenteuer erleben. Was es auch sei, die Vielzahl an Destinationen und ihre Entfernungen zueinander machen eines umso wichtiger: gute **Reiseplanung**. Unser Buch soll Neulingen, aber auch Wiederholungstätern bei der Planung zu Hause sowie der Orientierung vor Ort eine Hilfe sein und Lust auf mehr machen. Wir wünschen unseren Lesern die vielleicht schönste aller Tropenkrankheiten: das Indonesien-Fieber. Denn hier endet jede Reise mit einem tiefen Seufzer angesichts all der Ziele, für die am Ende doch keine Zeit mehr war.

Landschaften und Nationalparks

Landschaftlich besonders reizvoll sind zahlreiche Gebiete auf **Bali** (S. 294). Die Schönheit der Insel ergreift selbst wiederkehrende Besucher stets aufs Neue, und die Insel ist an vielen Orten tatsächlich so schön, wie es die Werbung verspricht – mit Reisterrassen, Wasserbüffeln und idyllischen Dörfchen.

Auch Java hat malerische Kulturlandschaften, etwa das Tal am **Candi Selogriyo** (S. 251), figer. Allerdings erfüllen nicht alle Fluggesellschaften die Sicherheitsstandards der Internationalen Zivilluftfahrtorganisation der Vereinten Nationen. Immer wieder sorgen Abstürze oder verschollene Flugzeuge für Schlagzeilen. Die meisten Zwischenfälle betrafen allerdings Kleinflugzeuge auf entlegenen Routen oder veraltete (Militär-) Maschinen, weshalb man in Flugzeuge der neueren Flotten von Garuda Indonesia, Lion Air, Batik Air, Malindo, AirAsia und Citilink bedenkenlos einsteigen kann – zumal viele kaum um einen Inlandsflug herumkommen werden. Verspätungen sind häufig, unter Zeitdruck besser mit Garuda fliegen.

■ Wo kann ich als Tauchanfänger Erfahrungen sammeln?

Indonesien hat hervorragende Tauchdestinationen, aber nicht alle sind gleichermaßen für Anfänger geeignet. Wichtig sind außer einem didaktisch geschulten Tauchlehrer vor allem geringe Strömung und gute Sicht in Abhängigkeit von der Jahreszeit. Der Norden und Osten von Bali, die Inseln Trawangan, Air und Meno vor Lombok und Bunaken vor Sulawesi erfüllen diese Kriterien. An strömungsstarken Meerengen im Komodo-Nationalpark, vor Pulau Weh, Maumere oder Alor sollten Anfänger nur tauchen, wenn sie sich unter Wasser sicher fühlen und angstfrei bewegen können.

■ Können wir auf unserer Reise als Freiwillige bei einer NGO helfen?

Grundsätzlich ja, ich rate jedoch, im Vorfeld zu klären, ob eine Arbeitserlaubnis erforderlich ist. Die indonesische Regierung hat strenge Gesetze für die Beschäftigung von Ausländern und erteilt keine Working Holiday Visa. Besonders in Touristengebieten wird in letzter Zeit polizeilich gegen „Schwarzarbeiter" vorgegangen, die sich nur mit Touristenvisum aufhalten und sich in einer Weise betätigen, die als berufliche Arbeit ausgelegt werden kann. Sporadische Aktionen wie kollektive Strandsäuberungen oder die *Reef Checks* ökologisch engagierter Tauchschulen sind davon natürlich nicht betroffen.

Noch Fragen? **www.stefan-loose.de/globetrotter-forum**

das Hochland von **Dieng** (S. 242) oder die von Teeplantagen überzogenen Hügel bei **Bandung** (S. 181. Besonders bei einer Fahrt mit der Eisenbahn kann man das fantastische Panorama aus Dörfern, Bergen und Reisfeldern genießen. Die steil an die Hänge gebauten Gemüsefelder am **Gunung Bromo** (S. 281) sind ein Hingucker für sich, während das graue Sandmeer eher wie eine Mondlandschaft wirkt. Auch die Savanne im **Baluran-Nationalpark** (S. 290) hätten die meisten wohl nicht in Indonesien vermutet.

Saftig grünes, dicht bewaldetes Bergland ist dagegen für **Flores** (S. 479) und **Kalimantan** (S. 594) typisch. West-Sumatra, v. a. die **Umgebung von Bukittinggi** (S. 569), bietet eine gute Mischung aus Reisfeld-Panorama und bewaldeten Gebirgszügen.

Reizvolle Seen mit steilen Bergkämmen und angenehmem Klima sind der **Toba-See** (S. 544) und **Maninjau-See** (S. 570) auf Sumatra, aber auch die Seen **Danau Bratan**, **Buyan** und **Tamblingan** auf Bali (S. 294) sowie der **Danau Habbema** in West-Neuguinea (S. 692).

Abwechslungsreiche Landschaften abseits ausgetretener Touristenpfade sind auf Sulawesi zu erkunden, wo blendend weiße Sandstrände wie in **Bira** (S. 635) und auf den **Togian-Inseln** (S. 657), das kunstvoll bewirtschaftete **Toraja-Hochland** (S. 638) und eine Handvoll Naturschutzgebiete, z. B. der **Tangkoko-Dua Saudara-Nationalpark** (S. 679) auf Entdecker warten.

Im **Baliem-Tal** (S. 689) von West-Neuguinea finden Wanderer eine bergige, kultivierte Graslandschaft mit vielen Flüssen vor.

Dschungel

Tropischen Regenwald satt gibt's im **Gunung Leuser-** (S. 532) und **Kerinci-Seblat-Nationalpark** (S. 587) auf Sumatra oder im **Tanjung Puting-** (S. 605) und **Kutai-Nationalpark** (S. 620) auf

Tanz auf dem Vulkan

- Das Sandmeer des **Bromo** auf Java, S. 281.
- Das „Säurefass" des **Ijen-Kraters** auf Java, S. 286.
- Der hochaktive **Merapi** auf Java, S. 227.
- Der „Drive-in"-Vulkan **Tangkuban Prahu** auf Java, S. 189.
- Der heilige Schichtvulkan **Agung** auf Bali, S. 394.
- Der höchste Kratersee Indonesiens, **Rinjani**, auf Lombok, S. 459.
- Die farbigen Seen des **Kelimutu** auf Flores, S. 500.
- Der einfach zu besteigende **Sibayak** auf Sumatra, S. 539.
- Der höchste Vulkan Südostasiens, der **Kerinci** auf Sumatra, S. 589.

Kalimantan. Trekkingtouren mit Übernachtung im Dschungelcamp, Begegnungen mit wilden Orang-Utans und anderen Waldbewohnern sind stets ein besonderes Highlight.

Im **Ujung Kulon-Nationalpark** (S. 170) auf Java können mit viel Glück die letzten Exemplare des Java-Nashorns gesichtet werden, während im **Tangkoko-Nationalpark** (S. 679) auf Sulawesi Koboldmakis mit ihren Glupschaugen in der Dämmerung aus ihren Nestern in den Bäumen klettern. In Kalimantan sind bei **Bootstouren auf dem Mahakam-Fluss** (S. 612) Irrawaddy-Delphine und wilde Makaken zu sehen, während in traditionellen Langhäusern der indigenen Dayak übernachtet wird.

Vulkane

Auch viele Vulkane sind von Nationalparks oder Reservaten umgeben. Eine Vulkanbesteigung gehört zur klassischen Indonesienreise dazu und ist auf nahezu jeder Hauptinsel durchführbar. Der Schwierigkeitsgrad reicht von „Spaziergang" bis „Kletterpartie". Einige der Feuerberge geben durch Erdspalten, Gaseruptionen und heiße Schwefelquellen gar eine kleine Kostprobe aus ihrem heißen Innenleben und bieten fantastische Ausblicke von ihren Gipfeln. Diese Vulkane werden ständig überwacht und bei hoher Aktivität für Besucher gesperrt, mehr auf S. 97.

Unterwasserwelten

Taucher und Schnorchler kommen vielerorts auf ihre Kosten, gehört die marine Fauna Indonesiens doch zu den artenreichsten der Erde. Von Korallen und Schwämmen bewachsene Steilwände, unterseeische Schlote, Schiffswracks, Schwärme von Groß- und Kleinfischen, Haie, Rochen, Schildkröten, Delphine und bunte Makrotierchen sind keine Seltenheit.

Zahlreiche Meeresgebiete stehen unter Naturschutz. Das wohl berühmteste ist das Meeresschutzgebiet von **Raja Ampat** (S. 695) mit der höchsten Biodiversität der Erde. Doch zählen auch weniger entlegene Gebiete zu den weltbesten Tauchspots, etwa um **Pulau Bunaken** (S. 669) und die **Togian-Inseln** (S. 657) vor Sulawesi oder im **Komodo-Nationalpark** (S. 477). Weiterhin sind **Bali** (S. 297), **Lombok** (S. 424), **Flores** (S. 479) und der **Alor-Archipel** (S. 518) mit paradiesischen Unterwasserwelten zu nennen.

Tipp: Als Appetizer für angehende oder erfahrene Taucher sind einige Tauchspots im Bunaken- und Komodo-Nationalpark, in Raja Ampat und Tulamben (Bali) mit der Street-View-Funktion von Googlemaps virtuell zu erkunden. Das 360°-Bildmaterial wurde mit einer speziellen Kamera auf einem Unterwasser-Scooter erstellt und ist Teil einer globalen Studie über klimabedingte Veränderungen der Korallenriffe.

Historische Stätten und Kulturschätze

Eine gute Portion indonesisches Flair und einen Querschnitt der alten hindu-buddhistischen Hochkultur erlebt man auf einer Reise durch **Java**. Hier liegen rasante Modernisierung und höfische Traditionen, hektische Metropolen und ländliche Entschleunigung dicht beieinander. Ein Besuch der bezaubernden *Wayang*-Aufführungen und der Weltkulturerbestätten **Borobudur** (S. 222) und **Prambanan** (S. 225), der Batik-Galerien von **Solo** (S. 231), der modernen Kunstszene von **Yogyakarta** (S. 200) oder auch der Museen von **Jakarta** (S. 140) gehört zu jeder kulturell orientierten Indonesienreise dazu.

Immer was zu feiern

In ganzer Pracht zeigt sich die balinesische Religion in den **Tempelfesten** – mit Farben, Trachten, Opfergaben, Musik und Tanz.

Legendär sind die **Begräbnisfeiern** der Toraja auf Sulawesi, zu denen manchmal über 100 Wasserbüffel geopfert werden und schon mal eine Woche lang geschlemmt und getrunken wird, S. 646. Auch die Batak auf Sumatra haben große Begräbnisfeiern.

An **Idul Fitri**, dem Ende des islamischen Fastenmonats, ist alles auf den Beinen, die Stimmung ist ausgelassen, es gibt Unmengen von Essen, Familientreffen und Feuerwerk. Besonders prächtig wird der Tag unter dem Namen **Garebeg Syawal** in Solo und Yogyakarta begangen, S. 217.

An **Wesak**, dem höchsten buddhistischen Feiertag, führt eine große Prozession zu den Heiligtümern von Borobudur, S. 222.

Die javanischen Hindus am Gunung Bromo werfen zu **Kasada** Opfergaben für den Feuergott in den Vulkan und lassen zur **Karo-Zeremonie** im Februar die Puppen tanzen, S. 284.

Als eines der weltweit größten Jazzfestivals findet jedes Jahr im März das **Java Jazz Festival** in Jakarta statt, 💻 www.javajazzfestival.com.

Das **Gawai Dayak** im Juni ist in Kalimantan der wichtigste Feiertag und eine gute Gelegenheit, in den Langhäusern der Dayak traditionelle Tänze zu erleben und eigenartige Speisen zu kosten, S. 600.

Cap Go Meh, das chinesische Neujahr, wird mit farbenprächtigen Umzügen zelebriert, z. B. im Klenteng Ban Hing Kiong in Manado, S. 665, oder in Jakarta, S. 147.

Relikte untergegangener Großreiche und Hochkulturen finden sich überall auf Java, z. B. auf dem **Dieng-Plateau** (S. 242), am **Gunung Lawu** (S. 239), in **Trowulan** (S. 269) oder in der **Umgebung von Malang** (S. 272). An einigen Orten werden jahrhundertealte Lebensweisen noch in autarken Dorfgemeinschaften aufrechterhalten, z. B. im **Kampung Naga** bei Garut (S. 192).

Auf **Bali** sind die faszinierenden Bräuche einer sehr alten und höchst lebendigen hinduistischen Religion schon beim Spaziergang durch jedes Dorf zu beobachten. Besonders **Ubud** (S. 338) und seine Umgebung lassen die Herzen von Kunst- und Kulturinteressierten höherschlagen. Die einheimischen Tänze und die hochklassige Malerei sind Highlights auf jeder Bali-Rei-

Indonesisches Essen – unbedingt probieren

Indonesische Küche ist sehr vielseitig, und die feinen Geschmacksnoten der traditionellen Gerichte stehen bei Gourmets hoch im Kurs. Man koste sich durch:

- **Bebek Betutu**, die balinesische Grill-Ente, am besten in Ubud, S. 347
- **Ikan Rica-Rica**, gegrillter Fisch mit einer scharfen Chili-Soße, in Makassar, S. 631
- **Kangkung** nach Lombok-Art, gedünsteter Wasserspinat mit feurigen Chilis und Sojaöl
- **Kopi Telur**, eine Kaffeespezialität aus Aceh mit Eischaum und Arecanuss, S. 575
- **Nasi Liwet**, feine Hähnchenbrust mit Papaya und Kokosmilch, in Solo, S. 234
- **Pepes Ikan**, in Safran marinierter und im Bananenblatt gegarter Fisch mit Gemüse, in Bandung, S. 184
- **Rawon**, die kräftige, dunkle Rindfleischsuppe nach ost-javanischer Art, z. B. in Malang, S. 275
- **Soto Banjar**, eine mit Limetten verfeinerte Hühnersuppe mit Klebreis, in Banjarmasin, S. 598
- **Sop Buntut**, die berühmte herzhafte Ochsenschwanz-Suppe, z. B. in Jakarta, S. 155

Weitere Empfehlungen in unseren Travelinfos, s. Essen S. 50.

se. An den uralten Quellen von **Pura Tirta Empul** (S. 362), den Felsengräbern am **Gunung Kawi** (S. 361) oder am spektakulär gelegenen Tempel von **Tanah Lot** (S. 364) finden Zeremonien statt, deren Magie einen Besuch dieser Heiligtümer unvergesslich macht.

Ein Hauch Kolonialatmosphäre lässt sich hier und dort noch erhaschen. So können in allen großen Städten Javas, aber auch in Medan oder Makassar gut erhaltene holländische **Kolonialbauten** besichtigt werden. In **Larantuka** auf Flores (S. 509), wo alte mediterrane Kirchengesänge in der Volkssprache fortleben, und im **Solor-Alor-Archipel** (S. 512) sind dagegen noch Reste der portugiesischen Handelsmacht zu finden.

Sehr viel weiter in die Geschichte der Menschheit blickt man bei einem Besuch der archäologischen Stätten von **Sangiran** in Zentral-Java (S. 233), wo einige der ältesten Knochen des *Homo erectus* gefunden wurden; in **Leang-Leang** auf Sulawesi (S. 634) mit den vielleicht ältesten Höhlenzeichnungen Asiens; oder **Liang Bua** auf Flores (S. 491), das als Fundort des „Flores-Menschen" durch die Presse ging.

Von Völkern und Göttern

Indonesien besitzt eine kaum zu fassende Vielzahl von Volksgruppen und ein breites religiöses Spektrum. Für Besucher ist es immer wieder spannend, neben dem Islam und dem Hinduismus balinesischer Prägung noch tief verwurzelte, z. T. archaische Lebens- und Glaubensformen vorzufinden.

In Ost-Java leben große Gemeinschaften hinduistischer **Tengger**, in den großen Städten des Landes zudem zahlreiche buddhistische **Chinesen**. Für ethnologisch Interessierte bieten die Inseln Nusa Tenggaras die Möglichkeit, auf einer Route von Lombok bis Timor verschiedene Minderheiten kennenzulernen: Die **Sasak** auf Lombok, die **Sumbawanesen** und **Bimanesen** auf Sumbawa (alle moslemisch), die **Manggarai**, die **Ngada**, die **Sikka**, **Lio-Ende** und **Lamaholot** im katholischen Flores sowie die Völker des Alor-Archipels (christlich-animistisch) weisen häufig eigene Kultur- und Glaubensformen, aber oft auch Gemeinsamkeiten auf.

Auch im Gebiet der **Toraja** (christlich-animistisch) auf Sulawesi und bei den **Dayak** in Kalimantan kann man die Faszination fotogener Rituale und schamanistischer Zeremonien erleben.

In den Weiten Sumatras sind Kunst und Kultur der traditionsreichen **Batak** (christlich) in Nord-Sumatra und der matrilinear sozialisierten **Minangkabau** in West-Sumatra (moslemisch) Sehenswürdigkeiten für sich.

Dem orthodoxen Islam der **Acehnesen** steht eine mystisch durchtränkte Version der Religion auf **Java** gegenüber; die Anbetung von Naturgottheiten und Vulkanen ist hier völlig normal, im fernen Aceh hingegen undenkbar.

Für westliche Touristen besonders exotisch muten einige der animistischen **Papua**-Stämme in West-Neuguinea an, deren Angehörige zum Teil kaum bekleidet und mit prächtigem Schmuck, Körperbemalung oder dem berüchtigten Penisköcher auftreten, etwa im Baliem-Tal. In den Städten sind dagegen viele zum Christentum übergetreten.

Entspannt am Strand

Jede Hauptinsel besitzt Strände oder kleine, vorgelagerte Inseln mit den Verlockungen eines postkartenreifen Urlaubsidylls. Oft kennen Einheimische noch menschenleere, abgelegene und saubere Strände, die vom Tourismus unberührt geblieben sind. Doch auch in den Touristenzentren warten entspannte Stunden mit Wellenrauschen, Sand und Sonnenschirm.

Wer gern feinen Sand zwischen den Zehen und ein kühles Getränk mit Schirmchen in der Hand spürt, für den haben die langen Strände von **Kuta** (S. 304) bis **Seminyak** (S. 314) sowie die Buchten an der Ostküste Balis oder die **Gilis** (S. 443) genau das und mehr zu bieten: romantische Sonnenuntergänge, klares Wasser und ein pulsierendes Nachtleben.

Zwar ist **Java** nicht primär eine Stranddestination, doch bieten Orte wie **Kepulauan Seribu** (S. 165) vor Jakarta, **Cimaja** (S. 179) und **Pangandaran** (S. 192) an der Südküste oder die weißen Strände von **Karimunjawa** (S. 253) die Möglichkeit, zu schnorcheln, zu tauchen und zu surfen.

Vor der Westküste von **Flores** liegen idyllische Inselchen, die für Robinson-Crusoe-Feeling sorgen, S. 479. Wen das Wort „abgelegen" eher anzieht als abstößt, der findet auch in den hintersten Ecken Indonesiens weiße Sandstrände und blaues Wasser, so etwa auf den **Mentawai-Inseln** (S. 591), in der Umgebung von **Banda Aceh** (S. 557), in **Lomboks Süden** (S. 424) oder an den Gestaden des fernen **Raja Ampat** (S. 695).

Auch Sulawesi hat Tropenparadiese mit Südsee-Charakter, etwa die kilometerlangen, feinsandigen Strände von **Bira** (S. 635). Abenteuerlustige verschlägt es auf die **Togian-Inseln** (S. 657).

Obwohl Kalimantan nicht gerade für Strandurlaub bekannt ist, warten die paradiesischen Inseln **Derawan** (S. 621), **Maratua** (S. 622), **Nabucco** (S. 622) und **Sangalaki** (S. 621) vor der Küste von Ost-Kalimantan mit Aussteiger-Atmosphäre auf.

Auf den Wellen reiten

Surfer aus aller Welt zieht es in die entlegensten Orte, um sich an gewaltigen Breaks und Tubes zu messen. In Indonesien gibt es gleich mehrere Surfer-Mekkas:

- den langen, für Anfänger geeigneten Strand von **Kuta** auf Bali, S. 311
- die Strände bei **Uluwatu** auf Bali, S. 337
- die Buchten bei **Kuta** auf Lombok, S. 431
- den entspannten Fischerort **Batukaras**, den **Pantai Pulau Merah** und das **G-Land** auf Java, S. 199 und S. 290
- die anspruchsvollen Surfspots von **West-Sumbawa** und **Hu'u**, S. 465 und S. 472
- die Breaks in der Nähe von **Banda Aceh** auf Sumatra, S. 557
- die respektgebietenden Wellen vor den **Mentawai-Inseln**, S. 591

Der sicherste Strand für Anfänger ist der von Kuta, Legian und Seminyak auf Bali. Die Wellen bilden keine verschlingenden Tubes, es gibt Rettungsschwimmer, und bei einem Sturz landet man im Wasser mit sandigem Grund. Etwas anspruchsvoller sind die Buchten von Kuta Lombok, Pantai Pulau Merah (Ost-Java) und Batukaras (West-Java). Absolut ungeeignet für Anfänger sind die Breaks von Sumbawa, G-Land (Ost-Java) und mit einigen Ausnahmen auch der Mentawai-Inseln – wer hier stürzt, knallt aufs Riff und ist weit entfernt von einer Ambulanz nach westlichem Standard.

Reiserouten

Es gibt Regionen, in denen die Reiseroute durch die Geografie vorgegeben wird, solche mit nur einem Transportdrehkreuz und solche, in denen kurze Entfernungen eine feste Route nebensächlich machen. Dazu gehört Indonesien als Ganzes gesehen leider nicht. Die vielen Einreiseorte, die schiere Ausdehnung zwischen den Destinationen und zahllose interregionale Verkehrsmöglichkeiten erfordern zumindest eine ungefähre Idee davon, wo die Reise hingehen soll. Das fängt schon beim Langstreckenflug an, denn der Ein- und Ausreiseflughafen sollte sich nicht nur am Ticketpreis, sondern auch am Anfang bzw. Ende der Reiseroute orientieren. Wer beispielsweise ausschließlich auf Sumatra, Sulawesi oder Bali reist, braucht nicht zwingend nach Jakarta zu fliegen. Mit effizienter Planung spart man kostbare Zeit, um sich auch einfach mal treiben zu lassen.

Indonesien für Einsteiger

- 2 Wochen

Will man mehr als eine Hauptinsel kennenlernen, sollten mindestens zwei Wochen zur Verfügung stehen. Eine bewährte Route mit den klassischen Sehenswürdigkeiten führt von Jakarta über Zentral- und Ost-Java nach Bali (oder anders herum).

Der Klassiker

- **Tag 1–2**: Nach der Ankunft in **Jakarta** (S. 140) empfiehlt es sich, sich in der Altstadt Kota, im Themenpark Taman Mini Indonesia Indah und in den vielen Museen einen Überblick über die Geschichte und Vielfalt des Inselstaats zu verschaffen. Möglich sind ein Tagesausflug in den Botanischen Garten von **Bogor** (S. 171), auf eine der **Tausend Inseln** (S. 165) oder zu den Vulkanen und Teeplantagen im Umland von **Bandung** (S. 181).
- **Tag 3–5**: Mit einem frühen Zug oder Bus geht es nach **Yogyakarta** (S. 200), wo der Abend bei einem guten Essen ausklingen kann. Frühaufsteher sitzen schon im Minibus zum **Borobudur** (S. 222), um den Sonnenaufgang über der Ebene zu erleben. Alternativ kann ein Besuch im Sultanspalast mit den Aufführungen von Gamelan-Musik oder Tanz kombiniert werden. Am Nachmittag lohnt eine Fahrt in den Zoo, ein Besuch der Kunstgalerien, ein Batik-Kurs oder ein Ausflug zu den Höhlen von **Gunung Kidul** (S. 229). Ein weiterer Nachmittag sollte für

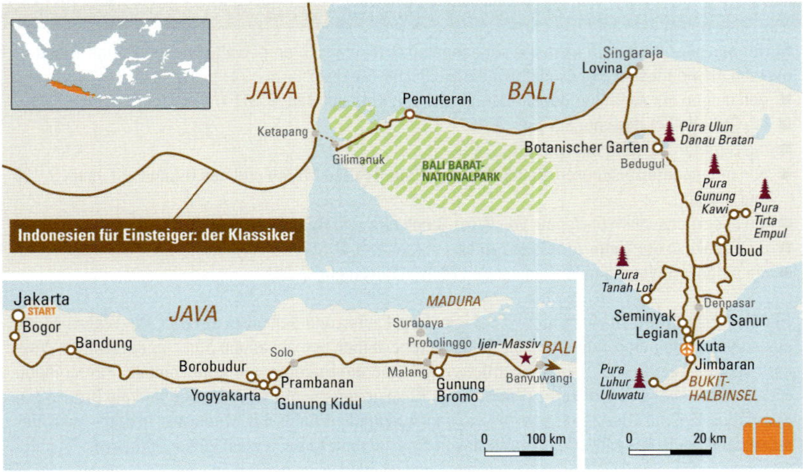

© FOTOLIA / EAD72

Erst vor wenigen Jahren vom Mainstream entdeckt: die Inseln und Tauchspots von Raja Ampat

den Besuch der Tempel von **Prambanan** (S. 225) reserviert werden, die kurz vor Sonnenuntergang am schönsten sind. Anschließend kann man im nahen Freilufttheater das exotische Ramayana-Ballett auf sich wirken lassen.

- **Tag 6–7**: Selbst mit einem frühen Bus oder Zug wird man erst gegen Abend am **Gunung Bromo** (S. 281) ankommen. Wer tags zuvor einen Nachttransport nimmt, kann noch vor Sonnenuntergang in Cemoro Lawang sein und in Ruhe seine Tour in und um den Krater planen. Schon früh sollte man an einem der Aussichtspunkte sein, um die aufgehende Sonne über der Mondlandschaft des Bromo zu erleben. Anschließend geht es zum **Ijen-Massiv** (S. 286), bevor die Weiterfahrt nach **Bali** (S. 294) ansteht.
- **Tag 8–9**: Nach der Ankunft auf der Insel der Götter geht es an der Nordküste nach **Pemuteran** oder **Lovina**, wo der nächste Tag mit einer Schnorchel- oder Delphintour beginnen kann (S. 373 und 377). Am Nachmittag führt eine landschaftlich wunderschöne Strecke vorbei an den Bergseen Danau Buyan und Danau Tamblingan zum Picknick in den **Botanischen Garten** (S. 383) bei Bedugul, gefolgt von einem Besuch des am Bergsee gelegenen **Pura Ulun Danu Bratan** (S. 382) und der Weiterfahrt nach **Ubud** (S. 338).
- **Tag 10–11**: Im kulturellen Herz der Insel erscheint der magische Affenwald wie aus einer anderen Welt. Hinterher bietet sich Auftanken in einem Spa an. Abends kann eine der bezaubernden Tanzaufführungen auf dem Programm stehen. Der nächste Tag beginnt mit einer **Wanderung durch die Reisfelder** (S. 355). Am frühen Nachmittag geht es Richtung Norden zum **Pura Gunung Kawi** (S. 361) und zum nahen Quellheiligtum **Pura Tirta Empul** (S. 362). Auch ein Besuch in einem der Künstlerdörfer in der Umgebung lohnt sich.
- **Tag 12–14:** Nach dem Frühstück geht es zum eindrucksvollen Tempel **Pura Luhur Uluwatu** (S. 335) auf der südlichen Bukit-Halbinsel oder zum **Pura Tanah Lot** (S. 364) im Westen. Es lohnt sich, an einem der Tempel der abendlichen Aufführung des *Kecak*-Tanzes beizuwohnen. Letzte Station sind die Strände von **Kuta** (S. 304), **Legian** (S. 312), **Seminyak**

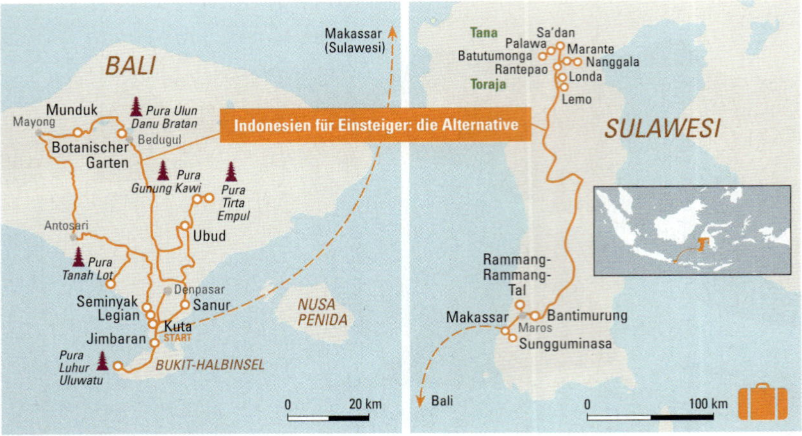

(S. 314) oder **Sanur** (S. 324), wo man bei gutem Essen und einem Cocktail am Strand entspannen kann. Mutige stürzen sich noch ins Nachtleben. Nicht vergessen, vor dem Abflug Souvenirs für die Daheimgebliebenen zu erstehen, z. B. bei Geneva Handicraft in Seminyak.

Die Alternative: eine Woche Bali und ab nach Sulawesi

- **Tag 1**: Nach der Ankunft auf der Insel der Götter geht es an die Strände von **Kuta** (S. 304), **Legian** (S. 312), **Seminyak** (S. 314) oder **Sanur** (S. 324). Hier kann man sich bei einem guten Essen stärken und anschließend ins Nachtleben stürzen.
- **Tag 2**: Für eine Tagestour geht es Richtung Süden auf die **Bukit-Halbinsel** (S. 333) zu den eindrucksvollen Tempeln **Pura Luhur Uluwatu** (S. 335) oder zum weiter im Nordwesten gelegenen **Pura Tanah Lot** (S. 364). Lohnend ist der an beiden Tempeln allabendlich aufgeführte *Kecak*-Tanz. Abends laden in **Jimbaran** (S. 332) Seafood-Restaurants am Strand zum Essen ein.
- **Tag 3**: Auf ins kulturelle Herz der Insel: **Ubud** (S. 338). Ein Kontrastprogramm zum Touristentrubel von Kuta bietet der magische Affenwald. Wer mag, kann anschließend eines der Spas besuchen. Abends finden bezaubernde Tanzaufführungen statt.
- **Tag 4**: Der Tag beginnt mit einer **Wanderung durch die Reisfelder** (S. 355). Am frühen Nachmittag geht es Richtung Norden zum **Pura Gunung Kawi** (S. 361) und zum nahen Quellheiligtum **Pura Tirta Empul** (S. 362).
- **Tag 5**: Nach dem Frühstück geht es ins Hochland bei Bedugul. Nach einem Picknick im wunderschönen **Botanischen Garten** (S. 383) besucht man **Pura Ulun Danu Bratan** (S. 382) am Bergsee. Den Nachmittag versüßt die landschaftlich schöne Strecke vorbei an den Bergseen Danau Buyan und Danau Tamblingan ins beschauliche **Munduk** (S. 384).
- **Tag 6**: Auf der Straße von Munduk via Mayong nach Süden führt der Weg vorbei an Reisterrassen und Obstbäumen zurück in die fruchtbare Ebene von Süd-Bali und zum Flughafen für einen späten Flug nach **Makassar** (S.626) in Sulawesi.
- **Tag 7**: Der Morgen beginnt mit einem Streifzug durch die Kolonialbauten des Fort Rotterdam, bevor am Paotere-Hafen die traditionellen Bugis-Schoner bewundert werden können. Historisch Interessierte machen einen Abstecher zum letzten Palast der Gowa-Könige in **Sungguminasa** (S. 634). Wer die Natur bevorzugt, unternimmt einen

Ausflug in das von Karstfelsen eingeschlossene **Rammang-Rammang-Tal** (S. 635). Den Sonnenuntergang genießt man in der Stadt nach einem Bummel über die Jalan Somba Opu am Pantai Losari.

- **Tag 8**: Weiter geht es hoch in die Berge nach **Tana Toraja** (S. 638), wo schon beim Abendessen in **Rantepao** verschiedene Guides anzutreffen sind, die über anstehende Begräbniszeremonien informieren.
- **Tag 9**: Um einen Einblick in die Kultur der Toraja zu gewinnen, bricht man am Morgen zum Wochenmarkt **Pasar Bolu** auf, wo frischer Hochlandkaffee und teure Wasserbüffel die Besitzer wechseln. Am Nachmittag werden die traditionellen Dörfer **Marante**, **Palawa** und das Weberdorf **Sa'dan** im Norden besucht.
- **Tag 10**: Für mindestens einen Tag sollte man sich einen Guide nehmen, um einer **Beerdigung** beizuwohnen. Die Tour kann genutzt werden, um sich auf dem Weg in traditionellen Toraja-Dörfern die kulturellen Eigenheiten des Volkes erklären zu lassen.
- **Tag 11–13**: Jetzt wird gewandert. Entweder wandert man auf eigene Faust (S. 643) oder man nimmt sich einen Guide für einen dreitägigen Trek mit Übernachtungen in den *Tongkonan*-Häusern der Toraja, vielleicht auch mit einer Wildwasserfahrt.
- **Tag 13/14**: Mit einem späten Bus geht es zurück in die Tiefebene bis nach Makassar, von wo die Heimreise über Denpasar, Jakarta, Singapore oder Kuala Lumpur angetreten wird.

Auf den Geschmack gekommen

- 4 Wochen

Einen umfassenden Eindruck vom kulturellen und natürlichen Reichtum des riesigen Archipels erhält man erst auf einer längeren Reise, in die sich auch Dschungel- und Tauchdestinationen integrieren lassen. Hier sind die einzelnen Inseln als Bausteine zu verstehen, die man einbaut oder weglässt.

Bali

Nach der Ankunft in Süd-Bali werden die Strandorte **Kuta** (S. 304), **Legian** (S. 312), **Seminyak** (S. 314) und **Sanur** (S. 324) erkundet. Sie eignen sich dank ihrer guten touristischen Infrastruktur hervorragend zur Akklimatisierung. Ein Ausflug auf die ruhige **Bukit-Halbinsel** (S. 333) stellt einen Ausgleich zum Trubel in den Touristenzentren dar.

Nach einem Abstecher zum **Gunung Batukaru** (S. 368) und zu den phänomenalen Reisterrassen von **Jatiluwih** (S. 367) kann man den Sonnenuntergang am **Pura Tanah Lot** (S. 364) genießen und am **Pantai Canggu** (S. 322) oder am **Pantai Balian** (S. 369) übernachten. Nun geht es ins kulturelle Zentrum der Insel, **Ubud** (S. 338), wo balinesische Kunst und Kultur die Besucher verzaubern.

Auch in der Umgebung gibt es viel zu entdecken, deshalb sollte man hier mindestens zwei Tage verbringen. Besonders die nördlich gelegenen Heiligtümer **Pura Gunung Kawi** (S. 361) und **Pura Tirta Empul** (S. 362), eine abendliche Tanzaufführung und die Kunstmuseen lohnen einen Besuch.

Von Ubud führt die Reise nach **Semarapura** (Klungkung, S. 393), um den Taman Gili anzusehen, und mit Stopp an der Fledermaushöhle **Goa Lawah** (S. 399) nach **Padang Bai** (S. 399). Von hier setzen Fähren nach Lombok über.

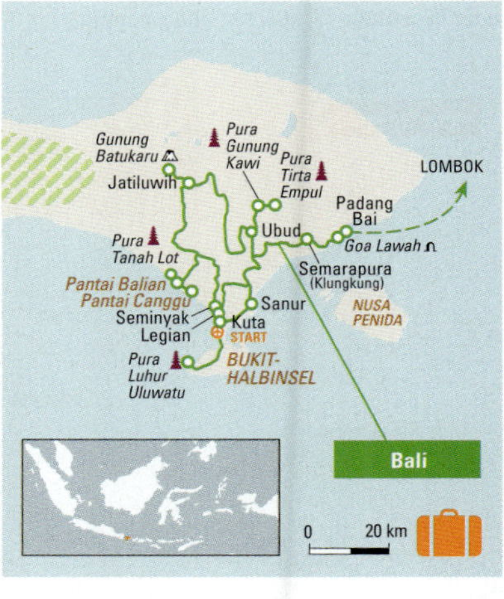

Nusa Tenggara

Aktive und Feierlustige können auf den Inseln **Trawangan**, **Air** oder **Meno** (S. 443, S. 455 und S. 453) zwei bis drei Tage mit Schnorcheln, Tauchen und Feiern verbringen, während **Kuta Lombok** (S. 428) mit weißen Sandstränden und guten Surfspots in einsamen Buchten lockt.

Weiter geht's zum **Gunung Rinjani** (S. 459). Eine Besteigung des Vulkans ist kein Spaziergang, jedoch ein unvergessliches Erlebnis. Übernachtet wird im Camp. Nach dem Abstieg empfiehlt sich ein Tag Entspannung. Ein Tag sollte für den Transport (Fähre oder Flug) nach Flores eingeplant werden, per Bus durch Sumbawa sogar eineinhalb Tage.

Von **Labuan Bajo** (S. 480) an der Westküste von Flores geht es per Boot in den **Komodo-Nationalpark** (S. 475). Außer den Wanderungen durch das Reich der riesigen Warane sind besonders die Tauchspots und kleine, von Stränden gesäumte Inselchen ein Highlight. Wer davon nicht genug bekommt, kann mit einem der örtlichen Tauchanbieter auf eine Live-aboard-Tour oder Tauchsafari gehen und die entfernteren Ecken des Nationalparks entdecken.

Wasserscheue finden auf der Strecke von Labuan Bajo nach **Ruteng** (S. 490) einige Ziele, die sich für Tagesausflüge eignen , etwa die kleine Schlucht von Cunca Wulang oder die Mbeliling-Berge. Zwei Tage mehr einplanen sollte man bei Touren zu den traditionellen Dörfern **Todo** (S. 491) oder **Wae Rebo** (S. 492) mit Übernachtung.

Java

Die Nordküste entlang …

Los geht es in **Surabaya** (S. 259): Ein guter Start in den Tag ist der Spaziergang am großen Segelschiffhafen Tanjung Perak. Nautisch geht es auch im musealisierten U-Boot Kapal Selam zu. Im House of Sampoerna eröffnet sich ein Blick hinter die Kulissen der großen Zigarettenproduzenten. Nach einem Spaziergang über den Basar des Araberviertels können in der Chinatown chinesische Tempel besucht werden.

Von der hektischen Großstadt kann man sich auf den Inseln von **Karimunjawa** (S. 253) zwei, drei Tage erholen und die örtlichen Schnorchelgründe erkunden oder einfach fünf gerade sein lassen. Zurück auf dem Festland lässt sich die Weiterreise in **Semarang** (S. 245) unterbrechen, um sich bei einem Spaziergang durch das Zentrum die Beine zu vertreten, das koloniale Lawang Sewu zu besuchen oder an einer Garküche die ortstypischen Sommerrollen zu probieren. Weiter geht es nach Süden oder Westen.

… oder durchs Landesinnere

Von Bali gelangt man mit Abstechern zum **Ijen-Massiv** (S. 286) oder in den **Baluran-Nationalpark** (S. 290) nach **Kalibaru** (S. 289) und natürlich zum **Gunung Bromo** (S. 281). Im nahen **Malang** (S. 272) kann man Station machen, um Ausflüge in die Berge, zu Tempeln oder an die Küste zu unternehmen.

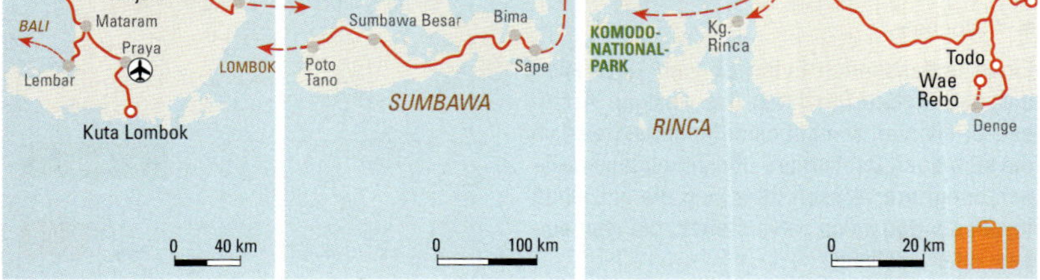

Im Anschluss an die Fahrt nach **Yogyakarta** (S. 200) kann der Abend bei einem guten Essen ausklingen. Die morgendliche Besichtigung des *Kraton* lässt sich mit einer kulturellen Aufführung verbinden. Je nach Laune kann sich ein Besuch der Kunstgalerien, ein Spaziergang über die Jalan Malioboro oder ein Ausflug an die südlichen Strände. Einen ganzen Tag kann man mit dem Besuch der Höhlen von **Gunung Kidul** (S. 229) zubringen, die mit Abseiling und Tubing auf dem Fluss locken.. Abends kann man an den Garküchen oder in den gehobenen Restaurants hervorragende indonesische Küche schlemmen.

Frühaufsteher erleben am **Borobudur** (S. 222) das einmalige Erlebnis eines Sonnenaufgangs über der weiten Ebene rund um das riesige buddhistische Monument. Anschließend geht es nach **Prambanan** (S. 225), wo außer dem Weltkulturerbe noch viele weitere Tempel verstreut liegen. Dort bietet sich auch ein Besuch des Freilufttheaters an, wo das spektakuläre Ramayana-Ballett auftritt.

Das **Dieng-Plateau** (S. 242) lässt sich in einem Tagesausflug von Yogyakarta oder Wonosobo (S. 240) aus erkunden, wofür man am besten sehr früh aufbricht. Alternativ kann der Tag mit javanischer Kultur in **Solo** (S. 231) gefüllt werden, z. B. bei einem Spaziergang über die Märkte, einem Besuch im Mangkunegaran-Palast oder im Batik-Museum, abgerundet durch die abendlichen Theatershows. Am nächsten Tag geht es weiter nach Westen.

West-Java

In **Pangandaran** (S. 192) springt man am besten noch vor Sonnenuntergang in die Fluten und genießt zum Abendessen den frischen Fisch auf dem Fischmarkt. Weiter bricht man mit einem Guide oder auf eigene Faust mit dem Motorrad auf, um das 30 km entfernte Naturbassin **Green Canyon** (S. 199) zu erkunden. Anschließend sollte man am nahen Strand von **Batukaras** (S. 199) relaxen, wo alle Arten von Wassersportmöglichkeiten angeboten werden, oder man wandert durch den dichten Dschungel des Naturreservats bei Pangandaran (S. 192).

Über das traditionelle sundanesische Dorf **Kampung Naga** (S. 192) und vorbei am **Gunung Papandayan** (S. 192) geht es nach **Bandung** (S. 181), wo die Flaniermeile Jalan Braga zum Tagesausklang lockt. Das Museum Konferensi Asia Afrika und die große Moschee Mesjid Raya sollte man auf jeden Fall besuchen, bevor man sich in die verrückten Jeansläden auf der Jalan Cihampelas oder die Fabrik-Outlets in Dago stürzt. Auch eignet sich ein Besuch von Saung Angklung Udjo, wo sundanesische Tänze und traditionelle Angklung-Musik aufgeführt werden. Ein Abend in einem exklusiven Restaurant auf dem Bukit Dago belohnt mit herrlicher Aussicht über die Stadt.

Ein Tagesausflug führt von Bandung in den Norden in das **Preanger-Hochland** (S. 189). Weiter geht es über Lembang nach **Ciater** (S. 190), wo ein ausgedehnter Spaziergang durch die weiten Teeplantagen führt. Die beanspruchten Muskeln entspannt man danach in den heißen Thermalbädern des Sari Ater Hot Spring Resort.

Nun ab nach Jakarta! Wer erst abends oder am Folgetag fliegt, kann zunächst über den Puncak-Pass nach **Bogor** (S. 171) fahren, um den Botanischen Garten zu besuchen; historisch Interessierte können unterwegs einen Abstecher zur archäologischen Stätte **Gunung Padang** (S. 178) machen. Alternativ lässt man im Nationalmuseum oder im Taman Mini Indonesia Indah in **Jakarta** (S. 141) die vielfältigen Eindrücke der Reise Revue passieren oder kehrt in der Altstadt zu den kolonialen Wurzeln des Landes zurück.

Indonesien intensiv

- 6 Wochen

Für einen Aufenthalt von mehr als 30 Tagen empfiehlt sich ein 60-Tage-Visum (S. 92), um nicht unnötig Zeit und Geld mit der Verlängerung des Visums bzw. Aus- und Wiedereinreise zu verlieren. Wer einer stringenten Route folgen möchte, kann in Sumatra (via Malaysia oder Singapore) beginnen und ostwärts reisen.

Sumatra

Wer morgens in **Medan** (S. 522) ankommt, kann am ersten Tag die Tiong A Fie Mansion besuchen. Alternativ kann die Anreise nach **Banda Aceh** (S. 557) erfolgen, wo man sich über den Tsunami von 2004 informieren kann und von wo aus das Tauch- und Schnorchelgebiet von **Pulau Weh** (S. 563) schnell erreicht ist; der Anschluss an die südlichen Destinationen erfolgt dann via **Takengon** (S. 567) und **Ketambe** (S. 534) oder per Nachtbus nach Medan.

Im **Gunung Leuser-Nationalpark** (S. 532) besteht die Möglichkeit, die vom Aussterben bedrohten Orang-Utans und andere seltene Tiere aus nächster Nähe zu erleben oder sich beim Tubing auf Gummireifen über den Fluss treiben zu lassen. Eine Trekkingtour in den Dschungel kann mit Übernachtungen im Dschungelcamp kombiniert werden. Alternativ lässt sich der Baustein „Dschungel" auch in Kalimantan einbauen, s. S. 37.

Kulturelle Highlights sind die Bräuche der Batak am **Toba-See** (S. 544) sowie das Hochland von West-Sumatra. Hier, im Herzen der Minangkabau-Kultur, in **Bukittinggi und Umgebung** (S. 569), finden sich spannende Ausflugsziele, z. B. traditionelle Minangkabau-Häuser, Vulkane oder Rafflesien im Dschungel. Eine Auszeit kann

man sich im malerischen Harau Valley oder am ruhigen Maninjau-See gönnen.

Historisch Interessierten präsentiert sich die alte Minenstadt **Sawahlunto** (S. 586) wie ein großes Freilichtmuseum. Von **Padang** (S. 580) aus ist die Weiterreise zum Strand- und Surfparadies der **Mentawai-Inseln** (S. 591) möglich, deren Ureinwohner sich ihre archaische Kultur bewahrt haben.

Sportlich-aktiv geht es auch im südlichen **Kerinci-Seblat-Nationalpark** (S. 587), wo der höchste Vulkan Südostasiens bestiegen und der idyllische Danau Gunung Tujuh besucht werden kann.

Java

Wie man sich auch entscheidet, viele Wege führen nach Java. Nach einem Tag in den Museen von **Jakarta** (S. 140) geht es zum Botanischen Garten von **Bogor** (S. 171). Naturfreunde zieht es weiter nach **Bandung** (S. 181) zu den Vulkanen, heißen Quellen und Teeplantagen nördlich und südlich der Stadt. Per Zug geht es weiter nach **Yogyakarta** (S. 200), wo der Sultanspalast und die Weltkulturerbestätten **Borobudur** (S. 222) und **Prambanan** (S. 225) auf dem Programm stehen. Sportliche erklimmen am dritten Tag den **Gunung Merapi** (S. 286). Kulturinteressierte dürften hingegen in **Solo** (S. 231) und der Umgebung von Yogyakarta genügend Sehenswürdigkeiten finden. Wem der Merapi zu feurig, die Lust auf Vulkane jedoch längst nicht vergangen ist, der sollte gen Osten fahren und nach einer Tour durch die unwirkliche Kraterlandschaft des **Gunung Bromo** (S. 281) und zum Kratersee des **Ijen-Massivs** (S. 286) die „Insel der Götter", **Bali** (S. 294), ansteuern. Dort bieten sich die Küstenorte von West- oder Nord-Bali als erste Stationen an.

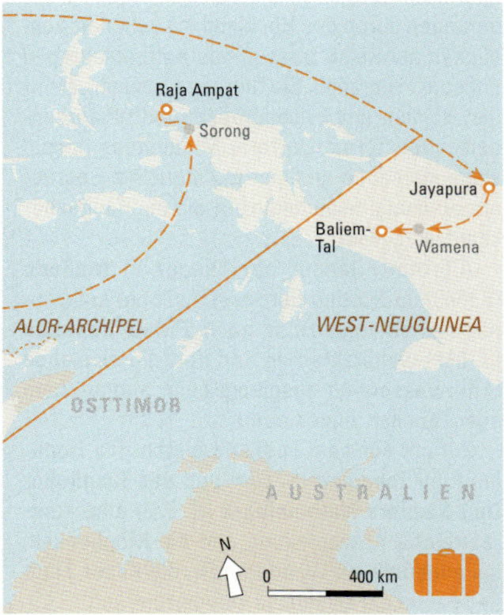

Bali

Nach der Ankunft in Bali per Flugzeug bietet sich eine erste Übernachtung in den Strandorten **Kuta** (S. 304), **Legian** (S. 312), **Seminyak** (S. 314) oder **Sanur** (S. 324) an. Nach einem **Surfkurs** (S. 311) am Strand von Kuta oder einem Ausflug zum meerumtosten Tempel **Tanah Lot** (S. 364) kann das Nachtleben ausgekundschaftet werden, bevor es am nächsten Tag gen Westen geht. Nach einem Abstecher zum Hang des **Gunung Batukaru** (S. 368) und den Reisterrassen von **Jatiluwih** (S. 367) ist eine Übernachtung weiter westlich am **Pantai Balian** (S. 369) eine gute Wahl.

Am nächsten Tag geht es quer durch den **Bali Barat-Nationalpark** (S. 373) bis nach **Pemuteran** (S. 373). Hier bleibt ein voller Tag, um die Natur des Nationalparks zu erkunden und vor der Insel **Menjangan** (S.373) in die bunte Unterwasserwelt einzutauchen.

Weiter östlich in **Lovina** (S. 377) kann eine Übernachtung für die morgendliche Delphinbeobachtung und für einen Besuch des **Gitgit-** oder **Sekumpul-Wasserfalls** (S. 382 und S. 392) eingeplant werden. Danach führt der Weg entweder ins Hochland rund um **Bedugul** (S. 29, siehe „Der Klassiker", Tag 8–9) oder entlang der Küste nach **Amed** (S. 416) zum Tauchen und von dort aus weiter nach **Tirtagangga** (S. 415) zum Wassertempel.

Kraft und Ruhe für die Weiterreise tanken kann man im landschaftlich reizvollen **Sidemen** (S. 395), wo das eine oder andere Kleinod zum Relaxen und Spazieren einlädt. Von hier aus ist – je nach aktueller Sicherheitslage (S. 395) – die **Besteigung des Gunung Agung** (S. 394) möglich, und der Tempel **Pura Besakih** (S. 394) am

Südhang des Berges ist leicht zu erreichen. Anschließend kann in **Semarapura** (Klungkung, S. 393) die alte Gerichtshalle im Taman Gili bewundert werden, bevor Besucher sich in **Ubud** (S. 338) von der balinesischen Kunst und Kultur verzaubern lassen. Die Route endet in **Padang Bai** (S. 399), dem Fährhafen nach Lombok, oder mit einer Schnellbootfahrt zu den nördlichen Gili-Inseln ab Amed oder Sanur.

Nusa Tenggara

Per Schnellboot finden viele Reisende ihren Weg auf die beliebten Inseln **Gili Trawangan**, **Meno** und **Air** (S. 443, S. 453 und S. 455). Aktive können sich an der Besteigung des **Gunung Rinjani** auf Lombok versuchen (S. 462) oder einfach eine Wanderung zu Wasserfällen in seiner Umgebung unternehmen. Surfer können in den südlichen Buchten bei **Kuta Lombok** (S. 428) ihre Skills verbessern und anschließend an den Stränden der Insel **Sumbawa** (S. 464 und S. 465) einer Probe unterziehen.

Nach einem Anreisetag, an dem man von Lombok via Bali per Flug oder aus Ost-Sumbawa per Schiff nach Labuan Bajo an der Westküste von Flores reist, geht es per Boot auf die Inseln Komodo oder Rinca im **Komodo-Nationalpark** (S. 475). Es folgt eine Wanderung durch das Reich der riesigen Komodo-Warane. Auf der Rückfahrt empfiehlt sich ein Stopp zum Schnorcheln. Wer lieber abtaucht, sollte mit einem der örtlichen Tauchanbieter auf eine Tauchsafari oder einen Tagesausflug gehen, um die Tauchspots des Nationalparks zu entdecken (S. 477). Wasserscheue finden abseits der Straße nach Osten zahlreiche Ziele, die sich für Tagesausflüge eignen.

Eine gute Woche sollte man allein für die Überlandreise durch **Flores** reservieren, um die verschiedenen Volksgruppen, **traditionelle Dörfer** (S. 487), den **Gunung Kelimutu** (S. 500) oder die Tauchgründe bei **Maumere** (S. 503) zu besuchen. Abenteuerlustige können auf einer Reise von Larantuka durch den **Solor- und Alor-Archipel** (S. 512) eine weitere Woche auf untouristischen Pfaden wandeln.

Zeit ist Geld

Viele unterschätzen die Fahrtdauer auf den Überland- und Seestrecken, planen aber ihre Routen so, dass sie so viel wie möglich sehen können. Im Ergebnis verbringen sie den halben Urlaub in Bussen, Fähren oder Flugzeugen, ohne die Aufenthalte richtig zu genießen. Wir empfehlen Reisen auf kleinerem Raum mit längeren Aufenthalten und mehr Zeit für Aktivitäten statt Gewaltstrecken vom Toba-See über Java nach Bali in zwei Wochen. Längere Etappen kann man durch Flüge oder Mietwagen mit Fahrer abkürzen, die Unterkünfte im Vorfeld auswählen und kontaktieren (evtl. eine Abholung erbitten) – besonders an Wochenenden oder Feiertagen. Umgekehrt sollte, wer Geld sparen will, entsprechend mehr Zeit mitbringen: Lokale Busse fahren oft erst ab, sobald sie voll sind, halten hier und dort, und die spontane Suche nach der billigsten Unterkunft kostet Zeit und Nerven.

Sulawesi

Via Denpasar auf Bali geht es mit dem Flugzeug nach **Makassar** (S. 626), wo das Fort Rotterdam besucht wird und man abends entlang dem Pantai Losari flaniert und frischen Fisch verspeist. Am nächsten Morgen bricht man mit einem Bus nach **Tana Toraja** (S. 638) auf. Dort stehen Wanderungen durch das Hochland mit schönen Ausblicken auf Reisterrassen und Kaffeeplantagen auf dem Programm. Sie führen zu beeindruckenden Höhlen- und Felsengräbern und zu jahrhundertealten Toraja-Dörfern. Mindestens einmal sollte man auch an einer traditionellen Begräbniszeremonie teilnehmen, für die die Region bekannt ist (S. 646).

Alternativ landet der Flieger in **Manado** (S. 663) im Norden der Insel. Es lohnt sich, zunächst mit dem Boot nach **Pulau Bunaken** (S. 669) weiterzufahren und dort die einmalige Unterwasserwelt ausgiebig beim Schnorcheln oder Tauchen zu genießen.

Zurück auf dem Festland bieten das Hochland um **Tomohon** (S. 674) und der **Tangkoko-Dua-Saudara-Nationalpark** (S. 679) eine kontrastreiche Abwechslung und die Möglichkeit, bei angenehmen Wanderungen die Kultur, Flora und Fauna der Minahasa kennenzulernen.

Checkliste für Allround-Traveller

- ☐ einen Vulkan besteigen
- ☐ eine *Wayang*-Aufführung besuchen
- ☐ einen uralten Tempel besichtigen
- ☐ *Nasi Goreng* zum Frühstück
- ☐ mit dem Motorradtaxi oder der Fahrradrikscha von A nach B
- ☐ zu Wracks und Korallen tauchen
- ☐ an Essensständen Spezialitäten kosten …
- ☐ … bei einem Kochkurs selbst welche zubereiten
- ☐ durch den Dschungel zu den Orang-Utans wandern
- ☐ unter einem Wasserfall baden
- ☐ ein traditionelles Dorf besuchen
- ☐ in Jakarta, Süd-Bali oder auf Gili Trawangan die Nacht zum Tag machen

Kalimantan

Man fliegt von Jakarta, Semarang oder Surabaya nach **Pangkalan Bun** (S. 606) und chartert im Hafen von Kumai ein Hausboot (möglichst zu viert oder sechst). Die entspannte Dreitagetour über die ruhigen Flüsse führt tief in den **Tanjung Puting-Nationalpark** (S. 605), wo man bei kurzen Wanderungen in den Dschungel der Fütterung von Orang-Utans beiwohnt, im Camp Leakey den rehabilitierten Menschenaffen noch näher kommt oder traditionelle Dayak-Langhäuser besucht. Von Pangkalan Bun geht es entweder zurück nach Java oder per Bus bzw. Flugzeug nach Banjarmasin.

In **Banjarmasin** (S. 597) schippert man schon am Nachmittag mit dem Boot durch das komplexe Flussnetz der Stadt. Noch vor Sonnenaufgang geht es am nächsten Tag zu einem der Schwimmenden Märkte, bevor man zu einem mehrtägigen Ausflug nach **Loksado** (S. 602) aufbricht. Von dort führen Trekkingtouren durch Sekundär- und Primärwälder zu den Langhäusern verschiedener Dayak-Siedlungen. Den Rückweg gen Banjarmasin tritt man mit einem Bambusfloß an, das ein geübter Guide geschickt durch die Stromschnellen lenkt.

West-Neuguinea

Die touristischen Ziele der östlichsten Provinzen des Landes stehen ganz im Zeichen des Aktivurlaubs. Nach Ankunft in **Jayapura** (S. 685) steuern Kulturinteressierte und Wanderlustige per Flugzeug das entlegene **Baliem-Tal** (S. 689) an, das genügend Wanderstrecken für mehrere Tage und die exotische Kultur der Dani bereithält.

Tauchtouristen aus aller Welt reisen dagegen über Sorong nach **Raja Ampat** (S. 695), das unter erfahrenen Tauchern vielleicht gefragteste Tauchrevier der Welt.

Klima und Reisezeit

Klima

Aufgrund der geografischen Lage und der starken Zersplitterung des Archipels ist Indonesien unter klimatischen Aspekten keine einheitliche Region. Vorherrschend ist ein tropisches Klima mit hohen Niederschlägen, das sich grob in zwei Jahreszeiten einteilen lässt: Die **Monsunwinde** bringen von April bis Oktober vorwiegend trockene und von November bis März feuchte Luftmassen in beinahe alle Landesteile. Zugleich existieren komplexe mikroklimatische Verhältnisse, die von Region zu Region unterschiedlich sind.

Monsun

Wo die Einstrahlung der Sonne am intensivsten ist, schafft die aufsteigende Luft einen Sog, der von Norden und Süden neue Luftmassen anzieht – es entsteht Wind. Diese Nord- und Südwinde werden durch die Erdrotation auf der Nordhalbkugel zu Nordost- bzw. Südwestwinden und auf der Südhalbkugel zu Nordwest- bzw. Südostwinden umgelenkt. So ergeben sich auf den beiderseits des Äquators liegenden indonesischen Inseln komplizierte Windverhältnisse. Während der Wintermonsun reichlich Regen bringt, sorgt der Sommermonsun für anhaltende Trockenperioden.

Niederschläge

See-, Berg- und Talwinde, die das regionale Windgeschehen mitprägen, spielen so komplex ineinander, dass exakte Aussagen über Regen- und Trockenzeiten unmöglich sind. In Bogor fällt mehr als doppelt so viel Niederschlag wie in Jakarta, obwohl beide Orte kaum 60 km entfernt liegen.

Im Zuge des **Klimawandels** kommt es vor, dass der Monsun an einigen Orten ausbleibt, unerklärliche Winde auftreten oder es deutlich wärmer oder kühler wird als für die Region üblich. Es kann durchaus sein, dass es an der Nordküste einer Insel in Strömen gießt, während an der Südküste die Sonne scheint.

Wer in die tropische **Regenzeit** kommt, kann wahre Fluten erleben: Innerhalb eines Tages fällt manchmal mehr Regen als in mehreren europäischen Monaten zusammen – 600 mm Niederschlag an einem Tag sind keine Sensation! Doch selbst während der Regenzeit gibt es auch schöne Tage, an denen es nicht regnet. Die Chancen für Regen stehen etwa 2:1.

Die **Luftfeuchtigkeit** liegt im Tiefland morgens meist bei etwa 90 % und geht nachmittags auf etwa 70 % zurück. Nur auf den Inseln mit einer ausgeprägten Trockenzeit sinkt die Luftfeuchtigkeit nachmittags unter 50 %. Es fallen pro Jahr durchschnittlich 2000–3000 mm Regen (Deutschland 706 mm).

Temperaturen

Frühling, Sommer, Herbst und Winter sind in Indonesien unbekannt. An jedem Tag des Jahres steht die Sonne etwa zwölf Stunden lang am Himmel. Der Übergang vom Tag zur Nacht vollzieht sich rasch, sodass die Dämmerung nur sehr kurz ist. Sonnenauf und -untergänge verlieren häufig durch dichte Dunst- oder Nebelschleier ihren Reiz. Im Flachland herrschen während des ganzen Jahres Temperaturen von 22–34 °C, vielfach wird es aber in den frühen Nachmittagsstunden noch heißer.

Angenehm ist der Aufenthalt im Hochland, wo in 1000 m Höhe (2000 m) die Durchschnittstemperaturen bereits 6 °C (12 °C) niedriger sind als im Flachland. Selbst mittags betragen die

Jakarta (Java)

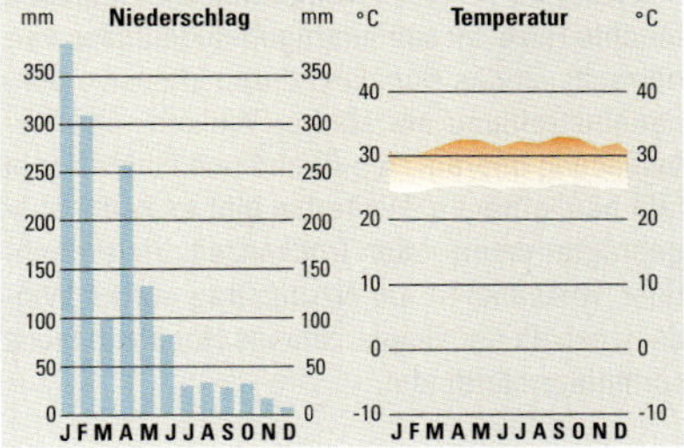

Denpasar (Bali)

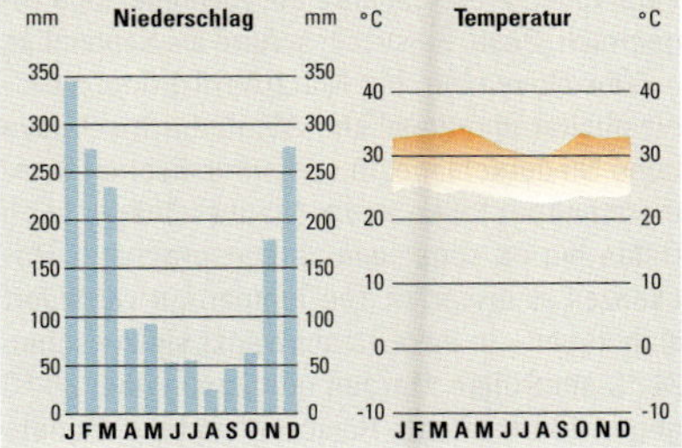

Maumere (Flores)

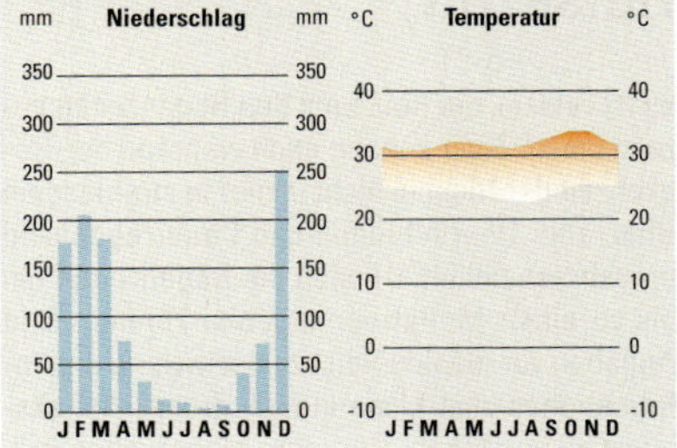

Medan (Sumatra)

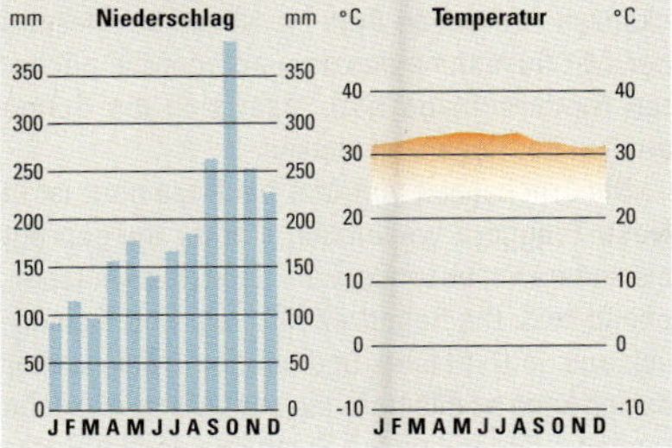

Sorong (Papua)

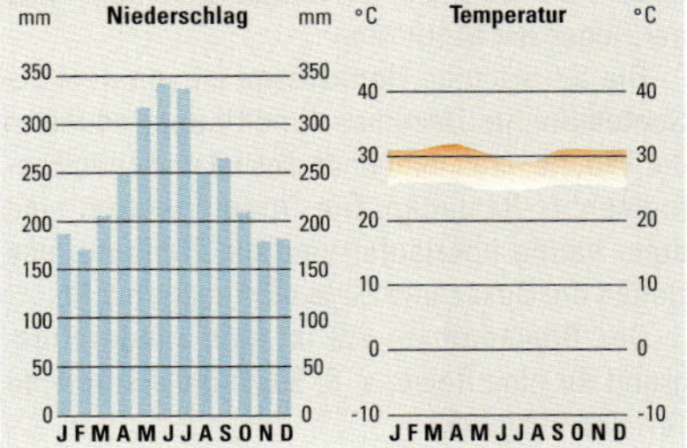

Makassar (Sulawesi)

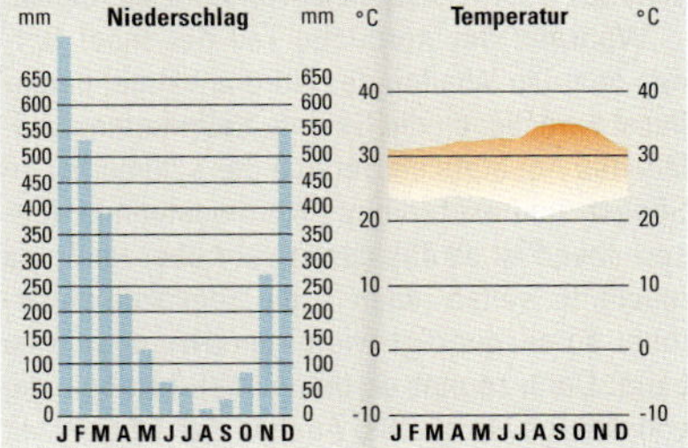

Temperaturen kaum mehr als 30 °C. Nachts kann es stark abkühlen, Temperaturstürze unter 5 °C sind auf hohen Bergen keine Seltenheit. Auf über 2000 m kann es während der Nacht zu Strahlungsfrösten kommen.

Regionalklima

Je weiter man nach Westen kommt, umso früher setzt die Regenzeit ein. Auf **Sumatra** bringt der Monsun v. a. der Südwestküste und den Gebirgsketten viel Regen. Aceh und Nord-Sumatra sind ab Oktober, West-Sumatra ab November sehr regenreich. Beste Reisezeit ist April bis September.

Von November bis März/April bringt nordwestlicher und westlicher Wind der Insel **Java** hohe Niederschläge. In den europäischen Sommermonaten fallen kaum Niederschläge, nach Osten hin ist sogar eine ausgesprochene Trockenzeit zu erwarten. Die Temperatur verändert sich kaum – in Jakarta schwankt sie zwischen 24 °C am frühen Morgen und etwas über 30 °C gegen 13 Uhr. Beste Reisezeit sind die Monate von Mai bis Oktober.

Bali ist ganzjährig gut zu bereisen. Die Trockenzeit dauert von April bis November/Dezember. Mit Ausnahme des Januars (der die höchsten Niederschläge hat), lässt sich die Sonne auch in der Regenzeit blicken.

Die Trockenzeit von Mai bis Dezember ist in **Nusa Tenggara** wesentlich stärker ausgeprägt als anderswo; besonders am Ende ist es entsprechend heiß. Die Regenzeit fällt sehr unterschiedlich aus: In Ost-Flores und auf den Inseln weiter östlich kann es allenfalls ein paar Mal pro Woche regnen, während es auf Sumbawa und im Hochland von Flores alle paar Stunden wie aus Eimern schüttet. Beste Reisezeit ist von April bis August.

Während der nördliche Teil der Insel Borneo von den Winden der Nordhalbkugel beeinflusst wird, liegen die Gebiete **Kalimantans** südlich des Äquators im Bereich der sommerlichen Südost- und winterlichen Nordwestwinde. Entsprechend ist es das ganze Jahr über heiß und feucht. In weiten Teilen ist die Regenzeit ab Oktober so ausgeprägt wie nirgendwo anders im Land. Dann regnet es manchmal durchgängig von mittags bis nachts. Auch in der Trockenzeit und besonders im Inselinneren kann es täglich zu längeren Tropenschauern kommen.

Wegen seiner Form und äquatorialen Lage wird **Sulawesi** von verschiedensten Windströmungen beeinflusst. Entsprechend ändert sich die Regenzeit je nach Küstenlage, vorherrschender Windrichtung und schützenden Gebirgszügen. Im Norden und Süden fallen die meisten Niederschläge im europäischen Winter. Die Zentralregion hat zum Teil mehrere Regenzeiten im Jahr. Das Gebiet der Toraja zählt zu den regenreichsten des Landes, allerdings ist Dauerregen eher selten.

Während in **West-Neuguinea** im Flachland feuchte Hitze mit sintflutartigen Regenfällen vorherrscht, ist das Hochland durch intensive Sonneneinstrahlung mit starker Wolken- und Nebelbildung geprägt. Am Abend und in der Nacht fällt häufig Regen. Weiterhin gibt es keine ausgeprägte Regen- oder Trockenzeit. Viele Hochtäler verzeichnen am Nachmittag starke Winde, weshalb der Flugverkehr ins Hochland meist vormittags stattfindet.

Reisezeit

Es ist ratsam, die Route mit den Regenzeiten abzustimmen. Zwar scheint auch während der Trockenzeit der Himmel nicht immer in strahlendem Blau, aber Überflutungen und Dauerregen sind unwahrscheinlich. Da sich die Regenzeiten um bis zu einen Monat verschieben können, sind Angaben zur idealen Reisezeit schwierig und Informationen zum Klima nur als grober Anhaltspunkt zu verstehen. Wer ganz sichergehen will, beginnt einen Badeurlaub oder eine Dschungeltour frühestens einen Monat nach dem Ende der Regenzeit (April/Mai).

Die touristische **Hochsaison** ist von Juni bis September, im Dezember und Januar sowie in der Woche nach dem Ende des islamischen Fastenmonats Ramadan. Die Urlaubszentren sind dann häufig überlaufen und die Zimmerpreise ziehen an, Busse und Züge sind ausgebucht.

Der **Ramadan** (S. 22) ist kein Hinderungsgrund für eine Reise, s. S. 59, und die künftigen Termine auf S. 60.

Reisekosten

Wer wie die Einheimischen lebt, geringe Ansprüche hegt und viel Zeit hat, kann in Indonesien besonders günstig reisen. Doch auch im Luxussegment zahlt man deutlich weniger als in Europa. Schnell fällt an der Preisstruktur auf, dass einerseits Arbeitskraft billig ist, andererseits eine schlechte Infrastruktur die Preise erhöht. So ist im Warenpreis vieler Güter im Inselstaat der Transportanteil sehr hoch; infolgedessen führte der Rückgang von Benzinsubventionen in den letzten Jahren zu erheblichen Preissprüngen. Je weiter man von den regionalen Zentren an die Peripherie reist, umso schlechter wird folglich das Preis-Leistungs-Verhältnis.

Am teuersten ist West-Neuguinea, das von den folgenden Preisbeispielen deshalb ausgenommen ist.

Tagesbudget

Wie viel Geld man pro Tag ausgibt, hängt von der Art des Reisens und der Saison ab. Wer Wert auf einen hohen Standard legt, kann besonders in den Touristenzentren viel Geld ausgeben. Doch auch mit eingeschränkten Mitteln findet man fast überall preisgünstige Alternativen. Für Budget-Reisende, die sich mit Hostels und Homestays, öffentlichem Transport und Essen von Straßenständen zufriedengeben, ist in der Nebensaison mit Ausgaben von 15–25 € pro Tag zu rechnen.

Wer sich ein Hotel mit Pool, Warmwasser und Klimaanlage leistet, die Gegend mit Leihwagen und Guide erkunden möchte, auch mal Taxi fährt und kulinarisch mehr als nur *Nasi Goreng* erwartet, kommt in der Nebensaison mit 50–80 €, in der Hauptsaison mit 70–100 € am Tag aus. Touristen, die es luxuriöser mögen, können in gehobenen Hotels auch leicht über 200 € pro Tag allein für das Zimmer ausgeben. In der Hauptsaison steigen die Preise für Unterkünfte je nach Region und Andrang um 20, 50 oder sogar 100 %.

Eintrittspreise und Guides

Viele Sehenswürdigkeiten verlangen **Eintrittsgebühren**, von Ausländern manchmal deutlich mehr als von Einheimischen: für Hauptattraktionen 10 000–50 000 Rp, bei einigen Weltkulturerbestätten sogar über 200 000 Rp. Museen und Galerien erheben 5000–50 000 Rp Eintritt. Strände und Wasserfälle schlagen mit max. 10 000 Rp zu Buche, die meisten Nationalparks 150 000–250 000 Rp. Besucht man traditionelle Dörfer oder kunsthandwerkliche Kooperativen, so wird für Fotos und eine Führung durch die Anlagen eine Spende erwartet, für die 20 000–40 000 Rp angemessen sind.

Für die meisten **Tempel**, **Kirchen** und **Moscheen** wird kein Eintritt erhoben, eine Spende ist jedoch nicht verkehrt, und auf Bali fordern einige Dorfgemeinschaften eine Gebühr von 5000–20 000 Rp.

Unsere Preisangaben

Bei den Hotelbeschreibungen in diesem Buch sind stets Kategorien und Preisspannen der sogenannten **Walk-in-Preise** für die Nebensaison angegeben (s. Umschlagklappe). Darunter sind Tagespreise zu verstehen, die v. a. bei den teureren Unterkünften weit unter den offiziellen Preisen liegen. Häufig ist bei längeren Aufenthalten ein deutlicher Preisnachlass auszuhandeln. Es lohnt sich fast immer, nach Rabatten zu fragen oder nach Angeboten im Internet zu suchen.

Was kostet wie viel?

1,5 l Trinkwasser	2000–10 000 Rp
0,3 l Softdrink	4000–15 000 Rp
Großes Bier	26 000–40 000 Rp
Frühstück	25 000–50 000 Rp
Nasi Goreng	ab 10 000 Rp
westliche Speisen	ab 30 000 Rp
Kaffee	5000–25 000 Rp
Hotelzimmer	
Budget	bis 300 000 Rp
Mittelklasse	bis 1 Mio. Rp
Luxus	ab 1 Mio. Rp
1 l Benzin (Super)	7500–11 000 Rp
Taxifahrt (3 km)	ca. 17 000 Rp
kurze Minibusfahrt	4000–6000 Rp
Busfahrt	15 000–25 000 Rp pro Std.
Mietwagen	
ohne Fahrer	100 000–350 000 Rp pro Tag
mit Fahrer	450 000–800 000 Rp pro Tag

Hinzu kommt häufig eine **Parkgebühr**, die unabhängig von der Parkdauer 2000–5000 Rp beträgt. In fast allen hinduistischen Tempeln auf Bali und Lombok sowie in einigen Moscheen und traditionellen Dörfern ist das Tragen eines Sarongs (auf Bali auch eines Tempelschals) Pflicht, wofür gelegentlich eine Leihgebühr von höchstens 10 000 Rp gefordert wird. Falls zusätzlich für die Instandhaltung der Anlage eine Spende erwartet wird, sind 10 000 Rp angemessen.

Offizielle, englisch- oder mehrsprachige **Führer** sind an wichtigen Attraktionen für Beträge von 50 000–75 000 Rp zu haben. Sie begleiten einen in der Regel ohne Hast und geben nützliche Informationen zu den Sehenswürdigkeiten. Für halb- oder ganztägige Führungen sind Preise zwischen 200 000 und 350 000 Rp (zzgl. Transportleistungen) üblich.

Es kann durchaus vorkommen, dass nette Einheimische Touristen bei ihren Besichtigungen begleiten und Interessantes erzählen oder versteckte Wege aufzeigen. Am Ende erwarten manche eine Entlohnung, für die 10 000–20 000 Rp angebracht sind.

Bei einer längeren **Trekkingtour** müssen mindestens 300 000 Rp pro Tag für einen Guide einkalkuliert werden, mitunter auch noch einmal so viel für die Träger; diese Preise beziehen sich jedoch immer auf eine Gruppe von max. 4–5 Leuten und gelten nicht pro Person.

Übernachtung

Wer preiswert reisen will, kann auf Java, Sumatra und Bali für die Übernachtung mit Kosten von 100 000 Rp im Hostelbett oder 150 000–350 000 Rp im Doppelzimmer rechnen. Die billigsten Zimmer sind oft nur spartanisch eingerichtet und ohne eigenes Badezimmer, in manchen Homestays zudem nur mit einem Mandi (S. 87) und Hocktoilette. Ein einfaches Frühstück, das häufig aus *Nasi Goreng* oder Toast, Marmelade und Tee oder Kaffee besteht, ist meist inklusive. Ein Mittelklassezimmer kostet je nach Ausstattung 250 000–1 Mio. Rp. Luxusresorts und Villen bieten häufig neben einem großen Pool für alle Gäste auch Villen mit Privatpool.

Transport

Für den Nahverkehr stehen **Minibusse** und **Taxis** zur Verfügung. Eine Minibusfahrt kostet im Stadtverkehr 4000–6000 Rp, bei längeren Strecken selten über 20 000 Rp. Bei einer Taxifahrt von 3 km sollte mit mindestens 17 000 Rp gerechnet werden. **Motorradtaxis** *(Ojek)* kosten unwesentlich weniger, sind aber schneller und wendiger unterwegs. Lange Strecken legt man am besten im klimatisierten (Nacht-)Bus, sehr weite Distanzen auch per Schiff und Flugzeug zurück.

Für einen auf längere Zeit gebuchten **Mietwagen** sollte mit mindestens 100 000 Rp pro Tag gerechnet werden, inkl. Versicherung (allerdings ohne Haftpflicht!). Für ein **Auto mit Fahrer** sind Kosten ab 450 000 Rp pro Tag zu veranschlagen. Bei weiten Strecken werden es schnell 500 000–800 000 Rp, v. a. auf den östlichen Inseln (z. B. Nusa Tenggara).

Wer sich den hektischen und riskanten Linksverkehr nicht zutraut, sollte einen Fahrer in Anspruch nehmen. Die meisten Autovermietungen außerhalb Balis vermitteln grundsätzlich nur Pkw mit Fahrer, sodass für Gruppen ab 5 Personen ein größeres Fahrzeug erforderlich wird.

Die **Flugpreise** sind in den vergangenen Jahren durch mehr Konkurrenz auf dem Markt und bessere Verbindungen gesunken. Generell sind die häufig geflogenen Strecken (z. B. Jakarta–Denpasar) recht günstig, während Flüge in die Randregionen verhältnismäßig teuer sind.

Rabatte

Ein internationaler Studentenausweis ist nur für ganz wenige Museen und Attraktionen nützlich. Auch Rabatte für Transport und Unterkunft sind allein durch **Verhandlungsgeschick** erhältlich und nicht durch den Status als Student oder Rentner.

Bei Reisen mit **Kindern** ist es in vielen Hotels möglich, ein Zusatzbett für unter 10 € zu bekommen. In Verkehrsmitteln muss man für Kinder nur dann zahlen, wenn sie einen eigenen Sitzplatz in Anspruch nehmen.

Trinkgeld

Generell wird keins erwartet, jedoch sind Indonesier einem Trinkgeld nicht abgeneigt. Dieses ist jedoch nur bei sehr gutem Service oder Sonderleistungen angebracht. In Restaurants mit richtiger Buchhaltung und Kassensystem ist eine Servicegebühr bereits in der Rechnung enthalten, ansonsten empfiehlt sich ein Aufrunden des Betrags in 2000-Rp-Schritten bzw. 5000-Rp-Schritten bei größeren Beträgen.

Parkplatzwächter erwarten für das Einweisen und Bewachen des Fahrzeugs eine Entlohnung von 2000–3000 Rp. Auch anderen Niedriglöhnern wie Rikscha- und Motorradtaxi-Fahrern oder Essensstandverkäufern schlägt man schon mal ein kleines Trinkgeld drauf.

Wer reisen will, muss oft warten – wie gut, dass es an Busbahnhöfen fast immer Essensstände gibt.

© MISCHA LOOSE

Travelinfos von A bis Z

Wer Indonesien bereist, benötigt einen Reisepass, eine Reisekrankenversicherung und leichte, luftige Kleidung. In klimatisierten Räumen und Transportmitteln sowie in Bergregionen ist etwas Warmes zum Anziehen hilfreich. Auch eine gesunde Portion Geduld und Neugier darf nicht fehlen. Es gibt viel zu entdecken, Fremdes zu verstehen und Schönes zu erleben. Um gut vorbereitet zu sein, lohnt es sich, unsere Travelinfos zu lesen.

ESSENSTAND IN YOGYAKARTA; © MORITZ JACOBI

Kurz und knapp

Einreise EU-Bürger und Schweizer mit einem mind. 6 Monate gültigen Reisepass

Flugdauer Frankfurt/Main – Jakarta: mind. 15 Std. (keine Direktflüge)

Geld Währung ist die Indonesische Rupiah. Geldautomaten sind in Städten verbreitet.

Smartphones SIM-Karten gibt es in vielen Handyshops und Kiosken. Viele Restaurants und fast alle Hotels haben WLAN (WiFi).

Zeitverschiebung MEZ plus 6–8 Std., zur europäischen Sommerzeit plus 5–7 Std.

Inhalt

Anreise

Flugverbindungen mit Europa

Die meisten Besucher reisen auf dem Luftweg ein und landen nach mindestens 15 Std. Flugzeit an den großen Flughäfen **Soekarno-Hatta** in Jakarta oder **Ngurah Rai International** in Denpasar auf Bali. Tickets nach Jakarta kosten ab 500 € und nach Denpasar ab 650 € (Hin- und Rückflug in der Economy Class). Wer zum gewünschten Zeitpunkt möglichst billig fliegen will, sollte bei Flügen in der Hochsaison frühzeitig buchen. In der Nebensaison können hingegen oft rund zwei Monate vor Abflug die besten Angebote gefunden werden.

Cathay Pacific, www.cathaypacific.com, fliegt ab Düsseldorf, Frankfurt/Main und Zürich mit Zwischenstopp in Hongkong nach Jakarta und Denpasar.

Emirates, www.emirates.com, fliegt ab Düsseldorf, Frankfurt/Main, Genf, Hamburg, München, Wien und Zürich mit Zwischenstopp in Dubai nach Jakarta und Denpasar.

Etihad Airways, www.etihad.com, fliegt ab Düsseldorf, Frankfurt/Main, Genf, München, Wien und Zürich mit Zwischenstopp in Abu Dhabi nach Jakarta, mit weiterem Stopp in Jakarta, Kuala Lumpur oder Singapore auch nach Denpasar.

KLM/Garuda Indonesia, www.klm.com, fliegt ab Amsterdam nach Jakarta und via Singapore (ohne Flugzeugwechsel) nach Denpasar.

Lufthansa, www.lufthansa.com, fliegt ab Frankfurt/Main nach Singapore sowie nach Kuala Lumpur. Von dort besteht die Möglichkeit, mit anderen Airlines (s. u.) weiterzureisen.

Qatar Airways, www.qatarairways.com, fliegt ab Berlin, Frankfurt/Main, Genf, München, Wien und Zürich mit Zwischenstopp in Doha nach Jakarta und Denpasar.

Scoot, www.flyscoot.com, die Billigairline von Singapore Airlines fliegt ab Berlin mit Zwischenstopp in Singapore nach Denpasar, Jakarta, Palembang und Surabaya.

Singapore Airlines, www.singaporeair.com, fliegt ab Düsseldorf, Frankfurt/Main, München und Zürich mit Zwischenstopp in Singapore nach Jakarta und Denpasar.

Thai Airways, www.thaiairways.com, fliegt ab Frankfurt/Main, München und Zürich mit einem Zwischenstopp in Bangkok nach Jakarta und Denpasar.

Turkish Airlines, www.turkishairlines.com, fliegt ab Basel, Berlin, Düsseldorf, Frankfurt/Main,

Praktische Apps und Websites für Buchung und Planung

Besonders in der touristischen Hochsaison und während der australischen Schulferien und Feiertage ist eine Vorbuchung von Unterkünften sinnvoll.

Eine lohnenswerte Anlaufstelle für Flug-, Hotel- und Mietwagenbuchungen sind **Vergleichsportale**, die das günstigste Angebot herausfiltern.

www.kayak.de (auch als App)

www.skyscanner.de (auch als App)

Hier kann man mit der Option „flexible Kriterien – ganzer Monat" nach den günstigsten Flügen innerhalb eines Monats suchen.

www.tiket.com und **www.tiket2.com** für Inlandsflüge, Zugfahrten und Bustickets, Kreditkartenzahlung möglich.

www.tripadvisor.de (auch als App)

Die Website bietet eine sehr umfangreiche Hotelauswahl, einen Beliebtheitsindex, ein Forum sowie Bewertungen und Fotos von Reisenden.

www.seatguru.com (auch als App)

Die Seite informiert über gute Sitzplätze und weitere Details im Flieger.

www.aerosecure.de

Detaillierte Infos zur Flugsicherheit aller Airlines.

Genf, Graz, Karlsruhe, Köln, Leipzig, Salzburg, Wien und Zürich über Istanbul nach Jakarta.

Flugverbindungen mit Südostasien

Wer ein paar Euro sparen oder noch ein anderes Land in der Region besuchen möchte, sollte erwägen, bis nach Bangkok, Kuala Lumpur oder Singapore zu fliegen und von dort mit einem asiatischen Billigflieger weiterzureisen.

AirAsia, www.airasia.com, fliegt nach Jakarta ab Bangkok, Johor Bahru, Kuala Lumpur, Manila, Penang und Singapore und nach Bali ab Bangkok, Kuala Lumpur und Singapore. Zudem Flüge ab Kuala Lumpur nach Balikpapan, Banda Aceh, Bandung, Lombok, Makassar, Medan, Padang, Palembang, Pekanbaru, Pontianak, Semarang, Solo, Surabaya und Yogyakarta. Ab Bangkok nach Me dan und Surabaya und ab Singapore nach Bandung, Medan, Padang, Semarang und Yogyakarta.
Firefly, www.fireflyz.com.my, fliegt ab Penang nach Banda Aceh.
Garuda Indonesia, www.garuda-indonesia.com, fliegt ab Kuala Lumpur und Bangkok nach Jakarta sowie ab Singapore nach Bali, Jakarta, Medan und Surabaya.
Jet Star, www.jetstar.com, fliegt ab Singapore nach Bali, Jakarta, Medan, Palembang, Pekanbaru und Surabaya.
Lion Air, www.lionair.co.id, fliegt ab Kuala Lumpur nach Jakarta und Surabaya sowie ab Singapore nach Jakarta.
Malindo Air/Batik Air, www.malindoair.com, fliegt ab Kuala Lumpur nach Bali, Bandung, Jakarta und Medan.
Scoot, s. o., fliegt ab Singapore nach Bali, Jakarta, Palembang, Pekanbaru und Surabaya.
Silk Air/Singapore Airlines, www.silkair.com, fliegt ab Singapore nach Bali, Balikpapan, Bandung, Lombok, Makassar, Manado, Medan, Semarang, Surabaya und Yogyakarta.
Thai Airways, s. o., fliegt ab Bangkok nach Bali und Jakarta.

Anreise mit der Fähre

Von der Singapore vorgelagerten Insel Batam bietet sich die zeitaufwendige Möglichkeit, mit den staatlichen Fähren von **Pelni**, www.pelni.co.id, viele Häfen des Archipels zu erreichen. Pelni-Fähren verkehren nach festen Fahrplänen alle zwei Wochen oder jeden Monat auf vorgegebenen Routen. Details S. 86.

Von Melaka in Malaysia setzen Fähren nach Dumai auf Sumatra über.

Weniger fliegen – länger bleiben! Reisen und Klimawandel

Der Klimawandel ist vielleicht das dringlichste Thema, mit dem wir uns in Zukunft befassen müssen. Wer reist, erzeugt auch CO_2: Der Flugverkehr trägt mit einem Anteil von bis zu 10 % zur globalen Erwärmung bei. Wir sehen das Reisen dennoch als Bereicherung: Es verbindet Menschen und Kulturen und kann einen wichtigen Beitrag für die wirtschaftliche Entwicklung eines Landes leisten. Reisen bringt aber auch eine Verantwortung mit sich. Dazu gehört, darüber nachzudenken, wie oft wir fliegen und was wir tun können, um die Umweltschäden auszugleichen, die wir mit unseren Reisen verursachen. Wir können insgesamt weniger reisen – oder weniger fliegen, länger bleiben und Nachtflüge meiden (da sie mehr Schaden verursachen). Und wir können einen Beitrag an ein Ausgleichsprogramm wie **www.atmosfair.de** leisten.
Dabei ermittelt ein Emissionsrechner, wie viel CO_2 der Flug produziert und was es kostet, eine vergleichbare Menge Klimagase einzusparen. Mit dem Betrag werden Projekte in Entwicklungsländern unterstützt, die den Ausstoß von Klimagasen verringern helfen.

Botschaften und Konsulate

Indonesische Botschaften und Konsulate

… in Deutschland

Botschaft der Republik Indonesien
Lehrter Str. 16-17, 10557 **Berlin**
030-4780 7200, 4473 7142
www.kemlu.go.id/berlin
Visastelle: Beantragung Mo–Do 9–12.30 Uhr, Abholung Mo–Do 14.30–15.30, Fr 9–12 Uhr

Generalkonsulate
Zeppelinallee 23, 60325 **Frankfurt/Main**
069-247 0980, 2470 9840
www.indonesia-frankfurt.de
Mo–Fr 9.30–12.30 Uhr

Bebelallee 15, 22299 **Hamburg**
040-513 2570, 511 7531
www.kjrihamburg.de
Mo–Fr 9.30–13 und 14.30–16 Uhr

Honorargeneralkonsulat
Karlheinz Kögel, Flughafen Stuttgart, Dienstleistungsgebäude E5, Raum 5.045, 70629 **Stuttgart**
0711-797 0788, 797 0769
Mo–Fr 10–12 und 14–18 Uhr

Honorarkonsulate
Wolfgang G. Köhne, Martinistr. 1, 28195 **Bremen**
0421-335 0333, 335 0344
Mo, Di und Do 10.30–12 Uhr

Dr. Dieter Murmann, Brauner Berg 15, 24159 **Kiel**
0431-394020, 394025
Mo–Fr 10–12 und 14–16 Uhr

Dr. Yorck Otto, Maria-Theresia-Str. 6, 81675 **München**
089-220695, 220598
Di–Do 9.30–11.30 Uhr

… in Österreich

Botschaft der Republik Indonesien
Gustav Tschermakgasse 5-7, 1180 **Wien**
01-476230, 479 0557
www.kemlu.go.id/vienna, www.kbriwina.at
Visastelle: Beantragung Mo–Fr 9–12 Uhr, Abholung Mo–Do 13.30–16 und Fr 14.30–16 Uhr

Honorarkonsulate
Wulfengasse 16, 9020 **Klagenfurt**
0463-504677, 504344
Mo–Do 9–12 Uhr

Wienerstr. 57, 4020 **Linz**
0732-652077, 652 0774
Mi 8.30–10.30 Uhr

… in der Schweiz

Botschaft der Republik Indonesien
Elfenauweg 51, 3006 **Bern**
031-352 0983, 351 6765
www.kemlu.go.id/bern
Visastelle: Mo–Fr 9–12 Uhr

Ausländische Vertretungen in Indonesien

Deutschland

Deutsche Botschaft
Jl. M.H. Thamrin 1, 10310 **Jakarta**
021-3985 5000, Notfalltelefon: 0811-152526, 3985 5130, www.jakarta.diplo.de
Konsularabteilung, Pass- und Visastelle: Mo–Fr 7.30–11.30 Uhr, Botschaft: Mo–Do 7.15–15.30 und Fr 7.15–13 Uhr
Der erfahrene Botschaftsarzt ist ein guter Ansprechpartner für medizinische Fragen.

Deutsches Honorarkonsulat Bali
Robert Jantzen, Jl. Pantai Karang 17, **Sanur**
0361-288535, 288826
sanur@hk-diplo.de
Mo–Fr 8.30–12.30 Uhr

Deutsches Honorarkonsulat Makassar
Oswald Sirapandji, Jl. Metro Tanjung Bunga, Mall GTC Makassar, Unit GO01, 90134 **Makassar**

℡/℻ 0411-811 3971
✉ makassar@hk-diplo.de

Deutsches Honorarkonsulat Medan
Liliek Darmadi, Jl. Abdullah Lubis 47A, 20154 **Medan**
℡ 061-415 2323, ℻ 415 2424
✉ medan@hk-diplo.de

Deutsches Honorarkonsulat Surabaya
Harjanto Tjokrosetio, Jl. Dr. Wahidin 29, 60264 **Surabaya**
℡ 061-415 2323, ℻ 415 2424
✉ surabaya@hk-diplo.de

Österreich

Botschaft von Österreich
Jl. Diponegoro 44, Menteng, 10310 **Jakarta**
℡ 021-2355 4005, Notfalltelefon: 0811-833790, ℻ 3190 4881
www.bmeia.gv.at/en/oeb-jakarta
Mo–Fr 9–12 Uhr

Konsulat von Österreich Bandung
Eduard Eddy Sugiri
Jl. Padasaluyu Utara II 3, 40154 **Bandung**
℡ 022-201 1632, ℻ 201 4407
✉ austrian.consulate@yahoo.com
Mo–Fr 9–17 und Sa 9–14 Uhr

Konsulat von Österreich Surabaya
James Rachman Radjimin
Jl. Embong Malang 85-89 (JW Marriott), 60261 **Surabaya**
℡ 031-531 6000, ℻ 531 9000
✉ austrian.consul@sby.centrin.net.id
Mo–Fr 9–17 Uhr.

Konsulat von Österreich Yogyakarta
Soeleman Sugiharto, Jl. Perkapalan 7, Alun Alun Utara, 55000 **Yogyakarta**
℡ 027-441 9999, ℻ 441 2023
✉ ss_aei@yahoo.co.id
Mo–Fr 9–12 Uhr

Schweiz

Botschaft der Schweiz
Jl. H.R. Rasuna Said, Blok X 3/2, Kuningan, 12950 **Jakarta**
℡ 021-525 6061, Notfalltelefon: 0811-385 0041, ℻ 520 2289
www.eda.admin.ch/jakarta
Mo–Fr 9–12 Uhr

Konsulat der Schweiz Bali
(auch für Österreicher zuständig)
Jl. Ganetri 9D, 80235 **Denpasar**
℡ 0361-264149, ℻ 243747
✉ bali@honrep.ch
Mo–Fr 9–13 Uhr

Einkaufen

Stoffe, Kleidung und Kunsthandwerk sind beliebte Mitbringsel. Am besten sondiert man erst einmal das Angebot und kauft dann mehrere Dinge in einem Laden, denn so hat man bessere Möglichkeiten zu handeln (Tipps zum Handeln S. 50). In großen Geschäften und Einkaufszentren werden hingegen Festpreise verlangt.

Wohin es auch geht, ein Gang über den **Markt** lohnt immer, denn er bietet einen Überblick über Angebot und Preise und die Möglichkeit, sich mit Waren des täglichen Bedarfs, Obst und Snacks einzudecken.

Auf den Kauf von **Antiquitäten** (für Gegenstände, die älter als 50 Jahre sind, benötigt man ohnehin eine Exportgenehmigung) und Gegenständen, die von geschützten Tierarten stammen (z. B. Schildpatt, Krokodilleder oder Korallen), sollte generell verzichtet werden. Der Zoll beschlagnahmt diese Gegenstände, und es drohen hohe Strafen!

Textilien

Batik-Stoffe (Sarongs, Kleidungsstücke, Taschen) und dekorative **Batik-Bilder** sind ein beliebtes Mitbringsel. Sie brauchen wenig Platz im Gepäck, und ein Batik-Sarong kann zugleich als Kleidungsstück und als Decke benutzt werden. Da es große qualitative Unterschiede bei den Stoffen gibt, variieren die Preise erheblich. Das größte Angebot gibt es in Yogyakarta und Solo auf Java, aber Vorsicht: Oft werden billige

Drucke, die beim Waschen stark ausfärben, als echte Batik angeboten. Weitere Infos im Kasten auf S. 216.

Mit Goldfäden durchwirkte **Songket-Stoffe** für festliche Kleidungsstücke werden in West- und Süd-Sumatra, aber auch in Ost-Bali, Zentral-Lombok und Süd-Sulawesi gewebt und teuer verkauft.

Bei den Batak in Nord-Sumatra heißen die traditionellen Webarbeiten **Ulo**.

Ikat-Stoffe werden auf den östlichen Inseln Nusa Tenggaras teils noch handgewebt und mit Naturfarben gefärbt. Sie erzielen in den Touristenzentren Höchstpreise. Preiswertere Stoffe werden zu Taschen oder Kleidungsstücken verarbeitet. Das beste Angebot bietet der Textilmarkt in Ende auf Flores (S. 496).

Westliche Kleidung, von T-Shirts über Badebekleidung und Designerprodukte bis zu grellbunten Shorts, gibt es vor allem in den großen Einkaufszentren in Jakarta und anderen Metropolen sowie in kleineren Boutiquen und Factory Outlets. Eine besonders große Auswahl findet man in der auch Jalan Jeans genannten Jalan Cihampelas in Bandung, aber auch in Jakarta, Surabaya und Yogyakarta verkaufen Geschäfte neben billigen Kopien bekannter Marken auch originale Produkte (Ausschussware). Zudem bringen besonders auf Bali und in Bandung kreative Modelabels neue Erfolgsmodelle auf den Markt, die mit etwas Verspätung auch in Deutschland zum vielfachen Preis angeboten werden.

Wer vor oder nach dem Bali-Aufenthalt auf Java reist, kauft hier deutlich günstiger ein.

Kunst, Kunsthandwerk und weitere Souvenirs

In **Jakarta** bekommt man im Sarinah Einkaufszentrum Souvenirs und schöne Stoffe sowie in der Jalan Surabaya Antiquitäten und Kunsthandwerk aus dem gesamten Archipel. Bester Anlaufpunkt auf **Bali** ist Geneva Handicraft in Seminyak, und auf **Lombok** bietet Bayan Handicraft in Senggigi viel Kunsthandwerk aus Nusa Tenggara an.

Möbel (Jl. By Pass Ngurah Rai, Sanur) in allen Formen und Farben, nach eigenen Wünschen angefertigter **Silberschmuck** (in Celuk), **Holzschnitzereien** (in Mas) und **Steinmetzarbeiten** (in Batubulan) sind gut und relativ günstig auf Bali zu bekommen, während es hochwertige Teakmöbel und solche aus recyceltem Holz auch in Yogyakarta, Solo und Jepara auf Java gibt.

Bali ist zudem zusammen mit Yogyakarta Zentrum der indonesischen **Malerei**. Besonders um Ubud gibt es Galerien mit Werken verschiedenster Stilrichtungen. Traditionelle **Silberarbeiten** sind vor allem in Koto Gadang in West-Sumatra sowie Kota Gede in Yogyakarta günstig zu erstehen.

Schattenspielfiguren aus Büffelleder, *Wayang Kulit*, stammen überwiegend aus Yogyakarta. Kleine Mitbringsel wie **Masken** *(Topeng)*, **Dolche** *(Kris)* oder traditionelle **Accessoires** wie der typische Frauenschal *Selindang* sind ebenfalls in den kleinen Betrieben Yogyakartas und Solos, aber auch in Jakarta gern gekaufte Artikel.

In den größeren Städten Kalimantans werden auf Märkten traditionelle **Dayak-Souvenirs** feilgeboten, wie die exotisch mit abstrakten Mustern bemalten Schwerter *(Mandau)* oder Schilde *(Tameng)*. Geschnitzte Holzfiguren sind ebenfalls beliebte Andenken und am besten direkt im Langhaus zu erstehen.

Bekannt ist auch die **Schnitzkunst** der Toraja in Süd-Sulawesi. In Rantepao sowie in den traditionellen Dörfern Ke'te Kesu und Londa werden aufwendig geschnitzte Miniaturfassungen der Sippenhäuser sowie kleinere Ebenbilder der Verstorbenen *(Tao Tao)* an Touristen verkauft.

Ein gefragtes Mitbringsel ist qualitativ hochwertiger **Kaffee**, der in Cafés und Souvenirläden angeboten wird; man kann ihn auch direkt in den kaffeeproduzierenden Kooperativen auf Flores, in Aceh oder Tana Toraja kaufen.

Als großer Kakaoproduzent hat Indonesien auch edle **Schokoladen** im Angebot, z. B. die an Flughäfen oder in großen Städten erhältliche Marke Monggo, 💻 www.chocolatemonggo.com.

Weitere Mitbringsel sind Muschel- und Perlenschmuck, Knochenschnitzereien, Messingwaren, bunte Mobiles, Windspiele, Korbwaren und *Lontar*-Manuskripte. Weitere Tipps finden sich in den Regionalkapiteln.

Handeln

Außerhalb von Geschäften mit Fixpreisen gehört das Handeln zum Einkaufen dazu. Die Preise werden je nach Geschick des Käufers und Laune des Verkäufers gemacht. Keiner sollte sich dabei betrogen fühlen, sondern sich der Herausforderung stellen, ins Gespräch zu kommen und die Kunst des Handelns zu erlernen. Fast alle Verkäufer lassen mit sich reden. Falls nicht, sollte man lieber woanders einkaufen. Gerade in Indonesien gehört immer auch eine gesunde Prise Humor zum erfolgreichen Handeln dazu.

In der Regel lohnt es sich, kein übermäßiges Interesse am Produkt zu zeigen und mit den Einkäufen zu warten, bis man sich akklimatisiert und einen Überblick über die Preisspannen verschafft hat. Auch helfen ein paar Worte Indonesisch und eine gute Urlaubsbräune – denn das deutet darauf hin, dass man schon eine Weile im Land ist – dabei, einen günstigeren Preis zu bekommen. Die Preise in den Touristenzentren sind oft überhöht, zudem sollte man sich beim Einkaufen nicht von einem Guide begleiten lassen, der am Ende eine Provision kassiert.

Zunächst gilt es zu überlegen, welchen Preis man selbst gerne zahlen würde. Der vom Verkäufer zuerst genannte Preis ist meist deutlich überhöht. Zuerst sollte man kein Gegengebot nennen, sondern einen zweiten, niedrigeren Preis einfordern. Erst dann sollte ein niedrigeres Gebot abgegeben werden. Nun geht es hin und her, und man tastet sich Stück für Stück an den Preis heran, der es beiden Seiten ermöglicht, den Handel ohne Gesichtsverlust abzuschließen. Auch Verhandlungsgeschick und Sympathiepunkte spielen dabei eine durchaus relevante Rolle. Sollten die Verhandlungen dennoch ins Stocken geraten und der Preis nicht den eigenen Vorstellungen entsprechen, lohnt es sich, dem Straßenhändler mit einer gespielten Geste davonzulaufen. Oft wird man dann zurückgerufen und erhält das Produkt doch zum gewünschten Preis.

Gleichzeitig gilt es, als Käufer nicht durch unrealistisch niedrige Preisforderungen den Verkäufern gegenüber respektlos aufzutreten, erst recht wenn sie gleichzeitig die Hersteller der feilgebotenen Produkte sind. Auch ein Silberschmied oder ein Batik-Händler muss nach Deckung seiner Kosten noch von etwas leben. Man sollte nicht um die letzten 10 000 Rp feilschen, sondern den geforderten Preis akzeptieren oder sich woanders umsehen. Sehr unhöflich ist es, eine Arbeit unnötig schlechtzureden oder ihre Qualität in Zweifel zu ziehen.

Was man tunlichst vermeiden sollte, ist ein Angebot nicht anzunehmen, wenn der Händler auf den gewünschten Preis eingegangen ist. Das ist schlichtweg respektlos und kann zu größeren Irritationen führen.

Elektrizität

Die **Stromversorgung** ist nicht überall gleichermaßen zuverlässig. Auf Java, Bali und Sumatra ist sie meist gut. Stromausfälle kommen dennoch vor, besonders in der Regenzeit. Auf den Außeninseln sind sie noch sehr häufig. Sie können Stunden dauern und werden vornehmlich mit Dieselgeneratoren überbrückt. Auf abgelegenen Inseln steht Strom nur wenige Stunden am Abend zur Verfügung. Zur Sicherheit sollte eine Taschen- oder Stirnlampe in keinem Reisegepäck fehlen.

Gängige Flachstecker passen in indonesische **Steckdosen**, sodass man auf einen **Adapter** verzichten kann. In den günstigsten Unterkünften sind die Steckdosen teils ziemlich ramponiert, sodass sich manche Reisende mit einer externen Powerbank ausstatten.

Essen und Trinken

Wie fast überall in Südostasien ist **Reis** in großen Landesteilen das Grundnahrungsmittel Nummer eins. Berühmt ist die indonesische Küche für ihre **Gewürze**. Der Kampf europäischer Großmächte um das lukrative Monopol im Gewürzhandel zeugt von der historischen Bedeutung des Gewürzanbaus im Archipel. Bis heute sind Gebiete der Inselgruppe der Molukken als „Gewürzinseln" bekannt. Die Europäer hinterließen ebenfalls ihre Spuren in der einheimischen

Küche, z. B. in Form von Chilis, die die Portugiesen aus Amerika hierher brachten.

Von der folgenden Typisierung abgesehen, geht Probieren stets über Studieren. Das Geschmackserlebnis einer unterwegs entdeckten Spezialität – ob köstlich oder gewöhnungsbedürftig – kann eine unvergessliche Erfahrung sein.

Wo essen?

Warung und Essensmärkte

Viele kleine **Garküchen** (manchmal mit Sitzgelegenheiten), sogenannte Warung, bieten warme Mahlzeiten zu erstaunlich günstigen Preisen an. Während einige hausgemachte Leckereien verkaufen, kochen andere lediglich Instant-Nudelsuppen auf und geben auf Wunsch ein paar einfache Zutaten bei.

Es ist in Touristenorten kein Problem, zu jeder Tageszeit etwas Essbares zu bekommen, außer während des islamischen Fastenmonats Ramadan in moslemischen Landesteilen und während einiger Feiertage auf Bali, an denen alles geschlossen ist.

Auf dem Land sind die Möglichkeiten, etwas zu essen zu bekommen, in der Regel auf Warung begrenzt. Höchstens die **Essensmärkte** an Straßen oder großen Plätzen locken als Alternative mit einem umfangreicheren Angebot. Fast jeder Stand bietet andere Spezialitäten: *Sate*, *Gorengan* (Frittiertes), *Krupuk* (Krabbenchips), Klebreis, gebackene Bananen, aber auch komplette Gerichte. Fleisch, besonders Geflügel, ist teuer und wird in kleinen Mengen zu einer großen Portion Reis serviert.

Rumah Makan

In günstigen einheimischen Restaurants, *Rumah Makan*, muss es nicht unbedingt schlecht schmecken. In der Mittagshitze sitzt man hier angenehmer und vor allem kühler als in den Warung. Das Essensangebot ist entweder auf der Speisekarte aufgelistet oder in Schüsseln und auf Platten am Eingang unter Glas ausgestellt. Man sucht sich die Gerichte heraus, die man haben möchte. Das Essen ist oft kalt, doch durch die reichlichen Mengen an Chilis oder ausgiebiges Frittieren verdirbt es auch in der tropischen Hitze nicht schnell. Für ein Gericht zahlt man um 30 000 Rp.

Restaurants

Ebenfalls günstig sind Restaurants in den Touristenzentren, die europäischem Geschmack angepasstes **Traveller-Food** servieren und oft einfachen Unterkünften angeschlossen sind. Das Angebot ist vielfältig, und man muss weder auf Sandwiches, Pizza und Pasta noch auf Pancakes verzichten. Die Preise pro Gericht liegen zwischen 20 000 und 100 000 Rp.

Die qualitativ besten, aber auch teuersten Restaurants servieren hochwertige westliche und asiatische Gerichte sowie leckeres Seafood. Einige Köche haben zudem die kreative **Fusionsküche** etabliert, die westliche und östliche Zutaten und Methoden kombiniert.

In fast allen Restaurants wird auf die ausgewiesenen Preise noch **Steuer und Trinkgeld** erhoben (je nach Preisklasse 5–21 %), doch nicht immer wird klar darauf hingewiesen.

Wie essen?

Während man in indonesischen Restaurants oft mit Löffel und Gabel isst, benutzt man in ländlichen Regionen die Hand, und zwar immer die rechte. Die linke Hand gilt als unrein und sollte nie das Essen berühren. Es braucht ein paar Versuche, bis man den Reis so geübt wie die Einheimischen mit der Hand zum Mund führen kann. Zur Reinigung der Hände vor und nach dem Essen werden Schalen mit Wasser und Limettenhälften gereicht. Auch die Verwendung von Stäbchen in chinesischen Restaurants will gelernt sein.

Typische indonesische Gerichte

Nasi Goreng

Das bekannteste Gericht des Landes besteht aus gebratenem Reis mit Gemüse und Fleisch oder Krabben und süßer Sojasoße. Manchmal wird das Ganze von einem Spiegelei gekrönt *(Nasi Goreng Spesial).* **Mie Goreng** ist das Gleiche mit Nudeln. Es wird sowohl zum Frühstück als auch zum Mittag- oder Abendessen serviert – die kulinarische Allzweckwaffe Indonesiens.

Nasi Campur

Das indonesische „Nationalgericht" bekommt man an Essensständen und in fast allen lokalen Restaurants. Zum Reis gibt es diverse (oft kalte) Beilagen, meist verschiedene Gemüsesorten, geröstete Erdnüsse, *Tempe* (frittierte fermentierte Sojabohnen), Kokosraspeln, Fleisch, Fisch und Ei.

Suppen und Eintöpfe

Sop ist der Überbegriff für aus dem Ausland importiere Suppen und Eintöpfe. *Sop Buntut,* auch als indonesische Ochsenschwanzsuppe bekannt, gilt als der Klassiker. Traditionelle einheimische Suppen werden unter dem Begriff **Soto** zusammengefasst. Die bekannteste ist die *Soto Ayam,* eine Hühnersuppe, die meist mit hauchdünnen Nudeln serviert wird. Regionale Abwandlungen sind z. B. in Banjarmasin (Kalimantan) die *Soto Banjar* oder in Makasssar (Sulawesi) die *Coto Makassar.*

Im Unterschied dazu nennt man einfache Brühen **Kuah**, eine Nudelsuppe ist dann also *Mie Kuah.*

Mie

Nudeln *(Mie)* kommen unterschiedlich zubereitet auf den Tisch: als Suppe (z. B. **Mie Bakso** mit Fleischbällchen oder **Mie Rebus** mit Blattgemüse und Ei) oder gebraten (**Mie Goreng Ayam** mit Huhn oder **Mie Goreng Daging** mit Rindfleisch). Nudelsuppen sind ein gängiges und günstiges Gericht an mobilen Garküchen.

Cap Cai

Cap Cai ist die indonesische Bezeichnung für das chinesische Chopsuey, ein Gericht aus gekochten, klein geschnittenen Gemüsestückchen, unter Umständen auch mit gebratenem Ei, Fleisch oder Krabben. Als Suppe heißt das Gericht *Cap Cai Kuah.* Einfaches gebratenes Gemüse ist **Sayur Goreng**.

Sate

Vor allem auf Märkten gibt es Stände, die kleine Fleischspieße (sprich: Satee) verkaufen. Sie werden in Zucker und Gewürzen eingelegt und anschließend über Holzkohle gegrillt. Dazu gibt es eine würzig-süße Erdnusssoße und eingelegte Gurken und Zwiebeln. Man verwendet vor allem Ziegen- *(Kambing)* und Hühnerfleisch *(Ayam),* auf Bali und in Tana Toraja oft auch Schweinefleisch *(Babi).*

Gado-Gado

Ein kalter Salat aus gekochtem Mischgemüse und Kartoffeln oder *Lontong* mit vielen Sojasprossen, der mit Erdnusssoße angemacht wird. Dazu werden *Krupuk* (Krabbenchips) gereicht.

Lontong

In Bananenblättern gekochter Klebreis, häufig als Beilage zu *Sate* oder *Gado-Gado.*

Pisang Goreng

Gebratene Bananen, als Zwischenmahlzeit oder Frühstück.

Martabak

Beliebter Snack aus gefülltem Fladen, der herzhaft mit Fleisch, Zwiebel, Ei und Knoblauch oder süß mit Honig, Schokolade oder Sirup belegt wird. Die süßen Martabak kommen oft als Schnitten aus Süßbrot daher, während die herzhafte Variante als dünner Teig auf der heißen Platte ausgebraten und um die Füllung gefaltet wird.

Regionale Spezialitäten

Javanische und sundanesische Spezialitäten

Auf Java ist das Essen tendenziell weniger scharf und enthält mehr liebliche Geschmacksnoten. Dabei wird an den Küsten viel Fisch gegessen, dieser allerdings gern mit feurigem *Sambal.* Auch ist der Fleischanteil vieler Gerichte geringer als z. B. auf Bali.

Die sundanesische Küche besteht aus einer Vielzahl von Gerichten, die traditionell buffetartig angeboten werden. Eine leckere Speziali-

Vegetarier und Veganer

Für Vegetarier und Veganer gibt es eine gute Nachricht: Auch ohne den Verzehr von Fleisch kann man in Indonesien überleben, und das auch abseits der Bio-Restaurants von Ubud. Speisen wie *Nasi Campur, Nasi Padang, Nasi Goreng, Mie Goreng* oder *Gado-Gado* sind meist vegetarisch, können aber auch tierische Bestandteile beinhalten. Schon bei der Bestellung sollte darauf hingewiesen werden, dass man Vegetarier ist. Veganer müssen zudem darauf achten, dass keine Eier *(Telur)* ins Essen gemischt werden. Milch und Käse stehen ohnehin nicht auf der Speisekarte der Einheimischen.

Da viele Indonesier unter einem Vegetarier jemanden verstehen, der kein Rind- und Schweinefleisch, aber Fisch und Geflügel isst, sollte genau erklärt werden, was man essen möchte. Fleisch kann z. B. durch *Tempe* (frittierte fermentierte Sojabohnen) oder Tofu ersetzt werden.

Krupuk (Kräcker), oft als Beilage gereicht, enthalten neben Weizen und Tapioka meist auch Fisch oder Krabben. Auch hier sollte man vorsichtshalber nachfragen, da es auf den ersten Blick (oder Riecher) nicht immer ersichtlich ist. Gleiches gilt für manche Sorten von *Sambal*.

tät ist **Nasi Timbel** mit *Pepes Ayam/Ikan/Tahu* – in Bananenblättern eingewickeltes, mit Safran mariniertes und langsam gegartes Huhn/Fisch/Tofu.

Gen Osten dominiert die javanische Küche. Vielerorts wird **Pecel** angeboten, ein Salat aus Spinat, Bohnensprossen, Gurke, Zitronenbasilik und Erdnusssoße. **Nasi Liwet** ist eine in Solo servierte Spezialität (S. 234). Das chinesisch geprägte Semarang ist für die Frühlings- und Sommerrollen **Lumpia** (S. 248) bekannt. Typisch für Ost-Java ist **Rawon**, eine kräftige dunkle Rinderbrühe mit Pilzen, Gemüse und Reis.

Balinesische Spezialitäten

Balinesische Spezialitäten sind Gerichte mit Enten- und Schweinefleisch. Unbedingt probieren sollte man **Bebek Betut**, eine ganze Ente, die mit Haut und Knochen in einer scharfen Gewürzmischung mariniert und in Bananenblätter gewickelt gegart wird. Sie ist meist erst einen Tag nach Vorbestellung zu bekommen, da sie traditionell bis zu acht Stunden auf einer Glut aus Kokosnussschalen im Freien gart. Die Bananenblätter halten das Fleisch dabei zart und saftig, während die Marinade für die unverwechselbare Würze sorgt.

Babi Guling ist die balinesische Variante des Spanferkels. Dafür wird das ganze Schwein immer wieder mit einer Mischung aus Kokosnussöl und Kurkuma begossen, damit es seine orangeschimmernde Farbe erhält. Mittags ist *Babi Guling* frisch gegrillt mit scharfen Beilagen in vielen *Rumah Makan* zu bekommen, in richtigen Restaurants wird es selten angeboten.

Etwas ungewohnt schmecken einheimische **Süßspeisen** aus Klebreis, Palmzucker und Kokosmilch, z. B. der beliebte Kuchen *Wajik*.

Spezialitäten aus Nusa Tenggara

Reis hat hier die ursprünglichen Grundnahrungsmittel **Maniok**, die Wurzeln des Kassava-Strauches, und **Sago**, gekörntes Mark der Sago-Palme, fast vollständig ersetzt. Lombok ist für seinen feurigen **Wasserspinat** *(Kangkung)* und das marinierte, gegrillte Hähnchen **Ayam Taliwang** bekannt. In Ende auf Flores kann die traditionelle Küche der Lio mit viel **Blattgemüse**, Mais und Fisch probiert werden (S. 499). Östlich von Maumere wird es kulinarisch eintönig.

Spezialitäten aus Sumatra

In Sumatra wird das Essen stark gewürzt. Der Anteil von Curry und Chili ist deutlich höher als auf Java oder Bali. Neben den populären Rezepten West-Sumatras und Acehs haben sich auch eigenständige Volksküchen wie die der Batak erhalten.

Die Gerichte nach **Padang**-Art liegen rot und gelb leuchtend in den Auslagen der entsprechenden Restaurants. Die hochkonzentrierte Würze und Schärfe einiger Speisen macht den Kühlschrank überflüssig und das Essen für Ungeübte zur Mutprobe. Fisch- und Hähnchencurry, Gemüse, Innereien, kräftig gewürztes Rindfleisch *(Rendang)*, Frittiertes, Eier oder *Tempe* werden einzeln und in Schälchen kalt mit viel Reis serviert. Am Ende bezahlt man nur für Schälchen, aus denen man gegessen hat.

Die Küche der **Batak** verwendet ebenfalls viele Gewürze und Kräuter und schlägt manchem auf den Magen. Ein beliebtes Gericht ist *Babi Panggang,* plattgeklopftes und geröstetes Schweinefleisch. Spezialitäten wie Hundefleisch *(Saksang)* gibt es noch in wenigen Restaurants.

Auch in **Aceh** wird gern scharf gegessen, vor allem Fisch sowie das überregional beliebte Nudelgericht *Mie Aceh*. Ein typisches Getränk ist starker Kaffee mit gesüßtem Eischaum.

Spezialitäten aus Kalimantan

Bei der **Soto Banjar** aus Banjarmasin wird *Soto* mit Huhn, Ei, Reiskuchen, Zitronengras, Limetten und Röstzwiebeln verfeinert. An den Küsten wird viel Seafood gegessen, eine Spezialität ist **Krebs** *(Kepiting)* in allen Variationen. **Ikan kering**, in der Sonne getrockneter Fisch, ist ein beliebter Snack und Grundlage vieler Gerichte.

Im Inselinneren wird die **Dayak-Küche** von fleischlosen Zutaten aus den Wäldern dominiert – Farnen, Blättern, Wurzeln sowie saisonales Obst. Reis wird häufig in Bambusröhren im offenen Feuer gegart.

Spezialitäten aus Sulawesi

Die **Bugis** im Süden essen viel Fisch und Schalentiere, die häufig gegrillt werden. Dazu gibt es scharfe und saure Soßen, eingelegtes Gemüse und geraspelte, saure Mangos. Ebenfalls beliebt ist die **Coto Makassar**, eine kräftige Rinderbrühe mit Innereien, dazu Limetten und gepresster Reis in Bananenblättern *(Ketupat)*.

Im Hochland wird bei den **Toraja** oft Büffelfleisch oder Schwein serviert. Eine Toraja-Spezialität ist **Pa'piong**, auf offenem Feuer im Bambusrohr gegartes, würziges Fleisch oder Fisch.

Im Norden Sulawesis wird besonders scharf gewürzt. Neben Geflügel- und viel Schweinefleisch gibt es bei den **Minahasa** auch exotische Gerichte für Hartgesottene mit Python-, Fledermaus-, Ratten- oder Hundefleisch.

Spezialitäten aus West-Neuguinea

Papeda ist das beliebteste Gericht in Jayapura und an der gesamten Nordküste. Geriebener Sago wird mit kochendem Wasser zu einer milchig-klebrigen, geschmacklosen Masse verrührt. Mit einer überdimensionierten Holzgabel werden einzelne Klumpen herausgezogen und mit einer salzigen Fischbrühe gegessen.

Im Hochland essen die Menschen am liebsten **Schwein und Süßkartoffeln**, besonders zum Schweinefest. Das Schwein kommt grob zerlegt zusammen mit Süßkartoffeln, essbaren Farnen und anderem Gemüse in eine Erdgrube, die mit heißen Steinen gefüllt, dann mit Gras verschlossen und rund zwei Stunden im Erdloch gegart wird.

Früchte

Alpukat Avocado

Belimbing Sternfrucht (Karambole), eine ovale, saftig-säuerliche Frucht mit wachsähnlicher, gelblich-grüner Schale, die geschnitten die Form eines Sterns hat.

Delima Granatapfel

Duku Samtige, taubeneigroße, süße Frucht mit weißem, durchscheinendem Fruchtfleisch.

Durian Stachelfrucht, Stinkfrucht. Grüne und stachelige Frucht bis zur Größe einer Wassermelone. Gilt als Königin der Früchte und ist entsprechend teuer. Wegen des eigenartigen, strengen Geruchs wird sie am liebsten gleich am Verkaufsstand verzehrt und hat in Hotels und anderen öffentlichen Einrichtungen Hausverbot. Es ist gesundheitlich riskant, sie zusammen mit Alkohol zu genießen, da der Körper stark erhitzt wird. Durian wird in großen Mengen eine berauschende, aphrodisierende Wirkung nachgesagt.

Jambu Air Wasserapfel, Rosenapfel. Die wachsige Schale der glockenförmigen Frucht ist weiß, grün oder rosarot. Das säuerlich-süße Obst mit hohem Wassergehalt und luftiger Konsistenz isst man mit einer süß-pfeffrigen Soja-Chili-Sauce. Schnell verderblich.

Jambu Biji Guave. Die grünlich-gelbe, apfelähnliche Frucht mit rosafarbenem oder gelbem Fruchtfleisch und winzigen Samen wird auch unreif mit Salz und Zucker genossen.

Jambu Bol Malacca-Apfel. Große rötliche Frucht.

Jambu Monyet Cashew-Apfel. Sein Kern ist die Cashewnuss.

Jeruk Zitrusfrüchte. Jeruk Bali = Pomelo, Jeruk Besar = Grapefruit, Jeruk Manis = Orange, Jeruk Kepruk = Mandarine, Jeruk Asam = Limone/Limette.

Kecapi Santolfrucht. Orangengroß, mit flaumiger, gelber Schale und weißem Fruchtfleisch.

Kedongdong Goldapfel oder Apfelmango. Kleine, grüngelbliche Frucht mit großem Kern.

Kelapa Kokosnuss

Longan Longanfrucht, auch Mata Kucing (Katzenauge) genannt. Unter einer dünnen, braunen Schale verbirgt sich weißes, saftiges Fruchtfleisch, das süßsäuerlich schmeckt, im reifen Zustand süßlich wie Litschi, wird in Bündeln verkauft.

Mangga Mango

Manggis Mangostane, apfelgroße, schwarzlila Frucht mit weißen, süßsauren Fruchtsegmenten mit großem Stein. Saft der Schale stark färbend. Nicht mit Zucker süßen!

Markisa Passionsfrucht. Grün bis rötlich violette Frucht.

Nanas Ananas

Nangka Jackfrucht, eine riesige, grünlichgelbe, ovale Frucht mit runden Stacheln, die bis zu 90 cm lang und 35 kg schwer werden kann. Die festen, gelben, herausgelösten Fruchtsegmente werden auf Straßenmärkten verkauft und auch als Kochgemüse verwendet.

Papaya Papaya, die ovale, grünlich gelbe bis orangerote, bis zu 40 cm lange Frucht schmeckt besonders gut mit Limonensaft beträufelt zum Frühstück.

Pisang Bananen, von denen es zahlreiche Sorten gibt, werden nicht nur frisch, sondern auch gegrillt und gebacken, getrocknet und in Honig eingelegt oder als Chips verkauft.

Rambutan Zwillingspflaume, pflaumengroße, rötlich gelbe Frucht von haarigem Aussehen (Rambut = Haare). Das weiße Fruchtfleisch schmeckt wie Litschi.

Salak Schlangenfrucht. Kleine, braune Frucht, deren feste Schale an eine Schlangenhaut erinnert, apfelartiger Geschmack der Fruchtsegmente. Schnell verderblich.

Sawo Sapodilla, die kleine, ovale, bräunliche Frucht schmeckt ähnlich einer reifen Birne und etwas süßsauer.

Semangka Wassermelone

Sirsak Sauersack, Stachelanone. Lange, herzförmige, grüne Frucht. Das weiße und saftige Fruchtfleisch mit schwarzen Samen eignet sich sehr gut für Fruchtsäfte, die es auch abgefüllt zu kaufen gibt.

Getränke

Neben den üblichen Softdrinks können viele exotische **Fruchtsäfte** probiert werden. Auch wenn frische Säfte direkt aus der Frucht gepresst werden, wird fast immer viel Zuckersirup dazugemischt. Es lohnt sich, den Saft mit wenig Zucker *(sedikit gula/kurang manis)* oder komplett ungesüßt *(tanpa gula)* zu bestellen. Ungesüßter **Tee** *(Teh Pahit)* wird in Rumah Makan (S. 51) oft kostenlos serviert. **Frischmilch** gibt es nur in den großen Städten und Touristenzentren.

Alkoholische Getränke

Tuak (Palmwein) und **Brem** (Reiswein) steigen schnell zu Kopf und variieren sowohl geschmacklich als auch in ihrem Alkoholgehalt lokal stark voneinander.

Arak ist destillierter Reisschnaps und kann sowohl klar als auch milchig trüb sein.

Anggur Hitam ist süßlicher, dickflüssiger, dunkler Wein, der als gesundheitsförderndes Tonikum verkauft wird.

Bier *(Bir)* bekommt man in allen Touristenzentren, aber nicht in jedem Restaurant. Am wei-

Warnung vor billigem Alkohol

In den vergangenen Jahren gab es vermehrt durch illegal destillierten Arak und gepanschten Whiskey hervorgerufene Todesfälle, auch von Touristen auf Bali, Java, Lombok und Sumatra, daher sollte man auf billige Arak-Cocktails unbedingt verzichten und im Zweifelsfall bei Bier bleiben! Mehr auf S. 440.

testen verbreitet ist Bintang, ein annehmbares, recht schales Standardbier; es gibt sogar ein Bintang Radler mit Zitronenlimonade. Ebenfalls zu finden sind Bali Hai, das bessere Bali Hai Draft Beer, Prost, Anker sowie die auf Bali gebrauten Biere der Brauerei Stark. Ferner sind die ausländischen Marken Asahi, Carlsberg, Heineken und San Miguel erhältlich.

Nichtalkoholische Getränke

Teh	Tee
... tawar / pahit	... ohne alles
... manis	... mit Zucker
... panas	... heiß
Susu	Milch, oft süße Dosenmilch
Susu Lembu	Kuhmilch
Coklat	Schokolade
Es	Eiswürfel
Kopi	Kaffee
Kopi Susu Es	Eiskaffee mit Milch
Air/Air putih	Wasser/Trinkwasser
Jus (...)	Fruchtsaft
Jus Jeruk	Orangensaft
Jus Jeruk Nipis	Limettensaft
Jus Mangga	Mangosaft
Air Kelapa Mudah	junge Kokosmilch
Es Buah	geraspeltes Eis mit Fruchtgelee
Bandrek	ein in West-Java beliebtes Heißgetränk aus Ingwer, Pandanblättern, Kokosmilch, Nelken, Zimt, Salz, Zucker und Kaffee – schmeckt wie Indonesien in seiner ganzen Vielfalt!

Gemüse

Bawang Merah/ Bawang Putih	Zwiebel/Knoblauch
Jagung	Mais
Kacang	Erdnüsse
Kacang Hijau	grüne Bohnen
Kangkung	Wasserspinat, Nachtschattengewächs, das wie eine Kreuzung aus Spinat und Weißkohl schmeckt
Kentang	Kartoffel
Kol	Kohl
Kol Bunga/Hijau	Blumenkohl/Brokkoli
Tahu/Tau	Tofu
Tomat	Tomate
Ubi Kayu	Maniok, Cassava, Brotwurzel. Wurzelknollen, die auch in trockenen Böden gedeihen und ähnlich wie Kartoffeln verwendet werden, mehlige Konsistenz
Wortel	Karotte

Fleisch und Fisch

Daging	Fleisch
Tanpa daging	fleischlos, ohne Fleisch
Ayam	Huhn
Babi	Schwein
Bakso	Fleischbällchen, die besonders in Suppen verwendet werden
Bebek	Ente
Kambing	Ziege
Sapi	Rind
Ikan	Fisch
Cumi-cumi	Tintenfisch
Siput	Muscheln, Schnecken
Tongkol	Thunfisch
Udang	Krabbe, Shrimp
Udang galah	Hummer

Gewürze

Asam	Tamarinde
Biji pala	Muskatnuss
Cabe	Chili
Cengkeh	Nelken
Garam	Salz
Gula	Zucker
Jahe	Ingwer
Kayu manis	Zimt
Kepulaga	Kardamom
Ketumbar	Koriander
Lada, Merica	Pfeffer
Serai	Zitronengras

Zudem runden folgende Bestandteile ein Essen geschmacklich ab:

Kecap manis	süße Sojasoße
Krupuk	in Öl gebackene (Krabbenmehl-)Kräcker
Sambal	Chilipaste/-soße
Santan	Kokosmilch

Weitere Begriffe sind im Sprachführer ab S. 703 erklärt.

Fair reisen

Reisen wirkt sich auf die Umwelt und die besuchten Menschen aus. Das reicht von der An- bzw. Abreise über die Arbeitsbedingungen für Angestellte der Tourismusbranche bis zur Nutzung lokaler Ressourcen. Bausünden verändern das Stadt- und Landschaftsbild. Touristen verbrauchen durchschnittlich mehr Wasser und Strom und produzieren mehr CO_2 und Müll als Einheimische. Viele Lebensmittel, die Touristen im Ausland verzehren, müssen umweltbelastend importiert werden. Auch werden Beschäftigte im Tourismus oft schlecht bezahlt, arbeiten mehr als acht Stunden täglich und erhalten oft keine Sozialleistungen. Im Tourismus werden Menschenrechte verletzt, z. B. wenn Einheimische von ihrem Land vertrieben werden, damit neue Hotelanlagen entstehen können, oder unter Wassermangel leiden, während Touristen nebenan üppige Badelandschaften genießen. Zudem gibt es noch immer Fälle von Prostitution Minderjähriger und Kinderarbeit.

Natürlich hat der Tourismus auch gute Seiten. Er hat vielen Menschen einen Weg aus der Armut gezeigt, ihnen ermöglicht, einen Beruf zu ergreifen, sich weiterzubilden. Er stimuliert lokale Investitionen, verbindet Kulturen, fördert die Wertschätzung von Traditionen und trägt zur Gleichberechtigung der Geschlechter bei. Zudem hat er vielerorts Naturräume geschützt, die ohne Touristen zerstört worden wären.

Als bewusst reisender Tourist kann man heute eine Menge bewirken. Wer wissen möchte, wie er umweltfreundlich und sozial verantwortlich reisen kann, findet neben den Tipps hier im Buch unter folgenden Adressen zahlreiche Anregungen:

Fair unterwegs, Arbeitskreis Tourismus & Entwicklung, Missionsstr. 21, 4009 Basel, ✆ +41-61-261 4742, 💻 www.fairunterwegs.org. Sehr umfangreicher Webauftritt mit aktuellen Hintergrundinfos, Themen, die von Menschenrechten über Ethik bis zu Tourismuskritik reichen, Länderprofilen und Tipps zum fairen Reisen. Auch Infos für junge Leute (z. B. zu Freiwilligenarbeit).

Forum anders reisen, Brandstwiete 4, 20457 Hamburg, ✆ 040-181 2604, 💻 www.forumandersreisen.de. Im Forum haben sich über 100 kleine und mittlere Reiseveranstalter zusam-

Fair und grün – gewusst wo

Einrichtungen, die sich durch besonders umweltfreundliches oder sozialverträgliches Verhalten auszeichnen, sind in diesem Buch mit einem Baum gekennzeichnet. Sie verwenden z. B. Solarenergie, bieten Bio-Produkte an, zahlen faire Löhne, nutzen Trockentoiletten, um Kompost herzustellen, investieren ihre Gewinne in soziale Projekte, propagieren einen nachhaltigen Tourismus oder stellen Besuchern Informationen für umweltverträgliches Verhalten bereit.

mengeschlossen. Sie streben einen nachhaltigen Tourismus an, der laut eigenen Angaben „langfristig ökologisch tragbar, wirtschaftlich machbar sowie ethisch und sozial gerecht für ortsansässige Gemeinschaften sein soll".

Studienkreis für Tourismus und Entwicklung e. V., Bahnhofstr. 8, 82229 Seefeld-Hechendorf, ✆ 08152-999010, 🖳 www.studienkreis.org. Der Verein beschäftigt sich mit entwicklungsbezogener Informations- und Bildungsarbeit im Tourismus und veröffentlicht die lesenswerten Sympathie-Magazine, die einen guten Einstieg in die Landeskultur vermitteln, 🖳 www.sympathie magazin.de.

Tourism Watch, Caroline-Michaelis-Str. 1, 10115 Berlin, ✆ 030-6521 11806, 🖳 www.tourism-watch.de. Website mit Hintergrundberichten zu den Themen Tourismuspolitik, Umwelt und Entwicklung, Menschenrechte, Kultur und Religion sowie Wirtschaft. Zudem Links, Literaturkritiken und Veranstaltungshinweise.

Mehr zum Thema im gründlich recherchierten Buch **FAIRreisen** unseres Loose-Autoren-Kollegen Frank Herrmann (Oekom Verlag, 2016) und unter 🖳 www.stefan-loose.de/fair-gruen.

Tipps für umweltbewusstes und sozial verträgliches Reisen

Beim Umweltschutz ist jeder Einzelne gefordert, mit gutem Beispiel voranzugehen und die zwei goldenen Regeln einzuhalten:

1) Alle Plätze so zu verlassen, wie man sie selbst gerne vorfinden würde.

2) Take nothing but pictures, leave nothing but footprints.

Umweltbewusst reisen

- Den durch die An- bzw. Abreise verursachten **CO_2-Ausstoß** (Flug, Bus, Schiff, Zug) mithilfe des Kompensationsprogramms einer Klimaagentur (z. B. 🖳 www.atmosfair.org oder 🖳 www.myclimate.ch) neutralisieren.
- Inlandflüge vermeiden und stattdessen andere **Verkehrsmittel** wie Bus und Bahn nutzen.
- Bei **Busausflügen** den Fahrer bitten, beim Parken den Motor auszuschalten.
- Keine **Souvenirs** aus bedrohten Pflanzen oder Tieren kaufen! Das Washingtoner Artenschutzabkommen verbietet deren Import nach Europa.
- **Klimaanlagen** vermeiden und in jedem Fall Licht und AC ausschalten, wenn man das Zimmer verlässt.
- Mit **Wasser** stets sparsam umgehen. Duschen statt baden.
- **Wasserflaschen** so oft wie möglich benutzen. Vielerorts gibt es Möglichkeiten zum kostengünstigen Nachfüllen.
- **Toilettenpapier** und andere **Hygieneartikel** nicht in die Toilette, sondern in die daneben stehenden Eimer werfen!
- Für Einkäufe einen **Baumwollbeutel** mitbringen oder kaufen; die Ware nicht in Plastiktüten packen lassen.
- **Hotels**, **Fluggesellschaften**, **Reiseveranstalter** usw. nach ihren Umweltschutzmaßnahmen fragen und auswählen.

Sozial verantwortlich reisen

- Auf **respektvollen Umgang** mit der Bevölkerung und den Angestellten der Tourismusbetriebe achten und gegebenenfalls auch Mitreisende darauf hinweisen.
- Den persönlichen **Wohlstand** nicht zur Schau stellen.
- **Bettelnden Kindern** kein Geld geben. Wirksamer ist es, einer lokalen Kinderhilfsorganisation Geld zu spenden.
- Kleinen lokalen Hotels, Restaurants, Veranstaltern und Guides gegenüber großen Ketten den Vorzug geben – das erhöht die Chance, **zu lokalen Einkommen beizutragen**.
- **Kunsthandwerk** möglichst direkt beim Produzenten oder Kleinunternehmer (wie dem Strandverkäufer) kaufen, um große Zwischenhändler zu umgehen.
- Landwirtschaftliche **Produkte aus der Umgebung** auf den Märkten statt importierte Waren in Supermärkten kaufen.
- Auf **fair gehandelte** und **biologisch erzeugte Waren** zurückgreifen.

Besuch von Naturschutzgebieten, Trekking, Tauchen und Schnorcheln

- Plastikmüll vermeiden, organischen **Müll** vergraben, nichtorganischen mit in die nächste Stadt nehmen sowie Flora und Fauna ungestört lassen.
- Taucher und Schnorchler, die sich auf Korallen stellen oder sie gar abbrechen, haben bereits ganze Riffe zerstört. Auch für Souvenirs wurden viele Korallenbänke abgetragen, wodurch der Lebensraum zahlloser Meeresbewohner zerstört wurde.
- Umweltbewusste Reisende sammeln den herumliegenden Müll auf einer Trekkingroute bzw. beim Schnorcheln oder Tauchen auf – eine schöne Art, Mitreisende und die lokale Bevölkerung für das Thema zu sensibilisieren.
- Beim Buchen eines Treks möglichst darauf achten, dass die Agentur ihren Mitarbeitern gesetzliche **Arbeitnehmeransprüche** wie Mindestlohn, Ausrüstung und Verpflegung garantiert.
- In ländlichen Gebieten nachfragen, ob die **lokale Bevölkerung** vom Besuch profitiert.
- **Tier-Attraktionen** wie die Präsentation von Affen- oder Tigerbabys für Fotos, *Kopi Luwak*-Produktionsstätten mit eingesperrten Zibetkatzen, Vogelmärkte oder triste Zoos ohne artgerechte Haltung meiden.

Feste und Feiertage

Im vielfältigen Inselstaat mit seinen so unterschiedlichen Völkern werden derart viele Feste gefeiert, dass eine vollständige Aufzählung aller Feierlichkeiten unmöglich ist. Besonders bekannt sind die Tempelfeste auf Bali und die *Wayang*-Aufführungen in Java, bei denen die uralte Geschichte des *Ramayana*-Epos von Puppen, Schattenspielfiguren oder maskierten Menschen zum Leben erweckt wird.

Bei Büffelrennen, Hahnenkämpfen oder Ziegenbockduellen geht es nicht nur um den sportlichen Wettbewerb und Spaß, sondern auch um eine Menge Geld, das beim Wetten gewonnen oder verloren wird. Oft sind diese **Wettkämpfe** mit religiösen Festen verwoben.

Staatliche Feiertage

1. Januar	Neujahr
21. April	Kartini-Tag (indonesischer Muttertag)
17. August	Indonesischer Unabhängigkeitstag
25. Dezember	Weihnachten

Bewegliche Feiertage

- Geburtstag des Propheten Mohammed
- Mohammeds Himmelfahrt
- Buddhas Geburtstag (Wesak)
- Idul Fitri (Fest zum Ende des Ramadan)
- Idul Adha (islamisches Opferfest)
- Islamisches Neujahrsfest
- Chinesisches Neujahr (Jan/Feb)
- Nyepi (balinesisches Neujahr, März)
- Karfreitag, Ostersonntag (März/April)
- Christi Himmelfahrt (Mai)

Indonesier verehren verschiedene **Götter**: Während an den Küsten der Meeresgöttin und am Kraterrand aktiver Vulkane den Feuergöttern Opfer dargebracht werden, feiert man auch die Geburtstage von Mohammed, Buddha und Jesus. Hunderte überirdischer Wesen bestimmen das Leben in den Wäldern, Dörfern und Städten.

Eine ausgezeichnete Informationsquelle ist der jährlich erscheinende **Calendar of Events**, den das Tourismusministerium herausgibt.

In Indonesien gibt es viele verschiedene für den Termin eines Feiertages relevante Kalendersysteme (s. Kasten S. 61). Auf wichtige lokale Feste wird in den Regionalkapiteln hingewiesen.

Islamische Feiertage

Da der islamische **Hidschra-Kalender** ein Mondkalender ist, sind seine Jahre kürzer als die des gregorianischen Kalenders. Die Feiertage des Hidschra-Kalenders liegen also jedes (gregorianische) Jahr zehn bis zwölf Tage früher als im Vorjahr.

Während des Fastenmonats **Ramadan** wird in den islamisch geprägten Landesteilen schnell deutlich, dass man sich im größten moslemischen Land der Erde befindet. Solange die Sonne am Himmel steht, bleiben die Restaurants geschlossen; strenggläubige Moslems verzichten sogar auf das Rauchen. Als unvorbereiteter Nicht-Moslem wird es, ausgenommen auf Bali und in Orten mit chinesischstämmiger Bevölkerung, schwierig, tagsüber etwas Essbares aufzutreiben. Schon vor Sonnenaufgang herrscht hingegen rege Geschäftigkeit, es wird gekocht und gegessen. Am Ende des träge dahinfließenden Tages, wenn das Zeichen von der Moschee erklungen ist, stürzt alles in die Warung und Restaurants.

Am Ende des Ramadan wird **Idul Fitri** oder **Hari Raya Puasa** gefeiert, um Allah dafür zu danken, dass man dem Fastengebot Folge leisten konnte. Mindestens zwei Tage lang wird alles nachgeholt, was während des Ramadan verboten war. Schon am frühen Morgen versammeln sich die Menschen auf Dorfplätzen und in Moscheen, um Koranverse zu rezitieren. Nachbarn und Freunde werden besucht, Geschenke ausgetauscht und die Fehler des vergangenen Jahres verziehen.

Achtung: Während Idul Fitri und in der Woche danach scheinen fast alle Indonesier auf Reisen zu sein: Sämtliche Transportmittel sind überfüllt und Hotels oft lange im Voraus ausgebucht!

Idul Adha, der islamische Opfertag, ist der Termin für die Pilgerreise *Hadj*. Wer genug Geld hat, um sich die trotz staatlich subventionierter Flüge sehr teure Reise leisten zu können, erfüllt mit dem Besuch der heiligen Stätten in Mekka ein wichtiges Gebot. Alle, die es sich nicht leisten können, kommen in der Moschee zum Gebet zusammen.

Muharam *(Al-Hijra)* ist der Tag, an dem das islamische Neujahrsfest begangen wird. Zwölf Tage nach Muharam wird an **Maulid Nabi Muhammad** *(Sekaten)* der Geburtstag des Propheten gefeiert. Besonders prunkvoll sind die Umzüge in Surabaya und Umgebung. Hier wird über eine Woche lang mit nächtlichen Maskenfesten und Volkstänzen gefeiert. **Mi'raj Nabi Muhammad** ist der Himmelfahrtstag des Propheten.

Chinesische und buddhistische Feiertage

Die Chinesen begehen ihr **Neujahrsfest** im Januar oder Februar wie überall in Südostasien mit Familienfeiern und Tempelbesuchen. Besonders lebhaft sind die Feierlichkeiten im Chinesenviertel von Jakarta, Glodok, wo bereits Wochen vorher Glückwunschkarten und Leckereien verkauft werden. Umzüge und Feuerwerk wurden aber von den Straßen verbannt. Bei chinesischen Festen (außer bei Begräbnissen) trägt man keine weiße, blaue oder schwarze Kleidung.

Wesak (auch Waicak) ist der höchste buddhistische Feiertag, an dem im Mai der Geburt und Erleuchtung Buddhas wie auch seines Eingangs ins Nirvana gedacht wird. Besonders eindrucksvoll sind die Feierlichkeiten am Borobu-

Wichtige Termine 2018–2022

Ramadan	Idul Fitri	Idul Adha	Chinesisches Neujahr	Nyepi	Galungan	Wesak
16.05.–14.06.2018	15.06.2018	22.08.2018	16.02.2018	17.03.2018	30.05.2018	29.05.2018
					26.12.2018	
06.05.–04.06.2019	05.06.2019	12.08.2019	05.02.2019	07.03.2019	22.07.2019	19.05.2019
24.04.–23.05.2020	24.05.2020	31.07.2020	25.01.2020	23.03.2020	19.02.2020	07.05.2020
					16.09.2020	
13.04.–12.05.2021	13.05.2021	20.07.2021	12.02.2021	14.03.2021	14.04.2021	26.05.2021
					10.11.2021	
03.04.–02.05.2022	03.05.2022	10.07.2022	01.02.2022	03.03.2022	09.06.2022	16.05.2022

Kalender-Wirrwarr

Auf Java und Bali koexistieren mehrere Arten der Zeitrechnung, die es selbst Einheimischen nicht immer leicht machen, das genaue Datum von Festen und Feiertagen zu bestimmen. Der **islamische Hidschra-Kalender** richtet sich nach dem Mond. Die chinesischstämmige Bevölkerung verwendet für religiöse Zwecke den **chinesischen Kalender**. Der **javanische Kalender** hat ein Sonnenjahr aus zwölf ungleich langen Monaten und Achtjahreszyklen *(windu)*, dazu die fünftägige Marktwoche *(kliwon, legi, paing, pon, wege)*, die nach sieben Wiederholungen mit der moslemischen Woche übereinstimmt. Zudem bestimmen Glücks- und Unglückstage über entscheidende Vorgänge im Leben. Bali hat gleich zwei Kalendersysteme: Die meisten religiösen Zeremonien richten sich nach dem **Pawukon-Kalender**, der alle 210 Tage einen neuen Zyklus beginnt und zwischen zehn verschiedenen Wochensystemen unterscheidet. Die altindische Zeitrechnung wird auf der Insel der Götter in Form des ab 78 n. Chr. nach Sonnenjahren zählenden **Saka-Kalenders** verwendet.

dur. An Wesak ist im ganzen Land Feiertag – als Ausdruck des Respekts vor nichtislamischen Religionen.

Balinesische Feiertage

Balinesen scheinen gut ein Drittel ihres Lebens damit beschäftigt zu sein, Feste vorzubereiten und zu feiern. Jeder Tempel hat mit dem **Odalan** sein eigenes Jubiläum, das jedes Jahr gefeiert und intensiv vorbereitet wird. Da das Jahr nach dem balinesischen Kalender nur 210 Tage besitzt und jedes Dorf mehrere Tempel hat – mehr als 10 000 gibt es auf Bali –, ist leicht auszurechnen, mit welch hoher Wahrscheinlichkeit man ein derartiges Tempelfest miterleben kann. Zu den Feierlichkeiten strömen Prozessionen von festlich gekleideten Frauen mit Pyramiden aus Kuchen, Früchten und Blumen zum Tempel. Nachdem die Opfergaben vom Priester gesegnet worden sind, werden sie wieder nach Hause getragen und verspeist. Tänze, Theater, Jahrmärkte und Hahnenkämpfe gehören oft ebenfalls zum Programm.

Das balinesische Neujahrsfest, **Nyepi**, wird als ein Tag völliger Stille gefeiert. Am letzten Tag des alten Jahres werden auf allen Straßen zur spirituellen Reinigung den Göttern und Dämonen Opfergaben dargebracht, und die Priester versuchen mit *Mantras* die Dämonen des alten Jahres zu vertreiben. Nach Sonnenuntergang ziehen die Menschen mit Gongs und Fackeln lautstark durch die Dörfer, um sicherzugehen, dass kein böser Geist zurückbleibt. Am nächsten Tag bleibt jeder in seinem Haus – selbst Touristen dürfen nicht auf die Straße. Man verhält sich so ruhig wie möglich und darf weder arbeiten noch Feuer machen oder kochen. Man hofft, dass so eventuell zurückkehrende Dämonen glauben, die Insel sei unbewohnt, und deshalb wieder abziehen.

Das größte Fest ist **Galungan**, das zehn Tage lang auf der ganzen Insel mit großen Festessen, Familienfeiern und Tempelzeremonien zu Ehren des Schöpfergottes gefeiert wird. Die Straßen sind mit hohen Bambuspfählen *(Penjor)* geschmückt, an denen kunstvoll geflochtene *Lamak*, Flechtarbeiten aus jungen Blättern der Kokospalme, Früchte und andere Opfergaben hängen. Für die Geister der Ahnen, die während dieser Zeit zusammen mit dem Schöpfergott auf die Erde herabsteigen und die Häuser ihrer Nachkommen besuchen, werden Reis- und Blumenopfer auf dem Familienschrein platziert.

Am Ende der *Galungan*-Tage feiert man **Kuningan**. Dann werden alle auf die Erde zurückgekehrten Ahnen mit neuen Opfergaben und Flechtarbeiten verabschiedet. Abends ziehen große *Barong*-Puppen tanzend durch die Straßen.

Fotografieren

Dass man die Kamera wie eine Waffe handhaben kann und sie auch wie eine solche empfunden wird, wissen wir nicht erst, seitdem Touristen die entferntesten Winkel der Welt entdeckt haben. Das Fotografieren von Menschen erfordert Respekt und Sensibilität. Oft genügt es schon, sich vorzustellen, wie es ist, eine Kamera auf sich gerichtet zu fühlen, noch dazu bei solch privaten Tätigkeiten wie Essen, Schlafen, Beten oder beim Feiern von Festen.

Vor allem alte Menschen haben manchmal Angst davor, auf Fotos festgehalten zu werden, da sie glauben, dass ihre Seele nach dem Tod auf dem Foto gefangen gehalten wird. Kinder hingegen sind zumeist ganz wild darauf, ein Foto von sich schießen zu lassen, und haben großen Spaß daran, die Bilder auf dem Display zu betrachten.

Die besten Fotos entstehen, wenn man sich Zeit nimmt, sich mit den Menschen unterhält, Witze macht und immer wieder lächelt. Das entspannt die Atmosphäre, und im Ergebnis hat man nicht nur schönere Fotos, sondern auch eine spannende Erfahrung gemacht. Unbedingt sollte das Gegenüber mit einem freundlichen *„Boleh foto?"* um Erlaubnis gefragt werden.

Die elementaren Regeln der Höflichkeit sollten auch beim Fotografieren eingehalten werden. Sich bei Zeremonien und religiösen Handlungen diskret im Hintergrund zu halten, ist nur eine davon. Fotos mit Geld oder Geschenken zu erkaufen, ist eine entwürdigende Instrumentalisierung und wird auch so empfunden.

Frauen unterwegs

Das Risiko, ernsthaft belästigt zu werden, ist in Indonesien relativ gering, aber stets vorhanden. Harmlose Anmache ist meist mit einer guten Portion Humor und selbstsicherem Auftreten zu ertragen. In strikt moslemischen Regionen wie Aceh oder Sumbawa ist jedoch mehr Vorsicht geboten. Besonders in Taxis und Bussen werden westliche Frauen immer wieder begrabscht. Deshalb ist es für Frauen ratsam, im Taxi nie auf dem Beifahrersitz zu sitzen und sich in öffentlichen Verkehrsmitteln eher langärmlig und wenig körperbetont zu kleiden.

Grundsätzlich sollten einige **Verhaltensregeln** beachtet werden: Lockere Umgangsformen und allzu luftige Kleidung können zu unangenehmen Missverständnissen führen. Außerhalb der Touristenzentren gilt es als unsittlich, wenn Frauen Männern direkt ins Gesicht sehen, keinen BH tragen oder zu viel von ihren Schultern oder Beinen zeigen. Ein realer oder fiktiver Ehemann, im Idealfall mit Foto, kann hilfreich sein. Schwanger oder gar mit Kindern wird eine Frau in den heiligen Status der Mutter erhoben und ist nahezu unantastbar.

Potentiell **gefährliche Situationen**, die man vermeiden sollte, reichen vom kostenlosen Übernachten in Wohnungen selbst ernannter Guides bis zu nächtlichen Spaziergängen an einsamen Stränden oder durch unbelebte Stadtviertel. Es empfiehlt sich auch, um Gruppen betrunkener Männer einen großen Bogen zu machen.

Anfassen ist nicht immer als Anmache zu verstehen. Indonesier berühren die Haut, auch die von Männern, und bewundern die helle Farbe, ein Kennzeichen von Menschen, die beschwerliche Feldarbeit nicht nötig haben. Trotzdem ist es wichtig, zu wissen, dass sich einheimische Frauen eine solche Berührung von fremden Männern niemals gefallen lassen würden.

Es ist sinnlos, traditionell aufgewachsene Indonesierinnen von der Emanzipation der Frau überzeugen zu wollen und von ihnen Verständnis für ein uneheliches Kind oder gar für hüllenloses Sonnenbaden zu erwarten. Hinter den modernen Fassaden regiert noch immer die **Tradition**. Es wird in vielen islamischen Gesellschaften akzeptiert, dass ein Mann neben seiner Ehefrau, die für die Familie zuständig ist, eine Geliebte finanziert. Auf dem Land werden Mädchen kurz nach der Pubertät verheiratet, und es ist noch immer üblich, dass die Eltern den Ehemann aussuchen.

Ein Phänomen, das in vielen Urlaubsorten zu beobachten ist, sind die **Strandboys** *(Buaya* für „Krokodile"*).* Gut aussehend, außerordentlich charmant und chronisch pleite haben es sich viele dieser jungen Männer zum Hauptberuf gemacht, Touristinnen zu betören und sich als Ferienflirt zur Verfügung zu stellen. Neben Spaß spielt dabei vor allem Geld eine große Rolle.

In Indonesien ist die Anmache im Allgemeinen längst nicht so groß wie in einigen Ländern Nordafrikas, im Nahen Osten oder in Indien, und Frauen können die meisten Landesteile mit kleinen Einschränkungen problemlos allein erkunden. Auch sollte frau nicht in ständiger Angst vor einer Vergewaltigung (es passiert glücklicherweise höchst selten) leben und sich nicht abhalten lassen, auch ohne männlichen Begleitschutz Indonesien zu entdecken. Viele Frauen, die allein unterwegs waren, können bestätigen, dass eine derartige Reise sehr viel Spaß macht.

Geld

Währung

Währungseinheit in Indonesien ist die indonesische **Rupiah** (Rp). In Umlauf sind Banknoten zu 1000, 2000, 5000, 10 000, 20 000, 50 000 und 100 000 Rp. Die Aluminiummünzen, die an die Währung der DDR erinnern, gibt es im Wert von 50, 100, 200, 500 und 1000 Rp. Anstelle der Münzen werden oft kleine Naschereien als Wechselgeld gegeben.

Größere Beträge werden bei Zimmer- und Tourpreisen manchmal in US-Dollar oder Euro angegeben und zum aktuellen Kurs umgerechnet.

Banken und Geldwechsel

Die **Öffnungszeiten** der Banken sind für gewöhnlich Montag bis Freitag (außer feiertags) von 8–15 Uhr. Neben Banken tauschen **Money Changer** Bargeld.

Bank- und Kreditkarten

Einige **Bankkarten** mit Maestro- bzw. Cirrus-Symbol können zum Geldabheben an Automaten verwendet werden, andere nicht. Deshalb ist es erforderlich, vor der Abreise bei seiner Bank nachzufragen und eventuell eine Kartensperre aufheben zu lassen. Umgerechnet wird stets zum Briefkurs.

Mit **Kreditkarten** kann man bargeldlos bezahlen oder Bargeld abheben. Auszahlungs- und Akzeptanzstellen sowie Geldautomaten sind auf den Websites der Anbieter zu finden. Abhebungen mit den Visa-Karten einiger Direktbanken, etwa der Santander Bank, 💻 www.santanderbank.de, oder der Comdirect, 💻 www.comdirect.de, sowie als Aktivkunde der DKB Bank, 💻 www.dkb.de, sind kostenlos. Der Maximalbetrag, meist 500–1000 € pro Tag, und die Gebühren pro Transaktion variieren von Bank zu Bank. Umgerechnet wird immer zum Briefkurs.

Geldautomaten gibt es in allen wichtigen Destinationen und zunehmend auch in den ländlichen Zentren. Der Höchstbetrag pro Abhebung liegt bei Automaten, die nur 50 000-Rp-Scheine ausspucken, meist bei 1,25 Mio. Rp, bei 100 000-Rp-Automaten bei 2,5 Mio. Rp. Auf Lombok ist die Geldautomaten-Dichte noch deutlich niedriger als auf Bali.

Tipp: Falls man die Option angeboten bekommt, die Abhebung in Euro umrechnen zu lassen, sollte man dies stets verneinen. Der Kurs der eigenen Bank in der Landeswährung ist immer besser als der Kurs des Automatenbetreibers.

Augen auf bei der Verwendung der Kreditkarte

Beim Abheben an Geldautomaten (ATMs) sollten der Kartenleser und das PIN-Eingabefeld genau inspiziert werden. Es kommt aktuell vermehrt zu sogenanntem **Skimming**, bei dem die ATMs so manipuliert werden, dass Kreditkartendaten und Geheimzahl ausgelesen werden können. Teils werden auch Kameras installiert, die die Eingabe der PIN filmen, also stets das Feld mit der Hand verdecken! Am sichersten ist das Abheben an ATMs in Bankfilialen. Bei einem Problem kann man hier direkt reklamieren.

Die Kreditkarte sollte **beim Bezahlen** nicht aus den Augen gelassen und in keinem Fall in Safes verwahrt werden, die für andere zugänglich sind. Schon viele Reisende mussten zu Hause feststellen, dass während ihrer Abwesenheit hemmungslos eingekauft wurde. Wer eine Falschabbuchung bemerkt, kann innerhalb einer begrenzten Zeit die Zahlung reklamieren. Deshalb sollte man auch von unterwegs regelmäßig die Kontobewegungen kontrollieren.

Wechselkurse

1 €	=	17 000 Rp	10 000 Rp	=	0,60 €
1 sFr	=	14 500 Rp	10 000 Rp	=	0,70 sFr
1 US$	=	13 700 Rp	10 000 Rp	=	0,73 US$

Aktuelle Wechselkurse im Internet unter www.oanda.com.

Nicht selten verlangen Geschäfte entgegen den Vertragsvereinbarungen die **Verkäufergebühr** (3–5 %) vom Kunden. In diesem Fall sollte man sich diesen Betrag auf der Rechnung extra ausweisen lassen und diesen später beim Kreditkartenunternehmen zurückfordern.

Verlust oder Diebstahl von Kreditkarten ist sofort zu melden, um Missbrauch zu verhindern. Bei Mietwagen oder Flügen, die mit der Karte bezahlt wurden, ist in der Regel eine Unfallversicherung enthalten, bei einigen Karten sogar eine Mietwagen-Vollkaskoversicherung.

Informationen und Notrufnummern

Eine Sperrung von Geld- und Kreditkarten erfolgt über die zentralen Servicenummern ✆ +49-116 116 und ✆ +49-30-4050 4050, www.sperr-notruf.de.

American Express, ✆ +49-69-9797 1000, www.americanexpress.com/germany. Österreicher wählen ✆ +49-69-9797 2000, Schweizer ✆ +41-44-659 6900.

MasterCard/Maestro Card, ✆ +49-69-7933 1910, 001-800 11 887 0663 (international gebührenfreies R-Gespräch), www.mastercard.com/de.

Visa, ✆ 001-800 11 535 0660 (international gebührenfreies R-Gespräch), www.visa.de.

Achtung: Selbstverständlich ist ein R-Gespräch nicht kostenlos, wenn bei einem Anruf aus Indonesien ein Handy mit deutscher, österreichischer oder Schweizer SIM-Karte verwendet wird!

Gepäck und Ausrüstung

Der **Rollkoffer** hat den ideologischen Graben zwischen Rucksack und Koffer geschlossen, und so reist jeder mit dem Gepäck, das er mag. Letztendlich hängt es von den Transportmitteln und Zielen ab, ob sich das eine oder andere als bequemer erweist.

Zusätzlich ist ein **Tagesrucksack** von Vorteil, da er diebstahlsicherer und geräumiger ist als eine Handtasche. Beim Kauf sollte auf den Tragekomfort geachtet werden (eventuell mit Rückenbelüftung).

Der „Gepäck-Check" auf S. 65 kann als Hilfe beim Packen dienen, ist aber keineswegs vollständig und kann nach individuellen Bedürfnissen ergänzt bzw. reduziert werden.

Kleidung

Bei der Auswahl der Kleidung empfiehlt sich eine Kombination aus bequem, luftig und gut aussehend. In Indonesien beurteilt man die Menschen weit mehr als in Europa nach ihrem äußeren Erscheinungsbild. Ein schmuddeliges oder sehr gewagtes Outfit stößt auf Ablehnung.

In einer schicken Bar, auf einem Fest, bei einem formellen Essen und in Tempeln sollte man sich dem Umfeld entsprechend kleiden (S. 90).

Das meistgetragene Kleidungsstück auf dem Land ist, neben Flip-Flops, der **Wickelrock** (Sarong). Auch Touristen können ihn außer zum Baden als Rock im Haus oder am Strand und als Tempelbekleidung tragen.

Wäsche wird in Gästehäusern, Hotels und Wäschereien innerhalb von 24 Stunden für wenig Geld gewaschen (und manchmal auch gebügelt). Die Kosten für den *laundry service* in Gästehäusern und Hotels stehen in direkter Relation zum Zimmerpreis. Am besten zählt man gemeinsam die Anzahl der Kleidungsstücke und notiert diese, damit bei der Abholung die Vollständigkeit der Wäsche überprüft werden kann.

Technik

Kaum jemand möchte unterwegs auf sein **Smartphone** verzichten. Nicht nur zum **Musikhören**, als **Terminkalender** oder **Kamera** ist es ein nützlicher Begleiter, sondern besonders als **Navigationssystem** auf Reisen in unbekannte Gebiete außerordentlich hilfreich. Auch nehmen viele Reisende ihren **Laptop** oder ihr **Tablet** mit. Dank günstiger

Gepäck-Check

Kleidung

- ☐ **Badekleidung** (für Frauen außerhalb der Touristenzentren einteiliger Badeanzug)
- ☐ **Badelatschen/Flip-Flops** (wegen Pilzgefahr beim Duschen)
- ☐ **Leichte Jacke** (für An- und Abreise, Nächte in den Bergen und AC-Busse)
- ☐ **Kurze Hosen** (bei Männern mindestens bis zur Mitte des Oberschenkels, bei Frauen bis zum Knie, Shorts nur am Strand)
- ☐ **Sandalen** oder Trekkingsandalen (für Trekkingtouren reichen Turnschuhe meist aus)
- ☐ **Socken** (dichte, nicht allzu kurze Socken als Moskitoschutz für den Abend)

Hygiene und Pflege

- ☐ **Feuchttücher** (zur Hygiene für unterwegs)
- ☐ **Nähzeug** (Zwirn, Nähseide, Nadeln, Sicherheitsnadeln)
- ☐ **Taschentücher**
- ☐ **Tampons** (Nachschub in Supermärkten in den Touristenzentren)

Sonstiges

- ☐ **Ohrstöpsel**
- ☐ **Regenschirm** (keine Gummijacke wegen Wärmestau!)
- ☐ **Reiseapotheke** (S. 67)
- ☐ **Reiseführer**, **Landkarten**, **Reiselektüre**
- ☐ **Sonnenschutz** (Hut, Brille in unzerbrechlicher Box, Sonnencreme)
- ☐ **Taschen-/Stirnlampe**
- ☐ **Taschenmesser** (nicht ins Handgepäck)

Dokumente

- ☐ **Flugunterlagen**
- ☐ **Internationaler Führerschein**
- ☐ **Geld** (Bargeld, Bankkarte, Kreditkarte)
- ☐ **Impfpass**
- ☐ **Reisepass** (evtl. internationaler Studentenausweis, Personalausweis)

Wer in einfachen Unterkünften wohnen wird, braucht zudem

- ☐ **Handtücher** (die schnell trocknen)
- ☐ **Klebeband** (fürs Packen, zum Dämpfen zu stark eingestellter Klimaanlagen und zum Verschließen von Löchern im Moskitonetz)
- ☐ **Kordel** (als Wäscheleine oder zum Aufspannen des Moskitonetzes)
- ☐ **Moskitonetz** (in Indonesien preiswerter zu erstehen
- ☐ **Nägel** (zum Befestigen des Moskitonetzes)
- ☐ **Plastikbürste** (zum Reinigen von Wäsche und Schuhen)
- ☐ **Schlafsack** (Seiden- bzw. Leinenschlafsack, ein Sarong oder zwei dünne Tücher, da es in billigen Hotels teils keine Decken gibt und Laken nicht häufig gewechselt werden)
- ☐ **Vorhängeschloss** (und kleine Schlösser fürs Gepäck)
- ☐ **Waschmittel** (in der Tube)

Gebühren (S. 76) und guter Netzabdeckung sowie kostenloser Hotspots (in Indonesien: WiFi) ist das Surfen im Internet einfach und preiswert.

Wertsachen

Geld, Pässe, Kreditkarten und Tickets lassen sich am besten in einem breiten, unauffälligen **Hüftgurt** nah am Körper aufbewahren. Sämtliche Papiere sind zusätzlich durch eine Plastikhülle zu schützen, da Schweiß zerstörerisch wirken kann. Taschen mit großen Kameras, Laptop und anderer Elektronik sollten möglichst nicht schon von außen auf den teuren Inhalt schließen lassen, also aus festem Material bestehen, gut verschließbar sein und Platz für weiteres Handgepäck bieten.

Gesundheit

In Indonesien sind die Gesundheitsrisiken relativ gering. Sorge bereitet in letzter Zeit vor allem die Zunahme von Dengue-Fieber-Erkrankungen

(S. 710) und Tollwut (S. 714). Wer ungeschältes Obst sowie nicht ausreichend gegarte Gerichte meidet und sich vor Mückenstichen schützt, braucht keine Angst vor schweren Krankheiten zu haben. Eine alphabetische Aufstellung der wichtigsten Gesundheitsrisiken findet sich im Anhang („Reisemedizin zum Nachschlagen", S. 710).

Auf jeden Fall sollte vor der Reise überprüft werden, ob der Schutz gegen Tetanus, Diphtherie und Kinderlähmung (Polio) noch besteht. Viele Reisemediziner raten zudem zu **Impfungen** gegen Hepatitis A (S. 711), Tuberkulose und Typhus (S. 714). Ob weitere Impfungen nötig sind, etwa gegen Tollwut, Hepatitis B oder Japanischer Encephalitis, hängt von den besuchten Regionen, der Reiseart und -dauer und dem Gesundheitszustand des Reisenden ab.

Über notwendige Impfungen und eine mögliche Malariaprophylaxe sollte man sich unbedingt frühzeitig von einem Reisemediziner beraten lassen. Sämtliche Impfungen müssen mit Ort, Datum und Unterschrift des Arztes in einen **Internationalen Impfpass** eingetragen werden, der zu den Reiseunterlagen gehört.

Bei der Einreise nach Indonesien ist eine Impfung gegen Gelbfieber nur erforderlich, wenn man aus einem Infektionsgebiet (West- und Zentralafrika oder Südamerika) kommt.

Reisemedizin im Internet

Wer sich vor dem Besuch beim Reisemediziner über die Gesundheitsrisiken kundig machen möchte, findet Infos auf diesen Websites:

Auswärtiges Amt
www.auswaertiges-amt.de (auch als App)
Centrum für Reisemedizin
www.crm.de
Deutsche Gesellschaft für Reise- und Touristik-Medizin
www.drtm-online.de
Deutsche Gesellschaft für Tropenmedizin
www.dtg.org
Die Reisemedizin
www.die-reisemedizin.de
Fit for Travel
www.fit-for-travel.de
Tropen- und Reisemedizinische Beratung Freiburg
www.tropenmedizin.de
Robert Koch-Institut
www.rki.de
Bernhard-Nocht-Institut für Tropenmedizin Hamburg
www.bni-hamburg.de

Tropenmedizinische Institute

Berlin Postadresse: Augustenburger Platz 1, 13353 Berlin, Campus: Südring 2–3
030-4505 65700, http://tropeninstitut.charite.de
Wien Lenaugasse 19, 1080 Wien
01-4026 8610, www.tropeninstitut.at
Basel Socinstr. 57, 4056 Basel
061-284 8111. Persönliche Beratung Mo–Fr 8.30–11.30 und 14–17 Uhr unter 0900-575 131 (2,69 sFr./Min.), www.swisstph.ch
Weitere Tropenmedizinische Institute unter https://bit.ly/2wxx1wS.

Gesundheitstipps für die Reise

Essen

Am besten hält man sich an die alte Tropenregel: kochen, braten, schälen – oder lassen. Denn ein Großteil der Infektionen wird durch unsauberes Essen übertragen. Wichtig ist auch die persönliche Hygiene, denn viele Krankheitserreger trägt man mit den eigenen Fingern zum Mund.

Wer unter **Durchfall** leidet, muss sich erst einmal Ruhe gönnen und den Flüssigkeits- und Salzverlust mit angereichertem Wasser ausgleichen. Mehr dazu im Anhang auf S. 710.

Klima

Sonne und Hitze machen Reisenden oft als Erstes zu schaffen. Wer aus Europa ins tropische Asien reist, hat nicht selten eine Temperaturdifferenz von 20 °C und mehr zu verkraften. Deswegen ausreichend trinken, denn der Körper schwitzt gerade in den ersten Tagen sehr. Als Faustregel gilt: **3 l Flüssigkeit** pro Tag.

Wie überall in den Tropen ist die Sonnenstrahlung eine Gefahr. Je nach Typ braucht die Haut bis zu fünf Tage, um den Eigenschutz auf-

Vorschläge für eine Reiseapotheke

Von allen regelmäßig benötigten Medikamenten sollte man einen ausreichenden Vorrat mitnehmen. Gegebenenfalls sollte man sich die Notwendigkeit der Mitnahme vom Arzt bestätigen lassen, um etwaiigen Problemen mit dem indonesischen Zoll vorzubeugen. Es ist verboten, Betäubungsmittel ins Land zu bringen. Wer narkotische Arzneimittel mitbringt, muss sie beim Zoll deklarieren, ein ärztliches Attest vorlegen, in dem der Einnahmegrund erläutert wird, und das Originalrezept dabei haben. Die entsprechenden Medikamente müssen in der Originalverpackung sein und ihre Menge muss der Dauer des Aufenthalts entsprechen.
Nicht zu empfehlen sind Zäpfchen oder andere hitzeempfindliche Medikamente.
In den Apotheken vor Ort sind manche Präparate günstiger und ohne Rezept zu haben. Gut ausgestattet sind Filialen der landesweiten Apotheken-Ketten **Kimia Farma**, 💻 www.kimiafarmaapotek.com, und **K24**, 💻 www.apotek-k24.com, die teils 24 Stunden geöffnet sind und Lieferservice anbieten.

Basisausstattung
- ☐ **Verbandzeug**
- ☐ **Fieberthermometer**
- ☐ **Mückenschutz**
- ☐ **Sonnenschutz** mit UVA- und UVB-Filter
- ☐ **Antihistaminikum**
- ☐ **Beipackzettel**

Erkältungen
- ☐ **Nasenspray**
- ☐ **Halsschmerztabletten**
- ☐ **Myrtol** zum Schleimlösen

Erkrankungen der Haut
- ☐ **Antiseptikum** zur Desinfektion von Wunden
- ☐ **Bacitracin- und neomycinhaltige Salbe** bei infizierten oder infektionsgefährdeten Wunden
- ☐ **Mittel gegen Juckreiz** nach Insektenstichen und Allergien
- ☐ **Hydrocortison-Creme** gegen starken Juckreiz oder stärkere Entzündungen
- ☐ **Wund- und Heilsalbe**
- ☐ **Antimykotikum** gegen Pilzinfektionen
- ☐ **Augentropfen** gegen Bindehautentzündung
- ☐ **Zinksalbe** bei nässenden, oberflächlichen Wunden oder Ausschlag

Magen- und Darmerkrankungen
- ☐ **Loperamidhaltige Tabletten** gegen Durchfall
- ☐ **Elotrans** zur Rückführung von Mineralien (für Kinder: Oralpädon-Pulver)
- ☐ **Abführmittel** gegen Verstopfung

Schmerzen und Fieber
- ☐ **Ibuprofen** oder **Paracetamol** (keine acetylsalicylsäurehaltigen Medikamente wie z. B. Aspirin)
- ☐ **Butylscopolaminium-bromidhaltige Dragees** gegen starke, krampfartige Schmerzen
- ☐ **Antibiotikum*** gegen bakterielle Infektionen (in Absprache mit dem Arzt)

Sonstiges
- ☐ **Malaria-Medikament*** zur Prophylaxe oder als Standby-Therapie (für Bali optional)
- ☐ **Mittel gegen Reisekrankheit**
- ☐ **Persönliche Medikamente**

Bitte bei den Medikamenten Gegenanzeigen und Wechselwirkungen beachten und sich vom Arzt oder Apotheker beraten lassen.

* *rezeptpflichtig in Deutschland*

zubauen. **Sonnencreme mit hohem Lichtschutzfaktor** (20 und höher) und ein Basecap oder Fischerhut bieten zusätzlich Schutz.

Auch **Erkältungen** kommen häufiger vor, als man denkt. Im Wechselbad zwischen tropischen Außentemperaturen und klimatisierten Einkaufszentren, Transportmitteln und Hotelzimmern haben sich schon viele einen Schnupfen geholt.

Mückenschutz
Am Abend schützen helle Kleidung, lange Hosen, langärmlige Hemden, engmaschige lan-

ge Socken und ein **mückenabweisendes Mittel** auf der Basis von DEET, das auf die Haut aufgetragen wird und die Geschmacksnerven stechender Insekten lähmt. Bewährt hat sich der Wirkstoff Permethrin, mit dem Kleidung und Moskitonetz eingesprüht werden. Er geht eine Verbindung mit dem Gewebe ein und bleibt wochenlang wirksam. Als bestes Mückenmittel auf dem deutschen Markt gilt das österreichische **No Bite**, alternativ kann man auf das verträglichere **Autan family** zurückgreifen. Einige Apotheken und Bioläden bieten sanftere Mittel an, die auf Zitronella- und Nelkenöl basieren.

Viele Hotelzimmer haben **Mückengitter** an Fenstern und Türen oder ein **Moskitonetz** über dem Bett. Wer ganz sichergehen will, bringt sein eigenes Netz mit. Löcher verschließt man am besten mit Klebeband. In klimatisierten Räumen sind Mücken weniger aktiv, aber keineswegs ungefährlich.

Notfalls verringern **Moskito-Coils**, grüne Räucherspiralen, die wie Räucherstäbchen abbrennen und ca. acht Stunden die Luft verpesten, das Risiko. Oft werden sie abends in Restaurants unter die Tische gestellt, um die herumschwirrenden Moskitos zu vertreiben. Der Einsatz in geschlossenen Räumen endet aber in üblen Kopfschmerzen.

Medizinische Versorgung in Indonesien

Im Vergleich zu modernen **Privatkrankenhäusern** mit westlichem Standard in den großen Städten und auf Bali sind die **öffentlichen Krankenhäuser** (RSU = *Rumah Sakit Umum*) merklich schlechter ausgestattet und genießen auch nicht den besten Ruf. Man sollte darauf vorbereitet sein, dass viele Dinge im indonesischen Gesundheitssystem anders funktionieren als daheim. Außerhalb der Städte findet man nur sogenannte **Puskesmas** *(Pusat Kesehatan Masyarakat)*, Erste-Hilfe-Stationen oder Gesundheitszentren, die nicht rund um die Uhr besetzt sind.

Die **Behandlung** in öffentlichen Krankenhäusern ist bis auf die Aufnahmegebühr kostenfrei. Medikamente müssen hingegen selbst bezahlt werden, sind aber vergleichsweise günstig.In größeren Städten gibt es medizinische **Labors** *(Laboratorium)*, die auch ohne Überweisung Tests (Stuhl, Urin, Malaria usw.) durchführen. Für kleinere Verletzungen und Schnittwunden steht in einigen größeren Hotels ein medizinischer Dienst zur Verfügung.

In kleinen Krankenhäusern wird erwartet, dass Angehörige für Medikamente, Verpflegung und andere Materialien sorgen, d. h., es wird nicht gekocht. In größeren Einrichtungen kann bei stationärer Behandlung auch Verpflegung des Hauses dazugebucht werden.

Liegen schwierige Probleme vor oder steht eine **Operation** an, sollte der Patient möglichst nach Surabaya, Jakarta oder besser gleich nach Singapore, Kuala Lumpur, Bangkok oder Darwin ausgeflogen werden. **Krankentransporte** ins Ausland werden u. a. von **International SOS Assistance**, SOS Medika Klinik, Jl. Bypass Ngurah Rai 505X, ✆ 0361-710505, 📠 710515, 💻 www.internationalsos.com, organisiert.

Empfehlenswerte Krankenhäuser und Privatpraxen sind in den Regionalkapiteln aufgeführt.

Informationen

Viele Informationen in diesem Buch sind unvorhersehbaren Veränderungen unterworfen. Preise, Öffnungszeiten oder Einreisebestimmungen können sich schnell ändern. Um auf dem aktuellen Stand zu bleiben, können Updates unter 💻 www.stefan-loose.de/updates/asien/bali-indonesien heruntergeladen, Fragen im Travel Forum gestellt oder bei den Fremdenverkehrsämtern Informationen eingeholt werden.

Im deutschsprachigen Raum gibt es derzeit kein indonesisches Fremdenverkehrsamt, nur einen **Visit Indonesia Tourism Officer**, c/o Global Communication Experts GmbH, Hanauer Landstraße 184, 60314 Frankfurt/Main, ✆ 069-1753 71038.

Das Hauptbüro des **Directorate General of Tourism** befindet sich in Jakarta. Es besitzt Zweigstellen in allen Provinzhauptstädten. Daneben hat jede indonesische Provinz ein eigenes Fremdenverkehrsamt, dessen Büros unter dem Namen **Dinas Pariwisata** bekannt sind.

Informationen im Netz

Wer sich über die aktuelle Lage in Indonesien informieren will, kann die **Websites der Außenministerien** lesen:

www.auswaertiges-amt.de (dt., auch als App)
www.bmaa.gv.at (dt.)
www.eda.admin.ch (dt.)

oder stellt Fragen ins **Forum**:
www.stefan-loose.de/globetrotter-forum/topics/indonesien_bali (dt.)
www.bali-board.com/forum (dt.)
www.indonesia-forum.de (dt.)
www.lonelyplanet.com/indonesia/community (engl.)

Allgemeine Infos zu Indonesien

www.tourismus-indonesien.de (dt.)

Nachrichten

http://en.tempo.co/ (engl., auch als App)
Homepage eines der bekanntesten Nachrichtenmagazine.
http://jakartaglobe.id/ (engl., auch als App)
www.thejakartapost.com (engl., auch als App)
Die beiden wichtigsten englischsprachigen Tageszeitungen.
www.thebalitimes.com (engl.)
Größte englischsprachige Tageszeitung auf Bali.
http://en.antaranews.com/ (engl.)
Aktuelle Meldungen der indonesischen Nachrichtenagentur.
www.insideindonesia.org (engl.)
Umfangreiche Infos sowie kurze Artikel zu allem, was in Indonesien passiert.

Politik und Gesellschaft

www.watchindonesia.org (dt.)
Kritische Informationen über Demokratisierung, Menschenrechte und Umweltschutz.
www.fnpf.org (engl.)
Engagierte Naturschutzstiftung mit Projekten auf Bali und Kalimantan.
www.bos-deutschland.de (dt.)
Monatlicher Newsletter des Borneo Orangutan Survival e.V.

Blogs und Traveller-Seiten

http://globetrotter.org/ (dt.)
Deutsche Zentrale für Globetrotter.
www.sunda-spirit.com (dt.)
Artikel und Reportagen mit Schwerpunkt auf Java, Bali und Nusa Tenggara.
www.indojunkie.com (dt.)
Ansprechender Blog mit guter, aktueller Facebook-Seite.
www.bayi.de (dt.)
Nachrichten und Informationen zum Leben in Indonesien mit vielen praktischen Tipps.

Internet

Die Zahl der **Internetcafés** hat mit der Verbreitung von **WLAN-Hotspots** und der **mobilen Internetnutzung** stark abgenommen. Fast alle Gästehäuser und Hotels sowie viele Restaurants, Cafés und sogar Beach Bars bieten ihr WLAN (in Indonesien: WiFi) kostenlos an. Nur manche teuren Hotels verlangen noch extrem überhöhte Gebühren für den Zugang. Manchmal stehen in Unterkünften zudem Computer zur Verfügung. Nicht alle sind gut gewartet, schnell und frei von Viren.

Kinder

Im Allgemeinen werden sich Kinder auf Bali und Lombok sehr wohlfühlen. Egal ob es die Eltern zu kulturellen Orten, an die Strände oder in die Berge zieht, Familien sind überall willkommen, denn Kinder sind beliebt und stets dabei. Sie krabbeln durch Läden und Restaurants, werden von Eltern, Großeltern, Geschwistern und Freunden herumgetragen – die sich auch ausländischer Kinder gerne annehmen. Balinesen sind außerordentlich kinderfreundlich, und der Kontakt zu einheimischen Sprösslingen ist schnell geknüpft. Einzig die fremde Umgebung und Sprachbarrieren grenzen Kinder etwas ein.

Kinder genießen vor allem die **Natur**. Es gibt Strände und Märkte, Blumen, leckere Früchte und Tiere. Besonders für die Älteren ist ein Besuch in den **Werkstätten** interessant, wo sie den Handwerkern und Künstlern bei der Arbeit zusehen können. Natürlich gibt es auch **Tier- und Vergnügungsparks**, und immer wieder finden faszinierende **Feste** mit exotischen Ritualen und Tänzen statt.

Sehr wichtig ist die **Einbeziehung der Kinder** schon bei der Planung und beim Kofferpacken. Am Familientisch kann man prima Bilder von Indonesien betrachten und gemeinsam überlegen, was man sich anschauen möchte. Welches Kind wird nicht von der Vorstellung vom Buddeln am Strand, von sagenumwobenen Tempeln, bunten Märkten oder einer abenteuerlichen Bootsfahrt begeistert sein? Ein eigener kleiner **Spielzeug-Rucksack**, den die Kinder selbst packen und tragen können, erleichtert manche Entscheidung darüber, welche Sachen unbedingt mitmüssen.

Anreise

Die Wahl der **Fluggesellschaft** entscheidet, wie entspannt die Familie in Indonesien ankommt. Für die ganz Kleinen (*infants* bis etwa 10 kg) empfiehlt sich das schwebende Kinderbettchen/Bassinet. Der dazugehörende Platz bietet auch den Erwachsenen mehr Beinfreiheit. Kindermenüs werden zuerst ausgegeben. Wechselkleidung, Windeln und Babynahrung gehören ins Handgepäck. Die Behälter für Babynahrung dürfen entgegen den sonstigen Sicherheitsbestimmungen größer als 100 ml sein. Auch Wasser zum Anrühren der Babynahrung darf fast immer mitgenommen werden.

Kinder unter zwei Jahren zahlen 10–20 % eines regulären Tickets, es steht ihnen aber kein eigener Sitzplatz zu. Sofern die Eltern keinen Extrasitz buchen, bleibt nur die Hoffnung, dass der Flug nicht ausgebucht ist. Kinder zwischen zwei und zwölf Jahren zahlen für einen Platz etwas mehr als die Hälfte des Flugpreises.

Die lange Anreise mit dem Flugzeug, die **Zeitverschiebung** und die Klimaveränderung sind in den ersten Tagen etwas beschwerlich, doch bei umsichtiger Herangehensweise gut zu meistern. Es ist empfehlenswert, sich nach der Ankunft ein **ruhiges Zimmer** zu nehmen und die ersten Tage keine großen Anstrengungen zu planen. Es ist aufregend genug, die nähere Umgebung zu erkunden, das fremde Essen zu probieren und die Menschen kennenzulernen.

Gesundheit und Hygiene

Gerade in den ersten Tagen haben viele Kinder Probleme mit der **Hitze** und der feuchten Luft und neigen zu Hautausschlag, der sich in Form von roten Pusteln über den ganzen Körper ausbreitet. Wickelkinder haben besonders im Windelbereich damit zu kämpfen. Dagegen hilft Talcum-Baby-Puder, den es in Apotheken und Supermärkten gibt. Puder hilft auch gegen vermehrtes Schwitzen. Gegen Durst sollte in der Nacht viel zu trinken bereitstehen und in der Zeit des Jetlags vielleicht der eine oder andere Snack.

Keiner braucht sich vor Schmutz, **Krankheiten** und der fremden Sprache zu ängstigen! Kinder haben meist gute Abwehrkräfte, finden leicht Anschluss und regeln vieles nonverbal. Sie sehen schnell ein, dass sie sich öfter als zu Hause die Hände waschen müssen und weder Leitungswasser trinken noch ungeschältes Obst essen dürfen.

Da die **medizinische Versorgung** in weiten Teilen Indonesiens problematisch ist, sollte man mit kleinen Kindern keine enorm ausgefallenen Touren machen. Gute Kinderärzte gibt es vor allem in Jakarta, Surabaya und auf Bali.

Vor der Reise sollte jedes Kind gründlich untersucht werden und spätestens einen Monat vor der Abreise alle nötigen **Impfungen** (einschließlich aller Kinderkrankheiten) erhalten. Wenn sich das Kind verletzt, müssen jede offene Wunde und jeder Kratzer desinfiziert werden. Dafür eignet sich am besten alkoholfreies, farbloses Desinfektionsspray, das nicht brennt (aus der heimischen Apotheke, denn in Asien sind die Mittel eingefärbt, was eine Beurteilung der Wundheilung erschwert). Bei Bissen von Tieren sollte schleunigst ein Arzt aufgesucht werden, damit er Tollwutimpfungen vornimmt.

Kinder sollten so gut es geht vor **Mückenstichen** geschützt werden. Am besten macht man es zum Ritual, vor Sonnenuntergang zu duschen, die Kleidung zu wechseln (lange Hosen und Socken) und sich mit einem mückenabweisenden Mittel einzureiben. Für Babys oder empfindliche Kleinkinder empfiehlt sich die in deutschen Apotheken erhältliche Bio-Lotion Zanzarin, für die ganze Familie und Kinder ab zwei Jahren hat sich Autan Family bewährt. Empfehlenswert ist bei Übernachtungen in günstigen Unterkünften ein Moskitonetz. Meist sind diese vorhanden, wenn nicht, kann man sie günstig kaufen. Sollte doch mal eine Mücke zugestochen haben oder auch eine Prellung schmerzen, raten erfahrene Eltern zu kühlendem Kräuterbalsam aus der Apotheke.

Wegwerfwindeln sind nahezu überall zu bekommen. Der Verbrauch wird sich ganz natürlich reduzieren, da die Kinder häufig ohne Windeln herumlaufen können. Eingenässte Kleidung trocknet schnell oder kann mit mitgenommener Ersatzkleidung getauscht werden.

Nicht vergessen!

- ☐ **Babynahrung**
- ☐ **Fläschchen** für Säuglinge
- ☐ **Fotos** von Daheimgebliebenen gegen Heimweh
- ☐ **Impfpass**
- ☐ **Kopfbedeckung**
- ☐ **Kuscheltier** (muss gehütet werden wie ein Augapfel, denn ein verloren gegangener Liebling kann allen den Rest der Reise verderben – reiseerprobte Kinder beugen vor, indem sie nur das zweitliebste Kuscheltier mitnehmen)
- ☐ **Lieblingsmusik und Hörspiele**
- ☐ **Spiele** und **Bücher**
- ☐ **Reisepass** (Kinder jeden Alters brauchen einen Reisepass)
- ☐ **Sonnencreme** mit hohem Lichtschutzfaktor
- ☐ **SOS-Anhänger** mit allen wichtigen Daten

Übernachtung und Essen

Man braucht nicht unbedingt in teureren **Unterkünften** abzusteigen. Viele Unterkünfte haben Familienzimmer, in denen eine vierköpfige Familie gut schlafen kann. Zudem gibt es Doppelbungalows oder nebeneinander liegende Hotelzimmer mit Verbindungstür, die sich für Familien mit älteren Kindern eignen. Vielerorts werden größere, komplett ausgestattete Bungalows und Villas mit mehreren Zimmern vermietet.

Mit dem Essen gibt es normalerweise keine Probleme. Den meisten Kindern schmecken vor allem das exotische Obst, *Sate* und *Krupuk*. Einige lokale Gerichte sind zu scharf, werden jedoch auf Nachfrage wenn möglich auch nur mild gewürzt. Vielerorts gibt es auch Burger, Pommes und Spaghetti. Wenn das Kind noch zu klein zum Mitessen ist, findet sich meist ein Angestellter, ein Gast oder gleich eine ganze Gruppe, die sich des Babys annehmen und es unterhalten, solange die Eltern essen. Lecker und nahrhaft sind Babybananen, die sich leicht zerdrücken lassen.

Als **Getränk** eignet sich kühles Wasser. Für Abwechslung sorgen eine große Auswahl an Trinkpäckchen und kleinen Fläschchen mit Tee, Milch, Kakao, Saft oder Joghurt. Meist sind sie sehr süß, doch immer öfter finden sich auch Tees und Säfte ohne Zuckerzusatz im Angebot. Generell sollte man Nahrungsmittel in Plastikdosen aufbewahren, denn nur so sind sie vor Ameisen und anderen Kleinstlebewesen sicher.

Babyflaschen und Milchpulver gibt es fast überall, **Babynahrung** aus Gläschen nur in den großen Städten und Touristenzentren auf Java und Bali; eine Flaschenbürste und andere Reinigungsmittel nimmt man am besten mit.

Transport und Gepäck

Lange Fahrten sind gerade für kleinere Kinder anstrengend, sodass man lieber Flugzeug oder Bahn statt Bus oder gar Minibus benutzen und ihnen einen eigenen Sitzplatz besorgen sollte. Solange Kinder keinen eigenen Platz beanspruchen, reisen sie bei Bus und Bahn (unter 3 Jahren) gratis. Flüge sind bis zu 2 Jahren gratis und kosten von 2–12 Jahren 50 %; auf dem Schiff unter 1 Jahr 10 % bzw. von 1–11 Jahren 70 %.

Sinnvoll ist es, im **Reisegepäck** stets etwas Spielzeug bereitzuhalten, auch ein MP3-Player mit Geschichten und Liedern hat sich auf längeren Strecken als Zeitvertreib bewährt. Auf jeder noch so kurzen Strecke sollten sich im Handgepäck immer etwas zu trinken, zu essen und ein Satz Wechselgarderobe befinden. Eine aufstellbare **Kindertrage/Kraxe** (oder ein **Maxi Cosi**) für die Kleinsten hat sich bewährt. Sie kann notfalls auch im Flugzeug aufgestellt werden und dem Kind somit ein Minimum an Bewegungsfreiheit geben.

Die neue Umgebung und die Eltern

Viele Probleme lösen sich wie von selbst durch das Entgegenkommen der ausgesprochen kinderfreundlichen Menschen. Kleine Touristen stehen schnell im **Mittelpunkt des Interesses**. Sie werden beschenkt und gestreichelt, fotografiert und geküsst – bisweilen bis zum Rande des Erträglichen. Manchmal brauchen sie etwas Unterstützung – ein Hut auf dem blonden Lockenkopf kann helfen, neugierige Hände fernzuhalten.

Bei einer Reise, bei der man keinen festen Standort hat, sind die mitreisenden Erwachsenen die einzigen verlässlichen **Bezugspunkte** der Kinder. Kleine Kinder werden sich entsprechend anklammern. Größeren Kindern, die kein Englisch sprechen, fehlen bisweilen Freunde, mit denen sie sich unterhalten können. Andererseits bieten Reisen mit Kindern die Möglichkeit, zahlreiche neue Erfahrungen zu machen und besondere Kontakte zu einheimischen Familien zu knüpfen. Wann sonst hat man die Gelegenheit, so viel Zeit mit den eigenen Kindern zu verbringen? Reisen bieten da fantastische Möglichkeiten.

Medien

In den Großstädten und Touristenzentren gibt es **Buchhandlungen**, die schöne **Bildbände**, **Reiseführer** und **Karten** verkaufen. Das größte Angebot haben die Periplus-Buchläden in den Metropolen Javas und auf Bali. Gute Karten der einzelnen Inseln finden sich im Sortiment des Nelles Verlags, 💻 www.nelles-verlag.de. Die besten Detailkarten der Insel Bali bietet der Straßenatlas von Periplus. Für Lombok gibt es eine empfehlenswerte Faltkarte von Periplus.

Eine recht gute Auswahl an Taschenbüchern, zumeist in englischer Sprache, aber auch auf Deutsch, halten **Secondhand-Buchläden** bereit. Sie sind nicht billig, nehmen aber ausgelesene Bücher oft zum halben Preis wieder zurück.

Einige Hotels speisen das Fernsehprogramm der **Deutschen Welle** ein, um ihren Gästen u. a. deutsche Nachrichten bieten zu können. Einfacher ist es, die aktuellen Nachrichten im Internet, z. B. unter 💻 www.tagesschau.de, anzusehen.

Post

Das indonesische Postsystem ist nicht immer verlässlich. Eine Postkarte oder ein Brief kommt nach ein bis vier Wochen in Europa an. Per Luftpost ist ein Brief in der Regel etwa eine Woche unterwegs. Pakete auf dem Seeweg lassen meist zwei bis drei Monate auf sich warten. Manche Briefe oder Pakete kommen auch gar nicht an und fallen Briefmarkensammlern in die Hände. Wer einem Schreiben kleine Muscheln oder Münzen beifügt, vermindert die Chancen, dass es sein Ziel erreicht.

Briefe und Postkarten können in allen Postämtern aufgegeben werden, die Preise können jedoch variieren. **Pakete** sollten lieber zum Hauptpostamt gebracht werden, wo Postbeamte

Porto nach Deutschland

Paket bis 10 kg	680 000 Rp (Seefracht), 2,4 Mio. Rp (Luftpost)
Paket bis 5 kg	480 000 Rp (Seefracht), 1,45 Mio. Rp (Luftpost)
Paket bis 3 kg	400 000 Rp (Seefracht)
Paket bis 1 kg	510 000 Rp (Luftpost)
Brief	20 000 Rp
Postkarte	10 000 Rp

Die Preise können je nach Aufenthaltsort variieren.

gerne einen zollgeschulten Blick in die noch unverpackten Päckchen werfen. Vor dem Versand muss eine **Zollerklärung** ausgefüllt werden, auf der der Inhalt detailliert dargelegt wird.

In Deutschland kann der Zoll wesentlich strenger und unnachgiebiger sein als in Indonesien. Viele Pakete kommen aber auch ohne zusätzliche Zollabfertigung ins Haus.

Bei größeren Einkäufen sollte man eine **Spedition** beauftragen, falls sich nicht der Händler darum kümmert (in diesem Fall auf einer exakten Quittung bestehen). Speditionskosten schlüsseln sich nach Seefracht (bis zum jeweiligen Hafen) und Landfracht (Hafen–Heimatort) auf. Letztere kann ein Vielfaches der Seefracht betragen.

Reisende mit Behinderung

Für Menschen mit einer Behinderung ist eine Reise durch Indonesien nur teilweise möglich und oft schwierig. Sie ist nur jenen anzuraten, die zu Herausforderungen bereit sind. Reiseerfahrung, eine Begleitung und gute Kondition sind sicher von Vorteil.

Nur wenige Einrichtungen sind explizit auf behinderte Gäste eingestellt. Auf Bali und in anderen Touristenzentren gibt es jedoch Unterkünfte mit behindertengerechten Zimmern, besonders die großen 5-Sterne-Resorts. Indonesier sind hilfsbereite Menschen, und man wird immer jemanden finden, der einen bei Treppen oder anderen Hindernissen unterstützt.

Der Transport mit öffentlichen Verkehrsmitteln ist für Rollifahrer sehr umständlich. Zum Glück sind die Mietpreise für Autos aber recht günstig, und viele Modelle (Avenza, Xenia usw.) bieten genug zusätzlichen Platz für einen Rollstuhl.

Auch das **Internet** hilft auf vielen Seiten mit Tipps und Tricks. Wer denkt, er könne mit einem Rollstuhl nicht die ganze Welt bereisen, wird auf 💻 www.mitschontour.de eines Besseren belehrt. Ein Forum mit Infos und Adressen ist 💻 www.myhandicap.de.

Bali Access Travel
✆ 0361-851 9902, 0813-3776 6544
💻 www.baliaccesstravel.com
Das erste Unternehmen auf Bali, das Betreuung, Transport und individuell zusammengestellte Touren für körperlich behinderte Menschen anbietet. Mit gut ausgebildeten Guides, feinfühligem Pflegepersonal und rollstuhlgerechten Fahrzeugen sorgen sie für eine schöne Zeit. Rollstuhlverleih und kostenpflichtiger Service, der Unterkünfte auf behindertengerechte Faktoren hin überprüft oder geeignete vorschlägt.

Bundesverband Selbsthilfe Körperbehinderte – Reiseservice
Altkrautheimer Str. 20, 74238 Krautheim
✆ 06294-428 150, 💻 www.bsk-reisen.org
Vermittelt Reiseassistenten, organisiert Reisen und hilft mit Ratschlägen.

Mobility International Schweiz
Rötzmattweg 51, 4600 Olten
✆ 062-212 6740, 💻 www.mis-ch.ch
Infos und Empfehlungen, Reiseführer für Behinderte, Touren und Austauschprogramme.

NatKo
Fleher Str. 317a, 40223 Düsseldorf
✆ 0211-336 8001, 💻 www.natko.de
Die Nationale Koordinationsstelle Tourismus für Alle unterstützt barrierefreies Reisen.

Sicherheit

Wertgegenstände

Nichts kann den Spaß am Reisen mehr verderben als der Verlust von Wertsachen. Es passiert immer wieder, dass Taschen entwendet, Zimmer aufgebrochen und durchwühlt werden oder ein netter „Freund" mit der Kamera das Weite sucht. Auch in einem Minibus verschwindet schnell mal etwas aus einer Tasche. Da Urlauber ihre Wertsachen fast immer mit sich führen, sind sie einem erhöhten **Diebstahlrisiko** ausgesetzt. Gegenüber Reisebekanntschaften ist daher immer eine gesunde Skepsis angebracht.

Die einfachste Lösung besteht darin, möglichst wenige Wertsachen mit sich zu führen.

Teurer Schmuck gehört nicht ins Reisegepäck, und im Hotel kann Wertvolles im **Safe** verschlossen oder gegen Quittung abgegeben werden (niemals Kreditkarten abgeben). Den Reisepass muss man nicht überallhin mitnehmen. So genügt bei nassen Bootsfahrten durchaus eine **Fotokopie**. **Tipp**: Gepäck zusätzlich mit kleinen Vorhängeschlössern und einem leichten Fahrradschloss absichern.

Der Handtasche ist ein **Tagesrucksack** vorzuziehen, da dieser nicht ohne Weiteres vom Körper gerissen werden kann. Allerdings kann er leicht aus Fahrrad- und Mopedkörben gestohlen werden, auch während der Fahrt, was oft zu Unfällen führt. Wer Geld und Papiere nicht sicher einschließen kann, sollte stets einen **Geldgürtel** umhaben. Geldscheine sind in Hosentaschen oder Brusttaschen sicherer aufgehoben als in Handtaschen und Portemonnaies. Unsicher sind dagegen dicke Bauch- oder Nierentaschen. Abzuraten ist ebenso vom offensichtlichen Tragen wertvollen Schmucks oder vom Prahlen mit großen Geldbeträgen.

Einbruch und Diebstahl

Manche Zimmer in billigen Unterkünften sind nur mit einem Vorhängeschloss zu verschließen. Man erhält zwar ein Schloss und einen Schlüssel, doch ein **eigenes Hängeschloss** für die Tür verspricht mehr Sicherheit. Insbesondere in Schlafsälen und Gästehäusern kann es hin und wieder zu Diebstählen kommen, nicht selten auch durch Mitreisende. Manchmal wird das Gepäck von unehrlichen Mitarbeitern durchwühlt oder Geld aus dem Safe gestohlen. Außerhalb der Hotels ist die Gefahr von Diebstählen an Orten mit vielen Touristen am größten: in überfüllten Bussen und auf Schiffen, an Stränden und nicht zuletzt in Traveller-Zentren.

Strafbare Handlungen

Per Gesetz verboten ist **Nacktbaden**. Wer dabei erwischt wird oder in Badekleidung außerhalb der Strände herumläuft, kann mit bis zu drei Jahren Gefängnis bestraft werden. Zumindest in Süd-Bali ist die Polizei aus Angst, Touristen zu vertreiben, in der Regel nachsichtig. Dennoch ist es strafbar und den einheimischen Moralvorstellungen gegenüber respektlos, in Bikini oder Badehose in Restaurants zu sitzen oder durch die Straßen zu gehen.

Im Notfall

Wenn etwas gestohlen wurde, muss die **Polizei** verständigt werden, denn die **Reisegepäckversicherung** zahlt nur bei Vorlage eines Polizeiprotokolls. Manchmal wird dafür eine Gebühr von 100 000 Rp verlangt. Ist es nicht in Englisch abgefasst, lässt man es am besten umgehend übersetzen und beglaubigen.
Allerdings ist die Polizei bei Zwischenfällen mit westlichen Ausländern oft daran interessiert, etwas Geld zu verdienen. Man sollte keine gerechte Behandlung erwarten, denn häufig wird die Entscheidung von finanziellen Zuwendungen abhängig gemacht, was der Willkür Tür und Tor öffnet.

Terrorismus

Indonesien gilt als moslemisch dominierte, pluralistische und tolerante Demokratie – in kaum einem anderen Land leben so viele Gruppen friedlich in respektvollem Miteinander. Angesichts des riesigen moslemischen Bevölkerungsanteils ist die Zahl der gewaltbereiten Extremisten sehr gering. Dennoch ist auch Indonesien nicht vor Terror gefeit.

War dieser im Rahmen separatistischer Konflikte auch in den Jahrzehnten zuvor ein gängiges Mittel zur Einschüchterung, so bekam das Wort Terrorismus spätestens am 12. Oktober 2002 mit dem Bombenanschlag auf eine Diskothek auf Bali eine fundamentalistisch-religiöse Qualität. In den folgenden Jahren gab es Anschläge auf Botschaften, Einkaufszentren, Kirchen und Hotels. In vielen Fällen stand die fundamentalistische **Jemaah Islamiyah** dahinter, auch der **Islamische Staat (IS)** versuchte sich über Indonesien in Südostasien zu etablieren.

Die Sicherheitskräfte konnten seit 2009 wichtige Erfolge bei der Vereitelung von Anschlägen und der Zerschlagung terroristischer Netzwerke verbuchen. Besonders im Vorfeld religiöser Feiertage besteht erhöhte Alarmbereitschaft, da gut besuchte Kirchen, Moscheen und Tempel oftmals Ziel der Anschläge sind. Dabei richtet sich diese Art von Terrorismus auch gegen Moslems: Anhänger der Ahmadiya-Glaubensbewegung wurden in jüngster Zeit zunehmend Opfer radikaler Moslems.

Piraterie

Die Gefahr, als Tourist in einen Zwischenfall mit Piraten verwickelt zu werden, ist äußerst gering. Wahrscheinlich sind nur Taucher und Segler gefährdet, die in entlegenen Regionen auf Booten übernachten. Dennoch sollte angemerkt werden, dass die meisten Piratenangriffe weltweit in indonesischen Gewässern stattfinden, besonders in der, für den globalen Handel so bedeutsamen, Straße von Malakka. Eine Gefahr in den Gewässern der Celebes-See sind Geiselnahmen durch philippinische Rebellen, die ihren Kampf gegen die Zentralregierung mit Lösegeldzahlungen finanzieren.

Zur Sicherheit

Alle **wichtigen Reisedokumente** zu Hause fotografieren oder scannen und an die eigene E-Mail-Adresse schicken oder auf einem Cloudserver ablegen, evtl. auch Telefonnummern, Medikamentennamen, Blutgruppe, Impfpass usw. So können diese im Notfall unterwegs abgerufen werden.

Zudem sollten nach der Einreise Fotos vom Visum und Einreisestempel gemacht werden, um bei Diebstahl seine Aufenthaltsberechtigung nachweisen zu können und bei den Behördengängen Zeit zu sparen. Der Verlust der Papiere kostet immer viel Nerven. Adressen der Botschaften und Konsulate S. 47.

Auch Fotos von aufgegebenen Gepäckstücken können sich bei Verlust des Fluggepäcks als große Hilfe erweisen.

Sport und Aktivitäten

Abenteuersport

In den Nationalparks und Naturschutzgebieten des Inselarchipels kann die vielfältige, exotische tropische Pflanzen- und Tierwelt auf einer **Trekkingtour** erforscht werden. Auch bieten viele Anbieter besonders auf Bali Tagesausflüge mit dem **Mountainbike** oder **Raftingtouren** an, die es ermöglichen, die Urlaubsinsel von ihrer ursprünglichen Seite kennenzulernen. **Bergsteiger** werden es besonders auf Java schwer haben, sich zwischen den vielen Vulkanen zu entscheiden. Für **Dschungeltrekking** sind die Nationalparks in Nord- und West-Sumatra, auf Kalimantan und in Sulawesi zu empfehlen. Weitere Informationen in den Regionalkapiteln.

Bootsfahrten

Boote sind in vielen Regionen des Inselarchipels nicht nur das wichtigste Transportmittel, sondern auch eine angenehme Art der Fortbewegung. Neben den großen Pelni- und ASDP-Fähren bieten Anbieter Ausflüge mit Katamaranen, Segel-, Fischer- oder Schnellbooten an. Von kurzen Exkursionen auf vorgelagerte Inseln bis hin zu mehrwöchigen Segeltörns, bei denen man an Bord wohnt, ist alles zu haben. Touren starten von Bali aus gen Osten bis nach Komodo und Flores, aber auch in Sulawesi und Kalimantan. Weitere Informationen in den Regionalkapiteln.

Surfen

Indonesien ist ein wahres Paradies für erfahrene Wellenreiter. Die Brandung an den Südküsten von Java, Bali, Lombok und Sumbawa, aber auch die Mentawai-Inseln vor Sumatra zählen zu den besten Surfgebieten der Welt. Nicht ohne Grund finden hier jedes Jahr internationale Wettkämpfe statt. Viele Surfspots sind nur für **Profis** empfehlenswert, da die oft meterhohen Wellen über Riffen brechen und so jede noch so kleine Unachtsamkeit fatal enden kann. Auch die unberechenbaren Strömungen leisten ihren Beitrag zu traumhaften Bedingungen für Profisurfer.

Zum Glück gibt es aber auch Strände, die sich für die ersten Stehversuche eignen. Besonders in Kuta auf Bali finden sich **Surfschulen**, die Anfängerkurse veranstalten (S. 311).

Informationen zu **Surfspots** inkl. detaillierter Bewertungen, Bildern und Erfahrungsberichten finden sich auf 💻 www.baliwaves.com und 💻 www.wannasurf.com/spot/Asia/Indonesia.

Tauchen

Das riesige Inselreich ist für seine lebendige, farbenprächtige Unterwasserwelt bekannt. In den Gewässern der Nationalparks Raja Ampat vor West-Neuguinea, Pulau Togian und Pulau Bunaken (beide Sulawesi), der Derawan-Inseln vor Kalimantan, Pulau Weh vor Sumatra, Karimunjawa (Java), im Komodo-Nationalpark, zwischen Alor und Pantar sowie vor Bali und Lombok bieten sich hervorragende Bedingungen für Taucher. Bevor man sich für einen Anbieter entscheidet, sollte die Ausrüstung, gegebenenfalls auch das Boot, in Augenschein genommen werden. Nähere Auskünfte enthalten die Empfehlungen in den Regionalkapiteln.

Wellness

In allen touristischen Zentren und in zahllosen Salons und Unterkünften bieten weibliche und männliche **Masseure** ihre Dienste an. Ab 60 000 Rp ölen sie den Körper ein und kneten ihn in einer Stunde von oben bis unten kräftig durch. Die meisten haben keinerlei professionelle Ausbildung.

Wer Erholung für Körper und Geist sucht und Stress abbauen möchte, kann sich in einem **Spa** mit Thermal- und Blütenbädern, Massagen aller Art, Packungen und anderen wohltuenden Körperbehandlungen in luxuriöser Atmosphäre entspannen. Eine richtige Massage dauert um die zwei Stunden, längere Behandlungen können durchaus einen ganzen Tag in Anspruch nehmen. Teure Hotels sind oft mit Spas ausgestattet, die auch von Tagesgästen besucht werden können. Empfehlungen finden sich in den Regionalkapiteln.

Telefon

Die Indonesier sind große Fans der Telekommunikation. Selbst in den kleinsten Dörfern gibt es Stände, die Prepaid-Guthaben *(Pulsa)* verkaufen. Wer sich die saftigen Roaming-Gebühren der heimischen Mobilfunkgesellschaften sparen möchte (1,50–2 € pro Min.), sollte sich eine indonesische **Prepaid-SIM-Karte** besorgen und sie am besten gleich beim Kauf aktivieren lassen. Seit 2018 müssen neue SIM-Karten registriert werden, was theoretisch nur in den offiziellen Shops der Mobilfunkanbieter möglich ist. Viele Verkäufer registrieren die gekaufte Karte jedoch einfach auf ihren Namen.

Die Netzabdeckung der großen Mobilfunkanbieter ist auch außerhalb der Ballungszentren gut. Oftmals ist eine schnelle 3G- oder 4G-Verbindung verfügbar, die auch datenintensivere Anwendungen wie YouTube-Videos ermöglicht. Mancherorts sind die 4G-Netze zu Stoßzeiten so überlastet, dass ein Rückgriff auf die langsameren, aber zuverlässigeren GSM-Netze zu empfehlen ist.

SIM-Karten

Wenn man sich nur in den Touristenzentren und Hauptorten aufhält, können Karten jedes Unternehmens genutzt werden. Soll die Reise auch in entlegene Regionen führen, stehen nur die zwei großen Anbieter Telkomsel (Simpati, Kartu As, kartuHalo oder Loop, 💻 www.telkomsel.com) und Indosat (Mentari oder IM³, 💻 www.indosatooredoo.com) zur Auswahl.

Vorwahlen

Indonesien	0062	**Singapore**	0065
Deutschland	0049	**Thailand**	0066
Österreich	0043	**Malaysia**	0060
Schweiz	0041	**Australien**	0061

Die **Preise** für SIM-Karten variieren sehr stark je nach Inklusivguthaben, Lage des verkaufenden Geschäfts und Laune des Verkäufers. Sie beginnen bereits bei 10 000 Rp, am Flughafen oder in den Touristenzentren (besonders Kuta auf Bali) werden jedoch oft extrem überhöhte Preise verlangt.

Preise

Gespräche innerhalb Indonesiens kosten je nach Aufenthaltsgebiet, Tarif und Tageszeit mit einer Simpati-Karte maximal 1210 Rp pro Min. (ca. 7 Cent). Meist kosten nur die erste oder die ersten beiden Minuten diesen Preis und Folgeminuten sind mit 40–60 Rp extrem günstig! Textnachrichten kosten 300 Rp pro SMS.

Neben der Netzabdeckung sprechen auch die Preise für **Auslandsgespräche** und SMS für die SIM-Karten von Simpati. Um ein günstiges Gespräch in die Heimat zu führen, wird die 01017 vor der eigentlichen Nummer gewählt (also z. B. 01017-49-30-1234567), und schon zahlt man nur 2400 Rp pro Min. (ca. 14 Cent) nach Deutschland und in die Schweiz sowie 4000 Rp pro Min. (ca. 24 Cent) nach Österreich. Internationale **SMS** kosten stets 600 Rp (ca. 4 Cent). Noch billiger wird es mit den SLI 01017-Paketen, die bei Simpati mit der Tastenkombination *999*168# gebucht werden können. Für 3500 Rp kann man am Buchungstag ganze 30 Minuten nach Deutschland telefonieren!

Das aktuelle Guthaben überprüft man am besten mit der übersichtlichen MyTelkomsel- bzw. myIM³ Indosat-App oder wählt bei Telkomsel alternativ die *888#. Unter der *999# kommt man bei Telkomsel bzw. unter *363# bei Indosat ins Hauptmenü, in dem alle möglichen Tarifoptionen gebucht werden können.

Bei bestehender Internetverbindung sind Gespräche über **Skype** zu Festnetznummern in Deutschland für zurzeit 2,4 Cent pro Minute plus 5,2 Cent Verbindungsgebühr und zu Handynummern für 10,6 Cent pro Minute plus 9,4 Cent Verbindungsgebühr noch günstiger.

Datentarife

Sinnvoll sind preisgünstige **Datenpakete**, die es in vielen Varianten gibt. Besonders an Orten ohne preiswerte oder zuverlässige Internetverbindung empfiehlt sich diese Option als unkomplizierte Alternative. Bei Simpati (Telkomsel) kosten 3 GB pro Monat 55 000 Rp, 1,5 GB pro Woche 28 000 Rp und 400 MB pro Tag 12 000 Rp. Bei IM³ (Indosat) gibt es 3 GB pro Monat für 50 000 Rp, 1 GB mit einer Gültigkeit von 10 Tagen für 7000 Rp, 3 Tagen für 2500 Rp und 1 Tag für 1000 Rp. Bei vielen Paketen wird zudem zwischen verschiedenen Tageszeiten unterschieden. Ohne Buchung eines Pakets wird es deutlich teurer.

Am einfachsten ist die Buchung der Pakete über die MyTelkomsel- bzw. myIM³-App. Hier wählt man im Hauptmenü unter den Unterpunkten „Package" das gewünschte Datenpaket aus. Alternativ kann die *363# eingegeben und das entsprechende Paket ausgewählt werden. Das verbleibende Internetguthaben kann in der App oder über das Kürzel *889# abgerufen werden.

Wichtige Telefonnummern

Polizei	112
vom Handy	110
Tourist Police	0361-224111
Feuerwehr	112
vom Handy	113
Ambulanz	118 oder 119
Kantor Imigrasi	0361-227828
Flughafen	0361-935 1011

Anrufe aus Deutschland

Am günstigsten ist es, wenn man sich von den Daheimgebliebenen (vorausgesetzt sie besitzen noch einen Telekom-Telefonanschluss) per Call-by-Call zurückrufen lässt. Hier kann man ab 2 Cent pro Minute indonesische Mobiltelefone anrufen. Die aktuellen Preise erfährt man unter 💻 www.teltarif.de oder 💻 www.billigertelefonieren.de.

Für Kunden anderer Festnetzbetreiber bietet sich der Service von Unicall, 💻 www.unicall.de, an. Über die Verbindungsnummer 📞 0180-333 1222 können für 9 Cent pro Min. Gespräche ins Festnetz und über die 📞 0180-557 4444 für 14 Cent pro Min. Gespräche in die Mobilfunknetze von Indonesien geführt werden.

Transport

Auf den einzelnen Inseln findet man sehr unterschiedliche Verhältnisse vor. An Wochenenden und wichtigen Feiertagen sind in den dicht besiedelten Gebieten auf Java und Sumatra die Transportmittel überfüllt. Viele Fernbusse sind dann ausgebucht und nehmen unterwegs keine weiteren Passagiere auf. In den billigen Zügen wird man, sofern man keinen reservierten Platz hat, einen Sitzplatz mit einem anderen Passagier teilen oder auf dem Gang stehen müssen. Die meisten Flüge sind zu Beginn der Ferien und vor den wichtigsten (moslemischen) Feiertagen ebenfalls Wochen im Voraus ausgebucht.

Der lokale Transport mit Minibussen, Motorradtaxis oder Motorbooten ist im Gegensatz zu Fernbussen, Flügen und Zügen relativ informell. So wird man oft direkt mit den Fahrern (oder ihren Begleitern) konfrontiert, die keine Festpreise verlangen, sondern eine überhöhte Forderung an Touristen stellen, die heruntergehandelt werden sollte – gute Anhaltspunkte bieten die Preisbeispiele in den Regionalkapiteln oder die Nachfrage bei Einheimischen. Zudem fahren viele Minibusse erst ab, wenn genügend Passagiere an Bord sind (auf Indonesisch heißt dieses System *tunggu penumpang* – „auf Mitfahrer warten").

Tipp für Online-Buchungen

Auf Java, Sumatra, Bali, in geringem Umfang auch Sulawesi und Kalimantan lassen sich die gängigen Fernverbindungen bequem im Internet buchen; bezahlt wird mit der Kreditkarte oder in Filialen von Alfamart. Zugestellt wird das Ticket elektronisch. Für Busse und Minibusse *(Travel)* bieten sich www.easybook.com, www.redbus.id/en und www.bosbis.com/en an, für Flüge www.tiket.com und www.tiket2.com, für die Eisenbahn www.tiket.com oder www.kai.id. Die billigsten Bummelzüge und Economy-Busse sind auf den Plattformen nicht vertreten, auch sind längst nicht alle existierenden Unternehmen und Verbindungen abgedeckt.

Verkehrssituation auf den Inseln

Auch wenn Indonesien auf Karten mit einem dichten Straßennetz ausgestattet zu sein scheint, sieht die Situation vor Ort anders aus. Die meisten Straßen sind nur zweispurig, und der Verkehr fließt meist mit weniger als 60 km/h dahin. Das im Ausbau befindliche Netz mehrspuriger, mautpflichtiger Autobahnen steckt noch in den Kinderschuhen. Abseits der Hauptverkehrsadern landet man oft nach kurzer Zeit auf löchrigen Dorfstraßen oder holprigen Sandpisten.

Java

Die am dichtesten besiedelte Insel verfügt über ein engmaschiges, aber stark überlastetes Verkehrsnetz. Die Großstädte manövrieren nahe am Verkehrskollaps. Taxis, Motorradtaxis und innerstädtische Busse wie Trans Jakarta, Trans Semarang oder Trans Jogja sind bisher die beste Wahl.

Teils gebührenpflichtige **Schnellstraßen** führen u. a. von Jakarta nach Bandung, Bogor, Merak (Fährhafen nach Sumatra) und Cikampek; um den Stadtrand von Yogyakarta; von Solo nach Semarang; von Surabaya in die Orte Jabon, Jombang und Gresik. In absehbarer Zukunft sollen die bestehenden Segmente zum **Trans-Java Highway** *(Jalan Tol Trans Jawa)* zusammengefügt werden.

Relativ schnell ist man in **Fernbussen** unterwegs. Sie fahren von Jakarta via Merak nach Sumatra oder die Nordküste entlang über Cirebon und Semarang nach Surabaya bzw. auf Inlandstrecken über Bandung, Yogyakarta, Solo und Malang nach Banyuwangi und weiter bis Bali. Die gesamte Strecke dauert jedoch über 24 Std.! Daher sollten längere Teilstrecken in komfortableren (Nacht-/VIP-)Bussen zurückgelegt werden. Abseits der Hauptrouten tuckert man zuweilen in langsamen, überfüllten **Minibussen** durch die Landschaft, die häufig nur bis zum frühen Nachmittag verkehren.

Die auf dem gut ausgebauten Eisenbahnnetz verkehrenden **Züge** (S. 82) sind zu Stoßzeiten oft notorisch überfüllt. Einige Pendler steigen sogar

Große Fähren verbinden auch entlegene Winkel des Archipels mit den Hauptinseln.

auf die Dächer der Waggons, was die Zuggesellschaften zu abenteuerlichen Gegenmaßnahmen treibt. Dennoch sind Züge eine gute Variante, um während des Reisens Eindrücke von Land und Leuten zu sammeln.

Die größten **Flughäfen** liegen in Jakarta und Surabaya, aber auch Bandung, Semarang, Solo oder Yogyakarta haben Flugplätze.

Bali

„Transport" ist wohl das häufigste Wort, das auf den Straßen von Kuta oder Ubud zu hören ist, denn an jeder Straßenecke bieten Fahrer ihre Dienste an. Zudem steht ein breites Angebot an öffentlichen **Verkehrsmitteln** zur Verfügung, sodass jeder Ort auf Bali in weniger als einem Tag zu erreichen ist. Wer auf ein eigenes Transportmittel Wert legt, hat die Wahl zwischen Minibussen oder Autos mit Chauffeur, Mietwagen, Motorrädern oder Fahrrädern. Öffentliche Verkehrsmittel sind Minibusse *(Angkot)*, Taxis und Busse.

Eine mehrspurige, stark befahrene **Schnellstraße** verläuft von Nusa Dua im Süden bis nach Kusamba im Osten der Insel. Für Entlastung sorgt die **Bali Mandara Toll Road**, eine mautpflichtige, in die Bucht von Benoa hineingebaute Autobahn, die den Flughafen mit Nusa Dua im Süden und Benoa Harbour im Norden verbindet.

Im Allgemeinen sind die Straßen zwar oft sehr eng und besonders im Süden und der zentralen Ebene sehr dicht befahren, aber in gutem Zustand. Die Strecke entlang der Südküste zwischen Gilimanuk im Westen und Padang Bai im Osten leidet unter sehr dichtem Lkw-Verkehr.

Der große **Flughafen** liegt im Süden der Insel.

Nusa Tenggara

Im Vergleich zu Bali sind die Fahrwege auf **Lombok** deutlich schlechter. Dennoch gibt es ein relativ dichtes Straßennetz und zwischen Mataram und dem Flughafen bei Praya eine Schnellstraße.

Auf **Sumbawa** sind die Straßen an der Westküste und im Einzugsgebiet der größeren Städte gut; wichtigste Verkehrsader ist die West-Ost-Verbindung von Poto Tano nach Sape.

Auf **Flores** und den übrigen Inseln Nusa Tenggaras nimmt der Transport auf den schmalen, kurvigen Straßen viel Zeit in Anspruch. Die meisten Destinationen liegen jeweils zwei bis sechs Stunden Fahrzeit auseinander.

Zwischen den Inseln verkehren **Fähren**. Da die Geografie der Inselkette keine klassische Rundreise erlaubt, bietet es sich an, eine Strecke per Schiff und Bus und die andere im **Flugzeug** zurückzulegen, wobei Denpasar, Praya und Kupang als Drehkreuze fungieren.

Sumatra

Gängige Verkehrsmittel sind **Fernbusse** und **Flugzeuge**. Die Distanzen sind groß, sodass Überlandfahrten oft einen halben oder ganzen Tag in Anspruch nehmen. Eine erfreuliche Ausnahme ist West-Sumatra, dessen touristische Ziele relativ dicht beieinander liegen. Wer im Bus schlafen kann, ist bei weiten Strecken mit einer Nachtfahrt gut beraten. Während der Regenzeit sind im Süden der Insel nicht selten Straßenabschnitte von Wassermassen oder Erdrutschen beschädigt.

Der überwiegend zweispurige, 2500 km lange **Trans-Sumatra Highway**, der sich einmal längs durch die Insel schlängelt, ist auch während der Regenzeit zu befahren. Zudem wird an der **Trans-Sumatra Toll Road** gebaut, die die 1 1/2–2-tägige Fahrt von Banda Aceh zur Fähre nach Java in Bakauheni bis 2020 deutlich verkürzen soll.

Die nicht miteinander verbundenen **Eisenbahnstrecken** sind mit Ausnahme des Flughafenzubringers von Medan für Touristen praktisch irrelevant. Drehkreuz des **Flugverkehrs** ist Medan, weitere Flughäfen sind Banda Aceh, Padang und Siborong-Borong am Toba-See.

Kalimantan

Das Straßennetz rings um die größeren Städte reduziert sich schnell auf schlechte, unbefestigte Straßen. Der schon seit Langem geplante **Trans-Kalimantan Highway** von West nach Ost existiert bisher nur auf wenigen Teilstrecken. Dennoch gibt es viele Verbindungen mit **Überlandbussen**. Boote sind neben dem Flugzeug das einzige Transportmittel, um ins Landesinnere vorzustoßen. Ist man mit lokalen **Flussbooten** oder Einbäumen unterwegs, erfordert das viel Zeit. In Loksado kann die Rückreise nach Banjarmasin teils auf Bambusflößen zurückgelegt werden, auf dem Mahakam in Ost-Kalimantan und im Tanjung Puting-Nationalpark dagegen stehen ganze Hausboote für mehrtägige Reisen bereit.

Sulawesi

Zwischen Manado und Makassar gibt es eine durchgehende Straßenverbindung, den **Trans-Sulawesi Highway**, der vollständig asphaltiert ist. Die Strecke wird in Teilabschnitten von Expressbussen befahren. Ansonsten sind die Straßen zumeist noch schlecht ausgebaut. Ein gutes Straßennetz existiert nur rings um Manado bis Gorontalo und um Makassar bis hinauf nach Tana Toraja. Abseits der Hauptrouten sind die zerfallenen, unbefestigten Straßen oft nur noch mit Jeeps oder Lastwagen zu befahren. Häufig ist man auf **Fähren** angewiesen, die sehr unzuverlässig verkehren und teils unsicher sind. Für die Strecke Makassar–Manado oder nach Ampana in Zentral-Sulawesi sollte ein **Flug** in Betracht gezogen werden.

West-Neuguinea

Nur die Küstenorte und das Baliem-Tal haben ein gut ausgebautes Straßen- und Wegesystem. Die **Kleinbusse** heißen hier *Taksi*.

Wo die Flüsse im Flachlandbereich schiffbar sind, gibt es in den meisten Fällen keine regulären **Schiffsverbindungen**, sondern nur kostspielige Chartermöglichkeiten. Benzin und Diesel sind sehr teuer, da alles mit dem Flugzeug eingeflogen werden muss. Nichtmotorisierte **Einbäume** sind nur für Kurzstrecken geeignet.

Das **Flugzeug** ist auf der großen, unwegsamen Insel das wichtigste Transportmittel. Die zuverlässigste Fluggesellschaft ist Garuda Indonesia. Daneben sind vor allem Trigana Airways, Xpress Air und Wings Air wichtig. Mit Verspätungen ist häufig, mit Flugausfällen selten zu rechnen. Wer abgelegene Landepisten anfliegen möchte, muss auf eine Charter zurückgreifen. Hier bieten sich neben Trigana und SusiAir auch die Flugdienste der christlichen Missionen, AMA und MAF, an. Die Preise für eine Charter sind hoch (ab 1000 €) und abhängig von Verfügbarkeit, Flugzeugtyp und Flugziel.

Für Reisen in selten besuchte Gebiete muss man sich in Jayapura eine Erlaubnis *(Surat Jalan)* besorgen, S. 688.

Busse

Busse sind fast überall die billigsten Verkehrsmittel. Auf Java, Bali und Sumatra sind selbst die günstigen Busse zunehmend klimatisiert, aber oft voll, eng und wenig komfortabel. Einige sind so stark heruntergekühlt, dass sie eine unangenehme **Erkältung** hervorrufen können – daher immer etwas zum Überziehen dabeihaben. Teure Busse bieten mehr Komfort, mitunter sogar einen Coupon für eine Mahlzeit an der Raststätte und ein (nicht immer unterhaltsames) Programm aus Filmen und Musikvideos.

Wird **Gepäck** auf das Dach verladen, sollte auf eine ausreichende Sicherung geachtet werden. Am besten die Gepäckstücke mit einer Kette oder einem Vorhängeschloss am Dachgestänge anschließen. Wertsachen gehören stets ins Handgepäck. Die Tasche kann als nächtliches Ruhekissen genutzt werden. Der Rucksack ist sicher, und man hat mehr Bewegungsfreiheit, wenn man zwei Sitzplätze zahlt und auf dem zweiten Platz das Gepäck unterbringt. So machen es auch Indonesier, die mit viel Gepäck reisen.

Ein Handicap sind lange Beine. Kaum ein Europäer passt bequem in die engen **Sitze**. Wer schon einige Tage vorher sein Ticket für den Expressbus kauft, kann sich einen Sitzplatz auswählen, der den Beinen Bewegungsfreiheit lässt. Meist ist das der Platz hinter dem Fahrer, allerdings hat man dann den besten Blick auf die häufig gewagten Überholmanöver.

Beim **Ticketkauf** am Busbahnhof verwirren zunächst die vielen Ticketagenten. Eine Übersicht über Destinationen und Preise haben die an einigen Busbahnhöfen ansässigen Mitarbeiter des öffentlichen Dienstes *(Dishubkominfo)* und Websites wie 💻 www.jadwalbis.com. In größeren Busbahnhöfen sind die (nicht immer aktuellen) Preise angeschlagen, beim Ticketkauf im Bus erfährt man den korrekten Preis im Zweifel von anderen Passagieren.

Auf längeren Strecken sollte man den **Fahrer** etwas im Auge behalten. Manche fahren zwölf Stunden und länger ohne Ruhepause. Sofern die Möglichkeit besteht, sollte man dann aussteigen und mit dem nächsten Bus weiterfahren.

Kleinbusse und Sammeltaxis

Eine Alternative zu den großen Bussen ist eine Vielzahl kleiner Transportunternehmen *(Travel)*, die den Transfer von A nach B mit Kleinbussen *(Elf)* oder Pkw organisieren. Auf Bali ist dies die am weitesten verbreitete Fortbewegungsmethode. Die Vorteile: der direkte Transfer von Ort zu Ort, oft sogar von Hotel zu Hotel, Festpreise, weniger Stopps, kein Umweg über Busbahnhöfe und relativ verlässliche Abfahrtszeiten. Um eine Fahrt zu buchen, muss oft der Anbieter telefonisch kontaktiert werden, wobei man sich von einem Muttersprachler helfen lassen kann.

Minibusse und Transporter

In vielfältigsten Variationen trifft man kleine Fahrzeuge an, die den regionalen Passagierverkehr bewältigen. Manchmal sind es niedrige Minibusse, manchmal umgebaute Kleintransporter mit Holzbänken. Es gibt **keine festen Abfahrtszeiten**, sondern es wird oft erst losgefahren, wenn nach Meinung des Fahrers genügend Passagiere im Fahrzeug sitzen. Besonders an Markttagen kann dies eine hautnahe Erfahrung werden. Start- und Endpunkt einer Route liegen oft in der Nähe eines Marktes oder Busbahnhofs.

Die **Fahrpreise** sind im Allgemeinen auf Nebenstrecken höher. Dabei zählt nicht nur die Entfernung, sondern auch der Straßenzustand. Auf unbefestigten Gebirgsstrecken wird eben mehr Benzin verbraucht als auf einer asphaltierten Schnellstraße. Vor einer Fahrt sollte man sich bei Einheimischen über den aktuellen Preis informieren und das Geld passend bereithalten. Auf eine höhere Preisforderung sollte gar nicht erst eingegangen werden. Macht der Minibus auf Wunsch einen Umweg, so müssen eventuelle Extrakosten bereits vorher geklärt werden.

Einige Nebenstrecken werden wegen des schlechten Straßenzustands und Mangels an Fahrgästen nicht von Minibussen bedient. Hier übernehmen entweder **Lastwagen** den Personen- und Gütertransport oder man findet an den Abzweigungen **Motorradtaxis**.

Eisenbahn

Für längere Strecken auf Java ist eine Fahrt mit der **Kereta Api Indonesia (Persero)** zu empfehlen. Hat man keinen reservierten Platz oder steigt gar unterwegs in einen Zug zu, kann es passieren, dass man eingequetscht zwischen Leidensgenossen im Gang stehen muss, durch den sich zudem immer wieder Verkäuferscharen drängen. Nachtzüge erweitern das Angebot für alle, die den Tag nicht im Zugabteil verbringen wollen.

Fahrpreise richten sich nicht nur nach der Entfernung, sondern auch nach dem Zugtyp und der Fahrklasse. Auf längeren Strecken lohnt sich der geringe Aufpreis für die *Bisnis-* oder *Eksekutif*-Klasse, um entspannter ans Ziel zu gelangen.

Es ist ratsam, sich **Fahrkarten** mindestens einen Tag vorher zu besorgen. Expresszüge sind manchmal schon Tage im Voraus ausgebucht. Wer nicht zum Bahnhof laufen und am Schalter anstehen möchte, bekommt Fahrkarten gegen Vermittlungsgebühr im Reisebüro oder über ein telefonisches Buchungssystem unter der **Hotline**, ✆ 121. Mit dem numerischen Code, den man erhält, kann man innerhalb von drei Stunden bei praktisch allen Banken, Postfilialen oder in den Supermärkten Indomaret und Alfamart das Ticket bezahlen. Gegen Vorlage der Quittung erhält man dann am Reisetag das Zugticket am Schalter, einige Bahnhöfe besitzen sogar Self-Service-Automaten zum Ausdrucken.

Fahrpläne und Preise sind auf 💻 www.kai.id (nur auf Indonesisch) sowie auf Buchungsportalen wie 💻 www.tiket.com abrufbar, wo Tickets per Kreditkarte gekauft werden können.

Nahverkehr

Minibusse

Ein *Angkot* oder *Angdes* (*Angkutan Kota* bzw. *Angkutan Desa*, auch *Bemo*, *Mikrolet* oder *Pete-pete* genannt) ist ein Minibus in der Größe eines Transporters mit zwei langen Bänken, der festgelegte Strecken abfährt und auf der Straße angehalten werden kann. Die kleinen Minibusse verkehren besonders in dicht besiedelten Gebieten regelmäßig. Am besten hält man den Fahrpreis abgezählt bereit.

Fahrradrikschas

Becak sind noch in vielen Städten Javas anzutreffen. Preise werden individuell ausgehandelt. Manche Fahrzeuge sind kunstvoll bemalt. Sie sind meist nur gemietet, sodass nicht selten ein Drittel der Einkünfte bei den Besitzern der *Becak* statt bei den Fahrern landet. Deshalb sollte man gerade mit alten Fahrern nicht unbedingt um die letzte Rupiah feilschen, sondern wie die Indonesier „mit dem Herzen" zahlen.

Motorradtaxis

In Großstädten verkehren **Motorradtaxis** *(Ojek)* mit verhandelbaren Fahrpreisen. Meist warten Männer, die ihre Fahrdienste anbieten, mit ihren Motorrädern an Kreuzungen. In Jakarta, Bandung, Surabaya, Makassar und auf Bali hat sich die App **GoJek** etabliert, 💻 www.go-jek.com, die *Ojek*-Fahrer via Smartphone zu niedrigen, transparenten Preisen, inkl. Helm und Mundschutz, vermittelt. Ähnlich funktioniert auch Grabbike, 💻 www.grab.com/id/en.

Zudem gibt es für den Passagiertransport mit einer Kabine versehene Motorroller oder andere motorisierte Dreiräder, z. B. die **Bajaj** in Jakarta oder die Motorradrikschas mit Beifahrersitz *(Becak Mesin)* in Medan, auf den Außeninseln heißen sie *Bentor (Becak Motor)*.

Pferdekutschen

Die von kleinen Pferden gezogenen Karren oder **Kutschen** sind als *Dokar*, *Bendi*, *Delman* oder *Andong* bekannt und funktionieren ähnlich wie *Becak*. Sie transportieren bis zu sechs Personen, sind aber meist billiger. Man findet sie vorwiegend in Bergorten wie Bukittinggi, wo *Becak* wegen der Steigungen unbrauchbar sind, sowie vermehrt auf Lombok, wo sie *Cidomo* heißen, und auf Sumbawa, wo sie *Benhur* genannt werden.

Taxis

Taxis gibt es in den Metropolen und größeren Städten sowie in den Touristenzentren von Bali und Lombok. Die Fahrer schalten nicht immer anstandslos ihr Taxameter ein. Besonders zu späterer Stunde oder außerhalb der Ortskerne wollen sie häufig kein Taxameter verwenden, und der Preis muss vor Antritt der Fahrt ausgehandelt werden. Die Einschaltgebühr inkl. des ersten Kilometers beträgt auf Bali 6000–7500 Rp, jeder weitere Kilometer kostet 4000–6500 Rp und die Wartezeit 750 Rp pro Minute. In Jakarta kostet die Einschaltgebühr inkl. des ersten Kilometers 6000–7000 Rp, jeder weitere Kilometer 3600 Rp. Auch wenn es in vielen anderen Städten keine Taxis gibt, so stehen an allen größeren Flughäfen Taxis bereit, die die Ankömmlinge ins Stadtzentrum fahren.

Der empfehlenswerteste und zuverlässigste Taxianbieter ist die **Blue Bird Group**, Customer Care Center: in Jakarta: ✆ 021-797 1245, auf Bali: ✆ 0361-701621, 💻 www.bluebirdgroup.com, die neben Jakarta und Bali auch in Balikpapan, Bandung, Batam, Cilegon, Mataram und Senggigi, Makassar, Manado, Medan, Padang, Palembang, Pangkal Pinang, Pekanbaru, Semarang, Solo, Surabaya und Yogyakarta vertreten ist. Auf Bali sollte man immer genau auf den Namen achten, denn andere Unternehmen haben das Logo und die Farbe der Taxis nahezu perfekt kopiert. Die Autos sind stets recht neu, in gepflegtem Zustand mit funktionierender Klimaanlage und die Fahrer freundlich und ortskundig, aber nicht immer der englischen Sprache mächtig. Sollte man ein Gepäckstück im Taxi vergessen, hat man gute Chancen, es wiederzubekommen. Bei einer telefonischen Bestellung beträgt der Mindestpreis 40 000 Rp in Jakarta und 25 000 Rp auf Bali.

Eine Alternative ist **GrabTaxi** als Vermittlungsdienst für private Fahrer oder offizielle Taxis. Die App zeigt an, wo sich das georderte Taxi gerade befindet und wie teuer die Fahrt werden wird. Bargeldlose Zahlungen sind möglich.

Linienbusse

Linienbusse operieren auf festen Strecken mit gekennzeichneten Haltestellen, z. B. in Jakarta, Süd-Bali, Yogyakarta, Semarang, Solo und Surabaya. Nähere Informationen dazu in den Regionalkapiteln.

Motorräder

Motorräder lassen sich in allen touristischen Zentren für 40 000–100 000 Rp pro Tag ausleihen. Bei längerer Leihdauer kann ein ordentlicher Rabatt ausgehandelt werden.

Es herrscht **Helmpflicht**, auch wenn die Gesetzgebung in verschiedenen Regionen sehr unterschiedlich ausgelegt wird. Wer öfter mit dem Motorrad unterwegs ist, sollte seinen eigenen Helm im Gepäck haben, da die geliehenen häufig nicht passen und meist von schlechter Qualität sind.

Ausländische Rollerfahrer überschätzen ihre Fahrkünste oft maßlos und landen nicht selten im Krankenhaus. Beifahrer verbrennen sich zudem regelmäßig den rechten Unterschenkel am heißen Auspuff. Nur geübte Fahrer sollten sich das Roller- und Motorradfahren auf Java und Bali zutrauen.

Auf **Handschuhe und Brille** verzichten viele ebenso wie auf **feste Kleidung**. Wer in Shorts und Gummisandalen fährt, holt sich aber selbst bei leichten Stürzen schwere Hautabschür-

Fahrzeug-Checkliste

Bevor ein Fahrzeug gemietet wird, sollte es genau überprüft werden, deshalb ein paar Vokabeln:

Deutsch	Englisch	Indonesisch
Blinker	*indicator*	*lampu sen*
Hupe	*horn*	*klakson*
Bremsen	*brakes*	*rem*
Ersatzrad	*spare wheel*	*roda serep*
Zündkerze	*spark plug*	*busi*
(Ersatz-) Reifen	*(spare) tyre*	*ban (serep)*
Scheinwerfer	*headlights*	*lampu sorot*
Tank	*tank*	*tanki*
Werkzeug	*tools*	*alat-alat*
Wagenheber	*jack*	*dongkrak*
Werkstatt	*garage*	*bengkel mobil*
Tankstelle	*gas station*	*pompa bensin*
Führerschein	*driving license*	*surat izin men-gemudi (SIM)*

fungen. Anfänger sollten langsam fahren und Bergstrecken sowie Feldwege meiden. Überall kann ein unerwartetes Hindernis auftauchen oder der Straßenbelag wechseln. Ein besonders gefährlicher Schmierfilm bildet sich bei einsetzendem Regen. Deshalb sollte man auf keinen Fall versuchen, noch schnell nach Hause zu fahren. Sicherer ist die Fahrt mit eingeschaltetem Scheinwerfer. Auf keinen Fall Rucksäcke im Korb transportieren, da es wiederholt vorgekommen ist, dass diese während der Fahrt geklaut wurden.

Achtung: Es werden fast ausschließlich Motorräder/Roller mit 125 ccm verliehen, für die ein normaler Führerschein der Fahrzeugklasse B nicht gültig ist, das heißt, die meisten deutschen Touristen besitzen de facto keine gültige Fahrerlaubnis. Bei Polizeikontrollen interessiert zwar nur, dass man einen Internationalen Führerschein bei sich führt, bei Unfällen hingegen kann es sehr teuer werden, denn keine Versicherung zahlt ohne gültigen Führerschein die entstandenen Schäden und Behandlungskosten.

Verkehrsregeln und Tipps

Theoretisch gelten ähnliche Verkehrsregeln wie in Deutschland. Praktisch sieht es jedoch etwas anders aus. Hier die wichtigsten Regeln:

- Es herrscht **Linksverkehr**.
- Immer mit **Fehlverhalten anderer Verkehrsteilnehmer** rechnen.
- Immer **defensiv fahren** und nachgeben, vor allem gegenüber stärkeren Verkehrsteilnehmern wie Lkw oder Bussen!
- **Vorfahrt** hat der Stärkere, Größere, Schnellere oder Geschicktere. Im Zweifel stets Vorfahrt gewähren!
- Da Motorräder sowohl links als auch rechts überholen, sollte ein **Spurwechsel** niemals abrupt, sondern immer mit anzeigendem Blinker und großer Vorsicht durchgeführt werden.
- Viele **Einbahnstraßen** gelten nur für Autos, Busse und Lkw. Zweiräder fahren in beide Richtungen.
- Auch aus **Seitenstraßen** können immer Roller und Motorräder herausschießen.
- Steht die **Ampel** auf Orange, unbedingt weiterfahren, um Auffahrunfälle zu vermeiden.
- Nicht auf **Verkehrszeichen** verlassen, denn sie werden oft nicht beachtet.
- Nach Einbruch der **Dunkelheit** (18.15 Uhr) sollte man nicht fahren, da viele Roller ohne Licht unterwegs sind und schnell übersehen werden können.
- Bei einem **Unfall** ersetzen auf die Straße gelegte Zweige das Warndreieck.
- Das **Hupen** ist ein Mittel, um (besonders bei Überholvorgängen) auf sich aufmerksam zu machen. Wer nicht hupt, lebt auf indonesischen Straßen gefährlich!
- Das Benutzen der **Lichthupe** bedeutet nicht, dass man ein entgegenkommendes Fahrzeug passieren lässt, sondern dass man sich die Vorfahrt erzwingt!
- Das **Setzen des Blinkers** in Richtung der Mitte der Straße bedeutet, dass das entgegenkommende Fahrzeug zu weit mittig fährt und ausweichen soll.
- Wenn ein **Militärkonvoi** oder die **Polizei** mit Sirene unterwegs ist, heißt es, runter von der Straße, da sie nur äußerst selten die Bremse gebrauchen.
- Man sollte sich vor großen Überlandbussen in Acht nehmen. Sie führen oft waghalsige **Überholmanöver** durch.
- Während der **Regenzeit** können Straßen unter Wasser stehen.
- **Innerhalb von Ortschaften** werden Teile der Straße von fliegenden Händlern und Essenständen genutzt.
- Es gibt viele **langsame Verkehrsteilnehmer** wie Ochsenkarren, *Becak* und Fußgänger, die vor allem außerhalb von Ortschaften nach Einbruch der Dunkelheit für motorisierte Fahrer kaum zu sehen sind.
- Wasserbüffel, Geflügel und anderes **Nutzvieh** haben das Vorrecht, in Ruhe über die Straße spazieren zu dürfen.

Mietwagen

Dem Roller ist ein Mietwagen vorzuziehen, der bei einem Unfall mit einer Knautschzone vor Verletzungen schützen kann. Wer sich selbstständig mit Mietfahrzeug bewegen will, sei dennoch gewarnt: Der Verkehr auf Bali und Java ist oft dicht und für Unerfahrene gefährlich. Die Verkehrsverhältnisse sind völlig anders als in Europa, sodass man keine größeren Strecken an einem Tag bewältigen kann. In entlegeneren Regionen hat man mit schlechten Straßenverhältnissen zu kämpfen, und die Mietpreise sind sehr hoch.

Meist ist es außerhalb Balis und Lomboks gar nicht möglich, einen Mietwagen ohne Fahrer zu organisieren. Die **Fahrer** fungieren teils auch als Guide und geben spannende Anekdoten zum Besten. Der Mietpreis beinhaltet zudem das Benzin, in der Regel jedoch nicht Unterkunft und Verpflegung des Fahrers. Wenn man in einer Gruppe unterwegs ist (ab 3 Pers.), ist dies eine gute Alternative für Tagesausflüge, denn es lohnt oft mehr, ein Auto mit Fahrer zu mieten und ein eigenes Ausflugsprogramm zusammenzustellen, als eine festgelegte teure Tour zu buchen.

Auf Bali und Lombok gibt es Autos ohne Fahrer schon ab 170 000 Rp pro Tag, auf Java ab 300 000 Rp. Mit Fahrer und Benzin kosten sie auf Bali, Java und Sulawesi ab 450 000 Rp, auf Flores ab 600 000 Rp und in Jakarta ab 800 000 Rp pro Tag.

Benzin (Premium) kostet an Pertamina-Tankstellen zurzeit 7150 Rp pro Liter, Diesel (Solar) 5150 Rp. Bei privaten Händlern ist das Benzin teurer, in den Bergen und sehr entlegenen Gebieten kostet es mitunter sogar ein Vielfaches davon.

Wenn es zu einem **Unfall** kommt, sollten der Versicherungsnachweis, die Fahrzeugpapiere und der Internationale Führerschein bereitgehalten werden. Da fast alle Versicherungen mit einer Selbstbeteiligung von US$100 arbeiten, sollte man im Falle eines von einem anderen Verkehrsteilnehmer verursachten geringfügigen **Sachschadens** sofort versuchen, so viel Geld wie möglich vom Schadensverursacher zu bekommen. Bei einem größeren Schaden ist es ratsam, die Autovermietung direkt zu kontaktieren.

Sollte es **Personenschäden** geben, kann bei kleineren Blessuren die Behandlung direkt gezahlt werden, bei schwerwiegenderen Verletzungen sollten die Verletzten so schnell wie möglich ins nächstgelegene Krankenhaus gebracht werden.

Internationaler Führerschein

Wer keinen Internationalen Führerschein vorweisen kann, muss mit einer Strafe rechnen. Die Polizei auf Bali hat diese Einnahmequelle entdeckt und kontrolliert besonders hellhäutige Rollerfahrer fleißig und regelmäßig. Im Regelfall reicht es, einen 50 000 Rp-Schein unauffällig in die Fahrzeugpapiere zu legen, auf jeden Fall sollte man sich auf keine längeren Diskussionen einlassen. Falls man vergessen hat, einen Internationalen Führerschein in der Heimat zu beantragen, besteht auf Bali die Möglichkeit, bei der Polizei für 300 000 Rp einen Ersatzführerschein zu kaufen.

Inlandflüge

Ein Flug ist die mit Abstand schnellste und komfortabelste (aber nicht umweltfreundlichste) Art der Fortbewegung. In den letzten Jahren hat sich eine Vielzahl von Billigairlines etabliert, die zu sehr günstigen Preisen sowohl Inlandflüge als auch Flüge ins benachbarte Ausland anbieten. Für die Buchung bei Airlines, die keine ausländischen Kreditkarten akzeptieren, empfiehlt sich der Gang in ein örtliches Reisebüro oder eine Onlinebuchung, z. B. über 💻 www.tiket2.com.

Flughäfen

Java: Bandung, Banyuwangi, Jakarta, Malang, Semarang, Solo, Surabaya und Yogyakarta
Bali und Nusa Tenggara: Alor, Bali, Flores (Ende, Labuan Bajo, Larantuka, Maumere und Ruteng), Lewoleba, Lombok, Sumbawa (Bima und Sumbawa Besar), Sumba (Tambolaka und Waingapu) und Timor (Kupang)

Sumatra: Banda Aceh, Bandar Lampung, Batam, Bengkulu, Dumai, Jambi, Medan, Meulaboh, Nias, Padang, Palembang, Pekanbaru und Siborong-Borong (Toba-See)
Kalimantan: Balikpapan, Banjarmasin, Pontianak, Samarinda und Tarakan
Sulawesi: Baubau, Gorontalo, Kendari, Luwuk, Makassar, Mamuju, Manado, Palu und Poso
West-Neuguinea: Biak, Fakfak, Jayapura, Kaimana, Manokwari, Merauke, Nabire, Sorong, Timika und Wamena
Molukken: Ambon, Buli, Labuha, Ternate und Tual

Airlines

AirAsia, 💻 www.airasia.com.
Große Airline mit vielen Routen in Südostasien, die Ziele auf Java, Sumatra, Kalimantan und Sulawesi sowie Bali und Lombok anfliegt. Gut für Direktflüge in die Nachbarstaaten.
Airfast, 💻 www.airfastindonesia.com.
Kleine Propellermaschinen zwischen Surabaya, Karimunjawa und Bawean.
Aviastar, 💻 www aviastarmandiri.com.
Kleine Propellermaschinen, die auf Sulawesi Makassar mit Tana Toraja und Pulau Selayar sowie Palu und Gorontalo mit Ampana verbinden und auch in West-Neuguinea verkehren. Tickets nur über Reisebüros. Achtung: Im Oktober 2015 stürzte eine Maschine ab; vor dieser Fluglinie sei gewarnt.
Citilink, 💻 www.citilink.co.id.
Die Tochtergesellschaft von Garuda bietet preiswerte Inlandflüge in Java, Bali, Lombok, Sumatra, Kalimantan, Sulawesi und Timor an.
Garuda Indonesia, 💻 www.garuda-indonesia.com.
Die staatliche Fluggesellschaft ist die sicherste des Landes und fliegt Destinationen auf den großen Inseln Java, Sumatra, Kalimantan und Sulawesi sowie Bali, Lombok, Timor, die Molukken und West-Neuguinea an.
Lion Air/Wings Air, 💻 www.lionair.co.id.
Die Billigairline bedient mit einer größtenteils modernen Flotte das größte Inlandsnetzwerk, häufig zu den günstigsten Preisen, ist aber oft verspätet. Viele Strecken in Java, Sumatra, Kalimantan, Sulawesi, West-Neuguinea und auf die Inseln Bali, Lombok, Sumbawa, Sumba, Flores, Timor und auf die Molukken. Zur Lion Air-Gruppe gehören zudem **Wings Air** und **Batik Air**, 💻 www.batikair.com.
Sriwijaya Air und **NAM Air**, 💻 www.sriwijayaair.co.id.
Billigairline mit vielen Zielen auf Java, Sumatra, Kalimantan, Sulawesi, West-Neuguinea und den Molukken. Zudem Verbindungen nach Bali, Lombok sowie Timor.
TransNusa, 💻 www.transnusa.co.id.
Die Airline verkehrt mit kleinen Fliegern zwischen Jakarta und Pagar Alam und verbindet Kupang (Timor) mit Zielen auf Alor, Flores, Sumba und Sulawesi.
Trigana Air, 💻 www.trigana-air.com.
Die kleine Airline verbindet Jakarta mit Zielen in West-Neuguinea (u. a. Jayapura und Wamena).
Xpress Air, 💻 www.xpressair.co.id.
Kleine Gesellschaft mit Zielen auf Java, Sumatra und Kalimantan.

Schiffe

Die chaotisch organisierte staatliche Schifffahrtsgesellschaft **Pelni**, 💻 www.pelni.co.id, hat ein dichtes Liniennetz und verfügt derzeit über 25 Passagierschiffe, die 80 Häfen von Sumatra bis West-Neuguinea anfahren. Die großen Schiffe können 500–3000 Passagiere befördern. Es gibt klimatisierte 1.- und 2.-Klasse-**Kabinen** und riesige (meist ebenfalls klimatisierte) *Ekonomi*-**Schlafsäle**. Eine mehrtägige Fahrt ist eine tolle Möglichkeit, Indonesien und seine Bewohner kennenzulernen. Sollte es mal zu viel des Guten werden, kann man sich in seine Kabine zurückziehen. Waschräume sind ausreichend vorhanden und verfügen auch über Warmwasser. Essen ist bei allen Klassen im Preis inbegriffen.

Auf vielen anderen indonesischen Schiffen sieht es nicht so angenehm aus: Meist sind sie total überladen, und ein trockener Schlafplatz ist nur mit größten Anstrengungen zu finden. Die sanitären Anlagen sind mangelhaft und die Verpflegung bringt man sich besser selbst mit.

Die Pelni-Schiffe folgen festen Routen und einem auf Stunden genau ausgearbeiteten (aber selbstverständlich unzuverlässigen) Fahrplan. Die meisten verkehren im Zwei-Wochen-Takt, manche auch nur jeden Monat.

Tickets gibt es in den Pelni-Büros aller Hafenstädte, die angelaufen werden, sowie bei den meisten Travel Agents. Kabinen sind nur an den großen Abfahrtshäfen zu buchen oder direkt an Bord zu mieten. Sie sind selten belegt.

Die direkte Verbindung zwischen den Hauptinseln ermöglichen die Fähren der **ASDP**, 💻 www.indonesiaferry.co.id. Sie verkehren regelmäßig zwischen Java (Banyuwangi) und Bali (Gilimanuk), Java (Surabaya) und Lombok (Lembar), Bali (Padang Bai) und Lombok (Lembar), Lombok und Sumbawa, Sumbawa und Flores, Flores und den Solor- und Alor-Inseln sowie Sulawesi.

Übernachtung

In den Metropolen und Touristenzentren gibt es Unterkünfte jeder Komfort- und Preisklasse. Bei günstigeren Unterkünften sollte man vor dem Einchecken die Räume besichtigen und überprüfen, ob Toiletten und Duschen benutzbar sind und das Zimmer sicher abzuschließen ist. In einigen Hotels können Wertsachen im Safe oder gegen Quittung deponiert werden. Steht die Unterkunft in der Nähe einer Moschee, muss man damit rechnen, noch vor Sonnenaufgang vom Muezzin geweckt zu werden.

Die **Zimmer** können je nach Preisklasse über AC, TV, Warmwasser, Safe, Kühlschrank und manch anderes komfortables Schmankerl verfügen. Einige Mittelklassehotels bieten auch einen Swimmingpool. Ältere Zimmer der unteren Preisklasse sind oft sehr spartanisch. Einen Ventilator findet man selbst dort. Zimmer in günstigen, älteren Hotels in entfernteren Regionen verfügen statt über Dusche und WC über Hocktoiletten und **Mandi** – einen großen Wasserbehälter mit kleinerer Kelle, die man mit Wasser füllt und sich über den Kopf schüttet. Auch wenn diese Bäder anfangs befremdlich wirken, müssen sie nicht weniger hygienisch sein. Aus einigen Duschen kommt dagegen ein so spärlicher Wasserstrahl, dass man ein Mandi vorziehen würde. Bei den **Toiletten** sollte man vorsichtig mit übermäßigem Klopapierverbrauch sein, da die Abwasserleitungen dafür nicht vorgesehen sind und leicht verstopfen.

Preiskategorien

Wir haben die Unterkünfte in acht Kategorien unterteilt.
Die Preise beziehen sich auf ein Doppelzimmer in der Nebensaison (Januar bis Mai und Oktober bis November).

1	bis 100 000 Rp
2	bis 200 000 Rp
3	bis 300 000 Rp
4	bis 500 000 Rp
5	bis 750 000 Rp
6	bis 1 Mio. Rp
7	bis 2 Mio. Rp
8	über 2 Mio. Rp

In sehr vielen Unterkünften hat man Zugang zum Internet über **WLAN** (in Indonesien: Wi-Fi), daher wird in den Hotelbeschreibungen nur noch darauf hingewiesen, wenn eine Unterkunft *keine* Drahtlosverbindung anbietet. Der Empfang ist indes oft auf die direkte Umgebung des Routers beschränkt. Der Zugang in Luxushotels kostet oft mehr als ein Zimmer mit WLAN in günstigen Unterkünften.

Näheres zu Übernachtungskosten s. Reisekosten S. 42.

Unterhaltung

Wer Partys feiern will, bei denen DJs den Raum beschallen, Frauen wie Männer zum Tanzen und Flirten aufgelegt sind und der Alkohol in Strömen fließt, ist in Jakarta oder in Kuta auf Bali goldrichtig. Hier gibt es die wildesten **Clubs** des Landes. Was angesagt ist, wird vom Partyvolk bestimmt und ändert sich ständig. Vorwiegend werden Elektro, Pop, Hip-Hop in allen denkbaren Ausrichtungen, Charthits und R&B aufgelegt. Häufig heizen auch Livebands dem Publikum ein. Beliebt sind auf Bali auch die Partys in den **Beach Clubs** und **Strandbars** von Seminyak und Canggu.

Nette **Bars und Restaurants** gibt es in Bandung, Bogor, Jakarta, Malang und Yogyakarta auf Java, in Seminyak und Ubud auf Bali, auf Gili Trawangan und in Senggigi auf Lombok sowie in Makassar und Manado auf Sulawesi.

Ansonsten ist die bei Einheimischen beliebte **Kaffeekultur** eine nette Unterhaltung. Auch Jugendliche versammeln sich abends in den Hauptstraßen, um einen *Kopimix* zu schlürfen. In Strandorten wie Pangandaran oder auf den Gilis scharrt man sich abends auch einfach um ein Lagerfeuer und unterhält sich mit **Gitarrenmusik am Strand**.

In allen größeren Einkaufszentren gibt es **Multiplex-Kinos**, auf Java und Bali zudem eine Vielzahl an **kulturellen Veranstaltungen**. Wer kulturelle Unterhaltung sucht, muss nicht nach dem Abendessen ins Bett fallen. Stattdessen kann man z. B. auf Bali bei einem der vielen **Tempelfeste** mitfeiern (S. 61) oder in Ubud einer der berühmten **Tanzvorstellungen** beiwohnen (S. 341) und dabei den ungewohnten Klängen des Gamelan-Orchesters lauschen. Beim Besuch einer *Wayang Kulit*-Aufführung in Yogyakarta wird man vom Schattenspiel in eine andere Welt entführt (S. 215).

Weitere Vorschläge finden sich in den Regionalkapiteln.

Verhaltenstipps

Eine Reise durch Indonesien wäre unvollständig, würde man allein Landschaften und Bauwerke bestaunen. Wer das Land richtig kennenlernen möchte, sollte den Kontakt zu den Bewohnern suchen, die sich Reisenden gegenüber meist sehr aufgeschlossen geben. Wichtige Voraussetzung für eine gelungene Reise ist die Bereitschaft, sich auf das Land und seine Kulturen einzulassen, das einheimische Leben zu beobachten und zuzuhören, statt Ratschläge zu erteilen. Man braucht Zeit, die vielen neuen Eindrücke zu verarbeiten und zu verstehen, denn in Indonesien ist vieles anders als zu Hause.

Wer aus Deutschland, Österreich oder der Schweiz anreist, kommt aus einer Region, die sich dem Perfektionismus und reibungslosen Abläufen verschrieben hat. Doch in anderen Ländern herrschen andere Sitten, und deutsche, österreichische oder Schweizer Denkmuster können im Umgang mit Indonesiern eher hinderlich sein. Wenn also einmal der Strom ausfällt, die Klimaanlage nicht funktioniert, der Fahrer erst geweckt werden muss oder das Hotelpersonal kaum Englisch spricht, sollte ein Auge zugedrückt, gelächelt und höflich versucht werden, die Situation zu klären. Sich aufzuregen und eine Szene zu machen, ist sinnlos, da ein Indonesier die Verärgerung nicht verstehen wird. Darüber hinaus verlieren Touristen, die mit hochrotem Kopf an der Hotelrezeption stehen und sich empört die Seele aus dem Leib schreien, weil es zum Frühstück keinen Orangensaft gab, ihr Gesicht und werden kaum noch ernst genommen. Ein unergründliches Lächeln hingegen hilft, so manche problematische oder unsichere Situation zu meistern, ebenso wie die häufig verwandte Formel „Tidak apa-apa", was so viel heißt wie „Das macht nichts!". Neben einer gesunden Portion Gelassenheit, die jeder Reisende im Gepäck haben sollte, gilt es, ein paar Regeln zu beachten.

Allgemeine Regeln

Entsprechend der enormen Vielfalt an Kulturen, Religionen und geografischen Gegebenheiten haben sich sehr unterschiedliche Sitten und Gebräuche entwickelt. In den meisten Gesellschaften spielt die Religion im Alltag eine essentielle Rolle. Unter der Fassade der Hochreligion ist der Glaube an Geister, Hexen und Magie aber noch immer lebendig. In den Städten haben sich die Traditionen vermischt und sind von westlichen Einflüssen überlagert worden, während sie auf dem Lande noch weitgehend ihre Eigenheiten bewahren konnten. Dennoch gibt es einige prinzipielle Regeln:

Der **Kopf** gilt als heilig. Einem anderen Menschen an den Kopf zu fassen, selbst wenn es der Freund oder Ehemann ist, gilt als respektlos und sollte in der Öffentlichkeit vermieden werden. Es gilt zudem als äußerst unhöflich, vor betenden Gläubigen herumzulaufen, sich über ihre Köpfe zu erheben oder die religiösen Statuen und Anlagen zu erklimmen.

Die **Füße** sind unrein und dürfen deshalb nie einem anderen Menschen entgegengestreckt werden, was besonders bei der asiatischen Sitzweise manchem Europäer Schwierigkeiten bereitet. Ähnliches gilt für den **Zeigefinger**. Möchte man auf etwas zeigen, sollte lieber der Daumen benutzt werden. Die **linke Hand** gilt besonders in islamisch geprägten Regionen als unrein, deshalb benutzt man ausschließlich die rechte Hand, um zu essen, etwas zu geben oder in Empfang zu nehmen. Auch Geschenke überreicht man stets mit der rechten Hand. Es ist normal, dass sie erst geöffnet werden, nachdem man bereits gegangen ist.

Wird man von Familien zu einem Fest oder zum Essen eingeladen, erwarten die Gastgeber selbstverständlich, dass die Gäste sich den einheimischen Sitten entsprechend verhalten. Es wird aber nicht erwartet, dass ein Tourist alle sozialen Verhaltensweisen und religiösen Sitten in Perfektion beherrscht. Bereits ein Bemühen, das traditionelle Leben der Menschen zu verstehen, wird große Anerkennung finden. Wird etwas zu essen und zu trinken angeboten, sollte man warten, bis man aufgefordert wird, mit dem **Essen** zu beginnen. Füllt man sich selbst den Teller, darf man nicht zu viel nehmen, denn man muss mindestens eine zweite Portion essen.

Beim Betreten eines Hauses sind stets die **Schuhe** auszuziehen. Ähnlich wie in Moscheen, buddhistischen und hinduistischen Tempeln verunreinigt man sonst das Haus.

Fremde werden weitgehend nach der **Kleidung** beurteilt – sehr lässige Kleidung wird im Allgemeinen nicht geschätzt. Das gilt vor allem für den Besuch religiöser Stätten. Schultern und Knie sollten bei Frauen in islamischen Regionen immer bedeckt sein, wenn sie nicht unentwegt angestarrt werden möchten.

Gesellschaftliche Besonderheiten

Überall in Indonesien bietet in erster Linie die **Großfamilie** den Menschen Geborgenheit und Sicherheit. Sie ist die Grundlage der Gesellschaft. Wer gegen ihre traditionellen Regeln verstößt, schließt sich selbst aus der Gemeinschaft aus und verliert damit jede soziale Absicherung. Das zumeist auch räumlich enge Zusammenleben einer Familie bietet – völlig im Gegensatz zur westlichen Gesellschaft – keinen Platz für individuelle Bedürfnisse, Absonderung und Ruhe.

Kinder werden umsorgt und geliebt, aber auch zu Gehorsam gegenüber den Eltern erzogen, denn sie sind, bei fehlender Renten- und Krankenversorgung, die einzige Absicherung und Stütze im Alter. Kinder aus ärmlichen, zumeist kinderreichen Familien sind oft schon in jungen Jahren gezwungen, die Schule zu verlassen und für ihre Familie zu sorgen. Ebenso wie die Eltern genießen Lehrer sowie religiöse und politische Oberhäupter unumstößliche Autorität und werden nicht hinterfragt.

Das Streben nach **Harmonie** ist eine zentrale Grundlage des Gesellschaftssystems. Konflikte werden, soweit es geht, vermieden. Wer Auseinandersetzungen in der Öffentlichkeit austrägt, gilt als rüde und verliert sein Gesicht. Auch wenn sich Indonesier dies niemals anmerken lassen würden, gilt diese Regel auch für Touristen, die allzu leicht ihren Ärger zeigen oder die Gastgeber mit westlicher Überheblichkeit kritisieren.

Das Wort „Nein" zu vermeiden ist eine Höflichkeitsgeste, die Europäer oft falsch deuten. Wird ein Indonesier nach dem Weg gefragt und weiß die Antwort nicht, wird er lange zögern und sich um eine ablehnende Antwort drücken. Statt „nein" sagt man aus **Höflichkeit** lieber „vielleicht" und zeigt durch zögerndes Verhalten seine Ablehnung.

Stressgeplagte, der Hektik entflohene Touristen werden sich vor allem in den ländlichen Regionen mit einem völlig anderen **Zeitbegriff** konfrontiert sehen. *Jam karet* („Gummizeit") nennt man es in Indonesien. Geduld ist eine der wichtigsten Tugenden. Es scheint von größerer Bedeutung zu sein, die Gegenwart zu genießen – selbst wenn es die Wartezeit am Busbahnhof ist –, als ein imaginäres Ziel in der Zukunft anzustreben.

Körperkontakt unter Geschlechtsgenossen ist normal und selbstverständlich, und selbst fremden Besuchern gegenüber scheut man davor nicht zurück. Es ist ein Zeichen enger Freundschaft, wenn Männer mit Männern oder Frauen mit Frauen Hand in Hand durch die Straßen bummeln. Körperkontakte zwischen Männern und Frauen hingegen sind in der Öffentlichkeit tabu.

Nahezu alle Lebensbereiche sind auf den meisten Inseln vom **Islam** geprägt. Entsprechend verbreitet sind Lebensmittel, die nach islamischen Vorschriften zubereitet wurden, also *halal* sind. Für Strenggläubige sind Alkohol, Schweinefleisch und Glücksspiel verboten. Auch die Berührung von Hunden ist tabu.

Verhalten in einer Moschee

Wird einem Einlass in eine Moschee gewährt, sind gewisse Grundregeln zu beachten. Beine und Arme müssen bedeckt sein, Frauen müssen zudem ihr Haar verbergen. Am Eingang der Moschee müssen die Schuhe ausgezogen werden.

Während der Gebetszeiten haben Frauen entweder keinen Zutritt oder einen von den Männern abgetrennten Gebetsraum. Manchmal beten sie in Reihen direkt hinter den Männern, stets jedoch außerhalb deren Sichtfeld. Vor einem Betenden sollte man nicht herumlaufen. Auch sollte flüsternd gesprochen werden.

Außerhalb der Gebetszeiten ist eine Moschee nicht nur ein Ort der Andacht, sondern auch Begegnungsstätte oder Zuflucht vor der Hitze des Tages. Es ist nicht unüblich, dass Gläubige hier beisammensitzen oder sogar dösen.

Prinzipiell ist ein Moscheebau selbst zwar nicht heilig wie etwa der „heilige Boden" einer Kirche, trotzdem wird genau auf Sauberkeit geachtet. Wer die Moschee verschmutzt, beschwört Ärger herauf. Ein Koran darf nicht ohne vorherige Reinigung der Hände und des Körpers berührt werden und er darf nicht auf dem Boden liegen, denn das Wort Gottes ist das eigentlich Heilige in einer Moschee.

Verhalten in hinduistischen Tempeln

Bei einer Tempelbesichtigung sind einige zusätzliche Regeln zu beachten, um das Heiligtum nicht spirituell zu verunreinigen bzw. zu entweihen. Das Tragen eines Sarongs und eines Tempelschals *(Slendang)*, der um die Hüfte gebunden wird, ist Pflicht. Menschliches Blut gilt als unrein, deshalb dürfen weder menstruierende Frauen noch Besucher mit einer offenen Wunde einen Tempel betreten. Bei Tempelfesten sollte niemand höher stehen oder sitzen als die Priester und die Opfergaben. Niemals zwischen Betenden bzw. Opfernden und den Schreinen der Götter herumlaufen. Bei Leichenverbrennungen darf man sich nie vor die Prozession stellen.

Drogen

Von jeglichen Drogen sollte man die Finger lassen, auch von Marihuana, damit der Aufenthalt in Indonesien nicht ungeplant verlängert wird – und zwar hinter Gittern. Die Strafen sind drastisch genug: Allein der Konsum (!) kann zwei bis drei Jahre Gefängnis einbringen. Der Besitz selbst geringer Mengen von Cannabis oder anderen Drogen bringt vier bis zwölf Jahre, dazu Geldstrafen ab 800 Mio. Rp. Bei Handel oder Schmuggel von Drogen winkt sogar die Todesstrafe. Mitwisser, die nicht die Polizei verständigen (betrifft häufig Ehefrauen), werden mit maximal einem Jahr bestraft. Informanten bleiben anonym und erhalten in vielen Fällen eine Belohnung.

Gewarnt sei auch vor sogenannten **Magic Mushrooms**, die mittlerweile gesetzlich verboten sind, aber mancherorts nach wie vor angeboten werden. Sie haben ihre Tücken, bewirken Halluzinationen und Angstzustände.

Unter Drogeneinfluss (auch Alkohol) sollte man keinesfalls Motorroller fahren oder schwimmen. Letzteres ist wegen der starken Strömungen an einigen Orten schon in nüchternem Zustand nicht ungefährlich.

Sonstiges

In großen Hotels und Restaurants der gehobenen Preisklasse werden zum Rechnungsbetrag 10 % **Trinkgeld** addiert, sodass ein weiteres Trinkgeld nur bei besonders gutem Service sowie für spezielle Dienstleistungen (z. B. Koffertragen) angebracht ist.

Betteln ist verpönt und sollte vor allem bei Kindern nicht gefördert werden. Wenn aber in Moscheen und Tempeln um eine Spende *(donation)* gebeten wird, sollte das nicht mit Betteln gleichgesetzt werden, denn damit werden Baumaßnahmen finanziert und die Angestellten bezahlt.

Versicherungen

Der Abschluss einer Auslandsreise-Krankenversicherung ist generell zu empfehlen. Viele Versicherungen sichern auch Gepäckverlust ab, die Bedingungen sind aber immer sehr eng gefasst. Die Stiftung Warentest rät von einer Gepäckversicherung ab, da sich die Versicherer meist auf die Unachtsamkeit des Reisenden berufen und nicht zahlen.

Die Stiftung Warentest nimmt Versicherungen unter 💻 www.test.de/thema/reiseversicherung unter die Lupe. Das Portal 💻 www.dooyoo.de/reiseversicherung sammelt Erfahrungsberichte zu Reiseversicherungen.

Auslandsreise-Krankenversicherung

Insbesondere bei Krankenhausaufenthalten kann schnell eine erhebliche Summe zusammenkommen. Bei schwerer Erkrankung wird der Betroffene auf Kosten der Auslandsreise-Krankenversicherung in die Heimat geflogen, wenn er plausibel darlegen kann, dass am Urlaubsort keine ausreichende Versorgung gewährleistet ist. Dabei ist der Passus „wenn medizinisch notwendig" im Kleingedruckten zu beachten, denn gerade medizinische Notwendigkeit ist selten leicht zu beweisen. Hingegen ist die Formulierung „von Ärzten als sinnvoll erachtet", wie bei der Hanse-Merkur Versicherung, wesentlich besser. Einschränkungen gibt es zudem bei Zahnbehandlungen (nur Notfallbehandlung) und chronischen Krankheiten.

Im Krankheitsfall müssen die Rechnungen für die Behandlung zunächst aus eigener Tasche beglichen werden. Wenn die Belege bei der Versicherung eingereicht worden sind, werden die Kosten zurückerstattet. Manche Krankenhäuser können bei ernsten Erkrankungen und teuren Behandlungen direkt mit der Versicherung abrechnen.

Versicherungen für Reisen von bis zu zehn Wochen Dauer werden ab ca. 8 € p. P. angeboten, wer länger verreist, zahlt je nach Versicherer zwischen 60 Cent und 3 € pro Tag. Zudem gibt es Versicherungen für die ganze Familie ab 18 €. Solche für Reisende über 60 Jahre sind oft deutlich teurer. Bei einigen Kreditkarten sind Auslandsreise-Krankenversicherungen bereits enthalten. Einen übersichtlichen Preis- und Leistungsvergleich gibt es unter 💻 www.reiseversicherung.com/vergleich/vergleich_reisekrankenversicherung.html.

Versicherungspakete

Diese Rundum-Pakete sind auf fünf bis acht Wochen begrenzt und beinhalten neben der Reisekrankenversicherung auch eine Gepäck-, Reiserücktrittskosten- und Rat&Tat- bzw. Reisenotrufversicherung. Letztere bietet eine Notrufnummer zur Soforthilfe während der Reise. Zudem werden Krankenhauskosten sofort von der Versicherung beglichen und bei ernsthaften Erkrankungen wird der Rücktransport übernommen. Wenn der Versicherte nicht transportfä-

Spar-Tipp für längere Reisen

€ Wer einen ausgedehnten Auslandsaufenthalt plant, sollte sich bei seiner Krankenkasse über die Möglichkeiten einer **Anwartschaftsversicherung** informieren. Sie erlaubt es, die Kranken- und Pflegeversicherung für den Reisezeitraum ruhen zu lassen, während der Reise nur noch einen stark reduzierten Beitrag zu zahlen – und garantiert nach der Rückkehr die Wiederaufnahme zu gleichen Konditionen. Gerade Selbstständige können so schnell mehr als 1000 € sparen.

hig ist und länger als zehn Tage im Krankenhaus bleiben muss, darf eine nahestehende Person auf Kosten der Versicherung einfliegen. Beim Verlust der Reisekasse kann man über den Notruf einen Vorschuss erhalten.

Visa

Die Einreisebestimmungen für Indonesien sind in den letzten Jahren erheblich vereinfacht worden. Voraussetzung für jegliche Einreise ist ein am Einreisetag mindestens noch sechs Monate gültiger **Reisepass**. Der Antragsteller muss zudem über ein **Ausreiseticket** innerhalb des originalen Visagültigkeitszeitraums verfügen. Die Ausreise kann auch mit dem Schiff erfolgen. Bei Flugtickets werden Open Date-Tickets meist auch akzeptiert.

Bürger aus 169 Ländern (u. a. Deutschland, Österreich und Schweiz) haben die Möglichkeit einer Einreise ohne Visum („**visa free entry**") für einen Aufenthalt von bis zu 30 Tagen. Die kostenlose visafreie Einreise ist über 29 Flughäfen (u. a. Bali, Jakarta, Medan und Surabaya) sowie 88 Häfen möglich. Diese Aufenthaltserlaubnis ist nicht verlängerbar, und auch die Ausreise muss über einen dieser (Flug-)Häfen erfolgen.

Wer länger bleiben möchte, muss sich bei der Ankunft an einem der 20 Flug- und 18 Seehäfen ein **Visa on Arrival** für US$35 ausstellen lassen. Damit ist ein Aufenthalt von bis zu 30 Tagen möglich, der bei der Einwanderungsbehörde (Kantor Imigrasi) um weitere 30 Tage verlängerbar ist (s. Kasten). Um bei der Einreise Zeit zu sparen, ist es ratsam, die Gebühr bar in US$ oder Rupiah dabei zu haben. Euro können getauscht werden, die Ausgabe des Rückgeldes erfolgt in indonesischen Rupiah. Im Notfall wird zumeist auch das Abheben an einem hinter der Passkontrolle gelegenen Geldautomaten erlaubt.

Ist ein längerer Aufenthalt geplant oder reist man über einen besonders exotischen Grenzübergang ein, muss bei einer **diplomatischen Vertretung** von Indonesien (S. 47) vor der Einreise ein Visum beantragt werden. Für Urlaubsreisen gibt es ein **Touristen-Visum** für 50 €, das 60 Tage gültig ist und beim Kantor Imigrasi im Einreiseort bis zu vier Mal um weitere 30 Tage

Das Visum nicht überziehen!

Man sollte die Aufenthaltsdauer seines Visums keinesfalls überziehen. Bei kurzen Überschreitungen des Maximalaufenthalts kostet ein Tag **Overstay** 300 000 Rp. Bei längerfristigen Vergehen (über 60 Tage Overstay) drohen hohe Geldstrafen, Abschiebung oder Inhaftierung bis zu fünf Jahren.

Visaverlängerung

Visa können in Indonesien bei der **Einwanderungsbehörde** (Kantor Imigrasi) gegen eine Gebühr von 355 000 Rp verlängert werden. Davon ausgeschlossen ist die kostenlose visafreie Einreise.

Die Bearbeitung kann frühestens zwei Wochen und sollte mindestens eine Woche vor Ablauf des Visums beantragt werden. Sie dauert im Regelfall 5–7 Werktage, kann aber bei der Inanspruchnahme eines kostenpflichtigen Agenten (600 000–900 000 Rp) deutlich schneller vonstattengehen. Man benötigt neben Geduld und Zeit jeweils zwei Fotokopien der ersten Passseite, der Arrival-Card und des Ausreisetickets sowie Passkopie, Adresse und Telefonnummer eines einheimischen Sponsors und des eigenen Aufenthaltsorts. Nach der Beantragung wird der Pass einbehalten, und man erhält eine Quittung, die am zweiten Tag ebenfalls zeitweise abgegeben werden muss. Insgesamt muss man drei Mal persönlich beim Kantor Imigrasi erscheinen, mit einem kostenpflichtigen Agenten nur ein Mal.

Auf Bali kann die Verlängerung in den Kantor Imigrasis in Denpasar und Singaraja, auf Lombok in Mataram beantragt werden.

verlängerbar ist, also insgesamt einen Aufenthalt von 6 Monaten ermöglicht.

Reist man zu anderen Zwecken ins Land ein, muss eines der folgenden Visa beantragt werden:

Ein **Sozial-Kultur-Visum** (für Forschungstätigkeit, Studienaufenthalt, Seminarteilnahme, journalistische Tätigkeit und den Besuch bei Verwandten indonesischer Nationalität), das 60 Tage gültig ist, ebenfalls vier Mal um je 30 Tage verlängert werden kann und 50 € kostet. Dazu benötigt man ein Schreiben von einem indonesischen Sponsor, Verwandten oder einer indonesischen Institution, deren Gast man sein wird und der für einen bürgt.

Eine **befristete Aufenthaltserlaubnis**, die in Deutschland nur nach Genehmigung des Ministeriums in Jakarta nach einer Bearbeitungszeit von drei bis sechs Monaten ausgestellt wird. Sie gilt für eine Aufenthaltsdauer von sechs Monaten bis zu einem Jahr und wird in erster Linie zur Arbeitsaufnahme bei einer Firma ausgestellt. 6 Monate kosten 55 €, ein Jahr 105 €.

Der aktuelle Stand findet sich unter 💻 www.kemlu.go.id/berlin, alle Einreisehäfen unter 💻 www.kemlu.go.id/berlin/lc/Pages/visumservice.aspx.

Zeit und Kalender

Unser westlicher **Kalender** mit 365 Tagen im Jahr bestimmt zwar den staatlichen und wirtschaftlichen Jahresablauf in Indonesien, doch die meisten Feste richten sich nach dem elf Tage weniger zählenden islamischen Mondkalender. Daneben haben beispielsweise die Batak auf Sumatra oder die Balinesen ihre eigenen, komplizierten Kalendersysteme (S. 61).

Zeitzonen

Folgende Zeitverschiebung ergibt sich zur Mitteleuropäischen Zeit (MEZ) – Sommerzeit 1 Std. weniger:

+ 6 Std.	Sumatra, Java, West- und Zentral-Kalimantan
+ 7 Std.	Bali, Süd- und Ost-Kalimantan, Nusa Tenggara, Sulawesi
+ 8 Std.	Molukken und West-Neuguinea

Zoll

Zollfrei sind neben den Gegenständen des täglichen Bedarfs 200 Zigaretten bzw. 250 g Tabak, 1 l Wein oder 1 l Spirituosen. Sämtliche andere Dinge müssen bei der Einreise nach Indonesien deklariert und verzollt werden. Strikt verboten ist die Einfuhr von Waffen, Pornografie und Drogen.

Kürzlich gekaufte Neuwaren (z. B. Geschenke) müssen bei der Ein- und Ausreise deklariert werden, falls ihr Wert US$250 überschreitet. Persönliche Artikel sind hiervon ausgenommen.

Die Ein- und Ausfuhr von indonesischer und ausländischer Währung ist auf 100 Mio. Rp bzw. den entsprechenden Gegenwert beschränkt (höhere Beträge müssen deklariert werden).

Frische Früchte, Pflanzen und Tiere bleiben am besten zu Hause, denn sie müssen in Quarantäne.

Land und Leute

Indonesien, ein tropischer Archipel der Vielfalt und Extreme, ist ein erstaunliches Staatsgebilde. Es erstreckt sich über Kultursphären und Naturräume, die unterschiedlicher nicht sein könnten. Es sind gewissermaßen mehrere Länder, die durch ihre koloniale Vergangenheit, aber auch durch die gemeinsame maritime Tradition zusammengeschweißt und vom enormen wirtschaftlichen Potenzial und kulturellen Reichtum einer jungen Bevölkerung getragen werden.

MARKT IN SAMARINDA, KALIMANTAN; © CHRISTIAN WACHSMUTH

Inhalt

Steckbrief Indonesien

Staatsbezeichnung Republik Indonesien

Staatsform Präsidialdemokratie

Hauptstadt Jakarta

Staatsoberhaupt und Regierungschef Joko Widodo

Fläche 1,81 Mio. km² Land, 3,3 Mio. km² Meer

Einwohnerzahl 260,6 Mio.

Anteil der Stadtbevölkerung 55,2 %

Staatssprache Indonesisch

Religionen Moslems (87,2 %), Christen (9,9 %), Hindus (1,7 %), Buddhisten (0,9 %), Animisten

Internetzugang 25,4 % der Bevölkerung

Handy-SIM-Karten pro 100 Einwohner 149 (Rang 4 weltweit)

UN-Glücksindex Platz 81 von 155

Pro-Kopf-Einkommen (kaufkraftbereinigt) US$12 400

Inseln 13 466 (davon 922 besiedelt)

Flugplätze 673 (186 mit befestigter Piste)

Touristen pro Jahr 13,8 Mio. (2017)

Geografie

Ausdehnung: Nord-Süd 1760 km, Ost-West 5120 km

Inseln: 13 466

Küstenlänge: 54 716 km

Größte Städte: Jakarta (mit Großraum 32 Mio.), Surabaya (ca. 8 Mio.), Medan (ca. 5 Mio.), Bandung (ca. 4 Mio.), Semarang (ca. 3,5 Mio.)

Höchste Erhebungen: Puncak Jaya (4884 m), Puncak Mandala (4760 m), Puncak Trikora (4750 m) – alle in West-Neuguinea

Tiefste Stelle: Südlicher Philippinengraben (9125 m)

Höchste Vulkane: Gunung Kerinci (3805 m, Sumatra), Gunung Rinjani (3726 m, Lombok), Gunung Semeru (3676 m, Java)

Aktivste Vulkane: Gunung Merapi und Gunung Semeru (Java), Gunung Ibu (Halmahera), Lokon Empung (Nord-Sulawesi), Gunung Rokatenda (Nusa Tenggara), Gunung Sinabung (Nord-Sumatra)

Indonesien hat ein extrem zersplittertes Staatsgebiet zwischen dem Indischen und dem Pazifischen Ozean, das sich beiderseits des Äquators zwischen 8° nördlicher und 10° südlicher Breite über drei Zeitzonen erstreckt und fast sechsmal so groß ist wie Deutschland. Es bestehen Landgrenzen mit Malaysia, Ost-Timor und Papua-Neuguinea. Zu den etwa 6000 besiedelten Inseln gehören die nach Grönland größten Inseln der Welt: Neuguinea, Borneo (der indonesische Teil heißt Kalimantan) und Sumatra. Die größten Inselgruppen sind Nusa Tenggara und die Molukken. Ein Blick auf die Landkarte zeigt ein Gebiet, das in große und kleine Inseln zerstückelt ist, mit vulkanischen Gebirgsketten und Schwemmlandebenen, Flachmeeren, Tiefseebecken und Seegräben. Breite **Flüsse** durchziehen v. a. Kalimantan (Mahakam, 980 km; Barito, 890 km) und Süd-Sumatra (Batang Hari, 600 km; Musi, 500 km). In den Fluss- und Küstengebieten wurden in jüngster Erdzeit Erdmassen angeschwemmt, die zu Sümpfen oder Mooren wurden.

Der Archipel besteht aus erdgeschichtlich jungen Landmassen, deren Entstehung durch den Zusammenstoß von Kontinentalplatten erklärt wird. Bis vor 25 Mio. Jahren war die Region vom Meer bedeckt. Dann driftete von Süden eine große Kontinentalplatte, der Australien und Neuguinea aufsitzen, gegen die asiatische Scholle. Ihr südlicher Ausläufer (Sunda-Schelf) hob sich an und ließ Borneo aus dem Meer aufsteigen. Die entlang der Subduktionszone entstehenden Gebirge und vulkanischen Erhebungen schufen die Grundlage für jene Landmassen, die sich uns heute als die Inseln des Sundabogens von Sumatra bis Nusa Tenggara darstellen. Auch am Meeresgrund spielten sich dramatische Veränderungen ab, etwa im Gebiet der Molukken, wo die größte bekannte unterseeische Verwerfung (Banda Detachment) als flaches Bruchstück von der Größe Belgiens aus der Erdkruste brach und aufgrund ihrer enormen Tiefe von 7,2 km erst in jüngster Zeit von Geologen bestätigt werden konnte.

Da sich die Indo-Australische Platte weiterhin unter die Sunda- und Burma-Platten schiebt, gibt es außer im geologisch stabilen Gebiet um Borneo häufig **Erdbeben**. Im Jahr 2015 wurden 4300 Beben einer Stärke von 3,0 oder mehr registriert; allerdings werden nur wenige hundert vom Menschen überhaupt wahrgenommen (meist als diffuses, kaum spürbares Wanken) und die Zahl der Erdbeben mit nennenswerten Sachschäden bewegt sich pro Jahr im einstelligen Bereich.

Flora und Fauna

Waldfläche: ca. 900 000 km^2

Pflanzenarten: ca. 40 000

Bedrohte Tierarten: ca. 5700

Ältester Baum: Pohon Ulin (Kutai-Nationalpark), ca. 1000 Jahre

Die Lage des Archipels im tropischen Gürtel und seine Nähe zum asiatischen Festland förderten die Ausbreitung des Regenwalds. Welche Landbrücken die Ausbreitung der Tiere begünstigten und welche Tiefseebecken unüberwindliche Barrieren bildeten, zeigt die Verbreitung der Faunen Australiens und Asiens. Borneo, Sumatra, Java und Bali bildeten bis zur Hebung des Meeresspiegels um 200 m am Ende der letzten Kaltzeit eine **Sunda** genannte Landmasse mit dem asiatischen Festland. Große Säuger wie Elefanten, Nashörner, Tapire, Tiger und Orang-Utans konnten diese Inseln erreichen, fehlen aber auf Sulawesi, den Molukken, Neuguinea und den Kleinen Sunda-Inseln, wo Vertreter der australischen Tierwelt auftauchen. Der englische Naturforscher A. R. Wallace erkannte diese Tatsache Mitte des 19. Jhs. Die von ihm ermittelte Faunengrenze – die **Wallace-Linie** trennt Bali von Lombok und Borneo von Sulawesi. Die endgültige Grenze für die meisten asiatischen Tiere folgt der **Lydekker-Linie**, welche die Kleinen Sunda-Inseln und die Molukken von Australien und Neuguinea abgrenzt. Zwischen diesen Linien erstreckt sich die **Wallacea**, ein Übergangsgebiet mit australisch-asiatischer Mischfauna sowie einigen endemischen Tierarten.

Regenwald

Dank des feuchten Monsunklimas konnte sich der immergrüne Regenwald über den gesamten Archipel ausbreiten, und manch einer mag überrascht sein zu hören, dass Indonesien nach Brasilien und dem Kongo die drittgrößte Regenwaldnation der Erde ist. Besonders Neuguinea, Sumatra und Borneo verfügen noch über große Waldgebiete. Regenwälder sind ausgesprochen artenreich: Allein auf Borneo findet man rund 3000 Baumarten. Im Gegensatz zu europäischen Wäldern stehen im Regenwald die Bäume einer Art nicht in Gruppen, sondern weit verstreut. Schon auf 1 km² trifft man über hundert Spezies. Einige sind so selten, dass sich nur wenige Exemplare über mehrere hundert Quadratkilometer verteilen. Man zählt zudem etwa 150 Palmen-, 300 Rhododendron- und mehr als 200 Bambusarten.

Die „Etagen" des Waldes

Eine **Humusschicht** aus Laub und Pflanzenresten bedeckt den schattigen Boden. Die Nährstoffe werden vom Heer der Wirbellosen umgewandelt und von den Pflanzen wieder aufgenommen. Der Wald wächst also aus eigenem Humus und braucht den nährstoffarmen Lehmboden nicht als Nahrungsquelle. In der Erde lebt das Geflecht der **Pilze**, die es zu einer unglaublichen Vielfalt gebracht haben. Einige leuchten im Dunkeln, andere stinken unbeschreiblich.

Blumen sind im Regenwald nur selten zu sehen, denn viele blühen im Verborgenen. Dabei gibt es allein über 5000 Arten von **Orchideen** mit riesiger Formen- und Farbenvielfalt. Neben Orchideen mit winzigen, unscheinbaren Blüten gibt es auch riesige Exemplare, die alljährlich nur für ein paar Tage blühen, aber dann bis zu 50 Blütenstände von über 2 m Länge hervorbringen, von denen jeder bis zu 80 leuchtend gelbrote Blüten trägt.

Auf Borneo bzw. Sumatra wachsen am Boden zwei äußerst seltene und imposante Vertreter der Pflanzenwelt: die mit bis zu 1 m Durchmesser weltgrößten Blüten der Gattung **Rafflesia** und die bis zu 2 m hohe **Titanenwurz** – die größte Blume der Erde.

Zwischen den Baumkronen und dem Boden liegt die Stammregion, das Reich der **Schmarotzerpflanzen** und der **Epiphyten**: Pflanzen, die auf anderen Pflanzen wachsen, sich aber selbstständig ernähren, ohne zu schmarotzen. Diese Etage des Urwalds macht auf uns den Eindruck einer unentwirrbaren Pflanzenwildnis. Da schlingen sich Lianentaue, seilartige Luftwurzeln und Girlanden von dornenbewachsenen Kletterpflanzen um Baumstämme und Äste. In den Nebelwäldern höherer Gebirgslagen bedeckt **Moos** die Bäume und hängt in Fetzen von Lianen. Dazwischen wuchern urtümlich anmutende **Farne** und insektenfressende **Kannenpflanzen**.

Nach oben hin imponieren uns haushohe **Würgefeigen** mit ihrem Labyrinth aus **Stelz- und Luftwurzeln** sowie wahre Riesenbäume, die von mächtigen **Brettwurzeln** gestützt werden – der Kempas Tualang *(Koompassia excelsa)* beispielsweise wird bis über 80 m hoch und zählt zu den größten Baumarten Südostasiens. Ihre Blütenpracht entfalten die Bäume für uns kaum sichtbar in der Wipfelregion.

Tiere des Waldes

Wie die Flora, so ist auch die Fauna des tropischen Regenwalds schier unerschöpflich. Al-

Indonesien – Land der Vulkane

Indonesien zählt so viele Vulkane wie sonst kein Land der Erde, liegt es doch mitten am sogenannten Pazifischen Feuerring. Wo sich die australische unter die eurasische Platte wälzt, trug im weiteren Umkreis auch **Vulkanismus** zur Entstehung eines komplizierten Systems von Inselbogen bei, darunter Sumatra, Java, die Kleinen Sunda-Inseln und die Molukken und Sulawesi. Die Südflanke dieser geologischen Region bildet der **Sundabogen** an der Bruchkante der Plattenverschiebung. Historisch haben einige der entlang dieser Linie erfolgten Vulkanausbrüche sogar weltweite Auswirkungen gezeitigt, allen voran die **Toba-Eruption** auf Sumatra vor etwa 74 000 Jahren. Der anstelle des heutigen Toba-Sees gelegene Supervulkan spie Schätzungen zufolge genügend Material, um damit den Mount Everest zweimal aufzuschütten. Der Ausbruch verschlimmerte die damalige Eiszeit gravierend und wird als Kandidat für den genetischen „Flaschenhals" gehandelt, der alle heute lebenden Menschen zu Nachfahren von wenigen tausend Überlebenden einer Urkatastrophe macht. Seitdem füllt sich das unterirdische Magmareservoir wieder, aber keine Angst – bis zur erneuten Eruption sind es noch viele tausend Jahre. Im Jahr 1257 verursachte der **Samalas** (ein Vorgänger des Rinjani) auf Lombok mit schätzungsweise 40 km^3 Gesteinsauswurf das in europäischen Chroniken dokumentierte Folgejahr „ohne Sommer", das von Kälte, Regen und Missernten gezeichnet war. Auch der Ausbruch des **Tambora** auf Sumbawa im April 1815 legte die Insel in Schutt und Asche und hinterließ schätzungsweise 70 000 Tote. Erneut spielte auch in Europa das Klima verrückt, was diesmal aber nicht nur die Missernten und Hungersnöte zur Folge hatte, sondern auch die surreal anmutenden Sonnenuntergänge der romantischen Landschaftsmalerei jener Zeit. Am 27. August 1883 kam es zu einer weiteren Katastrophe, als der **Krakatau** (S. 169) mit der Energie von 100 000 Hiroshima-Bomben explodierte und 36 000 Menschenleben forderte. Eine riesige Staub- und Aschewolke verteilte sich über den Globus und verdunkelte die Sonne.

Während der letzten 25 Jahre kam es zu Dutzenden größeren Vulkanausbrüchen mit zahlreichen Opfern. So bricht der **Sinabung** bei Berastagi in Nord-Sumatra seit 2013, nach über 300 inaktiven Jahren, immer wieder aus und erzwingt die wiederholte Evakuierung tausender Menschen. Auch der **Agung** (S. 394) in Ost-Bali war 2017 und 2018 eine ständige Bedrohung für Anwohner und Touristen. Von über 300 Vulkanen gelten derzeit 127 als aktiv und 60 als ausbruchgefährdet.

Nicht nur Tiere wie die auf Sulawesi beheimateten Hammerhühner, die ihre Eier von der warmen Asche in der Nähe von Vulkanen ausbrüten lassen, auch die Menschen haben sich mit den Feuerbergen arrangiert. Sie beten zu ihrer Besänftigung, betrachten sie als heilige Orte und bringen ihnen Opfer (etwa zum Kasodo-Fest am Gunung Bromo). Allen Gefahren zum Trotz legen sie ihre Felder und Häuser an den Hängen an. Die vulkanische Asche sorgt für **fruchtbare Böden**; die nicht vulkanischen Böden auf Borneo und Neuguinea sind dagegen von relativ geringer Fruchtbarkeit.

lerdings sind viele Tiere äußerst selten, scheu oder leicht zu übersehen. Manche Insekten verschmelzen in Form und Farbe mit ihrer Umwelt, darunter **Stabheuschrecken**, **Gottesanbeterinnen** und **Wandelnde Blätter**. Unter der Rinde vermodernder Bäume halten sich Käferlarven verborgen, die manchmal das Ausmaß von kleinen Würsten erreichen. Aus ihnen schlüpfen bis zu 10 cm lange **Hirschkäfer**, bunte **Pracht-** oder **Bockkäfer**. Leichter zu entdecken sind bunte **Schmetterlinge**, von denen Herkulesspinner und Atlasspinner stattliche Spannweiten von bis zu 25 cm erreichen. Nachtfalter stechen mit ihrem Rüssel reife Früchte an, um deren Saft zu trinken.

Von den über 1600 Vogelarten kommen rund 400 nur in Indonesien vor, die meisten in der Übergangsregion Wallacea (S. 96). Leider sieht man sie kaum, da sie überwiegend in der Wipfelregion leben, z. B. farbenprächtige **Papageien** und **Loris** und bunte, kleine **Nektarvögel**. An Flüssen etwas häufiger anzutreffen sind grünblau schillernde **Eisvögel**, die pfeilschnelle Jagd auf Kleinfische und Insekten machen. Glücklich kann sich schätzen, wer die urtümlich anmutenden **Nashornvögel** *(Hornbills)* mit ihrem lauten Flügelschlag zu Gesicht bekommt. Erwähnung verdienen auch die prächtigen **Paradiesvögel** auf Neuguinea.

Auch Amphibien und Reptilien haben es zu großer Vielfalt gebracht: Allein auf Borneo zählt man rund 100 Froscharten, zumeist **Baumfrösche**, die fast niemals ihren luftigen Lebensraum verlassen. Erst 2012 entdeckte man in West-Neuguinea den Frosch *Paedophryne amauensis*, das mit nur 7 mm Länge kleinste Wirbeltier überhaupt. Bemerkenswert ist der **Ruderfrosch**, der beim Sprung seine Zehenhäute aufspannt und meterweit segeln kann. Ähnliche Anpassung zeigen **Schmuckbaumnattern**, die ihren Leib so weit abflachen, dass sie bei Sprüngen von Baum zu Baum gleiten. Noch beeindruckendere Gleitflüge zeigen der **Faltengecko** und **Agamen** der Gattung Flugdrachen, die mit seitlich am Körper liegenden Hautfalten vollendete Flugkurven beschreiben.

Gleitend bewegen sich auch die pelzigen, vorwiegend nachtaktiven **Riesengleiter** *(Colugo)* fort, womit wir bei den Säugetieren wären. Auf Sumatra und Borneo entdeckt man in den Baumwipfeln mit etwas Glück einen **Binturong** (Marderbär), der eigentlich zu den Schleichkatzen zählt und bis zu einen Meter lang wird. Die verschiedenen **Schlankaffen** und **Languren** zeichnen sich durch auffällige „Frisuren" wie Haarschöpfe oder Backenbärte aus. Besonders eigenartig ist das Aussehen der **Nasenaffen** auf Borneo: Mit langer Nase und dickem Bauch wirken deren Männchen wie die Karikatur eines Menschen.

Wie die **Orang-Utans** (s. Kasten) sind praktisch alle großen Landsäuger Indonesiens vom Aussterben bedroht, da sie stark bejagt wurden und ihre Lebensräume immer weiter schrumpfen. So existieren weit verstreut vermutlich bestenfalls zwischen 40 und 80 Exemplare des kleinen **Sumatra-Nashorns**. Der Bestand des **Java-Nashorns** ist auf 67 Tiere im Ujung Kulon-Nationalpark (S. 170) geschrumpft. Ähnlich ergeht es den 1100–1600 letzten **Sumatra-Elefanten**.

Auf den Großen Sunda-Inseln leben vereinzelt **Muntjak-Hirsche**, und **Mähnenhirsche** kommen von Java und Sulawesi bis zu den Molukken und den Kleinen Sunda-Inseln vor. Ein Verwandter ist der kaninchengroße **Zwerghirsch** *(Kancil)*: Anstelle eines Geweihs trägt er zwei Hauer im Oberkiefer, was ihm den Namen Hirschferkel eingebracht hat. Nur auf Borneo und in einigen Naturschutzgebieten auf Java lebt das Wildrind **Banteng**.

An Raubtieren sind neben dem **Malaienbär** (Sumatra, Borneo) einige Groß- und Kleinkatzen vertreten: die **Goldkatze** (Sumatra, Borneo), die gefleckte **Bengal**- oder **Leopardkatze** (Borneo, Sumatra, Java) und der **Nebelparder** (Sumatra, Borneo). Während sich **Zibetkatzen** vom

Orang-Utans – Menschen des Waldes

Zweifellos zählt die Begegnung mit Menschenaffen zu den Highlights einer Indonesien-Reise und gehört zu einem Aufenthalt auf Borneo oder Sumatra definitiv dazu. Die besten Chancen, den Orang-Utan („Waldmensch") vor die Kamera zu bekommen, hat man bei kontrollierten Fütterungen sowie Wanderungen im Tanjung Puting-Nationalpark (S. 605) und Gunung Leuser-Nationalpark (S. 532). Die zotteligen, gemächlichen Kletterer leben einzelgängerisch und nahezu ausschließlich in den Wäldern Borneos und Sumatras. Sie sind sehr intelligent und haben fast keine natürlichen Feinde. Viele Erkenntnisse über sie verdanken wir der über dreißigjährigen Forschung von Biruté Galdikas – was Diane Fossey für Gorillas und Jane Goodall für Schimpansen, das ist Galdikas für Orang-Utans. Die Unterart auf Sumatra schätzte man bis vor Kurzem auf weniger als 7000 Individuen, neuere Studien sprechen von ca. 13 000. Die Orang-Utans hier sind geringfügig kleiner, sozialer und haben helleres Fell als ihre Verwandten auf Borneo, die höchstens 20 000 zählen. Ende 2017 haben Forscher zudem im Batang-Toru-Wald südlich des Toba-Sees mit dem Tapanuli-Orang-Utan eine dritte Unterart entdeckt, deren Bestand auf nur 800 geschätzt wird. Die größte Bedrohung für Orang-Utans ist der Mensch, der ihren Lebensraum zerstört und die Jungtiere für den Schwarzmarkt fängt.

asiatischen Festland bis zu den Molukken und den Kleinen Sunda-Inseln ausbreiteten, leben die schätzungsweise letzten 100–200 **Java-Leoparden** nur in Nationalparks auf Java. Auch die Zahl der **Sumatra-Tiger** wird auf unter 300 Tiere geschätzt – eine Begegnung ist also sehr unwahrscheinlich.

Mangroven

Mangrovensümpfe an flachen Küsten sind ein zweites wichtiges Biotop. Sie sind von Ebbe und Flut beeinflusst, manchmal in einem schmalen Streifen, oft auch etliche Kilometer breit. Die Mangroven sind eine Gruppe von rund 70 Baumarten, die durch verzweigte **Stützwurzeln** Halt im Schlick der Gezeitenzone finden. Sie haben sich an die salzhaltigen Böden ebenso angepasst wie an die anhaltenden Überflutungen. Was wie Spargel aus dem Schlamm sprießt, sind die **Luftwurzeln** der Bäume, denn im Schlick finden diese keinen Sauerstoff.

Mangroven bieten Schutz vor Erosionen und Überschwemmungen und gelten als wichtiges Ökosystem. Fische kommen zum Laichen in die flachen Gewässer, wo ihr Nachwuchs in der ersten Lebensphase ausreichend Schutz und Nahrung findet. Die Gezeitenwälder binden große Mengen Kohlenstoff und liefern erstklassiges, zum Teil salzwasserresistentes Bauholz. Einige der Baumarten haben sogar essbare Früchte. Das Ökosystem hat zudem eine wichtige Filterfunktion, denn die Abwässer aus Landwirtschaft und Aquakultur sind mit Stickstoff- und Phosphorverbindungen belastet – Mangroven nehmen diese auf und wirken wie natürliche Kläranlagen.

Die in Mangroven lebenden **Weberameisen** pressen aus ihren Larven ein Seidengespinst, um ihre Blattnester damit zusammenzuweben. Eine spezielle Anpassung an das Leben in der Gezeitenzone zeigt der **Schlammspringer**, ein Fisch, der Feuchtigkeit in seinen Kiemen speichert, um eine Weile an Land atmen zu können. Seine Brust- und Bauchflossen sind so umgebildet, dass er sich kriechend und hüpfend fortbewegen kann. Bemerkenswert ist auch der **Schützenfisch**, der sich dicht unter der Wasseroberfläche verborgen hält und mit einem gezielten Wasserstrahl aus seinem Mund auf Insekten schießt.

Mangroven an Flussmündungen sind ein bevorzugter Lebensraum von **Glühwürmchen**. Die Leuchtkäfer-Männchen treffen sich in Scharen auf einem Baum, um gemeinsam im Rhythmus zu blinken und so die Weibchen anzulocken.

Meere

Die Meeresbewohner Indonesiens faszinieren jeden, der einen Blick unter die Wasseroberfläche wagt. Die Datenbank 💻 www.fishbase.org listet für Indonesien erstaunliche 4727 Fischarten, und ständig werden neue entdeckt. Mitten im Korallendreieck (das auch Neuguinea, die Philippinen und die Salomonen umfasst) gilt der Archipel von **Raja Ampat** (S. 695) als das Gebiet mit der höchsten Biodiversität der Erde: Hier befinden sich über 700 Weichtier-, 530 Korallen- und mehr als 1500 Fischarten!

Eindrucksvolle Tiere wie der majestätische **Mantarochen**, friedvolle **Walhaie**, die lebendgebärenden **Teppichhaie** (Wobbegongs), **Bambushaie**, **Muränen** oder der **Mondfisch** kommen in Indonesien genauso vor wie bunte **Korallenfische**, **Seepferdchen** und Spezies aus den Tiefen der Meere, etwa der **Nautilus**, der **Geisterfetzenfisch** und der **Anglerfisch**. Die bunte Formenvielfalt von **Wasserschnecken** lässt jedes Fotografenherz höherschlagen, z. B. die urtümlich anmutenden Flankenkiemer und Fadenschnecken, die wie leuchtende Bürsten über den Untergrund kriechen. **Sepien** gleiten schillernd durchs Wasser, während **Kraken** wie der Mimik-Oktopus oft so gut getarnt sind, dass man sie glatt übersieht.

Zu den knapp 800 etwa zur Hälfte endemischen Reptilienarten zählen auch **Meeresschildkröten** wie die Echte Karettschildkröte, die Suppenschildkröte, die Oliv-Bastard-Schildkröte und die bis zu 700 kg schwere **Lederschildkröte**. An **Meeressäugern** ziehen vom kleinen Delphin bis zum riesigen Wal geschätzte 30 Arten ihre Kreise durch das Inselreich. Erstere sind vor Lovina in Nord-Bali sowie bei einer Fahrt mit der Fähre häufiger zu sehen.

Korallen

Aus der Vogelperspektive erkennt man vor vielen Inseln Korallenriffe. Ein Fünftel aller Korallenbänke der Welt liegt in Indonesien, darunter die größte Südostasiens (und drittgrößte der Welt) im **Taka Bonerate-Nationalpark** vor Sulawesi (S. 636). Allerdings haben sie in Indonesien kaum Atolle gebildet, die kranzförmig die Inseln umgeben. Grundlage der Korallenbänke sind Kleinstlebewesen, die zu kilometerlangen Gärten zusammenwachsen können. Sie zählen zu den größten von natürlichen Lebewesen geschaffenen Strukturen und sind ein Lebensraum von hoher Artenvielfalt. Die Glieder dieser Tierstöcke werden v. a. von Steinkorallen gebildet. Ein einzelnes dieser Wesen, das sich auf einem Felsen oder Stein festsetzt und zu einer kleinen Seerose heranwächst, liefert die Grundlage für das Entstehen einer ganzen Kolonie.

An der Unterseite des zylindrischen Körpers produziert das Tier mit seinen Ausscheidungen eine Kalkplatte, durch die es auf der Unterlage haftet. Dann werden von weiteren Kalkausscheidungen strahlenförmig auf der Platte stehende Leisten ausgebildet, deren Außenwände miteinander verbunden sind. Durch fortgesetztes Knospen und Ausscheiden des Kalks entsteht über Jahrhunderte ein **Korallenriff**, das je nach Spezies 0,5–25 cm pro Jahr wächst.

Die lebenden Korallen können, im Gegensatz zum weißen, abgestorbenen Skelett, die verschiedensten Farben annehmen. Da Korallen von Algen leben, die in dunklen Meerestiefen nicht vorkommen, gibt es sie nur in einer Tiefe von 3–50 m.

Kulturlandschaften

Auch wer nicht im Dschungel unterwegs ist, mit dem Boot durch Mangroven fährt oder mit Maske und Schnorchel unter Wasser sucht, wird Tieren begegnen. Einige Arten haben sich als Kulturfolger erfolgreich an die Felderwirtschaft der Bauern und den Lebensraum der Menschen angepasst. Wer nachts in seinem Bungalow einen quakenden Ruf vernimmt, ist mit ziemlicher Sicherheit der Mitbewohner eines **Tokees**. Diese großen, nachtaktiven Geckos sitzen gern zwischen den Dachstreben und sind eher hör- als sichtbar. Die Menschennähe geradenach zu suchen scheinen die **Weißen Reiher**, die zu Scharen in den Reisfeldern stehen und auf Beute warten. In Ölpalmplantagen sieht man des Öfteren sogar **Eisvögel**, da sich in den Bewässerungsgräben oft kleine Fische und Insekten tummeln.

In Touristenorten auf Java und Bali, besonders an Tempeln und beliebten Wasserfällen, sind Makaken nie weit. Vor allem den zierlichen **Javaneraffen** (mit langem, dünnem Schwanz) macht in Sachen Dreistigkeit und diebischer Veranlagung so schnell kein anderes Tier etwas vor. Man kann sie füttern, sollte aber beachten, dass sie ungestüm, forsch und alles andere als kontaktscheu sind.

An Küsten sowie in Touristenorten mit stehenden Gewässern sieht man häufiger **Warane**. Die stattlichsten Vertreter dieser Reptiliengattung sind der Bengalenwaran (bis zu 2 m), der Bindenwaran (bis zu 2,5 m) sowie der berühmte Komodo-Waran (S. 478). Sie liegen meist unbeweglich im Schatten und ergreifen explosionsartig die Flucht, wenn Passanten ihnen zu nahe kommen.

Umwelt und Naturschutz

Als viertbevölkerungsreichster Staat der Erde, der hauptsächlich Meere umfasst und zu den größten Regenwald-Nationen zählt, spielen die Umweltprobleme Indonesiens und der Zustand seiner Ökosysteme eine besonders wichtige Rolle. Organisationen auf der ganzen Welt befassen sich mit der kritischen Umweltlage des Landes, sei es unter dem Aspekt des globalen CO_2-Haushalts, der Artenvielfalt, des Klimaschutzes, der Wasserqualität oder des Naturerbes.

In dem aufstrebenden, von Korruption geplagten Schwellenland mit ineffizienter Verwaltung und schwacher Durchsetzung von Interessen der Allgemeinheit schafft das wirtschaftliche Profitstreben einzelner Unternehmen häufig die Tatsachen, mit denen der schwerfällige Dialog zwischen Konzernen, Re-

Ausverkauft – der illegale Tierhandel in Indonesien

Der Verlust von Lebensräumen ist die Hauptursache für Artenschwund in Indonesien, jedoch haben es einige Spezies besonders schwer, wenn sie zudem hohe Preise auf den Tier- und Schwarzmärkten einbringen. Immer wieder beschlagnahmt der Zoll geschmuggelte Tiere, egal ob Fische, Schildkröten, Papageien, Raubkatzen oder Orang-Utans. Die Masse der illegal gefangenen und gehandelten Tiere bleibt dabei unentdeckt, auch weil kaum jemand nach den Jägern, Fallenstellern und Händlern fahndet. Traditionell verbreitet ist der Handel mit Sing- und Ziervögeln. Auf Java gilt ein Mann sprichwörtlich als erfolgreich, wenn er ein Haus, eine Frau, einen Kris (S. 136) und einen Vogel besitzt. Das wachsende Interesse an öffentlichen Vogelsingwettbewerben verschärft die Situation nur noch weiter. Und so hat Indonesien nach Brasilien die meisten bedrohten Vogelarten weltweit, was deren Wert umso mehr in die Höhe treibt – einige erzielen Preise von US$500, was einem mittleren Monatseinkommen entspricht.

gierung und gesellschaftlichen Akteuren nicht Schritt hält.

Vielfach sind es kleine lokale Initiativen, die sich den großen Problemen mit Freiwilligenarbeit und politischem Engagement entgegenstellen, etwa der Vermüllung, dem illegalen Holzschlag, dem Korallensterben, der Wilderei und Tierquälerei, dem Landraub oder der Wasserverschmutzung. Besonders abseits der Ballungsräume sind viele Menschen für ihr Überleben auf intakte Ökosysteme angewiesen.

Entwaldung

Wissenschaftler schätzen, dass jährlich 1,2 % der Regenwälder der Erde verschwinden. In Indonesien macht das eine Fläche von mehreren Fußballfeldern pro Minute und fast 10 000 km² pro Jahr. Während sich der Schwund in Regenwaldnationen wie Brasilien verlangsamt, nimmt er hier sogar zu. Nur noch weniger als 40 % der Landfläche sind bewaldet: Java, Bali und Lombok zu etwa 10 %, Sulawesi ca. 45 %, Sumatra ca. 30 %, Kalimantan 40 %, Molukken und West-Neuguinea jeweils rund 60 %. Gute Informationen und anschauliche Karten auf 💻 www.globalforestwatch.org und 💻 www.cifor.org.

Ursachen

Die meiste Zeit hat der Mensch in das Ökosystem der Wälder kaum eingegriffen. Der für den Ackerbau erforderlichen **Brandrodung** von Ureinwohnern auf Borneo und Sumatra fiel wenig Wald zum Opfer, da der Dschungel nur spärlich besiedelt war. Im 20. Jh. kamen immer größere Waldgebiete und Torfmoore unter den Pflug, um **Plantagen** für den Anbau von Tabak und Kakao zu schaffen. Nach dem Zweiten Weltkrieg, als der Bedarf an Holz in Japan und im Westen enorm anstieg, nahm die Dezimierung der Wälder bedrohliche Ausmaße an.

Eine weitere Ursache für das Verschwinden der Regenwälder in Indonesien ist das **Bevölkerungswachstum**: Mehr Menschen brauchen

Segen und Fluch des Palmöls

Vor 150 Jahren stand die aus Afrika stammende Ölpalme noch als Dekoration auf den Anwesen der Tabakbarone oder in botanischen Gärten. Wie nützlich *Elaeis guineensis* in Südostasien werden würde, ahnte man erst 50 Jahre später – sie produziert sechs Mal so viel Öl wie Raps und liefert im Vergleich zu Soja drei Mal so viel Energie. Es sollte noch einmal 50 Jahre dauern, bis sich eine Industrie auf den Anbau spezialisierte. Auf Java und Bali ahnt man wenig von den riesigen **Ölpalmplantagen**, für die auf Sumatra und Borneo die Wälder gerodet werden. Indonesien ist der weltweit größte Produzent des aus Frucht und Kernen der Palme gewonnenen Rohstoffs. Die Bäume beginnen zu produzieren, wenn sie etwa 7 Jahre alt sind, die Ertragsspitze liegt bei rund 15 Jahren, nach spätestens 35 Jahren werden sie ersetzt. Die Früchte werden nach der ganzjährigen Ernte in den Ölmühlen weiterverarbeitet und größtenteils in Länder wie Indien, die EU und China exportiert. Schätzungen zufolge wird die Palme in Indonesien bis 2020 eine Fläche so groß wie England bedecken, und weltweit erzeugt sie bereits heute auf nur 6 % der für den Anbau von Ölpflanzen genutzten Fläche ein Drittel allen Pflanzenöls und die Hälfte allen Speisefetts auf dem Weltmarkt. Es ist das **meistverwendete pflanzliche Öl** und dank hohem Schmelzpunkt ideal für Schokolade, Eis, Knabberzeug und Fertiggerichte – knapp 70 % wandern in Lebensmittel, der Rest steckt in Treibstoffen, Putzmitteln, Kosmetik, Kerzen, Farben und Lacken. Mehr als 18 kg verbraucht jeder Deutsche im Durchschnitt pro Jahr.

Millionen von Arbeitern und Kleinbauern sind in der **Herstellung und Verarbeitung** des Palmöls beschäftigt. Vielen verspricht die Herstellung von Palmöl ein sicheres Einkommen, es drohen jedoch oft neue **Abhängigkeiten** oder ausbeuterische Arbeitsverhältnisse; Zwangs- und Kinderarbeit auf den Plantagen werden in der Debatte über Palmöl nur selten erwähnt. Auch macht das große Exportvolumen die Wirtschaft vom Weltmarkt abhängig. Schwerwiegend sind auch die Probleme, die bei der Anlegung der Plantagen entstehen. Flächenhungrige Konzerne mit Verbindungen in Regierung und Verwaltung üben in den entlegenen Gebieten oftmals Druck und **Gewalt** gegen Menschen aus, die ihr Land nicht abtreten wollen. Traditionelle, informelle Formen der Landnutzung werden bei der oft durch Korruption beförderten Vergabe von Konzessionen selten berücksichtigt. Und durch das **Abbrennen der Wälder** auf Sumatra, Borneo und Neuguinea erhält an sich CO_2-neutraler Biodiesel eine bis zu drei Mal schlechtere Öko-Bilanz als fossile Brennstoffe.

LAND UND LEUTE

mehr Anbauflächen. An den Rändern der Nationalparks wird mit zunehmendem Bevölkerungsdruck und schwindenden, vor illegalen Konzessionen nicht geschützten Waldflächen auch die Landnutzung der einfachen Leute zum Problem. Weiterhin sorgt der profitable **Export von Holz und Papier** für ein stetes Interesse großer Konzerne an Rodungen. Schätzungsweise die Hälfte des Holzexports entfällt auf illegalen Holzschlag. Dabei machen Papierkonzerne oft auch vor Wäldern, die unter das Holzschlagmoratorium fallen, nicht halt. Etwa die Hälfte des Schwunds erfolgt außerhalb von Konzessionen.

Schließlich entfällt ein großer Teil der vernichteten Wälder und Moore auf die **Ölpalmplantagen**, s. Kasten.

Folgen

Bei großflächiger Brandrodung wird der gesamte gebundene Kohlenstoff auf einmal freigesetzt. Auf Borneo und Sumatra wurden in den letzten Jahrzehnten Millionen Hektar Wald gerodet und Torfmoore durch Drainagen trockengelegt. Die ausgetrockneten Torfböden sind leichtes Futter für **Waldbrände**, die unterirdisch über lange Zeit vor sich hin schwelen. Zieht man diese Emissionen zu denen aus dem Verbrauch fossiler Brennstoffe hinzu, ist Indonesien der drittgrößte Emittent von Treibhausgasen.

Jährlich werden weite Teile Südostasiens vom **Haze** genannten Rauch aus Kalimantan und Sumatra eingehüllt – mit erheblichen Folgen für die Gesundheit von Mensch und Tier. So kostete die Smog-Krise von 2015 nach Schätzungen mehr als 100 000 Menschenleben.

Der Verlust der Wälder bedingt die **Auslaugung der Böden**, denn die nach Bränden zurückbleibende nährstoffreiche Asche wird (besonders an Hängen) vom Regen weggespült, sodass die angelegten Felder und Plantagen nach wenigen Jahren erschöpft sind.

Wenn Waldgebiete abgeholzt werden, bedeutet das oftmals auch **Artensterben**. Tiere, die auf ein Revier angewiesen sind, werden in den Nachbarwäldern kaum unbesetzte Gebiete finden. Nicht reviergebundene Tiere können zwar in umliegende Wälder flüchten, doch wird die zur Verfügung stehende Nahrungsmenge die dortige Population auf ihre ursprüngliche Größe reduzieren. Der auf gerodeten Flächen wachsende **Sekundärwald**, der etwa 15 % der indonesischen Waldgebiete umfasst, ist zudem wesentlich artenärmer.

Maßnahmen

Die Regierung erhält durch das internationale Finanzierungsmodell REDD+ Hilfe beim Waldschutz. Hierbei wird ein Staat finanziell entlohnt, wenn er CO_2-Emissionen durch Rodungen vermeidet. Es existiert ein **Holzschlagmoratorium** zum Schutz von etwa der Hälfte der gesamten Waldfläche, seine Durchsetzung ist angesichts der riesigen Flächen, einer schwachen Exekutive und des starken kommerziellen Interesses der Holz-, Papier- und Palmölindustrie fraglich.

Importverbote für Palmöl gelten angesichts der weitverbreiteten Verwendung des Rohstoffs als nicht vielversprechend und würden von der Welthandelsorganisation als Wettbewerbsbehinderung geahndet werden. Immerhin forderte 2017 eine Mehrheit der EU-Parlamentarier, dass ab dem Jahr 2020 kein Palmöl mehr zu Biodiesel verarbeitet wird. Die EU-Kommission hat vorgeschlagen, den Anteil an Biosprit in Benzin oder Diesel bis 2030 von 5 auf 3,8 % zu senken. Vielversprechend wirken auch **Boykotte** und Deinvestitions-Kampagnen gegen Hersteller, die zulasten der Wälder operieren.

Ob **Zertifikate** für nachhaltig produzierte Hölzer (wie Forest Stewardship Council, FSC) und Palmöl (wie Indonesian Sustainable Palm Oil, ISPO) sowie Systeme der Zurückverfolgung von Rohstoffen in Produktionsketten langfristige Wirkung entfalten, bleibt abzuwarten. Immer wieder werden auch auf vermeintlich „guten" Plantagen schwere Verstöße gegen Umweltschutzgesetze und Menschenrechte dokumentiert.

Schließlich wurden 2017 erstmals **traditionelle Wälder** (*hutan adat*, engl. *customary forests)* auf Sumatra, Sulawesi und Java staatlich anerkannt, wenngleich in nur geringem Umfang. Eine schonende, nachhaltige Nutzung solcher Areale durch angestammte Bewohner anstelle von profitorientierten Konzernen hat sich bereits in anderen Ländern als langfristig erfolgreich erwiesen.

Mangroven

Besonders rasant ist der Verlust von Mangroven, denn Indonesien verzeichnet zwar den größten Mangrovenbestand weltweit, jedoch hat sich dieser in den vergangenen Jahrzehnten halbiert. Die Mangrovenwälder werden für Aquakulturen und Palmölplantagen abgeholzt bzw. müssen Hotels und den wachsenden Städten weichen. Damit wird auch der natürliche Küstenschutz zerstört. Wellen und Strömungen spülen die über Jahrhunderte abgelagerten Sedimente rasch fort, und sind sie einmal weg, sind auch Wiederaufforstungsversuche zum Scheitern verurteilt. Den Setzlingen fehlt schlichtweg eine Wachstumsgrundlage. Abgesehen davon werden oft die falschen Bäume gepflanzt, denn von rund 70 heimischen Mangrovenspezies eignen sich nur wenige als Pioniere für die Neubesiedlung.

Meere

In den Weiten und Tiefen der Meere bleiben Umweltprobleme den Augen der Öffentlichkeit weitgehend verborgen. Ein verbreitetes Problem ist die **illegale Fischerei** von mehreren Tausend im Ausland (oder gar nicht) registrierten Schiffen und Booten, die täglich in indonesischen Gewässern auf Beutezug sind. Aber auch einheimische Fischer fahren mit destruktiven Fangmethoden in fremden Gewässern – nachdem sie ihre eigenen Fanggründe zerstört haben. Praktiken wie das **Dynamit- und Bombenfischen** sind längst verboten, richten jedoch noch immer Schäden in den sensiblen Lebensräumen an.

Ein damit verbundenes Thema ist die **Überfischung**, z. B. von Haien und Rochen, weil dadurch die Populationen vieler Meereslebewesen aus dem Gleichgewicht geraten. Indonesien exportiert mehr Hai- und Rochenfang als jedes andere Land. Weltweit sterben etwa 100 Mio. Haie jährlich – viele davon in Indonesien –, hauptsächlich als ungewollter Beifang. Schätzungsweise 20 Mio. Haie werden jedoch gezielt gefangen und verstümmelt ins Meer zurückgeworfen – die Rückenflosse gilt vielen Chinesen als Delikatesse. Rochen werden ihrer Kiemen wegen gejagt, die als Zutat für chinesische Medizin verwendet werden. Da sich die Tiere nur langsam fortpflanzen, ist die Dezimierung vieler Populationen um teilweise 75–90 % alarmierend.

Immerhin werden die Meere zunehmend in Schutzbemühungen der Regierung einbezogen – derzeit stehen gut 80 000 km^2 unter Naturschutz, wenngleich oftmals nur auf dem Papier. Viele Nationalparks, etwa Tanjung Puting (S. 605) oder Taka Bonerate (S. 636), umfassen Seegebiete. Das für den Tauchtourismus bedeutsame Gebiet von Raja Ampat (S. 695) etwa ist Teil eines 36 650 km^2 großen Meeresschutzgebiets innerhalb der ausgesprochen artenreichen **Bird's Head Seascape**. Relativ gut patrouilliert werden auch der **Komodo-Nationalpark** (S. 475) und die Gewässer um Bali.

Nicht nur Verschmutzung und Fischerei, auch der landbasierte **Tourismus** gefährdet teilweise Meeresbewohner, die auf viele Besucher große Anziehungskraft ausüben, etwa Schildkröten. Deren an Stränden schlüpfender Nachwuchs wird durch Lichtquellen beeinträchtigt und findet nicht schnell genug den Weg ins Meer, weshalb sich Hilfsorganisationen um die Eier und Jungschildkröten kümmern. Allerdings verlieren viele Jungschildkröten in den Becken der Aufzuchtstationen die Fähigkeit, ihren Geburtsstrand wiederzufinden.

Weitaus sichtbarer ist der in den Gewässern treibende **Plastikmüll**. Indonesien wurde als zweitgrößter Verursacher der Plastikverschmutzung identifiziert – nur China entsorgt mehr Müll im Ozean. Außer einer vielerorts nicht existenten Müllabfuhr liegt dies u. a. am mangelnden Umweltbewusstsein vieler Indonesier, die ihre Kunststoffverpackungen gern wegwerfen oder liegenlassen. Nach einer gewissen Zeit kehrt die Plastik dann zu uns zurück – als Bestandteil der Nahrungskette. Mehr als Sondersteuern oder Verbote bedarf es hier der Aufklärung und umweltsensiblen Bildung – und eines vorbildliches Verhaltens als Besucher.

Bevölkerung

Einwohner: 260,6 Millionen

Ethnien (rund 400): Javaner (40 %), Sundanesen (16 %), Malaien (3,7 %), Batak (3,6 %), Maduresen (3 %), Betawi (2,9 %), Minangkabau und Bugis (je 2,7 %), Bantenesen (2 %), Balinesen (1,7 %), Acehnesen und Dayak (je 1,4 %), Chinesen (1,2 %) u. v. m.

Sprachen und Dialekte: 742

Jährliches Bevölkerungswachstum: 0,86 %

Lebenserwartung: Männer 70,4 Jahre, Frauen 75,7 Jahre

Durchschnittsalter: 30,2 Jahre

Kinder unter 14 Jahren: 25 %

Alphabetisierung: 95,4 %

Menschen unter dem Existenzminimum: 10,9 %

Säuglingssterblichkeit: 2,3 %

Indonesien ist nach Russland, China und Indien das viertgrößte Land Asiens und an der Bevölkerungszahl gemessen das viertgrößte der Welt. Bis 2050 soll die Bevölkerung nach vorsichtigen Schätzungen auf über 300 Mio. anwachsen. Deshalb wird seit 1969 die freiwillige **Geburtenkontrolle** propagiert, und das sinkende Bevölkerungswachstum ist ein Beweis für deren Erfolg. Bis dahin war es ein langer Weg, denn: Was nutzen bunte Plakate, die eine Kleinfamilie idealisieren, wenn die traditionellen Vorstellungen andere sind? Das Kind bildet für Indonesier einen zentralen Punkt im Leben. Kinder steigern

Provinzen

	Bevölkerung	Landfläche
Java West-, Zentral- und Ost-Java, Yogyakarta, Banten, Jakarta	147 Mio.	$138\,793\ km^2$
Sumatra Aceh, Nord-, West- und Süd-Sumatra, Riau, Kepulauan Riau, Jambi, Bangka-Belitung, Bengkulu, Lampung	55 Mio.	$473\,481\ km^2$
Sulawesi Nord-, West-, Zentral- und Süd-Sulawesi, Gorontalo, Südost-Sulawesi	19 Mio.	$180\,681\ km^2$
Kalimantan West-, Ost-, Zentral-, Süd- und Nord-Kalimantan	16 Mio.	$544\,150\ km^2$
Nusa Tenggara West- und Ost-Nusa Tenggara	10 Mio.	$68\,614\ km^2$
Molukken Molukken, Nord-Molukken	3 Mio.	$47\,350\ km^2$
West-Neuguinea West-Papua, Papua	4,2 Mio.	$420\,540\ km^2$
Bali	4,3 Mio.	$5636\ km^2$

das Ansehen, sind für viele die einzige Alterssicherung und tragen zum Familieneinkommen bei. Erst als Vater oder Mutter wird man ein vollwertiges Mitglied der Dorfgemeinschaft, und **Großfamilien** sind keine Seltenheit. Dennoch hat sich das Konzept der Kleinfamilie zumindest bei der urbanen Mittelschicht durchgesetzt.

Gut zwei Drittel der Bevölkerung konzentrieren sich auf Java. Die Insel trägt eine Bevölkerung von rund 147 Mio. Menschen auf einer Fläche so groß wie Bayern, Baden-Württemberg und Brandenburg zusammen. In Zentral-Java rings um Yogyakarta und Solo leben bis zu 2000 Menschen pro km^2 – der Landesdurchschnitt liegt bei 136. Sehr dicht besiedelt sind auch Madura, Bali und Lombok. In den Dschungelgebieten und Sümpfen von Sumatra, West-Neuguinea und Kalimantan dagegen leben weniger als drei Menschen auf 1 km^2. Auch viele Gebiete auf Sulawesi, den Molukken und den Inseln von Nusa Tenggara sind nur dünn besiedelt.

Volksgruppen

Das Land präsentiert sich als ein Schmelztiegel der Völker. Verschiedene malaiische und proto-malaiische Völker sind hier ebenso heimisch wie die Nachkommen eingewanderter Chinesen, Araber und Inder sowie melanesische und Papua-Ethnien. Von Jakarta aus versucht man unter dem Wappenspruch „Einheit durch Vielfalt" den durch die niederländische koloniale Expansion geschaffenen **Vielvölkerstaat** zu regieren. Indonesier – das sind die modernen, westlich orientierten Städter ebenso wie die urtümlich lebenden Altvölker, von denen manche noch als Jäger und Sammler leben. Für Außenstehende ist es faszinierend, wie das Land „von Sabang bis Merauke" (5120 km Luftlinie) seine vielgestaltige Identität bewahrt.

Proto-malaiische Völker

Die im Bronzezeitalter eingewanderten **Proto-Malaien** haben als Nomaden, aber auch als sesshafte Ackerbauern das Landesinnere der Inseln kultiviert und bauen Reis und andere Kulturpflanzen an, jagen, flechten, weben, töpfern und schnitzen. Sie haben ihre Stammestraditionen weitgehend bewahrt, etwa beim Häuserbau, bei der Produktion von Kunsthandwerk (z. B. der *Ikat*-Weberei, S. 135) oder bei der Ausrichtung ihrer Feste. Während der Islam kaum Anhänger fand, sind einige Stämme zum Christentum übergetreten. Zwischen diesen Völkern, so den auf Sumatra lebenden **Batak**, den **Manggarai** auf Flores, den **Dayak** auf Kalimantan oder den **Toraja** auf Sulawesi, bestehen starke Unterschiede in der Kultur, der Sprache und dem äußeren Erscheinungsbild. Sie lassen sich wiederum in Stämme oder Clans unterteilen.

Malaiische Völker

Die später eingewanderten malaiischen Völker oder **Deutero-Malaien** entwickelten mächtige Hochkulturen. Neben ihren Qualitäten als Bauern, etwa bei den **Balinesen**, sind sie auch die seefahrenden und Handel treibenden Völker, z. B. die **Malaien**, **Bugis** und **Maduresen**. Unter der zentralen Gewalt ihrer Herrscher entwickelten sie hohe Ausdrucksformen in Kunst und Literatur. Von den europäischen Kolonialmächten wurden sie als Erste beeinflusst, und besonders **Javaner** bestimmen heute das wirtschaftliche und politische Leben.

Melanesische und Papua-Völker

Die dunklen, oft kraushaarigen Bewohner der neuguineischen und teils molukkischen Inseln sind genetisch enger mit den australischen Aborigines verwandt als mit den proto-malaiischen und malaiischen Völkern. Sie weisen die weltweit größte Vielfalt an Ethnien und Sprachgruppen auf, zu denen oft jedoch nur wenige Sprecher gehören. Einige leben sehr zurückgezogen in den entlegensten Gebieten von West-Neuguinea, etwa die **Korowai**, die in hohen Baumhäusern wohnen, oder die **Asmat**, die die Flussläufe besiedeln.

Chinesen

Chinesische Händler verkehren seit vielen Jahrhunderten im Archipel, doch die Mehrheit wanderte ab dem 19. Jh. als Lohnarbeiter ein. Da ihnen Landbesitz untersagt war, ließen sich viele in den Städten nieder und trieben Handel. Noch immer ist das Verhältnis anderer Volksgruppen zu den Chinesen belastet, denn ähnlich wie in anderen südostasiatischen Ländern kontrolliert die chinesische Minderheit überproportional die Wirtschaft. Solche Spannungen entluden sich wiederholt in blutigen Auseinandersetzungen und Pogromen der vermeintlich einheimischen *(Pribumi)* gegen die chinesischstämmigen Indonesier. Dabei sind nicht wenige *Pribumi* selbst Abkömmlinge chinesisch-indonesischer Mischehen der vergangenen Jahrhunderte.

Offizielle Politik der Regierung war und ist es, die Chinesen zu assimilieren. Trotz der Aufhebung des Verbots chinesischer Schriftzeichen in der Öffentlichkeit sind diese den meisten indonesischen Chinesen kaum noch bekannt. Selbst bei Tempelfesten in Cirebon und Semarang spricht man Bahasa Indonesia, und chinesische Namen sind seit einem entsprechenden Verbot während der Suharto-Zeit nicht mehr geläufig.

Umsiedlungen

Schon unter den Niederländern wurden hunderttausende Javaner als Vertragsarbeiter in dünn besiedelten Plantagengebieten (z. B. auf Sumatra) angesiedelt. Seit 1950 werden im Rahmen der **Transmigrations-Programme** *(Transmigrasi)* auch von staatlicher Seite her Menschen aus übervölkerten in unbewohnte oder dünn besiedelte Regionen „umgetopft". Junge Familien bekommen notdürftig erschlossene Parzellen zur landwirtschaftlichen Nutzung zur Verfügung gestellt – meist gerodete Dschungelgebiete oder trockengelegte Sümpfe. In den ersten drei Jahren erhalten die Siedler finanzielle Unterstützung von der Regierung.

Die fremde Umgebung, unzureichende Infrastruktur und fehlende landwirtschaftliche Kenntnisse führten häufig zu Problemen. Die Fruchtbarkeit der Neulandflächen lässt schnell nach. Hinzu kommt deren Erbteilung für die zahlreichen Kinder der Siedler. Das Programm wird in absehbarer Zukunft der Überbevölkerung auf den zentralen Inseln nicht entgegenwirken, denn während zwei Menschen aus Java umgesiedelt werden, kommen drei von anderen Inseln hier an.

Die *Transmigrasi* ist einer der Gründe für **ethnisch-religiöse Konflikte**. Oft wurden moslemische Javaner und Maduresen in christlich dominierte Gebiete auf Sulawesi, Kalimantan und den Molukken umgesiedelt, wo es zu schweren Ausschreitungen zwischen Einheimischen und Umsiedlern kam; zum religiösen Konflikt von Zentral-Sulawesi s. S. 654.

In West-Neuguinea ist die indigene Bevölkerung gar zur sozial und ökonomisch benachteiligten Minderheit geworden, weshalb die Regierung die Umsiedlungen dorthin eingestellt hat. Überhaupt wird das Programm allmählich zurückgefahren: Wurden in den 1970er- und 1980er-Jahren noch Millionen von Menschen umgesiedelt, sind es heute einige tausend pro Jahr.

Geschichte

Frühgeschichte

Die Inselwelt ist früh besiedelt worden. Zu den wichtigsten Ausgrabungsstätten, in denen Relikte des vor rund 140 000 Jahren ausgestorbenen *Homo erectus* gefunden wurden, gehört Sangiran (S. 233) auf Java. Auf Flores existierte ein dem *Homo erectus* ähnlicher Vertreter womöglich sogar noch bis vor 50 000 Jahren (s. Kasten S. 491). *Homo sapiens* hat die Region vor mehr als 60 000 Jahren besiedelt – Fossilien in der Karsthöhle Lida Acer auf Sumatra gelten als der älteste Nachweis moderner Menschen außerhalb von Afrika und Israel. Aus Indonesien stammen auch einige der ältesten Malereien der Welt: **Höhlenzeichnungen** nordöstlich von Makassar auf Sulawesi sind rund 40 000 Jahre alt.

Der moderne Mensch kam in mehreren Einwanderungswellen. Den Anfang machten vor etwa 30 000 Jahren die **Negritos** und **Melanesier**, deren kraushaarige, dunkelhäutige Nachfahren heute auf den Andamanen, den Philippinen und in West-Malaysia sowie Ost-Indonesien leben. Ihnen folgten vor etwa 10 000 Jahren **weddoide Völker**, deren Spuren man auf Java entdeckte. Mit den vor rund 6000 Jahren aus Süd-China ausgewanderten **Proto-Malaien** und den im Eisenzeitalter folgenden **Deutero-Malaien** kam das Wissen um die Metallgewinnung und -bearbeitung.

Der Übergang der Jäger und Sammler zu Pflanzenanbau und Tierhaltung erfolgte relativ zeitig. In Thailand wurde die Kultivierung verschiedener Pflanzenarten um 9000 v. Chr. nachgewiesen. Etwa seit 3000–2500 v. Chr. werden Reisfelder mit Wasserbüffeln gepflügt.

Typisch für alle Einwanderer war die Gründung von Siedlungen an den Flussläufen und -mündungen. Vorhandene Bevölkerungsgruppen wurden assimiliert, und zahlreiche archäologische Funde legen eine Tendenz zur sozialen Differenzierung am Beginn unserer Zeitrechnung nahe: reiche Grabbeigaben, Prunk- und Zeremonialbeile, Megalithen. Die Seefahrt war gut entwickelt (s. u.), trotzdem beschränkte sich die Herrschaft der frühen Fürsten und Oberhäupter auf überschaubare Bereiche.

Kontakte mit der antiken Welt

Der Handel mit Kleinasien, Afrika, Persien und China florierte sehr früh in der Geschichte des Archipels. Wahrscheinlich bestand bereits um 2500 v. Chr. ein funktionierendes Netzwerk zwischen Madagaskar, Ägypten, Indien und dem Südchinesischen Meer, das im Takt der Monsunwinde mit Gewürzen, Sklaven, Textilien, Hölzern, Edelsteinen, Keramik, Duftstoffen und Metallen handelte. Dabei profitierten die Hafenorte Borneos, der Molukken, Javas und Sumatras von ihrer geografischen Lage.

Gut dokumentiert ist die **Handelsroute** vom Roten und Arabischen Meer über Ceylon und die Andamanen nach Sumatra und der Malaiischen Halbinsel sowie in den Golf von Thailand. Produkte Süd- und Südostasiens waren auf den chinesischen Märkten und bei Hofe sehr gefragt, und es entwickelte sich ein reger Schiffsverkehr zwischen Indien, Sumatra und China. Ein Kaiser der chinesischen Han-Dynas-

ZEITLEISTE

140 000–50 000 v. Chr.	30 000–6000 v. Chr.
Erste Vertreter der Gattung Homo, darunter die Java- und Flores-Menschen, besiedeln in kleinen Gruppen die Inseln des Sunda-Bogens.	Melanesier, Negritos und Deutero-Malaien wandern nacheinander aus dem südchinesischen Raum ein und besiedeln den gesamten Archipel und Polynesien.

tie wies seine Höflinge bereits um 150 v. Chr. an, für besseren Mundgeruch **Nelken** von den molukkischen Gewürzinseln im Mund zu tragen. **Zimt** aus Indonesien war bei den Ägyptern zur Balsamierung der Toten und Parfümierung von Speisen, Wein und Salben ein gefragtes Handelsgut – im Alten Testament ist bereits von *qinnamon* die Rede.

Auch gilt eine Besiedlung Madagaskars durch malaiische Seefahrer um die Zeitenwende herum als gesichert, wobei linguistische Forschungen eine noch frühere Landnahme vermuten lassen. Noch heute sind in der madagassischen Musik und Sprache indonesische Ursprünge erkennbar.

Schließlich berichtet der griechische Geograf Ptolemäus im 2. Jh. über *Labadiou* (wahrscheinlich Java) und *Malaiou* (wahrscheinlich Melayu in Südost-Sumatra). Seine Quelle waren indische Händler, die bis an die Küsten Sumatras und Javas gelangt waren.

Indisierung

Zwischen dem 4. und 6. Jh. erreichten kulturelle Einflüsse aus Indien die Inseln und prägten Sprache, Schrift und Literatur. Viele zentrale Begriffe im Indonesischen, Balinesischen und Javanischen haben ihren Ursprung im **Sanskrit**. Brahmanen und Händler vermittelten die Lehren des **Hinduismus**, und die Aristokratie übernahm zahlreiche Elemente der neuen Religion.

Für lokale Fürsten war das hinduistische Konzept des Königtums mit Varianten der göttlichen Identität des Herrschers sehr attraktiv. Die bisherigen religiösen Vorstellungen der Bevölkerung erleichterten das Eindringen indischer Elemente und Ideen. Die Indonesier hatten bereits terrassierte Tempel, die heilige Berge darstellten und Begräbnisritualen dienten. In dieses Weltbild passten die **buddhistische Kosmogonie** des Weltenberges Meru, aber auch der auf einem heiligen Berg lebende Shiva. Der shivaistische **Lingga-Kult** um sakrale Steine war gleichsam die Fortsetzung der uralten Megalithkultur.

Das komplexe Gesamtsystem des Hinduismus wurde jedoch nicht übernommen. Die Lehre von der Begründung eines Reiches, einer Dynastie und die heiligen Schriften fanden kaum Eingang in die indonesischen Kulturen. Vom verschachtelten indischen Kastensystem *(Varna)* wurden allenfalls drei oder vier Hauptkasten übernommen.

Sriwijaya

In den folgenden Jahrhunderten entstanden buddhistische und hinduistische Königreiche, die von Java und Sumatra aus Einfluss auf die gesamte Region nahmen. Im Brennpunkt der wichtigen Handelsroute zwischen China und Indien erlangte in Südost-Sumatra das Reich von Sriwijaya unter **König Jayanasa** im 7. Jh. die Vormachtstellung.

Sriwijaya war ein **Stadtstaat** in der Gegend des heutigen Palembang, der andere Fürstentümer militärisch unterwarf und tributpflichtig machte. Über Jahrhunderte war es ein politisches Machtzentrum und der Inbegriff von Reichtum und Hochkultur. Grundlage für seinen Erfolg war der Zwischenhandel. Zeitgenossen

9000–2500 v. Chr.	4.–6. Jh.	Um 500 n. Chr.
In Südostasien werden Pflanzen kultiviert und Reisfelder angelegt. Der Handel mit der antiken Welt des Nahen Ostens und Asiens beginnt.	Einflüsse aus Indien prägen die feudalen Stadtstaaten. Hinduismus, Shiva-Kult und Buddhismus breiten sich aus. Entstehung einer Aristokratie und eines Kastenwesens.	Gründung des Sriwijaya-Stadtstaats an den Ufern des Musi im heutigen Palembang

erzählen von mindestens 400 Handelsschiffen im Dienste des Königs. Alle fremden Schiffe mussten Sriwijayas Häfen anlaufen und Zölle entrichten. Eine starke Flotte bedrohte alle, die sich widersetzten oder ihre Tribute schuldig blieben.

Sriwijaya wiederum entrichtete Tribut an **China**: Aus chinesischen Aufzeichnungen geht hervor, dass Missionen zum Kaiserhof reisten und chinesische Ehrentitel verliehen bekamen. Der chinesische Gelehrte I-Ching besuchte Sriwijaya anno 671 und erwähnte ein Zentrum der buddhistischen Lehre mit tausenden Priestern.

Der Niedergang erfolgte ab dem 11. Jh., als chinesische Händler begannen, direkt in die Produktionszentren zu segeln. Damit verlor der Zwischenhandel an Bedeutung. Überfälle der tamilischen Chola im Jahr 1025 schwächten die Handelsmacht zusätzlich. Nach einer militärischen Auseinandersetzung mit dem javanischen Majapahit-Reich (S. 269) flohen die Sriwijaya-Fürsten, und einer ihrer Prinzen gründete das spätere Machtzentrum Malakka.

Sanjaya, Sailendra und Sunda

Während Sriwijaya seine Macht durch maritimen Zwischenhandel aufrechterhielt, war die Situation auf Java ausgesprochen agrarisch: Grundlage der ersten Königreiche waren hier die Überschüsse einer Landwirtschaft auf vulkanischen, gut gewässerten Böden und der zyklische Frondienst der Bauern für die lokalen Machthaber.

Die wichtigsten Dynastien zur Zeit Sriwijayas waren die hinduistischen **Sanjaya** und die buddhistischen **Sailendra**, die im 8. und 9. Jh. nahe dem heutigen Yogyakarta die Tempel von Prambanan bzw. den Borobudur für die Ewigkeit schufen und auf deren Mythos sich die Herrscher des Mataram-Sultanats noch tausend Jahre später berufen sollten. Sogar Sriwijaya wurde zeitweise von einem Sailendra regiert. Parallel dazu bestand vom 7.–16. Jh. das Königreich **Sunda**, das von wechselnden Machtzentren aus über West-Java herrschte.

Buddhismus und Shivaismus existierten auf Java nebeneinander. Auf einer Inschrift dieser Zeit wird ein Sailendra als *Bodhisattva*, „ein zu Buddha Gewordener", bezeichnet. Eine andere Inschrift beschreibt einen Herrscher als Teil Shivas. Diese Qualitäten machten die Könige nicht zu Gott-Königen, sondern zu Göttern selbst.

Nachdem vermutlich ein Ausbruch des Gunung Merapi (S. 227) den durch exzessive Prestigebauprojekte wirtschaftlich angekratzten Kleinstaaten Zentral-Javas den Rest gegeben hatte, entstanden ab dem 10. Jh. lokal wechselnde Machtzentren an den Ufern des Brantas in Ost-Java. Das Sunda-Königreich wurde 1576 vom Sultanat Banten erobert.

Kertanegara und Majapahit

Das **Kertanegara-Reich** (1268–1292) in Ost-Java gilt als Vorläufer von Majapahit und als das erste indonesische Reich mit territorialer Erweiterung über die eigene Insel hinaus. König Kertanegara trotzte gar den Tributforderungen des chinesischen Mongolenkaisers Khublai Khan (Enkel Dschingis Khans) und wurde als Shiva-Buddha verehrt.

In der javanischen Chronik *Negara Kertagama* aus dem Jahr 1365 ist dann der Aufstieg

7.–9. Jh.	10.–13. Jh.	13.–15. Jh.
Sriwijaya erlangt von Süd-Sumatra aus die Vormachtstellung in der Region. Der Borobudur, die Tempel von Prambanan und des Dieng-Plateaus entstehen.	Überfälle und schwindende Bedeutung als Handelszentrum läuten Sriwijayas Niedergang ein. Kertanegara in Ost-Java wird zum ersten territorialen Großreich.	Das Majapahit-Reich dominiert die Region. Der Adel konvertiert zum Islam oder emigriert nach Bali.

Majapahits ab 1293 belegt. Wichtigster Staatsmann war **Gajah Mada** (1329–1350), der während der Regentschaft einer Tochter Kertanegaras oberster Minister wurde. Er war ein Politiker von eigenständigem Gewicht und nicht nur Vollstrecker des königlichen Willens. Gajah Mada betrieb eine aktive Außenpolitik und dehnte den Einfluss des Reiches systematisch aus.

Zentrum des Reichs war **Trowulan** (S. 269) mit den Palästen des Königs und der Würdenträger. Die Provinzen wurden von Fürsten verwaltet, die vom König oder der Königin ernannt wurden. Von den beherrschten Territorien in Ost-Java, Madura und Bali sind die tributpflichtigen Fürstentümer zu unterscheiden. Mit den entlegenen Außeninseln der Molukken und Neuguineas und Staaten des südostasiatischen Festlands bestanden Handelsbeziehungen.

Die Herrschaft von Kertanegaras Urenkel **Hayam Wuruk** ab 1350 wird als die glorreichste Periode javanischer Geschichte betrachtet. Im *Negara Kertagama* steht, dass der König sein Reich selbst inspizierte. Er besuchte unruhige Grenzgebiete, sprach mit den Dorfältesten, klärte Landstreitigkeiten, trieb Tribute ein, betete an Buddha-Schreinen und Shiva-Statuen und ersuchte religiöse Gelehrte um Erleuchtung.

Durch die Verschmelzung indischer Einflüsse mit javanischen Ausdrucks- und Glaubensformen bildeten sich vor allem in den Machtzentren dieser Epoche die ersten Elemente einer eigenständigen, bis heute lebendigen Kultur und Kunsttradition auf Java. Zudem dient das Majapahit-Reich nationalistischen Ideengebern seit den 1930er-Jahren als Schablone für ein geeintes Indonesien gemäß seiner (vermeintlichen) damaligen Ausdehnung.

Islamisierung

Zwar wird der Beginn der Islamisierung gemeinhin ab dem 13. Jh. angesetzt. Doch vermutlich existierten lange vorher moslemische Gemeinschaften im Archipel. Über die Handelswege gelangten moslemische **Kaufleute** aus Indien, China und Westasien nach Sumatra und Java. Im 7. Jh. – die Islamisierung des heutigen Iran hatte bereits begonnen – segelten persische Händler nach Sriwijaya, und in chinesischen Chroniken werden Gesandte des Stadtstaats unter moslemisch klingenden Namen geführt. Der älteste handfeste Nachweis islamischer Religion findet sich in der Nähe von Kediri (Ost-Java) in Form eines Grabes aus dem Jahr 1082.

Die Islamisierung ging dann über den Kreis der Händler hinaus und erfasste alle sozialen Schichten. Am Ende des 13. Jhs. gab es im Gebiet des heutigen Aceh bereits zwei **Sultanate**: das kleine Perlak und Samudra-Pasai, das in den Berichten des arabischen Forschungsreisenden Ibn Battuta beschrieben wird.

Im 15. Jh. hatte sich der Islam bereits über die Nordküste Javas bis nach Ternate und Tidore auf die Nord-Molukken ausgebreitet. Der portugiesische Reisende Tomé Pires beschreibt in der *Suma Oriental* (1511) die islamischen Königreiche Cirebon, Demak, Jepara und Gresik auf Java. Das eigentliche Machtzentrum war aber **Malakka** auf der Malaiischen Halbinsel, dessen Herrscher ihre Dynastie auf Sriwijaya (S. 108) zurückführten und aus handelspolitischen Gründen früh zum Islam übertraten. Auf Java weitete das Sultanat von **Demak** in der ersten Hälfte des 16. Jhs. seinen Einfluss über

16. Jh.	1527	1602
Ludovico di Varthena berichtet von der Muskatnuss. Wenig später reißt Portugal gewaltsam die Molukken und das Gewürzmonopol an sich.	Prinz Fatahillah besiegt die Portugiesen und das Pajajaran-Heer und gründet Jayakarta, das heutige Jakarta. Majapahit wird vom Sultanat Demak erobert.	Gründung der niederländischen *Vereenigde Oostindische Compagnie* (VOC) als Aktiengesellschaft. Auf Java dominiert das Mataram-Reich.

die Küstenstädte aus und eroberte schließlich Majapahit. Ende des 16. Jhs. unterwarf dann **Mataram** unter Panembahan Senopati vom heutigen Yogyakarta aus die moslemischen Küstenstädte.

Seitdem war die Praktizierung des Islam elementarer Bestandteil der Aristokratie. Der Islam hatte sich konsolidiert, doch gleichzeitig hatten die Fürsten viele der hindu-buddhistischen Traditionen aus dem Shivaismus-Buddhismus übernommen, Pires nennt sie die „ritterlichen Verhaltensweisen der antiken Aristokratie".

Die Ankunft der Portugiesen

Im Jahr 1511 eroberten die Portugiesen Malakka. Fortan beeinflussten sie als erste europäische Kolonialmacht für beinahe 100 Jahre die Geschichte der Inseln und brachten dank überlegener Waffentechnik und nautischer Fähigkeiten wichtige Häfen unter ihre Kontrolle. Als Anreiz winkte das Monopol auf den extrem lukrativen Handel mit Gewürzen, besonders Nelken und Muskat von den molukkischen Gewürzinseln, aber auch Zimt und Pfeffer. Im Zeichen des Kreuzes unternahmen sie Feldzüge gegen schwache Fürsten – Mord, Plünderungen und Sklavenhandel waren an der Tagesordnung. Die seit über tausend Jahren durch globalen Handel und eigene Hochkulturen zivilisierten Einheimischen wurden von den meisten Europäern nicht als Menschen angesehen, sondern nur als Heiden, „keineswegs fortgeschritten in ihrer Zivilisation" (Sir Stamford Raffles). Auf den östlichen Inseln Flores, Solor und Timor ist der portugiesische Einfluss bis heute spürbar.

Die Niederländische Ostindien-Kompanie

Gegen Ende des 16. Jhs. erschienen die Niederländer im Archipel, und Portugals Handelsmonopol brach zusammen. Als 1596 niederländische Schiffe in Banten (West-Java) landeten, ahnte niemand, dass sie die Vorboten für 350 Jahre koloniale Herrschaft werden sollten.

Anfänge der Kompanie

Mit dem Handelskapital der holländischen Städte wurde 1602 die **Vereenigde Oostindische Compagnie (VOC)** gegründet. Ihre Aufgabe war es, europäische und asiatische Konkurrenten vom Markt zu verdrängen und den Handel zu kontrollieren. Die VOC besaß zwar Handelsstützpunkte auf den Molukken und in Batavia (Jakarta), trotzdem war eine territoriale Erweiterung ihrer Macht in dieser ersten Periode nicht maßgeblich.

In **Batavia** amtierte der Generalgouverneur als Exekutivorgan der VOC. Dänen, Holländer und Engländer besaßen Kontore in der Nähe der Stadt, auch Chinesen durften innerhalb der Befestigungsanlagen wohnen. Neben den von der niederländischen Regierung verbrieften Handelsrechten besaß die VOC hoheitliche Vollmachten wie Gerichtsbarkeit, Streitkräfte und das Recht, über Krieg und Frieden zu entscheiden, Verträge mit anderen Staaten abzuschließen und Handelsstützpunkte und Festungen zu errichten.

Territoriale Gewinne

Absolute Priorität hatte in dieser Phase der Gewürzhandel. **Ambon** und **Bandaneira** waren fest in holländischer Hand. Rigoros schränkte die

1619	1666/67	1684–99
Die VOC nimmt Jayakarta in Besitz und nennt es fortan Batavia.	Die Niederländer erobern Makassar und das Gowa-Reich auf Sulawesi. Mit den Briten tauschen sie Manhattan gegen die Molukken-Insel Run.	Mit chinesischen Teesamen aus Japan legen die neuen Kolonialherren auf Java die erste Teeplantage an. Auch die ersten Kaffeepflanzungen entstehen.

VOC den Anbau von Muskatnuss und Gewürznelken ein, um den Weltmarktpreis zu erhöhen. Ganze Ernten wurden vernichtet, Bevölkerungsgruppen umgesiedelt oder wie auf Bandaneira ausgerottet, wenn sie sich widersetzten.

In politische Auseinandersetzungen war die VOC erstmals 1620 verwickelt, als Sultan Agung von **Mataram** versuchte, seine Macht von Zentral-Java auf **Banten** im Westen auszudehnen. Banten verbündete sich mit der VOC, die zwei Belagerungen in Batavia standhielt und Matarams Expansion bremste. 1683 geriet Banten endgültig in holländischen Besitz.

Interne Schwierigkeiten und Erbfolgekriege leiteten den Niedergang Matarams im 18. Jh. ein. Indem die VOC Amangkurat, den Nachfolger Sultan Agungs, unterstützte, konnte sie weitere Gebiete unter ihren Einfluss bringen. Mitte des 18. Jhs. war Mataram in die Sultanate von Surakarta und Yogyakarta zerfallen und politisch fast bedeutungslos geworden.

Der Niedergang

Keinesfalls kann man die Auflösung der VOC im Jahr 1799 allein der Korruption oder dem Schmuggel monopolisierter Waren zuschreiben. Von Beginn an war beides übliche Praxis, hervorgerufen u. a. durch die niedrigen offiziellen Gehälter. Vielmehr musste schon 1784 England das Recht eingeräumt werden, in Indonesien Handel zu treiben. Das Monopol war damit gebrochen, die Preise für Gewürze auf den europäischen Märkten brachen ein, die Verschuldung der VOC wuchs. Obwohl 1781 eine Anleihe in Höhe von 14 Mio. Gulden aufgenommen wurde, gelang es der VOC durch Manipulationen und eine bewusste Verschleierungstaktik, ihren Nimbus vom sagenhaften Reichtum zu wahren. So wurde im gleichen Jahr die VOC-Aktie noch mit einem Kurswert von 200 % gehandelt.

War einerseits die veränderte Lage in Europa für den Niedergang verantwortlich, so lagen die Gründe andererseits in den Kolonien selbst. Die Administration der riesigen Territorien überstieg die finanziellen Möglichkeiten der VOC. Standen z. B. im 17. Jh. etwa 1500 Personen im Sold der Kompanie, so waren es Mitte des 18. Jhs. bereits 18 000. Die auf den Monopolhandel ausgerichtete Organisation blieb bis zuletzt die gleiche und war den neuen Anforderungen nicht mehr gewachsen.

Die Kolonien gingen mit Auflösung der VOC in den Besitz des niederländischen Staats über, der 1806 selbst zu einer Art Königreich von Napoleons Gnaden wurde.

Britisches Interregnum

Britische Soldaten der East India Company landeten unter der Führung von **Stamford Raffles** 1811 auf Java. Nach der Eroberung Batavias sowie der Befestigungsanlagen von Cornelis und Buitenzorg wurde Raffles zum Gouverneur der Kolonie. Er war ein glühender Nationalist, der die strategische und handelspolitische Rolle Ostindiens früh erkannt hatte. Für ihn galt es, das holländische Kolonialreich dem britischen einzugliedern.

Die fünf Jahre britischer Herrschaft brachten weitreichende Veränderungen. Raffles gliederte Java in 16 Residentschaften, führte den Linksverkehr ein und beschränkte den Sklavenhandel. Er entmachtete Sultane und Regenten,

1755	1799	1811
Teilung des Mataram-Reichs in die Sultanate Surakarta und Yogyakarta durch die Holländer	Auflösung der bankrotten VOC und Übergang der Territorien an die niederländische Krone	Eroberung und administrative Neugliederung Javas durch britische Truppen unter Stamford Raffles

um die Bauern zu befreien und zur Produktion für den freien Markt anzuregen, übersah dabei aber, dass die einheimischen Herrscher keinerlei Rechte am Land ihrer Untertanen besaßen, also keine feudalen Landbesitzer waren. Unter Raffles sollten die Bauern fortan Steuern entrichten, was aufgrund der geringen Geldmenge im Land schlichtweg für leere Kassen in der Kolonialverwaltung sorgte.

Typisch für diese Politik war auch die katastrophale Erstürmung und Plünderung des Palastes von Yogyakarta im Jahr 1812. Dem Sultanat wurde ein Vertrag aufgezwungen, demzufolge es weitere Gebiete abtreten musste und bis auf die Leibgarde des Sultans keine Streitkräfte mehr unterhalten durfte.

Die Rückkehr der Niederländer

Nach Napoleons Niederlage erfolgte 1816 die Rückgabe der übergangsweise britischen Kolonien an die Holländer. Die neuen Generalgouverneure waren als Erstes gezwungen, ihre Autorität zu festigen und Unruhen auf den Molukken und Sulawesi, in West-Kalimantan und Palembang niederzuschlagen. Viele Gebiete wurden dadurch der Kolonialverwaltung erstmals direkt unterstellt, so etwa in West-Sumatra: Während sich die Briten hier aus den seit 1803 schwelenden Konflikten herausgehalten hatten, intervenierten die Holländer im daraus resultierenden Padri-Krieg (s. Kasten S. 572) auf Seiten der Fürsten. Um außerdem ihre Vormachtstellung im maritimen Handel zu sichern, untersagte die Kolonialmacht den Indonesiern den Bau größerer Schiffe; so wurde die einheimische Seefahrertradition allmählich von außen erstickt.

Der Java-Krieg

Der Java-Krieg von 1825–1830 war der erste antikoloniale Massenaufstand in Indonesien. Die wirtschaftliche Situation der Bauern, Handwerker, Kleinhändler und Unternehmer hatte sich enorm verschlechtert. Auch die Rechte der javanischen Aristokratie wurden immer mehr beschnitten. **Prinz Raden Mas Antawirya Diponegoro** (1785–1855) aus dem Herrscherhaus von Yogyakarta erfuhr die politischen Intrigen der Kolonialverwaltung persönlich, denn sein Anrecht auf die Thronfolge wurde übergangen.

Auslöser des Aufstands waren zwei Umstände: Zum einen wurden alle Pachtverträge, die von Landbesitzern mit Europäern abgeschlossen worden waren, für nichtig erklärt. Das verbitterte die zumeist aristokratischen Landbesitzer, die bereits erhaltene Vorschüsse zurückzahlen mussten. Zum anderen ließ die Verwaltung eine Straße über den Friedhof der Sultansfamilie bauen, was die Wertvorstellungen der Bevölkerung verletzte.

Diponegoro stellte sich an die Spitze des Aufstands und hatte zunächst militärische Erfolge. Yogyakarta wurde erobert, und die Kampfhandlungen griffen auf die Nordküste über. Die Aufständischen vermieden offene Feldschlachten und führten einen **Guerillakrieg**. Doch den längeren Atem hatten die Holländer. **General Hendrik Merkus de Kock** konnte Hilfstruppen

1815	1816	1821–37
Der Ausbruch des Tambora auf Sumbawa fordert rund 70 000 Todesopfer und verändert das Weltklima.	Nach Napoleons Niederlage erhalten die Niederländer auf dem Wiener Kongress ihre Kolonie zurück und dehnen ihre Einflusssphäre bedeutend aus.	In den Padri-Kriegen zwischen orthodoxen Moslems und aristokratischen Traditionalisten interveniert Holland für den Adel und konsolidiert seine Vormachtstellung auf Sumatra.

von den Außeninseln mobilisieren und Java mit einem Netz aus befestigten Militärposten überziehen, die durch Straßen verbunden waren. Verrat im eigenen Lager schwächte Diponegoros Position zusätzlich. Unter diesen Voraussetzungen wollte er mit der Kolonialregierung verhandeln, doch trotz zugesicherten freien Geleits wurde er 1830 festgenommen und samt seiner Familie nach Makassar deportiert. Seine Verhaftung ist Gegenstand eines berühmten Gemäldes von Raden Saleh (S. 134), *Penangkapan Diponegoro*.

Das Zwangsanbausystem

Schätzungen gehen davon aus, dass fast 200 000 Javaner während des Kriegs umkamen. Die Kolonialverwaltung verlor 15 000 Mann, davon mehr als die Hälfte Europäer. Viel Land war verödet, die Bevölkerung verarmt und die Kosten für die Regierung enorm. Nicht zuletzt deshalb wurde das Zwangsanbausystem *(Cultuurstelsel)* eingeführt. Jedes Dorf war verpflichtet, ein Fünftel seiner Anbaufläche mit Exportprodukten zu bepflanzen und die Erträge dem Staat abzuliefern. War die Summe dieser Produkte höher als die veranschlagte Grundsteuer, konnte das Dorf eine Rückvergütung verlangen. Wenn das Dorf weniger als die Grundsteuer produzierte, musste es zusätzliche Leistungen und Fronarbeit erbringen.

Exportprodukte waren zuerst Indigo und Zuckerrohr, bald gefolgt von Kaffee, Tee, Tabak und Pfeffer. Der Wert der Exporte stieg von 13 Mio. Gulden im Jahr 1830 binnen zehn Jahren auf 74 Mio. Gulden. Zwischen 1840 und 1880 konnten dem holländischen Staatshaushalt so jährlich 18 Mio. Gulden zugeführt werden.

Um das neue Wirtschaftssystem effektiv zu gestalten, musste die gesamte Administration umgeformt werden. Der meist aus der einheimischen Aristokratie stammende **Regent** wurde wie ein Beamter in das Kolonialsystem integriert. Der ihm zur Seite stehende holländische **Resident** war für die Ablieferung der Ernten aus seinem Bezirk verantwortlich. Vom Regenten abwärts bis zum Dorfoberhaupt waren holländische *Controleurs* damit beschäftigt, die Produktion zu überprüfen. Korruption war alltäglich. Zum einen konnte man überhöhte Forderungen an die Dörfer stellen und die Differenz in die eigene Tasche stecken. Zum anderen konnten Bauern verpflichtet werden, private Arbeiten durchzuführen. Auch wurden sie für Arbeiten beim Straßenbau, der Errichtung von militärischen Anlagen usw. verpflichtet und mussten in vielen Fällen ihre Eigenversorgung vernachlässigen – bereits in den 1840er-Jahren brachen **Hungersnöte** aus.

Die Liberale Politik

In den 1860er-Jahren geriet das Zwangsanbausystem in den Niederlanden in die Kritik. Nicht die humanitären Aspekte standen dabei im Vordergrund, sondern holländisches Kapital. Dieses sollte in großen **Plantagen** investiert werden, was unter dem alten System nicht möglich war. In der Folge wurde 1870 die sogenannte Liberale Politik eingeführt. Europäische Investoren konnten Pachtverträge mit indonesischen Landbesitzern abschließen oder, im Fall von un-

1825–30	1867	1871
Auf Java führt Prinz Diponegoro den ersten antikolonialen Guerillakrieg an. Einführung des Zwangsanbausystems.	Die erste Eisenbahnstrecke geht zwischen Semarang und Tanggung in Betrieb.	England erkennt im Austausch gegen Besitzungen an der afrikanischen Goldküste den niederländischen Anspruch auf Aceh an.

bebautem Land, mit der Kolonialregierung. Große Plantagen entstanden auf Java und Sumatra, gefolgt von einer Phase der wirtschaftlichen Expansion: Die Exporte verzehnfachten sich zwischen 1870 und 1930 von 107 Mio. auf 1,16 Mrd. Gulden.

Parallel dazu verlief eine **territoriale Expansion**. Sulawesi beispielsweise war bis auf die Küstenregionen – Makassar war seit dem 17. Jh. holländisch – noch in den 1890er-Jahren kaum erschlossen; von 1905–08 wurden die dortigen Stämme im Hochland äußerst brutal unterworfen.

Auch in Aceh stießen die Niederländer auf heftigen Widerstand. Schiffe und Truppen wurden in die entlegensten Winkel entsandt, um auch auf den Außeninseln lokale Fürsten zu unterwerfen – und die expansorischen Interessen anderer Kolonialmächte in Schach zu halten. Bis 1910 war Indonesien in den heutigen Grenzen im Besitz der Niederlande.

Die Ethische Politik

Ende des 19. Jhs. setzte sich in Holland eine einflussreiche Bewegung dafür ein, dass den Indonesiern größere Bildungschancen eingeräumt und ihre Lebensbedingungen verbessert werden. Mentor dieser Bewegung war **Conrad Theodore van Deventer**, der von einer „Ehrenschuld" der Niederlande sprach, also der moralischen Verpflichtung, für die zurückliegenden Leistungen der Indonesier aufzukommen. Aber auch hier spielte Eigeninteresse hinein, denn gebildete Indonesier wurden in Wirtschaft und Verwaltung dringend gebraucht.

Zwar blieb diese sogenannte Ethische Politik idealistisch und wurde kaum in die Realität umgesetzt. Trotzdem fanden gewaltige **soziale Veränderungen** statt, die allerdings mehr auf die wirtschaftliche Lage zurückzuführen sind. Auf Java war die Bevölkerung im 19. Jh. von 6 Mio. auf 30 Mio. angewachsen; 1920 zählte sie 40 Mio. Das Bevölkerungswachstum und die Verstädterung, das Einzug der Geldwirtschaft in der dörflichen Gesellschaft und der Bedarf an Arbeitskräften für große Plantagen weichten traditionelle Strukturen immer mehr auf.

Am erfolgreichsten war die Ethische Politik in der Heranbildung einer kleinen, europäisch gebildeten Elite, welche die Enttäuschung der breiten Masse politisch artikulieren konnte. Selbst in islamischen Kreisen wuchsen **modernistische Ideen**, um die Religion mit den Anforderungen des jungen 20. Jhs. in Einklang zu bringen. Die ursprüngliche Absicht der Kolonialmacht, sich durch eine Öffnung der Bildungseinrichtungen eine folgsame, einheimische Elite zu schaffen, verkehrte sich allmählich ins Gegenteil.

Das nationale Erwachen

Im Jahr 1908 gründeten javanische Studenten die elitäre Gemeinschaft **Budi Utomo** („Hohes Bestreben"), deren Ziele aber mehr kulturell als politisch waren. Es folgten nationalistische Gruppen, Parteien und Gewerkschaften – so 1908 die freie Eisenbahnergewerkschaft und 1914 das sundanesische Pendant zu Budi Utomo, **Paguyuban Pasundan**. Zahlenmäßig wichtiger war die 1911 gegründete **Sarekat Dagang**

1883	1906	1908
Die Eruption des Krakatau zwischen Java und Sumatra tötet ca. 36 000 Menschen und verdunkelt weltweit den Himmel.	In Denpasar reagiert der Königshof auf den Einmarsch der Niederländer mit Massenselbstmord *(Puputan)*. Die Ethische Politik fördert eine indonesische Elite.	Gründung von Budi Utomo, der ersten entfernt nationalistischen Vereinigung, durch gebildete javanische Aristokraten.

Islam unter Führung des charismatischen **Omar Said Cokroaminoto**, die erste nationale Massenorganisation, die eine islamischen, später auch marxistischen Zielen verpflichtete Politik verfolgte.

Am Ende des Ersten Weltkriegs war die Kolonialregierung gezwungen, breiteren Bevölkerungsteilen ein Mitspracherecht einzuräumen. Dazu kreierte sie den **Volksraad**, der aus teils gewählten, teils ernannten Mitgliedern der drei Bevölkerungsklassen (Holländer, Indonesier, andere Asiaten) bestand. Allerdings war Volksraad nur ein Forum für Kritik und Debatten ohne legislative oder exekutive Rechte. Verschiedene nationalistische Führer akzeptierten Sitze, andere sprachen sich für einen Kampf ohne Kompromisse aus. Diese Gegensätze führten 1921 zum Ausschluss des linken Flügels aus der Sarekat Dagang Islam.

Im Jahr zuvor hatte sich die **Perserikatan Komunis Di Hindia** als erste kommunistische Partei Asiens gegründet, die später in **Partai Komunis Indonesia** (PKI) umbenannt wurde. 1926/27 unternahm die PKI einen Aufstandsversuch auf Java und in West-Sumatra, der aber von der Kolonialregierung brutal niedergeschlagen wurde, wovon sich die Partei bis zum Ende des Zweiten Weltkriegs nicht erholte.

Nach dem Niedergang der PKI und des Sarekat Dagang Islam begann in nationalistischen Kreisen eine erneute Diskussion über den Weg zur Unabhängigkeit. Die allgemeine Losung war „Unabhängigkeit für Indonesien!" („Indonesia Merdeka!"). Es galt weniger, eine kommende soziale oder politische Ordnung zu entwerfen, als vielmehr das Ziel der Unabhängigkeit zu erreichen.

Im Juli 1927 fanden diese Vorstellungen Ausdruck in einer neuen Partei, der **Partai Nasional Indonesia**. Ihr wichtigster Programmpunkt war die Verweigerung der Zusammenarbeit mit der Kolonialregierung. Ihr Vorsitzender war der Ingenieur **Sukarno**, der die Zielvorstellungen der gemäßigten moslemischen Führer, der Kommunisten und der radikalen Nationalisten gut kannte, sich aber keiner dieser Richtungen verpflichtete. Sein Traum war ihre Vereinigung zu einer **Unabhängigkeitsbewegung**. Wenige Monate nach Gründung der PNI gelang es ihm, wichtige politische Gruppen in der PPPKI *(Permufakatan Perhimpunan-Perhimpunan Politik Kebangsaan Indonesia)* zusammenzuschließen.

Von der Kolonialregierung wurde Sukarno 1930 mit vier weiteren Führern der PNI zu einer Gefängnisstrafe verurteilt. Ohne ihren Anführer löste sich die stark fraktionierte PNI 1931 auf. Ein Teil der Mitglieder gründete unter **Mohammad Hatta** und **Sutan Sjahrir** die neue PNI, wobei die Abkürzung diesmal für **Pendidikan Nasional Indonesia** („Nationale Erziehung Indonesiens") stand. Andere schlossen sich zur **Partai Indonesia** zusammen, deren Leitung Sukarno 1932 übernahm. Dieser wurde 1933 erneut verhaftet und bis zum Beginn der japanischen Besatzung in die Verbannung nach Flores und später Bengkulu geschickt.

Japanische Besatzung

Der **Zweite Weltkrieg** veränderte die Situation grundlegend. In der größten Seeschlacht seit 1916 wurde am 27. und 28. Februar 1942 in der Javasee ein Geschwader aus niederländischen,

1910	1920	1927
Indonesien ist in seinen heutigen Grenzen im Besitz der Niederlande.	Gründung der Kommunistischen Partei Indonesiens als erste ihrer Art in Asien	Gründung der Partai Nasional Indonesia unter Sukarno

britischen, australischen und amerikanischen Schiffen unter niederländischem Kommando von der japanischen Flotte vernichtend geschlagen. Als die japanischen Streitkräfte auf den Inseln einmarschierten, wurden sie von vielen Indonesiern als Befreier begrüßt. Dies änderte sich allerdings, als man feststellte, dass man die alten Unterdrücker gegen neue eingetauscht hatte: Sämtliche Europäer wurden interniert. Alles Holländische wurde beseitigt oder verboten, Batavia in Jakarta umbenannt und Bahasa Indonesia zur Staatssprache erhoben. Die Uhren wurden auf Tokio-Zeit umgestellt und die Exporte nach Japan dirigiert.

Da Japan umgekehrt den indonesischen Bedarf an Einfuhren nicht decken konnte, jedoch Reis, Treibstoff und Arbeitskraft aus der Kolonie ausführte, kam es zu **Mangelwirtschaft** und Hungersnot. Mehrere Hunderttausend fanden in Indonesien und anderen besetzten Gebieten Südostasiens als **Zwangsarbeiter** *(Romusha)* vor allem im Bau von Eisenbahnstrecken den Tod.

Die Nationalisten unter Sukarno und Hatta arbeiteten eng mit den japanischen Militärmachthabern zusammen, um die Interessen Indonesiens zu vertreten. Es gelang ihm, die Besatzungsmacht davon zu überzeugen, dass nur eine Organisation, die indonesischen Zielen verpflichtet wäre, die Massen aktivieren könne. 1943 wurde unter seiner Führung **Putera** (*Pusat Tenaga Rakyat,* „Zentrum der Volkskraft") gegründet, gefolgt von **Peta**, den „Beschützern des Vaterlandes" *(Pembela Tanah Air)*, deren Mitglieder zu Zigtausenden von japanischen Offizieren militärisch ausgebildet wurden und später den Kern der jungen republikanischen Armee bildeten.

Im September 1944 gab der japanische Premierminister eine Absichtserklärung über die indonesische Unabhängigkeit bekannt, im März 1945 wurde eine **Verfassung** entworfen, und am 17. August 1945, zwei Tage nach der japanischen Kapitulation, erklärte Sukarno die **Unabhängigkeit** Indonesiens.

Unabhängigkeitskrieg

Nach der Kapitulation Japans waren britische Truppen damit beauftragt, die japanischen Streitkräfte zu entwaffnen. Die neue Regierung Indonesiens unter Hatta und Sukarno wollte mit den Alliierten zusammenarbeiten, trotzdem gab es in ihrem Herrschaftsbereich (praktisch nur Java und Teile Sumatras) Zusammenstöße mit der alten Kolonialmacht, da holländische Soldaten und Mitglieder der alten Kolonialverwaltung den Briten auf dem Fuße folgten. So war Holland 1946 gezwungen, mit Premierminister Sutan Sjahrir zu verhandeln.

Doch das **Abkommen von Linggarjati**, in dem Holland der jungen Republik die Unabhängigkeit zugestand, wurde nicht lange eingehalten. 1947 besetzten niederländische Truppen unter dem Vorwand, Gesetz und Ordnung wiederherzustellen, große Gebiete der Republik. Unter Vermittlung der Vereinten Nationen wurde im Januar 1948 das **Renville-Abkommen** geschlossen, in dem die Republik die von den Holländern besetzten Gebiete anerkennen musste.

Innerhalb des republikanischen Lagers fanden danach schwere Auseinandersetzungen statt. Bürgerliche Kräfte aus der PNI wollten die linke Regierung unter Premier **Amir Sjarifuddin**

1942–1945

Die japanische Okkupation vertreibt die Niederländer. Mit Abzug der Japaner erklärt Sukarno (Foto) am 17.8.1945 die Unabhängigkeit.

© FOTOLIA / MIHALY SAMU

1947

Am 9. Dezember machen sich niederländische Kolonialtruppen auf Java eines Kriegsverbrechens schuldig, als sie über 400 Dorfbewohner hinrichten.

stürzen. Hatta übernahm die Regierungsgewalt, und bald brach der von der PKI initiierte Umsturzversuch von Madiun aus. In den Kämpfen zwischen überlegenen Regierungstruppen und Rebellen wurden die Führer der PKI erschossen. Holland nutzte die Auseinandersetzungen innerhalb der Republik für eine weitere militärische Aktion.

Die indonesischen Rebellen begannen einen aufopferungsvollen Guerillakrieg gegen die Invasoren. Im Frühjahr 1949 waren bis auf die Außeninseln und großen Städte auf Java und Sumatra alle Gebiete in republikanischer Hand. Im August 1949 unterzeichnete Holland ein Abkommen zur indonesischen Unabhängigkeit.

Die Ära Sukarno

Innenpolitik

Innerhalb der folgenden sieben Jahre lösten sich sieben Regierungen ab, die jeweils von den verschiedenen Parteien gebildet wurden oder Koalitionsregierungen waren. Staatspräsident Sukarno erklärte 1957 seine **Gelenkte Demokratie**, um den Parteienzwist zu beenden und über das Parlament hinweg zu regieren. Zur gleichen Zeit brachen in Sumatra und auf einigen Außeninseln **Sezessionsbestrebungen** aus. In Padang wurde die Revolutionäre Regierung der Republik Indonesien ausgerufen, der sich andere Provinzen anschlossen. Die Zentralregierung in Jakarta reagierte schnell, und Ende 1958 waren die Aufstände niedergeschlagen.

Per Dekret löste Sukarno 1959 das Parlament auf und führte die alte Präsidialverfassung von 1945 wieder ein. Der Präsident, die Armee und die 3 Mio. Mitglieder zählende PKI waren jetzt die Machtfaktoren in der Republik. Mit seinem Konzept des **Nasakom** (Nationalismus, Religion, Kommunismus) fand Sukarno für seine delikate Machtbalance zwischen Armee, Islam und der PKI eine doktrinäre Losung.

Außenpolitik

Zwar erklärte man sich der „Bewegung der Blockfreien Staaten" angehörig, doch die Außenpolitik unter Sukarno war betont antiimperialistisch. Das zeigte etwa die Bekämpfung *(Konfrontasi)* der unter britischem Vorzeichen geschaffenen Föderation von **Malaysia**. Sukarno lehnte diese als neokoloniales Produkt ab und unternahm militärische Aktionen gegen Malaysia und Singapore. Eine große Kampagne wurde 1960–62 um die Eingliederung des formell als holländische Kolonie verbliebenen **West-Neuguinea** geführt. Die Niederlande und die Lokalverwaltung hatten eigentlich die Unabhängigkeit West-Neuguineas für 1970 vereinbart. Nach militärischen Auseinandersetzungen und unter politischem Druck der USA wurde das Gebiet stattdessen am 1. Mai 1963 an Indonesien abgetreten. Es begannen die ersten Umsiedlungen, mit denen die Einheimischen gebietsweise durch Indonesier verdrängt werden sollten.

Krise

Verschiedene Faktoren führten in den folgenden Jahren zur Krise. Die wirtschaftliche Situation verschlechterte sich rapide, einhergehend mit einem Verfall der Währung: Die Lebenskosten hatten sich von 1958 bis 1965 verhundertfacht,

1949	1957–59	1962
Die Niederländer werden bei dem Versuch, die Kolonie zurückzuerobern, von der republikanischen Armee besiegt und müssen die Unabhängigkeit anerkennen.	Sukarno lässt antirepublikanische und Sezessionsaufstände niederschlagen und führt die Präsidialverfassung ein.	Nach militärischer Konfrontation mit Malaysia auf Borneo wird West-Neuguinea gewaltsam dem indonesischen Staat angegliedert.

und beim Volk wuchs die Enttäuschung über die Ergebnisse der Revolution.

Das Land hatte mit der PKI die drittgrößte kommunistische Partei der Welt, mit starken parteinahen Verbänden und Gewerkschaften. Deren immer lautere Forderung nach einer Landreform sahen die Großgrundbesitzer mit Besorgnis, während islamischen Organisationen die antireligiösen Tendenzen der Partei und das Ideal der Gleichstellung von Mann und Frau ein Dorn im Auge waren. Um das Erstarken einer weiteren politischen Kraft zu unterbinden, beschnitt Sukarno die Macht der Armee und brachte damit die elitären Kreise der Armeeführung zusätzlich gegen sich auf.

Auch außenpolitisch machte sich der Präsident neue Feinde: Vor dem Hintergrund des Kalten Krieges und des Vietnamkriegs galt das rohstoffreiche Indonesien den USA als größter Stein im politischen „Dominospiel" der Region. Sukarnos mit dem Kommunismus liebäugelnde, antiamerikanische Allüren vergrätzten die amerikanischen Geldgeber jedoch, woraufhin sich der Präsident ausgerechnet an Moskau und Peking wandte, um dringend benötigte Devisen zu beschaffen.

Nachdem Sukarno seine Sympathien verspielt und seinen Rückhalt in der Bevölkerung verloren hatte, konnte er den Gewaltwellen von 1965/66 und seiner systematischen Entmachtung durch die Militärs nichts mehr entgegensetzen.

Die Massenmorde von 1965/66

In der Nacht des 30. September 1965 wurden sechs Generäle ermordet. Ob die Urheber der **GS30** *(Gerakan September 30)* genannten Aktion damit einen von den USA unterstützten Putschversuch der Generäle verhindern oder aber selbst putschen wollten, ist bis heute umstritten. Die verbliebene, proamerikanische Armeeführung unter Leitung von Reservearmee-General **Mohamed Suharto** (1921–2008) propagierte die Ermordung der Generäle umgehend als kommunistischen Aufstand der PKI.

In den folgenden Wochen wurde aus einer Welle von Verhaftungen einer der größten politisch motivierten Massenmorde des 20. Jhs. Binnen Monaten wurde die PKI zerschlagen, Hunderttausende wurden unter der Anschuldigung der Parteianhängerschaft oder Kollaboration deportiert, gefoltert, vergewaltigt und ermordet – Schätzungen sprechen von bis zu 1 Mio. Opfern. Waffen, Expertise und Beifall steuerten die CIA und sogar der Bundesnachrichtendienst bei.

Die Massaker fanden hauptsächlich in Zentral- und Ost-Java sowie auf Bali statt und wurden von der Armee sowie islamischen Milizionären und opportunistischen kriminellen Gangs verübt. Die eindrucksvollen Dokumentarfilme des Regisseurs Joshua Oppenheimer (s. Anhang S. 720) haben ein breites Publikum für die Ereignisse sensibilisiert.

Der Kommunismus gehört noch heute zu den verbotenen Ideologien, und es gab von staatlicher Seite nie eine Anerkennung geschweige denn Aufarbeitung der Massaker von 1965/66. Populistische Stimmen im Politbetrieb bedienen noch immer die Mär einer im Verborgenen lauernden PKI. Seit Jahren kämpfen zivilgesellschaftliche Organisationen und Opferverbände für Rehabilitierung und Entschädigung, aber auch Wahrheitsfindung und Versöhnung.

1965/67	1971	1972
Ein Aufstand bietet Anlass zur Zerschlagung der PKI, Entmachtung Sukarnos und Ermordung von Hunderttausenden durch (Para-)Militärs unter Suharto.	Bei den ersten Wahlen treten 10 Parteien an. Suhartos Golkar erhält 62,8 % der Stimmen.	Durch eine Rechtschreibreform werden verbindliche Schreibweisen der indonesischen Sprache festgelegt.

Suhartos „Neue Ordnung"

Am 11. März 1966 fanden in Jakarta und anderen Städten große Demonstrationen gegen Sukarno statt. Die militärische Führung zwang den Präsidenten, zahlreiche Machtbefugnisse abzutreten. Die PKI wurde verboten, 15 Minister kamen in Haft. Am 12. März 1967 wurde Suharto vom zuvor mit Unterstützern gleichgeschalteten Parlament zum Präsidenten ernannt, und mithilfe des Militärs führte er sein Regime der „Neuen Ordnung" ein.

Wirtschaftswunder

Während es gelang, die Inflation unter Kontrolle zu bringen, konnten mithilfe großzügiger Unterstützung aus dem Westen zahlreiche Entwicklungsprogramme umgesetzt werden. Die Infrastruktur wurde ausgebaut und die Exportwirtschaft angekurbelt. Gleichzeitig verbesserten sich insgesamt die Lebensbedingungen der jährlich um rund 3 Mio. Menschen anwachsenden Bevölkerung. Das Pro-Kopf-Einkommen und die Lebenserwartung stiegen, die Lebensmittelproduktion wuchs sogar um 50 %. Groß angelegte Kampagnen zur Familienplanung zeigten deutliche Erfolge, und mehr als 100 000 Schulen wurden gebaut. Die außenpolitischen Positionen der Sukarno-Ära wurden revidiert.

Diktatur

Die „Neue Ordnung" hatte auch ihre Schattenseiten. Suharto und die Regierungspartei **Golkar** (Golongan Karya) regierten diktatorisch mithilfe von Armee und Polizei. Presse, Rundfunk und Fernsehen unterlagen strenger staatlicher Kontrolle. Kritiker und Oppositionelle wurden in Gefängnisse gesteckt, in die Verbannung geschickt oder unter Hausarrest gestellt, eindrucksvoll nachzulesen in *Stilles Lied eines Stummen* von P. A. Toer.

Die alle fünf Jahre stattfindenden Wahlen waren eine Farce, da das Ergebnis schon im Voraus feststand. Die neben der Golkar zugelassene, islamisch orientierte **PPP** (Partai Persatuan Pembangunan) und die **PDI** (Partai Demokrasi Indonesia) hatten nie den Hauch einer Chance.

Viele der wirtschaftlichen Verbesserungen kamen nur einer privilegierten Minderheit zugute, während am Rand der Städte die Slums wuchsen. Korruption im Verwaltungsapparat war vom kleinen Beamten bis hin zum Präsidenten weit verbreitet. Darüber hinaus nahm Suhartos **Nepotismus** immer größere Ausmaße an, indem er enge Freunde und seine eigene Familie mit Privilegien, Macht und lukrativen Monopolen versorgte.

Das für **West-Neuguinea** im New Yorker Abkommen vorgesehene Referendum über den Verbleib bei Indonesien erbrachte 1969 ein einstimmiges Votum für Indonesien durch eintausend ausgesuchte Wahlmänner. Diese waren durch Geschenke und Folterandrohung beeinflusst, dennoch erkannten die Vereinten Nationen das Ergebnis an – der Keim für den seither schwelenden, gewaltsamen Konflikt war gelegt.

Nach dem Abzug der Portugiesen aus Timor im Anschluss an die Nelkenrevolution von 1974 besetzte die indonesische Armee **Ost-Timor**, um die Unabhängigkeit der ehemaligen portugiesischen Kolonie zu verhindern.

1974	1983	1997–99
Besetzung der von Portugal in die Unabhängigkeit entlassenen Kolonie Osttimor durch das indonesische Militär. Suhartos „Neue Ordnung" regiert mit eiserner Hand.	Die fünf Grundprinzipien der Panca Sila gelten nach einem Parlamentsbeschluss verbindlich für jegliche Organisationen in Indonesien.	Ausbruch der Asienkrise und Rücktritt Suhartos. Verheerende Waldbrände in Kalimantan und Sumatra. Osttimor wird unabhängig.

Das Krisenjahr 1998

Mehr als drei Jahrzehnte hielt sich Suharto als „Vater der Entwicklung" an der Macht. Trotz der Kritik an seinem Regime wäre er vermutlich noch etliche Jahre im Amt geblieben, wenn nicht 1997 die **Asienkrise** auch Indonesien erreicht hätte. In wenigen Monaten verlor die Rupiah drastisch an Wert. Kurz darauf stiegen auch die Preise um 100–200 %, wobei die Löhne auf dem alten Niveau stagnierten. In kurzer Zeit war die Kaufkraft eines Haushalts um drei Viertel gefallen. Banken meldeten Konkurs an, Fabriken und Unternehmen mussten schließen, hohe Arbeitslosigkeit und Armut waren die Folge.

In weiten Teilen des Landes brachen blutige **Unruhen** aus. Studenten demonstrierten 1998 in Jakarta, Medan, Yogyakarta und Solo für eine Absetzung des Präsidenten. Aufgebrachte Massen plünderten Supermärkte, Einkaufszentren und Geschäfte, die zumeist Chinesen gehörten. Dazu flammten in anderen Teilen des Archipels ethnisch-religiös bedingte Konflikte auf: In West-Kalimantan bekämpften die christlichen Dayak die eingewanderten moslemischen Maduresen. Zu weiteren Ausschreitungen zwischen Christen und Moslems kam es in West-Timor sowie auf den Molukken. Auch der separatistische Untergrund in Aceh wurde wieder aktiv.

Als die Unruhen ihren Höhepunkt erreichten – allein in Jakarta gab es schätzungsweise 1200 Tote –, hatte Suharto schließlich ein Einsehen. Am 21. Mai 1998 legte er sein Amt nieder, und sein Vize Habibie wurde als Präsident vereidigt.

Politische Erneuerung

Binnen weniger Jahre nach Suhartos Sturz entwickelte sich Indonesien zu einer der größten Demokratien der Welt. Heute sorgen politische Teilhabe, Gewerkschaften, Gewaltenteilung, freie Wahlen und die Bekämpfung von Korruption für ein stabiles politisches Klima. Doch bis dahin war es ein steiniger Weg.

Habibie

Der Suharto-Anhänger **B. J. Habibie** genoss im Volk fast genauso wenig Vertrauen wie sein Vorgänger. Zwar entließ er politische Gefangene, doch die versprochenen Reformen und Neuwahlen wurden immer wieder aufgeschoben. So wurde im November 1998 abermals der Ruf nach „*Reformasi*" und „*Demokrasi*" laut, und es kam zu blutigen Zusammenstößen zwischen Studenten und dem Militär. Relative Ruhe kehrte nach den **Neuwahlen** 1999 ein. Gleichzeitig verstärkten sich die separatistischen Bestrebungen in Aceh, West-Neuguinea und anderen Landesteilen. Habibie hatte **Ost-Timor** ein Referendum über die Unabhängigkeit zugestanden, das gegen den Willen führender Militärs stattfand: 78,5 % der Ost-Timoresen entschieden sich für die Unabhängigkeit. Proindonesische Milizen richteten daraufhin ein Blutbad unter der Bevölkerung an.

Wahid und Megawati

Vier Wochen später wählte der Volkskongress **Abdurrahman Wahid** von der größten islamischen Organisation des Landes, der Nahdlatul Ulama, zum Präsidenten. Zur gleichen Zeit erkannte das Parlament die Volksabstimmung in **Ost-Timor** an. Damit war die Provinz nach

2002	2004	2011
Ein Terroranschlag auf eine Diskothek im touristischen Herzen von Bali erschüttert die Welt und fordert 202 Todesopfer.	Susilo Bambang Yudhoyono löst Sukarnos Tochter Megawati als Präsident ab. Ein verheerender Tsunami verwüstet die Küsten von Aceh.	Die Niederlande erkennen ihre Schuld an den Kriegsverbrechen von 1947 an und gewähren den Hinterbliebenen eine Entschädigung.

22 Jahren der Besatzung unabhängig. In einem klugen Schachzug ernannte Wahid **Megawati Sukarnoputri**, eine Tochter Sukarnos und die Vorsitzende der stärksten Partei, zur Vizepräsidentin. Doch auch der vierte Präsident geriet immer mehr in die Kritik, bis Demonstranten 2001 das Parlament stürmten und seinen Rücktritt forderten. Im Juli 2001 sah sich der Volkskongress gezwungen, ihn abzusetzen. Gleichzeitig wurde Megawati als Präsidentin eingesetzt.

Yudhoyono

Bei der Präsidentschaftswahl 2004 erzielte **Susilo Bambang Yudhoyono** die meisten Stimmen. Angesichts der verheerenden Zerstörung, die der **Tsunami** vom 26. Dezember 2004 in **Aceh** anrichtete (S. 556), einigte sich die separatistische *GAM* mit der Regierung nach 29 Jahren gewaltsamen Konflikts auf neue Friedensgespräche. Im Jahr darauf sicherte das **Helsinki-Abkommen** der Provinz eine Teilautonomie.

Die weitere Reformpolitik unter Yudhoyono zeichnete sich vor allem durch wirtschaftliche und soziale Maßnahmen aus, z. B. Freihandelsabkommen mit Japan und die Einführung einer staatlichen Gesundheitsversorgung für die arme Bevölkerung, aber auch eine Dezentralisierung in der Verwaltung und stärkeren Umweltschutz.

Die aktuelle Regierung

Die Parlamentswahl von 2014 ergab zwei Parteienblöcke um die nationalistische Gerindra (60 % der Sitze) und die PDI-P, deren Kandidat **Joko Widodo** („Jokowi") als Sieger aus der Präsidentschaftswahl hervorging. Sogleich wurden die Benzinsubventionen drastisch gekürzt, um Mittel für den **Ausbau der Infrastruktur** freizugeben. Seitdem entstehen in Zusammenarbeit mit privaten Investoren landesweit neue oder verbesserte Straßen, Häfen und Flughäfen, Kraftwerke und Sonderwirtschaftszonen.

Um das steigende Preisniveau für die ärmsten Bevölkerungsschichten erträglicher zu machen, ging gleichzeitig ein zu Teilen bereits von der letzten Regierung initiiertes **Wohlfahrtsprogramm** an den Start, das Millionen Menschen den Zugang zu ärztlicher Behandlung, Bildung und Fördermitteln ermöglichen will. Die Krankenversicherung für die Ärmsten soll bis 2019 zu einer allgemeinen Krankenversicherung aller Bürger werden. Zur Entwicklung ländlicher Regionen wurde ein Fonds eingerichtet, aus dem zigtausende Dörfer Unterstützung erhalten sollen.

Andere Reformen sollen Investoren nach Indonesien locken, bisher mit mäßigem Erfolg. Denn gleichzeitig werden protektionistische Strategien verfolgt, welche die Ausfuhr unverarbeiteter Rohstoffe, geschäftliche Transaktionen in US-Dollar sowie ausländische Investitionen in bestimmten Branchen verbieten oder limitieren.

Ein ungelöstes Problem ist der gewaltsame Konflikt zwischen der Regierung und der Unabhängigkeitsbewegung in **West-Neuguinea** (s. S. 106). Cirka 150 000 Menschen fielen ihm bereits zum Opfer, und noch immer sind viele Gebiete für Ausländer oder Journalisten unzugänglich.

2014	2015	2017
Seit der Parlamentswahl regiert Joko Widodo („Jokowi") mit einer Minderheitenkoalition.	Flugzeugabstürze werfen kein gutes Licht auf die indonesische Luftfahrt. Schlimme Wald- und Torfbrände hüllen weite Teile der Region monatelang in Rauch.	Auf Bali bedroht der hochaktive Vulkan Gunung Agung zigtausende Bewohner und die vom Tourismus abhängige Wirtschaft.

Regierung und Politik

Aktive Streitkräfte: ca. 395 000
Ministerien: 32 + 4 koordinierende
Nationalhymne: Indonesia Raya
Politische Parteien: 10
Korruptionsindex: Platz 90 von 176

Legislative

Nach der Verfassung ist der **Präsident** zugleich Regierungschef und besitzt außerordentliche Rechte. Alle Minister werden von ihm ernannt oder entlassen. Zudem ist er oberster Befehlshaber der Streitkräfte. Ihm zur Seite steht ein **Vizepräsident**. Beide werden alle fünf Jahre vom Volk direkt gewählt.

Unterstützt wird das Staatsoberhaupt durch den **Obersten Rat** (*Dewan Pertimbangan Agung*, DPA). Dessen 45 Mitglieder werden durch den Präsidenten ernannt, ebenso wie die fünf Mitglieder des **Obersten Rechnungshofes** (*Badan Pemeriksaan Keuangan*, BPK), der die Staatsfinanzen kontrolliert und dem Repräsentantenhaus berichtet.

Die gesetzgebende Autorität ist die **Volksversammlung** (*Majelis Permushawaratan Rakyat*, MPR), ein Zweikammern-Parlament mit fast 700 Mitgliedern. Die erste Kammer ist das **Repräsentantenhaus** (*Dewan Perwakilan Rakyat*, DPR), die Nachfolge-Institution des Volksraad (S. 116), mit 560 vom Volk gewählten Mitgliedern. Es verabschiedet Gesetze und kontrolliert die Exekutive. Die zweite Kammer bildet der **Rat der Stellvertreter der Provinzen** (*Dewan Perwakilan Daerah*, DPD), in den jede Provinz vier Repräsentanten entsendet. Deren Zuständigkeit betrifft Gesetzesbelange auf Provinz- oder niedrigerer Ebene sowie die Machtbalance zwischen der Zentralregierung und den lokalen Verwaltungseinheiten.

Militär

In der Politik war das Militär seit der Unabhängigkeit aktiv. Trotzdem ist Indonesien kein militaristischer Staat geworden. Im Verhältnis zur Bevölkerungszahl ist die Zahl der Streitkräfte gering.

Von Anfang an verstand sich die Armee (*Tentera Nasional Indonesia*, TNI) als politischer Faktor und als zusammenhaltende Klammer des jungen Staats. Noch heute gilt der Grundsatz der „Zwei Funktionen" *(Dwi Fungsi)*, wonach den Streitkräften außer der militärischen auch eine sozio-politische Funktion innewohnt.

Das Staatswappen Indonesiens

Schildhalter des Staatswappens ist der **Garuda** mit 17 Flug- und 8 Schwanzfedern, damit wird der 17.8.1945, der **Tag der Unabhängigkeit**, symbolisiert. Der Wappenspruch *Bhinneka Tunggal Ika* bedeutet „Einheit durch Vielfalt". Im Wappen dargestellt sind auch die verfassungsrelevanten **Fünf Grundprinzipien** *(Panca Sila)*:

- Der Stern bedeutet Glaube an einen Gott.
- Der Büffelkopf symbolisiert den Nationalismus.
- Der Banyan-Baum steht für Demokratie, die auf der Tradition des Dorfes fußt.
- Die Reis- und Baumwollpflanze symbolisiert die Gerechtigkeit der Gesellschaft, die ihren Mitgliedern genügend Nahrung und Kleidung gibt.
- Die Kette steht für die Humanität der Gesellschaft im Kreis der Nationen.

Besonders bei der Entwicklung ländlicher Gebiete werden die Truppen eingesetzt, und selbst kleinere Städte weisen die typisch grünen Barackenbauten einer örtlichen Kaserne auf. Das Militär unterhält außerdem eine ganze Reihe von Unternehmen in militärisch-industriellen Branchen.

Betont zivil gibt sich auch die politische Führung. Selbst Generäle, die wichtige politische Funktionen innehaben, treten selten in Uniform in die Öffentlichkeit. In der politischen Elite herrscht ein Gleichgewicht zwischen Technokraten und Militärs, allerdings gehören der freiwillige Wehrdienst und eine militärische Laufbahn in elitären Kreisen zum guten Ton.

Verwaltungsebenen

Administrativ ist das Land aufgeteilt in 33 **Provinzen** einschließlich der fünf **Sondergebiete** (*Daerah Istimewa)* Aceh, Papua, West-Papua, Yogyakarta und Jakarta. Die **Gouverneure** der Provinzen werden von der Zentralregierung bestimmt. Auf der nächstniedrigeren Ebene besteht jede Provinz aus mehreren **Kabupaten**, denen jeweils ein **Bupati** vorsteht, und jeder Kabupaten wiederum aus verschiedenen **Kecamatan**, denen ein **Camat** vorsteht. Dazu kommen 98 **Städte**, die sich selbst verwalten und von einem **Bürgermeister** *(Walikota)* regiert werden. Das Dorf *(Kampung)* als kleinste Verwaltungseinheit wird von einem **Ketua** vertreten, eine Gruppe von Dörfern *(Desa, Kelurahan)* von einem **Lurah**; beide werden direkt gewählt.

Bis zur Demokratisierung des Landes war die lokale Verwaltung sehr von der Zentralregierung abhängig, die Beamte ernannte oder bestätigte und fast 95 % der Steuern einzog. Ab 1998 bekamen Provinzen und Kabupaten im Rahmen der **Dezentralisierung** mehr Selbstbestimmungsrechte, etwa zur Verwaltung ihrer Einnahmen. Heute können Provinzen und Kabupaten in vielen Bereichen eigene Gesetze erlassen, die von der Zentralregierung nur in Ausnahmefällen wieder aufgehoben werden können – einige stehen im Widerspruch zur nationalen Gesetzgebung oder gar zur Verfassung.

Wirtschaft

Bruttoinlandsprodukt: US$1011 Mrd.

Jährliches Wachstum: 5,2 %

Inflation: 4 %

Arbeitslosigkeit: 5,4 %

Elektrifizierung: 81 %

Beschäftigungsanteile: Landwirtschaft 32 %, Industrie 21 %, Dienstleistungen 47 %

Importprodukte: Maschinen und -zubehör, Chemikalien, Treibstoffe, Lebensmittel, Elektronik

Exportprodukte: Palmöl, Erdgas, Kohle, Gold, Holz, Kautschuk, Kaffee, Kakao, Kupfer, Textilien

Gesamtimport/-export: US$142,3/157,8 Mrd.

Hauptexportländer: Japan, Singapore, China, USA, Indien, Südkorea, Malaysia, EU

Indonesien ist eines der wirtschaftlich am schnellsten wachsenden G20-Länder, Mitglied der WTO und die größte Volkswirtschaft Südostasiens. Im Rahmen der Asian Economic Community besteht eine Zollunion mit den anderen ASEAN-Ländern. Rohstoffe, besonders Palmöl, Erdgas und Kautschuk, erzielen als wichtigste Exportprodukte über die Hälfte der Ausfuhrerlöse. Der Staat agiert regulatorisch, um die Preise für Grundnahrungsmittel, Treibstoff oder Strom zu stabilisieren. Zudem tragen etliche staatliche und teilstaatliche Unternehmen etwa ein Fünftel des Bruttoinlandsprodukts bei.

Bei allen Negativerscheinungen wie Armut, Korruption, Abhängigkeit von Importen, Infrastrukturschwächen und eklatanten regionalen Unterschieden ist es in den vergangenen Jahrzehnten dennoch gelungen, den Lebensstandard großer Teile einer Bevölkerung zu heben, die von 105 Mio. im Jahr 1967 auf über 260 Mio. gewachsen ist.

Bemerkenswert ist, dass die Wirtschaft auch während der jüngsten Weltwirtschaftskrise nicht schwächelte und ein stabiles Wachstum verzeichnet.

Infrastruktur und Energie

Der größte Binnenmarkt Südostasiens leidet unter einer veralteten und überforderten Infrastruktur. Daher wird verstärkt in deren Ausbau sowie die Erschließung von Rohstoffvorkommen und Energiequellen investiert. Langfristig strebt das Land an, weniger Rohstoffe zu exportieren und mehr verarbeitende Industrien anzusiedeln.

Experten schätzen den **Investitionsbedarf** zur Modernisierung von Häfen, Transportwegen und Energieproduktion auf hunderte Milliarden US-Dollar, die nur mithilfe ausländischer Investitionen zusammenkommen. So fehlt es dem von landgebundenen Bodenschätzen verwöhnten Inselstaat ausgerechnet an Schiffen und Häfen, um die Seefahrt in seinen Gewässern und an seinen Grenzen zu steuern.

Die **Stromkapazität** liegt in etwa auf demselben Niveau wie die von Australien – obwohl Indonesiens Bevölkerung mehr als zehnmal so groß ist. Gerade in abgelegenen Regionen haben viele Menschen keinen Anschluss ans Stromnetz und müssen viel Geld für Dieselgeneratoren ausgeben; Stromausfälle gehören in vielen Gebieten zum Alltag. Immerhin entstehen neue Kohle-Kraftwerke, denn die Kohlelagerstätten des Landes sind so groß, dass sie das Land viele Jahrzehnte versorgen könnten.

Es bleiben große Potenziale an **erneuerbaren Energien** praktisch ungenutzt. Diese kommen auf einen Anteil von gerade einmal 16 % der Energieproduktion. Die Regierung strebt an, die Abhängigkeit des Landes von fossilen Energieträgern erheblich zu reduzieren und in Energie aus regenerativen Quellen zu investieren. In diesem Zusammenhang werden geothermische Felder in Bengkulu, Jambi, West- und Süd-Sumatra, Lampung, West-Java und Nord-Sulawesi entwickelt. Wind- und Wellenenergieparks sind in Planung.

Auch das **Bildungssystem** muss mitziehen, denn wer soll all die Infrastrukturprojekte entwickeln, umsetzen und betreiben? Gerade mal zwei Drittel der Indonesier haben laut einer staatlichen Erhebung die Grundschule abgeschlossen. Einer vergleichenden OECD-Studie in 34 Ländern zufolge liegen die Bürger von Jakarta in Sachen Lesen, Schreiben, Rechnen und Problemlösung auf dem letzten Platz.

Bodenschätze

Erdöl

Indonesien fördert rund 800 000 Barrel täglich (1 Barrel = 159 Liter); gleichzeitig muss Erdöl importiert werden, denn die erschlossenen Vorkommen gehen zur Neige, während der Bedarf rapide zunimmt. Ca. ein Dutzend Firmen sind in Indonesien im Ölgeschäft aktiv. Neben der Chevron-Tochter Caltex, BP, ConocoPhillips, Exxon Mobil und Total sind auch die chinesischen Giganten PetroChina und CNOOC beteiligt. Die staatliche **Pertamina** fördert im Vergleich dazu nur geringe Mengen, monopolisiert allerdings die Rohölverarbeitung und den Verkauf auf dem Binnenmarkt.

Erdgas

Das Land hat Reserven von 112 Billionen Kubikfuß – die nach China zweitgrößten nachgewiesenen Vorkommen im Asien-Pazifik-Raum – und ist der weltgrößte Exporteur von Flüssiggas, u. a. nach Japan, China und Korea. Etwa die Hälfte des Erdgases kommt aus Sumatra. Andere Vorkommen liegen in Kalimantan, vor der Nordküste West-Javas, in West-Neuguinea und auf den Molukken. Gleichzeitig sind große Vorkommen an Schiefergas noch gar nicht erschlossen.

Metalle und Mineralien

Kohle wurde schon in der Kolonialzeit auf Sumatra und Kalimantan abgebaut, z. B. in Sawahlunto, S. 586. Mittlerweile ist Indonesien der weltgrößte Exporteur von Kraftwerkskohle. Dabei wird gut ein Zehntel der jährlichen 480 Mio. t illegal abgebaut. Die Konzessionen in Zentral-Kalimantan etwa summieren sich schon auf ein Fünftel der gesamten Fläche, sehr zum Leidwesen einiger Landstriche, die wie Mondlandschaften zurückbleiben.

Zudem ist das Land der zweitgrößte Produzent von **Nickel**-, **Bauxit**- und **Zinnerzen**, die u. a. auf Bangka, Belitung, aber auch auf den Molukken und Sulawesi vorkommen. Weitere wichtige Bodenschätze sind **Gold**, **Silber** sowie **Kupfer** auf Sumatra, Lombok und Sumbawa. Die größte Gold- und zweitgrößte Kupfermine der Welt, die **Grasberg-Mine** in West-Neuguinea, macht durch Umweltskandale und schlechte Arbeitsbedingungen immer wieder Schlagzeilen.

Landwirtschaft

Java, Bali, Lombok, aber auch weite Teile von Sumatra und Sulawesi sind die großen **Nassreisanbaugebiete** Indonesiens, während auf vielen Außeninseln aufgrund klimatischer Bedingungen andere landwirtschaftliche Produkte überwiegen. Für die wachsende Bevölkerung steigert man die Reiserträge durch künstliche Bewässerung, intensive Düngung und neue Sorten, die mehrere Ernten im Jahr ermöglichen.

Auf den nördlichen Molukken, im Riau-Archipel, in West-Sumatra, Bengkulu und Lampung ist **Kopra**, das getrocknete, ölhaltige Fruchtfleisch der Kokosnuss, ein wichtiges Produkt. In der festen Form ist es weiß bis gelblich, bei 23 °C schmilzt es.

Besonders in Nusa Tenggara wird **Mais** angebaut, häufig kombiniert mit dem Anbau von **Tapioka**. Dank ihres hohen Stärkegehalts wurde diese Knolle, deren Mehl auch zu Brot verarbeitet werden kann, außerhalb der Reisanbaugebiete zu einem wichtigen Grundnahrungsmittel.

Bedeutend ist nach wie vor die **Plantagenwirtschaft**, die auf den Anbau von Pflanzen für den Welthandel ausgerichtet ist: Kautschuk, Kaffee, Kakao, Tabak und Pfeffer. Dabei erfolgt der größte Teil der Produktion in kleinbäuerlichen Betrieben und **Kooperativen** – Ausnahmen bilden die staatlichen Teeplantagen und die Plantagen der Palmölkonzerne (s. Kasten S. 102).

Völlig Bohne – Kaffee in Indonesien

Als einer der größten Kaffeeproduzenten der Welt mit von Region zu Region unterschiedlichen Kaffeesorten ist Indonesien für Kaffeeliebhaber eine wahre Fundgrube. Das schwarze Getränk mit starker Lobby wird gern konsumiert, in Cafés wie Java Dancer in Malang (S. 275) kann man sich buchstäblich durch den Inselstaat schlürfen. Die edelsten Sorten gedeihen in kleinbäuerlichen Gärten im Hochland, z. B. um Takengon (S. 567) oder Tana Toraja (S. 638). Das kühle Klima ist ideal und die reichen Böden liefern wertvolle Mineralien. Aufgrund der steilen Hanglage werden die reifen Kirschen per Hand gepflückt und verlesen. So werden selten mehr als 300 kg pro Hektar geerntet und nur die besten Früchte weiterverarbeitet. Vor allem der Toraja-Kaffee ist dank intensiver Fülle, leichten Süßholz- und Karamellaromen und der traditionellen Kultivierung eine der begehrtesten Kaffeesorten der Welt. Noch teurer ist der umstrittene *Kopi Luwak*, dessen Veredlung die Enzyme im Verdauungstrakt des Fleckenmusangs übernehmen. Die unverdaut ausgeschiedenen Bohnen erzielen Höchstpreise – zum Leidwesen der Schleichkatzen, die oftmals in Käfigen vor sich hin vegetieren.

Industrie

Etwa 21 % der arbeitsfähigen Bevölkerung sind in der Industrie beschäftigt und erzielen fast die Hälfte des Bruttoinlandsprodukts. Zentren der Produktion sind Jakarta und West-Java, Surabaya, Medan und Makassar. Die wichtigsten Produkte sind u. a. Nahrungs- und Genussmittel, Getränke, Textilien, Leder, Tabak und Elektronik. Typisch für diese Sektoren sind die oft **multinationalen Unternehmen**, während in der Zement- und Düngemittelindustrie, der Petrochemie und der Metallurgie größtenteils Staatsbetriebe oder Joint Ventures mit Staatsbeteiligung vorherrschen. 2014 trat ein Exportverbot für die meisten unverarbeiteten Erze in Kraft, um die verarbeitende Industrie im eigenen Land zu fördern, das mehr Halbwaren wie Pulver oder Barren exportieren will. Die Riau-Inseln ziehen als **Freihandelszone** eine große Zahl an Firmen und Arbeitskräften an; in den Industrieparks auf Batam etwa sind hunderte ausländische Unternehmen angesiedelt, v. a. IT-Konzerne und Zulieferer für Werften. Der Boom hat eine starke Zuwanderung von anderen Inseln des Archipels ausgelöst, und viele Familien hausen in Slums, da die Immobilienpreise enorm gestiegen sind.

Tourismus

Der Tourismus trägt mit einem Umsatz von US$13 Mrd. nur wenig zur Gesamtwirtschaft bei und beschäftigt direkt wie indirekt knapp 12 Mio. Menschen. Im Gegensatz zu anderen Sektoren verzeichnet die Branche ein starkes Wachstum, das sich allerdings recht ungesund auf Bali konzentriert, wodurch die Insel vom internationalen Tourismus abhängig geworden ist. Singapore investiert viel in touristische Projekte auf der Riau-Insel Bintan, nur eine Fährstunde vom Stadtstaat entfernt. Auf Java ist der Binnentourismus vorherrschend, während es in vielen anderen Gebieten saisonal alterniert. Trotz seiner Größe und der Vielzahl an Destinationen zählt Indonesien nur rund 13,8 Mio. Besucher pro Jahr, davon über 250 000 aus dem deutschsprachigen Raum.

Armut

Die wenigsten Indonesier verfügen über finanzielle Rücklagen. Allerdings erhalten die Ärmsten staatliche Hilfe für die medizinischer Versorgung. Seit Mitte der 1990er-Jahre stieg der Gini-Koeffizient, der die **Einkommensverteilung** eines Landes zwischen 0 (ausgeglichen) und 1 (extrem ungleich) angibt, auf 0,39. Das liegt u. a. daran, dass von der wirtschaftlichen Entwicklung v. a. die städtische Mittelschicht und eine **superreiche Elite** profitiert und lange Zeit wenig in soziale Systeme investiert worden ist. Einem Bericht der Weltbank zufolge konzentriert sich der Wohlstand so stark auf einen kleinen Teil der Bevölkerung wie kaum irgendwo – den reichsten 10 % gehören 77 % des gesamten Vermögens. Während diese Tendenz steigt, hat sich der Rückgang der Armut immer mehr verlangsamt. Noch immer lebt rund jeder Zweite von weniger als US$2 und jeder Zehnte von rund US$1 am Tag.

Die **Überbevölkerung** zeigt Folgeerscheinungen: Rund 90 % der Agrarbetriebe haben weniger als 2 ha Land zur Verfügung. Die Felder der Bauern verkleinern sich von Generation zu Generation, sodass sie am Ende kaum mehr eine Familie ernähren. In Zentral-Java bewirtschaften mitunter mehrere Familien Reisfelder von unter 1 ha, und viele Bauern sind verschuldet. Ihre Kinder ziehen in Großstädte, die rasant weiterwachsen, obwohl sie bereits aus allen Nähten platzen. Viele junge Menschen verfügen über wenig Bildung, sind arbeitslos oder verdienen als Hilfsarbeiter einen Lohn, der unter dem Existenzminimum liegt. Die rapide **Urbanisierung** und die verbreitete Armut erschweren die Lebensverhältnisse: Nur jeder zweite Haushalt hat Zugang zu fließendem Wasser, und von den 100 größten Städten verfügt nur jede zehnte über eine Kanalisation.

Religion

Offizielle Glaubensrichtungen: Islam, Christentum, Hinduismus, Buddhismus, Konfuzianismus

Inoffizielle: Kaharingan (Dayak, Borneo), Malim (Batak, Sumatra), Wetu Telu (Sasak, Lombok), Aluk Do Tolo (Toraja, Sulawesi), Sunda Wiwitan (Sundanesen, West-Java), Kebatinan/Kejawen (Java) uvm.

Die Völker Indonesiens sind formell unter den fünf konstitutionellen Grundprinzipien des Staates, den **Panca Sila** geeint. Eines der Prinzipien fordert den Glauben an den einen Gott *(Ketuhanan yang Maha Esa)* – diese überirdische Macht mag ebenso ein islamischer wie ein christlicher oder buddhistischer Gott sein. Es herrscht per Verfassung zwar Religionsfreiheit, doch sind nur sechs Glaubenssysteme offiziell anerkannt. Gleichzeitig werden Sekten verboten, die vom staatlich sanktionierten Kanon abweichen (z. B. Ahmadiya-Anhänger), sofern sie nicht älteren indonesischen Glaubensvorstellungen entspringen. Denn auch Geister und Dämonen haben in der Vorstellungswelt der Menschen ihren Platz. Der **Islam** und das **Christentum** haben vielerorts die alten **Naturreligionen** sowie **Hinduismus** und **Buddhismus** überlagert, ohne sie ganz zu verdrängen. So leben in der moslemischen Gesellschaft der Javaner die alten hinduistischen Epen *Ramayana* und *Mahabharata* fort, und die christlichen Batak auf Sumatra errichten noch immer imposante Denkmäler für ihre Ahnen.

Islam

Rund 87 % der Indonesier gehören dem sunnitischen Islam an – die größte moslemische Bevölkerung der Welt. Im Vergleich zu vielen Län-

Die fünf Grundpfeiler des Islam

- **Glaubensbekenntnis** *(Shahada)* „Es gibt keinen Gott außer Allah, und Mohammed ist sein Prophet." Das Bekenntnis, worauf sich die Zugehörigkeit zur Gemeinschaft gründet, muss mindestens einmal im Leben aufgesagt werden – laut und fehlerfrei, und der Gehalt muss vom Geist und vom Herzen vollständig verstanden werden.
- **Gebet** *(Salat)* Obwohl der Koran nur drei tägliche Gebete nennt, werden im zweiten Grundpfeiler der Lehre fünf Gebete vorgeschrieben. Der Muezzin in der Moschee ruft die Gläubigen zum Gebet. Vor jedem Gebet müssen Hände, Gesicht und Füße gewaschen werden. Der Imam steht vor den Gläubigen, nach Mekka gewandt, und rezitiert Suren aus dem Koran. Zwei Mal müssen die Gläubigen auf die Knie fallen und „Gott ist groß" *(Allah u akhbar)* ausrufen. Nach der reinen Lehre müssen diese fünf täglichen Gebete ausgeführt werden, obwohl sich heute selbst überzeugte Moslems nicht immer daran halten. Einen besonderen Stellenwert haben die Freitagsgebete.
- **Almosen** *(Zakat)* Der Koran schreibt eine jährliche, den Almosen ähnliche Abgabe oder Steuer vor, die exakt festgelegt ist: Getreide und Früchte werden mit 10 % belastet bzw., wenn das Land künstlich bewässert wird, mit 5 %. Auf Bargeld und Edelmetalle wird 2,5 % *Zakat* erhoben. In den meisten moslemischen Ländern wird diese Abgabe, die in erster Linie für die Armen verwendet werden soll, auf freiwilliger Basis eingezogen.
- **Fasten** *(Saum)* Im neunten Monat (Ramadan) des islamischen Kalenders ist ein tägliches Fasten von Sonnenaufgang bis Sonnenuntergang vorgeschrieben. Während des Tages darf nicht gegessen, getrunken, geflucht oder geraucht werden, weshalb viele Restaurants erst abends öffnen.
- **Pilgerreise** *(Hadsch)* Mindestens einmal im Leben sollte ein Moslem nach Mekka pilgern, vorausgesetzt, dass er es sich leisten kann und die Familie währenddessen versorgt ist. Höhepunkt der Pilgerreise ist der Besuch der Kaaba, eines viereckigen, mit schwarzen Brokatstoffen umhüllten Gebäudes in der Großen Moschee von Mekka. In der östlichen Ecke der Kaaba steht der berühmte schwarze Stein *Hajar al'Aswad*, der von den Pilgern berührt und geküsst wird. Die Regierung hat das Monopol auf die Organisation der Hadsch, da diese mit den Behörden in Saudi-Arabien koordiniert werden und nach dem islamischen Kalender im letzten Monat des Jahres stattfinden muss. Saudi-Arabien gewährt jährlich 200 000 Indonesiern die Pilgerreise nach Mekka; Millionen andere stehen auf der bis zu 20 Jahre langen Warteliste.

dern arabischer und westasiatischer Prägung sind Frauen in Indonesien deutlich stärker ins gesellschaftliche, öffentliche Leben integriert, und in der Kunst sind bildliche Darstellungen von Personen weitverbreitet. Erstaunlich ist die schnelle Ausbreitung des Islam in den ersten Jahrhunderten. Nur vier Jahre nach Mohammeds Tod beendeten die Kalifen 636 n. Chr. die Herrschaft Ostroms, 751, schlugen sie in Zentralasien eine chinesische Armee, nachdem sie zuvor die Iberische Halbinsel überrannt hatten. Ein großer Teil des damals bekannten Erdballs von Spanien über Nordafrika bis Indien und Zentralasien wurde für den Islam erobert. Arabische, persische und indische Händler brachten den Glauben auch nach Südostasien (S. 110, Islamisierung).

Grundwissen

Der Islam ist die Lehre des Propheten Mohammed, wie sie im 7. Jh. christlicher Zeitrechnung in Arabien verkündet wurde. Mohammed wird als der letzte einer Reihe von **Propheten** verstanden (Adam, Moses, Noah, Jesus usw.). Im Jahr 622 n. Chr. musste er von Mekka nach Medina fliehen. Mit diesem Jahr beginnt die **islamische Zeitrechnung** (*Hidschra*-Kalender).

Grundlage des Islam ist der Glaube an einen einzigen Gott. Allah ist Schöpfer, Erhalter und Erneuerer aller Dinge. Der Wille Allahs, dem sich der Mensch zu unterwerfen hat, wird im heiligen Buch, dem **Koran**, ausgedrückt. Er wird als Wort Gottes betrachtet, das Mohammed durch den Engel Gabriel offenbart wurde. Unterteilt in 114 Suren, beschreibt der erste Teil die ethisch-geistige Lehre sowie das Jüngste Gericht; die restlichen Suren befassen sich mit der Soziallehre und den politisch-moralischen Prinzipien der Gemeinschaft der Gläubigen.

Von Beginn an hatte der Islam eine **soziale Komponente**, die sich in Gleichheit und Brüderschaft der Gläubigen manifestierte. Diese teilten eine gemeinsame Wirtschaftssphäre und einen gemeinsamen Gesetzeskodex (Scharia). So gibt es im idealen islamischen Staat keinen Widerspruch zwischen weltlicher und religiöser Macht, zwischen gesellschaftlichem Sein und religiösem Bewusstsein. Dieser duale Charakter – religiös und sozial – war den damals bestehenden Religionen überlegen.

Islam in Indonesien

Stark verankert ist der Islam bei den Acehnesen und Minangkabau (Sumatra), den Bugis (Süd-Sulawesi) und Sasak (Lombok), auf Sumbawa wie auch in einigen Städten Kalimantans und an Javas Nordküste. Nichtsdestotrotz herrscht vor allem auf Java eine sehr liberale Auffassung von Religiosität vor, die den Glauben als Sache des inneren Fühlens betrachtet. Nur die strenggläubigen *Santri* versuchen – oft unter Einsatz von Geldern aus Saudi-Arabien –, in **Islamschulen** *(Pesantren)* und Universitäten einen orthodoxen Islam zu vermitteln. Einige arme Familien können nicht allen ihren Kinder den Besuch staatlicher Schulen finanzieren und schicken sie in die *Pesantren*. Dadurch sickern konservative islamische Moralvorstellungen auch in die übrige Gesellschaft, z. B. beim Wahlverhalten der Bürger, aber auch in der Gesetzgebung und den sittlich-normativen Verhaltensweisen: Kopftücher waren in den 1970er-Jahren noch ein seltener Anblick.

Eine wichtige Funktion bei der Nivellierung extremistischer Auswüchse und der Formulierung einer gemäßigten, konsensfähigen Religionsauslegung haben islamische Dachverbände wie **Nahdlatul Ulama** – mit schätzungsweise 79 Mio. Mitgliedern die größte islamische Nichtregierungsorganisation – und die orthodoxere **Muhammadiya**. So waren es 1998 auch orthodoxe Muslime, die nach Suhartos Sturz Demokratie und Menschenrechte in der Verfassung durchsetzten. Die Nahdlatul Ulama hat den Wahabismus sogar zur Irrlehre erklärt.

Christentum

Etwa 7 % der Gesamtbevölkerung sind protestantisch, 2,9 % katholisch. Aufgrund einer wechselvollen Geschichte hat das Christentum keine so weite Verbreitung gefunden wie der Islam. Im 15. Jh. begann die portugiesische Kolonialmacht mit der **Missionierung** der Inselwelt. Der bekannteste Missionar war Franz Xaver; er reiste 1546 von Malakka zu den Molukken-Inseln Ambon und Halmahera. Seine Nachfolger waren dort wie auch auf Flores, Timor, den Solor-Alor-Inseln und Nord-Sulawesi aktiv, wo bis heute katholische Gemeinden existieren.

Die Holländer begannen im 17. Jh. die katholische Kirche zu bekämpfen, betrieben aber selbst nur in sehr geringem Umfang aktive Missionierung. Vereinzelt gründeten Missionsgesellschaften einheimische Kirchen. So wurde die Rheinische Missionsgesellschaft 1861 in Nord-Sumatra tätig, nachdem zwei Baptistenmissionare 1834 vergeblich versucht hatten, die Batak zu bekehren – und stattdessen Opfer des Kannibalismus wurden. Im 19. Jh. fand das Christentum unter den Dayak von Borneo zahlreiche Anhänger.

Das **soziale Engagement** der Kirchen und das relativ hohe Niveau der kirchlichen Schulen zeigten Erfolge, wenn auch viele der Konvertiten sogenannte „Reis-Christen" blieben, d. h. eher dem materiellen Anreiz in die neue Religion folgten. Nach dem Putsch von 1965 traten zahlreiche Chinesen zum Christentum über, denn ohne Zugehörigkeit zu einer der großen Religionsgemeinschaften gerieten sie leicht in Verdacht, Kommunisten zu sein. Zwar gibt es heute islamische Hardliner, die Angst vor einer Christianisierung schüren; doch der Großteil der Christen in Indonesien lebt ohne Repressionen inmitten ihrer islamischen Umwelt.

Hinduismus

Die Hindus bilden ungefähr 1,7 % der Bevölkerung und leben auf Bali, in West-Lombok, Ost-Java und auf Kalimantan. Nachdem der Hinduismus im 4. Jh. im Archipel Fuß gefasst hatte, begann im 9. Jh. die Blütezeit der javanischen

Hindureiche (S. 108, Indisierung). Zu jener Zeit entstand Prambanan (S. 225).

Mit Ausbreitung des Islam und der Emigration einiger Adliger, Priester, Künstler und Intellektueller nach **Bali** wurde die Nachbarinsel im 16. Jh. das neue Zentrum hinduistischer Hochkultur. Anders als in Indien ist der balinesische Hinduismus weniger stark vom **Kastensystem** geprägt. Außer der niederen Kaste *(Sudra)*, der die meisten Balinesen angehören, gibt es Priester *(Brahmanen)*, Krieger *(Wesya)* und Fürsten *(Satria)* – jedoch keine Kastenlosen oder Unberührbaren. Nur die Priester dürfen kein Rindfleisch essen.

Die Verstorbenen werden über längere Zeit aufgebahrt oder begraben, um später in einer aufwendigen Zeremonie verbrannt zu werden. Man glaubt im Gegensatz zu den Hindus in Indien an die **Wiedergeburt** innerhalb der Familie, versucht jedoch, diesem Kreislauf zu entrinnen, indem man dem rechten Weg *(Dharma)* folgt, um mit dem göttlichen Prinzip eins zu werden.

Buddhismus und Konfuzianismus

Auf Java zeugen Tempelanlagen wie Borobudur (S. 222) von der einstigen Größe der buddhistischen Machtzentren. Heute leben die meisten der geschätzt 2 Mio. Buddhisten in Großstädten. Fast alle sind Angehörige der chinesischen Minderheit und folgen damit – anders als in theravada-buddhistischen Ländern wie Thailand, Myanmar oder Sri Lanka – der im chinesischen Raum verbreiteten Lehre des **Mahayana**. Die im Alltag praktizierte Religion der Chinesen besteht zudem aus Geisterglauben, **Ahnenverehrung**, Buddhismus, **Taoismus** und dem als sechste Religion staatlich anerkannten **Konfuzianismus**. Der wichtigste Feiertag ist **Wesak**, wenn Siddharta Gautamas Weg zur Erleuchtung gedacht wird. Für die Ahnenverehrung ist jedoch das **chinesische Neujahrsfest** der Höhepunkt des Jahres (S. 60).

Der Tod ist nach chinesischem Verständnis ein integraler Teil im Familienleben. Erste Aufgabe der Kinder eines Verstorbenen ist ein angemessenes Begräbnis nach vorgeschriebenen Regeln. Selbst danach gerät ein Verstorbener für mehrere Generationen nicht in Vergessenheit. Ihm zu Ehren wird eine Ahnentafel auf dem Familienaltar angelegt. Der Geist des Verstorbenen ist von nun an hier anwesend und erhält Opfergaben. Das Grab muss mehrmals im Jahr besucht werden.

In der Volksreligion existieren zahlreiche wohlwollende Götter *(Shen)*, vergöttlichte historische Personen, Schutzheilige, böse Geister und Dämonen *(Kuei)*, denen **Tempel** erbaut werden. In rein buddhistischen Tempeln findet man Buddhastatuen, die meisten chinesischen Tempel enthalten aber eine Vielzahl weiterer Abbildungen. Sehr bekannt ist **Kuan Yin**, die mütterliche Göttin der Barmherzigkeit und des Meeres, zu der die Volksreligion den männlichen buddhistischen Bodhisattva Avalokitesvara verwandelte.

In chinesischen Tempeln steht die Statue des Tempelgottes hinter dem Altar. Kerzen und Räucherstäbchen brennen, und Opfergaben, meist Speisen und Getränke, sind auf dem Altar ausgebreitet. Bittsteller knien oder verbeugen sich vor den Göttern, Tempelgeld wird verbrannt, um es dadurch den Ahnen im Jenseits zukommen zu lassen. Oft wird der Tempelgott um Rat befragt. Die Antwort bekommt man entweder durch das Werfen zweier Holzklötze oder durch ein ausgedrucktes Orakel, das man nach Ziehen (bzw. „Herausschütteln") eines nummerierten Stäbchens aus einem Holzbecher erhält. Es gibt keine festgelegten Gebetszeiten, sondern jeder entscheidet individuell, wann er oder sie den Tempel besucht.

Animismus

In Indonesien haben Traditionen und Tabus aus vorislamischer Zeit erstaunlich gut überdauert. Übernatürliche Wesen, Natur- und Ahnengeister oder Gespenster spielen in vielen Lebenssituationen der Menschen eine Rolle und werden nicht als Widerspruch zum Islam oder Christentum begriffen. **Geister** sind allgegenwärtig, hausen in Tieren, Pflanzen, Bäumen, auf Bergen und im Meer. Man macht sie sich durch Verehrung und Opfergaben wohlgesonnen. Blutopfer sollen die Lebenskraft der Erde erhalten. Ähnliche religiöse Funktion hatte bis zur Mitte des 20. Jhs. auch die **Kopfjagd**, mit der man sich der geistigen Kraft des Feindes bemächtigen wollte.

Vor allem die Landbevölkerung und die alte Aristokratie begeht mit vorislamischen **Riten** die Geburt, die Hochzeit oder den Tod eines Familienmitglieds. Die günstigen Termine wichtiger Feste und anderer Ereignisse werden durch altüberlieferte Kalender festgelegt. **Heiler** *(Dukun)* wie auch die Meister der schwarzen und der weißen **Magie** spielen im sozialen Leben eine Rolle. Man bedient sich ihrer, um Krankheiten zu heilen, böse Geister zu vertreiben oder um Hilfe zu bitten. Bei Aussaat, Ernte, Jagd und Hausbau sind bestimmte Regeln und Tabus einzuhalten.

Kunst und Kultur

Der Blick in ein Antiquitätengeschäft lässt bereits die künstlerische Vielfalt der indonesischen Völker erahnen. Da stehen aus Holz geschnitzte Ahnenfiguren neben chinesischem Porzellan; javanische *Wayang*-Figuren und Batik, bunte Masken aus Bali, Ikat-Stoffe aus Flores und ziselierte Messinggeräte aus Sumatra stapeln sich in den Regalen. Während Künste wie die Kris-Herstellung und das Färben und Weben von Doppel-Ikat nahezu ausgestorben sind, werden andere noch häufig praktiziert. Maler, Holzschnitzer, Silberschmiede, Steinmetze, Korbflechter und Batik-Künstler sorgen für Nachschub auf dem Souvenirmarkt. Auch bei Einheimischen sind kunstvolle Gegenstände in Gebrauch: Zu festlichen Anlässen tragen Männer und Frauen traditionelle Batik, in vielen Häusern findet man Holzschnitzereien und Flechtarbeiten wie auch fein verziertes Silbergeschirr.

Die Tempel auf Java und Bali, die Lontar-Schriften auf Palmblättern und die überlieferten epischen Erzählungen zeugen von einer langen hindu-buddhistischen Kunsttradition. In den balinesischen *Pura* offenbaren sich die künstlerischen Fähigkeiten auf besonders anschauliche Weise: Zur Verschönerung der Tempel arbeiten die Steinmetze und Holzschnitzer, zur Umrahmung von Zeremonien spielt das Gamelan-Ensemble, werden Tänze und Theateraufführungen geboten, und immerfort – so scheint es – basteln und flechten die Frauen prächtige Opfergaben und Tempelschmuck.

Parallel zu den kunsthandwerklichen Stilen der hindu-buddhistischen Tradition pflegen auch die altindonesischen Völker ihre aus den Stammes- und Naturreligionen entwickelten kulturellen Traditionen und Kunstformen, z. B. die hölzernen Zauberstäbe der Batak, die Tao-Tao-Figuren der Toraja oder den prächtigen Federschmuck der Stämme in West-Neuguinea.

Theater (Wayang)

Wayang Kulit

Das **Schattenspiel** mit flachen, bemalten Lederpuppen gilt als die älteste Form des indonesischen Theaters. Bereits aus vorhinduistischer Zeit sind Vorgänger der heutigen Puppen überliefert. Über die Puppen und den Puppenspieler blieb man mit bedeutsamen Führern über deren Tod hinaus in Verbindung. Von Zentral-Java aus verbreitete sich das Schattenspiel über die anderen Inseln bis nach Thailand.

Als der Hinduismus die Region erreichte, verlor das Schattenspiel etwas von seiner magischen Funktion, übernahm aber neue Inhalte: Die indischen Epen **Ramayana** und **Mahabharata** wurden zum allgemeinen Vergnügen aufgeführt. Daneben wurden gesellschaftlich relevante Ereignisse thematisiert, etwa die Islamisierung, der Unabhängigkeitskampf oder aktuelle Politik.

Der **Dalang**, gleichzeitig Erzähler, Puppenspieler und Leiter des Begleitorchesters, sitzt bei einer Vorführung hinter einer Leinwand, über ihm eine Lampe, die von hinten die Schattenspielfiguren erleuchtet – auf einer Seite die guten, auf der anderen die bösen Figuren. Zu Beginn der Vorführung und zwischen einzelnen Akten wird in die Mitte ein *Gunungan*, eine spitz zulaufende Form, gesetzt, die den Lebensbaum symbolisiert.

Über Stunden erzählt und singt der Dalang in altem Javanisch mit verschiedenen Stimmen von Helden und schönen Frauen, von Dämonen und Intrigen. Er hält das Publikum in Spannung, lässt die Puppen agieren und bedient gleichzei-

Auf den Clown gekommen

Eine besonders beliebte und genuin javanische – d. h. nicht aus Indien übernommene – mythologische Figur ist der weise Clown **Semar**. Oft wird er mit einem karierten Sarong, ausladendem Hinterteil und dickem Bauch dargestellt, alterskrumm und mit einem weißen Gesicht, von dem man nie weiß, ob es lacht oder weint. In vielen Geschichten taucht er auf und gibt Kommentare, reißt Witze oder erteilt Ratschläge. Er steht gewissermaßen über den Dingen und gilt einigen sogar als mächtige Gottheit oder Mensch göttlichen Ursprungs. Sein Urteil holt idealistische Helden auf den Boden der Tatsachen zurück, und seine Kritik macht auch vor Göttern nicht halt. Dank seiner Popularität steht er häufig dekorativ in Gärten oder vor Eingängen, ziert Logos, Verpackungen und ist Namenspate vieler Geschäfte.

tig mit den Füßen eine Rassel, mit der aufregende Szenen unterstrichen werden. Dialoge werden zwischen Aussagen verschiedener Akteure durch dumpfe Schläge mit einem Holzhammer strukturiert. Die Handlung wird von einem **Gamelan-Orchester** begleitet.

Auf Java nimmt das Publikum bei traditionellen **Vorführungen** je nach Geschlecht verschiedene Plätze ein. Die Frauen sitzen vor der Leinwand und können die Schatten sehen; Männer beobachten das Geschehen von der anderen Seite, wo sie neben den bunten Puppen den *Dalang* und das Orchester beobachten können. Auf Bali sitzen alle Zuschauer vor der Leinwand. Traditionell dauert eine Aufführung auf Bali zwei bis vier Stunden, auf Java gar bis zu neun Stunden.

Wayang Golek

Das **Stabpuppen-Theater** ist vor allem bei den Sundanesen im Westen sowie an der Nordküste Javas verbreitet. Man nimmt an, dass es ab dem 17. Jh. populär wurde, wobei Ursprünge im weitaus älteren chinesischen Stockpuppentheater vermutet werden. Die Handlung basiert in Zentral-Java auf einer alten arabisch-islamischen Geschichte, *Serat Menak*, und in West-Java auf dem *Mahabharata* und dem *Ramayana*. Viele Stabpuppen zeigt das Museum Wayang in Jakarta, S. 147. Im Unterschied zum Wayang Kulit besticht Wayang Golek durch eine unterhaltsame Erzählweise und komische Charaktere wie den Sepot. Untermalt wird das Ganze ebenfalls von Gamelanmusik.

Wayang Topeng

An die Stelle der Puppen treten beim **Maskentheater** seit dem 19. Jh. maskierte Tanzpantomimen. Da die Tänzer ihre bunten Holzmasken mit dem Mund halten und nicht sprechen können, werden sie von einem Erzähler und dem Gamelan-Orchester begleitet. Abgesehen vom Tanztheater (s. u.), bei dem einige Darsteller maskiert sind, wird klassisches *Wayang Topeng* nur noch selten aufgeführt. Eine Ausnahme bildet Ost-Java, wo die einst höfischen Theaterformen deutlich länger Zeit hatten, in die Folklore der einfachen Leute überzugehen. Dem Volksglauben nach wohnt jeder Maske ein Geist inne, der manchmal vom Tänzer Besitz ergreift.

Wayang Orang

Auch beim eigentlichen Schauspiel-Theater (auch *Wayang Wong*) sind die Darsteller häufig maskiert oder zumindest ausdrucksvoll bemalt. Viele Rollen werden von Männern gespielt, und der Übergang zwischen Gesang und Dialog kann fließend sein. Am bekanntesten sind die eher dem Tanztheater oder Ballett zuzuordnenden *Ramayana*-Aufführungen bei Prambanan (S. 226) und auf Bali (S. 341).

Tanz

Zu Familienfeiern, religiösen Anlässen oder Dorffesten werden Tänze aufgeführt, die so vielfältig sind wie die indonesischen Völker selbst. Es gibt Tänze zur Aussaat und Ernte, zur Begrüßung von Gästen, zur Einläutung eines Zyklus oder Jahres und zu Begräbnissen. Während sich bei den altindonesischen Völkern vorwiegend Reihen- und Reigentänze etabliert haben, zeichnen sich die von der höfischen Theatertradition geprägten Kulturen auf Bali und Java durch feinsinnige und symbolstarke Einzeltänze aus.

Bali

Die hinduistische Tradition auf Bali findet ihren Ausdruck in einer reichen Überlieferung von Tänzen zu Ehren der Götter. Der in den 1930er-Jahren entstandene, bei Touristen beliebte **Kecak** wird zum Teil in Trance und nur im Tempelbereich getanzt. Andere, wie der von Frauen in Nachahmung von Paradiesvögeln getanzte **Cendrawasih** oder der von jungen Mädchen einstudierte **Legong** werden auf Bühnen dargeboten. Eindrucksvoll ist der auf eine vorhinduistische Gottheit zurückgehende Kostümtanz **Barong**, bei dem eine voluminös ausgestaltete, zottelige Bestie als Schutzgeist Balis gegen die mit dunklen Mächten und Verderben assoziierte Hexe Rangda kämpft.

Java

Auf Java hat sich die Tanztradition v. a. im höfischen Kontext entwickelt. Noch heute sollte ein Sultan in Yogyakarta und Solo mindestens einen Tanz selbst choreographiert haben. Diese langsamen Tänze durften über Jahrhunderte nur innerhalb des Palastes von Angehörigen des Hofes aufgeführt werden. Sie werden von einem Gamelan-Orchester und einem Chor begleitet, der in Litaneien die Macht des Sultans preist und ihn berät. Daneben werden auch hinduistische Epen, islamische Heldentaten und die Geschichte der javanischen Herrscher besungen.

Zu den bekanntesten Tänzen zählt der von vier Tänzerinnen aufgeführte **Serimpi**. Früher gehörten diese Mädchen zum Gefolge des Sultans und mussten ihn sogar in den Krieg begleiten, sodass sie oft bewaffnet auftreten. Nur einmal jährlich wird an hohen Feiertagen in den Palästen von Yogyakarta und Solo der **Bedaya** von sieben Mädchen getanzt, die in Brautgewändern auftreten. Der Tanz aus vorislamischer Zeit wurde zu Ehren der gefürchteten Göttin der südlichen Meere, Nyai Loro Kidul, geschaffen; noch heute müssen die Mädchen vorher fasten und rituelle Opfer darbringen.

Musik

Generell sind Indonesier sehr musikalisch. In der Musik haben sie auf allen Inseln ihre eigenen Stile und Variationen gefunden. Die durch westliche Kirchenlieder beeinflussten, melancholischen Lieder der Molukken und Ost-Nusa Tenggaras unterscheiden sich deutlich von der exotischen Melodik des Karawitan-Gesangs zur Begleitung javanischer Gamelan-Orchester oder den rhythmischen Gongs der Dayak. Bambusinstrumente, Trommeln, Saiteninstrumente und Xylophone sind verbreitet, bei früh islamisierten Völkern wie den Acehnesen, den Sasak auf Lombok, den Sundanesen in West-Java und den Minangkabau auf Sumatra auch die Flöte.

Gamelan

Typisch ist das Gamelan-Orchester, das seit vorhinduistischer Zeit bekannt und auf Java und Bali beheimatet ist; durch Auswanderer fand es Verbreitung auf den anderen Inseln. Es hat im Gegensatz zum europäischen Achttonsystem (Oktave) unterschiedliche Tonsysteme, wobei das Fünf- und das Siebentonsystem am häufigsten verwendet werden.

Ein Orchester besteht aus bis zu 40 Musikern, die verschiedene Xylophone, Gongs, Rasseln, Trommeln, Flöten und geigenähnliche Streichinstrumente bedienen. Das Gamelan begleitet nicht nur Tänze und Theateraufführungen, sondern tritt auch bei rituellen Zeremonien und zur Unterhaltung in Erscheinung. Es können zwei Orchester gleichzeitig auftreten, wobei Musikinstrumente im Fünftonsystem die heiteren Szenen unterstreichen und die im Siebentonsystem Melancholie und Ernst verbreiten.

Moderne und klassische Musik

Bei aller Tradition ist Indonesien generell eine musikalische „Schwammkultur", die alles aufsaugt und verwertet, was aus dem Ausland kommt. Es gibt erstklassigen indonesischen Jazz (der junge Joey Alexander war 2017 für den Grammy nominiert), Soul (Maliq & D'Essentials, Sandhy Sondoro), Bossanova, Hip-Hop (RVMIT, Willy Winarko, Saykoji), Punk, jede Menge Indie-Pop (Sheila On 7, Naif, Banda Neira), Rock (Slank, Kotak) und Reggae. Musikfestivals von internationalem Rang ziehen Musiker und Fans aus aller Welt in die Kulturzentren des Landes, etwa zum Java Jazz Festival, 💻 www.javajazzfestival.com. In den größten Städten werden zudem klassische Symphonieorchester unterhalten.

Malerei

Es gibt kaum überlieferte, alte Malerei in Indonesien, denn nichts ist zerstörerischer als das feuchte tropische Klima. Was an traditionellen Werken erhalten ist, beschränkt sich auf astrologische Kalender, Ritzzeichnungen auf Lontar-Manuskripten und die Wandmalereien und Rollbildgeschichten aus dem Umfeld der balinesischen und javanischen Höfe. Im traditionellen Stil wurden mythische oder religiöse Figuren ohne jegliche Perspektive vor einem einfarbigen oder abstrakten Hintergrund dargestellt.

Die moderne Malerei begann im 19. Jh. mit **Raden Saleh** (1814–1880) aus der Aristokratie von Semarang, der u. a. während seines Aufenthalts am Hofe des Herzogs Ernst II. von Sachsen-Coburg und Gotha westliche Einflüsse aufnahm und zu einem eigenen Stil umformte. Seine Werke werden heute zu Höchstpreisen gehandelt. In Yogyakarta wurde 1955 mit dem renommierten Institut Seni Indonesia die älteste Kunstakademie des Landes gegründet, und die Stadt gilt heute als *das* Kunstzentrum Indonesiens (s. Kasten S. 205). Wegweisende Maler schufen hier den Großteil ihrer Werke, der wohl bekannteste war **Affandi** (1907–1990), S. 208.

Ein weiteres Zentrum der Malerei ist **Bali**. Hier wurden westliche Einflüsse aufgenommen, die seit den 1930er-Jahren unter anderem mit Rudolf Bonnet und Walter Spies auf die Insel gelangten. Mit der Förderung der balinesischen Kunst durch die Europäer, mit westlichen Malutensilien und einem durch den Tourismus erweiterten Interessentenkreis veränderte sich der bis dahin traditionelle Stil. Der Hintergrund wurde zunehmend genutzt und das alltägliche Leben dargestellt. Mitte der 1960er-Jahre entwickelten die **Young Artists** ihren Stil mit grellen Farben und Szenen aus dem balinesischen Dorfleben, die an naive Malerei erinnern. Besonders das an Kunstgalerien reiche Ubud kann als künstlerisches Zentrum der Insel bezeichnet werden.

Batik

Batik ist die vielleicht bekannteste der indonesischen Künste und immaterielles **Unesco-Weltkulturerbe**. Die Wortbildung aus dem Javanischen, *amba* (schreiben) und *titik* (Punkt), verweist bereits auf das Filigrane, das hochwertige Handarbeiten in ihren detailverliebten, reichhaltig ausgeschmückten Motiven auszeichnet. Interessierte sollten auf jeden Fall das Batik-Museum in Solo besuchen, S. 233.

Geschichte

Reliefdarstellungen nach war Batik bereits im 12. Jh. auf Java verbreitet, erste Schriftzeugnisse stammen aus dem 16. Jh. Sie wurde an den zentral-javanischen Höfen zu den sechs hohen Künsten (Dichtung, mythologisches Drama, Schattenspiel, höfischer Tanz, Gamelan und Batik) für Adlige gezählt.

An der Nordküste Javas entwickelte sich eine Batik, die stärker von chinesischen Elementen beeinflusst war. In Pekalongan und Cirebon, zwei Zentren der Batik-Herstellung, werden die farbenfreudigen, motivreichen Sarongs überwiegend für den Export produziert. Im Gegensatz zu den gestalterisch freieren Motiven der nord-javanischen und chinesisch inspirierten Stoffe, auf denen manchmal ganze Landschaften Platz haben, entwickelte sich die abstrakte, von den strengen höfischen Regeln geprägte zentral-javanische Batik unter dem Einfluss des Islam. Dieser lehnt Abbildungen von Menschen und Tieren ab und förderte die Stilisierung der Formen.

Einige Muster, z. B. das mythische Vogelwesen Garuda (oft nur in Andeutung seiner Schwingen) oder das wellenförmige *Parang Rusak*, wurden im 18. und 19. Jh. allein vom Sultan und den Mitgliedern seines Hofes getragen. Häufiger verbreitet sind Blätter- und Blumenmotive, stilisierte Fische und Vögel und geometrische Muster.

Seit den 1960er-Jahren werden neben Batik für Kleidung und Decken auch **Batik-Bilder** hergestellt. Viele Künstler haben traditionelle Muster mit modernen Techniken weiterentwickelt. Neben landschaftlichen Motiven und Themen aus dem *Ramayana* und alten javanischen Legenden werden auch gänzlich abstrakte oder surrealistische Bilder entworfen.

Herstellung

Batik wird in unterschiedlicher Qualität produziert, von der einfachen Stempel- und industriellen Textildruckbatik bis zur handgemalten und mehrfach gefärbten traditionellen Batik. Die traditionelle Herstellung – eine im alten Ägypten und China mindestens seit dem 4. Jh. v. Chr. bekannte Technik – erfordert mehrere Färbvorgänge.

Der Baumwollstoff wird zuerst mit flüssigem Wachs an den Stellen abgedeckt, die beim folgenden Färben in der ursprünglichen Farbe (beim ersten Färben also weiß) verbleiben sollen. Das kann mithilfe eines Stempels (Stempelbatik), eines Pinsels oder kleiner Wachskännchen *(Canting)* geschehen. Danach wird der Stoff im ersten Farbbad gefärbt. In heißem Wasser wird das Wachs entfernt und erneut wieder in der Form aufgetragen, wie sie das angestrebte Muster erfordert. Dieser Vorgang wiederholt sich bis zu achtmal.

Die feinen Handbatiken sind besonders kunstvoll und benötigen viel Zeit. Vielfach stellen die Künstler die Werke nicht selbst her, sondern entwerfen nur die Motive. Die Kleinarbeit, besonders die feinen Arbeiten mit dem Wachskännchen *(Canting)*, wird von Frauen ausgeführt, während die Männer das Färben und Stempeln übernehmen. In einigen Manufakturen von Yogyakarta kann man sich selbst an der Herstellung versuchen, S. 216.

Verwendung

Sowohl Frauen als auch Männer tragen einen zumeist 2,30 m langen und etwa 90 cm breiten Stoff als **Sarong**, den man auch verwendet, um Babys auf dem Rücken oder vor der Brust zu tragen. Wer mit offenen Augen durch Indonesien reist, wird viele Arten entdecken, wie man dieses einfache Kleidungsstück verwenden kann. Bei festlichen Anlässen wird eine etwa 50 cm breite Batik als **Zierschal** *(Selindang)* über die Schulter gelegt. Absolut alltagstauglich und verbreitet sind **Batik-Hemden**, die in Indonesien auch dem grauesten Geschäftsalltag Farbe verleihen können.

Ikat

Die Technik des Ikat ist sogar älter als die der Batik und bei den Dayak auf Borneo, den Toraja auf Sulawesi, den Balinesen und bei zahlreichen Völkern Nusa Tenggaras verbreitet. Das Wort bedeutet „binden, verknoten", womit das Prinzip der Technik beschrieben ist. Die meisten Stoffe werden als Schal, Schultertuch und Wickelrock getragen. Hochwertige Stücke hängen auch als Wandschmuck bei wohlhabenden Leuten. Einigen Stoffen spricht man sogar magische Kräfte zu und vererbt sie von Generation zu Generation weiter. Andere werden als Hochzeitsgabe der Familie des Bräutigams überreicht. Auch bei Begräbnissen spielen sie eine Rolle. So wickelte man auf Sumba verstorbene Könige in bis zu 200 *Ikat*-Decken *(Hinggi)*, bevor man sie beisetzte. Für eine Übersicht der Stile s. Kasten S. 497.

Herstellung

Zunächst besteht die Herstellung des Ikat darin, dass Abschnitte der Kettfäden, die zuerst auf den Webstuhl gespannt werden – bei Doppel-*Ikat* auch Abschnitte der Schussfäden –, vor dem Färben bündelweise mit Bast umwickelt werden und nach dem Färben in der ursprünglichen Farbe bleiben. So erhält man ein erstes rudimentäres Muster. Weitere Färbevorgänge, zu denen jeweils andere Abschnitte abgebunden werden müssen, vervollständigen nach und nach das gewünschte Design.

Die gebräuchlichsten traditionellen **Farben** sind Blau (Indigo) für die erste Färbung und Rot (Mengkudu-Wurzel) für den schwierigeren zweiten Durchgang, wobei die doppelt gefärbten Stellen dunkelbraun bis schwarz erscheinen. In manchen Regionen verwendet man als dritte Farbe Gelb (Kurkuma, die Rinde des Mango-Baumes bzw. das Soga-Tegeran-Holz) oder Grün (gemischt aus Blau und Gelb bzw. gewonnen aus einer Bohnenpflanze). In zunehmendem Maße verdrängen chemische Produkte die Naturfarben – so kann man schneller arbeiten, und der Farbenvielfalt sind keine Grenzen gesetzt.

Nachdem die Fäden gefärbt sind, werden sie nach den angestrebten Mustern sortiert, für einige Tage gespannt und gestärkt, damit sich die Muster nicht verziehen, und anschließend auf einen einfachen Webrahmen übertragen. Im Gegensatz zu den dicht gespannten Kettfäden, die das Muster bestimmen, verwendet man recht wenige Schussfäden in der Grundfarbe.

Vielfältig sind die Motive, von Menschen- und Tierdarstellungen bis zu stilisierten Pflanzen und abstrakten Mustern, die zumeist spiegelbildlich angeordnet sind. Auch religiöse Motive finden Eingang in die Gestaltung der Stoffe, vor allem bei den zu rituellen Zwecken hergestellten Stücken.

Holzschnitzerei

Ein uraltes Kunsthandwerk ist die Holzschnitzerei. Auf Sumatra und Sulawesi, Borneo und Neuguinea werden die Wohnhäuser, Fischerboote und Einbäume mit kunstvollen Schnitzereien geschmückt. Die Variationsbreite der Kunsthandwerker kann man am besten auf Bali erahnen, wo sich eine Vielfalt von traditionellen und modernen Stilrichtungen entwickelt hat.

In Tempeln, Moscheen und Palästen sind Tür- und Fensterrahmen, Balustraden und Einrichtungsgegenstände mit geometrischen Figuren, Blätter- und Blumenmotiven verziert. **Masken** und **Skulpturen** religiösen Ursprungs werden teilweise magische Kräfte zugeschrieben. Man schnitzt sie für die Götter, um mit den Ahnen in Verbindung zu bleiben, einem umherirrenden Geist eine Heimat zu geben oder gar um Stellvertreter für spirituelle Kräfte zu schaffen. Entsprechend müssen sie unter Beachtung bestimmter Regeln hergestellt werden. Sie sind zudem ein zentraler Bestandteil animistischer Zeremonien.

Kris

Die Schmiedekunst des Archipels feiert ihre höchsten Triumphe bei der Herstellung des Kris (auch Keris), des Dolches mit der geflammten oder geraden, zweischneidigen Klinge, deren Oberfläche besondere Arten der Damaszierung aufweist. Metallene Dolche waren bereits der Dongson-Kultur um 300 v. Chr. bekannt, und auch auf Reliefs des im 9. Jh. errichteten Borobudur (S. 222) sind Stichwaffen abgebildet. Die heute bekannten Formen der Klinge fanden wahrscheinlich mit dem Aufstieg Majapahits (S. 269) ihre Verbreitung. Zeitgenössische chinesische Quellen berichten von der auf Java üblichen Sitte, einen Kris zu tragen. Das älteste erhaltene Exemplar aus dem Jahr 1342 ist bereits so kunstvoll gearbeitet, dass dieses Handwerk schon zu jener Zeit hoch entwickelt gewesen sein muss. Heute ist der Kris immaterielles **Unesco-Weltkulturerbe**, wenngleich er aus dem Alltag verschwunden ist. Auf Hochzeiten, zu höfisch-aristokratischen Zeremonien oder im javanischen und balinesischen Theater gehört er aber nach wie vor zur Ausstattung. Nur noch sehr wenige Schmiede können von dem Handwerk leben – ein edler Dolch braucht Wochen, und wichtige Materialien wie Nickel oder Titan sind schwer zu beziehen.

Merkmale und Typologie

Wichtigstes Formkriterium ist die stets ungerade Anzahl der **Wellen**, vom geraden Dolch ohne Wellen bis hin zu 13 Wellen, es sind aber auch Formen mit weitaus mehr Wellen verzeichnet. Bestimmend sind weiterhin Fang- oder Fingerschutzhaken im griffnahen Bereich, eine Daumenmulde oder Ornamente am Klingenrand. Die **Damaszierung** der Klingen heißt *Pamor*. Der Kontrast zwischen der dunklen Eisenklinge und den hellen, nickelhaltigen Linien entsteht durch die Behandlung mit Arsen. Dieser strukturgebenden Damaszierung wird noch stärker als der äußeren Form eine mystische Kraft zugeschrieben. Man unterscheidet den **Pamor-Kris** mit aufgesetzter Klinge vom **Majapahit-Kris**, bei dem Griff und Klinge in einem Stück geschmiedet sind. Zur Waffe gehört die **Scheide**, die einfach gehalten, aber auch prunkvoll verziert sein kann.

Symbolik

Ob gerade (Ruhezustand) oder gewellt (Bewegung), die Klingen symbolisieren das Urbild der mythischen Schlange **Naga**. Ebenso zeigen die Verzierungen am häufigsten Schlangen, Kala-Figuren, Garuda- oder Blattmotive. Am Griff (aus Gold, Silber, Elfenbein, Horn, Stein oder Holz) finden sich, manchmal bis zur Unkenntlichkeit stilisiert, Götter, Vögel oder Dämonen, um böse Kräfte abzuwehren. Ein magisch „geladener" Kris hat einen eigenen Namen und führt ein regelrechtes Eigenleben. Seine Kraft sicherte die Macht eines Fürsten und übernahm sogar die Rolle seines „Stellvertreters": Begab sich sein Besitzer auf Reisen, konnte er den Kris als Symbol seiner Herrschaft zurücklassen, und niemand hätte gewagt, daran zu zweifeln. Vicki Baum berichtet in *Liebe und Tod auf Bali* (S. 717) von einem Fürsten, der zu seiner eigenen Hochzeit stellvertretend einen Kris bringen ließ. Gleichsam ist mancher Dolch mit einem bösen Fluch beladen und stürzt seinen Träger ins Unglück.

Herstellung

Das Schmieden ist eine weihevolle Handlung mit aufwendigem Begleitzeremoniell. Viele Lagen von Nickeleisen und gewöhnlichem Eisen werden zusammengeschmiedet, um so die Verzierungen in die Klinge einzuarbeiten, die aber erst nach abschließender **Ätzung** des Nickelstahls sichtbar werden. Weiterhin muss der Schmied ein überdurchschnittliches mythologisches und kosmologisches Wissen haben, denn die Zeichnungen und Figuren sind bedingt durch ihre magisch-zeremonielle und soziale Bedeutung.

Der Kris ist so zu gestalten, dass er dem Charakter, dem sozialen Status und der astrologischen Situation des Besitzers entspricht. Letztlich muss die vollständige Waffe eine kompositorische Einheit von Klinge, Griff und Scheide sein, wobei alle Details aufeinander bezogen sind.

Silat

Traditionsreich und hoch entwickelt ist Silat, die Kampfkunst des malaiischen Archipels. Sie umfasst neben Freihandkampf mit Händen und Füßen auch Wurf-, Hebel- und effektive Grifftechniken. Diverse **Waffen** wie der Kris, Sichelklingen, Kurz- und Langstock sind im Repertoire. Techniken sind von chinesischen und indischen Kampfkünsten inspiriert. Auch die Chakren-Lehre von den Energieflüssen im Körper findet Anwendung. Zudem existieren von Tieren inspirierte Stile wie Tiger, Adler oder Drache.

Der höchste Rang in der Hierarchie einer Silat-Schule ist der *Pendekar*. Ein solcher **Großmeister** muss nicht nur mit und ohne Waffen in Perfektion kämpfen können, sondern auch in Techniken der Meditation sowie in Heilkünsten bewandert sein. Seit jeher werden nicht nur formalisierte Wettkämpfe, sondern auch zur Demonstration entwickelte Silat-Shows und rituelle, ästhetisierte **Kampftänze** aufgeführt. Dabei werden die Kämpfer vom *Kendang Pencak*, einem traditionellen **Musikensemble**, begleitet.

Es gibt hunderte **Regionalstile**, die sich jeweils auf eine eigene Geschichte, eigene Techniken oder Waffenkunde gründen. Im Gebiet der Minangkabau auf Sumatra haben sogar kleine Dörfer ihren eigenen Silat-Stil, und es gibt eine lange Tradition der Frauenkampftechnik. Während „Silat" der Sammelbegriff für fast alle malaiischen Kampfstile ist, bezeichnet man die Stile Indonesiens als **Pencak Silat**, das auch zur Ausbildung der indonesischen Armee gehört.

Selbst auf internationale Leinwände hat es die Kampfkunst mit für indonesische Verhältnisse hoch budgetierten Filmproduktionen geschafft, etwa *Merantau* (2009), *The Raid* (2012) und *The Raid 2* (2014).

BOROBUDUR; © ISTOCKPHOTO / CHRISINTHAI

Java

Java – allein der Name regt die Fantasie an. Erst der Kulturschock – so viele Menschen! Aber dann: exotische Geheimnisse, Zeugnisse uralter Zivilisationen und fast menschenleere Landstriche, mitten im dicht besiedelten, wirtschaftlich, politisch und kulturell dominanten Herzstück der Nation. Jenseits der Millionenstädte bezaubern faszinierende Kulturschätze, lebendige Traditionen und landschaftliche Kontraste.

Stefan Loose Traveltipps

1 Jakarta Die Metropole ist ein Schmelztiegel der Völker mit Malls, Museen und Märkten. S. 140

Bogor Der Botanische Garten hat 20 000 Pflanzenarten, und der Süden eignet sich für Ausflüge in die Berge. S. 171

Bandung Das Herz der sundanesischen Kultur ist umgeben von Teeplantagen und Vulkanen mit heißen Quellen. S. 181

2 Yogyakarta Javas Reiseziel Nummer eins: Hier pflegt man die alten wie die neuen Künste. S. 200

3 Borobudur und Prambanan Die gigantischen Tempelanlagen ziehen jährlich Hunderttausende Besucher an. S. 222 und S. 225

Solo (Surakarta) Das heimliche Zentrum javanischer Kultur besinnt sich auf die Bewahrung von Traditionen. S. 231

4 Gunung Bromo Ein Naturschauspiel ist der Sonnenaufgang über dem Sandmeer. S. 281

Baluran-Nationalpark Viele Tiere zeigen sich in der offenen Savanne. S. 290

WAYANG GOLEK-PUPPEN, BANDUNG; © CHRISTIAN WACHSMUTH

BAJAJ-FAHRER IN JAKARTA; © MORITZ JACOBI

Wann fahren? Mai–Okt. Wer grüne Landschaften liebt und etwas Regen verkraftet, kann auch früher aufbrechen.

Wie lange? Mindestens 1 1/2 Wochen

Bekannt für Gamelan-Musik und Schattentheater, Batik-Stoffe und zahllose Vulkane

Outdoor-Tipps Die Höhlen von Gunung Kidul, die fotogenen Reisterrassen am Candi Selogriyo, die blauen Feuer des Ijen, die Surfreviere bei Cimaja, Batukaras und Pantai Pulau Merah

Nicht verpassen Nachtleben in Jakarta, Tanztheateraufführungen in Yogyakarta

Als Dreh- und Angelpunkt und kulturelles Epizentrum des Archipels beflügelt Java die Fantasie von Europäern seit den ersten Reiseberichten des Portugiesen Tomé Pires im frühen 16. Jh. Hier existierten schon vor mehr als tausend Jahren mächtige Reiche und Hochkulturen, und heute werden hier die wirtschaftlich und politisch für ganz Indonesien bedeutsamen Entscheidungen getroffen.

Auf Java liegen Glanz und Armut dicht beieinander, auch bedingt durch das starke Bevölkerungswachstum (S. 104). Die Bevölkerung von rund 147 Mio. drängt sich auf einer Fläche so groß wie Bayern, Baden-Württemberg und Brandenburg zusammen – wie man also seine Route auch plant, man wird den Menschenmassen kaum entkommen. Aber keine Sorge: Es gibt sie noch, die Rückzugsräume und weiten Horizonte, naturnahen Wandergebiete und Orte zum Abschalten.

Größte Bevölkerungsgruppen sind im Westen die Sundanesen, im Osten die Javaner und die Maduresen. Während das Landesinnere und die Südküste von sundanesischer und javanischer Kultur geprägt sind, ist die Nordküste in der Tradition des maritimen Verkehrs ethnisch heterogener und lag stets an der Peripherie der höfischen Machtzentren. Ihre chinesisch, teils sogar arabisch sowie von der Binnenmigration und der Kolonialisierung geprägten Städte haben ein ganz eigenes Flair.

Der größte dieser Schmelztiegel ist Jakarta. Die Hauptstadt wird für viele der Ausgangspunkt einer Reise durch Java sein. Die meisten ziehen weiter nach Yogyakarta und von dort zum Gunung Bromo und nach Bali. Wer die Insel besser kennenlernen möchte, sollte diese klassische Rennstrecke verlassen und einsame Strände, die letzten Dschungel, Höhlen, Wasserfälle und uralten Tempel erkunden. Es locken von Reisfeldern bedeckte Ebenen, überragt von über 40 Vulkanen, an deren Hänge sich Gemüse- und Teepflanzungen, Naturschutzgebiete und kleine Dörfer schmiegen.

1 HIGHLIGHT

Jakarta

Die Hauptstadt Indonesiens wird von ihren Bewohnern liebevoll „Big Durian", die große Stinkfrucht, genannt. Sie ist groß, riecht im ersten Moment abstoßend, und ihren süßen Geschmack kann man oft erst nach einer Gewöhnungsphase genießen. So wie sich die Geschmäcker an der Durian scheiden, so scheiden sich auch die Geister daran, ob Jakarta als ein spannendes, abwechslungsreiches Sammelbecken der Kulturen oder als schmutziger, aufreibender Moloch zu sehen ist.

Am Mündungsufer des Ciliwung-Flusses liegt die überschwemmungsgefährdete Megastadt und das politische sowie wirtschaftliche Zentrum Indonesiens auf nur 8 m ü. d. M. Jakarta ist mit rund 12 Mio. Einwohnern mit Abstand die bevölkerungsreichste Metropole des Landes. Im gesamten Ballungsraum inklusive der Satellitenstädte **Bogor**, **Depok**, **Tangerang** und **Bekasi**, im Volksmund „Jabodetabek" genannt, leben 30 Mio. Menschen – er ist somit sechsmal so groß wie das gesamte Ruhrgebiet. Damit gehört Jakarta zu den besonders schnell wachsenden städtischen Ballungszentren Asiens – ständig im Wandel und von einer beeindruckenden Dynamik gekennzeichnet. Der erste Eindruck für Neuankömmlinge ist allerdings ein anderer: Verkehrschaos und Luftverschmutzung charakterisieren die Stadt in gleichem Maße. Blechlawinen von halb verrosteten *Kopaja*-Bussen, Taxis und Luxuslimousinen, durchsetzt von einem unaufhörlichen Strom an Motorrädern, schieben sich im Schritttempo durch das völlig überforderte Straßensystem der Stadt. Gemeinsam hinterlassen sie eine Abgasglocke, die nur der schwerste Monsunsturm heben kann.

Doch Jakarta ist nicht nur Stau und Gestank, sondern verbindet Kontraste wie kaum eine andere Stadt. Krass und augenfällig sind die Gegensätze zwischen Armut und Reichtum. Slums beginnen häufig bereits dicht hinter manch prunkvollem Einkaufszentrum. Gläserne Wolkenkratzer mit Luxusapartments sind von traditionellen *Kampung* umgeben. Das sind dorfähnliche Siedlungen mit Billighäuschen, engen Gassen und offener Kanalisation. Und in elitären Restaurants und Clubs wird am Abend für Beträge gespeist und gefeiert, die weit über dem monatlichen Mindestlohn des Sicherheitspersonals liegen.

Auch wenn die boomende Hauptstadt kein entspannendes Urlaubsziel ist, so bietet sie doch beste Möglichkeiten, sich mehr als in jeder anderen Stadt über Indonesien zu informieren. Zahlreiche interessante **Museen**, die die Vielfalt des Archipels widerspiegeln, lohnen einige Tage Aufenthalt. Doch es gibt noch weitere Sehenswürdigkeiten, die ebenfalls nicht verpasst werden sollten. In nur wenigen Minuten gelangt man mit dem Taxi oder Transjakarta-Bus von der größten Agglomeration von Hotels rund um die zentralen Stadtteile Menteng und Cikini zum Nationaldenkmal **Monas**. Es ist ratsam, die Aussichtsplattform auf 115 m frühmorgens zu besuchen, da dann die Sicht über die Stadt am besten und die Warteschlangen am kürzesten sind. An der gleichnamigen Transjakarta-Bushaltestelle gibt das **Museum Nasional** im Westen vom Monas den umfassendsten Einblick in die Geschichte und Kulturen des Landes. Nur fünf Busstationen nördlich findet man sich in der Chinatown **Glodok** wieder, wo die ältesten chinesischen Tempel, traditionelle Apotheken und geschäftige Straßenmärkte zu erkunden sind. Fußläufig oder eine Busstation weiter im Norden erreicht man **Kota**, die Altstadt Jakartas. Ein kurzer Spaziergang führt in das Batavia längst vergangener Zeiten mit mehr oder weniger gut erhaltenen Kolonialbauten. An Wochenenden verwandelt sich der zentrale Platz **Taman Fatahillah** umgeben von mehreren Museen in einen bunten Festplatz mit Imbissständen und kulturellen Aufführungen. Mit einem ausgeliehenen Hollandrad oder einem gasbetriebenen *Bajaj* ist von dort der pittoreske Segelschiffhafen **Sunda Kelapa** in wenigen Minuten zu erreichen.

Im südlichen und östlichen Zentrum der Stadt lohnt ein Einkaufsbummel über den Trödelmarkt entlang der **Jalan Surabaya**, durch den modernen Konsumtempel **Grand Indonesia** oder den ältesten Markt **Pasar Senen**. Der Szene-Stadtteil **Kemang** im Süden Jakartas eignet sich hervorragend für einen Kneipenbummel oder ein Candle-Light-Dinner zum Ausklang des Tages, bevor man in den berüchtigten Nachtclubs der Stadt bis in den Morgen feiern kann.

Einen ganzen Tag nehmen Ausflüge in den kulturellen Vergnügungspark **Taman Mini Indonesia Indah**, den **Ragunan-Zoo** oder zum Schnorcheln auf eine der kleinen Eilande der **Kepulauan Seribu** (S. 165) vor der Küste der Stadt in Anspruch.

€ Kostenlose Doppeldeckerbusse namens **Jakarta Explorer** verkehren im Zentrum zwischen den touristischen Hauptattraktionen Mo–Sa 9–17 und So 12–19 Uhr in etwa halbstündlichen Abständen. Haltestellen sind mit den blau-weißen Schildern *Bus Wisata* gekennzeichnet.

Jakarta Übersicht

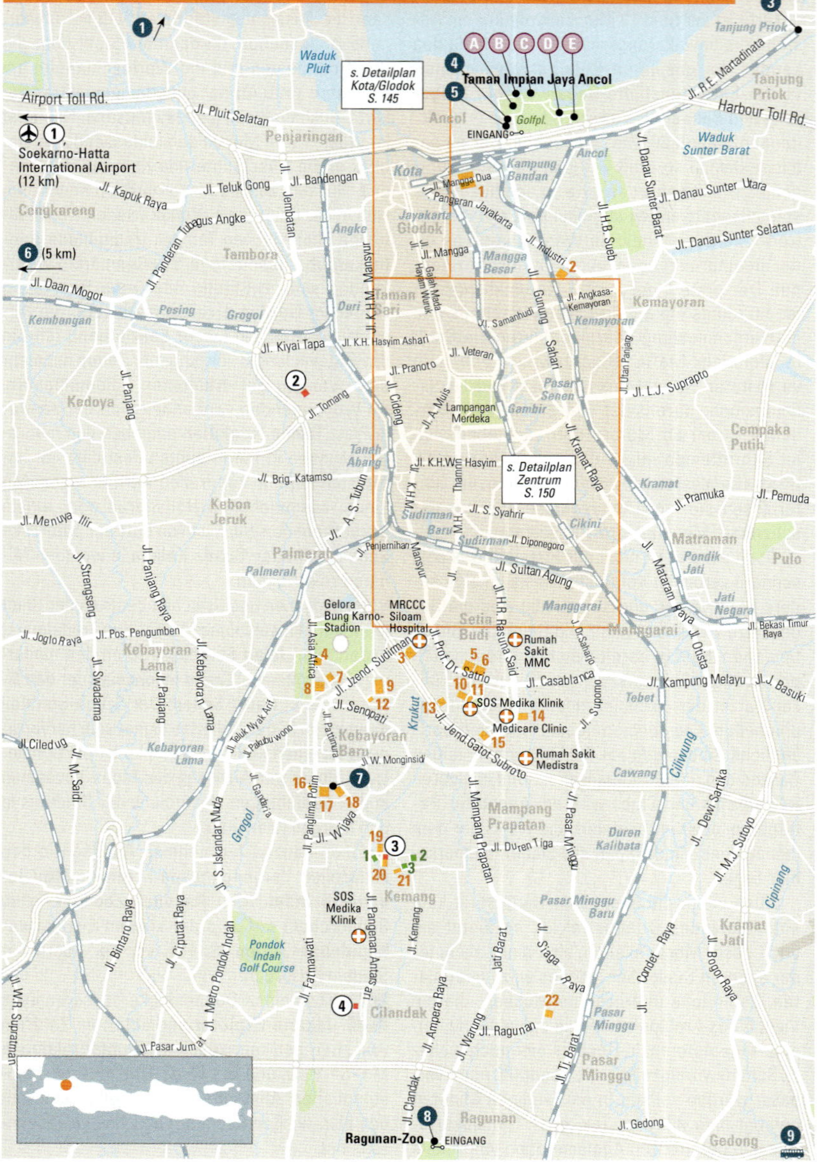

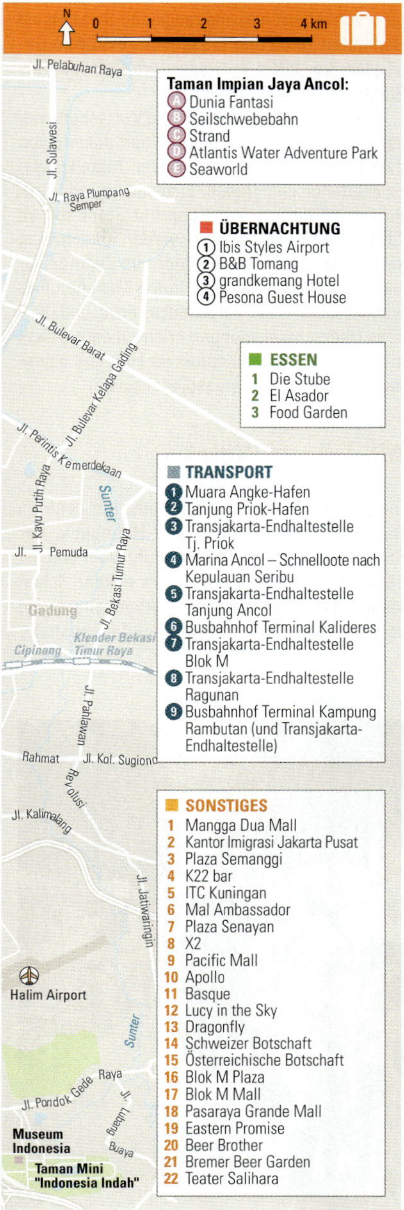

Geschichte

Ende des 15. Jhs. etablierte sich im Mündungsgebiet des Ciliwung-Flusses der Haupthafen des Hindu-Königreiches Pajajaran. Das geschäftige Städtchen hieß **Sunda Kelapa** und wurde immer mehr von den Portugiesen kontrolliert, bis 1527 der moslemische Prinz Fatahillah aus dem zentraljavanischen Königreich Demak mit seinen Truppen die Portugiesen und das Pajajaran-Heer besiegte. Er gründete an gleicher Stelle die Stadt **Jayakarta** („der große Sieg"), was bis heute als offizielles Gründungsdatum Jakartas gefeiert wird. Gegen Ende des 16. Jhs. erreichten zunehmend holländische Handelsschiffe den wichtigen Gewürzhandelshafen. 1619 nahm die holländische Vereenigde Oostindische Compagnie (VOC) unter Leitung von General Gouverneur Coen die Hafenstadt in Besitz und benannte sie in **Batavia** um. Von hier aus kontrollierte die Handelsgesellschaft zu Beginn des 18. Jhs. bereits ganz Java, Teile Sumatras und die Gewürzinseln (Molukken). Allerdings breiteten sich in der rasch wachsenden, feucht-heißen Hafenstadt, die mit grachtenähnlichen Kanälen und Kolonialbauten Amsterdam nachempfunden war, Krankheiten und Seuchen aus. Wer es sich leisten konnte, siedelte weiter im Süden außerhalb der Stadtmauern.

Der einträgliche Handel mit Gewürzen lockte immer mehr unternehmungslustige **Chinesen** an, die sich als Kaufleute, Bankiers, Konstrukteure und Schiffsbauer niederließen und von denen viele zu Wohlstand gelangten. Im Jahr 1740 wurden Tausende von ihnen während eines gigantischen Pogroms umgebracht. Die Überlebenden mussten im Folgenden vor die Stadtmauern in den heutigen Stadtteil Glodok umsiedeln.

1799 übernahm der holländische Staat von der bankrotten VOC Batavia als Kolonie. Neun Jahre später beschloss Gouverneur Daendels, die im Zerfall befindliche Stadt den Händlern zu überlassen und ein neues Stadtzentrum um den heutigen Medan Merdeka-Platz mit imposanten Regierungs- und Militärgebäuden zu errichten. Typisches Bauwerk für diese Entwicklungsphase ist das Museum Nasional westlich des Platzes.

Mit der Eröffnung des Suezkanals 1869 verkürzten sich die Transportwege, das Handelsvolumen stieg, und immer mehr Europäer ka-

JAVA

men nach Batavia. Acht Jahre später wurde der neue Hafen in Tanjung Priok fertiggestellt. Während des Zweiten Weltkriegs besetzten japanische Truppen Batavia und zwangen die Niederländer, sich zu ergeben. Mit dem Ende der über 300-jährigen holländischen Besatzungszeit wurde die Stadt 1942 von den Japanern in Jakarta umbenannt. Am 17. August 1945 kapitulierten die japanischen Besatzer und Präsident Sukarno verkündete von Jakarta aus die indonesische **Unabhängigkeit** und nationale Philosophie *Panca Sila* (Kasten S. 123).

Ende der 1940er-Jahre überschritt die Einwohnerzahl die Millionengrenze, 15 Jahre später lebten hier bereits 4,5 Mio. Menschen. Slums breiteten sich aus, gleichzeitig ließ Sukarno trotz wirtschaftlicher Schwierigkeiten kolossale Denkmäler, prachtvolle Boulevards und Prestigebauten errichten. Zu diesen Bauwerken gehören das Nationaldenkmal Monas, die ersten Hochhäuser (u. a. Hotel Indonesia, das heutige Kempinski Hotel), das Stadion Gelora Bung Karno und die größte Moschee des Landes, Mesjid Istiqlal. Der wirtschaftliche Boom der Suharto-Ära (1967–1998) endete abrupt mit der **Asienkrise** 1997. Die Hauptstadt wurde Schauplatz von ethnischen und religiösen Unruhen mit Hunderten Toten und Tausenden zerstörten Gebäuden, vor allem in Glodok, wo Chinesen als Sündenböcke verfolgt wurden.

Nun wächst die indonesische Wirtschaft wieder rasant und allen voran profitiert Jakarta von dem Boom und der wachsenden Mittelklasse. Es entstehen immer mehr Luxusmalls und Bürotürme und die erste U-Bahn der Stadt soll ab 2019 in Betrieb genommen werden. Gleichzeitig sind tausende Slumbewohner von Zwangsumsiedlungen betroffen, eine halbe Millionen Einwohner leben unter der Armutsgrenze, und jährliche Überschwemmungen erinnern daran, dass die Stadt in einem Sumpfgebiet liegt und immer weiter unter den Meeresspiegel sinkt.

Alt-Jakarta (Kota)

Die Altstadt Jakartas, das ehemalige Zentrum Batavias, ist der touristische Höhepunkt der Stadt. Da das frühe Batavia recht klein war, ist alles gut an einem Tag zu Fuß erreichbar. Schon allein wegen der kolonialen Atmosphäre, die von den Repräsentationsgebäuden ausgeht,

Die bunten Verkaufsstände am Taman Fatahillah laden zum kulinarischen Bummel ein.

© CHRISTIAN WACHSMUTH

lohnt ein Abstecher hierher. Nördlich des Hauptbahnhofs (Stasiun Kota, Endhaltestelle Transjakarta-Bus Nr. 1), am Ende der Jalan Pintu Besar Utara, führt eine charmante Fußgängerzone bis auf den zentralen Fatahillah-Platz.

€ Schräg gegenüber dem Bahnhof findet sich das moderne, kostenlose **Museum Bank Indonesia**, Jl. Pintu Besar Utara 3, ✆ 021-260 0158, im ehemaligen palastähnlichen Sitz der De Javasche Bank, der zwischen 1910 und 1930 im neoklassischen Stil errichtet wurde. Hier ist die Geschichte der Geldwirtschaft in Indonesien anschaulich, sehr informativ und teils interaktiv dargestellt. Interessant ist die numismatische Sammlung, in der sämtliche Zahlungsmittel vom ersten Stoffgeld bis hin zu den neuesten 1000-Rp-Münzen ausgestellt sind. ⌚ Di–So 8–15.30 Uhr, Eintritt frei. Das daneben gelegene Museum Bank Mandiri ist weniger interessant.

Taman Fatahillah

Rings um den alten Rathausplatz wurden mithilfe der Unesco mehrere koloniale Gebäude restauriert. Im Zentrum steht das **Jakarta History Museum** (Museum Sejarah Jakarta), das im ältesten und besterhaltenen Gebäude untergebracht ist. 1710 erbaut, diente es zunächst als *Stadthuis* (Rathaus) der Verwaltung und als Gefängnis Batavias. Später wurde es militärisches Hauptquartier, und bis zum Zweiten Weltkrieg war es der Sitz der Verwaltung West-Javas. Seit 1974 ist hier ein Museum untergebracht, in dem archäologische Ausgrabungen aus dem Stadtgebiet, die Entwicklung Jakartas sowie Möbel, Gemälde und andere Relikte aus der Kolonialzeit ausgestellt sind. Über den Hinterhof gelangt man zu fünf ehemaligen Kerkern im Gewölbekeller des Gebäudes mitsamt echten Eisenkugeln. ⌚ Di–So 9–17 Uhr, Eintritt 5000 Rp.

Im nördlichen Teil des Platzes befindet sich die bronzene portugiesische Kanone **Si Jagur**, welche die Holländer 1641 nach dem Sieg gegen Malakka im Fort Batavia deponierten. Der Knauf zeigt eine geballte Faust mit zwischen Mittelfinger und Zeigefinger eingeklemmtem Daumen und gilt als ein Fruchtbarkeitssymbol, vor dem noch heute Frauen um möglichst viele Kinder bitten.

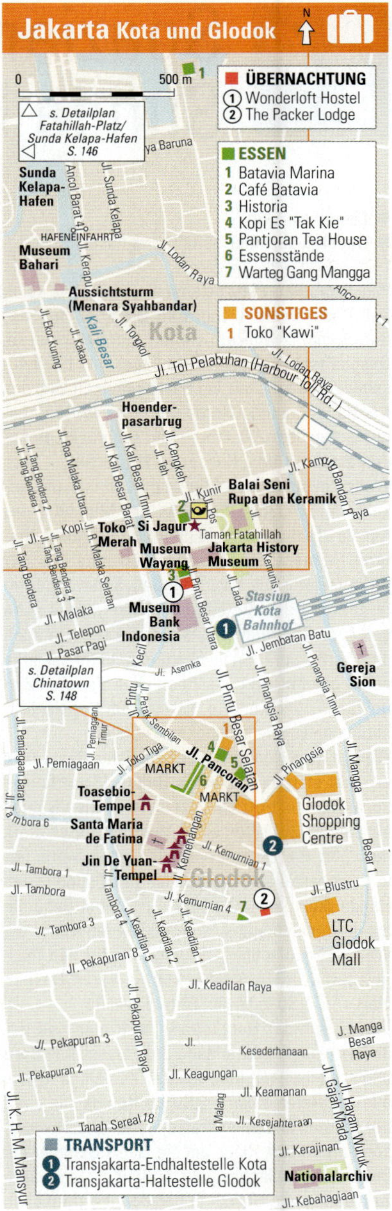

Spaziergang zum Sunda Kelapa-Hafen

- **Länge**: ca. 5 km
- **Dauer**: 3 Std. (inkl. Schifffahrtsmuseum)

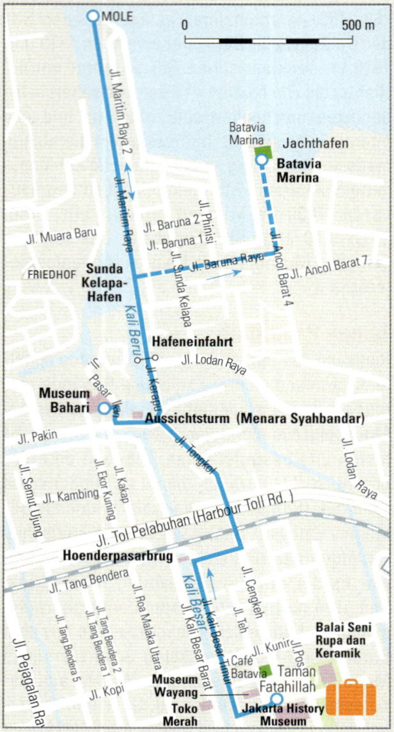

Vom **Fatahillah-Platz** gelangt man durch die Jalan Kali Besar Timur V zum **Kali Besar**, dem „Großen Kanal". Überall stehen Handelskontore, Geschäftshäuser und Warenlager aus holländischer Vergangenheit. Ein Spaziergang entlang des Kanals in Richtung Norden führt zur letzten, restaurierten, über 200 Jahre alten Zugbrücke, **Hoenderpasarbrug**, der „Hühnermarkt-Brücke".

Weiter in Richtung Norden überquert man die verkehrsreiche Jalan Pakin. An der Mündung des Kanals steht der erst 1839 errichtete **Aussichtsturm** (Menara Syahbandar), von dem aus der Hafenmeister die eintreffenden Schiffe sichtete. Hier werden die Eintrittskarten für das nahe gelegene Schifffahrtsmuseum verkauft, die auch den Zutritt zum Turm beinhalten. Acht Stockwerke höher belohnt ein guter Blick über die roten Ziegeldächer der Kontore bis hin zum Segelschiffhafen den schweißtreibenden Aufstieg.

Wenige Meter nördlich über die Jalan Pasar Ikan erreicht man das **Museum Bahari** (Schifffahrtsmuseum), das trotz eines zerstörerischen Brands im Januar 2018 weiterhin geöffnet, aber stark dezimiert ist. Es erstreckt sich über weite Teile der ehemaligen Lagerhallen der Ostindischen Handelskompanie. Die 1652 errichteten Gebäude mit ihren mächtigen Mauern, in denen früher die Waren der Kompanie – Gewürze, Kaffee und Tee – gelagert wurden, sind weiterhin einen Besuch wert. ⌚ Di–So 9–17 Uhr, Eintritt 5000 Rp.

Zurück von der Hauptstraße folgt man nun der Jl. Pakin nach links entlang des Flusses Kali Baru und erreicht nach fünf Minuten den Eingang zum ältesten Hafen Jakartas, **Sunda Kelapa**, mit einer der größten Flotten an traditionellen Lastensegelschiffen *(Pinisi)*. Rings um die *Bugis*-Schoner mit ihren hohen Masten geht es immer geschäftig zu. Vermummte Gestalten beladen die stattlichen Schiffe über schmale Holzplanken mit Zementsäcken oder entladen Obst oder Holz von den Außeninseln.

Mit einem *Sampan* (kleines Fischerboot) kann man sich durch den Hafen schippern lassen – am besten erst auf dem Rückweg von der Mole, dann gehen die Preise automatisch herunter (ca. 50 000 Rp). Wer hier am Meer eine Pause einlegen oder sich stärken möchte, läuft vor dem Ausgangstor des Hafens Richtung Osten die Jl. Baruna Raya 500 m entlang bis zur **Batavia Marina**.

Das sehenswerte **Museum Wayang** (Schattenspielmuseum) befindet sich an der Westseite des Platzes. Im Museum sind meisterhaft gearbeitete Stabpuppen *(Wayang Golek)* und aufwendig verzierte Schattenspielfiguren aus Büffelleder *(Wayang Kulit)* aus den verschiedensten Regionen Javas und Sumatras sowie *Topeng*-Masken und Puppensammlungen aus der ganzen Welt ausgestellt. Das Gebäude selbst wurde 1912 errichtet. ◷ Di–So 9–17 Uhr, Eintritt 5000 Rp, So mittags mitunter kostenlose Schattenspiel-Aufführungen auf dem Fatahillah-Platz.

Das **Balai Seni Rupa dan Keramik** (Museum für Kunst, Malerei und Keramik) an der Ostseite des Platzes ist eher enttäuschend und soll 2018 renoviert und umgestaltet werden. In dem 1870 errichteten Gebäude des ehemaligen Justizpalastes sind im linken Flügel einige Reproduktionen von Raden Saleh und nach Epochen (Japanische Besatzungszeit bis Popart der '90er) sortierte Gemälde von anderen bekannten indonesischen Malern mit knappen englischen Beschreibungen zu sehen. Im rechten Flügel ist eine kleine Keramiksammlung mit einigen Exponaten aus dem 10. Jh. sowie eine wechselnde Ausstellung untergebracht. ◷ Di–So 8–17 Uhr, Eintritt 5000 Rp.

Auf dem Fatahillah-Platz selbst ist besonders an Wochenenden viel los, und Imbissstände bieten verschiedene traditionelle (Süß-)Speisen an. In langen Reihen sind bunte Hollandräder mit gleichfarbigen Kolonialhüten aufgereiht, die für nostalgische Rundfahrten gemietet werden können. Sonntags werden in der Regel von 10 bis 14 Uhr *Wayang Golek*- oder *Kulit*-Aufführungen dargeboten.

Ancol

Taman Impian Jaya Ancol, 💻 www.ancol.com, nennt sich ein 300 ha großer Erholungs- und Vergnügungspark direkt am Meer, der mit Kindern einen Ausflug wert ist. Da immer eine kühle Brise weht, ist es hier nicht so heiß wie in der Stadt. ◷ 24 Std., Eintritt 25 000 Rp. Einzelne Attraktionen im Park müssen zusätzlich bezahlt werden (s. u.), man kann aber auch einfach herumspazieren oder am Strand sitzen. Vorbei am Golfplatz und der Bowlingbahn kommt man zur **Dunia Fantasi**. Die indonesische Mischung aus Disneyland und Rummelplatz beherbergt rund 30 Fahrgeschäfte. ◷ Mo–Fr 10–18, Sa und So 10–20 Uhr, Eintritt 200 000 Rp.

Weiter Richtung Strand erstreckt sich die **Marina Ancol**. Von diesem Jachthafen aus fahren Schnellboote nach Kepulauan Seribu (S. 165). Auf der Halbinsel gibt es verschiedene Restaurants, direkt am Meer einige Hotelanlagen, eine Seilschwebebahn und an der Lagune einen Bootsverleih.

Südlich davon lockt der **Atlantis Water Adventure Park** mit einem Wellenbad, Wasserfallpool, verschiedenen Rutschen und Kinderbecken. ◷ Mo–Fr 8–18, Sa, So 7–20 Uhr, Eintritt Mo–Fr 95 000 Rp, Sa, So 200 000 Rp.

Empfehlenswert ist das Ozeanarium **Seaworld**, wo die Unterwasserwelt Indonesiens in schön beleuchteten Aquarien präsentiert wird. Highlights sind das Haifischbecken, zwei Seekühe und ein 80 m langer gläserner Tunnel, der durch ein riesiges Becken mit Mantarochen und anderen Großfischen führt. ◷ 9–18 Uhr, Eintritt Mo–Fr 85 000, Sa, So 100 000 Rp.

Zu erreichen ist Ancol mit einem Taxi (30 000–50 000 Rp ab Zentrum) oder mit dem Transjakarta-Bus Nr. 5 Kampung Melayu–Ancol.

Glodok

Südlich des Kota Bahnhofs liegt das alte **Chinesenviertel** Glodok. Heute ist es vor allem für seine großen Einkaufscenter mit Elektronikartikeln und mehr oder weniger zwielichtigen Nachtclubs bekannt.

Die typisch chinesische Atmosphäre mit schrägen roten Ziegeldächern und obskuren, zur Straße hin offenen Läden kann wegen vieler Neubauten und der Verwüstungen während der Unruhen von 1998 nur noch in der Jalan Pancoran und Jalan Kemenangan III erahnt werden. Besonders sehenswert ist Glodok während des chinesischen Laternenfestes **Cap Go Meh**, wenn die Straßen 14 Tage nach dem chinesischen Neujahrsfest mit bunten Papierlaternen aller Größen dekoriert sind.

Rundgang durch die Chinatown

- **Länge**: ca. 1,5 km
- **Dauer**: 2 Std.
- **Beste Uhrzeit**: vormittags

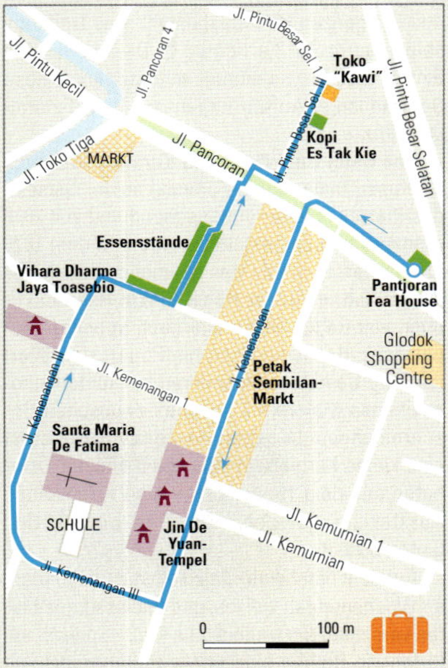

Ein schöner Spaziergang durch Glodok beginnt vor dem **Pantjoran Tea House**, Jl. Pancoran 6, wo auf einem Tisch am Straßenrand kostenloser Tee in acht Kannen bereitsteht. Diese gehen auf die Sage über den dritten Hauptmann der Chinesen, Captain Gan Djie, zurück, der in Glodok um 1670 in Solidarität mit den Straßenhändlern diesen Brauch etablierte und damit auch den Namen der gesamten Nachbarschaft, Patekoan, schuf (*pat* chin. für acht, *teko* indon. für Teekannen). Das historische Gebäude beherbergte von 1928 bis 1957 die bekannte Chunghwa Apotheke. Erst seit 2016 ist es vollkommen restauriert und bietet sich für eine Teepause und chinesisch-indonesische Stärkung in angenehmer Atmosphäre an.

Weiter geht es an alten chinesischen Apotheken *(Toko Obat)*, die ausschließlich pflanzliche Zutaten für die traditionellen Rezepturen verkaufen, die Straße hinunter. Nach 100 m biegt man links in die Jl. Kemenangan ein und befindet sich plötzlich auf dem geschäftigen **Petak Sembilan-Markt** (tgl. bis 14 Uhr). In den Geschäften und an den Ständen werden zunächst Haushaltswaren, traditionelle Snacks, Obst und Räucherstäbchen in allen Größen verkauft, danach folgen Fische, Frösche und Hühnerfüße für Menschen mit stärkeren Nerven.

Wenn die Händler in großen Käfigen Vögel anbieten, ist rechter Hand der älteste und bedeutendste chinesische Tempelkomplex der Stadt, **Jin De Yuan** (auch Vihara Dharma Bhakti genannt), erreicht. Er besteht aus mehreren Tempeln, die verschiedenen Gottheiten gewidmet sind, und wurde bereits 1650 vom chinesischen Leutnant Guo Xun Guan zu Ehren der Göttin der Barmherzigkeit errichtet. Nach der Zerstörung während der Massaker an den Chinesen wurde er 1755 neu aufgebaut und 1890 nochmals restauriert. Bis 2015 standen im Inneren jahrhundertealte buddhistische und taoistische Figuren, Glocken, Trommeln und meterhohe Kerzen. Während des chinesischen Laternenfestes Cap Go Meh im März 2015 entzündete sich ein Feuer an einer dieser Kerzen, und der gesamte Hauptbau sowie viele antike Figuren wurden zerstört. Der Wiederaufbau wird Jahre dauern; bis dahin dient eine überdachte Halle mit rotem Anstrich den Betenden. Hier sind teils aus dem Feuer gerettete, teils neue Figuren zusammengetragen, und an den Wänden hängen die Abbildungen der einst wichtigsten Statuen.

Nach dem Tempel folgen wir rechts der Jl. Kemenangan III, bis sich rechter Hand die katholische Kirche **Santa Maria De Fatima** findet. Die von einer wohlhabenden chinesischen Familie

1955 erbaute Kirche ist für ihre traditionelle chinesische Architektur, die gut erhaltene Holzdecke und die angeschlossene Ricci-Schule mit über 2500 Schülern bekannt. Am Eingang ist auf der Scheibe des *Sekretariat Paroki* Jesus mit deutlich chinesischen Gesichtszügen abgebildet. Die Jesus- und Maria-Statuen links und rechts des Altars vor kitschigem Hintergrund sind Geschenke aus Norditalien.
Weiter nördlich erhebt sich auf der linken Straßenseite der schönste Tempel Glodoks, der **Vihara Dharma Jaya Toasebio**. In den 1750er-Jahren erbaut ist er als Tempel für Händler dem Gott Da Shi gewidmet. Mit vielen Lampions an der Decke, mehreren kleinen Seitenaltaren, einem Meer aus Kerzen und Schwaden von Räucherstäbchen in der Luft bezaubert der Tempel mit einer besonderen Atmosphäre (Spende).
Weiter geht es an der nächsten Kurve nicht entlang der Hauptstraße nach links, sondern geradeaus entlang einer kleinen Gasse, die sich erst nach rechts und dann nach links – von vielen Essenständen gesäumt – zurück zur Hauptstraße schlängelt.
Von der Jl. Pancoran lohnt nun ein Abstecher entlang der Jl. Pintu Besar Selatan III gen Norden, eine enge Gasse mit ebenfalls vielen Essensständen, wo es u. a. die lokale Spezialität *Soto Betawi*, eine nahrhafte Rindfleischsuppe mit Innereien auf Kokosmilchbasis, gibt. Das berühmte, traditionelle Café **Kopi Es Tak Kie** ist bis Mittag prall gefüllt und für den starken Eiskaffee mit süßer Kondensmilch und chinesische Nudelgerichte seit 1927 beliebt. Bevor man wieder zum Ausgangspunkt des Spaziergangs zurückkehrt, lädt der vielseitige Laden **Toko „Kawi"** in der Jl. Pintu Besar Selatan III 28 ein, sich mit Tee, Kaffee, Gewürzen, chinesischen Süßigkeiten und balinesischen Schweineprodukten einzudecken, 🕒 7–17 Uhr.

Meterhohe Kerzen im ältesten chinesischen Tempel Jakartas, dem Jin De Yuan

Jakarta Zentrum

■ ÜBERNACHTUNG	■ ESSEN
(1) Yello Hotel Harmoni	1 Sate Khas Senayan
(2) Mercure Sabang	2 Essensstände
(3) Morrissey	3 Garuda
(4) Kosenda Hotel	4 Ocha & Bella
(5) Capsule Hotel Old Batavia	5 Ya Udah Bistro
(6) Six Degrees	6 Kunstkring Paleis
(7) Kempinski Hotel	7 Warung Daun
	8 Lara Djonggrang
■ SONSTIGES	9 Seribu Rasa
1 Gedung Kesenian Jakarta	10 Paulaner Bräuhaus
2 Bharata Theatre	11 Cali Deli
3 Equal Park	
4 Melly's Garden	**■ TRANSPORT**
5 Jaya Pub	1 Transjakarta-Haltestelle Monumen Nasional
6 Bersih Sehat	
7 Relax Living	
8 Apotheke	2 Damri-Busse zum Flughafen (Gambir)
9 Goethe-Institut	
10 Camden Bar	3 Shuttle zum Monas
11 Immigrant	4 Transjakarta-Haltestelle Sarinah
12 Skye	
13 Deutsche Botschaft	5 Züge zum Flughafen
14 Trödelmarkt	
15 Spa im Four Seasons Hotel	

Rings um den Merdeka-Platz

Zu Beginn des 19. Jhs. waren die meisten Verwaltungsgebäude aus der verseuchten Altstadt in das neue Batavia rings um den Koningsplain umgesiedelt worden. Der nahezu 1 km² große **Lapangan Merdeka** (Unabhängigkeitsplatz) ist noch heute das Zentrum des modernen Jakarta. Südlich schließt sich mit dem Stadtteil Kebon Sirih die größte Agglomeration an Hotels aller Preisklassen und mit Menteng der teuerste Stadtteil mit elitären Villen an. Westlich verläuft die **Jalan M. H. Thamrin**, an der sich Botschaften, Ministerien und Bürotürme der internationalen Firmen und Banken konzentrieren. Nördlich gelangt man über das Chinesenviertel Glodok hin zur Altstadt Kota. Und östlich dehnen sich mit dem Pasar Baru und Pasar Senen der größte Textilien- und der größte traditionelle Markt der Stadt aus.

Nationaldenkmal (Monas)

Der Merdeka-Platz wird im Zentrum vom 132 m hohen Prunkstück der Denkmalbaukunst Sukarnos, dem Monumen Nasional (kurz: Monas), überragt. Ein Shuttle bringt Besucher vom südlichen Parkplatz zum Eingang und Ticketschalter. Durch einen Tunnel gelangt man zur **Unabhängigkeitshalle**, wo in Dioramen ein Überblick über die indonesische (Militär-)Geschichte gewährt wird. Einige Stufen oberhalb wird in der marmornen **Kontemplationshalle** das Original der Unabhängigkeitserklärung aufbewahrt, die über Lautsprecher von Sukarnos Originalstimme verlesen wird. Mit einem Fahrstuhl geht es hinauf zur **Aussichtsplattform** (115 m) unterhalb der mit 35 kg Gold überzogenen Flamme. Von dort lässt sich am besten frühmorgens Jakarta aus der Vogelperspektive betrachten. ⌚ Di–So 8–22 Uhr, Eintritt inkl. Fahrstuhl 20 000 Rp.

Nationalmuseum

Westlich des Platzes befindet sich das **Museum Nasional**, Jl. Medan Merdeka Barat 12, ☎ 021-344 7778, 💻 www.museumnasional.or.id, auch **Gedung Gajah** („Elefantengebäude"), so genannt wegen des dort stehenden, vom thailändischen König als Geschenk überreichten Bronze-Elefanten. Bereits 1868 von den Holländern gegründet ist es mit mehr als 70 000 Ausstellungsstücken eines der größten und am besten bestückten Museen Südostasiens. Am Anfang einer Indonesienreise kann man sich hier umfassend über die Vulkane und Inseln, Völker und ihre Bräuche, traditionelle Kunst und Kunstgewerbe auf allen Inseln des Archipels informieren. Für Kinder gibt es interaktive Spiele an großen Bildschirmen.

Das Museum besitzt eine beeindruckende Sammlung hinduistischer Kunstwerke aus Java, darunter auch Porzellan der Han-, Tang- und Ming-Zeit. Im Innenhof und in der Galerie des im klassischen Stil errichteten Bauwerkes sind Statuen, Friese und Reliefs aus der hinduistisch-buddhistischen Periode ausgestellt. Im rechten Flügel ermöglicht die regional gegliederte ethnografische Sammlung (mit einer detaillierten Übersichtskarte) einen Einblick in die Vielfalt der indonesischen Völker und Kulturen. Gegenüber dem Eingang findet sich eine umfassende Bronzesammlung mit Fundstücken aus vielen Provinzen.

An keinem anderen Ort Indonesiens wird die jahrtausendealte Kultur des Landes eindrucksvoller vermittelt als in der prähistorischen Abteilung mit Repliken des Java-Menschen *(Homo erectus)* und des Flores-Menschen *(Homo floresiensis)*, einer Vielzahl an Kultgegenständen, Steininschriften, hinduistischen und buddhistischen Statuen. Sie ist im neueren, vierstöckigen Anbau *(Gedung B)* zu finden, wo zudem im vierten Stock die Gold- und Keramikabteilung mit über tausend Jahre alten Tonwaren und Porzellan, überwiegend aus dem chinesischen Raum, untergebracht ist.

€ Empfehlenswert ist die kostenlose englischsprachige **Führung** von Mitgliedern der Indonesian Heritage Society jeden Di, Mi, Do und Sa um 10 und Do auch 13.30 Uhr. Deutschsprachige Führungen nach Absprache, 💻 www.heritagejkt.org. 🕒 Di–Do 8–16, Fr 8–11 und 13–16, Sa, So 8–17 Uhr, Eintritt 10 000 Rp.

JAVA

Vom Gambir-Bahnhof zum Gedung Pancasila

Der Osten des Platzes wird vom zweistöckigen **Gambir-Bahnhof** dominiert. Auf der dem Bahnhof gegenüberliegenden Straßenseite steht etwas zurückversetzt die **Immanuel-Kirche**, ein runder Kuppelbau mit einem Eingangstor, das von einem dorischen Tempel stammen könnte. 1839 wurde die nach König Willem I. benannte Willemskerk als erste gemeinsame Kirche von Lutheranern und Reformierten eröffnet.

Spaziert man die Jalan Pejambon hinauf, ist das **Gedung Pancasila** zügig erreicht. Das Unabhängigkeitsgebäude – um 1830 als Residenz des Militärbefehlshabers im klassizistischen Stil erbaut – war Schauplatz der Ausarbeitung der indonesischen Verfassung.

Um den Lapangan Banteng

Weiter Richtung Nordosten wird das weitläufige, grasbewachsene Lapangan Banteng („Rinderfeld") vom kolossalen bronzenen **Irian-Jaya-Befreiungsdenkmal** überragt. Im 19. Jh. war es das Zentrum des neuen Batavias außerhalb der Stadtmauern. Im Westen des Platzes steht die katholische **Kathedrale**, 1901 im neogotischen Stil mit einigen indonesischen Einflüssen erbaut. Die 77 m hohen Türme wurden aus Teakholz errichtet, denn die frühere Kathedrale aus dem Jahre 1833 war 1880 unter dem Gewicht der Türme zusammengebrochen.

Gegenüber erhebt sich die gigantische Kuppel der **Istiqlal-Moschee** aus weißem Marmor. Das monumentale Bauwerk ist eine der größten Moscheen Südostasiens und bietet Platz für über 60 000 Gläubige. Sie wurde von einem christlichen Architekten aus Sumatra entworfen und 1978 nach 17 Jahren Bauzeit offiziell eröffnet. Außerhalb der Gebetsstunden kann die Moschee vom zweiten Stock aus besichtigt werden. In einem abschließbaren Raum werden die Schuhe abgestellt, und Besucher in kurzer Kleidung bekommen einen langärmlichen Umhang ausgeliehen (Spende).

Süd-Jakarta

Taman Mini

Etwa 20 km südöstlich des Stadtzentrums an der Schnellstraße nach Bogor liegt der Themenpark **Taman Mini „Indonesia Indah"**, Pondok Gede, 💻 www.tamanmini.com. Auf 165 ha reihen sich rings um einen künstlichen See maßstabsgetreu nachgebaute traditionelle Häuser aus allen indonesischen Provinzen. In jedem Bauwerk sind unter anderem regionaltypische Kostüme, Werkzeuge, Musikinstrumente und Kunsthandwerk ausgestellt. Mit einer Gondelbahn können Besucher über den See schweben, in dem die indonesische Inselwelt im Kleinformat nachgebildet ist. Zudem können verschiedene Museen, ein IMAX-Kino sowie Kinderattraktionen gegen einen Aufpreis von je 5000–180 000 Rp besucht werden. 🕒 7–22 Uhr, Eintritt 10 000 Rp.

Empfehlenswert ist zunächst eine Einführung in die kulturelle Vielfalt Indonesiens im **Museum Indonesia**, das direkt am westlichen Haupteingang in einem großen Bauwerk im balinesischen Stil untergebracht ist. Auf drei Stockwerken umfasst die Ausstellung Trachten (1. Stock), traditionelle Gebrauchsgegenstände und Werkzeuge (2. Stock) sowie Kunsthandwerk (3. Stock) aus allen Teilen Indonesiens. 🕒 9–16 Uhr, Eintritt 15 000 Rp.

Innerhalb des weitläufigen Parks kann man sich mit dem eigenen Auto (10 000 Rp) oder Motorrad (6000 Rp) fortbewegen, oder man mietet vor Ort ein Fahrrad, springt auf eine vorbeizuckelnde Minieisenbahn auf oder wagt sich in die Gondelbahn. Am Informationszentrum werden kostenlose Karten ausgehändigt und englischsprachige Guides für 150 000 Rp p. Std. angeboten.

Der Park wird am besten mit dem Transjakarta-Bus Nr. 9 erreicht. Von der Endhaltestelle Pinang Ranti fahren rote Minibusse für 4000 Rp bis zum Eingangstor.

Ragunan-Zoo

Der **Taman Margasatwa Ragunan** (Ragunan-Zoo), 💻 www.ragunanzoo.jakarta.go.id, ist ein 147 ha großer Tierpark, 16 km südlich des Zentrums im Stadtteil Pasar Minggu. Der Zoo eignet sich gut, um der Hektik Jakartas zu entfliehen. Er beherbergt knapp 2000 Tiere und über 400 Tierarten, von denen der Großteil aus Indonesien stammt, darunter Sumatra-Tiger, Komodo-Warane, Orang-Utans, Nashornvögel, Anoa-Rinder und Banteng (Sunda-Ochsen). Lohnend ist ein Besuch des Primatenzentrums mit Gorillas und Orang-Utans (Eintritt 6000, Sa, So 7500 Rp). Im Zoo gibt es mehrere einfache Restaurants, einen Fahrrad- und Bootsverleih sowie ein Angelbecken. 🕒 Di–So 6–16 Uhr, Eintritt 4000 Rp.

Anfahrt am besten mit dem Transjakarta-Bus Nr. 6 bis zur Endhaltestelle Ragunan direkt am nördlichen Haupteingang des Zoos.

ÜBERNACHTUNG

Zentrum: Cikini, Menteng und Thamrin

Karte S. 150

Airbnb, 💻 www.airbnb.com. Im gesamten Zentrum werden Wohnungen und Zimmer günstig vermietet. Rund um die zentrale Jl. Thamrin, in Gehweite zur Grand Indonesia Mall, haben Apartments häufig eine schöne Aussicht und Poolzugang. ❸–❺

€ **Capsule Hotel Old Batavia**, Jl. Cikini Raya 60z, 📞 021-390 5123, 💻 www.fb.com/capsulehoteljakarta. Modernes, sauberes und sehr freundliches Hostel mit gemütlichen Schlafkabinen und viel Stauraum für Rucksäcke; auch Frauen- und Doppelzimmer. Nettes Café mit indonesischen Gerichten. Gemeinschaftsbereiche, -küche und Dachgarten mit Bar. Das Personal bietet günstige Stadtführungen an. Frühstück inkl. ❷–❹

Kempinski Hotel, Jl. MH Thamrin 1, 📞 021-2358 3800, 💻 www.kempinski.com. Eines der ersten 5-Sterne-Häuser Südostasiens und lange Zeit Jakartas Wahrzeichen direkt im Herzen der Stadt am HI-Kreisverkehr. Das Restaurant bietet einen nicht ganz billigen, aber einmaligen Sonntagsbrunch. ❽

Kosenda Hotel, Jl. Wahid Hasyim 127, 📞 021-3193 6868, 💻 www.kosendahotel.com. Trotz der engen Zimmer ist das Hotel dank seiner hochwertigen Ausstattung und dem individuell-hippen Design zu empfehlen – gegen Aufpreis geräumiger. Umfangreiches Frühstücksbuffet, Kaffeerösterei und eine der besten Rooftop-Lounges Jakartas (ab 17 Uhr). Wegen lauter Musik aus der Lounge den 8. Stock lieber meiden. ❻–❽

Mercure Sabang, Jl. Agus Salim 11-13, 📞 021-350 3066, 💻 www.mercure.com. In bester Lage 500 m südlich vom Nationaldenkmal. Neueres 4-Sterne-Haus mit kleinen, modern ausgestatteten Zimmern. Pool und viele Pflanzen im Innenhof. Restaurant, Fitnesscenter und Spa sowie professioneller Service. Weitere Ableger in den Stadtteilen Cikini, Glodok und Harmoni. ❺

💼 **Morrissey**, Jl. Wahid Hasyim 70, 📞 021-2993 3333, 💻 www.iammorrissey.co. Moderne und geräumige Einzimmer-Apartments mit voll ausgestatteten Kochecken, zeitgemäßer Kunst, vielen Lichtquellen und gemütlichen Betten. Im 6. Stock Überlaufpool, Fitnesscenter und große Küche. Hervorragendes angeschlossenes Restaurant, zuvorkommendes Personal, gutes Frühstücksbuffet inkl. ❻–❼

Six Degrees, Jl. Cikini Raya 60, 📞 021-314 1657, 💻 www.jakarta-backpackers-hostel.com. Das beliebte Hostel bietet klimatisierte Doppel- oder Mehrbettzimmer mit Warmwasser, teils mit privatem Bad, eine Gemeinschaftsküche und einen Dachgarten mit Bar, Gazebos, Boxsack und Aussichtsplattform. Gut durchdachtes Konzept, geführte Touren am Wochenende. ❷–❹

Norden: Kota und Glodok

The Packer Lodge, Jl. Kemurnian IV 20-22, 📞 021-629 0162, 💻 www.thepackerlodge.com, Karte S. 208. Hippes, modernes Hostel nahe der Glodok-Bushaltestelle. Funktional eingerichtete Einzelzimmer und Kapselschlafsäle mit zwei, sechs und acht Betten, Gemeinschaftsbad, große Schließfächer, Gemeinschaftsräume und -küche. Frühstück inkl. ❷–❸

Wonderloft Hostel, Jl. Bank 6-8, ✆ 021-2607 2218, 💻 www.wonderloft.id, Karte S. 145. In Gehweite zum Fatahillah-Platz und zu vielen Museen ist das Hostel mit Kapselschlafsälen und Doppelzimmern durch die gute Lage für kurze Aufenthalte perfekt. Supermarkt im Haus, inkl. einfachem Frühstück ab 90 000 Rp im Schlafsaal bei Online-Buchung. ❷–❸

Yello Hotel Harmoni, Jl. Hayam Wuruk 6, ✆ 021-5296 0492, 💻 www.yellohotels.com, Karte S. 150. Im futuristischen Glasbau nahe der zentralen Harmoni-Bushaltestelle bekommt man ein top Preis-Leistungs-Verhältnis: saubere, kleine Zimmer in modern-stilvollem Ambiente, schöne Aussicht dank großer Fenster, gutes Frühstücksbuffet und bei Nachfrage an der Rezeption kostenfreier Zugang zum Pool des Schwesterhotels im gleichen Haus. ❹–❺

Süden: Cilandak und Kemang

Karte S. 142/143

grandkemang Hotel, Jl. Kemang Raya, ✆ 021-7194121, 💻 www.mesahotelsandresorts.com. Etwas älteres, aber beliebtes Designerhotel im Herzen Kemangs und in Gehweite zu vielen Restaurants, Bars und Geschäften. Komfortable Zimmer mit Marmorbad. Gutes Frühstücksbuffet, Pool und Fitnesscenter inkl. ❻–❼

Pesona Guest House, Jl. MPR III Dalam Nr. 3, Cilandak Barat, ✆ 0812-8893 8973, 💻 www.pesonaguesthouse.com. 3 nette Gästezimmer in einer edlen, ruhigen Villa mit Pool außerhalb des Zentrums im südlichen Stadtteil Cilandak, ca. 5 km vom Ragunan-Zoo entfernt. Die herzensgute Gastgeberin Nana und ihr kanadischer Mann Mel umsorgen ihre Gäste bestens und organisieren Mietwagen, Koch- und Indonesischkurse. Frühstück inkl. ❺

Westen: Flughafennähe

€ **B&B Tomang**, Jl. Gelong Baru Timur 6, Tomang, ✆ 0812-8140 8063, 💻 https://bedandbreakfasttomang.wordpress.com. Kleines, ruhiges und sehr sauberes Gästehaus. Alle Zimmer mit guten Betten, AC und Safe sowie Gemeinschaftsbad. Herzlicher, hilfsbereiter Gastgeber. Frühstück inkl. ❸

Ibis Styles Airport, Jl. Raya Bandara Soekarno-Hatta, ✆ 021-2932 7777, 💻 www.ibis.com, Karte S. 142/143. Neuestes Hotel in Flughafennähe, linker Hand direkt vor der Einfahrt ins Flughafengelände. Gut geeignet für einen Kurzaufenthalt zwischen zwei Flügen oder bei einer frühen Abflugzeit. Funktional ausgestattete Zimmer, Pool und Fitnessstudio. Frühstück und Shuttle zum Flughafen inkl. ❹–❺

ESSEN

Zentrum

Menteng und Cikini (Karte S. 150)

Cali Deli, Jl. Surabaya 22, ✆ 021-9801 1061. Direkt am Trödelmarkt das Mutterhaus der vietnamesischen Baguettes, eine kleine Erfolgsgeschichte aus Jakarta. Gebackene Baguettes mit knackigem Gemüse sowie Suppen und Nudelgerichte ab 45 000 Rp und starker vietnamesischer Kaffee auf einer grünen, luftigen Terrasse. 🕒 9–22 Uhr.

Garuda, Jl. Agus Salim 59, ✆ 021-3193 5881. Zweistöckiges Restaurant mit großer Auswahl an teils scharfen Padang-Spezialitäten, die auf kleinen Tellern serviert werden, bis der Tisch vollgestellt ist. Leckeres Rendang-Fleisch, Gemüseteller und frittiertes Tempeh. Man bezahlt nur, was man isst, pro Teller ca. 20 000–30 000 Rp. 🕒 24 Std.

€ **Jalan Sabang**, Jl. Agus Salim. Ab 16 Uhr einer der vielen Nachtmärkte der Stadt mit diversen Garküchen. Hier bekommt man auf Plastikhockern sitzend und neben Woks auf großen Gaskochern einen guten Überblick über die kulinarische Vielfalt Indonesiens – und die Preise außerhalb der Restaurants. 🕒 16–23 Uhr.

Kunstkring Paleis, Jl. Teuku Umar 1, Menteng, ✆ 021-390 0899, 💻 www.tuguhotels.com. Die denkmalgeschützte Kolonialvilla wurde 1914 erbaut und nach Jahren des Verfalls 2011 restauriert. Im oberen Stockwerk befindet sich eine Kunstgalerie, unten ein Restaurant, Café und Kunstgeschäft. In toller Atmosphäre wird eine breite Auswahl an *Nyonya-* (sinomalaiischen), südostasiatischen und westlichen Gerichten zu mittleren bis gehobenen Preisen angeboten. 🕒 11–23 Uhr.

Lara Djonggrang, Jl. Teuku Cik Ditiro 4, Menteng, ✆ 021-315 3252, 💻 www.tuguhotels.com. Eines der urigsten indonesischen Restaurants der Stadt, in dem man zurück ins Java des 14. Jhs. versetzt wird. Bei schummrigem Kerzenlicht und umgeben von javanischen Antiquitäten und mystischen hinduistischen Statuen werden in den verwinkelten Räumen u. a. authentische Reistafeln *(Nasi Campur)* aus den verschiedensten Regionen Indonesiens serviert. Umfangreiche Wein- und Cocktailkarte. Mittlere Preise. ⌚ 11–24 Uhr.

Ocha & Bella, Jl. Wahid Hasyim 70, ✆ 021-2993 3333, 💻 www.ochaandbella.com. Edles italienisch-japanisches Restaurant, wo sich die Oberschicht Jakartas trifft. Die offene Küche bereitet preisgekrönte Antipasti und Salate, hausgemachte Pasta, Pizza aus dem Steinofen sowie Fusion-Gerichte zu. Am Wochenende Livemusik. Mittlere bis gehobene Preise. ⌚ 11–24 Uhr.

Sate Khas Senayan, Jl. Kebon Sirih Raya 31 A, ✆ 021-3192 6238. Im Mutterhaus der beliebten Kette, umgeben von großen Schattentheaterfiguren an der Wand, werden Hähnchen-, Rind-, Lamm- und Seafood-Satespieße serviert. Auch Seafood, traditionelle Ochsenschwanzsuppe *(Sop Buntut)* und andere indonesische Spezialitäten. Mittlere Preise. ⌚ 10.30–22 Uhr.

Seribu Rasa, Jl. Haji Agus Salim 128, ✆ 021-392 8892, 💻 www.seriburasa.com. Zwei Gehminuten von der deutschen Botschaft entfernt, lädt das edle Lokal ein, die „1000 Geschmäcker" Südostasiens kennenzulernen. Bekannt für viele Seafood- und Fisch-Variationen inkl. ausgezeichneten Krebsgerichten. Mehrere Ableger in verschiedenen Malls der Stadt. Mittlere Preise. ⌚ 11–15, 18–22 Uhr.

Ya Udah Bistro, Jl. Johar 15, ✆ 021-314 0343, 💻 www.yaudahbistro.com. Leicht an der gelben Front mit einem großen roten Punkt zu erkennen. Das beliebte, halb offene Restaurant bietet eine breite Auswahl deutscher und indonesischer Gerichte. Gute Gulaschsuppe, aber die Würste und Bratkartoffeln sind enttäuschend. Zudem Frühstück mit selbst gebackenem Brot. Große Portionen zu günstigen Preisen, mittlere Qualität. ⌚ 8–24 Uhr.

Warung Daun, Jl. Cikini Raya 26, ✆ 021-391 0909, 💻 www.warungdaun.com. Gemütliche Kolonialvilla mit javanischem Dekor und englischer Karte. Alle Gerichte sind typisch javanisch oder sundanesisch und nur mit Zutaten aus Bio-Anbau sowie ohne Glutamat zubereitet. Verschiedene *Sambal*-Sorten sowie große Auswahl an Gemüsebeilagen, Fisch und Seafood. Unbedingt die traditionellen Getränke probieren. Mittlere Preise. ⌚ 11–21.30 Uhr.

Thamrin und Kuningan (Karte S. 150)

Dim Sum Inc., Plaza Festival, Jl. Rasuna Said, ✆ 021-526 3178, 💻 www.dimsum-inc.com. Die besten Dim Sum Jakartas rund um die Uhr! Das erfolgreiche Konzept umfasst frische chinesische Teigtaschen gefüllt mit Shrimps, Fleisch oder Gemüse; Bier, Partymusik und ein junges Publikum vor oder nach einem Clubbesuch am Wochenende. ⌚ 24 Std.

Paulaner Bräuhaus, Grand Indonesia, East Mall, 2. Stock, ✆ 021-2358 3871, 💻 www.paulaner-brauhaus.com/jakarta. Die bekannteste deutsche Gaststätte und einzige Mikrobrauerei Indonesiens. Es werden nicht nur typisch deutsche und bayerische Speisen, sondern auch hervorragendes, selbst gebrautes Bier serviert. Authentische Küche und Preise wie in Deutschland. Laute Livemusik; deutsche Bäckerei nebenan. ⌚ 11.30–24, Fr–Sa bis 1 Uhr.

Norden

Glodok (Karte S. 145)

Kopi Es „Tak Kie", Gang Gloria, Jl. Pintu Besar Selatan III Nr. 4–6, 💻 www.kopiestakkie.com. Legendäres Café, dass seit 1927 einen starken Kaffee mit Kondensmilch oder auf Eis serviert und auch schon vom Präsidenten Jokowi besucht wurde. Dazu gibt es günstige chinesische Nudelgerichte. Achtung, die *Sup Bulus*, ist eine Suppe mit Schildkrötenfleisch! ⌚ 6–14 Uhr.

Pantjoran Tea House, Jl. Pancoran 6, 💻 www.pantjoranteahouse.com. Liebevoll eingerichtetes historisches Gebäude in der Chinatown (S. 148) mit leckeren chinesischen Spezialitäten, u.a. gutes Dim Sum und traditionelle Teezeremonien. Ideal für eine Pause nach einem Spaziergang durch Glodok. Mittlere Preise. ⌚ 7–21 Uhr.

€ **Warteg Gang Mangga**, Jl. Kemurnian 5 Nr. 1C, ✆ 021-634 2962. Beliebtes, günstiges Warung mit grüner Fassade in der Chinatown unweit der Packer Lodge. Große

Auswahl an indonesischen Hauptspeisen und vielen vegetarischen Beilagen, die man sich selbst buffetartig zusammenstellt. Freundliche Betreiber. ⌚ 24 Std.

Kota (Karte S. 145)

Batavia Marina, Jl. Baruna Raya 9, 💻 www.bataviamarina.com. Wenige Minuten zu Fuß vom Sunda Kelapa-Hafen. Das koloniale Backsteingebäude ist innen mit Teak und Memorabilien luxuriös eingerichtet und wird auch für Hochzeiten genutzt. Indonesische Speisen ab 50 000 Rp, Blick über den anliegenden Jachthafen und das Meer. Schöne Aussicht vom Rooftop mit Leuchtturm. ⌚ 10–22 Uhr.

Café Batavia, Jl. Pintu Besar Utara 14, ☎ 021-691 5531. Zwischen Tourifang und stilvoller Attraktion befindet sich die schön restaurierte Kolonialvilla direkt am Fatahillah-Platz mit bestem Blick auf das Jakarta History Museum. Von Memorabilien aus dem Jakarta der 1950er-Jahre umgeben, kann man hier in der Mittagshitze bei einem Drink abkühlen. Leider insgesamt überteuert. Tgl. ab 20 Uhr, Sa und So ab 14 Uhr Jazz-Livemusik. ⌚ 8–2 Uhr.

Historia, Jl. Pintu Besar Utara 11, ☎ 021-690 4188. An der bunten, belebten Fußgängerpromenade, die zum Fatahillah-Platz führt, lädt die kühle, ehemalige Lagerhalle im kolonialen Stil mit englischer Karte, indonesischen Gerichten ab 35 000 Rp, tropischen Smoothies und Mocktails und gutem Kaffee und Ale zum Pausieren ein. ⌚ 10–21 Uhr.

Süden

Kemang (Karte S. 142/143)

Die Stube, Jl. Kemang Raya 2, ☎ 021-7179 3486, 💻 www.diestube.co.id. Typisch deutsches Gasthaus mit Bedienungen im Dirndl, in dem deftige, hausgeschlachtete Spezialitäten der höchsten Qualität serviert werden. Dazu verschiedene deutsche Biere, Schnäpse und Weine zu mittleren bis gehobenen Preisen. Mi „All You Can Eat"-Bratwurst. ⌚ 10–24 Uhr.

El Asador, Kemang Point Building, Jl. Kemang Raya 3, ☎ 021-718 2206, 💻 www.elasador.co.id. Authentisches südamerikanisches Steakhaus, wo das Fleisch über offenem Holzfeuer zur Perfektion gegrillt wird. Dazu leckere Saucen und Salate. Nettes Ambiente, mittlere bis gehobene Preise. ⌚ 11–24 Uhr.

Food Garden, Jl. Kemang 1 Nr. 10. Beliebter Food Court mitten in Kemang mit über 20 verschiedenen Essensständen, die von indonesischen Suppen und *Sate* bis zu Burger und Steak zu günstigen Preisen jeden Heißhunger bedienen. Mit Biergarten ähnlichem Außenbereich und lauter Livemusik. ⌚ 17–24 Uhr.

UNTERHALTUNG

Bars

Zentrum

Basque, Noble House Building, 8. Stock, Mega Kuningan, 💻 https://basquejkt.com, Karte S. 142/143. Die angesagteste Bar der Expats und Reichen. Tagsüber eine trendige Tapas-Bar, abends DJs, Partystimmung zu Charthits und gestyltes Publikum. Spannende Gin+Tonic-Auswahl, über 40 verschiedene Whiskies. Gehobene Preise. ⌚ 11–1, Fr, Sa bis 3 Uhr.

Camden Bar, Jl. Cikini 2 Nr. 1, 💻 www.camdenjkt.com. Beliebte britische Bar, innen etwas dunkle Pubatmosphäre mit Billardtisch, draußen schöner grüner Biergarten. Eiskaltes Bintang vom Fass, Cider und Longdrinks zu guten Preisen, mittelmäßige Gerichte. ⌚ 11–2 Uhr.

Equal Park Bar, Jl. Jaksa 9, 💻 www.fb.com/equalparkcafejaksa, Karte S. 150. Entspannte, gut besuchte Reggae-Bar mit Livemusik ab 22 Uhr auf der ehemals beliebten Jalan Jaksa. Günstiges Bier und Cocktails. ⌚ 18–3 Uhr.

Jaya Pub, Gedung Jaya, 2. Stock, Jl. Thamrin 12, 💻 www.fb.com/The-Jaya-Pub-78333773676, Karte S. 150. Eins der ersten Pubs der Stadt, Einrichtung und Kundschaft scheinen noch die gleichen zu sein wie in den 70er-Jahren. Für ein entspanntes Bier bei Livemusik ab 21 Uhr zu empfehlen. Mittlere Preise. ⌚ 17–2 Uhr.

K22 Bar, The Fairmont Hotel, 22. Stock, Jl. Asia Afrika 8, 💻 www.fairmont.com, Karte S. 142/143. Elegante Open Air-Bar im 22. Stock des Luxushotels mit fantastischem Blick auf die Skyline. Kreative Cocktails, internationale Weine und Biere sowie asiatisch-westliche Snacks zu überteuerten Preisen. Jeden Do Ladies Night mit kostenlosen Drinks von 19–22 Uhr. Reservierung empfohlen. ⌚ 17–1 Uhr.

Lucy in the Sky, Fairground Building, 1. Stock, Jl. Jend. Sundirman 55, 🖳 www.lucyinthesky jakarta.com, Karte S. .142/143 Inmitten der Bürotürme des Sudirman Central Business Districts (SCBD) trifft sich ein junges Publikum in einem entspannten Open Air-Café mit vielen Pflanzen. An Wochenenden Clubstimmung mit DJs und Eintritt 150 000 Rp. Gehobene Preise. ⌚ 16–1, Fr, Sa bis 3 Uhr.

€ **Melly's Garden**, Jl. Kebon Sirih Timur Dalam 37-39, 🖳 www.fb.com/Mellys GardenJakarta, Karte S. 150. Nette Bar um einen großen Garten mit modern balinesischem Ambiente und allabendlicher Livemusik. Die Getränkeauswahl umfasst Bintang, Warsteiner und Erdinger sowie Cocktails zu guten Preisen. Dazu wird Fingerfood serviert. Leider scheinen sich die Mücken hier auch wohlzufühlen. ⌚ 8–3 Uhr.

Skye, Menara BCA, 56. Stock, Grand Indonesia, Jl. MH Thamrin 1, 🖳 www. ismaya.com/skye, Karte S. 150. Auf dem Dachgarten des BCA-Büroturms genießen die aufgebrezelten Gäste auf 230 m den besten Blick über die Stadt. Internationales Menü zu gehobenen Preisen, aber durchaus das Erlebnis wert. Kleiderordnung: Hemden für Herren und hohe Absätze für Damen. ⌚ 16–1, Sa, So 11.30–2 Uhr.

Kemang (Karte S. 142/143)

Beer Brother, Jl. Taman Kemang 2 Nr. 28, 🖳 www.beerbrotherkemang.com. Großer und günstiger Biergarten, wo internationale Fußballspiele auf Leinwänden übertragen werden, Indie-Bands auftreten und eine riesige Auswahl an Bieren und Spirituosen ausgeschenkt werden. Das Essen ist nicht empfehlenswert. ⌚ 17–1, Fr, Sa bis 3 Uhr.

Bremer Beer Garden, Jl. Kemang I 8, 🖳 www.fb.com/Bremer-Beer-Garden-91114576449. Wohl der schönste Biergarten Jakartas mit langen Holztischen und jungem Publikum. Gute Auswahl an internationalen Bieren zu angemessenen Preisen. Jeden Fr Livemusik ab 22 Uhr. ⌚ 17–2 Uhr.

Eastern Promise, Jl. Kemang Raya 5, 🖳 www. epjakarta.com. Britische Bar mit typischem Pub-Essen und erstaunlich großer Auswahl an indischen Gerichten. Überwiegend westliches Expat-Publikum, mehrere Billardtische und rockige Livemusik am Wochenende im hinteren Biergarten. ⌚ So–Do 10–1, Fr, Sa bis 3 Uhr.

Clubs

Alle Clubs in Jakarta haben eine strenge Kleiderordnung: Hemden für Herren und hohe Absätze für Damen. Der Eintritt kostet in der Regel 200 000 Rp inkl. Longdrink.

Apollo, Bellagio Boutique Mall, 1. Stock, Mega Kuningan, 🖳 www.apolloclub-jakarta.com, Karte S. 143. Der angesagteste Gay-Club beider Geschlechter mit Kabarettshows, muskulösen Go-go-Tänzern und imposanten Dragqueens. ⌚ Mi–Sa 21–4 Uhr.

Dragonfly, Graha BIP, Jl. Gatot Subroto 23, 🖳 www.ismaya.com/dragonfly, Karte S. 142/143. Glamouröser Nachtclub mit Restaurant und Gästen aus Jakartas High Society. Ausgezeichnetes Soundsystem, angenehme Clubmusik und überteuerte Drinks. Mi wird es zur Ladies' Night ab 1 Uhr am vollsten. ⌚ 15–4.30 Uhr.

Immigrant, Plaza Indonesia, 6. Stock, Jl. Thamrin, 🖳 www.immigrant-jakarta.com, Karte S. 150. Trendiger Club im Zentrum Jakartas in einer der beliebtesten Malls. Immer gut besucht, kleiner Dancefloor, Elektro-, Top 40- oder R'n'B-Abende. ⌚ 11–4 Uhr.

X2, Plaza Senayan Arcadia, 4. Stock, Jl. Asia Afrika 8, Senayan, 🖳 www. x2club.net, Karte S. 142/143. Einer der größten Clubs der Stadt mit 4 Tanzflächen und einem herausgeputzten Mittelklassepublikum, das vor allem R'n'B und Chartmusik in ausgelassene Tanzstimmung bringt. ⌚ Mi–Sa 21–4.30 Uhr.

THEATER UND KULTURZENTREN

Sofern nicht anders angegeben, Karte S. 150.

Bharata Theatre, Jl. Kalilio 15, ✆ 021-424 4442. Unweit des Pasar Senen gibt es javanisches Volkstheater, begleitet von Gamelan-Musik *(Ketoprak)* und Sa um 20 Uhr *Wayang Wong*-Aufführungen („menschliches" *Wayang*) mit Themen des *Ramayana* und *Mahabarata*. Eintritt 40 000–60 000 Rp.

Gedung Kesenian Jakarta, Jl. Gedung Kesenian 1, ✆ 021-344 1892, 🖳 www.gedung kesenianjakarta.co.id. Einziges erhaltenes Theater aus der Kolonialzeit. Traditionelle und

moderne Musik-, Tanz- und Theateraufführungen. Eintritt ab 75 000 Rp.
Goethe-Institut, Jl. Sam Ratulangi 9–15, ✆ 021-2355 0208, 💻 www.goethe.de/jakarta. Umfangreiche Bibliothek mit deutschen Zeitungen und Büchern. Außerdem werden häufig deutsche Filme gezeigt und andere kulturelle Veranstaltungen organisiert.
Taman Ismail Marzuki, Jl. Cikini Raya 73, ✆ 021-315 4087, 💻 http://tamanismailmarzuki.jakarta.go.id. Wichtigstes Kulturzentrum der Stadt, das das Jakarta Art Institute, 6 Theater, mehrere Galerien und ein Planetarium beherbergt. Das breite kulturelle Programm ist in einem Heftchen abgedruckt und liegt in Hotels und Cafés aus. Eintritt teils kostenlos, Aufführungen für 50 000–100 000 Rp.
Teater Salihara, Jl. Salihara 16, Süd-Jakarta, Karte S. 142/143, ✆ 021-789 1202, 💻 www.salihara.org. Erstes Black-Box-Theater Indonesiens und Teil des modernsten Kulturzentrums des Landes. Abwechslungsreiches Programm von meist modernen Tänzen und Theaterstücken mit traditionellen Einflüssen. Außerdem ein gemütliches Café. Informative, englische Website, Eintritt 50 000–150 000 Rp. Studentenrabatte.

EINKAUFEN

Einkaufszentren

Jakarta hat über hundert Einkaufszentren, die teils noble Designerläden, teils kleine chaotische Technikzubehörgeschäfte beherbergen. Immer gibt es einen großen Food Court und z. T. etliche Restaurants, Bars und Nachtclubs. Karte S. 142/143, sofern nicht anders angegeben.
Grand Indonesia, Jl. Thamrin 1, Karte S. 150, bestehend aus einer East und einer West Mall direkt am zentralen Kreisverkehr, mit großer Auswahl an vielseitigen Geschäften und Restaurants. In der East Mall sind u. a. die deutsche Bäckerei Kempi Deli und die Buchhandlung Gramedia zu finden. In der West Mall sind u. a. die Kinokuniya-Buchhandlung und das Geschäft Alun-Alun mit qualitativ hochwertiger Batik und Kunsthandwerk untergebracht. 🕒 10–22 Uhr.
Mal Ambassador und **ITC Kuningan**, Jl. Prof. Dr. Satrio, Kuningan. Viele kleine, günstige Kleidungs- und Elektronikläden und recht übersichtlich. 🕒 10–22 Uhr.
Mangga Dua, Jl. Mangga Dua, Norden. Ein gigantisches Einkaufszentrum mit billigen Elektro-, Computer- und DVD-Läden, umgeben von Großhandelszentren für Textilien. 🕒 9–17 Uhr.
Pasaraya Grande, Jl. Iskandarsyah II 2, Blok M. Teurere, gut sortierte Mall mit einer großen Abteilung für Batik-Stoffe und Kunsthandwerk über zwei Stockwerke direkt am Blok M Busterminal. Nebenan **Blok M Mall** und **Blok M Plaza**, chaotischer und billiger. 🕒 alle 10–22 Uhr.
Plaza Indonesia, Jl. Thamrin, am zentralen Bundaran-HI-Kreisverkehr gegenüber dem Grand Indonesia mit ähnlichen Markenläden, einem Supermarkt, Kino, vielen Restaurants (u. a. Seribu Rasa, s. Essen) sowie dem Nachtclub Immigrant (s. Unterhaltung). 🕒 10–22 Uhr.
Plaza Semanggi, Jl. Jend. Sudirman Kav. 50, Zentrum. Beliebt bei Jakartas Mittelklasse, preiswerte Klamottenläden und viele Restaurants. Highlight ist der Open Air-Food Court im 10. Stock mit Bühne und guter Aussicht. 🕒 10–22 Uhr.
Plaza Senayan, Jl. Asia Afrika 8, Zentrum. Luxus-Einkaufscenter mit bekannten Designerläden, dem größten Kinokuniya-Buchladen der Stadt und exzellenten Restaurants und Diskotheken im Arcadia-Anbau. 🕒 10–22 Uhr.

Kunsthandwerk und Souvenirs

In Jakarta werden schöne Kunstgewerbeartikel aus dem gesamten Archipel verkauft – auf dem großen Trödelmarkt entlang der **Jl. Surabaya** in Menteng gibt es die größte Auswahl: Batak-Kunst aus Sumatra, Batik und Wayang-Figuren aus Java, Ikat-Decken aus Sumba und Flores, Schnitzereien aus Papua und Kalimantan und viele Antiquitäten. Wer viel Zeit ins Handeln investiert, kann gute Preise erzielen. 🕒 10–18 Uhr. Eine große Souvenir- und Batik-Abteilung mit festen Preisen findet man im zentral gelegenen Kaufhaus **Sarinah**, Jl. Thamrin 11, 2. und 3. Stock, 🕒 9–21 Uhr, sowie etwas teurer im **Pasaraya Grande**, Blok M, Jl. Iskandarsyah II 2, 4. Stock, 🕒 10–22 Uhr.

Märkte

Neben dem spannenden **Trödelmarkt** entlang der Jl. Surabaya (s. o.) lohnt ein Bummel über den

Pasar Baru, Jl. Pasar Baru, ein riesiger Markt entlang der Einkaufsstraße. Unter anderem viele Schneider, Textilien, Möbel, Stoffe, Schuhe und ein großes Angebot an indischen Lebensmitteln sowie vormittags ein gigantischer Obstmarkt (Ecke Jl. Samanhudi). ◷ 8–17 Uhr.

€ **Pasar Senen**, Jl. Pasar Senen, ältester und größter traditioneller Markt der Stadt. Seit 1735 werden hier Obst, Gemüse, Fleisch und Haushaltsartikel vertrieben. Im 1. und 2. Stock drängen sich Näher, Sticker und Kleidungsverkäufer eng aneinander. Secondhand-Hosen, -Hemden und -Jacken gibt es schon ab 15 000 Rp. Am frühen Morgen vor 7 Uhr werden Hunderte Stände vor dem Markt aufgebaut, um Kuchen und Gebäck zu verkaufen (Pasar Kue). ◷ 9–20 Uhr.

TOUREN

Viele Hostels bieten am Wochenende gute und günstige **Stadtführungen** für ihre Gäste an. Außerdem empfehlenswert:

Jakarta Hidden Tours, ✆ 0812-803 5297, 💻 www.realjakarta.blogspot.com. Ronny Poluan und seine Stiftung Interkultur stecken hinter diesem sozial engagierten Tourkonzept. Die 4-stündigen Stadtführungen ab 12 Uhr zu Fuß und mit öffentlichen Verkehrsmitteln bringen Gäste in engen Kontakt mit den Bewohnern der Slums. US$50 p. P., alle Überschüsse werden in Krankenversorgung, Bildungsangebote für Kinder und Mikrofinanzprojekte gesteckt. Anmeldung nur per E-Mail.

€ **Jakarta Walking Tour**, 💻 http://jakarta goodguide.wordpress.com. Professionelle, englische Führungen zu Fuß für 2–3 Std. durch einen von vier Stadtteilen im Zentrum gegen Spende *(pay as you wish)*. Am Wochenende wechselnde Touren auch nach Bogor und Bandung sowie Museumsführungen.

Walkindies, ✆ 021-462 7220, 💻 www.walk indies.co. Exzellente englische Führungen zu Fuß oder private Tagestouren mit Auto und Fahrer ab 1,7 Mio. Rp für 2 Pers. Buchung über die Website.

SONSTIGES

Informationen

Visitor Information Center, Theater Building, 1. Stock, Jl. Thamrin 9, gegenüber dem Kaufhaus Sarinah, ✆ 021-314 2067, 💻 www. jakarta-tourism.go.id. Einige kostenlose Prospekte und Stadtpläne sowie eine Angestellte, die Flüge und Touren deutlich überteuert anbietet. ◷ Mo–Fr 9–18, Sa 9–16 Uhr.

Außerdem bekommt man im Buchhandel, in Bars und in den Lobbys einiger Hotels monatlich erscheinende **Zeitschriften**, die über die kulturellen, kulinarischen und Party-Highlights des Monats informieren:

Jakarta Java Kini, 35 000 Rp;
Now! Jakarta, 💻 www.nowjakarta.co.id, 30 000 Rp;
What's New Jakarta, 💻 www.whatsnew jakarta.com, kostenlos online.

Medizinische Hilfe

Deutsche Botschaft, Jl. Thamrin 1, ✆ 021-392 8855. Botschaftsarzt Dr. Klose ist Allgemeinmediziner. Er empfiehlt auf der Website der Botschaft (💻 www.jakarta.diplo. de/contentblob/4134444/Daten/7872682/ downloadrzteliste.pdf) Spezialärzte und Kliniken, vor allem:

Dr. Varkha Lachmann, Bunda International Clinic, Jl. Teuku Cik Ditiro 12, Menteng, ✆ 021-3190 5540; 1-500-799. Allgemeinmediziner und offizieller Kooperationsarzt der Deutschen Botschaft.

Weitere empfohlene Kliniken bei Notfällen sind:

Rumah Sakit Abdi Waluyo, Jl. HOS Cokroaminoto 31, ✆ 021-314 4989. Zentrales, kleines Privatkrankenhaus und erste Adresse für Notfälle in Cikini/Menteng. ◷ 24 Std.

Medicare Clinic, Jl. Rasuna Said Block X-5, 27. Stock, ✆ 021-527 4556.

Rumah Sakit MMC, Jl. Rasuna Said Kav. C20-21, ✆ 021-520 3435, 💻 www.rsmmc.co.id.

SOS Medika Klinik, Menara Prima Bldg, 2. Stock, Mega Kuningan, ✆ 021-5794 8600, und im Süden der Stadt: Jl. Puri Sakti 10, Cipete, ✆ 021-750 6001.

Polizei
Polizeidienststellen *(Pos Polisi)* sind auf die gesamte Stadt verteilt, z. B. direkt am Bundaran-HI-Kreisverkehr, in der Jl. Wahid Hasyim 122 oder Jl. Cikini Raya 75.
Allgemeiner Notruf: 110

Post
Hauptpost, Jl. Gedung Kesenian 1, Nähe Lapangan Banteng, ✆ 021-384 0276, ⌚ Mo–Fr 7.30–16, Sa 7.30–13 Uhr. Weitere Postämter u. a. in der Jl. Agus Salim 59 (hinter dem Kaufhaus Sarinah), ⌚ Mo–Do 9–15, Fr 9–11.30 und 13–15 Uhr; Jl. Cikini Raya 2, ⌚ 24 Std., und am Fatahillah-Platz, ⌚ Mo–Fr 7.30–16, Sa 7.30–13 Uhr.

Reisebüros
Bayu Buana, ✆ 021-2350 9999, 🖳 www.bayubuanatravel.com. Professionelle Agentur mit 10 Büros in der ganzen Stadt, wo Flüge verlässlich gebucht werden können; auch Visa-Verlängerungsservice. Zentrale: Jl. Ir. H. Juanda III Nr. 2, Nähe Präsidentenpalast, ✆ 021-2350 9925, ⌚ Mo–Fr 9–17, Sa bis 12 Uhr.
Panorama Tours, Jl. Tomang Raya 63, ✆ 021-2556 5151, 🖳 www.panorama-tours.com. Zuverlässig bei Inlandsflug- und Hotelbuchungen mit Filialen in vielen Malls, z. B. im Grand Indonesia, East Mall, 3. Stock, Plaza Indonesia, Untergeschoss, oder Plaza Senayan, 3. Stock. ⌚ 10–22 Uhr.

Visaangelegenheiten
Kantor Imigrasi Jakarta Pusat, Jl. Merpati Blok B12 Nr. 3, Kemayoran, ✆ 021-654 1209. Zentralste Anlaufstelle für Visaverlängerungen, die hier mind. 3 Tage dauern und 300 000 Rp kosten. ⌚ Mo–Do 8–12 und 13–16, Fr 8–11.30 Uhr.

Wellness
€ Ein großes öffentliches Freibad **Cikini Swimming Pool** bietet unweit vieler Hostels in der Jl. Cikini Raya 75 eine günstige Möglichkeit zur Abkühlung. Eingang rechts hinter dem Ibis Budget Hotel; unter der Woche ruhiger. Eintritt Mo–Fr 40 000 Rp, Sa, So 50 000 Rp, ⌚ 8–20 Uhr.

Es gibt ein breites Spektrum von luxuriösen bis zwielichtigen Massagesalons und Spas in jeder Preiskategorie. Für professionelle Massagen zu guten Preisen ist **Bersih Sehat**, Jl. Wahid Hasyim 106, ✆ 021-390 0204, 🖳 www.bersihsehat.com, bekannt. Einstündige traditionelle und Shiatsu-Massagen ab 170 000 Rp, auch *Lulur*, traditionelles Körperpeeling. ⌚ 10–21 Uhr. Ebenfalls zentral und eine etwas angenehmere Atmosphäre hat das **Relax Living**, Jl. Wahid Hasyim 59, ✆ 021-3192 3708. Eine 75-minütige Ölmassage bei entspannender balinesischer Musik und angenehmen Düften ab 225 000 Rp plus 20 % Trinkgeld inkl. Sauna und Whirlpool. ⌚ 10–22 Uhr.
Wer den absoluten Luxus kosten möchte, sollte im **Four Seasons Hotel**, Jl. Rasuna Said, ✆ 021-252 3456, 🖳 www.fourseasons.com, vorbeischauen, das als bestes Spa der Stadt gehandelt wird. Traditionelle javanische Massage ab 800 000 Rp pro Std. ⌚ 10–24 Uhr.

NAHVERKEHR

Transjakarta
Oft das schnellste, wenn auch ein sehr überfülltes Transportmittel sind die klimatisierten **Transjakarta-Busse** *(Busway)*, die auf eigenen Spuren an den Staus vorbeirauschen und an festen Haltestellen *(Halte)* stoppen. Die Busse verkehren in unregelmäßigen Abständen von 5–22 Uhr für 3500 Rp in alle Richtungen. Vor der ersten Fahrt ist der Kauf einer Aufladekarte *(Smart Card)* an jeder beliebigen Haltestelle für 40 000 Rp inkl. 20 000 Rp Guthaben nötig. Die vordere Bushälfte ist nur für Frauen reserviert. Insgesamt spannen 13 „Korridore" ein weites Verbindungsnetz über die Stadt. Wer zentral wohnt, kann mit dem Korridor 1-Bus sowohl in den Norden bis nach Kota oder gen Süden bis Blok M fahren. Weitere Informationen und Netzplan unter 🖳 www.transjakarta.co.id oder im Visitor Information Center, S. 159.

Taxis
Taxis sind die bequemsten Transportmittel innerhalb der Stadt, verhältnismäßig billig und überall zu finden. Man sollte darauf bestehen, dass das Taxameter eingeschaltet wird, und

sich nicht auf Preisverhandlungen einlassen. Am sichersten ist das Taxiunternehmen **Blue Bird Group**, ✆ 021-7917 1234, 🖳 www.bluebirdgroup.com. Einschaltgebühr 6500 Rp inkl. 2 km.

€ Die Smartphone-App für private Fahrdienstleistungen von **Grab**, 🖳 www.grab.co/id, funktioniert in Jakarta zuverlässig, Grab ist günstiger als konventionelle Taxis.

Bajaj

Schnelles und abenteuerliches Transportmittel für kürzere und mittlere Entfernungen (20 000–30 000 Rp) sind die kleinen, motorisierten **Rikschas** mit Platz für 2 Pers. hinter dem Fahrer. Preis immer vorher aushandeln.

Ojek

In der Rushhour definitiv das günstigste, schnellste, aber auch gefährlichste Transportmittel. **Motorradfahrer**, die sich an den Autoschlangen vorbei zwängen und Abkürzungen durch die Hinterhöfe nehmen, können über die Smartphone-Apps **Go-jek**, 🖳 www.go-jek.com, oder **Grab** (GrabBike), 🖳 www.grab.co/id, für 5000 Rp pro km bestellt werden. Helm, Versicherung und Fahrerbewertung inkl.

TRANSPORT

Busse

Die wichtigsten Busbahnhöfe für Fernbusse liegen am südlichen und westlichen Stadtrand Jakartas. Touristen werden direkt von Kundenfängern nach dem Reiseziel gefragt und dann teils energisch zum Schalter einer Busgesellschaft begleitet. Man sollte sich von den Männern nicht aus der Ruhe bringen lassen und verschiedene Busgesellschaften vergleichen und sich die Busse genau anschauen. Bei kürzeren Fahrten, z. B. nach Bogor oder Bandung, wird im Bus während der Fahrt abkassiert.

Eine hilfreiche Website mit Informationen für Fernbusverbindungen auf Java ist 🖳 www.jadwalbis.com.

Terminal Kalideres

Busse nach Westen fahren vom 15 km nordwestlich der Stadt liegenden Busbahnhof Terminal Kalideres, der mit dem Transjakarta Korridor 3 erreichbar ist. Die Busse fahren an die Westküste Javas oder nach Sumatra:
LABUAN, alle 30 Min. von 3–23 Uhr für 60 000 Rp in 4 Std.

Transjakarta-Busse rauschen auf eigenen Spuren an den Staus der Stadt vorbei.

MERAK, stdl. rund um die Uhr für 26 000–30 000 Rp in 4 Std.
Wer aus westlicher Richtung ankommt, kann auch direkt einen Bus nach BANDUNG, BOGOR, SEMARANG, SURABAYA oder YOGYAKARTA nehmen (Preise und Fahrtdauer s. u.).

Terminal Kampung Rambutan
Busse mit Zielen im Süden und Osten fahren vom größten Busbahnhof der Stadt, Terminal Kampung Rambutan, ab. Er liegt ca. 20 km südöstlich des Zentrums, zu erreichen mit Transjakarta Korridor 7.
BANDUNG, alle 30 Min. von 4–21 Uhr für 65 000–80 000 Rp in 3 Std.
BOGOR, alle 30 Min. von 5–22 Uhr für 12 000 Rp in 1 Std.
CIANJUR, stdl. von 6–18 Uhr für 25 000 Rp in 3–4 Std.
PANGANDARAN, stdl. von 5.30–8 und 16.30–20 Uhr für 100 000–110 000 Rp in 8–9 Std.
PELABUHAN RATU (Cimaja), nur über Bogor oder Sukabumi erreichbar.
SUKABUMI, stdl. von 5.30–17 Uhr für 25 000 Rp in 4–5 Std.

Fernbusse mit Zielen außerhalb von West-Java fahren nachmittags ab 12 Uhr. Für längere Strecken sollte man aus Sicherheitsgründen besser mit dem Zug fahren oder fliegen.
SEMARANG, um 14.30, 16.30 und 18.30 Uhr für 130 000–250 000 Rp in 8–10 Std.
SOLO, um 14.30 und 16.30 Uhr für 160 000–300 000 Rp in 12–13 Std.
SURABAYA, um 13.30 Uhr für 300 000 Rp in 16–18 Std.
YOGYAKARTA, um 12 und 17 Uhr für 100 000–290 000 Rp in 13–14 Std.

Eisenbahn

Von Jakartas zwei zentralen Fernbahnhöfen **Stasiun Gambir** und **Stasiun Kota** gibt es Zugverbindungen nach Zentral- und Ost-Java. Aktuelle Informationen auf Indonesisch unter 💻 www.kereta-api.co.id.
Jede Post und jeder Indomaret-Supermarkt bietet einen **Reservierungsservice** für Zugtickets an, z. B. in der Jl. Cikini Raya und Jl. Agus Salim.
Nach BOGOR fahren AC-gekühlte **Commuter Line**-Züge ab Kota über Gambir oder ab Tanah Abang über Sudirman zwischen 6 und 22 Uhr für 6000 Rp in knapp 1 1/2 Std. Bezahlung mit Transjakarta *Smart Card* oder mit einem E-Ticket für 15 000 Rp vom Schalter – das Restgeld bekommt man bei Rückgabe der Karte am Zielbahnhof.
Nach BANDUNG fährt der *Argo Parahyangan* ab Gambir um 5.05, 8.45, 10.30, 12.35, 15.30, 18.45 und 20 Uhr für 90 000–140 000 Rp in ca. 3 1/4 Std.
Nach YOGYAKARTA sind die günstigsten Züge über Cirebon ab Gambir der *Taksaka Pagi* um 8.30 Uhr und *Taksaka Malam* um 20.45 Uhr für 380 000–465 000 Rp in 7 1/2–8 Std. Weitere Züge um 8, 10.15, 16.30, 17.40 und 20.15 Uhr.
Nach SURABAYA (Pasar Turi) über Cirebon und Semarang fahren ab Gambir die komfortablen *Argo Bromo Anggrek* um 9.30 und 21.30 Uhr in 9 Std. und *Sembrani* um 19.15 Uhr in 10 1/2 Std. für 485 000–595 000 Rp.
Nach SURABAYA (Gubeng) fahren ab Gambir die Züge *Bangunkarta* um 15 Uhr in 12 1/2 Std. und *Bima* um 16.30 Uhr in 13 Std. für 440 000–595 000 Rp.
Achtung: Wer am Gambir-Bahnhof ankommt, muss bei allen Taxis eine Mindestgebühr von 30 000 Rp zahlen. Damri-Busse fahren hinter den Taxireihen Richtung Monas von 3–20 Uhr alle 15 Min. für 40 000 Rp zum Flughafen.

Fähren

Am **Hafen Tanjung Priok** legen die staatlichen **Pelni-Passagierfähren** am Pelabuhan Satu (Anlegestelle 1) an. Tickets in der Pelni-Zentrale in der Jl. Gajahmada 14, 📞 021-7918 0606 (Callcenter). Aktuelle Informationen und Preise im Internet unter 💻 www.pelni.co.id. Ticketverkauf u. a. auch in **Indomaret-Supermärkten**. Der Hafen ist mit dem Transjakarta-Bus Nr. 10 (Endhaltestelle Tanjung Priok) zu erreichen. Alternativ mit Damri-Direktbus vom Soekarno-Hatta-Flughafen.

Flüge

Der internationale **Flughafen Soekarno-Hatta** (CGK) liegt 30 km westlich vom Stadtzentrum im

Stadtteil Cengkareng. Er ist von Jakarta aus über eine Maut-Schnellstraße zu erreichen (Mautgebühr ab Semanggi 14 000 Rp). Der Flughafen hat drei Terminals, zwischen denen ein kostenloser **Skytrain** von 4–24 Uhr verkehrt: **Terminal 1** für Inlandsflüge (außer Garuda und AirAsia), **Terminal 2** für internationale Flüge sowie Garuda und **Terminal 3** für AirAsia und Batik Air.

Transport vom/zum Flughafen

Ein neuer **Flughafenzug**, 💻 www.railink.co.id, verbindet den Flughafen und die Station Sudirman Baru, 1 km südlich des Bundaran-HI-Kreisverkehrs, von 4–23 Uhr (ab Zentrum) bzw. von 6–23 Uhr (ab Flughafen) mind. 1x stündl. für 100 000 Rp in knapp 1 Std.
Damri-Busse verbinden den Flughafen von 6–24 Uhr alle 30 Min. mit den wichtigsten Bahnhöfen und Busterminals der Stadt: Gambir (Zentrum), Blok M, Kampung Rambutan in 45 Min.–2 Std. für 40 000 Rp; außerdem nach Bogor in 2–3 Std. für 55 000–75 000 Rp.
Taxis (am besten Blue Bird) ins Zentrum kosten je nach Verkehr 150 000–180 000 Rp inkl. Maut und Flughafenzusatzgebühr.
Viele **private Fahrer** bieten in der Ankunftshalle ihre Dienste mit SUV an. Sie sind allerdings unlizenziert und verlangen häufig den doppelten Taxipreis, wenn man nicht verhandelt.

Fluggesellschaften

Über 40 Fluggesellschaften fliegen den Airport an. Informationen zu internationalen Airlines s. S. 86. Es fliegen:
AirAsia Indonesia, 💻 www.airasia.com, nach Bangkok, Denpasar, Kuala Lumpur, Penang, Singapore, Surabaya und Yogyakarta;
Citilink, 💻 www.citilink.co.id, nach Balikpapan, Banjarmasin, Denpasar, Makassar, Manado, Medan, Padang und Surabaya;
Garuda, 💻 www.garuda-indonesia.com, nach Banda Aceh, Banjarmasin, Balikpapan, Denpasar, Praya/Lombok, Makassar, Malang, Manado, Medan, Padang, Palu, Semarang, Solo, Surabaya und Yogyakarta, sowie international nach Amsterdam, Bangkok, Kuala Lumpur, Melbourne und Singapore;
Lion Air inkl. **Batik Air** und **Wings Air**, 💻 www.lionair.co.id, nach Balikpapan, Banjarmasin, Denpasar, Makassar, Manado, Medan, Padang, Palu, Praya/Lombok, Semarang, Solo, Surabaya und Yogyakarta;
Sriwijaya und **NAM Air**, 💻 www.sriwijayaair.co.id, nach Balikpapan, Denpasar, Makassar, Malang, Medan, Padang, Pangkalan Bun, Semarang, Solo, Surabaya und Yogyakarta;
Susi Air, Halim Perdanakusuma Airport, im Südosten der Stadt (nicht: Soekarno-Hatta Airport!), 💻 www.fly.susiair.com, nach Pangandaran;
Trigana Air, 💻 www.trigana-air.com, nach Pangkalan Bun.

West-Java und Banten

Die Region rund um Jakarta im Westen Javas (44 537 km²) ist administrativ in die zwei Provinzen West-Java (35 377 km², 46,5 Mio. Einwohner) und Banten (9160 km², 11,3 Mio. Einwohner) unterteilt. Die Region zwischen Merak und Pangandaran bietet eine abwechslungsreiche Landschaft mit über 20 teils legendären Vulkanen, kunstvoll angelegten Reisterrassen wie auf Bali, ausgedehnten Teeplantagen und lang gezogenen Stränden, die auch bei internationalen Surfern beliebt sind.

Das Hinterland der Hauptstadt Jakarta ist dicht besiedelt und recht gut mit Verkehrswegen erschlossen. Die alten **Hafenstädte** im Norden der Region, Banten Lama, Batavia (das heutige Jakarta) und Cirebon, waren einerseits frühe Hochburgen des Islam, andererseits Stützpunkte der auf Seehandel basierenden Wirtschaft. Die **Südküste** hingegen, ohne bedeutende Häfen, ist weitgehend unerschlossen geblieben und kann auch heute nur über vereinzelte Stichstraßen erreicht werden. Die im Südwesten liegende Halbinsel **Ujung Kulon** blieb eines der wenigen vom Menschen fast unberührten Dschungelgebiete, in dem die letzten Java-Nashörner und andere vom Aussterben bedrohte Tiere inzwischen eine Heimat gefunden haben.

West-Java und Banten
0
50
100 km
N
s. Karte Zentral-Java S. 232
s. Detailplan Jakarta Übersicht S. 142/143
s. Detailplan Umg. Bogor S. 177
s. Detailplan Umg. Bandung S. 190
s. Detailplan Umg. Pangandaran S. 198
Kepulauan Seribu
Teluk Jakarta
Teluk Lampung
SUMATRA
Kalianda
Bakauheni
Ketapang
P. LEGUNDI
P. SEBESI
P. SANGIANG
Selat Sunda
P. KRAKATAU
Leuchtturm
Anyer
Cilegon
Merak
Serang
Teluk Banten
Banten Lama
Ciruas
Tangerang
Balaraja
Mauk
Teluk Naga
Ancol
Jakarta
Bekasi
Cikarang
Cabang Bungin
Cibuaya
Pedes
Rengasdeklok
Cilamaya
Karawang
Cikampek
Purwakarta
Plered
Subang
Pagadenbaru
Pamanukan
Kadanghaur
Indramayu
Lohbener
Jatibarang
Karangampel
Suranenggala
Cirebon
Arjawinangun
Palimanan
Sumber
Astanajapura
Karangsembung
Kuningan
Cikijing
Jatiwangi
Kadipaten
Majalengka
Cimalaka
Sumedang
Manangga
Haurgeulis
Cagak
Lembang
Cisarua
Cicadas
Cimahi
Bandung
Padalarang
Cianjur
Puncak-Pass
Cibodas
Sukabumi
Gunung Padang
Bogor
Citeureup
Depok
Cibitung
Cileduk
Serpong
Cikupa
Parung
Ciomas
Ciawi
Cisarua
Rangkasbitung
Soketi
Pandegelang
Menes
G. Karang 1778
Kadupandak
Munjul
Gunung Kencana
Cipanas
G. Halimun
G. Kendeng
HALIMUN N.P.
GEDE-PANGRANGO N.P.
G. Pangrango 3019
Heiße Quellen
Cisolok
Cimaja
Cibadak
Cisak
Cikidang
Cikakak
Pangleseran
Pelabuhan Ratu
Gua Rawa Kalong
Mandia
Surfstrände
Sawarna
Bayah
Malingping
Muara Binuangeun
P. TINJIL
P. DELI
Karangbolong
Pasauran
Pantai Carita
Labuan
Teluk Lada
Tanjung Lesung
Ujung Kulon-Visitor Center
Citeureup
Sumur
Cibaliung
Cipining
Tamanjaya
Cijawung
P. HANDEULEUM
Cigenter
Citambuyung
P. PANAITAN
UJUNG KULON N.P.
P. PEUCANG
Cikadal
Jampangkulon
Surade
Kiaradua
Sagarantan
Nyalindung
Ciragil
Cibinong
Ciagra
Rawauncal
Genteng
Cikarang
Tegalbuleud
Lunkunggsari
Sindangbarang
Cigarogol
Cidaun
Bandarwaru
Cimari
Cikelet
Pameungpeuk
Bangbaijang
Cisompet
Cisewu
Cikajang
Garut
G. Cikuray 2841
Singaparna
Pengalengan
G. Malabar 2350
Banjaran
Ciparay
Majalaya
G. Guntur 2249
Tarogong
Ciwidey
Soreang
Cicalengka
Nagreg
Cibatu
Ciawi
Malangbong
Telagakulon
G. Telagabodas 2241
Tasikmalaya
Ciamis
Banjar
Kawali
Rancah
Cibalong
Karangnunggal
Cipatujah
Cikalong
Salopa
Kalapagenep
Batukaras
Pangandaran
Banjarsari
G. Ciremai 3078
Pundak
Buni
JAWA BARAT
BANTEN
Samudra Hindia
Jakarta

In West-Java leben vor allem **Sundanesen**, die zweitgrößte ethnische Gruppe Indonesiens, mit einer eigenen, vom Hinduismus beeinflussten Kultur und einer eigenen Sprache. Außerdem findet man in der Abgeschlossenheit der Berge südlich von Rangkasbitung in Banten die **Badui**, eine kleine Gruppe der javanischen Urbevölkerung, die noch ihre prähinduistische Kultur beibehalten hat. Aus animistischer Vergangenheit übrig geblieben ist auch der Kult um die Meeresgöttin Nyai Loro Kidul, dem man nur in den Fischerdörfern an der Südküste Javas begegnet, obwohl hier ebenfalls der Islam dominiert.

Kepulauan Seribu

„Tausend Inseln" – selbst wenn man Korallen- und Sandbänke mitzählt, sind es eigentlich nur 342 – liegen in den Gewässern vor Jakartas Küste, die fernsten etwa 100 km von der Stadt entfernt. Es handelt sich durchweg um flache Koralleninseln, die von Palmen und Strauchwildnis bewachsen sind. Im nördlichen Teil von Kepulauan Seribu sind 110 000 ha zu einem **Nationalpark** erklärt worden. Obwohl in Küstennähe schon viele Riffe zerstört sind, finden sich um die ferneren Inseln noch ausgezeichnete Tauch- und Schnorchelgebiete.

Rund 40 der Inseln werden touristisch genutzt, die restlichen sind dicht besiedelt von Fischerfamilien, in Privatbesitz oder stehen unter Naturschutz. Öffentliche Boote fahren ab dem Jachthafen von Ancol oder Muara Angke gegen 6–8 Uhr und kehren zwischen 14 und 15 Uhr zurück. Eine der ersten Inseln, die man passiert, ist **Pulau Bidadari**, eine ehemalige Leprakolonie mit großer Festung und heute bei Jakartas Mittelklasse eine beliebte Ferieninsel mit einfachen Bungalows, Restaurants und breitem Wassersportangebot. Von hier aus werden Touren zu den benachbarten Inseln **Kelor** mit der Ruine eines holländischen Forts aus dem 17. Jh. sowie **Onrust** angeboten. Letztere war 1619 der Stützpunkt der VOC, um die Stadt einzunehmen, was zur Gründung Batavias führte. Es können ein kleines Museum (Spende) besucht und alte Ruinen sowie ein Friedhof mit Gräbern aus dem 18. und 19. Jh. entdeckt werden.

Einen Ausflug lohnt das ebenfalls nahe der Küste gelegene Vogelschutzgebiet der Mangroveninsel **Pulau Rambut**, wo zwischen März und September Tausende von Vögeln (über 40 Arten) auf dem Weg zwischen Australien und dem asiatischen Festland Rast machen.

Für Backpacker gut geeignet ist die lang gezogene **Pulau Tidung** mit günstigen Homestays, die im Rahmen eines Gemeindetourismusprogramms verwaltet werden. Hauptattraktion ist die 630 m lange, hölzerne Jembatan Cinta („Liebesbrücke"), die die zwei Inseln Tidung Besar und Tidung Kecil verbindet und von der man direkt ins Wasser springen kann, um loszuschnorcheln. Die unbewohnte Tidung Kecil ist von Mangroven umsäumt und hat einige schöne Strandbuchten.

Pulau Pramuka ist Sitz der Distriktregierung und von etwa 200 Fischerfamilien dicht besiedelt. Von hier aus lassen sich gut Schnorchel- und Tauchplätze erreichen, z. B. ein Schiffswrack mit kleinen Haien und Stachelrochen vor **Pulau Congkak** und schöne Korallengärten vor **Pulau Air** nördlich der Insel. Am Oststrand Pramukas lohnen Schildkrötenaufzuchtstationen einen Besuch und eine Spende. Die Bewohner von Pramuka sind streng moslemisch, daher sollte man auch am Strand nicht zu viel Haut zeigen.

Pulau Pari ist ebenso untouristisch, hat schöne Sandstrände und einige Homestays, Schnorcheltrips werden gemeindebasiert angeboten.

Weiter weg vom Festland, wo das Meer am klarsten ist und die besten Tauchmöglichkeiten bestehen, liegen die teuren Resortinseln, u. a. **Pulau Macan**, **Pulau Putri** und **Pulau Sepa**. Sie bieten komfortable Bungalows im Inselstil direkt am Strand, Restaurants und Bars sowie Wassersportmöglichkeiten inklusive voll ausgestatteter Tauchbasen.

ÜBERNACHTUNG

Pulau Seribu ist kein Paradies für Budgetreisende. Abgesehen von den Homestays auf den besiedelten Inseln muss man bei Resortinseln immer *Packages* inkl. Bootstransfer, Übernachtung und Vollpension buchen. Die Preise liegen zwischen 1–2 Mio. Rp

p. P. und Nacht im Doppelzimmer, Einzelbelegung nur gegen Aufpreis, Folgenächte werden aber deutlich günstiger.

Die günstigen **Homestays** auf Pulau Pari, Tidung und Pramuka haben häufig keine Moskitonetze und nur salziges Brackwasser aus der Leitung bei Zimmerpreisen ab 300 000 Rp. Nur am Wochenende werden die Inseln von Ausflüglern eingenommen, dann sind die Unterkünfte gefüllt. Ausgewählte Unterkünfte nach Entfernung vom Festland geordnet:

Pari Solata Seaview, Pulau Pari, ✆ 0856-760 0923, 💻 www.booking.com. Einfache, saubere Zimmer mit AC, Badezimmer und teils Fenster zum Meer für bis zu 5 Pers. ❹

Tidung Lagoon, Pulau Tidung, ✆ 0815-8660 7377, 💻 www.tidunglagoon.com. Einfache Bungalows auf einem Steg über dem Meer mit Gemeinschaftsbad. Schnorcheln und Angeln direkt vom Steg möglich. Vollverpflegung, Schnorchelmaske, Bananenboot und Abholung vom Hafen inkl. ❺

Villa Delima, Pulau Pramuka, ✆ 0813-1955 1955, 💻 www.airbnb.com. Robuste Bungalows mit Matratzen auf dem Fußboden für max. 4 Pers., AC und privatem Bad. Der Besitzer vermietet Boote sowie Schnorchelausrüstung und bietet sich als Guide an. Reservierung empfohlen. ❹

Tiger Islands Eco Resort, Pulau Macan, ✆ 0812-9753 1395, 021-3299 5625, 💻 www.pulaumacan.com. Schönstes und teuerstes Ökoresort, wo man in aus Treibholz errichteten Bungalows und offenen Gazebos direkt am Wasser wohnt. Strom kommt aus Solarzellen. Rustikales Clubhaus mit Billardtisch, leckere Mahlzeiten und Büchertausch. Kanu, Schlauchboot, Surfboards und Schnorchelausrüstung inkl. ❼–❽

Putri Resort, Pulau Putri, ✆ 021-828 1093, 💻 www.putriisland.com. Beliebte Ferieninsel, die für ihren gläsernen Unterwassertunnel bekannt ist. Die großen klimatisierten Steinhäuser mit Warmwasser reihen sich entlang der Küste, die leider keine Sandstrände hat. Tennisplatz, Pool, Sunset Cruises und Glasbodenboote. ❼

Sepa Resort, Pulau Sepa, ✆ 021-6386 3477, 💻 www.sepaisland.com. Das Resort mit den besten Wassersportmöglichkeiten wie Wasser- und Jetski, professionellem Tauchcenter, Bananenboot, Kanus und Glasbodenboot. Große Auswahl an unterschiedlichen Bungalows und Zimmern im Reihenhaus mit AC und Warmwasser. ❼

TRANSPORT

Es gibt zahlreiche Möglichkeiten, von Jakarta auf die Inseln zu gelangen. Bei den genannten Resortinseln ist der Transport mit einem Schnellboot von der **Marina Ancol** im Paketpreis enthalten. Die Fahrtzeiten betragen je nach Entfernung zwischen 1–3 Std.

Von **Muara Angke** fahren große langsame Holzboote ohne Sitze tgl. um 7 Uhr u. a. nach Pulau Pari, Tidung und Pramuka für 45 000 Rp in 3 Std. Rückfahrten tgl. um 13 Uhr.

Von der **Marina Ancol** fahren regelmäßig komfortablere Schnellboote zwischen 7 und 8 Uhr zu allen Inseln für 135 000 (Tidung, Pramuka, Pari) bis 220 000 Rp (Putri, Sepa), am Wochenende 25 000–50 000 Rp Aufpreis. Rückfahrten gegen 15 Uhr.

Für den Transport zwischen den Inseln bieten Bootsführer ihre Dienste ab 150 000 Rp an.

Banten Lama

Im Westen Javas gab es einst das mächtige Hindureich **Pajajaran**, dessen Könige im 15. und 16. Jh. ein wohlhabendes Land regierten. Es war einer der wichtigsten Handelsplätze zwischen den Gewürzinseln und Indien. 1525 verließ eine Flotte unter Fatahillah den Hafen von Cirebon, um das westliche Java zu islamisieren. Die Hauptstadt des neuen islamischen Reiches wurde Banten an der Nordküste, regiert vom Sohn des Sultans von Cirebon. Durch den Pfefferhandel kam die Hafenstadt zu Wohlstand; hier verlud man das wertvolle Gewürz, das in Süd-Sumatra geerntet wurde, auf chinesische und indische Schiffe.

Während der Regentschaft des dritten Sultans gingen 1596 die ersten holländischen Schiffe in Banten vor Anker. Durch geschickte Ausnutzung politischer Auseinandersetzungen am Sultanshof gewannen die Holländer schnell Ein-

© CHRISTIAN WACHSMUTH

Das weiße Minarett der Mesjid Agung von Banten Lama wurde einst auch als Leuchtturm genutzt.

fluss, sowohl im lukrativen Gewürzhandel als auch politisch. Von Batavia aus eroberten sie später Banten und errichteten zur Festigung ihrer Macht das **Fort Speelwijk**. 1684 hatten die Holländer das Gebiet des Sultans von Banten endgültig unterworfen.

Außer Ruinen ist kaum etwas von der ehemaligen Pracht und Größe erhalten geblieben – heute heißt der Ort Banten Lama und hat nur etwa 4000 Einwohner. Von Serang kommend passiert man zunächst den **Tasikardi-See**, der von Bantens zweitem Sultan, Maulana Yusuf, zwischen 1570 und 1580 künstlich angelegt wurde. 1,5 km nördlich davon steht die **Mesjid Agung**, die „große Moschee", die ein gut erhaltenes Beispiel früher hinduistisch-islamischer Architektur ist (Spende). Sie wurde 1566 unter Anleitung eines holländischen Moslems und im Auftrag des Sultans Maulana Yusuf vor seinem Palast erbaut. Vor der Moschee steht ein weißes Minarett, das der ehemaligen Hafenstadt einst auch als Leuchtturm diente. Moschee und Minarett sind von einem Labyrinth aus Verkaufsständen umgeben, in dem man sich besonders an Wochenenden zusammen mit Horden von einheimischen Ausflüglern verliert.

Gegenüber der Moschee sind nur noch die Ruinen des Palasts **Kraton Surosowan**, der einst 4,5 ha umfasste und von dicken Mauern umgeben war, zu erkennen. Nach jahrhundertelangen Kämpfen gegen die Holländer wurde er 1809 vollkommen zerstört.

Das **Archäologische Museum** (Museum Situs Kepurbakalaan Banten), wo unter anderem archäologische Fundstücke, Keramik, Münzen und Porträts der Sultane Bantens zusammengetragen sind, ist in wenigen Minuten zu Fuß von der Moschee erreichbar. 🕒 Mo–Do 9–16, Fr 9–11 und 14–16 Uhr, Eintritt 2000 Rp, englischsprachiger Führer fürs Museum 50 000 Rp, für alle umliegenden Sehenswürdigkeiten 150 000 Rp.

Nördlich der Moschee, fast am Meer, biegt man vor der Brücke über den Hafenkanal mit bunten Fischerbooten nach links ab und gelangt nach 2 km zum schön restaurierten chinesischen Tempel **Wan de Yuan**, ein Geschenk des moslemischen Sultans an seine große chinesische Gemeinde im 18. Jh. als Dank für die Versorgung mit Medizin während einer Malaria-Epidemie. Gegenüber dem Tempel, über eine Brücke, sind die Fundamente der holländischen Befestigungsanlage Fort Speelwijk zu sehen.

TRANSPORT

Vom Busbahnhof Kalideres in Jakarta fahren **Busse** stdl. für 30 000 Rp in 1,5 Std. nach SERANG. Von dort nimmt man einen Minibus nach BANTEN LAMA für 12 000 Rp.

Anyer und Pantai Carita

Auf dem Weg zu den bei Einheimischen beliebten Stränden entlang der Sunda-Straße muss zunächst das riesige Krakatau-Industriekombinat bei **Cilegon**, das aus einem Stahlwerk und zahlreichen petrochemischen Fabrikanlagen besteht, passiert werden. Im krassen Gegensatz dazu folgen danach feinsandige Strände mit Palmengärten, die an Wochenenden ein beliebtes Ausflugsziel der wohlhabenden Bevölkerung von Jakarta sind. Folglich ist die Küste ab **Anyer** mit überdimensionalen Wohnblocks und luxuriösen Resorthotels recht zugebaut. Sehenswert ist der 75 m hohe **Leuchtturm**, den der niederländische König Willem III. 1885 zum Gedenken an die Opfer des zerstörerischen Krakatau-Vulkanausbruchs erbauen ließ. Gegen eine Spende darf man den schweißtreibenden Aufstieg wagen und von oben den Ausblick durch die kaputten Fensterscheiben über die Küste bis hin zum **Krakatau** genießen.

Etwa 30 km südlich finden sich weitere Unterkünfte am **Pantai Carita**, einem langen, weißen Sandstrand in einer geschützten Bucht, umrahmt von Kokospalmen. Von der Marina Carita Lippo starten die meisten Bootstouren zum Krakatau sowie in den Ujung Kulon-Nationalpark.

Weitere 10 km südlich ist der kleine Küstenort und Fischereihafen **Labuan** erreicht, von wo Trips zum Nationalpark günstiger sind. Hier findet sich auch das **Visitor Center Balai Taman Nasional Ujung Kulon**, ein kleines Informationszentrum zum Ujung Kulon-Nationalpark.

ÜBERNACHTUNG

Zahlreiche überteuerte Resorts reihen sich kilometerlang an der Küste. Es gibt nur wenige Unterkünfte der Budgetklasse. Insgesamt sind die Hotels recht alt, auf indonesische Gäste fokussiert und unter der Woche deutlich günstiger. Eine Auswahl von Nord nach Süd:

Pantai Carita

Back to Nature Eco Lodge, Jl. Pantai Carita, 150 m hinter dem Hotel Rakata im Dorf, ✆ 0813-1091 5175, 💻 www.krakatautour.com. Ruhige Lodge mit Terrassen zum Pool. Die 8 sauberen Zimmer und 4 Bungalows haben Ventilator oder AC. Der Besitzer Edi organisiert Touren. Frühstück inkl. ❹–❻

Cinde Wulung Bed & Resto, Jl. Raya Pantai Carita KM 9, ✆ 0253-801330, 💻 www.cindewulung.wix.com/cindewulung. Nette, kleine Oase mit 8 Zimmern zum Pool und einem Haus im Reisspeicherstil mit eigenem Garten und Hängematte. Alle mit gemütlichen Betten, Warmwasser und AC. Strand in Laufweite. Frühstück im Restaurant inkl. ❹–❺

Archipelago Beach, Jl. Raya Carita KM 10, ✆ 0253-880888, 💻 www.archipelago-carita.com. Saubere Ferienhäuser mit Küche für 4–10 Pers. in den traditionellen Stilen von Toraja, Minahasa, Baduy und Aceh innen modern ausgebaut. Zudem AC-Zimmer für 2–3 Pers. mit Balkon oder Terrasse. Promenade und Pool direkt am Meer. Wassersportmöglichkeiten. ❺–❼

AKTIVITÄTEN

Am Strand von Carita bieten viele Bootsbesitzer **Tagestouren zum Krakatau** ab 3 Mio. Rp an. Ihre Boote sind allerdings teils in bedenklichem Zustand und fahren selbst dann zum Vulkan, wenn es aufgrund der vulkanischen Aktivität verboten ist. Sicherer ist es, über einen offiziellen Operator zu buchen, der für jeden Besucher einen offiziellen Permit organisiert, oder stattdessen eine **Schnorcheltour** vor der Küste zu machen (ab 700 000 Rp).

Black Rhino Tour & Travel, im Paniisan Hotel rechts neben Sunset View Hotel, ✆ 0818-0606 1653. Die nette Betreiberin Maya organisiert Tagestrips zum Krakatau ab 8 Uhr (Anreise am Vortag empfohlen) für 850 000 Rp p. P. bei 6 Pers. inkl. Guide, Lunchbox und Schnorchelausrüstung. Außerdem Krakatau-Touren mit

Krakatau – der Vulkan, der die Welt veränderte

Der im Meer zwischen Java und Sumatra gelegene **Vulkan** Krakatau verzeichnete am 27. August 1883 einen der größten Ausbrüche seit Beginn der Geschichtsschreibung. 18 km^3 Eruptionsgestein und Asche wurden bei der Explosion bis zu 80 km hoch in die Atmosphäre geschleudert, das Explosionsgeräusch war sogar im mehr als 3000 km entfernten australischen Perth noch zu hören. Der Himmel über weiten Teilen der Erde verdunkelte sich, und in der Folge kam es zu einem Tsunami, der noch die afrikanische Ostküste erreichte. Als das Magma herausgeschleudert wurde, entstand ein Vakuum, durch das der gesamte Berg in sich zusammenbrach.

Die Explosion, deren Sprengkraft mindestens 10 000 Hiroshima-Bomben entsprochen hat, kostete mehr als 36 000 Menschen das Leben. Die Insel Rakata Besar verschwand im Meer, aber einige neue Inseln sind mittlerweile entstanden. In ihrem Zentrum liegt der **Anak Krakatau**, das „Kind des Krakatau", der sich 1927 aus dem Meer erhob und seinem Namen alle Ehre macht. Der neue Vulkan, mittlerweile auf fast 200 m angewachsen, bricht seit 2007 fast jährlich aus und zählt damit zu den aktivsten Vulkanen der Erde. Rings um die Inseln ist das Wasser aufgeheizt, und schwefelige Dämpfe steigen auf.

Eine **Tour zur Vulkaninsel** wird oft mit Schnorcheltrips verbunden. Die Überfahrt dauert ein bis zwei Stunden, hängt aber stark vom Wellengang ab. **Achtung**: Hohe Wellen in der Regenzeit (Nov–April) und starke Südostwinde (Juli/Aug) sowie erhöhte Aktivität können den Trip lebensgefährlich machen. Je billiger und kleiner die Boote, desto weniger seetüchtig sind sie. Aktuelle Informationen gibt es in den Unterkünften von Carita.

Übernachtung im Zelt ab 1,28 Mio. Rp p. P. bei 6 Pers. und 3-Tage-Touren in den Ujung Kulon-Nationalpark mit Übernachtung auf Pulau Peucang ab 3,1 Mio. Rp p. P. bei 4 Pers.

Java Rhino Ecotour, Sunset View Hotel, Jl. Raya Carita KM 10, ✆ 0813-8666 8811, 💻 www.krakatau-tour.com. Der beliebte Touroperator Rohman arbeitet mit erfahrenen Guides und bietet Krakatau-Touren für 6 Mio. Rp für bis zu 3 Pers. (7 Mio. Rp ab 4 Pers.) inkl. Verpflegung, Guide und Transfer von/nach Jakarta. Außerdem verschiedene Ujung Kulon-Trips.

Marina Lippo Carita, ✆ 0812-8907 7218. An der Marina von Carita besitzt Herman Boote in allen

Größen und bietet Tagestrips für 4,5 Mio. Rp (5 Pers.) und 7,5 Mio. Rp (10 Pers.) inkl. Verpflegung, Guide und Schnorchelausrüstung an.

TRANSPORT

Mit dem **Bus** fährt man vom Kalideres-Busbahnhof in Jakarta für 60 000 Rp in 4 Std. nach LABUAN. Dort nimmt man einen **Minibus** für 5000 Rp bis zum PASAR LABUAN, wo tagsüber regelmäßig Minibusse nach CARITA für 7000 Rp und *Ojeks* für 25 000 Rp fahren.

JAVA

Ujung Kulon-Nationalpark

Der 762 km² große Nationalpark, der den südwestlichsten Zipfel Javas umfasst, wurde ursprünglich 1921 als Schutzgebiet für die vom Aussterben stark bedrohten javanischen **Nashörner** *(Rhinoceros sondaicus)* angelegt. Beim letzten Monitoring im Jahr 2017 wurden noch 67 Tiere gezählt. Daneben haben hier zahlreiche andere seltene Tierarten ein Refugium gefunden. Besucher können durch den lichten Primärdschungel streifen und vom Hochsitz aus versuchen, das seltene, einhörnige Nashorn oder wenigstens einen Leoparden zu erspähen. Eher zu sehen sind Banteng (Wildrinder), Rusa (Rehe), Makaken, Gibbons und andere Affen, Wildhunde, bis zu 2 m lange Warane sowie langhaarige und schläfrige Binturong (Marderbären). Eine Abwechslung sind Ausflüge mit einem Boot zu den Korallenriffen der vorgelagerten Inseln **Peucang**, **Handeuleum**, **Panaitan** und **Umang** – Schnorchelausrüstung oder Surfbrett nicht vergessen!

Ausgangspunkt für Drei- bis Fünf-Tage-Trekkingtouren durch den Dschungel bis zur Pulau Peucang ist der Ort **Tamanjaya** mit einer einfachen Übernachtungsmöglichkeit. Von dort wandert man durch dichten Regenwald und an Sandstränden und Mangrovenwäldern entlang, besteigt die Berghänge des **Gunung Honje** und übernachtet in Schutzhütten. Zum Ende des Treks setzt man mit einem Boot nach Pulau Peucang über, schnorchelt entlang der Korallenriffe und kehrt mit einem Motorboot nach Labuan oder Carita zurück.

Da im gesamten Park ein erhöhtes Malaria-Risiko besteht, ist eine Malaria-Prophylaxe zu empfehlen.

ÜBERNACHTUNG

Tamanjaya

Nur zu empfehlen für jene, die am nächsten Morgen früh zu einem Trek aufbrechen wollen. Die Straße aus Sumur hierher ist von Schlaglöchern übersät, sodass man für die kurze Strecke mit dem Auto 1 1/2 Std. benötigt.

Sunda Jaya Homestay, ✆ 0818-0618 1209. Die Unterkunft liegt an einer schönen Strandbucht. Am weitläufigen Palmengarten werden 12 einfache Zimmer mit Moskitonetz und Gemeinschaftsbad mit Hocktoilette vermietet. Komar organisiert Bootstouren, örtliche Guides für Trekkingtouren in den Nationalpark sowie Wanderungen durch Reisfelder zu den heißen Quellen von Cibiuk (2,5 km) oder zum Curug Cikacang-Wasserfall (5 km). ❷

Pulau Handeuleum

Die Insel eignet sich für Kanufahrten nach Cigenter und zum Beobachten seltener Vogelarten. Außerdem kann an den Flussufern mit viel Glück ein javanisches Nashorn gesichtet werden. Es gibt ein einfaches **Guesthouse** mit 8 Zimmern mit Gemeinschaftsbad und Hocktoilette sowie Moskitonetz – und viele Insekten! Verpflegung muss man selbst mitbringen. Krokodile machen das Schwimmen hier lebensgefährlich! ❷

Pulau Peucang

Peucang Island Eco Resort, 💻 www.peucangislandresort.com. Holzbungalows in paradiesischer Umgebung, herrliche weiße Sandstrände und gute Schnorchelplätze. Teils mit AC, Bad und Moskitonetz, teils einfache Zimmer mit Gemeinschaftsbad. Außer dem Personal der Unterkunft wird man viele Affen antreffen. Tourpakete über die Website. ❺–❼

SONSTIGES

Informationen und Permits

Visitor Center Balai Taman Nasional Ujung Kulon, Jl. Perintis Kemerdekaan 51, Labuan,

☏ 0253-801731, 💻 www.ujungkulon.org. In dem kleinen Informationszentrum melden sich Besucher am besten vorher telefonisch oder per E-Mail an. Man bekommt die Permits für den Park, eine informative englische Broschüre, und es können Guides und Unterkünfte organisiert werden. Eine Liste mit festen Preisen liegt aus: z. B. Eintritt 150 000 Rp, Sa, So 225 000 Rp; Slow Boat für max. 20 Pers. von Sumur/Tamanjaya nach Pulau Peucang 3,5 Mio. Rp (Hin- und Rückfahrt); Fast Boat für max. 8 Pers. von Carita nach Pulau Peucang 4,5 Mio. Rp pro Tag. ⌚ 8–12 und 13–16 Uhr. Das Visitor Center erreicht man mit einem Minibus vom Pasar Labuan für 5000 Rp oder mit einem Motorradtaxi für 10 000 Rp.
Permits sind auch in den Nationalparkbüros in Sumur und Tamanjaya erhältlich.

Touren

Individuelle Touren zum Nationalpark kann man über die Reiseveranstalter in Carita buchen. Gut ist **Java Rhino Ecotour** im Sunset View Hotel (S. 169). Guides, Träger und Transport können auch vom **Visitor Center** in Labuan organisiert werden. Lokale Guides und Bootstouren werden außerdem in Tamanjaya angeboten.

TRANSPORT

Von LABUAN fährt man mit einem öffentlichen **Minibus** nach SUMUR für 50 000 Rp, 2 Std. Von dort geht es am schnellsten mit einem **Motorboot** für 2 Mio. Rp oder günstiger mit einem **Motorradtaxi** für 100 000 Rp nach Tamanjaya. **Boote** zu den Inseln im Nationalpark chartert man über die Reisebüros in Carita, das Nationalparkbüro in Labuan oder in Tamanjaya. Die Überfahrt von Carita oder Sumur zur PULAU PEUCANG dauert 2–3 Std. mit einem Motorboot oder 4–5 Std. mit einem Fischerboot (Slow Boat).

Bogor

Obwohl Bogor im Großraum Jabodetabek (*Ja*karta, *Bo*gor, *De*pok, *Ta*ngerang, *Bek*asi) schon mit der Hauptstadt verschmolzen ist, bietet die Stadt dank der höheren Lage und nachmittäglichen Regenschauer ein kühleres, angenehm erfrischendes Klima. Schon zur Kolonialzeit zogen sich die Verwaltungsbeamten aus der tropischen Hitze der damals noch malariaverseuchten, feucht-stickigen Hauptstadt in die „Regenstadt" (indon.: *Kota Hujan*) an den Ausläufern der Vulkane **Gunung Salak** (2211 m), **Gunung Gede** (2958 m) und **Gunung Pangrango** (3019 m) zurück. Bogor ist durch den großen Botanischen Garten im Zentrum recht weitläufig angelegt, doch die breiten Gehwege mit vielen Bäumen und das angenehme Klima machen lange Spaziergänge erträglich.

Präsidentenpalast (Istana Bogor)

1744 ließ der Generalgouverneur Willem van Imhoff etwa 60 km südlich von Batavia in der Nähe eines „romantischen kleinen Dorfes" namens Bogor eine prächtige **Residenz** errichten, die er *Buitenzorg* („ohne Sorge") nannte. Das erste Gebäude wurde durch ein Erdbeben zerstört, aber kurz darauf im Jahre 1856 wurde an derselben Stelle ein neuer Palast gebaut. Lange Zeit der Sitz holländischer und zwischenzeitlich englischer Gouverneure, war der inzwischen in **Istana Bogor** umgetaufte Palast später ein beliebter Aufenthaltsort Sukarnos, des ersten indonesischen Präsidenten.

Der heutige Präsidentenpalast steht im nordwestlichen Teil des Botanischen Gartens. Dieser Abschnitt des Parks ist für die Öffentlichkeit nicht zugänglich, wird aber von Hunderten von Rehen bevölkert.

Botanischer Garten

Der 1817 vom deutschen Botaniker Prof. C. G. L. Reinwardt eröffnete, 87 ha große Botanische Garten *(Kebun Raya)*, 💻 www.bogorbotanicgardens.org, liegt mitten in der Stadt – eine beeindruckende Ansammlung riesiger Urwaldbäume, zarter Orchideen und Palmen aus aller Welt. Nicht nur Botaniker werden davon begeistert sein. Besonderer Höhepunkt sind die Riesenrafflesien *(Rafflesia arnoldi)*, die mit Blüten von bis zu 1 m Durchmesser und einem Gewicht von bis zu 10 kg die gigantischsten der Welt sind.

Im östlichen Teil des Gartens befindet sich das **Orchideenhaus**, in dem knapp tausend verschiedene Orchideensorten gezüchtet werden,

⌚ 8–15.30 Uhr. Zudem lohnt ein Besuch des **Zoologischen Museums** im Garten, nach dem Haupteingang links, ⌚ 8–16 Uhr.

Einen Vormittag wird man sicher allein für den Garten brauchen. Für die Nachmittage sollte man sich etwas anderes vornehmen, denn dann regnet es häufig. Am Wochenende wird es allerdings voll mit einheimischen Ausflüglern. ⌚ 7.30–18 Uhr, Eintritt 25 000 Rp, englischsprachige Guides 150 000 Rp p. Std.

Wayang Golek-Werkstatt

Im Stadtteil Sirnagalih, 4 km westlich des Bahnhofs, freut sich Enday Media, der wohl größte *Wayang Golek*-Hersteller Bogors, über ausländische Besucher. Seit über 50 Jahren stellt seine Familie hier in der **Media Art and Handicraft-Werkstatt** mit zehn Mitarbeitern die sundanesischen Stabpuppen her und präsentiert sämtliche Charaktere aus der hinduistischen Mythologie. In der Werkstatt werden monatlich 250 Puppen in detailreicher Handarbeit produziert und an den Wänden seines Wohnzimmers hängen Hunderte – Stückpreis etwa 30 €. Erreichbar mit einem *Angkot* Nr. 03 vom Bahnhof in Richtung Terminal Bubulak; man steigt bei Asrama Unit 315 aus und nimmt ein *Ojek* für 5000 Rp zu „Enday Media", Jl. Sirnagalih 60, RT/RW 01/07, ✆ 0251-358808, 0813-1665 2611. ⌚ 8–16 Uhr.

Gong-Gießerei

Wer sich für die Herstellung von Gamelan-Instrumenten interessiert, sollte der **Gong Home Factory**, Jl. Pancasan 17, ✆ 0251-477 7099, einen Besuch abstatten. Es ist einer der wenigen Orte, wo die kupfernen Metallophone und schweren Bronze-Gongs noch in traditioneller Heimproduktion hergestellt werden. Die von Rauch geschwärzte Werkstatt kann gegen eine Spende besichtigt werden. Erreichbar mit *Angkots* Nr. 03 und 14. ⌚ Sa–Do 9–15 Uhr.

Pura Jagatkarta

Der **Pura Parahyangan Agung Jagatkarta**, am Nordhang des Gunung Salak, 13 km südwestlich von Bogor, ist nach dem Besakih-Tempel auf Bali der zweitgrößte hinduistische Tempel Indonesiens. Gemäß der Legende von König Siliwangi, dem Herrscher über das letzte Hindu-Königreich Padjajaran um 1500, hat dieser sich mit seinen Truppen nach seiner Niederlage gegen den moslemischen Prinz Fatahillah hierher zurückgezogen und verschwand als *Hyang* – ein unsichtbarer Geist mit übernatürlichen Kräften. 1995 wurde an diesem äußerst spirituellen Ort, auf 780 m ü. d. M. dieser beeindruckende Tempel mit Blick auf die Berghänge und den Gipfel des Gunung Salak erbaut.

Da er eine reine Gebetstätte ist, wird Touristen leider häufig der Zugang verwehrt. Man soll-

Aufstieg zum Krater des Gunung Salak

Eine lohnenswerte Tagestour von Bogor führt zum Hauptkrater des Vulkans Gunung Salak – dem **Kawah Ratu** („Königinnen-Krater") auf 1400 m ü. d. M., der zuletzt 1938 ausbrach. Der Aufstieg beginnt vom Camping Ground **Pasir Reungit** am Westhang des Bergs, 30 km südwestlich von Bogor. Hier wird der Eintritt zum Nationalpark gezahlt (30 000 Rp) sowie ein lokaler Ranger zur Verfügung gestellt (200 000 Rp). Die Wanderung führt für 2 Std. durch ursprünglichen Dschungel, quer durch mehrere Bäche und teils auf Geröll steil bergauf. Mit etwas Glück wird man ein Stück weit von Java-Gibbons *(Hylobates moloch)* begleitet. Je näher der Krater kommt, desto lichter wird der Wald und stärker der Schwefelgeruch in der Luft. Das **Kratergebiet** ist von weißgelbem Lavagestein, dampfenden Fumarolen und heißen Quellen gezeichnet. Man sollte sich hier aufgrund der giftigen Schwefeldämpfe maximal 1 Std. aufhalten und auf keinen Fall in Kraternähe zelten. Der Abstieg dauert ebenfalls 2 Std. und kann gut mit einem Zwischenstopp bei einem der vielen **Wasserfälle** *(Curug)* im Nationalpark verbunden werden. Wanderschuhe und Badekleidung sind empfohlen!
Anfahrt mit eigenem Auto via Jl. Raya Ciapus in ca. 2 Std. oder mit einem Bus von Bubulak nach Lewiliang für 10 000 Rp in 3 Std., Ausstieg bei Cibatok. Von dort mit einem *Ojek* für 25 000 Rp nach Pasir Reungit.

te auf der Zugangstreppe und im Tempel nicht Fotografieren und den Wärtern *„Sembahyang"* (Beten) sagen, gegen eine Spende einen Gebetsschal ausleihen und barfuß die steile Treppe zum Tempelinneren besteigen. Dort ist ein wunderbarer Ort, um umgeben von Schreinen, Vogelgezwitscher, Frangipangi-Bäumen, Gebetsschirmen und Räucherstäbchen die Stille zu genießen, zu meditieren oder sich einfach nur auszuruhen.

Anfahrt mit Motorrad oder Auto in 1 Std. oder von der Bogor Trade Mall mit einem *Angkot* 03 (blau) Richtung Ciapus, Ausstieg bei „Pura", 10 000 Rp. Von der Hauptstraße ist es von der Ausschilderung noch 1,4 km zu Fuß bergauf.

Portibi Farm

30 km südlich von Bogor betreiben der Amerikaner Jocean und seine Frau Ayu auf einer 14 ha großen ehemaligen Nelkenplantage am Hang des Gunung Salak eine wunderbare **Bio-Farm**, Jl. Ekologika 7 (via Jl. Alas Wangi), Cibuntu, Cicurug, Karte S. 177, ✆ 0812-8211 8850, 💻 www.portibi.com. „Einen kleinen Ort in der Welt besser machen", heißt das Motto der beiden, die neben dem biologischen Anbau von Salaten, Kräutern, Gemüse und Obst ebenso viel Zeit in die Zubereitung von kreativen und knackig frischen Mahlzeiten stecken. Gäste können durch die Felder wandern, einen Gärtnerei- oder Brotbackkurs belegen und den beiden in der Küche helfen. Verschiedene rustikale Teak-Bungalows mit Moskitonetz und Warmwasser aus Solarstrom und einfache Reisspeicher mit Gemeinschaftsduschen bieten Übernachtungsmöglichkeiten für jedes Budget in einer entspannten, kinderfreundlichen und naturbewussten Atmosphäre. Tagesbesuche inkl. Führungen für 40 US$ p.P. Unbedingt vorher Kontakt aufnehmen und frühzeitig reservieren! ❷–❻

ÜBERNACHTUNG

Untere Preisklasse

Cendana Mulia Hostel, Jl. Cendana Mulia 1 Nr. 9, Pajajaran, ✆ 0251-857 1445, 💻 www.hostelbogor.co.id. Bestes Hostel der Stadt mit 2 Schlafsälen mit je 6 Betten und 4 Doppelzimmern in einem sauberen Privathaus in einer ruhigen Seitenstraße. Alle Zimmer mit AC und Gemeinschaftsbad mit Warmwasser. Die herzensgute Besitzerin Ika hilft bei der Orientierung, Reiseplanung, Rolleranmietung und bietet kostenlose Kochkurse an. Einzelbett im Schlafsaal ab 119 000 Rp, Frühstück inkl. Zu erreichen mit *Angkot* Nr. 08 vom Bahnhof oder Nr. 09 vom Botani Square, s. Website. ❸

Hostel Bogor, Jl. Narasoma 3 Nr. 5, Indraprasta, ✆ 0251-831 9020, 💻 www.hostelbogor.com. Gleiches Management wie Cendana Mulia. Kleines, familiengeführtes Homestay mit 6 kleinen, einfachen Zimmern und Gemeinschaftsbad. Ika und Agus sind sehr hilfsbereit und sprechen gut Englisch. Etwas laute Moschee in der Nähe. Frühstück inkl. ❷

Wisma Pakuan, Jl. Pakuan 12, ✆ 0251-831 9430, ✉ wismapakuanbogor@yahoo.com. Ältere Unterkunft in Gehweite vom Busterminal im Süden der Stadt. 12 helle, geflieste Zimmer mit guten Matratzen und Terrasse oder Balkon zum tropischen Garten. Alle mit Warmwasser, teils mit AC. ❸–❹

Mittlere und obere Preisklasse

Aston Bogor Resort, Bogor Nirwana Residence, Jl. Dreded Pahlawan, ✆ 0251-820 0300, 💻 www.aston-international.com. 10 Min. mit dem Auto südlich des Botanischen Gartens direkt am Jungle Water Park. Das Resort mit freundlichem Service und 2 Pools in einer ruhigen Umgebung eignet sich besonders für Familien. Frühstücksbuffet inkl. ❻–❼

Fave Hotel, Jl. Cidangiang 1, ✆ 0251-835 6100, 💻 www.favehotels.com. Typisches Mittelklasse-Kettenhotel in exzellenter Lage nahe der Mall, Damri-Bushaltestelle und dem Botanischen Garten. Die sauberen, engen Zimmer sind modern und funktional eingerichtet. ❹

Novotel Golf Resort, Golf Estate Bogor Raya, ✆ 0251-827 1555, 💻 www.novotel.com. Großes Resort mit 18-Loch-Golfplatz 10 Fahrminuten östlich von Bogor-Zentrum. Die Anlage ist grün, schon etwas älter, aber stets gut gepflegt und sauber. Mit umfangreichem Freizeitangebot abseits der Stadt: Tennisplatz, Fitnesscenter, Beachvolleyball, Pool, Spa und 2 Restaurants. ❻–❼

The 101 Hotel Suryakancana, Jl. Suryakencana 179-181, ✆ 0251-756 7101, 💻 www.the101hotels.com. Modernes Hotel mit gehobenem Ambiente in der Chinatown, umgeben von Art-déco-Gebäuden und in Gehweite zum Botanischen Garten. Von den Zimmern mit guten Betten und Tropendusche, teils auch Balkon, hat man eine wunderbare Aussicht über Bogor und auf den Gunung Salak. Großer Pool, Frühstücksbuffet inkl. ❺

JAVA

ESSEN

Botani Square, Jl. Raya Pajajaran. Bogors größter Shoppingkomplex muss sich gegenüber Jakartas Konsumtempeln nicht verstecken. In dem großen Food Court sind sämtliche westliche Restaurantketten vertreten. 🕒 10–22 Uhr.

Grand Garden Resto, im Ostteil des Botanischen Gartens, ✆ 0251-857 4070. Eignet sich gut für eine Mittagspause und um den Blick auf den großen Teich voller Seerosen zu genießen. Hier trafen sich 2017 die Präsidenten Jokowi und Obama. Indonesische und sundanesische Speisen, Nudelgerichte, Steaks und chinesische Gerichte. Mittlere Preisklasse. 🕒 8–23 Uhr.

Gumati Restaurant, Jl. Paledang 26-28, ✆ 0251-832 4318, 💻 www.gumaticafe.co.id. Großes, offenes Restaurant mit Galerie, kleinem Pool, balinesisch angehauchtem Interieur und großartiger Aussicht zum Gunung Salak, abends bei Kerzenschein. Auf der umfangreichen englischen Karte stehen vor allem sundanesische und indonesische Spezialitäten, allerdings wird kein Alkohol serviert. Am Wochenende Livemusik. Gerichte ab 45 000 Rp. 🕒 So–Do 9–23, Fr, Sa bis 24 Uhr.

Kedai Kita, Jl. Pangrango 21, ✆ 0251-324160. Bei einheimischen Familien beliebtes, einfaches Restaurant mit Livemusik ab 20 Uhr. Auf der indonesischen Karte stehen asiatische Gerichte, Pizza und selbst gemachte Pasta. Günstige Preise, die Säfte sind nicht zu empfehlen. 🕒 9–22 Uhr.

Lemongrass, Jl. Pajajaran 21, ✆ 0251-832 8800, 💻 www.lemongrassresto.com. Stylisches, luftiges Restaurant mit vielen Pflanzen auf zwei Ebenen mit leckeren südostasiatischen und chinesischen Gerichten. Zum Nachtisch ist das Roti Tissue ein Hingucker. Mittlere Preise, abends längere Warteschlangen. 🕒 10–23 Uhr.

SONSTIGES

Medizinische Hilfe

Siloam Bogor, Jl. Raya Pajajaran 27, ✆ 0251-8303900, 💻 www.siloamhospitals.com. Neueste Privatklinik der Stadt in der Lippo Plaza Mall mit nahezu internationalem Standard. 🕒 24 Std.

Post

Kantor Pos, Jl. Ir. Haji Juanda 5. 🕒 Mo–Fr 6.30–12 und 13–18, Sa 8–13 Uhr.

Reisebüros

Tourist Information Centre, Jl. Kapten Muslihat 51, ✆ 0251-836 3433, ✉ bogortic@gmail.com. Treffpunkt der offiziellen Guides, die recht teure eintägige Stadttouren sowie 2- bis 3-tägige Touren mit Wanderungen durch den Halimun-Salak-Nationalpark und via Puncak-Pass und Cibodas nach Bandung anbieten. 🕒 8–17 Uhr.

Panorama Tours, Botani Square, Lower Ground, Jl. Pajajaran Raya 3, ✆ 0251-840 0700, 💻 www.panorama-tours.com. Zuverlässiges Reisebüro für Flugbuchungen mit englischsprachigen Mitarbeitern. 🕒 Mo–Fr 8.30–19, Sa 8.30–16, So 10–16 Uhr.

TOUREN

€ **Ridwan**, ✆ 0877-7040 1824, 💻 www.ridwanguidebogor.com. Empfohlen für sämtliche geführte Trips von Bogor oder Jakarta zum Krater des Gunung Salak (1 Tag), nach Bandung (2 Tage), Pangandaran (4 Tage) oder Yogyakarta (7 Tage). Zertifizierter, höflicher Guide mit viel Erfahrung und guten Englischkenntnissen. Bemüht sich, Touren kostengünstig zu organisieren. Tagestour ab 300 000 Rp p. P.

Wandi Riswandi, ✆ 0813-8393 1844, 💻 www.bogorhalimunnationalpark.com. Erfahrener, offiziller Guide, der häufig im Informations-

zentrum (s. o.) angetroffen werden kann. 2- bis 3-Tagestouren ab 1,3 Mio. p. P. bei 4 Pers. mit Übernachtung in den Bergen.

NAHVERKEHR

Minibusse

Angkots für 3500 Rp fahren auf verschiedenen Routen durch die Stadt. Die meisten pendeln zwischen der Minibusstation **Terminal Merdeka** nördlich des Bahnhofs und dem Busbahnhof **Terminal Baranangsiang** im Süden der Stadt. Zum Haupteingang des Botanischen Gartens nimmt man *Angkot* Nr. 02 Richtung Suka Sari. Die schnellste Verbindung zwischen Bahnhof und Busbahnhof bietet *Angkot* Nr. 06.

Taxis

Die App für Fahrdienstleistungen **Grab**, 💻 www.grab.com/id, funktioniert sowohl für Motorräder als auch Autos sehr gut.
Das offizielle Taxiunternehmen **Blue Bird** hat zwar keinen Sitz in Bogor und ist deshalb nur selten zu sehen, die blauen Taxis können aber über die Jakarta-Hotline, ✆ 021-7917 1234, bestellt werden; Mindestgebühr 40 000 Rp.

TRANSPORT

Busse

Bogors Busbahnhof **Terminal Baranangsiang** liegt direkt am Ende der Jagorawi-Schnellstraße, die die Stadt mit Jakarta verbindet. Die Fahrkarten für Strecken innerhalb West-Javas werden im Bus bezahlt.

BANDUNG (Leuwi Panjang), von 6–21 Uhr alle 30 Min. für 65 000 Rp in 3 Std.

JAKARTA (Kampung Rambutan), von 5–20 Uhr alle 30 Min. für 12 000 Rp in 1 Std.

MERAK, von 6–16 Uhr stdl. für 50 000 Rp in 4 Std.

PELABUHAN RATU, von 5–20 Uhr stdl. für 50 000 Rp in 4–5 Std.

YOGYAKARTA, mit dem Busunternehmen Sinar Jaya, im 1. Stock des Schaltergebäudes hinter den Bussen, ✆ 0878-7057 8815, um 15 Uhr für 125 000 Rp in 14 Std.

Minibusse L300 fahren vom Terminal Baranangsiang nach:

CIANJUR, über den Puncak-Pass, von 5–21 Uhr stdl. für 30 000 Rp in 2 1/2 Std.

Tipp: Minibusse über den Puncak-Pass nach CIANJUR starten auch direkt am Anfang der Schnellstraße gegenüber dem Terminal. Hier fahren sie schneller ab als vom Busbahnhof.

Damri-Busse zum Soekarno-Hatta-FLUGHAFEN (Jakarta) fahren auf der anderen Straßenseite des Terminals vor dem Botani Square von 2–20 Uhr alle 20 Min. für 55 000–75 000 Rp in 2–3 Std.

Eisenbahn

Nach KOTA via CIKINI in Jakarta fahren Commuter-Züge von 4–22 Uhr alle 30 Min. für 6000 Rp in knapp 1 1/2 Std. Man kauft ein E-Ticket für 15 000 Rp und bekommt den Rest bei Rückgabe der Karte zurück oder nutzt eine Transjakarta-Smart Card.

Von Bogor nach Bandung

Die kürzeste und landschaftlich schönste Straße nach Bandung schlängelt sich entlang weiter Teeplantagen durch ein Tal am Nordhang des Gunung Pangrango und klettert über den oft wolkenverhangenen **Puncak-Pass** auf 1500 m. Die ersten Kilometer sind leider ständig durch sehr hohes Verkehrsaufkommen verstopft. Besonders am Wochenende sollte der Puncak-Pass gemieden werden, da er dann aus einer einzigen Blechlawine besteht, die sich im Schritttempo durch die enge Straße drückt.

Dhamma Java-Meditationszentrum

Das Dhamma Java-Meditationszentrum, Jl. H. Ahmad 99, Kampung Bojong, Gunung Geulis, 💻 www.java.dhamma.org, 18 km östlich von Bogor idyllisch in den Bergen gelegen, ist einer der bekanntesten Orte in Indonesien, um an einem **Vipassana-Meditationskurs** in absoluter Stille teilzunehmen. Die zehntägigen Kurse beinhalten Meditationen in der Gruppe und alleine von 5 bis 21 Uhr mit veganer Vollverpflegung. Sprechen ist nicht gestattet. Das kühle Bergklima ist angenehm, warme Kleidung ist angeraten. Das Zentrum finanziert sich ausschließlich über Spenden.

Taman Safari Indonesia

Noch vor dem Pass zweigt bereits nach 20 km ab dem Busterminal in Bogor eine Straße im Distrikt Cisarua nach Süden zum **Taman Safari Indonesia**, 💻 www.bogor.tamansafari.com, dem bekanntesten Tierpark des Landes, ab. Große Freigehege mit Elefanten, Löwen, Giraffen, Zebras und anderen nichtheimischen Tieren können mit dem eigenen Auto oder einem Bus durchquert werden. Zudem sind dem Park ein Zoo mit Komodo-Waranen und vielen Vogelarten sowie ein obligatorischer Vergnügungspark mit Restaurants angeschlossen. 🕒 9–17, Sa auch 18.30–21 Uhr für Nachtsafari. Im Eintrittspreis von 300 000 Rp zzgl. 15 000 Rp pro Auto ist die Busrundfahrt eingeschlossen.

Weiße Minibusse (L300) nach Cisarua (und weiter über den Puncak-Pass bis nach Cianjur) fahren nur wenige Gehminuten vom Busbahnhof in Bogor am Seitenstreifen der Jagorawi-Schnellstraße ab, 30 000 Rp, die letzten 3 km zum Eingang muss man laufen oder einen Minibus chartern.

Gunung Mas-Teeplantage

Aus dem Tal schlängeln sich zahlreiche Serpentinen bis zu 1500 m hinauf in die von Teeplantagen dunkelgrün schimmernden Berge, die häu-

fig in Nebel getaucht sind. Kurz bevor man den Pass erreicht, zweigt nach rechts eine Straße zur **Gunung Mas-Teeplantage** ab (Ausschilderung „Gunung Mas Agrowisata"), 💻 www.pn8.co.id. Hier gibt es eine Unterkunft mit Café, es liegen Wanderkarten aus und man kann schmalen Pfaden durch das ausgedehnte Teeanbaugebiet folgen. 🕒 7–17 Uhr.

Cipanas und Umgebung

Cipanas, einige Kilometer östlich des Puncak-Passes, ist ein günstiger Ausgangspunkt für Ausflüge und bietet viele Hotels und Restaurants. Lohnend ist ein Abstecher nach Cibodas zum **Botanischen Garten** (Kebun Raya), der an den Hängen der Vulkane Gede (2958 m) und Pangrango (3019 m) im Jahre 1862 als Ableger des Gartens in Bogor in 1300–1400 m Höhe angelegt wurde. Auf etwa 125 ha wachsen hier Pflanzen, die das kühle Hochlandklima bevorzugen – eine herrliche Landschaft für ausgedehnte Spaziergänge. 🕒 8–17 Uhr, Eintritt 9500 Rp.

Wer die nötige Energie besitzt, kann die Vulkane **Gunung Gede** und **Gunung Pangrango** besteigen. Fünf bis sieben Stunden braucht man bis zum aufgebrochenen Krater des noch aktiven Gunung Gede, sechs bis acht Stunden bis auf den perfekten Kegel des Gunung Pangrango. Will man beide Gipfel besteigen, muss man oben übernachten – ein kalter (bis 5 °C), aber guter Zeltplatz ist das Alun Alun, eine offene Grasfläche unterhalb des Gede in 2800 m Höhe.

Gunung Padang – das Megalithen-Mysterium

© CHRISTIAN WACHSMUTH

Der **Gunung Padang** ist eine megalithische Fundstätte 30 km südlich von Cianjur bzw. 20 km östlich von Sukabumi. Erstmals 1914 von niederländischen Kolonialbeamten schriftlich erfasst, wurde der von **megalithischen Ruinen** übersäte Hügel erst 1979 wiederentdeckt und zum Pilgerort für die lokale Bevölkerung. Zunächst wurden die Ruinen auf die Bronzezeit (ca. 2500–1500 v. Chr.) datiert. Eine von Ex-Präsident Yudhoyono finanzierte Untersuchung kam allerdings 2012 zu der These, dass der gesamte Berg von Menschenhand erbaut wurde und sich unter der Oberfläche die älteste und größte Pyramide der Welt befinden könnte – mit verschiedenen Ebenen, die anhand der Radiokarbonmethode auf ein Alter von 9000–20 000 Jahren geschätzt werden. Demnach wurden Teile der **Stufenpyramide** schon in der letzten Eiszeit erbaut und wären das mit Abstand älteste Bauwerk der Welt! Diese These ist unter Archäologen und Geologen allerdings umstritten, sodass weitere Untersuchungen durchgeführt werden.

Vom Parkplatz und Informationszentrum im Ort **Karyamukti** (Eintritt 5000 Rp) führen links eine steilere und rechts eine flachere Treppe in einem anstrengenden, 10-minütigen Aufstieg zur ersten Ebene von 5 hintereinander aufsteigenden Terrassen. Von hier erblickt man hunderte über den Hügel verstreute Megalithenblöcke. Viele der länglichen Basaltblöcke sind nebeneinander angeordnet und formen Grundrisse und mögliche Eingänge. Über eine Treppe erreicht man die fünfte Ebene auf 960 m ü. d. M. Hier hat man eine schöne Aussicht über das mystische, bergige Umland, findet Megalithenblöcke in Form eines Throns und trifft lokale Guides an.

Anfahrt mit einem Mietwagen oder *Ojek* von Cianjur (1 1/2 Std.) oder mit dem Zug *Siliwangi* um 8.15, 13.50 oder 18.15 von Cianjur für 3000 Rp in 50 Min. zum Bahnhof LAMPEGAN; von dort zu Fuß 6 km entlang schöner Teeplantagen oder mit einem *Ojek* für 50 000 Rp bis zum DESA KARYAMUKTI/ Gunung Padang. Der Zug fährt tgl. um 6.21, 10.56 und 16.26 Uhr zurück nach CIANJUR.

Die Region gehört zum 22 000 ha großen **Gunung Gede Pangrango-Nationalpark.** Bei Ankunft registriert man sich gegen eine Gebühr von 157 500 Rp (Mo–Fr) bzw. 232 500 Rp (Sa, So) am PHKA-Posten am Eingang des Botanischen Gartens, Jl. Raya Cibodas, 💻 www.gedepangrango.org. Ausländische Touristen müssen zusätzlich einen Guide für 500 000 Rp engagieren. 🕒 Mo–Do 8–15, Fr–So 9–15 Uhr, Jan–März geschlossen.

Cianjur

Im 20 km östlich von Cibodas gelegenen Städtchen Cianjur können sich Traveller in verschiedenen gemeindebasierten Tourismusprojekten engagieren und dabei das unverfälschte, ländliche Java kennenlernen (s. Aktivitäten). Es ist außerdem ein guter Ausgangspunkt für einen Tagesausflug zum Gunung Padang (s. Kasten S. 178).

ÜBERNACHTUNG

Bali-Ubud Guesthouse, Jl. Raya Cibodas 13-15a, Cibodas, ✆ 0878-2039 3122. Auf dem Weg hinauf nach Cibodas liegt 4 km vor dem Botanischen Garten linker Hand die günstigste Unterkunft für Traveller. Man übernachtet in 6 einfachen Zimmern mit Mandi und Hocktoilette, Terrasse und Ausblick ins Tal. Kleines Restaurant, aber leider viele Käfige, in denen Vögel, Hunde und sogar Ziegenböcke gehalten werden. ❷

Tangko Inn Resort, Jl. Kemang KM 4, Kampung Kemang, Cipanas, ✆ 0813-2120 2656, 💻 www.tangko-resort.com. 15 Gehminuten vom Botanischen Garten entfernt übernachtet man in teils geräumigen, älteren Zimmern mit Warmwasser umgeben von einem weitläufigen Garten mit Zeltplatz und Pool. Frühstück inkl., aber kein Restaurant für andere Mahlzeiten. ❺

AKTIVITÄTEN

Cianjur Adventure Programme, ✆ 0813-2172 9004, 💻 www.cianjuradventure.com. Von englischsprachigen Einheimischen geführt, können von Cianjur aus abgeschiedene Dörfer, traditionelle Märkte und Teeplantagen fernab von den Touristenpfaden entdeckt werden. Gäste übernachten im Privathaus von Yudhi mit Gemeinschaftsbad und Warmwasser. Preise p. P. inkl. Vollverpflegung und Abholung vom Busstop Ramayana. ❸

Volunteer in Java Programme, ✆ 0877-2003 0020, 💻 www.volunteerinjava.com. Geführt von Irwan Kumis organisieren er und weitere junge Lehrer der Stadt Cianjur Englischunterricht mit Ausländern in den örtlichen Schulen. Außerhalb des Unterrichts führen sie die Gäste zu Fuß und mit dem Motorroller durch die Umgebung und bis zum Gunung Padang. Übernachtung in einfachen Zimmern mit Mandi und Hocktoilette. Kostenlose Unterkunft – man beteiligt sich nur an den Kosten für die Vollverpflegung.

TRANSPORT

Minibusse (L300) fahren vom Anfang der Jagorawi-Mautstraße gegenüber dem Busterminal in Bogor über den Puncak-Pass und Cimacan bis CIANJUR für 30 000 Rp in 2 1/2 Std. Nach CIBODAS steigt man frühzeitig nach 1 1/2 Std. in Cipanas aus und nimmt einen gelben Minibus hoch zum Botanischen Garten von Cibodas, 3000 Rp. An Sonn- und Feiertagen fahren wegen des besonders starken Verkehrsaufkommens keine Busse über den Puncak-Pass.

Vom **Busstop Ramayana** in Cianjur fahren Busse nach:

BANDUNG, von 5–24 Uhr für 25 000 Rp in 2 Std.
BOGOR, von 5–16 Uhr für 30 000 Rp in 2 1/2 Std.
JAKARTA (Kampung Rambutan), von 6–18 Uhr für 25 000 Rp in 3–4 Std.
SUKABUMI, von 7–22 Uhr für 30 000 Rp in 1 Std.

Pelabuhan Ratu und die Surfstrände der Südküste

Der „Hafen der Meereskönigin", **Pelabuhan Ratu**, liegt 90 km südlich von Bogor und ist ein beliebtes Ausflugsziel der wachsenden Mittelklasse aus Jakarta. Der Hafenort selbst ist recht uninteressant und nur Eingangstor zu den kilometerlangen Sandstränden mit einer starken, bei Surfern sehr beliebten Brandung.

Die Küste nach Westen ist bis **Cikakak** mit einigen einfachen Hotels am langen grausandigen Strand bebaut. Das Mekka der Surfer ist der kleine Ort **Cimaja**, 8 km westlich von Pelabuhan Ratu. Hier hat sich eine Handvoll nette Hotels und Homestays angesiedelt, die speziell auf Surfgäste eingestellt sind. Der Strand besteht ausschließlich aus großen Steinen. Schwimmen ist an den Sandstränden beim Ocean Queen Resort, 9 km, oder in Sawarna, 39 km westlich von Cimaja, besser.

4 km westlich von Cimaja liegt der „Korallenofen“ **Karang Hawu** – steile Klippen, Riffe und eine spektakuläre Brandung, vor der sich indonesische Pärchen fotografieren lassen. Eine grün bemalte Treppe führt hinauf zu einem Tempel mit dem „Grab“ von Ratu Kidul (s. u. „Feste“) und hinunter zum Karang Kursi (Korallenfels in Stuhlform), von wo die Meeresgöttin ins Wasser gesprungen sein soll, Eintritt 7500 Rp.

Etwas weiter, am Ende der Bucht bei Cisolok, 6 km von Cimaja, zweigt eine 2 km lange Straße zu den **heißen Quellen** von Cisolok in einem Flusstal mit aufsprühenden Geysiren ab, Eintritt 15 000 Rp.

Folgt man der Küstenstraße weiter gen Westen, ist knapp 50 km von Pelabuhan Ratu entfernt der kleine Ort **Sawarna** auf den letzten 12 km über eine geteerte Stichstraße zu erreichen. In dem Fischerdorf an einem 3 km langen feinen Sandstrand mit guten Surfbreaks haben sich vor allem einfache Bungalowanlagen angesiedelt, die an Wochenenden überteuert sind. Nach Sawarna chartert man einen Minibus oder mietet einen Roller. Die hügelige Straße ist von Schlaglöchern übersät und windet sich etwa eine Stunde teils steil die Küste auf und ab, bevor Bayah erreicht ist. Dort zweigt die Stichstraße nach Sawarna Richtung Süden ab. In Sawarna muss eine Hängebrücke (5000 Rp p. P.) zum Strand überquert werden.

ÜBERNACHTUNG UND ESSEN

Eine Auswahl an Unterkünften und Restaurants von Pelabuhan Ratu nach Westen:

Cimaja

Nurda's Cimaja Point, schräg gegenüber von Pondok Kencana am Ende der Stichstraße, 0266-431495, www.cimajapoint.com. Nurda's ist vor allem ein ausgezeichnetes Restaurant mit balinesischem Ambiente und Meerblick. Serviert werden hervorragende vegetarische Gerichte zu günstigen bis mittleren Preisen. Über dem Restaurant und in einem benachbarten Haus geschmackvoll eingerichtete Zimmer mit Warmwasser, guten Matratzen und einem Schlafsaal für Gruppen. Sa Livemusik. ❸–❹

Cimaja Beach Club, Jl. Raya Cisolok, 300 m Fußweg hinter dem Cimaja Point-Strandparkplatz, 0266-644 6596, 0821-2531 8846 (nur WhatsApp), www.cimajabeachclub.com. Unmittelbar nahe des besten Surfspots „Cimaja Point“ inmitten der Reisfelder gelegen bringen die netten Gastgeber Jez und Tessa ihre Gäste in komfortablen Bungalows mit AC, guten Betten und Sonnenterrasse mit Meerblick unter. Höhepunkte des Tages sind neben den Surfbreaks die frischen, selbstgekochten Gerichte. Häufig abendliche Fischbarbecues. ❺

Cimaja Square, Jl. Raya Cisolok, KM 5, 0266-644 0800, www.cimajasquare.com. Die freundliche Holländerin Eleonora lädt in ihr familiär geführtes Surfresort ein. Mitten in den Reisfeldern verteilen sich unterschiedliche, rustikale doppelstöckige Häuser mit schönen Terrassen, teils voll ausgestatteten Küchen, Safe und Warmwasser für bis zu 6 Pers. Surfshop, gutes Restaurant. Am Wochenende wird Pizza aus dem Steinofen serviert. ❹

Chill House, Jl. Raya Cisolok, Gang Asem 3, Citepus, 0821-8044 2220, www.fb.com/chillhousecimaja1. Etwa 10 Min. zu Fuß zum Strand vom „Cimaja Point“. Einfache Unterkunft einer freundlichen Familie mit 3 Gästezimmern und einem Bungalow, einfache Schlafmöglichkeiten. Garten mit Hängematte, Steinofen zum Pizzabacken, laute Moschee in der Nähe. ❷–❸

Hotel Daun Daun, Jl. Raya Cisolok, KM 9, 0266-431501. Kleines, einfaches Surfhotel mit großem Gemeinschaftsraum, sauberen, aber kahlen Zimmern teils mit Warmwasser und AC. Freundliches Personal, Surfbrettverleih und Frühstück inkl. ❶–❸

Cimaja Hostel, Jl. Citiis Cikahuripan, Cisolok, 0251-857 1445, www.cimajahostel.com. Auf einem Hügel gelegen mit Ausblick über die Reisfelder zum Meer. Günstige geräumige, aber spärlich eingerichtete Zimmer mit großen Fenstern und Gemeinschaftsbad und -küche. Handtücher und Decken gegen Aufpreis. ❷–❸

Sawarna

Am Strand kann in offenen **Bambushütten** auf Rattanmatten übernachtet werden. ❶
Ein Stück vor dem Strand gibt es eine Vielzahl an einfachen Bungalowanlagen, oft nur mit Schaumstoffmatratzen auf dem Boden, z. B.:
Java Beach, ✆ 0831-2719 0771, 💻 www.hotel-sawarna.com. Eine abseits des Strandes im Ort gelegene Villa, in der saubere, geflieste Zimmer mit Ventilator, guten Matratzen und Mandi vermietet werden. Zudem einfache Bambusbungalows. ❹
Millang, ✆ 0819-1121 1444, kurz vor dem Strand. Alleinstehende Bambushütten für bis zu 6 Pers. mit AC und Hocktoilette. ❷–❹

SONSTIGES

Feste und Events

Jedes Jahr Anfang April feiern die Menschen in Pelabuhan Ratu ein großes **Fest zu Ehren von Nyai Loro Kidul** (auch: Ratu Kidul), der Göttin des Ozeans, die das Meer beherrscht und über Wohl und Wehe der Fischer entscheidet.
Um sie zu besänftigen, werden in einer farbenprächtigen Zeremonie Blumen und Stierköpfe geopfert, die in geschmückten Segelschiffen auf das Meer hinaus gefahren werden.
In der Hochsaison im Juni und Juli finden an den Surfbuchten bei Cimaja nationale und internationale **Surfwettbewerbe** statt.

Geld

Filialen und Geldautomaten aller großen indonesischen **Banken** finden sich entlang der Jl. Siliwangi in Pelabuhan Ratu. In Cimaja im Alfa Mart zwischen Cimaja Square und Hotel Daun Daun gibt es einen **BCA-Bankautomaten**.

Motorradverleih

Fast jede Unterkunft vermietet Motorräder für 70 000 Rp pro Tag. *Ojek*-Fahrer können je nach Distanz oder ab 150 000 Rp pro Tag engagiert werden.

Surfen

Am Strand von Cimaja und in den meisten Unterkünften werden Surfbretter für 70 000 Rp pro Tag verliehen. Ein Surflehrer kostet 300 000 Rp pro Session.

NAHVERKEHR

Von Pelabuhan Ratu ist es am einfachsten, ein **Ojek** bis zum Zielort an der Küste zu nehmen, z. B. nach Cimaja für 30 000 Rp in 20 Min. Alternativ fahren blaue **Minibusse** für 15 000 Rp bis zum Terminal Cibangban, 17 km westlich von Pelabuhan Ratu.
Von Cimaja kommt man am besten mit einem gemieteten Minibus oder Motorrad nach Sawarna, 39 km, ca. 1 1/2 Std. **Achtung**: Die Strecke ist sehr hügelig und voller Schlaglöcher.

TRANSPORT

Gut ausgebaut, wenn auch kurvig, ist die Straße zwischen Pelabuhan Ratu über Sukabumi und Bogor. **Busse** fahren vom Busbahnhof der Stadt nach BOGOR, von 5–20 Uhr für 50 000 Rp in 4–5 Std., oder nach SUKABUMI, von 5.30–16 Uhr für 30 000 Rp in 2–3 Std.

Bandung

Die Hauptstadt West-Javas ist das kulturelle Zentrum der Sundanesen und liegt auf einer Hochebene 700 m ü. d. M. in den Parahayangan-Bergen. Die niederländische Kolonialregierung legte hier Mitte des 19. Jhs. weite Tee- und Kaffeeplantagen an. Später war die Stadt mit ihrem kühlen Klima und der europäisch anmutenden Art-déco-Architektur als „Paris von Java" bekannt. Mittlerweile zählt die nun viertgrößte Stadt Indonesiens rund 4 Mio. Einwohner und wird jedes Wochenende zusätzlich von Tausenden Ausflüglern aus Jakarta eingenommen. Besonders dann leidet das rätselhafte Einbahnstraßensystem unter einem Verkehrschaos, das an die endlosen Staus der Hauptstadt erinnert.

Jalan Asia Afrika und Jalan Braga

Bandung hat weltweite Berühmtheit erlangt, als sich hier 1955 die jungen Nationen Asiens und Afrikas zu ihrer ersten Konferenz der blockfrei-

Zurück in die 1920er Jahre – Bandungs Art-déco-Bauwerke

© FOTOLIA / BAYU HARSA

Auch wenn viele der einst prunkvollen Kolonialbauten heute verfallen sind, kann man doch noch einige gut erhaltene Art-déco-Gebäude in den Straßen Bandungs entdecken. Entlang der Jalan Asia Afrika liegen gleich drei der kolonialen Prunkstücke: das **Gedung Merdeka** (1926) und die Erweiterung des heutigen **Prama Grand Preanger Hotel** (1929) wurden beide vom holländischen Architekten C. P. Wolff Schoemaker entworfen, während das **Savoy Homan Bidakara Hotel** (1939) vom expressionistisch beeinflussten Albert Aalbers renoviert wurde. Ebenfalls sehenswert sind das heutige Verwaltungsgebäude der Provinzregierung, das 1920 erbaute **Gedung Sate** (Foto) in der Jalan Diponegoro, und die 1932 errichtete **Villa Isola** in der Jalan Dr. Setiabudi 229 im Norden der Stadt.

en Staaten zusammenfanden. Die **Jalan Asia Afrika** erinnert an diese historische Versammlung, in der die „Zehn Prinzipien für ein friedliches Zusammenleben" verabschiedet wurden. Die Konferenzteilnehmer tagten damals im Gedung Merdeka („Freiheitsgebäude"), einem 1926 erbauten Art-déco-Gebäude an der Ecke zur Jalan Braga. Heute ist es das **Museum of the Asian-African Conference**, Jl. Asia Afrika 65, 💻 www.asianafricanmuseum.org. Es werden einige Originaleinrichtungsstücke ausgestellt sowie zahlreiche Informationen über die Bandung-Konferenz, ihre historischen Hintergründe und Auswirkungen anschaulich präsentiert. 🕒 Di–Do 8–16, Fr 14–16, Sa, So 9–16 Uhr, Eintritt frei.

Von hier zweigt eine der ältesten Straßen Bandungs mit kolonialen Fassaden nach Norden ab. Besonders der nördliche Teil der **Jalan Braga** ist heute wieder so belebt wie zu Kolonialzeiten, und viele offene Cafés, Bars, Restaurants und Galerien machen einen Bummel über die Straße lohnend.

Westlich des Museums kann man nur an den Wochenenden eines der beiden 81 m hohen Minarette der großen Moschee **Masjid Raya** besteigen und einen hervorragenden Blick über die Stadt genießen, Eintritt 5000 Rp.

Jalan Jeans

Größte Besuchermagneten sind vor allem die vielen günstigen Klamottenläden in Bandung. Neben riesigen Kommerztempeln sind in der Stadt zahlreiche indonesische Modelabels und Bekleidungsfabriken angesiedelt, die auch für westliche Designermarken produzieren. Deshalb findet sich hier eine Konzentration von

Factory Outlets und Textilzentren wie sonst nirgendwo in Indonesien. Am bekanntesten ist die **„Jalan Jeans"** – ein Abschnitt der Jalan Cihampelas, wo in den mit riesigen Comicfiguren dekorierten Läden Jeans, Jacken und T-Shirts zu Ramschpreisen verhökert werden. Andere **Factory Outlets** sind entlang der Jalan Riau/Jalan Martadinata sowie in Dago entlang der Jalan Ir. Juanda zu finden.

Nördlich des Zentrums

Schräg gegenüber dem **Gedung Sate**, dem westjavanischen Regierungssitz, findet sich in der Jalan Diponegoro das 1929 gegründete **Geologische Museum**. Das renovierte Haus umfasst vier interessante Sammlungen mit Knochenstücken von Lebewesen vergangener Zeiten, Tausenden Mineralen und Gesteinen, Modellen von indonesischen Vulkanen sowie einer Nachbildung des Schädels vom Java-Menschen. ◷ Mo–Do 8–16, Sa, So 8–14 Uhr, Eintritt frei. Vom Hauptbahnhof fährt *Angkot* Nr. 10 in Richtung Sadang Serang für 3000 Rp bis zur Jl. Diponegoro, außerdem verkehren weitere *Angkots* zwischen Ledeng und Cicaheum entlang der Straße.

Dago

Zum Sonnenuntergang bietet sich ein Ausflug auf den **Bukit Dago** am nördlichen Ende der Jalan Ir. Juanda an. Am Wochenende trifft sich hier die Jugend der Stadt, an jeder Ecke werden gegrillte Maiskolben zubereitet, und die Straße ist mit Autos und Motorrädern verstopft. Die vielen teuren Restaurants mit wunderbaren Panorama-Ausblicken über die Stadt sind am besten mit einem Taxi zu erreichen (etwa 50 000 Rp). Wer gut zu Fuß ist, kann auch vom Terminal Dago loswandern.

Lembang

Die Jalan Dr. Setiabudi führt stetig hinauf von Bandung zum 15 km entfernten Bergort Lembang auf über 1300 m ü. d. M. Auf halbem Weg, kurz vor dem Minibus-Terminal Ledeng, passiert man die **Villa Isola**. Sie ist eines der bekanntesten Art-déco-Gebäude der Stadt und wird heute von der Pädagogischen Universität genutzt.

In Lembang angekommen, lohnt sich in den Morgenstunden ein Bummel über den riesigen **Obst- und Blumenmarkt**. Rund um den Ort erstrecken sich Gemüsegärten die Berghänge hinauf.

Von Bandungs Hauptbahnhof und vom Terminal Kebon Jati fahren Minibusse für 15 000 Rp nach Lembang. Alternativ enden viele Minibusse beim Terminal Ledeng, von wo Minibusse (ELF) über Lembang nach Subang fahren.

ÜBERNACHTUNG

Bandungs Hotels sind besonders an den Wochenenden notorisch ausgebucht. In der Regel wird dann ein Aufpreis verlangt. Günstige Hotels konzentrieren sich im Umkreis des Hauptbahnhofs. Die schönsten und teuersten Hotels mit Ausblick über die Stadt liegen im Norden bei Lembang und Dago.

Untere Preisklasse

Buton Backpacker, Jl. Buton 14A, ✆ 0222-423 8958, 0877-1474 2756, 💻 www.butonbackpacker lodge.com. In einer ruhigen, aber zentralen Gegend, 2 Kapsel-Schlafsäle für je 6 Pers. sowie Doppelzimmer mit Gemeinschaftsbad, kleiner Innenhof mit Fischteich, Frühstück inkl. Einzelbett für 120 000 Rp. Kostenlose Fahrräder. ❸

€ **Chez Bon Hostel**, Jl. Braga 45, ✆ 022-426 0600, 💻 www.chez-bon.com. Etwas steriles Hostel in bester Lage, umgeben von Restaurants und Bars. Saubere, AC-gekühlte Schlafsäle für 6 oder 16 Pers. und Doppelzimmer. Gemeinschaftsbäder mit Warmwasser, Küche und große Schließfächer. Frühstück auf der schönen Dachterrasse inkl. ❷

Rumah Sarwestri B&B, Jl. Rereng Barong 40, Sukaluyu, ✆ 0822-1420 3882. Etwas außerhalb des Stadtzentrums, nettes Homestay vom hilfsbereiten Gastgeber Aryo in ruhiger Nachbarschaft mit mehreren Warungs in Gehweite. Saubere Zimmer mit AC, Warmwasser, gegen Aufpreis auch privatem Bad. Touren können organisiert werden. Frühstück inkl. ❷–❸

The Attic B&B, Jl. Ir. H. Juanda 130 Blk, ✆ 0856-210 1500, ✉ theatticbdg@gmail.com. Einfahrt gegenüber iBox' Laden, dann links. Ruhige, 3-stöckige Privatresidenz mit herzlichem, jungen Gastgeberpaar und 2 Hunden. Bett im 7er-Schlafsaal ab 120 000 Rp, zudem Doppelzimmer mit Gemeinschaftsbad oder eigenem Bad mit Warmwasser. Frühstück inkl. ❷–❸

Mittlere und obere Preisklasse

Ivory by Ayola, Jl. Bahureksa 3, ☏ 022-420 3999, 💻 http://www.ivory-ayola.com. Nettes, modernes Haus mit sauberen, komfortablen Zimmern. Professioneller Service, Café und gutes Restaurant. Indonesisches Frühstücksbuffet inkl. In Laufweite viele Malls und Outlets. ❹–❺

Prama Grand Preanger, Jl. Asia Afrika 81, ☏ 022-423 1631, 💻 www.aerowisatahotels.com. Das 1929 vom Architekten Schoemaker renovierte Luxushotel mit klassizistischer Fassade ist eines der bedeutendsten Art-déco-Gebäude der Stadt. Die Zimmer sind zwar älter, aber geräumig und gut ausgestattet. Elegante Weinlounge, Brasserie und Restaurant. Frühstück inkl. ❺–❼

Summerbird, Jl. Ksatriaan 11, ☏ 022-603 0228, 💻 www.summerbirdhotel.com. Hippes, kleines Boutiquehotel mit 28 engen, aber zweckmäßig ausgestatteten Zimmern mit offenen Backsteinwänden, Glaswand zum Bad und gemütlichen Betten. Große Fenster nur im 3. Stock. Nettes Café, gute Frühstücksauswahl und leckerer Kaffee inkl. ❹–❺

Padma Hotel, Jl. Ranca Bentang 56-58, ☏ 022-203 0333, 💻 www.padmahotelbandung.com. Exzellentes Hotel in den Bergen nördlich der Stadt und schöne Aussicht aus allen luxuriösen Zimmern mit edlem Holzboden. Das Haus hat einen beheizten Pool, Fitnesscenter, empfehlenswerte Restaurants und ein Spa. Frühstücksbuffet inkl. ❼–❽

ESSEN

Entlang der Jl. Braga kann an jeder Ecke zu günstigen Preisen gespeist werden. Teurere Restaurants sind in wunderbarer Lage in den Reisfeldern bei Lembang und auf dem Bukit Dago zu finden.

Zentrum

Braga Permai, Jl. Braga 58, 💻 www.bragapermai.com. Unter dem Namen „Maison Bogerijen“ wurde das historische Restaurant 1923 für die Kolonialbeamten eröffnet. Noch heute wird das Kolonialflair in der Einrichtung und auf der Speisekarte gepflegt. Große Auswahl an internationalen Gerichten, Bieren und Weinen. Schöner Außenbereich an der belebten Jl. Braga mit Livemusik. Mittlere Preise. ⌚ 7–24 Uhr.

Kehidupan Tidak Pernah Berakhir, Jl. Padjajaran 63, ☏ 022-420 5445. Ein Highlight für Vegetarier und Veganer! Übersetzt heißt das Restaurant „Das Leben wird niemals enden“ – und dafür steht auch die Speisekarte dieser mit Werbung für eine vegane Lebensweise überladenen, häufig recht aufgeheizten Kantine. Große Auswahl an typisch indonesischen Gerichten wie *Sate*, *Nasi Goreng* oder *Bakso* ohne tierische Produkte und Glutamat. Reis mit 4 Beilagen für 10 000 Rp. ⌚ 6–21 Uhr.

Sindang Reret, Jl. Suropati 53, 💻 www.sindangreret.co.id. Großes sundanesisches Restaurant, das besonders bei Reisegruppen beliebt ist. Günstig nahe dem Gedung Sate gelegen und mit einer ausgezeichneten Auswahl an traditionellen Gerichten. Die Spezialität des Hauses ist frittierter Gurami-Fisch *(Ikan Gurame Goreng)*. Mittlere Preisklasse. ⌚ 6–22 Uhr.

The Kiosk Foodmarket, Braga City Walk, ☏ 022-8446 8200. Beliebtes Restaurant in einer überdachten Promenade an der Jl. Braga. Die bebilderte englische Karte bietet eine große Auswahl an typischem sundanesischen und javanischen Streetfood, aber auch Pizza, Pasta, Steaks und japanische Gerichte zu günstigen Preisen. ⌚ 10–22 Uhr.

€ **Warung Nasi Ampera**, z. B. Jl. Cihampelas 104 oder Jl. Kebon Kawung 28. Nur wer in der beliebten sundanesischen Restaurantkette gespeist hat, kennt die kulinarische Vielfalt der Region. Die einfachen, günstigen Restaurants sind in mehreren Hauptstraßen Bandungs zu finden und bieten ein langes Buffet, von dem man sich einzelne Spezialitäten aussucht, die dann erwärmt werden. Empfehlenswert ist *Pepes Ayam/Ikan/Tahu*, in Gewürzen eingelegtes und in Bananenblatt gegartes Huhn/Fisch/Tofu. ⌚ 7–4 Uhr.

Bandung
N
0 200 400 600 800 1000 m
ÜBERNACHTUNG
1 Padma Hotel
2 The Attic B&B
3 Rumah Sarwestri B&B
4 Ivory by Ayola
5 Summerbird
6 Chez Bon Hostel
7 Buton Backpacker
8 Prama Grand Preanger
ESSEN
1 Kampung Daun
2 Sapulidi Café Resort
3 Stone Café Dago
4 Warung Nasi Ampera (6x)
5 Sindang Reret
6 Kehidupan Tidak Pernah Berakhir
7 The Kiosk Foodmarket
8 Braga Permai
SONSTIGES
1 Sobbers
2 Rumah Mode Factory Outlet
3 Episode Fashion House
4 Shelter
5 Eiger Adventure Store (2x)
6 Galeri Cupumanik
7 Southbank
8 Sin Sin
9 Apotheke und Ärzte
10 Bandung Supermal und Trans Studio Bandung
TRANSPORT
1 Terminal Ledeng
2 Terminal Dago
3 Busbahnhof Cicaheum
4 Kramat Djati
5 Mgo
6 Busbahnhof Leuwi Panjang
7 Terminal Kebon Kelapa
1 (2 km), 1 (8 km), 2 (9 km), Villa Isola, Lembang, Ciater
3 (3 km), 2 (2 km), Bukit Dago
3 (1 km), 3 (3 km), Saung Angklung Udjo (3 km)
6 (3 km), Jl. Cibaduyut
5, 10 Jl. Gatot Subroto
Jakarta
SCHWIMMBAD
Paris Van Java
Husein Sastranegara International Airport
FRIEDHOF
Lebak Siliwangi
STADION
ZOO
Institut Teknologi Bandung (ITB)
Cihampelas Walk
Jalan Jeans
Factory Outlets
Rumah Sakit Santo Borromeus
MONUMENT
Geologisches Museum
Gedung Sate
Bandung Indah Plaza
Gouverneurspalast
STADION
Bahnhof
SANTOSA HOSPITAL
Braga City Walk
Pasar Baru Trade Centre
Gedung Merdeka
Prama Grand Preanger Hotel
Masjid Raya
Alun Alun
Savoy Homan Bidakara
Museum of the Asian-African Conference
Jl. Dr. Setiabudi
Jl. Hegarmanah
Jl. Chumbuleuit
Jl. Dago
Jl. Bungur
Jl. Karangtheung
Jl. Cemara
Jl. Siliwangi
Jl. Tubagus Ismail
Jl. Tamansari
Jl. Dipati Ukur
Jl. Sekeloa
Jl. Sukamaju
Jl. Jurang
Jl. Cipaganti
Jl. Cihampelas
Jl. Teuku Umar
Jl. Sukajadi
Jl. Sederhana
Jl. Makmur
Jl. Ganeca
Jl. Sukasari
Jl. Hasanuddin
Jl. Prof Eykman
Jl. Pelesiran
Jl. Ir. H. Juanda
Jl. Japati
Jl. Gagak
Jl. Titimplik
Jl. Layang Pasupati
Jl. Sulanjana
Jl. Surapati
Jl. Diponegoro
Jl. Pusdai
Jl. W.R. Supratman
Jl. Pasir Kaliki
Jl. Cimandri
Jl. Citarum
Jl. Trunjoyo
Jl. Kebon Sirih
Jl. Purnawarman
Jl. S. Agung
Jl. Bahureksa
Jl. Laksamana Martadinata
Jl. Ciliwung
Jl. Pajajaran
Jl. Riau
Jl. Banda
Jl. Lombok
Jl. Wastu kencana
Jl. Cicendo
Jl. Aceh
Jl. Merdeka
Jl. Sumatra
Jl. Kalimantan
Jl. Belitung
Jl. Sumbawa
Jl. Bima
Jl. Kebon Kawung
Jl. Nias
Jl. Gereja
Jl. Bangka
Jl. Stasiun Barat
Jl. Jawa
Jl. Suniaraja
Jl. Kebon Jati
Jl. Belakang Pasar
Jl. Lembong
Jl. Banceuy
Jl. Braga
Jl. Gudang
Jl. ABC
Jl. Temblong
Jl. Veteran
Jl. Sunda
Jl. Jen. Sudirman
Jl. Cibadak
Jl. Naripan
Jl. Asia Afrika
Jl. Dalem Kaum
Jl. Pagarsih
Jl. Istana Anyar
Jl. Kalipahapo
Jl. Lengkong Kecil
Jl. Oto Iskandardinata
Jl. Dewi Sartika
Jl. Lengkong Besar
Jl. Paledang
Jl. Karapitan
Jl. Pasirkoja
Jl. Kopo
Jl. Pungkur
Jl. Laswi

Dago und Lembang

Ob Dago oder Lembang: Beide Orte, ca. 15 km nordöstlich bzw. nordwestlich des Stadtkerns, bieten schöne Blicke auf Bandung und liegen mitten in der Natur. Leider sind die Straßen hierher am Wochenende nur im Schritttempo befahrbar.

Kampung Daun, Jl. Kampung Daun, Cihideung, kurz nach Terminal Ledeng der Jl. Sersan Bajuri für 5 km folgen, dann links ab, 💻 www.kampungdaun.net. Der Klassiker für romantische Abendessen in traditionellen und schön dekorierten Pavillons *(Saung)*, umgeben von Reisfeldern und plätschernden Bächen. Gute sundanesische Küche, Pizza und Pasta. Mittlere Preise. 🕒 11–23 Uhr.

Sapulidi Café Resort, Jl. Sersan Bajuri, Cihideung, kurz nach Terminal Ledeng der Jl. Sersean Bajuri für knapp 6 km folgen, dann rechts ab, 💻 www.sapulidisawah.com. Große Auswahl an sundanesischen Gerichten in authentisch-traditioneller Atmosphäre an einem schönen Teich und umgeben von Reisfeldern. Mit Souvenirladen und Übernachtungsmöglichkeit in rustikalen Bungalows im sundanesischen Stil. Mittlere Preislage. 🕒 9–23 Uhr.

Stone Café Dago, Jl. Rancakendal Luhur 5, Dago Atas, 💻 www.thestonecafe.com. Neben der Vielzahl an hochpreisigen Restaurants, die von der ausgezeichneten Sicht vom Bukit Dago auf die Stadt profitieren, ist das Stone Café ein wahres Juwel. Hier sind die sundanesischen, westlichen und Fusion-Gerichte noch am wenigsten überteuert. In den gemütlichen *Saungs* (Gazebos) genießt man zum Sonnenuntergang am besten ein großes Bier ab 49 000 Rp oder Cocktails ab 60 000 Rp. 🕒 11–23 Uhr.

EINKAUFEN

Einkaufszentren

Trans Studio Mall, Jl. Gatot Subroto 289, 💻 www.transstudiomall.com. Gigantischer Shoppingtempel mit 250 Läden, Supermärkten, Restaurants, Food Court, Bowlingbahn, Cineplex-Kino und einem der größten Indoor-Themenparks Indonesiens (S. 187). 🕒 10–22 Uhr.

Paris Van Java, Jl. Sukajadi 131-139, 💻 www.paris-van-java.com. Große Mall im Norden der Stadt mit vielen Designerläden, Cafés, Nachtclub und einer Eislaufbahn, umgeben von europäisch anmutender Architektur. 🕒 10–22 Uhr.

Factory Outlets

Eiger Adventure Store, Jl. Cihampelas 22 und Jl. Sumatera 23, 📞 022-420 7703. Der beste Ort, um sich für eine Vulkanbesteigung oder Backpacking-Reise einzukleiden. Qualitativ hochwertige Rucksäcke, Multifunktionshosen und Wanderschuhe zu guten Preisen. Kletterwand und Café. 🕒 9–21 Uhr.

Episode Fashion House, Jl. Ir. Juanda 125, 📞 022-250 1515. Eines der größten Factory Outlets in Dago mit einer großen Auswahl an Designer-Hemden, -Hosen und -Jacken zu günstigen Preisen, teils aber nicht in Exportqualität. 🕒 9–21 Uhr.

Rumah Mode Factory Outlet, Jl. Setiabudi 41, 📞 022-203 5498. Das bekannteste Fabrikverkaufshaus der Stadt ist immer überfüllt und bietet eine riesige Auswahl an Markenartikeln, umgeben von Restaurants, Cafés und Bankautomaten. 🕒 9.30–20.30 Uhr.

Kunsthandwerk und Souvenirs

Galeri Cupumanik, Jl. Haji Akbar 10, 📞 022-423 9456. In der 1980 gegründeten *Wayang Golek*-Werkstatt mit angeschlossener Galerie und Souvenirverkauf kann man beobachten, wie die Stabpuppen in mühevoller Handarbeit hergestellt werden. 🕒 Mo–Fr 8–16, Sa 8–14 Uhr.

Saung Angklung Udjo, Jl. Padasuka 118, 📞 022-727 1714, 💻 www.angklung-udjo.co.id. Im Vorraum dieses Amphitheaters (s. Musik und Tänze S. 187) werden das sundanesische *Angklung*-Instrument in Souvenirgröße und viele andere Mitbringsel zu günstigen Preisen verkauft. 🕒 15.30–19 Uhr.

Sin Sin, Jl. Braga 59, 📞 022-423 8574, 💻 www.sinsinartshop.weebly.com. Alteingesessener Antiquitätenladen, der noch aus der Kolonialzeit stammt. Mittlerweile werden auch preiswerte *Wayang Golek*- und *Wayang Kulit*-Puppen sowie Kunsthandwerk aus dem gesamten Archipel verkauft. 🕒 Mo–Sa 9–17, So bis 12 Uhr.

UNTERHALTUNG UND KULTUR

Bars und Diskotheken

An der **Jalan Braga** sind einige lebhafte Bars mit allabendlicher Livemusik zu finden.
Shelter, Jl. Sulanjana 14, 🖳 www.fb.com/Shelterclubbandung. Großer, günstiger Club nahe Unigelände mit Underground-Atmosphäre und Grafitti an den Wänden. Di Afro-Night mit Groove und Funk, Do R'n'B, sonst Dance Music und House. 🕒 22–3 Uhr.
Sobbers, Jl. Setiabudi 41 F, 🖳 www.fb.com/sobbersclub. Luftiger Szeneclub in Setiabudi, 5 km nördlich des Zentrums. Elektronische Klänge, Laserlicht und gute Cocktails heizen der studentischen Menge ein. 🕒 Fr, Sa 23–4 Uhr.
Southbank, Jl. Sumatra 5–7, 🖳 www.southbankclub.id. Schicker, durchgestylter Club mit durchgestyltem Oberklasse-Publikum und bekannten Djs, zentrale Lage. Strenge Kleiderordnung. 🕒 Mi, Fr, Sa 22.30–4 Uhr.

Musik und Tänze

Saung Angklung Udjo, Jl. Padasuka 118, ✆ 022-727 1714, 🖳 www.angklung-udjo.co.id. Im Vorort Padasuka, in der Nähe des Busbahnhofs Cicaheum, werden in einem überdachten Amphitheater tgl. von 15.30–17 Uhr sundanesische Tänze und Bambus-Musik *(Angklung)* von Kindern und Jugendlichen in interaktiven Aufführungen präsentiert. Wer etwas früher kommt, kann sich zeigen lassen, wie ein *Angklung*-Idiophon hergestellt wird, und im Souvenirladen stöbern. Eintritt 150 000 Rp.
Anreise: Taxis vom Zentrum kosten etwa 30 000 Rp, vom Terminal Kebon Kelapa fahren *Angkot* Nr. 02 Richtung Cicaheum für 5000 Rp bis an die Ecke Jl. Padasuka, von dort 500 m zu Fuß.

Themenpark

Trans Studio Bandung, Jl. Gatot Subroto 289, 🖳 www.transstudiobandung.com. Einer der größten überdachten Vergnügungsparks Indonesiens mit 20 Fahrgeschäften in 3 Themenbereichen auf über 4 ha. 🕒 Mo–Fr 10–19, Sa, So 9–21 Uhr, Eintritt Mo–Do 180 000, Fr 200 000, Sa, So 280 000 Rp.

SONSTIGES

Guides und Reisebüros

Guides sind in allen Hostels anzutreffen, z. B.
Enoss, ✆ 0852-2106 3788, 🖂 enoss_travellers@yahoo.com, der Tagestouren zu den Tangkuban Prahu, Kawah Putih- oder Cibuni-Kratern inkl. heißen Quellen und Teeplantagen für 400 000 Rp p. P. zzgl. Eintrittspreise anbietet.
Erick Kurniawan, ✆ 0817-023 0339, 🖂 ekmucharam@gmail.com, ist ein zuverlässiger deutschsprachiger Guide und verlangt 500 000 Rp pro Tag zzgl. Transportkosten.
Umin, ✆ 0813-2253 4539, 🖂 bymoritztour@yahoo.co.id, stammt aus den Papandayan-Bergen südlich von Bandung und leitet auch mehrtägige Touren bis nach Pangandaran oder Yogyakarta inkl. Vulkanbesteigungen, 45 € p. P. und Tag ab 3 Pers. inkl. Transport und Eintritt; Tagestour ab 35 € p. P. inkl. Transport und Eintritt.

Informationen

Tourist Information Center, Mesjid Agung, Jl. Alun Alun Timur 1, ✆ 0813-2212 8090. An der Nordwestecke der Großen Moschee gegenüber der Mandiri-Bank berät der nette und englischsprachige Ajid Suryana seit Jahrzehnten Touristen und verteilt Stadtpläne. 🕒 Mo–Sa 9–17, So bis 14 Uhr.

Medizinische Hilfe

Das beste Krankenhaus mit internationaler Akkreditierung und englischsprachigen Ärzten ist das **Santosa Hospital**, Jl. Kebon Jati 38, ✆ 022-4248 111, 🖳 www.santosa-hospital.com. 🕒 24 Std.

Post

Kantor Pos, Jl. Asia Afrika 49, schräg gegenüber der Großen Moschee. 🕒 Mo–Sa 7.30–19 Uhr. Eine kleine Filiale liegt an der unteren Jl. Cihampelas 194.

NAHVERKEHR

Angkot

Stadtminibusse fahren auf 35 Routen quer durch die Stadt mit Endhaltestellen an den

Stadtgrenzen (z. B. Dago, Lembang, Terminal Leuwi Panjang, Terminal Cicaheum). Zentraler Umsteigeplatz ist der **Terminal Kebon Kelapa**, Jl. Dewi Sartika, Ecke Jl. Pungkur. Eine Strecke innerhalb der Stadt kostet 3000–5000 Rp, zu Zielen außerhalb der Stadt 10 000–15 000 Rp, je nach Distanz.

Taxis

Die Smartphone-Apps für Fahrdienstleistungen von **Grab**, 💻 www.grab.co/id, funktioniert in Bandung zuverlässig und ist günstiger als konventionelle Taxis. Trotz der vielen Einbahnstraßen kann man die meisten Ziele innerhalb der Stadt für 30 000 Rp erreichen. Vom Flughafen sowie von den Busbahnhöfen verlangen registrierte Taxis 70 000 Rp für Fahrten ins Stadtzentrum. Am zuverlässigsten und sichersten ist **Blue Bird**, ✆ 022-756 1234, 💻 www.bluebirdgroup.com. Andere Taxi-Unternehmen verlangen trotz Taxameter ohne Vorankündigung oft eine Mindestgebühr von 25 000 Rp.

TRANSPORT

Auto

Autos mit Fahrern bekommt man in jedem Hotel ab 550 000 Rp pro Tag inkl. Fahrer und Benzin, für weitere Strecken z. B. nach PANGANDARAN ab 900 000 Rp.

Busse

Der **Busbahnhof Cicaheum** für Fernbusse in östliche Richtungen liegt 8 km vom Stadtzentrum an der Jl. Jen. A. Yani im Osten der Stadt (*Angkot* von Kebon Kelapa 8000 Rp oder Stadtbus Nr. 1 vom Bahnhof 5000 Rp).
Busse fahren nach:
GARUT, von 6–17 Uhr alle 20 Min. für 23 000 Rp in 2–3 Std.
PANGANDARAN, von 5–18 Uhr stdl. für 70 000–80 000 Rp in 6–7 Std.
SEMARANG, um 6, 12 und mehrere von 17.30–18.30 Uhr für 110 000–250 000 Rp in 8–10 Std.
SOLO, um 8, 15 und 17.30 Uhr für 120 000–260 000 Rp in 10–11 Std.
SURABAYA, um 7.30, 13, 15, 16 und 18.30 Uhr für 240 000–300 000 Rp in 16–18 Std.
YOGYAKARTA, mehrere zwischen 17.30–19 Uhr für 110 000–190 000 Rp in 9–10 Std.
Ein gutes Busunternehmen für Langstrecken ist **Kramat Djati** mit einem Büro und Busabfahrten nahe dem Bahnhof, Jl. Ambon 3, ✆ 022-4200 858, 💻 www.kramatdjati.co.id.

Der zweite wichtige **Busbahnhof Leuwi Panjang**, 5 km südlich des Zentrums, ist mit einem *Angkot* ab Kebon Kelapa für 5000 Rp zu erreichen. Man geht von der Straße einmal durch den Terminal, um vorne zu den abfahrenden Bussen zu gelangen. Der Fahrpreis wird im Bus bezahlt:
BOGOR, von 5–21 Uhr alle 30 Min. für 65 000 Rp in 3 Std.
JAKARTA (zu allen Busbahnhöfen), von 5–21 Uhr stdl. für 65 000–80 000 Rp in 3 Std.
SUKABUMI via CIANJUR, von 5–20 Uhr alle 30 Min. für 25 000–30 000 Rp in 2–3 Std.
Zwischen beiden Busbahnhöfen pendeln Damri-Busse (Korridor 1) von 6–18 Uhr alle 10 Min. für 5000 Rp in 30 Min.

Shuttlebusse

Nach JAKARTA und PANGANDARAN fahren auch komfortable Shuttlebusse, die man einen Tag vorher buchen sollte, wobei man in der Regel vom Hotel abgeholt und am Zielort beim gewünschten Hotel abgesetzt wird:
Mgo, Jl. Gatot Subroto 94, ✆ 022-88600 8800, 💻 www.mgo.co.id, nach JAKARTA (Sarinah), stdl. von 4.30–20 Uhr für 100 000 Rp in 3 Std.
PM Travel, Büro in Pangandaran, ✆ 0813-2126 4200, 💻 www.putrimunggaran.blogspot.com, nach PANGANDARAN um 6, 15, 20 und 24 Uhr für 125 000 Rp in 5 Std. mit Abholung vom Hotel.

Eisenbahn

Der **Hauptbahnhof** (Stasiun Bandung) liegt im Gegensatz zu den Busbahnhöfen direkt im Stadtzentrum an der Jl. Kebon Kawung.
Die *Angkot*-Haltestelle vor dem Bahnhof heißt „St. Hall“. Nach JAKARTA (Gambir) fährt der *Argo Parahyangan*-Zug um 5, 6.30, 8.35, 11.35, 14.45, 16.10 und 19.40 Uhr für 70 000–120 000 Rp in 3 1/4 Std.

MALANG, um 15.45 und 16.50 Uhr für 185 000–465 000 Rp in 15 1/2–16 1/2 Std. über YOGYAKARTA, SOLO und SURABAYA.
SEMARANG, um 6.15 Uhr für 140 000–260 000 Rp in 7 1/2 Std.
SOLO um 7.20 und 18.55 Uhr für 140 000–320 000 Rp in 9 Std. über YOGYAKARTA.
SURABAYA, um 8.30 und 19.30 Uhr für 265 000–460 000 Rp in 12–13 Std. über YOGYAKARTA und SOLO , sowie um 21.25 Uhr in 12 Std. über SEMARANG.

Flüge

Der **Husein Sastranegara International Airport** (BDO) liegt 5 km nordwestlich des Zentrums. Ein Coupon-Taxi ins Zentrum kostet 70 000 Rp. Es fliegen:
AirAsia, 💻 www.airasia.com, nach DENPASAR, KUALA LUMPUR, SINGAPORE und SURABAYA;
Citilink, 💻 www.citilink.co.id, nach DENPASAR, MEDAN und SURABAYA;
Garuda, 💻 www.garuda-indonesia.com, nach DENPASAR und SURABAYA;
Lion Air und **Wings Air**, 💻 www.lionair.co.id, nach BALIKPAPAN, BANJARMASIN, DENPASAR, LOMBOK, MAKASSAR, MEDAN, SEMARANG, SOLO, SURABAYA und YOGYAKARTA;
Silk Air, 💻 www.silkair.com, nach SINGAPORE.

Die Umgebung von Bandung

Von Bandung aus können Tagestouren in das angenehm kühle **Preanger-Hochland** nördlich der Stadt unternommen werden. Touristisch beliebt, aber überteuert sind der gut erreichbare Vulkan Tangkuban Prahu und die heißen Quellen von Ciater, die von weiten Teeplantagen umgeben sind. Lohnenswerter sind Tagestouren in den Süden von Bandung zum Vulkankrater Kawah Putih, zu Teeplantagen bei Rancabali und zum Cibuni-Krater mit heißen Quellen.

Tangkuban Prahu-Krater

Bei seiner größten Explosion wurde die einst kegelförmige Kuppe des 2076 m hohen Vulkans nördlich von Lembang abgesprengt. Seither sieht der Berg wie ein „umgekipptes Boot" (indonesisch: *Tangkuban Prahu)* aus. Mit einem Fahrzeug kann man direkt an den **Kraterrand** auf

JAVA

Die Teeplantagen von Rancabali erstrecken sich wie ein erstarrter Ozean so weit das Auge reicht.

© CHRISTIAN WACHSMUTH

1830 m fahren. Von dort erkennt man, dass einer der zwölf Krater des Vulkans noch immer heiße Schwefeldämpfe spuckt. Hinter den vielen Verkaufsständen führen verschiedene Pfade am Kraterrand entlang, z. B. zum **Kawah Domas** mit sprudelnden Geysiren und dampfenden Fumarolen. Leider ist der Eintritt deutlich überteuert, örtliche Verkäufer sind recht aggressiv, und obwohl ein lokaler Guide (250 000 Rp) für den Spaziergang zum Kawah Domas mit heißen Quellen nicht nötig ist, werden Touristen häufig genötigt, diese teure Begleitung zusätzlich zu bezahlen. Günstiger und netter sind die Krater und heißen Quellen im Süden Bandungs (S. 191). 🕒 9–17 Uhr, Eintritt Mo–Fr 200 000, Sa, So 300 000 Rp zzgl. Parkgebühr 25 000–35 000 Rp.

Der Vulkan ist vom Bahnhof im Zentrum mit einem *Angkot* in Richtung Subang für 20 000 Rp zu erreichen. Man lässt sich am Beginn der Bergstraße absetzen und läuft die restlichen 4 km zum Gipfel. Lohnend ist die Tour nur am frühen Vormittag, denn spätestens am Mittag ziehen Nebelschwaden in den Krater.

Ciater

Ein Resultat der vulkanischen Tätigkeit sind die **heißen Quellen** in der Umgebung, die meist touristisch erschlossen sind. Am nettesten sind die Ciater Hot Springs, 35 km nördlich von Bandung in einer Höhe von 1150 m ü. d. M. In dem landschaftlich reizvollen Gebiet bietet das ältere **Sari Ater Hot Spring Resort**, Jl. Raya Ciater, ✆ 0260-471700, 💻 www.sariater-hotel.com, sechs große Pools mit 42 °C heißem Quellwasser. 🕒 24 Std., Eintritt für Tagesgäste 35 000 Rp zzgl. 20 000–50 000 Rp zum Baden.

Ciater ist von einem Meer an dunkelgrünen Teesträuchern umgeben. Unweit des Sari Ater

Hot Spring Resort können die **P.T. Perkebunan Nusantara VIII-Teeplantagen** besichtigt werden. Sie wurden 1937 gegründet und blieben bis 1971 ein britisches Unternehmen, seitdem sind sie im Besitz des indonesischen Staats. Wie ein gewaltiger, erstarrter Ozean erstrecken sich die dunkelgrünen Hügel in alle Richtungen. In der Fabrik kann der Prozess der Teeverarbeitung verfolgt werden. Anmeldung erwünscht: ✆ 022-250 1635, ⏲ Di–So 8–17 Uhr, Eintritt 75 000 Rp.

Ciwidey und Kawah Putih

Südlich von Bandung wartet eine ähnlich bergig-grüne Landschaft auf Ausflügler. Am besten mit einem eigenen Auto geht es zunächst nach **Ciwidey**, wo neben Gemüse- auch viele Erdbeerfelder passiert werden. Beim **Saung Gawir Bungalow & Resto**, ✆ 0812-2113 3664, können die Sommerfrüchte selbst gepflückt und eine Mittagspause mit sundanesischem Essen eingelegt werden. Nach weiteren 10 km ist der Parkplatz zum **Kawah Putih** erreicht, Ausgangspunkt zu einem wunderbar strahlend türkisfarbenen Kratersee des Patuha-Vulkans. Am Parkplatz voller Händler zahlt man den Eintrittspreis von 50 000 Rp zzgl. 15 000 Rp p. P. für die zehnminütige Fahrt in einem Bimmelbus zum Krater (Auffahrt mit eigenem Auto 150 000 Rp). Hier sind alle Wege hässlich betoniert, der Sand ist vom Schwefel gelb gefärbt, und das unnatürlich türkisfarbene Wasser ist sehr sauer (pH-Werte von 0,5–1,3). ⏲ 7–17 Uhr.

Vom Leuwi Panjang-Busbahnhof in Bandung fahren alle 30 Min. L300-Minibusse nach Ciwidey für 30 000 Rp in 2 Std.

Rancabali und Kawah Cibuni

Die Straße weiter hinauf führt an der riesigen Rancabali-Teeplantage entlang. Hinter der Ortschaft **Rancabali** führt die Straße rechts zum stillen, bei Wochenendausflüglern beliebten **Bergsee** Situ Patengan auf über 1500 m Höhe inmitten von Teeplantagen und Wäldern.

2 km weiter folgt man bei der Ausschilderung „Kawah Rengganis" einem Schotterweg nach links, bis nach 800 m der Parkplatz erreicht ist (Eintritt 30 000 Rp p. P.). Von dort läuft man etwa zehn Minuten bergab zu einem kleinen Dorf mit **heißen Quellen** des Kawah Cibuni. An verschiedenen natürlichen Badeplätzen kann man sich hier in ruhiger Umgebung von dem wohltuend heißen Wasser übergießen lassen oder seinen Körper mit dem „heilenden" Schlamm einreiben. Es gibt Toiletten mit Mandi zum Umziehen und Duschen sowie ein Warung.

Vom Terminal Ciwidey fahren gelbe *Angkots* für 10 000 Rp zum Situ Patengan. Von dort fahren sie bei Bedarf für 15 000 Rp weiter bis Cibuni. Von der Hauptstraße führt ein ausgeschilderter Fußpfad in 750 m zu den heißen Quellen.

Von Bandung nach Pangandaran

Candi Cangkuang

10 km nördlich von Garut führt ein schöner Spaziergang von Leles 2,5 km durch Reisfelder und Bambushaine zum **Situ Cangkuang**, einem stillen See in sehr anmutiger Landschaft, Eintritt 4000 Rp. Der Gunung Haruman spiegelt sich im See, der mit langen Bambusflößen überquert werden kann. Auf einem kleinen Hügel am anderen Ufer steht der einzige **Hindutempel** West-Javas aus dem Sriwijaya-Reich, ein kleines, schmuckloses Bauwerk. Der Candi Cangkuang aus dem 8. Jh. wurde erst 1967 bei Ausgrabungen entdeckt und 1974–1976 rekonstruiert.

Vom Cicaheum-Busterminal in Bandung fahren Busse alle 20 Min. für 23 000 Rp nach Garut. Nach ca. 2 Std. steigt man bereits in Leles aus und nimmt von dort eine Pferdekutsche, (10 Min. für 20 000 Rp p. P.) bis zum Tempel.

Garut und Cipanas

Der Ort Garut, nur 65 km von Bandung entfernt, ist von Vulkanen buchstäblich umringt. 1982 hat der **Gunung Galunggung** (2168 m), der sich östlich der Stadt erhebt, die fruchtbare Ebene von Garut mit Staub und Asche überschüttet. Eine Besteigung des Gunung Galunggung ist von Tasikmalaya aus möglich. Empfehlenswerter und einfacher ist eine Besteigung des **Gunung Papandayan** (2622 m), der südwestlich von Garut aufragt.

Den besten Blick auf Gunung Guntur (2249 m), auch Gunung Gede (der „Große") genannt, hat

Kampung Naga – sundanesische Kultur wie vor 400 Jahren

Die Straße von Garut nach Tasikmalaya führt entlang dem malerischen **Sungai Ciwulan**, an dessen Ufer saftig grüne Reisterrassen angelegt sind. Nach 25 km lohnt beim Ort Neglasari (Salawu) ein Abstecher in das sundanesische Bauerndorf **Kampung Naga** („Drachendorf"), dessen 314 Einwohner sich seit vier Jahrhunderten ihre traditionelle Lebensweise erhalten haben. Über 439 teils steile Treppenstufen, die sich schlangenartig ins Tal winden, erreicht man das von Reisfeldern und Kardamomgärten umgebene Dorf mit 113 gleichartigen *Adat*-Häusern mit weiß angestrichenen Rattanwänden und Alang-Alang-Dächern. Die streng moslemischen Bewohner leben ohne Elektrizität und fließend Wasser ausschließlich vom Reis- und Gemüseanbau sowie von der Ziegen- und Hühnerhaltung. Freundliche und englischsprachige einheimische Guides warten in der Touristeninformation am Parkplatz, um Besucher durch ihr Dorf zu führen und die althergebrachten Traditionen und interessante Sozialstruktur zu erläutern. ⌚ 6–18 Uhr, Spende erwartet (mind. 100 000 Rp pro Gruppe). Der Aufstieg zurück zum Parkplatz ist recht anstrengend; Sonnenschutz empfohlen!

man von **Cipanas**, 5 km nordwestlich von Garut, wo auch viele Hotels für einheimische Ausflügler zu finden sind.

Gunung Papandayan

Der letzte verheerende Ausbruch des Papandayan (sundanesisch für „Schmiede") ereignete sich am 12. August 1772. Eine außerordentlich heftige Explosion führte zum Einbruch des nordöstlichen Teils der Kraterumrandung und zerstörte 40 Dörfer. Im November 2002 kam es zum jüngsten Ausbruch. Heute gibt es in der Gipfelregion des Vulkans vier aktive Krater: Emas, Baru, Nangklak und Pengantin.

Den **Gunung Papandayan** (2665 m) kann man von Cisurupan, 25 km südwestlich von Garut, aus besteigen. Anfahrt mit einem blau-weißen *Angkot* von Garut nach Cisurupan für 25 000 Rp oder mit L300-Minibussen von Bandung (Cicaheum) nach Cikajang für 30 000 Rp. Eine gut ausgebaute Straße (8 km) führt von Cisurupan fast bis zur Kraterregion – falls nicht zufällig ein Pickup hinauffährt, läuft man ungefähr drei Stunden oder nimmt ein *Ojek* für 50 000 Rp bis zum Parkeingang (Eintritt Mo–Fr 200 000, Sa, So 300 000 Rp). Dort gibt es ein Parkbüro mit wenigen englischen Informationen, lokale Guides, Toiletten und mehrere Warung. Die Wanderwege im Park sind ausreichend befestigt und ausgeschildert, sodass man ohne Guide in 30 Min. zum Krater laufen und dort einen schönen Blick über die dampfenden Fumarolen genießen kann. Verschiedene Rundwanderwege führen in 3–4 Std. zum *Hutan Mati* („toter Wald") – den beim jüngsten Ausbruch verbrannten Wald – sowie zu Edelweiß-Feldern nahe dem Gipfel. Am schönsten ist ein Trek zum Sonnenaufgang mit einem lokalen Guide (350 000 Rp p. Tag), der Besucher auch abseits der Wanderwege und nah an die Krater führt. Warme Kleidung, Sonnenschutz, Proviant und Wanderschuhe empfohlen!

ÜBERNACHTUNG

ADK Homestay, Cisurupan, nahe der Polizei (Polsek), ✆ 0896-5789 9218, ✉ homestay.papandayan@gmail.com. Nette, einfache Unterkunft mit 4 Zimmern mit Federkernmatrazen und Warmwasser-Gemeinschaftsbad. Günstiges Restaurant. Der Betreiber Asep Dedi organisiert Papandayan-Touren zum Sonnenaufgang für 65 € p. P. inkl. Guide, Transport, Verpflegung und Eintritt. ❷

Camping, 💻 www.twapapandayan.com. Mitten im Gunung Papandayan-Nationalpark gibt es mehrere Zeltplätze mit Toiletten und Warung. Im Büro der Parkbehörde können Zelte, Isomatten und Schlafsäcke ausgeliehen werden. ❸

Pangandaran und Umgebung

Der Urlaubs- und Fischerort an der Südküste ist ein beliebter Zwischenstopp auf halbem Weg zwischen Bandung und Yogyakarta. Er

liegt auf einer nach Süden gerichteten Landzunge, **Pananjung** genannt, die an der schmalsten Stelle nur 300 m breit ist. Der 5 km lange, dunkelgraue Weststrand lockt überwiegend einheimische Besucher an, die an Wochenenden und Feiertagen den Ort geradezu überfallen. Zum Baden eignen sich nur der südliche Abschnitt des Weststrandes und der wesentlich schönere, weiße Pantai Pasir Putih im Naturschutzgebiet. Der Oststrand wird dagegen hauptsächlich von Fischern genutzt, deren bunt bemalte Boote die Küste säumen wie eine Perlenkette. Im Sommer 2006 fielen mehrere Hundert Einwohner sowie ganze Gebäudereihen einem Tsunami zum Opfer. Heute erinnern nur noch die obligatorischen Warnschilder am Strand an die Katastrophe.
Den schönsten Blick über die Bucht und die gesamte Küste zum Sonnenuntergang bei einem alkoholfreien Cocktail bietet die **Rooftop-Bar** im 6. Stock des Hotel Horison am südlichen Ende vom Hauptstrand.

Naturschutzgebiet

Südlich des Orts beginnt das mehr als 1000 ha große Naturreservat *(Cagar Alam)*, das schon die Holländer als Jagdrevier schätzten. Auf relativ kleinem Raum zeigen sich bei einer Wanderung erstaunlich viele Tiere, z. B. Siamang (eine Primatenart), Bindenwarane, aus Aceh importierte Pfaue sowie interessante Pflanzen – etwa Rafflesien *(Rafflesia patma)*, Wasserlianen, Teak- und Mahagonibäume und riesige Würgefeigen. Höhlen, Wasserfälle und Strände komplettieren den Park.

Offizielle Guides, die sich für zwei- bis dreistündige Touren à 100 000 Rp (ca. 2 km) oder fünf- bis sechstündige Touren à 300 000 Rp anbieten, sind gut an ihren orangefarbenen Hemden erkennbar. Die Investition lohnt sich, denn die Guides führen zu schwer auffindbaren Orten, erläutern Felsformationen, stellen in Höhlen Taschenlampen bereit und suchen gezielt nach seltenen Tieren wie Skorpionen oder Stachelschweinen.

Durch einen der beiden Eingänge gelangt man zuerst in den **Touristenpark** (Taman Wisata), Eintritt (leider total überteuert) Mo–Fr 210 000 Rp, Sa, So 310 000 Rp. Bereits hier tummeln sich ungestört Rehe und Makaken. Nur 50 m südöstlich (links) des Eingangs liegt ein während der japanischen Besatzung angelegter **Bunker**, dessen Vordereingang eine Attrappe ist. Durch ein Loch gelangen Besucher oberhalb ins dunkle Innere, wo besonders die einst für Exekutionen genutzte Kammer schaurig hervorsticht – ihre Wände sind von dünnen Kletterranken überwuchert.

Rund 150 m südöstlich liegt **Batu Kalde**, die durch ein *Yoni*-Podest, einen *Lingga*-Stein und eine steinerne Kuh *(Nandi)* markierte, spärliche Grabstätte von König Prabu Anggalarang, der mit seiner Gemahlin Dewi Rangganis um 400 n. Chr. über das nach der Halbinsel benannte Hindureich Pananjung geherrscht haben soll.

Weitere 250 m südöstlich befindet sich eine schöne **Kalksteinhöhle** mit dem Grab von Embah Jaga Lautan, dem mythologischen Stiefsohn der Nyai Loro Kidul, der Göttin des Südlichen Ozeans. Hindus bringen dann und wann Opfergaben dar und meditieren in der kleinen Grotte hinter dem Grab.

Läuft man ein Stück westlich gegen den Uhrzeigersinn um den Fels, so kann man im Inneren einer etwa 175 m langen **Höhle** (Taschenlampe 20 000 Rp) der Fantasie angesichts kurios geformter Stalaktiten und Stalagmiten freien Lauf lassen.

Schön ist der unweite **Pantai Pasir Putih** im Westen, von wo Boote direkt an die Strände des nördlichen Pangandaran fahren, 150 000 Rp. Schnorcheln lohnt sich absolut nicht.

Abseits der öffentlichen Flächen liegen über 400 ha Primär- und Sekundärdschungel sowie offene Weideflächen mit Banteng-Herden. Dieses eigentliche Naturreservat darf nur mit einem Guide betreten werden und ist oft monatelang für Besucher gesperrt.

Wer in guter Kondition ist, kann die Halbinsel in einem schweißtreibenden Tagesmarsch umrunden (12 Std.). Ein schmaler **Fußpfad**, schlüpfrig und überwuchert, läuft in einem ewigen Auf und Ab über die steilen Klippen und durch den Dschungel, fast immer an der Küste entlang, vorbei an Wasserfällen und mit gelegentlichen Ausblicken aufs Meer. Versteckte Seitenpfade biegen in felsengesäumte Buchten ab, wo man die Strände garantiert für sich allein hat.

ÜBERNACHTUNG

Steht unter der Woche vieles halb oder gänzlich leer, wird das große Geschäft am Wochenende und während der Feiertage gemacht, wenn die Preise auf das Doppelte steigen. Viele Unterkünfte sind eher Motels für Einheimische, empfehlenswerter sind:

Adam's Homestay, Jl. Pamugaran Bulak Laut, ✆ 0265-639396, 💻 www.adamshomestay.com. Mehr Privatresidenz als Homestay. Im tropischen Garten mit Pool, Liegen und Lotusteichen vermieten Kirsten aus Deutschland und ihr Mann Adam 10 balinesisch dekorierte AC-Zimmer mit Moskitonetz, dekorativen Bildern, Marmorboden und Warmwasser. Frühstück inkl. ❸–❺

Bale'ku Gh., Jl. Sadiproyo, ✆ 0822-1864 0118, 💻 www.fb.com/baleku.pangandaran. Außerhalb von Pangandaran, ca. 2,5 km westlich vom Busbahnhof. Die wundervollen Gastgeber Liz und Sutar bringen Traveller in günstigen Bambusbungalows, umgeben von Kokospalmen, Fischteichen und Reisfeldern, unter. Einfache Ausstattung mit Ventilator, Moskitonetz und Gemeinschaftsbad, aber dafür entspannte, dörfliche Atmosphäre, Hängematten und exzellentes Essen. Frühstück inkl. ❷–❸

€ **Mini Tiga**, Jl. Pamugaran, Bulak Laut, ✆ 0265-639436, 💻 www.minitigahomestay.weebly.com. Die Französin Catherine hat hier einen entspannten und beliebten Traveller-Treff geschaffen. 9 saubere, schön dekorierte Zimmer mit großem Bad und teils AC. Im Schatten einer Kokospalme tauscht man sich aus und relaxt. Frühstück inkl. ❷–❸

Panorama a La Plage, Jl. Pamugaran 1, ✆ 0813-7057 5666, 💻 www.fb.com/panoramaalaplage. Kreatives Hostel mit vielen tropischen Pflanzen wenige Schritte vom Weststrand. Enge, einfache Zimmer mit kleinem Bad, Einzelzimmer ab 75 000 Rp. Ein 4er-Zimmer mit Warmwasser. Günstiges Bier, gute Guides, Frühstück ab 2 Nächten inkl. ❷–❸

ESSEN UND UNTERHALTUNG

Zahlreiche **Essensstände** finden sich in der Jl. Kidang Pananjung sowie entlang der Jl. Pamugaran und Jl. Pantai Barat.

Bamboo Beach Bar, Jl. Pamugaran. Direkt am belebtesten Strandabschnitt ist die entspannte Bar der Treffpunkt vieler Guides und Surflehrer. Auf der Karte stehen günstige Sandwiches, Seafood und indonesische Gerichte, Fruchtsäfte, Bier und Cocktails. Am Wochenende Lagerfeuer und Livemusik. 🕒 9–1 Uhr.

Bamboo Café+Bar, Jl. Pamugaran. Weitere beliebte Bar am Strand mit Strandschaukeln, abendlichem Lagerfeuer und Livemusik. Günstige Snacks, Sandwiches, Fisch und Spaghetti. 🕒 9–1 Uhr.

Brillo Pizza, Cikembulan, 5 km westl. von Jl. Raya Pangandaran, ✆ 0812-2280 1742. Mit dem Roller oder Auto ist Francos Pizzeria in 10 Min. erreicht. Im Holzofen werden 16 verschiedene, auch vegetarische Pizzen nach italienischer Art mit dünnem, knusprigen Teig gebacken. Dazu Bier, Säfte oder guter Espresso zu günstigen Preisen in einem tropischen Garten mit ruhiger Jazzmusik. Kostenlose Lieferung nach Pangandaran. 🕒 12–22 Uhr.

Chez Mama Cilacap, Jl. Kidang Pananjung 197, ✆ 0265-630098. Großes chinesisches Restaurant mit guter Auswahl an frischem Fisch und Meeresfrüchten. Mittlere Preise. 🕒 8–22 Uhr.

Fischmarkt *(Pasar Ikan)*, Jl. Raya Timur. Hier öffnen abends ein Dutzend einfache Fischlokale. Der frische Fang liegt auf Eis aus, und man kann sich seine Portionen selbst zusammenstellen. Der Preis richtet sich nach dem Gewicht.

€ **Relax Café**, Jl. Bulak Laut 74, ✆ 0265-630377. Bei Travellern beliebtes Schweizer Café, in dem Sandwiches mit selbst gebackenem Vollkornbrot für 30 000–45 000 Rp, frische Salate, aber auch Gulasch, Bratkartoffeln und Frikadellen zubereitet werden. Zudem leckere Lassis und große Eisbecher. 🕒 8–22 Uhr.

AKTIVITÄTEN UND TOUREN

Jedes Homestay vermietet Motorräder, Fahrräder und Surfboards zu ähnlichen Preisen und kann geführte Tagestouren organisieren, z. B. mit dem Motorrad oder Auto für 300 000 Rp p. P. zum Green Canyon und Green Valley.

Kayakfahren

Spora, Jl. Baru 117, ✆ 0265-630817, 💻 www.spora-pangandaran.business.site. Etwa 7 km östlich von Pangandaran kann man den Fluss Ciputrapinggan bis zum Damm hinauf- und wieder hinabfahren. Die 2-stündige Tour kostet bei 1/2/3 Pers. 300/275/250 000 Rp p. P. inkl. Snack, Wasser und Transport. Nur mit Rettungsschwimmer im Begleitboot kann man auch im Kayak die Halbinsel des Naturreservats in 3 Std. umrunden.

Schnorcheln

Am **Pantai Pasir Putih** im Naturreservat, wo Schnorchelausrüstung ausgeliehen wird, lohnt das Schnorcheln nicht. Auch von den Riffen um Nusa Kambangan (Tagestouren ab 500 000 Rp) sollte man sich nicht zu viel versprechen.

Surfen

In vielen Homestays und Hotels sowie am Strand werden Surfbretter für 75 000 Rp pro Tag vermietet. Einheimische Surflehrer verlangen ab 200 000 Rp p. Std. Besser surft es sich in Batukaras, S. 199.

JAVA

FESTE

Hajat Laut, das Opferfest der Fischer zu Ehren der Meeresgöttin Nyai Loro Kidul, wird meist kurz vor Weihnachten gefeiert und von einer *Pesta Laut* begleitet: Bootsrennen mit geschmückten Kuttern, Tauchwettbewerbe und Entenfangen. Abends wird *Wayang Golek*-Theater am großen Platz am Oststrand aufgeführt.

Kite Festivals und **Surfwettbewerbe** finden an verschiedenen Stränden an der Küste in der Hauptsaison im Juni/Juli statt.

SONSTIGES

Einkaufen

An zahllosen Ständen in der Jl. Bulak Laut mit ihrem großen **Tourist Market** *(Pasar Wisata)* bis hinunter ans Naturreservat wird immer die gleiche Auswahl an Badekleidung, T-Shirts, Souvenirs usw. angeboten. Lebensmittel und Drogerieartikel findet man in jedem **Indomaret**, s. Karte, 🕒 8–23 Uhr. Die kleine Mall Grand Pangandaran an der Jl. Raya Pangandaran befand sich zur Recherche noch im Bau.

Geld

Bargeld, allerdings nur ungeknickte Scheine, können in den kleinen Bankfilialen in der Jl. Kidang Pananjung und in der Jl. Merdeka gewechselt werden. Außerdem gibt es mehrere Money Changer. Die **BNI** an der Jl. Merdeka und am Busterminal hat einen Geldautomaten.

Medizinische Hilfe

Im kleinen **Krankenhaus**, Jl. Prapat, werden einfache Fälle versorgt. Wesentlich besser sind die Krankenhäuser in Bandung, S. 187.

Mit bunt geschmückten Fischerbooten wird einmal im Jahr das Opferfest der Fischer, Hajat Laut, gefeiert.

Führer-Scheinkontrolle

Einige Einheimische bieten sich als Führer durch das Naturreservat an, ohne über eine entsprechende Ausbildung und Lizenz zu verfügen. Ein guter Guide sollte eine gültige Lizenz der offiziellen **Indonesian Guide Association** haben: Sie bescheinigt profunde Sach- und Sprachkenntnisse und sorgt für Versicherungsschutz im Fall von Sachverlust oder Unfällen. Ein Büro von offiziellen Guides liegt direkt vor dem Strand neben dem Malabar Hotel an der Jl. Pamugaran, ✆ 0813-1376 4535. Weitere Guides warten am Eingang zum Reservat.

Reisebüro und Guide

Lotus Wisata, Jl. Bulak Laut 2, ✆ 0265-639635, ✉ info@lotuswisata.com. Hier trifft man gute Guides für Tagesausflüge, Surflehrer, kann Motorroller mieten und Transport, Flüge und mehrtägige Touren buchen.
⌚ 8–21 Uhr.
Ein empfehlenswerter, erfahrener Guide für eine Tagestour ist **Dindin**, ✆ 0812-2376 0776.

TRANSPORT

Minibusse und Busse

Zum **Busbahnhof** an der Jl. Merdeka fahren *Becak* für 20 000 Rp.
Das Busunternehmen **Budiman**, ✆ 0265-659621, fährt nach:
BANDUNG, stdl. von 6–19.30 Uhr für 80 000 Rp (AC) und bis 18 Uhr für 70 000 Rp (Economy) in 6–7 Std.
BANJAR, alle 30 Min. von 6–15 Uhr für 30 000 Rp in 2 Std.
YOGYAKARTA, um 6 und 18 Uhr je 2 Busse für 90 000–100 000 Rp in 8–9 Std.
Gapuraning Rahayu-Busse fahren nach:
JAKARTA (Kampung Rambutan), um 7.30 und 19.30 Uhr für 100 000–110 000 Rp in 8–9 Std.

Expressminibusse

Unterkünfte und Tourbüros buchen Minibusse bei diversen Anbietern ohne Zwischenhalt direkt zur Zieladresse, z. B. nach:
YOGYAKARTA mit **Estu Trans**, ✆ 0274-668 4567, 0812-2284 4700, um 6.30 und 18–19 Uhr für 120 000 Rp. in 8 Std.
Lotus Wisata (s. Reisebüro) organisiert den Transport mit Mietwagen und Fahrer für 800 000 Rp oder mit Minibus zum Bahnhof von SIDAREJA und Zugfahrt nach YOGYAKARTA für 250 000–450 000 Rp je nach Klasse in 7 Std.
PM Travel, ✆ 0813-2126 4200, 💻 www.putrimunggaran.blogspot.com, verkehrt nach BANDUNG um 5, 8, 13 und 16 Uhr für 125 000 Rp in 5 Std. mit Abholung vom Hotel.

Eisenbahn

Von Pangandaran fahren Busse (s. o.) in 2 Std. zum **Bahnhof von Banjar**, 65 km. Von hier Züge nach:
BANDUNG um 0.29, 1.30, 4.03, 4.40, 12.08, 15.20 Uhr für 165 000–350 000 Rp in 3 1/2–4 Std.
Nach YOGYAKARTA eignet sich der **Bahnhof von Sidareja** (per Expressminibus s. o.) besser. Tgl. fährt der Zug *Lodaya Pagi* um 11.49 Uhr für 165 000–320 000 Rp und benötigt nur 3 1/2 Std.

Flüge

Susi Air, Jl. Merdeka 312, ✆ 0800-122 7874 (Callcenter), 0265-631220, 💻 www.susiair.com. Nach JAKARTA (Halim) tgl. um 8 Uhr mit einem 12-Mann-Propellerflugzeug für 900 000 Rp in 1 Std., max. 10 kg Gepäck. Shuttlebusse fahren um 6.30 Uhr für 100 000 Rp vom Susi Air-Büro zum 25 km westlich gelegenen Nusawiru-Flugplatz.

Von Pangandaran nach Batukaras

Auf der Straße Richtung Westen liegen mehrere Sehenswürdigkeiten, die sich für Tagesausflüge von Pangandaran oder Batukaras eignen. Etwa 8 km westlich von Pangandaran weist ein Schild den 2 km langen Weg über eine Holperstraße zur Gezeitenlagune **Karang Tirta** mit einsamen Badestränden und Übernachtungsmöglichkeit im **Java Lagoon**, ✆ 0812-3680 2702, 💻 www.javalagoon.com. Cedric aus der Bretagne und seine sundanesische Frau vermie-

JAVA

ten hier in einem Garten mit gepflegtem Rasen 6 geräumige, saubere und günstige Zimmer mit guten Matratzen, teils AC und Warmwasser. Die Lage verspricht absolute Ruhe – nur das Meer rauscht im Hintergrund vor sich hin. Frühstück inkl. ❷–❸

Green Valley

Gut 10 km hinter Pangandaran führt eine mit „Citumang" ausgeschilderte Stichstraße von **Cibenda** 2 km durch die Reisfelder zu einer Abzweigung mit zwei gleichermaßen ans Ziel führenden Straßen, allerdings ist die geradeaus durch Sukasari führende auf dem letzten Stück besser befahrbar. Nach 2 km biegt man der Beschilderung folgend auf eine Holperstraße durch das Dorf Sukapuri ab und gelangt nach knapp 1 km von Süden her an den Parkplatz von **Citumang**. In Badesachen geht es rund zehn Minuten zu Fuß vorbei an Pfeffer- und Jati-Sträuchern zu einem idyllischen natürlichen Badepool am Ausgang der **Goa Kalinumpang**, aus welcher ein klarer Fluss entspringt (ohne Guide 20 000 Rp, Schwimmweste 20 000 Rp). Wer es sich zutraut, kann dort die robusten Wurzeln hinaufklettern, um aus 7 m Höhe am Höhleneingang ins ausreichend tiefe Wasser zu springen (Guides machen es vor). Der vor der Höhle gelegene, ca. 2 m hohe **Wasserfall** kann ebenfalls per Sprung ins Nass überwunden werden und überrascht mit einer versteckten kleinen Tropfsteinhöhle. Von hier lassen sich manche 30 Minuten oder länger entspannt unter Baumwipfeln und Lianen den Fluss durch das **Green Valley** hinabtreiben, bis es jenseits einer kleinen Schleuse durch enge Felswände zurück zur Treppe am Parkplatz geht.

Es empfiehlt sich, direkt am Parkplatz einen der einheimischen Guides für 150 000 Rp inkl. Schwimmweste (zum Bodyrafting) und Eintritt in Anspruch zu nehmen. Sie weisen u. a. auf gefährliche Felsen unter der Wasseroberfläche hin, lassen einem alle Zeit der Welt zum Baden und bringen z. B. Fotoapparate sicher und trocken durch den Fluss. Schon mehrfach haben sich Besucher ohne Guide verletzt oder Wertsachen im Wasser verloren. 🕒 7–17 Uhr.

Batu Hiu

Der „Haifischfelsen" Batu Hiu bei **Ciliang** ist ein Aussichtshügel mit schroffer Klippe zwischen dunklen Sandstränden, 14 km westlich von Pangandaran. Der Legende nach warfen drei im 11. Jh. ob ihrer magischen Kräfte aus dem Mataram-Reich verbannte Krieger einen gefangenen Hai wieder ins Wasser, worauf dieser zu Stein wurde. Durch das gigantische Maul eines Beton-Hais gelangen Besucher zu einem Steinpfad über den Hügel, der von großen Pandanusbäumen mit hohen Stützwurzeln bewachsen ist. Am Ende des Weges eröffnet sich ein weiter Blick über die lang gezogene Küste mit gewaltigen Wellen und meterhoher Brandung.

Etwa 200 m westlich kümmert sich die bescheiden ausgestattete **Kelompok Penangkaran Biota Laut** unter Leitung von Didin Saefudin seit 1985 um den Nachwuchs diverser Schildkrötenarten, der von Mai bis Dezember am hiesigen Strand schlüpft. In kleinen Becken können die Schildkröten beobachtet und berührt werden, bevor sie nach frühestens sieben Monaten freigelassen werden. Spenden ist erwünscht.

Green Canyon

Der Green Canyon (*Cukang Taneuh* für „irdene Brücke"), 27 km westlich von Pangandaran kurz hinter Cijulang, ist der Touristenmagnet der gesamten Region. Der hier durch Algen besonders während der Trockenzeit grünlich gefärbte Fluss fließt durch eine tiefe, von Dschungel bewachsene Felsenschlucht. Boote bringen max. 5 Pers. in 15 Min. für 300 000 Rp zu den Naturbecken, von wo man bis zu Wasserfällen und herausragenden Felsen schwimmen kann. Wer das Boot länger als 45 Minuten in Anspruch nimmt, muss für jede halbe Stunde 100 000 Rp zahlen. Achtung: An Wochenenden und Feiertagen kann es durch die vielen Boote zu Staus kommen, zum Schwimmen fährt man besser ins Green Valley (s. o). ⌚ Sa–Do 7.30–16, Fr 13–16 Uhr.

Per *Angkot* von Pangandaran nach Cijulang (20 000 Rp), danach die letzten 2,5 km zu Fuß, mit einem lokalen Minibus *(Andes)* für 5000 Rp oder per *Ojek* für 20 000 Rp, mit dem Auto oder Motorrad in 30–45 Min.

Batukaras

Das zum Surfermekka mutierte Fischerörtchen Batukaras, 7,5 km südwestlich des Green Canyon, hat dem betriebsamen Pangandaran den Rang als entspanntester Strandort West-Javas längst abgelaufen. Während es am Wochenende voll wird und auch hier Bananenboote mit indonesischen Familien durch die Bucht rasen, ist die Stimmung ansonsten durch und durch unbeschwert.

Drei (relativ windabhängige) **Surfspots** liegen entlang der Küste, allen voran Legok Pari direkt vor der sauberen, feinsandigen Badebucht, die zum Sonnenuntergang schöne Fotomotive bietet. Recht anspruchsvoll und gezeitenabhängig sind Karang und Bulak Bendak, das nur mit einem Boot erreichbar ist. Entlang der Uferstraße sowie um die Bucht haben in den letzten Jahren dank des steigenden Andrangs von Surfern und Wochenendausflüglern einige nette Homestays, Hotels und Restaurants eröffnet.

Einheimische Surfer bieten im **Batukaras Surfing Club (BSC)** direkt an der Badebucht für 250 000 Rp einstündige Surfstunden an. Bretter werden für 75 000 Rp pro Tag vermietet.

ÜBERNACHTUNG

Sunrise Resort, Jl. Pantai Batukaras, an der Hauptstraße, kurz bevor man den Strand erreicht, an dem sich ein Fischkutter an den anderen reiht, ✆ 0811-212 9129, 💻 www.sunrisebatukaras.com. Bisher bestes Hotel im Ort mit gepflegtem großen Garten und schönem Pool mit Liegen. Die 17 sauberen, modern eingerichteten AC-Zimmer, teils auch Familienzimmer, bieten Warmwasser, LCD-TV, Safe sowie Balkon oder Terrasse. Frühstück inkl. Geldautomat am Eingang. ❹–❻

An der Abzweigung am Strand nach links

Villa Monyet, ca. 300 m von der Abzweigung, ✆ 0822-6000 0079, 💻 www.villamonyetjava.com. Wunderschön kreative Unterkunft mit mehreren hochwertigen ein- und zweistöckigen Bungalows in Reisspeicher-Architektur mit Alang-Alang-Dächern für 2–6 Pers. Alle Zimmer sind geräumig mit Moskitonetz, Warmwasser, Hängematten auf den Terrassen bzw. Balkonen und teils AC. Familiäres, australisches Management. Frühstück inkl. und gutes Restaurant. ❹–❻

Bale Karang, direkt nebenan, ✆ 0822-4060 0700, 💻 www.balekarangbatukaras.com. Hinter dem steinigen Vorplatz stehen 8 strohgedeckte Reihenbungalows mit Betonwänden, kleinen LCD-TV, AC, ein paar dekorativen Fotografien, offenen, bepflanzten Warmwasserbädern sowie Meerblick von kleinen Veranden, davon ein Familienzimmer. Frühstück inkl. ❹

An der Abzweigung nach rechts zur Badebucht

€ **BK Homestay**, über dem L-Pari Café (s. u.) an der Badebucht, ✆ 0813-8345 9536, 🖳 www.batukarashomestay.com. Direkt am Badestrand vermietet der freundliche Ali im 2. Stock des Holzhauses 6 einfache Zimmer mit Glasfront, Holzboden, einfacher Matratze, Moskitonetz und kleinem Bad. Frühstück inkl. ❷

Java Cove, ✆ 0811-238 2220, 🖳 www.javacovebeachhotel.com. Schickes Strandhaus direkt an der Bucht mit 13 modernen Zimmern, die schöne Tropenduschen mit Warmwasser sowie LCD-TV, teils auch AC und Safe bieten. Große Terrasse oder Balkon zum Meer. Frühstück im Restaurant (außer für die günstigeren Zimmer) inkl. ❹–❻

JAVA

ESSEN

Entlang der Uferstraße sind einfache Warung, während sich in der Gegend um die Badebucht größere Restaurants finden, die indonesische Gerichte, Seafood und ein paar Klassiker aus der Traveller-Küche servieren.

L-Pari, neben dem Surfshop an der Badebucht. In dem beliebten Restaurant werden gutes Frühstück, vegetarischer Tempeh-Burger, verschiedene Curries und gegrillter Fisch für 20 000–45 000 Rp zubereitet. ⌚ 7–21 Uhr.

Rumah Makan Kang Ayi, an der Badebucht. Einfache indonesische Küche ab 20 000 Rp, sehr gutes Seafood mit in der Küche einsehbarer Frischware sowie Pancakes, zudem Säfte und Bier. ⌚ 7–21 Uhr.

SONSTIGES

Geld

Eine **Wechselstube** ist neben dem Pondok Putri Hotel angesiedelt.

Motorradverleih

Automatik-Roller mit Halterungen für Surfbretter sind über die Unterkünfte oder Restaurants für 50 000 Rp pro Tag zu haben.

TRANSPORT

Mit einem *Ojek* ab Pangandaran für 100 000 Rp, ab CIJULANG für 25 000 Rp oder einem gecharterten Auto ab PANGANDARAN (kombinierbar mit Ausflügen auf dem Weg). Am Ortseingang muss man manchmal 5000 Rp Eintritt zahlen zzgl. 7500 Rp für Motorräder.

Yogyakarta und Umgebung

Alle Wege führen nach „Yogya", auf jeden Fall die der Traveller und Touristen. Hier treffen sich Langzeiturlauber, die selbst den dritten Abend der *Ramayana*-Aufführung nicht verpassen, und eilige Rucksacktouristen, die auf dem Weg nach Bali noch den Borobudur sehen wollen. Nirgendwo sonst in Indonesien gibt es außerhalb von Bali und Jakarta ein vergleichbares Angebot an Ausflugszielen, Sehenswürdigkeiten, Kultur, Einkaufsmöglichkeiten und kulinarischen Highlights für jede Brieftasche. Das breite Angebot der Stadt und ihre ländliche Umgebung laden auch nach der Besichtigung der kulturhistorischen Stätten noch zum weiteren Aufenthalt ein.

2 HIGHLIGHT

Yogyakarta

In „Yogya" kann man shoppen, sich im Spa verwöhnen lassen oder das Umland auf Fahrradtouren, Flussfahrten, Strandspaziergängen, Motorradausflügen und Wanderungen erkunden. Sie ist nicht nur die Stadt, von der aus die Weltkulturerbe-Stätten Borobudur und Prambanan besucht werden, sondern überhaupt eines *der* Zentren der indonesischen Kunstszene und ein Touristenmagnet von durchaus eigenständigem Gewicht. Doch wer sich nun auf entspannte Tage im Grünen mit kulturellem Rahmenpro-

4-Tage-Checkliste für Eilige

- Kraton, Pasar Beringharjo und Jalan Malioboro in Yogya
- Borobudur und Prambanan
- Caving, Tubing, Fahrrad- oder Rollertour
- Wellness, Shopping, Kunstgalerie, abends Ramayana-Tanztheater

gramm freut, wird geschockt sein: Yogyakarta ist ein großer Ballungsraum, an dessen Rändern nur ein paar Reisfelder, Tempel und Dörfer an die ländlichen Ursprünge erinnern. Ein quirliger, wuseliger Ort, mit denselben Problemen wie jede andere indonesische Großstadt; doch keine Angst, es gibt sie noch – die idyllischen Rückzugsräume und Oasen der Ruhe.

Geschichtliches

Das von Rivalitäten der Prinzen geplagte Mataram-Reich (S. 111) wurde 1755 durch den Vertrag von Giyanti auf holländischen Druck hin geteilt. Fortan existierte neben Surakarta (S. 111) das Sultanat **Ngayogyakarta Hadiningrat**. Benannt nach Ayodhya, dem Geburtsort des Hindugottes Rama (und mit javanischen Konsonanten verschwurbelt), schlug dieses seine Wurzeln am historischen Ursprung des Reiches, König Senopatis (1584–1601) einstigem Herrschersitz. Das Ganze stand unter einem moslemischen Sultan mit spiritueller Rückendeckung der Göttin des Südlichen Ozeans, umgeben von hindu-buddhistischen Heiligtümern – ein wahrhaft indonesischer Start.

Als Java unter britischer Verwaltung stand, ließ Gouverneur Raffles (der spätere Gründer von Singapur) 1812 den Sultanspalast von britisch-indischen Truppen plündern, den Sultan absetzen und Pakualam I. als Herrscher installieren, eine demütigende Episode für die javanische Aristokratie. Seither existiert neben der dynastischen Hauptfolge auch das Herzogtum **Pakualaman**, dessen Amtsinhaber als Stellvertreter des Sultans fungiert.

Nach der Unabhängigkeitserklärung wurde Yogyakarta (auch Jogjakarta) 1946 provisorische Hauptstadt der Republik. Zwei Jahre später versuchten die zurückgekehrten Holländer, die republikanischen Bastionen zu erobern, und nahmen die gesamte Führungselite gefangen. Der damalige Sultan ließ sich aber nur auf eine kurze Unterredung mit den Holländern ein – über ihren sofortigen Truppenabzug.

Der seit 1989 amtierende Sultan Hamengku Buwono X. ist gleichzeitig Gouverneur der **autonomen Sonderzone** Yogyakarta mit ca. 3,8 Mio. Einwohnern, die somit das einzige relativ selbstständige Sultanat der Republik darstellt. Ein heißes Thema ist seine Nachfolge: In Ermangelung eines männlichen Erben hat das Oberhaupt seine älteste Tochter für die Thronfolge angekündigt – eine Unerhörtheit für das traditionell paternalistische Sultanat.

Kraton

Beispielhaft für klassische javanische Hofarchitektur ist der Kraton. Wie eine Stadt in der Stadt liegt dieser rund 4 km^2 große Wohn- und Palastbezirk zwischen knapp 4 m hohen, weißen Mauern. Er ist nur durch fünf Tore zugänglich. Die wichtigsten Straßen münden in große, rechteckige Plätze, den **Alun-Alun Lor** im Norden und den **Alun-Alun Kidul** im Süden. Am Alun-Alun Lor steht die **Mesjid Agung** von 1773, eine Moschee mit dem typisch javanischen *Joglo*-Dach. Ihre Ausrichtung gen Mekka bildet angeblich einen rechten Winkel mit der Achse zwischen Gunung Merapi und dem Indischen Ozean, die im Zentrum des Platzes zwischen zwei alten **Banyan-Bäumen** verläuft. Abends belebt sich der Platz. Dann wird auf Decken am Boden gesessen und bis spät in die Nacht bei einem traditionellen Heißgetränk gequatscht und den bunt leuchtenden Tretfahrzeugen zugeschaut. Kein seltener Anblick sind mit Augenbinden herumtorkelnde Teenager, denn einem *Masangin* genannten Gruppenspiel zufolge wird jenen ein Wunsch erfüllt, die mit verbundenen Augen den Weg zwischen den beiden Bäumen finden – viel Vergnügen!

Sultanspalast

Ein Besuch im Palast nimmt etwa zwei Stunden in Anspruch und empfiehlt sich vormittags, wenn klassische Künste aufgeführt werden (Kultur S. 215). Obwohl der Kraton 1755 gegründet wurde, stammen viele der Gebäude aus den

Yogyakarta
N
0
1
2 km
Magelang, Borobudur
1, 1
Kaliurang, Gunung Merapi
Jakarta
Jl. Ring Rd. Utara
2
Monumen Yogya Kembali
Jl. Kaliurang
MILITÄR-STÜTZPUNKT
2
Jl. Gondang Raya
1
Jl. Anggajaya
POLIZEI
Jogja International Hospital
Jl. Kabupaten
Jogja City Mall
Jl. Tirtamarta
Jl. Ring Rd. Utara
1
Hartono Mall
Jl. Jambon
Jl. Affandi
2
Jl. Nologaten
Jl. Kabupaten
Jl. Magelang
Jl. Monjali
Jl. Agro
Jl. Bougenville
Jl. Kaliurang
Jl. Seturan Raya
Jl. Peruminas
Jl. Kedokan
3
Jl. Pinggondani
Jl. Beo
Jl. Wahid Hasyim
Jl. Terban
Jl. Sarjito
Jl. Colombo
Jl. Am Sangaji
Jl. Cik Ditiro
RS Pantih Rapih
3
Jl. Cendrawasih
2
Museum Affandi
Candi Sambisari
Plaza Ambarrukmo
Jl. Godean
3
4
4
Jl. Kyai Mojo
Jl. P. Diponego
Jl. J.Sudirman
Jl. Urip Sumoharjo
Jl. Laksda
Adi Sucipto
s. Detailplan Südl. des Bahnhofs S. 208
3
5
6
Lippo Plaza
Prambanan, Solo
Jl. Tentara Pelajar
Jl. Margo Utomo
RSU Bethesda
7
Jl. Dr. W. Sudirohusodo
Lempuyangan
Tugu
Jl. Malioboro
5
Museum Batik
Jl. Hayam Wuruk
Jl. Dr. Sutomo
Jl. Cendana
Jl. I.T. Harsono
Ludira Husada Hospital
Jl. Hos Cokroaminoto
Jl. Let.Jen. Suprapto
s. Detailplan Zentrum S. 207
Jl. Yani
STADION
Jl. Gayam
Pura Pakualaman
Jl. Kenari
Jl. Janti
Wates
8
9
Jl. R.E. Martadinata
Jl. K.H.A. Dahlan
Jl. Senopati
Jl. Sultan Agung
Jl. Kusumanegara
Jl. Kapt. Tendean
Jl. K.H. Wahid Hasyim
Jl. Brigjen. Katamso
Gembira Loka Zoo
Jl. Patang Puluhan
Jl. Parman
Kraton
Taman Sari
Jl. Taman Siswa
Jl. Batikan
Jl. Glagahsari
Jl. Veteran
Gunung Kidul
Jl. Madu Mukti
Jl. Sug. Jeroni
Jl. Babaran
Jl. Raya Wonosari
Jl. Haryono
Jl. Mayjen. Sutoyo
Jl. Kol. Sugiono
Jl. M. Supeno
Jl. Veteran
Jl. Nitipravan
Jl. Bugisan
Jl. Prapanca
Jl. Suryodiningratan
Jl. Panjaitan
Jl. Tirtodipuran
Jl. Prawirotaman
Jl. Sisingamangaraja
Jl. Lowano
Jl. Ngeksigondo
Jl. Janti
Jl. Garuda
Jl. Pramuka
Natan Royal Heritage
4
10
Jl. Minggiran
Jl. Jogokaryan
Jl. Menukan
Jl. Bantul
Jl. Nyi Pembayun
6
Jl. Kemasan
Jl. Bima
Jl. Sorogenen
Jl. Tegal Turi
11
Jl. Mondorokan
Jl. Karanglo
Pasar Gede
Jl. Ring Rd. Selatan
s. Detailplan Südlich des Kraton S. 211
Jl. Parangtritis
Jl. Imogiri Barat
Jl. K.A. Pamanahan
Jl. Imogiri Timur
Königlicher Friedhof
Jl. Ring Rd. Selatan
4
Kota Gede
Jl. Bantul
Jl. Maksum
Jl. K.H.A.
Jl. Ring Rd. Selatan
Jl. Desa Tamanan
Trans Jogja-Bushaltestellen
Parangtritis, Tembi
Jl. Perjuangan
Imogiri

■ **ÜBERNACHTUNG**
1 Hyatt Regency
2 Andelis Homestay
3 Tiga Lima Homestay
4 The Phoenix Hotel Yogyakarta – MGallery Collection
5 Laura's Backpacker
6 Bhumi Hostel

■ **ESSEN**
1 Sasanti Restaurant
2 Gadjah Wong
3 Nanamia Pizzeria

■ **TRANSPORT**
1 Terminal Condong Catur
2 Terminal Jombor
3 Rama Sakti
4 Terminal Giwangan

■ **SONSTIGES**
1 CGV Cinema
2 Balance Mind Body Soul
3 Sakapatat Social House & Resto
4 Giant-Supermarkt
5 Cinema 21
6 Cinemaxx
7 Bentara Budaya
8 Jogja National Museum
9 Dinas Kebudayaan
10 Kaula Leather Workshop
11 H.S. Silver

1920er- und 1930er-Jahren. Sie sind meist einstöckig und nehmen sich für einen Palast ziemlich dezent aus. Nicht imposant, aber faszinierend wirken auch die in Sarong gekleideten Palastwachen und Führer mit ihrer Kopfbedeckung und der traditionellen Jacke, unter der rückseitig ein Kris herausragt. Noch immer sind rund tausend solcher *Abdi Dalem* für den Kraton tätig, meist als gelegentlicher Ehrendienst.

Südlich des Alun-Alun Lor liegt zunächst der vom restlichen Palast getrennte **Bangsal Pagelaran** genannte Bereich, der für offizielle Empfänge genutzt wurde. Dabei saß der Sultan im **Siti Inggil**, dem erhöhten Bereich, und niemand durfte sein Haupt höher erheben. Es sind traditionelle Kleider, Fotos und ein paar Gegenstände aus dem Besitz der Sultansfamilie zu sehen, aber man verpasst nichts, wenn man es links liegen lässt. Eintritt 7000 Rp.

Läuft man die Jalan Rotowijayan entlang, liegt rechter Hand ein altbackenes **Kutschenmuseum**, wobei Museum einfach bedeutet, dass hier 23 Kutschen der Sultansfamilie aus den Jahren 1761–1927 ausgestellt sind. Einige stammen aus holländischer und deutscher Produktion. ⌚ Sa–Do 8–14, Fr 8–12 Uhr, Eintritt 5000 Rp, Kamera 1000 Rp.

Souvenir- und Getränkehändler markieren den Weg zum ersten Vorhof **Kemandungan**, dem Eingang zum eigentlichen Palast. Wer gemäß höfischer Etikette zu viel Haut zeigt, kann bedeckende Kleidung leihen. Durch das **Srimanganti-Tor** geht es zum für kulturelle Vorführungen genutzten **Srimanganti-Pavillon** und zum **Trajumas-Pavillon**, wo alte Gamelan-Instrumente ausgestellt sind. Das von zwei dämonischen Figuren bewachte **Danapratapa-Tor** führt ins Innerste des Kraton.

Hier werden im **Purwaretna-Gebäude** rechter Hand weitere Instrumente aus dem 16. Jh. aufbewahrt. Im Westen des Platzes steht das mit Marmor, Lüstern und Spiegeln ausgestattete Sekretariat **Gedung Kuning**. Dahinter liegt der zentrale **Bangsal Kencono**, der Goldene Pavillon. An ihn schließt im Westen der **Bangsal Proboyakso** und im Süden der **Bangsal Manis**, der „süße" Pavillon, an. Hier fanden festliche Bankette statt, zu denen Musiker in den drei kleineren, gegenüberliegenden Pavillons aufspielten.

Im östlichen Flügel **Kesatrian** werden u. a. *Wayang*-Figuren und Gamelan-Instrumente aufbewahrt, die manchmal bespielt werden. In der **Pringgundani-Galerie** dahinter sind stark gealterte Portraits von Sultanen und ihren Familienmitgliedern zu sehen; im Gebäude an der Nordseite sind Batik-Stoffe und -Werkzeuge ausgestellt. Südlich liegt der **Ruang Pameran Lukisan** mit einer Ahnengalerie und Stammbäumen der Dynastie; unter jedem Stammbaum ruht ein anderes Tier. Vorbei an zwei Räumen mit Porzellan- und Glasobjekten steht man dann vor dem **Gedung Kaca**, das v. a. Dinge aus dem Besitz von Hamengkubowono IX. sowie die in Stein gemeißelte Urkunde über die Souveränität Yogyakartas enthält.

⌚ Sa–Do 8.30–13.30, Fr 8.30–12.30 Uhr, Eintritt 15 000, Kamera 1000 Rp. Führung für 50 000 Rp. Gratis-Führer und verkaufsorientierte Schlepper laden Besucher meist an Batik- und Schattenspielmanufakturen südlich vom Palast ab; dort wird dann viel über die Herstellung von Schattenspielfiguren und Masken erzählt – um die Leute zum Kauf zu animieren.

Taman Sari

Südwestlich des Kraton liegen die Reste des 1758–1765 angelegten „Wasserschlosses", ursprünglich eine Art Lustgarten mit 59 Gebäuden. Gut erhalten bzw. restauriert ist davon nur der Bereich um den zentralen Badeplatz. Der Rest liegt in Ruinen oder ist von Wohnhäusern überbaut. Schade, denn der Taman Sari muss von großer Schönheit gewesen sein: mit schattigen Innenhöfen, Springbrunnen, Grünflächen, Schwimmbecken und nicht zuletzt einem künstlichen See, darin Gebäude, die per Boot und unterirdisch erreichbar waren. Das große **Gedung Kenongo** diente repräsentativen Zwecken, das **Gedung Cemeti** als Speisesaal und das mit Treppen und Rundgängen durchzogene **Sumur Gemuling** – durch einen Tunnel von Osten zugänglich – war eine geflutete Moschee, zugleich Abbild des unterseeischen Palasts der Göttin des Südlichen Ozeans und Meditationsraum für den Sultan.

JAVA

Im Belagerungsfall dienten unterirdische Passagen als Fluchtweg. Eine solche Passage führt vom Gedung Cemeti nach Süden und endet am **Gapura Panggung**, dem Eingang zum **Umbul Binangun**. Dieser Badeplatz konnte vom 3. Stock eines Turms überblickt werden: Es gab je ein Becken für Prinzen und Prinzessinnen, für Mätressen und für den Sultan selbst. Dekorative Steinmetzarbeiten mit Pfauenmotiven sind westlich dahinter am **Gapura Agung**, dem einstigen Eingangstor, zu bewundern. ◷ tgl. 8.30–15 Uhr, Eintritt 15 000 Rp.

Museum Sono Budoyo

Im Nordwesten des Alun-Alun Lor vermittelt das Museum, 💻 www.sonobudoyo.com/en, einen Überblick über die javanische und indonesische Kulturgeschichte und Sozialstruktur. Bereits im Vorgarten stehen Artefakte aus alten Tempeln und dicke, keulenbewehrte *Dwarapala*-Wächter aus Ost-Java. Räume zur indonesischen Frühgeschichte zeigen archäologische Funde aus der Umgebung, Bronzetrommeln und Waffen aus Nusa Tenggara. Andere widmen sich islamischer Kunst und Kalligrafie: Neben einem handgeschriebenen Koran liegt – ganz javanisch – ein Buch mit magischen Schriften. Den Künsten gewidmete Bereiche stellen Batik und traditionelle Kleidung aus, zudem Figuren des Schatten- und Puppentheaters, antike Möbel, Masken und Kris-Dolche. Am Eingang gibt es eine interessante Broschüre über Kris und ausgewählte javanische Inschriften. ◷ Di–So 8–16 Uhr, Eintritt 5000 Rp.

Nördlich des Kraton

Überquert man die als **Kilometer 0** bekannte Kreuzung, liegt rechter Hand hinter dem **Helden-**

Einst nur Mitgliedern des Hofes und der Sultansfamilie zugänglich – die Badepools des Taman Sari

© MORITZ JACOBI

Gegenwartskunst in Yogya

In Yogya liegt die Kreativität förmlich auf der Straße. In kaum einer anderen Stadt in Südostasien toben sich so viele **Street Art**-Künstler aus wie hier. Viele ihrer Bilder haben hohen Wiedererkennungswert und nicht selten eine politische Botschaft. Und tatsächlich gibt es kaum einen besseren Ort in Indonesien, an dem sich Künstler und Kunstinteressierte den drängenden Fragen ihrer Zeit und Gesellschaft widmen können. In Yogya, an der geografischen Mitte des Landes, einer Stadt voller Studenten unter einem liberalen Sultan, schlägt das Herz der Gegenwartskunst besonders nah am Puls der Zeit. Fast immer finden irgendwo Foren, Ausstellungen, Symposien und Performances statt, von den jährlichen Kunstfestivals wie **Biennale**, 💻 www.biennalejogja.org, oder **ArtJog**, 💻 www.artjog.co.id, ganz zu schweigen. Relativ *up to date* ist die **Yogyakarta Contemporary Art Map**, 💻 www.artmapjogja.com, mit Galerien, Art Spaces, Kunstzentren und aktuellen Veranstaltungen. Wichtige Locations:

Jogja National Museum, Jl. Prof. Ki Amri Yahya 1, westlich des Kraton, ☏ 0274-586105, 💻 www.jogjanationalmuseum.com. Der Name täuscht, denn in dem Art Space unter Leitung einer NGO werden hauptsächlich Ausstellungen und Konzerte ausgerichtet. Außerdem verkauft ein Shop des Indie-Labels Demajors die Werke indonesischer Pop- und Nischenmusik der neuen Generation.

Kedai Kebun Forum, Jl. Tirtodipuran 3, ☏ 0274-376114, 💻 www.kedaikebun.com. Restaurant, Galerie, Boutique, Künstlertreff. Hier ist die *Yogyakarta Contemporary Art Map* als kostenlose Broschüre erhältlich. Auch Verkauf von Souvenirs und lokal hergestellten Klamotten. ⌚ Mi–Mo 11–23 Uhr.

Langgeng Art Foundation, Jl. Suryodiningratan 37, ☏ 0274-417043, 💻 www.langgengfoundation.org. Die umtriebige Stiftung betreibt ein Kunstforum mit Ausstellungen, Workshops, Seminaren, Vorträgen und Performances. ⌚ Mo–Fr 11–18, Sa bis 15 Uhr.

Taman Budaya, Jl. Sriwedari 1, ☏ 0274-523512, 💻 http://tamanbudayayogyakarta.com. Auch das städtische Kulturforum ist das ganze Jahr hindurch Austragungsort von Ausstellungen, Kunst-Performances und Konzerten. ⌚ 10–21 Uhr.

denkmal die **Benteng Vredeburg**, ein holländisches Fort aus dem Jahr 1765. In den schlichten Kolonialbaracken zeigt eine mäßig interessante Ausstellung die Geschichte des indonesischen Freiheitskampfes in Dioramen. Auf Karten sind die Territorialverschiebungen von 1945–1950 verzeichnet. ⌚ Di–Do 7.30–15, Fr bis 11, Sa und So bis 13 Uhr, Eintritt 10 000 Rp.

Von der Befestigungsanlage konnte der 1823 erbaute, gegenüberliegende Sitz des holländischen Residenten, **Gedung Agung**, bewacht werden. Er diente Präsident Sukarno von 1946–1949 als Wohnsitz. Südlich der Benteng Vredeburg steht das ansehnlich restaurierte Gebäude der Javasche Bank von 1915, heute **Bank Indonesia**. Westlich davon fällt das 1921 ursprünglich für die Niederländisch-Indische Lebensversicherung errichtete **Gedung BNI** mit seiner schönen Fassade ins Auge.

Mit Trans Jogja-Bus 1A, 1B, 2A oder 2B bis zur Haltestelle Senopati.

Jalan Malioboro

Chinesische Händler verwandelten die Gegend nördlich des Kraton ab Mitte des 18. Jhs. in ein kommerzielles Zentrum. Heute zieht die schnurgerade, zum Alun-Alun Lor führende Einkaufsstraße all jene an, die Klamotten, Souvenirs, Batik, Korb- und Flechtarbeiten, Spielzeug und Massenware erstehen oder einfach sehen und gesehen werden wollen.

Während tagsüber geschmückte Pferdekutschen zu einer Fahrt einladen, breiten abends Essensstände-Betreiber ihre Matten auf den Bürgersteigen aus. Zudem finden auf der Malioboro seit jeher Prozessionen zum Kraton statt. Noch immer paradieren mehrmals im Jahr festliche Umzüge hier entlang, und selbst politische Aktivisten lassen es sich nicht nehmen, der Malioboro auf Protestmärschen durch die Stadt die Ehre zu erweisen.

Vorsicht vor trickreichen Schleppern und Verkäufern! Der angebliche Kunststudent will den Besuchern die Sehenswürdigkeiten zeigen und dabei zu Batik-Galerien (mit „Räumungsverkauf") führen. Dort werden Prozente aufgeschlagen, die später der Vermittler kassiert. Ähnlich arbeiten manche *Becak*-Fahrer, die einen zu fragwürdig niedrigen Preisen den ganzen Tag herumfahren wollen. Auch die Behauptung, der Zutritt zum Borobudur und zu den Prambanan-Tempeln würde nur mit Sarong gewährt, dient lediglich als Verkaufsargument.

JAVA

Beringharjo-Markt

Der betriebsame **Pasar Beringharjo** an der Jalan Jen. Ahmad Yani war einst ein Hain aus Banyan-Bäumen und hatte den Ruf, ein Ort von Spuk und Unheil zu sein. Nach Gründung des Kraton wurde der Ort als Marktplatz ausgewiesen, und der 1925 von Hamengkubowono VIII. verliehene Name „Beringharjo" ließ wohl darauf hoffen, dass die verbliebenen Banyan-Bäume *(Bering-)* den Händlern zu Wohlstand *(-harjo)* verhelfen würden. In den dicht gedrängten Gängen und Hallen werden Batik-Stoffe, Lebensmittel, jede Menge Gewürze, Schmuck und traditionelle Kräutertinkturen gehandelt. Fotografen finden hier bestimmt ein Motiv. ⌚ 8.30–17 Uhr.

Pura Pakualaman

Eine breite Auffahrt führt von der Jalan Sultan Agung zum Sitz des Pakualam. Das ansehnliche Hauptgebäude ist zwar nicht zugänglich, doch der prächtige *Pendopo*, in dem Gamelan- und Gesangsaufführungen stattfinden (Kultur S. 216), ist einsehbar. Im kleinen, nicht mit englischen Erläuterungen ausgestatteten **Museum** rechts des Eingangs beeindruckt ein handgemalter Stammbaum aus dem 18. Jh., der beim biblischen Adam beginnt und ausgerollt gute 40 m messen soll. Alte Fotos zeigen Bankette mit holländischen Ehrengästen. Außer Kostümen, Porträts und Gefäßen sowie Geschenken aus Holland (Kris), England (Gewehre) und Japan (Katana-Schwerter) sind die prächtigen Kutschen zu erwähnen, deren hinterste Gouverneur Raffles dem ersten Pakualam schenkte. ⌚ Di, Do und So 9.30–13.30 Uhr, Eintritt frei (Spende). Trans Jogja-Bus 4A bis Pura Pakualaman.

Museum Batik

Wer nicht vorhat, nach Solo zu fahren, kann das in einer Gasse abseits der Jalan Dr. Sutomo gelegene Batik-Museum besuchen. Es verfügt über eine teils auf Englisch beschriftete Sammlung von rund 700 Stoffen, die bis zu 300 Jahre alt sind und die ganze Bandbreite der Muster abbilden. Sehr schön sind die chinesischen *Kebaya* und filigranen Motive im vorderen Bereich. Daneben sind Werkzeuge und zahlreiche Stempel ausgestellt. In der Werkstatt kann bei der Entstehung von Batik zugeschaut werden. 💻 www.museumbatik.com, ⌚ Mo–Sa 9–12, 13–15 Uhr, Eintritt 20 000 Rp, Workshops ab 40 000 Rp pro Std.

Gembira Loka

Der weitläufige **Zoo**, ca. 3,5 km östlich des Stadtkerns, zählt zu den besseren Tierparks in Indonesien, wenngleich einige der Gehege nicht den schönsten Anblick bieten. Die vielen Tiere repräsentieren nicht nur Asiens Fauna. Besonders die Reptilien und Amphibien umfassen seltene und spektakuläre Arten wie etwa den Komodo-Waran (S. 478), exotische Schlangen, den Axolotl oder den Tomatenfrosch, aber auch Tapire, Orang-Utans, weiße Tiger und Nilpferde. Zwischen 10.30 und 13 Uhr finden Tiershows und Fütterungen statt. Die besucherreichen Wochenenden sollte man meiden. 💻 www.gembiralokazoo.com, ⌚ 8–16.30 Uhr, in der Hochsaison bis 17.30 Uhr, Eintritt 25 000 Rp, Sa und So 30 000 Rp. Mit Trans Jogja-Bussen 1A bis 4B bis Kusumanegara.

Kota Gede

Rund 3 km südöstlich des Zentrums lag von 1582 bis 1614 die Hauptstadt des ersten Mataram-Reichs. Heute ist der Bezirk in erster Linie für seine Silberschmieden und die teils über 250 Jahre alte Bausubstanz in den Wohnvierteln bekannt. Von historischem Interesse ist auch der von zwei großen Banyan-Bäumen markierte **königliche Friedhof** an der Jalan Pasar, die letzte Ruhestätte von 81 Mitgliedern der frühen Sultansfamilie. Gegen Gebühr erhält man vom Friedhofswart angemessene Kleidung. ⌚ Mo und So 9–13, Fr 13–16 Uhr, im Ramadan geschlossen, Eintritt frei (Spende).

Hungrige finden auf dem ganztägigen Essensmarkt am alten **Pasar Gede** allerlei Spezi-

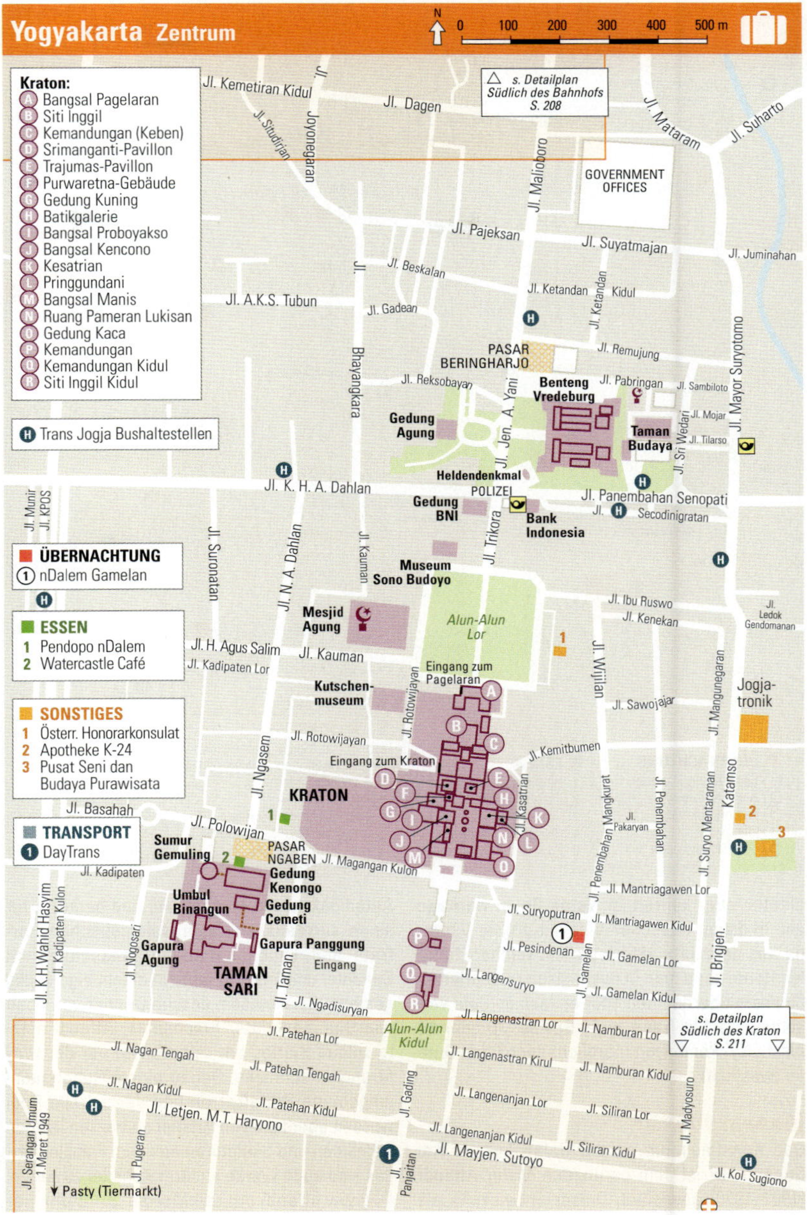
Yogyakarta Zentrum
N
0 100 200 300 400 500 m
Kraton:
A Bangsal Pagelaran
B Siti Inggil
C Kemandungan (Keben)
D Srimanganti-Pavillon
E Trajumas-Pavillon
F Purwaretna-Gebäude
G Gedung Kuning
H Batikgalerie
I Bangsal Proboyakso
J Bangsal Kencono
K Kesatrian
L Pringgundani
M Bangsal Manis
N Ruang Pameran Lukisan
O Gedung Kaca
P Kemandungan
Q Kemandungan Kidul
R Siti Inggil Kidul
H Trans Jogja Bushaltestellen
ÜBERNACHTUNG
1 nDalem Gamelan
ESSEN
1 Pendopo nDalem
2 Watercastle Café
SONSTIGES
1 Österr. Honorarkonsulat
2 Apotheke K-24
3 Pusat Seni dan Budaya Purawisata
TRANSPORT
1 DayTrans
s. Detailplan Südlich des Bahnhofs S. 208
s. Detailplan Südlich des Kraton S. 211
Jl. Kemetiran Kidul
Jl. Dagen
Jl. Situdirjan
Jl. Joyonegaran
Jl. Mataram
Jl. Suharto
Jl. Malioboro
GOVERNMENT OFFICES
Jl. Pajeksan
Jl. Suyatmajan
Jl. Juminahan
Jl. Beskalan
Jl. A.K.S. Tubun
Jl. Gadean
Jl. Ketandan Kidul
Jl. Ketandan
PASAR BERINGHARJO
Jl. Remujung
Jl. Bhayangkara
Jl. Reksobayan
Benteng Vredeburg
Jl. Pabringan
Jl. Sambiloto
Jl. Mayor Suryotomo
Gedung Agung
Jl. Jen. A. Yani
Jl. Mojar
Taman Budaya
Jl. Tilarso
Jl. Sri Wedari
Heldendenkmal
Jl. K. H. A. Dahlan
POLIZEI
Jl. Panembahan Senopati
Gedung BNI
Bank Indonesia
Jl. Secodiningratan
Jl. Munir
Jl. KPOS
Jl. Suronatan
Jl. N. A. Dahlan
Jl. Kauman
Jl. Trikora
Museum Sono Budoyo
Mesjid Agung
Alun-Alun Lor
Jl. Ibu Ruswo
Jl. Kenekan
Jl. Ledok Gendomanan
Jl. H. Agus Salim
Jl. Kadipaten Lor
Jl. Kauman
Jl. Wijilan
Eingang zum Pagelaran
Kutschen-museum
Jl. Rotowijayan
Jl. Sawojajar
Jl. Manggunegaran
Jogja-tronik
Jl. Ngasem
Eingang zum Kraton
Jl. Kemitbumen
KRATON
Jl. Kasatrian
Jl. Penembahan Mangkurat
Jl. Pakaryan
Jl. Penembahan
Jl. Suryo Mentaraman
Katamso
Jl. Basahah
Jl. Polowijan
Sumur Gemuling
PASAR NGABEN
Jl. Magangan Kulon
Gedung Kenongo
Jl. Kadipaten
Umbul Binangun
Gedung Cemeti
Jl. Mantriagawen Lor
Jl. Suryoputran
Jl. Mantriagawen Kidul
Jl. K.H.Wahid Hasyim
Jl. Kadipaten Kulon
Jl. Nogosari
Gapura Agung
Gapura Panggung
Eingang
TAMAN SARI
Jl. Taman
Jl. Pesindenan
Jl. Gamelan Lor
Jl. Langensuryo
Jl. Gamelan
Jl. Gamelan Kidul
Jl. Brigjen.
Jl. Ngadisuryan
Alun-Alun Kidul
Jl. Langenastran Lor
Jl. Namburan Lor
Jl. Patehan Lor
Jl. Nagan Tengah
Jl. Patehan Tengah
Jl. Langenastran Kirul
Jl. Namburan Kidul
Jl. Nagan Kidul
Jl. Patehan Kidul
Jl. Langenanjan Lor
Jl. Siliran Lor
Jl. Madyosuro
Jl. Letjen. M.T. Haryono
Jl. Gading
Jl. Langenanjan Kidul
Jl. Siliran Kidul
Jl. Serangan Umum 1.Maret 1949
Jl. Pugeran
Jl. Panjaitan
Jl. Mayjen. Sutoyo
Jl. Kol. Sugiono
Pasty (Tiermarkt)

JAVA

alitäten oder kehren im **Natan Royal Heritage** ein. In dieser hübschen Villa mit großer Veranda aus dem Jahr 1851 lebte ein reicher Händler. Heute kann man in nostalgisch restaurierten Zimmern übernachten oder einfach im Café verschnaufen. Mit Trans Jogja-Bus 3A, 3B oder 4B bis Jl. Nyi Pembayun (nördlich) oder Tegal Gendu (westlich).

Museum Affandi

Das Kunstmuseum an der Jalan Laksda Adi Sucipto 167 ist dem berühmten Maler **Affandi** (1907–1990) gewidmet. Dieser entwickelte als Autodidakt einen eigenen Stil und benutzte für seine surrealistisch-expressionistischen Porträts und Landschaftsbilder ausschließlich Spachtel und Tube. Er lebte in einem eigenwillig gestalteten Anwesen, dessen Dächer von oben wie Bananenblätter erscheinen; Affandi nutzte solche Blätter, um seine Bilder vor der Witterung zu schützen. Der zu einem Gebetsraum umgebaute Büffelkarren und der schrille Pool wurden ebenfalls von Affandi entworfen. Neben Gemälden und Skulpturen aus dem Familienfundus sind auch Werke anderer Künstler zu sehen. 💻 www.affandi.org, 🕒 Mo–Sa 9–16 Uhr, jeden 1. Mo des Monats sowie an Feiertagen geschlossen, Eintritt 75 000 Rp, Kamera 20 000 Rp bzw. Smartphone 10 000 Rp. Mit Trans Jogja-Bus 1A+B bis Jl. Solo (Jogja Bisnis/De Brito), 240 m westlich.

Candi Sambisari

Zwei fast quadratische Mauern umgeben den kleinen, in einer Senke gelegenen Shiva-Tempel aus der ersten Hälfte des 9. Jhs., den Archäologen 1966 freilegten. Neben dem Haupttempel finden sich die Überreste dreier kleinerer Wächtertempel. Nischen in der Außenwand beherbergen Statuen von Ganesh, Durga und Agastya, und ein *Lingga* auf einem durch die Naga-Schlange gestützten *Yoni*-Podest steht im Tempelinneren. Vom Stadtzentrum sind es rund 14 km – etwa 600 m östlich des Flughafens der Beschilderung nach Norden folgen. 🕒 6–18 Uhr, Eintritt frei (Spende). Trans Jogja-Bus 1A oder 1B bis Jl. Solo (KR. 2), dann 3 km laufen, Karte S. 223.

ÜBERNACHTUNG

Ein kurzer Blick auf die Hotelportale im Internet kann zur tagesfüllenden Recherche ausarten, wenn man die relative Lage und das Preis-Leistungs-Verhältnis noch nicht überschaut. Manches Gästehaus ist stylisch, aber teuer; oder preisgünstig, aber hellhörig und laut. Die vielen Hotelketten mit funktionalen Blockbauten im anonymen Einheitslook unterbieten sich gegenseitig bei den Preisen im Mittelklasse-Segment. Ältere Häuser mit gepflegter Ausstattung und persönlichem Service können die nettere Wahl sein.

Südlich der Bahnhöfe

Karte S. 208

In den engen, teils bunt bemalten Gassen zwischen Bahnhof und Jl. Sosrowijayan ballen sich Homestays und Gästehäuser, überragt von Mittelklassehotels in der Jl. Dagen und Jl. Pasar Kembang. Das Viertel liegt in der Anflugschneise des Flughafens, auch eine kleine Moschee trägt zur Geräuschkulisse bei. An der nahen Jl. Malioboro ist immer etwas los; in den zwielichtigen Gassen im Osten findet Prostitution statt.

Andrea Hotel, Jl. Sosrowijayan Gang 2, ✆ 0274-563502, 💻 www.andreahoteljogja.wordpress.com. Hinter einer kleinen Frühstücksterrasse werden 8 saubere Zimmer vermietet, von denen die besseren mit AC, TV, Holzmöbeln, Bettlampen und Warmwasser ausgestattet sind; die Bäder sind jedoch sehr klein und die Zimmer recht dunkel. Auch ein Einzelzimmer für 140 000 Rp mit Bad auf dem Flur. Kleines Frühstück inkl. ❷–❸

Ibis Styles, Jl. Dagen 107, ✆ 0274-588889, 💻 www.ibisstyles.com. Empfehlenswertes Haus in quietschbuntem Kaugummidesign mit 112 gepflegten, hellen und farbenfrohen Zimmern mit AC, bequemen Betten, TV, Safe, Föhn und Wasserkocher; auch 2 Familienzimmer. Es gibt einen Pool und eine Bar auf dem Dach im 7. Stock, zudem ein Spa und ein Restaurant. Mäßiges Frühstück inkl. ❺–❻

Laura's Backpacker, Gang Hansip Karno Waluyo 523, ✆ 0812-2252 9319, 💻 www.fb.com/backpackers523, Karte S. 202. Sehr beliebtes Hostel in einem betriebsamen, untouristischen Wohnviertel. Die 3 klimatisierten Schlafsäle haben je 6 Schlafplätze in Etagenbetten mit Vorhängen für 95 000 Rp p. P. Ein zweites Gebäude unweit von hier hat 8-Bett-Zimmer für Frauen. Schließfächer und Frühstück inkl.

Pawon Cokelat, Jl. Sosrowijayan Gang 1, ✆ 0878-7880 9008, 💻 www.pawoncokelat.com. Vergleichsweise modern und minimalistisch designter Bau mit unverputzten, begrünten Wänden, vielen Topfpflanzen und 10 Zimmern. Diese sind mit AC und TV ausgestattet, ansonsten schmucklos und funktional. Zur Begrüßung gibt's heiße Schokolade. Frühstück inkl. ❹

Setia Kawan Losmen, Jl. Sosrowijayan Gang 2, ✆ 0274-512452, 💻 www.bedhots.com. Um einen ruhigen Innenhof liegen 10 saubere, teils sehr kleine oder fensterlose Zimmer mit psychedelisch-surrealen Wandmalereien, warmen Erdtönen und guten Matratzen; einige haben AC, Warmwasser und etwas mehr Einrichtung. Kleine Veranda im Obergeschoss und eine Kunstgalerie im Erdgeschoss. Frühstück inkl. ❷–❹

The Packer Lodge Yogyakarta, Jl. Dagen 3, ✆ 0274-513 872, 💻 www.thepackerlodge.com.

Beliebtes Hostel mit 4 klimatisierten 4-Bett-Zimmern für 160 000 Rp p. P. sowie Doppelzimmern, von denen die billigeren Etagenbetten haben. Alternativ gibt es für Paare auch einen Schlafsaal mit Doppelmatratzen, die mit 295 000 Rp nur unwesentlich weniger kosten als ein Zimmer. Gemeinschaftsküche. Frühstück inkl. ❸–❹

JAVA

Zentrum

Karte S. 207

nDalem Gamelan Hotel, Jl. Gamelan 18, ✆ 0274-378721, 💻 www.ndalemgamelan.com. Das 5 Zimmer mit AC umfassende Gästehaus mit Garten im Palastbezirk mag rein von der Ausstattung her überteuert sein, hat aber einen Trumpf: Hier wohnt man in einer traditionellen javanischen Villa mit antikem Interieur aus dem 19. Jh. und viel Lokalkolorit. Sehr freundliche Gastgeberin. Zum Essengehen gibt's fußläufig wenig Auswahl. Frühstück inkl. ❹–❺

Südlich des Kraton

Karte S. 211

Die bei westlichen Besuchern beliebteste Wohngegend besticht durch ihre gute Auswahl an Restaurants und Cafés, auch die Nähe zum Kraton und zur Ring Road sind von Vorteil. .

Adhistana Hotel, Jl. Gerilya 613, ✆ 0274-413 888, 💻 www.adhisthanahotel.com. Weiße Wände, alte Fensterläden sowie kleine Hingucker mit antiquarischem Touch sorgen in dem um 2 Innenhöfe und einen Pool angelegten Hotel für mediterranes, entfernt marokkanisches Flair. Außer den komfortablen Doppelzimmern gibt es Schlafsäle mit 8 und 6 Betten zu je 135 000 Rp. ❹–❺

Aloha Hotel, Jl. Prawirotaman, Gang Batik Wahyu Tumurun 573 B, ✆ 0274-419876, ✉ aloha.yogya@gmail.com. Freundliches Kleinhotel mit 16 sauberen, klimatisierten Zimmern mit TV, Warmwasser und bequemen Matratzen um einen 2-stöckig umbauten, bepflanzten Innenhof. Die teureren Zimmer sind etwas größer. Variierendes Frühstück inkl. ❸–❹

€ **Agung Inn**, Jl. Prawirotaman 30, ✆ 0274-383577, ✉ agung_suganda@yahoo.com. Der grün-rote Neubau an der Straße beherbergt 7 teils fensterlose Zimmer mit bequemen Betten, AC, TV und Warmwasser; oben ruhiger. Zudem kann die kleine Küche genutzt werden. Insgesamt leicht verwohnt und durch die Straße nicht immer ruhig, dafür aber sehr preisgünstig. Tee, Kaffee, Frühstück inkl. ❸

Duta Garden Hotel & Boutique Villa, Timuran MG III/103, ✆ 0274-373482, 💻 www.fb.com/dutahotelgroup. Von der Hauptstraße zurückversetzt liegen beiderseits der Gasse 2 gepflegte Gärten mit Pool, Wasserläufen und Fischteichen; hier stehen teils 2-stöckige Massivhäuser mit 30 geräumigen älteren, aber wohnlichen und gepflegten Zimmern, die über Terrasse oder Balkon sowie bequeme Betten, TV, Wasserkocher und Föhn verfügen. Die teureren Zimmer punkten mit netterer Deko. Frühstück inkl. ❺–❻

Greenhost Boutique Hotel, Jl. Prawirotaman II, ✆ 0274-389777, 💻 www.greenhosthotel.com. Der Hotelblock mit lichtdurchflutetem Innenhof und kleinem Pool zählt 95 von Betongrau und Holz beherrschte Zimmer mit AC, guten Matratzen und besonderem Konzept: Das Interieur besteht teils aus recycelten Materialien (z. B. Paletten und Gasbehältern), während die Wände der öffentlichen Bereiche sowie das Dach mit Salat, Kräutern und anderen Nutzpflanzen begrünt werden. Im Erdgeschoss ein Shop mit recycelten Produkten. ❺

Happy Buddha, Jl. Prawirotaman, MG III/537C, ✆ 0274-382896, 💻 www.satu-dunia.com. Das von dem netten Lupa und seinen gut gelaunten Mitarbeitern geführte Hostel mit vielen Details und verspielter Deko hat 3 Zimmer mit Gemeinschafts- und 4 Zimmer mit eigenem Bad; zudem ein 5-Bett-Zimmer ab 60 000 Rp p. P., das zwar Moskitonetze, aber kein Warmwasser hat. Statt Schließfächern gibt's einen extra Raum für Taschen. Weitere Zimmer im angeschlossenen **Good Karma** wenige Ecken weiter nördlich. ❷–❸

Hotel Kampoeng Djawa, Jl. Prawirotaman 40, ✆ 0274-378318. Freundliches, kleines Gästehaus mit Backsteinwänden und Wasserspiel im Innenhof. 9 gepflegte, teils klimatisierte kleine Zimmer mit dunklem Holzinterieur, hohen Decken und javanischer Dekoration.

JAVA

Mit Flusssteinen bestückte (teils Gemeinschafts-)Bäder, Warmwasser. Frühstück inkl. ❷–❸

Omah Salam, Jl. Prawirotaman 540, ✆ 0821-3653 3696, 💻 www.fb.com/omah-salam-jogja-284945865184942. Rund um den in einer kleinen Gasse versteckten Innenhof mit Wasserlauf, Bäumen und offenem Gemeinschaftsbereich (mit Küche) sind 4 gemütliche, dezent dekorierte Zimmer mit AC zu einem guten Preis-Leistungs-Verhältnis. Frühstück inkl. ❸

OstiC House, Jl. Suryodiningratan 10 B, ✆ 0174-378930, 💻 www.ostichostel.com. Geräumiges Hostel mit kreativ dekoriertem Aufenthaltsraum und Betten in klimatisierten 4–8-Bett-Zimmern für 118 000–128 000 Rp p. P. Die schlichten Doppel- und Familienzimmer sind überteuert. Kleines Frühstück inkl. ❸–❹

Sae Sae, Gang Cempaka 46, ✆ 0821-3832 0181, 💻 www.fb.com/saesae.jogja. Der von Michelle und Boy gemanagte, beliebte Backpacker-Hangout mit Gemeinschaftsküche und entspanntem Gartencafé hat 4 einfache kleine Doppelzimmer mit Ventilator sowie 2 klimatisierte Schlafsäle mit 6 und 11 Etagenbetten ab 90 000 Rp p. P. Für alle gibt es 5 Gemeinschaftsbäder. ❷

Via Via Gh., Jl. Prawirotaman 514A, 0274-374748, www.viaviajogja.com. Sehr freundliche Damen vermieten hier 7 spartanische, nach indonesischen Inseln benannte Zimmer mit guten Matratzen, Ventilator oder AC und Warmwasser, 2 mit Gemeinschaftsbad, davon wiederum 1 mit Etagenbett. Zudem klimatisierte 8- bzw. 6-Bett-Schlafsäle für 110 000 Rp p. P. Kleiner Pool. Frühstück inkl. ❷–❸

Nördliches Zentrum

Karte S. 202

In den Wohn- und Studentenvierteln sieht man kaum westliche Touristen. Man erspart sich viel Wegstrecke und Zeit auf dem Weg zum Borobudur und Prambanan. Nachteilig ist die Entfernung ins Zentrum.

Andelis Homestay, Jl. Turanggasari 3/15, 450 m vom Terminal Condong Catur, 0813-9022 4201, www.fb.com/andelishomestay. Sehr beliebtes, ruhiges Homestay im untouristischen nördlichen Zentrum, das 4 Zimmer mit AC, TV, Wasserspender, Kühlschrank und Warmwasser bietet. Der freundliche Vermieter Bram kümmert sich um seine Gäste, arrangiert Touren und Weitertransport. Frühstück inkl. ❸

Hyatt Regency, Jl. Palagan Tentara Pelajar, 1 km nördlich der Jl. Ring Road Utara, 0274-869123, www.yogyakarta.regency.hyatt.com. Das ältere 5-Sterne-Hotel am Golfplatz ist von weiten Grünflächen umgeben und dem Borobudur-Thema gewidmet: Ein 7-stufiger Bau beherbergt die Zimmer, verziert von Stupas und Reliefs. Große Poollandschaft, außerdem Futsal, Putting, Fitnessraum, Joggingstrecke, Tennisplatz, Wasserpolo, Angeln, Fahrradtouren, Kissenschlachten (!), Kutschfahrten, abendliche Livemusik sowie ein teures Spa – es gibt also auch für Golfmuffel genug Aktivitäten. Shuttle zur Jl. Malioboro. Frühstück inkl. ❻–❼

The Phoenix Hotel Yogyakarta - MGallery Collection, Jl. Jendral Sudirman 9, 0274-566617, www.accorhotels.com. Das luxuriöse Hotel besticht durch sein Hauptgebäude aus dem Jahr 1918 und koloniale Atmosphäre. Mit Antiquitäten und alten Fotos geschmückte Gänge führen zu 144 eleganten, komfortablen Zimmern mit den Annehmlichkeiten der Preisklasse, teils mit Blick in den Innenhof mit Springbrunnen, Pool und Liegen. Restaurant und Wein-Bar (ab 17 Uhr), abends Klaviermusik. Frühstück inkl. ❼–❽

Tiga Lima Homestay, Jl. Gejayan, Kepuh GK III/946, 0812-2626 2635, www.tigalima.wordpress.com. Ruhig und ausreichend von der Straße zurückversetzt wohnt es sich gut in den 18 gepflegten und teils sehr geräumigen Zimmern mit AC, TV, Kühlschrank, z. T. auch Moskitonetz, Balkon oder Terrasse. Es gibt eine Dachterrasse, einen Pool und eine gemeinschaftlich nutzbare Küche. Sehr freundlicher Service. Frühstück inkl. ❹–❺

Kota Gede

Karte S. 202

Bhumi Hostel, Jl. Raden Ronggo 14, laufnah zur Trans Jogja-Linie 3B, 0274-284 1017, www.bhumihostel.com. Gemütliches kleines Hostel, dessen junge, freundliche Gastgeber 4 manchmal leicht muffige 6-Bett-Zimmer für 70 000–120 000 Rp p. P. sowie ein Doppelzimmer mit Gemeinschaftsbad vermieten. Zudem kann man die Küche nutzen. Nette, lockere Atmosphäre und 2 adoptierte Hunde. Frühstück inkl. ❸

Tembi

Karte S. 223

Das Dorf eignet sich für Ruhesuchende, die gern für etwas mehr Geld in modernisierten Häuschen der traditionellen Art in ländlicher Umgebung relaxen. Allerdings ist man auf Transportmittel ins Zentrum angewiesen.

d'Omah Yogya Hotel, 0274-368050, www.yogyakartaaccommodation.com. In der idyllischen Gartenanlage mit schöner Atmosphäre und 3 kleinen Pools verteilen sich 23 komfortable, mit einem Mix aus moderner Kunst, Antiquitäten und javanischen Motiven eingerichtete Zimmer mit Himmelbetten, TV, AC und Veranda, teils auch Open-Air-Bädern. Nur die Sonnenliegen und Geräte im offenen Fitnessbereich waren zuletzt alt und kaum mehr nutzbar. Restaurant. Frühstück inkl. ❻–❼

Yabbiekayu Homestay, 0274-646 3344, www.yabbiekayu.com. Recht versteckt und abseits der Hauptstraße situiertes Refugium mit

4 (bald 5) stimmig eingerichteten, traditionellen Bungalows mit Wohnbereich und Veranda sowie Open-Air-Bad und antiken Möbeln. Obst, Kräuter und Hühner gedeihen im Garten, die freundlichen Mitarbeiter vermieten außer Motorrollern auch Fahrräder. Ein origineller Ausguck aus Bambus gewährt Sicht auf die angrenzenden Reisfelder. ❺–❻

ESSEN

So gut wie jedes Lokal verfügt über WLAN.

Cafés

Lotus Mio, Jl. Tirtodipuran 10, ✆ 0274-519697, Karte S. 211. Entspanntes, klimatisiertes Café-Restaurant mit freundlicher Atmosphäre und einem breiten Angebot an Kaffees und Eisbechern, Floats, hausgemachten Ciabattas, Apfelkuchen, Salaten und mehr. Nebenan wird hochwertige Schokolade verkauft. ⌚ 9–22 Uhr.

Sadé Tropical Kitchen, Gang Cempaka 46, ✆ 0812-4681 4585, 💻 www.fb.com/sadetropicalkitchen, Karte S. 211. Das entspannte Frühstückscafé mit Garten kredenzt sättigende Müsli-Bowls mit Früchten sowie Eierspeisen, mittags außerdem Sandwiches und belgisches Vol-au-vent (Blätterteigpasteten). Dazu frische Säfte und Kaffee – was will man mehr für einen guten Start in den Tag?

Tempo del Gelato, Jl. Prawirotaman, ✆ 0274-373272, 💻 www.fb.com/tempogelato, Karte S. 211. Sehr beliebte, klimatisierte Eisdiele mit einer breiten Auswahl an hausgemachten Sorten ab 20 000 Rp pro Waffel oder Becher. Dazu guter Kaffee. ⌚ 11–22 Uhr.

Wanderlust, Jl. Sosrowijayan Gang 1/95, ✆ 0274-292 1902, 💻 www.fb.com/Wanderlust-Coffee-Division-429334667262462, Karte S. 208. Gut für eine Verschnaufpause vom Trubel der Jl. Malioboro ist dieses kleines Eck-Café, das außer gutem Kaffee und süßen Desserts einige ausgefallene und vegetarische Gerichte wie Tempeh oder Jackfrucht-Burger bereithält. ⌚ Di–Do 14.30–22 Uhr.

Watercastle Café, am nördlichen Taman Sari, ✆ 0817-542 0500, Karte S. 207. Immer gut für einen frischen Saft oder einen Snack ist dieses offene Café, in dem ein Hauch von Nostalgie um die Schwarz-Weiß-Fotografien von Yogya in den alten Tagen weht. Lecker ist der frühere Willkommensdrink der Sultane, *Teh Sappan*, der hier mit Koriander verfeinert wird. ⌚ 9–17 Uhr.

Indonesisch

Eine Spezialität ist *Gudeg*, die stundenlang in Palmzucker, Kokosmilch und Gewürzen gekochte Jackfrucht. Sie wird mit Geflügel, Ei, *Tempe* und Reis serviert. Viele *Gudeg*-Restaurants liegen in der Jl. Wijilan im nördlichen Kraton. **Essensstände** mit preiswerten Suppen, Reisgerichten und Snacks finden sich an der nördlichen Jl. Malioboro.

Gadjah Wong, Jl. Gejayan 79D, ✆ 0274-542815, Karte S. 202. Das zum Garten hin offene, bei Reisegruppen beliebte Restaurant unter einem großen *Joglo*-Dach serviert nett angerichtete javanische, aber auch weniger überzeugende indische und mediterrane Speisen zu deutlich gehobenen Preisen; ab 20 Uhr, wenn der laute Straßenverkehr nachlässt, wird Gamelan-Musik gespielt. ⌚ 18–22 Uhr.

Milas, Jl. Karangkajen 127 B, ✆ 0274-742 3399, Karte S. 211. In dem aus Bambus errichteten, Gartenrestaurant (Mückenschutz!) werden vegetarische javanische Gerichte und Getränke sowie Salate und Lassis ohne Zusatzstoffe (und ohne WLAN) zu günstigen Preisen serviert. Hier arbeiten sozial oder körperlich/geistig benachteiligte Frauen, die dadurch eine Perspektive und berufliche Qualifikation erlangen. Verkauf handgefertigter Mitbringsel. Mi und Sa findet ein kleiner Markt mit lokalen Produkten statt (⌚ 10–13 Uhr). ⌚ Di–Fr 15–21, Sa und So 12–21 Uhr.

€ **Pendopo nDalem**, Jl. Polowijan, ✆ 0274-385777, 💻 www.pendopondalem.com, Karte S. 207. Das seit 1872 existierende, altehrwürdige Gebäude im javanisch-kolonialen Stil seiner Zeit wird von Mitgliedern der Sultansfamilie geführt. Es lockt bis spät in die Nacht hinein Gäste an ein überschaubares Buffet mit Snacks *(Angkringan)*, v. a. herzhafte *Sate*, einfache Reisgerichte und Tofu-Varianten, aber auch süße Kuchen. Dazu javanische Heißgetränke. ⌚ 17.45–3 Uhr.

Sasanti Restaurant, Jl. Palagan Tentara Pelajar 52 A, südlich vom Hyatt Regency, ✆ 0274-

866345, www.fb.com/sasantijogja, Karte S. 202. Das Gartenrestaurant mit Tischen im Freien und unter dem halb offenen, großen Pavillon lohnt abends, wenn es stimmungsvoll mit Kerzen beleuchtet wird. Die schmackhaften indonesischen Gerichte schlagen dafür etwas teurer zu Buche. Entspannte Livemusik Mo–Sa ab 19 Uhr. 11–22 Uhr.

Via Via, Jl. Prawirotaman 30, 0274-386557, www.viaviajogja.com, Karte S. 211. Immer gut besuchtes Restaurant. Bio-Zutaten und 3 wechselnde indonesische Tagesgerichte ohne Palmöl und Geschmacksverstärker. Außerdem Sandwiches, Burger, Frühstück, Tees, Lassis, Säfte und traditionelle Getränke wie *Es Degan* oder *Es Dawet*. Im Shop kann man Fair Trade-Souvenirs, T-Shirts, Outdoor-Zubehör und Spielzeug kaufen. Fr ab 20 Uhr Live-Jazz. 7.30–23 Uhr, Küche bis 22.30 Uhr.

Westliche Küche

Bedhots Restaurant, Jl. Sosrowijayan Gang 2, 0274-560966, www.bedhots.com/resto. In dem entspannten, 2-stöckigen Traveller-Treff mit psychedelischen Wandmalereien gibt es günstige indonesische und durchaus akzeptable internationale Gerichte, Pizza, Frühstück, Säfte und Bier. 8–23 Uhr.

Bladok Restaurant, Jl. Sosrowijayan, 0274-560452, http://bladok.web.id, Karte S. 208. Neben ein paar indonesischen Klassikern kommen im Vorhof des Hotels nach kurzer Wartezeit v. a.leckere europäische Gerichte wie Steaks, Pizza, Spaghetti oder Bratkartoffeln auf den Tisch. Freundlicher Service. 7.30–22.30 Uhr.

Mediterranea Restaurant, Jl. Tirtodipuran 24A, 0274-371052, www.restobykamil.com, Karte S. 211. Das einladende Restaurant mit entspanntem Schick, freundlicher Bedienung und Tischen drinnen sowie im kleinen Innenhof serviert hervorragende mediterrane und französische Küche, die z. T. in Richtung *Fine Dining* schielt, aber alles andere als teuer ist. Auch gutes Frühstück. Abends unbedingt reservieren. Di–So 8.30–23 Uhr.

Nanamia Pizzeria, Jl. Tirtodipuran 1, 0274-450826, Jl. Moses Gatotkaca B9, 0274-556494, www.nanamia.net, Karte S. 202 und S. 211. Der beliebte Italiener kredenzt zuverlässig leckere Pasta, Pizza, Panini und diverse Fleischgerichte aus dem „Stiefel" zu günstigen bis mittleren Preisen; dazu Kaffeevariationen und Wein. Ein mit Garten und lockerem Ambiente punktender Ableger liegt näher am Touristenviertel. Sa–Do 11–23, Fr 13–23 Uhr.

Papricano, Jl. Tirtodipuran 38, Karte S. 211. In dem mexikanisch bunt bemalten Imbiss kommen leckere Burritos sowie günstige Tacos, Taquitos und Nachos auf die Teller – nicht unbedingt authentisch, aber lecker und mal was anderes. Originell ist *Horchata*, ein milchiges Kaltgetränk mit Zimt. Di–So 17–23 Uhr.

Poka-Ribs, Jl. Prawirotaman 29, 0274-287 1801, Karte S. 211. Die halb offene Restaurant-Kneipe zeichnet sich v. a. durch üppige, saftige Rippchen sowie Schweinebauch und eine große Auswahl an Biersorten aus. Zudem diverse Beilagen, Snacks und Finger Food. 11–23 Uhr.

UNTERHALTUNG

Yogyakarta hat eine gute Auswahl an Bars und Livemusik-Kneipen, in denen sich auch Westler wohlfühlen. Wie überall in Indonesien sind einheimische Frauen am Abend allgemein weniger unterwegs und wenn, dann oft in männlicher Begleitung. Kein Grund zur Beunruhigung, aber Frauen sollten unsere Hinweise auf S. 62 im Hinterkopf haben. **Kinos** sind in allen größeren Malls zu finden (Karte S. 202), die Programme auf www.21cineplex.com, www.cgv.id/en und www.cinemaxxtheater.com.

Bentara Budaya, Jl. Suroto 2, www.bentarabudaya.com, Karte S. 202. Das Kulturzentrum wird jeden Mo ab 20 Uhr zum Treffpunkt für Jazzbegeisterte, wenn im Rahmen von „Jazz Mben Senen" wechselnde Musiker jammen oder ihr Repertoire vorstellen. Eintritt frei.

Lucifer Bar & Resto, Jl. Sosrowijayan 17, auf Facebook, Karte S. 208. Im schummrig ausgeleuchteten Raum mit psychedelischer Deko gibt's für ein bunt gemischtes Publikum ab 22 Uhr Reggae, Rock, Top 40 und Jazz. Essen sollte man woanders. 13–2 Uhr.

Javanische Schattenspielfiguren sind besonders detailreich und feingliedrig.

Oxen Free, Jl. Sosrowijayan 2, 💻 www.oxenfree.net, Karte S. 208. Von Künstlern betriebenes, minimalistisch gestaltetes Bar-Restaurant in einem alten Kolonialbau mit Sitzmöglichkeiten drinnen und im Hof. Gute Auswahl an Mocktails und Cocktails, Tapas, Bier. Livemusik am So, Mo und Di ab 21 Uhr, Mi–Sa wechselnde DJs. Im angegliederten Concept Store auch Verkauf von Souvenirs lokaler Designer. 🕒 So–Do 11–2, Fr und Sa 11–3 Uhr.

Sakapatat Social House & Resto, Jl. Pakuningratan 34, 📞 0274-292 1354, 💻 www.sakapatat.com und auf Facebook, Karte S. 202. Rustikal und stylisch – der kreativ, dennoch dezent designte, von nackten Glühbirnen ausgeleuchtete Biergarten im Innenhof zieht Expats und die junge indonesische Mittelschicht an. Es gibt eine breite Auswahl an Biersorten und potente Cocktails. Zudem Snacks und herzhafte Gerichte, auf die man etwas länger warten muss. Manchmal legen DJs auf. 🕒 So–Do 11–1, Fr und Sa 11–2 Uhr.

Tap House Beer Garden, Jl. Jlagran 18, 📞 0812-2444 2255, 💻 www.fb.com/taphouse.jogja, Karte S. 208. Die etwas preisgünstigere und weniger schicke Location in einem rudimentär belassenen Gebäude und der Ruine seines ehemaligen Anbaus wird gern von Studenten, urbanen Alternativen und Backpackern der nahen Sosrowijayan-Gegend frequentiert. Fr, Sa ab 22 Uhr legen DJs auf, Mi und Do ist Livemusik mit Reggae und Akustik. 🕒 18.30–2 Uhr.

KULTUR

Höfische Künste werden tgl. im **Kraton** (S. 201) vorgeführt: Mo, Di und Do von 10–12 Uhr **Gamelan-Musik** und Gesang *(Karawitan)*, Mi von 10–12 Uhr **Holzfigurentheater** *(Wayang Golek)*, Fr von 10–11.30 Uhr alte javanische **Lyrik** *(Macapat)*, Sa von 9–13 Uhr **Schattentheater** *(Wayang Kulit)* und So von 11–12 Uhr traditioneller **Tanz**.

Schattenspiel

Abendliches Schattentheater (jeweils kostenlos) auf dem **Alun-Alun Kidul** (Karte S. 207) jeden 2. Sa im Monat ab 21 Uhr sowie auf der Bühne des **Dinas Kebudayaan**, Jl. Cendana (Karte S. 202), jeden letzten Fr im Monat von 21–5.30 Uhr; im **Sono Budoyo Museum** (S. 204) Mo–Do und Sa von 20–22 Uhr für 20 000 Rp.

Tanz

Pura Pakualaman, S. 206. Mo und Do von 17–19 Uhr Gamelan-Musik und Tanzproben.

Tanztheater

Große Beliebtheit genießen die Aufführungen des *Ramayana*, der Geschichte von Rama, der seine Geliebte Shinta gemeinsam mit dem Affenkönig Hanuman aus den Klauen des bösen Rahwana befreit. Die eleganten Bewegungen und raffinierten Kostüme, die Gamelan-Begleitung und die fesselnde Dramaturgie sorgen allabendlich für Faszination.

Pusat Seni dan Budaya Purawisata, Jl. Brigjend Katamso, ✆ 0274-375705, 💻 www.purawisatajogja.com. Seit 1978 wird in dem Freilufttheater tgl. von 20–22 Uhr das *Ramayana* episodenhaft oder in Kurzfassung getanzt. Eintritt happige 300 000 Rp, mit Abendessen 420 000 Rp. Tipp: Beeindruckender und preiswerter ist die Aufführung am **Taman Wisata Candi** bei Prambanan, S. 226.

Theater

Ketoprak Tobong Kelana Bhakti Budaya, Dusun Brayut, Cangkringan, Karte S. 223, ✆ 0274-371219, 💻 www.projecttobong.com. Die Darsteller dieses fast vergessenen Kleinkunsttheaters tingelten einst als Wandertheater durch die Dörfer. 3-stündige Vorstellungen immer Sa gegen 19 Uhr, Eintritt 20 000 Rp, Transport mit Via Via (Touren S. 217).

EINKAUFEN

Typische Souvenirs wie T-Shirts, Batik und Holzschnitzereien verkaufen die Läden an der Jl. Malioboro. Scherzhaft heißt die Straße „Mari Yok Borong" (Lasst uns viel einkaufen). Wer sich lieber sein eigenes Souvenir fertigt, ist mit Batik-, Leder- oder Silber-Workshops gut beraten, s. Aktivitäten bzw. Kasten S. 216.

Antiquitäten

Moesson Antik Fine Art, Jl. Prawirotaman 27, ✆ 0274-372090, 💻 www.moessongallery.com. Einer der besten Secondhand- und Antiquitätenläden des Landes mit riesigem Sortiment an Möbeln, antiken Accessoires, Figuren, Lampen, Puppen, Porzellan, Waffen und anderen Sammlerstücken. 🕒 8–21 Uhr.

Einkaufszentren

Lippo Plaza, Jl. Laksda Adi Sucipto 32, 💻 http://lippoplazajogja.com, Karte S. 202. Eine übersichtliche Mall mit Bekleidungsgeschäften, Matahari Department Store, Hypermart und einer Kunstgalerie. 🕒 10–22 Uhr.

Mall Malioboro, Jl. Malioboro, 💻 www.malmalioboro.co.id, Karte S. 208. Neben

Batik – die filigrane Textilkunst Indonesiens

Batik (S. 134) ist leicht zu transportieren und „typisch" indonesisch – das ideale Mitbringsel. Über den Preis entscheiden die Größe, die Seltenheit des Motivs, die Detailfülle, die Farbqualität und die Herstellungsart. Ein kleines Kleidungsstück oder Bild mit 0815-Motiv oder gestempeltem Muster, großen einfarbigen Flächen, billiger Baumwolle und synthetischen Farben ist für unter 100 000 Rp zu haben. Ein großes, detailreiches und originelles Motiv aus Naturfarben auf Seide mit handgetupften Konturen kostet mehrere Millionen Rupiah und dauert Monate in der Herstellung. In der Jl. Malioboro kann man sich die Massenware ansehen, um die Arbeiten in kleinen Galerien und Manufakturen besser beurteilen zu können. Die Werke bekannter Künstler sind selten für unter 500 000 Rp zu bekommen. In Manufakturen von **Batik Winotosastro**, **Roro Jonggrang** und **Batik Plentong** in der Jl. Tirtodipuran (Karte S. 211) kann man von 8–16 Uhr kostenlos den Prozess des Einwachsens und Färbens beobachten und sich klassische Motive erklären lassen. In 2–3-stündigen Workshops ab 50 000 Rp für einen kleinen Stoff (50 x 50 cm) kann man es selbst ausprobieren, um ein Gefühl für die Qualität zu entwickeln und eigene Souvenirs herzustellen. 🕒 9–17 Uhr. Aufschlussreich ist auch ein Besuch im **Batik-Museen** in Yogya (S. 206).

Bekleidung, Kosmetik und Elektronik auch ein Hero-Supermarkt mit Lebensmitteln und Frischware, ein Periplus-Buchladen und Outdoor-Zubehör der Marke Eiger. ⌚ So–Fr 10–21.30, Sa bis 22 Uhr.

Plaza Ambarrukmo, Jl. Laksda Adi Sucipto, 💻 www.plaza-ambarrukmo.co.id, Karte S. 202. Auf 5 Etagen gibt es u. a. einen Souvenirladen, Sport- und Freizeitkleidung, einen großen Carrefour-Supermarkt, einen Centro Department Store, Elektronik und Kosmetik. ⌚ 10–22 Uhr.

Silberschmuck

Silber kauft man am besten in den Manufakturen von Kota Gede. Im Vergleich zu großen Geschäften wie **H. S. Silver** (⌚ 9–18 Uhr) verkaufen kleine Familienläden teilweise zum halben Preis. Karte S. 202.

FESTE

Es gibt das ganze Jahr über religiöse, aber auch kulturelle Highlights, Shows und Festwochen rund um Kunst, Mode, Musik und javanische Traditionen. Die Touristeninformation hat aktuelle Veranstaltungskalender.

Garebeg Syawal, das Ende des Ramadan (S. 59), wird besonders festlich begangen. Am Vorabend *(Lebaran)* kurven ausgelassene Gruppen mit Musikinstrumenten und viel Krach durch die Gegend. Kinder ziehen mit Papierlaternen durch die Straßen, und Jugendliche zünden Feuerwerk am Alun-Alun Lor. Am nächsten Morgen versammeln sich Tausende vor der Masjid Agung zum Gebet. Anschließend paradiert die Garde des Sultans mit einem Berg aus Reis und Gemüse vom Kraton zur Moschee, wo das Essen verteilt wird.

AKTIVITÄTEN

Fahrradfahren

Das Zentrum ist kein guter Ort für Radfahrer, der dörfliche Speckgürtel schon eher. Einige Unterkünfte vermieten Stadträder und Mountainbikes ab 40 000 Rp pro Tag.

Via Via, Jl. Prawirotaman 30, ✆ 0274-37284, 💻 www.viaviajogja.com. Fahrrad- und Mountainbike-Touren ab 2 Pers. kosten ab 250 000 Rp p. P. inkl. Mittagessen, Helm und Transport und führen durch die Prambanan-Ebene, zur Südküste oder – deutlich teurer – *downhill* vom Gunung Merapi gen Süden.

Fotografieren

Jogja Photo Walks, ✆ 0821-3821 4602, 💻 www.fb.com/photowalksjogja. Auf 5 verschiedenen, etwa 5-stündigen Touren für 415 000 Rp p. P. können Hobby-Knipser mit der professionellen Fotografin Johanna Schneider von Mi–Mo in kleinen Gruppen das fotogene Straßenleben erkunden, die aufgenommenen Schnappschüsse besprechen und im A5-Format mit nach Hause nehmen.

Kochen

Via Via, s. o. 3–4-stündige Kochkurse um 9 und 16.30 Uhr für 140 000–180 000 Rp p. P., wobei der morgendliche Kurs einen Einkauf auf dem Markt einschließt.

Leder-Workshop

Kaula, Jl. Jaya Darma 36, ✆ 0857-1259 8388, 💻 www.kaula-leather.com, Karte S. 202. Hier besteht die Möglichkeit, unter Anleitung ein eigenes Lederprodukt (z. B. ein Täschchen) ab 350 000 Rp pro Tag und Stück anzufertigen. ⌚ Mo–Sa 10–17 Uhr.

Yoga

Balance Mind Body Soul, Gang Nuri, ✆ 0819-0404 0727, 💻 www.balanceyogajogja.com, Karte S. 202. Mo–Sa je 1–2x tgl. 90-minütige Hatha-Kurse für 75 000–125 000 Rp, 4 Sessions für 200 000–250 000 Rp. Anmeldung einmalig 75 000 Rp. Auch Yoga speziell für Frauen und Kinder.

Via Via, s. o. Mo, Di, Do und Fr um 9 und 18.30, Mi um 18.30, Sa um 9 Uhr Sessions mit Hatha- und Vinyasa-Yoga für 60 000 Rp p. P., Anmeldung 1 Tag vorher.

TOUREN

Jede Unterkunft und jede Reiseagentur vermittelt Touren. Die billigen sind Fahrdienste ohne Führung oder Eintrittskarten, oft nicht mal mit englischsprachigen Fahrern. Für Touren in Eigenregie mit Mietwagen und Fahrer s. u. rechts. **Achtung**: Auf der Quittung sollten alle vereinbarten Leistungen aufgeführt sein! Schließt der Preis die Eintrittskarten aus, sollte man diese vor Ort selbst bezahlen, da schwarze Schafe unter den Fahrern überhöhte Geldbeträge einsammeln oder die Attraktionen um Einnahmen prellen. Preisbeispiele p. P.:

Borobudur inkl. Candi Pawon und Candi Mendut, 4–6 Std. für 85 000–150 000 Rp. Da der Zutritt vor Sonnenaufgang und nach Schließung durch das Hotel Manohara teuer ist (S. 224), weichen viele Anbieter auf die umliegenden Hügel Setumbuh, Menoreh, Kamal und Pos Mati aus.

Dieng-Plateau, 10 Std., ab 250 000 Rp.

Gunung Merapi, 5–7 Std., für 125 000–170 000 Rp oder mit Besteigung ab 1 Uhr, 14 Std., für 300 000–450 000 Rp inkl. Guide und Frühstück.

Goa Jomblang, 4 Std., ab 250 000 Rp.

Prambanan, 5 Std., ab 100 000 Rp, mit Borobudur und Kraton Ratu Boko ab 150 000 Rp., mit Tanztheater am Taman Wisata Candi ab 125 000 Rp.

Alternative Touren

Satu Dunia, Dunia Santai Buchladen, Jl. Prawirotaman 16, ✆ 0274-414432, 💻 www.satu-dunia.com. Cave Tubing durch die Goa Pindul für 300 000 Rp p. P., Goa Jomblang mit Abseilen für 750 000 Rp p. P., Rafting für 1,3 Mio. Rp pro Boot. Fahrradtouren in die Umgebung für 125 000–150 000 Rp. Auch mehrtägige Touren nach Karimunjawa sowie zum Gunung Bromo und Gunung Ijen in Kombination mit Sukamade im Meru-Betiri-Nationalpark. 🕒 8–21 Uhr.

Via Via, Jl. Prawirotaman 30, ✆ 0274-37284, 💻 www.viaviajogja.com. Empfehlenswerte Fahrradtouren (S. 217) und geführte Spaziergänge für 120 000–135 000 Rp sowie Ausflüge auf Motorrollern. Schön ist der Culinary Trip zu Produktionsstätten kulinarischer Spezialitäten und zum Essensmarkt in Kota Gede für 250 000–300 000 Rp p. P. Für Borobudur und Prambanan werden alternative Routen über ländliche Schleichwege gewählt, z. T. mit Wanderetappen und Homestay-Übernachtungen. Für jede im Auto bzw. auf Motorrädern durchgeführte Tour werden in Kooperation mit Trees4Trees, 💻 www.trees4trees.org, Bäume gepflanzt.

Die Rennstrecke nach Bali

Backpacker mit wenig Zeit entscheiden sich häufig für eine der meistgebuchten Überlandtouren: In Yogya wird man in einen Minibus geladen, 11–13 Stunden nach Probolinggo und von dort nach Ngadisari oder Cemoro Lawang am **Gunung Bromo** befördert. Dort geht's vor Sonnenaufgang zum Aussichtspunkt, dann in den Krater, und nach einem Frühstück sitzen alle wieder im Bus nach Banyuwangi bzw. zum **Ijen-Massiv**, wo eine Nachtwanderung zum Krater ansteht, bevor es nach Bali geht. Eine solche Tour kostet 550 000–1,1 Mio. Rp je nach Unterkunft und Verpflegung, ohne Eintritte ab 390 000 Rp. Eine Übernachtung spart man mit den gegen 16 Uhr startenden Minibussen, die den Großteil der ersten Strecke nachts fahren und 180 000–210 000 Rp kosten.

Davon abgesehen, dass Java hierbei nur flüchtig an einem vorbeizieht, kommen viele Reisende durch den straffen Zeitplan, das frühe Aufstehen, die Wartezeiten und das Wandern im Gebirge ziemlich geplättet auf Bali an. Auch gilt zu beachten, ob sonstige Leistungen (z. B. Nationalpark-Eintritt oder Gebühren für Jeeps) auf der Quittung ausgewiesen oder selbst zu zahlen sind. Viele Fälle von **Abzocke** sind darauf zurückzuführen, dass die Touren letztlich von Kontaktleuten in Ost-Java durchgeführt werden und Vermittler in Yogyakarta wenig Einfluss darauf haben, wie vor Ort mit ihrer Kundschaft umgegangen wird. Wer mehr Zeit und eine tolerantere Reisekasse hat, sollte (z. B. per Zug) mit Stopps in Solo, Malang, Kalibaru oder im Baluran-Nationalpark auf eigene Faust gen Osten ziehen und sich streckenweise ein Auto mit Fahrer nehmen.

SONSTIGES

Auto- und Motorradvermietungen

Motorroller sind eine flotte und günstige Option für geübte Fahrer, sofern man die Einbahnstraßen und Parkgebühren berücksichtigt. Allerdings ist man nicht oder nur geringfügig versichert. Viele Unterkünfte und Vermietungen bieten Motorroller ab 50 000 Rp, Pkw ab 300 000 Rp, mit Versicherung und Fahrer ab 450 000 Rp.

Avis, ✆ 0274-830 5099, 💻 www.avis.co.id. Die Tagespreise sind mit US$50 recht teuer, schließen aber eine Versicherung ein. Außerdem One-way-Miete bis Bali ab US$50 pro Tag.

Pamitran, ✆ 0274-520545, 💻 www.paketwisatayogyakarta.com. Ein Toyota Avanza ist für 450 000 Rp am Tag inkl. Benzin und Fahrer zu haben. Die halb- und vollautomatischen Motorroller und größeren Maschinen für 60 000–150 000 Rp am Tag werden gratis geliefert und abgeholt.

Informationen

Tourist Information Centre, Jl. Malioboro 16, ✆ 0274-566000, 💻 www.visitingjogja.com. Kostenlose Stadtpläne, Informationen und Tickets zu Veranstaltungen sowie Hilfe bei Hotelsuche und Transport. ⌚ Mo–Do 7.30–19, Fr und Sa 7.30–18 Uhr.

Medizinische Hilfe

Notruf, ✆ 118. Nachstehend die besten Krankenhäuser, allerdings steht und fällt die Qualität der Behandlung mit dem jeweiligen Arzt. Karte S. 202.

Jogja International Hospital, Jl. Ring Road Utara, ✆ 0274-446 3535, 💻 www.rs-jih.co.id.

RS Panti Rapih, Jl. Cik Di Tiro 30, ✆ 0274-563333, 💻 www.pantirapih.or.id.

RSU Bethesda, Jl. Jendral Sudirman 70, ✆ 0274-586 688, 💻 www.bethesda.or.id.

Polizei

Jl. Trikora, ✆ 0274-884444.

Post

Hauptpostamt, Jl. Panembahan Senopati, Karte S. 207, ⌚ 7.30–24 Uhr. Kleine Poststellen sind überall in der Stadt.

Visaangelegenheiten

Kantor Imigrasi, Jl. Raya Solo-Yogyakarta, auf Höhe des Flughafens, ✆ 0274-487370, 💻 http://imigrasijogja.org. Visaverlängerungen dauern 4–7 Tage und kosten 350 000 Rp. ⌚ Mo–Fr 7.30–16 Uhr, am besten vormittags kommen.

Wellness

Sari Kartika Family Spa & Salon, Jl. Tirtodipuran 49, ✆ 0274-411160. Gute, preiswerte Massagen und Scrubs für 60 000–110 000 Rp, zudem Bäder, Haar- und Hautanwendungen sowie Massagen für Kinder. ⌚ 11–19 Uhr.

JAVA

NAHVERKEHR

Becak

Die schätzungsweise 15 000–20 000 gemächlich durch den dichten Verkehr pflügenden Fahrradrikschas prägen das Stadtbild. Ausländern werden oft überhöhte Preise genannt, doch auch ein *Becak*-Fahrer muss seinen Lebensunterhalt und die Miete für sein Fahrzeug verdienen. Gängig sind für 1 km 10 000–15 000 Rp, für 1 Std. ca. 60 000 Rp, für einen Tag 200 000 Rp. Achtung: Billigangebote führen oft zu Batik-Galerien und Verkaufsgesprächen!

Busse

Trans Jogja-Busse fahren von 5.30–21.30 Uhr auf 17 Rundkursen und kosten 3500 Rp pro Fahrt. An einigen der weit auseinander liegenden Haltestellen sowie an den Busbahnhöfen ist der Umstieg in andere Linien möglich, aber man sollte viel Zeit einplanen, da man über Umwege zum Ziel gelangt und längere Wartezeiten hat. Pläne gibt's in der Touristeninformation sowie auf 💻 http://dishub.jogjaprov.go.id. Die wichtigsten Linien:

1A von/nach Prambanan via Flughafen, Bahnhof Tugu, Jl. Malioboro, Jl. Panembahan Senopati und Zoo; **1B** vom/zum Flughafen via Jl. Sultan Agung, Jl. Panembahan Senopati, Panti Rapih-Krankenhaus, Terminal Condong Catur (Umstieg zum Terminal Jombor), Museum Affandi und Plaza Ambarrukmo; **2A** von/nach Terminal Jombor via Bahnhof Tugu, Jl. Malioboro, Jl. Kol. Sugiono (laufnah zur Jl. Prawirotaman), Kota Gede (Tom Silver), Zoo und Bahnhof Lempuyangan;

2B von/nach Terminal Jombor via Terminal Condong Catur, Jl. Affandi, Zoo, Jl. Kol. Sugiono und Jl. Panembahan Senopati; **3A** und **3B** von/nach Terminal Giwangan via Jl. Malioboro (nur 3A), Bahnhof Tugu, Terminal Condong Catur (Umstieg zum Terminal Jombor), Flughafen, Jl. Kol. Sugiono und Kota Gede (HS Silver); **4A** von/nach Terminal Giwangan via Jl. Sultan Agung, Jl. Hayam Wuruk, Bahnhof Lempuyangan und Pura Pakualaman; **4B** von/nach Terminal Giwangan via Museum Affandi und RSU Bethesda.

JAVA

Taxis

Die Einschaltgebühr beträgt 7000 Rp, bei Bestellung 20 000 Rp, dann 4250 Rp pro km, Wartestunde 45 000 Rp. Vom Flughafen mit Coupon-Taxis von **Rajawali**, ✆ 0274-487676, Schalter rechts hinter dem Ausgang, ins Zentrum für 55 000–80 000 Rp, nach Tembi 110 000 Rp, zum Prambanan 60 000 Rp, zum Borobudur 250 000 Rp, nach Solo 290 000 Rp, Wonosobo 625 000 Rp, Semarang 650 000 Rp. Bestellung bei **JAS**, ✆ 0274-373737, **Sadewa**, ✆ 0274-439 9500, oder **ASA**, ✆ 0274-545545.

€ Etwas günstiger sind Taxis und Motorradtaxis über die Apps **Grab** und **Go-jek**. Wer diese am Flughafen nutzen will, sollte vorher das Gelände verlassen.

TRANSPORT

Fernstrecken per Taxi s. o.

Busse

Für entfernte Ziele empfiehlt sich zur Hochsaison und vor Feiertagen der Ticketkauf mind. 1 Tag vor Abfahrt. Wer über Agenten bucht, sollte seine Quittung beim Kauf auf Richtigkeit überprüfen.

Vom chaotischen, veralteten **Terminal Giwangan**, Jl. Imogiri Timur/Jl. Ring Road Selatan, nach:
BANDUNG alle 1–2 Std. von 7.45–17 Uhr für 110 000–190 000 Rp in 9–10 Std.
BANYUWANGI stdl. von 10–19 Uhr für 110 000–150 000 Rp in 14–16 Std.
JAKARTA und BOGOR etwa stdl. von 13–16 Uhr für 100 000–150 000 Rp (Economy+Patas) bzw. 230 000–290 000 Rp im Executive-Bus in 13–14 Std.

Fahrradrikschas *(Becak)* eignen sich, um auf Kurzfahrten ein paar Eindrücke zu sammeln.

MALANG gegen 19 und 20 Uhr für 105 000–135 000 Rp in 9–10 Std.
PANGANDARAN um 6.30, 7.30 und 16 Uhr für 90 000–100 000 Rp in 8–9 Std.; alternativ bis CILACAP alle 30 Min. von 5–21 Uhr für 50 000–70 000 Rp oder mit Bussen Richtung Bandung oder Tasikmalaya bis BANJAR für 60 000 Rp und dort umsteigen.
PARANGTRITIS von 5–17 Uhr, vormittags bei genügend Passagieren etwa alle 30 Min., für 15 000 Rp in 1 1/2 Std.
PROBOLINGGO um 14.30, 15.30 und 16.30 Uhr für 80 000–130 000 Rp in 10 Std.
SEMARANG via MAGELANG (Umstieg nach Wonosobo) häufig von 4–13 Uhr (danach nur bis Magelang) für 34 000 Rp, bessere Patas-Busse um 5.10, 6.30, 7.30, 14 und 15 Uhr für 45 000 Rp in 5 Std., oft nur bis in den Vorort Ungaran, wo Minibusse ins Zentrum fahren.
SOLO via PRAMBANAN (6000–10 000 Rp, alternativ mit Trans Jogja, s. Nahverkehr) tagsüber fast ständig für 15 000 Rp in 2–3 Std.
SURABAYA von 4–17.30 Uhr alle 30–60 Min. für 60 000–160 000 Rp in 9–10 Std.
WONOSARI (Gunung Kidul) von 5–17 Uhr, vormittags häufiger, für 10 000 Rp in 1 Std.

Terminal Jombor

Vom nördlichen Busbahnhof, Jl. Magelang (Taxi 50 000–80 000 Rp), nach:
BANDUNG mehrere gegen 16 und 16.30 Uhr für 175 000 Rp in 9 Std.
BOROBUDUR alle 30 Min. von 6–17 Uhr für 25 000 Rp in 2 Std.
JAKARTA und BOGOR viele von 14–16.30 Uhr für 150 000–275 000 Rp in 10–12 Std.
MAGELANG stdl. von 4–19 Uhr für 15 000 Rp in 1 Std.; weiter nach WONOSOBO für 20 000 Rp in 2 1/2 Std.
SEMARANG häufig von 5.30–17.30 Uhr für 34 000–45 000 Rp in 4–5 Std.
Manche Executive-Busse und Nachtbusse halten außerhalb des Geländes an der Hauptstraße.

Minibusse

Minibustransporte werden zu allen wichtigen Orten auf Java angeboten. Es gibt keinen zentralen Busbahnhof, sondern verschiedene Abfahrtsorte je nach Unternehmen, oft auch Abholung und Drop-off am gewünschten Zielort. Da man beengt sitzt, empfehlen sie sich nur für mittlere Distanzen.

DayTrans, Jl. MT Haryono 1, ✆ 0274-385990, 💻 www.daytrans.co.id.
JEPARA um 7 und 23 Uhr für 130 000 Rp in 6–7 Std.
SEMARANG stdl. von 4–22 Uhr für 80 000 Rp in 4 Std.

Estu Trans, ✆ 0812-2679 2456. PANGANDARAN gegen 7 und 18 Uhr für 120 000 Rp in 8 Std.

Rama Sakti, Jl. P. Diponegoro 73, ✆ 0274-514794, 💻 www.ramasakti.com.
SEMARANG 11x tgl. von 6–18 Uhr für 65 000 Rp in 3–4 Std
SOLO um 6.30, 7, 12, 14.30 und 17 Uhr für 55 000 Rp in 2 Std.
WONOSOBO alle 2 Std. von 8–18 Uhr für 65 000 Rp in 4 Std.

Eisenbahn

Der Bahnhof **Tugu** mit Gepäckaufbewahrung liegt an der Jl. Pasar Kembang. Einige Züge starten östlich ab **Lempuyangan**. Tickets auf 💻 www.tiket.com oder direkt bei 💻 http://kai.id, Preise für Economy+Business/Executive:
BANDUNG via BANJAR (Umstieg in Busse nach Pangandaran) und TASIKMALAYA (5 Std.) um 8.08, 11.25, 20.08, 21.25, 23.30 und 0.15 Uhr ab 140 000/230 000 Rp in 7 1/2–8 1/2 Std.
BANYUWANGI via SURABAYA (7 Std.), PROBOLINGGO (9 1/2 Std.) und KALIBARU (12 1/2 Std.) ab Lempuyangan um 7 Uhr für 94 000 Rp in 14 Std.
JAKARTA (Gambir) 8, 8.57, 20, 20.30, 20.57, 22 und 22.30 Uhr; bis Pasar Senen um 7, 9.07, 17.45, 18.08 und 18.40 Uhr, ab Lempuyangan um 9, 12.47, 14.45, 15.26, 17.08, 18 und 18.55 Uhr ab 74 000/260 000 Rp in 8–10 Std.
MALANG um 7.45, 20.45, 0.05, 1.38 und 2 Uhr ab 140 000/210 000 Rp in 7–8 Std.
SOLO (Purwosari und Balapan) mit Prameks, 💻 www.prameks.com, ab Tugu via Lempuyangan und Maguwo Station (am Flughafen) 10x von 5.30–20.02 Uhr ab 8000 Rp in 75 Min., Tickets hierfür erst 3 Std. vor Abfahrt am Schalter.

SURABAYA (Gubeng) um 6.45, 9.56, 16, 16.40, 0.52, 1.38 und 3.30 Uhr, ab Lempuyangan um 7, 8.57, 14.30 und 19.30 Uhr ab 74 000/165 000 in 5–7 Std.

Flüge

Zum **Adisutjipto International Airport** (JOG), 💻 https://adisutjipto-airport.co.id, fahren Trans Jogja-Busse und Taxis, s. Nahverkehr. Ein Tunnel führt zur Maguwo Station, wo man in Züge nach Solo steigen kann. Es fliegen:
AirAsia, 💻 www.airasia.com, nach DENPASAR, JAKARTA, KUALA LUMPUR, MEDAN, SINGAPORE;
Citilink, 💻 www.citilink.co.id, nach BALIKPAPAN, JAKARTA und MEDAN;
Garuda, 💻 www.garuda-indonesia.com, nach BALIKPAPAN, DENPASAR, JAKARTA, MAKASSAR und SURABAYA;
Lion Air, **Wings Air** und **Batik Air**, 💻 www.lionair.co.id, nach BALIKPAPAN, BANDUNG, BANJARMASIN, DENPASAR, JAKARTA, LOMBOK, MAKASSAR, PADANG und SURABAYA;
Silk Air, 💻 www.silkair.com, und **Singapore Airlines**, 💻 www.singaporeair.com, nach SINGAPORE;
Sriwijaya und **NAM Air**, 💻 www.sriwijayaair.co.id, nach BALIKPAPAN, DENPASAR, JAKARTA, MAKASSAR und PONTIANAK;
Xpress Air, 💻 www.xpressair.co.id, nach KUCHING (Malaysia) via PONTIANAK.

JAVA

3 HIGHLIGHT

Borobudur

Rund 42 km nordwestlich von Yogyakarta liegt das größte buddhistische Monument der Welt: ein riesiger Stupa mit Mandala-Grundriss. Er wurde zwischen 750 und 840 von der Sailendra-Dynastie errichtet. Man vermutet, dass zur Errichtung des quadratischen Stufenbaus rund 10 000 Arbeiter erforderlich waren. Unklar ist, wie die Erbauer solche Präzision bei der Anordnung der Steinblöcke und Reliefs erreichten. Das Sailendra-Reich wurde 856 von hinduistischen Fürsten abgelöst und der Borobudur wenig später durch einen Ausbruch des Gunung Merapi für fast 1000 Jahre halb verschüttet.

Hartnäckigen Mythen zum Trotz wurde er dennoch von niemandem „entdeckt", denn er war den Einheimischen stets bekannt und Gegenstand ihrer Erzählungen. Auf Initiative der britischen Invasoren wurde 1814 mit der Freilegung, 1907 unter den Holländern dann mit den ersten Restaurierungen begonnen. Im Jahr 1973 startete ein zehnjähriges Mammutprojekt zur Restaurierung: Insgesamt wurden über 1,3 Mio. Steine katalogisiert, gereinigt und chemisch behandelt. Seit 1991 zählt Borobudur zum **Unesco-Weltkulturerbe**, ringsherum wurden für den **Borobudur Historical Park**, 💻 www.borobudurpark.com, ganze Dörfer umgesiedelt. 🕒 6–18 Uhr, letzter Einlass 17 Uhr, Eintritt 325 000 Rp, ermäßigt 195 000 Rp (Studentenausweis und Reisepass mitbringen), Führungen für 100 000 Rp. Das **Kombiticket** für Borobudur und Prambanan kostet 520 000/337 500 Rp und gilt 2 Tage.

Aufstieg

In Ermangelung eines Innenraums wird der Borobudur umrundet, wobei seine Ebenen der Dreiteilung des Kosmos entsprechen. Auf einigen Stufen stellen plastische Reliefs vielfältige Szenen dar, z. B. das Leben des Siddharta (Buddha) und die Sailendra-Aristokratie. Im Uhrzeigersinn und Stufe um Stufe laufen die Besucher also ein 5 km langes „Bilderbuch" ab.

Khamadhatu, die Ebene des irdischen Daseins, wurde erst 1885 wiederentdeckt, denn sie liegt unter dem übrigen Bauwerk. Eine Ecke hat man im Zuge der Restaurierung freigelegt, sodass eines der Reliefs zu sehen ist. Auf insgesamt 160 solcher Reliefs, die im kleinen **Karmawibhangga-Museum** auf dem Gelände ausgestellt sind, ist die Lehre von Ursache und Wirkung abgebildet und mit teils grausigen Szenen von Sünde, Mord und Totschlag ausgeschmückt.

Rupadhatu, die mittlere Ebene der vergeistigten Form und Lösung vom weltlichen Sein, besteht aus vier Stufen mit 328 Buddha-Statuen, 1300 Reliefs und 1212 dekorativen Steinmetz-

Umgebung Yogyakarta

Der Sonnenaufgang am Borobudur

Zum Sonnenaufgang zwischen 5 und 6 Uhr sind der Borobudur und die dunstige Ebene bis zum Gunung Merapi besonders fotogen, zumal es ab 10 Uhr sehr voll (und heiß) wird. Andere empfehlen den Spätnachmittag ab 16 Uhr. Vor Sonnenaufgang ist der Zugang nur durch das Hotel Manohara möglich, das dafür satte 450 000 Rp Eintritt nimmt. Billige Touren führen deshalb zunächst auf einen der umliegenden Hügel; von hier sieht man den Borobudur allerdings nur schlecht. Sie sind auch für Selbstfahrer erreichbar, z. B. der **Punthuk Setumbuh**: Am Tempeleingang links vorbei führt eine beschilderte Straße via Karangrejo ca. 4 km zum Checkpoint, wo 30 000 Rp Eintritt fällig werden. Von dort sind es 10 Min. zu Fuß bergauf zum Aussichtspunkt. Deutlich näher am Borobudur und ohne Besucherandrang überblickt man die Ebene vom Restaurant des Plataran Borobudur Resort, wo man ein teures Frühstück mit Aussicht einnehmen kann. Man passiert die rechts abgehende Zufahrt auf dem Weg zum Punthuk Setumbuh.

arbeiten. Über 2,5 km erzählt die Galerie aus den alten Sanskrittexten *Gandhawyuha*, *Jataka*, *Lalitawistara* und *Awadana*.

Arupadhatu, die der Abstraktion geweihte göttliche und höchste Ebene, besteht aus drei kreisförmigen, auf einen zentralen Stupa zulaufenden Terrassen. Auffällig ist der Verzicht auf Verzierungen und Bildlichkeit zugunsten der reinen Form. Aus perforierten Stupas blicken 72 Buddha-Statuen in alle abgehenden Richtungen; sie scheinen zu meditieren, und allein die Haltung ihrer Hände *(Mudra)* symbolisiert bestimmte geistige Zustände.

Candi Pawon und Candi Mendut

Der Borobudur liegt auf einer geografischen Geraden mit zwei kleineren Tempeln aus derselben Epoche. Nur 1,2 km östlich erhebt sich der kleine, 1903 freigelegte **Candi Pawon**, wahrscheinlich der „Eingangstempel" zum Borobudur. Rund 3 km in die gleiche Richtung befindet sich hinter dem Fluss bei Muntilan der teilrestaurierte **Candi Mendut**, der „Tempel im Bambushain". Das über 24 m hohe Gebäude ist von kleinen Stupas gekrönt, trägt Bodhisattva-Reliefs an den Außenmauern und enthält fast 3 m hohe Figuren von Buddha (Mitte), Lokesvara (links) und Vairapani (rechts), ⌚ 6–18, letzter Einlass 17 Uhr, Eintritt 6000 Rp. Idyllische Ruhe liegt über dem mit Skulpturen in unterschiedlichen Stilen bestückten Garten im angrenzenden **buddhistischen Kloster**.

Borobudur in Zahlen

Höhe:	35,29 m
Seitenlänge:	117 m
Fläche:	14 161 m^2
Volumen:	42 250 m^3
Gewicht:	3,5 Mio. t
Statuen:	504
Verbaute Blöcke:	ca. 2 Mio.

ÜBERNACHTUNG UND ESSEN

Viele Unterkünfte vermieten Fahrräder. Nach einem frühmorgendlichen Besuch der historischen Stätten und Aussichtspunkte kann man zurückradeln und frühstücken.

Eloprogo Art House, Wanurejo, 2 km südöstlich des Candi Pawon am Elo-Fluss, etwa 4 km vom Borobudur, ✆ 0812-2001 3736, 💻 www.fb.com/eloprogoarthouse. Das von Sony aus Sumatra gestaltete, rustikale Anwesen in dörflicher Umgebung steckt voller Details, und die künstlerische Ader ist überall zu spüren. Die Bungalows mit Moskitonetz sind überwiegend schlicht, aber einladend und teils mit Gemeinschaftsbad ohne Warmwasser. ❹

Plataran Borobudur Resort & Spa, Tanjungan, 10 Min. westlich am Hang, ✆ 0293-788888, 💻 www.plataran.com. Oberhalb des Borobudur liegen 21 traditionell javanische bzw. asiatisch-moderne, luxuriöse Holzbungalows und Massivhäuschen für Paare und Honeymooner. Den

Aufpreis wert sind die teureren Häuser mit hübschen Details, eigenem Pool und Blick ins Tal. Gehobenes Restaurant im Kolonialstil. Tgl. Yoga sowie Shuttle zum Borobudur, Frühstück und Afternoon Tea inkl. ❼–❽

FESTE

Zum wichtigsten buddhistischen Feiertag **Wesak**, an dem man der Geburt, Erleuchtung und Einkehr des Buddha in das Nirvana gedenkt, pilgern Buddhisten aus aller Welt zum Borobudur, um zu beten und in der Vollmondnacht in einer feierlichen Prozession vom Candi Mendut via Candi Pawon zum Borobudur zu ziehen. Meistens im Mai.

TRANSPORT

Die meisten Besucher buchen **Touren** ab Yogyakarta, S. 217. **Selbstfahrer** folgen der Jl. Magelang nach Norden und folgen der Beschilderung hinter Muntilan links ab, dann noch 10 Min. und vorbei am Candi Mendut zum Borobudur.

Busse ab Terminal Jombor, S. 221. Wer vom Adisutjipto International Airport hierher möchte, fährt mit dem Taxi (S. 220) oder per Damri-Bus Richtung Magelang stdl. von 7–21 Uhr für 50 000 Rp bis zur Abzweigung in Muntilan (1 Std.) und die restliche Strecke per **Motorradtaxi** (25 000 Rp).

3 HIGHLIGHT

Prambanan

Eine der größten hinduistischen Tempelanlagen Südostasiens befindet sich 17 km nordöstlich von Yogya. Sie wurde im 9. und 10. Jh. unter König Balitung Maha Sambu aus der Sanjaya-Dynastie – gewissermaßen als Antwort auf den Borobudur – erbaut und zählte über 200 Tempel. Diese fielen Mitte des 16. Jhs. einem Erdbeben zum Opfer, und noch im 19. Jh. benutzte man die Steinquader zum Straßenbau. Ab 1937 wurde fleißig rekonstruiert, sodass heute zumindest die Hauptgebäude dieses **Unesco-Weltkulturerbes** wieder bestaunt werden können. Hunderte kleiner Türmchen, die ringsherum standen, liegen in Ruinen und werden wohl nie restauriert, da die erforderliche Mindestbausubstanz fehlt. Das parkähnliche Gelände umfasst auch die kleinen buddhistischen Tempel Candi Bubrah, Candi Lumbung und Candi Sewu. ⏲ 6–18 Uhr, letzter Einlass 17.30 Uhr, Eintritt 325 000 Rp, ermäßigt 195 000 Rp. Das **Kombiticket** für Prambanan und Kraton Ratu Boko kostet 540 000/337 500 Rp und beinhaltet die Fahrt mit einem Shuttlebus zwischen den beiden Anlagen (sonst 20 000 Rp), allerdings fährt der letzte Bus um 14.30 Uhr. Zum Kombiticket für Borobudur und Prambanan s. S. 222.

Loro Jonggrang-Komplex

Der nach einer Legende (Kasten S. 226) benannte zentrale Bereich weist einen Mandala-Grundriss auf. Ein Rundgang sollte im Uhrzeigersinn am östlichen Eingang beginnen. Der mit 47 m Höhe dominierende **Shiva-Tempel** verehrt den Gott der Zerstörung, der gleichzeitig Voraussetzung für ständige Erneuerung ist. Auffällig ist die kosmologische Teilung des Baus in drei Ebenen: **Bhurloka**, Fundament und Basisebene des Shiva-Tempels, repräsentiert die Welt der Normalsterblichen, der Begierde und des Unreinen. **Bhurvaloka**, der Mittelbau mit Treppen zu den erhöhten Eingängen ins Tempelinnere, repräsentiert die Loslösung von weltlichem Besitz und die Suche nach spiritueller Weisheit. **Svarloka**, der obere, zentrierte Teil, ist als Ebene des Göttlichen mit einer Spitze gekrönt. An der äußeren Mauer zeigen 42 Reliefs einige Szenen aus dem *Ramayana*. Die Fortsetzung des Epos entdeckt man am **Brahma-** und **Vishnu-Tempel** rechts bzw. links des Shiva-Heiligtums. Gegenüber stehen drei kleinere *Candi Vahana* für die mythologischen Reittiere der drei Götter – **Candi Nandi** für Shivas Kuh, **Candi Angsa** für Brahmas Schwan und **Candi Garuda** für Vishnus Vogel (und das Wappentier Indonesiens).

Candi Plaosan

Nur wenige Besucher verirren sich zu den Plaosan-Tempeln aus der ersten Hälfte des 9. Jhs.

Die Legende von Loro Jonggrang

Um die Statue im Shiva-Tempel rankt sich ein Mythos: Der hinduistische Sanjaya-Prinz Bandung Bondowoso verliebte sich in Prinzessin Loro Jonggrang der buddhistischen Sailendra-Dynastie, deren Reich er zuvor erobert hatte. Da er auf der Liaison bestand, gab die Prinzessin unter der Bedingung nach, dass der Prinz innerhalb einer Nacht tausend Tempel bauen müsse. Mit Hilfe von Nachtgeistern erfüllte er die Aufgabe beinahe; doch die Prinzessin täuschte durch Feuer die Morgendämmerung vor, sodass die Geister verschwanden. Der Prinz verwünschte daraufhin seine Angebetete zu Stein, und so finden wir sie heute noch vor – als Statue von Durga, Shivas Frau. Der kleine **Candi Sewu**, etwa 1 km südlich des Hauptkomplexes, soll der unvollendete tausendste Tempel sein. Er wurde 856 vom buddhistischen König **Rakai Pikatan** erbaut, der mit **Pramodhawardhani** tatsächlich eine Prinzessin aus der Sanjaya-Dynastie heiratete.

Wahrscheinlich ließ König Rakai Pikatan die von Frauendarstellungen in Reliefs geschmückten **Südtempel** (von denen sechs erhalten sind) für seine Gattin Pramodhawardhani errichten, während die beiden 15 m hohen **Nordtempel** einer Inschrift zufolge von Pramodhawardhani entworfen wurden und Männer abbilden. Sie werden von keulenbewehrten *Dwarapala* bewacht und beherbergen zum Teil kopflose Bodhisattva-Statuen. Während die Innenräume also buddhistisch sind, verrät das aufstrebende, mit über 170 Stupas und Reliefs verzierte Dach hinduistische Ursprünge. Eintritt frei (Spende). Vorbei am östlichen Eingang von Prambanan führt nach etwa 1,5 km eine Straße rechts ab und 2 km nach Osten, Motorradtaxi 20 000 Rp.

UNTERHALTUNG UND KULTUR

Taman Wisata Candi, Jl. Raya Yogya-Solo, KM 16, ✆ 0274-496408, 💻 www.borobudurpark.com. Westlich des Opak-Flusses steht die große Freilichtbühne für Tanztheater-Aufführungen aus dem *Ramayana* – ein stimmungsvoller Abschluss für den Tag. Die angestrahlten Tempel im Hintergrund sind die perfekte Kulisse für die mit Pyroeffekten und über hundert Tänzern beeindruckende Inszenierung am Di, Do und Sa von 19.30–21.30 Uhr, von Nov–April überdacht, von Mai–Okt im Freien (dann abwechselnd das ganze

Keulenbewehrte Wächterstatuen (Dwarapala) im Candi Sewu-Komplex

Epos oder einzelne Auszüge). Tickets kosten 125 000–400 000 Rp, allerdings sieht man von fast überall gleich gut.

TRANSPORT

Die meisten Besucher kommen im Rahmen von Touren (S. 217) aus Yogyakarta oder Solo. Alternativ mit **Trans Jogja-Bussen**, S. 219, zur 5 Min. entfernten Bushaltestelle. Ein **Taxi** aus dem Zentrum von Yogya kostet ab 100 000 Rp. Abendlicher Transport zum Taman Wisata Candi bei Touranbietern in Yogya für 60 000 Rp p. P.

Kraton Ratu Boko

Weitere archäologische Schätze befinden sich 2,7 km südlich von Prambanan auf einem 200 m hohen Hügel. Bereits 1790 vermutete der in Diensten der VOC stehende Francois van Boeckholz hier eine **Palast- und Tempelanlage**. Deren auf 25 ha verteilte Reste wurden später tatsächlich freigelegt, aber leider nur in geringem Umfang restauriert, was den teuren Eintrittspreis nicht rechtfertigt.

Als Datierung gilt die Zeit unter Sailendra-König Rakai Panangkaran (760–780) als wahrscheinlich. Wenngleich sich auch hinduistische Merkmale finden, deuten Inschriften darauf hin, dass verstärkt die buddhistische Religion praktiziert wurde, nachdem sich der König von seinen weltlichen Funktionen als Herrscher ab- und der Religion zugewandt hatte. Das buddhistische Ceylon entsandte demzufolge gegen Ende des 8. Jhs. Gelehrte in das Königreich, und eine Inschrift aus dem Jahr 792 bezeichnet den Ort als „friedliches Kloster".

Vom Eingang führt der Weg über eine breite Treppe und zwei Terrassen mit monumentalen **Eingangstoren** aus Andesit auf eine Ebene. Dort liegen der restaurierte **Candi Pembakaran** und weiter südlich Fundamente, die wahrscheinlich eine **Audienzhalle** im Stil ceylonesischer Waldkloster trugen; die Mauern und ein inneres Podest wurden restauriert. Unterhalb liegen weitere Fundamente, Wasserbecken, Reste von Stupas, und man erahnt die frühere Ausdehnung der Anlage. Im Nordosten diente die in den Fels gehauene **Goa Wadong** als Ort der Meditation; in der unteren Aushöhlung sind *Yoni*-Einfassungen (weiblich) für *Lingga*-Steine (männlich) aus dem Shiva-Kult zu erkennen. Von einer erhöhten Plattform hinter dem Candi und von der Terrasse des **Restaurants** hat man besonders morgens eine gute **Aussicht** über die Prambanan-Ebene bis zum Gunung Merapi.

🕒 6–18 Uhr, Eintritt 325 000 Rp, ermäßigt 195 000 Rp. Kombi-Ticket für Prambanan und Kraton Ratu Boko 540 000 Rp, ermäßigt 337 500 Rp inkl. Shuttlebus bis 14.30 Uhr.

TRANSPORT

Mit dem eigenen Fahrzeug, Taxi oder Motorradtaxi ab Prambanan fährt man der Beschilderung folgend hinter dem Dorf **Gata** nach links und 1,8 km durch die Reisfelder den Hügel hinauf.

Gunung Merapi

Der 27 km nördlich von Yogya gelegene Feuerberg gilt als einer der aktivsten Vulkane der Erde. Die Javaner fürchten und verehren ihn, zu seiner Besänftigung bringen sogar Sultane Opfergaben dar. Im 9. Jh. wurde bei einem seiner größten Ausbrüche der ca. 30 km entfernte Borobudur verschüttet, und um das Jahr 1006 ging das erste Mataram-Reich möglicherweise durch die Folgen einer Eruption unter. Seit 1548 bricht der Vulkan beinahe regelmäßig im Abstand von höchstens acht oder neun Jahren aus. Unter dem 2930 m hohen Schichtvulkan wird eine Magmakammer vermutet, dreimal so groß wie die des Tambora auf Sumbawa (S. 471).

Relativ jung ist die **Gendol-Schlucht**, die durch die Eruptionen von einem kleinen Spalt an der Flanke zu einem bis zu 250 m breiten, weithin sichtbaren Canyon ausgeweitet wurde. In dieser hochgefährlichen Abflusszone wird tagtäglich Gesteinsauswurf als Baumaterial abgetragen.

Der bisweilen wie ein Pfropf aufsitzende **Magmadom** ragt bis zu 80 m aus dem Kratergrund empor und wird sogar unabhängig von seismischer Aktivität zu Explosionen angeregt, wenn sich eingesickertes Regenwasser in heißen Schlammströmen Bahn bricht. Während die

Gipfelregion kahl ist, stehen an den Hängen des Bergs üppige **Kasuarinenwälder** unter Naturschutz.

Besteigungen beginnen in Selo (1600 m) an der Nordseite. Man muss um 1 Uhr aufbrechen, wenn man den Sonnenaufgang auf dem Gipfel erleben möchte. Erforderlich sind Proviant, ausreichend Trinkwasser und warme Kleidung – oben herrschen oft nur einstellige Temperaturen! Bis zur vulkanologischen Station sind es etwa 3 Stunden, zum Gipfel nochmals eine anstrengende Stunde über Geröll und lockeren, steil ansteigenden Untergrund. **Guides** kosten ab 150 000 Rp, mit Verpflegung und Ausrüstung ab 300 000 Rp, zzgl. **Nationalpark-Eintritt** von 151 000 Rp, Sa und So 225 000 Rp. Das **Ratri Homestay** am Startpunkt des Wegs, ✆ 0857-0232 4099, und die örtliche **Guide Association**, ✆ 0878-3632 5955 (Sony), vermitteln Führer. In der Regenzeit ist der Gipfel meist wolkenverhangen; sollte er wegen vulkanischer Aktivität gesperrt sein, bieten Guides und Tourbüros auch Besichtigungen der Lavaströme mit Jeeps an.

TRANSPORT

Vom Terminal Giwangan in Yogyakarta fahren **Busse** nach Solo via Kartasura, wo der Umstieg nach Boyolali möglich ist, das wiederum Umstiegsort nach Selo ist; der letzte Bus ab Boyolali fährt gegen 13.30 Uhr, jede Strecke kostet 15 000–20 000 Rp. Die meisten Besucher wählen eine Pauschaltour ab Yogya, S. 217.

Kaliurang

Das naturnahe Erholungsgebiet von Kaliurang, 25 km nördlich von Yogya an der Südflanke des Gunung Merapi, zieht dank milder Temperaturen viele Einheimische an. Die Unterkünfte zeugen vom Andrang an Wochenenden und Feiertagen; unter der Woche ist es wie ausgestorben.

Sehenswert ist das der höfisch-javanischen Kultur gewidmete **Ullen Sentalu Museum**, 💻 www.ullensentalu.com, in der Jalan Boyong Kaliurang, an der zentralen Kreuzung mit der Touristeninformation links ab und 1 km bergauf. Es präsentiert alte Fotos, Gemälde und Objekte aus dem Besitz der Sultane von Yogyakarta und Surakarta, einen Stammbaum, Musikinstrumente und Infos zu Tänzen, die von Sultanen choreografiert wurden. 🕒 Di–Fr 8.30–16, Sa und So bis 17 Uhr, Eintritt 60 000 Rp, Kinder bis 16 Jahre 30 000 Rp inkl. Führung auf Englisch. Gut essen kann man nebenan im **Beukenhof Restaurant**.

Bergauf gelangt man zu verschiedenen **Aussichtstürmen** (Menara Pandang, 2000 Rp), die nur morgens lohnen, wenn klare Sicht auf den Gunung Merapi und die Ebene im Süden herrscht. Die Ausschilderung führt weiter oberhalb zum **Gunung Merapi-Nationalpark**. Vom westlichen Eingang Tlogo Nirmolo verlaufen beschilderte Waldwege u. a. zur 1 km entfernten Höhle Goa Jepang, einer von 22 Kavernen im Park. Der westliche Eingang Tlogo Muncar liegt näher am kleinen Wasserfall, von wo der Bukit Plawangan in 30 Min. zu besteigen ist. Gedämpft wird die Wanderlust durch die 151 000 Rp Eintritt, Sa und So 225 000 Rp.

TRANSPORT

Ab Terminal Condong Catur in Yogya (erreichbar mit Trans Jogja-Bussen, S. 219) mit Bussen für 15 000 Rp, vor Ort zu Fuß oder per Motorradtaxi.

Imogiri

Kulturhistorisch Interessierte können südlich von Yogya den **königlichen Friedhof** besuchen. Er geht zurück auf den dritten und glorreichsten Herrscher von Mataram, Sultan Agung, der 1645 hier bestattet wurde. An Feiertagen pilgern zahlreiche Javaner zu seinem Grab. Vom Parkplatz führen 454 Stufen den Hügel hinauf, wo Blumen für 10 000 Rp als Opfergaben in kleinen Schachteln verkauft werden. Vorbei an Gräbern des Sultans von Surakarta nebst Familie und Entourage im Westen sowie Yogyakarta im Osten geht es vom Eingangsbereich – nach Anlegen traditioneller Kleidung – zur Hügelkuppe, wo der legendäre Sultan unter einem von Kerzen erleuchteten Häuschen begraben liegt. Friedhofsdiener sind bei der würdevollen Darbietung der Opfergaben behilflich. Im Häuschen nebenan sind das Grab der Königin Kanjeng Ratu Pratang sowie ringsherum die der Generäle, Stellvertreter, Spielleute und Sänger. ⌚ Mo, So 10–13, Fr 13.30–16 Uhr, im Ramadan geschlossen, Eintritt frei (Spende), traditionelle Kleidung für 10 000 Rp.

TRANSPORT

Ab Terminal Giwangan in Yogya fahren **Minibusse** zum Markt in Imogiri für 10 000 Rp (zurück bis 16 Uhr), von dort **Motorradtaxis** für 10 000 Rp. **Selbstfahrer** folgen der Jalan Imogiri Barat 17 km bis ans Ende; vorher zu *Makam Raja-Raja* weisende Schilder ignorieren.

Tembi

Rund 6 km südlich von Yogya stellt das **Tembi Rumah Budaya**, 💻 www.tembi.net, die private Kollektion eines Sammlers aus: Kris, Masken, Porzellan, Stabpuppen, Musikinstrumente und Abbildungen von rituellen Speisen. Im hinteren Teil führt ein 150 Jahre altes, dreiteiliges Holztor *(Gebyog)* zu einem Meditationsraum, einem Lagerraum für Reis und einer Schlafstatt mit antikem Bett. Jeden Di wird die Herstellung von Holzmasken demonstriert; *Wayang*-Figuren werden am Mi und Do hergestellt, jeweils 10–15 Uhr. Am letzten Mi im Monat wird ab 20 Uhr javanische Lyrik rezitiert, und So kann man bei der Batik-Herstellung zuschauen. Mi und Fr von 15–17 Uhr finden Tanzkurse für Kinder statt. Von den Workshops waren einige Teilnehmer enttäuscht. Das offene Restaurant lädt zu einem Mittagessen mit Blick auf die Reisfelder ein. In den Holzhäusern dahinter kann man übernachten, weitere Unterkünfte s. S. 209. Anfahrt mit Bussen nach Parangtritis bis zur Abzweigung am KM 8,4 der Jalan Parangtritis, dann 550 m zu Fuß.

Gunung Kidul

Ein schöner Tagesausflug führt rund 30 km von Yogya in die südöstlichen Karstberge bei Wonosari, wo unterirdische Flüsse und Einstürze spektakuläre **Höhlen** geformt haben. Die 300 m lange **Goa Pindul** bei Bejiharjo, 8 km nördlich von Wonosari, kann auf ihrem bis zu 12 m tiefen unterirdischen Fluss mit Gummireifen für 25 000 Rp erkundet werden, ist aber völlig überlaufen und mit Homestays, Parkplätzen und Souvenirshops umbaut worden.

Empfehlenswert ist hingegen ein Besuch der Goa Kali Suci und Goa Jomblang, 10 km östlich von Wonosari die Abzweigung nach Süden nehmen. Wer schwindelfrei ist und die Ausgabe von 450 000 Rp p. P. inkl. Mittagessen und Versicherung nicht scheut, sollte nach 2 km von dieser Straße rechts abfahren und der Beschilderung 1,5 km zur **Goa Jomblang** folgen; das letzte Stück ist sehr holprig. Dort finden um 10 Uhr Führungen durch die Höhle statt, die nur durch das Abseilen in eine 60 m tiefe, eingestürzte Kaverne zugänglich ist – an einem manuell betriebenen Flaschenzug! Unten geht es zu Fuß durch eine 200 m lange Passage in die **Goa Grubug**, die mit 90 m tiefste vertikale Höhle auf Java. Von 10–13 Uhr fällt Sonnenlicht ein, vom Blattwerk und Geäst der Bäume gestreut – ein faszinierender Anblick. Manchmal sind Iguanas zu sehen, die in der Höhle leben und sich von herabfallenden Blättern ernähren.

Zurück an der Landstraße liegt wenige hundert Meter östlich der Sammelpunkt für empfehlenswertes, einstündiges Tubing durch die **Goa Kali Suci**, 💻 http://kalisucicavetubing.blogspot.de. Auf Gummireifen geht es in Badesachen sowie mit bereitgestellten Schonern, Helm und Guide auf dem Kali Suci (der auch die Goa Grubug durchfließt) gute 700 m durch zwei Passagen, die durch Einstürze voneinander getrennt sind. Die Guides sprechen kein gutes Englisch, aber es geht entspannt zu, und der Ausflug lohnt die Kosten von 70 000 Rp p. P. inkl. Verpflegung nach der Tour allemal.

TRANSPORT

Die meisten Besucher kommen mit organisierten **Touren** oder als **Selbstfahrer**. Per **Bus** ab Terminal Giwangan in Yogya nach Wonosari für 15 000 Rp (zurück bis 17 Uhr). Weiter per **Motorradtaxi** *(Ojek)* zu den Höhlen für 30 000–40 000 Rp.

Die südlichen Strände

Tosende Brandung, lange dunkle Sandstrände und frischer Fisch vom Grill machen den Reiz der Südküste, rund 28 km südlich von Yogya, aus. Das wissen auch Indonesier, die an freien Tagen gern zu Tausenden kommen. Wer lieber ungestört ist, sollte Wochenenden und Feiertage meiden. Im Juli und August kommt es manchmal zu schmerzhaften Begegnungen mit Quallen. Auch sonst zeigt sich die windgepeitschte Küste eher von der rauen Seite, mit tückischen Unterströmungen und gewaltigen Wellen – besser nicht baden. An den Zufahrten der Strände wird Eintritt (meist 4000 Rp) erhoben. Wer weiter entfernte Strände erkunden möchte, findet Anregungen im Internet, sollte aber den ganzen Tag einplanen.

Parangtritis

Etwa 2 km südlich von **Kretek** erstreckt sich eine dunkle Dünenlandschaft, die im Osten von steilen Felsklippen und im Süden von einem breiten Strand begrenzt wird. Es werden Quad-Bikes (ATVs) für 100 000–200 000 Rp ausgeliehen – bei leerem Strand ein Heidenspaß! Vom Hügel **Parang Endog** (auch Bukit Paralayang), etwa 1 km östlich der Abzweigung zum Queen of the South Beach Resort (mit guter Aussicht), starten bei gutem Westwind zwischen Dezember und April auch Paraglider zu Rundflügen über den Strand; wer einen Tandem-Flug für 350 000 Rp wagen möchte, sollte sich unter ✆ 0877-3791 0679, 💻 www.fb.com/paralayangparaglidingjogja, anmelden. Im Dorf kann man auf dem Fischmarkt frisches Seafood kaufen und an einem der Essensstände zubereiten lassen.

Parangkusumo

Westlich von Parangtritis sucht der Sultan von Yogya während der jährlichen **Labuhan-Zeremonie**, die Meeresgöttin Nyai Loro Kidul zu beschwichtigen; dieses Ritual geht zurück auf die Legende von Sultan Agung, der hier seine Liason mit der Göttin des Südlichen Ozeans einging. Den Rest des Jahres hat man den Strand an manchen Abenden fast für sich allein. Zwischen einigen Dünen liegen regelrechte Sandwüsten, die gern für Fotoshootings aufgesucht werden.

Samas

Wer bereits in Kretek nach Westen abbiegt, gelangt nach ca. 8 km zum Pantai Samas, der weniger stark besucht und bei Pandansari von einem hohen **Aussichtsturm** *(Menara Suar)* überragt wird; für 10 000 Rp kann man die vielen Stufen und eine Leiter hinaufklettern und das Küstenpanorama auf sich wirken lassen. Entlang der Küstenstraße haben sich Garnelenzuchten und Drachenfruchtplantagen angesiedelt.

TRANSPORT

Selbstfahrer folgen der Jl. Parangtritis. Per **Bus** ab Terminal Giwangan (S. 220) wird kein Eintritt zum Strand fällig; allerdings verlangen manche Busfahrer von westlichen Touristen überhöhte Preise für die Rückfahrt (bis 17 Uhr). Zu den anderen Stränden geht es nur per **Motorradtaxi** oder mit eigenem Fahrzeug.

Zentral-Java

Nachdem das Majapahit-Reich zerfallen und auch das Sultanat von Demak untergegangen war, erlangte das zentral-javanische Sultanat **Mataram** die Vorherrschaft (S. 111). Im Zenit seiner Macht unter Sultan Agung (1613–1645) beherrschte es mit Ausnahme von Banten, Batavia und Blambangan die gesamte Insel. Seine bis ins 19. Jh. dauernde höfisch-kulturelle Blüte ist in **Solo** am besten zu erahnen. Historisch geht es auch in der Metropole **Semarang** zu, die mit Stolz auf ihr chinesisches und koloniales Erbe blickt.

Der Hitze der Großstadt entfliehen kann man zwischen den Resten der hindu-buddhistischen Epoche auf dem **Dieng-Plateau**, am **Gunung Lawu** oder bei den Tempeln von **Gedong Songo**. Die Inseln von **Karimunjawa** sorgen mit Palmen, Strand und guten Schnorchelgründen für tropisches Insel-Feeling, und bei **Windusari** (Kasten S. 251) wandert man entlang der schönsten Reisterrassen von Java.

Zwar hat die am dichtesten besiedelte Provinz Indonesiens – ihren aus allen Nähten platzenden Metropolen und dem dichten Verkehr zum Trotz – auch eine ländliche Seite. Viele Ausflugs- und Naherhohlungsorte sind jedoch an Wochenenden von einheimischen Besuchern überlaufen, weshalb sich Ausflüge unter der Woche am ehesten lohnen.

Solo (Surakarta)

Wer javanisches Flair ohne den Großstadttrubel von Yogyakarta erleben möchte, sollte dem besser überschaubaren Solo, 60 km nordöstlich, zwei oder drei Übernachtungen einräumen. Denn die Stadt überrascht mit Atmosphäre, kulturellen Highlights und diversen Sehenswürdigkeiten in Laufnähe. Die lebendigen Märkte, auf Kunsthandwerk spezialisierten Museen und regelmäßigen Kulturveranstaltungen vermitteln an nur einem Tag einen guten Eindruck von traditioneller javanischer Kultur. Touristen sieht man kaum.

Geschichtliches

Unter Paku Buwono II. wurde Solo 1745 zum Sitz der Mataram-Herrscher, nachdem der alte Palast von Kartasura in einer Revolte zerstört worden war. Nach der Aufspaltung in das Sultanat von Yogyakarta und das **Kasunanan Surakarta** (1755) nutzten die Holländer einen weiteren Erbfolgestreit, um den rebellischen Prinzen Raden Mas Said als **Mangkunegara-Fürst** einzusetzen. Seitdem existiert in Solo eine zweite Dynastie, ähnlich wie in Yogyakarta. Infolge des Java-Kriegs (S. 113) wurde Surakarta von den Holländern der Kollaboration mit den Rebellen bezichtigt und territorial weiter beschnitten. Fortan blieb es ein Sultanat von Hollands Gnaden, genoss unter kolonialer Patronage jedoch Frieden und eine kulturelle Blüte. Im Vergleich zum Mangkunegaran-Palast ist der Sultanspalast *(Kraton)* stark vernachlässigt und keinen Besuch mehr wert.

Das Marktdreieck

Der Tag kann mit einem Spaziergang über die Märkte beginnen. Die wuseligen Hallen des **Pasar Gede** sind in Sektionen unterteilt. Von der oberen Galerie blickt man auf die bunten Gemüsehaufen und das von Frauen beherrschte Treiben. Stadtbekannt ist der bei **Bu Dermi** im Erdgeschoss zubereitete Snack *Dawet Telasih* aus Palmzucker, Reismehl, fermentiertem Reis und Kokosmilch.

Südlich des Pasar Gede liegt der chinesische **Klenteng Tien Kok Sie** aus dem Jahr 1745 mit Lampions und einem Schrein für die Göttin der Barmherzigkeit, Kwan Im (Kuan Yin). Daneben werden ein legendärer General, die Meeresgöttin, der Erdgott und einige Buddhas verehrt. Im hinteren Raum wird Buddha vom taoistischen Thay Seng Lo Kun und von Konfuzius flankiert, während an einer Wand der Kriegsgott einträchtig neben dem Gott der Heilung und des langen Lebens posiert.

Vorbei an den Resten des holländischen Fort Vastenburg und am Alun-Alun Lor ist der **Pasar Klewer** erreicht, der größte **Batik-Markt** Indonesiens. Links und rechts der engen Wege sieht man die Vielfalt der Batik-Motive an einem Ort versammelt. Nirgends gibt es die Stoffe günstiger. Zwischen der typischen Stangenware sind einige sehr schöne Stücke zu ergattern, aber man sollte sich auf Preisverhandlungen einstellen. Besonders günstig wird es im Obergeschoss bei den Verkäufern neben den Essensständen. 🕒 8–18 Uhr, So haben einige Läden zu.

Viele Batik-Manufakturen findet man in **Kauman**, dem fast 300 Jahre alten Wohngebiet zwischen Kraton und Jalan Slamet Riyadi. Die kleinen Altstadtgassen eignen sich hervorragend, um die Strecke zum **Pasar Triwindu** an der Jalan Diponegoro zu Fuß zurückzulegen. Dieser ist auf zwei Etagen mit Antiquitäten, Ramsch, alten Möbeln, Ersatzteilen und Kunsthandwerk vollgestopft. Bestimmt findet sich unter den Masken, *Wayang*-Puppen und Kris-Dolchen das eine oder andere Souvenir. 🕒 10–16 Uhr.

Mangkunegaran-Palast

Nördlich des Pasar Triwindu gelangt man zum sehenswerten Palast des zweiten Herrscherhauses, 1757–1804 erbaut und von außen zunächst wenig ansprechend. Man sollte sich aber eine Stunde Zeit nehmen und einer Führung anschließen, die 30 000–50 000 Rp p. P. kosten darf.

Im großen Hof steht die riesige **Empfangshalle**, deren Dach mit Holzschindeln gedeckt und

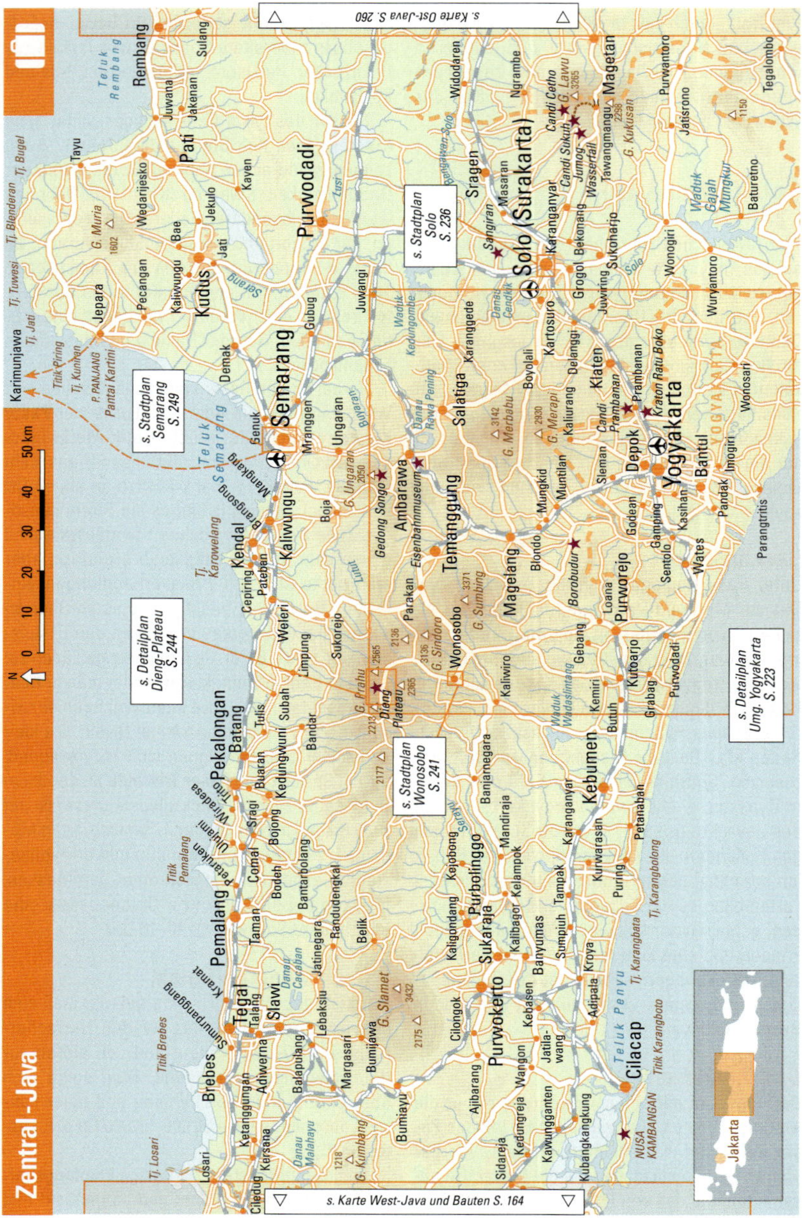
Zentral-Java
N
0 10 20 30 40 50 km
s. Karte Ost-Java S. 260
s. Karte West-Java und Bauten S. 164
s. Stadtplan Semarang S. 249
s. Detailplan Dieng-Plateau S. 244
s. Stadtplan Wonosobo S. 241
s. Stadtplan Solo S. 236
s. Detailplan Umg. Yogyakarta S. 223
Karimunjawa
Tj. Jati
Tj. Tuwesi
Tj. Blenderan
Tj. Bugel
Titik Piring
Tj. Kunlan
P. PANJANG
Pantai Kartini
Jepara
Pecangan
G. Muria
1602
Tayu
Pati
Juwana
Rembang
Teluk Rembang
Sulang
Jakenan
Wedarijesko
Bae
Jekulo
Kayen
Kudus
Kaliwungu
Jati
Serang
Demak
Semarang
Genuk
Teluk Semarang
Mangkang
Brangsong
Kendal
Tj. Karowelang
Cepiring
Pateban
Kaliwungu
Weleri
Mranggen
Ungaran
Gubug
Purwodadi
Lusi
Juwangi
Boja
G. Ungaran
2050
Gedong Songo
Ambarawa
Eisenbahnmuseum
Danau Rawa Pening
Salatiga
Waduk Kedungombo
Karanggede
Boyolali
G. Merbabu
3142
G. Merapi
2930
Sragen
Masaran
Sangiran
Solo (Surakarta)
Karanganyar
Danau Cengklik
Kartosuro
Delanggi
Klaten
Candi Prambanan
Prambanan
Kraton Ratu Boko
Yogyakarta
Depok
Sleman
Kaliurang
Muntilan
Mungkid
Blondo
Borobudur
Temanggung
Magelang
Parakan
G. Sumbing
3371
G. Sindoro
3136
Wonosobo
Dieng Plateau
G. Prahu
2565
2136
2365
2213
2177
Sukorejo
Limpung
Subah
Tulis
Batang
Pekalongan
Bandar
Kedungwuni
Buaran
Tirto
Wiradesa
Sragi
Bojong
Ulujami
Petarukan
Comal
Boden
Bantarbolang
Randudongkal
Titik Pemalang
Pemalang
Taman
Belik
Jatinegara
Danau Cacaban
Kramat
Tegal
Talang
Slawi
Sumurpanggang
Titik Brebes
Brebes
Adiwerna
Lebaksiu
Balapulang
Margasari
Bumijawa
G. Slamet
3432
2175
Ketanggungan
Kersana
Losari
Tj. Losari
Danau Malahayu
Ciledug
1218
G. Kumbang
Bumiayu
Ajibarang
Purwokerto
Cilongok
Sokaraja
Purbalingga
Kaligondang
Kalibagor
Kejobong
Kelampok
Mandiraja
Banjarnegara
Serayu
Kaliwiro
Waduk Wadaslintang
Banyumas
Kebasen
Jatilawang
Wangon
Sumpiuh
Tambak
Kroya
Adipala
Teluk Penyu
Cilacap
Tj. Karangbata
Titik Karangboto
NUSA KAMBANGAN
Kawunganten
Kedungreja
Sidareja
Kubangkangkung
Karanganyar
Kebumen
Kuwarasan
Puring
Petanahan
Tj. Karangbolong
Gebang
Kemiri
Butuh
Kutoarjo
Purworejo
Loana
Grabag
Purwodadi
Wates
Sentolo
Gamping
Godean
Kasihan
Bantul
Pandak
Imogiri
Parangtritis
Wonosari
Yogyakarta
Sukoharjo
Grogol
Bekonang
Juwiring
Wonogiri
Wuryantoro
Waduk Gajah Mungkur
Baturetno
Jatisrono
Purwantoro
Tegalombo
1150
G. Kukusan
2298
Tawangmangu
Jumog-Wasserfall
Candi Sukuh
Candi Cetho
G. Lawu
3265
Magetan
Ngrambe
Widodaren
Bengawan Solo
Sole
Jakarta

an der Unterseite mit Batik-Motiven und javanischen Sternzeichen bemalt ist. Die 45 Leuchter und 108 Säulen verraten die astrologische Vorliebe für die Glückszahl 9; das goldene Tor aus Hamburg, die bronzenen Löwen aus Berlin (1870) und der italienische Marmorboden zeugen dagegen von einem westlichen Geschmack in Sachen Luxus. Hier werden Gamelan-Instrumente aus dem 17. Jh. aufbewahrt, mit denen zu Tänzen aufgespielt wird, S. 237. Im Norden schließt sich eine mit Gemälden bestückte Veranda an.

Dahinter betritt man den für Zeremonien genutzten Thronraum **Dalem Ageng** mit schönem belgischem Fensterglas. In Schaukästen liegen archäologische Funde und Erbstücke aus der Majapahit- und frühen Mataram-Zeit, darunter antike Münzen, ein verschachtelter Elfenbeinball und ein Goldaufsatz für die Keuschheit des höfischen Mannes. Der links und rechts der Tür ausgestellte Goldschmuck wurde für Tänze angelegt, die nur adlige Jungfrauen nach dreitägigem Fasten ausführen durften.

Westlich schließen sich Wohnbereiche an: eine Veranda mit Rokoko-Sofas und der gegenüberliegende **Prajimoyoso-Pavilion** von 1927, der als Empfangsraum diente und ohne Nägel errichtet wurde. Im Esszimmer beeindruckt ein Elefantenstoßzahn, in den ein Künstler viele Jahre lang Szenen aus dem *Ramayana* geschnitzt hat. 🕒 8.30–15, So und Do bis 14 Uhr, Eintritt 20 000 Rp.

House of Danar Hadi

Das Museum, ✆ 0271-714326, hinter dem teuren Batik-Shop an der Jalan Slamet Riyadi, ist das beste seiner Art. Die im Eintrittspreis inbegriffene, englischsprachige Führung dauert etwa eine Stunde und thematisiert anhand ausgewählter Stücke aus einer Sammlung von rund tausend wertvollen Stoffen den Werdegang und Stellenwert der **Batik-Kunst**. Man beachte die Unterschiede der von Holländern entworfenen Motive (etwa Hänsel und Gretel) zur chinesischen Batik mit Vogel- und Blumenmustern, zur gestalterisch freieren Batik von der Nordküste Javas oder zur formstrengen höfischen Batik von Solo und Yogyakarta. In der angegliederten Fabrik ist von Mo–Sa die Herstellung zu sehen: Während die Frauen für das geschickte Auftragen von Wachsmustern per Hand zuständig sind, erledigen die Männer das schweißtreibende Stempeln und Färben der Stoffe. Auch am Sonntagvormittag wird manchmal gestempelt. 🕒 9–16 Uhr, Eintritt 35 000 Rp. Mehr zu Batik auf S. 134 und im Kasten S. 216.

Radya Pustaka Museum

Das 1890 errichtete Gebäude an der Jalan Slamet Riyadi wurde 1913 in ein Museum umgewandelt. Der von alten Kanonen und einer klingenbewehrten Durga-Statue bewachte Eingang führt zu einem Raum mit **Wayang-Figuren**, von denen besonders die Dämonen und Tiere auffällig gearbeitet sind. Bemerkenswert ist die **Waffensammlung** mit filigran verzierten Kris (S. 136), die sich deutlich von denen der einfachen Leute im rechten Nebenraum unterscheiden, z. B. durch reich verzierte Warangka-Scheiden aus Bali. Einige der Waffen wurden bei Tierkampf-Spektakeln eingesetzt. Beachtung verdient auch die prächtige Vase im linken Nebenraum, die angeblich als Geschenk Napoleons an Sultan Paku Buwono IV. ihren Weg nach Solo fand. Im hinteren Teil sind Teakfiguren, Gamelan-Instrumente, einige Modelle sowie alte *Lingga*-Steine ausgestellt. 🕒 Di–So 9–13.30, Fr bis 12 Uhr, Eintritt 10 000 Rp.

Museum Kris

An der Jalan Bhayangkara steht seit 2017 ein Museum für Kris-Dolche (S. 136). Auf vier Etagen vermittelt es Wissenwertes über diese genuin südostasiatische Schmiedekunst, die komplexe Typologie und traditionsgemäße Verwendung. Es sind viele schöne Stücke ausgestellt, aber nur auf Indonesisch beschriftet. 🕒 Di–Do und Sa 9–15, Fr 8.30–11, So 9–13 Uhr, Eintritt 15 000 Rp, Sa, So und an Feiertagen 20 000 Rp.

Sangiran

Etwa 12 km nördlich führt eine Abzweigung 4 km nach Sangiran. Schon Eugene DuBois buddelte hier im 19. Jh. nach dem „Missing Link" in der Kette der Menschwerdung. Als der deutsche Paläontologe Gustav von Königswald gemeinsam mit holländischen Kollegen hier zwischen 1936 und 1941 die Knochen des „Java-Mensch" genannten *Pithecanthropus erectus* (1,5 Mio.–100 000 v. Chr.) entdeckte, wurde der kleine Ort international berühmt. Er ist **Unesco-Weltkulturerbe**, doch selbst für Interessierte bleibt das **Museum Manusia Purba Sangiran** mit wenigen bzw. schlecht übersetzten englischen Texten hinter den Erwartungen zurück. Außer Tafeln und Modellen zur Entwicklung der Erde, des Menschen und zu bedeutenden Paläontologen findet man Fossilien und Replikate sowie paläontologische Plastiken. ◷ Di–So 8–16 Uhr, Eintritt 15 000 Rp. Per Bus Richtung Purwodadi für 12 000 Rp, von der Abzweigung per Motorradtaxi zum Museum für 30 000 Rp, besser direkt per *Ojek* oder Taxi ab Solo.

JAVA

ÜBERNACHTUNG

Alila Solo, Jl. Slamet Riyadi 562, ✆ 0271-677 0888, 💻 www.alilahotels.com/solo. Der 30 Stockwerke hohe, von kleineren Gebäuden flankierte Turm mit Pool, Spa, Fitnessraum und Restaurant bietet 255 geräumige Zimmer und Suiten der gehobenen Mittelklasse in Beige-, Braun- und Grautönen sowie tolle Aussicht vom höchsten Gebäude in Zentral-Java. Das Hotel zeigt Ansätze, die natürlichen Ressourcen zu schonen, und unterstützt eine Stiftung für Kinder mit Behinderung. Freundlicher Service. ❻–❼

Cakra Homestay, Jl. Cakra II Nr. 15, ✆ 0271-634743, 💻 www.cakrahomestay.com. Die teils über 200 Jahre alten Gebäude um einen Hof mit kleinem Pool punkten mit viel Original-Interieur und nostalgischem Charme mitten im Altstadtviertel Kauman. Die Gastgeber leben hier in 6. Generation und vermieten 20 einfache, geräumige Zimmer mit Dusche oder Mandi, teils auch AC und TV. Den Aufpreis wert sind die VIP-Zimmer mit antiquarischer Einrichtung. Touren, Massagen und Fahrradverleih. Di um 21 Uhr Gamelan-Musik im hinteren *Pendopo*; auch 1 1/2-stündige Gamelan- und Tanzkurse für 150 000 Rp. Dürftiges Frühstück inkl. ❷–❹

Front One Cabin, Jl. Setiabudi 32, ✆ 0271-789 0100, 💻 www.frontonecabinsolo.com. Preisbewusste ohne Platzangst können hier zwischen Bahnhof und Busterminal in extrem beengten, aber klimatisierten Kabinen mit winzigem Bad, guten Matratzen und TV nächtigen. Bunte Wanddesigns in den Fluren machen das Haus etwas freundlicher. Einzelreisende zahlen 120 000 Rp. ❷

Roemahkoe Heritage Hotel, Jl. Dr. Rajiman 501, ✆ 0271-714024, 💻 www.roemahkoe.com. Das mit Innenhof, Teichen und luftigen Gängen konzipierte Anwesen aus dem Jahr 1938 sorgt mit javanischen und Art-déco-Elementen für stimmungsvolle, dezent koloniale Atmosphäre. Die 14 klimatisierten Zimmer und Suiten mit Steinböden, TV, teils auch kleinem Wohnraum, Himmelbetten oder niedrigen Podestbetten sind mit alten Fotos dekoriert. In einigen Zimmern hört man die laute Straße. So ab 19 Uhr Gamelan-Musik. Frühstück und *Afternoon Tea* im Restaurant inkl. ❹–❺

Warung Baru Homestay, in einer schmalen Gasse östlich der Jl. A. Dahlan 23, ✆ 0271-656369, 🖂 b_warung@yahoo.com. An einer gemeinschaftlichen Veranda liegen 7 saubere, ältere Zimmer mit Ventilator oder AC, TV, bequemen Betten und bunten Bildern. Die herzliche Gastgeberin führt auch das gleichnamige Restaurant, s. Essen. Fahrräder 20 000 Rp, Motorräder 90 000 Rp, Touren. Tee, Kaffee, Frühstück inkl. ❶–❷

ESSEN

Eine Spezialität ist *Abon*, zerkleinertes, getrocknetes und mit Chili, Salz und Zucker gewürztes Rindfleisch, das in den Geschmacksvarianten *pedas* (scharf) und *manis* (süß) angeboten wird. Man mischt es mit Reis und tut am besten noch einen Löffel *Serundeng* (getrocknete Kokosflocken) dazu. *Abon* und *Serundeng* gibt es z. B. bei **Abon Solo Murni**, Jl. Kalilarangan, zu probieren und kaufen.

Bu Wongso Lemu, Jl. Teuku Umar. Der stadtbekannte Imbiss mit Sitzmöglichkeiten auf Bastmatten am Boden serviert seit 1950 leckeres *Nasi Liwet*: Hähnchenbrust mit Papayastücken auf Reis, dazu Ei, Kokosmilch und *Krupuk*-Chips aus Büffelhaut – ein Fest für den leeren Magen und den schmalen Geldbeutel. Am Abend unterhalten Frauen die Gäste mit Gesängen. ◷ 16–2 Uhr.

Mit kleinen Kännchen *(Canting)* tragen Frauen das heiße Wachs auf, bevor es ans Färben geht.

Cafe Tiga Tjeret, Jl. Ronggowarsito 97, ✆ 0271-630078. Der originell aus Containern und tragenden Elementen konstruierte, mit bunten Postern dekorierte Imbiss kombiniert javanisches Fingerfood *(Angkringan)* mit geselliger Biergarten-Atmosphäre. Man wählt aus verschiedenen preisgünstigen Spießen und frittierten Snacks. Abends auch Heißgetränke. ⏲ 11–1 Uhr.

Goela Klapa, Jl. Menteri Supeno 3, ✆ 0271-718913, 💻 www.goelaklapa.co.id. In dem gediegenen Restaurant mit englischer Karte sowie Sitzmöglichkeiten drinnen und draußen wird sehr gute Küche aus allen Ecken des Landes ohne Geschmacksverstärker zu mittleren Preisen aufgetischt, etwa Rippcheneintopf nach Palembang-Art, Fischsuppe à la Makassar, der für Lombok typische Wasserspinat oder balinesisches Hühnchen. ⏲ 10–22 Uhr.

Omah Sinten, Jl. Diponegoro 34-54, ✆ 0271-641160, 💻 auf Facebook. Neben ein paar westlichen Gerichten kommen in dem von einem großen *Joglo*-Pavillon überdachten Restaurant v. a. leckere javanische Spezialitäten zu mittleren Preisen auf den Tisch. Gut für eine Stärkung nach der Besichtigung des Mangkunegaran-Palasts. ⏲ 9–22.30 Uhr.

Saffron Resto & Meat Shop, Jl. Ronggowarsito 38, ✆ 0172-648454, 💻 www.fb.com/saffronsolo. Ein ruhiges, klimatisiertes Restaurant mit Frühstück und mediterranen Gerichten, etwa Hühnchen nach Mailänder Art, aber auch Pasta, Fisch und Rippchen sowie teure Steaks; zudem Desserts wie Crème brûlée und Apfelkuchen. Geschmacklich (für Solo) gut. Es gibt Bier, aber kein Schweinefleisch. ⏲ Mo–Sa 12–23, So 11–22 Uhr.

Warung Baru, Jl. K. H. Ahmad Dahlan 23. Seit Langem ist das rustikale, preisgünstige Restaurant ein Traveller-Treffpunkt. Die Karte gibt von indonesischen Klassikern und Frühstück über hausgemachtes Brot bis zu Pizza, Nudeln, Pancakes und Burgern so ziemlich alles her, nur nichts für anspruchsvolle Genießer. ⏲ Mo–Sa 6–21 Uhr.

UNTERHALTUNG

Agra Bar, Alila Solo, 💻 www.alilahotels.com/solo/agra. Zum Sonnenuntergang kann man in der höchsten Bar östlich von Jakarta

Solo (Surakarta)

ÜBERNACHTUNG
1. Front One Cabin
2. Alila Solo
3. Warung Baru Homestay
4. Roemahkoe Heritage Hotel
5. Cakra Homestay

ESSEN
1. Goela Klapa
2. Omah Sinten
3. Cafe Tiga Tjeret
4. Saffron Resto & Meat Shop
5. Bu Wongso Lemu
6. Warung Baru

SONSTIGES
1. Kantor Imigrasi
2. Taman Sari Royal Heritage Spa
3. Agra Bar
4. Apotheke
5. Wäscherei
6. Matahari Dept. Store
7. Abon Solo Murni

TRANSPORT
1. Terminal Tirtonadi
2. Celeron
3. Joglosemar
4. Alloy Executive

bei einem Bier oder Cocktail den Tag ausklingen lassen. Letztere umfassen sehr teure, aber teils originelle Eigenkreationen mit indonesischen Zutaten. Die Aussicht ist famos, und man muss sie selten mit vielen Gästen teilen. Leider wirkt die mondäne Location im bescheidenen, konservativen Solo stets irgendwie *out of place*. 🕒 17–23.30 Uhr.

KULTUR

Gamelan

Im **Mangkunegaran-Palast** jeden Sa von 10–12 Uhr.

Tanz

Am **Bangsal Prawedanan** des Kraton, Karte S. 207, Mi und So ab 19 Uhr; im **Mangkunegaran-Palast** am Mi um 10 Uhr.

Theater

€ **Wayang Wong Sriwedari**, Taman Sriwedari, 💻 www.fb.com/wayangwongsriwedari. Mo–Sa findet ab 20 Uhr im Theater des Taman Sriwedari das **Wayang Orang** (S. 132) statt: Aufführungen aus dem *Ramayana*, *Mahabharata* oder gängiger Folklore, begleitet vom Gamelan-Orchester. Den Spielplan kann man am Theater und auf Facebook einsehen. Dialoge und Gesang sind auf Javanisch, doch ist die Handlung leicht zu erfassen. Meist verfolgen die Akte ein Grundthema – Liebe, Trauer, Kampf, Versöhnung, Slapstick. Ein Highlight sind die komödiantischen Intermezzi der Clowns um Semar (s. Kasten S. 132). Karten 5000–10 000 Rp.

FESTE

Solo Batik Carnival. An einem Wochenende im Juni präsentieren auf der Jl. Slamet Riyadi hunderte Teilnehmer in spektakulären Kostümen die Batik-Vielfalt, begleitet von Tänzen, Musik und zahlreichen Besuchern.
Solo International Performing Arts Festival, 💻 www.sipafestival.com. An einem Wochenende zwischen Juli und Sep treten Tänzer aus Indonesien und aller Welt mit traditionellen und modernen Choreographien an der Ruine des alten Fort Vastenburg (Karte S. 236) auf. Eintritt frei.

EINKAUFEN

Solo Grand Mall, Jl. Slamet Riyadi 313. Auf 4 Etagen verteilen sich ein Hypermart, Bekleidungs- und Elektronikgeschäfte, ein großer Foodcourt sowie ein Laden mit Outdoor-Zubehör. 🕒 9–21, Sa und So 8.30–21.30 Uhr.
Solo Paragon, Jl. Yosodipuro 133, 💻 www.solo-paragon.com. Die große Mall beherbergt auf 4 Stockwerken einen Foodcourt, Restaurants, Carrefour- und Centro-Supermärkte, Surf- und Streetwear-Geschäfte, ein Multiplexkino, 💻 www.21cineplex.com, und eine Guardian-Apotheke. 🕒 10–22 Uhr.
Solo Square, Jl. Slamet Riyadi 451–455. Diverse Fastfood-Restaurants gesellen sich zu Musik- und Streetwear-Läden, einem Hypermart und einem Multiplexkino, 💻 www.21cineplex.com.

TOUREN

Unterkünfte und die Touristeninformation organisieren Touren. Preisbeispiele p. P. bei 2 Pers.:
Borobudur ab 375 000 Rp.
Gunung Bromo ab 200 000 Rp, mit Übernachtung ab 450 000 Rp.
Gunung Lawu inkl. Candi Sukuh und Cetho ab 275 000 Rp, mit Besteigung 700 000 Rp zzgl. 350 000 Rp für den Guide.
Gunung Merapi mit Trekking ab Selo für 400 000 Rp inkl. Übernachtung im Camp.
Stadtrundfahrt mit Besuch in Werkstätten ab 260 000 Rp.

SONSTIGES

Fahrrad- und Motorradverleih

Fahrräder ab 20 000 Rp, Motorräder ab 90 000 Rp am Tag im **Warung Baru**, s. Essen, oder für 100 000 Rp bei **Patrick Orlando**, ✆ 0813-2960 3992, von der Touristeninformation.

Informationen

Touristeninformation, Jl. Slamet Riyadi 275, ✆ 0271-711435. Informative Broschüren und

Stadtpläne sowie Vermittlung von Touren. ⏲ 8–16.30, So 10–14 Uhr.

Medizinische Hilfe

RS Kasih Ibu, Jl. Slamet Riyadi 354, ✆ 0851-0190 0900, 💻 http://rskasihibu.com.

Post

Jl. Jend. Sudirman. ⏲ Mo–Fr 8–20, Sa bis 14 Uhr.

Visaangelegenheiten

Kantor Imigrasi, Jl. Adi Sucipto 8, ✆ 0271-719887. Visaverlängerungen dauern 1 Woche. ⏲ Mo–Fr 8–12, 13–16 Uhr.

Wellness

Taman Sari Royal Heritage Spa, Jl. Adi Sucipto 17, ✆ 0271-719839. Hinter der repräsentativen Villa verbirgt sich ein eher teures, aber gutes Spa mit angenehmen Massagen ab 200 000 Rp pro Std. sowie Anwendungen nach höfischer Tradition. ⏲ 9–21 Uhr.

NAHVERKEHR

Die Jl. Slamet Riyadi ist So von 6–9 Uhr für motorisierte Fahrzeuge gesperrt. Eine **Fahrradrikscha** vom Busterminal in die Jl. Slamet Riyadi kostet 20 000–25 000 Rp. **Busse** von Trans Solo haben feste Haltestellen (z. B. Jl. Slamet Riyadi) und kreuzen die Stadt tagsüber von Nordwesten nach Südosten für 5000 Rp pro Fahrt, ab/zum Flughafen 15 000 Rp. Oft wartet man lange, und nur wenige Sehenswürdigkeiten liegen in der Nähe der Haltestellen. **Taxis** kosten bei Einstieg 7500 Rp, dann 4250 Rp pro km, nachts mindestens 25 000 Rp pro Fahrt, Bestellung 20 000 Rp, z. B. **Angkasa**, ✆ 0271-780704, und **Solo Taksi**, ✆ 0271-728728.

TRANSPORT

Busse

Der Busbahnhof **Terminal Tirtonadi**, Jl. Dr. Setiabudi, besteht aus getrennten Bereichen für unterschiedliche Zielorte – auf die Beschilderung achten. An der Südseite liegen Schalter für Nachtbusse, die anderen Fahrten kann man am oder im Bus bezahlen.

BANDUNG teils via TASIKMALAYA gegen 15 und 16 Uhr für 120 000–260 000 Rp in 10–11 Std.
BANYUWANGI via PROBOLINGGO (9 Std., 80 000 Rp, Umstieg zum Gunung Bromo) mit Mila und Akas etwa stdl. von 15–21 Uhr für 110 000 Rp in 12 Std.
JAKARTA und BOGOR alle 30–60 Min. von 13–19 sowie um 22 Uhr für 160 000–300 000 Rp in 12–13 Std.
MALANG um 15 und 22 Uhr ab 105 000 Rp in 8 Std.
SEMARANG etwa alle 20–30 Min. von 6–21 Uhr für 25 000 Rp in 2 1/2–3 Std.
SURABAYA häufig am Vor- und Nachmittag für 50 000–90 000 Rp in 6–7 Std.
YOGYAKARTA (Terminal Giwangan) via PRAMBANAN etwa stdl. für 15 000 Rp in 2–3 Std.

Minibusse

Die kleineren 11-Sitzer *(Travel)* eignen sich für kurze und mittlere Strecken und starten, wenn nicht anders angegeben, an der Südseite des Terminal Tirtonadi. Viele holen Fahrgäste (manchmal gegen Aufpreis von 10 000 Rp) vom Hotel ab.
BANDUNG mit **Celeron**, Jl. M. H. Thamrin, ✆ 0851-0197 9283, um 16 Uhr für 220 000 Rp.
JEPARA mit Celeron um 8, 12, 16 und 19 Uhr für 90 000 Rp, mit **Alloy Executive**, Jl. Slamet Riyadi 40, ✆ 0811-255 4111, 💻 www.fb.com/Alloyexecutivesurakarta, um 5, 6, 8, 10, 12, 14, 16 und 18 Uhr für 120 000 Rp in 5 Std.
MALANG mit **Dieng**, ✆ 0271-733966, um 10 und 22 Uhr, mit **Erlangga**, ✆ 0813-2900 5339, um 21 Uhr für 150 000 Rp in 6 Std.
SEMARANG mit **Citra**, ✆ 0271-713684, Alloy Executive oder mit **Joglosemar** ab Jl. Slamet Riyadi 361, ✆ 0271-743087, stdl. von 4–21 Uhr für 60 000–70 000 Rp.
SURABAYA mit Erlangga um 20 Uhr, mit **Rizky**, ✆ 0271-730347, um 21 Uhr für 125 000–150 000 Rp in 8 Std.
WONOSOBO mit **Tri Kusuma**, ✆ 0851-0097 6555, um 9, 13.30 und 17.30 Uhr, mit **Sumber Alam**, ✆ 0818-0443 0759, um 7.30, 15 und 17 Uhr für 80 000–100 000 Rp in 5–6 Std.
YOGYAKARTA mit Joglosemar um 4.30, 10 und 16 Uhr für 40 000 Rp in 2–3 Std.

Eisenbahn

Solo hat drei Bahnhöfe: **Balapan**, Jl. Monginsidi, **Jebres**, Jl. Ledok Sari und **Purwosari**, Jl. Kemuning. Eine Fußgängerüberführung (🕒 bis 20 Uhr) verbindet den Bahnhof Balapan mit dem Busbahnhof Terminal Tirtonadi. Preisbeispiele für Economy+Business/ Executive:

BANDUNG via BANJAR (Busse nach Pangandaran, 5 Std.) und TASIKMALAYA (6 Std.) ab Balapan um 7.10, 10.30,19.10, 20.32, 22.36 und 23.13 Uhr ab 140 000/230 000 in 9–10 Std.

BANYUWANGI via SURABAYA (7 Std.), PROBOLINGGO (9 1/2 Std.) und KALIBARU (12 1/2 Std.) ab Purwosari um 7.55 Uhr für 94 000 Rp in 13 Std.

JAKARTA (Gambir) ab Balapan um 8, 19.35, 20 und 20.58 Uhr ab 285 000 Rp, bis Pasar Senen um 17.30 Uhr ab 235 000 Rp; ab Purwosari bis Pasar Senen um 11.40, 14.30, 16.08 und 18 Uhr ab 74 000 Rp; ab Jebres bis Pasar Senen um 18.35, 0.10 und 1.10 Uhr ab 84 000 Rp in 9–10 Std.

MALANG ab Balapan um 8.52, 21.42, 0.57, 1.44 und 2.55 Uhr ab 140 000/210 000 Rp, ab Jebres um 1.12 und 3.30 Uhr ab 109 000 Rp in 7 Std.

SEMARANG (Tawang) ab Jebres um 18.35 Uhr für 84 000 Rp, um 0.10 und 1.10 Uhr ab 109 000 Rp in 2 1/2 Std.

SURABAYA (Gubeng) ab Balapan um 7.41, 10.52, 16.51, 17.35, 1.44 und 2.35 Uhr ab 105 000/165 000 Rp; ab Jebres um 23.37 Uhr ab 285 000 Rp in 4 Std.

YOGYAKARTA via Maguwo Station (am Flughafen von Yogyakarta) ab Balapan und Purwosari 10x tgl. von 5.10–18.40 Uhr für 8000 Rp in gut 1 Std., Tickets hierfür erst 3 Std. vor Abfahrt am Schalter.

Flüge

Zum **Adisumarmo International Airport** (SOC), 8 km nordwestlich des Zentrums, 💻 www.adisumarmo-airport.com, fahren Busse ab Terminal Tirtonadi ab 5 Uhr bis Flugverkehrsschluss für 15 000 Rp und Taxis für 60 000–80 000 Rp in 20–30 Min. Es fliegen:

AirAsia, 💻 www.airasia.com, nach DENPASAR und KUALA LUMPUR;

Citilink, 💻 www.citilink.co.id, nach JAKARTA;

Garuda, 💻 www.garuda-indonesia.com, nach JAKARTA;

Lion Air, **Batik Air** und **Wings Air**, 💻 www.lionair.co.id, nach BALIKPAPAN, BANDUNG, BANJARMASIN, DENPASAR, JAKARTA, LOMBOK, MAKASSAR und SURABAYA;

Sriwijaya Air, 💻 www.sriwijayaair.co.id, nach JAKARTA.

Gunung Lawu

Die 35 km lange Fahrt von Solo zum Gunung Lawu (3265 m) führt in immer höhere Lagen und durch eine zunehmend grüne, hügelige Landschaft. Seit 1925 wird hier **Tee** angebaut, und am frühen Morgen kann man die Pflückerinnen in den Plantagen sehen. Dann ist auch die Sicht am besten, wohingegen sich im Tagesverlauf die Wolken zusammenziehen. Auf den letzten Kilometern wird es sehr steil, und die Teesträucher weichen Gemüsebeeten, die fast senkrecht an den Hängen zu kleben scheinen. Von Interesse sind hier vor allem die alten **Tempel** aus der Zeit des Majapahit-Königs Brawijaya V. Dieser floh im 15. Jh. nach Zentral-Java, um der Usurpation durch das Sultanat von Demak zu entgehen.

Candi Sukuh

Der auf 910 m im Dorf Ngargoyoso bei Kemuning gelegene Tempel aus dem Jahr 1437 wird ob seiner unzweideutigen Skulpturen und Reliefs auch der „erotische Tempel" genannt. Seine ursprüngliche Bedeutung ist nicht geklärt. Es gibt Hinweise auf Ahnenverehrung, aber auch auf den tantrisch-magischen Bima-Kult. Der einer Maya-Pyramide ähnelnde zentrale Bau hat drei Stufen entsprechend der alten Kosmologie: Der sündhaften, mit Dämonen assoziierten Ebene folgt die des alltäglichen Lebens mit Darstellungen von Menschen und Tieren. Die höchste Ebene ist die der spirituellen Reinigung und Erlösung. Drei Schildkröten, Inkarnationen von Vishnu, dienten als Altäre. Neben dem Tempel steht das Relief von Bima, dem herkulischen zweiten der Pandawa-Brüder im indischen Epos *Mahabharata*, der Schwerter mit bloßer Hand schmiedet. 🕒 7–17 Uhr, Eintritt 25 000 Rp.

Jumog-Wasserfall

Die Wanderung vom Candi Sukuh zum Wasserfall bei Tawangmangu lohnt nicht mehr, seit der dortige Eintritt auf 110 000 Rp (Sa und So 160 000 Rp) angehoben wurde. Stattdessen besser von der Straße zum Candi Sukuh rechter Hand dem Schild nach Süden zum 1 km entfernten Air Terjun Jumog folgen. Vom Eingang führt ein 600 m langer Fußweg vorbei an Essensständen und 116 Stufen hinab in ein immergrünes, von Baumfarnen und Bambus bewachsenes Tal. Hier liegt der 30 m hohe, auch in der Trockenzeit sehenswerte Wasserfall mit einer Höhe von 30 m – ein idyllischer Ort und längst nicht so überlaufen wie Tawangmangu. ⌚ 8–16.30 Uhr, Eintritt 15 000 Rp.

Candi Cetho

Der 1457 errichtete Cetho-Tempel liegt 3 km nordöstlich vom Candi Sukuh auf über 1496 m im Dorf **Gumeng**. Im Vergleich zum Sukuh-Tempel ist das auf 13 Terrassen angelegte Heiligtum sichtlich stärker restauriert. Seine fragmentarisch erhaltenen Reliefs von Sanuderamanthana und Garudeya erzählen von Versklavung, Befreiung, Fluch und Wiedergeburt. Typisch hinduistisch sind die Tore zu jeder Ebene, die einem auf Bali wiederbegegnen. Kleine Holzhäuschen beherbergen u. a. eine Statue von Brawijaya V. Eher untypisch sind die Statuen bärtiger Wächter, die vermutlich Ausländer darstellen.

Ein befestigter Weg zweigt im oberen Bereich ab und an Verkaufsständen vorbei zur hübschen **Statue der Saraswati**, die in einem Brunnen steht und jüngeren Datums ist. Zu den unspektakulären Resten des kleinen „Affentempels" **Candi Kethek** geht es etwa 1 km über einen steilen Pfad. Abgesehen von Schildkröten sind hier jedoch keine figürlichen Darstellungen erhalten. ⌚ 7–17 Uhr, Eintritt 10 000 Rp.

TRANSPORT

Vom Terminal Tirtonadi in Solo per **Bus** nach KARANGPANDAN für 10 000 Rp, dann per **Minibus** für 5000 Rp nach KEMUNING. Für die steilen 3 km bergauf zum Tempel lohnt sich ein *Ojek* für 25 000 Rp. Zurück nach Karangpandan bis gegen 17 Uhr.

Wonosobo

Auf dem westlichen Bogen zwischen Yogyakarta und Semarang dient auf 780 m Höhe das verschlafene Städtchen Wonosobo den meisten Reisenden als Tor zum Dieng-Plateau (S. 242). Wer dieses nicht bloß für einen Tagesausflug besucht, sondern als Station auf der Weiterreise nach Norden, kann ein oder zwei Übernachtungen einlegen. Die Unterkünfte sind netter als in Dieng, und die Verkehrsanbindung ist besser. In der entspannten Kleinstadt sind die Nächte kühl, und es gibt kaum westliche Touristen, aber auch wenig zu sehen. Abends und an Wochenenden wird der Alun-Alun, ein von alten Beringin-Bäumen gesäumter Platz, zum beliebten Treffpunkt. Im südlichen Zentrum haben sich talentierte Graffiti- und Street-Art-Künstler an Wänden in der Jalan Sidolmulyo, westlich der Jalan A. Yani, sowie in der nördlichen Parallelgasse verewigt.

ÜBERNACHTUNG

Alle Unterkünfte haben Warmwasser. Klimaanlagen sind nicht erforderlich.

Duta Homestay, Jl. Rumah Sakit 3, ☏ 0813-9337 9954, 💻 http://wismaduta.blogspot.com. Der freundliche Hely vermietet 4 ältere, gepflegte Zimmer mit Terrasse zum kleinen Innenhof, die Bäder haben Fensterläden nach innen. Auch 2 Hütten aus dem Holz alter Tabakhäuser. Der einladende Gemeinschaftsraum erhält durch antiquarische Einrichtung und ein Vintage-Motorrad eine persönliche Note. Touren und Vermittlung von Motorrollern. Tee, Kaffee, Frühstück inkl. ❸

Griya Krakatau Homestay, Jl. Soeparjo Roestam, Mojotengah, 2,6 km nördlich des Zentrums, 100 m östlich der Jl. Dieng, ☏ 0821-1424 1776, 💻 auf Facebook, Karte S. 223. Dwi und seine Familie beherbergen Gäste in einem 2-stöckigen Haus mit Terrasse und vielen Topfpflanzen. Die 2 preisgünstigen Zimmer sind einfach, sauber und mit viel Bambus dekoriert. Abholung aus Wonosobo und Touren zum Dieng-Plateau. ❸

The Cabin Tanjung Hotel, Jl. Banyumas (Jl. Ajibarang Secang), KM 4, 2,5 km südlich vom Zentrum, ☏ 0286-323888, 💻 http://wonosobo.thecabinhoteljogja.com, Karte S. 223. Ein gutes

Preis-Leistungs-Verhältnis gibt's in dem relativ neuen Hotel südlich der Stadt. Es ist in Orange und Grün gehalten und bietet teils fensterlose Zimmer mit guten Matratzen und dem üblichen Interieur der unteren Mittelklasse. Nicht fußläufig ins Zentrum, aber mit Restaurant. ❸–❹

ESSEN

Abends öffnen **Warung** mit *Sate*, *Bakso*, *Martabak* und den indonesischen Nationalgerichten. Als lokale Spezialität gelten Pilze *(Jamur)*.

Krishna Resto Garden, Jl. Mayor Muin 100, ✆ 0286-322640. Die überschaubare Speisekarte des entspannten Gartenrestaurants umfasst indonesische Küche und Fisch aus der Gegend sowie javanische Heißgetränke zu moderaten Preisen. WLAN. ⌚ Mo–Sa 9–21 Uhr.

€ **Mie Ongklok Pak Yadi**, Jl. A. Yani. Der stadtbekannte Essensstand hat vor zwei Generationen die lokale Spezialität *Mie Ongklok* populär gemacht, eine Schüssel schlabbriger Nudeln mit Tofu in würziger Soße für lachhaft wenig Geld. Als Fleischbeilage werden *Sate* gereicht. ⌚ Di–So ab 17 Uhr.

Restaurant Asia, Jl. Angkatan 45, ✆ 0286-321165. Das 1933 eröffnete Restaurant serviert preisgünstige indonesisch-chinesische Gerichte, etwa heiße Platten, Fisch und Variationen mit Wasserspinat. ⌚ 8–15.30 und 17.30–21 Uhr.

TRANSPORT

Busse

Vom **Terminal Mindolo** (Minibus 4000 Rp, Motorradtaxi 10 000 Rp) fahren nur wenige Busse zum DIENG-PLATEAU (27 km), die meisten starten zentral ab Jl. A. Yani (nahe Pasar Raya Plaza) und gegenüber dem Krankenhaus etwa alle 30 Min. ab 5 Uhr für 15 000 Rp in 1 Std., zurück bis 17 Uhr. Sonstige Fernverbindungen nach:

JAKARTA mehrmals von 16–19 Uhr für 120 000–160 000 Rp in 11–12 Std.

MAGELANG bei genügend Passagieren von 4–19.30 Uhr (nachmittags seltener) für 25 000 Rp in 2 Std., weiter nach YOGYAKARTA via

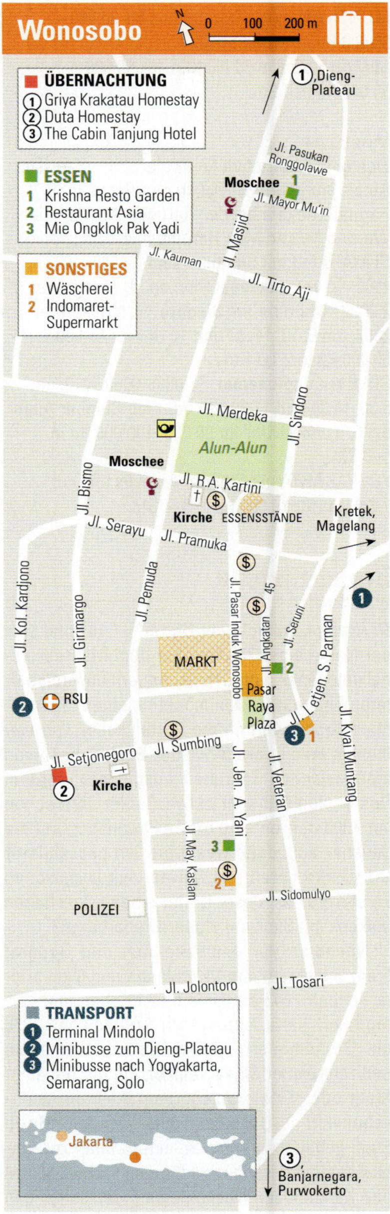

MUNTILAN (nahe Borobudur) für 20 000–35 000 Rp in 1 Std.
SEMARANG alle 30–60 Min. für 35 000–55 000 Rp in 4 Std.

Minibusse

Eine gute Alternative für mittlere Strecken. Der Abfahrtsort liegt zentral an der Jl. Letjen. S. Parman. Tickets bei den dortigen Agenten (im Warung Makan Mba Har und in einem Laden).
SEMARANG mit **Sumber Alam**, ✆ 0852-9231 4600, 💻 www.sumberalam.co.id, 17x tgl. von 2.30–21 Uhr oder mit **Sindoro**, ✆ 0813-2709 2852, um 6, 10, 14, 17 und 19 Uhr für 55 000–65 000 Rp in 2 1/2 Std.
SOLO mit **Joglosemar**, ✆ 0888-0668 7013, um 8.30, 14.30 und 17.30 Uhr oder mit Sumber Alam um 6, 9 und 11 Uhr für 80 000–100 000 Rp in 5–6 Std.
YOGYAKARTA mit Sumber Alam 9x tgl. von 7–20 Uhr für 70 000 Rp in 3–4 Std.

Dieng-Plateau

Di Hyang („Zuflucht der Götter") – so leitet sich der Name einer 2093 m über dem Meeresspiegel gelegenen, von Gemüsebauern bewirtschafteten Ebene her. Man möchte meinen, an manchen Tagen würden die Götter lieber *von hier* fliehen, wenn gerade wieder Busladungen von indonesischen Touristen ausgekippt werden. Das geologisch sehr aktive Gebiet übte schon vor 1300 Jahren eine große Faszination auf die Javaner aus, denn was wäre ein passenderer Ort für die Verehrung Shivas, des kosmischen Zerstörers, als dieser Krater eines erloschenen Vulkans mit Blick auf weitere Feuerberge?

Nachdem der deutsche Arzt und Geograf Franz Junghuhn das 14 km lange und 6 km breite Plateau 1842 erstmals beschrieben und kartografiert hatte, entdeckten Archäologen 1856 die Grundmauern großer Gebäudekomplexe und zahlreicher **Shiva-Tempel**, die als Teil einer Stadt oder Klosteranlage vom 7.–9. Jh. wahrscheinlich zu Dutzenden hier standen. Mit in Stein gehauenen Treppen, einer Mauer zur Stabilisierung der Hänge des **Gunung Prahu** (2565 m) und Kanälen zur Trockenlegung der sumpfigen Gebirgswiesen verfügte diese Siedlung über fortschrittliche Infrastruktur.

Weitere Attraktionen sind die dampfenden Schwefelfelder, zwei farbige Seen und fabelhafte Aussichtspunkte. Von diesen reicht der Blick an klaren Tagen bis zu den Küsten im Norden und Süden und über weitere Vulkane, herausragend die „Zwillinge" **Gunung Sindoro** (3136 m) und **Gunung Sumbing** (3371 m) im Südosten, dahinter die Kegel des **Gunung Merbabu** (3142 m) und **Gunung Merapi** (S. 227) und im Westen der **Gunung Slamet** (3432 m). Schon auf der 25 km langen, steil nach oben führenden Straße von Wonosobo hinauf zum Dieng-Plateau bieten sich herrliche Ausblicke, oftmals durchsticht man sogar die Wolkendecke. Für einen Rundgang zu Fuß sind drei bis vier Stunden einzuplanen. Das **Kombiticket** für die Tempel, das Museum und die Schwefelquellen kostet 30 000 Rp.

Arjuna-Komplex

Zu den nach Helden des *Mahabharata*-Epos benannten Tempeln aus dem späten 7. und frühen 8. Jh. zweigt in Dieng eine Straße nach Süden ab; ein weiterer Zugang liegt südwestlich beim Museum. Der Fußweg führt vom Parkplatz zum größten Tempel **Candi Arjuna**, der einst – typisch für den Shiva-Kult – einen heiligen Lingga-Stein enthielt. Gegenüber verehrte man im kleinen **Candi Semar** die Statue einer Kuh, mythisches Reittier Shivas. Am nächsten Tempel **Candi Srikandi** erkennt man Reste der Reliefs von Vishnu (Norden), Shiva (Osten) und Brahma (Süden). Vorbei am **Candi Punta Dewa** und dem kleinen **Candi Sembadra** erreicht man weiter im Süden den ebenfalls Shiva geweihten **Candi Gatotkaca**. Westlich des Arjuna-Komplexes zeigt ein kleines **Museum** (🕒 8–16 Uhr) Steinfiguren und -fragmente sowie Modelle und Skizzen zum Aufbau javanischer Hindutempel.

Candi Bima

Auf Java einzigartig ist der gut rekonstruierte, hoch aufragende Candi Bima aus dem 8. Jh. im Süden der Ebene. Eine Reihe von Gesichtern *(Kudu)* starrt den Betrachter aus Mauernischen und den Rändern des fünfstufigen Daches an. Dem Volksglauben nach erfüllt das siebenmalige Umrunden des Tempels einen Wunsch.

Zwischen Bergrücken und dampfenden Schwefelquellen liegen die Überreste der uralten Dieng-Tempel.

Sikidang-Krater

Am Candi Bima zweigt eine Straße für einige hundert Meter nach Süden ab. Wie eine Narbe behauptet sich hier eine kahle, endzeitliche Steinwüste gegen die umliegende Vegetation. Den aus porösen Felsen, Schlammtöpfen und Fumarolen emporsteigenden Schwefeldampf riecht man bereits von Weitem. Ein befestigter Weg führt vom Parkplatz nach Südosten, wo dichte Schwaden den blubbernden Sikidang-Krater markieren, den größten der Schlammtümpel. Er ist typisch für den phreatischen, d. h. Schlamm und Wasserdampf auswerfenden, Vulkanismus des Plateaus.

Telaga Warna und Telaga Pengilon

Östlich vom Candi Bima passiert die Straße den **Telaga Warna** („Farbensee"), der bei entsprechendem Licht in Blauschwarz, Türkis und Orange schimmert. Aufgrund des pH-Werts kann in dem sauren Wasser nicht gebadet werden, doch man kann ihn umwandern. Zwischen diesem und dem südöstlichen **Telaga Pengilon** („Spiegelsee") diente die **Goa Semar** wahrscheinlich als Meditationshöhle, in der Hilfesuchende und sogar Diktator Suharto spirituellen Kontakt mit Semar, dem weisen Clown und Schutzgott Javas (Kasten S. 132), aufnahmen. Die Höhle soll exakt im Zentrum der Insel liegen und ist über den Rundweg um den Telaga Pengilon herum erreichbar. ⏲ bis 17 Uhr, den überteuerten Eintritt von 100 000 Rp, Sa und So 150 000 Rp, versuchen einige zu umgehen, indem sie das Gelände über den nördlichen Hügel betreten bzw. am Ticketschalter den Preis herunterhandeln. Südlich liegen erhöhte **Aussichtspunkte** die 10 000 Rp extra kosten; aber auch unterhalb hat man gute Sicht über das Plateau.

ÜBERNACHTUNG

Die meisten Besucher kommen im Rahmen von Tagestouren. Die Übernachtung in einem der vielen Homestays lohnt v. a. für Wanderer und Fotografen, die den Sonnenaufgang von einem der Aussichtspunkte erleben oder die Sehenswürdigkeiten am frühen Morgen ganz für sich haben möchten. Leser empfehlen das **Homestay Mawah Merah**, ✆ 0852-9324 7232, letztes Haus an der Straße zu den Tempeln, mit 5 sauberen Zimmern, WLAN und Warmwasser. Die Besitzer sprechen etwas Englisch. ❸

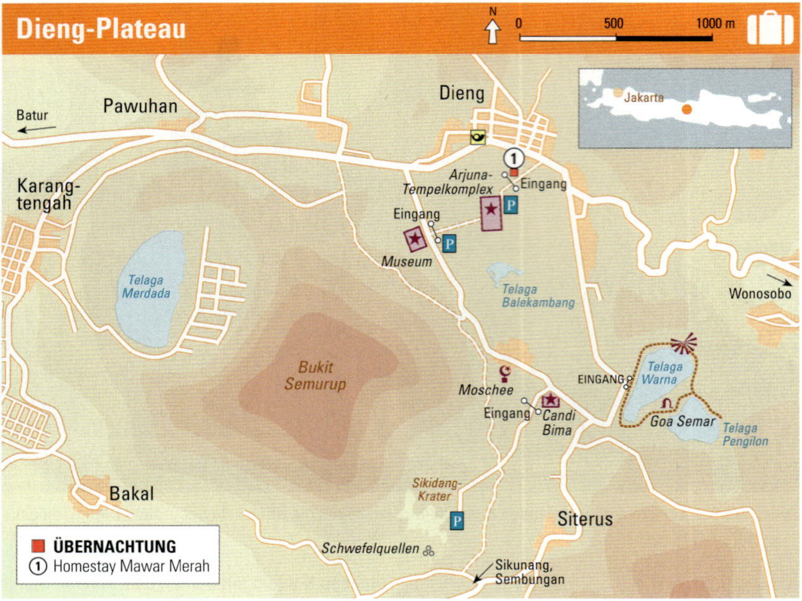

FESTE

Dieng Culture Festival, im Juli/Aug. Das 3-tägige Highlight des Jahres lockt mit traditionellen Tänzen, Jazzkonzerten, Lampions und Feuerwerk. Einzigartig ist *Ruwatan Gembel* im Arjuna-Komplex, die rituelle Waschung und „Schur" der mit filzigen Dreadlocks bewachsenen Köpfe einheimischer Kinder, deren Haarpracht im Telaga Warna geopfert wird. Tickets für das ganze Wochenende kosten ab 250 000 Rp im Vorverkauf.

SONSTIGES

Geldautomat und **Post** an der Hauptstraße von Dieng, ⌚ Mo–Fr 7.30–15, Sa bis 13 Uhr.

Ambarawa

Auf der Fahrt an die Nordküste halten Interessierte am **Eisenbahnmuseum**, ✆ 0298-591035, in der ehemaligen Bahnstation Willem I, 42 km südlich von Semarang. Es beherbergt alte Dampfloks aus Chemnitz, Manchester und Amsterdam sowie kleine Modelle und eisenbahntechnische Geräte aus den alten Tagen. Leider fehlt vielen Exponaten eine Erläuterung. Sonntags und an Feiertagen fährt ein Nostalgiezug (wenn er nicht wartungsbedingt ausfällt) für 50 000 Rp p. P. gegen 10, 12 und 16 Uhr die kurze Strecke nach Tuntang und zurück. ⌚ 8–17 Uhr, Eintritt 10 000 Rp, Kinder 5000 Rp.

Die Kleinstadt erstreckt sich bis an die sumpfigen Ufer des **Danau Rawa Pening**, ein seichtes Gewässer, aber der größte natürliche See von Zentral-Java. Ringsherum bieten sich mitunter schöne Fotomotive mit schmalen Booten im Röhricht. Der See ist Gegenstand ökologischer Rettungsmaßnahmen, denn er hat infolge des Wasserverbauchs und Nitrateintrags von landwirtschaftlichen Anrainerflächen sowie aufgrund der Sedimentierung durch einen flächendeckenden Teppich aus Wasserhyazinthen fast ein Drittel seiner ursprünglichen Ausdehnung verloren.

Gedong Songo

Am bewaldeten Südhang des 1500 m hohen **Gunung Ungaran**, 38 km von Semarang, liegen weit verteilt um eine dampfende Schwefelquelle neun kleine Hindutempel aus dem 8.–9. Jh. bzw. was von ihnen übrig blieb. Von einigen eröffnet sich tolle Rundumsicht auf den Berg und das Tal, andere sind gänzlich unspektakulär, wieder andere sind mehrmals im Jahr das Ziel hinduistischer Indonesier, die hier Zeremonien abhalten.

Das weitläufige Areal ist mit Spazierwegen versehen, die in ständigem Auf und Ab in ca. 1 Std. zu vier Tempeln oder in 2 Std. zu allen neun Tempeln führen. An Wochenenden, wenn indonesische Familien und Busladungen von Reisegruppen das Areal bevölkern, sollte man vor 9 Uhr kommen. Am Eingang bieten sich Pferdeführer an, je nach Strecke für 80 000–150 000 Rp. ⌚ 8–15 Uhr, Eintritt 75 000 Rp (wird manchmal gar nicht erhoben).

Es empfiehlt sich ein eigenes Fahrzeug, Taxi aus Semarang ca. 200 000 Rp, gut kombinierbar mit einem Besuch im 9 km entfernten Ambarawa. Aus Semarang alternativ mit Trans Semarang-Bus 3B zum Terminal Banyumanik oder Terminal Sisemut, von dort per Minibus nach Bandungan, wo für die letzten 5 km ein *Ojek* genommen werden muss.

Semarang

Die Hauptstadt Zentral-Javas ist eine geschäftige Metropole mit knapp 1,7 Mio. Einwohnern, einem weitläufigen Zentrum und einer fast 400-jährigen Geschichte. Schon 1678 erhielten die Holländer von Sunan Amangkurat II. die Kontrolle über das damalige Fischerdorf, das im 17. Jh. an Bedeutung gewann, als die Häfen von Demak, Jepara und Pati versandeten. Nach dem Bau der Daendels-Straße von Surabaya nach Batavia (1847) und der Inbetriebnahme der Eisenbahnverbindung nach Yogyakarta (1873) boomte Semarang aufgrund seiner strategischen Lage. Die schönen Kolonialbauten und chinesischen Tempel füllen einen Tag Sightseeing, und dank internationaler Flugverbindungen lässt sich eine Java- bzw. Indonesien-Reise auch hier beginnen oder abschließen.

Lawang Sewu

Wichtigste Sehenswürdigkeit und beliebtestes Fotomotiv ist das 1904–1907 errichtete Gebäude der niederländisch-indischen Eisenbahngesellschaft. Bemerkenswert sind seine vielen Kolonnaden, Fensterläden und Durchlässe, obgleich die Bezeichnung „Haus der tausend Türen" übertrieben ist. Weitere Hingucker sind die Bleiglasfenster sowie die aus der Sächsischen Maschinenfabrik in Dresden stammende Lok, Baujahr 1908. Im Erdgeschoss ist eine **Ausstellung** mit Fotos und Zeichnungen vom Lawang Sewu und anderen eisenbahnrelevanten Gebäuden der Kolonialzeit, im Nebengebäude auch Objekte aus alten Eisenbahnerzeiten; leider ist fast alles auf Indonesisch beschrieben.

Führungen durch die Keller finden nicht mehr statt, denn Semarang leidet unter Küstenerosion und steigendem Grundwasserpegel, weshalb die Keller häufig unter Wasser stehen. Doch wer einen kundigen Guide hat, erfährt schaurige Geschichten darüber, wie die japanischen Besatzer hier ein Gefängnis unterhielten und Exekutionen durchführten. ⌚ 7–21 Uhr, Eintritt 10 000 Rp.

Koloniale Altstadt

Gut erhaltene, aber auch charmant verfallene Kolonialbauten machen den Reiz der Jalan Letjen. Suprapto aus, wo sich nicht nur Touristen an den alten Fassaden und Plätzen der einstigen *Outstadt* erfreuen. Das durch ehemalige Lager- und Wohnhäuser charakterisierte Quartier rund um den kleinen Platz **Taman Srigunting** erfährt durch Restaurierungen, angesagte Lokale, auf Instagram gehypte Selfie-Spots und den kleinen, von 9–22 Uhr geöffneten **Antiquitäten-Flohmarkt** neue Wertschätzung als Treffpunkt, durchaus mit Potenzial zum Szeneviertel.

Für die längste Zeit war hier das Einzige, was Touristen anzog, die **Gereja Blenduk** (eigentlich Immanuelkirche) mit ihrer Domkuppel aus Kupfer und einer großen Orgel. In der ältesten Kirche Zentral-Javas finden seit 1753 Gottesdienste statt, und zwar sonntags um 6, 9 und 17 Uhr. ⌚ 8–16 Uhr, Eintritt 10 000 Rp, Zugang von Osten.

Ein paar Schritte westlich der Kirche ist ein Café mit Souvenirshop in das restaurierte Gebäude der Javasche Bank von 1907 eingezogen, das ab 1981 der staatlichen Telefongesellschaft diente, daher **Kantor Telkom**. Auf der anderen Straßenseite zielt ein **3D-Museum** auf die indonesische Smartphone-Generation ab, die sich auch gern in der Gasse um die Ecke vom Kantor Telkom vor einer halb überwachsenen Lagerhausruine fotografiert.

Interessanter ist die kleine **Semarang Contemporary Art Gallery** östlich der Kirche und von der Hauptstraße zurückversetzt. Sie zeigt moderne Malerei, Fotogafien und Installationen. Das Gebäude ist von 1918 und gehörte der *Indische Lloyd*, der ersten Versicherung von Niederländisch-Ostindien. ⌚ Di–So 10–16.30 Uhr, Eintritt 10 000 Rp.

Chinesisches Viertel

Eine urige Atmosphäre herrscht in der **Chinatown** beiderseits des Kanals. In und um die Jalan Gang Pinggir liegen, eingeklemmt zwischen Wohnhäusern, Läden und abendlichen Essensständen, acht buddhistisch-taoistische Tempel. Der größte und prächtigste, **Klenteng Tay Kek Sie**, liegt etwas nördlich und ist voll mit Räucherstäbchen, roten Lampions, flackernden Öllampen und Neonröhren in einer Götterwelt aus Messing und Porzellan. Ein Besuch lohnt besonders an Wochenenden, wenn der Nachtmarkt das Viertel zusätzlich belebt.

Jamu – gegen alles ein Kraut

Schon im 8. Jh. mischten Kräuterfrauen pflanzliche Tinkturen, genannt Jamu, eine Wortschöpfung aus *Jampi* („Mixtur") und *Usodo* („Gesundheit"). Männer, die in „gewissen Situationen" ihre Kraft verlieren, greifen auf diese Mittel ebenso zurück wie Frauen vor und nach einer Geburt oder Kranke mit Fieber, Erkältung, Schmerzen, Übergewicht oder Akne. Zwar ziehen noch immer Frauen mit großen Körben von Haus zu Haus, um ihre Kunden mit *Jamu* zu versorgen, doch das eigentliche Geschäft machen längst Konzerne wie Air Mancur, Nyonya Meneer oder Jamu Jago. Für den Export in entferntere Provinzen und ins Ausland werden die Inhaltsstoffe des ansonsten flüssigen *Jamu* zu Pillen, Tabletten oder Pulver verarbeitet und in bunte Päckchen verpackt. Mehr Infos in *The Tale of Jamu. The Green Gold of Indonesia*, erhältlich in den Buchläden am Flughafen.

Klenteng Sampo Kong

Einer der bedeutendsten chinesischen Tempel Indonesiens ist der gewaltige Komplex in der Jalan Kaligarang, südlich des Zentrums. Gewidmet ist er **Admiral Cheng Ho**, der als Gesandter der Ming-Dynastie von 1405–1430 sieben Expeditionen und eine Flotte von 62 Schiffen mit fast 27 000 Mann befehligte. Jede seiner Expeditionen brachte ihn nach Java, wo er getreu seinem Glauben kleine Moscheen errichtete. Zeitgenössischen Chroniken zufolge bauten chinesische Immigranten seine Andachtsstätten in Tempel um, wo der Admiral als der heilige Sampo Kong verehrt und um Beistand gebeten wird.

Das seit 2004 in mehreren Phasen runderneuerte Heiligtum ist äußerlich von einem chinesischen Tempel nicht zu unterscheiden, lässt sich aber nicht eindeutig einer Religion zuordnen. Eine Statue des Konfuzius wird genauso verehrt wie eine 12 m hohe Statue des Admirals und der riesige Anker eines seiner Schiffe. Auch Moslems kommen zum Gebet, und es ist ein ungewöhnlicher Anblick, wenn sich moslemische Familien auf taoistische Art durch Stäbchenschütteln und Hölzchenwerfen ihr Schicksal vorhersagen lassen. ⌚ 7.30–17 Uhr, Eintritt aufs Gelände 10 000 Rp, Sa und So 15 000 Rp, zum Tempel 30 000 Rp. Per Minibus zum Pasar Karang Ayu und dort umsteigen.

Museum Ranggawarsita

Wer am Flughafen etwas Zeit totschlagen möchte, kann das Gelände verlassen (300 m) und jenseits des Kreisverkehrs durch das Provinzmuseum, 💻 www.museumranggawarsita.com, schlendern. Es zeigt kunsthistorische Objekte und archäologische Funde, von Relikten des frühen Java-Menschen (S. 233) bis zum Unabhängigkeitskampf. Die historischen Pferdekutschen, ein paar Fotografien und manches

© MORITZ JACOBI

Beispielhaft für den holländisch-kolonialen Baustil des frühen 20. Jhs. steht das Lawang Sewu.

JAVA

Kunsthandwerk sind sehenswert, jedoch sind viele Objekte gar nicht oder nur auf Indonesisch beschrieben. ⌚ So–Do 8–15, Fr 8–11 Uhr, Eintritt 4000 Rp.

ÜBERNACHTUNG

Achterhuis Gh., Jl. Letjen. Suprapto 44, ✆ 0812-3459 5168, 💻 www.fb.com/Achterhuis. Semarang. Laufnah zum Bahnhof und zur kolonialen Altstadt liegt dieses Gästehaus zurückversetzt von der Straße um einen Innenhof. Die 20 klimatisierten Zimmer auf 2 Etagen sind zweckmäßig und preisgünstig; viele Twin-Bett-Zimmer. ❸

Rooms Inc., Jl. Pemuda 150, ✆ 024-8600 1200, 💻 www.roomsinchotels.com. In einem Flügel der DP Mall Ende 2017 eröffnetes Hotel mit einem modernen urbanen Raumkonzept, Bistro und Bar, Aufenthalts- und Fitnessraum sowie 162 komfortablen Zimmern mit frischem, dezentem Design; einige haben gute Sicht aufs Lawang Sewu. Internet-PC, Billard und Kickertisch helfen gegen Langeweile. Frühstück inkl. ❹–❺

€ **Sleep & Sleep**, Jl. Imam Bonjol 15–17, ✆ 0813-1010 0456, 💻 auf Facebook. Das große Hostel im Stil eines Flughafenterminals befindet sich in den unteren Etagen eines akademisch genutzten Neubaus und vermietet über hundert kompakte, mit Vorhängen versehene Schlafkojen ab 85 000 Rp p. P. in 3 klimatisierten Räumen, wobei Männer und Frauen getrennt schlafen können. Die Atmosphäre ist etwas steril.

The Backpacker, Jl. Anggrek X/2A, ✆ 0812-2551 1711. Laufnah zu den Malls und Essensständen am Simpang Lima finden Preisbewusste ein Bett zu je 75 000–85 000 Rp. Die 5 klimatisierten Schlafsäle für 8–10 Pers. sind mit Etagenbetten bestückt. Frauen haben einen separaten Raum. Dekoration und Geselligkeit: Fehlanzeige. Aber es gibt Schließfächer, und die Matratzen sind in Ordnung.

Whiz Hotel, Jl. Kapt. P. Tendean 9, ✆ 024-356 6999, 💻 www.whizhotels.com. Die 148 Zimmer im typischen Stil von Mittelklasse-Hotelketten sind klein, funktional und mit getrennten Duschen und WCs in Glaskabinen ausgestattet, aber hell, in zentraler Lage und bei Buchung über die App noch preisgünstiger. Auch Einzelzimmer. ❸–❹

ESSEN UND UNTERHALTUNG

Chung Gi Wa, Jl. Sultan Agung 69, ✆ 024-7692 0973. Dieser Ableger einer Restaurant-Kette in Jakarta versteht sich auf erstklassiges koreanisches Barbecue mit hochwertigem Fleisch so wie typische Klassiker der koreanischen Küche. Besonders die deftigen Suppen und Heißtöpfe lohnen die Anfahrt aus dem Zentrum und rechtfertigen die mittleren Preise. ⌚ 10–22.45 Uhr.

€ **Pasar Semawis**, Gang Pinggir. Der lebhafte Nachtmarkt hat viel Atmosphäre und zahlreiche günstige Essensstände mit Tischen und Stühlen an der Straße. ⌚ Fr–So ab 18 Uhr.

Spiegel Bar & Resto, Jl. Letjen. Suprapto 34, ✆ 024-358 0049, 💻 www.fb.com/est1895. Aus alt wird neu: Das 1895 errichtete Haus mit hohen Decken, unverputzten Ziegelwänden und großen Fenstern beherbergt ein stimmig im Retro-Stil designtes Café-Restaurant mit zentral platzierter Bar. Auf der Karte stehen Frühstück, Tapas, Salate, Burger und Sandwiches, aber auch Pasta, Pizza und asiatische Gerichte wie Pho oder Chikken Tikka. Abends geht man über zu Cocktails und Bier. Di, Do und Fr ab 20 Uhr Livemusik. ⌚ 10–1 Uhr.

Sakapatat Beer Garden & Resto, Jl. Diponegoro 24, ✆ 0811-290 9886, 💻 www.sakapatat.com. Der stylische Biergarten lohnt die Anfahrt vom Zentrum, denn außer der breiten Auswahl an internationalen Biersorten, Wein und Cocktails stehen auch Burger, Pasta, Snacks, Salate sowie Reis- und Nudelgerichte auf der Karte. Abends sitzt die junge Mittelschicht an Bartischen und auf Sitzkissen bis spät in die Nacht. Mittlere Preise, Steaks teurer. ⌚ 17–1 Uhr.

Lumpia: indonesische Sommerrollen

Die aus der chinesischen Küche stammenden Teigröllchen mit Huhn, Ei, Shrimps, Gemüse oder Tofu gibt es *goreng* (gebraten) oder *basah* (roh). Die alte Garde der Lumpia-Garküchen bilden **Siem Swie Kim** in Gang Lombok 11 und **Mbak Liem** an der Jl. Pemuda, wo nachmittags und abends in der vierten Generation gekocht wird.

Toko Oen, Jl. Pemuda 52, ✆ 024-354 1683, 💻 www.tokooen.com. Ein kolonialer Hauch weht durch das traditionsreiche, altmodische Café-Restaurant, das seit 1936 indonesische und westliche Gerichte, Eisbecher und Säfte zu vertretbaren Preisen serviert. ⌚ 10–22 Uhr.

EINKAUFEN

DP Mall, Jl. Pemuda 150, 💻 www.dpmallsemarang.com. Außer Bekleidungsgeschäften gibt es einen Carrefour und ein Kino, 💻 www.21cineplex.com. ⌚ 10–21 Uhr.

Gramedia, Amaris Hotel, Jl. Pemuda 138, ✆ 024-352 1666. Deutsch-Indonesisch-Wörterbücher, Rucksäcke und Taschen. ⌚ 9–21 Uhr.

Paragon, Jl. Pemuda 118, 💻 http://paragonsemarang.id. Im größten und modernsten Einkaufszentrum der Stadt laden Giordano und Co. zum Shopping auf europäischem Preisniveau ein. Der Hypermart hat Waren des täglichen Bedarfs, und es gibt ein Multiplexkino, 💻 www.21cineplex.com. ⌚ 10–21 Uhr.

SONSTIGES

Informationen

Touristeninformation, Jl. Pemuda 147, ✆ 024-351 5451. Je nach Mitarbeiter/in wird man hilfsbereit bedient oder aber nur auf Broschüren und Touranbieter verwiesen. ⌚ Mo–Do 7–15.30, Fr bis 11 Uhr.

Medizinische Hilfe

Das **RS Telogo Rejo**, ✆ 024-845 7000, 💻 www.smc-hospital.co.id, und das **St. Elisabeth Hospital**, Jl. Kawi, ✆ 024-831 0076, 💻 www.rs-elisabeth.com, sind die besten Krankenhäuser der Stadt, allerdings gibt es kaum englischsprachiges Personal.

Post

Jl. Pemuda sowie Jl. Pahlawan. ⌚ Mo–Sa 8–16 Uhr.

Visaangelegenheiten

Kantor Imigrasi, Jl. Siliwangi, 1 km westlich vom Flughafen, ✆ 024-762 3144–5. Die Visa-

Verlängerung ist hier sehr umständlich und dauert mindestens eine Woche. ⌚ Mo–Fr 8–12 und 13–15.30.

NAHVERKEHR

Eine Fahrt mit der **Fahrradrikscha** vom Bahnhof zum Simpang Lima kostet etwa 30 000 Rp.

Minibusse fahren bis etwa 17 Uhr für 4000–5000 Rp pro Fahrt – einfach anhalten und das Ziel nennen. Taxis von **Blue Bird**, ✆ 024-670 1234, kosten bei Einstieg 7500 Rp, dann 4250 Rp pro km.

Busse von **Trans Semarang**, 💻 www.fb.com/TransSemarang, fahren für 3500 Rp auf 6 Rundkursen von 5.30–19 Uhr feste Haltestellen an. Zu den Bahnhöfen Tawang und Poncol fahren die Linien 2, 3A, 3B und 4; zum Terminal Terboyo Linie 2; zum Terminal Mangkang Linie 1; zum Hafen Linie 3A und 3B; Linie 1 und 4 fahren am Flughafen vorbei (aber nicht auf das Gelände). Stets vergewissern, dass man in die richtige Richtung zusteigt!

TRANSPORT

Busse

Bandung Express, Jl. Karangsaru 26, ✆ 024-354 4185, nach BANDUNG gegen 17 und 18 Uhr für 150 000 Rp in 8–10 Std.
Rosalia Indah, Jl. Siliwangi (Jl. Raya Wali Songo), 15 km westlich vom Zentrum, ✆ 024-7663 2675, nach JAKARTA um 16, 17 und 17.15 Uhr für 130 000–180 000 Rp in 8–10 Std.

Vom **Terminal Terboyo**, 8 km nordöstlich des Zentrums (Trans Semarang-Bus 2, Taxi 40 000 Rp, *Ojek* 20 000 Rp), nach:
CILACAP (Umstieg nach Pangandaran) um 6, 7, 11 und 13 Uhr für 70 000–100 000 Rp in 5 Std.
BANYUWANGI (nahe Ijen-Massiv) via PROBOLINGGO (Umstieg zum Gunung Bromo) mit Bussen nach Denpasar gegen 14, 18 und 2 Uhr für 220 000–270 000 Rp in 12–14 Std.
JEPARA von 4.30–17.30 Uhr für 25 000 Rp in 2 1/2 Std.
MALANG mehrfach gegen 17 und 18 Uhr für 105 000–145 000 Rp in 10–11 Std.
SOLO alle 30–60 Min. für 25 000 Rp in 2 1/2–3 Std.
SURABAYA mit Economy-Bussen fast rund um die Uhr, bessere Patas-Busse bis 23.30 Uhr, für 60 000–120 000 Rp in 7–8 Std.
WONOSOBO stdl. von 7–21 Uhr für 35 000–55 000 Rp in 4 Std.
YOGYAKARTA fast stdl. bis 17 Uhr für 34 000–45 000 Rp in 4–5 Std.

Minibusse

Kleine Busse *(Travel)* für 11–14 Pers. und Sammeltaxis sind auf mittleren Strecken etwas schneller und starten im Zentrum.
JEPARA mit **Central Java** ab Jl. Pemuda 147 (hinter der Touristeninformation), ✆ 0851-0023 1340, Di–Fr um 7, 10, 14 und 17, Mo auch 6 Uhr, Sa und So um 7, 10, 13 und 16 Uhr für 40 000 Rp; alternativ mit **Alloy Executive**, ✆ 0811-276 7111, nebenan, um 6, 8, 11, 13, 15, 17 und 19 Uhr für 50 000 Rp in 2 Std.
SOLO, mit **Joglosemar**, Jl. Pemuda 147 (hinter der Touristeninformation), ✆ 024-358 6980, stdl. von 5–21 Uhr für 75 000 Rp.
WONOSOBO mit **Sumber Alam**, Jl. Dr. Cipto 8A, ✆ 024-354 2352, 8x tgl. von 6.30–17.30 sowie um 1 und 2 Uhr für 65 000 Rp.
YOGYAKARTA mit Joglosemar, s. o., und Alloy Executive, s. o., stdl. von 4–21 Uhr für 75 000–85 000 Rp in 4 Std.

Eisenbahn

Züge verlassen, wenn nicht anders angegeben, den Bahnhof **Tawang**, einige fahren ab **Poncol**. Fahrplan und Tickets auf 💻 http://kai.id und 💻 www.tiket.com. Preise für Economy+ Business/Executive:
BANDUNG um 17.35 und 20.57 Uhr ab 140 000/220 0000 Rp, ab Poncol um 17.46 Uhr ab 140 000/200 000 Rp in 8 Std.
JAKARTA (Gambir) um 6, 11.30, 16, 22 und 22.39 Uhr ab 255 000 Rp, bis Pasar Senen um 8, 19.55, 21.12, 1.42, 2.37 und 3.50 Uhr ab 84 000/270 000 Rp, ab Poncol um 13.15 Uhr für 120 000 Rp und um 18.51 Uhr ab 180 000 Rp in 6–8 Std.
MALANG um 22.07 und 0.45 Uhr ab 109 000 Rp in 9–10 Std.
SOLO (Jebres) um 0.05 Uhr für 84 000 Rp, um 22.07 und 0.45 Uhr ab 109 000 Rp in 2 1/2 Std.
SURABAYA (Pasar Turi) um 11.55 Uhr für 49 000 Rp, um 15.09, 21.08, 22.47, 1.45, 3.09 und 5.25 Uhr ab 90 000/270 000 Rp in 3 1/2–4 1/2 Std., bis Gubeng um 21.19 Uhr ab 285 000 Rp, ab Poncol um 19.42 Uhr ab 180 000 Rp in 5–6 1/2 Std.

Fähren

Pelni, Jl. Mpu Tantular 25–27, ✆ 024-354 0238, 🕒 Mo–Do 8–12, 13–14, Fr und Sa bis 12 Uhr. Fahrplan und Preise auf 💻 www.pelni.co.id. Direktverbindungen bestehen nach BANJARMASIN, KUMAI und PONTIANAK in Kalimantan.
Tickets für die Schnellfähre *Kartini 1* nach KARIMUNJAWA am Fr um 13 Uhr bei der

Spaziergang zum Candi Selogriyo

- **Dauer**: 1 Std.
- **Distanz**: 2,3 km
- **Schwierigkeit**: leicht
- **Wegbeschaffenheit**: befestigt

Als Abstecher zwischen Yogyakarta, Semarang und dem Dieng-Plateau empfiehlt sich **Kembangkuning** im Bezirk Windusari, nordwestlich bei Magelang. Hier weisen Schilder zum **Candi Selogriyo**, einem unscheinbaren kleinen Hindutempel. Er ist kaum der Rede wert – wären da nicht die **malerischen Reisterrassen**, die sich zu Hunderten an die Hänge des engen, langgezogenen Tals schmiegen und den Spaziergang zu einem fotogenen Highlight machen. Wer wenig Zeit hat, kann sich im Dorf ein Motorradtaxi für 30 000–40 000 Rp nehmen und die Strecke dann zurücklaufen. Alle anderen folgen ab der von der Jalan Kyaï Arof westlich abgehenden Straße zum etwas höher gelegenen Ortsteil, wo die letzte Parkmöglichkeit ist, bevor sich der Fußpfad oberhalb der Reisfelder anschließt. Er ist leicht zu gehen, schlängelt sich um ein, zwei Windungen des Tals und eröffnet immer wieder herrliche Ausblicke auf Reisterrassen in allen Stadien des Anbaus. Am Ende sind es 162 Stufen zum Candi Selogriyo in einem gepflegten Garten (Spende).

Praktische Tipps: Zu erreichen ist Kembangkuning am besten mit einem eigenen Fahrzeug oder per Motorradtaxi ab Magelang (20 Min.). Ein Warung an der Hauptstraße serviert einfache Nudelsuppen. Das Tickethäuschen am Beginn des Weges ist meist unbesetzt.

JAVA

Die wie Kaskaden ins Tal herabfallenden Reisterrassen sind (noch) als Geheimtipp zu werten.

Abteilung *Bidang Perhubungan Laut* des **Dinas Perhubungan, Komunikasi dan Informatik**, ✆ 0896-6799 1567 (Ully), 0822-2010 7627. Unbedingt vorher erkundigen, ob das Boot planmäßig fährt. Wer hört, es sei ausgebucht, kann sein Glück trotzdem am Hafen versuchen – oft werden vor Ort noch Karten verkauft.

JAVA

Flüge

Zum **Bandar Udara Internasional Achmad Yani** (SRG), 💻 www.achmadyani-airport.com, fahren Taxis für etwa 50 000 Rp und Trans Semarang-Busse, s. Nahverkehr. Es fliegen:
AirAsia, 💻 www.airasia.com, nach KUALA LUMPUR und SINGAPORE;
Citilink, 💻 www.citilink.co.id, nach BANJARMASIN und JAKARTA;
Garuda Indonesia, 💻 www.garuda-indonesia.com, nach DENPASAR, JAKARTA, PANGKALAN BUN und SURABAYA;
Lion Air, **Batik Air** und **Wings Air**, 💻 www.lionair.co.id, nach BANJARMASIN, DENPASAR, JAKARTA und SURABAYA;
Silk Air, 💻 www.silkair.com, nach SINGAPORE;
Sriwijaya Air und **NAM Air**, 💻 www.sriwijayaair.co.id, nach JAKARTA, MAKASSAR, PANGKALAN BUN und SURABAYA;
Trigana Air, 💻 www.trigana-air.com, nach PANGKALAN BUN.

Jepara

Die Küstenstadt, 70 km nordöstlich von Semarang, dient westlichen Besuchern lediglich als Durchgangsort auf der Reise nach Karimunjawa. Unter Einheimischen ist sie auch für die Herstellung von Teakmöbeln sowie als Geburtsort der Frauenrechtlerin und Nationalheldin Kartini (1879–1904) berühmt. Während ein Bummel durch das von Alleen und kleinstädtischer Atmosphäre geprägte Zentrum allenfalls abends lohnt, zieht es die Bewohner der Stadt auch tagsüber an den mit Essensständen und Homestays gesäumten **Pantai Kartini**, 3 km westlich. Er ist kaum zu verfehlen dank einer gigantischen Schildkröte, die das Aquarium **Kura-Kura Ocean Park** beinhaltet, Eintritt 22 500 Rp.

ÜBERNACHTUNG UND ESSEN

Syailendra Hotel, Jl. H. O. S Cokroaminoto 27, ✆ 0291-429 7688, 💻 www.fb.com/SyailendraHotel. Ein gutes Mittelklassehotel im Motelstil mit Restaurant-Terrasse und modern eingerichteten, preiswerten Zimmern mit Teakmöbeln, guten Matratzen, Kühlschrank, Wasserkocher und TV. ❸–❹
The Gecho Inn, Jl. A. R. Hakim 43, ✆ 0291-595220, 💻 www.fb.com/theGechoInn. Nettes Hotel mit großen, sauberen, komfortablen Zimmern und Pay-TV. Gutes Essen und leckere Säfte im Restaurant. ❹

TRANSPORT

Kartini Taxi, ✆ 0822-4294 4000, fährt innerorts mit Taxameter und nach Semarang für 400 000 Rp.

Busse

Der Busbahnhof liegt ca. 1 km westlich des Stadtzentrums, per Fahrradrikscha *(Becak)* für 15 000–20 000 Rp.
JAKARTA um 16.30 Uhr für 183 000–210 000 Rp in 10 Std.
SEMARANG von 4.30–17.30 Uhr für 25 000 Rp in 2 1/2 Std.
SURABAYA gegen 9 und 16 Uhr für 105 000 Rp in 7–8 Std.
Andere Verbindungen führen zunächst nach KUDUS und von hier nach BANDUNG und MALANG z. B. mit **Nusantara**, 💻 www.nu3tara.com.

Minibusse

SEMARANG mit **Central Java**, Jl. Ringin Jaya, neben dem Hotel Segoro, ✆ 0813-2579 9094, Di–Fr um 7, 10, 14 und 18, Mo auch 6 Uhr, Sa und So um 7, 10, 13 und 16 Uhr für 40 000 Rp; mit **Alloy Executive**, Jl. Shima 36, ✆ 0811-276 7111, um 6, 8, 11, 13, 15, 17 und 19 Uhr für 50 000 Rp in 2 Std.
SOLO mit **Penama Travel**, Jl. Jend. Sudirman 13, ✆ 0853-2977 2013, um 12 und 17 Uhr für 85 000 Rp; mit Alloy Executive, s. o., um 3, 5, 7, 10, 13 und 15 Uhr via Semarang für 120 000 Rp in 5 Std.

YOGYAKARTA mit **DayTrans**, Jl. Letjend. Suprapto 55, ✆ 0291-595033, um 8 und 15 Uhr oder mit Penama, s. o., um 9 und 13 Uhr für 110 000–130 000 Rp in 6–7 Std.

Karimunjawa

Der rund 80 km von Jepara entfernte Archipel aus 27 kleinen und kleinsten Inseln mit weißen Sandstränden, Palmen, Mangroven und schönen Schnorchelgründen zählt zu den attraktivsten Urlaubsorten Javas. Bildeten anfangs noch Fischerei und der Anbau von Baumwolle und Cashewnüssen das wirtschaftliche Rückgrat, so ist für viele der 8000 Bewohner inzwischen auch der Tourismus eine wichtige Einkommensquelle.

Der Großteil des Archipels ist kaum oder gar nicht besiedelt, und 22 Inseln stehen als **Nationalpark** unter Schutz. Einige sind in Privatbesitz oder unter Verwaltung der Armee, andere ähneln eher Sandbänken. Sie werden im Rahmen von Bootstouren angesteuert, während die meisten Gäste auf den Hauptinseln **Karimun** und **Kemujan** übernachten. Hier entstehen immer mehr Unterkünfte, Strandbistros und Restaurants, denn an manchen Wochenenden und zur Hochsaison können sich die Inseln vor Besuchern kaum retten. Die restliche Zeit über ist es ruhig, mitunter geradezu verschlafen, und sehr dörflich.

ÜBERNACHTUNG

Während sich das meiste Geschehen in Karimun abspielt, finden Ruhesuchende auf Kemujan noch authentisches untouristisches Dorfleben und preiswerte Homestays bei einheimischen Familien. Für Ausflüge ist man auf Kemujan auf ein Motorrad angewiesen. Für Reservierungen sind bei unzuverlässigem Telefonsignal SMS und WhatsApp geeignet. **Achtung**: Bereits am Hafen fangen viele Leute die Neuankömmlinge ab, um Unterkünfte und Touren zu vermitteln – die Kommission zahlt am Ende der Tourist.

Karimun

Karte S. 258

Ayu Hotel, ✆ 0813-2749 0558, 🖳 www.ayuhotel.com. Die von Marco aus Deutschland und seiner Frau Eryl mit Sinn für Gastlichkeit geführte,

Die Karimunjawa-Inseln sind ideal für eine Auszeit von den hektischen Hauptorten auf Java.

Karimunjawa
ÜBERNACHTUNG
1 Asari Timo Beach
2 Bunga Jabe
3 Pondok Bintang
SONSTIGES
1 Drunken Monkey Bar
2 Mangrove Inn
Tauchen
N
0
5
10 km
s. Detailplan Karimun S. 258
PULAU KEMUJAN
PULAU KARIMUN
PULAU PARANG
P. SINTOK
P. GUNDUL
P. CENDIKIAN
P. GOSONG TENGAH
P. TENGAH
P. KECIL
P. SAMBANGAN
P. GENTING
P. SERUNI
P. GOSONG SELOKE
P. MENJANGAN BESAR
P. MENJANGAN KECIL
P. MERICA
P. BANGKOANG
P. MENYAWAKAN
P. CEMARA BESAR
P. CEMARA GOSONG
P. CEMARA KECIL
P. GELEANG
P. BURUNG
P. KUMBANG
P. KEMBAR
P. KATANG
P. NYAMUK
P. KRAKAL KECIL
P. KRAKAL BESAR
Gosong Selikur
Gosong Kumbang
Taka Menyawakan
Karang Kapal
Indonor-Wrack
Batu Pengantin
Tanjong Track Adventure
Batulawang
Pantai Asari Timo
Pirate Beach
Pantai Batu Putih
Pantai Bare
Telaga
Merica
Pantai Merica
Rumah Adat
Pantai Barracuda
Kemujan
Mangrovenpark
Grab
Pantai Anora
Lele Lagoon
Pantai Batu
Love Hill
Karimun
Haifischbecken
Pantai Batu Topeng
Pantai Ujung Gelam
Jepara
Semarang
Jakarta

begrünte Anlage hat 9 einladende, kühle Bungalows und Zimmer und einen schattigen Garten, in dem sich die Traveller entspannt beim guten Frühstück austauschen. Es werden Touren organisiert und Roller vermietet. Oft ausgebucht, daher früh reservieren! ❺

Brève Azurine, ✆ 024-844 9616, 💻 www.breveazurine.com. Dieses hübsche Resort am Wasser mit kleinem Privatstrand verteilt sich über den Hang hinunter zum Haupthaus mit dem stilvollen Restaurant. Auch die Zimmer sind geschmackvoll und zum Wohlfühlen eingerichtet. Gäste können Kajaks oder Schnorchelausrüstung kostenlos ausleihen oder sich im Spa massieren lassen. Oberhalb der Lobby liegt die Cumi Bar mit Bier, Cocktails und richtigen Gerichten. Der Service wird der gehobenen Preisklasse nicht gerecht. ❼–❽

Coco Huts, ✆ 0812-3355 63136, 💻 https://cocohutskarimunjawa.com. Das mit erhöhter Hanglange und guter Luftzirkulation gesegnete Grundstück umfasst 8 Zimmer in doppelstöckigen Bungalows im javanischen Stil sowie im Haupthaus. Von einigen Zimmern hat man schöne Aussicht auf das Dorf und die vorgelagerten Inseln, die teuren haben AC und eigene Bäder. Gutes Restaurant. ❸–❹

€ **Mulya Indah**, Jl. Pemuda, ✆ 0297-312106, 0813-2102 4355, ✉ apelamor@gmail.com. Das älteste Homestay von Karimunjawa bietet immer noch 6 saubere und ordentliche Zimmer mit Fenster, Ventilator und Kommode. Die Gemeinschaftsbäder haben Dusche und Hocktoilette. Mahlzeiten auf Bestellung. ❶

The Coconut House, ✆ 0813-9267 8888, 💻 www.satu-dunia.com. Kreativ gestaltetes Gästehaus für junge Traveller auf der Suche nach Gleichgesinnten. Es gibt freundliche junge Mitarbeiter und 5 günstige, teils klimatisierte Zimmer mit Gemeinschaftsbad. Reservierung empfohlen. Frühstück inkl. ❷–❸

The Happinezz, ✆ 0813-2920 0779, 💻 www.thehappinezz.com. Joyce aus Holland und ihr indonesischer Mann Sudar vermieten 3 Zimmer mit Ventilator und 2 mit AC in ihrem überwiegend in blauer Farbe gestrichenen, sauberen Gästehaus. Man kann die Gemeinschaftsküche nutzen, Aktivitäten wie Kajakfahren, Wandern oder Tauchen organisieren und wird – wenn das Haus voll ist – ins assoziierte Panorama, 💻 www.panoramakarimunjawa.com, mit vergleichbaren Zimmern ausquartiert. Fahrradvermietung. Frühstück inkl. ❷–❸

Kemujan

Karte S. 254

Asari Timo Beach, Pantai Asari Timo, ✆ 0852-9068 7561, 💻 http://asaritimobeach.wordpress.com. Eine sehr nette Bugis-Familie vermietet neben ihrem Warung am Strand 2 einfache Bungalows mitten im Funkloch. Die Ausstattung ist ziemlich spartanisch, und da das Homestay zur Ostseite liegt, ist es von Mai–Sep angenehm bis sehr windig. Schnorchelausrüstung wird ausgeliehen. ❷

Bunga Jabe, ✆ 0853-2648 0858, 💻 www.fb.com/bungajabebeach. Die mit Korallenschrott und Treibgut dekorierte Anlage unter Palmen am Strand vereint relaxte Robinson-Atmosphäre mit wenig Komfort für den schmalen Geldbeutel: Preisbewusste kommen hier für 150 000 Rp p. P. in 5 kleinen, strohgedeckten Hütten ohne Ventilator sowie einem Zimmer im Bungalow auf Pfählen unter.

€ **Pondok Bintang**, Gon Nipah, ✆ 0813-9021 9196, 💻 http://pondok-bintang-karimunjawa.blogspot.com. Das deutsch-indonesisch geführte Homestay bei Rini, René und der kleinen Emma bietet ein einfaches Zimmer mit Gemeinschaftsbad im Haus der Familie und einen komfortableren Bungalow für mehr Privatsphäre. Man wird bekocht oder lernt gemeinsam neue Rezepte. Gute Informationen, Motorradverleih sowie Tauch- und Schnorcheltouren abseits der Hauptziele. Reservierung erforderlich. Frühstück inkl. ❷–❹

ESSEN

Am Alun-Alun von Karimun bieten abendliche **Essensstände** indonesische Speisen und gegrillten Fisch bis spät in die Nacht.

Amore Café & Resto, Jl. Jend. Sudirman, ✆ 0812-2874 0066. Überschaubare Auswahl an indonesischen und internationalen Gerichten, Mocktails und Desserts. Kleine Portionen zu leicht gehobenen Preisen. Gediegenes Holzinterieur, sanfte Musik und Tische am Ufer sind zum Sonnenuntergang nicht der schlechteste Ort, um den Tag ausklingen zu lassen.

Eat & Meet Restaurant, ✆ 0297-319 1103, 💻 www.eatmeet.weebly.com. Der halb offene Betrieb wirkt wie eine Mischung aus Tapas-Bar und Biergarten. Serviert werden leckere Pizza aus dem Steinofen sowie Fisch und eine große Auswahl an Pasta. Auch Nachspeisen, Bier und Wein auf Anfrage sowie Lieferservice im Dorf Karimun. WLAN. 🕒 16–22 Uhr.

AKTIVITÄTEN UND TOUREN

Baden

Gute Badestellen haben der **Pantai Batu Topeng** (Sunset Beach), das **Nirvana Laut Resort** im Osten von Karimun für 12 500 Rp und der dahinter befindliche **Pantai Pancuran** für 5000 Rp. Andernorts muss auf Seeigel und Steinfische geachtet werden!

Bootstouren

Im Dorf Karimun kosten Bootstouren meist 150 000 Rp p. P. ab 3 Pers. inkl. Mittagessen, Schnorcheln und Eintritt zum Haifischbecken. Gegen 8 Uhr trifft man die Bootsführer am kleinen Hafen nahe dem Alun-Alun (auf Rettungswesten achten). Im Westen werden das **Haifischbecken** von Menjangan Besar (Baden 25 000 Rp, Anlegen 40 000 Rp), die Riffe von Menjangan Kecil, Cemara Gosong, Cemara Kecil sowie zum Sonnenuntergang der Pantai Ujung Gelam angefahren; im Osten ein Riff im Meer, die Insel Pulau Kecil sowie ein Riff vor Pulau Tengah. Wer beim Chartern für 450 000 Rp keine alternativen Ziele ansagt, wird zu denselben Orten gefahren.

Auf Deutsch geführte Boots- und Schnorcheltouren sowie Ausflüge zu kaum besuchten Orten (z. B. Fisch- und Korallenzucht) ab 400 000 Rp bietet René vom **Pondok Bintang**, s. Übernachtung. Tagestour inkl. Schnorchelausrüstung für 2 Pers. ab 650 000 Rp.

Schnorcheln

Um Karimun und Kemujan ist Schnorcheln am **Pantai Ujung Gelam**, **Pantai Pancuran** sowie **Pantai Asari Timo** möglich. Das **Mangrove Inn**, s. Karte S. 254, hat einen Steg, von dem aus zur linken Seite geschnorchelt werden kann. Schnorchel und Flossen sind für 40 000 Rp in den Unterkünften zu leihen. Die besten Schnorchelgründe sind nur per Boot erreichbar. Einige Riffe sind durch illegal in den Gewässern ankernde Kohlefrachter zerstört worden.

Tauchen

Zwischen den Cemara-Inseln liegen sehenswerte **Korallenriffe**, mit etwas Glück sind Rochen zu sehen. Außerdem sind Tauchgänge zum holländischen Dampfschiff *Indonor* nördlich von Kemujan möglich. Das 30 m lange **Wrack** in bis zu 17 m Tiefe wird besonders nachts von Krabben, Barrakudas, Füsilieren und Schildkröten besucht. Es liegen noch weitere Wracks verstreut, etwa in **Taka Menyawakan**, wo sich Zackenbarsche, Spatenfische und Muränen tummeln. Im riesigen Riff **Karang Kapal** ziehen auch Riffhaie ihre Runden. Im entlegenen **Torpedo Reef** liegen noch Granaten und die namengebenden Geschosse auf dem Meeresgrund, verziert durch schöne Weichkorallen.

Die schlechte Nachricht: Es gibt keine international zertifizierte Tauchbasis auf Karimun und Kemujan. Wen das nicht abschreckt, der kann mit **Salma Dive Shop**, ✆ 0852-2533 3677, 2 Tauchgänge vom Boot ab 1 Mio. Rp unternehmen. Allen anderen bleibt nur das teure **Kura Kura Resort**, 💻 www.kurakuraresort.com, auf Pulau Menyawakan, geöffnet April–Nov.

SONSTIGES

Geld

Die **BRI** in Karimun bietet einen Automaten (MasterCard und Visa, max. 2,5 Mio. Rp pro Abhebung) und Geldwechsel zu schlechten Kursen. 🕒 9–16 Uhr.

Internet und Telefon

Handyempfang hat man mit Telkomsel und XL. Fast alle Unterkünfte und Restaurants haben WLAN – wenn es Strom gibt.

Medizinische Hilfe

Puskesmas im Dorf Karimun, 🕒 7.30–18 Uhr. Bei ernsteren Problemen sollte man besser

Per Roller über Karimun und Kemujan

Neben einer Schnorcheltour und entspannten Stunden zwischen Strand und Hängematte ist eine Spritztour über die Hauptinseln eine beliebte Aktivität. Die einzelnen Stopps und Abstecher reißen, für sich genommen, niemanden vom Hocker, doch sind sie gut zu einer kleinen Halbtagestour kombinierbar. Es herrscht kaum Verkehr, und Wegweiser erleichtern die Orientierung. An manchen Stränden werden 2000–5000 Rp Parkgebühr verlangt.

- **Distanz:** ca. 40 km
- **Dauer:** mit Stopps 2 1/2–3 Std.
- **Wegbeschaffenheit:** überwiegend gut und asphaltiert

Nördlich des Markts von Karimun befindet sich der Aussichtspunkt **Joko Tuwo** mit Blick über das Dorf und die nahen Inseln. Hier kann man auch das Skelett eines Riesenfisches ansehen. Der Straße aus dem Dorf folgend, geht's nach 2 km rechts hoch zum **Love Hill**, dem beliebteren Aussichtspunkt mit Café, Souvenirverkauf (und einem weiteren Fischskelett). Zurück auf der Straße winkt nach 7 km links die Zufahrt zum **Pantai Ujung Gelam** und zum feinsandigen **Pantai Batu Topeng**, wo man baden, schnorcheln und mit einer Kokosnuss oder einem kühlen Bier von den Ständen nebenan entspannen kann – auch ein guter Ort zum Abschluss der Tour. Es werden Sonnenschirme und Bean Bags vermietet, und die Drunken Monkey Bar lädt zum Verweilen ein.

Wenige hundert Meter weiter die Hauptstraße entlang führt rechts ein Weg zum **Grab** des islamischen Gelehrten Sunan Nyamplungan. Es ist nicht weiter interessant, aber man kann ein Stück durch den schattigen Wald bis zu einer Quelle laufen, aus der frisches Wasser sprudelt. Rund 5 km weiter macht die Hauptstraße einen Linksknick; geradeaus gelangt man zum **Pantai Anora**, der entspannend ist und viel weniger besucht wird.

Nach 1 km auf der Hauptstraße ist über eine kleine Brücke die Insel Kemujan erreicht, wo linker Hand der **Mangrovenpark** liegt. Ein Holzsteg führt eine Viertelstunde durch den erst trockenen, später sumpfigen Wald mit einem 15 m hohen Aussichtsturm. Angesichts des überzogenen Eintrittspreises (155 000 Rp, So und feiertags 230 000 Rp) lohnt ein Besuch höchstens nach 17 Uhr, wenn keiner mehr am Einlass ist. Nur 5,5 km nördlich vom Mangrovenpark lädt die Strandbar vom Bunga Jabe am **Pirate Beach** (neben dem Flugplatz) zu einer Verschnauf- und Badepause.

Am Flugplatz vorbei ist nach etwa 20 km die Kreuzung von **Telaga** erreicht. Der rechte Weg führt zum 2 km entfernten Bugis-Dorf **Batulawang** mit Häusern auf Pfählen, vorbei am **Pantai Asari Timo** (kleine Rechtsabzweigung nach 1 km) mit guten Schnorchelmöglichkeiten am 500 m vorgelagerten Riff. Das Wasser ist auf den ersten 300 m sehr flach, danach kann geschwommen werden, oder man mietet das kleine Floß von den Betreibern der Unterkunft für 20 000 Rp, Schnorchelausrüstung 30 000 Rp. Fährt man in Telaga links ab nach **Merica**, so führt die immer schlechter werdende Straße bald nur noch als Sandpiste vorbei am **Pantai Merica** mit Westblick und endet zwischen bizarr geformten Cashewbäumen an einem Trampelpfad.

nach Jepara oder Semarang fahren. Eine bessere Krankenstation war zuletzt in Bau.

Post

Jl. Jendral Sudirman, ⌚ Mo–Do 7.30–15.30, Fr 7.30–11.30, Sa 7.30–13 Uhr.

NAHVERKEHR

Über die Unterkünfte sind **Motorräder** für 75 000–100 000 Rp zu leihen. Einige wenige **Motorradtaxis** verkehren für teure 15 000 Rp pro km; vom Hafen ins Dorf mit Festpreis 50 000 Rp, nach Kemujan 400 000 Rp (am besten eine Abholung arrangieren). **Fahrräder** kosten ab 20 000–35 000 Rp pro Tag.

TRANSPORT

Aufgrund der Wellen in der Java-See ist besonders von Jan–März und während der Sommermonate mit Fährausfällen zu rechnen. Zudem ändern sich die Fahrpläne häufig, daher sollte man sich vor Ort erkundigen. Die kürzeste und zuverlässigste Verbindung besteht ab Jepara.

Fähren

Die **KMP Singinjai** fährt ab JEPARA Mo, Mi, Fr und Sa gegen 6.30–7 Uhr, zurück Di, Do, So um 7, Fr um 13 Uhr für 74 000 Rp in 4–5 Std. Tickets am Abfahrtstag ab 6 Uhr. Vor Feiertagen sollte man mind. 2 Std. vor Abfahrt am Ticketschalter in Jepara bzw. Karimun sein. Die Fähre legt auch früher ab, wenn sie voll ist.

Schnellfähren

Kartini 1 fährt Fr gegen 13 Uhr ab SEMARANG, zurück am So gegen 13 und Fr gegen 9 Uhr für 143 000 Rp, Executive 163 000 Rp, in 4 1/2 Std; ab JEPARA am Do um 11 Uhr für 79 000/94 000 Rp, zurück am Fr gegen 9 Uhr. Tickets und Reservierungen beim **Dinhubkominfo** in Semarang, S. 252.

Express Bahari 9C, 💻 http://express-bahari.com, ab JEPARA am Mo und Fr um 9, Sa um 10 Uhr für 150 000 Rp, VIP 175 000 Rp, in 2 Std., zurück Mi um 11 und So um 11 Uhr; **Express Bahari 2C** ab KENDAL, 24 km westlich vom Flughafen Semarang, am Di und Fr um 9, zurück am Do und So um 12 Uhr, zum selben Preis, allerdings nur wenn genügend Tickets verkauft wurden.

Flüge

Vom Flugplatz auf Kemujan fliegt eine Twin Otter von **Airfast Indonesia**, ✆ 0813-9878 8590, 💻 www.airfastindonesia.com, am Mo und Mi nach SURABAYA. Tickets gegen Barzahlung beim Agenten vor Ort.

Ost-Java

Während in Zentral-Java auch die Städte mit ihren kulturhistorischen Schätzen viele Touristen anziehen, liegen die Reize der östlichen Provinz eindeutig in der Natur. Obwohl das im 13. Jh. expandierende Majapahit-Reich von **Trowulan** aus regiert wurde, wird man hier keine Zentren der höfischen Künste finden. Vielmehr laden zahlreiche Nationalparks, Gebirge, ausgedehnte Wälder und intakte Mangroven ein, etwas mehr von der Region zu erleben als nur den obligatorischen Sonnenaufgang am Gunung Bromo.

Die meisten westlichen Besucher lassen auf ihrer Route nach Bali die Metropole **Surabaya** links liegen und steuern allenfalls das von reizvollen Ausflugszielen umgebene **Malang** an. Auf fast jedermanns Agenda stehen hingehen der **Gunung Bromo** und das **Ijen-Massiv**. Der ideal an der Hauptroute nach Bali gelegene **Baluran-Nationalpark** bietet fantastische Gelegenheiten zur Tierbeobachtung in der offenen Savanne.

Wer bis hierher noch keinen Abstecher an die raue Südküste von Java unternommen hat, kann das nachholen: Längst kein Geheimtipp mehr sind die Dschungelinsel **Pulau Sempu** und das beschauliche **Kalibaru**, das sich als Ausgangspunkt für Touren zum Schildkrötenstrand von Sukamade eignet. Surfer zieht es zum **Pantai Pulau Merah** und ans entlegene **G-Land**.

Surabaya

Die meisten Touristen sehen Surabaya nur aus der Vogelperspektive – beim Start- oder Landeanflug. Dabei weist das für indonesische Großstädte vergleichsweise grüne und aufgeräumte Stadtzentrum interessante Sehenswürdigkeiten auf, die größtenteils nicht mal Eintritt kosten. Wer früh ankommt oder spät abreist, kann den Tag also mit einer Sightseeing-Tour füllen. Da gibt es den Hafen, koloniale Gebäude, aber auch Plätze und Alleen, kleine Parks und Bezirke mit Charakter. Der nach Jakarta wichtigste Industriestandort des Landes ist gleichzeitig ein bedeutendes Transportdrehkreuz und mit den Bezirken Gresik, Bangkalan, Mojokerto, Sidoarjo und Lamongan zu einem riesigen Ballungsraum zusammengewachsen. Im Nordosten verbindet die 5,4 km lange Brücke **Suramadu** das Festland mit der Insel Madura.

House of Sampoerna

Im Museum der seit 1932 operierenden Fabrik erhalten Besucher einen Einblick in den Werdegang des größten Zigarettenimperiums des Landes (das mehrheitlich dem US-Konzern Philip Morris gehört). Die Erfolgsgeschichte des aus China immigrierten Firmengründers Lim Sieng Tee präsentiert sich anhand von Fotografien und Objekten aus dem Familienbesitz, erläutert von englischsprachigen Guides. Auf der 2. Etage kann man Mo–Fr 9–14, Sa bis 12 Uhr hunderten Fabrikarbeiterinnen beim Drehen und Verpacken der mit Nelkenaroma versehenen Kretek-Zigaretten der Marke *Dji Sam Soe* in schneller Akkordarbeit zuschauen – hinter Glas und umsäuselt von Fahrstuhlmusik eine befremdliche Erfahrung. Neben dem Museum steht der 1972er Rolls Royce Silver Shadow, den Gründersohn Lim Swie Ling einst durch Singapur fuhr; daneben steht ein weiterer Rolls Royce-Oldtimer. 💻 www.houseofsampoerna.museum, 🕒 9–18 Uhr, Eintritt frei.

Arabisches Viertel

In **Ampel** leben Nachfahren mehrheitlich aus dem Jemen eingewanderter Araber. Ein kleines Kuriosum, das es so in Indonesien nur in Ampenan auf Lombok ein zweites Mal gibt. Viele Pilger besuchen die 1421 errichtete **Ampel-Moschee**, deren Errichtung Sunan Ampel zugeschrieben wird, einem der neun *Wali*, die den Islam in Indonesien verbreitet haben sollen. Er wurde 1481 auf dem Friedhof der Moschee beigesetzt. Der Zutritt ist Touristen außerhalb der Gebetszeiten mit bedeckender Kleidung gestattet, die am Eingang geliehen werden kann. Die

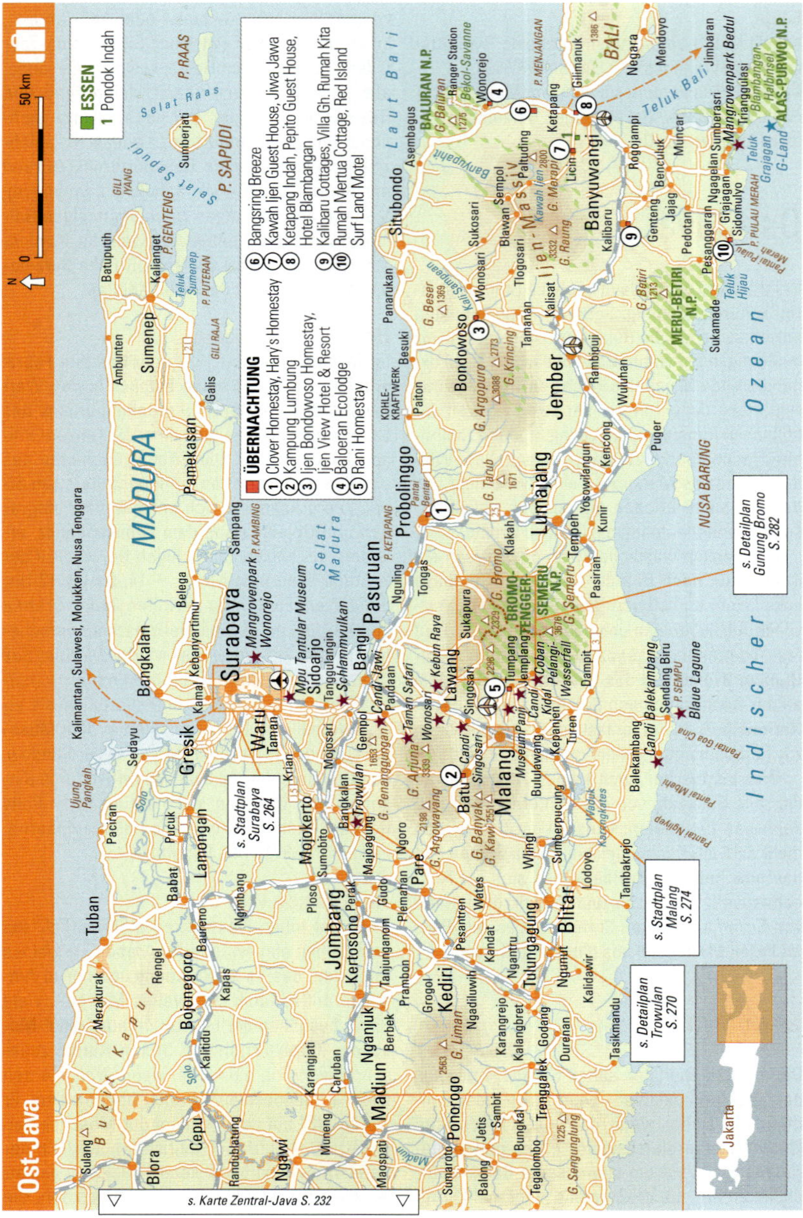
Ost-Java
ESSEN
1 Pondok Indah
ÜBERNACHTUNG
1 Clover Homestay, Hary's Homestay
2 Kampung Lumbung
3 Ijen Bondowoso Homestay, Ijen View Hotel & Resort
4 Baloeran Ecolodge
5 Rani Homestay
6 Bangsring Breeze
7 Kawah Ijen Guest House, Jiwa Jawa
8 Ketapang Indah, Pepito Guest House, Hotel Blambangan
9 Kalibaru Cottages, Villa Gh. Rumah Kita
10 Rumah Mertua Cottage, Red Island Surf Land Motel
0
50 km
N
s. Karte Zentral-Java S. 232
s. Stadtplan Surabaya S. 264
s. Detailplan Trowulan S. 270
s. Stadtplan Malang S. 274
s. Detailplan Gunung Bromo S. 282
Kalimantan, Sulawesi, Molukken, Nusa Tenggara
MADURA
Surabaya
Bangkalan
Gresik
Sidoarjo
Pasuruan
Probolinggo
Situbondo
Bondowoso
Jember
Lumajang
Banyuwangi
Malang
Batu
Blitar
Kediri
Tulungagung
Jombang
Mojokerto
Madiun
Nganjuk
Ponorogo
Ngawi
Cepu
Blora
Bojonegoro
Tuban
Lamongan
Sumenep
Pamekasan
Sampang
Selat Madura
Laut Bali
Indischer Ozean
BALI
Gilimanuk
Negara
Teluk Bali
BALURAN N.P.
MERU-BETIRI N.P.
ALAS-PURWO N.P.
BROMO-TENGGER-SEMERU N.P.
NUSA BARUNG
Ijen-Massiv
Kawah Ijen 2800
G. Semeru 3676
G. Bromo
G. Arjuna 3339
Trowulan
Mangrovenpark Wonorejo
Mpu Tantular Museum
Schlammvulkan
Candi Jawi
Taman Safari
Kebun Raya
Candi Singosari
Coban Pelangi-Wasserfall
Candi Kidal
Blaue Lagune
Candi Balekambang
Mangrovenpark Bedul
G-Land
Jakarta

Gassen zur Moschee werden vom **Pasar Ampel** beherrscht, auf dem Parfüm und Datteln, Gebetsteppiche und Kappen, Schals, Schleier und Devotionalien wie auf einem orientalischen Basar angeboten werden.

Kaffee-Interessierte können sich nach *Kopi Rempah* umhören, dem mit Gewürzen wie Zimt und Nelken verfeinerten Kaffee, den häusliche Geschäfte zusammenmischen und verkaufen. Abends öffnen Stände mit *Sate Karak*, der lokalen Variation der Fleischspieße mit einer Beilage aus dunklen Bohnen, Kokosraspeln und *Sambal*.

Chinesisches Viertel

Das Chinesenviertel liegt südlich von Ampel und wirkt auf den ersten Blick wenig chinesisch. Auf dem Weg dorthin lohnt ein Abstecher in den fast rund um die Uhr betriebsamen **Pasar Pabean** zwischen Jalan Songoyudan und Jalan Panggung. Durch die engen Gänge drängeln sich Frauen mit schweren Paketen und Körben auf dem Kopf. Auf dem seit 1899 existierenden Markt werden Unmengen von Zwiebeln, Knoblauch und Fisch gehandelt – was man auch riecht. Wenige Schritte später erreicht man die Hauptschlagader **Jalan Kembang Jepun**. Ihr Name, „Straße der japanischen Blumen", erinnert an die Zeit, als sich hier die Freudenhäuser der japanischen Besatzer befanden.

Im Westen führt die Straße auf die **Jembatan Merah**, die „rote Brücke", die einst das Viertel der Europäer mit dem der Asiaten auf der anderen Flussseite verband. Auch in der Schlacht von Surabaya (Kasten S. 262) war die Brücke hart umkämpft.

In der Jalan Dukuh, rund 400 m östlich der Brücke, liegt der **Klenteng Hok Teck Tian**, der älteste buddhistische Tempel der Stadt aus dem 18. Jh. Hier kann man fast tgl. von 9–11, 13–15 und 18–20 Uhr bei *Potehi*, dem chinesischen Handpuppentheater in indonesischer Sprache, zusehen. Die Puppenspieler lassen Interessierte gern einen Blick auf ihr breites Figurenrepertoire werfen. Wer die Treppe hochgeht, erkennt zwischen rauchgeschwängerten Altären noch Elemente des bei einem Feuer weitgehend zerstörten Originalbaus. Eintritt frei (Spende).

Ein paar Blocks südwestlich steht in der Jalan Coklat der **Klenteng Hok Ang Kiong** von 1820. Geweiht ist er Mak Cho, der Schutzpatronin der Seefahrer und Fischer. Viele mythologische Darstellungen umgeben im hinteren Bereich diverse Porzellanfiguren, einen Buddha und einen 8-armigen Shiva.

Der stilistische Einfluss aus dem Reich der Mitte zeigt sich anderswo in der Stadt sogar an Bauten wie der **Masjid Cheng Ho** in der Jalan Gading; die von einer Pagode gekrönte Moschee in Rot, Grün und Gold sieht aus wie ein chinesischer Tempel.

De Javasche Bank

Praktisch um die Ecke von der Jembatan Merah stellt das 1829 errichtete, zum **Museum** umfunktionierte Gebäude der niederländisch-kolonialen Bank (später Bank Indonesia) zahlreiche Exponate zum Bank- und Geldwesen des 20. Jhs. aus. Zu sehen sind alte Safes, Kassen, Geldautomaten, Zähl-, Sortier- und Druckmaschinen, Fotografien und ein Goldbarren-Replikat zum Anfassen. In den unteren Gängen dienten Spiegel zur Überwachung der Tresorräume. Die 2. Etage beherbergte Büros und Schalter für den Kundenverkehr. ⌚ 8–16 Uhr, Eintritt frei.

Peneleh

Auf dem Weg von Norden ins Stadtzentrum können historisch Interessierte den **holländischen Friedhof** *(Makam Belanda)* an der Jalan Makam Peneleh besichtigen. Allein seine Ausdehnung zeugt von der Beständigkeit und zahlenmäßigen Größe der europäischen Bevölkerung im kolonialen Surabaya. Leider verfallen viele der Grabmäler, doch die noch lesbaren Inschriften erzählen von den Schicksalen holländischer, armenischer, französischer und auch deutscher Verstorbener. Viele sind in Niederländisch-Ostindien geboren und haben Europa vermutlich nie gesehen. Für eine Verschnaufpause empfiehlt sich gleich gegenüber das **Lodji Besar**, ein mit alten Fotos und Retro-Zeug dekoriertes Café mit Snacks und kalten *Jamu*-Getränken. ⌚ 11–24 Uhr.

Zentrum

Im kleinen **Apsari-Park** gelangt man am Denkmal des ersten Gouverneurs von Ost-Java vorbei zum **Joko Dolog**. Die Holländer brachten die

1326 für den letzten König von Singosari errichtete, buddhistische Steinstatue vor mehr als 300 Jahren von ihrem ursprünglichen Platz nahe Malang nach Surabaya. Hier meditiert der aus schwarzem Stein gehauene „Wächter des jungen Teakwaldes" gänzlich unbeeindruckt vom großstädtischen Trubel.

Im einstigen **Grahadi Building**, einem prachtvollen Säulenbau wenige Schritte östlich an der Jalan Gubernur Suryo, sind heute die Amtsräume des Gouverneurs untergebracht. Noch ein Stück weiter östlich bewohnt die **Touristeninformation** das altehrwürdige Gebäude der Simpangsche Societeit (heute Balai Pemuda), wo einst die holländischen Pflanzer und Verwalter festliche Bankette feierten. Während der Schlacht von Surabaya (Kasten S. 262) war es das Hauptquartier der Republikaner.

Zwei Blocks weiter liegt das 76 m lange **Monumen Kapal Selam**, 💻 www.monkasel.com, ein 1952 in der Sowjetunion gebautes U-Boot, das 1960 während der Neuguinea-Krise und 1962 vor den Molukken zum Einsatz kam. Man kann die Kajüten, Schotts und 10 m langen Torpedos besichtigen, erhält aber nur indonesische Erläuterungen. 🕒 8–21 Uhr, Eintritt 10 000 Rp.

Die Schlacht von Surabaya

Das Heldendenkmal **Tugu Pahlawan**, Jl. Tembaab, und das nahe **Museum November Sepuluh** (🕒 9–16 Uhr, Eintritt 5000 Rp) erinnern an den November 1945. Da zum Zeitpunkt der Kapitulation Japans alle holländischen Soldaten in Fernost in Kriegsgefangenschaft waren, wollten die Briten die japanischen Soldaten entwaffnen und die internierten Bewohner Surabayas evakuieren. Der mit der indonesischen Revolution sympathisierende japanische Admiral hinterließ die Waffen jedoch den Indonesiern. Diese betrachteten die britischen Truppen als Wegbereiter einer Rückkehr der Niederländer. Der Mord an dem britischen Brigadier A. W. S. Mallaby an der Jembatan Merah ließ die angespannte Situation dann eskalieren. Neben den 20 000 Soldaten der indonesischen Republik kämpften über 120 000 junge Männer aus der Gegend von Surabaya um die Unabhängigkeit. Nach mehr als drei Wochen, während derer die Stadt vom Meer und aus der Luft bombardiert wurde, endete der Kampf. Er kostete tausende Menschenleben. Zwar besiegten die Briten dank überlegener Waffen und kriegserfahrener indischer Truppen die indonesischen Streitkräfte. Doch überzeugte die Entschlossenheit, mit der die junge Republik verteidigt wurde, die Alliierten von der Idee eines unabhängigen Indonesiens. Seither wird Surabaya als „Stadt der Helden" und der 10. November landesweit als Heldentag gewürdigt.

ÜBERNACHTUNG

Wer nur zum Umsteigen hier ist, muss nicht den weiten Weg in die Stadt fahren, am Terminal 1 des Flughafens befindet sich das **ibis budget Surabaya Airport**, 💻 www.ibis.com, ❸–❹. Zentraler sind:

Aria Centra, Jl. Embong Sawo, Ecke Jl. Taman AIS Nasution, ✆ 031-540 4555, 💻 www.ariahtl.com. Eine gute Wahl für ein Mittelklasse-Hotel in zentraler Lage, denn die Zimmer sind gepflegt, relativ geräumig, komfortabel und haben in den oberen Etagen gute Aussicht. Der Service ist freundlich, dazu das gute Preis-Leistungs-Verhältnis, v. a. über Buchungsplattformen. ❹–❺

Bumi Surabaya City Resort, Jl. Basuki Rahmat 106–128, ✆ 031-540 4555, 💻 www.bumisurabaya.com. Mitten in der Stadt erstreckt sich das gehobene Hotel über ein riesiges, mit Garten und großen Pools versehenes Grundstück. Die Zimmer haben die Annehmlichkeiten der Preisklasse. Zur üblichen Ausstattung solcher Hotels kommen hier noch hinzu: ein Squash- und Tenniscourt, ein Spa mit Sauna, 2 Whirlpools und das allabendliche Spektakel des *Pasar Malem* in den Restaurants, s. Essen. ❻–❼

Hotel Majapahit, Jl. Tunjungan 65, ✆ 031-545 4333, 💻 www.hotel-majapahit.com. Nostalgisches Flair herrscht in dem über hundert Jahre alten Hotel, das mit gepflegten Gärten, Kolonnaden und vielen Antiquitäten, aber auch Fitnessraum, Spa, abendlicher Livemusik und der zentralen Lage überzeugt, von der Ausstattung der stimmig gestalteten

Die imposante Suramadu ist die längste Brücke des Landes und überspannt die Straße von Madura.

Zimmer und dem 5-Sterne-Service ganz zu schweigen. ❼–❽

Hotel Paviljoen, Jl. Genteng Besar 94-98, ☏ 0815-1595 0012. Um den zurückversetzten Innenhof liegen 25 alte, einfache Zimmer mit gefliesten Wänden, Schaumstoffmatratzen, Ventilator und *Mandi*, die teureren mit AC, Dusche und TV. Nicht schön, aber preislich in Ordnung und in ausreichendem Abstand zur Straße. Kleines Frühstück inkl. ❷–❸

My Studio Hotel, Jl. Sumatra 20C, ☏ 031-504 2111, 💻 www.mystudiohotel.com. Verkehrsgünstig und zentral liegt dieses auf mehrere Etagen verteilte Hostel mit insgesamt 76 Schlafkabinen mit Rollo und Leselicht ab 115 000 Rp p. P. bzw. 175 000 Rp für 2 Pers. in klimatisierten Räumen. Die Gemeinschaftsbäder sind nicht immer picobello, aber man wird vom Bahnhof Gubeng abgeholt und im Erdgeschoss ist ein Café. Kleines Frühstück inkl. ❷

ESSEN

Arumanis, **Siti Inggil** und **Kizahashi**, Bumi Surabaya City Resort, Jl. Jend. Basuki Rahmat 106–128, ☏ 031-531 1234, 💻 http://bumisurabaya.com/pasar. Die Restaurants des Bumi Surabaya City Resorts bieten zum *Pasar Senggol* (mittags) und *Pasar Malem* (abends) ein riesiges Buffet für jeden Geschmack: In dem Gartenrestaurant Siti Inggil bereiten Köche an Ständen javanische Spezialitäten zu. Das mit Antiquitäten dekorierte Arumanis richtet indonesische Küche an, und das japanisch-nüchterne Kizahashi serviert Sushi. Mit 220 000 Rp p. P. nicht billig, aber der Qualität und Auswahl angemessen. 🕒 12–15 und 18–22 Uhr.

Kopitiam 88, Jl. Jagalan 88, ☏ 031-353 1281. Das kreativ mit viel Farbe im Retro-Stil gestaltete, klimatisierte Restaurant ist v. a. vormittags beliebt, denn hier bekommt man herzhafte indonesische Frühstücksgerichte, Dim Sum und guten Kaffee – ganz wie es sich für einen asiatischen Coffeeshop gehört. 🕒 7–21 Uhr.

Sate Klopo Ondomohen, Jl. Walikota 36, ☏ 031-548 1357. Seit über 30 Jahren tischt man in dem offenen Straßenlokal bei Bu Asih die leckeren *Sate Kelapa* auf, Fleischspieße, denen Kokosfleisch und Koriander eine liebliche Note

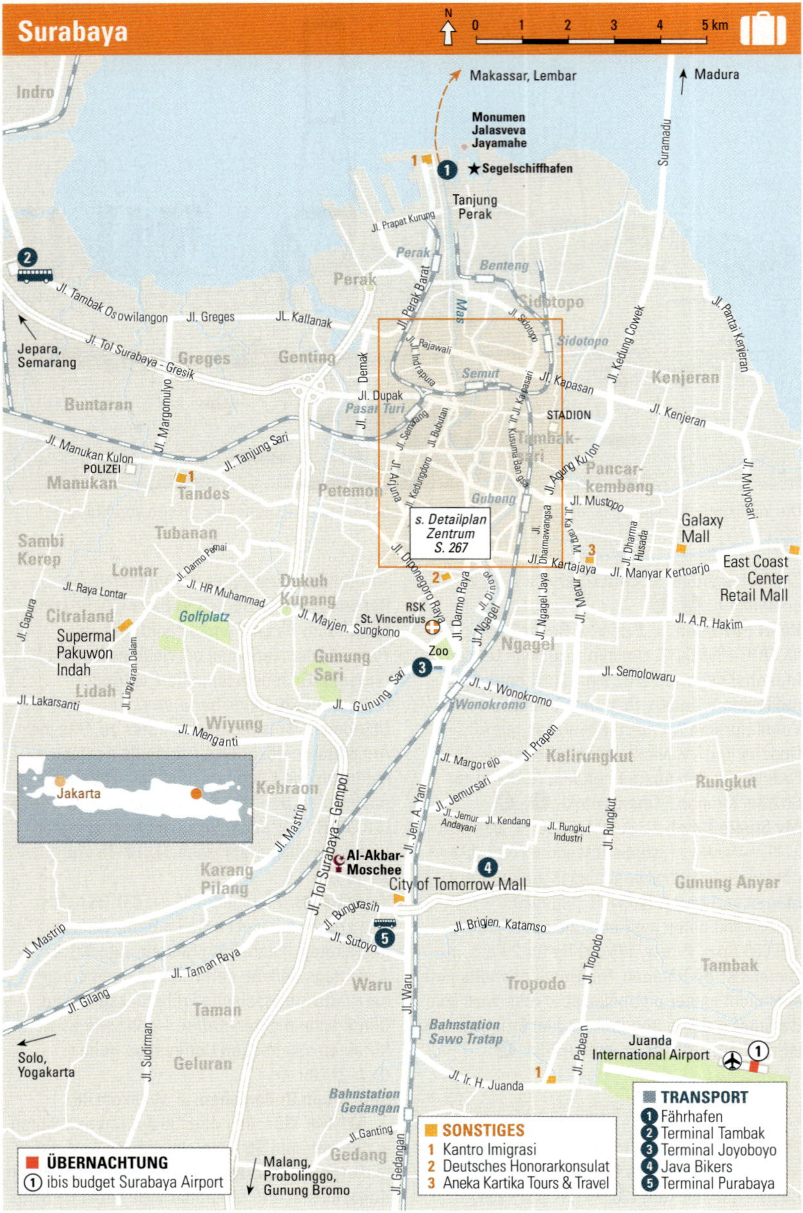
Surabaya
N
0 1 2 3 4 5 km
Makassar, Lembar
Madura
Monumen Jalasveva Jayamahe
Segelschiffhafen
Tanjung Perak
Indro
Suramadu
Jl. Prapat Kurung
Perak
Benteng
Sidotopo
Mas
Jl. Tambak Osowilangon
Jl. Greges
Jl. Kallanak
Jl. Perak Barat
Jl. Sidotopo
Jl. Kedung Cowek
Jl. Pantai Kenjeran
Jepara, Semarang
Jl. Tol Surabaya - Gresik
Greges
Genting
Jl. Rajawali
Jl. Indrapura
Semut
Jl. Kapasari
Jl. Kapasan
Kenjeran
Buntaran
Jl. Margomulyo
Demak
Jl. Dupak
Pasar Turi
STADION
Jl. Kenjeran
Jl. Manukan Kulon
Jl. Tanjung Sari
Jl. Semarang
Jl. Bubutan
Kusuma Bangsa
Tambak-sari
POLIZEI
Manukan
Tandes
Jl. Arjuna
Jl. Kedungdoro
Petemon
Gubeng
Jl. Agung Kulon
Pancar-kembang
Jl. Mulyosari
Jl. Mustopo
Galaxy Mall
Sambi Kerep
Tubanan
s. Detailplan Zentrum S. 267
Jl. Dharmawangsa
Jl. Karang Menjangan
Jl. Dharma Husada
Lontar
Jl. Darmo Permai
Jl. Raya Lontar
Jl. HR Muhammad
Dukuh Kupang
Jl. Diponegoro Raya
Jl. Darmo Raya
Jl. Kertajaya
Jl. Manyar Kertoarjo
East Coast Center Retail Mall
Citraland
Golfplatz
Jl. Gapura
Supermal Pakuwon Indah
Jl. Mayjen. Sungkono
RSK St. Vincentius
Jl. Ngagel
Jl. Ngagel Jaya
Jl. Menur
Jl. A.R. Hakim
Zoo
Gunung Sari
Ngagel
Lidah
Jl. Lingkaran Dalam
Jl. Gunung Sari
Jl. Semolowaru
Jl. Lakarsanti
Jl. J. Wonokromo
Wonokromo
Wiyung
Jl. Menganti
Jl. Prapen
Jakarta
Jl. Margorejo
Kalirungkut
Kebraon
Jl. Jemursari
Rungkut
Jl. Jemur Andayani
Jl. Kendang
Jl. Rungkut Industri
Jl. Rungkut
Jl. Mastrip
Jl. Tol Surabaya - Gempol
Jl. Jen. A. Yani
Karang Pilang
Al-Akbar-Moschee
City of Tomorrow Mall
Gunung Anyar
Jl. Bungurasih
Jl. Brigjen. Katamso
Jl. Mastrip
Jl. Sutoyo
Jl. Tropodo
Jl. Taman Raya
Waru
Tropodo
Tambak
Jl. Gilang
Taman
Jl. Waru
Bahnstation Sawo Tratap
Solo, Yogakarta
Jl. Sudirman
Geluran
Jl. Pabean
Juanda International Airport
Jl. Ir. H. Juanda
Bahnstation Gedangan
Jl. Ganting
Gedang
Jl. Gedangan
Malang, Probolinggo, Gunung Bromo
ÜBERNACHTUNG
1 ibis budget Surabaya Airport
SONSTIGES
1 Kantro Imigrasi
2 Deutsches Honorarkonsulat
3 Aneka Kartika Tours & Travel
TRANSPORT
1 Fährhafen
2 Terminal Tambak
3 Terminal Joyoboyo
4 Java Bikers
5 Terminal Purabaya

verleihen. In der Umgebung sind einige Nachahmer. ⌚ 8–23 Uhr.

Zangrandi, Jl. Yos Sudarso 15, ✆ 031-534 5820. Im ältesten und beliebtesten Eiscafé der Stadt kann man bei hausgemachtem Eis und Kuchen der Hitze des Nachmittags entgehen. ⌚ 10–22 Uhr.

UNTERHALTUNG

Büro, Jl. Sumatra 40, ✆ 031-504 3151, 💻 https://society.co.id. Die im Society Complex befindliche, halb offene Café-Bar in einem Gebäude von 1903 mit modernem Anbau ist ein beliebter, minimalistisch gestalteter Treffpunkt für junge Erwachsene. Es gibt Snacks, einfache Gerichte, viele Cocktails und reine Spirituosen. Ab und an Livemusik. ⌚ 17–2 Uhr.

Colors Pub & Restaurant, Jl. Sumatra 81, ✆ 031-503 0562. Klassische Afterwork-Kneipe mit Barhockern und langer Theke sowie abendlicher, rockiger Livemusik. An den Wänden erinnern Fotos an vergangene Partys und VIP-Gäste. Hier trifft sich meist älteres Publikum, leider kommen auch immer mal Prostituierte auf Kundenfang. ⌚ 17–4 Uhr.

Our Bar, Jl. Embong Cerme 17, ✆ 0822-4448 1717, 💻 http://our-bar.business.site. Sympathisch rustikal geht es in dieser aus Second-Hand-Objekten, Retro-Zeug und ungeschöntem Altmobiliar zusammengebastelten Kneipe zu, in der sich all diejenigen begegnen, die eine Abwechslung von den stylischen und schicken Etablissements suchen, die in Südostasiens Barszene eher die Regel als die Ausnahme sind. Auch deftige Fleischgerichte. ⌚ 17–1, Fr und Sa 17–2 Uhr.

KULTUR

An der **Touristeninformation** wird jeden So ab 9 Uhr der *Reog*-Tanz aufgeführt, bei dem imposante, farbenfrohe Masken und Kostüme zum Einsatz kommen. Auch Sa um 19 Uhr finden Tänze statt.

Taman Budaya, Jl. Genteng Kali, ✆ 031-534 2128. Auf der offiziellen Bühne für traditionelle Tänze finden Shows zumeist an Wochenenden statt. Der aktuelle Kalender hängt aus und ist in den Touristeninformationen erhältlich. An vielen Tagen kann man ab 16 Uhr bei der Einübung der Tänze zuschauen. Eintritt frei.

EINKAUFEN

Tunjungan Plaza, Jl. Basuki Rahmat 8–12, 💻 www.tunjunganplaza.com. Die größte Mall im Stadtzentrum besteht aus 4 Sektionen mit u. a. Daiso, Sogo, Matahari Department Store, H&M, einem Hero-Supermarkt und einem Multiplexkino sowie Foodcourt und Restaurants. ⌚ 10–22 Uhr.

East Java Craft Center, Jl. Kedungdoro 86–90, ✆ 031-532 1602. Traditionelle und moderne Deko, Musikinstrumente, schicke Taschen mit Holzplättchen und Kleidung zu erschwinglichen Preisen. ⌚ 9–21 Uhr.

TOUREN

Aneka Kartika Tours & Travel, Jl. Manyar Kertoarjo V/50, ✆ 031-592 9000, 💻 www.anekatours.co.id. Seit über 30 Jahren einer der größten Anbieter von Touren auf Java mit englisch- und deutschsprachigen Guides. Neben mehrtägigen Überlandreisen werden auch Stadtrundfahrten und -rundgänge, Touren für Fotografen, Jeeptouren zu den Nationalparks der Provinz und allerlei Special-Interest-Trips organisiert.

€ **Surabaya Heritage Track**, House of Sampoerna (S. 259), ✆ 031-353 9000, 💻 www.houseofsampoerna.museum. Die kostenlosen, englischsprachig geführten Stadtrundfahrten per Bus beginnen Di–So um 9, 13 und 15 Uhr am House of Sampoerna und fahren ca. 1 Std., Fr–So 1 1/2 Std. lang auf unterschiedlichen Strecken. An einigen Stationen wird ein kurzer Stopp eingelegt. Anmeldung erforderlich.

Surabaya Shopping and Culinary Track. Die von der Stadt organisierte Rundfahrt führt in der 1. und 3. Woche des Monats jeweils am Di, Sa und So ab 9 Uhr zu diversen Museen und Denkmälern, in der 2. und 4. Woche zum U-Boot und an den östlichen Pantai Kenjeran. Tickets kosten 7500 p. P. und sind über die Touristeninformation erhältlich.

SONSTIGES

Auto- und Motorradvermietungen

Avis, ✆ 0851-0300 0162, 🖳 www.avis.com. Deutlich teurere Autovermietung, die allerdings One-way-Mieten anbietet.

Java Bikers, Jl. Siwalan Kerto Timur 1/42, ✆ 031-843 4556, 🖳 www.javabikers.com. Wer Ost-Java auf dem Motorrad erkunden möchte, kann Maschinen vom Typ Honda Tiger und Bajaj Pulsar 180 DTSi mitsamt Hartschalengepäckträger für US$20 pro Tag mieten.

Yes Rent Car, ✆ 0813-3118 8811, 🖳 www.yesrentcars.com. Pkw mit Fahrer ab 375 000 Rp pro Tag.

Informationen

Touristeninformation, Jl. Gubernur Suryo 15, ✆ 031-534 0444, 🖳 www.fb.com/SurabayaTourismInformationCenter, https://sparkling.surabaya.go.id. Die hilfsbereiten Mitarbeiter verteilen Broschüren und Veranstaltungskalender und erkundigen sich bei Bedarf auch telefonisch. ⌚ 8–20 Uhr.

Medizinische Hilfe

RSK St. Vincentius Hospital, Jl. Diponegoro 51, ✆ 0819-798 9900, Notruf 031-563 1228, 🖳 www.rkzsurabaya.com.

Siloam Hospitals, Jl. Raya Gubeng 70, ✆ 031-503 1333, Notruf 1-500911, 🖳 www.siloamhospitals.com.

Polizei

Polizeihauptquartier, Jl. Sikatan 1, ✆ 031-355 3376, Notruf ✆ 119.

Post

Hauptpostamt, Jl. Kebon Rojo. ⌚ Mo–Fr 7.30–19.30, Sa bis 17.30 Uhr.

DHL hat einen Service Point im Cargo-Bereich des Flughafens, ✆ 031-868 4333. ⌚ Mo–Fr 9–17, Sa 9–14 Uhr.

Visaangelegenheiten

Kantor Imigrasi, Jl. Raya Juanda KM 3–4, ✆ 031-869 0534, 🖳 http://surabaya.imigrasi.go.id. ⌚ Mo–Fr 8–12, 13–16 Uhr.

NAHVERKEHR

Busse

Die klapprigen **Stadtbusse** kosten 6000 Rp pro Fahrt; Linie 01 fährt vom Terminal Purabaya durchs Zentrum und via Jembatan Merah zum Hafen. **Damri-Busse** fahren von 5–19 Uhr für 20 000 Rp ebenfalls vom Terminal Purabaya (Bungurasih) sowie vom Flughafen ins Zentrum; vom Flughafen zum Terminal Purabaya von 3–21 Uhr für 25 000 Rp.

Minibusse

Angkot kosten 5000 Rp pro Fahrt. Das Ziel steht an der Front- oder Heckscheibe, manchmal auch an der Seite. Die Busse sammeln sich am **Terminal Joyoboyo** und westlich der Stadt am **Terminal Tambak** in Osowilangun.

Taxis

Einstieg 7000 Rp, dann 5000 Rp pro km, pro Wartestunde 50 000 Rp, Bestellung 25 000 Rp. Vom Flughafen in die Stadt für 150 000 Rp, zum Terminal Purabaya 70 000 Rp. Im Stadtzentrum sind 25 000–40 000 Rp pro Fahrt realistisch.

Blue Bird, ✆ 031-372 1234, **Orenz**, ✆ 031-879 9999. Gut und günstig funktionieren **Grab** und **Go-jek**, s. S. 82

TRANSPORT

Um vom Flughafen direkt weiterzureisen, kann man ein Sammeltaxi wählen (s. u.), mit dem Damri-Bus zum Busbahnhof oder sich per Taxi zum Bahnhof Gedangan (5 km vom Busterminal, 8 km vom Flughafen) fahren lassen und dort in einen Zug nach Malang steigen, s. Eisenbahn.

Busse

Der **Terminal Purabaya** (auch Terminal Bungurasih) liegt ca. 45 Min. vom Stadtzentrum entfernt und ist mit Damri- und Stadtbussen, s. Nahverkehr, erreichbar. Monitore zeigen aktuelle Abfahrten an, während Agenten hartnäckig versuchen, Fahrgäste anzuwerben.

BANYUWANGI alle 30–60 Min. von 6.30–24 Uhr für 60 000–90 000 Rp in 8–9 Std.

DENPASAR und MENGWI gegen 9, 15 und 18 Uhr für 150 000–200 000 Rp in 12–13 Std.

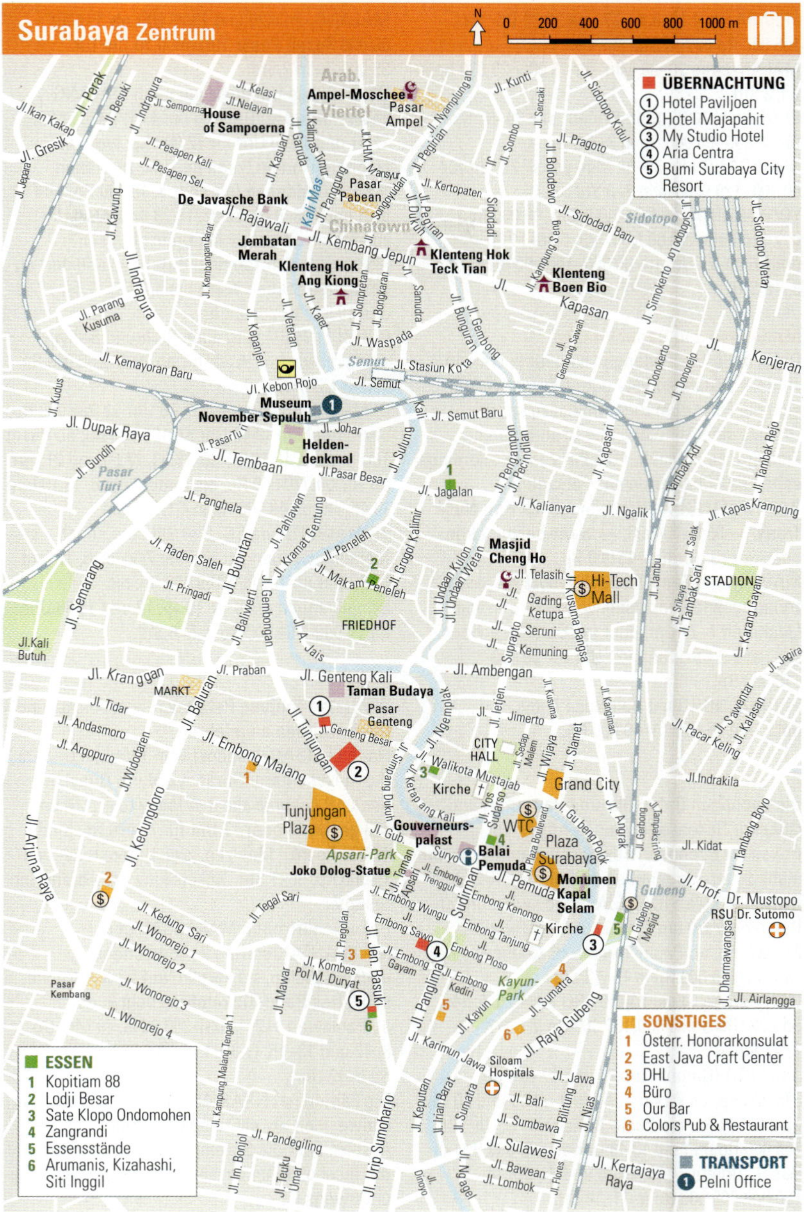
Surabaya Zentrum
N
0 200 400 600 800 1000 m
ÜBERNACHTUNG
1 Hotel Paviljoen
2 Hotel Majapahit
3 My Studio Hotel
4 Aria Centra
5 Bumi Surabaya City Resort
ESSEN
1 Kopitiam 88
2 Lodji Besar
3 Sate Klopo Ondomohen
4 Zangrandi
5 Essensstände
6 Arumanis, Kizahashi, Siti Inggil
SONSTIGES
1 Österr. Honorarkonsulat
2 East Java Craft Center
3 DHL
4 Büro
5 Our Bar
6 Colors Pub & Restaurant
TRANSPORT
1 Pelni Office
Arab. Viertel
Ampel-Moschee
Pasar Ampel
House of Sampoerna
De Javasche Bank
Pasar Pabean
Chinatown
Jembatan Merah
Klenteng Hok Ang Kiong
Klenteng Hok Teck Tian
Klenteng Boen Bio
Sidotopo
Semut
Museum November Sepuluh
Helden-denkmal
Pasar Turi
Masjid Cheng Ho
Hi-Tech Mall
STADION
FRIEDHOF
Jl.Kali Butuh
MARKT
Taman Budaya
Pasar Genteng
CITY HALL
Kirche
Grand City
Tunjungan Plaza
Gouverneurs-palast
WTC
Plaza Surabaya
Balai Pemuda
Apsari-Park
Joko Dolog-Statue
Monumen Kapal Selam
Gubeng
RSU Dr. Sutomo
Kirche
Kayun-Park
Pasar Kembang
Siloam Hospitals
Jl. Perak
Jl. Ikan Kakap
Jl. Gresik
Jl. Jepara
Jl. Besuki
Jl. Indrapura
Jl. Kelasi
Jl. Nelayan
Jl. Semporna
Jl. Pesapen Kali
Jl. Pesapen Sel.
Jl. Kasuari
Jl. Garuda
Jl. Kalimas Timur
Jl. KHM. Mansyur
Jl. Nyamplungan
Jl. Pegirian
Jl. Kunti
Jl. Sencaki
Jl. Sombo
Jl. Sidotopo Kidul
Jl. Pragoto
Jl. Kawung
Jl. Rajawali
Kali Mas
Jl. Panggung
Jl. Songoyudan
Jl. Kertopaten
Jl. Sidodadi
Jl. Bolodewo
Jl. Sidodadi Baru
Jl. Sidotopo Lor
Jl. Sidotopo Wetan
Jl. Kembang Jepun
Jl. Dukuh
Jl. Kembangan Barat
Jl. Kampung Seng
Jl. Kapasan
Jl. Simokerto
Jl. Parang Kusuma
Jl. Veteran
Jl. Karet
Jl. Slompretan
Jl. Bongkaran
Jl. Samudra
Jl. Bunguran
Jl. Gembong
Jl. Gembong Sawah
Jl. Kepanjen
Jl. Waspada
Jl. Kenjeran
Jl. Kemayoran Baru
Jl. Kebon Rojo
Jl. Stasiun Kota
Jl. Semut
Jl. Donokerto
Jl. Donorejo
Jl. Kudus
Jl. Dupak Raya
Jl. Pasar Turi
Jl. Johar
Jl. Semut Baru
Jl. Pengampon
Jl. Pecindilan
Jl. Kapasari
Jl. Tambak Adi
Jl. Tambak Rejo
Jl. Gundih
Jl. Tembaan
Jl. Pasar Besar
Jl. Sulung
Jl. Jagalan
Jl. Kalianyar
Jl. Ngalik
Jl. Kapas Krampung
Jl. Panghela
Jl. Pahlawan
Jl. Kramat Gentung
Jl. Peneleh
Jl. Grogol Kalimir
Jl. Undaan Kulon
Jl. Undaan Wetan
Jl. Raden Saleh
Jl. Bubutan
Jl. Makam Peneleh
Jl. Telasih
Jl. Gading Ketupa
Jl. Seruni
Jl. Kemuning
Jl. Kusuma Bangsa
Jl. Jambu
Jl. Salak
Jl. Srikaya
Jl. Tambak Sari
Jl. Karang Gayam
Jl. Semarang
Jl. Pringadi
Jl. Baliwerti
Jl. Gembongan
Jl. A. Jais
Jl. Suprapto
Jl. Kranggan
Jl. Praban
Jl. Genteng Kali
Jl. Ambengan
Jl. Jagira
Jl. Tidar
Jl. Baluran
Jl. Tunjungan
Jl. Genteng Besar
Jl. Ngemplak
Jl. Ietjen
Jl. Jimerto
Jl. Kusuma
Jl. Kangiman
Jl. Sawentar
Jl. Kalasan
Jl. Andasmoro
Jl. Argopuro
Jl. Widodaren
Jl. Embong Malang
Jl. Simpang Dukuh
Jl. Walikota Mustajab
Jl. Sedap Malem
Jl. Wijaya
Jl. Slamet
Jl. Pacar Keling
Jl. Indrakila
Jl. Kedungdoro
Jl. Ketapang Kali
Jl. Yos Sudarso
Jl. Gubeng Pojok
Jl. Angrak
Jl. Gerbong
Jl. Tampaksiring
Jl. Tambang Boyo
Jl. Arjuna Raya
Jl. Gub. Suryo
Jl. Kidat
Jl. Taman Apsari
Jl. Embong Trenggul
Jl. Sudirman
Jl. Plaza Boulevard
Jl. Pemuda
Jl. Prof. Dr. Mustopo
Jl. Tegal Sari
Jl. Embong Wungu
Jl. Embong Kenongo
Jl. Gubeng Masjid
Jl. Dharmawangsa
Jl. Kedung Sari
Jl. Wonorejo 1
Jl. Wonorejo 2
Jl. Wonorejo 3
Jl. Wonorejo 4
Jl. Pregolan
Jl. Embong Sawo
Jl. Embong Tanjung
Jl. Embong Ploso
Jl. Kombes Pol M. Duryat
Jl. Embong Gayam
Jl. Embong Kediri
Jl. Jen. Basuki
Jl. Mawar
Jl. Panglima
Jl. Kayun
Jl. Sumatra
Jl. Raya Gubeng
Jl. Airlangga
Jl. Kampung Malang Tengah 1
Jl. Karimun Jawa
Jl. Urip Sumoharjo
Jl. Keputran
Jl. Irian Barat
Jl. Jawa
Jl. Bali
Jl. Biliton
Jl. Nias
Jl. Sumbawa
Jl. Pandegiling
Jl. Sulawesi
Jl. Im. Bonjol
Jl. Teuku Umar
Jl. Dinoyo
Jl. Ngagel
Jl. Bawean
Jl. Lombok
Jl. Flores
Jl. Kertajaya Raya

JEPARA um 4.15, 8.40, 17 und 20.30 Uhr für 105 000 Rp in 7–8 Std.
MALANG alle 30–60 Min. für 15 000–25 000 Rp in 2 1/2 Std.
PROBOLINGGO (nahe Bromo) alle 30–60 Min. für 30 000–50 000 Rp in 3–4 Std.
SEMARANG alle 30–60 Min. von 6–22 Uhr für 60 000–120 000 Rp in 7–8 Std.
YOGYAKARTA via SOLO (50 000–90 000 Rp, 6–7 Std.) alle 30–60 Min. von 6.20–11.30 und 16.30–22 Uhr für 60 000–160 000 Rp in 9–10 Std.

JAVA

Minibusse und Sammeltaxis

Die Shuttle-Verbindungen sind für kurze und mittlere Distanzen eine gute Alternative, um sich die Fahrt zum Busterminal zu sparen. Oftmals sind Abholung und Drop-off an der Zieladresse möglich. Ab 3 Pers. lohnt allerdings schon das Chartern eines Fahrzeugs.
BANYUWANGI via Probolinggo mit **Bali Nusa Trans**, ✆ 0341-554600, 💻 www.balinusatrans.com, um 19 Uhr für 145 000 Rp.
MALANG mit **Zena**, ✆ 0341-710026, 💻 www.zenatravelindo.com, stdl. von 9–15 Uhr, vom Flughafen 7–21 Uhr, oder mit Bali Nusa Trans, s. o., alle 2 Std. von 7–21 Uhr für 90 000–110 000 Rp.
PROBOLINGGO mit Bali Nusa Trans, s. o., um 5 und 15 Uhr für 90 000 Rp.

Eisenbahn

Die wichtigen Bahnhöfe sind **Pasar Turi** und **Gubeng**. Tickets auch auf 💻 https://kai.id, Preise für Economy+Business/Executive, wenn nicht anders angegeben ab Gubeng:
BANDUNG via SIDAREJA (9 Std., weiter nach Pangandaran) um 7, 16.30 und 19 Uhr ab 260 000 Rp, ab Pasar Turi um 16.30 Uhr ab 185 000/365 000 Rp in 11–13 Std.
BANYUWANGI via KALIBARU um 4.25, 9, 14 und 22 Uhr ab 56 000/150 000 Rp in 6 1/2–7 1/2 Std.
JAKARTA (Gambir) um 16 und 17 Uhr ab 375 000 Rp, ab Pasar Turi um 8, 17.50 und 20 Uhr ab 375 000 Rp; bis Pasar Senen um 12 Uhr für 104 000 Rp und um 13.49 Uhr ab 220 000 Rp, ab Pasar Turi um 14.15, 15.30 und 21 Uhr ab 150 000/355 000 Rp in 11–14 Std.
MALANG um 6.20 und 23.28 Uhr ab 35 000/60 000 Rp, ab Pasar Turi um 0.20 Uhr für 35 000 Rp in 2 Std.
€ Billige Bummelzüge nach MALANG fahren ab Gubeng um 4.41, 7.41, 11.36, 17.41 und 19.50 Uhr für 12 000 Rp; wer am Flughafen landet, kann per Taxi zur nahen Station **Gedangan** fahren (ca. 40 000 Rp) und dort um 5.08, 8.06, 12.02, 18.28 und 20.20 Uhr zusteigen; alternativ mit Damri-Bussen (25 000 Rp) zum Terminal Purabaya und dort an der nahen Station **Waru** um 5, 7.58, 11.54. 17.50 und 19.59 Uhr zusteigen.
PROBOLINGGO mit Zügen Richtung Banyuwangi sowie um 15.30 Uhr ab 29 000/90 000 Rp in 2–2 1/2 Std.
SEMARANG (Tawang) um 16 Uhr ab 285 000 Rp, bis Poncol um 13.49 Uhr ab 180 000 Rp; ab Pasar Turi um 6, 8, 13.10, 15.30, 16.30, 17.50 und 21 Uhr ab 90 000/270 000 Rp, bis Poncol um 6, 13.10 und 14.15 Uhr ab 49 000 Rp in 4 1/2–5 Std.
YOGYAKARTA via SOLO (4 Std.) mit Zügen Richtung Bandung sowie um 7.30, 9.15, 17 und 17.25 Uhr ab 105 000/165 000 Rp, bis Lempuyangan um 8.10, 10.45, 12 und 13.30 Uhr für 74 000–104 000 Rp in 5–6 Std.

Fähren

Der Hafen **Tanjung Perak** wird von *Angkot* und Damri-Bussen angefahren.
Nach LEMBAR (Lombok) vom Terminal Gapura Surya Nusantara (Surabaya North Quay) mit der kmP *Legundi* alle 3–4 Tage (zuletzt Di und Sa) gegen 16 oder 17 Uhr für 72 000 Rp, Kinder 47 000 Rp inkl. Mahlzeit, zzgl. Hafensteuer von 15 000 Rp, in 21 Std. Tickets kurz vor Abfahrt am Schalter.
Pelni-Schiffe nach MAKASSAR und KALIMANTAN starten 2–4x wöchentl. zu anderen Zielen, s. Fahrplan auf 💻 www.pelni.co.id. Das **Pelni-Ticketoffice** liegt in der Jl. Pahlawan 112, ✆ 031-353 9048, 🕒 Mo–Do 8–12 und 13–15, Fr 8–11.15 und 13–15, Sa 9–12 Uhr.
Die Fähren nach KAMAL (Madura) legen 150 m südwestlich ab, allerdings empfiehlt sich die Anreise über die Suramadu-Brücke, da man auf der Insel ohnehin besser mit eigenem Fahrzeug unterwegs ist.

Flüge

Am **Juanda International Airport**, 💻 www.juanda-airport.com, fahren Shuttle-Busse bis 22 Uhr kostenlos zwischen Terminal 1 und 2. Zudem Damri-Busse und Taxis, s. Nahverkehr.

Es fliegen:

AirAsia, 💻 www.airasia.com, nach Denpasar, Jakarta, Johor Bahru, Kuala Lumpur und Penang;
Airfast Indonesia, ✆ 0812-3777 9614, 💻 www.airfastindonesia.com, nach Karimunjawa am Di und Do, Tickets gegen Barzahlung beim Agenten vor Ort;
Citilink, 💻 www.citilink.co.id, nach Balikpapan, Bandung, Banjarmasin, Denpasar, Jakarta, Kupang, Lombok, Makassar und Pontianak;
Garuda Indonesia, 💻 www.garuda-indonesia.com, nach Ambon, Balikpapan, Bandung, Banyuwangi, Denpasar, Jakarta, Jember, Kupang, Lombok, Makassar, Semarang, Singapore, Sorong und Yogyakarta;
Lion Air, **Batik Air** und **Wings Air**, 💻 www.lionair.co.id, nach Balikpapan, Bandung, Banjarmasin, Denpasar, Jakarta, Kuala Lumpur, Kupang, Lombok, Makassar, Manado, Medan Sorong und Yogyakarta;
Malaysia Airlines, 💻 www.malaysiaairlines.com, nach Kuala Lumpur;
NAM Air und **Sriwijaya**, 💻 www.sriwijayaair.co.id, nach Balikpapan, Bandung, Denpasar, Jakarta, Kupang, Pangkalan Bun, Semarang, Makassar und Yogyakarta;
Royal Brunei Airlines, 💻 www.flyroyalbrunei.com, nach Bandar Seri Begawan;
Silk Air, 💻 www.silkair.com, **Jet Star**, 💻 www.jetstar.com, **Scoot**, 💻 www.flyscoot.com, und **Singapore Airlines**, 💻 www.singaporeair.com, nach Singapore.

Trowulan

Rings um die Fernstraße 15, rund 10 km südwestlich von Mojokerto, liegen die weit verstreuten Überreste des einstigen Machtzentrums von **Majapahit** (S. 109) – für historisch Interessierte ein lohnender Abstecher auf dem Weg von Surabaya nach Süden, ergänzend zu den Sehenswürdigkeiten an der Strecke nach Malang (S. 271).

Seit Mitte des 19. Jhs. wird das mehrere Quadratkilometer große Areal archäologisch erforscht. Seine Ausdehnung, die Wasserreservoirs und -kanäle, zeitgenössische Quellen und Tausende Artefakte bezeugen, dass hier vom 13. bis 16. Jh. eine für damalige Verhältnisse große Stadt existiert hat. Immer wieder stoßen Einheimische beim Aushub von Erde für die vielen kleinen Ziegeleien der Gegend auf Relikte. Die Bausubstanz ist jedoch nahezu ausgelöscht – das *Negara Kertagama* von 1365 berichtet von Hunderten von Tempeln, doch lokalisiert oder gar restauriert wurden nur wenige. Immerhin gibt die Chronik einen Aufschluss über die dramatischen Ereignisse, die zur Gründung von Majapahit führten:

Nachdem **König Kertanegara** auf Tributforderungen des chinesischen Kaisers reagiert hatte, indem er dessen Abgesandten grausam verunstaltet nach Hause schickte, landeten im 13. Jh. chinesische Truppen auf Java, um Vergeltung am Singosari-Reich zu üben. Da war Kertanegara längst gestorben, und der gerissene Prinz **Raden Wijaya** sah in der allgemeinen Verwirrung seine Chance: Er verbündete sich mit den Chinesen und eroberte 1293 Singosari – um postwendend die Invasoren selbst in die Flucht zu schlagen und in Trowulan den Grundstein eines neuen Imperiums zu legen.

Wringin Lawang

Etwa 3 km nachdem die Ortschaft erreicht ist, geht von der Hauptstraße linkerhand die Zufahrt zum nördlichen Tor der einstigen Stadtmauer ab. Imposant erheben sich hiehr die 15,5 m hohen Zwillingstürme über einen kleinen Garten und die angrenzenden Felder. Sie sind beispielhaft für den Majapahit-Stil, mit hoch aufragenden, sich nach oben hin verjüngenden Turmbauten aus Ziegelstein, die aussehen wie in der Mitte durchgeschnitten und im Vergleich zu Tempeln in Zentral-Java und auf Bali kaum Verzierungen und Reliefs aufweisen. Eintritt frei (eine Spende ist erwünscht).

Trowulan

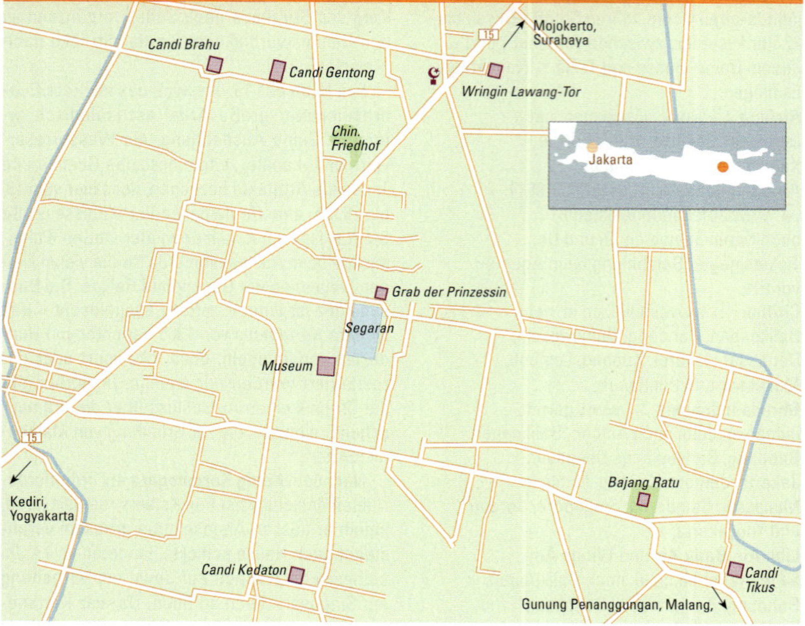

Grab der Prinzessin

Rund 2 km südöstlich führt eine Abzweigung von der Fernstraße zum 1 km entfernten Museum, vorbei am Grab einer Prinzessin aus Champa (Vietnam) und am *Segaran*, einem 500 x 800 m großen Wasserbecken, das heute als Angelteich dient. Ersteres erinnert an die Verbindung zwischen Majapahit und dem Reich der Cham. Zu Beginn des 14. Jhs. heiratete Cham-König Simhavarman III. seinerseits eine javanische Prinzessin, und als die Cham später von den Vietnamesen erobert wurden, floh ihr Herrscher nach Java.

Museum

Die Ausstellung enthält einen Stammbaum der Herrscher von Singosari und Majapahit und jede Menge archäologische Fundstücke: Porzellan aus China, Thailand, Kambodscha und Vietnam, Terrakottafiguren (die teils chinesische oder arabische Händler darstellen), Krüge, hinduistische Götter aus Stein, Münzen, Haushaltsgeräte, Schmuck, Dolche u. v. m. Größere Steininschriften, Statuen und Reliefs sind im hinteren Außenbereich untergebracht. ⌚ 8–16 Uhr, Eintritt 5000 Rp.

Bajang Ratu

Rund 400 m südlich des Museums geht es links ab und nach 1,5 km zum westlichen Tor. Es steht in einem gepflegten Park und wirkt mit seinem gestuften, schlanken Dach von 16,5 m Höhe und erkennbaren Reliefs im Gegensatz zum Wringin Lawang wie „aus einem Stück". *Kala*-Fratzen starren dem Betrachter von allen vier Seiten entgegen. ⌚ 8–18 Uhr, Eintritt 3000 Rp.

Candi Tikus

Wer der Straße vom Bajang Ratu ca. 500 m folgt, erreicht einen auf Java einmaligen Tempel: ein dreistufiger, von gleichmäßig verteilten

Türmchen gekrönter Bau – symbolisch für den Weltenberg Meru –, eingelassen in ein rechteckiges, gemauertes Becken, das von Wasserspeiern gespeist wurde und über eine Treppe an der Nordseite zugänglich ist. Vermutlich handelte es sich um einen zeremoniellen Badeplatz. ⌚ 8–18 Uhr, Eintritt 2000 Rp.

TRANSPORT

Mit **Bussen** von Surabaya nach Jombang bis Trowulan für 10 000 Rp oder bis Mojokerto und von dort per *Ojek*. Für den Besuch der weit auseinander liegenden Sehenswürdigkeiten muss vor Ort ein *Ojek* oder Fahrrad gemietet werden. Am besten mit dem eigenen Fahrzeug anreisen. **Tipp**: An der Strecke von Trowulan nach Malang liegt östlich der Jl. Trawas-Mojosari das Dorf **Trawas** mit schönen Reisterrassen an den westlichen Ausläufern des Gunung Penanggungan, gut zu sehen von der Straße durch Jolotundo, 32 km östlich von Trowulan.

Von Surabaya nach Malang

In dem dicht besiedelten Korridor zwischen Surabaya und Malang können einige Sehenswürdigkeiten besucht werden, vorausgesetzt, man hat ein eigenes Fahrzeug. Hinzu kommen Ausflugsziele in der Umgebung von Malang, S. 277.

Mpu Tantular Museum

Das Museum rund 10 km südlich von Surabaya zeigt Ausgrabungsfunde, Votivobjekte und Steinfiguren aus der Majapahit-Epoche, ost-javanische *Wayang*-Figuren und *Barong*-Kostüme, traditionelle Kleider und Batik-Stoffe und Bilder aus dem kolonialen Surabaya. Wertvoll ist der hinter Gittern ausgestellte siamesische Goldschmuck aus dem 12. oder 13. Jh. Zu erwähnen sind auch die aufwendigen Holzschnitzarbeiten wie der große, traditionelle Klangkörper aus Madura. Im 2. Stock stehen alte technische Geräte wie das dampfgetriebene Motor-Fahrrad, Schreibmaschinen und Musikautomaten, z. B. ein deutsches Symphonion aus dem 18. Jh. Im Garten steht ein alter VW Variant. ⌚ Di–Do 8–15, Fr 8–14, Sa 8–12.30 und So 8–13.30 Uhr, Eintritt 4000 Rp.

Sidoarjo

Im Jahr 2006 wurde 20 km südlich von Surabaya versehentlich ein Schwefelwasserstoff-Reservoir in über 1750 m Tiefe angebohrt. Der seitdem aus mehreren Schlünden aufsteigende heiße Schlamm bildet den weltgrößten **Schlammvulkan** mit einer Höhe von mehr als 50 m. Wasser und Sedimente mischen sich tief in der Erde unter hohem Druck, der den Matsch schließlich nach oben drückt. Der Auswurf wird sich noch jahrelang ansammeln, denn der nahe Vulkankomplex Arjuna-Welirang presst stetig neues Wasser durch die Watukosek-Verwerfung, ein Netz von Bruchstellen in einer Tiefe von bis zu 6 km. Der Schlamm bedeckt eine Fläche von mehr als 6 km^2, obwohl Pumpen ihn stellenweise absaugen und in einen Fluss leiten. Man kann den Damm begehen oder mit dem *Ojek* befahren (ca. 30 000 Rp). Eine Installation zeigt weiße Figuren wie Ertrinkende im Matsch – ein Sinnbild für Zehntausende, deren Dörfer von der stinkenden Masse begraben wurden.

Candi Jawi

In Pandaan, 35 km südlich von Surabaya, geht rechts die Straße nach Tretes ab. Nach gut 2 km gelangt man an einen restaurierten, schlanken Shiva-Tempel, der sich 24,5 m hoch in den Himmel erhebt und wahrscheinlich im 13. Jh. unter König Kertanegara erbaut wurde. Seine Spitze bildet ein buddhistischer Stupa – eines von vielen Beispielen für den religiösen Synkretismus auf Java. Wer die Treppe zum Eingang erklimmt, hat gute Aussicht nach Nordosten und zum Gunung Arjuna im Westen. ⌚ 8–18 Uhr, Eintritt frei (Spende).

Taman Safari

Rund 57 km südlich von Surabaya befindet sich ein 4 km^2 großer **Tier- und Freizeitpark**, 💻 www.safariprigen.com, mit ca. 3000 Tieren und 250 verschiedenen Arten. Wer Zeit hat, kann den ganzen Tag hier verbringen, aber man sollte die Wochenenden meiden, wenn der Park mit einheimischen Familien überfüllt ist.

Auf der einstündigen **Safari** begibt man sich im eigenen bzw. vor Ort bereitgestellten Fahrzeug auf einen 6 km langen Rundkurs mitten durch die Gehege: Selten sind die großen Tiere der afrikanischen Savanne, aber auch Honig- und Braunbären, bengalische Tiger, verschiedene Hirscharten, Komodo-Warane, Strauße u. v. m. so nah zu erleben. Einige Tiere können aus dem Auto mit Möhren gefüttert werden.

Der **Zoo** wartet u. a. mit weißen Tigern, Orang-Utans, Nashornvögeln, Koalas und Humboldt-Pinguinen auf. Von 11–16.30 Uhr finden Shows statt, z. B. mit Delphinen und Seelöwen um 13 Uhr, die Fütterung der Adler und Nashornvögel um 15 Uhr und die der Tiger um 15.30 Uhr. Die Zurschaustellung von Tiger- und Orang-Utan-Babys für Fotos, das Elefantenreiten oder Schwimmen mit Delphinen sollte man meiden.

Die angegliederte **Badelandschaft** ist etwas für Familien mit Kindern. Es können Schließfächer und kleine offene Bungalows für etwas Privatsphäre gemietet werden; Handtücher und Badesachen mitbringen.

🕒 8.30–17 Uhr, Eintritt ohne/mit Besuch der Badelandschaft 160 000/185 000 Rp.

Malang

Von mächtigen Bäumen überschattete Alleen und Plätze, koloniale Architektur, Universitäten und mildes Klima prägen die freundliche Stadt am Brantas-Fluss. Malang ist ein guter Ausgangspunkt für Ausflüge in die abwechslungsreiche Umgebung, zu Stränden, Erholungsorten in reizvoller Berglandschaft oder alten Tempeln. Wer sich nicht in den Gebirgsdörfern langweilen möchte, kann seine Bromo-Tour auch von hier unternehmen.

Im Jahr 1198 wird die Stadt erstmals als Sitz des Königs Malangkuceswara erwähnt, allerdings ist eine Siedlung bereits 760 urkundlich. Zur Boomtown wurde Malang mit dem Anschluss der Eisenbahn im Jahr 1879. Tropengeplagte Europäer kamen zu Tausenden und schufen eine Stadt mit viel Raum für großzügige Anwesen und Magistralen.

Noch heute tragen einige Straßenschilder im Zentrum den indonesischen und darunter den alten holländischen Namen. Der dichte Verkehr in diesen Straßen zeugt davon, dass um Malang ein urbaner Großraum mit weit über 3 Mio. Einwohnern liegt.

Tugu-Platz

Die von Regenbäumen gesäumte, grüne Verkehrsinsel mit ihrem abends beleuchteten Springbrunnen ist ein würdiger Standort für das große **Balai Kota** (früher *Gemeente Huis*) von 1929, das die Stadtverwaltung beherbergt. Sehenswert ist auch das **Tugu Hotel** nebenan. Seine vielen Antiquitäten, Fotografien, Statuen, Vasen, Reliefs, fein geschnitzten Holztore, Gemälde, Licht- und Schattenspiele können auch ohne Übernachtung besichtigt werden. Man kann zum *Afternoon Tea* kommen und sich mit Erlaubnis umschauen oder eine Führung für 95 000 Rp buchen. Die hinteren Bereiche entfalten bei Nacht eine romantische Atmosphäre.

Alun-Alun

Über die Jalan Tumapel und den **Pasar Senggol**, wo bunte Zier- und Singvögel an der Straße verkauft werden, sind es wenige Minuten zum Alun-Alun, einem beliebten, begrünten Platz. An der Westseite stehen einträchtig die **Djamek-Moschee** und die protestantische **Gereja Immanuel** nebeneinander. Es ist ein beeindruckender Anblick, wenn die Moschee zum Freitagsgebet so voll wird, dass sich die Gläubigen sogar auf dem Alun-Alun aufreihen.

Klenteng Eng An Kiong

Am östlichen Ende der Jalan Pasar Besar imponiert der chinesische Tempel mit aufwendig geschmückten Räumen, figürlichen Darstellungen und viel Atmosphäre. Die Drachen und Löwen auf seinen Giebeln wirken fast niedlich im Vergleich zu ihren Artgenossen im Tempelinneren. Im zentralen Schrein sitzt der Gott des Wohlstands, Fu De Zheng Shen, umgeben von einem vergoldeten, reich ausgeschnitzten Holztor und zwei prächtigen Sänften. Die rauchgeschwängerten Räume dahinter sind u. a. We Tho Poo Sat und Guan Shi Yin Pu geweiht und werden von furchteinflößenden Fabelwesen mit leuchtend roten Augen bewacht.

Wie eine Insel der Ruhe steht der Eng An Kiong-Tempel im verkehrsreichen Zentrum von Malang.

© MORITZ JACOBI

JAVA

Kampung Warna Warni

Nördlich des chinesischen Tempels hat der jüngste Modetrend der „Regenbogendörfer" für den einheimischen Instagram-Tourismus auch die Viertel Kampung Tridi und Kampung Jodipan zu beiden Seiten des Flusses erfasst. Wie schon andernorts auf Java wurden die Häuser – teils sogar die Gehwege – in knallig bunten Farben gestrichen, was besonders von der Brücke fotogen wirkt. Eintritt 2000/5000 Rp.

ÜBERNACHTUNG

Cozy Gh., Jl. TGP 8, ✆ 0341-364122. In einer ruhigen Seitengasse der Jl. Ijen Besar liegt das hübsche Kleinhotel mit 14 einladenden, gepflegten Zimmern mit guten Matratzen, TV, Föhn, z. T. auch Kühlschrank um einen schmalen Innenhof mit Fischteich und offenem Frühstücksraum. Der Aufpreis für teurere Zimmer lohnt nicht, und man ist auf Transportmittel angewiesen. ❹–❺

Huize Djon, Jl. Majapahit, ✆ 0818-386300. Bromo Holiday Tours vermietet über dem Office einfache, klimatisierte Etagenbetten mit guten Matratzen für 12 Pers. à 75 000 Rp, ideal für Backpacker mit schmalem Geldbeutel, die vor Antritt einer Tour einfach nur einen Schlafplatz suchen. Schließfächer sind vorhanden.

Kampong Tourist, auf dem Dach des Hotel Helios, Jl. Patimura 37, ✆ 0341-345797, 💻 www.kampongtourist.com. In zentraler, luftiger Lage mit Aussicht führt Martine aus Holland einen Backpacker-Treff. Der Schlafsaal zählt 14 Matratzen à 65 000 Rp, es gibt zudem Doppel- und 3-Bett-Zimmer in simplen Gazebos mit Matratzen auf dem Boden und Gemeinschaftsbad mit Warmwasser. Die Räumlichkeiten sind aus Bambus und sehr hellhörig (Straßenlärm). Restaurant mit Frühstück, Traveller-Küche und Bier. Kochkurse für 155 000–420 000 Rp p. P. je nach Menü und Anzahl der Teilnehmer. Viele Touren. ❷

MADOR, Jl. Laksamana Martadinata 32, ✆ 0341-301 2395, 💻 http://malangdorm.com. Das bei jungen Backpackern beliebte „Malang Dorm Hostel" verbirgt sich im etwas hellhörigen Hinterhaus einer Geschäftszeile und bietet zwei 6-Bett-Zimmer mit Ventilator oder AC für 75 000–90 000 Rp p. P. sowie Doppelzimmer ohne eigenes Bad. Die Matratzen sind nur aus Schaumstoff, aber die Gemeinschaftsbäder sind

Malang

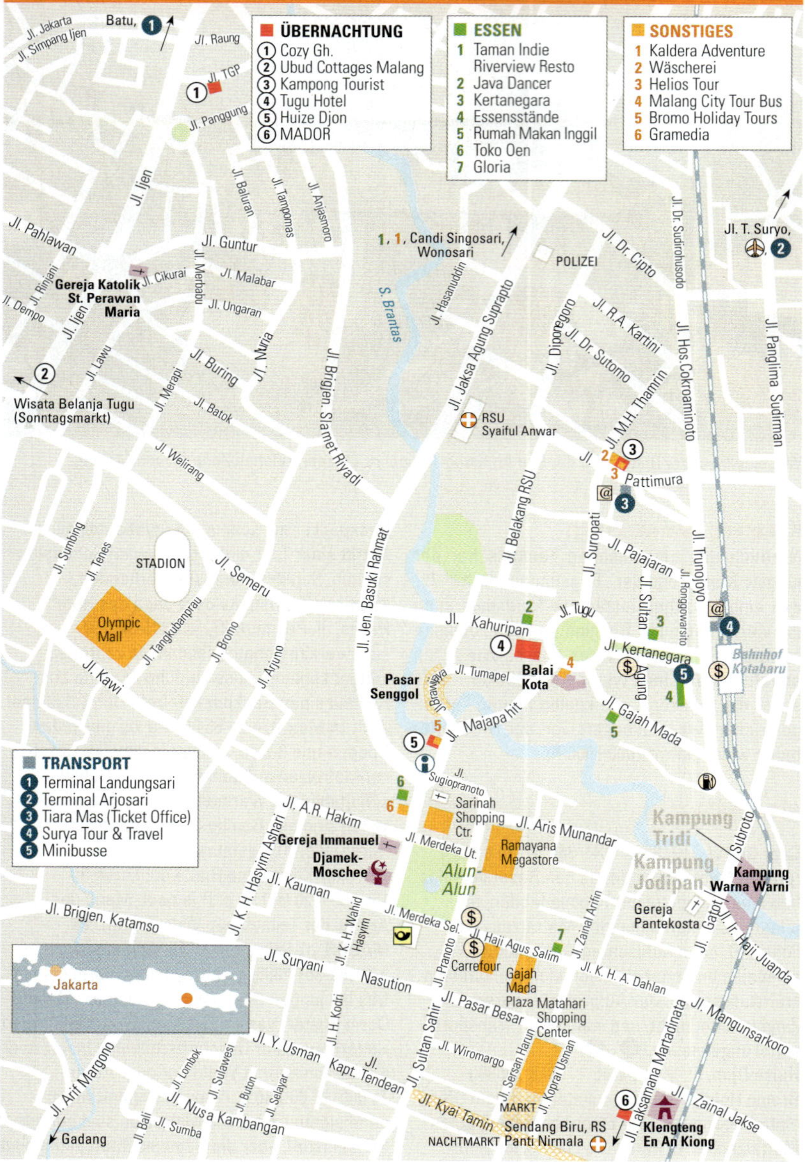
N
0
500 m
ÜBERNACHTUNG
1 Cozy Gh.
2 Ubud Cottages Malang
3 Kampong Tourist
4 Tugu Hotel
5 Huize Djon
6 MADOR
ESSEN
1 Taman Indie Riverview Resto
2 Java Dancer
3 Kertanegara
4 Essensstände
5 Rumah Makan Inggil
6 Toko Oen
7 Gloria
SONSTIGES
1 Kaldera Adventure
2 Wäscherei
3 Helios Tour
4 Malang City Tour Bus
5 Bromo Holiday Tours
6 Gramedia
TRANSPORT
1 Terminal Landungsari
2 Terminal Arjosari
3 Tiara Mas (Ticket Office)
4 Surya Tour & Travel
5 Minibusse
Batu,
Jl. Jakarta
Jl. Simpang Ijen
Jl. Raung
Jl. TGP
Jl. Panggung
Jl. Ijen
Jl. Baluran
Jl. Tampomas
Jl. Anjasmoro
Jl. Pahlawan
Jl. Guntur
Jl. Rinjani
Jl. Cikurai
Jl. Merbabu
Jl. Malabar
Gereja Katolik St. Perawan Maria
Jl. Dempo
Jl. Ungaran
Jl. Lawu
Jl. Merapi
Jl. Buring
Jl. Muria
Wisata Belanja Tugu (Sonntagsmarkt)
Jl. Batok
Jl. Welirang
Jl. Brigjen. Slamet Riyadi
1, 1, Candi Singosari, Wonosari
POLIZEI
S. Brantas
Jl. Hasanuddin
Jl. Jaksa Agung Suprapto
Jl. Diponegoro
Jl. Dr. Cipto
Jl. R.A. Kartini
Jl. Dr. Sutomo
Jl. M.H. Thamrin
RSU Syaiful Anwar
Jl. Dr. Sudirohusodo
Jl. Hos.Cokroaminoto
Jl. T. Suryo,
Jl. Panglima Sudirman
Jl. Pattimura
Jl. Belakang RSU
Jl. Suropati
Jl. Pajajaran
Jl. Trunojoyo
Jl. Ronggowarsito
Jl. Sultan Agung
Jl. Sumbing
Jl. Tenes
STADION
Olympic Mall
Jl. Semeru
Jl. Tangkubanprau
Jl. Bromo
Jl. Arjuno
Jl. Kawi
Jl. Jen. Basuki Rahmat
Jl. Kahuripan
Jl. Tugu
Jl. Kertanegara
Bahnhof Kotabaru
Pasar Senggol
Jl. Brawijaya
Jl. Tumapel
Balai Kota
Jl. Majapahit
Jl. Gajah Mada
Jl. Sugiopranoto
Sarinah Shopping Ctr.
Jl. A.R. Hakim
Jl. Aris Munandar
Kampung Tridi
Kampung Jodipan
Subroto
Kampung Warna Warni
Gereja Immanuel
Djamek-Moschee
Jl. Merdeka Ut.
Alun-Alun
Ramayana Megastore
Jl. K. H. Hasyim Ashari
Jl. Kauman
Jl. Brigjen. Katamso
Jl. K. H. Wahid Hasyim
Jl. Merdeka Sel.
Jl. Haji Agus Salim
Jl. Zainal Arifin
Gereja Pantekosta
Jl. Gatot
Jl. Ir. Haji Juanda
Jakarta
Jl. Suryani
Nasution
Jl. Pranoto
Carrefour
Gajah Mada Plaza
Matahari Shopping Center
Jl. K. H. A. Dahlan
Jl. Pasar Besar
Jl. H. Kodri
Jl. Sultan Sahir
Jl. Wiromargo
Jl. Sersan Harun
Jl. Koprai Usman
Jl. Laksamana Martadinata
Jl. Mangunsarkoro
Jl. Arif Margono
Jl. Y. Usman
Jl. Kapt. Tendean
Jl. Lombok
Jl. Sulawesi
Jl. Buton
Jl. Selayar
Jl. Nusa Kambangan
Jl. Kyai Tamin
MARKT
Sendang Biru, RS Panti Nirmala
NACHTMARKT
Klenteng En An Kiong
Jl. Zainal Jakse
Gadang
Jl. Bali
Jl. Sumba

sauber und die Mitarbeiter sehr angenehm. Motorradverleih, Batik-Kurse und eine Fahrradtour durch die Dörfer. ❷

Tugu Hotel, Jl. Tugu 3, ✆ 0341-363891, 💻 www.tuguhotels.com. Das einladende Hotel mit Pool und gutem Spa ist zu Recht die beste Adresse der Stadt. Mit Antiquitäten geschmückte Flure führen zu 49 geschmackvoll eingerichteten Zimmern und Suiten mit allen Annehmlichkeiten der Preisklasse. Die Kunstwerke im Erdgeschoss sind ein Highlight (S. 272). Sehr aufmerksamer Service und ein erstklassiges Restaurant mit Weinbar. Teure Touren und Kochkurse. ❼–❽

Ubud Cottages Malang, Jl. Bend. Sigura-gura Barat 44, ✆ 0341-507 1458, 💻 0341-571313. Die schönste Anlage in Malang liegt 4 km außerhalb vom Zentrum und stimmt schon mal auf Bali ein. Der vordere Bereich hat Zimmer in Cottages und auf verschiedenen Etagen des Haupthauses, das auf einen Pool und den Bambushain am Fluss blickt; 200 m entfernt liegt das schönere Gartenareal mit einem 2-stöckigen Reihenhaus sowie geräumigen Cottages um einen weiteren Pool mit Liegen und Sonnenschirmen. Ideal für Familien mit Kindern oder Ruhesuchende, die der Hektik der Stadt entfliehen möchten. Der Aufpreis für Zimmer im hinteren Bereich lohnt. Gutes Restaurant, zudem Koch- und Yogakurse. Frühstück inkl. ❸–❻

ESSEN

Gegenüber vom Bahnhof sind **Essensstände** mit Tischen und Stühlen. Jeden So von 6–11 Uhr zieht es die halbe Stadt zum wöchentlichen **Sonntagsmarkt** *Wisata Belanja Tugu* (auch *Pasar Minggu*) in der Jl. Semeru, wo lokale Snacks und Spezialitäten verkauft werden. Abends findet an der Jl. Kyai Tamin ein kleiner **Nachtmarkt** statt.

Gloria, Jl. Agus Salim 23, ✆ 0341-324893, 💻 http://gloriarestaurant.business.site. Der seit 1970 existierende Familienbetrieb ist stadtbekannt für seine hausgemachten Nudeln und hakka-chinesische Gerichte. Große Portionen zu mittleren Preisen. 🕒 9–14 und 17–22 Uhr.

Java Dancer, Jl. Kahuripan, ✆ 0341-351688, 💻 www.javadancer.com. Das von der verkehrsreichen Straße sichtgeschützte, offene Restaurant ist ein beliebter Treffpunkt bei jungen Erwachsenen und trumpft mit teils seltenen Kaffeesorten aus allen Ecken Indonesiens auf, die fachgerecht im Siphon gereicht werden. Achtung bei der Bestellung: Die Variante *Tubruk* kommt mit nur sehr grob gemahlenen Kaffeebohnen in der Tasse. 🕒 8–23 Uhr.

Kertanegara, Jl. Kertanegara 1, ✆ 0341-366203, 💻 www.kertanegararesto.com. Besonders an Wochenenden füllt sich das bei Gruppen beliebte Restaurant mit Tischen in den Innenräumen und im Außenbereich. Serviert werden leckere indonesische und chinesische Gerichte sowie Seafood zu etwas höheren Preisen als üblich. 🕒 10–22 Uhr.

Rumah Makan Inggil, Jl. Gajah Mada 4, ✆ 0341-332110. Zwischen den mit Antiquitäten und alten Fotos dekorierten Wänden des beliebten Restaurants kann man auf dem Boden sitzen und gute javanische Gerichte und Heißgetränke zu angemessenen Preisen probieren, z. B. *Pecel Terong* (*Tempe* mit Ei in Soße), *Urap-Urap* (Wasserspinat, Bambussprossen, getrocknete Fischlein und geröstete Kokosraspeln) oder *Ayam Kendil* (Huhn im Suppentopf). Ab 19 Uhr Livemusik und Tanzshow. 🕒 10–22 Uhr.

Taman Indie Riverview Resto, Lawang Sewu Golf 2–18, 5 km nördlich des Zentrums, ✆ 0341-417777, 💻 www.tamanindie.com. Die Anfahrt zu dem Restaurant am Ufer einer Flussbiegung lohnt v. a. abends, wenn traditionell gekleidete Kellner im stimmungsvollen Ambiente zwischen kleinen Separees hervorragende javanische Gerichte und Reistafeln servieren, die – an Qualität und Atmosphäre gemessen – gar nicht mal teuer sind. 🕒 11–23 Uhr.

Toko Oen, Jl. Jend. Basuki Rahmat 5, ✆ 0341-364052, 💻 https://tokooenmalang.com. Ein Hauch Nostalgie weht um das Interieur des seit den 1930er-Jahren existierenden Restaurant-Cafés. Neben gefüllten Pastries, Eisbechern und Torten werden Sandwiches,

Burger und Steaks serviert, die europäische Geschmäcker jedoch unbefriedigt zurücklassen. ⌚ 8–21.30 Uhr.

TOUREN

Die Touren zum Gunung Bromo, Ijen-Massiv und weiter nach Bali sind in Malang – obwohl näher dran – verhältnismäßig teurer als in Yogyakarta. Los geht's gegen 1 oder 2 Uhr, Tagestouren führen via Jemplang an die Westseite des Kraters und sind gegen Mittag zurück. Preise p. P. inkl. Eintritt und Frühstück.

Bromo Holiday Tours, Jl. Majapahit, ✆ 0812-3306 6434, 💻 www.bromoholidaymalang.com. Jon Alif spricht gutes Englisch und bietet Tagestouren zum Gunung Bromo oder zur Pulau Sempu für 600 000–650 000 Rp; 3 Tage zum Bromo, Ijen-Massiv und zur Fähre nach Bali für 1,35–1,55 Mio. Rp.

Helios Tour, Jl. Patimura 37, ✆ 0341-351801, 💻 www.heliostour.net. Tagestouren zur Pulau Sempu kosten 600 000–800 000 Rp, zum Bromo mit Stopps an Tempeln 650 000–950 000 Rp. 3 Tage zum Bromo, Ijen-Massiv und zur Fähre nach Bali gibt's für happige 1,6–2,65 Mio. Rp., 2-tägige Besteigung des Gunung Semeru mit Übernachtung im Camp für 2,4–3,2 Mio. Rp inkl. Träger. Mietwagen mit Fahrer sind überteuert.

€ **Malang City Tour**, Tugu-Platz. Vor dem Balai Kota starten Sa gegen 8 oder 9 Uhr und So gegen 9.30 Uhr zwei grüne Doppeldecker zu einer kostenlosen Fahrt via Alun-Alun, Jl. Kawi und Jl. Ijen zum Museum Brawijaya (ca. 1 Std.) und zurück. Manchmal sind die Busse komplett von Reisegruppen ausgebucht.

EINKAUFEN

Gramedia am Alun-Alun führt außer Schreibwaren und Wörterbüchern auch etwas Outdoor-Equipment, Rucksäcke, Kabel und Ladegeräte. ⌚ 8–20 Uhr.

Mal Olympic Garden, Jl. Kawi 24. Großes Einkaufszentrum mit Giant-Supermarkt, Sport-, Outdoor- und Bekleidungsgeschäften, Restaurants und Imbissketten. ⌚ 10–22 Uhr.

SONSTIGES

Auto- und Motorradvermietungen

Man kann Motorroller für 70 000–80 000 Rp pro Tag bei **Bromo Holiday Tours** und **Helios Tour**, s. Touren, aber auch bei **Omah Motorent**, 💻 http://omahrentalmotormalang.com, und einigen Unterkünften mieten. Diverse Ausführungen der Kawasaki KLX für geübte Fahrer, die durch das Sandmeer des Gunung Bromo fahren wollen, bietet **Kaldera Adventure**, Jl. Melati 14, ✆ 0341-404054, 0813-3377 9301, 💻 www.kalderaadventure.com, für 175 000–250 000 Rp. Mietwagen mit Fahrer kosten über Unterkünfte und Reisebüros ab 600 000 Rp inkl. Benzin.

Medizinische Hilfe

RS Panti Nirmala, Jl. Kebalen Wetan 2–8, ✆ 0341-362459, 💻 www.rspantinirmala.com.

RSU Saiful Anwar, Jl. Jaksa Agung Suprapto 2, ✆ 0341-362101, 💻 http://rsusaifulanwar.jatimprov.go.id.

Post

Jl. Merdeka Selatan 5. ⌚ Mo–Sa 7–20 Uhr.

NAHVERKEHR

Fahrradrikschas sind selten geworden und kosten 10 000–20 000 Rp. Die **Minibusse** der Linie A–G fahren zwischen Terminal Arjosari und Bahnhof, Linie A–L zwischen Terminal Arjosari und Landungsari für 5000 Rp. **Taxis** warten vor dem Busbahnhof an der Hauptstraße. Einstiegsgebühr 7500 Rp, dann 4250 Rp pro km, Bestellung 30 000 Rp, z. B. **Citra Taxi**, ✆ 0341-490555.

TRANSPORT

Busse

Zum **Terminal Arjosari** in 30 Min. per Minibus oder Taxi, s. o.

BANYUWANGI (Fähre nach Bali) via PROBOLINGGO (2 Std., 20 000–30 000 Rp) alle 30 Min. von 4.30–20 Uhr für 60 000 Rp in 7–8 Std.

BONDOWOSO um 11.25, 14 und 19 Uhr für 40 000 Rp in 5–6 Std.

DENPASAR und MENGWI mehrmals von 17–19 Uhr für 160 000–190 000 Rp in 12–13 Std.
SEMARANG gegen 15.30, 18 und 19.30 Uhr für 105 000 Rp–145 000 Rp in 10–11 Std.
SURABAYA alle 30–60 Min. von 3–23 Uhr für 15 000–25 000 Rp in 2 1/2 Std.
YOGYAKARTA via SOLO (ab 105 000 Rp, 8 Std.) gegen 7, 8, 12, 18.30 und 19 Uhr für 105 000–135 000 Rp in 9–10 Std.
Das Busunternehmen **Tiara Mas**, ✆ 0341-737 6094, fährt Ziele im Osten an und hat auch ein Ticket Office in der Jl. Pattimura, Karte S. 274.

Minibusse und Sammeltaxis

Für mittlere Strecken empfehlen sich Großraumtaxis und 11-Sitzer mit Abholung und Drop-off, buchbar beim Anbieter, z. B. **Bali Nusa Trans**, ✆ 0341-554600, 💻 www.balinusatrans, oder im Reisebüro, z. B. **Surya Tour & Travel**, Jl. Trunojoyo, ✆ 0341-354117, 💻 www.surya-travel.com, 🕒 7–21 Uhr.
DENPASAR via BANYUWANGI (130 000 Rp) um 17 und 19 Uhr für 220 000 Rp, komfortablere 9-Sitzer kosten 280 000–300 000 Rp inkl. Fährticket.
PROBOLINGGO um 5 und 15 Uhr für 75 000 Rp.
SURABAYA alle 2 Std. von 7–21 Uhr für 90 000 Rp, zudem mit **Zena**, ✆ 0341-710026, 💻 www.zenatravelindo.com, stdl. von 3–17 Uhr für 80 000–90 000 Rp.
YOGYAKARTA via SOLO um 19 und 20 Uhr, mit **Dieng**, ✆ 0341-346000, auch um 8 Uhr, für 140 000–150 000 Rp.

Eisenbahn

Züge verlassen den Bahnhof **Kotabaru**, Jl. Trunojoyo. Tickets auf 💻 https://kai.id oder 💻 www.tiket.com, Preise für Economy+ Business/Executive:
BANDUNG um 16 und 16.30 Uhr ab 185 000/365 000 Rp in 16 Std.
BANYUWANGI via PROBOLINGGO (3 Std.) und KALIBARU (6 Std.) um 16.05 Uhr für 62 000 Rp in 8 Std. In Probolinggo fahren bei Ankunft keine regulären Minibusse nach Cemoro Lawang mehr, sodass übernachtet oder gechartert werden muss.
JAKARTA (Gambir) um 13.30 und 14.25 Uhr ab 435 000 Rp, bis Pasar Senen um 11.45, 17.30 und 18.30 Uhr ab 109 000 Rp in 14–16 Std.
SEMARANG (Tawang) um 17.30 und 18.30 Uhr ab 109 000 Rp, bis Poncol um 11.45 Uhr ab 180 000 Rp in 7–9 Std.
SURABAYA (Gubeng) um 11.45 und 14.25 Uhr ab 35 000/60 000 Rp in 2 Std.
€ Billiger (und langsamer) ist der Bummelzug um 4.30, 7.08, 12.37, 16.49 und 20 Uhr für 12 000 Rp via Gedangan, 8 km vom Flughafen, und Waru, 5 km vom Terminal Purabaya. Tickets hierfür erst 3 Std. vorher.
YOGYAKARTA via SOLO um 8.20, 13.30, 14.25, 16, 16.30 und 20.10 Uhr ab 140 000 Rp/210 000 Rp in 7–8 Std.

Flüge

Vom **Flughafen Abdul Rachman Saleh** (MLG), 15 km nordöstlich (Taxi 70 000 Rp), fliegen **Batik Air**, **Lion Air** und **Wings Air**, 💻 www.lionair.co.id, **Citilink**, 💻 www.citilink.co.id, **Garuda**, 💻 www.garuda-indonesia.com, und **Sriwijaya Air**, 💻 www.sriwijayaair.co.id, nach JAKARTA. Ein größerer Flughafen ist in Planung.

Die Umgebung von Malang

Candi Singosari

Etwa 12 km nördlich von Malang findet man 500 m westlich des Markts und der Hauptstraße von **Singosari** einen 15 m hohen Shiva-Tempel. Der nach Westen ausgerichtete Bau wurde um 1300 erbaut und ist Vermutungen zufolge der Grabtempel von König Kertanegara (S. 109). Über dem Eingang prangt eine *Kala*-Fratze, während die Außennischen im Norden, Osten und Süden von den Gottheiten Gauri, Ganesha bzw. Agastya besetzt waren. Viele Reliefs und Statuen stehen heute in den Museen von Leiden, Jakarta und Bangkok, weshalb der Tempel etwas nackt wirkt. Rund 200 m westlich stehen rechts und links der Straße zwei dicke, fast 4 m hohe und mit Keulen bewehrte Wächterstatuen. 🕒 8–18 Uhr, Eintritt frei (Spende). Minibus ab Terminal Arjosari bis zum Markt für 5000 Rp.

Wonosari

Etwa 30 km nördlich von Malang, an den Ausläufern des Gunung Arjuna, liegt auf 950–1250 m Höhe die Teeplantage **Wisata Agro Wonosari**, ✆ 0811-363 7198, 💻 www.agro-ptpn12.com. Besucher können nach Anmeldung gegen 21 Uhr an Führungen durch die Fabrik teilnehmen, nachdem die Pflücker ihre Ernte eingebracht und zum Trocknen ausgelegt haben. Die verschiedenen Phasen, in denen der Tee für den Export sortiert wird, sind schon am Geruch zu unterscheiden. Ab Malang per Minibus oder Zug nach Lawang, dann Motorradtaxi für 20 000 Rp. Touren vom Kampong Tourist (S. 273) kosten 100–120 000 Rp p. P. mit Nutzung der Öffentlichen und 190 000–220 000 Rp mit Motorrollern.

Tumpang

Das kleine Örtchen, 16 km östlich von Malang (weiße Minibusse, 10 000 Rp), ist ein alternativer Ausgangspunkt für die Bromo-Tour, aber auch ein Stopp auf dem Weg zu alten Tempeln und Wasserfällen. Nahe dem Markt liegt der kleine **Candi Jago** aus dem 13. Jh., vermutlich ein Grabtempel für den Singosari-König Vishnuvardhana. Eine hier gefundene Reliefdarstellung eines Bodhisattva erwähnt interessanterweise Adityawarman, den Majapahit-Prinzen und Gründer der Minangkabau-Dynastie von West-Sumatra (S. 578).

Übernachten kann man an der Straße nach Jemplang im **Rani Homestay**, ✆ 0341-787329, 💻 www.raniadventure.com, in 14 um einen Garten angelegten, sauberen Zimmern mit guten Matratzen und Warmwasser bei der kundigen Rani, die gutes Englisch spricht und Jeeptouren zum 1 1/2 Std. entfernten Gunung Bromo organisiert. Auch Besteigungen des Gunung Semeru für 4,2 Mio. Rp bei 2 Pers. Frühstück inkl. ❹

Candi Kidal

Wer in Tumpang an der Abzweigung nach Jemplang (links) zunächst nach Rejokidal (rechts) abbiegt, gelangt nach 6 km zum Candi Kidal. Der 12,3 m hohe, um 1248 zu Ehren von König Anusapati errichtete Bau weist fein gearbeitete Reliefdarstellungen des Garuda-Mythos auf. Untypisch ist das Fehlen einer Spitze, stattdessen endet das mehrstufige Dach abrupt mit einer großen Fläche. Noch immer bringen die Indonesier hier täglich Opfergaben dar, und seltsame Dinge geschehen manchmal. So gelangte 2017 ein Auto von der 65 m entfernten Straße auf ungeklärte Weise in den Tempelbereich und krachte frontal gegen den Candi, der wie durch ein Wunder unversehrt blieb. ⏲ 8–16 Uhr, Eintritt frei (Spende).

Museum Panji

Rund 3 km westlich von Tumpang hat der Antiquitätensammler und Lokalhistoriker Dwi Cahyono ein tolles Privatmuseum realisiert. Die Ausstellung zeigt *Wayang*-Puppen und Schattenspielfiguren des ost-javanischen *Panji*-Theaters, von denen einige über hundert Jahre alt sind. Auch Objekte aus dem Besitz der letzten Sultansfamilie von Malang und prähistorische Funde sind zu sehen. Interessant sind die alten Fotos von holländischen Expeditionen zum Gunung Bromo und das Diorama von der Schlacht zwischen Majapahit und dem Pajajaran-Reich. Der Außenbereich mit Pool zum Abkühlen ist dem Candi Penataran und dem Kraton Ratu Boko (S. 227) nachempfunden. Dahinter führt ein Pfad zu einem kleinen Wasserfall. ⏲ 8–17 Uhr, Eintritt 25 000 Rp, Kinder 20 000 Rp.

Coban Pelangi

Etwa 13 km östlich von Tumpang und 3,5 km vor dem westlichen Eingang zum Bromo-Tengger-Semeru-Nationalpark liegt südlich der Straße ein fotogener **Wasserfall**. Man erreicht ihn am Ende eines rund 700 m langen, steilen und überwiegend befestigten Wegs in die bewaldete Schlucht. Auch in der Trockenzeit stürzen hier die Wassermassen über 30 m in die Tiefe, und der resultierende Sprühnebel erzeugt manchmal Regenbögen *(Pelangi)* über der idyllischen Szenerie. Vom Hauptweg führt ein Abstecher zum **Aussichtspunkt** Rainbow Hill. ⏲ 8–17 Uhr, Eintritt 15 000 Rp.

Batu

Das mild temperierte Batu, 17 km nordwestlich von Malang, oder vielmehr seine von Obst- und Blumenplantagen, Wäldern und Hügeln geprägte Umgebung, zieht hitzegeplagte Großstädter an wie ein Magnet. Ein Besuch lohnt nur unter

© MORITZ JACOBI

Der Coban Pelangi speist ein sattgrün bewaldetes Tal mit klarem Quellwasser aus dem Tengger-Massiv.

JAVA

der Woche am Vormittag, denn an Wochenenden und Feiertagen verbringen tausende Indonesier ihre Freizeit an den auf Einheimische abzielenden Attraktionen.

Auf dem 300 m hohen Hügel **Gunung Banyak** westlich des Zentrums befindet sich eine **Paragliding**-Station, wo von 8–17 Uhr Gleitflüge für 350 000 Rp inkl. Versicherung und Rücktransport unternommen werden können, ✆ 0822-4499 4487 (Bayu). Wer nicht fliegt, kann die grandiose Aussicht genießen und durch den angrenzenden Garten **Taman Langit** (10 000 Rp) schlendern, wo sich Indonesier vor Skultpuren und Holzhäuschen fotografieren.

Das Areal um den beliebten **Coban Rondo**, 💻 http://cobanrondo.co.id, 4 km westlich der Stadt, wurde um eine Seilrutsche, ein Heckenlabyrinth, ein Hirschgehege und andere Attraktionen ergänzt. Der 30 m hohe Wasserfall führt besonders in der Regenzeit viel Wasser, die Ufer sind dann manchmal für Besucher gesperrt. In der fortgeschrittenen Trockenzeit fließt nur ein dünnes Rinnsal. 🕒 8–17 Uhr, Eintritt 100 000 Rp.

Im **Kampung Lumbung**, am südlichen Ortseingang (Zufahrt nördlich gegenüber der blau-weißen Moschee), ✆ 0341-540 6951, 💻 www.grahabunga.com, übernachtet man in einem 2 ha großen Resort am Hang mit Teichen und 2 Quellwasserpools sowie Hütten aus recyceltem Holz, teils mit Gemeinschaftsbad. Besser sind die kühlen Zimmer im 2-stöckigen Massivhaus nahe dem Parkplatz. Der Garten beherbergt viele, teils seltene Pflanzen. Frühstück inkl. ❸–❺

Ab Terminal Landungsari in Malang per Minibus Nr. 10 für 5000 Rp in 30 Min., ab Terminal Batu zu Zielen in der Umgebung per Motorradtaxi für 20 000–30 000 Rp.

Pulau Sempu

Ein beliebtes Ziel für Ausflüge ist die Insel Sempu, nur 200 m vor der Küste von **Sendang Biru**, einem Fischerort 70 km südlich von Malang. Die von urwüchsigem Dschungel bewachsene Insel steht unter Naturschutz, aber die meisten Besucher kommen ohnehin der **blauen Lagune** wegen. Diese wird durch das aus einer Felsspalte einströmende Meerwasser gespeist und bildet eine von Dschungel, Strand und Felsen gesäumte, sichere Badebucht.

Für die zweistündige Fahrt nach Sendang Biru ist ein eigenes Fahrzeug erforderlich. Es empfiehlt sich, sehr früh in Malang aufzubrechen sowie feste Schuhe und Badesachen mitzunehmen. An den Warung in Sendang Biru kann man ein Lunchpaket kaufen oder gegrillten Fisch für den Verzehr nach Rückkehr von der Insel ordern. Ein vorgeschriebener Guide und der Bootstransfer hin und zurück kosten jeweils 130 000 Rp und sind direkt bei den Bootsleuten zu entrichten. An den besucherstarken Wochenenden sind alle Guides mit Gruppen unterwegs, d. h. man muss sich einer Gruppe anschließen. Auf der Insel gelangt man – je nach Kondition und Wetter – in einem ein- bis zweistündigen Marsch über einen hügeligen, von Wurzeln durchpflügten und stellenweise vermüllten Dschungelpfad zur Lagune.

Balekambang und Pantai Goa Cina

Wer den Ausflug nach Pulau Sempu etwas verlängern möchte, kann die Küstenstraße von Sendang Biru gen Westen fahren. Dort ist nach 7 km der **Pantai Goa Cina** ausgeschildert, erreichbar über eine 1 km lange schlechte Stichstraße. Der gelbe Sandstrand ist die meiste Zeit recht leer, der Blick geht von hier zu einer Felsinsel (Eintritt 5000 Rp), die mit Hütten zum Übernachten bebaut ist und schöne Aussicht auf die Küste und die Brandung gewährt. Leider erhebt das Dorf jeweils 10 000 Rp Eintritt und Parkgebühr.

Zurück auf der Straße geht es 16 km durch hügeligen Kuppenkarst mit Bananen- und Teakplantagen sowie ein paar Reisfeldern zur Abzweigung nach **Balekambang**. Der lange Strand ist ein Pilgerziel von Hindus und von Warung gesäumt. Am Ende des Wegs führt eine Fußgängerbrücke zu einem Felsen im Meer, auf dem der schlichte Hindutempel **Pura Luhur Amertha Jati** steht. Unspektakulär für jene, die noch Tanah Lot auf Bali besichtigen werden, aber man kann den Einheimischen beim Fangen von Meerestieren zusehen und zu Fuß in weniger als 1 Std. zum einsamen **Pantai Mbehi** wandern. Eintritt 16 000 Rp, Motorrad 5000 Rp, Parken 5000 Rp.

4 HIGHLIGHT

Gunung Bromo

Von allen Vulkanen Indonesiens ist der Stratovulkan Bromo – benannt nach dem Hindugott Brahma – der bekannteste und landschaftlich schönste. Die einmalige Kulisse des Sandmeers und seiner Vulkankegel inmitten des Tengger-Massivs ist auch ohne stundenlange Klettertouren erlebbar. Besonders beliebt und fotogen ist der Sonnenaufgang, wenn alles in rötliches Licht getaucht ist und dichte Wolken im Tal liegen. Die gute Erreichbarkeit und die Lage an der Hauptreiseroute nach Bali machen den Gunung Bromo zu einer der meistbesuchten Naturdestinationen Südostasiens, mit Tausenden Besuchern Tag für Tag.

Zwei gewaltige Eruptionen eines urzeitlichen Zwillingsvulkans formten die gut 10 km² große **Tengger-Caldera** mit ihrem steilen, 200–600 m hohen Kraterrand. Das darin befindliche **Sandmeer** ist das Resultat späterer Ausbrüche von fünf kleineren Vulkanen: Bromo (2329 m), Watangan (2614 m), Batok (2440 m), Kursi (2581 m) und Widadaren (2601 m). Bis auf den Batok sind alle aktiv. Das Massiv liegt im 502 km² großen **Bromo-Tengger-Semeru-Nationalpark**.

Die Bergwelt ist das Gebiet von etwa einer halben Million **Tengger**. Der Legende nach stammt dieses Bergvolk von den Majapahit-Thronerben Roro Anteng und Joko Seger ab *(Teng-Ger)*. Während der höfische Adel Ost-Javas im 15. Jh. zum Islam übertrat oder nach Bali auswanderte, zogen sich die Tengger in die Berge zurück, wo sie ihre volkstümlichen hinduistischen Traditionen bewahrt haben. Mit Wickelröcken, oft wie Decken um den Oberkörper getragen, kleinen Pferden und wettergegerbten Gesichtern erinnern sie an Menschen in den südamerikanischen Anden.

Anreise

Immer wieder kommt es zu **Eruptionen** des Bromo, und man sollte sich daher vor einem Besuch erkundigen, ob das Gebiet aufgrund erhöhter vulkanischer Aktivität vorübergehend gesperrt ist, z. B. anhand der Farbtabelle des Geologischen Instituts, 💻 www.vsi.esdm.go.id,

Alternative Routen zum Gunung Bromo

Wer mit eigenem Fahrzeug unterwegs ist und lediglich für eine Tagestour anreist, muss nicht nach Cemoro Lawang fahren. Von Westen her schneller erreicht sind **Tosari** und **Wonokitri**, die Straße ist jedoch teils sehr steil – zu zweit auf einem Automatikroller nicht ganz einfach. Besucher mit Pkw müssen am Parkeingang parken und für 750 000 Rp einen Jeep für max. 6 Pers. mieten. Am Krater steuern viele den über eine lange Treppe erreichbaren Aussichtspunkt **Bukit Cinta (Love Hill)** an, der etwas niedriger liegt als die Spots weiter nordöstlich. Man blickt auf den Gunung Batok, der den Gunung Bromo halb verdeckt. Etwas weiter fährt man zum **King Kong Hill**, allerdings ist hier die Sicht auf den Sonnenaufgang von Mai bis August anfangs durch einen Hügel verdeckt, im Okt und Nov dagegen sehr gut. Das wissen leider auch Hunderte andere, die über Cemoro Lawang kommen. Tipp: Der Trampelpfad linker Hand führt zu einem weniger überlaufenen Aussichtspunkt ein kleines Stück höher.

Die Fahrt via **Tumpang** und **Ngadas** nach **Jemplang** lässt sich auf dem Rückweg mit dem Besuch des Coban Pelangi-Wasserfalls und des Museum Panji kombinieren, s. S. 278. Der Nachteil: Man blickt auf den Gunung Kursi und Gunung Widadaren. Um den Gunung Bromo zu sehen, muss man in den Krater und gegen den Uhrzeigersinn um den Gunung Kursi durchs Sandmeer fahren. Auch für geübte Fahrer ist das mit einem Roller schwierig und gerade so machbar, hingegen mit Off-Road-Bikes (z. B. von Kaldera Adventure, S. 276) ein Heidenspaß.

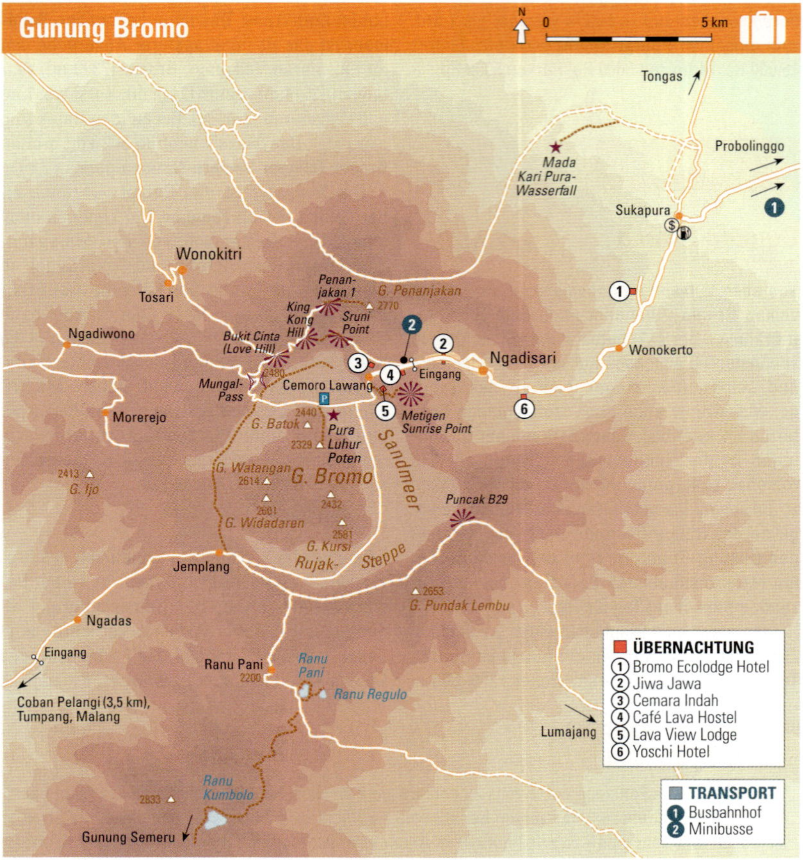

wobei Rot die höchste Gefahrenstufe bedeutet. Die meisten Besucher bleiben eine Nacht und fahren am nächsten Morgen zum Ijen-Massiv, nach Bali oder Surabaya. Ab Malang sind auch Tagestouren möglich. Die übliche Anreise erfolgt von Norden über die Küstenstadt **Probolinggo** oder **Tongas** via **Sukapura** und **Ngadisari** nach **Cemoro Lawang**, wo man übernachten kann. Die Sonne geht zwischen 4 und 5.30 Uhr auf. Für Panoramafotos ohne die langen Schatten eignet sich die Zeit zwischen 6 und 9 Uhr. Beim morgendlichen Ausflug sollte man **warme Kleidung** tragen, einige Unterkünfte verleihen Jacken für 25 000 Rp. Mit einer **Lampe** ist der Weg auch ohne Führer zu finden, im Zweifel einfach den Jeeps und den Pferden der Tengger folgen, die mit Touristen auf dem Rücken zum Krater trotten. An den einzelnen Anlaufpunkten herrscht großer Andrang. Wer Zeit hat, kann mit der Besichtigung warten, bis die meisten Touristen nach dem Frühstück abgereist sind.

Kraterrand

Die beste Sicht hat man nicht vom Gunung Bromo, sondern von verschiedenen Stellen am Kraterrand. Cemoro Lawang am nächsten liegt der

Metigen Sunrise Point, weniger als 1 km östlich hinter der Lava View Lodge. Weitere Aussichtspunkte befinden sich am **Gunung Penanjakan**, einer 2770 m hohen Erhebung, zu Fuß ca. 1 Std. nordwestlich vom Cemoro Lawang. Bereits am **Sruni Point** (Penanjakan 2), 5 km von Cemoro Lawang, hat man den Bromo, den Semeru, das Tal und die Wolkendecke sehr gut im Blick, und der steile, 2 km lange Marsch von der für Jeeps letzten befahrbaren Stelle des Wegs bis zum Aussichtspunkt lohnt sich. Die beste Sicht gibt es 3 km weiter oberhalb, nahe dem Gipfel am **Penanjakan 1** – entsprechend groß ist dort morgens aber auch das Gedränge.

Gunung Bromo

Spätestens nach Sonnenaufgang zieht es die meisten Besucher von Cemoro Lawang 1,8 km durch das Sandmeer, zu Fuß etwa 30 Min. Vom dortigen Parkplatz geht es – die baumbestandene Flanke des Gunung Batok zur Rechten und den nicht öffentlich zugänglichen Hindutempel **Pura Luhur Poten** zur Linken – zum Gunung Bromo, dessen Kegel über 240 Treppenstufen erklommen wird. Man sollte nicht versuchen, seinen Krater zu umrunden, denn der Pfad verengt sich auf Fußbreite und ist bald nur noch rutschend zu bewältigen. Auch wer es hinunter zum Schlund schafft, wird die sandige, steile Innenwand nur mit Mühe wieder hochkommen. Abgesehen von den Schwefeldämpfen, die ständig die Lunge reizen, strömen manchmal Gase aus, durch die man bewusstlos werden kann.

Gunung Semeru

Der mit 3676 m höchste Vulkan Javas ist zugleich einer der aktivsten Indonesiens. Majestätisch raucht er im Osten vor sich hin – das i-Tüpfelchen im perfekten Vulkanpanorama der westlichen Aussichtspunkte. Eine Besteigung dauert zwei bis drei Tage, ist extrem anstrengend und nicht ungefährlich. Immer wieder verunglücken Bergsteiger durch Stürze oder Steinschlag. Daher wird man von den Guides auf Tauglichkeit geprüft. Der 20 km lange Trek führt von **Ranu Pani** (dort Homestays und Ausrüstung) vorbei am Zeltplatz **Ranu Kumbolo**. Ab **Kalimati** (2700 m) wird es sehr steil. Das Permit für den Nationalpark muss pro Tag bezahlt werden.

ÜBERNACHTUNG UND ESSEN

Die meisten Unterkünfte befinden sich an der lauten Hauptstraße und verfügen über Warmwasser. Da das Gros der Touristen mit Pauschaltouren anreist und kaum länger als eine Nacht bleibt, lassen auch der Service und die Freundlichkeit zu wünschen übrig; viele Mitarbeiter wollen in erster Linie Touren und Transportdienste verkaufen. Reservierung ist ratsam. Die meisten Unterkünfte haben ein eigenes Restaurant mit WLAN bzw. eins in der Nachbarschaft.

Probolinggo

Clover Homestay, Jl. Mawar Merah 8, ✆ 0335-449 3483, 💻 www.cloverhomestay.com, Karte S. 260. Die mit Abstand netteste Unterkunft im Ort versteckt sich in einer schmalen Gasse nördlich der Hauptstraße und wird von zwei sehr freundlichen Herren geführt, die gutes Englisch sprechen. Die klimatisierten, gepflegten Zimmer verteilen sich um einen Parkplatz, an den auch die offene Café-Lobby grenzt. Außer Touren zum Bromo (650 000 Rp pro Auto) auch Touren zu den Walhaien für 750 000 Rp in der Saison (Kasten S. 285). Reservierung empfohlen. Frühstück inkl. ❷–❸

Hary's Homestay, schräg gegenüber vom Busbahnhof, ✆ 0335-589 4614, 💻 www.haryshomestay.com, Karte S. 260 . Wer abends keinen Bus mehr nach Cemoro Lawang erwischt, kann in einem der 22 kleinen, sauberen und für eine Nacht völlig ausreichenden Zimmer übernachten. Einige haben AC. Das Gebäude ist eher ein Motel als ein Homestay, und das Personal kann Privattransport zum Bromo arrangieren. ❷–❸

Sukapura

Zum Kraterrand fährt man 20 Minuten. Ein Taxi aus Probolinggo kostet 200 000 Rp (hin und zurück).

Bromo Ecolodge Hotel, ✆ 0335-587 1034, 💻 www.fb.com/thebromoecolodge. Ca. 100 m von der Hauptstraße an einer kleinen Seitengasse gelegenes Hotel mit kleinen, funktionalen Zimmern in umfunktionierten Frachtcontainern, die für hiesige Verhältnisse relativ modern eingerichtet und nicht so abgewohnt sind. Freundlicher Service und faire Preise für Bromo-Touren. ❹

Ngadisari

Motorradtaxi zum Kraterrand 50 000 Rp.

Jiwa Jawa, 3 km vor Cemoro Lawang, ✆ 0335-541193, 💻 www.jiwajawa.com. Das einzige Hotel von gehobenem Standard mit gepflegtem Garten, Fotogalerie und freundlichem Service bietet 50 moderne, relativ hochwertig eingerichtete Zimmer und Bungalows mit TV zu beiden Seiten der Straße. Wem die Gerichte im Restaurant zu teuer sind, der findet 100 m entfernt einen günstigen Warung. Fragt sich nur, ob die überteuerten Zimmer es wert sind, wenn man bereits vor Sonnenaufgang loszieht. Frühstück inkl. ❼–❽

Yoschi Hotel, 4 km vor Cemoro Lawang, ✆ 0813-3129 8881, 💻 www.hotelyoschi.com. Von den 35 um einen Garten verteilten, überwiegend mit Bast ausgekleideten, hellhörigen Zimmern der rustikalen Sorte sind die billigsten mit hauchdünnen Matratzen, Gemeinschaftsbad (Warmwasser für 5000 Rp) oder nur Kaltwasser nicht empfehlenswert. Die Superior- und Deluxe-Zimmer sind geräumiger und wohnlicher und haben Bäder mit Warmwasser. Das Restaurant verfügt über WLAN und serviert neben den üblichen Traveller-Gerichten auch Bratkartoffeln und Bier. Tour- und Wäscheservice. Frühstück inkl. ❸–❻

Cemoro Lawang

Traveller ohne Fahrzeug übernachten gern am Kraterrand. Einige Hotels liegen hinter dem Nationalparkeingang; hier ist die Zahlung des Eintrittspreises bereits bei Anreise fällig. Wer nur frühstücken möchte, kann in den Hotelrestaurants für 35 000–50 000 Rp ans Buffet.

Café Lava Hostel, ca. 500 m vom Krater, ✆ 0335-541020, 💻 http://cafelava.lavaindonesia.com. Die 28 überwiegend einfachen, etwas abgewohnten Zimmer mit Bastwänden, TV, guten Matratzen und teils Gemeinschaftsbad sind nicht ganz so überteuert wie in den anderen Unterkünften. Der Aufpreis für die teureren Zimmer lohnt. Frühstück inkl. ❷–❺

Cemara Indah, ca. 400 m vom Krater, an der Straßengabelung rechts, ✆ 0335-411019, 💻 www.cemaraindahhotels.com. Eine Anlage direkt am Kraterrand mit 25 akzeptablen, sauberen Zimmern mit kleiner Veranda und Wasserkocher für Tee und Kaffee, die besseren mit neuerem Bad und guten Matratzen. Frühstück inkl. ❹–❻

Lava View Lodge, 300 m vom Eingang zum Krater, ✆ 0335-541009, 💻 www.lavaindonesia.com. Um einen Parkplatz verteilen sich 36 saubere Zimmer mit TV und Wasserkocher, die alten und schon ziemlich abgewohnten im Reihenhaus, die besseren kleinen im Neubau mit guten Matratzen und modernerer Ausstattung. Frühstück inkl. ❺–❼

FESTE

Jazz Gunung, 💻 www.jazzgunung.com. An einem Wochenende zwischen Juni und August richtet das Jiwa Jawa, s. Übernachtung, ein Open-Air-Festival mit indonesischen Jazzbands aus. Tickets kosten 375 000–650 000 Rp pro Tag.

Yadnya Kasada (Kasodo). Im 12. Monat des Tengger-Kalenders (meist im Juni/Juli) findet bei Vollmond das Opferfest statt. Dabei werfen die Tengger Reis, Früchte, Blumen und ein paar Tiere in den Krater, um den Vulkan zu besänftigen und des Opfers gedenken, das ihre Stammesgründer brachten, als sie vom Feuergott mit 24 Kindern gesegnet worden waren und ihm dafür das 25. überlassen mussten. Das genaue Datum wird wenige Monate vorher festgelegt.

TOUREN

Da die meisten Besucher gen Osten reisen, sind Touren ab Yogyakarta (Kasten S. 218), Surabaya (S. 266) oder Malang (S. 276) einschließlich Weitertransport bis Bali deutlich preisgünstiger als in die entgegengesetzte Richtung.

Achtung: Bei einigen Touren wird man nur zum Bromo-Krater gefahren. Dann verpasst man die Aussicht in die Tengger-Caldera. Traveller

Die Walhaie von Java

Östlich von Probolinggo wird die Küste von Mangroven gesäumt. Diese nährstoffreiche Gezeitenzone bietet ideale Bedingungen für Plankton und kleine Fische. Und so kommen von Dezember bis Februar ganze Schwärme von **Walhaien** *(hiu tutul)*, um mit aufgesperrtem Maul die Wasseroberfläche zu durchpflügen und sich am reichhaltigen Buffet der Kleintiere zu laben. Am **Pantai Bentar**, ca. 7 km östlich von Probolinggo, kann man mit Booten für 400 000 Rp in 1–4 km Entfernung vom Ufer nach den Tieren Ausschau halten. Wer mit einem der Fischer verhandelt, zahlt evtl. weniger. Vorher kann man sich bei Bootsmann **Tulis**, ✆ 0823-3759 3225, erkundigen, wie die Chancen stehen, einen Walhai zu sichten.

haben allgemein schlechte Erfahrungen mit Touranbietern und Vermittlern in Probolinggo gemacht.

SONSTIGES

Eintritt 220 000 Rp, an Wochenenden 317 500 Rp. Zusätzlich erhebt das Dorf einen Wegzoll von 10 000 Rp. **Achtung**: Einige Touranbieter, Fahrer und Unterkünfte stellen ihren Gästen anstelle eines Nationalparktickets nur eine Quittung aus. Bei Kontrollen wird man damit von Parkwächtern – die ihren Anteil erhalten – oft durchgewunken. Andere umgehen den Eintritt durch einen Umweg am Zaun entlang. Wer sichergehen will, dass sein Geld beim Nationalpark ankommt, sollte darauf bestehen, am offiziellen Eingangsposten ein rechtmäßiges Eintrittsticket zu erwerben, erkennbar an fortlaufend nummerierten Kärtchen.

NAHVERKEHR

Von Probolinggo nach Cemoro Lawang

Zwischen Zentrum und Busbahnhof fahren **Minibusse** mit den Buchstaben A, D und F. Etwa 100–150 m südlich vom Busbahnhof in Probolinggo fahren **blaue Minibusse** bei ausreichend Passagieren von 7–17 Uhr für 35 000 Rp nach Cemoro Lawang, zurück bis gegen 14 Uhr. Morgens sind die kleinen Fahrzeuge total überladen, nachmittags wartet man ewig, bis der Bus voll wird. Wer spät in Probolinggo ankommt, kann übernachten oder für 300 000–350 000 Rp einen Minibus chartern. **Motorradtaxis** kosten 80 000–100 000 Rp. Rund um den Busbahnhof versuchen Vermittler, ahnungslose Touristen mit überteuerten Transportleistungen abzuzocken.

Am Krater

Jeeps zu den Aussichtspunkten und ins Sandmeer sind über die Unterkünfte für rund 450 000 Rp zu mieten, mit den Fahrern kann man allerdings handeln. Auf **Pferden** kann man sich für 50 000 Rp vom Parkplatz durchs Sandmeer bis zum Fuß der Treppe am Gunung Bromo tragen lassen, doch sehen nicht alle Tiere gesund aus.

TRANSPORT

Viele Unterkünfte vermitteln Transporte, nur sollte man klären, ob es sich dabei um Nonstop-Transport handelt oder letztlich nur die öffentlichen Busse ab Probolinggo genutzt werden (wofür man keinen Vermittler braucht). **Achtung**: Einige Minibusse setzen Passagiere in Probolinggo nicht am Busbahnhof ab, sondern an einem verabredeten Ort, wo schon Taxis auf gestrandete Backpacker warten.

Busse

Am Busbahnhof in **Probolinggo** warten gerissene Vermittler. Selbst wer erst im Bus bezahlt, wird nicht immer fair abkassiert, und Online-Tickets klappen erst recht nicht. Zuverlässig ist **Toto**, der gute Infos und rechts vom Eingang ein kleines Office hat.

BANYUWANGI (Fähre nach Bali) alle 40–60 Min. für 40 000–45 000 Rp in 5–6 Std.

BONDOWOSO (weiter zum Ijen-Massiv) etwa stdl. von 6–21 Uhr für 20 000–30 000 Rp in 2 1/2 Std., weiter nach Sempol, s. S. 288. Wer den Anschluss verpasst, kann in Bondowoso übernachten oder einen Minibus bzw. ein Motorradtaxi *(Ojek)* bis Sempol oder Paltuding anheuern.

DENPASAR um 12, 18 und 19 Uhr für 125 000–150 000 Rp in 8–9 Std.
MALANG alle 30 Min. von 4.30–23 Uhr für 20 000–30 000 Rp in 2 Std.
SINGARAJA via PEMUTERAN und LOVINA um 19 Uhr für 150 000 Rp in 8 Std.
SURABAYA fast rund um die Uhr (ab 18 Uhr seltener) für 30 000–50 000 Rp in 3–4 Std.
YOGYAKARTA via SOLO (80 000 Rp, 9 Std.) um 12 und 19.30 Uhr für 80 000–100 000 Rp sowie gegen 22 Uhr für 150 000 Rp in 9–10 Std.

Eisenbahn

Zwischen Bahnhof und Busbahnhof in **Probolinggo** (6 km) verkehren Minibusse der Linie G für 5000 Rp.
BANYUWANGI (Ketapang) um 6.44, 11.04, 16.20, 19 und 23.58 Uhr ab 27 000/120 000 Rp in 4 1/2–5 Std.
MALANG um 9.44 Uhr für 35 000 Rp in gut 3 Std.
SURABAYA (Gubeng) um 6.50, 8.07, 11, 13.24, 19.02 und 2.22 Uhr ab 29 000/90 000 Rp in 2 Std.
YOGYAKARTA (Tugu) via SOLO um 6.50 Uhr ab 185 000/265 00 000 Rp, bis Lempuyangan um 8.07 und 11 Uhr ab 74 000 Rp, in 8–9 Std.

Ijen-Massiv

Der krönende Abschluss einer Java-Reise ist – wie könnte es anders sein – ein weiterer Vulkan. Seine Besteigung ist kein Abenteuer und auch die Landschaft nicht herausragend. Doch dank seines in Asien einmaligen „blauen Feuers“ und der günstigen Lage ist dieser Vulkan kein Geheimtipp mehr. Nicht wenige Traveller besuchen ihn sogar als Ausflug von West-Bali her.

Als Ursprung des vulkanisch hochaktiven Massivs im äußersten Osten wird ein bis zu 4000 m hoher Zwillingsvulkan vermutet, der im Pleistozän zusammenbrach und eine der größten Calderen der Erde hinterließ. Im Osten des Kessels befinden sich der erloschene **Gunung Merapi** (2800 m) und der **Gunung Ijen** mit seinem Krater. Eingekreist von einer zerfurchten Felswand liegt darin der 960 m lange und 600 m breite **Kratersee**. Seine grünlich-blaue Farbe ist auf die hohen Konzentrationen von Alaun, Schwefel und Gips zurückzuführen. Mit einem pH-Wert um 0,3 und einer Tiefe von bis zu 200 m wird er auch als „größtes Säurefass“ der Erde bezeichnet. In den vergangenen Jahrhunderten zerstörten Schlammströme (Lahare) nach phreatischen, den See förmlich auswerfenden Eruptionen die umliegenden Siedlungen stets aufs Neue. Am Ufer des Sees lodern auf teils verflüssigtem Schwefel die bläulich-violetten Flammen wie Spezialeffekte in einem Science-Fiction-Film, sie sind aber nur bei Nacht sichtbar.

Anreise

Vor einem Besuch sollte man sich nach aktuellen Eruptionen erkundigen. Von Westen erreicht man das Hochland ab **Bondowoso** nach gut 70 km in teils holpriger Fahrt durch Nadelwald, Kaffeeplantagen und Tabakfelder. Manche Besucher schlafen vor ihrer nächtlichen Tour einige Stunden in **Blawan** und **Sempol**, 20 Min. Fahrt vom Startpunkt in **Paltuding** entfernt. Von Osten gelangt man ab **Banyuwangi** sehr viel bequemer über eine 38 km lange, gute Straße via **Licin** nach Paltuding. Zwischen 23 und 1 Uhr starten die ersten Touren an den Unterkünften. Eintritt am Beginn des Fußwegs 100 000 Rp, Sa und So 150 000 Rp.

Tipp: An Wochenenden und Feiertagen herrscht großer Andrang. Bei individueller Anreise kann die Tour auch am Nachmittag starten:

Die Schwefelarbeiter vom Ijen

Seit der Kolonialzeit wird an sogenannten Solfataren am Südostufer des Sees **Schwefel** abgebaut. Keramikrohre leiten das oxidierende, mit Wasserdampf vermischte Gas von der Austrittsstelle weg, wodurch es abkühlt, sich anreichert und in gelben Brocken abtransportiert wird. Arbeiter tragen drei Mal täglich bis zu 90 kg schwere Körbe voller Schwefelbrocken über den Kraterrand zur rund 2 km entfernten Sammelstelle. Ein Job, der aufgrund der extremen körperlichen Belastung für einen Europäer unvorstellbar erscheint und nur mager entlohnt wird. Der Schwefel wird in Surabaya zum Bleichen von Zucker sowie zur Herstellung von Autobatterien und anderen Industrieprodukten verwendet.

© ISTOCKPHOTO / DINOZAVER

Ein einmaliges Naturschauspiel sind die blauen Flammen an den Schwefelquellen des Ijen.

Man steigt noch bei Tageslicht in den Krater und hat zum Sonnenuntergang durch eine Lücke in der Felswand schöne Sicht auf die untergehende Sonne. Anschließend kann das blaue Feuer besichtigt werden. Manchmal wird am Nachmittag offiziell kein Einlass mehr gewährt, dann sollte man einen Guide dabeihaben, der das regelt.

Ijen-Krater

Der sanft ansteigende, 2,5 km lange Weg zum Krater ist ein gut ausgetretener Sandweg und in rund 2 Std. auch ohne Guide zu bewerkstelligen. Auffallend sind die großen Dampfschwaden, die manchmal schon von Weitem zu riechen sind. Wer näher ans **blaue Feuer** in den Krater möchte, muss für den Ab- und Wiederaufstieg einen weiteren Kilometer einplanen. Zwar kann man bis auf wenige Meter heran, doch die beste Sicht auf die surrealen Flammen hat man aus etwas Entfernung. Beim Abstieg in den durch Felsbrocken und Geröll nahezu unwegbaren Krater ist absolute **Vorsicht** geboten und unbedingt eine Lampe (10 000 Rp) zu tragen – es sind schon Touristen verunglückt! Mund und Nase schützen, denn die **Gase** reizen auch auf größere Entfernung Augen und Atemwege; Stände am Parkplatz von Paltuding verkaufen Atemschutzmasken. Da sich die Oberfläche an der Austrittstelle häufig verändert, sind manchmal nur kleine Flammen zu sehen.

Auf dem Kraterrand liegt, etwa 600 m gegen den Uhrzeigersinn durch lichtes Gestrüpp, der **Sunrise Point**. Ist man vor den Wolken oben, bietet sich eine tolle Aussicht auf den Gunung Merapi im Nordosten, der die aufgehende Sonne halb verdeckt, und den aktiven Gunung Raung (3332 m) mit seinem 600 m tiefen Krater im Südwesten.

ÜBERNACHTUNG

In Sempol und Blawan übernachten Touristen, die mit billigen Pauschaltouren anreisen, bei der Kaffeeplantage im **Arabica Homestay & Jampit Gh.** und **Catimor Homestay**, ca. 6,5 km nordöstlich, jenseits der Abzweigung nach Paltuding. Die Zimmer dort sind in erbärmlichem Zustand, der unfreundliche Service und die dürftige Verpflegung machen es nicht besser. Wer es einrichten kann, übernachtet in Banyuwangi (S. 291), Kalibaru (S. 290) oder hier:

JAVA

Licin

Kawah Ijen Guest House, Glondok, 15 km westlich von Banyuwangi, 1 km nördlich der Straße über eine sehr schlechte Fahrbahn, ✆ 0852-0485 6980. Edy und sein Bruder Dora beherbergen Traveller in ihrem kleinen Homestay mit 5 spartanischen, sauberen Zimmern, die im hinteren Anbau etwas größer sind. Ideal für alle auf der Suche nach authentischen Eindrücken vom Dorfleben inmitten von Reisfeldern – dazu gehört auch der morgendliche Gebetsruf der nahen Moschee. Touren zum Ijen-Massiv 650 000 Rp inkl. Transport nach Banyuwangi. ❷

Jiwa Jawa, ✆ 021-751 0338, www.jiwajawa.com. Geschmackvoll gestaltetes Boutiquehotel im Grünen mit allen Annehmlichkeiten und angeschlossenem Restaurant. Der Teufel steckt hier aber im Detail, auch durch den langsamen Service wird ein Aufenthalt den teuren Preisen nicht gerecht, zumal der Standard im nahen Bali deutlich höher liegt. Gute Aussicht auf die Berge, zudem eine Galerie mit Fotografie-Ausstellungen. ❼–❽

Bondowoso

Eine Fahrradrikscha zwischen Unterkunft und Busbahnhof kostet 10 000 Rp.

€ **Ijen Bondowoso Homestay**, Jl. Diponegoro 19, Gang 1, leicht zurückversetzt, ✆ 0852-0461 6666, www.fb.com/ijenbondowoso. Zentral gelegenes Homestay von Andrew und Ady, die sich hilfsbereit um ihre Gäste kümmern und 14 preiswerte, saubere und überwiegend klimatisierte Zimmer vermieten, von denen 2 ein Gemeinschaftsbad nutzen. Wäscheservice, Motorradvermietung und Touren. ❷

Ijen View Hotel & Resort, Jl. Kis Mangunsarkoro 888, etwa 800 m südlich der Hauptstraße, ✆ 0332-431000, www.hotelijenview.com. Eine gepflegte, 2,5 ha große und abends sehr ruhige Anlage mit großer, offener Lobby und 55 sauberen, teils recht geräumigen Zimmern mit AC und guten Matratzen, die teureren sind deutlich einladender und haben TV, Wasserkocher, Badewanne, Föhn und Veranda. Für Entspannung sorgen ein kleines Spa sowie ein Pool (für Tagesgäste 15 000 Rp) mit Liegen und Kinderbecken. Freundlicher Service und großes Restaurant, aber teure Touren. Frühstück inkl. ❸–❹

ESSEN

Pondok Indah, Jl. Licin, KM 8,7, ✆ 0878-5722 2258, www.fb.com/pondokindahbwi. Eines der schönsten Gartenrestaurants der Region verteilt sich weiträumig zwischen Bäumen und Kaffeesträuchern. An rustikalen Holztischen werden schmackhafte indonesische Gerichte zu mittleren Preisen serviert, und die Aussicht in ein von Reisterrassen strukturiertes Tal mit kleinem Flüsschen macht die idyllische Atmosphäre komplett. Gut für einen Stopp vor oder nach der Ijen-Tour auf dem Weg von bzw. nach Banyuwangi. ◷ 8–17 Uhr.

FESTE

Ijen Summer Jazz, www.ijensummerjazz.com. An einem Wochenende im September oder Oktober richtet das Jiwa Jawa, S. 284, ein Jazzfestival im offenen Amphitheater aus. Tickets kosten ab 375 000 Rp pro Tag.

TOUREN

Alle Unterkünfte arrangieren Touren inkl. Guide und Transport für 650 000–750 000 Rp pro Fahrzeug. Tourpakete ab Yogyakarta, Malang oder Surabaya nach Bali via Gunung Bromo sind günstiger, aber auch strapaziöser als die individuelle Anreise (Kasten S. 281).

NAHVERKEHR

Von Bondowoso nach Sempol, 56 km, fahren **Minibusse** etwa stdl. von 6.30–12 Uhr (zurück ebenso) für 40 000 Rp in 2 Std. Wer den letzten Minibus verpasst, kann ab 500 000 Rp chartern oder ein **Motorradtaxi** *(Ojek)* bis Sempol oder Paltuding für 150 000–200 000 Rp anheuern. Über die Unterkünfte in Bondowoso kosten **Pkw** nach Paltuding 400 000–750 000 Rp pro Auto hin und zurück (bzw. weiter nach Banyuwangi).

TRANSPORT

Vom **Busbahnhof** in Bondowoso nach:
BANYUWANGI gegen 6.30 Uhr für 20 000 Rp in 3 Std. Manchmal hält der Bus an der Hauptstraße. Alternativ für 7000 Rp bis SITUBONDO und dort umsteigen. Zum BALURAN-NATIONALPARK einfach unterwegs in Wonosari aussteigen.
MALANG um 4.45, 8.45 und 12 Uhr für 40 000 Rp in 5–6 Std.
PROBOLINGGO alle 30–60 Min. von 3.20–15.25 Uhr für 20 000–30 000 Rp in 2 1/2 Std.
SURABAYA mit billigen Bussen am Vormittag für 40 000 Rp in 6 Std.

Kalibaru und die Südküste

Südlich des Ijen-Massivs liegt bei Kalibaru ein fruchtbares, grünes Tal, in dem Kaffee, Kakao, Nelken und Tabak angebaut werden. Die dortigen Unterkünfte eignen sich als Zwischenstopp auf der langen Reise von oder nach Bali und als Basis für Ausflüge, etwa zum Meru-Betiri-Nationalpark oder zum Ijen-Massiv. Westlich von Kalibaru verläuft die Fernstraße 3 durch mitteleuropäisch anmutenden Nadel- und Mischwald. Wer via Bondowoso an- oder abreist, kann statt der schnelleren Straße durch Jember die schönere, östlich verlaufende Landstraße via Kalisat fahren, die von Tabakpflanzungen, Reis- und Maisfeldern gesäumt wird. Surfer zieht es an die südlichen Strände Pantai Pulau Merah, Pantai Grajagan und Pantai Plengkung (G-Land). Für diese Ausflüge ist ein eigenes Fahrzeug ratsam.

Meru-Betiri-Nationalpark

Ein Bestandteil vieler Touren durch Ost-Java ist der Schildkrötenstrand bei **Sukamade**. Die meisten Besucher bleiben hier eine Nacht im Homestay Wisma Sukamade (kein Handysignal), um Schildkröten bei der Eiablage und in einer kleinen Aufzuchtstation zu beobachten, in der von Sandstrand gesäumten **Teluk Hijau** (Green Bay) zu baden und den nahen Bidadari-Wasserfall zu besuchen. Für einen reinen Tagesbesuch ist die Anreise zu zeitaufwendig. Eintritt in den Nationalpark 235 000 Rp.

Pantai Pulau Merah

Erst seit wenigen Jahren auch von westlichen Backpackern frequentiert, besticht die große Bucht durch ihren langen, breiten Strand und anfängergerechte Surfwellen. Benannt ist sie nach der bei Ebbe zugänglichen Pulau Merah, einer bewachsenen Felsinsel im Osten, die unter bestimmten Lichtverhältnissen rötlich zu schimmern scheint.

Die Dörfer **Sumberagung** und das westliche **Pancer** haben sich auf Gäste eingestellt und betreiben Homestays, Gästehäuser und einfache Lokale. Einige Bewohner – erkennbar an grünen Arbeitsanzügen – arbeiten im Hinterland für eine illegale Goldmine, gegen die viele Anwohner protestieren.

Surfer, die bereits in Kuta auf Bali erste Stehversuche unternommen haben, können sich hier an den nächsthöheren Wellen bis zu 4 m und kleinen Barrels versuchen. Eine Surfschule mit Bungalows und Schlafsaalbetten ist das **Red Island Surf Land Motel**, ✆ 0813-3073 1370, 💻 www.redislandtravel.com, 3 Übernachtungen ab AU$150 inkl. Vollpension.

Mangrovenpark Bedul

Etwa eine Fahrstunde östlich vom Pantai Pulau Merah hat das Dorf **Sumberasri** eine Tourismusinitiative in Kooperation mit dem **Alas Purwo-Nationalpark** organisiert. Wer ohnehin die Südküste bereist und den auf Googlemaps verzeichneten Startpunkt über eine schmale, verwinkelte Straße gefunden hat, kann nach Voranmeldung eine geführte Tour durch den 23 km² großen Mangrovenwald unternehmen.

Mit dem Boot geht es ein Stück den Meeresarm und den kleinen Fluss Kere hinauf. Oft sind Eisvögel und Reiher zu sehen, manchmal Zugvögel aus Australien, zudem Krebse und Schlammspringer. Leider sind die Motoren der Boote ziemlich laut. Anschließend kann auf der gegenüberliegenden Landzunge durch Tieflanddschungel gewandert werden. Zum Strand sind es 800 m. Wer dem Pfad nach Osten folgt, erreicht nach 6,5 km **Ngagelan**, wo ebenfalls Schildkröten zur Eiablage landen.

Touren von 1, 1 1/5 oder 3 Std. kosten 300 000/ 360 000/500 000 Rp pro Boot und 100 000 Rp für den Guide. Infos: ✆ 0852-3660 9883 (Ratna), 💻 http://mangrovebedul.blogspot.de.

G-Land

Die vor den Stränden **Pantai Grajagan** und **Pantai Plengkung**, besser bekannt als G-Land, brechende Welle wird von manchen Surfern zu den „Seven Giant Wave Wonders“ gezählt. Gemeint sind Wellen von mehr als 6 m Höhe, die im Profil schon mal wie eine „7“ aussehen können. Hier surfen ausschließlich Profis, besonders in der Hochsaison von Juli bis September. Alle anderen sollten es gar nicht erst versuchen, denn die Welle und das darunter liegende Riff sind erbarmungslos. Selbst das Paddeln erfordert Schnelligkeit und Timing. Surfcamps liegen an der Westspitze der Blambangan-Halbinsel, z. B. **Bobby's**, 💻 http://grajagan.com, und **Joyo's**, 💻 http://g-land.com.

ÜBERNACHTUNG UND TOUREN

Kalibaru

Kalibaru Cottages, am westlichen Ortseingang, ✆ 0333-897333, 💻 www.kalibarucottages.com. Gepflegte, große Gartenanlage mit Pool, Badmintonplatz und Liegen sowie 74 Zimmern in Häusern mit 2 bzw. 4 Zimmern, die komfortabel mit AC, TV und älterer Einrichtung ausgestattet sind. Ein geführter Spaziergang zeigt Besuchern die Gärten mit Kaffeesträuchern, Kakaobäumen und Gewürzpflanzen. Touren nach Sukamade 3–4,1 Mio. Rp pro Pkw, Touren zum Ijen 1,3–1,9 Mio. Rp. Frühstück inkl. ❺

Villa Guesthouse Rumah Kita, Jl. Putri Gunung 100, Kajarharjo, ✆ 0333-898318, 💻 www.rumahkita.info. Peter aus Holland und seine indonesischen Mitarbeiter bewirtschaften dieses kleine Idyll. Die 6 geräumigen, komfortablen Zimmer verteilen sich auf 2 Doppelbungalows und das Haupthaus. Für gemütliche, persönliche Atmosphäre sorgen ansprechende Gemeinschaftsräume mit Bücherregal und eine Terrasse. Gute Infos für Spaziergänge durch die Umgebung. In der Küche werden nach Voranmeldung sehr leckere Gerichte aus frischen Zutaten zubereitet. Touren nach Sukamade für 65–80 €, zum Ijen-Massiv ab 65 € zzgl. Eintritt. Frühstück inkl. ❺

Pantai Pulau Merah

Rumah Mertua Cottage, ✆ 0333-715 0718. Die etwas karge Anlage bietet eng zusammenstehende Bungalows von gutem Standard zu leicht überteuerten Preisen, genießt dafür aber eine ruhige Lage abseits der Straße. Reservierung empfohlen, Frühstück inkl. ❹

TRANSPORT

Man erreicht Kalibaru mit **Bussen** nach Banyuwangi, Malang oder Surabaya, die über die Südroute fahren. Busse nach DENPASAR fahren gegen 8 oder 9 Uhr durch den Ort und kosten 80 000 Rp. Mit der **Eisenbahn** nach BANYUWANGI um 3, 10.15, 14.05, 19.20 und 22.13 Uhr ab 27 000 Rp in 1 1/2 Std.

Baluran-Nationalpark

Der 250 km² große Nationalpark liegt ideal an der Route nach Bali – nur 24 km vom Fährhafen Ketapang entfernt. Rund 15 % des Parks sind mit einer in Indonesien einzigartigen Savanne bedeckt, die mehr an Afrika als ans tropische Asien erinnert. Die gut überschaubare Vegetation erlaubt die Beobachtung zahlreicher Tiere auf relativ kleinem Raum.

Neben rund 450 Pflanzen- und 370 Vogelarten kann man **Großwild** beobachten: Wildrinder *(Banteng)*, Rehe, Timor-Hirsche, Wildhunde, den seltenen Java-Leoparden und Zwerghirsche. Zum Naturschutzgebiet gehören auch Strände entlang der Ostküste sowie einige Mangroven. Der Süden des Parks ist mit Dschungel bedeckt, der sogar im Krater des 1247 m hohen **Gunung Baluran** gedeiht.

Auf einer größtenteils sehr schlechten Straße geht es vom Parkeingang 12 km nach Norden zur **Bekol-Savanne**, wo eine Ranger-Station mit Aussichtstürmen und Wasserlöchern liegt – ideal zur Beobachtung der Tiere, die besonders zum Sonnenauf- und -untergang aktiv werden. Von hier führt der Weg etwa 3 km gen Osten zum **Pantai Bama** mit einem weiteren Wasserloch sowie einem 100 m langen Steg durch die südlich angrenzenden **Mangroven**. Südlich von hier geht der **Bird Watching Trail** ab, der nach 2 km in der Bekol-Savanne endet, aber nicht sehr gut gewartet und nur auf den ersten 800 m interessant ist, da man hier **Nashornvögel** sichten kann, am kleinen Strand auch Seeadler. Mehr Nashornvögel sind zwischen 16 und 17 Uhr bei ihren Gleitflügen gen Süden zu sehen, am besten auf halber Strecke zum Pantai Bama am Rand des Palmenwalds über der Steppe Ausschau halten.

Verpflegung bietet ein Essensstand an der Ranger-Station, der im Laufe des Vormittags öffnet. Lästig sind die vielen **Makaken**, die bevorzugt im Umfeld von Besuchern nach Futter suchen und Essen stehlen. **Eintritt** 150 000 Rp, Sa, So und feiertags 225 000 Rp. Ein Besuch ist ganzjährig möglich. Zur Regenzeit zeigt sich die Savanne in saftigem Grün. In der anschließenden Übergangsphase sind zahllose Schmetterlinge zu sehen. Die Trockenzeit ist für viele Tiere Paarungszeit.

ÜBERNACHTUNG UND TOUREN

Baloeran Eco Lodge, Wonorejo, südlich vom Parkeingang, ca. 800 m von der Hauptstraße, ✆ 0812-3000 2612, 💻 www.baloeranecolodge.com. Nurdin Razak ist *der* Experte in Sachen Baluran. Der passionierte Fotograf nimmt Besucher mit auf Safari und leitet Touren und Treks für Naturinteressierte, die je nach Teilnehmerzahl ab 1,5 Mio. Rp p. P. kosten und Auto, Guide, Mittagessen und Wasser beinhalten. Zudem eine Village Tour für 350 000 Rp p. P., von der die Dorfbewohner profitieren. Übernachtet wird in den 5 kleinen, sauberen Zimmern der Lodge, wo Nurdin zudem eine kleine Kinderbibliothek gestiftet hat. Solarstrom und ein Wasserfilter sind in Planung. Frühstück inkl. ❹

TRANSPORT

Zur An- und Weiterreise per **Bus** an der Hauptstraße bei Wonorejo aus- bzw. zusteigen. Für den Weg zur Savanne ist ein Fahrzeug erforderlich, das im Dorf oder bei den Rangern gemietet werden kann.

Banyuwangi

Die weitläufige Distrikthauptstadt macht einen aufgeräumten Eindruck, bietet aber für Touristen wenig Interessantes. Der Überfahrt nach Bali wegen sowie als Ausgangspunkt für Touren zum Ijen-Massiv und in die Nationalparks Ost-Javas wird sie dennoch von zahlreichen Travellern passiert. Die Bevölkerung ist ein bunter Mix aus Javanern, Maduresen und Balinesen.

Die Stadt war einst die Hauptstadt von **Blambangan**, dem letzten hinduistischen Königreich auf Java, und stellte sich als politische Pufferzone zwischen den Sultanaten im Westen und den Hindumächten im Osten unter balinesische Protektion. Die indigene Volksgruppe der Osing pflegt dementsprechend eine javanisch-balinesische Mischkultur.

Viele Besucher lockt das jährliche **Kebo-Keboan** an einem Sonntag im javanischen Monat Sura (meist im Herbst). Dann ziehen als Büffel verkleidete Bauern wie in Trance durch die Straßen von Alasmalang (Kecamatan Singojuruh) und Aliyan (Kecamatan Rogojampi) südlich der Stadt, unweit des Flughafens, um eine reiche Ernte zu erbitten.

ÜBERNACHTUNG

Je nachdem, wie die Weiterreise sich gestaltet, kann man außerhalb oder zentral wohnen. Da Kalibaru, der Baluran-Nationalpark und das Ijen-Massiv nicht weit sind, muss hier jedoch nicht zwingend übernachtet werden.

Bangsring Breeze, Bangsring, 17 km nördlich, ✆ 0813-5869 0800, 💻 www.bangsringbreeze.com. Heller Stein, der Blick auf Bali und das Ijen-Massiv sowie die modern-eleganten Holzmöbel verleihen dem teuren Getaway für Honeymooner und Ruhesuchende Charme. Die 5 individuell und mit javanischem Touch dekorierten Zimmer sind mit geräumigen Bädern (teils Open-Air) sowie hochwertigen Latex-Matratzen und den Annehmlichkeiten der Preisklasse ausgestattet. ❼–❽

Hotel Blambangan, Jl. Dr. Wahidin Sudirohusodo 4, ✆ 0333-411222, 💻 www.hotelblambangan.com. Das restaurierte und modernisierte Kolonialgebäude mit Fensterläden, begrüntem Innenhof und alten Fotos an den Wänden liegt zentral am Taman Blambangan. Die 24 schlichten Mittelklasse-Zimmer könnten billiger sein, aber es gibt einen Pool und freundlichen Service. Die teureren Zimmer sind etwas größer und haben eine Minibar. Frühstück inkl. ❹–❺

Ketapang Indah, 2 km südlich des Fährhafens, ✆ 0333-422280, 💻 www.ketapangindahhotel.com. Das bei Europäern beliebte und beste Hotel der Stadt liegt in einem großen tropischen Garten mit Palmen, Pool und Blick auf Bali. In mehreren Massivhäusern befinden sich 137 gepflegte Zimmer mit AC, Warmwasser, Wasserkocher und Kühlschrank. Allerdings wirkt der unverputzte Beton an den Außenwänden in der ansonsten freundlichen Anlage etwas abweisend. Frühstück inkl. ❹–❻

Pepito Gh., Jl. Jaksa Agung Suprapto 159, ✆ 0813-3627 8367, 💻 https://pepitoguesthouse.wordpress.com. Unterhalb der Straße gelegenes Haus mit 3 winzigen, einfachen Zimmern, die gute Matratzen haben und teils ein Gemeinschaftsbad – für eine Nacht vor oder nach der Ijen-Tour völlig in Ordnung. Pepito ist oft unterwegs, daher besser anrufen und eine Abholung organisieren. ❷–❸

TOUREN

Der reine Transport zum **Ijen-Massiv** sollte nicht mehr als 650 000 Rp pro Pkw kosten. Touren mit Guide kosten bei 2 Pers. 500 000–600 000 Rp p. P., bei 4 Pers. 250 000–300 000 Rp p. P. inkl. Eintritt.

Trip'N'Treat, ✆ 0811-397 9333, 💻 http://tripntreat.com. Beliebter Touranbieter mit guten, englischsprachigen Guides. Die Ijen-Tour kostet 300 000–350 000 Rp p. P. inkl. Atemschutzmasken für den Krater. 20 % des Gewinns fließen in Bücher für Schulbibliotheken.

NAHVERKEHR

Gelbe oder blaue **Minibusse** *(Lin)* kosten 5000–7000 Rp und fahren diverse Routen ab: Lin 6 zum Fährhafen, Bahnhof und Terminal Blambangan in Ketapang, Lin 1, 2 und 4 zum Terminal Brawijaya in Banyuwangi. Zwischen Fährhafen und Zentrum muss man am Terminal Blambangan umsteigen.

Taxis weigern sich oft, das Taxameter zu benutzen, hier ist Verhandlungsgeschick gefragt. Zum Flugplatz für 120 000–150 000 Rp, nach Licin für 150 000–200 000 Rp.

TRANSPORT

Busse

Terminal Brawijaya, 3 km südwestlich des Zentrums, per *Ojek* vom Fährhafen für 25 000 Rp oder mit Lin 1 und 2 für 7000 Rp.

DENPASAR und MENGWI mit Economy-Bussen häufig von 9–24 Uhr ab 80 000 Rp in 5–6 Std.

GRAJAGAN mit Bussen nach Kalipahit oder Plengkung um 7 und 11 Uhr für 50 000 Rp in 4 Std.

KALIBARU mit Bussen nach Jember bis 22 Uhr für 20 000–40 000 Rp in 1 1/2 Std.

MALANG alle 30–60 Min. von 5–17 Uhr für 60 000–78 000 Rp in 8 Std.

PESANGGARAN 3x tgl. von 6–9.30 Uhr für 30 000 Rp in 3 Std., weiter mit einem Truck nach SUKAMADE gegen 14 oder 15 Uhr für 50 000 Rp in 3–4 Std.

YOGYAKARTA via SOLO etwa stdl. von 14–17 Uhr für 115 000 Rp in 12–14 Std.

Terminal Blambangan (Sri Tanjung), 10 km nördlich des Zentrums:

PROBOLINGGO (Umstieg zum Gunung Bromo) bis gegen 20.30 Uhr, aber überwiegend vormittags für 40 000–45 000 Rp in 5–6 Std.

SURABAYA alle 30–60 Min. für 60 000–90 000 Rp in 8–9 Std.

Gegenüber vom **Fährterminal** von Ketapang sind Büros von Ticketagenten. Hier fahren Fernbusse nach MALANG gegen 20 Uhr für 120 000 Rp in 8 Std., YOGYAKARTA gegen 17 Uhr für 250 000 Rp in 12–13 Std.

Eisenbahn

Der Bahnhof **Banyuwangi Baru** liegt etwa 300 m nordwestlich des Fährhafens.

KALIBARU um 5 und 6.30 Uhr für 8000 Rp sowie um 9, 13.50 und 22 Uhr ab 27 000 Rp in 1 1/2 Std.

MALANG via PROBOLINGGO (4 1/2 Std.) um 5 Uhr für 62 000 Rp in 8 Std.
SURABAYA (Gubeng) via Probolinggo um 6.30, 9, 13.50 und 22 Uhr ab 56 000 Rp, Executive ab 150 000 Rp in 6 1/2–7 1/2 Std.
YOGYAKARTA (Lempuyangan) und SOLO via Surabaya um 6.30 Uhr für 94 000 Rp in 13–14 Std.
Wer im Zentrum wohnt, kann auch an der Station **Karangasem** zusteigen.

Fähren

Der Fährhafen ist in **Ketapang**, 8 km nördlich der Stadt. Nach GILIMANUK (Bali) alle 10–15 Min. rund um die Uhr für 6500 Rp, Motorräder 37 000 Rp, Pkw 141 000–159 000 Rp, in etwa 1 Std. Den **Zeitunterschied** beachten: Auf Bali ist es 1 Std. später als auf Java.
Vom Pier am **Pantai Boom**, südlich des Zentrums, startet **Marina Srikandi**, 💻 www.marinasrikandi.com, mit dem Schnellboot nach JIMBARAN (Kedondangan) um 9 Uhr oder 14.30 Uhr für 375 000 Rp in 2 Std., die schnellste Verbindung nach Süd-Bali.

Flüge

Vom **Bandar Udara Blimbingsari** (BWW), 18 km südlich des Zentrums, fliegen:
Garuda, 💻 www.garuda-indonesia.com, nach JAKARTA und SURABAYA;
NAM Air, 💻 www.sriwijsriwijaya.co.id, nach JAKARTA.

PURA TIRTA SUDAMALA; © MISCHA LOOSE

Bali

Die weltweit einmalige Variante des Hinduismus auf Bali hat neben kunstvoll gestalteten Tempeln und Palästen auch Tänze, Rituale und Handwerkskünste hervorgebracht, die ihresgleichen suchen. Auch die geografische Vielseitigkeit ist imponierend: Wo sonst gelangt man in weniger als einer Stunde aus nebeligen Bergwäldern über fruchtbare Ebenen mit malerischen Reisterrassen bis an eine staubtrockene Küste?

Stefan Loose Traveltipps

Seminyak In einer Strandbar den Sonnenuntergang verfolgen und anschließend in der „Eat Street" schlemmen. S. 314

5 Tanzaufführungen in Ubud Beim Besuch einer Tanzaufführung wird man in eine fremde Welt entführt. S. 340

Affenwald von Sangeh Durch den Affenwald toben freche Makaken. S. 358

6 Gunung Kawi und Pura Tirta Empul Die Schlucht des Pakrisan-Flusses birgt hinduistische Monumente, während in der Nähe heilige Quellen ihre heilende Wirkung entfalten. S. 361 und 362

Jatiluwih Die Reisterrassenformationen zählen zum Unesco-Weltkulturerbe. S. 367

7 Munduk Das freundliche Bergdorf ist Startpunkt schöner Wanderungen durch die malerische Umgebung. S. 384

Sidemen Das idyllische Tal mit Reisfeldern und mildem Klima ist der ideale Ort zum Entspannen. S. 395

Amed und Tulamben Auf T(a)uchfühlung mit Schiffswracks und Korallengärten gehen. S. 420

KUTA; © ISTOCKPHOTO / HOLGER METTE

REISTERRASSEN VON TEGALLALANG; © UYEN NGUYEN

Wann fahren? Bali kann ganzjährig bereist werden; auch in der Regenzeit (Nov–April) regnet es meist nur einige Stunden am Tag.

Wie lange? Mindestens zwei Wochen

Bekannt für Tempel und Tänze, Tauchen, Surfen, Strände und Reisfelder

Für Entdecker Das untouristische Quellheiligtum Tirta Sudamala und die fremdartige Caldera des Gunung Batur

Unbedingt machen Bei einem Surfkurs in Kuta das erste Mal eine Welle bis zum Ufer reiten oder sich im Potato Head Beach Club in Seminyak einen Tag wie ein VIP fühlen

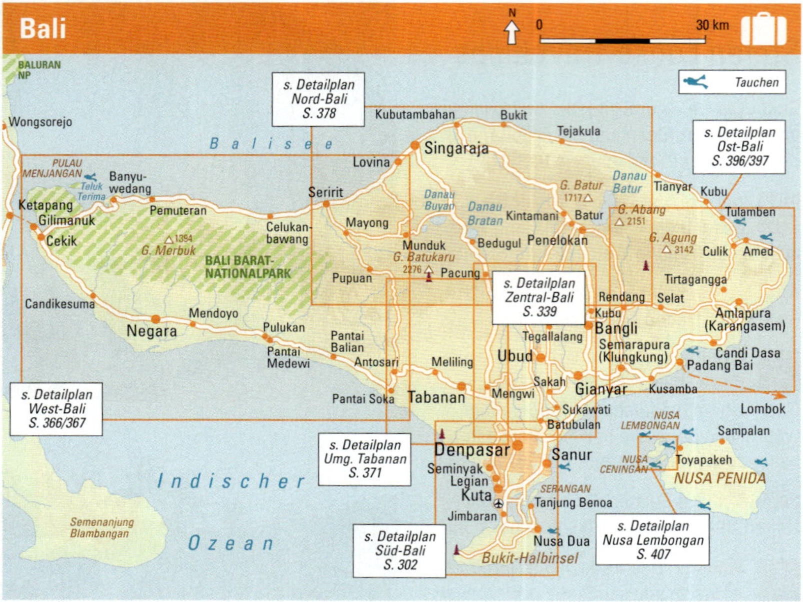

Bali ist die mit Abstand beliebteste Insel Indonesiens, denn sie hat schlichtweg alles zu bieten, was Touristenherzen weltweit höherschlagen lässt: abwechslungsreiche, eindrucksvolle Naturlandschaften, eine einzigartige, lebendige Kultur und lange Sandstrände. Intakte Korallenriffe und Surfgebiete von Weltklasse, kunstvoll angelegte Reisterrassen und riesige Vulkane. Exzellente Hotels, Restaurants, Clubs und Shoppingoasen. Filigranes Kunsthandwerk, mystische Tänze, moderne und traditionelle Malerei und die höchste Tempeldichte der Welt mit spektakulären, reich verzierten Bauten. Dies sind nur einige der Gründe, warum jedes Jahr Millionen von Touristen ihren Urlaub hier verbringen.

Mit nur 5636 km² Fläche ist Bali eine der kleineren Inseln des Archipels. Dank der guten Infrastruktur ist es problemlos möglich, jeden Winkel der Insel innerhalb weniger Stunden zu erreichen. Das am dichtesten besiedelte Gebiet liegt im Süden und erstreckt sich von der Ebene um Denpasar über die flach ansteigenden Südhänge einer Gebirgskette vulkanischen Ursprungs, die sich über die gesamte West-Ost-Achse Balis erstreckt und etwa drei Viertel der Inselfläche bedeckt. Nach Norden hin fällt sie deutlich steiler ab.

Die Bevölkerung von Bali (4,29 Mio. Einwohner) besteht zu 83,5 % aus **Hindus** und bildet damit eine Ausnahme inmitten des mehrheitlich islamisch geprägten Inselarchipels. Dass die Balinesen ihre einmalige Kultur bis heute erhalten konnten, liegt nicht zuletzt daran, dass sich potenziellen Eroberern rings um die Insel äußerst unzugängliche Küsten entgegenstellen.

Wer die balinesische **Kultur** entdecken möchte, muss nur vor die Tür treten. Auf den schmalen Straßen liegen kleine Opfergaben für die Dämonen bereit, in erhöhter Position finden sich solche für die Götter. Tausende Tempel warten darauf, erkundet zu werden. Nicht nur die einheimische Baukunst, sondern auch detailgenaue Reliefarbeiten mit einer Fülle von Motiven und die vielen traditionellen Tänze bringen Besucher zum Staunen. Bei Fahrten über die Insel wird man festlichen Prozessionen begegnen und auf aufwendig geschmückte Tempelanlagen stoßen, denn dank des komplexen religiösen Lebens gibt es jeden Tag etwas zu feiern. Religion und Alltag sind untrennbar verbunden, weshalb die balinesische Kultur auch für Touristen tagtäglich erlebbar ist.

AKTIVITÄTEN UND TOUREN

Touranbieter

Achtung bei Billigangeboten: Oftmals wird im Rahmen der Tagesausflüge kleiner Reisebüros „Seafood-Dinner" am Strand angeboten. Dabei landet man bei einem entlegenen Strand-Restaurant und findet auf der Karte nur extrem teure Gerichte. Die Fahrer erhalten von den Restaurants Provisionen.

Adventure and Spirit, Jl. Raya Mas 62, Mas, ✆ 0361-971288, 0853-3388 5598, 🖳 http://adventureandspirit.com/, Karte S. 360. Im vielgelobten Angebot sind eine ganze Reihe von abenteuerlichen Canyoning-Touren durch die Natur ab US$110, bei denen neben Abseilen entlang von Wasserfällen, Klettern, Rutschen und Schwimmen auch Wandern und Höhlenerkundungen auf dem Programm stehen.
Bali Rides, ✆ 0816-677828, 🖳 www.bali-rides.com. Echte Mountainbiketouren mit sehr guten Rädern, die weit ab vom Schuss durch das ursprüngliche Bali u. a. an den Hängen des Gunung Batur oder Agung führen. Tagestouren je nach Gruppengröße und Fahrrad 850 000–1,2 Mio. Rp.
Bali VW Cabriotour, ✆ 0812-3607 1232, 🖳 www.balivwcabriotour.com. Bei den tollen, abwechslungsreichen Touren von Gent und Made in ihren klassischen VW-Kübelwagen erfährt man in fließendem Deutsch viel Wissenswertes und kann Bali abseits der Touristenmassen kennenlernen. Tagestouren kosten 53–60 €, die Batur-Besteigung 70 €. Zudem können die Autos auch für 86 € pro Tag gechartert werden. Dann bleibt es jedem selbst überlassen, wo es hingeht.
Cocostravel, Jl. Sekuta, Gang Ester 10, Sanur, ✆ 0813-3764 0179, 🖳 www.cocostravel.de, Karte S. 327. Der Deutsche Werner Duderstadt und sein engagiertes Team veranstalten mehrtägige, abenteuerliche Touren mit dem Mountainbike durch Bali, Java und Lombok. Die 5-tägige Entdeckungstour durch Bali gibt es ab 579 €. Zudem Tagestouren mit dem Bike und Trekkingtouren ab 50 €, Verleih von guten Mountainbikes für 70 € pro Woche.
MBA Tours & Travel, Poppies Lane 1 und weitere 7 Niederlassungen in Kuta und Legian, ✆ 0361-472 7304, 🖳 www.mba-sensational.com, Karte S. 306 und S. 313. Hier können fast alle Freizeitangebote auf Bali sowie Mietwagen günstig gebucht werden. ⌚ 8–23 Uhr.
Nicktours, Jl. Danau Tamblingan 68, Sanur, ✆ 0361-287792, 🖳 www.nicktours.com, Karte S. 327. Empfehlenswerter, professioneller Veranstalter mit dänischem Management. Das breite Angebot umfasst Mountainbiking (700 000 Rp), Vulkanbesteigungen (Gunung Batur 950 000 Rp, Gunung Agung 1,1 Mio. Rp), Schnorchelausflüge (ab 700 000 Rp) und Touren nach Komodo, Flores, Sumba, Java, Sulawesi, Kalimantan oder West-Papua. Zudem Autovermietung mit Fahrer für 750 000 Rp pro Tag. ⌚ Mo–Sa 9–13 und 16–20 Uhr.
Perama Tour, Jl. Legian 39, ✆ 0361-751875, 🖳 www.peramatour.com, Karte S. 327. Der alteingesessene Veranstalter bietet Touren zu fairen Preisen und ist eine zuverlässige, aber nicht unbedingt die schnellste und günstigste Wahl, wenn es um den Transport auf Bali geht; weitere Infos S. 298. Mit einem Ticket können

Die schönsten Heiligtümer

- Gunung Kawi (S. 361)
- Pura Tirta Empul (S. 362)
- Pura Tanah Lot (S. 364)
- Pura Taman Ayun (S. 365)
- Pura Luhur Batukaru (S. 368)
- Pura Meduwe Karang (S. 392)
- Pura Dalem Segara Madhu (S. 392)

Die besten Tauchreviere

- Amed und Tulamben (S. 420)
- Pulau Menjangan (S. 373)
- Nusa Penida und Nusa Lembongan (S. 404)
- Pemuteran (S. 373)
- Padang Bai (S. 399)

beliebig viele Zwischenstopps entlang der Strecke eingelegt werden. So kann man z. B. während der Tour von Kuta nach Lovina ein paar Tage in Ubud rasten, ohne mehr zu bezahlen.

Sobek, 0361-729016, www.balisobek.com, Karte S. 345. Der etablierte Anbieter veranstaltet seit 1989 empfehlenswertes White Water Rafting auf dem landschaftlich imposanten Yeh Ayung (Stufe 2 und 3) und abenteuerlicher auf dem Telaga Waja (Stufe 3 und 4), zudem Fahrradtouren um Ubud und Mountainbiking am Batur. Alle diese Touren kosten 1,1 Mio. Rp, Kinder bis 15 Jahre 730 000 Rp. inkl. Mittagessen. Zudem geführte Wanderungen um Ubud für 900 000 Rp. Die erfahrenen, gut ausgebildeten Guides legen viel Wert auf Sicherheit.

BALI

SONSTIGES

Medizinische Hilfe

BIMC – Bali International Medical Center, Jl. By Pass Ngurah Rai 100X, 0361-761263, 764345, www.bimcbali.com, Karte S. 302. Die Einrichtung östlich schräg gegenüber der Bali Galeria Mall zählt zu den modernsten der Insel. Hier arbeiten auch ausländische Ärzte. Ableger in Nusa Dua nahe des Museum Pasifika, 0361-300 0911.

RSU Sanglah, Jl. Diponegoro, Denpasar, 0361-227911, 224206, www.sanglahhospitalbali.com (nur auf Indonesisch), Karte S. 302. Großes, modernes, empfehlenswertes Krankenhaus mit allen im Notfall wichtigen Fachrichtungen und einer Dekompressionskammer.

Siloam Hospital Bali, Sunset Rd. 818, 0361-779900, Notruf: 150 0911, 779933, www.siloamhospitals.com, Karte S. 302. Die moderne Niederlassung der erfolgreichen Krankenhauskette bietet mehr als 350 Betten, internationalen Standard, moderne Geräte und die Möglichkeit, auf digitalem Wege auch von Experten in anderen Siloam-Krankenhäusern untersucht zu werden. Eines der besten (und teuersten) Krankenhäuser der Insel. Ableger in Canggu, 0811-399 1134.

Mietwagen

Dem Roller ist ein Mietwagen vorzuziehen, der bei einem Unfall mit einer Knautschzone vor Verletzungen schützen kann. Es ist mit folgenden Mindestpreisen pro Tag zu rechnen: Suzuki Karimun 170 000 Rp, Toyota Agya oder Daihatsu Ayla (klein, modern, wendig, sparsam) 220 000 Rp und Toyota Avanza oder Daihatsu Xenia (mit Platz für bis zu 7 Pers.) 250 000 Rp. Günstigere Preise lassen sich ab einer Mietdauer von einer Woche aushandeln. Es spielt keine Rolle, wo die Autovermietungen ihren Hauptsitz haben. Die meisten bringen das Auto gegen einen Aufpreis an fast jeden Ort der Insel und holen es auch wieder ab.

Tipps und Hinweise s. S. 85.

Andre Sewatama Rent a Car, Jl. By Pass Ngurah Rai 330, Sanur, 0361-288126, www.andre-sewatama-bali.com, Karte S. 327. Der zuverlässige Anbieter mit deutschstämmigem Management vermietet Jeeps und Autos für Selbstfahrer in gutem Zustand. Ein Suzuki Katana (Jimny) kostet 20 € pro Tag, ein Daihatsu Ayla bzw. Toyota Agya 25 €, ein Daihatsu Xenia oder Suzuki Splash 28 € und ein Toyota Kijang oder Suzuki APV 32 €. Bei längerer Mietdauer werden Rabatte von bis zu 15 % gewährt. Andre Sewatama scheint der einzige Vermieter auf Bali zu sein, der neben einer **Vollkaskoversicherung** auch eine deckende **Haftpflicht** mit 100 € Selbstbeteiligung anbietet. Fahrer können für 15 € pro Tag (maximal 10 Std.) gebucht werden. Die Übergabe des Autos findet immer im Büro statt, damit Andre seinen Kunden ein paar Ratschläge mit auf den Weg geben kann. Abholung vom Flughafen inkl.

Motorräder

Motorräder lassen sich in allen touristischen Zentren für 40 000–70 000 Rp pro Tag ausleihen. Bei längerer Leihdauer kann ein kräftiger Rabatt

Die besten Beachclubs

- Cocoon (S. 320)
- Potato Head Beach Club (S. 320)
- Finns Beach Club (S. 323)
- The Lawn (S. 324)

Die besten Partylocations

- Sky Garden (S. 308)
- La Favela (S. 319)
- Potato Head Beach Club (S. 320)
- La Plancha (S. 319)
- Old Man's (S. 323)
- Pretty Poison (S. 324)
- Single Fin (S. 334)

ausgehandelt werden. Tipps und Hinweise s. S. 83.

Bali Bike Rental, Jl. Raya Kerobokan 71C, ✆ 0855-7467 9030, aus Deutschland: 030-5683 7145, 🖳 www.balibikerental.com, Karte S. 316. Zuverlässiger, professioneller Anbieter für den Verleih mit einem über 300 Motorräder umfassenden Fuhrpark. Eine Honda Scoopy oder Vario gibt es für US$9,95 pro Tag oder US$55 pro Woche, eine größere Yamaha R15 für US$19,95/109,50 und eine Cross-Maschine (Kawasaki KLX 150) für US$18,95/109,50. Die vergleichsweise erhöhten Preise rechtfertigen der gute Service, eine zuverlässige Vollkaskoversicherung mit US$95 Zuzahlung und sinnvolle Extras, wie eine Handyhalterung am Lenker, Regenponchos (US$10) und Erste Hilfe-Sets. Wer seinen internationalen Führerschein vergessen hat, bekommt für US$25 einen neuen ausgestellt oder für US$50 einen indonesischen Motorradführerschein. Anlieferung und Abholung vom Hotel in Süd-Bali und Ubud inkl., andere Regionen US$5–30 extra. ⌚ 8–23 Uhr.

Polizei

Hauptpolizeistation, Jl. W. R. Supratman 7, Denpasar, ✆ 0361-227713, Notruf ✆ 110, Karte S. 302.

Visaangelegenheiten

Immigration Office, Jl. D. I. Panjaitan 3, Renon, Denpasar, ✆ 0361-227828, 🖳 www.denpasar.imigrasi.go.id (nur Indonesisch), Karte S. 302. Visaverlängerungen kosten 355 000 Rp, dauern mind. 5 Werktage, von denen man an 3 erscheinen muss, und stehen im Zeichen der typisch indonesischen bürokratischen Ineffizienz. Auf jeden Fall braucht man viel Geduld und sollte sich ordentlich kleiden. ⌚ Mo–Do 8–12 und 13–14, Fr 9–11.30 und 13–14 Uhr.
Wer Hilfe bei der Visaverlängerung in Anspruch nehmen möchte, sollte sich an ein vertrauenswürdiges Reisebüro wenden. Dann kostet die Verlängerung doppelt bis dreimal so viel, geht aber deutlich schneller vonstatten.

NAHVERKEHR

Linienbusse

Kura-Kura Bus, ✆ 0811-3960 0777, 🖳 www.kura2bus.com. Die in lustiger Schildkrötenform gestalteten Minibusse mit AC und WLAN verkehren auf fünf Routen durch die Touristenzentren. Die Hauptroute ohne Verbindung zur DFS Bus Bay verläuft im Kreis durch Kuta, Legian und Seminyak von 8.30–20.50 Uhr alle 20 Min. für 20 000 Rp p. P. Ab der DFS Bus Bay führen Routen durch das nördliche Seminyak (alle 45 Min., Umsteigemöglichkeit zur Hauptroute am Seminyak Village), durch Jimbaran nach Nusa Dua oder durch Nusa Dua nach Jimbaran 9x bzw. 10x tgl. für 20 000 Rp mit direkter Anschlussverbindung nach Kuta und Legian für weitere 20 000 Rp sowie nach Sanur und Ubud 5x tgl. alle 2 Std. für 80 000 Rp plus 15 000 Rp pro großes Gepäckstück. Tageskarten gibt es für 100 000 Rp, Wochenkarten 250 000 Rp. Weitere Infos zum Streckennetz sind über die gleichnamige App zu finden.
Trans Sarbagita, ✆ 0852-3708 0005. Die Busse verkehren von 6–21 Uhr etwa alle 30 Min. zwischen NUSA DUA im Süden und DENPASAR (Busbahnhof Batubulan) im Norden und fahren dabei durch JIMBARAN, KUTA und SANUR. Weitere Routen führen von TABANAN zum FLUGHAFEN SOWIE VON MENGWI ZUR UBUNG-BUSSTATION. Eine Fahrt kostet günstige 3500–7000 Rp. Die Busse haben feste Haltestellen, u. a. in der Jl. Kedonganan in Jimbaran, vor dem Carrefour auf der Sunset Road in Kuta, an der Zufahrt zum Pelabuhan Benoa (Hafen) sowie der Zufahrt nach Serangan, an der Jl. Danau Poso in Sanur, am Sindhu Beach in Sanur sowie an der Jl I.B. Mantra in Denpasar und am Batubulan Terminal.

Taxis

In Kuta, Legian, Seminyak und Sanur ist es leicht, ein Taxi zu bekommen. Die Grundgebühr für Fahrten mit Taxameter beträgt 6000–7500 Rp (inkl. 1 km), jeder weitere Kilometer kostet 4000–6500 Rp. Am besten sind die blauen Blue Bird-Taxis. Mehr s. S. 83.

TRANSPORT

Flüge

Der große internationale Flughafen von Bali **I Gusti Ngurah Rai International Airport**, Flughafencode DPS, ✆ 0361-935 1011, 💻 www.bali-airport.com, liegt 3 km südlich von Kuta an der schmalsten Stelle der Insel und ist gemessen am Passagieraufkommen nach Jakarta in etwa gemeinsam mit Surabaya der zweitgrößte des Landes. Ein 750 m langes Teilstück der Landebahn wurde auf aufgeschüttetem Land ins Meer gebaut, sodass es bei der Ankunft bis kurz vor dem Aufsetzen sehr spektakulär über die tosende Brandung hinweggeht.

Flugverbindungen

AirAsia, 💻 www.airasia.com, fliegt international nach Kuala Lumpur 8x tgl., Singapore 4x tgl. und Bangkok 2–3x tgl. Zudem nach Perth (Australien). Innerhalb Indonesiens nach Bandung 1x tgl., Jakarta 9–10x tgl., Solo 1x tgl., Surabaya 1x tgl. und Yogyakarta 2x tgl.
Citilink, 💻 www.citilink.co.id, fliegt nach Balikpapan, Bandung, Jakarta und Surabaya, zudem von Lombok nach Jakarta und Surabaya.
Garuda Indonesia, 💻 www.garuda-indonesia.com, fliegt international nach Singapore 2x tgl. sowie nach Melbourne, Perth und Sydney. Innerhalb Indonesiens nach Bandung, Ende, Jakarta, Jayapura, Kupang, Labuan Bajo, Lombok, Makassar, Manado, Maumere, Palembang, Semarang, Surabaya, Tambolaka, Timika und Yogyakarta, zudem von Lombok nach Bima, Denpasar, Jakarta, Makassar, Semarang, Sumbawa Besar und Surabaya.
Jet Star, 💻 www.jetstar.com, fliegt nach Singapore 2x tgl. Zudem nach Adelaide, Brisbane, Cairns, Darwin, Melbourne, Perth und Sydney.
Lion Air/Wings Air/Batik Air, 💻 www.lionair.co.id, fliegt nach Batam, Bandung, Bima, Jakarta, Kupang, Lombok, Makassar, Solo, Surabaya und Yogyakarta, zudem von Lombok nach Bandung, Banjarmasin, Bima, Denpasar, Jakarta, Makassar, Solo, Sumbawa Besar, Surabaya und Yogyakarta. Lion Air-Flüge können nicht mit ausländischen Kreditkarten gezahlt werden, allerdings kann man sie in allen Alfamaret-Supermärkten, eine landesweite Kette, bezahlen oder Tickets über 💻 www.tiket2.com per Kreditkarte buchen.
Malindo Air, 💻 www.malindoair.com, fliegt nach Kuala Lumpur 5x tgl. Zudem nach Brisbane, Melbourne und Perth.
Scoot, 💻 www.flyscoot.com, fliegt nach Singapore 3x tgl.
Silk Air/Singapore Airlines, 💻 www.silkair.com, fliegt nach Singapore 7x tgl. und ab Lombok (LOP) 3–4x wöchentl.
Sriwijaya Air/Nam Air, 💻 www.sriwijayaair.co.id, fliegt nach Bima, Jakarta, Labuan Bajo, Maumere, Surabaya, Tambolaka und Yogyakarta, zudem von Lombok nach Bima, Denpasar, Solo und Sumbawa Besar.

Reisebusse

Vom Terminal in Mengwi (S. 365) verkehren viele Busse nach **Java**, oft nonstop bis Jakarta. Etwas weniger strapaziös ist es, den Bus bis Surabaya zu nehmen und von dort mit dem Zug weiterzufahren. Tickets gibt es bei allen Reisebüros und direkt bei den Büros der Busunternehmen in Denpasar oder am Terminal.

Schiffe

Neben Autofähren zwischen Banyuwangi auf Java und Gilimanuk, zwischen Padang Bai und Lembar auf Lombok verkehren **Schnellboote** zwischen:

- Sanur und Nusa Lembongan
- Sanur und Nusa Penida
- Sanur, Senggigi (Lombok) und den Gilis
- Serangan und Nusa Lembongan
- Serangan und Nusa Penida
- Serangan und Padang Bai
- Serangan und den Gilis
- Benoa Harbour und Nusa Lembongan
- Jimbaran und Banyuwangi (Java)

- Padang Bai, Sengiggi und den Gilis
- Amed, Sengiggi und den Gilis

Fähren der staatlichen Schifffahrtsgesellschaft **PELNI** (Anreise S. 45) bedienen zahlreiche Strecken im Archipel und laufen auf Bali Benoa Harbour (Pelabuhan Benoa) an.

Süd-Bali

Der dicht besiedelte Süden ist die touristischste Region der Insel und bietet Besuchern eine gut ausgebaute Infrastruktur. Hier schlägt seit den wilden 1970er-Jahren das Herz des kommerziellen Bali-Tourismus, und es gibt alles, was (Pauschal-) Touristen begehren könnten: Hotels jeder Preisklasse, abwechslungsreiche Restaurants, Souvenirgeschäfte und Modeboutiquen, Kunstgalerien, elegante Beach Clubs, laute Nachtclubs und Bars, Spas und große Einkaufszentren.

Das an der Westküste gelegene **Kuta** ist zum Herzstück des australischen Partytourismus mutiert. Feier-, trink- und flirtwütige Jugendliche und Twens sowie staunende einheimische Wochenendtouristen sorgen dafür, dass es nie ruhig wird. Auch **Legian** hat sich von einem verschlafenen Fischerdorf zu einem Pauschaltouristenzentrum par excellence gewandelt. Die mehrheitlich australischen Gäste sind hier lediglich etwas älter. **Seminyak** ist bekannt für seine hervorragenden Restaurants und stylischen Bars, die zudem von einer großen Zahl hier lebender Ausländer frequentiert werden. Dazu lockt der bekannte, sehr breite Sandstrand, der getrost als Copacabana Indonesiens gelten darf. Idyllische, einsame Strände und eine lebendig gehaltene Kultur wird man hier nur noch schwerlich entdecken, und das Schwimmen ist bei den unberechenbaren, starken Strömungen nur innerhalb von markierten Bereichen möglich.

Auf der anderen Seite der sich immer mehr ausdehnenden Hauptstadt **Denpasar**, die von Touristen meist links liegen gelassen wird, finden sich in **Sanur** vermehrt ältere kontinentaleuropäische Touristen ein. Entsprechend ist die Auswahl an Unterkünften und Restaurants ähnlich groß wie an der Westküste, doch die Atmosphäre geruhsamer und gediegener. Auch der schöne Sandstrand und das ruhige Meer bringen eher Entspannung als Action.

Für Entlastung des nahe am Kollaps manövrierenden Verkehrs sorgt die 12,7 km lange und US$220 Mio. teure, auf 33 835 Betonpfeilern mutig ins Meer hineingebaute **Bali Mandara Toll Road**. Die mautpflichtige Autobahn (Pkw 11 000 Rp, Motorrad 4500 Rp, nur bargeldlose Zahlung, Karten gibt es in jedem Indomaret) verbindet den internationalen Flughafen auf direktem Weg mit **Benoa Harbour** bzw. Sanur im Norden und der trockenen **Bukit-Halbinsel** im Süden.

Im Westen dieser Halbinsel liegen einige der besten und wildesten Surfreviere Balis unterhalb der steilen Felsklippen. Im Osten hingegen dominieren die gigantischen Luxushotelanlagen von **Nusa Dua**, ein am Reißbrett entworfenes, von der Weltbank gefördertes und durch bewachte Eingangstore abgetrenntes Tourismusprojekt. Nördlich bieten sich am Strand von **Tanjung Benoa** vielseitige Wassersportmöglichkeiten.

Denpasar

Die Hauptstadt Denpasar ist mit knapp 850 000 Einwohnern die mit Abstand größte Stadt der Insel. Im vergangenen Jahrzehnt ist sie mit den umliegenden Touristenhochburgen Kuta, Legian, Seminyak, Sanur und Jimbaran zu einem nahezu 2 Mio. Einwohner zählenden Großraum verschmolzen. Denpasar vereint all das, was man sich nicht unter Bali vorstellt: knatternde Motorroller und Minibusse, die kreuz und quer durch das Einbahnstraßenlabyrinth kurven, Hektik, Staus und Abgasgestank. Es verirren sich nur wenige ausländische Besucher zu den authentischen Märkten, Monumenten, Museen und Tempeln. Dabei ist die Stadt für historisch und kulturell Interessierte durchaus besuchenswert.

Auf dem zentralen, baumumstandenen **Puputan-Platz** erinnert ein heroisches Denkmal an den *Puputan* – den kollektiven Selbstmord der balinesischen Königsfamilie 1906, die damit der Unterwerfung durch die niederländische Kolonialmacht zuvorkam. Im Inneren des Denkmals ist eine nicht ganz aktuelle historische Ausstellung

untergebracht. Den Kilometer Null und spirituellen Mittelpunkt der Stadt markiert die 9 m hohe **Catur Muka-Statue**, deren vier Gesichter als Manifestation des Weltenschöpfers Brahma in alle Himmelsrichtungen blicken.

An der östlichen Seite des Platzes steht der 1953 erbaute Tempel **Pura Jagatnata**. Er ist der obersten hinduistischen Gottheit Ida Batara Sang Hyang Widhi Wasa gewidmet, deren goldene Statue im Inneren verehrt wird. Der eigentümliche Turm des Hauptschreins ist aus weißer Koralle gefertigt und mit Motiven des *Ramayana*-Epos verziert.

In Nachbarschaft zum Pura Jagatnata lohnt in der Jl. Mayor Wisnu das **Bali Museum**, ✆ 0361-222680, einen Besuch. Die in vier Gebäuden untergebrachten, größtenteils auf Englisch beschilderten Ausstellungsstücke geben einen groben Überblick über die Entwicklung der balinesischen Kunst und Kultur: Das *Gedung Timur* beherbergt Waffen, Keramik und alte Bronzefunde; die Buleleng-Galerie im nordbalinesischen Stil stellt traditionelle Stoffe und Münzen aus; in der im ostbalinesischen Stil gestalteten Karangasem-Galerie werden u. a. die Details der hinduistischen *Panca-Yadnya*-Zeremonie erläutert, und im *Gedung Tabanan* finden sich Musikinstrumente, Tanzkostüme, *Keris* und eine schöne Sammlung von Masken. Es befinden sich einige wahre Schätze unter den Exponaten, man muss nur richtig suchen. Wer sich von den teils aufdringlichen Guides am Eingang von einer Führung überzeugen lässt, muss mit einer Forderung von 250 000 Rp rechnen. ⌚ Sa–Do 8–15.30, Fr 8–12.30 Uhr, Eintritt 50 000 Rp.

Auf dem knapp 700 m westlich des Puputan-Platzes am Westufer des Flusses Tukad Badung gelegenen **Pasar Kumbasari** kann man sich im vollgestopften dreistöckigen Marktgebäude mit Textilien, traditionellem Kunsthandwerk und günstigen Souvenirs eindecken. Ein guter Ort, um das Handeln zu üben. ⌚ Mo–Sa 9–17 Uhr.

Am gegenüberliegenden Ufer wurde das Gebäude des größten Marktes **Pasar Badung** durch ein verheerendes Feuer zerstört. Bis zum Wiederaufbau haben sich viele Verkäufer in den umliegenden Straßen und Gassen niedergelassen. Rund um die Uhr werden Obst, Gemüse, Gewürze, Fleisch und Fisch, aber auch traditionelle Textilien (besonders in der Jl. Sulawesi) und Kunsthandwerk feilgeboten. Nachts kann man beobachten, wie die Bauern ihre Waren an die Händler verkaufen.

EINKAUFEN

Geschäfte in der Jl. Gajah Mada und Jl. M. H. Thamrin verkaufen **Textilien**, **Holzschnitzereien** und andere Souvenirs.

Die westliche Jl. Hasanuddin ist auch als Straße der **Goldschmiede** bekannt, mit sehr schönen Stücken in den Auslagen.

Im bunten Gewühl der Jl. Sulawesi gibt es **Schmuck**-, **Leder**- und vor allem feine **Stoffgeschäfte**. Wer sich ein traditionelles balinesisches Gewand schneidern lassen möchte, sollte einen Abstecher hierher machen.

Die **Ramayana Bali Mall** und die **Level 21 Mall** mit Cinema XXI, 💻 www.21cineplex.com, Multiplex-Kino im 4. Stock an der Jl. Diponegoro, der **Matahari** und der **Robinson Department Store** in der Jl. Dewi Sartika sind die größten Einkaufszentren.

SONSTIGES

Informationen

Bali Government Tourism Office, Jl. Letjen S. Parman, Renon, ✆ 0361-222387, 💻 www.balitourismboard.org. Bietet neben aktuellen Informationen auch den *Calendar of Events*, in dem alle Feste aufgelistet sind. ⌚ Mo–Do 8–15, Fr 8–13 Uhr.

Denpasar Government Tourism Office, Jl. Surapati 7, ✆ 0361-223602. Informationen über die unübersichtlichen öffentlichen Verkehrsmittel. ⌚ Mo–Do 7.30–15.30, Fr 8–13 Uhr.

NAHVERKEHR

Angkot (Minibusse) verkehren bis etwa 21 Uhr auf festen Routen durch das Zentrum. Eine Fahrt kostet je nach Entfernung 5000–10 000 Rp p. P.

Im historischen Stadtkern warten noch wenige **Dokars**, traditionelle Pferdekutschen, auf Kundschaft. Sie bieten sich für Stadtrundfahrten für etwa 200 000 Rp an. Eine artgerechte Haltung der Tiere ist in der geschäftigen Stadt jedoch unmöglich.

TRANSPORT

Busse und Minibusse

Es gibt im unüberschaubaren Stadtgebiet 5 Busbahnhöfe, von denen aber nur 2 für Touristen relevant sind: **Batubulan** im Nordosten und **Ubung** in der Jl. Cokroaminoto im Nordwesten.

Große Busse verkehren nur auf den Hauptstrecken Gilimanuk–Denpasar–Padang Bai und Denpasar–Singaraja–Gilimanuk, oft zum gleichen Preis wie Minibusse.
Minibusse fahren von 6–16 Uhr (Ubung) bzw. 6–13 Uhr (Batubulan, auf dem Gelände öffnet ab 17 Uhr ein Nachtmarkt) fast jeden Ort der Insel an, jedoch nur bei genügend Passagieren. Deswegen muss oft schon ab mittags ein Minibus gechartert werden, was deutlich mehr kostet. Am besten man begibt sich so früh wie möglich an den Busbahnhof.

Batubulan:
AMLAPURA (55 km, 40 000, 3 Std.) via SEMARAPURA (23 km, 20 000 Rp, 1 Std.), PADANG BAI (36 km, 30 000 Rp, 1–1 1/2 Std.) und CANDI DASA (44 km, 30 000 Rp, 1 1/2–2 Std.).
BANGLI, 28 km, für 30 000 Rp in 1 1/2 Std.
GILIMANUK (125 km, 50 000 Rp, 3–4 Std.) via MENGWI (16 km, 20 000 Rp, 3/4–1 Std.), TABANAN (25 km, 20 000 Rp, 1 Std.) und NEGARA (90 km, 40 000 Rp, 2 1/2–3 Std.).
KINTAMANI, 51 km, für 30 000 Rp in 2 Std.
NUSA DUA, 27 km, mit dem Trans Sarbagita-Bus für 5000 Rp in 1 Std.
SINGARAJA, 79 km, für 30 000–40 000 Rp in 2–3 Std.
UBUD, 15 km, braune Minibusse für 20 000–30 000 Rp in 1 Std.

Ubung war bisher der Busbahnhof für Ziele im Norden und Westen der Insel sowie auf Java, Lombok, Sumbawa und Flores, allerdings wurde er Ende 2017 geschlossen. Alle bisherigen Verbindungen werden nun ab dem Busbahnhof in Mengwi bedient (S. 365).
MENGWI, 16 km, mit Trans Sarbagita-Bussen für 7000 Rp in 3/4–1 Std.

Kuta

Das ehemalige Fischerdorf Kuta hat sich in den letzten Jahrzehnten zum kommerziellsten **Touristenzentrum** Indonesiens gewandelt. Zuerst kamen die Hippies, dann entstanden immer mehr günstige Unterkünfte, die Traveller und Surfer anzogen. Reiseveranstalter und große Hotels witterten das Geschäft, und mit ihnen kamen die Kurzurlauber und Pauschaltouristen. Bungalows und Hotelblöcke schossen ab den 1990er-Jahren wie Pilze aus dem Boden. Heute bevölkern geschäftstüchtige Händler die Straßen, während sonnen- und partyhungrige Touristen den Strand für sich erobert haben. Auf manch einen, der bereits länger in Indonesien unterwegs war, kann das „Mallorca der Australier" wie ein Kulturschock wirken.

Kuta hat sich so weit ausgedehnt, dass es mit Tuban im Süden sowie Legian, Seminyak und den Stränden im Nordwesten verschmolzen ist. Die **Jalan Legian** stellt die Hauptverkehrsader dar und ist über Kilometer von Hotels, Geschäften und Restaurants gesäumt. Hier und auf der parallel am Strand verlaufenden **Jalan Pantai Kuta** staut sich zu fast jeder Tageszeit der Verkehr, doch auch in den schmalen Querstraßen Jalan Benesari, Poppies Lane 1 und Poppies Lane 2 sind jede Menge Menschen, Motorroller und Autos unterwegs. Inzwischen hat der Bauboom auch weite Teile des Hinterlands erreicht und die großen Schnellstraßen links und rechts mit einem Saum aus Hotels, Restaurants und großen Souvenirgeschäften für asiatische Reisegruppen „verziert".

Nach dem verheerenden **Bombenanschlag** im Oktober 2002 hielten sich die Touristen von Bali fern. Der hektische Ferienort glich einer Geisterstadt. Heute kommen mehr Urlauber als

Augen auf beim Geldwechsel

Bei allzu verlockenden Wechselkursen ist besonders in Kuta, Legian und Sanur Vorsicht geboten: Man bekommt dann manchmal Falschgeld, alte Scheine, die nicht mehr im Umlauf sind, zu wenig Geld, oder es wird im Nachhinein eine Gebühr erhoben, die es eigentlich nicht geben sollte. Auch gezinkte Taschenrechner finden Verwendung; also am besten mit dem Handy selbst nachrechnen.
Geldwechsler ohne Betriebserlaubnis werden seit 2017 mit auffälligen Stickern markiert, deren Entfernen strafbar ist. Die Tatsache, dass von 70 untersuchten Moneychangern 47 illegal betrieben wurden, zeigt, wie verbreitet sie sind.

Streetart auf Bali: In Kutas schmalen Gassen ist immer mehr davon zu entdecken.

je zuvor, darunter immer mehr Gäste aus China, Indien und den südostasiatischen Nachbarländern. An die 202 Toten des Bombenanschlags erinnert die marmorne Tafel des **Bali Bomb Memorial**. Die Gedenkstätte steht auf der Fläche des zerstörten Paddy's Pub. Auf der als Parkplatz genutzten Brachfläche gegenüber stand der ebenfalls zerstörte Sari Club.

Der **Sandstrand** von Kuta, Legian und Seminyak ist sehr breit und eignet sich ideal zum Sonnenbaden und Entspannen sowie zum Betrachten der spektakulären **Sonnenuntergänge**. Allerdings sind viele aufdringliche fliegende Händler unterwegs, die billige Sarongs, Souvenirs, Spielzeuge, Sonnenbrillen, temporäre Tätowierungen oder auch frisches Obst an den Urlauber bringen wollen. Eine Lösung besteht darin, eine Sonnenbrille zu tragen, damit nicht jeder Blick in einen Verkaufsmarathon ausartet.

ÜBERNACHTUNG

Neben teuren, großen Strandresorts gibt es noch einige klassische Budgetunterkünfte, teils sogar mit Pool, sowie schöne Anlagen der mittleren Preisklasse.

€ **Bamboo Inn**, Jl. Singosari, Gang Kresek 1, ✆ 0361-751935, ✉ bambooinnbali@gmail.com. Ruhige, rund um einen Innenhof gelegene, kleine und familiäre Anlage im klassischen Stil mit netter Dekoration, Garten sowie 8 einfachen, ordentlichen und sauberen Zimmern mit AC und Du/WC. Frühstück inkl. ❷

H-Ostel, Kuta Square, Block E8, ✆ 0361-475 2387, 💻 www.h-ostel.com. Hinter der mit alten Fensterläden dekorierten Fassade versteckt sich ein modernes, sauberes Hostel mit AC-Schlafsälen, jeder mit 12–19 Schlafkapseln mit Rollos, komfortablen Matratzen, Klapptisch, Leselampe und Steckdosen ab 150 000 Rp, auch Säle nur für Frauen und mit Doppelmatratzen. Damit die Partywütigen ihre Schlüssel nicht verlieren, sind sie in Armbändern untergebracht. Es kann vor allem in den Sälen im Erdgeschoss recht laut werden. Gemeinschaftsbereich mit Internet-PCs, Dachterrasse. Freundliches Personal. Sehr einfaches Frühstück inkl.

Kuta EcoStay Gh., Jl. Pantai Kuta, Gang Lotring 12, ✆ 0813-3867 0133, 💻 www.kutaecostay.com. Auf 2 Stockwerken werden beiderseits

Kuta
N
0
500 m
Jl. Pantai Legian
Jl. Melasti
Jl. Sri Wijaya
Jl. Batu Tegeh
Pullman Legian Nirwana
s. Karte Legian S. 313
SPORT-PLATZ
Banyan-Baum
Jl. Patih Jelantik
Jl. Dewi Sri
Denpasar
Jl. Merta Nadi
Istana Kuta Galleria
Jl. Imam Bonjol
Jl. Lebak Bene
Jl. Legian
Jl. Pantai Kuta
Jl. Patimura
Gang Cempaka
G. Muria
Jl. Benesari
Benesari Lane
Gang Mangga
Jl. Mataram
Jl. Majapahit
Jl. Raya Merdeka
TOURIST POLICE
Tukad Mati
Bali Shell Museum
Beachwalk
Poppies Lane 2
SOUVENIR-MARKT
G.Gora
Gang Mawar
Bali Bomb Memorial
Sheraton Bali Kuta Resort
Jl. Tegehsari
Gang Sorga
Sunset Rd.
Poppies Lane 1
Gang Ronta
G.Bedugul
Jl. Setiabudi
Jl. Griya Anyar
Dewa Ruci-Statue
Tempel
Jl. Raya Kuta
MARKT
Chin. Tempel
BIMC, Sanur
Bali Galeria Mall
Matahari
Kuta Square
Jl. Tegal Wangi
POLIZEI
G. Payung
Jl. Buni Sari
Jl. Bakung Sari/Jl. Singosari
Jl. Kaliangget
Kuta Art Market
Jl. Waringin
TOURIST POLICE
SOUVENIR-MARKT
Jl. Banjar Sari
Jl. Kubu Anyar
Jl. Kauripan
Jl. Bypass Ngurah Rai
Jl. Blambangan
Discovery Shopping Mall
Waterbom Park
Kartika Plaza
Sadasari
Bali Dynasty Resort
SOUVENIR-MARKT
Jl. Kendedes
Jl. Tamansari
Gang Pendawa
Jl. Kubu Anyar
SOUVENIR-MARKT
Jimbaran, Nusa Dua
Lippo Mall
Flughafen

ÜBERNACHTUNG	10 Buchladen
(1) Ronta Bungalows	11 Bounty Discotheque, Paddy's Pub
(2) Poppies Cottages	12 Wäscherei
(3) The Pavilion Kuta Hotel	13 Wäscherei
(4) Kuta EcoStay Gh.	14 Buchladen
(5) H-Ostel	15 Smart Salon
(6) Bamboo Inn	16 Uluwatu-Filiale
	17 Buchladen
ESSEN	18 Buchladen
1 Mama's German Restaurant	19 Smart Salon
2 Black House Burgers	20 Uluwatu (Hauptfiliale)
3 Warung Indonesia	21 Kerta Bookshop
4 Warung Pama	22 Periplus Bookshop, Cinema XXI
5 Gong Corner	23 Matahari Dept. Store
6 Poppie's Restaurant	24 Periplus Bookshop
7 Johnny Tacos	25 Cinemaxx
SONSTIGES	**TRANSPORT**
1 Pro Surf School	1 MBA Tours & Travel
2 Artzpraxis	2 Perama Tour
3 Buchladen	3 Bushaltestelle Perama und Shuttlebusse
4 Cinema XXI	4 MBA Tours & Travel
5 Eikon Bar & Club	5 Bemo Corner
6 Shinkei Spa	6 DFS Bus Bay
7 Smart Salon	
8 Sky Garden Lounge	
9 Engine Room	

des schmalen überdachten Lichthofs saubere, geräumige Zimmer mit TV, Kühlschrank, Wasserkocher und Regendusche vermietet. Wanto kümmert sich überaus fürsorglich um seine Gäste. 3–4

Poppies Cottages, Poppies Lane 1, ☎ 0361-751059, 💻 www.poppiesbali.com. Der Kontrast zum Wahnsinn vor der Tür könnte kaum größer sein: Schon seit 1975 stehen im paradiesischen tropischen Garten mit Pool komfortable Bungalows im balinesischen Stil. Alle 20 sind sehr sauber und mit AC, TV, hübschen Open Air-Du/WC und Stereoanlage ausgestattet. Auch ein günstigeres *Lumbung* mit Außen-Du/WC für 400 000 Rp. Guter Service und Frühstück inkl. 7

Ronta Bungalows, Gang Ronta, ☎ 0361-754246, ✉ rontabungalows@yahoo.com. Die teilmodernisierte Anlage besteht aus 2 Bauten beiderseits des Pools. Links werden die günstigen, spartanisch eingerichteten, aber gepflegten alten Zimmer mit Ventilator vermietet, während auf der rechten Seite moderne Räume mit AC und TV angeboten werden. Alle 27 Zimmer sind sauber mit guten Matratzen und einem guten Preis-Leistungs-Verhältnis. Freundlicher Service und angenehme Atmosphäre. Frühstück inkl. 2–4

The Pavilion Kuta Hotel, Jl. Kuta Theatre 8, ☎ 0812-3678 1160, 💻 www.thepavilionkuta.com. Modernes, freundliches, etwas beengtes Kleinhotel in ruhiger Lage mit gepflegtem Pool mit Liegen und 28 über 3 Stockwerke verteilten, kühlen, kleinen, sauberen Zimmern (auch Twin-Betten) mit TV, Wasserkocher und Du/WC. Der Aufpreis für die geringfügig größeren Zimmer mit Kühlschrank lohnt nicht. Gutes Preis-Leistungs-Verhältnis. 4

ESSEN

Black House Burgers, Jl. Patimura 1, ☎ 0815-4723 3775, 💻 www.blackhouseburgers.com. Das kleine, offene Restaurant unter der Leitung eines freundlichen Pärchens aus Medan ist kreativ und hip mit Comicpostern und einfallsreichen Sitzgelegenheiten gestaltet. Aufgetischt werden leckere, preisgünstige Burger-Varianten mit würzigen Pommes. Interessant sind die dunklen Takesumi-Brötchen. Für den großen Hunger wird ein Burger nicht ausreichen. Lieferservice. 🕒 Mo–Sa 13.30–23 Uhr.

Gong Corner, Gang Ronta, ☎ 0819-9970 0356. Sehr günstiges, alteingesessenes Traveller-Restaurant mit einer großen Auswahl an westlichen, chinesischen und indonesischen Speisen, die zwar keine Geschmacksabenteuer versprechen, aber gut sättigen. 🕒 11–23 Uhr.

Johnny Tacos, Jl. Kartika Plaza 21, ☎ 0821-4466 6232, 💻 www.fb.com/JohnnyTacosBali. Im kleinen offenen, beliebten Imbissrestaurant werden superleckere, ansprechend angerichtete Tacos serviert. Die Portionen könnten etwas größer sein. WLAN. 🕒 Di–So 9–22 Uhr.

Mama's German Restaurant, Jl. Legian, Ecke Jl. Benesari, ☎ 0361-761151, 💻 www.bali-mamas.com. In bayerischer Biergarten-atmosphäre gibt es seit 1985 zu gehobenen, aber angemessenen Preisen alles, was das (süd-)deutsche Herz begehrt: Brezeln und Graubrot sowie aus der eigenen Fleischerei Rouladen, Schweinshaxen, Wiener Schnitzel oder Nürnberger Bratwürste mit Sauerkraut in großen Portionen. Das riesige Eisbein reicht bei normalem Appetit locker für 2 Pers. Bundesliga-Livestreams auf großer Leinwand, deutsche Zeitungen und WLAN. 🕒 24 Std.

Poppie's Restaurant, Poppies Lane 1, ✆ 0361-751059, 💻 www.poppiesbali.com. Das bereits 1973 eröffnete Restaurant ist eine Oase der Ruhe im Trubel des Kommerztourismus. Im schönen Garten werden äußerst leckere Seafood-Gerichte sowie indonesische und westliche Speisen zu mittleren bis gehobenen Preisen aufgetischt. Die Reistafel für 2 Pers. gibt einen guten Überblick über die indonesische Küche. Reservierung empfehlenswert. WLAN. ⌚ 8–23 Uhr.

Warung Indonesia, Gang Ronta, ✆ 0361-759817. Einfaches, sehr gut besuchtes und sehr günstiges, bunt gestaltetes Restaurant mit einer großen Auswahl an indonesischen Gerichten in der bebilderten Speisekarte und der verglasten Auslage. Am besten man lässt sich seinen *Nasi Campur* nach eigenen Wünschen vom freundlichen Personal zusammenstellen. Auch sehr leckere frische Säfte. ⌚ 8–23 Uhr.

Warung Pama, Gang Ronta, ✆ 0361-752021. Im freundlichen Familienbetrieb bekommt man seit Jahren frische Obstsäfte, Sandwiches und Salate sowie indische und Thai-Gerichte zu sehr günstigen Preisen, auch Pizza. Ein guter Ort für den Start in den Tag oder einen herzhaften Snack zwischendurch. ⌚ 8–22.30 Uhr.

UNTERHALTUNG

Kuta ist *das* **Partyzentrum** für feierwütige Teens und Twens aus Australien. Aus den Clubs schallt daher größtenteils elektronische Chartmusik. Auch an Lounges und Cocktailbars herrscht kein Mangel.

Einige Etablissements verlangen bei Sonderveranstaltungen ein Eintrittsgeld, sonst ist der Eintritt meist frei. Es herrscht keine strenge Türpolitik, allerdings haben es Indonesier wesentlich schwerer, in einen Club zu kommen, als westliche Touristen. Die Stimmung erreicht erst nach Mitternacht ihren Höhepunkt.

Informationen zu aktuellen Veranstaltungen unter 💻 www.beatmag.com/bali.

Wer außer Kontrolle geratene Australier mit freiem Oberkörper beim hemmungslosen Feiern beobachten möchte oder Schaumpartys schätzt, kann die beiden auf der Jl. Legian südlich vom Sky Garden gelegenen Klassiker **Bounty Discotheque** und **Paddy's Pub** aufsuchen.

Eikon Bar & Club, Jl. Legian 178, ✆ 0361-750701, 💻 www.fb.com/eikon.bali. Mischung aus Bar und Club mit der typischen lauten Chartmusik und einer langen Theke. Die Mehrheit der Gäste sind Australier, allerdings etwas zivilisiertere Zeitgenossen als im Bounty oder Paddy's (s. Clubs). Beach Bar im hinteren Bereich. Oft leichtbekleidete Tänzerinnen und All you can drink-Angebote. Etwas höhere Getränkepreise. WLAN. ⌚ 21–3 Uhr.

Engine Room, Jl. Legian 66, Kuta, ✆ 0361-755188, 💻 www.fb.com/engineroombali. Bei Australiern aller Altersgruppen beliebter Club in direkter Nähe zum Sky Garden mit 3 Dancefloors und oft günstigen Angeboten. Kein Eintritt. ⌚ 20–4 Uhr.

Pyramid Club, Jl. Dewi Sri 33, Legian, ✆ 0361-803500, 💻 www.fb.com/pyramidclubbali, Karte S. 313. Wenn alle anderen schließen, können Nachtschwärmer in dem kleinen ägyptisch gestalteten Club bis zum Morgengrauen weiter feiern, aber Vorsicht: In der Gegend kam es vermehrt zu Diebstählen! Das Publikum besteht mehrheitlich aus männlichen Expats und einheimischen Liebesdamen. ⌚ 22–6 Uhr.

Sky Garden Lounge, Jl. Legian 61, Kuta, ✆ 0361-755423, 💻 www.fb.com/skygardenbali. Der populärste und größte Club Balis zieht dank der günstigen Angebote – darunter verrückte vierstündige All you can eat & drink-Gelage – massenhaft junge trink- und flirtwütige Nachtschwärmer an, die hier ihre College-Partys feiern. Es ist der einzige Club, an dem jeden Abend etwas los ist. Tänzerinnen und Akrobaten sorgen für Unterhaltung auf den 4 abwechslungsreichen, oft rappelvollen Floors, darunter der riesige Sky Dome und der homosexuell orientierte Club Pride. Die Rooftop Lounge mit Aussicht über Kuta, ein Buffetrestaurant und eine Sportsbar runden das Angebot ab. Eintritt teils 120 000–150 000 Rp. ⌚ 18–4 Uhr.

Kino

Mittlerweile gibt es in Kuta 4 größere Kinos: Das **Cinema XXI**, 💻 www.21cineplex.com, ist mit 2 Sälen in der Bali Galeria Mall, ✆ 0361-

767021, mit 3 Sälen im Beachwalk, ✆ 0361-846 5621, und mit 4 Sälen im südlich nahe dem Flughafen gelegenen **Park23 Entertainment Centre**, ✆ 0361-472 7621, vertreten. In der Lippo Mall nahe dem Flughafen lockt zudem ein **Cinemaxx**, ✆ 0361-897 8000, 💻 www.cinemaxxtheater.com, mit 5 Sälen (auch 3D).
Das aktuelle Programm findet man online, Karten kosten 40 000–80 000 Rp, in den luxuriösen Premieresälen bis zu 205 000 Rp.
Im **Divine Earth Cinema Club** (s. Karte S. 316) in der Jl. Raya Basangkasa 1200A in Seminyak werden jeden Abend 2–3 Filme im beschaulichen Kino mit gemütlichen Sofas gezeigt.

EINKAUFEN

Das Angebot an Souvenirs, Kunsthandwerk und Textilien ist beeindruckend. Nicht immer gilt dies jedoch für Preise und Qualität. Man sollte sich von penetranten Verkäufern nicht zu Spontankäufen verleiten lassen, sondern sich Zeit nehmen zum Vergleichen und Handeln. Weitere Tipps zum Handeln S. 50.

Bücher

Kleine Buchläden verkaufen überwiegend englischsprachige gebrauchte Bücher, häufig auch ein paar deutsche. Manchmal kaufen die Buchhändler auch gelesene Bücher an.
Kerta Bookshop, Jl. Pantai Kuta 6B, ✆ 0361-758047. Der älteste Secondhand-Buchladen auf Bali existiert seit 1975 und führt auch deutsche Bücher, darunter ein paar fast historische Reiseführer. 🕒 Mo–Sa 10–18 Uhr.
Periplus Bookshop, u. a. in der Bali Galeria Mall, ✆ 0877-8324 5601, 💻 www.periplus.com.
Die größte Kette mit einem breiten Angebot an aktuellen englischsprachigen Reiseführern, Karten, Zeitschriften und Büchern. Weitere Filialen am Flughafen, in der Discovery Shopping Mall, im Seminyak Square, in der Jl. Kunti sowie in Ubud, Sanur und Nusa Dua.
🕒 10–22 Uhr.

Einkaufszentren

Bali Galeria Mall, Jl. By Pass Ngurah Rai, 💻 www.malbaligaleria.co.id. Das älteste der großen Einkaufszentren beherbergt viele Boutiquen, Restaurants, ein Kino und einen großen Baumarkt. 🕒 10–22 Uhr.
Beachwalk, Jl. Pantai Kuta, 💻 www.beachwalkbali.com. In den angenehm luftigen Passagen der schönsten Mall finden Klamottenläden aus Bali und aller Welt, Kosmetikgeschäfte, ein Supermarkt, Kaffeeketten, teure Restaurants sowie ein Kino und Parkhaus Platz. 🕒 So–Do 10–23, Fr–Sa 10–24 Uhr.
Discovery Shopping Mall, Jl. Kartika Plaza, 💻 www.discoveryshoppingmall.com. Die Mall vereint zahlreiche Geschäfte unter einem Dach, darunter Sport- und Souvenirläden, teure Batik- und Schmuckgeschäfte sowie einen guten Delikatessenladen mit großer Weinauswahl. 🕒 So–Do 10–22, Fr–Sa 10–22.30 Uhr.
Kuta Square, am südwestlichen Ende der Jl. Pantai Kuta. Viele Mode- und Sportgeschäfte und der große, eher auf asiatische Kundschaft ausgerichtete **Matahari Department Store**, 🕒 10–22 Uhr.

Kleidung

Alle bekannten Marken der Surfkultur sind mit großen Boutiquen vertreten. Günstiger sind Läden, die alle Marken unter einem Dach verkaufen und sich etwas irreführend Factory Outlets nennen. Vor dem Kauf sollte die Ware genau begutachtet werden, denn es gibt oft Fälschungen oder nicht deklarierte Ausschussware.
Uluwatu, Hauptfiliale in der Jl. Legian 118, ✆ 0361-751933, 💻 www.uluwatu.co.id.
Die balinesische Marke ist seit 1978 für ihre eleganten, hochwertigen Textilien mit Lochstickereien mit hübschen traditionellen Ornamenten bekannt. Ein Stück kostet mind. 400 000 Rp. Weitere Filialen in der Jl. Legian 43, Jl. Pantai Kuta, der Discovery Shopping Mall und der Lippo Mall sowie in Seminyak, Sanur, Nusa Dua und Ubud. Ein Outlet an der Jl. Bypass Ngurah Rai in der Nähe der Straße zur Pulau Serangan.

Souvenirs

Im Seitenflügel der **Discovery Shopping Mall** sowie im Erdgeschoss des **Matahari Department Store** im Kuta Square gibt es eine riesige Auswahl an Souvenirs zu Festpreisen, sodass man hier stressfrei und in aller Ruhe stöbern kann. Eine weitere Möglichkeit ist ein Besuch bei **Geneva Handicraft**, s. Seminyak, Einkaufen S. 320.

AKTIVITÄTEN

Schwimmen

Waterbom Park, Jl. Kartika Plaza, ✆ 0361-755676, 💻 www.waterbom-bali.com. Im Süden von Kuta bietet der große Park Nervenkitzel und Unterhaltung für die ganze Familie. Dafür sorgen 22 Wasserrutschen von insgesamt über 1 km Länge, von denen 8 nur für Kinder sind, und FlowRider, eine Maschine, die Surfern eine endlose Welle verspricht, aber auch 200 000 Rp pro Std. extra kostet. Eintritt für Erwachsene 520 000 Rp, Kinder von 2–12 Jahren 370 000 Rp, online 15 % Rabatt. ⌚ 9–18 Uhr.

Wellness

In Kuta und Legian gibt es zahllose, meist unprofessionelle Massagesalons, in denen bereits ab 85 000 Rp pro Std. eine Ganzkörperbehandlung zu haben ist. Salons mit überdurchschnittlichem Service zu etwas höheren Preisen sind u. a.:

Shinkei Spa, Jl. Legian 64, ✆ 0361-764515. Angenehmes und preisgünstiges Spa in der Nähe des Bali Bomb Memorials. Die entspannende Atmosphäre mit Wasserplätschern und balinesischer Musik wird leider ab 21 Uhr von den benachbarten Clubs zerstört. Massagen 1 Std. ab 120 000 Rp. ⌚ 9.30–23.30 Uhr.

Smart Salon, Jl. Pantai Kuta 204, ✆ 0812-3828 0000, 💻 www.smartspa-bali.com. Großer, beliebter Salon mit professionellen Therapeuten. Balinesische Ganzkörpermassage ab 125 000 Rp pro Std., zudem u. a. Shiatsu und Thai-Massagen. Mehrstündige Wellnesspakete ab 499 000 Rp. Weitere Niederlassungen in der Jl. Legian 41 und in der Poppies Lane 2. ⌚ 10–24 Uhr.

> **Gefährliche Strömung**
>
> Außerhalb von den durch rot-gelb gestreifte **Flaggen** markierten Bereichen ist das Schwimmen aufgrund starker, unberechenbarer Strömungen sehr gefährlich! An Strandabschnitten, die durch rote Flaggen mit Totenköpfen abgesteckt sind, ist es sogar lebensbedrohlich! Obwohl **Rettungsschwimmer** im Einsatz sind, kommt es immer wieder zu tödlichen Unfällen mit Touristen, die die Gefahr unterschätzen, zu weit hinausschwimmen oder von der Strömung hinausgetragen werden und ertrinken. Selbst an den als sicher markierten Bereichen sollte man dem tosenden Meer nicht blind trauen. Zudem sollte man immer ein Auge auf die **Surfanfänger** haben, die ihre Bretter noch nicht sicher kontrollieren können, denn ein Zusammenstoß kann mehr als schmerzhaft ausgehen. An einigen Stellen, wie etwa auf Höhe der Jl. Arjuna, fließen ungeklärte **Abwässer** ins Meer. Hier sollte man aus naheliegenden Gründen nicht ins Wasser gehen.

SONSTIGES

Gepäckaufbewahrung

Bei **Perama**, s. Touren, können Kunden ihr Gepäck 1 Tag kostenfrei und 1 Woche für 15 000 Rp pro Stück abstellen.

Informationen

Tourist Information Center (ITIC), Jl. Raya Kuta, Ecke Jl. Kalianget, ✆ 0361-766181. Im Tourismusbüro mit großem Souvenirshop versorgt das bemühte Personal Besucher mit Infos und Tipps. ⌚ 8–21 Uhr.

Post

Kuta Post Office, Gang Selamet, Jl. Raya Kuta, ✆ 0361-754012.

Briefe und Pakete können auch an kleinen **Postannahmestellen**, sogenannten „Postal Agents", abgegeben werden, z. B. in der Jl. Benesari, der Jl. Patimura und im Gang Ronta. ⌚ alle Mo–Sa 8–16 Uhr.

TRANSPORT

Angkot

Die Minibusse (auch *Bemo* genannt) fahren vom **Bemo Corner** am östlichen Ende der Jl. Legian bei genügend Passagieren von ca.

Surfen lernen

Das erste Mal auf einer Welle dahinzugleiten, ist ein wunderbares Gefühl, und es gibt wenige Orte auf Bali, an denen man das Surfen so gut erlernen kann wie am Strand von Kuta und Legian. Die Wellen sind verhältnismäßig klein und die Strömung weniger intensiv als anderswo. So wundert es kaum, dass sich jede Menge **Surfschulen** angesiedelt haben, um blutige Anfänger zu leidenschaftlichen Surfern auszubilden. Alternativ können Sparfüchse an kleinen Ständen am Strand Bretter ab 20 000 Rp pro Std. bzw. für 70 000–200 000 Rp pro Tag ausleihen und sich einen günstigeren (wenn auch weniger professionellen) Surflehrer suchen.

Die großen Schulen unterscheiden sich nur geringfügig voneinander: Sie werden von bekannten Surfermarken gesponsert, verfügen über relativ neue Bretter und bieten morgens und am frühen Nachmittag ihre Anfängerkurse an. Die genauen Zeiten richten sich nach Ebbe und Flut. Der Spaß wird in den Kursen großgeschrieben, aber auch Verhaltensregeln und Sicherheitsfragen werden behandelt. Selbstverständlich gibt es auch weiterführende Kurse für alle, die von der Surfsucht gepackt wurden. Die Kursgebühr sollte eine Versicherung beinhalten. Fast alle Schulen bieten einen kostenlosen Abholservice für Süd-Bali an, einschließlich Nusa Dua, Jimbaran und Sanur.

Die **körperliche Anstrengung** ist nicht zu unterschätzen: 2 Std. im Wasser können schon so sehr ermüden, dass Paddeln und Aufrichten schwerfällt und erste Koordinationsprobleme auftreten. Spätestens dann ist eine Pause angebracht. Auch auf die Sonne muss geachtet werden: Immer reichlich Sonnencreme benutzen und alle 1–2 Std. erneuern; gegen Sonnenbrand während des Surfens ein T-Shirt oder Neopren-Shortie tragen.

Eine Auswahl der besten Surfschulen:

Pro Surf School, Jl. Pantai Kuta, zwischen Jl. Melasti und Jl. Benesari im Norden, ✆ 0361-751200, 0811-392 0503, 💻 www.prosurfschool.com. Die von Billabong unterstützte, vielgelobte Schule mit Pool und Sonnendeck arbeitet nur mit zertifizierten Surflehrern und max. 4 Pers. pro Gruppe. Die Kursgebühr beträgt 450 000–550 000 Rp, bei vorzeitiger Buchung 350 000 Rp, Fotos kosten extra.

Rip Curl School of Surf, Jl. Double Six, Seminyak, Karte S. 316, ✆ 0361-735858, 0851-0087 1889, 💻 www.ripcurlschoolofsurf.com. Aus fünf 2-stündigen Lektionen bestehende Kurse mit max. 5 Schülern kosten 3,25 Mio. Rp inkl. eines Rip Curl-T-Shirts, einzelne 2-stündige Lektionen 700 000 Rp, eine Privatstunde 1,1 Mio. Rp, Kinderkurse 650 000 Rp. In der Sanur-Filiale auch Wakeboarding, Stand Up Paddling, Wind- und Kitesurfing (S. 327). 🕒 8–18 Uhr.

€ **Up2U Surf School**, direkt nördlich des Legian Beach Hotels, Legian, ✆ 0361-472 7805, 💻 www.up2usurfschool.com, Karte S. 313. Die kleine, beliebte Surfschule führt für 300 000 Rp pro 2 1/2 Std.-Kurs in die Grundtechniken ein, bevor es für 300 000–400 000 Rp pro Tag in die je nach Wetterlage geeigneten Surfreviere geht. Im Anschluss an den Kurs kann man die Surfbretter kostenlos 1 Std. weiter nutzen. Kinderkurse ab 350 000 Rp, Privatstunden 500 000 Rp. 🕒 7.30–17.30 Uhr.

5.30–17 Uhr für 10 000 Rp p. P. zum Busbahnhof Tegal in DENPASAR. Von dort mit gelben *Bemos* für 10 000 Rp p. P. weiter in die Innenstadt oder zum Terminal Batubulan. Bei großem Gepäck muss man einen Extraplatz zahlen, und oft verlangen die Fahrer deutlich höhere Preise von Touristen.

Shuttlebusse

Busse zu Zielen auf Bali fahren am Perama-Büro in der Jl. Legian und vom Batubulan-Busbahnhof in Denpasar ab (S. 303). Perama verlangt für die Abholung sowie den Transfer zum Hotel im Zielort jeweils 15 000 Rp.

Alternativ können **Shuttletransporte** gebucht werden, die Gäste mit Privatfahrzeugen ohne Aufpreis abholen und zur gewünschten Adresse bringen. Sie sind jedoch teurer als Perama.

Für den Transport nach NUSA LEMBONGAN, LOMBOK oder auf die GILIS gibt es Angebote inkl. Bootsfahrt.

Fahrplan Perama, Preise p. P.:
AMED und TULAMBEN um 7 Uhr für 175 000 Rp.
BEDUGUL um 10 Uhr für 75 000 Rp.
CANDI DASA und PADANG BAI um 6, 7, 10 und 13.30 Uhr für 75 000 Rp.
GILIS (Lombok) mit Schnellbooten um 6.30 Uhr für 450 000 Rp.
KINTAMANI um 10 Uhr für 150 000 Rp (mind. 2 Pers.).
LOVINA um 10 Uhr für 125 000 Rp.
NUSA LEMBONGAN mit Schnellbooten um 7, 9.30 und 13.30 Uhr für 200 000 Rp.
NUSA PENIDA mit Schnellbooten um 7, 8.30 und 14.30 Uhr für 265 000 Rp (mind. 2 Pers.).
SANUR um 6, 7, 10, 12, 13.30 und 16.30 Uhr für 35 000 Rp.
SENGGIGI (Lombok) mit der langsamen Fähre um 6 Uhr für 175 000 Rp, mit Schnellbooten um 6.30 Uhr für 450 000 Rp.
TIRTAGANGGA um 7 Uhr für 150 000 Rp.
UBUD um 6, 7, 10, 12, 13.30 und 16.30 Uhr für 60 000 Rp.

Fahrplan Shuttlebusse, Preise p. P.:
CANDI DASA und PADANG BAI um 6, 9, 11 und 13 Uhr für 70 000–100 000 Rp.
GILIS mit Schnellbooten um 6, 9 und 11 Uhr für 200 000–300 000 Rp.
KUTA (Lombok) um 6, 9 und 11 Uhr für 200 000–300 000 Rp.
LOVINA um 9, 11 und 13 Uhr für 200 000–300 000 Rp.
MATARAM (Lombok) um 6, 9 und 11 Uhr für 150 000–170 000 Rp.
NUSA LEMBONGAN um 6 und 9 Uhr für 160 000 Rp.
SANUR um 6, 9, 11, 13 und 16 Uhr für 50 000–55 000 Rp.
SENGGIGI (Lombok) um 6, 9 und 11 Uhr für 160 000–175 000 Rp.
UBUD um 9, 11, 13 und 16 Uhr für 60 000–65 000 Rp.

Legian

Im Norden geht Kuta nahtlos in den Ferienort Legian über. Schlendert man die zentrale Verkehrsachse Jalan Legian hinauf, fällt kaum ein Unterschied auf, dennoch zieht Legian ein anderes Publikum an als das Partymekka im Süden: Während in Kuta junge, feierwütige Australier dominieren, sind in Legian zwar ebenfalls mehrheitlich australische Pauschalurlauber anzutreffen, allerdings fühlbar mehr Familien und ältere Reisende. Folglich geht es etwas geruhsamer und gesitteter zu als weiter südlich. Zudem sind die Straßen etwas breiter, und der Verkehr ist weniger hektisch.

ÜBERNACHTUNG

Die Mehrzahl der Unterkünfte richtet sich an ein wohlsituiertes Publikum, aber einige günstige Alternativen locken auch Backpacker an. Große, luxuriöse Hotelkomplexe dominieren die Strandgegend.

Ady's Inn, Jl. Sahadewa, Gang 2, ✆ 0811-399 3325, 💻 www.adysinn.com. Hier findet jeder das Richtige: Zentral, fußläufig zum Strand und doch angenehm ruhig am Ende einer schmalen Gasse in einem gepflegten Garten mit hübschem Pool gelegene, freundliche, familiäre Anlage. Saubere, angenehm klar gestaltete Zimmer im hellen Neubau oder großzügige Deluxe-Zimmer, teils im klassischen balinesischen Stil mit geschnitzten Eingangstüren. ❹–❺

Bliss Surfer Hotel, Jl. Sriwijaya 88, ✆ 0361-767222, 💻 www.blisssurferhotel.com. Das etwas abseits, aber dadurch auch recht ruhig gelegene Hotel hat sich ganz dem Surferthema verschrieben, zieht allerdings kaum Surfer an. Rund um den Innenhof mit Pool locken komfortable Zimmer mit guten Matratzen, TV, Wasserkocher und Du/WC. Sehr gutes Preis-Leistungs-Verhältnis. Sehr freundliches Personal. Frühstücksbuffet inkl. ❹–❺

Borough Capsule Hostel, Jl. Padma Utara 5, ✆ 0361-756943, 💻 www.boroughbali.com. Ein typischer Vertreter der neuen Hostelgeneration: modern, frisch und komfortabel. Saubere Schlafsäle mit 2–14 dicken Matratzen in kojenartigen Schlafkapseln mit Rollos, Leselampe und Steckdosen für 149 000–189 000 Rp, auch ein Schlafsaal nur für Frauen

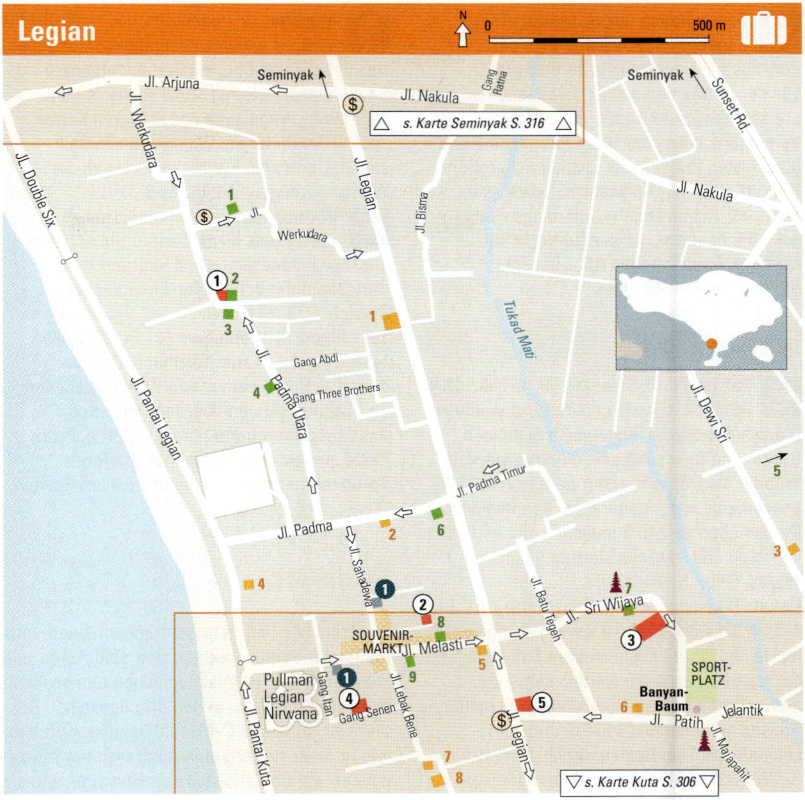

ÜBERNACHTUNG
1. Borough Capsule Hostel
2. Ady's Inn
3. Bliss Surfer Hotel
4. Senen Beach Inn
5. Monostel

ESSEN
1. Yut'z Place
2. Warung Padma
3. Mugshot
4. MozzarellA by the sea
5. Hakata Ikkousha Ramen
6. MozzarellA Restaurant & Bar
7. Fat Tony's
8. LemonGrass Thai Restaurant
9. MozzarellA Restaurant & Bar at The Magani

TRANSPORT
1. MBA Tours & Travel (2x)

SONSTIGES
1. Wäscherei
2. Wäscherei
3. Pyramid Club
4. Up2U Surf School
5. Wäscherei
6. Wäscherei
7. Wäscherei
8. Buchladen

und einer mit Doppelmatratzen für 249 000 Rp. Schöne Aussicht von der Dachterrasse mit Pool. Hilfsbereites Personal. Einfaches Frühstück inkl.

Monostel, Jl. Legian 358A, ✆ 0361-753693, 💻 www.fb.com/MonostelBali. Schickes, angenehmes Flashpacker-Hostel im angesagten Industrial-Look mit 5 nicht immer ganz ruhigen Schlafsälen mit 4–12 Betten à 120 000–200 000 Rp, auch ein Schlafsaal nur für Frauen. Alle mit komfortablen Matratzen, kleinem ausklappbarem Tisch, Leselampe, Kleiderstange und Steckdosen sowie einem Rollo, das für Privatsphäre sorgt. Toll gestaltetes Restaurant mit Livemusik bis 23.30 Uhr. Frühstück inkl.

€ **Senen Beach Inn**, Jl. Melasti, Gang Senen, ☏ 0361-755470. Eine der günstigsten Optionen liegt zurückversetzt von der Straße und punktet mit dem guten, preiswerten Restaurant, freundlichen Vermietern, einer familiären Atmosphäre und günstigsten Preisen. Die Zimmer mit großem Bad/WC (teils nur Kaltwasser) sowie recht guten Matratzen könnten allerdings sauberer sein. Die neueren, geräumigeren, leicht muffigen Zimmer haben AC. Günstiger Surfbrettverleih. ❶–❸

ESSEN

€ **Fat Tony's**, Jl. Sriwijaya 28, ☏ 0857-9264 1911, 💻 www.fb.com/fattonytakeaway. Die saftig-leckeren, erstaunlich günstigen Burger von Tony schmecken richtig gut, kein Wunder also, dass sie öfter bereits vor 22 Uhr ausverkauft sind – daher nicht zu spät kommen. Direkt neben dem Grillhäuschen gibt es Tische im Freien und im klimatisierten Innenraum. WLAN. ⌚ Di–So 16–22 Uhr.

Hakata Ikkousha Ramen, Sunset Rd. 225X, Blok 4–5, ☏ 0361-894 7019, 💻 www.ikkousha.co.id. Im kleinen, eher unscheinbaren Bali-Ableger der japanischen Kette werden sehr gute, authentische Ramen-Nudelsuppen zu mittleren Preisen aufgetischt. ⌚ 11–22 Uhr.

LemonGrass Thai Restaurant, Jl. Melasti, ☏ 0813-3333 9243, 💻 www.lemongrassbali.com/restaurant. Das relativ große, nach vorne offene Restaurant serviert thailändische Gerichte nach westlichem Geschmack, auch Frühstück. Mittlere bis gehobene Preisklasse. Lieferservice. ⌚ 7–23 Uhr.

MozzarellA Restaurant & Bar, Jl. Padma 9, ☏ 0361-755896, 💻 www.mozzarella-resto.com. In modernem Ambiente mit viel recyceltem Holz werden frische Salate, Steaks und indonesische Gerichte sowie Desserts zu gehobenen Preisen serviert. Alles ist richtig lecker und hochwertig. WLAN. ⌚ 11–23 Uhr. Zudem das **MozzarellA by the sea**, Jl. Padma Utara, ☏ 0361-751654, mit guten Cocktails und Sa ab 19.30 Uhr Livemusik, sowie das **MozzarellA Restaurant & Bar at The Magani,** Jl. Melasti.

Mugshot, Jl. Padma Utara 5, ☏ 0813-3764 4359, 💻 www.fb.com/mugshotcoffeebali. Das nette kleine Café serviert annehmbare Sandwiches, leckeres Müsli sowie Tee und sehr guten, wenn auch etwas teuren Kaffee. Wer 10 000 Rp für ein Waisenhaus in Bali spendet, darf sein Porträt zu denen an der Wand hinzufügen. WLAN. ⌚ 6–17 Uhr.

€ **Warung Padma**, Jl. Padma Utara 5. Das offene, kleine Restaurant serviert günstige indonesische und internationale Gerichte und frische Säfte. Freundlicher Service. ⌚ 9–23 Uhr.

Yut'z Place, Jl. Werkudara 521, ☏ 0812-395 1454, 💻 www.fb.com/YutzPlace. Das gut besuchte Restaurant mit dunklen Holzstühlen und Tischen serviert u. a. sehr gute, aus Australien importierte Steaks, Spätzle, Pizza, Pasta und leckeres Gulasch in großen Portionen zu mittleren, angemessenen Preisen. WLAN. ⌚ 8–24 Uhr.

Seminyak

In nördlicher Richtung geht Legian seinerseits nahtlos in Seminyak über, den schicksten und kultiviertesten Teil des magischen touristischen Dreiecks Süd-Balis. In den durchgestylten Restaurants, Bars und Cafés fühlt man sich oft eher wie in einer florierenden australischen Metropole als auf Bali. Die digitalen Nomaden und die globalisierte Künstler- und Startup-Szene haben die angesagten Läden fest im Griff. Sie sitzen vor ihren Macbook Airs, schlürfen einen Latte Macchiato und gönnen sich zum Mittagessen einen Gourmet-Burger und zum Sonnenuntergang ein importiertes Craft-Bier.

Aber auch Touristen werden hier glücklich: Die hochklassigen Hotels und Villenanlagen laden zum niveauvollen Entspannen ein, und in den kreativen Boutiquen entdeckt man das eine oder andere Stück, das, wenn auch nicht ganz günstig, eine tolle, meist auch hochwertige Erinnerung an den Bali-Urlaub darstellt. Die absoluten Highlights warten direkt am Strand: Zum Sonnenuntergang gehört ein Besuch in einer der rappelvollen **Strandbars** mit guter Livemusik fast schon zum guten Ton, während man

© MISCHA LOOSE

Beim Besuch im beliebten Potato Head Beach Club kann man sich einen Tag lang wie ein VIP fühlen.

sich tagsüber im Potato Head Beach Club (verhältnismäßig günstig) wie ein echter VIP fühlen kann. Wenn es dunkel wird, lohnt es sich, einige Abende in die Erkundung der kulinarischen Szene zu investieren, denn nirgendwo sonst in Indonesien ist die Dichte an exzellenten Restaurants so hoch wie hier. Besonders die Jalan Laksmana oder Oberoi genannte Jalan Kayu Aya ist als **„Eat Street"** bekannt und hochgeschätzt. Mit vollem Magen macht die Erkundung des Nachtlebens umso mehr Spaß. Von urigen Livemusik-Kneipen über edle Lounges und imposant gestaltete Barkomplexe bis hin zu modernen Clubs findet sich in Seminyak etwas für jeden Geschmack und fast jeden Geldbeutel.

ÜBERNACHTUNG

Die Zimmerpreise sind höher, und die Auswahl an günstigen Unterkünften ist begrenzt. Eine Vielzahl kleiner, exquisiter **Villenanlagen** hat sich in Seminyak angesiedelt. Oft verfügt jedes Anwesen über einen privaten Pool, Garten und mehrere Schlafzimmer, ideal für Familien, die einen hohen Standard erwarten.

Blue Karma Hotel, Gang Bima 2, Jl. Raya Seminyak, ✆ 0361-737898, 💻 www.bluekarmaresort.com. Sehr kreativ gestaltete und gepflegte Bungalowanlage mit aufmerksamem Service und einem hübschen Garten mit Pool. Die 21 luxuriösen Zimmer und Villen sind individuell im Stil indonesischer Stämme gestaltet, mit geschnitzten Türen, Statuen und vielen kleinen Details. Frühstück inkl. ❼–❽

Inada Losmen, Gang Bima, Jl. Raya Seminyak, ✆ 0361-732269, ✉ putuinada@hotmail.com. Das kleine Losmen mit angenehmer Atmosphäre und Singvögeln in Käfigen liegt sehr ruhig in einer winzigen Seitengasse und bietet die wohl günstigsten Zimmer in Seminyak. 12 alte, sehr einfache, aber saubere Räume mit Federkernmatratzen und großen Du/WC sowie Veranda. Motorradverleih. Frühstück inkl. ❷

M Hostel, Eingang durch die Taiga Farma, Jl. Raya Seminyak 19, ✆ 0361-730977, 💻 www.mhostelbali.com. Etwas schwer zu findendes, aber zentrales und dennoch ruhiges Hostel mit nettem Innenhof und kleinem Pool. Saubere, dunkle, kleine, hellhörige Zimmer mit AC, Mini-Kühlschrank, TV, Safe und Du/WC sowie 8 Schlafsäle mit bis zu 6 komfortablen

Seminyak

ÜBERNACHTUNG
1. Summerhome
2. Inada Losmen
3. Blue Karma Hotel
4. M Hostel

ESSEN
1. Biku
2. Motel Mexicola
3. Mama San
4. Wabi Sabi by KZU
5. Sea Circus
6. Sisterfields
7. Sambal Shrimp Restaurant & Bar
8. Ginger Moon
9. Ultimo Italian Restaurant
10. Char Char Bar & Grill
11. Divine Earth
12. Taco Beach Grill
13. Zula Vegetarian Paradise
14. Ryoshi Japanese Restaurant
15. Warung Murah
16. Cafe Marzano
17. Warung Souvlaki

TRANSPORT
1. Bali Bike Rental

SONSTIGES
1. Baker Street Social
2. Geneva Handicraft Centre & Furniture
3. Potato Head Beach Club
4. Periplus Bookshop
5. Zappaz
6. Uluwatu
7. Earth Café & Market
8. Sely Sumba Ikat
9. Divine Earth Cinema Club
10. La Favela
11. Jari Menari
12. Periplus Bookshop
13. chill
14. Prana Spa
15. Wäscherei
16. Wäscherei
17. Periplus (Made's Shopping Arcade)
18. Bali Joe
19. Bintang Supermarket
20. Cocoon
21. Jenja Club
22. Ripcurl School of Surf

Einzelbetten mit Leselampe und Steckdose à 150 000 Rp (online ab 100 000 Rp), auch nur für Frauen. Kommunikative Atmosphäre im Gemeinschaftsraum mit TV und Sitzsäcken. Freundliches Personal. Frühstück, Kaffee und Tee inkl. ❸–❹

Summerhome, Jl. Petitenget, Complex Umasari, Block D-1, ✆ 0361-849 9565, 💻 http://stayatsummerhome.com/. Mitten im ruhigen und doch zentral gelegenen Villenviertel werden im 3-stöckigen Bau am schmalen Pool geräumige, komfortabel und komplett ausgestattete, saubere sowie erstaunlich günstige Zimmer in Weiß- und Beigetönen vermietet. Nettes Personal. ❹–❺

ESSEN

Die Auswahl an kulinarischen Köstlichkeiten ist in Seminyak überwältigend global: Das Angebot reicht von authentischen italienischen, indischen und indonesischen Gerichten über hochklassiges Seafood, moderne Fusionsküche und vegetarische Kost bis hin zu nordafrikanischen, griechischen und persischen Speisen. Die größte Auswahl bietet die auch als **„Eat Street"** bekannte Jl. Kayu Aya.

Asiatisch

Mama San, Jl. Raya Kerobokan 135, ✆ 0813-3942 3033, 💻 http://mamasanbali.com/. Eines der angesagtesten und kreativsten Restaurants! Hier werden die Geschmackswelten Asiens in stilvoll-schicker Atmosphäre auf den Teller gezaubert. Der berühmte Küchenchef Will Meyrick teilt die kulinarischen Entdeckungen seiner Reisen quer durch Südostasien zu gehobenen Preisen mit seinen Gästen. Lounge im 1. Stock mit bequemen Ledersesseln. 🕒 12–15 und 18–23, Lounge bis 1 Uhr.

Ryoshi Japanese Restaurant, Jl. Raya Seminyak 17, ✆ 0361-731152, 💻 www.ryoshibali.com. Die große, unten klimatisierte, oben offene Hauptfiliale der balinesischen Kette japanischer Restaurants bietet neben leckerem, qualitativ hochwertigem Sushi und Sashimi zu moderaten Preisen auch jeden Mo, Mi und Fr guten Livejazz ab 21.30 Uhr. 🕒 12–24 Uhr.

€ **Wabi Sabi by KZU**, Sunset Rd. 151, ✆ 0878-6206 5881, 💻 www.fb.com/kzubali. Besonders zur Mittagszeit beliebtes, überwiegend japanisches Restaurant mit verglastem, klimatisiertem Innenraum und einigen Tischen draußen. Man stellt sich an der Theke die leckeren, bereits vorgekochten Speisen und Beilagen zusammen. Die Rippchen, Salate und Säfte sind besonders gut. Sehr netter Service. WLAN. 🕒 11–21 Uhr.

Cafés

Biku, Jl. Petitenget 888, ✆ 0851-0057 0888, 💻 www.bikubali.com. Gemütlich und heiter geht es in dem mit Antiquitäten eingerichteten, beliebten Café zu. Neben Kaffee, Kuchen, Burgern und Hauptgerichten auch High Tea in britischer Tradition, Cocktails und exzellente Desserts. Verkauf von Souvenirs. Traditionelle indonesische Livemusik Sa ab 20 und So ab 17 Uhr. WLAN von 9–12 und 15–19 Uhr. 🕒 8–23 Uhr.

Europäisch

Cafe Marzano, Jl. Arjuna, ✆ 0361-733584, 💻 www.fb.com/cafemarzanolegian. Immer gut besuchtes, authentisches und für europäische Küche preisgünstiges italienisches Restaurant mit einer riesigen Auswahl an leckeren Pizzas sowie hausgemachter Pasta und Lasagne. Lieferservice. 🕒 8–24 Uhr.

Ultimo Italian Restaurant, Jl. Kayu Aya 104X, ✆ 0361-738720, 💻 http://balinesia.co.id/. Stets gut besuchtes italienisches Feinschmeckerlokal mit offener Küche und Steinofen. Es wird eine gute Auswahl an Antipasti, hausgemachten Nudelgerichten, Pizzas und frischen Meeresfrüchten zu mittleren, höchst gerechtfertigten Preisen angeboten. Große Weinkarte und flotter Service. 🕒 17–24 Uhr.

€ **Warung Souvlaki**, Jl. Arjuna. Ableger des kleinen griechischen Lokals in Kuta (S. 316) mit sehr günstigen Preisen. 🕒 8–23 Uhr.

International

€ **Char Char Bar & Grill**, Jl. Kayu Aya, ✆ 0361-738720, 💻 www.fb.com/charcharbarandgrillbali. Das große 2-stöckige

BALI

Restaurant mit einsehbarer Küche wird von der treppenförmig arrangierten Bar mit Blick auf die Ausgehmeile und den sich durch das gesamte Restaurant ziehenden abstrakten geometrischen Mustern geprägt. Die Preise sind überraschend günstig für das Gebotene, und der Service ist höchst aufmerksam. Besonders empfehlenswert ist der Snapper in einer süßlich-scharfen Sauce, zudem gute Steaks und eine günstige Salatbar. 15–0.30 Uhr.

Ginger Moon, Jl. Kayu Aya, 0361-734533, www.gingermoonbali.com. Modern gestaltetes und klimatisiertes Restaurant mit indonesisch und chinesisch angehauchter Fusionsküche, die sich perfekt zum Teilen eignet. Am besten bestellt man mehrere der leckeren Gerichte. Der neuseeländische Chefkoch Dean Keddel beeindruckt mit seinem Gespür für kulinarisch gut funktionierende Kombinationen, wie die mit *Babi Guling* belegte Pizza oder die exzellenten, mit *Rendang* gefüllten gedämpften *Bao*-Brötchen. WLAN. 12–23 Uhr.

Sea Circus, Jl. Kayu Aya 22, 0361-738667, www.seacircus-bali.com. Das sehr beliebte Lokal punktet mit einer bunten, freundlichen Gestaltung. Neben knackigen Salaten, frischen Broten und Baguettes, Kaffee, Eiscreme und Cocktails werden vor allem Seafood, Tacos, Burger, hausgemachte Marmeladen und super Katerfrühstück-Menüs serviert. Für kleines Geld gibt es zudem Schultermassagen vom freundlichen Personal. WLAN. 7.30–22 Uhr.

Sisterfields, Jl. Kayu Cendana 7, 0811-386 0507, www.sisterfieldsbali.com. Vollkommen zu Recht schwer angesagter, zeitgemäß designter Laden, ganz nach australischem Geschmack, mit Sofas im Diner-Stil und großer langer Theke, der vor allem zum Frühstück oder Brunch einen Besuch lohnt. Die geschmackvoll angerichteten Speisen werden auch anspruchsvolle Leckermäuler überzeugen. Die exzellenten Eggs Benedict und der sagenhaft zarte Schweinebauch begeistern. Sehr guter Kaffee. Ordentliche Portionen zu gehobenen Preisen. WLAN. Di–Sa 7–22, So–Mo 7–17 Uhr.

Indonesisch

Sambal Shrimp Restaurant & Bar, Jl. Kayu Aya 6, Lot 2, 0361-738389, www.sambalshrimp.com. Im luftigen, mit viel Holz versehenen Restaurant ist das namensstiftende Gericht aus gekochten Shrimps und hausgemachten Sambal-Saucen wirklich gut, zudem gibt es gegrillten Tintenfisch, Krebse und weitere Meeresfrüchte. Es stehen 6 Sambals zur Auswahl. Recht hochpreisig. WLAN. 11–1 Uhr.

Warung Murah, Jl. Arjuna 99, 0361-732082. Sehr beliebtes, gutes und günstiges Restaurant mit großem indo-chinesischen Buffet ab 10 Uhr. Hier kann man sich den perfekten *Nasi Campur* selbst zusammenstellen. Auch Gerichte à la carte. 8–23 Uhr.

Mexikanisch

Motel Mexicola, Jl. Kayu Jati 9X, 0361-736688, www.motelmexicolabali.com. Bereits der skurrile Altar am Eingang verspricht mexikanische Atmosphäre, und die toll abgestimmte, künstlerische Einrichtung enttäuscht nicht. Rund um den großen, bunten Innenhof mit der perfekt designten zentralen Bar fühlt man sich wie in Acapulco. Gute Cocktails und etwas mäßiges, aber relativ günstiges Essen, darunter interessante Tapas. Freundlicher Service. WLAN. 11–1, Küche 11–22.30 Uhr.

Taco Beach Grill, Jl. Kunti 6, 0878-6163 2845, www.tacobeachgrill.com. Der kleine, beliebte Laden liegt zwar nicht am Strand, serviert aber die leckersten Tacos und Burritos. Neben klassischen Varianten auch ausgefallene, z. B. mit *Babi Guling* oder *Mahi-Mahi*, sowie vegane Optionen. Zudem kreative Saft- und Smoothie-Kreationen. Freundliche, schnelle Bedienung. WLAN. 11–23 Uhr.

Vegetarisch und vegan

Divine Earth, Jl. Raya Basangkasa 1200A, 0361-731964, www.divineearthbali.com. Recht kleines, klimatisiertes veganes Restaurant mit einer breiten Auswahl an gesunden Speisen zu vernünftigen Preisen. Man kann sich Salate ganz nach den eigenen Wünschen zusammenstellen. Sehr leckere Säfte und Smoothies. Jeden Abend werden 2–3 Filme im hübschen Cinema Club (S. 309) mit gemütlichen Sofas gezeigt. Zudem Yoga-Laden und Yoga-Schule (S. 321). WLAN. ⌚ 7–23 Uhr.

Zula Vegetarian Paradise, Jl. Camplung Tanduk 5, ☎ 0361-731080, 💻 www.zulabali.com. Ein Paradies für jeden Vegetarier und Veganer sowie alle Bio-Fans. Die Speisekarte ist äußerst kreativ: Alles Fleischlose wird auf attraktive und leckere Weise zubereitet. Salate können nach eigenem Geschmack zusammengestellt werden, auch Wraps und Suppen, Säfte, Lassis und Energiedrinks. Günstige Preise und freundlicher Service. Verkauf zahlreicher Bio-Produkte. ⌚ 7–23 Uhr.

UNTERHALTUNG

Die Bars, Lounges und Clubs in Seminyak sind deutlich schicker als in Kuta, und das Publikum ist entsprechend kultivierter. Einige der Bars in der Jl. Camplung Tanduk sind besonders bei Homosexuellen beliebt. Am Strand finden sich nördlich der Jl. Arjuna eine ganze Reihe von gut besuchten Strandbars mit bunten Sitzsäcken und guter Livemusik zum Sonnenuntergang.

Bars

Baker Street Social, Jl. Petitenget 17C, ☎ 0811-397 3073, 💻 www.fb.com/bakerstreetsocial. Hübsche, stilvolle, versteckt zwischen dem indischen und griechischen Restaurant gelegene Cocktailbar mit professionellen Barkeepern, die jede ihre exzellenten, aber auch teuren Kreationen sehr ernst nehmen. Potente Drinks, die ganz nach dem eigenen Geschmack gemixt werden. ⌚ Mo–Do 20–2, Fr–Sa 20–3 Uhr.

Bali Joe, Jl. Camplung Tanduk 8, ☎ 0361-730931, 💻 www.balijoebar.com. In der beliebten, stets heiteren Schwulen-Bar kann man auf gemütlichen Sofas und Sesseln sitzend Cocktails schlürfen und dabei den durchtrainierten Barkeeper und die regelmäßig auftretenden Transvestiten bewundern. WLAN. Der Laden liegt eingequetscht zwischen weiteren ähnlichen Bars. ⌚ 15–3 Uhr.

La Favela, Jl. Kayu Aya 177X, ☎ 0878-6265 4573, 💻 www.lafavelabali.com. Der Leuchtschriftzug über dem Eingang kündet von einer der beliebtesten Hipster-Bars im Herzen von Seminyak. Das überwiegend westliche Publikum feiert in der trendy, aufwendig und künstlerisch aus recycelten Materialien, Streetart-Stücken und Antiquitäten beeindruckend atmosphärisch gestalteten Bar zu Pop- und Disco-Evergreens. Gemütlicher ist es im dschungelartigen Außenbereich. Richtig voll wird es nach 23 Uhr. Das Essen ist leider nur mittelmäßig und die Drinks sind ziemlich teuer. ⌚ 17–3 Uhr.

Zappaz, Jl. Kayu Aya 54B, ☎ 0361-742 5534. Beliebte Musikkneipe vom alten Schlag mit sehr guten, rocklastigen Livebands. Der Laden kann zwar schon lange nicht mehr mit dem Chic der umliegenden Bars mithalten, punktet aber umso mehr mit authentisch guter Stimmung und wird nach dem Abendessen rappelvoll. Essen sollte man allerdings woanders. ⌚ 16–24 Uhr.

Die angesagtesten Strandbars

Einen entspannten Abend in den Strandbars von Seminyak zu verbringen, ist ein Highlight eines jeden Bali-Besuches. Die beste Sicht auf den malerischen Sonnenuntergang bietet sich nicht etwa aus den edlen Lounges, sondern von den bequemen bunten Sitzsäcken der Bars, die sich direkt am Strand zwischen der Jl. Camplung Tanduk und der Jl. Arjuna aneinanderreihen. Die beliebteste und größte Bar ist **La Plancha**, aber am besten läuft man den Strandabschnitt einfach ab und setzt sich dorthin, wo einem die Musik am meisten zusagt. Dazu können ein kühles Bier oder ein erfrischender, wenn auch nicht hochklassiger Cocktail sowie ein paar Snacks genossen werden. Die humanen Preise und die entspannte, angenehme Atmosphäre machen die Strandbars zum beliebtesten Spot für junge Leute.

Clubs

Jenja Club, im Untergeschoss der TS Suites Bali, Jl. Nakula 18, ☎ 0811-398 8088, 💻 www.jenjabali.com. Viele Expats zieht es in den Club mit niedriger Decke und zu Stoßzeiten brechend vollem Dancefloor – eine gute Mischung aus Chic und Underground. Die DJs legen viel Hip-Hop, R&B und

Der kilometerlange Strand von Kuta, Legian und Seminyak ist der Hotspot zum Sonnenuntergang.

europäischen Elektro auf. Ab 1 Uhr wird es richtig voll. Kein Einlass mit Flip-Flops. 🕒 20–4 Uhr.

Beach Clubs

Cocoon, Jl. Double Six, ✆ 0361-731266, 💻 www.cocoon-beach.com. Edler, dennoch informeller Beach Club in einem herausgeputzten Komplex mit schöner Poollandschaft und aufmerksamem Service. In mediterranem Ambiente kann man teure Drinks und Gerichte genießen. 2-für-1-Happy Hour von 16–19 Uhr. 🕒 10–24 Uhr.

Potato Head Beach Club, Jl. Petitenget 51, ✆ 0361-473 7979, 💻 www.ptthead.com. Der beliebteste Beach Club Balis liegt eingelullt in einem Kokon aus alten Fensterläden und punktet mit einer ausgelassenen, informellen, dennoch feinen Atmosphäre. Hier können sich auch Normalsterbliche mal einen Tag lang wie VIPs fühlen: Um eine der beliebten Liegen zu ergattern, sollte man bereits ab 10 Uhr am Eingang warten. Eine reguläre Liege setzt einen Mindestverzehr von 500 000 Rp voraus, eine dekadente VIP-Liege mit direktem Meerblick und Sonnen-/Sichtschutz 1 Mio. Rp. Die Drinks und Gerichte sind verständlicherweise relativ teuer, aber gut. 🕒 10–2 Uhr.

EINKAUFEN

Einkaufszentren und Supermärkte

Bintang Supermarket, Jl. Raya Seminyak 17. Supermarkt mit großer Auswahl an Lebensmitteln, auch Importprodukte, Schreib- und Haushaltswaren. 🕒 7.30–22.30 Uhr.

Seminyak Square, Jl. Kayu Aya, 💻 www.seminyaksquare.com. Überschaubares, offenes Einkaufszentrum mit Boutiquen der bekannten Surfmarken und balinesischer Labels, einem Periplus-Buchladen, Black Canyon Coffee und der beliebten Bali Bakery.

Seminyak Village, Jl. Kayu Jati 8, 💻 www.seminyakvillage.com. Direkt nördlich vom Seminyak Square gelegene Mall mit lichtdurchflutetem Durchgang und Geschäften auf 2 Stockwerken.

Öko-Produkte

Earth Café & Market, Jl. Kayu Aya 99, ✆ 0361-736645, 💻 www.earthcafebali.com. In dem beliebten Ableger des Bio-

Restaurants Zula (ebenfalls mit guter Auswahl an Bio-Produkten) bekommen Naturverbundene alle Zutaten für einen ökologisch verträglichen und gesunden Lebensstil zu vernünftigen Preisen. Besonders das leckere Brot ist hervorzuheben. Auch Bio-Essen. ⌚ 7–23 Uhr.

Souvenirs

€ **Geneva Handicraft Centre & Furniture**, Jl. Raya Kerobokan 100, ✆ 0361-733542, 💻 www.genevahandicraft.com. Geneva bietet auf 3 Stockwerken so ziemlich jedes Souvenir, das auf Bali hergestellt wird, zu günstigen Festpreisen. Der ideale, wenn auch nicht sonderlich stimmungsvolle Ort, um am Ende der Reise kistenweise Mitbringsel zu erstehen. Im Erdgeschoss Möbel, im 1. und 2. Stock Souvenirs und im Treppenhaus Masken. Man sollte genügend Zeit mitbringen, um ausführlich stöbern zu können. ⌚ 9–20 Uhr.

Textilien

Wer die Straßen von Kuta entlangspaziert, kann schon mal den Glauben an gutes Design und Qualität (und womöglich auch Nerven) verlieren. Weiter im Norden hat man jedoch die Chance, kleine Läden zu entdecken, in denen man sich sicher in das eine oder andere Teil verliebt. Die Preise liegen zwar auf einem ähnlichen Niveau wie in der Heimat, die Qualität ist aber meist höher. Besonders auf der **Jl. Raya Seminyak**, **Jl. Kayu Aya** und **Jl. Camplung Tanduk** gibt es viele kleine Läden zum Stöbern. Größere einheimische Labels, die mehrere Boutiquen betreiben, sind u. a. **Body & Soul**, 💻 www.bodyandsoulclothings.com, **By the Sea**, 💻 www.bytheseabali.com, **Lost in Paradise**, 💻 www.lostinparadisestore.com, **Puravida**, 💻 www.puravidafashion.com, **Religion**, 💻 www.religionclothing.com, **Uma & Leopold**, 💻 www.umaandleopold.com, und die auf Badebekleidung spezialisierten **69 Slam**, 💻 https://69slam.com/, und **NicoNico**, 💻 www.niconicoswimwear.com.

Sely Sumba Ikat, Jl. Raya Basangkasa 42, ✆ 0812-391 8999, ✉ selysumbaikat@yahoo.com. Kleiner, günstiger Laden, der mit *Ikat*-Decken in allen Größen von den östlichen Inseln, u. a. Sumba und Flores, vollgestopft ist. Kleine *Ikat* bereits ab 60 000 Rp. ⌚ 10–17.30 Uhr. Teurer, aber dafür klimatisiert kann man um die Ecke neben Mamasan *Ikat* shoppen.

AKTIVITÄTEN

Wellness

chill, Jl. Kunti 118X, ✆ 0361-734701, 💻 http://chillreflexology.com/. Modernes Spa mit guten Massagen ab 275 000 Rp pro Std. Reservierung empfehlenswert.

Jari Menari, Jl. Raya Basangkasa 47, ✆ 0361-736740, 💻 www.jarimenari.com. Wer sich von den „tanzenden Fingern" professioneller männlicher Therapeuten verwöhnen lassen möchte, ist hier richtig. Tolle 75–90-minütige Behandlungen kosten 435 000–485 000 Rp. Anspruchsvolle Massagetechniken werden u. a. in der Bewegungsmassage (485 000 Rp für 90 Min.) und der 4-Hände-Massage (550 000 Rp für 1 Std.) verwendet. Auch Gourmet-Massagen inkl. Mittagsmenü und Di von 9–15.30 Uhr ein Massagekurs für US$170 inkl. Mittagessen. Reservierung sehr empfehlenswert. Filiale in Tanjung Benoa. ⌚ 9–22 Uhr.

Prana Spa, Jl. Kunti, ✆ 0811-386 1761, 💻 www.pranaspabali.com. In dem opulenten, kitschig-orientalistischen Komplex kann man sich auf hohem Niveau verwöhnen lassen. Normale Massagen ab 510 000 Rp pro Std. Mehrstündige Paketangebote. Freundlicher Service. Reservierung sehr empfehlenswert. 3x tgl. Yoga-Kurse à 120 000 Rp. ⌚ 9–22 Uhr.

Strände nördlich von Seminyak

Entlang der Küste von Seminyak bis Tanah Lot erstrecken sich einige hübsche Strände, die sich wegen der relativ weiten Fahrdistanzen eher für Langzeit-Traveller mit eigenem Transportmittel sowie für Surfer, aber weniger für Touristen eignen. Die Reisfelder im Hinterland mussten vielerorts den wild, unsystematisch und exzessiv aus der Landschaft sprießenden Hotels, Villen, Boutiquen, Restaurants und Surfcamps weichen. Entsprechend verworren ist die Straßenführung.

Die Strände nördlich von Seminyak

Der Ort **Canggu** eignet sich mit seinen vielen modernen Restaurants und durchgestylten Boutiquen entlang der Zufahrtsstraßen am ehesten für einen Kurzaufenthalt. Hier ist einiges fußläufig erreichbar. Die feinen Sandstrände **Pantai Berawa** und **Pantai Batu Bolong** bieten ausgezeichnete Surfbedingungen für Fortgeschrittene, Letzterer zudem seit einer Landaufschüttung auch Freiflächen für viele Warung und einen großen Parkplatz. Nördlich schließt sich der **Pantai Echo** an, der auch bei Nichtsurfern zum Essengehen und Abhängen im **Echo Beach Club**, 💻 www.fb.com/EchoBeachClub, beliebt ist.

Der noch weiter nördlich gelegene **Pantai Seseh** ermöglicht Neuankömmlingen, den ersten Blick auf das „echte Bali" zu erhaschen. Sobald man von der stark befahrenen, nach Tanah Lot führenden Hauptstraße auf die Jl. Raya Seseh Richtung Küste abzweigt, wird es ländlich, und man fährt gute 3 km durch Reisfelder. Mit etwas Glück wird man lustigen Enten begegnen, die dafür sorgen, dass die frisch bestellten Felder frei von Algen und Insektenplagen bleiben und mit ihren Ausscheidungen gedüngt werden. An der Küste angekommen erreicht man einen recht einsamen Strandabschnitt ganz ohne Warung, der nur an Wochenenden von ein paar einheimischen Surfern frequentiert wird. Leider wird der Strand entsprechend nicht gereinigt.

ÜBERNACHTUNG

A7 Gh., Jl. Munduk Catu, Gang Kokokan, ✆ 0812-3967 7920, 💻 www.a7guesthouse.com. Modernes, mit netten Details gestaltetes Guesthouse in Laufnähe zum Strand mit sehr freundlichem Personal, kleinem Pool und 6 sauberen, zweckmäßigen Zimmern mit bequemen Betten. ❺

Bima Sakti House, Jl. Batu Mejan, ✆ 0878-6013 1999, 💻 www.bimasaktihousecanggu.com. Im 3-stöckigen Bau mit kleinem Pool werden 16 Zimmer mit AC, harten Matratzen und großem Balkon vermietet, nicht sehr stilsicher eingerichtet und mit einigen Mängeln, aber zu einem guten Preis. Frühstück, Tee und Kaffee inkl. ❹

Papaya Gh., Jl. Pantai Batu Bolong 11B, ✆ 0878-6024 2317, 💻 http://papayaguesthousebali.com/. Geschmackvoll mit Liebe zum Detail gestaltete, familiäre, ruhige und beliebte Anlage mit Pool und 8 sehr sauberen, komplett ausgestatteten Zimmern mit guten Matratzen. Die netten deutschen Hausherren Gabi und Alex geben alles, um ihren Gästen den Aufenthalt so angenehm wie möglich zu machen. Alleinreisende werden im Gemeinschaftsbereich schnell ins Gespräch kommen. Reservierung empfehlenswert. ❺

ESSEN

Pantai Batu Bolong

Moana Fish Eatery, Jl. Pantai Batu Bolong 28, ✆ 0812-3815 8373, 💻 www.fb.com/moana.fish.eatery. Im Polynesischen bedeutet Moana „Meer" – kein Wunder also, dass in dem cool im pazifisch-tropischen Look gestalteten Restaurant Fisch in allen Formen auf die Teller gezaubert wird. Besonders zu empfehlen sind die Poke Bowls mit rohem Fisch und allerlei gesunden Zutaten, aber auch die Fischburger sind richtig lecker. 🕒 11–23 Uhr.

€ **Warung Bu Mi**, Jl. Pantai Batu Bolong 52, ✆ 0813-3794 9676, 💻 www.fb.com/warungbumi. Stets gut besuchtes, überaus günstiges indonesisches Buffetrestaurant. Nachdem man sich für eine der 3 Reisvarianten (weiß, gelb oder rot) entschieden hat, kann man sich nach Herzenslust den Teller vollschlagen und wird für den leckeren *Nasi Campur* trotzdem weniger als 50 000 Rp bezahlen. Empfehlenswert. 🕒 9–21 Uhr.

Entlang der unteren Jl. Pantai Batu Bolong reihen sich viele weitere, im Instagram-freundlichen Hipster-Chic gestaltete Restaurants und Cafés aneinander, z. B. das große **People's Durga Bar & Resto**, 💻 www.fb.com/peoplesdurga, das zum Frühstück beliebte, unten klimatisierte und oben offene **Betelnut Café**, 💻 www.fb.com/Betelnut-Cafe-289844997715255, das minimalistische **Crate Café**, 💻 www.fb.com/cratecafebali, mit sehr leckerem Brot und die sehr gute französische Bäckerei **Monsieur Spoon**, 💻 www.monsieurspoon.com.

Pantai Berawa

Nude, Jl. Pantai Berawa, ✆ 0852-3821 4003, 💻 www.fb.com/tastyfusionz. Alle Fans der veganen, glutenfreien Rohkost werden von dem minimalistisch, aber dennoch einladend gestalteten Laden begeistert sein, aber auch Fleischliebhaber kommen vor allem bei den leckeren Burgern auf ihre Kosten. Ob an der frischen Luft oder im klimatisierten Innenbereich, hier schmeckt es jedem. Angemessene, mittlere Preise. 🕒 7.30–22 Uhr.

One Eyed Jack, Jl. Pantai Berawa 89, ✆ 0819-9929 1888, 💻 www.fb.com/oneeyedjackbali. Schickes, aber dennoch legeres und sehr beliebtes japanisches Restaurant im Stil eines modernen Izakayas. Hier gibt es weit mehr als rohen Fisch, nämlich zahlreiche kleine Leckereien, die man sich wie bei Tapas teilen sollte. Besonders lecker sind die Wagyu Tacos. 🕒 17–22.30 Uhr.

€ **On Wareong**, Jl. Pantai Berawa 21, ✆ 0857-9231 0728. Der nette 2-stöckige Laden ist für seine Pizzas bekannt, aber auch die indonesischen Speisen sind trotz der superniedrigen Preise wirklich lohnenswert. 🕒 8–23 Uhr.

UNTERHALTUNG

Finns Beach Club, Jl. Pantai Berawa, ✆ 0361-844 6327, 💻 www.finnsbeachclub.com. Finns beeindruckt mit einem riesigen Bambusbau, einem 30 m-Pool mit Unterwasserlautsprechern und einer schwimmenden Bar sowie viel Platz zum Sonnen und Faulenzen. Der Mindestverzehr beträgt 250 000 Rp für die Sitzsäcke, 400 000 Rp für Einzelsonnenliegen und 1,6 Mio. Rp für die großen Liegen für bis zu 4 Pers. mit Meerblick. Auch gute Partys. 🕒 10–22 Uhr.

Old Man's, Jl. Pantai Batu Bolong, ✆ 0361-846 9159, 💻 www.fb.com/oldmansbali. Im weitläufigen Strandbiergarten mit Blick auf die Brandung, entspannter Atmosphäre und bunten

BALI

Surfcamps in Süd-Bali

In der Region locken eine ganze Reihe von speziell auf Surfer ausgerichteten Unterkünften mit entsprechenden Einrichtungen und Aktivitäten. Meist sind die Preise in diesen Camps deutlich höher angesetzt als anderswo, dennoch sind sie vor allem wegen ihrer entspannt-lockeren Atmosphäre und der Möglichkeit, Kontakte zu anderen jungen Surfern zu knüpfen, sehr beliebt.

Kamafari Surfcamp, Jl. Labuhan Sait, Bukit-Halbinsel, ✆ 0813-3971 2642, 💻 www.kamafari-surfcamp.com. Einladendes, familiäres Surfcamp mit 4 Doppelstockbungalows im Lumbung-Stil, 2 Deluxe-Bungalows und Zimmern im Haupthaus sowie Billardtisch und Lounge-Ecke. 1 Woche inkl. Frühstück und 6x Abendessen kostet je nach Zimmerkategorie 210–350 € p. P., Surfkurse weitere 25 € und Surfbretter 10 € pro Tag.

Matra Bali Surf Camp, Jl. Pantai Berawa Pelambingan 37, ✆ 0819-9909 5888, 💻 www.matrabalisurfcamp.com. Das freundliche Surfcamp bietet geräumige, komplett ausgestattete Zimmer und zudem gute Kombinationen aus Yoga und Surfen (1 Woche für 500 € alles inkl.). Am besten sind die Zimmer im hinteren Bereich. Gemeinschaftsküche. Frühstück inkl. ❹

The Chillhouse – Bali Surf & Bike Retreat, Jl. Kubu Manyar 22, ca. 2,7 km vom Strand landeinwärts westlich der Straße, Canggu, ✆ 0361-844 5463, 💻 www.thechillhouse.com. Innovatives, teures Surfcamp unter österreichischer Leitung mit 18 komfortablen Zimmern mit Himmelbetten, iPod, Kühlschrank und Open Air-Du/WC sowie einer Villa mit 3 Räumen. Chill Out Areas, Pool und Bio-Restaurant. Surf- oder Yoga-Kurse, Massagen, Meditation und Ausflüge (z. B. Mountainbiking im eigenen Bike-Park, s. Karte S. 322) gegen Aufpreis. Halbpension inkl. ❼–❽

Holzmöbeln ist immer etwas los. Abends meist Livemusik mit anschließender Party, Mi abends eine richtig große wilde Party, u. a. mit Beer Pong. Manchmal gibt es leider Probleme mit einheimischen Jugendlichen, die Frauen gegenüber aufdringlich werden. Hungrige bekommen stets in der offenen Küche zubereitete Wraps, Burger, Bagels und Salate sowie Eiscreme aufgetischt, auch gute Frühstücksoptionen. ⏲ Mo–Di 7–24, Mi–So 7–1 Uhr.

Pretty Poison, Jl. Subak Canggu, ✆ 0812-4622 9540, 💻 http://prettypoisonbar.com/. Hippe Bar mit interessantem Konzept: Rund um die Skate-Schüssel sitzt man mit einem eiskalten Bier oder günstigen Cocktail und kann den mutigen Skatern bei ihren Moves zuschauen, während 90er-Jahre Hip-Hop und Rock aus den Boxen schallt. Wer noch kein Tattoo hat, kann sich direkt vor Ort stechen lassen. Do und Sa Partys, zudem oft gute Livemusik. ⏲ 16–24 Uhr.

The Lawn, Jl. Pura Dalem, ✆ 0361-335 1055, 💻 http://thelawncanggu.com/. Der schicke Beach Club ist der richtige Ort für einen Sundowner am Strand. Auf der großen Rasenfläche findet sich unter den hübschen Sonnenschirmen garantiert ein schönes Plätzchen, und wer Abkühlung sucht, springt in den Überlaufpool ganz vorne. Auch das Essen im Restaurant weiter hinten ist recht gut. Mi sowie Sa–So Live-Jazz, Fr ist große Party angesagt. ⏲ 11–23 Uhr.

€ **The Naked Coconut**, am Pantai Berawa. Noch so etwas wie ein Geheimtipp: günstige, bunte Strandbar mit Sitzsäcken im Sand und bester Aussicht auf den Sonnenuntergang. ⏲ 8–19.30 Uhr.

Sanur

Bereits in den 1940er-Jahren entstanden die ersten, auf westliche Touristen zugeschnittenen Unterkünfte im südöstlich von Denpasar gelegenen Sanur. Die nette, ziemlich entspannte Touristenhochburg wird heute von einem bunt gemischten Publikum besucht und geschätzt. Es geht deutlich beschaulicher zu als in Kuta, sodass auch viele ältere und erholungssuchende Besucher hierherkommen.

Dem schönen, weißen **Sandstrand** ist ein Korallenriff vorgelagert, das die Strömungen und Wellen abschwächt und das Schwimmen deutlich sicherer macht als anderswo. Auch Kinder können ohne große Bedenken im flachen Wasser planschen. Der Strand ist zwar bei Weitem nicht so breit wie in Kuta, dafür aber sauberer. Zwischen Strand und Hotelanlagen zieht sich eine **Uferpromenade** durch den Ort, die sich gut zum Fahrradfahren und Flanieren eignet. Die Promenade säumen Strandrestaurants und Souvenirstände mit recht einförmigem Angebot. Auffällig ist die riesige Statue eines Hummers im Norden des Segara Village.

ÜBERNACHTUNG

Die Auswahl an Unterkünften ist breit gefächert, sodass sowohl Budget-Traveller als auch komfortsuchende Urlauber das Richtige finden werden. Viele der günstigen Unterkünfte bieten ein gutes Preis-Leistungs-Verhältnis.

Aquarius Beach Hotel, Jl. Pantai Sindhu, ✆ 0361-270298, 💻 www.aquariusbeachhotel.com. Im 2-stöckigen, langgezogenen Bau sind 16 komfortable, helle und geräumige Zimmer untergebracht. Alle mit farbenfrohen Gemälden, Sitzecke, TV, Kühlschrank und Du/WC. Fahrradverleih 20 000 Rp pro Tag. Frühstück inkl. ❺–❻

Kejora Suites, Jl. Danau Tamblingan 25, ✆ 0361-282199, 💻 http://kejorasuites.com/. Schickes Boutiquehotel mit 27 in dunklen Holztönen und mit viel Naturstein stilvoll und modern gestalteten Zimmern; aller Komfort, sehr bequeme Betten, großer TV, Kaffeemaschine und schöne Fotografien, Deluxe-Zimmer zudem mit bepflanzten Open Air-Du/WC. Schöner Salzwasser-Überlaufpool. Shuttleservice zum Strand mit eigenen Liegen und sehr gutes Frühstück inkl. ❼

€ **Keke Homestay**, Jl. Danau Tamblingan 100, Gang Keke 4, ✆ 0361-472 0614, 💻 www.keke-homestay.com. Freundliches, ruhig gelegenes Guesthouse, das von einer liebenswerten balinesisch-japanischen Familie geführt wird und mit 12 sauberen Zimmern mit großer Du/WC, teils auch moderner und geräumiger mit AC, aufwartet. Parkplatz. Einfaches Frühstück und sehr schnelles WLAN inkl. Mit ähnlichen Zimmern, Preisen und denselben Besitzern **Kirana Home Stay**, ✆ 0812-3652 3499, und **Jepun Bali Home Stay**, ✆ 0813-5314 1579, nebenan. ❷–❸

Kembali Lagi Gh., Jl. Kesari 36, ✆ 0361-281766, 💻 www.kembalilagi.com. Der Name bedeutet übersetzt „zurückkehren" und genau das tun viele, die in der ruhigen, gepflegten Anlage mit nettem Garten schon einmal übernachtet haben. Die Zimmer sind komfortabel und überraschend hochwertig mit Liebe zum Detail eingerichtet und ein netter Pool verspricht Abkühlung, aber das Beste ist das überaus fürsorgliche, professionelle Personal. Frühstück inkl. ❺–❻

Mona Homestay, Jl. Danau Tamblingan 60B, ✆ 0813-3719 5597. Relativ neue, zurückversetzt gelegene Anlage mit 5 sauberen, zweckmäßig eingerichteten Zimmern mit AC, TV, Kühlschrank und Du/WC sowie 1 Zimmer im balinesischen Stil. Die Küche der freundlichen Besitzer kann mitgenutzt werden. ❸–❹

Sindu Gh., Jl. Pantai Sindu 1, ✆ 0821-4599 0644, 💻 www.sinduguesthouse.com. Beliebte kleine Budgetunterkunft in Strandnähe mit 5 sehr sauberen, einladenden Zimmern mit AC, TV, Kühlschrank und Du/WC. Auch ein Einzelzimmer für 200 000 Rp. Sehr liebes Personal. Frühstück inkl. ❸–❹

Yulia 1 Homestay, Jl. Danau Tamblingan 38, ✆ 0361-288089, 0818-0530 6622, 💻 www.fb.com/yulia1homestay. Im sehr schönen Garten voller zwitschernder Singvögel werden 28 saubere Zimmer mit guten Matratzen und Du/WC vermietet; die teureren sind neuer, größer, mit AC, TV, Kühlschrank und tropischem Duschkopf, die günstigsten nur mit Kaltwasser. Kleiner Pool. Familiäre Atmosphäre. Der Besitzer ist ein Vogelfreund und führt seine Lieblinge gerne bei Wettbewerben vor. Frühstück inkl. ❸–❹

ESSEN

Amerikanisch

Warung Sanur Segar, Jl. Pantai Sindhu 2A, ✆ 0853-7991 8171, 💻 auf Facebook. Winzig kleiner, sympathischer Imbiss mit überaus preisgünstigen, leckeren Wraps, Quesadillas, Burritos und Sandwiches, der von der charmanten Ryan in Alleinregie betrieben wird. Manchmal muss man etwas warten, aber es lohnt sich! ⌚ Mo–Sa 10–19, So 10–17 Uhr.

Asiatisch

Ryoshi Japanese Restaurant, Jl. Danau Tamblingan 150, ☎ 0361-288473, 💻 www.ryoshibali.com. Sehr gutes, frisches Sushi, Sashimi und andere leckere Spezialitäten aus dem Land der aufgehenden Sonne. Der hintere, recht dunkle Bereich ist AC-gekühlt. Freundlicher Service und sehr angemessene Preise. Lieferservice. WLAN. ⌚ 11.30–23.30 Uhr.

€ **Warung Amphibia**, am Strand am Ende der Jl. Pantai Sindhu. Beliebter, einfacher Seafood-Warung direkt am Strand mit günstigen, frischen Meeresfrüchten vom Grill. Man sucht sich vorne in der Auslage aus, was man essen möchte, bezahlt nach Gewicht und genießt sein Essen mit Meerblick. ⌚ 10–22 Uhr.

Cafés und Frühstück

Bread Basket, Jl. Danau Tamblingan 51, ☎ 0811-329902, 💻 www.thebreadbasketbakery.com. Der kleine, in Holztönen gestaltete und mit Fahrrädern dekorierte Laden ist ein Hybrid aus Bäckerei und Coffeeshop. In ruhigem Ambiente mit entspannter Musik werden nicht nur frische Brote und Brötchen (auch Mehrkorn!), hausgemachte Marmeladen und Kuchen verkauft, sondern auch günstige, leckere Bagels, Sandwiches und Panini. Freundlicher, zurückhaltender Service. Ableger in Seminyak und auf der Bukit-Halbinsel. ⌚ 7–17 Uhr.

Maya's Coffee & Smoothie Bar, Jl. Pantai Sindhu 7, ☎ 0361-283889, 💻 www.fb.com/MayasCoffeeSmoothieBar. In Wohnzimmeratmosphäre wird eine breite Auswahl an großen, erfrischenden Smoothies serviert. Zudem Frühstück, leckere Sandwiches, Baguettes und Burger sowie frische Bio-Salate und guter Kaffee. In der Kuschelecke kann man es sich richtig gemütlich machen. WLAN. ⌚ 8–20 Uhr.

Indonesisch

Pasar Sindhu (Sanur Night Market), Jl. Danau Tamblingan, Ecke Jl. Danau Toba. An den vielen kleinen Ständen wird authentisches indonesisches Essen für wenig Geld verkauft. Der ideale Ort zum Probieren lokaler Spezialitäten. Nette Atmosphäre und viele Einheimische. ⌚ ab 18 Uhr.

€ **Warung Kecil**, Jl. Duyung 1, ☎ 0361-938 0103, 💻 www.fb.com/warungkecilbali. Wie der Name schon sagt (*kecil* = klein): ein kleines, geschäftiges Restaurant mit wenigen Tischen. In der Auslage finden sich viele Gerichte, die man ganz nach Lust und Laune zu einem günstigen *Nasi Campur* zusammenstellen kann. Zudem guter Kaffee, Frühstück, Paninis und leckere Säfte. ⌚ 8–22 Uhr.

International

Mona Lisa Café, Jl. Danau Tamblingan 98, ☎ 0852-3799 7215. Das offene Restaurant ist mit Recht überaus beliebt. Der Service ist verblüffend aufmerksam, freundlich und professionell und die Qualität der Speisen überzeugend. Alles wird zur rechten Zeit appetitlich angerichtet serviert, und die Preise sind spitze. Das Zürcher Geschnetzeltes mit Rösti ist sehr lecker. Man kann auch im Innenhof mit Springbrunnen sitzen. ⌚ 7–23 Uhr.

€ **Warung Little Bird**, Jl. Danau Tamblingan 34, ☎ 0361-745 4968, 💻 auf Facebook. Kleines, einladendes und entspanntes Travellerrestaurant mit alternativem Touch und sehr freundlichem jungen Personal. Wenn einheimischer Ska oder Reggae aus den Lautsprechern schallt, kommt sogar etwas Karibik-Feeling auf. Das Essen ist lecker und günstig, und die Portionen sind sehr ordentlich. Auch reichhaltige Sandwiches. Di und Fr abends Livemusik. Verkauf eigener T-Shirts und Mützen. ⌚ 10–23 Uhr.

Italienisch

Massimo Italian Restaurant, Jl. Danau Tamblingan 228, ☎ 0361-288942, 💻 www.massimobali.com. Großes, hübsch mit vielen Fotos gestaltetes italienisches Restaurant mit sehr leckeren Pizzas und Pasta, fantastischem Eis und Kuchen zu günstigen bis mittleren Preisen. WLAN. ⌚ 9–23 Uhr.

Vegetarisch

Zula Sanur, Jl. Danau Tamblingan 150, ☎ 0361-849 7244, 💻 www.zulabali.com.

Sanur
N
0
600 m
Ubud, Klungkung
Padang Galak
Nusa Penida, Nusa Lembongan
Sanur Kaja
Jl. Hang Tuah
Denpasar
Udayana Golf Driving Range
Jl. Puputan
Jl. Tudak Penet
Jl. Tukad Nyali
Jl. Danau Kerinci
POLIZEI
Sector Golf Bali Beach
The Grand Bali Beach
Jl. SMU 6
Jl. Danau Beratan
Jl. By Pass Ngurah Rai
Jl. Wia
Jl. Inna Bali Beach
Klinik Sanur 2
Jl. Tukad Bilok
Jl. Danau Buyan
Jl. Segara Ayu
LOBSTER-STATUE
SOUVENIRMARKT
Jl. Intaran
Jl. Danau Tondao
Jl. Danau Toba
Jl. Tandakan
Jl. Pantai Sindhu
Pasar Sindhu (Sanur Night Market)
Sindhu Beach Market
Jl. Sekute
Jl. Batusari
Weekend Beach Market
Jl. Pungutan
Jl. Bumi Ayu
Jl. Danau Tamblingan
DEUTSCHES KONSULAT
Jl. Pantai Karang
Sanur
Sanur Kauh
Jl. Kanda
Jl. Kesari
Jl. Tirta Nusa
Jl. Tirta Nadi 2
Jl. Karangsari
Bali Hyatt
Jl. Kutat
Jl. Tambaksari
Jl. Tirta Ening
Jl. Lantang Hidung
Jl. Duyung
Jl. By Pass Ngurah Rai
Jl. Danau Poso
Jl. Pengembak
Jl. Sekar Waru
Jl. Cemara
Jl. Kusuma Sari
Jl. Mertasari
Mercure Resort
Prama Sanur Beach Hotel
Hotel Puri Santrian
Jl. Tirta Empul
ÜBERNACHTUNG
1 Sindu Gh.
2 Aquarius Beach Hotel
3 Yulia 1 Homestay
4 Kejora Suites
5 Mona Homestay
6 Keke Homestay, Kirana Home Stay, Jepun Bali Home Stay
7 Kembali Lagi Gh.
ESSEN
1 Maya's Coffee & Smoothie Bar
2 Warung Sanur Segar
3 Warung Amphibia
4 Warung Little Bird
5 Starbucks
6 Mona Lisa Café
7 Bread Basket
8 Zula Sanur
9 Ryoshi Japanese Restaurant
10 Warung Kecil
11 Massimo Italian Restaurant
SONSTIGES
1 Supermarkt
2 BAWA Shop
3 Buchladen
4 Apotheke
5 Ganesha Bookshop
6 Koa Boutique Spa
7 Nicktours
8 Wäscherei
9 Uluwatu
10 Wäscherei
11 Casablanca
12 Hardy's Supermarket
13 Periplus Bookshop
14 Wäscherei
15 OMG Foot & Body Massage
16 Crystal Divers
17 Bali Stand Up Paddle School, SUP Yoga Bali
18 Rip Curl School of Surf, Fusion Freediving & Yoga
TRANSPORT
1 Optasal
2 Lembongan Fast Cruises
3 Perama Tour
4 Scoot Fast Cruises
5 Lembongan Paradise Fast Cruise
6 Maruti Express
7 Fahrrad- und Motorradverleih
8 Anlegestelle für öffentliches Boot nach Nusa Lembongan
9 Stände der Schnellbootanbieter
10 Andre Sewatama Rent a Car
11 Cocostravel

Kreuzung aus Öko-Restaurant und -Shop mit dem gleichen Angebot wie Zula Seminyak WLAN. ⌚ 7–22 Uhr.

UNTERHALTUNG

Wer wild feiern möchte, sollte lieber nach Kuta oder Seminyak fahren.

Casablanca, Jl. Danau Tamblingan 120, ☎ 0811-380 9939, 💻 www.fb.com/casa blanca.dine. Sehr beliebte Musikkneipe mit guter Stimmung, freundlicher Bedienung und tgl. sehr guter Livemusik von 21–24 Uhr. Jeden Fr von 20–21 Uhr gibt es kostenloses Heineken, wenn man sich an die amüsanten Regeln hält. ⌚ 10–1 Uhr.

EINKAUFEN

Bücher

Ganesha Bookshop, Jl. Danau Tamblingan 42, 💻 www.ganeshabooks bali.com. Kleiner, alternativer, gut sortierter Buchladen mit freundlichem Personal und viel Literatur über Bali sowie Kunsthandwerk und gebrauchten Büchern (auch deutsche). Wer möchte, kann mit dem Books for Bali-Projekt Kinder- und Jugendbücher an eine von 40 Schulen spenden. Hauptfiliale in Ubud, S. 350. ⌚ 10–22 Uhr.

Souvenirs

An der Jl. Danau Tamblingan liegen zahlreiche Galerien und Souvenirshops, die Kunsthandwerk und Gemälde verkaufen.

BAWA Shop, Jl. Danau Tamblingan 4, 💻 www.bawabali.com. Kleiner Laden und Informationsstelle einer NGO, die sich dem Schutz der Straßenhunde verschrieben hat. ⌚ Mo–Fr 9–20, Sa–So 9–17 Uhr.

Hardy's Supermarket, Jl. Danau Tamblingan 136, ☎ 0361-282705. Hier gibt es allerlei balinesische Souvenirs zu günstigen Festpreisen. ⌚ 8–22 Uhr.

Textilien

Eine ganze Reihe von **Schneidern** (auch Lederprodukte) findet man in der nördlichen Jl. Danau Tamblingan und der Jl. Pantai Sindhu.

AKTIVITÄTEN

Alle Preise gelten p. P.

Freediving und Yoga

Fusion Freediving & Yoga, in der Rip Curl School of Surf, ☎ 0361-207 8908, 💻 www.fusionfreedive.com. Einen Einstieg ins Apnoetauchen bis in eine Tiefe von 10 m bietet der Tageskurs für US$120. Neben längeren Kursen auch Yoga und spezielle Atemkurse für Surfer.

Surfen, Stand Up Paddling, Kite- und Wakeboarden

Bali Stand Up Paddle School, in der Villa Puri Ayu, Jl. Cemara 4B, ☎ 0813-3823 5082, 💻 www.bali-standuppaddle.org. Der Italiener Jankie und sein Team veranstalten nach Voranmeldung 1 1/2–2-stündige Kurse für 350 000 Rp–450 000 Rp. Zudem Verleih von SUP-Boards für 350 000 Rp pro Tag.

Rip Curl School of Surf, im Prama Sanur Beach Hotel, Jl. Danau Tamblingan 33, ☎ 0361-287749, 0851-0003 8445, 💻 www.ripcurlschoolofsurf.com. Neben Surfkursen (s. Kuta, Aktivitäten S. 310) werden auch Anfängerkurse im Kitesurfen (1,1 Mio. Rp, 1 1/2–2 Std.) oder Wakeboarden (1,1 Mio. Rp, 1 Std.), Windsurfen (650 000 Rp, 1 1/2–2 Std.), Stand Up Paddle (700 000 Rp, 2 Std.) und Stand Up Paddle mit Yoga (450 000 Rp, 1 Std.) angeboten. Auch Verleih von Equipment und Kayaks. Transport aus Nusa Dua, Kuta, Legian und Seminyak inkl.

SUP Yoga Bali, in der Villa Puri Ayu (s. o.), 💻 www.supyogabali.com. Die Kalifornierin Nicole bietet spaßige Yoga-Lektionen auf dem Stand Up Paddle-Board ab 350 000 Rp an. Bei komplizierten Figuren kann man schon mal ins erfrischende Wasser fallen.

Tauchen und Schnorcheln

In Sanur gibt es eine ganze Reihe von professionellen Tauchschulen, die Touren rund um Bali veranstalten.

Crystal Divers, Jl. Danau Tamblingan 168, ☎ 0361-286737, 💻 www.crystal-divers.com. Tauchschule unter dänischer Leitung mit gut gewartetem Equipment. Open Water-Kurse kosten 6,75 Mio. Rp, 2 Tauchgänge direkt vor

Sanur 1,5 Mio. Rp, bei Nusa Penida ab 2 Mio. Rp, vor Tulamben, Amed, Candi Dasa oder Padang Bai ab 1,8 Mio. Rp. ⌚ 6.30–21 Uhr.

Wellness

Koa Boutique Spa, Jl. Danau Tamblingan 31, ☎ 0851-0343 3385, 💻 www.fb.com/koaboutiquespa. Kleines, modernes, sauberes Spa mit einer angeschlossenen Schmuck- und Modeboutique. Gute Massagen für 130 000 Rp pro Std., 4-Std.-Package für 680 000 Rp. Voranmeldung erforderlich. ⌚ 9–21 Uhr.

€ **OMG Foot & Body Massage**, Jl. Danau Tamblingan, Gang Penjor, ☎ 0851-0247 3977, 0821-1450 89076. Etwas abseits gelegener Salon mit guten, sehr preisgünstigen Massagen in sauberem Ambiente, auch männliche Masseure. 1 Std. 85 000 Rp, 3-Std.-Package 250 000 Rp. Abholservice inkl. ⌚ 10–19 Uhr.

TRANSPORT

Die Fahrt mit einem grünen **Angkot** *(Bemo)* sollte innerhalb Sanurs etwa 6000 Rp p. P. kosten, teils verlangen die Fahrer von Touristen deutlich mehr. Am besten man drückt ihnen das Geld beim Aussteigen passend in die Hand.
Taxis sind leicht zu bekommen, fahren aber bis auf die blauen Blue Bird-Taxis fast nie mit Taxameter. Eine Kurzstrecke kostet (ohne Meter) mind. 15 000 Rp.
Achtung: Wer von Nusa Lembongan an der Jl. Hang Tuah ankommt, kann dort kein Taxi anhalten, da die überteuerten Privattransportanbieter es verbieten. Alternativ muss man mind. noch am Block des Sanur Paradise Resort an der Jl. By Pass Ngurah Rai vorbeilaufen, da auch die Taxifahrer dort keine anderen Taxis dulden. Eine Alternative zum Taxi sind die auf festgelegten Routen verkehrenden Busse von **Kura-Kura** (S. 299).

Busse

Viele Unternehmen bieten Transporte an. Die Busse von **Perama Tour**, Jl. Hang Tuah, im Pondok Santhi, ☎ 0361-895 0158, 💻 www.peramatour.com, halten direkt vor dem kleinen Laden. Perama verlangt für die Abholung sowie den Transfer zum Hotel im Zielort jeweils 15 000 Rp. Alternativ können **Shuttlebusse** gebucht werden, die Gäste mit Minibussen ohne Aufpreis abholen und zur gewünschten Adresse bringen. Sie sind jedoch etwas teurer als Perama.

Fahrplan Perama, Preise p. P.:
AMED und TULAMBEN um 7.30 Uhr für 175 000 Rp.
BEDUGUL um 10.30 Uhr für 75 000 Rp.
CANDI DASA und PADANG BAI um 6.30, 7.30, 10.30 und 14 Uhr für 75 000 Rp.
FLUGHAFEN um 11.15, 14.15 und 18.45 Uhr für 35 000 Rp.
GILIS (Lombok), Überfahrt mit Schnellbooten um 7 Uhr für 450 000 Rp.
KINTAMANI um 10.30 Uhr für 150 000 Rp in 2 Std. (mind. 2 Pers.).
KUTA um 9.15, 11.15, 12.45, 14.15, 15.45 und 18.45 Uhr für 35 000 Rp.
LOVINA um 10.30 Uhr für 125 000 Rp.
NUSA LEMBONGAN um 8.30, 11 und 15 Uhr für 165 000 Rp.
NUSA PENIDA um 8.30, 10 und 16 Uhr für 265 000 Rp. (mind. 2 Pers.).
SENGGIGI (Lombok), Überfahrt mit der großen Fähre um 6.30 Uhr für 175 000 Rp, mit Schnellbooten um 7 Uhr für 450 000 Rp.
TIRTAGANGGA um 7.30 Uhr für 150 000 Rp.
UBUD um 6.30, 7.30, 10.30, 12.30, 14 und 17 Uhr für 50 000 Rp.

Fahrplan Shuttlebusse, Preise p. P.:
AMED und TULAMBEN um 6, 9 und 11 Uhr für 215 000 Rp.
CANDI DASA und PADANG BAI um 6, 9, 11 und 13 Uhr für 100 000–115 000 Rp.
GILIS (Lombok, Überfahrt mit der großen Fähre) um 6, 9 und 11 Uhr für 250 000 Rp.
LOVINA um 9 und 13 Uhr für 275 000 Rp.
MEDEWI um 11 und 13 Uhr für 185 000 Rp.
SENGGIGI und MATARAM (Lombok, Überfahrt mit der großen Fähre) um 6, 9 und 11 Uhr für 175 000 Rp.
UBUD um 9, 11 und 13 Uhr für 80 000 Rp.

Boote

Die Büros der Bootsunternehmen, die nach NUSA LEMBONGAN und NUSA PENIDA verkehren, liegen fast alle in der Jl. Hang Tuah.

Warnung

Der Anbieter **Semaya One Fast Cruises** fiel wiederholt durch höchst unprofessionelle Organisation und für die Passagiere gefährliches Fehlverhalten auf. Die Boote legen regelmäßig mit großer Verspätung ab, werden komplett überladen, sind ohne Klimaanlage unterwegs, und das teils aggressive Personal scheint Beschwerden nicht zu kümmern. Auch andere Anbieter bereiten ähnliche, allerdings nicht ganz so gravierende Probleme.

Kleine Stände finden sich zudem an der Strandpromenade direkt an den Abfahrtstellen. Einige Anbieter fahren ab Sanur bis nach LOMBOK und weiter auf die GILIS. Kinder zahlen in der Regel 30–50 % weniger.

Nach NUSA LEMBONGAN:
Ein langsames **öffentliches Auslegerboot** verkehrt Mo–Sa um 10.30 Uhr für 100 000 Rp in 1 1/2 Std. vom Pier am Ende der Jl. Hang Tuah nach JUNGUT BATU.
Schnellboote fahren in 30–45 Min. nach JUNGUT BATU oder MUSHROOM BAY. Die offiziellen **Preise** von 225 000–400 000 Rp können besonders in der Nebensaison bis auf 175 000 Rp pro einfache Strecke heruntergehandelt werden. Es verkehren u. a.:
Lembongan Fast Cruises, Jl. Hang Tuah 41, ✆ 0361-283624, 0853-3886 6899, 💻 www.rockyfastcruise.com. Um 10, 12, 14 und 17.30 Uhr.
Lembongan Paradise Fast Cruise, Jl. Hang Tuah 78, ✆ 0361-281974, 💻 www.lembongancruise.com. Um 9.30, 13 und 16.30 Uhr. Zudem Tagestouren ab 9.30 Uhr für 900 000 Rp inkl. Mittagessen, Schnorcheln, Massage und Ausflug auf die Insel. Transfer in Süd-Bali und Ubud inkl.
Optasal, Jl. Hang Tuah, ✆ 0823-3966 5478. Um 8, 9, 12.30 und 16 Uhr nach JUNGUT BATU und von 8.30–17.30 Uhr etwa stdl. in die MUSHROOM BAY.
Scoot Fast Cruises, Jl. Hang Tuah 27, ✆ 0361-271030, 💻 www.scootcruise.com. Der renommierteste, aber auch teuerste Anbieter. Um 9.30, 11.45, 13.30 und 17.15 Uhr. Auch Tagesausflüge inkl. Touren und Mittagessen für 850 000 Rp, Kinder 650 000 Rp. Transfer in Süd-Bali und Ubud inkl.
Weitere Verbindungen ab Serangan (S. 331) und Benoa Harbour (S. 331).

Nach NUSA PENIDA mit Schnellbooten:
Die offiziellen **Preise** von 200 000–300 000 Rp können besonders in der Nebensaison bis auf 150 000 Rp pro einfache Strecke heruntergehandelt werden. Es verkehren u. a.:
Maruti Express, Jl. Hang Tuah 84, ✆ 0812-383 1639, 0813-3875 4848, 💻 http://marutigroupfastboat.com/. Überfahrten nach Nyuh, 300 m nördlich vom Anlegestrand der übrigen Boote, um 7.30, 8.30, 10 und 16 Uhr. Transfer in Süd-Bali und Ubud inkl.
Optasal, s. o. Überfahrten nach NYUH, 400 m nördlich vom Anlegestrand der übrigen Boote, um 7, 8, 8.30, 9, 10, 14, 15, 16 und 17 Uhr, nach BUYUK um 7.30, 9 und 16.30 Uhr.

Auf die GILIS und LOMBOK, teils auch SENGGIGI, mit Schnellbooten für 500 000–750 000 Rp einfach mit:
Gili Sea Express, ✆ 0853-3925 3944, 💻 www.gili-sea-express.com. Um 9 Uhr.
Scoot Fast Cruises, s. o. Um 9.30 Uhr via Nusa Lembongan (Jungut Batu, 10.30 Uhr) nach SENGGIGGI, TELUK KODE, GILI AIR und GILI TRAWANGAN (13.30 Uhr). Man kann ohne Aufpreis Zwischenstopps entlang der Strecke einlegen.
Weitere empfehlenswerte Unternehmen verkehren ab Serangan (s. Transport).

Serangan

Auf der 73 ha kleinen Insel, zu der eine Brücke hinüberführt, befindet sich der **Pura Sakenan**, einer der wichtigsten Tempel Balis, der manchmal sogar zu den sechs heiligsten Tempeln der Insel gezählt wird. Serangans Bewohner, meist Nachfahren von Bugis aus Süd-Sulawesi, die vom Fischfang leben, haben früher von den indonesischen Außeninseln kommende Meeresschildkröten „zwischengelagert". Glücklicherweise hat diese Unsitte ein Ende gefunden: Seit

1999 ist jeglicher Verzehr, Verkauf oder Besitz von Schildkrötenfleisch und Schildplatt streng verboten.

TRANSPORT

Boote

BlueWater Express, 0361-895 1111, www.bluewater-express.com. Recht empfehlenswerter Anbieter. Abfahrt nach GILI TRAWANGAN, TELOK KODE und GILI AIR um 8 und 9.15 Uhr für 790 000 Rp einfach in 2 1/2–3 Std., in der Nebensaison via PADANG BAI. Abholung in Süd-Bali und Ubud inkl.

Eka Jaya, 0822-6640 0678, www.ekajayafastboat.com. Abfahrt nach NUSA LEMBONGAN (400 000 Rp), PADANG BAI, GILI TRAWANGAN, GILI MENO, GILI AIR UND BANGSAL (LOMBOK) (alle 690 000 Rp) um 8.30 Uhr.

Gili Getaway, 0813-3707 4147, www.giligetaway.com. Im Vergleich zu anderen Anbietern sehr guter Service. Hier gibt's sogar Reisekrankheitstabletten und ein Erfrischungstuch! Abfahrt nach GILI TRAWANGAN um 9 und 10.30 Uhr für 675 000 Rp einfach, 1,25 Mio. Rp hin und zurück, Kinder 525 000/950 000 Rp. Zudem zum gleichen Preis nach GILI GEDE um 10.30 Uhr in 1 3/4 Std. Abholung in Süd-Bali inkl.

Marina Srikandi, 0361-729818, www.marinasrikandi.com. Boote zur Mushroom Bay auf NUSA LEMBONGAN um 8.30 und 9 Uhr, zurück um 13.30 und 16.30 Uhr, und nach NUSA PENIDA um 9 Uhr, zurück um 16 Uhr, jeweils für 225 000 Rp einfach. Nach BANGSAL (Lombok), GILI TRAWANGAN und GILI AIR um 8.30 Uhr für 375 000 Rp einfach. Auch Tagesausflüge nach Nusa Penida inkl. Transfers, Tour und Mittagessen für 900 000 Rp. Transfer in Süd-Bali inkl.

Benoa Harbour

Der größte Hafen Balis liegt westlich von Serangan, etwa auf halber Strecke zwischen Sanur und Kuta, und wurde bereits zu Beginn des 20. Jhs. unter den Holländern ausgebaut. Neben Kreuzfahrtschiffen ankern hier auch Jachten und die großen PELNI-Fähren, die durch den indonesischen Archipel schippern. Der Hafen ist für Touristen sonst kaum von Interesse. Am Eingangstor werden 5000 Rp p. P. sowie 2000 Rp pro Auto oder Motorrad verlangt.

Die etwa 400 m lange Brücke zum Hafen dient als Auffahrt zur **Bali Mandara Toll Road**, die durch eine 12,7 km lange Brücke über dem Meer den Flughafen mit dem Hafen und Denpasar im Norden sowie Nusa Dua im Süden verbindet. Die Mautgebühr von 11 000 Rp pro Auto bzw. 4500 Rp pro Motorrad ist bargeldlos mit Chipkarte zu begleichen.

Der größte chinesische Tempel der Insel lohnt einen Besuch. Das reich verzierte Eingangstor des von zwei hübschen Pagoden flankierten **Vihara Satya Dharma** erhebt sich auf westlicher Seite an der Brückenauffahrt zum Hafen. Das Äußere des Tempels wird von gewundenen Drachen bewacht, und im reich dekorierten Inneren wird u. a. Kuan-Yin, die Göttin des Meeres und der Barmherzigkeit, verehrt. Fotografieren ist im Innenraum verboten.

350 m weiter südlich zweigt auf der östlichen Straßenseite eine schmale Zufahrt zum **Bali Wake Park**, 0361-846 8866, www.baliwakepark.com, ab. Auf dem künstlichen, 5 ha großen See können bis zu acht Personen gleichzeitig in einen Seilzug eingehakt auf einem großen Rundparcours ihre Wakeboarding-Fähigkeiten trainieren. Weniger Abenteuerlustige beobachten von gemütlichen Sitzsäcken oder vom Überlaufpool aus bei einem kühlen Bintang die Manöver. Dreistündige Einführungskurse kosten 1,5 Mio. Rp, Nutzung eine Stunde 350 000 Rp, ein Tag 700 000 Rp. Seit 2018 gibt es zudem den Aqua Park mit einem schwimmenden Hindernisparcours. Eine knappe Stunde auf dem Parcours kostet 200 000 Rp. 10–18 Uhr.

TRANSPORT

Boote

PELNI, am Hafen, 0361-849 7078, in Denpasar, Jl. Diponegoro 165, 0361-234680, www.pelni.co.id. Von Benoa verkehren Fähren im 14-Tage-Rhythmus nach LABUAN BAJO ab 230 000 Rp in 1 1/2–2 Tagen, ENDE ab 340 000 Rp und LARANTUKA ab 420 000 Rp in 5 Tagen (alle auf der Insel Flores) sowie nach Sumba (WAINGAPU ab 300 000 Rp), Alor (KALABAHI ab 440 000 Rp) und Richtung Java. Alle Preise inkl. Vollpension. Ein Verkaufsbüro liegt an der Kreuzung mit der Jl. By Pass Ngurah Rai.

Jimbaran

Jimbaran liegt direkt südlich des Flughafens in einer 4 km breiten Bucht, die von einem schönen, hellen Sandstrand gesäumt ist. Da es keine starken Strömungen gibt, eignet sich der Strand gut zum Schwimmen. Allerdings kann man außer Baden, Faulenzen und Essen wenig unternehmen, und der Ort selbst ist nicht sehr attraktiv.

Am nördlichen Ende der Bucht findet täglich der geschäftige **Kedonganan Fischmarkt** statt. Aus der überwältigenden Auswahl picken sich Restaurantbetreiber in Süd-Bali ihren Frischfisch heraus. Besonders in den frühen Morgenstunden, wenn die Fischer mit ihren bunt angemalten Booten *(Prahu)* und ihrem Fang zurückkehren, herrscht Hochbetrieb. Ein Besuch ist nichts für geruchsempfindliche Naturen.

Das Highlight in Jimbaran sind seine **Fischrestaurants**, die Gäste direkt am Strand mit fangfrisch zubereiteten Meeresfrüchten bewirten. Entlang der Jl. Pantai Kedonganan reiht sich ein Touristenlokal ans nächste. Besser und günstiger sind die Restaurants in den Gebäuden des Jimbaran Foodcourt am Südende der Straße. Die Tische füllen sich zum Sonnenuntergang, und wer nicht vor der ansteigenden Flut mitsamt Stuhl und Tisch flüchten muss, genießt die angenehme Atmosphäre mit Füßen im Sand bis in den späten Abend. Am besten sucht man sich Fische und Meeresfrüchte selbst von den Auslagen aus. Eines der besten der vielen Seafood-Restaurants ist das **Lia Café**, ✆ 0361-709002, 0812-398 1408, im direkt am Strand gelegenen Jimbaran Foodcourt. Hier gibt es eine gute Auswahl an frischem Fisch und Meeresfrüchten zu angemessenen Preisen, 🕒 9–24 Uhr.

Ganz nett übernachtet man im **Melody Gh.**, ✆ 0812-3815 8128, Jl. Bukit Permai 1, schräg gegenüber dem Jimbaran Corner. Im 2-stöckigen Neubau werden saubere, geflieste Zimmer mit AC und TV auch langfristig vermietet. Freundliche, hilfsbereite Betreiberfamilie. ❹

Auf dem Kedonganan-Fischmarkt in Jimbaran werden Meerestiere jeder Art und Größe angeboten.

© MORITZ JACOBI

TRANSPORT

Busse

Kura-Kura Busse, 🖳 http://kura2bus.com/, fahren ab der DFS Bus Bay durch Jimbaran und Nusa Dua von 8.30–20.30 Uhr alle 1 1/2 Std. für 20 000 Rp. Haltestellen am Mövenpick Resort, Le Méridien, Rimba Jimbaran Bali, Ayana Resort und der Pizza Hut an der großen Kreuzung an der Jl. By Pass Ngurah Rai. Infos S. 299.

Boote

Marina Srikandi, ✆ 0361-729818, 🖳 www.marinasrikandi.com. Eine erste Schnellbootverbindung nach BANYUWANGI (Java) gibt es ab Kedonganan um 7.30 Uhr für 375 000 Rp in 2 Std.

Bukit-Halbinsel

Die 140 km^2 große Bukit-Halbinsel (*Bukit* für „Hügel") im äußersten Süden von Bali ist von einer kargen, hügeligen **Savannenlandschaft** aus Kalkstein geprägt und nur über die 1,3 km schmale Landzunge von Jimbaran mit dem Rest der Insel verbunden. Hier ist es stets noch heißer und trockener als anderenorts auf Bali. Der Westen und Süden wird von imposanten, zerklüfteten Steilküsten dominiert. Die oft nur über schmale, stark abfallend in den Fels geschlagene Treppen und teils unbefestigte Wege erreichbaren Strände sind mit ihren bis zu 3 m hohen Wellen das Lieblingsrevier erfahrener Surfer. Die reißende Brandung, messerscharfen Riffe, aus dem Wasser ragenden Felsen und unberechenbaren Strömungen begrenzen die Möglichkeiten für Schwimmer. Im Südwesten der Halbinsel lockt der spektakulär über dem tosenden Meer thronende **Pura Luhur Uluwatu** Touristenscharen an, besonders zum allabendlichen Kecak-Tanz, während an der einsamen Südküste einige der exklusivsten Hotelanlagen der Insel stehen. In einer durch Korallenriffe geschützten Bucht im Osten der Halbinsel wurde das sterile, schwer gesicherte, 300 ha große Touristenzentrum **Nusa Dua** aus dem Boden gestampft. Auf der Landzunge weiter nördlich hat sich das ehemals beschauliche Fischerdorf **Tanjung Benoa** dank des feinen, weißen Sandstrands zum Zentrum für Wassersport gemausert.

Surfstrände der Westküste

Während das exklusive, 2,5 km südwestlich von Jimbaran gelegene Ayana Resort nur einen schmalen, von Felsen durchsetzten Privatstrand bietet, lohnt für Ruhesuchende ein Abstecher zum nördlich gelegenen **Tegal Wangi Beach.** Nur zum Sonnenuntergang verirren sich andere Touristen zu dem hübsch von steilen Klippen eingerahmten Sandstrand. Einfach der Straße zum Ayana für 3 km folgen und dann rechts auf die Jl. Tegal Wangi abbiegen. Der Zugang hinunter zum Strand ist ziemlich steil.

Weiter südwestlich lockt der hübsche, wesentlich breitere **Balangan Beach** mit seinem feinkörnigen Sand, Sonnenliegen, einigen Unterkünften und entspannten Warung in Holzhäuschen direkt am Strand sowie guten Wellen. Bei Ebbe muss man allerdings weit hinauslaufen. Von Jimbaran kommend geht es nach 5,5 km direkt vor dem großen Nirmala Supermarket in Ungasan, 🕒 7–22 Uhr, rechts von der Hauptstraße Jl. Raya Uluwatu ab und 6,7 km bis zum Strand.

Zurück auf der Hauptstraße erreicht man nach weiteren 2 km den überdimensionierten Eingang zur wohl größten Fehlinvestition in Balis Geschichte: Das am Reißbrett geplante Megaprojekt des **New Kuta Beach** mit Golfplatz, dem New Kuta Green Park-Wasserpark und zahlreichen Hotels wollte nie so recht funktionieren. Fast alle Großprojekte wurden eingestellt, und die zurückgebliebenen Bauruinen und die gigantische, fast schon dubaieske Zufahrt verschandeln die Umgebung.

Die Atmosphäre am ehemals paradiesischen **Dreamland Beach** wird von den Baustellen und dem unattraktiven Klapa Resort und Restaurant beeinträchtigt, das 100 000 Rp Eintritt (teils Verzehrbon) verlangt. Der strahlend weiße Sandstrand ist aber immer noch sehr schön, wenn auch schon lange kein Geheimtipp mehr. Die Felsen, die ihn umrahmen, bieten Sonnenschutz, und Surfer können Bretter ausleihen. Parken 15 000 Rp pro Auto, 5000 Rp pro Motorrad.

Der im Südwesten in Sichtweite angrenzende schmale, hübsche **Bingin Beach** ist mit dem

Auto nur über die gut 6 km vom Eingang des New Kuta Beach entfernte, in Pecatu von der Hauptstraße abgehende Jl. Labuan Sait erreichbar. Am Bingin Beach ist ein kleines, entspanntes Surferstädtchen entstanden, mit einer Reihe von Unterkünften oberhalb der Steilklippen. Manchmal wird an der Schranke ein Eintritt von 3000 Rp verlangt. Nebenan lockt der **Impossible Beach** mit guten Wellen, die über einem Riff brechen.

Wenige hundert Meter weiter kann man am beliebten **Labuan Sait Beach**, auch Padang Padang Beach, auf dem großen Parkplatz halten, baden gehen, an Warung eine Kleinigkeit essen oder den Surfern bei ihren waghalsigen Manövern zuschauen. Eintritt 5 000 Rp. Bei Flut wird der weiße Sandstrand fast völlig überspült. Von der Brücke bietet sich ein toller Blick auf den Strand darunter und die Brandung.

1,8 km westlich der Brücke ist der **Suluban Beach** mit dem unter Surfern berühmt-berüchtigten Uluwatu-Break erreicht, einer der beliebtesten Strände. Unterhalb der Blue Point Bay Villas sind eine ganze Reihe von Unterkünften, Surfshops und günstigen Restaurants mit toller Aussicht an die Klippen gebaut worden, darunter das sehr beliebte Single Fin – ein regelrechtes Surfermekka.

Wer am Ende der steilen Treppen, die zum Meer hinunterführen, durch die Felsspalte auf der linken Seite schlüpft, gelangt zum Strand. Dank der vom vorgelagerten Riff geschützten Lage ist der Strand an ruhigen Tagen ideal zum Schwimmen geeignet und ermöglicht eine gute Sicht auf das Treiben der Surfer. Parken 5000 Rp.

ÜBERNACHTUNG

Bali Bule Home Stay, Padang Padang Beach, ✆ 0361-769979, 💻 www.balibulehomestay.com. Hübsche und gepflegte Anlage rund um einen Pool mit 10 geräumigen, sauberen Bungalows mit Veranda und AC, teils auch TV und Open Air-Du/WC. Restaurant. Reservierung empfehlenswert. Motorradverleih. ❹–❺

€ **Cantika Gh.**, Jl. Labuan Sait, Gang Rencang, ✆ 0819-3311 2080, 💻 www.fb.com/cantikaguesthouse. In Laufnähe zum Trubel am Suluban Beach und dennoch ruhig wohnt man hier in familiärer Atmosphäre in 5 sehr sauberen, geräumigen Zimmern mit hübschen Möbeln, Kühlschrank, TV, Schreibtisch und Du/WC. Sehr freundlicher Besitzer und netter kleiner Pool. Motorradverleih. ❸–❹

Pink Coco Bali, Jl. Labuan Sait, ✆ 0821-4759 2500, 💻 http://pnkhotels.com/bali/. Die mediterran gestaltete, etwas überteuerte Anlage mit schönem Pool überzeugt mit 25 geräumigen und luftigen, originell gestalteten Zimmern in 2-stöckigen, bordeauxroten Bauten mit guten Matratzen, AC, Safe, TV, Kühlschrank und teils riesiger Du/WC. Auf dem Dach ein Zimmer mit toller Aussicht. Weniger schöne, aber günstigere Zimmer im Erdgeschoss. ❻–❼

ESSEN UND UNTERHALTUNG

Bukit Cafe, Jl. Labuan Sait, ✆ 0822-3620 8392, 💻 www.bukitcafe.com. Im Hinterland werden die besten Burger der Gegend gebraten, vom sättigenden Bukit Burger über die kalorienärmeren Hähnchen-Burger bis zum Veggie-Burger. Auch andere westliche Gerichte, Tacos, Salte, leckeres Frühstück, saftige Smoothies, sehr guter Kaffee und Kuchen. 🕒 7–22 Uhr.

Single Fin, Pantai Suluban, ✆ 0361-769941, 💻 www.singlefinbali.com. Sehr beliebte, offene, mit recyceltem Holz ansprechend gestaltete Kreuzung aus Surfshop, Bar, Partylocation und Restaurant, die mit einer tollen Aussicht punkten kann. Auf 3 Stockwerken werden Sandwiches, Pizzas und Pasta zu mittleren Preisen serviert. Mi und So sehr populäre Surferpartys. 🕒 Mo–Di, Do–Sa 8–22, Mi 8–24, So 8–1 Uhr.

The Cashew Tree, Bingin Beach, ✆ 0859-5378 9675, 💻 www.fb.com/thecashewtreebingin. Im relativ kargen Garten liegt das entspannte Restaurant mit offener Küche. Die bunt gemischten Gerichte können unter mit Alang-Alang-Gras gedeckten Dächern genossen werden. Auch vegetarische und vegane Optionen, Säfte, Weine und Cocktails. Do Livemusik und DJs. Mittlere Preisklasse. 🕒 8–23 Uhr.

Westliche Bukit-Halbinsel

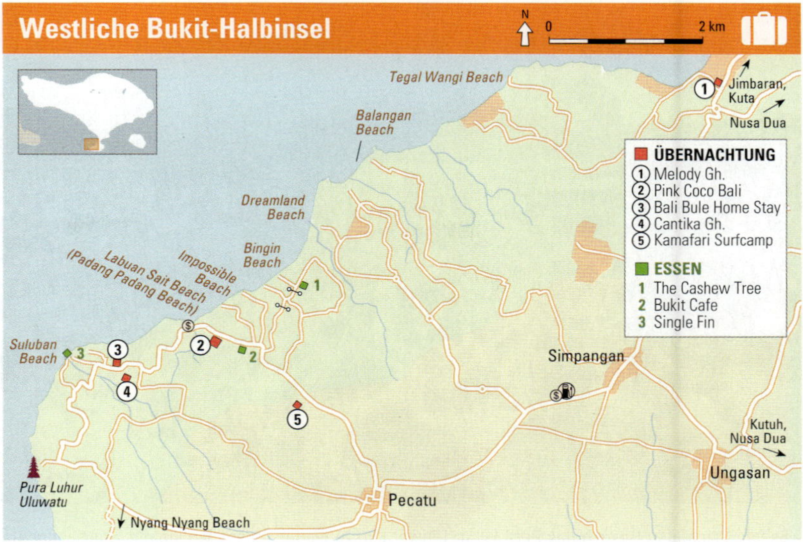

Pura Luhur Uluwatu

An der südwestlichen Spitze der Bukit-Halbinsel erhebt sich einsam auf einer spektakulär-steilen Felsklippe, 70 m über dem tosenden, türkisfarbenen Ozean, der kleine, aber höchst bedeutsame Tempel Pura Luhur Uluwatu (*Ulu* für „Kopf", *Watu* für „Stein"). Er fehlt in keiner Liste der *Sad Kahyangan*, der sechs heiligsten Tempel Balis. Sein *Odalan* (Tempelfest) findet zehn Tage nach *Kuningan* statt, dem Schlusspunkt der zehntägigen Feier zu Ehren der Schöpfung der Welt.

Pura Uluwatu ist zweifellos ein sehr altes Heiligtum. Ein legendärer Shiva-Priester aus Java, bekannt als **Empu Kuturan** (*Empu* für „Weiser"), soll diesen Tempel im 11. Jh. begründet bzw. eine ältere heilige Stätte ausgebaut haben. Jahrhunderte später kam der große Hindu-Lehrer **Danghyang Nirartha** nach Bali. Nach jahrzehntelangem Wirken wählte er Pura Uluwatu als den Ort, wo er in Versenkung *Moksa*, die endgültige Erlösung, erlangte. Seitdem fügt man dem Tempelnamen das Luhur hinzu *(ngeluhur* für „*Moksa* erlangen").

Der Tempel ist Shiva Mahakala geweiht, dem Gott der Vernichtung und Auflösung der Welt. Ihm schreibt man z. B. schwere Stürme und Seuchen zu. Die Felsenklippe, auf der sich der Tempel erhebt, soll einer Sage nach das versteinerte Schiff der Göttin der Gewässer, Dewi Danu, sein, die über das Meer nach Bali kam.

Besucher sollten sich von den diebischen Tempelaffen nicht nervös machen lassen. Am besten hat man einen Stock dabei, mit dem man die Affen verscheuchen kann, falls sie allzu aufdringlich werden. Eintritt 30 000 Rp inkl. Sarong und *Slendang*, Kinder 20 000 Rp, Parken 2000 Rp. ⌚ 8–19 Uhr. Einfache Essenstände am Parkplatz.

Strände auf der südlichen Bukit-Halbinsel

3 km südöstlich vom Pura Luhur Uluwatu zweigt eine schmale Straße zum wenig besuchten, etwas versteckt gelegenen **Nyang Nyang Beach** ab. Die asphaltierte Zufahrtstraße bis zum großen Parkplatz (10 000 Rp) an der Steilküste ist beschildert. Von dort führt ein etwas rutschiger, grobschotteriger Weg in etwa 10 Min. steil hinab zum Strand. Hier ist der Meeresboden felsig und das Wasser nur knöcheltief, zudem gibt es starke Strömungen, sodass nicht gebadet werden kann.

Der Kecak-Tanz am Uluwatu

© MORITZ JACOBI

Es lohnt sich, den Besuch des Pura Luhur Uluwatu so zu planen, dass man ihn mit einer abendlichen Tanzaufführung kombinieren kann. Die einstündigen **Feuertanzaufführungen zum Sonnenuntergang** werden von Touristenschwärmen besucht und haben fast schon Stadionatmosphäre, sind aber aufgrund des spektakulären Bühnenplatzes hoch oben auf den Klippen auch wirklich sehenswert. Von der halbrunden Tribüne bietet sich ein direkter Blick auf den Sonnenuntergang. Im Schein der züngelnden Flammen singen sich über 40 *Kecak*-Sänger mit dem hypnotischen *cak-cak-cak* in eine Trance und bilden so den Rahmen für das *Ramayana*-Ballett, das von reich geschmückten Tänzern aufgeführt wird und mit dem beeindruckenden Feuertanz des rettenden Hanuman den Höhepunkt erreicht. Die Zuschauer sind so nah am Geschehen, dass es in den ersten Reihen beim feurigen Ende richtig heiß werden kann. Störend sind allerdings Zuschauer, die während der Vorstellung über die Bühne laufen, weil sie zu spät kommen, früher gehen oder unbedingt die beste Perspektive für ihr Erinnerungsfoto erhaschen wollen. Eintritt 100 000 Rp, Kinder 50 000 Rp. Weiteres zum *Kecak* S. 133.

Zurück auf der Hauptstraße erreicht man nach gut 6 km wieder die zentrale Kreuzung in **Ungasan** mit dem Nirmala Supermarket, ⌚ 7–22 Uhr. Folgt man nun der Straße Richtung Südosten und nach 1,7 km der Ausschilderung zum Banyan Tree, geht es an der nächsten Gabelung auf die Straße zum **Pantai Pandawa**. Wenn nicht gerade bei Flut der Strand abgetaucht ist, lohnt auf halber Strecke der beim Bali Cliff Resort unterhalb der Klippen gelegene, schattige **Green Bowl Beach** den Abstieg über 300 Stufen. Hier kann man eine kleine, von Fledermäusen bewohnte Höhle erkunden und in der Regenzeit surfen.

900 m östlich der Abzweigung zum Pantai Pandawa steht nördlich der Jl. Nusa Dua Selatan eine skurrile Attraktion: Eine verlassene **Boeing 737**, in die man hineinklettern kann.

Nusa Dua und Tanjung Benoa

Wer in **Nusa Dua** wohnt, macht Pauschalurlaub. In dem gut bewachten Areal voller Luxushotels lebt es sich völlig isoliert. Abendliche Veranstaltungen außerhalb kann man höchstens mit dem Taxi, einem eigenen Fahrzeug oder im Rahmen einer organisierten Tour besuchen. Der **Bali Mandara Tollway** über die Bucht von

Benoa verbindet Nusa Dua mit dem Flughafen und der Jalan By Pass Ngurah Rai westlich von Sanur (Informationen S. 301).

Vom Nusa Dua Main Gate der Straße nach Ungasan folgend, erscheinen auf einem Hügel im **Puja Mandala** genannten Komplex fünf Bauwerke, die in dieser Kombination wohl nirgends sonst auf der Welt stehen und Balis religiöse Toleranz und den indonesischen Grundsatz der *Panca Sila* (S. 123) bezeugen: Von West nach Ost reihen sich eine Moschee, eine katholische Kirche, ein buddhistischer Tempel, eine protestantische Kirche und ein balinesisch-hinduistischer Pura aneinander!

Nördlich von Nusa Dua erstreckt sich auf einer langen, schmalen Landzunge mit schönem, breitem weißen Sandstrand **Tanjung Benoa**. Der Ort war früher ein betriebsames Handelszentrum, und noch immer leben hier viele Nachkommen der Bugis und chinesischstämmigen Händler. Heute sorgen besonders adrenalinsüchtige asiatische und russische Urlauber im kleineren Touristenzentrum für regen Betrieb. Neben Bademöglichkeiten bieten sich jede Menge Gelegenheiten zum Wassersport. 500 m vor Ende der Straße wird eine Eintrittsgebühr von 5000 Rp verlangt.

ÜBERNACHTUNG

D'Mell Bali, Gang Pandu, Jl. Pratama 71, ✆ 0361-472 8024, 0899-5786 636, 💻 www.fb.com/dmellbali. Abseits des Trubels liegt in einer Gasse das ruhige, kleine Resort mit 8 großzügigen Bungalows mit AC, TV, großer Glasfront und Terrasse in einer gepflegten Gartenanlage mit Pool, Pondoks und Liegen. Gemeinschaftsküche, die etwas sauberer sein könnte, Billardtisch. Freundliches Personal. Shuttleservice zum Strand, WLAN, Fahrräder und gutes Frühstück inkl. ❹

Pondok Benoa, Jl. Pratama 99, ✆ 0361-771145, 0896-7138 7329, 💻 www.pondok-benoa.com. Im schönen, gepflegten Garten mit Blumen, Obstbäumen und Lotusteich finden sich 10 saubere Zimmer in 2-stöckigen Häusern, die mit viel Liebe zum Detail im balinesischen Stil mit kleinem TV, Safe, Bad/WC und Terrasse oder Balkon, teils auch AC eingerichtet sind. Deutlich günstiger bei längeren Aufenthalten. Freundliches Personal. Frühstück inkl. ❸–❹

ESSEN

Warung Komang, Jl. Pratama, ✆ 0813-9260 1284. Kleines, günstiges Warung mit den indonesischen Standardgerichten von *Nasi Goreng* bis *Soto Ayam*, zudem gutes *Tempeh*. Freundliche Leute. Direkt nebenan die Treppe hinauf wird auf der luftigen Terrasse gutes, günstiges *Babi Guling* inkl. Eistee und Suppe serviert. Auf der anderen Seite zudem ein günstiger Warung mit *Nasi Padang*. 🕒 10–21 Uhr.

AKTIVITÄTEN

Wassersport

Am Strand bieten zahlreiche Veranstalter Tauch- und Schnorchelausflüge sowie teuren motorisierten Wassersport an, darunter Parasailing (US$25, 1 Runde), Wasserski (US$45, 15 Min.), Banana-Boat (US$25, 15 Min.), Jet-Ski (US$30, 15 Min.), Wakeboarding (US$45, 15 Min.) oder Fly-Board (US$30, 15 Min.). Handeln ist möglich. Der größte Veranstalter ist: **BMR Dive & Water Sports**, Jl. Pratama 99X, ✆ 0361-771757, 💻 www.bmrbali.com. Hier wird zudem ein Restaurant und Spa betrieben – Massenabfertigung garantiert. 🕒 9–16 Uhr.

Wellness

Jari Menari, Jl. Pratama 88X, ✆ 0361-778084, 💻 www.jarimenarinusadua.com. Im Ableger des erfolgreiches Spa (S. 321) bieten nur männliche Therapeuten ihre professionellen Dienste an. 75 Min. Massage kosten 435 000 Rp. Do von 9–15 Uhr Massagekurse. 🕒 9–21 Uhr.

TRANSPORT

Kura-Kura Busse, 💻 http://kura2bus.com/, fahren ab der DFS Bus Bay durch Nusa Dua und Jimbaran von 7.30–21 Uhr alle 1 1/2 Std. für 20 000 Rp. Haltestellen am Museum Pasifika, The Bay, Grand Hyatt, Ayodya Resort, Mercure und The Bale. Infos S. 299.

Zentral-Bali

Nördlich von Denpasar erstreckt sich bis zu den Hängen des Batur-Massivs die für Bali typische Reisterrassenlandschaft. Das Land ist saftig grün, fruchtbar und facettenreich – zu schön, um es bloß auf einem Tagesausflug abzuhandeln. Stattdessen bietet sich Ubud als gute Basis dafür an, das kulturelle Zentrum der Insel und seine Umgebung zu erkunden.

Der Tourismus konzentriert sich in Zentral-Bali rund um **Ubud**, das Herz der balinesischen Kunst und Kultur. Neben den Museen und dem magischen Affenwald sind es besonders die Tanzaufführungen, die das ehemalige Dorf zum kulturellen Highlight erheben. Nirgends sonst hat man allabendlich die Möglichkeit, solch eine Vielzahl traditioneller Vorführungen zu genießen.

Westlich lockt der märchenhafte, weit weniger touristische Affenwald von **Sangeh**. Nach Süden führen schmale Straßen vorbei an Ortschaften, die sich auf ein Kunsthandwerk spezialisiert haben. Östlich lockt der Höhlentempel **Goa Gajah**, während im Norden das in einer Schlucht gelegene Heiligtum **Gunung Kawi** und die heiligen Quellen von **Pura Tirta Empul** zwei der schönsten Tempelanlagen Balis darstellen. Die Reisterrassenformationen von **Tegallalang** zählen zu den beliebtesten Fotomotiven.

Neben den klassischen Sehenswürdigkeiten gibt es viele kleine Highlights auf eigene Faust zu entdecken: Reisfelder im Licht der untergehenden Sonne, ein Maler beim Mischen seiner Farben, Bauern, die ihre Enten durch die Felder nach Hause treiben, oder Kinder beim Baden im Fluss – Bilder, die untrennbar mit Bali verbunden und abseits der Touristenpfade noch tatsächlich zu sehen sind. Wer sich auf die Suche begibt und balinesisches Dorfleben kennenlernen möchte, wird genauso fündig werden wie Reisende, die Ruhe, Erholung und Komfort suchen.

Ubud

Umgeben von Reisterrassen und kleinen Dörfern, die schöne Ziele für Tagesausflüge und Wanderungen abgeben, liegt Ubud – dank seiner zentralen Lage der ideale Ausgangspunkt, um die Insel zu erkunden. Nicht nur die Attraktionen Zentral-Balis sind mit dem eigenen Transportmittel schnell erreicht, auch Tagesausflüge zu den Reisterrassen von Jatiluwih (S. 367) und weiter ins Hochland rund um Bedugul (S. 376), zur Caldera des Gunung Batur (S. 388), zur Gerichtshalle in Semarapura (S. 393) und zum Wassergarten von Tirtagangga (S. 415) oder an die Strände in der Nähe von Candi Dasa (S. 410) und Padang Bai (S. 399) sind lohnende Optionen.

Der moderne Tourismus hat sich in und um Ubud erst Ende der 1970er-Jahre entwickelt, zehn Jahre später als in Kuta. Heutzutage steht Ubuds touristische Infrastruktur dem Süden in fast nichts nach: Hotels, Restaurants, Souvenirläden, Spas und Modeboutiquen buhlen um zahlungskräftige Kunden, nur ein ausschweifendes Nachtleben wird man vergeblich suchen. Selbstverständlich brachte der Massentourismus nicht nur Positives. So sind die Hauptstraßen fast genauso verstopft wie im Süden und auf der Jalan Monkey Forest und Jalan Hanoman werden immer mehr kleine Kunsthandwerksgeschäfte, Buchläden und familiär geführte Unterkünfte von großen Modeboutiquen und Hotels verdrängt. Auch die große Zahl an chinesischen Touristengruppen, die in den letzten Jahren den Weg nach Ubud gefunden haben, wird von vielen westlichen Besuchern als der Atmosphäre wenig förderlich empfunden.

Dass sich Ubud zu *dem* Touristenzentrum im Inselinneren entwickelt hat, liegt nicht zuletzt daran, dass sich in der Umgebung das ländliche Bali in seiner ganzen Schönheit präsentiert. Inmitten der fruchtbaren Landschaft scheint fast jeder Balinese ein Künstler zu sein – Maler, Tänzer, Gamelan-Musiker, Steinmetz oder Holzschnitzer. Auch wenn der Ort inzwischen sehr touristisch ist, hat er sich dennoch einen guten Teil seines Charmes bewahren können.

Ubud ist ein Einkaufsparadies. Fast alle Tagesbesucher werden vor dem modernisierten zentralen **Markt** abgesetzt. An den meisten Ständen gleicht sich das Angebot an massenhaft hergestelltem Kunstgewerbe und Souvenirs. Vor dem Markt und in der nach Süden führenden Jl. Karna liegen Ladenzeilen mit langen Gängen, gesäumt von weiteren Souvenirge-

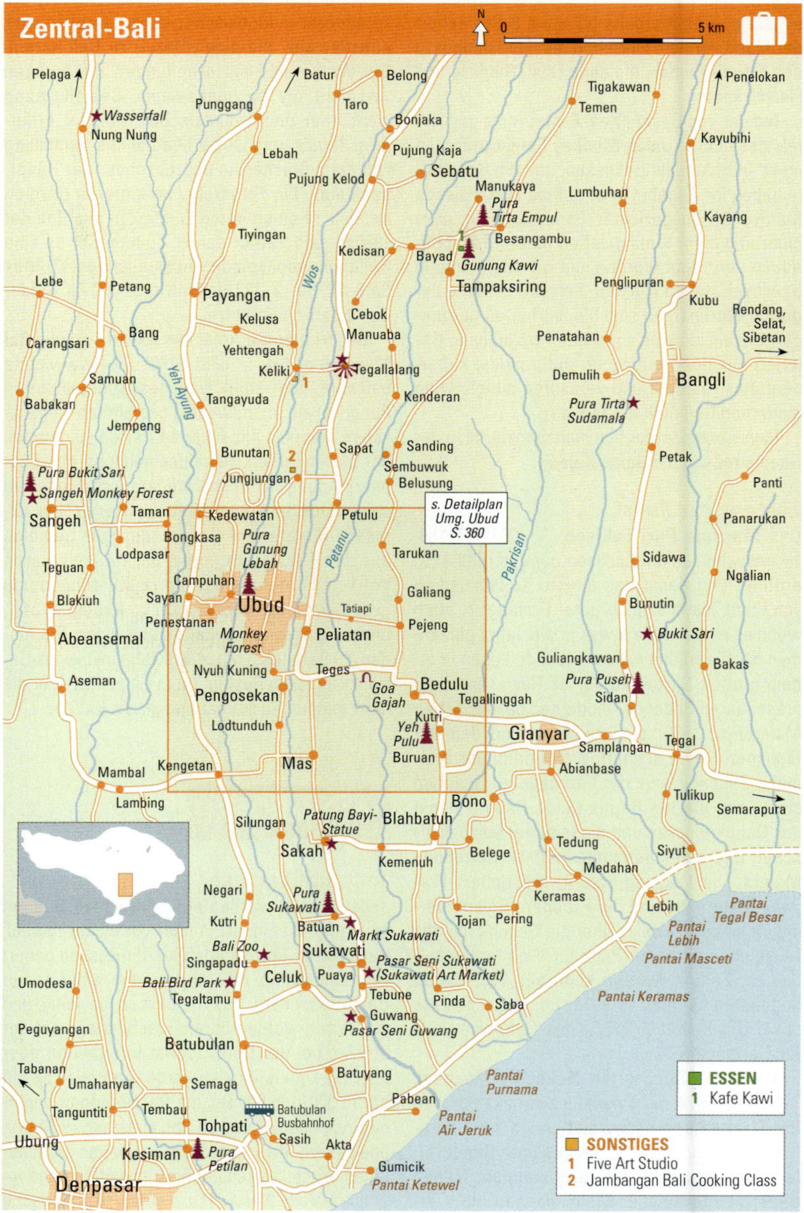
Zentral-Bali
N
0
5 km
Pelaga
Wasserfall
Nung Nung
Punggang
Batur
Taro
Belong
Bonjaka
Lebah
Pujung Kaja
Pujung Kelod
Sebatu
Manukaya
Pura Tirta Empul
Besangambu
Gunung Kawi
Bayad
Kedisan
Tiyingan
Tampaksiring
Tigakawan
Temen
Penelokan
Kayubihi
Lumbuhan
Kayang
Penglipuran
Kubu
Rendang, Selat, Sibetan
Lebe
Petang
Payangan
Wos
Cebok
Manuaba
Kelusa
Bang
Carangsari
Yehtengah
Keliki
Tegallalang
Samuan
Yeh Ayung
Tangayuda
Kenderan
Penatahan
Demulih
Bangli
Pura Tirta Sudamala
Babakan
Jempeng
Bunutan
Sapat
Sanding
Sembuwuk
Belusung
Petak
Panti
Pura Bukit Sari
Sangeh Monkey Forest
Sangeh
Taman
Jungjungan
Kedewatan
Petulu
s. Detailplan Umg. Ubud S. 360
Panarukan
Pakrisan
Petanu
Bongkasa
Pura Gunung Lebah
Lodpasar
Tarukan
Sidawa
Teguan
Campuhan
Ngalian
Galiang
Sayan
Ubud
Tatiapi
Blakiuh
Bunutin
Penestanan
Pejeng
Abeansemal
Monkey Forest
Peliatan
Bukit Sari
Guliangkawan
Nyuh Kuning
Teges
Bakas
Aseman
Goa Gajah
Bedulu
Pura Puseh
Sidan
Pengosekan
Tegallinggah
Kutri
Lodtunduh
Yeh Pulu
Gianyar
Tegal
Samplangan
Buruan
Mas
Kengetan
Abianbase
Mambal
Bono
Tulikup
Lambing
Semarapura
Silungan
Patung Bayi-Statue
Blahbatuh
Tedung
Sakah
Belege
Kemenuh
Siyut
Medahan
Negari
Pura Sukawati
Keramas
Lebih
Pantai Tegal Besar
Tojan
Pering
Kutri
Batuan
Pantai Lebih
Markt Sukawati
Bali Zoo
Pantai Masceti
Singapadu
Sukawati
Pasar Seni Sukawati (Sukawati Art Market)
Umodesa
Bali Bird Park
Celuk
Puaya
Tegaltamu
Tebune
Pinda
Saba
Pantai Keramas
Guwang
Peguyangan
Pasar Seni Guwang
Batubulan
Tabanan
Batuyang
Pantai Purnama
Umahanyar
Semaga
Pabean
Tanguntiti
Tembau
Batubulan Busbahnhof
Pantai Air Jeruk
Tohpati
Ubung
Sasih
Akta
Kesiman
Pura Petilan
Gumicik
Denpasar
Pantai Ketewel
ESSEN
1 Kafe Kawi
SONSTIGES
1 Five Art Studio
2 Jambangan Bali Cooking Class

schäften. Früh morgens bis etwa 9 Uhr gehört der Markt vor dem Eintreffen der Touristenbusse den Einheimischen, die dann Obst, Gemüse und Fleisch kaufen.

Auf der von Geschäften, Restaurants und Hotels gesäumten **Jalan Monkey Forest** trifft man mehr Touristen als Balinesen, und die Geschäfte haben ihr Angebot ganz auf die ausländische Kundschaft ausgerichtet. Es ist auffällig, dass mehr und mehr Kunstgalerien durch Modeboutiquen verdrängt wurden, die genauso auch in Seminyak stehen könnten. Selbst Geschäfte der großen Surfmarken sind bis hierher vorgedrungen. Zudem bieten die meisten verbliebenen Galerien nur noch ein recht einförmiges, kulturneutrales Angebot und verkaufen die gleichen modernen Gemälde wie in Kuta.

Etwas entspannter bummelt man nördlich der Hauptstraße in der **Jalan Kajeng**.

Zentrum der Kunst

Das **Museum Puri Lukisan**, ✆ 0361-971159, 💻 www.museumpurilukisan.com, bereits 1956 eröffnet und damit das älteste Kunstmuseum von Ubud, bietet sich als guter Einstieg an, auch wenn es mittlerweile etwas in die Jahre gekommen ist. Die traditionellen Gebäude liegen in einem großen Garten an der Jl. Raya Ubud und präsentieren Bilder der modernen balinesischen Malerei (ab 1930), die ihre Motive aus dem alltäglichen Leben schöpft. Während in der Pitamaha Gallery Werke der Vorkriegszeit zu sehen sind, zeigt die Ida Bagus Made-Galerie Kunst der Nachkriegszeit und die mitunter surrealistischen Bilder des berühmten namensstiftenden Malers. Die Wayang-Galerie präsentiert *Wayang*-Malereien, und die Founders Gallery vermittelt einen Überblick über die Geschichte des Museums und bietet Platz für Wanderausstellungen. Zudem werden kulturelle Workshops angeboten (S. 352). 🕒 9–18 Uhr, letzter Einlass um 17 Uhr, Eintritt 85 000 Rp inkl. Getränk im netten Gartencafé.

Im empfehlenswerten **Neka Art Museum**, ✆ 0361-975074, 💻 www.museumneka.com, an der Straße nach Kedewatan, etwa 2 km nördlich von Campuhan, ist die gesamte Bandbreite balinesischer Kunst zu bestaunen. Neben Bildern balinesischer Maler hängen die Werke anderer indonesischer sowie europäischer Künstler aus, die einen Bezug zu Bali hatten. Die Werke sind mit erhellenden Erklärungen versehen, die die gegenseitige Beeinflussung westlicher und balinesischer Künstler erläutern. Relativ jung ist die beachtliche Sammlung von *Keris*-Dolchen im Obergeschoss des Hauptgebäudes. Ein Fotoarchiv im hinteren Bereich ermöglicht einen guten Einblick in das Bali der 1930er- und 1940er-Jahre. Zudem gibt es eine Halle mit wechselnden Ausstellungen. 🕒 Mo–Sa 9–17, So 12–17 Uhr, Eintritt 75 000 Rp, Kinder bis 12 Jahre Eintritt frei.

Das 5 ha große Areal des **ARMA – Agung Rai Museum of Art**, ✆ 0361-976659, 💻 www.armabali.com, liegt südöstlich des Affenwaldes in Pengosekan. Im aufwendig gestalteten balinesischen Komplex mit schönen Gärten sind neben der permanenten Gemäldesammlung des Ehepaars Agung Rai auch Wanderausstellungen zu sehen. Das Spektrum reicht von klassischer *Kamasan*-Malerei auf Baumrinde über Gemälde aus den 1930er-Jahren bis hin zu moderneren Werken. Ferner werden Tanzaufführungen und gute Workshops veranstaltet (s. Kasten S. 341), und es gibt eine Bibliothek und einen Buchladen. 🕒 9–18 Uhr, Eintritt 60 000 Rp inkl. eines Getränks im tollen Restaurant mit Ausblick über die umliegenden Reisfelder und gutem Kaffee.

5 HIGHLIGHT

Tanzaufführungen

Jeden Abend werden auf zahlreichen Bühnen im Stadtgebiet, meist in oder vor einem Tempel, traditionelle Tänze aufgeführt. Ihr Besuch gehört zum kulturellen Pflichtprogramm eines jeden Ubud-Besuchers. Das Angebot ist vielseitig, und die Karten werden bereits nachmittags auf der Straße, bei der Ubud Tourist Information oder über die Unterkünfte verkauft. Die Preise liegen bei 75 000–125 000 Rp, die Darbietungen beginnen zwischen 19 und 20 Uhr, meist um 19.30 Uhr, und dauern etwa zwei Stunden. Zu den regelmäßigen Vorstellungen gehören anmutige *Legong*- und kraftvolle *Kecak*-Tänze sowie erzählerische

Die 14 wichtigsten Bühnen Ubuds und ihr Programm

Genaue Lage der Bühnen s. Karte S. 344/345.

ARMA Museum, Jl. Raya Pengosekan, Ecke Jl. Pengosekan. Mo *Wayang Wong und Ramayana*, Di *Legong Telek*, Mi *Topeng*, Fr *Barong* und *Kris*, So *Legong*. An Voll- und Neumondtagen *Kecak Rina*, eine von Walter Spies choreographierte *Kecak*-Variation mit Chor aus 100 Männern. Kostenloser Transport ab der Ubud Tourist Information.

Bale Banjar Ubud Kelod, südlich des Fußballplatzes, Jl. Monkey Forest. Mo *Frauen-Gamelan*, Di *Barong* und *Kris*, Mi *Legong* und *Barong*, Do *Legong*, Fr *Barong* und *Legong*, Sa *Froschtanz* und *Barong*, So *Legong*.

Café Lotus (Ubud Waterpalace), Jl. Raya Ubud. Mo *Joged*, Di *Frauen-Gamelan*, Mi *Ramayana*-Ballett, Do *Barong* und Kindertänze, Sa *Legong*, So *Janger*.

Oka Kartini Hotel, Jl. Raya Ubud, kurz vor der Jl. Sukma Kesuma. Mi, Fr und So *Wayang Kulit*.

Padang Tegal Kaja, Jl. Hanoman, Ecke Jl. Dewi Sita. Di *Barong* und *Kris*, Mi, Sa und So *Kecak*, Do *Legong* und *Barong*.

Pura Dalem Taman Kaja, Jl. Sriwedari. Mi und Sa *Kecak*.

Pura Dalem Ubud, Jl. Raya Ubud. Mo und Fr *Kecak*, Di *Legong*, Mi *Jegog*, Do *Barong* und *Kris*.

Pura Desa Kutuh, Jl. Jero Gedung. Di Gamelan und Tänze.

Pura Padang Kertha, Jl. Hanoman. Fr *Kecak*.

Pura Puseh Ubud (Batu Karu-Tempel), Jl. Suweta. Di *Kecak* der Frauen, Do und So *Kecak*.

Pura Taman Sari, Jl. Hanoman. Di und Do *Kecak*.

Puri Agung Peliatan, Jl. Peliatan. Do *Kecak*, Sa *Legong* und *Barong*.

Ubud Palace (Puri Saren Agung), Jl. Raya Ubud. Mo, Do, Sa und So *Legong*, Di *Ramayana*-Ballett, Mi *Legong* und *Barong*, Fr *Barong*.

Wantilan Padang Tegal Kelod, Jl. Hanoman. Mo *Barong* und *Kris*.

BALI

Wayang Kulit-Aufführungen. Zudem werden *Barong-*, *Kris-* sowie Trance-Tänze, *Ramayana*-Ballett und *Gamelan*-Konzerte veranstaltet. Hintergrundinformationen zu den Tänzen s. Kapitel „Land und Leute" ab S. 131.

Leider liegen einige Veranstaltungsorte in der Nähe vielbefahrener Straßen, sodass der rege Verkehr das stimmungsvolle Ambiente etwas trüben kann. Die aktuellen Termine sind auf dem bei der Ubud Tourist Information erhältlichen Infoblatt *Schedule of Performances* abgedruckt. Zu außerhalb liegenden Veranstaltungsorten verkehren im Ticketpreis inbegriffene Minibusse.

Der Affenwald von Ubud

Eine der touristischen Hauptattraktionen ist der heilige Affenwald **Monkey Forest**, ✆ 0361-971304, 972774, 💻 www.monkeyforestubud.com, im äußersten Süden der Jl. Monkey Forest. Der 10 ha große Wald wird von fast 700 Makaken *(Javaneraffen, Macaca fascocilaris)* bevölkert, überwiegend Jungtiere, aber auch ältere Männchen, die bis zu 10 kg schwer werden und recht aggressiv reagieren können. Kommt man ohne Erdnüsse und andere Leckereien hierher, verhalten sich die Affen normalerweise friedlich. Dennoch gilt es, Abstand zu wahren und Kameras, Brillen und andere lose am Körper baumelnden Gegenstände sicher zu verstauen, da sie sonst von den Affen geklaut werden könnten.

Es gibt zwei Eingänge, im Norden die New Lobby mit dem Ticket Counter am großen östlich gelegenen Parkplatz und ein weiterer im Süden in Nyuh Kuning. Von der Jl. Monkey Forest kommend führen Stufen in eine kleine Schlucht hinab und unter einem Banyan-Baum hindurch. Wer den Pfad am Fluss entlangläuft, betritt eine magische Welt. Das dichte Blätterdach der alten Bäume lässt nur ab und zu einige Sonnenstrahlen hindurch, sodass der dämmrige Ort von einer märchenhaften Atmosphäre erfüllt wird: Die Steine und Felsen sind von Moos bewach-

© UYEN NGUYEN

Die Tanzaufführungen faszinieren mit der Exotik der Darbietungen und der Kunstfertigkeit der Tänzer.

sen, und die herabhängenden Wurzeln der heiligen Banyan-Bäume strecken sich Richtung Erde. Dazwischen tollen neugierige junge Affen herum und beobachten die Besucher, die älteren wiederum liegen faul auf den Felsen und Bäumen. Am Flussufer geht es deutlich ruhiger zu als am Eingang zum Affenwald, wo sich die Makaken lautstark um Bananen und Erdnüsse streiten. ⌚ 8.30–18 Uhr, Eintritt 50 000 Rp, Kinder 40 000 Rp.

Tempel und Palastanlagen

In der Jl. Raya Ubud befindet sich der Haupttempel, der **Pura Desa Ubud**, östlich daneben liegt der **Wantilan**. Der Ort dient der Dorfgemeinschaft als Treffpunkt, eine Art Aula, in der Rituale und andere wichtige Veranstaltungen stattfinden.

Auf der gegenüberliegenden Straßenseite liegt der Palast der Adelsfamilie **Puri Saren Agung** (Ubud Palace). Ida Tjokorda Putu Kandel ließ ihn während seiner Herrschaft von 1800–1823 erbauen. In den 1930er-Jahren fungierte der Palast unter dem damaligen *Raja* Tjokorde Gede Agung, der den Tourismus in Ubud stark förderte, als erstes Hotel. Noch heute leben in den unzugänglichen Bereichen die Nachkommen der damaligen Könige, in anderen Teilen kann man tagsüber spazieren gehen. Eintritt frei.

ÜBERNACHTUNG

Es gibt Hunderte Hotels, Bungalowanlagen und Homestays im Ort und weit verstreut in der Umgebung. Da es nachts abkühlt, ist eine AC nicht zwingend notwendig. Alle Unterkünfte haben, wenn nicht anders angegeben, Warmwasser.
Viele günstige Unterkünfte sind **Homestays**. Man wohnt im Gehöft der Familie oder in einem angrenzenden Häuschen. Einige etablierte Homestays haben angebaut und Hotelstandard erreicht, ohne dabei ihre familiäre Atmosphäre einzubüßen. Immer mehr Anlagen besitzen einen Pool. Viele **Luxushotels** liegen westlich von Ubud am Rande der Yeh Ayung-Schlucht.

Rund um die Jalan Monkey Forest und Jalan Hanoman

Goutama Homestay, Jl. Goutama 14, ☎ 0361-970482, ✉ adiadnyana93@yahoo.com. In der kleinen Anlage vermietet die freundliche Familie

8 saubere Zimmer mit AC, Himmelbetten, Holzmöbeln und Balkon oder Terrasse, zur Straße hin nachts etwas laut. Auch Familienzimmer und Dachterrasse. Gutes Frühstück inkl. ❸–❹

Griya Jungutan, Gang Beji Jungutan, ✆ 0361-975752, 💻 www.griyajungutan.com. Freundliches Refugium unter belgischer Leitung. Die Anlage überzeugt mit einem Pool und 6 geräumigen, sauberen, hellen und luftigen Zimmern mit Bad/WC, die teureren mit Blick in die Natur, AC und bequemen Himmelbetten. Vom großen Balkon tolle Aussicht auf den Fluss. Auch ein schönes Familienzimmer für 935 000 Rp. Gutes Frühstück inkl. ❸–❹

Nami House, Jl. Sugriwa 16, ✆ 0819-3614 4406, ✉ kadek_k3r3n@yahoo.com. Um den kleinen Garten mit Pool werden im 2-stöckigen Neubau 6 einfache, saubere Zimmer mit AC, guten Matratzen und Du/WC angeboten. Gutes Preis-Leistungs-Verhältnis, familiäre Atmosphäre und freundliche Besitzer. Frühstück inkl. ❸–❹

Oka Wati Hotel, Gang Beji Junjutan, ✆ 0361-973386, 💻 www.okawatihotel.com. 1980 war Oka Wati die Erste in Ubud, die komfortablere Zimmer an Touristen vermietete. In ihrer schönen, gepflegten Gartenanlage mit freundlichem Service und Pool liegen 12 balinesisch eingerichtete Zimmer mit AC und Kühlschrank, die nichts von ihrem Charme eingebüßt haben; die teureren sind geräumiger. Zudem 8 modernere Zimmer im 2-stöckigen Neubau. Wasserflaschen auffüllen und gutes Frühstück mit hausgemachtem Jogurt inkl. ❹–❼

Jalan Bisma und Jalan Kajeng

Wer den Trubel hinter sich lassen und dennoch nahe am Zentrum wohnen möchte, sollte hier suchen. Beide Straßen bieten schön und ruhig gelegene Unterkünfte, die oft noch mit einem unverbauten Blick auf die Reisfelder punkten können. In letzter Zeit wird aber auch hier immer mehr gebaut.

Kama Bisma Cottage, Jl. Bisma, ✆ 0361-978065, 💻 www.kamabismabali.com. Kleine, feine und ruhig gelegene Unterkunft mit süßem Überlaufpool. Die 5 pieksauberen, komfortablen, geräumigen und geschmackvoll modern balinesisch gestalteten Zimmer mit

BALI

Schlafsaalbetten

Auch in Ubud gibt es mittlerweile moderne, zentral gelegene Hostels, die klimatisierte Schlafsäle für Einzelreisende anbieten. Sie beherbergen kojenartige Betten ab 100 000 Rp (Nebensaison ab 70 000 Rp) mit eigenen Steckdosen, Leselampen und Schließfächern sowie Vorhängen, die für etwas Privatsphäre sorgen. Da viele der Hostels sehr klein sind und über wenig Aufenthaltsräume verfügen, sind der Geselligkeit vielerorts Grenzen gesetzt. Man sollte keine ausufernden Partys erwarten.

Dewa Hostel, Jl. Monkey Forest 68, ✆ 0812-3716 7966, 💻 www.fb.com/dewahostel. Zurückversetzt von der Straße in einem balinesischen Gehöft und daher ruhiger gelegen. Im modernen, sauberen, schicken Schlafsaal werden 12 Betten angeboten. Jedes Bett zudem mit kleinem Schrank. Nur eine Du/WC pro Schlafsaal. Sitzgelegenheiten im Innenhof. Freundliche Betreiber. Fahrradverleih.

€ **Joker Hostel & Homestay**, Jl. Raya Pengosekan, ✆ 0831-1969 1058. Leider haben nicht alle Schlafsäle Fenster, sodass es ziemlich nach Schweiß riechen kann. Ein Schlafsaal nur für Frauen. Auch saubere Doppelzimmer mit AC, Du/WC und kleinem Balkon. Freundliches, hilfsbereites Personal, nette Gemeinschaftsräume und -küche. Frühstück inkl. ❸

Puri Garden Hotel & Hostel, Jl. Raya Pengosekan, ✆ 0361-973310, 💻 www.purigardenubud.com. Die schickere Variante für Flashpacker und Backpacker mit etwas höheren Ansprüchen: Ein Pool inmitten des gepflegten Gartens mit Hängematten und Sitzsäcken, tgl. kostenloses Yoga, modern und hell mit viel Holz und echten Pflanzen gestaltete, schick designte und nach indonesischen Orten benannte, klimatisierte Schlafsäle (200 000 Rp pro Bett) und Zimmer sorgen dafür, dass man sich schnell wohlfühlt, und die kommunikativ-entspannte Atmosphäre erleichtert den Anschluss. Gutes Restaurant. Leckeres Frühstück inkl. ❺–❻

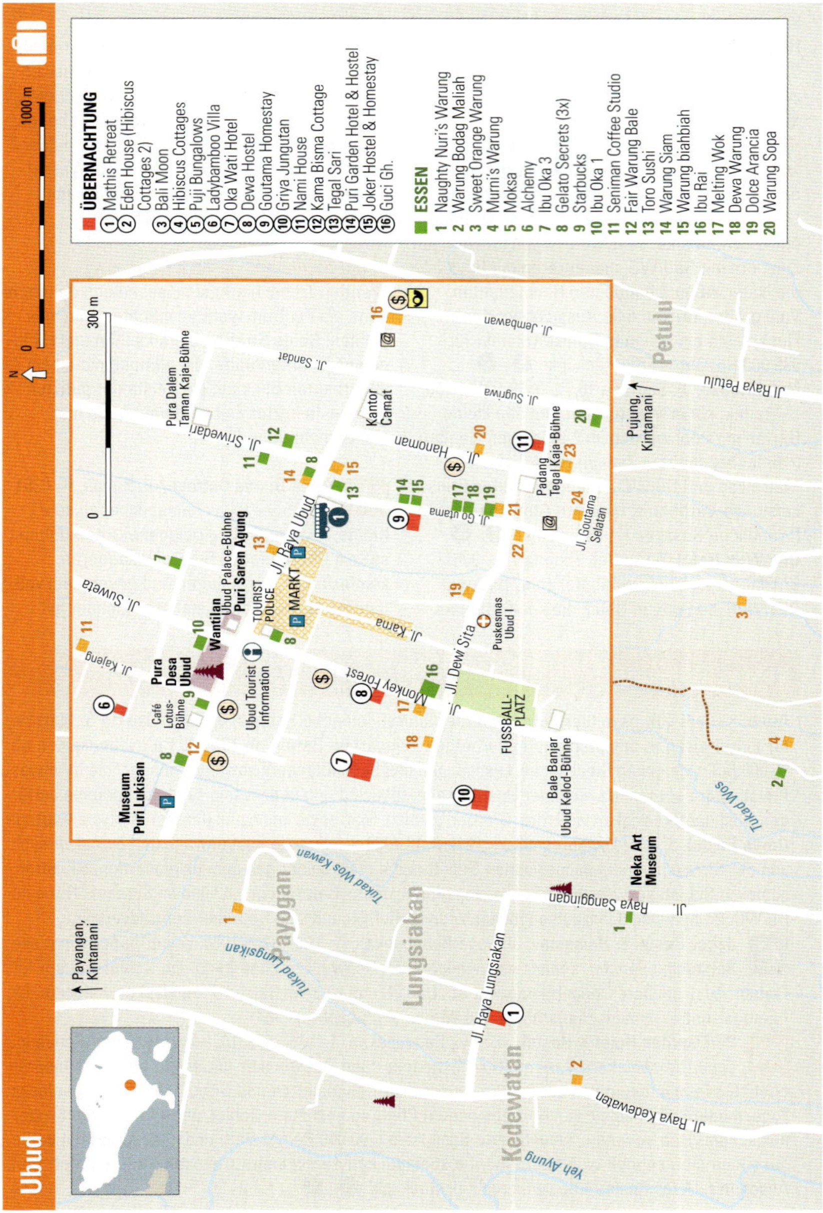
Ubud
N
0
1000 m
ÜBERNACHTUNG
1 Mathis Retreat
2 Eden House (Hibiscus Cottages 2)
3 Bali Moon
4 Hibiscus Cottages
5 Puji Bungalows
6 Ladybamboo Villa
7 Oka Wati Hotel
8 Dewa Hostel
9 Goutama Homestay
10 Griya Jungutan
11 Nami House
12 Kama Bisma Cottage
13 Tegal Sari
14 Puri Garden Hotel & Hostel
15 Joker Hostel & Homestay
16 Guci Gh.
ESSEN
1 Naughty Nuri's Warung
2 Warung Bodag Maliah
3 Sweet Orange Warung
4 Murni's Warung
5 Moksa
6 Alchemy
7 Ibu Oka 3
8 Gelato Secrets (3x)
9 Starbucks
10 Ibu Oka 1
11 Seniman Coffee Studio
12 Fair Warung Bale
13 Toro Sushi
14 Warung Siam
15 Warung biahbiah
16 Ibu Rai
17 Melting Wok
18 Dewa Warung
19 Dolce Arancia
20 Warung Sopa
0
300 m
Payangan, Kintamani
Pujung, Kintamani
Museum Puri Lukisan
Café Lotus-Bühne
Pura Desa Ubud
Wantilan
Ubud Palace-Bühne
Puri Saren Agung
Ubud Tourist Information
TOURIST POLICE
MARKT
Jl. Raya Ubud
Jl. Kajeng
Jl. Suweta
Jl. Sriwedari
Pura Dalem Taman Kaja-Bühne
Jl. Sandat
Jl. Jembawan
Jl. Sugriwa
Kantor Camat
Jl. Hanoman
Jl. Goutama
Jl. Goutama Selatan
Padang Tegal Kaja-Bühne
Jl. Karna
Jl. Monkey Forest
Jl. Dewi Sita
Puskesmas Ubud I
FUSSBALL-PLATZ
Bale Banjar Ubud Kelod-Bühne
Neka Art Museum
Jl. Raya Sanggingan
Tukad Wos Kawan
Tukad Lungsiakan
Payogan
Lungsiakan
Jl. Raya Lungsiakan
Kedewatan
Jl. Raya Kedewatan
Yeh Ayung
Tukad Wos
Petulu
Jl Raya Petulu

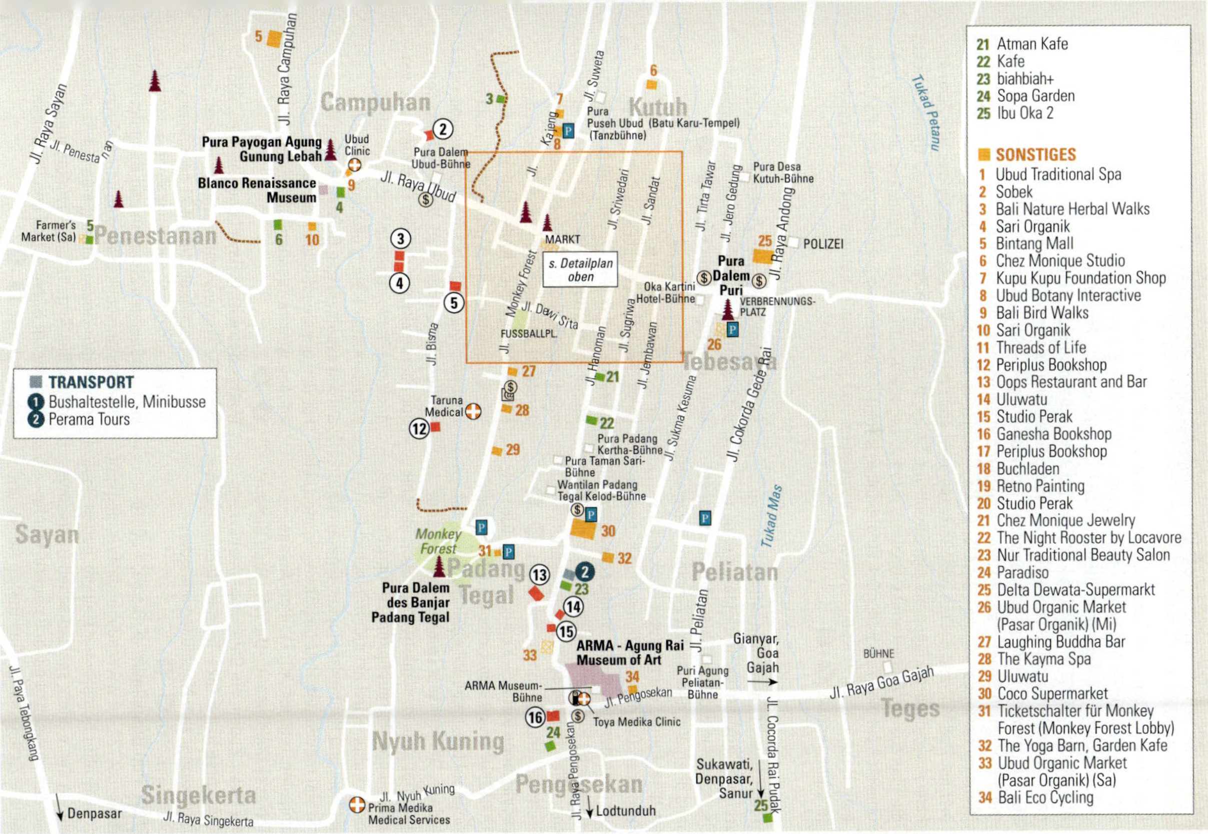
TRANSPORT
1 Bushaltestelle, Minibusse
2 Perama Tours
21 Atman Kafe
22 Kafe
23 biahbiah+
24 Sopa Garden
25 Ibu Oka 2
SONSTIGES
1 Ubud Traditional Spa
2 Sobek
3 Bali Nature Herbal Walks
4 Sari Organik
5 Bintang Mall
6 Chez Monique Studio
7 Kupu Kupu Foundation Shop
8 Ubud Botany Interactive
9 Bali Bird Walks
10 Sari Organik
11 Threads of Life
12 Periplus Bookshop
13 Oops Restaurant and Bar
14 Uluwatu
15 Studio Perak
16 Ganesha Bookshop
17 Periplus Bookshop
18 Buchladen
19 Retno Painting
20 Studio Perak
21 Chez Monique Jewelry
22 The Night Rooster by Locavore
23 Nur Traditional Beauty Salon
24 Paradiso
25 Delta Dewata-Supermarkt
26 Ubud Organic Market (Pasar Organik) (Mi)
27 Laughing Buddha Bar
28 The Kayma Spa
29 Uluwatu
30 Coco Supermarket
31 Ticketschalter für Monkey Forest (Monkey Forest Lobby)
32 The Yoga Barn, Garden Kafe
33 Ubud Organic Market (Pasar Organik) (Sa)
34 Bali Eco Cycling
Campuhan
Kutuh
Penestanan
Tebesaya
Peliatan
Padang Tegal
Sayan
Nyuh Kuning
Pengosekan
Singekerta
Teges
Tukad Petanu
Tukad Mas
Jl. Raya Sayan
Jl. Penestanan
Jl. Raya Campuhan
Jl. Raya Ubud
Jl. Suweta
Jl. Kajeng
Jl. Sriwedari
Jl. Sandat
Jl. Tirta Tawar
Jl. Jero Gedung
Jl. Raya Andong
Jl. Monkey Forest
Jl. Dewi Sita
Jl. Hanoman
Jl. Sugriwa
Jl. Jembawan
Jl. Sukma Kesuma
Jl. Cokorda Gede Rai
Jl. Bisma
Jl. Peliatan
Jl. Pengosekan
Jl. Raya Pengosekan
Jl. Raya Goa Gajah
Jl. Cocorda Rai Pudak
Jl. Paya Tebongkang
Jl. Raya Singekerta
Jl. Nyuh Kuning
Pura Payogan Agung Gunung Lebah
Blanco Renaissance Museum
Ubud Clinic
Pura Dalem Ubud-Bühne
Pura Puseh Ubud (Batu Karu-Tempel) (Tanzbühne)
Pura Desa Kutuh-Bühne
POLIZEI
Pura Dalem Puri
Oka Kartini Hotel-Bühne
VERBRENNUNGS-PLATZ
MARKT
s. Detailplan oben
FUSSBALLPL.
Farmer's Market (Sa)
Taruna Medical
Pura Padang Kertha-Bühne
Pura Taman Sari-Bühne
Wantilan Padang Tegal Kelod-Bühne
Monkey Forest
Pura Dalem des Banjar Padang Tegal
ARMA - Agung Rai Museum of Art
ARMA Museum-Bühne
Toya Medika Clinic
Puri Agung Peliatan-Bühne
Gianyar, Goa Gajah
BÜHNE
Sukawati, Denpasar, Sanur
Lodtunduh
Denpasar
Prima Medika Medical Services

Reisfeldromantik

Die benachbarten, von einheimischen Familien geführten Unterkünfte in der oberen Jl. Bisma bieten neben sauberen, liebevoll eingerichteten, komfortablen Zimmern schöne Ausblicke auf die umliegenden Reisfelder. Anstatt Straßenlärm gibt es nachts Grillen-, Frosch- und *Tokee*-Konzerte (S. 100).

Bali Moon, ✆ 0361-978293, 0813-3739 8412, 🖳 www.balimoonguesthouse.com. Das kleine familiengeführte Gästehaus bietet optimale Voraussetzungen für einen entspannten Aufenthalt. Die 8 Zimmer überzeugen mit schweren balinesischen Holzmöbeln, großen Himmelbetten und offenem Bad/WC. Die freundlichen Besitzer führen ihre Gäste gerne in die balinesische Kultur ein. Frühstück inkl. ❹

Hibiscus Cottages, ✆ 0361-970475, 🖳 www.hibiscus-cottages.com. 10 empfehlenswerte Zimmer mit Bad/WC und Balkon oder Terrasse, teils auch mit AC. Von der Veranda des VIP-Zimmers kann man an klaren Tagen bis zum Strand von Sanur blicken. Auch Familienzimmer. Gerne bezieht die überaus herzliche Familie Gäste in ihren Alltag mit ein. Die *Santan*-Pancakes und Gemüse-Omeletts, die man zum Frühstück auf der tollen Dachterrasse serviert bekommt, sind mit die besten ganz Balis. Kaffee, Tee und reichhaltiges Frühstück inkl. Die Familie betreibt auch das Eden House (s. unten rechts). ❹–❺

BALI

großer, heller Fensterfront, AC und Balkon grenzen direkt an die Reisfelder oder den Dschungel in Richtung Fluss. Aus dem Haupthaus oben und den oberen Zimmern bietet sich ein toller (noch) unverbauter Blick auf die Reisfelder. Die meisten Zimmer mit hübsch in Kieselsteinen gebetteter Steinbadewanne. Die freundliche Besitzerin Meta umsorgt ihre Gäste nach allen Regeln der Kunst. Leckeres Frühstück und Nachmittagstee inkl. ❻–❼

Ladybamboo Villa, Jl. Kajeng 13C, ✆ 0361-970048, 🖳 www.ladybamboo.eu. Individuell eingerichtete, liebevoll geführte kleine, ruhige Anlage. Der Hanseat Lambert hat nicht nur gute Tipps parat, sondern sorgt auch für eine persönliche Betreuung und Einführung in die lokale Kultur. Rund um den tropischen Garten mit Pool und Restaurant locken 8 geräumige, mit viel recyceltem Holz gestaltete, komfortable Einheiten, teils mit AC, TV, iPod-Anlage, Terrasse und Open Air-Du/WC. Auch Suiten am Fluss. Zudem ein Café, empfehlenswerte Kochkurse und E-Bike-Touren. Nachmittagstee, Trinkwasser zum Nachfüllen und gutes Frühstück inkl. ❻–❼

€ **Puji Bungalows**, Jl. Bisma, ✆ 0818-564722, 🖳 www.pujibungalows.blogspot.com. Großer Komplex mit kleinem, netten Pool. Neben den 6 alten, spartanischen Bungalows werden im Neubau davor 9 neuere, komfortablere Zimmer mit großen Betten AC, TV und Kühlschrank vermietet. Zudem ein Schlafsaal mit 6 Betten à 100 000–120 000 Rp. Entspannte Atmosphäre. Frühstück inkl. ❷–❹

Im Westen von Ubud

Eden House (Hibiscus Cottages 2), Jl. Subak Sok Wayah, 200 m nördlich der Jl. Raya Ubud, ✆ 0853-3913 8251, 🖳 www.edenhousebali.com. In einem schmalen Tal versteckt sich dieses Kleinod, das von der hilfsbereiten, agilen Kadek und ihrem Mann Wayan geleitet wird. 6 großzügige, modern mit hochwertigen Möbeln eingerichtete und sehr saubere Zimmer mit Bad. Von den Balkonen der oberen Zimmer und der Dachterrasse, wo auch das hervorragende Frühstück serviert wird, bietet sich ein großartiger Ausblick auf Kokospalmen und Reisfelder. Kochkurse. Für den unbeleuchteten Fußweg am Bach entlang ist eine Taschenlampe erforderlich. ❹–❺

Mathis Retreat, Jl. Raya Lungsiakan, ✆ 0361-898 9700, 🖳 www.mathiscollection.com. Sehr schönes Boutiquehotel mit 21 geschmackvoll modern und gleichzeitig einladend gestalteten, sehr geräumigen Zimmern und Bungalows mit allen Annehmlichkeiten. Aus dem Überlaufpool und einigen Zimmern blickt man auf Reisfelder, so weit das Auge reicht. Zuvorkommender, persönlicher Service, Spa und Restaurant. Frühstück inkl. ❼–❽

Im Südosten von Ubud

Guci Gh., Jl. Raya Pengosekan, 0361-975975, www.guci-bali.com. Der talentierte Maler Nyoman und seine deutsche Frau Ulli kümmern sich seit 1987 überaus herzlich und familiär um ihre Gäste. Im schönen Garten mit Kunstwerken stehen 5 Einheiten. Zum einen saubere, gepflegte Bungalows mit Veranda, Holzmöbeln und Himmelbetten mit Moskitonetzen sowie bepflanzten Open Air-Du/WC, aber ohne AC. Zum anderen sehr geräumige, 2-stöckige Doppelhaushälften, die neben einem schön gestalteten, offenen Schlaf- und Wohnraum und Bädern auch eine komplett ausgestattete Küche bieten. Sehr gutes Preis-Leistungs-Verhältnis. Freundliches Personal. Tgl. wechselndes Frühstück. ❹–❺

Tegal Sari, Jl. Raya Pengosekan, 0361-973318, www.tegalsari-ubud.com. Langgezogene, in die Reisfelder hineingebaute Anlage mit 40 stilvollen, individuell gemütlich eingerichteten, geräumigen Zimmern in großen Häuschen, meist mit AC und Veranda mit tollem Blick auf die Reisfelder. Zudem teurere Villen. Pool, Spa, Bibliothek und Bio-Restaurant. Sehr freundliches Personal. ❸–❻

ESSEN

Die Auswahl ist riesig: Neben Lokalen, die ihre Speisen auf den Geschmack der Touristen abgestimmt haben, gibt es erstklassige Restaurants, in denen fantastische Gerichte gezaubert werden. Keinesfalls entgehen lassen sollte man sich eine **Bali-Ente** *(Bebek Betutu)* zum Abendessen, auch wenn sie nicht ganz billig ist und einen Tag vorher bestellt werden muss. In traditioneller Art auf Reisstroh gegart, ist das zarte Fleisch ein Genuss.

Amerikanisch

Naughty Nuri's Warung, Jl. Raya Sanggingan, 0361-977547, www.naughty-nuris.com. Rustikal, rauchig und eng geht es seit 1995 im mittlerweile sehr touristischen, aber weiterhin erfolgreichen Warung zu, der seit dem Tod des Besitzers leider nicht mehr ganz so gut geführt wird. Das etwas träge Personal serviert gute, aber überteuerte Barbecue-Rippchen, leckere Hähnchenschenkel und Burger. Gehobene Preisklasse. 10–22 Uhr.

Bio-Restaurants

Alchemy, Jl. Penestanan Kelod, 0361-971981, www.fb.com/AlchemyBali. Das einladend moderne, helle, vegane Raw-Food-Lokal mit freundlichem Service ist zur Mittagszeit besonders beliebt. An der 4 m langen Salatbar voll veganer, knackig-frischer, ausgefallener, teils auf der eigenen Farm in Jatiluwih geernteter Zutaten und hausgemachter Saucen können köstliche Salate zu humanen Preisen zusammengestellt werden. Ähnliches gilt für das reichhaltige Frühstücksbuffet. Zudem leckere Sandwiches, Kaffee, Kuchen, Suppen, Smoothies und Säfte sowie vollwertige Hauptgerichte. Verkauf von Bio-Produkten und holistische Klinik. Lieferservice. WLAN. 7–21, Salatbar ab 11 Uhr.

Kafe, Jl. Hanoman 44B, 0811-179 3455, www.kafe-bali.com. Stets gut besuchtes, kommunikatives Café-Restaurant mit Recyclingmöbeln. Große Kaffee- und Teeauswahl, Bio-Reis und -Gemüse, sehr leckere Desserts, gesunde Säfte sowie Essen aus aller Welt. Leckerer Sonntagsbrunch im Ableger im Yoga Barn (S. 353). Untere bis mittlere Preisklasse. Auffüllen von Wasserflaschen gegen Kleingeld. Auch Massagen und Workshops, WLAN. 7–23 Uhr.

Moksa, in Sayan, westlich von Penestanan, 0813-3977 4787, www.moksaubud.com. Sehr gutes Bio-Restaurant mit angeschlossenem Permakultur-Garten, aus dem viele der knackig frischen Zutaten stammen. Chefkoch Made Runatha zaubert fantastisch geschmackvolle vegetarische Kombinationen, ist sehr engagiert, innovativ und gibt tolle Kochkurse. Für die gebotene Qualität überraschend günstig. Aufmerksamer Service. Reservierung empfehlenswert. Auffüllen von Wasserflaschen gegen Kleingeld. 10–21 Uhr.

Warung Bodag Maliah, ca. 1 km nördlich des Zentrums, 0361-7801839. Angeschlossen an den Bio-Bauernhof Sari Organik werden inmitten der fotogenen Reisfelder in einem Pavillon aus Holz und Bambus geschmackvolle

BALI

asiatische, internationale und vegetarische Gerichte in überschaubaren Portionen zu mittleren Preisen serviert. Die Salate und Saftkreationen erfreuen sich besonderer Beliebtheit. Bio-Gemüse und -Obst von eigenen Farmen. Abends viele Mücken. Weitere **Sari Organik-Filiale** mit Restaurant und Bio-Shop in Penestanan. ⌚ 8–20 Uhr.

Cafés und Desserts

Gelato Secrets, 1 Filiale in der Jl. Monkey Forest und 2 in der Jl. Raya Ubud, ✆ 0361-898 9630, 💻 www.gelatosecrets.com. Das leckerste Eis in Ubud: Der Laden mit weiteren Filialen in Canggu, Sanur, Seminyak und Tanah Lot stellt seine 24 teils ausgefallenen Eissorten selbst her. Es werden nur frische Zutaten verwendet, was man schmeckt. Auch wenn eine Kugel 30 000 Rp kostet, ist sie das Geld allemal wert. 2 Kugeln 45 000 Rp, viele Toppings. ⌚ 8–20 Uhr.

Seniman Coffee Studio, Jl. Sriwedari 5, ✆ 0812-3607 6640, 💻 www.seniman coffee.com. Ein Top-Ziel für wahre Kaffeegenießer ist der kleine, kommunikative, sehr beliebte 2-stöckige Coffeeshop, der unten klimatisiert ist und oben mit kleinem Balkon lockt. Stylisches, modernes Design trifft hier auf wunderbar im Barista-Stil gebrauten Kaffee aus der gegenüberliegenden Hausrösterei. Zudem Frühstück, sehr gute Kuchen und leckere Brownies. Ab 17 Uhr öffnet die Bar. 2-stündige Barista-Workshops für 450 000 Rp. Schnelles WLAN, das viele digitale Nomaden anzieht. ⌚ 8–22 Uhr.

Europäisch

Dolce Arancia, Jl. Goutama 17, ✆ 0361-849 3552, 0821-4689 5657, 💻 www.dolcearancia.com. Unter der Leitung des temperamentvollen Chefs Stefano werden in der einsehbaren Küche authentische italienische Speisen zubereitet, darunter auch ungewöhnliche Variationen. Besonders gut sind die Pastagerichte. Sehr freundlicher Service. ⌚ 11–23 Uhr.

Gut und günstig: die Food Street

Melting Wok, Jl. Goutama 13, ✆ 0821-5366 6087, 0813-3973 0363. Das kleine, sehr beliebte Restaurant der freundlichen Französin Géraldine und ihres franko-laotischen Gatten Philippe bietet etwas Besonderes abseits feststehender Menüs. Philippe kocht 2 exzellente kreative Tagesgerichte, die sich an den Küchen aus Réunion und Laos orientieren, sowie leckere Currys, während Géraldine für den höchst persönlichen Service sorgt. Flotte Bedienung, frische Zutaten und gute Portionen zu günstigen Preisen. Abends unbedingt frühzeitig reservieren. WLAN. ⌚ Di–So 10–22 Uhr.

Toro Sushi, Jl. Goutama 3, ✆ 0361-971832, 💻 www.fb.com/ToroSushiCafe. Moderner, beliebter Japaner mit einsehbarer Küche und einer großen Auswahl an leckeren, hochqualitativen Sushi-Rollen und weiteren Gerichten aus dem Reich der aufgehenden Sonne. Happy Hour für Cocktails von 16–19 Uhr. Mittlere bis obere Preisklasse. ⌚ 11–22.30 Uhr.

Warung biahbiah, Jl. Goutama 13, ✆ 0361-978249, 💻 www.fb.com/warungbiahbiah. Das einladende, von einem Japaner betriebene Restaurant ist der ideale Ort, um sich zu entspannter Musik durch die balinesische Küche zu schlemmen. In Schälchen aus Bananenblättern werden kleine, feine Portionen serviert, die nach Wunsch kombiniert werden können. Günstig, lecker und beliebt. Auch vegetarische Varianten. WLAN. Ähnlich beliebter Ableger **biahbiah+** in der Jl. Raya Pengosekan, ✆ 0361-8015124. ⌚ 11–23 Uhr.

Warung Siam, Jl. Goutama 7, ✆ 0361-849 3537, 💻 www.fb.com/warungsiam. Das kleine, luftige Restaurant erinnert mit seinem hübschen Dekor und der passenden musikalischen Untermalung tatsächlich an Thailand – kein Wunder, denn Besitzer Jue stammt aus dem Land des Lächelns. Die freundlichen Bedienungen servieren einen leckeren Querschnitt der Thai-Küche zu sehr angemessenen Preisen in ordentlichen Portionen – und es schmeckt authentisch. Leckeres grünes Curry. ⌚ 11–23 Uhr.

Indonesisch

Dewa Warung, Jl. Goutama 13, ✆ 0812-3737 1549. Schlichter, gemütlich mit Bambusmatten verkleideter Warung, in dem sehr günstige und leckere einheimische Gerichte in ordentlichen Portionen aufgetischt werden. Gute vegetarische Auswahl und leckere Smoothies (Tipp: Avocado). ⌚ 10–22 Uhr.

Ibu Oka 1, Ibu Oka 2 und **Ibu Oka 3**, Jl. Suweta, Jl. Cocorda Rai Pudak und Jl. Tegal Sari 2, ✆ 0361-207 7490, 0812-3830 9927 und 0361-976345. Hier gibt es das typisch balinesische Spanferkel *(Babi Guling)* – ein Muss für Freunde der deftigen Küche. Die Schweinerei aus Schwarte, Blutwurst, magerem und knusprig gebratenem Fleisch ist bei chinesischen Reisegruppen sehr beliebt, entsprechend herrscht zur Mittagszeit Massenabfertigung. Man teilt sich die Tische und wird von rüstigen, schlagfertigen Damen bedient. Ibu Oka 1 fällt von der Qualität etwas ab, Ibu Oka 3 ist deutlich größer und hat sogar einen eigenen Parkplatz. Wer nicht leer ausgehen möchte, sollte vor 15 Uhr kommen. ⌚ 11–19 Uhr.

Sweet Orange Warung, Jl. Subak Juwak Manis, ✆ 0813-3877 8689, 💻 www.sweetorange warung.com. Putu und Nyoman kochen in pittoresker Lage inmitten der Reisfelder richtig lecker und dazu noch günstig. Viele Zutaten der schön angerichteten Speisen wachsen vor den Augen ihrer Gäste. Toll zum Sonnenuntergang oder auf einer Verschnaufpause beim Spaziergang durch die Reisfelder (S. 355). ⌚ 9–21 Uhr.

€ **Warung Sopa**, Jl. Sugriwa 36, ✆ 0851-0076 5897, 💻 www.fb.com/warungsopa. Im netten, günstigen Restaurant gibt es milde vegetarische indonesische Küche mit südjapanischem Einschlag. Man bekommt z. B. Nasi Campur mit Linsencurry, Tofu-Falafel, Algen-*Lumpia* oder Samosas aus *Okara*, dem fettarmen und proteinreichen Nebenprodukt der Soyamilchherstellung. Viele hausgemachte Zutaten. Zudem der größere **Sopa Garden** in der Jl. Nyuh Kuning. WLAN. ⌚ 8–21.30 Uhr.

International

Atman Kafe, Jl. Hanoman 38, ✆ 0361-862 0505, 💻 www.fb.com/AtmanKafe. Gemütliches und beliebtes, bambusverkleidetes Restaurant mit toller Aussicht, in dem man umgeben von Räucherstäbchenduft aus der breit gefächerten Speisekarte wählen kann. Von frischen Säften über Brownies und Kuchen bis hin zu Quesadillas, Tapas und Pizzen gibt es fast alles zu mittleren Preisen. Lieferservice. ⌚ 7–22.30 Uhr.

Fair Warung Bale, Jl. Sriwedari 6, ✆ 0361-975370, 💻 www.fb.com/fairwarungbale. In kommunikativer, lockerer Atmosphäre werden im 2-stöckigen, bei jungen Leuten beliebten Restaurant leckere, große Portionen zu günstigen bis mittleren Preisen serviert. Auf der breitgefächerten Speisekarte stehen französisches Gebäck, balinesische Speisen, Currys, vegetarische Gerichte, Salate und Sandwiches. Gäste unterstützen mit ihrem Besuch eine Klinik für die arme Landbevölkerung. Der Schweizer Besitzer Alex engagiert sich zudem intensiv in der Fair Future Foundation, 💻 www.fair futurefoundation.org, und erklärt gerne die Initiativen. Das junge Personal rekrutiert sich aus sozial benachteiligten Jugendlichen, die hier lernen, wie man in der Gastronomie arbeitet. Sehr freundliches, wissbegieriges Personal. WLAN. ⌚ Mo–Sa 9.30–23 Uhr.

Ibu Rai, Jl. Monkey Forest 72, ✆ 0361-973472, 💻 auf Facebook. Im alteingesessenen, luftigen, stets gut besuchten Restaurant werden neben leckeren Hauptspeisen, die im Stil der Fusionsküche sowohl westlich als auch balinesisch beeinflusst sind, thailändische Gerichte, Steaks und frische Beerensäfte angeboten. Die Großgarnele auf Pasta mit Koriander und Basilikum-Pesto ist zu empfehlen. Professioneller Service. Wechselnde Wochenkarte und Auswahl an Cocktails. Angemessene Preise. WLAN. ⌚ 8–23 Uhr.

Murni's Warung, an der Brücke nach Campuhan, ✆ 0361-975233, 💻 www.murnis.com. Eines der ersten Restaurants in Ubud öffnete bereits 1974 seine Pforten und ist mittlerweile eine Institution auf 5 Stockwerken mit fantastischer Aussicht. Gute Kuchen, Frühstück und *Bebek Betutu*. Mittlere Preisklasse. WLAN. ⌚ 9–23 Uhr.

UNTERHALTUNG

Bars

Laughing Buddha Bar, Jl. Monkey Forest, ✆ 0361-970928, 💻 http://laughingbuddhabali.com/. Neben leckeren Tapas, ein paar vollwertigen Gerichten und potenten Cocktails gibt es in der einladenden Bar tgl. ab 20 Uhr gute Livemusik (Programm auf der Homepage). Happy Hour 16–19 und 23–1 Uhr. WLAN. 🕒 9–1 Uhr.

Oops Restaurant and Bar, Jl. Raya Ubud, ✆ 0361-975013, 💻 www.fb.com/OopsRestaurantandBar. Direkt gegenüber vom Markt wird im bei jungen Touristen beliebten Bar-Restaurant mit langem Tresen an der Straße Di, Fr und Sa ab 19.30 Uhr sehr gute Livemusik gespielt. Das Essen lohnt weniger. 🕒 10–23 Uhr.

The Night Rooster by Locavore, Jl. Goutama Selatan, ✆ 0819-9917 1886, 💻 www.locavore.co.id/nightrooster. Im oberen Stockwerk gelegene, für Ubud überraschend gediegene Bar mit Holzinterieur und hochwertigen, kreativen, mit lokalem Einschlag verfeinerten, allerdings auch recht teuren Cocktails. 🕒 Mo–Sa 16–24 Uhr.

Kino

Paradiso, Jl. Goutama Selatan, ✆ 0857-3761 4050, 💻 www.paradisoubud.com. Vom benachbarten Earth Cafe & Market (s. Essen) betriebenes, kleines, klimatisiertes „Kino" mit Sofas, großer Leinwand und tgl. 2 Vorführungen für 50 000 Rp, die in Form eines Verzehrgutscheins vergolten werden. Das Programm ist online abrufbar, oft werden alternative Filme und Dokumentationen gezeigt. Oft auch Konzerte, Workshops oder Performances.

EINKAUFEN

Bücher

Ganesha Bookshop, Jl. Raya Ubud, ✆ 0361-970320, 💻 www.ganeshabooksbali.com. Der gut sortierte Buchladen war der erste in Ubud und führt neben neuen und antiquarischen Taschenbüchern aus allen Genres eine sehr gute Auswahl an Büchern über Bali und Indonesien. Wer möchte, kann mit dem Books for Bali-Projekt Kinder- und Jugendbücher an eine von 40 Schulen spenden. 🕒 9–18 Uhr.

Malerei

Die Qualität der Gemälde hat deutlich unter der Massenproduktion gelitten. Wer Zeit hat, kann Bilder günstiger direkt bei Malern in den umliegenden Dörfern (z. B. Peliatan, Pengosekan, Keliki) kaufen. Abzuraten ist von Bustouren, die auf der Rundfahrt einen Halt in einer großen Kunstgalerie einlegen. Die Provision für die Touranbieter wird von den Käufern getragen, die kaum Zeit zum Handeln bekommen.

Kupu Kupu Foundation Shop, Jl. Kajeng, ✆ 0812-362 8720, 💻 www.kupukupufoundation.org. Die gemeinnützige Organisation unterstützt Menschen mit Behinderung auf Bali. Touristen können mit dem Kauf eines qualitativ hochwertigen Souvenirs oder Gemäldes im netten Laden ihren Beitrag leisten. 🕒 10–18 Uhr.

Retno Painting, Jl. Dewi Sita, ✆ 0812-398 5716, ✉ retnopainting@yahoo.com. Der Vater des verschlafenen Verkäufers malt schon seit Jahrzehnten hübsche, leicht abstrakte Landschafts- und Marktszenen mit Ölfarben. Die unverkennbar balinesischen Bilder werden in der Galerie für wenig Geld (250 000–600 000 Rp) gerahmt verkauft. 🕒 9–18 Uhr.

Schmuck

Chez Monique Jewelry, Jl. Dewi Sita 1, ✆ 0813-3845 4677, 💻 www.chezmoniquejewelry.com. In der Boutique gibt es hübschen, individuell gestalteten Silberschmuck. Auch gute Silberschmied-Kurse (s. S. 352). 🕒 10–19 Uhr.

Studio Perak, Jl. Raya Ubud und Jl. Hanoman, ✆ 0812-365 1809, 💻 www.studioperak.com. Neben Kursen zur Schmuckherstellung in der nördlichen Jl. Hanoman (s. Aktivitäten) wird in beiden Geschäften schöner Silberschmuck verkauft. 🕒 10–20 Uhr.

Supermärkte

In der Jl. Monkey Forest, Jl. Hanoman, Jl. Raya Ubud und Jl. Bisma gibt es mehrere Minimärkte.

© RENATE LOOSE

Besonders in und um Ubud werden Gemälde in jeglichen Stilrichtungen feilgeboten.

Bintang Mall, Jl. Raya Campuhan. Großer Supermarkt mit Deli und Geldautomaten. ⌚ 8–22 Uhr.

Coco Supermarket, Jl. Raya Pengosekan, am Ende der Jl. Monkey Forest. Großer, gut sortierter Supermarkt mit Importprodukten, Brot, Käse, Aufschnitt, Kleidung und Haushaltswaren. ⌚ 9–23 Uhr.

Delta Dewata-Supermarkt, Jl. Raya Andong 14. Große Filiale des preiswerten Supermarkts im Osten von Ubud. ⌚ 8–22 Uhr.

Textilien und Accessoires

Batik-Decken, Tempelschals, Seidentücher und Sarongs unterschiedlicher Qualität werden vielerorts angeboten. Eine große Auswahl findet man auf dem zentralen Markt. In der südlichen Jl. Goutama verkaufen eine Reihe netter Boutiquen Schmuck, Dekorationsartikel und Textilien.

Threads of Life, Jl. Kajeng 24, ✆ 0361-972187, 💻 http://threadsoflife.com/. 1998 rief eine kleine Gruppe von Webern die Fair Trade-Initiative ins Leben, die heute mit über 1000 Kollegen in mehr als 80 Kooperativen auf 11 indonesischen Inseln kooperiert. Es werden traditionelle Techniken bewahrt, vorgeführt und gelehrt. Die hochwertigen, mit Naturfarben gefärbten Stoffe werden zu hohen Preisen verkauft. ⌚ 10–19 Uhr.

AKTIVITÄTEN

Alle hier genannten Preise gelten p. P.

Kochkurse

Jambangan Bali Cooking Class, Kelabang Moding, ✆ 0813-3834 4388, 💻 www.jambanganbalicookingclass.com, Karte S. 339. Die freundlichen Gastgeber führen nördlich von Ubud in ihrem Gehöft bis zu 20 Pers. in die Geheimnisse der einheimischen Küche und Kultur ein. Nach einem informativen Marktbesuch wird gemeinsam gekocht und anschließend gegessen. Man fühlt sich fast wie ein Teil der Familie. Abholung gegen 8.30 und 14.30 Uhr, 350 000 Rp. Transfers inkl.

Paon Bali Cooking Class, Laplapan, ✆ 0813-3793 9095, 💻 www.paon-bali.com, Karte S. 360. Gut strukturierte, familiär geführte 3-stündige Kochkurse, die außerhalb von Ubud in ländlicher Umgebung stattfinden.

BALI

Für 350 000 Rp werden in der offenen Küche 7–10 Gerichte gemeinsam zubereitet, alles gut und verständlich erklärt von Wayan und Puspa. Die morgendlichen Kurse umfassen einen Markt- und Reisfeldbesuch. Beginn um 8.30 und 16 Uhr, Transfers inkl.

Kurse in balinesischen Künsten

Chez Monique Studio, Jl. Sriwedari 57, ✆ 0361-973459, 0813-3845 4677, 🖳 www.chezmoniquejewelry.com. Die vielgelobten, 2–3-stündigen Silber-schmuckkurse kosten 450 000 Rp inkl. 10 g Silber für ein Schmuckstück. Freundliches, sachkundiges Personal und nette Atmosphäre. Zudem eine Schmuckboutique in der Jl. Dewi Sita.

Five Art Studio, Jl. Raya Keliki, ✆ 0878-6198 4083, 🖳 www.fiveartubud.com, Karte S. 339. Nördlich von Ubud kann man mitten in Keliki im Gehöft von Wayan 3-stündige, zeitlich flexible Kurse in der aussterbenden Kunst der balinesischen Miniaturmalerei, im Holz oder Früchte schnitzen, Batiken, Eier oder T-Shirts bemalen oder Opfergaben herstellen für 450 000 Rp besuchen. Auch Verkauf seiner Kunstwerke. Transfers inkl. ⌚ 9–17 Uhr.

Museum Puri Lukisan, Jl. Raya Ubud, ✆ 0361-975136, 🖳 www.museumpurilukisan.com/workshop. Viele interessante Kurse, z. B. 1 Std. Gamelan, Flötenspiel oder balinesischer Tanz für 145 000 Rp, Masken bemalen, Opfergaben herstellen und Korbflechten für 365 000 Rp für 3 Std., ganztägige Kurse in Malerei, Batik und Holzschnitzerei für 520 000 Rp, eine eigene *Wayang Kulit*-Figur herstellen für 575 000 Rp.

Studio Perak, Jl. Hanoman, ✆ 0812-365 1809, 🖳 www.studioperak.com. Unter der Leitung von Ketut Darmawan wird auf traditionelle Art Schmuck hergestellt. Kurse Mo–Sa von 9–12 Uhr, in der Hochsaison auch von 14–17 Uhr. In der Gebühr von 400 000 Rp sind 5 g Silber inkl.

Widya's Batik, Jl. Sriwedari 61, Tegal Lantang, ✆ 0361-900 0633, 0817-976 4154, 🖳 www.widyabatik.baliklik.com, Karte S. 360. Die vom Javaner Widya geleiteten, gut 5-stündigen Batik-Kurse für 450 000 Rp starten mit der Abholung um 9.30 Uhr. Man kann selbst entscheiden, ob man eine vorgezeichnete Skizze verwenden oder auf dem 1 m x 50 cm großen Stoff alles selbst gestalten möchte. Die Arbeit mit heißem Wachs wird ausreichend

Bewusste und gesunde Lebensweisen

Ubud hat sich nicht nur zum Zentrum der Künste, sondern auch zum Zentrum ökologischer, naturverträglicher und esoterischer Lebensweisen entwickelt. Nirgendwo sonst auf Bali kann man seinen Urlaub so naturnah, gesund, aktiv und zugleich entspannt gestalten.

Es gibt viele Wege, die Schätze der Natur zu bestaunen und sich von ihnen verwöhnen zu lassen. Bei **Spaziergängen** (Kasten S. 355) lässt sich vieles entdecken, **geführte Wanderungen** und **Fahrradtouren** ermöglichen außergewöhnliche Einblicke und Botanik- oder Kochkurse erweiteren den eigenen Horizont (s. Touren S. 353).

Nach einem ereignisreichen Tag können sich Besucher auf perfekte Wellness-Erlebnisse freuen. In einem **Spa** wird man in Blüten gebadet oder die Haut mit feinstem Obst verwöhnt – ein betörendes Erlebnis für Körper und Geist! Freunde des **Yoga** kommen auf ihre Kosten und finden in traumhafter Umgebung zu sich selbst.

Neben der körperlichen Entspannung warten in Ubud Gaumenfreuden im Überfluss. Immer mehr **Restaurants** legen Wert auf Bio-Gemüse aus der Umgebung und verzichten komplett auf chemische Zusatzstoffe.

Mi findet gegenüber vom SenS Hotel in der Jl. Sukma Kesuma und Sa neben der Pizza Bagus in der Jl. Raya Pengosekan jeweils von 9–14 Uhr der **Ubud Organic Market (Pasar Organik)**, 🖳 www.ubudorganicmarket.com, mit frischem Gemüse, Kräutern und Obst sowie Gesundheitsdrinks, Marmeladen, Kakao, Honig, Bio-Seifen und Literatur zu alternativen Lebensstilen statt. Weitere Bio-Märkte öffnen Sa von 10–14 Uhr im Moksa in Sayan sowie Di morgens neben dem Alchemy in Penestanan.

geübt, und es sind stets helfende Hände zur Stelle.

WS Art Studio, Jl. Raya Silungan (von Ubud kommend links), Lodtunduh, ✆ 0821-4689 5330, 💻 www.craftworkshopbali.com, Karte S. 360. Die 2–3-stündigen, in kleinen Gruppen gehaltenen Kurse von Ayu sind gut für Kinder geeignet. Auf dem Programm stehen Schmieden von Silberschmuck, Schnitzen von Holzmasken oder -figuren, Batiken, Anfertigen von Opfergaben, Obst- und Bambusschnitzereien, Drachen und Puppen, traditionelle balinesische Malerei oder Tanz. In der Gebühr von 350 000–400 000 Rp sind 5 g Silber bzw. alle Materialen enthalten, die verarbeitet werden. Voranmeldung erforderlich. Transfers inkl.

Wellness

Die Insel Bali besitzt die höchste Spa-Dichte weltweit, und Ubud ist das Zentrum der balinesischen Spas. Alle bieten neben Massagen Packungen, Maniküre, Pediküre, Gesichts-, Haar- und Handbehandlungen. Eine vorherige Reservierung ist empfehlenswert.

Nur Traditional Beauty Salon, Jl. Hanoman 28, ✆ 0361-975352, 💻 www.nursalonubud.com. In der netten, in einen Garten mit Wasserspielen eingebetteten Spa-Institution kann man sich seit 1978 bei einer Massage erholen, der ein Körperpeeling mit indonesischen Kräutern *(Lulur)* und ein duftendes Blüten- oder Milchbad folgt (Paket ab 275 000 Rp, nur Massagen ab 175 000 Rp). Eigenes Guesthouse am Fußweg zum Warung Bodag Maliah (S. 347). 🕒 9–21 Uhr.

The Kayma Spa, Jl. Monkey Forest 15, ✆ 0361-479 2239, 💻 www.kaymaspa.com. Von der Hauptstraße zurückversetzt in einem schönen Garten gelegenes, elegantes Spa mit Blick auf ein Reisfeld. Alle Pflegeprodukte werden aus natürlichen Zutaten hergestellt. Balinesische Massage für 200 000 Rp pro Std., Shiatsu für 250 000 Rp pro 1 1/2 Std. und Körperpeelings für 260 000 Rp pro 2 Std. 🕒 9–21 Uhr.

Ubud Traditional Spa, Jl. RSI Markandya I, 4,5 km nordwestlich vom Zentrum in Payogan, ✆ 0361-898 9540, 💻 www.ubudtraditionalspa.com. Für die etwas weitere Anfahrt werden Erholungssuchende schnell entschädigt. In ruhiger Umgebung und modernem Ambiente werden sehr gute, professionelle Massagen (etwa 200 000 Rp pro Std.) gegeben. Transfers inkl. Vorbuchung empfehlenswert. 🕒 9–20 Uhr.

Yoga

The Yoga Barn, Jl. Raya Pengosekan, ✆ 0361-971236, 💻 www.theyogabarn.com. In der idyllischen Anlage aus traditionellen Häusern starten tgl. von 7–20 Uhr Kurse in vielen Yoga- und Meditationsstilen. 1 Kurs kostet 130 000 Rp, 3 Kurse 330 000 Rp und 1 Monat 2,6 Mio. Rp. Oft kommen Gastlehrer aus dem Ausland, viele Ausbildungsangebote und Workshops. Auf dem Gelände auch das nette, kommunikative **Garden Kafe** (🕒 7.30–19 Uhr) mit vegetarischen und veganen Gerichten, ayurvedischen Menüs und einer riesigen Auswahl an frisch gepressten Säften. Jeden 2. Mo wird im Anschluss an ein leckeres Buffet ab 18 Uhr ein Film vorgeführt. Zudem 4 überteuerte Zimmer und 4 Schlafsaalbetten nur für Frauen à 350 000 Rp, ❼. In der zum Yoga Barn führenden Gasse liegen einige weitere auf diese Klientel ausgerichtete Unterkünfte. 🕒 7–20 Uhr.

TOUREN

Reisebüros und Englisch sprechende Taxifahrer bieten individuelle Touren in die Umgebung, Tagestouren zum Besakih, nach Nord- oder Ost-Bali und Besteigungen des Gunung Batur und Gunung Agung an. Sie wissen auch, wo zur jeweiligen Zeit Feste gefeiert werden.
Alle hier genannten Preise gelten p. P.

Bergbesteigung

Die frühmorgendliche Besteigung des Vulkans **Gunung Batur** kann ab 700 000 Rp von Ubud aus unternommen werden. Neben dem Guide beinhaltet eine Tour auch alle Transfers, die notwendigen Taschenlampen für die Besteigung, das Frühstück auf dem Gipfel und der Besuch einer Kaffeeplantage. Kleingruppen starten um 2 Uhr in Ubud. Gegen 3 Uhr beginnt der Aufstieg und gegen 6 Uhr ist der Gipfel erreicht, sodass sich zum Sonnenaufgang ein traumhafter Ausblick bietet. Wichtig: Warme Kleidung anziehen, denn nachts ist es auf dem

Berg eiskalt! Beim Abstieg kann man bei zunehmenden Temperaturen die tolle Landschaft und heiße Quellen genießen.

Fahrradtouren

Bali Bike Baik, Laplapan, ✆ 0361-978052, 0813-3867 3852, 💻 www.balibike.com, Karte S. 360. Die einfachen Downhill-Touren von 8–16 Uhr führen mit dem Mountainbike durch Dörfer und Reisterrassen, vom Gunung Batur an Kaffeeplantagen und Tempeln vorbei zurück nach Ubud. 450 000 Rp inkl. Abholung, Frühstück, Mittagessen, Unfallversicherung und Erfrischungen. Abholung aus Süd-Bali kostet 50 000 Rp extra. Auch Trekking, Rafting und überteuerte Kochkurse im Angebot.

Bali Eco Cycling, ✆ 0361-975557, 💻 www.baliecocycling.com, Karte S. 345. Die 25 km langen Downhill-Tagestouren starten mit einem Frühstück mit sagenhaftem Ausblick über die Caldera des Gunung Batur und führen durch die Dörfer und Felder des Batur-Massivs hinab nach Zentral-Bali. Es werden informative Zwischenstopps an einer Farm, einem traditionellen Gehöft, einem Reisfeld und unter einem Banyan-Baum eingelegt. Preis US$50 inkl. Abholung, Verpflegung, Unfallversicherung und Regenkleidung, Kinder unter 12 Jahren US$40. Für Kleinkinder sind Kindersitze verfügbar (US$30). Auch Fahrradtouren um Ubud (US$50) sowie Trekking (Reisfelder oder Dschungel für US$50, Gunung Batur-Besteigungen für US$60).

Spaziergänge

Bali Bird Walks, Penestanan Kelod, Campuhan, ✆ 0361-975009, 💻 www.balibirdwalk.com. Wohl niemand in Ubud weiß mehr über Vögel als Victor Manson. Auf den 3 1/2-stündigen Spaziergängen mit ihm oder der ebenso sachkundigen Sumadi erhält man viele Infos über einheimische Vogelarten und den Reisanbau. Mo, Di, Fr und Sa um 9 Uhr ab Murni's Warung in Campuhan für US$37 inkl. Mittagessen. 10 % der Einnahmen kommen dem Bali Bird Club zugute, der sich für den Vogelschutz einsetzt.

Bali Eco Cycling, s. o.

Bali Nature Herbal Walks, Jl. Suweta 15, ✆ 0812-381 6024, 💻 www.baliherbalwalk.com. Auf einem 3–4-stündigen Spaziergang, der vom Puri Lukisan Museum um 8.30 Uhr startet, wird man für 200 000 Rp von der freundlichen und sehr gut Englisch sprechenden Wayan Lihir oder ihrem Mann Westi in die Geheimnisse traditioneller balinesischer Heilpflanzen und des Reisanbaus eingeweiht. Zudem um 10 Uhr 2-stündige Kurse zur Herstellung traditioneller Jamu-Produkte für 300 000 Rp.

Ubud Botany Interactive, Jl. Kajeng 32, ✆ 0856-371 9259, 💻 www.ubudbotany.com. Die studierte Botanikerin Dewi teilt gerne ihr großes Wissen über lokale Pflanzen und deren Nutzen. Bei den tgl. um 9 und 15.30 Uhr vom Büro startenden, 1 1/2 oder 2-stündigen Botany Walks für 250 000 bzw. 350 000 Rp geht Dewi auch auf das Leben als Reisbauer und wichtige balinesische Traditionen ein. Zudem gibt es Kurse für die Herstellung traditioneller balinesischer Körperpflegeprodukte für 300 000 Rp, die tgl. um 11 und 14 Uhr beginnen. Weitere Kurse auf Anfrage.

SONSTIGES

Autovermietungen

Autos ohne Fahrer kosten pro Tag je nach Modell ab 200 000 Rp.

Autos mit Fahrer, der gleichzeitig als Guide fungiert, gibt es ab 350 000 Rp pro 5 Std., 450 000 Rp pro 8 Std. oder 500 000 Rp pro 10 Std. inkl. Benzin. Eine gute Anlaufstelle ist 💻 http://ubuddriverhire.com/.

Bei längerer Mietdauer ist Handeln möglich. Näheres zu Mietwagen S. 85.

Fahrrad- und Motorradvermietungen

Fahrräder und kleine Motorräder/Roller sind überall im Zentrum und in den Unterkünften ab 25 000 Rp bzw. 50 000 Rp pro Tag zu mieten. Bei längerer Mietdauer gibt es ordentliche Rabatte. Sie sind ungeübten Fahrern wegen der stark befahrenen, teils schmalen Straßen und Wege nicht zu empfehlen.

Informationen

Ubud Tourist Information (Fabulous Ubud), Jl. Raya Ubud, ✆ 0361-973285, 💻 www.fabulousubud.com. Die offizielle Touristen-

Spaziergänge rund um Ubud

Auf schönen Spaziergängen in die Umgebung ist noch etwas von Balis ursprünglichem Charme zu spüren. Viele Straßen in Nord-Süd-Richtung sind relativ schmal und haben keine Seitenstreifen, sodass Spaziergänge vor allem entlang der verkehrsreichen Hauptstraßen keinen Spaß machen. Von Osten nach Westen schlängeln sich nur wenige schmale Pfade, die höchstens von Motorrädern befahren werden können. Noch weniger Straßen durchqueren die tief eingeschnittenen Flusstäler, die von Brücken überspannt werden. Jeden Morgen entladen zahlreiche Reisebusse Tagesausflügler aus dem Süden am zentralen Markt oder dem großen Parkplatz vor dem Monkey Forest. Sie bummeln meist die Jl. Monkey Forest oder Jl. Hanoman entlang und über die Jl. Raya Ubud zum zentralen Palast Puri Saren Agung und Museum Puri Lukisan. Als entspanntere Alternative zu diesen verkehrsreichen Straßen bietet sich ein kurzer Spaziergang über die ruhigere, noch weniger bebaute **Jl. Bisma** an.

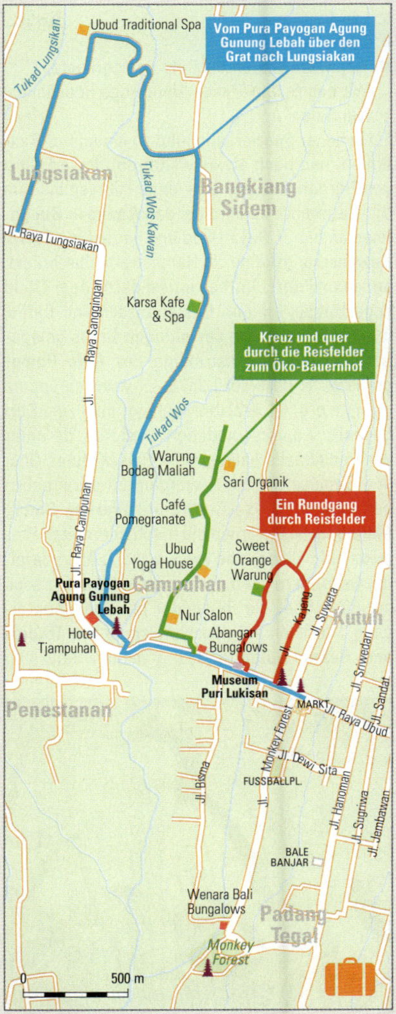

Ein Rundgang durch Reisfelder

- **Länge:** 2 km
- **Dauer:** 45 Min.
- **Tipps zum Einkehren:** Sweet Orange Warung

Im lauten, geschäftigen Zentrum von Ubud rings um den Markt erscheint es kaum vorstellbar, dass man in wenigen Minuten abseits der Straßen entlang schmaler Bewässerungskanäle durch ruhige Reisfelder spazieren kann. Dabei kann man beobachten, wie Bauern in den Feldern arbeiten und Enten auf Futtersuche über die Dämme der Reisterrassen watscheln. Der Zugang über eine schmale Gasse gleich östlich vom **Museum Puri Lukisan** (S. 352) ist leicht zu verfehlen und nicht für Motorräder geeignet. Sobald man hinter dem Museum die Treppe hinaufgestiegen ist, befindet man sich inmitten der Felder. Nach knapp 700 m erreicht man linkerhand den **Sweet Orange Warung**, der perfekte Ort für eine Verschnaufpause bei leckerem

Essen und frischen Säften. Gut 200 m weiter macht der befestigte Weg einen Bogen nach rechts und endet an einer Gabelung in der oberen **Jl. Kajeng**, einer recht ruhigen, netten Straße, auf der man zurück zur **Jl. Raya Ubud** gelangt.

Kreuz und quer durch die Reisfelder zum Öko-Bauernhof

- **Länge:** 3 km
- **Dauer:** 1–1 1/2 Std.
- **Tipps zum Einkehren:** Cafe Pomegranate, Warung Bodag Maliah, Ubud Yoga House und Nur Salon

Ein schöner Spaziergang führt zu einem Bio-Bauernhof, und noch etwas weiter durch die Felder gen Norden. Der gut 1 km lange Fußweg bis zum Bio-Bauernhof beginnt bei den **Abangan Bungalows** an der Jl. Raya Ubud und ist rechts, wo der Bewässerungskanal die Hauptstraße überbrückt, ausgeschildert. Vorbei an Feldern, dem Ubud Yoga House, einigen Gästehäusern und Cafés, wie der toll inmitten des saftigen Grüns gelegenen Bambuszeltkonstruktion des **Cafe Pomegranate**, ✆ 0878-6080 3632, 🖳 www.cafepomegranate.org, 🕘 9–21 Uhr, gelangt man zum **Sari Organik**, wo verschiedene Reissorten, darunter der traditionelle balinesische Reis, Kräuter, Obst und Gemüse angebaut werden. Im dazugehörigen, beliebten Öko-Restaurant **Warung Bodag Maliah** (S. 347) werden die frisch geernteten Produkte auf balinesische wie westliche Art zubereitet. Besonders schön sitzt man auf der Terrasse mit Blick über die Reisfelder bei Sonnenuntergang. Wer sich auf dem Hinweg im **Nur Traditional Beauty Salon** (S. 353) anmeldet, kann den Spaziergang bei einer angenehmen Spa-Behandlung ausklingen lassen.

© UYEN NGUYEN

Vom Pura Payogan Agung Gunung Lebah über den Grat nach Lungsiakan

- **Länge:** 6 km
- **Dauer:** 1 1/2–2 Std.
- **Tipps zum Einkehren:** Karsa Kafe & Spa und Ubud Traditional Spa

Auf der Hauptstraße Jl. Raya Ubud geht es vom Markt 850 m in westlicher Richtung bis kurz vor die Campuhan-Brücke, die eine tiefe Schlucht überspannt. Direkt hinter der Beschilderung zum Warwick Ibah zweigt rechts und nach 20 m wieder links der Weg zum Pura Payogan Agung Gunung Lebah ab, am Zusammenfluss *(Campuhan)* des westlichen und östlichen **Wos-Flusses** gelegen. Alternativ ist der Tempel auch über eine steile Treppe, die direkt vor der Brücke ins Tal hinabführt, zu erreichen. Die Türme des der Reisgöttin Dewi Sri geweihten Tempels erheben sich im tiefen, üppig-grünen Dschungeltal. Der mystische Tempel zählt zu den ältesten auf Bali: Seine Gründung geht auf den ostjavanischen Hindupriester Rsi Markandeya zurück, der im 8. Jh. hier lebte (S. 394).

Nun folgt man dem schmalen Fußweg, der rechts vom Haupteingang zwischen Tempelmauer und Fluss aus dem Tal hinausführt. Links liegt jenseits des Tals das **Hotel Tjampuhan**. Eines der Gebäude war in den 1930er-Jahren die Villa des Malers **Walter Spies** (S. 716).

Oben auf dem Grat, der von den beiden tief eingeschnittenen Flusstälern begrenzt wird, kann man in aller Ruhe auf einem befestigten Fußweg, dem Campuhan Ridge Walk, durch die Felder spazieren. Er mündet in eine schmale, kaum befahrene Stichstraße, die von kleinen Resorts und Kunstgalerien gesäumt ist. 2 km vom Tempel entfernt ist das romantische **Karsa Kafe & Spa**, ✆ 0813-5339 2013, 🖳 www.karsaspa.com, 🕘 9–19 Uhr, erreicht, das zu einer Pause einlädt. Hier zeigt sich die Reisterrassen-Landschaft in ihrer ganzen Schönheit. 850 m weiter nördlich biegt man hinter dem ruhigen Dorf **Bangkiang Sidem** links auf die Straße Richtung Payogan und Lungsiakan ab. Nach weiteren 2,3 km gelangt man wieder an die Hauptstraße, wo ein Fahrzeug für die 3,4 km lange Rückfahrt bis zum Markt in Ubud angehalten werden kann.

information ist ein guter Anlaufpunkt für Neuankömmlinge. Es gibt eine Karte von Ubud, eine Liste der kulturellen Aufführungen und den *Calender of Events*, zudem liegen Broschüren aus. Im Büro und über die Website werden Touren (s. Touren) und Tickets für Tanzveranstaltungen verkauft. ⌚ 8–21 Uhr.
Eine attraktiv gestaltete englischsprachige Webseite mit aktuellen Informationen und Hintergrundberichten ist 💻 http://ubudnowandthen.com/.

Medizinische Hilfe

Die besten Krankenhäuser liegen im Süden der Insel rund um Denpasar, S. 301.
Ubud Clinic, Jl. Raya Campuhan 36, ✆ 0361-974911, 💻 www.ubudclinic.co.id. Zum Angebot des Hauses gehören neben 24-Std.-Notdienst auch ein Krankenwagen sowie ein zahnärztlicher Dienst und ein Labor.

Post und Spedition

POS Indonesia, Jl. Jembawan 1, ✆ 0361-975 764. Hier gab es bereits mehrfach Beschwerden darüber, dass internationale Sendungen mit extrem überhöhten Preisen berechnet werden. ⌚ Mo–Fr 8–15, Sa 8–15, So 8–12 Uhr.

TRANSPORT

Für Kurzstrecken bieten sich überall im Stadtgebiet **Privattaxis** an, die allerdings überzogene Preise verlangen. Selbst für Strecken unter 1 km muss man mit mindestens 50 000 Rp rechnen. Es gibt keine Alternativen.

Angkot

Kleine öffentliche Busse (auch *Bemo* genannt), die preisgünstig in andere Orte verkehren, fahren immer seltener östlich vom Markt von 5–13 Uhr, sobald sie voll sind. Nachmittags wird es schwierig, einen Bus zu erwischen.
DENPASAR (Terminal Batubulan), 15 km, braune Minibusse für 20 000–30 000 Rp in 1 Std., Charter 100 000 Rp.
GIANYAR, 10 km, mit blauen, grünen oder orangenen Minibussen für 10 000 Rp, Charter 100 000 Rp, hier Umstieg für Ziele in Nord- oder Ost-Bali.

Shuttlebusse

Kura-Kura Busse, 💻 http://kura2bus.com/. Der klimatisierte Bus fährt auf der Ubud–Sanur-DFS Bus Bay Route zwischen 10.55 und 18.55 Uhr alle 2 Std. in 1 3/4 Std. ab dem Puri Lukisan Museum via Bali Zoo und Bali Bird Park zur DFS Bus Bay (Bali Galeria Mall), zurück von 9–17 Uhr in 1 1/2 Std. Die einfache Fahrt kostet 80 000 Rp, hin und zurück 120 000 Rp. Infos S. 299.

Reisebüros und **Perama**, 💻 www.peramatour.com, bieten schnellere Bustransporte an als die Bemos. Perama verlangt für die Abholung sowie den Transfer zum Hotel im Zielort jeweils 15 000 Rp.

Fahrplan Perama, Preise p. P.:
AMED und TULAMBEN um 7 Uhr für 175 000 Rp.
BEDUGUL um 11.30 Uhr für 75 000 Rp.
CANDI DASA und PADANG BAI um 7, 11.30 und 15 Uhr für 75 000 Rp.
FLUGHAFEN um 10.30, 13.30 und 18 Uhr für 60 000 Rp.
KINTAMANI um 11.30 Uhr für 100 000 Rp (mind. 2 Pers.).
KUTA um 8.30, 10.30, 12, 13.30, 15 und 18 Uhr für 60 000 Rp.
LOVINA um 11.30 Uhr für 125 000 Rp.
NUSA LEMBONGAN um 8.30 Uhr für 200 000 Rp.
NUSA PENIDA um 7, 8.30 und 14.30 Uhr für 265 000 Rp (mind. 2 Pers.).
SANUR um 8.30, 10.30, 12, 13.30, 15 und 18 Uhr für 50 000 Rp.
TIRTAGANGGA um 7 Uhr für 150 000 Rp.

Nach Lombok:
GILI TRAWANGAN, GILI MENO und GILI AIR mit Schnellbooten um 7 Uhr für 450 000 Rp.
MATARAM um 7 Uhr für 175 000 Rp.
SENGGIGI um 7 Uhr für 175 000 Rp mit der Fähre, mit Schnellbooten um 7 Uhr für 450 000 Rp.

Fahrplan Shuttlebusse, Preise p. P.:
AMED um 7 und 11 Uhr für 145 000–185 000 Rp.
BEDUGUL um 11 Uhr für 70 000–125 000 Rp.
CANDI DASA um 7, 8 und 11 Uhr für 60 000–70 000 Rp.

KINTAMANI um 11 Uhr für 110 000–125 000 Rp.
KUTA und FLUGHAFEN um 8.30, 10.30, 12.30 und 14.30 Uhr für 60 000 Rp.
LOVINA um 11 Uhr für 135 000–150 000 Rp.
MUNDUK um 11 Uhr für 150 000 Rp
NUSA LEMBONGAN mit der langsamen Fähre um 6.30 Uhr für 150 000 Rp, mit Schnellbooten um 8.30, 10.30 und 14.30 Uhr für 300 000 Rp.
PADANG BAI um 7, 8 und 11 Uhr für 60 000 Rp.
SANUR um 8.30, 10.30, 12.30 und 14.30 Uhr für 60 000 Rp.
TIRTAGANGGA um 7 und 11 Uhr für 135 000–155 000 Rp.
TULAMBEN um 7 und 11 Uhr für 150 000–185 000 Rp.

Nach Lombok:
GILI TRAWANGAN, GILI MENO und GILI AIR um 7 (Ankunft am gleichen Tag), 8 (ab hier mit Übernachtung in Sengiggi) und 11 Uhr für 260 000 Rp, mit Schnellbooten (nicht nach GILI MENO) um 7, 8.30 und 11 Uhr für 350 000–450 000 Rp.
KUTA (Lombok) um 7 Uhr für 300 000 Rp.
MATARAM um 7, 8 und 11 Uhr für 140 000–160 000 Rp.
SENGGIGI um 7, 8 und 11 Uhr für 160 000 Rp, mit Schnellbooten um 7, 8 und 11 Uhr für 370 000 Rp.

Privattransporte

Eine teurere, aber auch komfortablere Variante sind Transporte in Privatautos, die pro Pkw bezahlt werden.

Charterpreise pro Fahrzeug:
AMED, LOVINA und TULAMBEN für 600 000 Rp.
BEDUGUL für 450 000 Rp.
CANDI DASA für 350 000 Rp.
KINTAMANI für 400 000 Rp.
KUTA, LEGIAN, SEMINYAK und FLUGHAFEN für 300 000 Rp.
MUNDUK für 450 000 Rp.
PADANG BAI für 300 000 Rp
PEMUTERAN für 700 000 Rp.
SANUR für 250 000 Rp.
STRÄNDE AUF DER BUKIT-HALBINSEL 450 000 Rp.
TIRTAGANGGA für 400 000 Rp.

Die Umgebung von Ubud

Der Affenwald von Sangeh

Mitten in einem dichten, märchenhaften Wald liegt nördlich des Dorfes Sangeh und westlich der Hauptstraße nach Kintamani der **Sangeh Monkey Forest**, ✆ 0851-0042 2740, 🖳 www.bukit-sari-sangeh.com, gut 30 Min. Autofahrt von Ubud entfernt. Der moosbewachsene Tempel **Pura Bukit Sari** aus dem 17. Jh. wurde von König Tjokorde Sakti Blambangan von Mengwi errichtet und diente als Meditationsort in Vollmondnächten. Bereits Charlie Chaplin besuchte ihn auf seiner Bali-Reise im Jahre 1932 und zeigte sich von den zahllosen Makaken begeistert.

Am Eingang der magisch anmutenden, 14 ha großen Parkanlage wacht die riesige Statue des Gottes des Schlafes, Patung Kumbakarna, über das Gelände und leitet Besucher auf dem zentralen Weg Richtung Tempel. In den schlanken, bis zu 50 m hohen *Pala*-Bäumen *(Dipterocarpaceen)* und auf dem Tempel selbst, der leider nur von außen begutachtet werden kann, tummeln sich Makaken *(Javaneraffen, Macaca fascocilaris)*, die nur darauf warten, dass jemand ein Päckchen Erdnüsse kauft.

Jeder Besuchergruppe wird ein Guide zur Seite gestellt, der durch den Wald lotst und den richtigen Umgang mit den Affen zeigt. Ab und zu wird einer der rund 600 Makaken aggressiv oder versucht, die Besucher zu bestehlen. Sonnenbrillen oder andere lose Gegenstände sollten daher gut verstaut werden. Die Makaken werden dreimal täglich gefüttert.

Die Guides zeigen Besuchern einen Baum, der einem Weg rechter Hand des Tempels folgend nahe der Straße steht und in seinem Stamm Verformungen aufweist. Sie erinnern abstrakt an die Geschlechtsorgane von sowohl Mann als auch Frau. Der Weg zurück zum Parkplatz ist von viel zu vielen Souvenirständen gesäumt.

◷ 7–18 Uhr, Eintritt 30 000 Rp, Kinder 15 000 Rp, Parken Pkw 5000 Rp, Guides erwarten eine kleine Spende. An einem Mittwoch, 14 Tage vor *Galungan*, feiert man hier das *Odalan*.

Schwer einzuschätzen, welchen Unfug der Makake gerade ausheckt – Vorsicht ist angebracht.

Sukawati

In der Gegend von Sukawati, 12 km südlich von Ubud, wird viel Kunsthandwerk verkauft, vor allem bunt bemalte Holzschnitzereien, geflochtene Bambuskörbe, musikalische Windräder aus Bambus *(Pindakan)* und Tempelschirme sowie Zubehör für religiöse Zeremonien. Jeden Morgen findet im Ortszentrum ein großer **Obst- und Gemüsemarkt** statt.

Am großen Platz gegenüber liegt der **Pasar Seni Sukawati (Sukawati Art Market)**, ein Kunstmarkt in einem modernen, zweistöckigen Gebäude. Hier kaufen selbst Großhändler günstig Schnitzereien und anderes Kunstgewerbe. Weil der Markt oft überfüllt ist, wurde 1,2 km südlich der **Pasar Seni Guwang** mit ähnlichem Angebot, aber größerem Parkplatz eröffnet.

Celuk

2 km südwestlich von Sukawati liegt Celuk, das Dorf der **Gold- und Silberschmiede**: Hier reiht sich ein Geschäft ans nächste. Neben Gegenständen für den religiösen Gebrauch wird hauptsächlich Silberschmuck (800er oder 925er) nach westlichem Geschmack angeboten. Die Kunsthandwerker fertigen auf Bestellung auch Stücke in jedem gewünschten Design *(made to order)* an. Ein Einkauf zwischen 10 und 11.30 Uhr sollte vermieden werden, denn dann machen die großen Reisebusse auf ihrem Weg nach Ubud hier Halt und es ist schwer, die überhöhten Touristenpreise herunterzuhandeln.

Singapadu

Wer in Celuk von der Hauptstraße nach rechts abbiegt, gelangt in das für seine **Steinmetzarbeiten** bekannte Dorf Singapadu. Hier befindet sich auch der 5 ha große **Bali Zoo** *(Kebun Binatang Bali)*, ✆ 0361-294357, 💻 www.balizoo.com, in dem u. a. Tiger, Löwen, Elefanten und Orang-Utans beobachtet werden können. Zudem gibt es einen Streichelzoo, einen kleinen Wasserpark mit Rutschen und Planschbecken und ein *Canopy-Walkway* in luftigen Höhen. Nach Sonnenuntergang werden Rundgänge angeboten, bei denen nachtaktive Tiere vorgestellt werden und ein *Kecak* aufgeführt wird. 🕒 9–22 Uhr, Eintritt bis 17 Uhr 378 000 Rp, Kinder 245 000 Rp. Mit Hoteltransfer, Fütterung, Show und Mittagessen 758 000 Rp, Kinder 585 000 Rp.

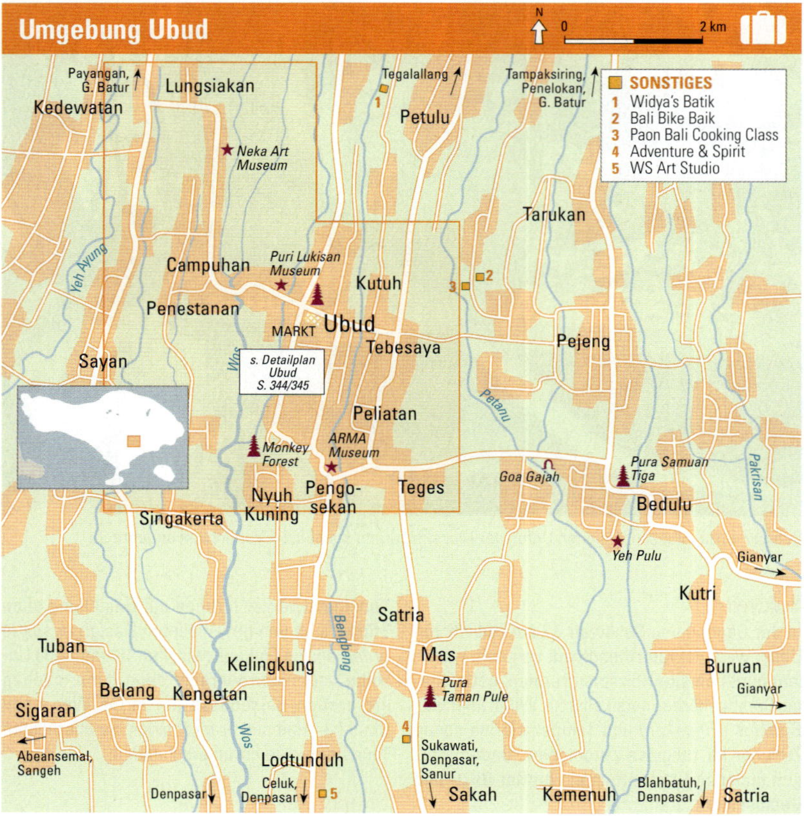

Night at the Zoo inkl. Feuertanz, Abendessen und Transfer 975 000 Rp, Kinder 675 000 Rp. Rabatte bei Onlinebuchung.

Gut ausgeschildert ist der sehenswerte **Bali Bird Park**, ✆ 0361-299352, 💻 www.balibirdpark.com, 2 km südwestlich vom Zoo. Hierfür sollte man 2 Std. einplanen. Neben spektakulären Kakadus, Paradies- und Nashornvögeln und einem Albino-Pfau sind auf dem schön angelegten Gelände über 250 weitere Vogelarten, teils auch freifliegend, sowie Komodo-Drachen zu bewundern. Nicht umsonst wirbt der Park damit, die größte Sammlung indonesischer Vogelarten weltweit zu besitzen. Das große „Papua"-Freigehege mit einem nachgebauten Regenwald ist besonders schön. 🕒 9–17.30 Uhr, Eintritt überhöhte 385 000 Rp, Kinder 192 500 Rp inkl. Vogelshows.

Goa Gajah

Goa Gajah, „die Elefantenhöhle", liegt etwa 2,5 km östlich von Ubud an der Straße nach Bedulu. Der Eingang zur Höhle ist mit seltsamen Skulpturen verziert, die in den Felsen gehauen sind. Eine verzerrte, in Richtung Westen blickende Fratze scheint alle, die eintreten, mit ihrem riesigen Maul zu verschlucken. Hierbei handelt es sich um die älteste auf Bali vorhandene Darstellung von Boma, dem Sohn Vishnus und Ibu Pertiwis, der Mutter Erde. Die Skulpturen im Inneren lassen darauf schließen, dass die Höhle früher von einem Einsiedler bewohnt war. Es werden drei einfache schwarze Phallussymbole verehrt.

Vor der Höhle liegen Badeplätze mit Nymphen, die erst 1954 entdeckt wurden. Steigt man in die Schlucht hinab, findet man weitere Ruinen und einen schönen Wald, in dem überall kleine Steinfiguren stehen. Wenn gerade keine Busladung Touristen unterwegs ist, ist Goa Gajah ein angenehm ruhiger Ort.

Eintritt inkl. Sarong und *Slendang* 15 000 Rp, Kinder 7500 Rp, Guides 20 000 Rp, Parken Pkw 5000 Rp, Motorräder 2000 Rp.

Bedulu

Den Weg zum lohnenden Felsrelief **Yeh Pulu** im Süden von Bedulu weist ein Schild an der Hauptstraße. Inmitten der Reisfelder erstreckt sich an einer niedrigen Felswand ein aufwendiges, 27 m langes, bis zu 2 m hohes Relief, das lebendige Szenen aus dem Arbeitsalltag zeigt. Dazwischen finden sich kleine Nischen, die wohl Meditationszwecken dienten. Bedeutung und Alter der Anlage sind ein bisher ungelöstes Rätsel: Man vermutet, dass Yeh Pulu Krishna gewidmet wurde, zu einer Eremitenklause gehörte und etwa im 14. Jh. entstand. Eintritt 15 000 Rp, Parken 2000 Rp.

In Laufnähe liegt das kleine, angenehme **Yeh Pulu Café**, ✆ 0812-366 0278, 💻 www.yehpulu2.com, von Kadek sowie die Holzschnitzerei ihres Mannes Ketut, der auch einfache Trekkingtouren anbietet. Das leckere Essen lässt sich neben dem Lotusteich in aller Ruhe genießen.

Bedulu kann man von Ubud mit *Angkot* Richtung Gianyar für 10 000 Rp erreichen.

Tegallalang

Folgt man der Straße durch Petulu weitere 6 km gen Norden oder der parallel verlaufenden Hauptstraße Jl. Raya Andong knappe 10 km aus Ubud, erreicht man Tegallalang. Die Hauptstraße ist auf der Strecke von Souvenir- und Kunsthandwerksgeschäften gesäumt, die die ganze Produktpalette Balis im Angebot haben, darunter viele Holzschnitzereien. Die eigentliche Attraktion sind die fotogenen, leicht zu erreichenden **Reisterrassen**, nicht die größten, aber vielleicht die schönsten ganz Balis.

Von einem knapp 1,5 km langen Straßenabschnitt bietet sich ein atemberaubender Blick gen Osten ins saftig grüne, terrassierte Tal. Die besten Fotos lassen sich von Cafés und kleinen Plattformen aus schießen, die rechter Hand der Straße über ein paar Treppenstufen zu erreichen sind. Da fast alle Besucher Ubuds hierherkommen, herrscht ein reges Treiben, und es geht sehr touristisch zu. Die Verkäufer sind penetrant, und die Straße ist auf der Dorfseite linkerhand fast immer komplett zugeparkt. Auch scheinen ganze Heerscharen von Kindern Postkarten an den Mann oder die Frau bringen zu wollen. Eintritt 10 000 Rp, Der zentrale Parkplatz am südlichen Ende der Hauptstraße ist ausgeschildert, 10 000 Rp, Motorräder 5000 Rp, 🕒 7–17 Uhr.

Wer einen Spaziergang durch die Reisterrassen unternehmen möchte, muss in regelmäßigen Abständen einen geringen Wegzoll an die Reisbauern entrichten.

6 HIGHLIGHT

Gunung Kawi

Im Norden von **Tampaksiring** liegt östlich der Straße in einer herrlichen, steilen Schlucht des Pakrisan-Flusses das von Reisterrassen umgebene Heiligtum **Gunung Kawi**. Aus zwei gegenüberliegenden Felswänden wurden neun bis zu 7 m hohe Monumente in Form ost-javanischer *Candi* ausgemeißelt. Fast verwitterte Inschriften belegen, dass es sich dabei um die Bestattungstempel des Königs Udayana und seiner Familie aus dem 11. Jh. handelt. Die *Candi* von Gunung Kawi weisen deutliche javanische Einflüsse auf – in der balinesischen Kultur sind Felsendenkmäler höchst selten.

Vom Parkplatz geht es vorbei an Souvenirständen, die viele Holz- und Knochenschnitzereien verkaufen, auf 286 Stufen hinunter in die Schlucht. Unten angekommen sieht man fünf Monumente vor sich, die von links nach rechts folgenden Personen zugedacht sind: König Udayana, Königin Gunapriya, der Lieblingskonkubine des Königs und seinen Söhnen Marakata und Anak Wungsu. Die vier *Candi* auf der westlichen Seite des Flusses sind den vier Konkubinen Anak Wungsus gewidmet.

Im Süden des Tals, nicht weit von den Grabmalen entfernt, entdeckt man an mehreren idyllisch gelegenen Plätzen Gruppen von ebenfalls aus Felswänden ausgemeißelten Höhlen, in welchen vermutlich Eremiten und Asketen ihr einfaches Dasein fristeten.

Eintritt 15 000 Rp, Kinder 7500 Rp, Sarong und Tempelschal *(Slendang)* inkl., Parken Pkw 5000 Rp, Motorrad 2000 Rp.

Der richtige Ort für etwas Erholung nach dem schweißtreibenden Treppensteigen findet sich am Eingang der Tempelanlage. Im freundlichen **Kafe Kawi**, ✆ 0813-3817 7554, kann man bei einem Mittagessen mit leckeren Suppen, Salaten und Sandwiches sowie Reis- und Nudelgerichten auf die Reisterrassen herabblicken. Es gibt auch guten Kaffee und frische Säfte. ⏲ 9–18 Uhr.

BALI

6 HIGHLIGHT

Pura Tirta Empul

Das schöne Quellheiligtum Pura Tirta Empul liegt 1,3 km nördlich von Gunung Kawi, ca. 15 km nordöstlich von Ubud, und ist eines der beliebtesten Wallfahrtsziele auf Bali. Kurz hinter Tampaksiring führt rechts eine Straße zu den Quellen, die von der Gottheit Indra im Kampf gegen die Dämonen erschaffen worden sein sollen (s. Kasten rechts) und wohl von einem der großen Vulkane gespeist werden. Schon seit über 1000 Jahren baden die Balinesen im heiligen Wasser. Das kühle Nass ergießt sich aus Fontänen in die Becken, in denen Kois und Blumenblüten schwimmen. Das Wasser verheißt sowohl spirituelle Reinigung als auch körperliche Heilung, so soll es Krankheiten und Beschwerden lindern. Täglich strömen daher Einheimische und Besucher hierher, um sich einer rituellen Reinigung zu unterziehen. Oft haben sie Flaschen oder Kanister dabei, um etwas vom heiligen Wasser mit nach Hause nehmen zu können. Die attraktive Anlage ist zwar recht touristisch, hat sich aber dennoch ihren angenehmen Charme bewahren können.

Auch Touristen können sich in den heiligen Quellen reinigen und stärken. Dazu mietet man am Schalter rechterhand der Quellen hinter dem *Wantilan* für 5000 Rp ein Schließfach im Gebäude daneben und für jeweils 10 000 Rp einen Badesarong und eine Opfergabe. Nun geht man im linken Becken von der linken Seite ins Wasser und wäscht sich an jeder Quelle drei Mal das Gesicht und nimmt anschließend drei Schlucke des heiligen Wassers. Nur die beiden Quellen ganz rechts sind tabu. Das Prozedere wiederholt man im rechten Becken, allerdings geht man hier von rechts nach links. Am besten folgt man im Zweifel dem Beispiel der Einheimischen oder fragt einen der offiziell aussehenden Männer um Rat.

Das *Odalan* von Pura Tirta Empul wird nicht wie sonst üblich alle 210 Tage nach dem *Pawukon*-Kalender, sondern einmal im Jahr nach dem *Saka*-Mondkalender gefeiert, nämlich an Vollmond *(Purnama)* im September oder Oktober, und ist eine berauschende Festlichkeit. Dann bringen die Menschen aus Manukaya, einem nahen Dorf nördlich, einen heiligen Stein zur Reinigung in den Tempel. Eine Inschrift auf diesem Stein belegt die Gründung von Tirta Empul im Jahre 926 n. Chr. Da dies ein heiliger Ort ist, müssen Besucher einen Tempelschal *(Slendang)* tragen. Eintritt 15 000 Rp, Kinder 7500 Rp, Parken Pkw 5000 Rp, Motorrad 2000 Rp.

Pura Tirta Sudamala

Das südlich von Bangli, gut 22 km nordöstlich von Ubud gelegene **Quellheiligtum** ist noch untouristisch und authentisch. Vom Markt in Bangli folgt man der Jl. Merdeka knapp 2 km gen Süden und biegt anschließend der Beschilderung folgend nach Westen (rechts) ab. Nun geht es auf einer schmalen Straße im Zickzack aus dem Ort und durch Reisfelder zum Pkw-Parkplatz. Von hier sind es weitere 300 m hinab zum beschaulichen Heiligtum an einem Bach in einem schmalen Tal.

Im hinteren Bereich der Anlage sprudelt an mehreren Waschplätzen das Wasser aus der Felswand. Die Quelle soll unter dem großen alten, mit schwarz-weiß karierten Sarongs umwi-

Eine Tagestour ab Ubud

- **Länge:** 41 km
- **Dauer:** 1 3/4 Std. (reine Fahrzeit), 5–6 Std. (mit Besichtigungen und Pausen)
- **Tipps zum Einkehren:** Yeh Pulu Café, Kafe Kawi
- **Nicht vergessen:** Kamera, Schwimmsachen für Pura Tirta Empul

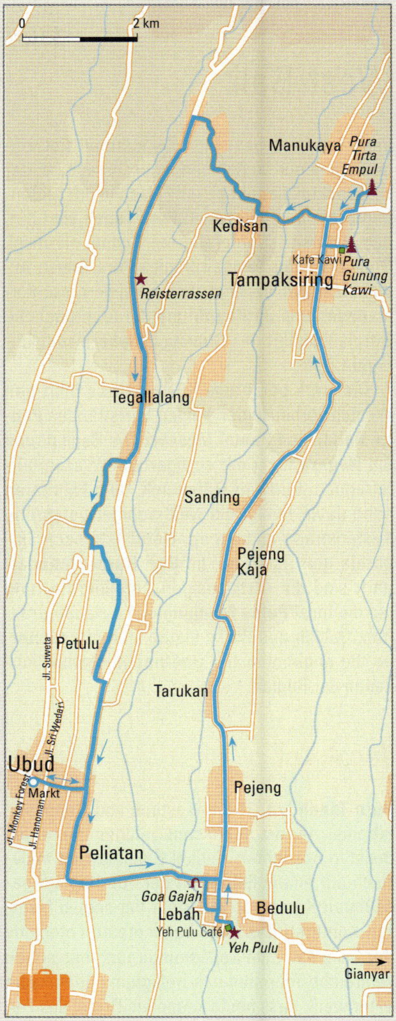

Die vielseitige Tagestour für Selbstfahrer führt zu historischen Reliefs und Felsskulpturen, sagenumwobenen Quellen, Nymphenbädern und Tempeln, imposanten Reisterrassen und Naturschauspielen und vermittelt Besuchern einen Eindruck von der glorreichen Vergangenheit und der lebendigen Kultur Balis.

Vom zentralen **Markt in Ubud** (KM 0, S. 344) geht es Richtung Südosten hinaus zum Höhlenheiligtum **Goa Gajah** (KM 5, S. 360). Nach einem Besuch der „Elefantenhöhle" folgt man der Straße für 500 m bis zur nächsten großen Kreuzung mit einem kleinen Schrein in der Mitte und biegt rechts zu dem aus dem 14. Jh. stammenden **Felsrelief von Yeh Pulu** (KM 6,2, S. 361) ab. Im Anschluss kann man im **Yeh Pulu Café** einkehren und sich von Kadek bewirten lassen.

Über die Dörfer Tarukan und Sanding gelangt man gen Norden hinauf nach **Tampaksiring** zum wunderbar in einer Dschungelschlucht gelegenen Heiligtum **Pura Gunung Kawi** (KM 19,6, S. 361). Nach dem schweißtreibenden Treppensteigen bietet sich eine kurze Verschnaufpause im freundlichen **Kafe Kawi** an. Im nahegelegenen Quellheiligtum **Pura Tirta Empul** (KM 21,2, S. 362) kann man selbst ein Bad im heilenden Wasser nehmen oder den Einheimischen zuschauen.

Auf dem Rückweg zum Ausgangspunkt Ubud kann im Ort **Tegallalang** (KM 30, S. 361) mit seinen besonders in der Nachmittagssonne wunderschönen Reisterrassenformationen noch ein letzter Halt eingelegt werden. Nach insgesamt 41 km ist man wieder im Zentrum von Ubud angelangt.

ckelten Baum entspringen und nie versiegen. Dem kühlen Nass wird eine spirituell reinigende und physisch heilende Wirkung nachgesagt, die sich Gläubige bei der *Melukat*-Zeremonie zu Nutze machen. Dabei kann man beobachten, wie sie vom Brahmanen geweihte Opfergaben in den Bach werfen. Eintritt und Sarong gegen Spende, Schließfächer 5000 Rp.

West-Bali

Viele Touristen besuchen die kulturell vielseitige Region nur im Rahmen eines Tagestrips, der zum spektakulär auf einem Felsen in der reißenden Brandung gelegenen **Pura Tanah Lot** führt, dem wohl meistfotografierten Tempel der Insel. Doch auch der Tempelkomplex **Pura Taman Ayun** in Mengwi, die imposanten Reisterrassenformationen von **Jatiluwih** und die ursprüngliche Berglandschaft des **Gunung Batukaru** sind lohnende Ziele.

Die stark befahrene Küstenstraße führt gen Westen vorbei an den beiden Surfstränden **Pantai Balian** und **Pantai Medewi**. Die Region rund um **Negara** lockt mit einzigartigen Wasserbüffelrennen. Kurz vor **Gilimanuk**, dem Fährhafen nach Java, zweigt die weit weniger befahrene Küstenstraße entlang der Nordküste nach Singaraja gen Osten ab. Im **Bali Barat-Nationalpark** sind die erstklassigen Korallenriffe rund um die Insel **Pulau Menjangan** die Hauptattraktion. Östlich des Parks bieten sich in **Pemuteran** die angenehmsten Übernachtungsmöglichkeiten der Region.

Tanah Lot

Pura Tanah Lot, 31 km westlich von Denpasar, ist einer der am schönsten gelegenen und am meisten besuchten Tempel Balis. Er ragt malerisch auf einem Felsen an der von Klippen gesäumten Küste auf und stellt mit seinen bizarren Konturen das wohl bekannteste Fotomotiv der Insel dar. Zum Sonnenuntergang bestaunen zahlreiche Touristen das Heiligtum , doch kaum einer weiß, dass heute knapp ein Drittel des Felsens vor ihren Augen gut versteckter, ergänzter Stein ist.
Der beste Blick bietet sich von den Terrassen der Restaurants an der Felsklippe oberhalb der Tempelanlage oder vom westlich auf einem erhöhten Felsvorsprung gelegenen Aussichtspunkt.

Obwohl er nur ein kleines Heiligtum ist, wird Tanah Lot („Land inmitten des Meeres") in manchen Verzeichnissen der *Sad Kahyangan* als einer der sechs heiligsten Tempel von Bali aufgeführt. Wie so viele andere Küstentempel soll auch er im 16. Jh. vom javanischen Shiva-Priester Danghyang Nirartha begründet worden sein.

Während der Flut ist der Felsen von einer starken Brandung umtost, bei Ebbe kann man über die mit Meeresalgen bewachsenen Steine hinüberlaufen und sich das Heiligtum genauer ansehen. Der Zugang zum Tempel selbst ist allerdings Hindus vorbehalten. Im Inneren stehen fünf den heiligen Berg Meru repräsentierende, mehrstufige Schreine. In einer kleinen Höhle unterhalb des Tempels entspringt eine Süßwasserquelle, die ständig von Brahmanen bewacht wird. Gegen eine kleine Spende kann man vom heiligen Wasser trinken und sein Gesicht darin waschen. In den Höhlen und Spalten am Fuß der Felsen auf der Küstenseite hausen schwarz-weiß gestreifte **Seeschlangen** (Nattern-Plattschwänze), die Wächter des Tempels. Sie sind hochgiftig, haben aber angeblich noch niemanden gebissen. Pura Tanah Lot feiert sein *Odalan* immer am Mittwoch nach *Kuningan* (S. 61).

Auf der **Souvenirmeile** zwischen dem riesigen Parkplatz und dem Tempel drängen sich Touristen, Händler und Guides, die Führungen zu den Felsspalten und Fotos mit den Schlangen anbieten. Es gibt Geldautomaten sowie zahllose Souvenir- und Bekleidungsgeschäfte. Das Essen in den Restaurants auf den Klippen ist leider nicht besonders gut.

🕒 7–19 Uhr, Eintritt 60 000 Rp, Kinder 30 000 Rp, Parkgebühr für Motorrad 2000 Rp, Auto 5000 Rp. Tgl. um 19 Uhr findet im fußläufig nördlich gelegenen **Surya Mandala Cultural Park**, ✆ 0819-3601 9636, eine *Kecak*-Tanzaufführung für 50 000 Rp p. P. statt.

Der Felsentempel Pura Tanah Lot liegt spektakulär inmitten der schäumenden Brandung.

Die Fahrt aus Kuta, Legian oder Seminyak sowie Ubud nach Tanah Lot dauert je nach Verkehrsaufkommen 45–90 Min. Fast alle Besucher kommen mit dem eigenen Transportmittel oder im Rahmen einer vorgebuchten Tour hierher.

Mengwi

In Mengwi, 15 km nordöstlich von Tanah Lot, befindet sich östlich der Hauptstraße, Abzweigung am Markt, der zweitgrößte Tempelkomplex von Bali und einstige Staatstempel der Mengwi-Dynastie, **Pura Taman Ayun** („Tempel des schwimmenden Gartens"). I Gusti Agung Putu, der erste Fürst von Mengwi, ließ ihn im Jahr 1634 über vier Ebenen auf einer Flussinsel erbauen.

Er gilt als einer der prächtigsten und schönsten Tempel der Insel und repräsentiert den hinduistischen Kosmos. Eine Brücke führt über den breiten Wassergraben zur ersten Ebene, wo an Feiertagen Zeremonien und Hahnenkämpfe stattfinden. Besucher können nur entlang der äußeren Tempelmauern laufen und dürfen das heilige Innere nicht betreten. Hinter einem geteilten Tor erstreckt sich die zweite Ebene mit Schreinen und einem Brunnen. Auf der dritten Ebene steht der reich verzierte *Bale Pengubengan*. Auf der vierten, heiligsten Ebene sind 29 Schreine mit bis zu elf übereinanderliegenden Dächern. Das steinerne Eingangstor und die geschnitzten Türen der Schreine sind gute Beispiele für die Kunstfertigkeit des balinesischen Handwerks. Pura Taman Ayun feiert sein *Odalan* zehn Tage nach *Kuningan*. ⌚ 8–18 Uhr, Eintritt 20 000 Rp.

Nur 6 km nordöstlich vom Taman Ayun liegt inmitten der Reisfelder die beliebte **Balam Bali Villa**, ☏ 0816-295888, 💻 www.balambali villa.com, mit liebevoll in asiatischen Themen gestalteten Zimmern und Familienhäusern, alle schick und komfortabel mit AC, TV, Kaffeemaschine und Himmelbetten. Schmaler Pool, Massagen und Tagesausflüge. Gutes Frühstück und Fahrräder inkl., ❻–❼.

TRANSPORT

Trans Sarbagita-Linienbusse verkehren ab dem Busbahnhof Ubung in Denpasar für 7000 Rp nach Mengwi, zudem Minibusse vom Busbahnhof Batubulan in Denpasar für 20 000 Rp.

West-Bali

Teluk Kelor
P. MENJANGAN
Bali-
Banyuwangi
G. Prapat Agung
322
BALI-
BARAT-
NATIONALPARK
Teluk Terima
Gilimanuk
Vihara Empu Astapaka
Cekik
Pura Bakungan
613
G. Penginuman
Labuhan Lalang
Sumberkelampok
Banyu-wedang
Sumber-kima
Pemuteran
606
Banyupoh
Pantai Gondol
Penyabangan
Musi
Sanggalangit
Gerokgak
Patas
Pengulon
792
1177
G. Pal
1394
G. Merbuk
G. Pakukajang
1288
G. Lesung
1054
Belimbingsari
Melaya
Ekasari
Palasari
Palasari Res.
Nusasari
Warnasari
Candikesuma
Tuwed
Manistutu
Berangbang
Tukadaya
Kaliakah
Banyubiru
Baluk
Negara
Batu Agung
Cupel
Mendoyo
Pohsanten
Penyaringan
Yeh Embang
Pengambengan
Perancak
Yeh Kuning
Pekutatan
Pantai Medewi
Bali-Straße
ÜBERNACHTUNG
① Jassri Homestay
② Arjuna Homestay, Dimpil Homestay
③ Kinaara Resort & Spa
④ Kubu Balian Beach Bungalows, Shankari Bali Villa, Surya Homestay
ESSEN
1 Poleng Beachfront Restaurant
2 Tirta Sari Restaurant
3 Bali Balance Café & Bistro
4 Deki's Warung, Pondok Pitaya Restaurant & Bar
SONSTIGES
1 Bali Diving Academy
2 Dive Concepts (2x)
3 Kantor Informasi Taman Nasional Bali Barat
TRANSPORT
1 Fähren nach Banyuwangi (Java)
2 Busbahnhof
3 Bootsanlegestelle Pulau Menjangan (2x)
4 Busbahnhof
Tauchen

Seit der Schließung des Terminals Ubung in Denpasar Ende 2017 werden alle Verbindungen nach Java ab Mengwi bedient.

Richtung Westen, Ausstieg in Probolinggo (Bromo-Tengger-Semeru-Nationalpark) möglich:

BANDUNG um 7 und 11 Uhr für 410 000–460 000 Rp in 22 Std.

JAKARTA um 7, 13, 18 und 19 Uhr für 450 000–500 000 Rp in 24 Std.

MALANG um 16.30, 17, 18 und 19 Uhr für 160 000–220 000 Rp in 12–13 Std.

SEMARANG via JEPARA um 7, 12, 13, 14 und 15 Uhr für 270 000–300 000 Rp in 18–20 Std.

YOGYAKARTA via SOLO um 12, 13 und 14.30 Uhr für 270 000–300 000 Rp in 14–18 Std.

SURABAYA um 9, 12, 16.30, 17.30, 18 und 19 Uhr für 175 000–220 000 Rp in 12 Std.

Richtung Osten, Abfahrten um 4 und 10 Uhr:

BIMA (Sumbawa) via SUMBAWA BESAR und DOMPU für 450 000–500 000 Rp in 22–29 Std.

MATARAM für 225 000–250 000 Rp in 8 Std.

LABUAN BAJO (Flores) für 550 000–650 000 Rp in 38 Std.

Jatiluwih

Die rund 25 km nördlich von Tabanan in 700–800 m Höhe gelegenen Reisterrassenformationen sind die eindrucksvollsten ihrer Art auf Bali und ein Muss für jeden Besucher. Das nachweislich bereits seit 1071 bestehende und damit älteste **Anbau- und Bewässerungssystem** der Insel ist ein unfassbar komplexes architektonisches Meisterwerk. Nicht ohne Grund wird es als Unesco-Weltkulturerbe gelistet. Der Name Jatiluwih heißt übersetzt „ergreifende Schönheit" – eine passende Beschreibung für die saftig grünen Terrassen, die sich am Hang des Gunung Batukaru in die steilen Schluchten hinunterziehen. Von den zahlreichen Aussichtspunkten entlang der asphaltierten Straße blicken Besucher auf das ausgeklügelte, kunstvoll angelegte Bewässerungssystem. Hier kann man Bauern dabei zuschauen, wie sie ihre Fel-

© MISCHA LOOSE

Die beeindruckenden Reisterrassenformationen von Jatiluwih sind die größten der Insel.

BALI

der bestellen. Inmitten des satten Grüns lassen sich kleine Schreine mit Opfergaben für die Reisgöttin Dewi Sri erspähen. Bereits der deutsche Künstler Walter Spies (S. 134) kam von Ubud aus regelmäßig in diese malerische Gegend, um sich inspirieren zu lassen. Bei längeren Wanderungen entlang der verschachtelten Reisfelder oder auf einer Fahrradtour wird schnell klar, warum. Besucher müssen an der Straße eine Maut von 40 000 Rp p. P. und 5000 Rp pro Auto entrichten.

Die **Anfahrt aus Ubud** führt zunächst nach Sangeh (S. 358) und anschließend nördlich vom Affenwald auf der Straße nach Westen bis zur Hauptstraße Richtung Bedugul, der man für 5 km gen Norden folgt. In Perean biegt man links ab und gelangt nach einer anschließenden Rechts-Links-Kombination auf die Straße, die von Marga nach Apuan führt. Dieser folgt man 5 km gen Norden und anschließend Richtung Westen der auffälligen Jatiluwih-Ausschilderung. An der Straßengabelung in Senganan geht es nach rechts.

Aus westlicher Richtung kommend, biegt man von der Straße Tabanan–Batukaru in Wongayagede in Richtung Osten (rechts) auf die durchgehend asphaltierte Seitenstraße ein, die sich 14 km durch die Reisterrassen windet. Der Weg ist gut ausgeschildert.

Gunung Batukaru

Am Südhang des 2276 m hohen erloschenen Vulkans steht das wenig besuchte, kleine Bergheiligtum **Pura Luhur Batukaru** auf einer Lichtung im Dschungel, mit dem Schlund des Vulkankraters im Hintergrund. Nur wenige Meter östlich der Tempelbauten in 817 m Höhe liegt ein Wasserheiligtum. Stufen führen hinab zum stillen Teich mit einer winzigen Insel mit einem siebenstufigen *Meru* in der Mitte. Dichte Vegetation säumt die Ufer. Der größte Schrein deutet auf Majapahit-Einflüsse hin und ist Mahadewa geweiht, dem Gott des Westens und Spender von Fruchtbarkeit und Wachstum. Man sollte sich genügend Zeit lassen, um die Stimmung der heiligen Stätte auf sich wirken zu lassen.

Der Tempel ist der für den Westen zuständige Richtungstempel und daher nicht wie sonst üblich auf den Gunung Agung ausgerichtet, sondern auf den Gunung Batukaru. Zugleich ist er auch der Ahnentempel der *Rajas* von Tabanan mit Schreinen für die Götter der Bergseen Bratan, Buyan und Tamblingan.

Der Gründer des Pura Luhur Batukaru, Empu Kuturan, ein Hindu-Heiliger aus Java, fand hier wohl schon eine prähinduistische Kultstätte vor, als er im 11. Jh. den Tempel erbauen ließ. Der Pura wird in allen Verzeichnissen der sechs heiligsten Tempel Balis *(Sad Kahyangan)* aufgeführt. Sein *Odalan* feiert man einen Tag nach *Galungan*.

Er ist wohl der einzige Tempel auf Bali, bei dem ein Schild den Zutritt für schwangere Frauen und Kinder unter fünf Jahren verbietet. Über die gesamte Tempelanlage verteilt finden sich viele multilinguale, auch in Deutsch verfasste Verbotsschilder. ◷ 8.30–17 Uhr, Eintritt 20 000 Rp inkl. Sarong- und *Slendang*-Verleih.

ÜBERNACHTUNG

Aufgrund der milden Temperaturen braucht es keine Klimaanlagen am Südhang des Batukaru. Alle Unterkünfte haben WLAN.

Bali Mountain Retreat, Biyahan, ✆ 0858-5701 1415, 💻 www.balimountainretreat.com. Erholungssuchende finden im schönen Garten mit vielen Vögeln und freundlicher Umgebung 6 saubere, luftige Zimmer mit bequemen Matratzen, Ventilator, teils mit etwas außerhalb gelegener Du/WC, teils mit Terrasse. Ein Bungalow mit Schlaf- und Wohnbereich, separater Du und WC sowie Veranda, zudem ein einfaches Zimmer im *Lumbung*, einem alten Reisspeicher. Die nachhaltig gemanagte Anlage nutzt Quellwasser vom Berg und hat ein Restaurant mit leckerem Bio-Essen. Neben Yoga Retreats, Massagen und Workshops auch empfehlenswerte Rad- und Trekkingtouren. Frühstück und WLAN im Restaurant mit tollem Ausblick inkl. ❸–❼

Sarinbuana Eco Lodge, Biyahan, ✆ 0813-3902 8839, 0821-4559 0858, 💻 www.baliecolodge.com. Auf 700 m Höhe haben Linda und Norm ein großes, grünes und familiäres „Hideaway" geschaffen: Die 5 Bungalows aus Naturmaterialien für 2–4 Pers. stehen in einem tropischen Garten und bieten eine komfortable Bleibe mit Himmelbetten, geschnitzter Einrichtung und Open Air-Du/WC sowie Veranda. Die Besitzer pflegen zudem 3 aus der Gefangenschaft gerettete Affen. Reisfeldwanderungen, Besteigung des Batukaru, Massagen, Yoga und leckere Bio-Kost aus dem eigenen Garten im Restaurant. Frühstück und Auffüllen von Wasserflaschen inkl. ❻–❼

Pantai Balian

Die Hauptstraße nach Negara und Gilimanuk trifft gut 20 km westlich von Tabanan am **Pantai Soka** zum ersten Mal auf die Küste. Es bietet sich ein Panorama mit lang gezogenen, schwarzen Sandstränden und der gewaltigen Brandung südlich sowie den Reisterrassen nördlich der Straße. Am gut 5 km weiter nordwestlich gelegenen, entspannt-lässigen Pantai Balian wohnt man angenehm. Man kann den lieben langen Tag wenig machen außer Surfen oder Abhängen, und in der Nebensaison ist es manchmal recht ausgestorben. Der dunkle Sandstrand wird nicht nur von Surfern, sondern auch von einheimischen Anglern genutzt, und die ländliche Umgebung ist von Kokospalmen durchzogen. Manchmal wird ein Eintritt von 5000 Rp an der Straße erhoben.

In Balian kommen **Surfer** bei den richtigen Strömungsverhältnissen voll auf ihre Kosten. Für erfahrene Wellenreiter, denen das Meer vor Medewi zu ruhig ist, ist die Brandung an der Mündung des Balian-Flusses wie ein Abenteuerspielplatz, zugleich aber nicht ganz so gefährlich wie die Surfreviere rund um Uluwatu (S. 334). Besonders zwischen Juni und September können hier Kunststücke der Surfer bestaunt werden.

Wer sich hinauswagt, sollte auf die vielen freistehenden Felsen und die teils gefährliche Strömung achtgeben. Aufgrund der spitzen Steine empfiehlt sich das Tragen von Riffschuhen. **Achtung**: Es kam bereits zu einigen Zwischenfällen mit Bullenhaien! Wenn der Fluss nach schweren Niederschlägen schmutzige Wassermassen ins Meer spült, sollte man nicht surfen. Besondere Vorsicht ist an der Flussmündung und in den Morgenstunden geboten.

ÜBERNACHTUNG

Die Abzweigung, die von der Hauptstraße zur Balian-Bucht führt, liegt 5,4 km nordwestlich vom Pantai Soka. Von hier sind es etwa 600 m bis zu den ersten Unterkünften.

Kubu Balian Beach Bungalows, ☏ 0815-5861 5061. Nette Anlage mit freundlichem Personal, kleinem Pool und 4 Zimmern in geräumigen Bungalows mit guten Betten, großer Veranda, Du/WC, Moskitonetz und Kühlschrank, teils auch Küche. Ein großes Familienhaus mit toller Aussicht und 3 Schlafzimmern. Frühstück inkl. ❺

Shankari Bali Villa, an der Hauptstraße 500 m östlich der Abzweigung, ☏ 0361-814993, 💻 www.shankaribalivilla.com. Süße, auf einem Hügel gelegene Unterkunft mit Café-Restaurant, 3 Pools und 14 sauberen Bungalows mit großer, mosaikverzierter Open Air-Du/WC sowie Moskitonetz, ein Zimmer mit AC. Die teureren haben Terrassen mit Blick über den Palmenwald. Yoga-Einführungen und kulturelle Kurse. Frühstück inkl. ❹–❺

€ **Surya Homestay**, ☏ 0813-3868 5643, 💻 www.suryahomestaybali.wordpress.com. Die freundlichen Gastgeber Putu (die sehr gut Englisch spricht) und Wayan vermieten in ihrem kleinen Garten mit Bananenstauden 5 einfache, saubere, und geräumige Bungalows mit Moskitonetz und Ventilator oder AC, Du/WC und Veranda. Frühstück inkl., kein WLAN. ❸–❹

ESSEN

€ **Deki's Warung**, direkt am Strand, ☏ 0878-6072 0769. Auf der kleinen Speisekarte finden sich neben den klassischen Backpacker-Gerichten auch gegrilltes Rind, Schwein, Huhn oder Fisch. Schöner Blick auf die Surfer in der Bucht. 🕒 6–21 Uhr.

Pondok Pitaya Restaurant & Bar, ☏ 0819-9984 9054, 💻 www.pondokpitaya.com. Im großen Restaurant am unteren Ende der Straße werden allerlei Speisen zu günstigen Preisen serviert, z. B. große Burritos, Quesadillas, Burger und Pizzen, aber auch Lokales und Cocktails. WLAN. 🕒 8–23 Uhr.

TRANSPORT

Zu den Abzweigungen, die zum Pantai Soka, Pantai Balian oder Pantai Medewi führen, kommt man mit allen **Bussen**, die auf der Hauptstraße zwischen Denpasar und Gilimanuk verkehren.

Negara

Das Verwaltungszentrum des Distrikts Jembrana liegt 73 km westlich von Tabanan an der Hauptstraße nach Gilimanuk. Die Kleinstadt hat für Touristen nicht viel zu bieten, in der Umgebung finden aber die spektakulären **Wasserbüffelrennen** (s. Kasten S. 372) statt. Negara hat sich seinen ursprünglichen Charakter bewahrt, der weit entfernt von den touristischen Zentren der Insel einen ganz eigenen Charme versprüht. So werden z. B. noch traditionelle Pferdekutschen, *Dokar*, als Fortbewegungsmittel genutzt.

Busse nach DENPASAR (Busbahnhof Batubulan), 90 km, via TABANAN (73 km, 30 000 Rp, 2 1/2 Std.) verkehren bis 17 Uhr für 40 000 Rp in 3 Std. Nach GILIMANUK, 34 km, bis 18 Uhr für 15 000 Rp in 1 Std.

Gilimanuk

Der Hafen für die Fähren zwischen Bali und Java liegt 128 km von Denpasar und 88 km von Singaraja entfernt auf einer kleinen Halbinsel. Auf der von Lastwagen stark befahrenen Schnellstraße kann man das wenig attraktive Gilimanuk von Denpasar aus in rund drei Stunden erreichen. Eine Übernachtung sollte man hier definitiv nicht einplanen.

Die Bevölkerung stammt mehrheitlich aus Java und Madura und ist folglich moslemisch geprägt. Kurioserweise sind die markantesten Bauwerke jedoch keine Moscheen, sondern das spinnenartige, viergliedrige **balinesische Tor**, das die Zufahrtsstraße zum Hafen überspannt, und die 25 m hohe, weiße, auf das Meer hinausblickende Buddha-Statue des **Vihara Empu Astapaka**. Die symbolische Haltung ihrer beiden erhobenen Hände *(Abhaya Mudra)* drücken

Umgebung Tabanan

Die Wasserbüffelrennen

Im frühen 20. Jh. brachten Reisbauern aus Madura die Tradition zweier temporeicher **Erntedankrituale** mit. Die in bewässerten Feldern abgehaltenen *Makepung Lampit* finden zu Beginn der Reisanbausaison statt, um gemeinschaftlich den Boden der Felder zu pflügen, während die populäreren *Makepung*-Büffelrennen ihr Ende markieren. Dabei wird der Wettkampf auf etwa sieben fest abgesteckten Strecken im westlichsten Distrikt von Bali durchgeführt.

Besonders im April/Mai und September/Oktober finden sonntagvormittags auf abgeernteten Reisfeldern rund um Negara kleinere Rennen statt. Die festlich ausgelassene Stimmung mit einem bunten Rahmenprogramm, einschließlich Büffel-Modenschau, lockt Hunderte von Zuschauern an. Die Höhepunkte des Rennjahres sind der prestigeträchtige Jembrana Regent's Cup im August und der Governor's Cup im November, die für gewöhnlich auf der Rennbahn von Delod Berawah südöstlich von Negara abgehalten werden.

Ein bunt dekorierter zweirädriger Karren *(cikar)* mit Jockey wird von zwei **Büffeln** *(kerbau pepadu)* gezogen, die kräftemäßig und farblich zueinander passen. Die bis zu einer Tonne schweren Kraftpakete werden eigens zu diesem Zweck gezüchtet und müssen keine Feldarbeit verrichten. Vor dem Rennen werden ihre Köpfe reich verziert *(gelungan)*, die Hörner mit bunten Stoffsocken eingehüllt und auf der Deichsel ein Banner *(badong)* befestigt. So erinnert ihr Aussehen entfernt an traditionell geschmückte balinesische Tänzerinnen. Auf das Startsignal und die Peitschenhiebe der Jockeys hin donnern die sonst so sanften Tiere mit einem verblüffenden Tempo von bis zu 60 km/h an den johlenden Zuschauern vorbei über die Strecke, um eine Wendemarke herum und wieder zurück. Da Wasserbüffel weiche Hufe haben, zieht man Reisfelder der Straße vor, damit sich die Tiere nicht verletzen. Die Rennstrecke ist etwa 2 km lang und so schmal, dass sie nur einem Karren Platz bietet. Daher starten die Karren stets hintereinander. Sieger ist nicht unbedingt das schnellste Team, denn auch Stil und Eleganz werden bewertet.

Es kommt immer wieder vor, dass der **Jockey** die Kontrolle über seine Bullen verliert und der Wagen ausbricht. Dann gilt es, der tonnenschweren Gefahr so schnell wie möglich auszuweichen. Manchmal fallen Jockeys in Trance. Auch dann gilt es, ihnen aus dem Weg zu gehen.

Mit den Rennen erbitten die Balinesen den Segen der Götter für die nächste Ernte. Gleichzeitig geben die Büffel etwas von ihrer Kraft an die Reisfelder ab. Wie immer bei solchen Veranstaltungen wird hoch gewettet.

Die genauen **Termine** variieren, am besten ist es, sich vorher auf 💻 www.fabulousubud.com oder in den Hotels der Gegend zu informieren.

Furchtlosigkeit und Wohlwollen aus, was böse Geister abwehren und den zur See Fahrenden sicheres Geleit bieten soll.

TRANSPORT

Busse

Ab dem Busbahnhof gegenüber vom Hafen fahren Busse und Minibusse (oft erst, sobald sie voll sind) nach:

DENPASAR (Busbahnhof Batubulan), 125 km, via NEGARA (34 km, 1 Std., 15 000 Rp) und TABANAN (106 km, 3 Std.) von 2–16 Uhr alle 15–30 Min. und von 16–2 Uhr stdl. für 50 000 Rp in 3–4 Std.

PADANG BAI, 159 km, um 2 und 13.30 Uhr für 61 000 Rp in 4 1/2 Std.

SINGARAJA, 86 km, via PEMUTERAN (32 km, 45 Min.) und LOVINA (77 km, 1 3/4 Std.) von 3.30–16 Uhr für 35 000 Rp in 2–2 1/2 Std.

Fähren

Nach KETAPANG/BANYUWANGI (Ost-Java) verkehren Fähren rund um die Uhr alle 15 Min. für 6500 Rp, Kinder 5000 Rp, Motorrad 24 000 Rp, Pkw 159 000 Rp, in etwa 1 Std.

Den **Zeitunterschied** beachten: Auf Java ist es 1 Std. früher als auf Bali.

Bali Barat-Nationalpark

Der 190 km² große Nationalpark im Westen der Insel ist der einzige auf Bali und umfasst die Hügelkette mit dem Gunung Penginuman (613 m) sowie den äußersten Zipfel der Insel, ein Kap um den Gunung Prapat Agung (322 m) nordöstlich von Gilimanuk. Die Landschaft ist mehrheitlich savannenartig geprägt und die Vegetation eher karg, doch auch Mangrovenwälder an den Küsten und gemischte Monsunwälder in den höheren Lagen gehören zum weitläufigen Schutzgebiet. In der **Teluk Terima** und auf **Pulau Menjangan** gibt es Korallengärten, Schildkrötenstrände und Seevogelkolonien, die den Taman Nasional Bali Barat für Taucher und Ornithologen gleichermaßen attraktiv machen.

Insgesamt kommen knapp 160 Vogelarten vor. Die berühmteste und seltenste Spezies ist der in den Wäldern des Hügellands und in der **Teluk Kelor** lebende, endemische weiße Bali-Star *(Leucopsar rothschildi, jalak putih)*. Seinetwegen wurde ein Teil des Nationalparks bereits 1947 vom damaligen *Raja* zum Naturschutzgebiet erklärt.

In den **Mangroven**, die rund 70 km² der Nationalparkfläche einnehmen, kann man Makaken beobachten, die Krabben verspeisen. Daneben begegnet man eventuell dem Indischen Muntjak- oder dem Mähnenhirsch, Wildschweinen und mit viel Glück auch Bengalkatzen.

Durch den westlichen Teil des Parks schlängeln sich Pfade, die es auf Tagestouren, möglichst mit Guide, zu erkunden gilt. Der größere, östliche Teil ist Schutzgebiet und nur mit Sondergenehmigung zugänglich. Ganz abenteuerlich Veranlagte können die Halbinsel **Prapat Agung** auf einem Fußpfad mit Schutzhütten, aber ohne Möglichkeit, ihre Trinkwasserreserven aufzufüllen, in zehn Stunden umrunden.

An der Hauptstraße in **Cekik**, 3 km südlich von Gilimanuk, an der Abzweigung nach Singaraja, liegt das Parkhauptquartier **Kantor Informasi Taman Nasional Bali Barat**, ✆ 0365-61060, mit Informationen und der Möglichkeit, Trekkingtouren zu buchen. Der Eintritt in den Park beträgt 200 000 Rp pro Tag, an Sonn- und Feiertagen 300 000 Rp, ein Trek für bis zu zwei Personen kostet weitere 350 000 Rp für zwei Stunden und 400 000 Rp für drei Stunden. Zudem können siebenstündige Wanderungen, zweistündige Mangroventouren und vierstündige Tier- und Vogelbeobachtungstouren morgens und nachmittags arrangiert werden. Alle Preise beinhalten Guides und die nötigen Permits. Die Touren sind auch im Visitor Center an der Anlegestelle der Boote nach Menjangan in **Labuhan Lalang**, ✆ 0813-3839 9576, 🕒 7.30–17 Uhr, sowie über Tauchzentren und Hotels in Pemuteran buchbar.

Pulau Menjangan

Eines der lohnenswertesten Tauch- und Schnorchelgebiete Balis erstreckt sich vor den von Mangroven gesäumten Küsten rund um die unbewohnte, 1,75 km² große „Hirschinsel" Menjangan. Nach einer halbstündigen Überfahrt kann man in neun abwechslungsreichen Revieren in die abwechslungsreiche, bunte Unterwasserwelt eintauchen. Steil abfallende Riffe mit einer großen Artenvielfalt sowie nur leichten Strömungen und Sichtweiten von bis zu 40 m machen Pulau Menjangan zu einem Muss für Taucher und Schnorchler jeder Erfahrungsstufe. Frühmorgens ist das Wasser am klarsten, und die Fische sind am aktivsten.

Von den beiden **Anlegestellen** nahe Labuhan Lalang fahren Ausflugsboote zur Insel. Zum Schnorcheln oder Tauchen sind ein Führer und die nötige Ausrüstung erforderlich. Einzelreisende und Kleingruppen buchen die Tour in Hotels oder Tauchbasen in Pemuteran. Ein sechsstündiger Ausflug kostet ab 1 Mio. Rp für Taucher bzw. ab 350 000 Rp für Schnorchler und beinhaltet Transfers, Ausrüstung, Guides, Mittagessen und zwei Tauch- oder Schnorchelgänge. Der Nationalparkeintritt von 200 000 Rp, an Sonn- und Feiertagen 300 000 Rp, wird meist separat berechnet.

Pemuteran

Dank der tollen Schnorchel- und Tauchreviere vor der Ortschaft und rund um die nahe Pulau Menjangan boomt der Tourismus im wenige Kilometer östlich des Bali Barat-Nationalparks gelegenen Pemuteran. Der Ort hat einen schönen, breiten Sandstrand, dem ein natürliches Koral-

Das Biorock-Projekt

Die Korallengärten vor Pemuteran haben wie viele andere stark unter der Dynamitfischerei gelitten. Seit der Jahrtausendwende begannen Einheimische ebenso wie Hotels und Tauchschulen zu begreifen, dass durch die Zerstörung auch der Fischbestand sowie die Tauchattraktionen und damit ihre Lebensgrundlage verschwinden. Deshalb haben sie in Zusammenarbeit mit der Global Coral Reef Alliance vor Pemuteran das mit ca. 2 ha größte Riff-Projekt der Welt initiiert.
Das **künstliche Korallenriff** in 5–11 m Tiefe wird mithilfe von über 70 Biorock-Stahlkäfigen, durch die eine 12 V und 5 Ampere hohe Gleichstromspannung fließt, „aufgeforstet" und dient zudem als Wellenbrecher. Die Spannung beschleunigt das Wachstum der mit dünnen Drähten an den Stahlkäfigen befestigten Korallen um ein Vielfaches und macht sie resistenter gegen Störungen wie erhöhte Temperaturen, Wasserverschmutzung oder Chemikalien.
Die Tauchschulen von Pemuteran beteiligen sich an dem Projekt und haben teils sogar eigene Schutzprojekte gegründet. Informationen unter 💻 www.globalcoral.org und 💻 http://biorockbali.webs.com/. Eine elf Jahre nach Beginn des Projekts am 11.11.2011 gefilmte Dokumentation ist unter 💻 www.vimeo.com/32615744 zu sehen, weitere Videos auf YouTube.

lenriff im Osten und ein **künstliches Riff** (s. Kasten oben) im Westen vorgelagert sind. In keiner anderen Ecke Balis ist ein so großes Terrain mit Korallengärten in flachem Wasser ohne starke Strömungen oder hohe Wellen von der Küste aus zugänglich. Die Riffe sind Zufluchtsorte für u. a. Krokodil-, Skorpion-, Clown-, Rotfeuerfische und bunte Federsterne. Eine Tagestour zur Pulau Menjangan sollte jeder Besucher einplanen.

In den letzten Jahren wurden zahlreiche Unterkünfte weit verstreut entlang der relativ lauten Durchgangsstraße und im Hinterland errichtet. Es gibt kein richtiges Ortszentrum. Die größeren, teuren Unterkünfte liegen direkt am Strand. Viele Anlagen betreiben eigene Tauchschulen und bieten Wanderungen oder Bootstouren im Nationalpark an. Abgesehen von der spannenden Unterwasserwelt passiert nicht viel, sodass Nichttaucher am Strand richtig ausspannen können. Wer vor dem Strand schnorcheln möchte, findet eine ausgeschilderte Einstiegsstelle zum Biorock-Riff östlich vom Pondok Sari Beach Resort & Spa.

ÜBERNACHTUNG

Das Preisniveau ist generell etwas überhöht, besonders in der Hochsaison schnellen die Zimmerpreise nach oben. Dann verlangen manche der „günstigen" Homestays doppelt so viel wie sonst.

Alle gelisteten Unterkünfte trumpfen mit Open Air-Du/WC mit Warmwasser auf, die teils sehr schön gestaltet und mit Pflanzen begrünt sind.

€ **Arjuna Homestay**, ☎ 0812-3635 1739, 💻 www.arjuna-homestay.com. Im von den lebenslustigen, freundlichen Franzosen Nicola und Natalie geführten, 2-stöckigen Haus befinden sich 16 saubere, ansprechende und gut instand gehaltene Zimmer mit dicken Matratzen und Moskitonetzen, teils auch mit AC und oben mit kleinem Privatbalkon. Zudem Zimmer für 3–4 Pers. für 550 000–900 000 Rp. Nach dem Tauchen kann man es sich in den Liegesäcken am Pool bequem machen. Angeschlossenes Tauchzentrum Dive Concepts (s. Aktivitäten). Frühstücksbuffet inkl. ❹–❺

Dimpil Homestay, ☎ 0819-3657 3891, 💻 www.dimpilhomestay.blogspot.com. Hinter dem kleinen Restaurant und dem hübschen Pool werden in ruhiger Lage im langgezogenen Reihenhaus 8 saubere Zimmer mit bequemen Himmelbetten und Ventilator oder AC vermietet, die dank der Steinwände angenehm kühl sind. Der Garten ist recht karg, aber das Personal freundlich und hilfsbereit. Frühstück inkl. ❸–❺

Jassri Homestay, ☎ 0882-3683 0189, 💻 www.jassrihomestay.com. Im kleinen, gepflegten Garten verbergen sich zurückversetzt von der Hauptstraße 6 Zimmer in 2 Reihenbungalows. Alle sind geräumig und sauber sowie mit AC und bequemen Betten ausgestattet. Familiäre Leitung und sehr freundliches Personal. Leider hört man frühmorgens den Muezzin der gar nicht so nahen Moschee. Frühstück inkl. ❸–❺

Kinaara Resort & Spa, ✆ 0362-343 7271, 💻 www.kinaararesort.com. Der einzige Nachteil des kleinen, aber feinen Mittelklasseresorts ist, dass es keinen direkten Strandzugang bietet. Rund um den großen Pool mit Bar sowie in der gepflegten Gartenanlage reihen sich 20 geschmackvoll gestaltete, komfortable und komplett ausgestattete Bungalows, teils im *Lumbung*-Stil, aneinander. Sehr freundlicher Service. Gutes Frühstück inkl. ❻–❼

ESSEN

Bali Balance Café & Bistro, ✆ 0853-3745 5454, 💻 www.fb.com/balibalance. Das freundliche, saubere Café bietet neben sehr gutem Kaffee auch Sandwiches, Salate, Kuchen (leckere Streuselkuchen) und Quiche sowie Frühstück. Auf Bestellung gibt es sogar Zwiebelkuchen nach deutschem Rezept. Im kleinen Garten hinter dem Gebäude nette Sitzgelegenheiten an dunklen Holztischen. Mittlere Preisklasse. WLAN. ⌚ 7.30–19 Uhr.

Poleng Beachfront Restaurant, ✆ 0362-93264, 💻 www.tamansaribali.com. Das direkt am Strand gelegene Hotelrestaurant des Taman Sari überrascht mit leckeren, fair bepreisten lokalen und westlichen Gerichten in großzügigen Portionen. Sowohl das Wiener Schnitzel als auch das *Gado-Gado* und das *Cah Kangkung* (Wasserspinat) überzeugten, die Cocktails sind allerdings nicht der Rede wert. Kinderfreundlicher Service. ⌚ 7–22 Uhr.

Tirta Sari Restaurant, ✆ 0878-6313 1567, 💻 www.tirtasaribungalow.com. An der Straße gelegenes, beliebtes Gartenrestaurant mit freundlichem Service sowie günstigen, leckeren und schön angerichteten einheimischen Speisen in großzügigen Portionen. Der Mango-Eistee ist in seiner Ausführung einmalig. Eine gute Wahl zum Abendessen. Auch Kochkurse. ⌚ 7–22 Uhr.

AKTIVITÄTEN

Tauchen und Schnorcheln

Viele Tauchschulen sind relativ teuer. Etwas preiswerter, aber meist auch weniger professionell sind die den günstigen Unterkünften angeschlossenen Tauchbasen.

Ein **Ausflug zur Pulau Menjangan** kostet für Schnorchler ab 350 000 Rp und für Taucher ab 1 Mio. Rp p. P. inkl. Ausrüstung, Abholung und Bootstransfers. Der Nationalparkeintritt von 200 000 Rp, an Sonn- und Feiertagen 300 000 Rp., wird aufgeschlagen. Eine typische Halbtagstour beinhaltet 2 Schnorchel- bzw. Tauchgänge und ein Mittagessen an einem der feinen Sandstrände auf der Insel.

Alternativ verkehrt auch ein **Ausflugsboot** nach Menjangan um 9 Uhr in 45 Min. für 450 000–550 000 Rp einschließlich Mittagessen und Nationalpark-Eintritt.

Bali Diving Academy, am Strand des Taman Sari Resort, ✆ 0361-270252, 0877-6004 8543, 💻 www.scubali.com. Beliebtes 5-Sterne-PADI-Tauchcenter unter europäischer Leitung mit deutschsprachigen Tauchlehrern und gutem Boot. Open Water-Kurse für 6,3 Mio. Rp bei max. 4 Schülern, 1 Tauchgang im Hausriff 450 000 Rp, 2 Tauchgänge vor Menjangan 1,5 Mio. Rp. 10 % der Einnahmen wandern in lokale Umwelt- und Gemeindeprojekte. Auffüllen von Wasserflaschen kostenlos.

Dive Concepts, im Arjuna Homestay und an der Hauptstraße, ✆ 0812-3766 6971, 💻 www.diveconcepts.com. Günstiges und gutes Tauchzentrum unter französischer Leitung. Ein 3-tägiger Open Water-Kurs kostet

Dekompressionszeit einhalten

Vor der Weiterreise gilt es zu beachten, dass die kürzesten Verbindungen (130 km, mind. 3 1/2 Std.) in den Süden über die Berge (via Pupuan 1000 m, via Bedugul 1400 m) führen. Daher sollte der letzte Tauchgang je nach Tiefe und -dauer mind. 18 Stunden zurückliegen oder der Weg über die westliche Küstenstraße (160 km, ähnliche Fahrtdauer) gewählt werden.

3,5 Mio. Rp, ein Schnupperkurs 900 000 Rp, 2 Tauchgänge vor Menjangan ab 1,4 Mio. Rp und Schnorcheln 350 000 Rp zzgl. Nationalparkeintritt.

TRANSPORT

Die **Busse** zwischen GILIMANUK und SINGARAJA, beide Ziele jeweils 25 000 Rp, können entlang der Hauptstraße angehalten werden. Privattransporte kosten:
AMED 650 000 Rp.
CANDI DASA, FLUGHAFEN, KUTA, LEGIAN, PADANG BAI, SANUR, SEMINYAK und UBUD 700 000 Rp.
GILIMANUK 350 000 Rp.
JIMBARAN 750 000 Rp.
LOVINA UND MUNDUK 350 000–400 000 Rp.
TULAMBEN 600 000 Rp.

Nord-Bali

Die Reize der Region liegen in den Kontrasten: In unter einer Stunde gelangt man von der trockenen, heißen Küste ins angenehm kühle, fruchtbare Hochland. Auf Kulturinteressierte warten schmucke balinesische *Pura*, ein buddhistisches Kloster, ein chinesischer Tempel und ein Dorf der balinesischen Ureinwohner. Naturliebhaber können erloschene Vulkane besteigen, unter malerischen Wasserfällen baden oder bei einem Spaziergang die Bergwelt erkunden.

Der schmale Küstenstreifen wurde bereits 1854 von den Holländern kolonialisiert – 50 Jahre früher als Balis Süden. Der westliche Einfluss war hier entsprechend stärker, vor allem in der größten Stadt **Singaraja**, dem ehemaligen kolonialen Verwaltungszentrum. Das einzige Touristenzentrum ist das mäßig attraktive **Lovina** an einem 6 km langen Küstenabschnitt, von dem aus Tagesausflüge in die Umgebung möglich sind. Die Küstenstraße ist von Singaraja gen Westen ziemlich stark befahren, weiter Richtung Osten wird es ruhiger, aber auch hier sind große Lkw unterwegs.

Die zentrale Bergkette mit dem aktiven Vulkan **Gunung Batur** und seinem Kratersee inmitten der Mondlandschaft der Caldera auf der östlichen und den malerischen Bergseen **Danau Bratan**, **Danau Buyan** und **Danau Tamblingan** auf der westlichen Seite liegt häufig in den Wolken versteckt. Besucher können hier dem Massentourismus entkommen und in Bergorten wie **Bedugul** oder **Munduk** ein anderes Bali kennenlernen.

Singaraja

Singaraja ist mit 84 000 Einwohnern die Hauptstadt des Distrikts Buleleng, des flächenmäßig größten auf Bali. Jahrhundertelang lag hier der wichtigste **Hafen** Balis, in dem chinesische, arabische, portugiesische, buginesische und javanische Händler aufeinandertrafen. Nach drei blutigen, erfolglosen Versuchen (1846, 1848 und 1849) erlangten die Holländer schließlich 1854 die Kontrolle über die Stadt: der erste Schritt zur Eroberung der gesamten Insel. In den 1930er-Jahren trafen hier die ersten Touristen ein, um zu ihren Unterkünften in Munduk, Ubud, Sanur oder Denpasar weiterzureisen. Heute ist Singaraja eine typische Provinzstadt, allerdings gewürzt mit einer Prise **Kolonialgeschichte** und fremden Einflüssen.

Ganz und gar nicht balinesisch wirken die breiten Straßen, die teils aus dem 19. Jh. stammenden Häuser und eine von den Holländern erbaute Brücke, die in den Ostteil der Stadt führt. Die große, zum Meer weisende Steinfigur **Yudha Mandala Tama** zeigt Ketut Merta, der für das Austauschen der holländischen mit der indonesischen Flagge sein Leben ließ und heute den Pier mit Seafood-Warung bewacht.

Nebenan steht der chinesische Tempel **Ling Gwan Kiong** von 1873, der vorwiegend von hokkien-chinesisch-stämmigen Balinesen besucht wird. Auf dem zentralen Altar wird Chen Fu Zhen Ren verehrt, und Bilder an den Wänden erzählen von ehemaligen chinesischen Königreichen.

SONSTIGES

Einkaufen

Ein großer Supermarkt der Kette **Carrefour** liegt in der Jl. Surapati 121 auf der südlichen Straßenseite. 🕒 9–22 Uhr.

Visaangelegenheiten

Kantor Imigrasi, südlich der Jl. Singaraja-Seririt, ca. 1 km westlich des Zentrums, ✆ 0362-32174, 💻 www.imigrasi-singaraja.com, ⌚ Mo–Do 7.30–12 und 13–16, Fr 7.30–12 und 13–16.30 Uhr.

TRANSPORT

Der **Banyuasri-Busbahnhof** im Westen der Stadt wird abends zu einem Nachtmarkt umfunktioniert. Sonst verkehren von hier von 6.30–14.30 Uhr etwa alle 1 1/2 Std. Busse nach GILIMANUK (86 km, 35 000 Rp, 2–2 1/2 Std.) via LOVINA (9 km, 10 000–15 000 Rp, 20 Min.) und PEMUTERAN (54 km, 25 000 Rp, 1 1/2 Std.), zudem Busse nach Java. Nach Lovina geht es auch mit blauen *Angkot*. Minibusse zur Sukasada-Busstation im Süden der Stadt kosten 10 000 Rp.

Von der **Sukasada-Busstation** geht es von 9–14 Uhr nach DENPASAR (Busbahnhof Batubulan; 75 km, 30 000–40 000 Rp, 2–3 Std.) via BEDUGUL (28 km, 1 Std.).

An der Hauptstraße vor dem **Penarukan-Busbahnhof** starten bis 11 Uhr kleine rote Busse in Richtung AMLAPURA (86 km, 30 000 Rp, 2 1/2 Std.) via TULAMBEN (61 km, 1 1/2 Std.) und CULIK (nahe AMED, 70 km, 1 3/4–2 Std.) sowie nach DENPASAR (Busbahnhof Batubulan; 114 km, 40 000–50 000 Rp, 3–4 Std.) via KINTAMANI (45 km, 1 1/2 Std.).

Lovina

Die Dörfer Pemaron, Tukad Mungga, Anturan, Kalibukbuk, Kaliasem, Temukus und Banyualit werden heute unter dem Sammelbegriff Lovina geführt. Der ausgedehnte Küstenabschnitt 6 bis 12 km westlich von Singaraja bildete einst *das* touristische Zentrum von Nord-Bali. Da die Sandstrände aber schwarz sowie weniger schön und breit sind und das ruhige Meer keine Surfer anlockt, geht es selbst in der Hauptsaison hier deutlich geruhsamer als im Süden zu.

Dass es das Gros der Traveller nicht mehr hierher verschlägt, beweist das Überangebot an älteren, trend- und moderesistenten Unterkünften. Die Einheimischen buhlen als Vermittler von Hotels und Touren umso heftiger um jeden Neuankömmling. Wer sich davon bedrängt fühlt, sollte deutlich machen, dass die Hilfe nicht gewünscht wird.

Delphine

Die Hauptattraktion von Lovina sind Delphine, die sich jeden Morgen vor der Küste tummeln. In den letzten zehn Jahren wuchs die Anzahl der Boote erschreckend an, sodass Tierfreunden beim Anblick von 40 und mehr Booten, die auf einen gesichteten Delphin zu- und über die Meeressäuger hinwegbrettern, schnell die Lust vergeht. Man sollte seinem Bootskapitän klar sagen, dass ein derart **aggressives Hetzen der Tiere** missbilligt wird.

Delphintouren starten um 6 Uhr morgens und können überall gebucht werden. Einfache Fischerboote für bis zu 8 Pers. sollten inkl. Transport zur Anlegestelle etwa 200 000 Rp p. P. kosten. Eine Alternative ist die Tour mit dem Fiberglasboot von Made, ✆ 0813-3751 0300, 💻 www.beautifulfishlovina.com, der zwar 300 000 Rp p. P. verlangt, sich aber auch mehr Zeit nimmt, erst losfährt, wenn der größte Morgentrubel vorbei ist, und auch längere Fahrstrecken in Kauf nimmt. Im Preis ist natürlich keine Garantie für das Auftauchen von Delphinen enthalten. Sollte man keine zu Gesicht bekommen, kann man sich mit dem meist klaren Sonnenaufgang trösten.

Wenn sich in den seichten, ruhigen Gewässern keine Tümmler blicken lassen, fahren die kleinen Auslegerboote auch weiter hinaus. Dann sollte man damit rechnen, nass zu werden, und Kamera, Handy und Geld sollten wasserdicht verpackt sein. Die vordersten Sitze kann man getrost anderen überlassen, denn hier wird es am nassesten.

ÜBERNACHTUNG

FunkyPlace, Jl. Singaraja-Seririt, ✆ 0878-6325 3156, 💻 www.fb.com/funkyplacebali. Kreativbuntes Hostel mit entspannter Bar im Retro-Design und mäßigem Restaurant mit balinesischen Tanzaufführungen und regelmäßiger Livemusik. In den nicht sehr sauberen 3-Bett-

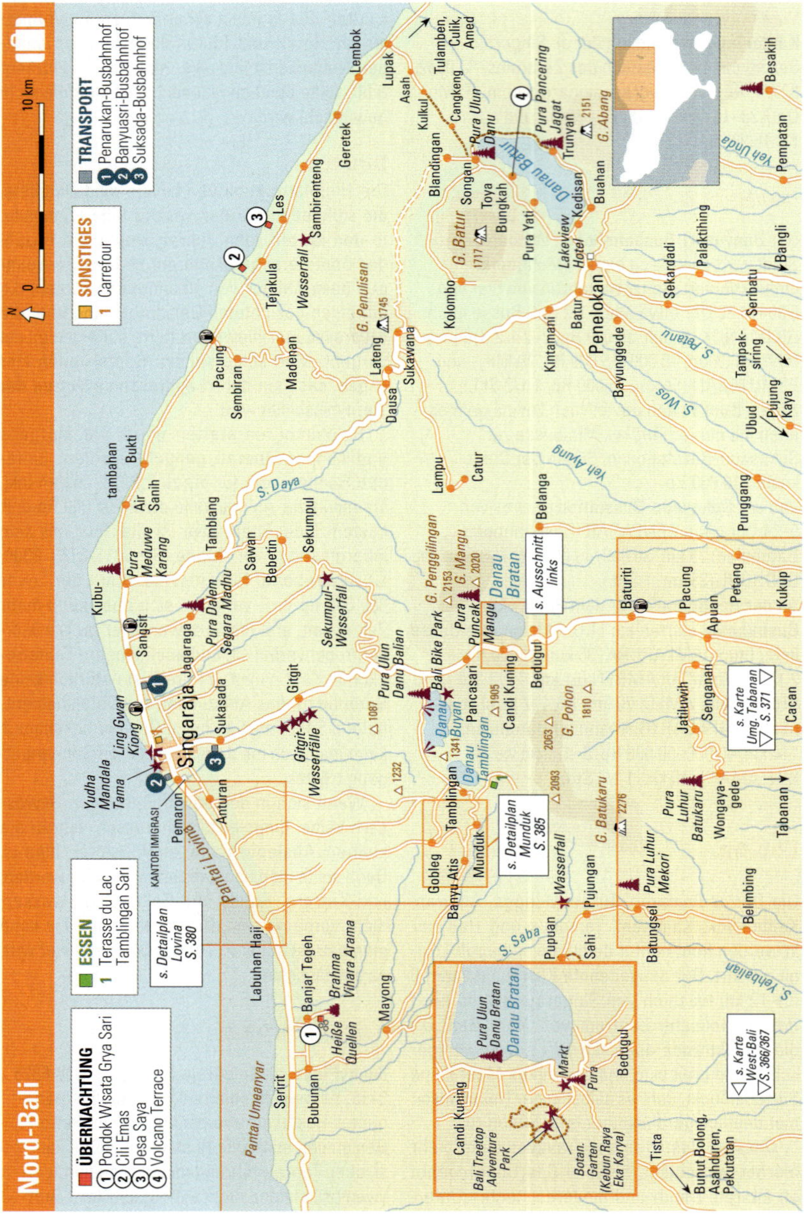

Nord-Bali
ÜBERNACHTUNG
1 Pondok Wisata Grya Sari
2 Cili Emas
3 Desa Saya
4 Volcano Terrace
ESSEN
1 Terasse du Lac
Tamblingan Sari
SONSTIGES
1 Carrefour
TRANSPORT
1 Penarukan-Busbahnhof
2 Banyuasri-Busbahnhof
3 Suksada-Busbahnhof
0
10 km
N
s. Detailplan Lovina S. 380
s. Detailplan Munduk S. 385
s. Ausschnitt links
s. Karte Umg. Tabanan S. 371
s. Karte West-Bali S. 366/367
Singaraja
Penelokan
Pantai Umeanyar
Pantai Lovina
Seririt
Bubunan
Banjar Tegeh
Heiße Quellen
Brahma Vihara Arama
Mayong
Labuhan Haji
KANTOR IMIGRASI
Pemaron
Anturan
Yudha Mandala Tama
Ling Gwan Kiong
Sukasada
Gitgit
Gitgit-Wasserfälle
Jagaraga
Pura Dalem Segara Madhu
Sangsit
Kubu-tambahan
Pura Meduwe Karang
Air Sanih
Bukti
Tamblang
Sawan
Bebetin
Sekumpul
Sekumpul-Wasserfall
S. Daya
Pacung
Sembiran
Madenan
Tejakula
Wasserfall
Sambirenteng
Les
Geretek
Lembok
Lupak
Asah
Kukul
Cangkeng
Tulamben, Culik, Amed
G. Penulisan
1745
Lateng
Dausa
Sukawana
Kolombo
Blandingan
Songan
Pura Ulun Danu
G. Batur
1717
Toya Bungkah
Pura Yati
Danau Batur
Pura Pancering Jagat
Trunyan
2151
G. Abang
Lakeview Hotel
Kedisan
Buahan
Kintamani
Batur
Bayunggede
Lampu
Catur
Belanga
Yeh Ayung
S. Wos
S. Petanu
Sekardadi
Palaktihing
Bangli
Seribatu
Tampak-siring
Pujung Kaya
Ubud
Punggang
Yeh Unda
Pempatan
Besakih
Pura Ulun Danu Balian
Bali Bike Park
G. Penggilingan
2153
Pura Puncak Mangu
G. Mangu
2020
Danau Bratan
Danau Buyan
1341
Danau Tamblingan
Pancasari
1905
Candi Kuning
Bedugul
Mangu
1087
1232
Tamblingan
Gobleg
Munduk
Banyu Atis
2063
2093
G. Pohon
1810
G. Batukaru
2276
Wasserfall
Pujungan
Pupuan
S. Saba
Sahi
Batungsel
Pura Luhur Mekori
Pura Luhur Batukaru
Wongaya-gede
Tabanan
Jatiluwih
Senganan
Baturiti
Pacung
Apuan
Petang
Kukup
Cacan
Belimbing
S. Yehbalian
Tista
Bunut Bolong, Asahduren, Pekutatan
Pura Ulun Danu Bratan
Danau Bratan
Candi Kuning
Markt
Pura
Bedugul
Bali Treetop Adventure Park
Botan. Garten (Kebun Raya Eka Karya)

Zimmern für 150 000–180 000 Rp pro Matratze und den farbenfrohen Zimmern mit interessant gestalteten Du/WC wird es ziemlich heiß. Zudem kann man in einem ausgefallenen hochstandartigen Zelt übernachten. WLAN nur im Barbereich. ❸–❹

Hotel Shri Ganesh, Jl. Laviana, ✆ 0362-42240, 🖳 www.hotelshriganesh.com. Kleine, familiäre Anlage mit schönem Pool und sehr sauberen, großen, kürzlich renovierten, jedoch etwas dunklen Zimmern mit geschnitzten Eingangstüren, Himmelbetten und moderner Du/WC. Nettes, hilfsbereites Personal. Gutes Restaurant. Der nahe Strand voller Fischerboote eignet sich leider nicht zum Baden. ❹

Pandawa Village, Jl. Pandawa, 400 m landeinwärts von der Jl. Singaraja-Seririt, ✆ 0878-6317 4343, 🖳 www.pandawavillage.com. Etwas abseits im Grünen gelegene, kleine, aber feine, gepflegte und ruhige Anlage mit 5 sehr sauberen, einladenden und geräumigen Bungalows mit bequemen Betten, AC, TV, Wasserkocher, Safe und großer Du/WC. Schöner Ausblick auf den Fluss und die Reisfelder vom Pool. Freundlicher Service. Frühstück inkl. ❺–❻

Saraswati Holiday House, Jl. Saraswati, ✆ 0362-339 1133, 🖳 www.saraswati-bali.com. Ruhige und kuschelige, von einer deutsch-balinesischen Familie geführte Gartenanlage, Pool mit UV-gefiltertem Wasser. Die 2 geräumigen Bungalows mit Moskitonetz und bepflanztem Open Air-Bad mit solarerwärmtem Wasser sind liebevoll individuell gestaltet. Gemeinschaftsküche. Alle organischen Abfälle werden kompostiert und zur Reinigung natürliche Reinigungsmittel verwendet. Reservierung empfehlenswert. Tee, Kaffee und Frühstück inkl. ❺–❼

ESSEN

Akar Café, Jl. Pantai Binaria, ✆ 0817-972 4717, 0362-343 5636. Das ganz in Grün gehaltene kleine Café hat hinten einen gemütlichen Sitzbereich und serviert originelle, wohlschmeckende und erschwingliche Gerichte aus frischen Zutaten – ganz ohne Fleisch, teils auch vegan. Hummus, leckere Salate, Nudeln mit Sesampesto und Cashewnüssen oder indische und mediterrane Teller – nichts ist teuer, aber alles lecker! Zudem Säfte, Tees und Frühstück. WLAN. 🕓 7–22 Uhr.

Bakery Lovina, Jl. Singaraja-Seririt, ✆ 0362-42225, 🖳 www.bakery-lovina.com. Das klimatisierte Restaurant-Geschäft ist bis 12 Uhr ideal zum Frühstücken. Hier gibt es Voll- und Mehrkornbrot, italienischen Schinken, Salami und allerlei importierte Köstlichkeiten. Die Sandwiches kommen mit daumendicken Scheiben Schwarz- oder Graubrot und leckeren Belägen. Zudem werden Kuchen, Pizza, frische Brötchen, Käse und Wurst verkauft – allerdings nicht billig. WLAN. 🕓 7.30–21 Uhr.

Global Village Kafé, Jl. Singaraja-Seririt, ✆ 0362-41928, 🖳 www.fb.com/GlobalVillageFoundationBali. Das kreativ eingerichtete, günstige Non-Profit-Restaurant an der Hauptstraße bietet ein gutes Preis-Leistungs-Verhältnis. Neben gutem Kaffee, Säften, Tees und Milchshakes werden auch Sandwiches und westliche sowie lokale Gerichte aufgetischt. Verkauf von lokal produziertem Kunsthandwerk. Als gemeinnützige Organisation unterstützt es die Ausbildung und medizinische Versorgung von benachteiligten Familien. WLAN. 🕓 8–22 Uhr.

Secret Garden Restaurant, Jl. Pura Dalem, 350 m abseits der Hauptstraße, 3 km östlich vom Zentrum, ✆ 0887-332 1007, 🖳 www.secret-garden-restaurant.biz. Nettes, kleines und beliebtes Gartenrestaurant mit westlichen und einheimischen Gerichten zu mittleren bis gehobenen Preisen, zu empfehlen ist der im Bananenblatt gegarte Fisch. Sehr freundlicher Service. Zum Nachtisch gibt es sogar Kaiserschmarrn. Kostenlose Abholung aus Lovina. 🕓 17–22 Uhr.

Warung Apple, Jl. Mawar, ✆ 0813-3496 1799. Kleines, offenes, überaus günstiges Restaurant mit leckeren Gerichten und freundlichem Service. Wer für wenig Geld satt werden und dabei eine große Auswahl haben möchte, ist hier richtig. Ähnliches gilt für den Warung Ayu nebenan. 🕓 10–22 Uhr.

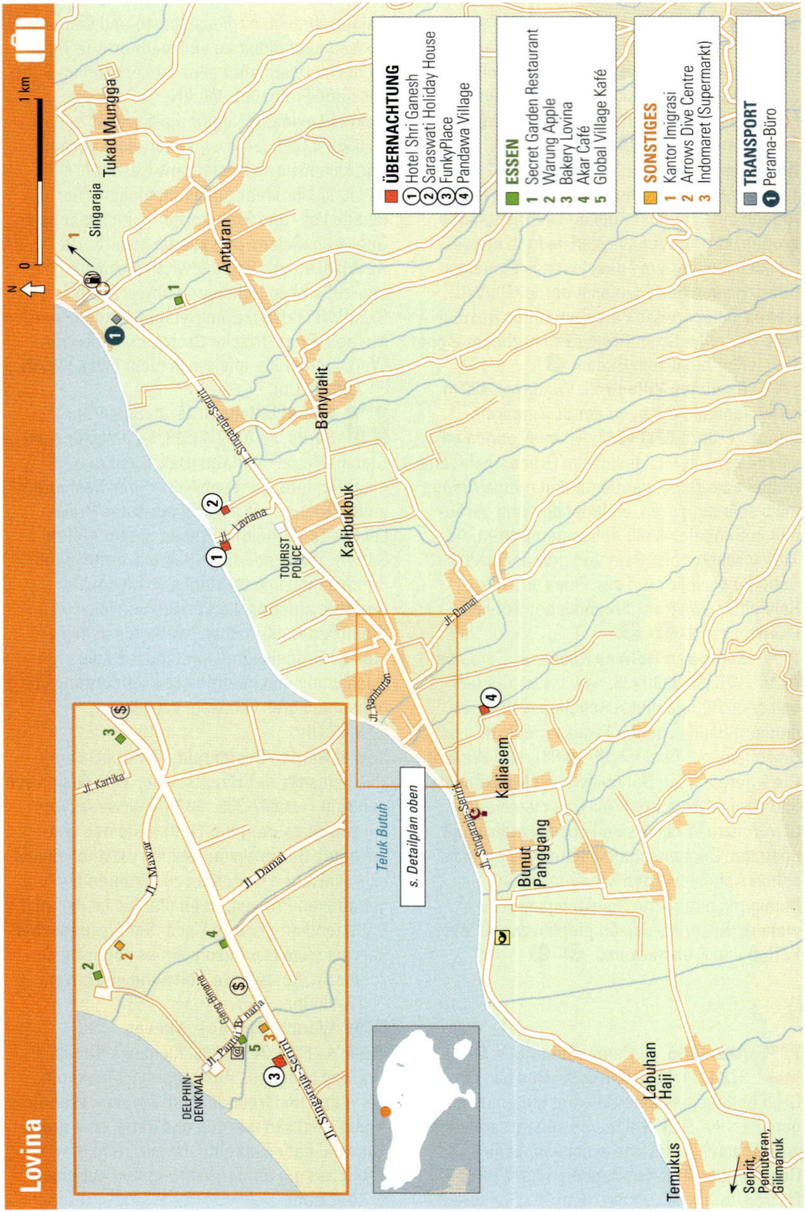
Lovina
N
0
1 km
ÜBERNACHTUNG
1 Hotel Shri Ganesh
2 Saraswati Holiday House
3 FunkyPlace
4 Pandawa Village
ESSEN
1 Secret Garden Restaurant
2 Warung Apple
3 Bakery Lovina
4 Akar Café
5 Global Village Kafé
SONSTIGES
1 Kantor Imigrasi
2 Arrows Dive Centre
3 Indomaret (Supermarkt)
TRANSPORT
1 Perama-Büro
Singaraja
Tukad Mungga
Anturan
Banyualit
Kalibukbuk
Jl. Singaraja-Seririt
Laviana
TOURIST POLICE
Jl. Damai
Jl. Rambutan
Kaliasem
Bunut Panggang
Teluk Butuh
s. Detailplan oben
Labuhan Haji
Temukus
Seririt, Pemuteran, Gilimanuk
Jl. Kartika
Jl. Mawar
DELPHIN-DENKMAL
Jl. Pantai Binaria
Gang Binaria

AKTIVITÄTEN

Tauchen und Schnorcheln

Wer in den vorgelagerten Korallenriffen schnorcheln möchte, muss mit einem Boot hinausfahren. Mangels starker Strömungen ist die Sicht oft sehr gut. Die schönsten Tauch- und Schnorchel-Spots liegen jedoch vor der Insel **Menjangan** (S. 373) etwa 1 1/2 Std. Autofahrt westlich. Auch Ausflüge zum **Wrack der USS Liberty** (S. 420) bei Tulamben sind möglich.

Arrows Dive Centre, Jl. Mawar, ✆ 0362-41504, 💻 http://arrows-dive.com/. Professionelle, gleichzeitig lockere Tauchschule mit guter Ausrüstung und sachkundigen Tauchguides, die Wert auf Sicherheit legen.

TOUREN UND SONSTIGES

Touren in die Umgebung, etwa zum Sing-Sing-Wasserfall, zum Brahma Vihara Arama oder zu den heißen Quellen in Banjar, lassen sich über Unterkünfte und Touranbieter organisieren. Tagesausflüge in die Umgebung kosten etwa 500 000 Rp pro Auto und Guide.

Lovina Taxi, ✆ 0877-6256 2281, 💻 www.lovinataxi.wordpress.com. Putu und seine Kollegen sind zuverlässige und sichere Fahrer, die bei Tagestouren in die Umgebung auch als Guides fungieren.

TRANSPORT

Die **Busse** zwischen SINGARAJA (Banyuasri-Busbahnhof; 10 km, 10 000–15 000 Rp, 20 Min.) und GILIMANUK (77 km, 35 000 Rp) passieren Lovina an der Hauptstraße. Ein Ausstieg in PEMUTERAN (46 km, 25 000 Rp) ist möglich.

Perama, im Perama Hotel, ✆ 0362-41161, 💻 www.peramatour.com, bietet Minibusse mit Abholung (Aufschlag 15 000 Rp). Alle starten um 9 Uhr:

BEDUGUL für 75 000 Rp.
CANDI DASA und PADANG BAI für 175 000 Rp.
KUTA, SANUR und UBUD für 125 000 Rp.

Privattransporte

Die teurere, aber komfortablere Variante sind Transporte in Privatautos.

AMED oder TULAMBEN für 350 000–450 000 Rp.
CANDI DASA oder PADANG BAI für 500 000–600 000 Rp.
FLUGHAFEN für 550 000 Rp.
BALIAN oder GILIMANUK für 400 000–450 000 Rp.
BEDUGUL oder PEMUTERAN für 300 000 Rp.
KUTA, LEGIAN, SANUR oder SEMINYAK für 450 000–550 000 Rp.
MUNDUK für 270 000 Rp.
UBUD für 400 000–500 000 Rp.

Umgebung von Lovina

Das **Brahma Vihara Arama**, 💻 www.brahmaviharaarama.com, das einzige buddhistische Kloster der Vipassana-Richtung auf Bali, liegt still und abgeschieden auf einem Hügel 10 km westlich von Lovina bzw. 39 km östlich von Pemuteran, etwa 2,5 km oberhalb des Dorfes Banjar Tegeh. Wer uraltes Kulturerbe erwartet, wird enttäuscht sein, wurde die Anlage doch zwischen 1958 und 1970 erbaut. Die Gebetshalle ist mit Reliefdarstellungen aus dem Leben des Buddha verziert. Rechter Hand steht ein großer, mit floralen Mustern geschmückter, goldener Stupa. Auf der obersten Terrasse thront eine siebenstufige, an den Borobodur erinnernde Anlage vor einem großen, offenen Meditationsplatz. Von hier bietet sich eine tolle Aussicht bis zur Küste. Im begehbaren Bau blicken vier Buddhas in die vier Himmelsrichtungen. Wer an Retreats teilnehmen möchte, findet auf der Website die nächsten Termine oder kontaktiert ✆ 0811-170010. 🕒 7–22 Uhr, Eintritt gegen Spende.

Von Banjar Tegeh sind auch die nahe gelegenen **heißen Quellen** *(Air Panas Banjar)* ausgeschildert, ein von Bambus bewachsener Platz an einem plätschernden Bach mit gut besuchtem Naturschwimmbad mit 3 Becken. Wer in den einfachen, älteren Bungalows des **Pondok Wisata Grya Sari**, ✆ 0362-92966, ❸–❹, übernachtet, hat morgens und abends die Anlage fast für sich alleine. 🕒 8–18 Uhr, Eintritt 10 000 Rp, Kinder 5000 Rp, Parken 5000 Rp, 1 Std. Massage 150 000 Rp, ein Bad im Jacuzzi 15 000 Rp.

Bratan-Massiv

Das zentrale Bergmassiv der Insel erhebt sich etwa 20 km landeinwärts von Singaraja. Von beeindruckender Schönheit ist die hügelige Gebirgslandschaft rund um die drei großen Bergseen **Danau Bratan**, **Danau Buyan** und **Danau Tamblingan**. Hier oben breitete sich einst ein riesiger Krater aus, Reste davon befinden sich halbkreisförmig im Norden und Osten, mit dem **Gunung Penggilingan** (2153 m) als höchster Erhebung.

In dem Krater gab es bis zum Jahr 1818 einen riesigen See. Der Ausbruch eines Nebenvulkans verschaffte einem Teil der Wassermassen einen Abfluss, mit katastrophalen Folgen für viele Dörfer am Berghang. Zurück blieben die drei kleineren Seen, fruchtbare Böden und eine stimmungsvolle, beschauliche Landschaft. Richtung Südwesten ragen in unregelmäßigen Abständen bis zum **Gunung Batukaru** (2276 m) jüngere Vulkankegel auf.

Gitgit

Von Norden kommend, gelangt man 9–11 km südlich von Singaraja rund um das Dorf Gitgit zu den schönen, mehrstufigen **Gitgit-Wasserfällen**, die auch in der Trockenzeit Wasser führen. Bei allen Stufen geht es einen kurzen, aber schweißtreibenden Weg mit mitunter rutschigen Stufen entlang, vorbei an mehr oder weniger vielen Verkaufsständen. Angekommen in der Dschungelschlucht, kann man die aus einer Höhe von bis zu 40 m herabstürzenden Wassermassen bewundern, die sich wie weiße Wolken auf dem Felsen ausbreiten.

Entlang der Straße gibt es vier Wasserfälle, die vom gleichen Fluss gespeist werden: Von Norden nach Süden sind das der Gitgit Twin Waterfall, der Multi Tier Waterfall, der Colek Pamor Waterfall und der Air Terjun Git Git. Am Eingang sind je nach Stufe bis zu 25 000 Rp Eintritt zu zahlen. Guides bieten ihre Dienste an, sind aber nicht erforderlich. Beim Gitgit Twin Waterfall kann man im kühlen Wasser baden.

Eine landschaftlich spektakuläre, schmale, aber gut befahrbare und wenig frequentierte Straße zweigt zwischen dem Ort Gitgit und der Bratan-Hochebene von der Hauptstraße ab (ausgeschildert mit *Sekumpul Waterfall*). Sie führt durch die magische Bergwelt und kleine, ursprüngliche Dörfer, vorbei am Sekumpul-Wasserfall (S. 392) bis hinunter an die Küstenstraße bei Sangsit.

Warme Sachen einpacken

In den Bergen kann es nicht nur nachts empfindlich kalt und feucht werden, daher sollten lange Hosen und ein Pullover in keinem Reisegepäck fehlen.

Danau Bratan

Der steilen Serpentinenstraße Richtung Bedugul folgend, erreicht man bald die Bratan-Hochebene. Am Ufer des Bergsees Danau Bratan steht umrahmt von großen Touristenrestaurants 1240 m über dem Meeresspiegel einer der touristischsten und meistfotografierten Tempel der Insel, der **Pura Ulun Danu Bratan**. Leider wurde die Anlage in den letzten Jahren so intensiv kommerziell ausgebaut, dass viel von ihrem malerischen Charme verloren gegangen ist. Neben dem riesigen Parkplatz für die Reisebusse und einem Touristenrestaurant gibt es sogar einen Spielplatz und einen Bootsverleih auf dem Gelände.

Hinter dem Ticketschalter betritt man eine gepflegte Gartenanlage mit lebensgroßen Tierstatuen. Ein Teil der 1663 begründeten Anlage liegt auf zwei kleinen Inseln in Ufernähe, die leider aufgrund des stark gesunkenen Wasserspiegels in der Trockenzeit immer wieder verlanden. Auf der äußersten Insel steht ein dreistufiger *Meru* (balinesische Pagode), in dem Shiva und seine Gemahlin Parvati in ihrer Manifestation als Dewi Danu, Göttin der Gewässer, verehrt werden. Der schlanke, elfstufige *Meru* auf der zweiten Insel ist Sitz von Vishnu als Gott des Wassers und der Berge sowie seiner Gattin Dewi Sri. Im größeren Tempelkomplex am Seeufer stehen u. a. ein siebenstufiger *Meru* für Brahma und ein dreistufiger Lotusthron *(Padmasana)* für die Hindu-Trinität Brahma-Vishnu-Shiva. Im Süden der Anlage finden sich die Schreine für die Vorfahren der *Rajas* von Mengwi.

Der Pura Ulun Danu Bratan ist der meistfotografierte Tempel der Insel.

Morgens ist die beste Zeit, um den Tempel ohne Wolken zu bewundern. Wer möchte, kann die Tempelanlage auch vom See aus fotografieren. ⌚ 7–19 Uhr, Eintritt 50 000 Rp, Kinder 25 000 Rp, Parken Pkw 10 000 Rp, Motorräder 5000 Rp.

Der Botanische Garten von Bedugul

Direkt neben dem touristischen Markt von Candi Kuning liegt die Einfahrt zum Botanischen Garten, **Kebun Raya Eka Karya**, 💻 www.kebunrayabali.com. Alle 500 m wartet der riesige Garten weider mit einer neuen Landschaft auf: Palmen, Farnwälder und Laubbäume sind hier vertreten. Insgesamt gedeihen mehr als 2000 Spezies, darunter 668 Baumarten, die meisten davon endemisch. Von April bis Juni lohnt sich ein Besuch ganz besonders, da zu dieser Zeit viele Pflanzen in Blüte stehen. An Wochenenden kommen viele einheimische Touristen, und Pärchen schätzen den Garten als Ort für ein Rendezvous.

In dem teils wie ein magischer Märchenwald wirkenden Park stößt man immer wieder auf kleine, idyllisch gelegene **Tempelanlagen**. Bis auf das Konzert der Zikaden und die Schreie der Affen herrscht oft völlige Stille. Wer sich zuvor auf dem Markt mit Erdbeeren und anderem Obst eingedeckt hat, kann hier, begleitet von den Klängen der Natur, ein Picknick machen, es sei aber vor den dreisten Affen gewarnt.

Der Garten ist besonders für seine Begonien bekannt, von deren Vielfalt man sich im **Begonienhaus** überzeugen kann. Vom grenzenlosen Artenreichtum der gut 4000 Orchideenspezies Indonesiens (viele davon aus West-Papua) bekommt man im **Orchideenpark** einen guten Eindruck. Auch der **Rosengarten** und das **Kaktushaus** sind Zwischenstopps wert.

Aufgrund der Größe des Gartens wird eine Rundfahrt mit dem eigenen Auto empfohlen, aber auch ausgedehnte Spaziergänge sind möglich. Ein 8 km langer Fußweg führt ab dem Gästehaus im Norden durch die Hügel. Motorräder sind nicht erlaubt. ⌚ 8–18 Uhr, Eintritt 11 000 Rp pro Auto sowie 17 000 Rp p. P., Parken 3000 Rp pro Motorrad. Englischsprachige Guides kosten 300 000 Rp.

Der empfehlenswerte **Bali Treetop Adventure Park**, ✆ 0361-934 0009, 💻 www.balitreetop.com, ist eine spannende Erweiterung des Botanischen Gartens. Nach einer kurzen Einführung können sowohl Kinder ab vier Jahren als auch Erwachsene auf sieben in den Bäumen befestigten Seil- und Netz-Parcours in einer Höhe von 2–20 m mit insgesamt zwölf bis zu 160 m langen Ziplines in verschiedenen Schwierigkeitsstufen klettern, springen, rutschen und gleiten – Spaß und Nervenkitzel für die ganze Familie. ⌚ 9.30–18 Uhr, Eintritt für 2 1/2 Std. für Erwachsene US$22–28, Kinder US$14–18, Familien US$57–73.

Danau Buyan und Danau Tamblingan

Rund 8 km nördlich von Bedugul beginnt eine der landschaftlich reizvollsten Strecken von Bali. Die Straße biegt hinter einer Haarnadelkurve gen Westen ab und führt auf einem schmalen Grat durch kleine Dörfer. Unterwegs liegen linker Hand einige Haltemöglichkeiten mit fantastischen Ausblicken auf die Seen Danau Buyan und Danau Tamblingan im Süden sowie zum Meer im Norden. Bei entsprechenden Wetterverhältnissen kommt es auch vor, dass man über den Wolken fährt – ein ebenso tolles Erlebnis. Die Straße führt durch Wälder, Kaffee- und Nelkenplantagen bis hinunter nach Munduk.

7 HIGHLIGHT

Munduk

Der kleine Bergort in 700 m Höhe wurde nicht grundlos bereits von den Holländern geschätzt. Sie bauten inmitten der ländlichen Idylle Wochenend- und Ferienhäuser, um sich von der Hitze in Singaraja zu erholen. Neben dem angenehm milden Klima sind es besonders die sagenhaften Aussichten und die schönen Spaziermöglichkeiten in der direkten Umgebung, die Munduk zu einem äußerst attraktiven Ziel machen. Der liebenswerte Ort erstreckt sich entlang einer Straße auf einem Berggrat mit Blick auf die umliegenden bewaldeten Täler und pittoresken Gebirgszüge. Die Erde ist überaus fruchtbar, sodass hier fast alles gedeiht: von Reis über Mangos, Papayas, Erdbeeren und Rambutan bis zu Kaffee, Kakao und Ingwer. Es sind jedoch besonders die Gewürznelkenplantagen, die dem Ort in den letzten Jahren etwas Wohlstand beschert haben. In vielen Höfen liegen die Knospen zum Trockenen aus, und die Luft wird von ihrem süßlichen Aroma erfüllt. Munduk ist ein angenehmer Gegensatz zur touristischen Überentwicklung des Südens und Ubud – noch immer vergleichsweise dörflich geruhsam, familiär und authentisch.

ÜBERNACHTUNG

Im milden Klima kommen die meisten Unterkünfte ohne AC aus, dafür bieten alle Warmwasser und viele zudem beeindruckende Aussichten auf die Plantagen und die umliegenden Steilhänge und Berge. Das Preis-Leistungs-Verhältnis ist generell gut, und die Preisunterschiede zwischen Hoch- und Nebensaison sind vergleichsweise gering.

Adila Warung and Homestay, am östlichen Ortsende, ✆ 0819-3655 1226, 💻 www.adilahomestay.com. Die kleine, familiäre Unterkunft wird von der sehr freundlichen Adila und ihrem Mann Putu geführt und punktet mit 4 recht modernen, sehr sauberen Zimmern mit bequemen Betten, Moskitonetz und Du/WC, darunter 2 Zimmer mit 2 Doppelbetten und TV. Tolle Aussicht von der Terrasse. Auch Kochkurse. ❹

Aditya Homestay, Jl. Pura Puseh, direkt südlich der Hauptstraße, ✆ 0852-3888 2968, 💻 www.adityahomestay.com/home. Im sehr einladenden Homestay mit 2 Gebäuden, Restaurant-Terrasse und unschlagbarer Aussicht wird man stets herzlich empfangen. Rund um den kleinen Innenhof gibt es 9 schön eingerichtete, komfortable, sehr saubere Zimmer mit großen Fensterfronten, bequemen Matratzen und Du/WC. Die beste Aussicht genießt man aus dem fast komplett verglasten VIP-Familienzimmer mit großer Privat-Terrasse. Die äußerst zuvorkommende Ilo und ihre überaus herzliche Großfamilie kümmern sich rührend um die Gäste, die zudem gute Tipps für Wanderungen bekommen (s. Aktivitäten). Sehr leckeres, günstiges Abendessen und frische

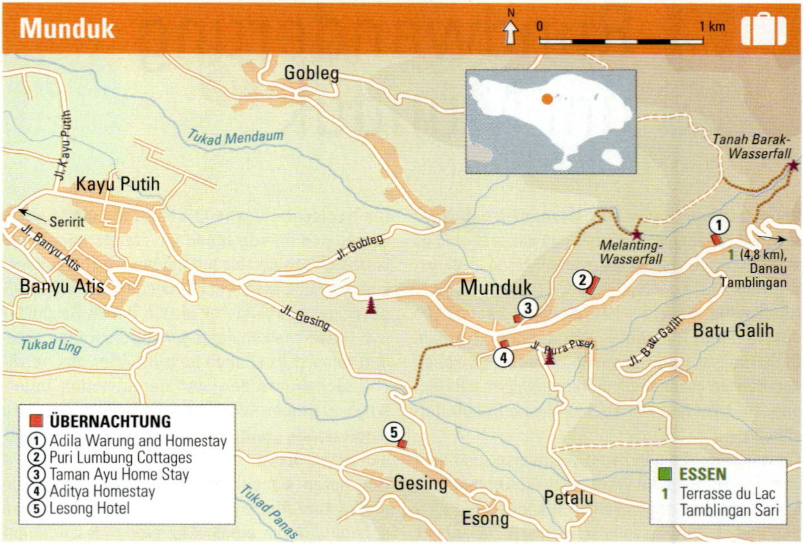

Säfte. Willkommensdrink und Frühstück inkl. ❸–❹

Lesong Hotel, Gesing, ✆ 0859-6594 4522, 💻 www.lesonghotel.com. In ländlicher Umgebung werden inmitten der Reisfelder 4 geräumige, luftige, mit viel Holz gestaltete Zimmer mit bequemen Betten, Moskitonetzen, riesigen Fensterfronten, hochwertigen Bädern und großer Terrasse mit Liegesofas vermietet der ideale Ort für einen entspannten Lesetag. Auch ein Familienzimmer mit 2 Doppelbetten. Aktive Gäste sind willkommen, in der Küche mitzukochen, auf dem Reisfeld auszuhelfen oder an Tempelzeremonien teilzunehmen. Gute Wanderungen, auch mit Kanutour und abenteuerliche Mountainbike-Touren (s. Aktivitäten) komplettieren das Angebot. Der engagierte, aus dem Dorf stammende Nyoman ist eine unerschöpfliche Informationsquelle. Motorrad- und Mountainbike-Verleih. WLAN im Restaurant und Frühstück inkl. ❺–❻

Puri Lumbung Cottages, ✆ 0851-0001 2887, 0812-387 4042, 💻 www.purilumbung.com. Ökotourismus-Projekt, das sich Wald- und Wasserproblemen annimmt, einen Bio-Garten unterhält und die lokalen Künste unterstützt. Gäste können an vielen Workshops (s. Aktivitäten) teilnehmen. Auf dem weitläufigen, naturnah um einen Bach angelegten Grundstück mit 42 Cottages und guter Aussicht wohnt man in bis zu 80 Jahre alten, modifizierten *Lumbung* mit schönem Open Air-Bad und Moskitonetz oder in der luxuriösen Villa. Nachts gibt es ein Insekten- und Froschkonzert. Die angebauten Gewürze und Pflanzen sind oft beschildert. Frühstück inkl. ❻–❼

Taman Ayu Home Stay, ✆ 0899-0155 357. Mit direktem Anschluss an die freundliche Großfamilie wohnt man in 6 einfachen, günstigen, ordentlichen Zimmern mit Moskitonetz, Du/WC und kleinem Balkon. Schöne Aussicht von der Dachterrasse, Kochkurse. Frühstück und WLAN im guten Restaurant inkl. ❷–❸

ESSEN

Fast allen Unterkünften sind kleine **Restaurants** angeschlossen, die mit günstigen Preisen und imposanten Ausblicken punkten.

Rundwanderung um Munduk

Wandersaison: Ganzjährig. Besonders von Nov–März setzt nachmittags oft Regen ein, während es morgens noch klar ist. Es empfiehlt sich, früh loszugehen.

Ausrüstung: Geschlossene Schuhe, Regenjacke oder Schirm, Badehose, Wanderstock (verleiht Sicherheit auf den schmalen Wegen zwischen den Reisterrassen und bei Begegnungen mit Hunden, die zwar laut kläffen, aber keine Gefahr darstellen).

Orientierung: Es gibt kaum Wegweiser und sehr viele kleine, schmale Wege, was die Orientierung erschwert. Das engmaschige Wegenetz hat aber den Vorteil, dass man meist auch ans Ziel kommt, wenn mal eine Abzweigung verpasst wurde. Die Einheimischen helfen gerne weiter, die unten genannten Flurnamen sind allgemein bekannt.

Die tropische Hügellandschaft rund um Munduk eignet sich hervorragend für Wanderungen und lässt sich problemlos auf eigene Faust erkunden. Einheimische sind Fremden gegenüber sehr aufgeschlossen. Wanderer, die die Dörfer, Reisfelder und Gewürznelkenplantagen durchstreifen, werden zumeist freundlich begrüßt. Wer das herzliche Lächeln erwidert, darf darauf hoffen, unterwegs zu einem Kaffee oder mit etwas Glück zu einer gerade stattfindenden Zeremonie eingeladen zu werden.

Der unten beschriebene Rundweg fasst die schönsten Abschnitte zusammen. Sportliche schaffen ihn an einem Tag, wer sich eingehender für Flora, Fauna und Kultur interessiert, kann die Tour aber auch gut auf 2 oder 3 Aufenthaltstage verteilen.

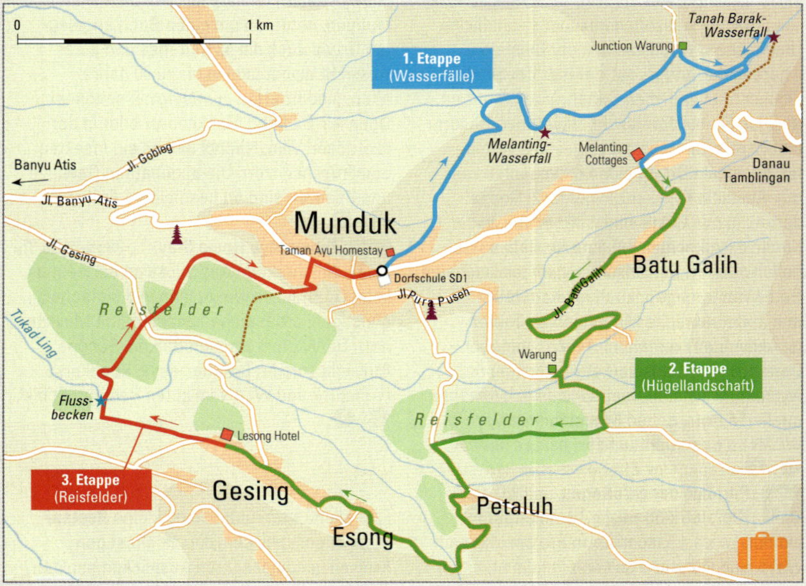

BALI

1. Etappe: Wasserfälle

- **Länge:** 3,6 km
- **Höhenunterschiede:** 265 m auf, 150 m ab
- **Dauer:** 3 Std.

Der schmale Fußweg beginnt im Zentrum von Munduk, gegenüber der Dorfschule SD 1, und führt vorbei am Taman Ayu Homestay hinunter in die nördliche Schlucht. Unterwegs bieten Warungs Dutzende lokal angebaute Gewürze und Kaffee zu überhöhten Preisen an, deren Pflanzen in den angrenzenden Gärten betrachtet werden können. An den Weggabelungen orientiert man sich am besten immer an den Pfeilen.

Dem Flusslauf aufwärts folgend, erreicht man den **Melanting-Wasserfall**, der aus eindrucksvoller Höhe hinunter in den Talkessel stürzt, Eintritt 15 000 Rp. Das Licht ist hier am frühen Vormittag besonders schön. Gegenüber dem Wasserfall führt eine steile Treppe empor. Vor der Bezahlstation biegt links ein schmaler, teils von der üppigen Vegetation überwucherter Pfad ab, der erhöht über der Schlucht, vorbei am Junction Warung, zum **Tanah Barak-Wasserfall** (auch Red Coral) führt, Eintritt 10 000 Rp. Beide Wasserfälle eignen sich zum Baden. Auf dem Rückweg folgt man zunächst dem Hinweg für 150 m, biegt dann links über den Fluss ab und steigt vorbei an den Melanting Cottages zur Hauptstraße hinauf. Schön ist dieser Weg auch in umgekehrter Richtung.

2. Etappe: Malerische Hügellandschaft

- **Länge:** 5,3 km
- **Höhenunterschiede:** 110 m auf, 310 m ab
- **Dauer:** 2 Std.

Gegenüber den Melanting Cottages führt eine kleine Straße durch den Weiler **Batu Gali** und schlängelt sich durch Gewürznelkenplantagen zum Fluss hinab. Man biegt links über die Brücke ab und steigt die steile Straße empor bis zum Warung, der sich rechts auf einem Plateau über der Straße erhebt. Kurz danach zweigt rechts ein zementierter Fußweg ab, der dem Bach folgt. Man durchstreift die malerischen **Reisfelder von Dayang** und genießt die Aussicht auf das grüne Tal. Wenn der Fußweg wieder eine Straße erreicht, hält man sich links und folgt der Straße auf und ab durch die Weiler **Petaluh** und **Esong**, wo man noch Blicke auf die Felder erhascht, bevor man im Dorf Gesing wieder eine fahrbare Straße erreicht.

© LORENZ SCHWEIZER

3. Etappe: Flussbecken und Reisfelder

- **Länge**: 2,5 km
- **Höhenunterschiede**: 200 m auf, 75 m ab
- **Dauer**: 1 Std.

Von der Straße in Gesing zweigt rechts talabwärts ein Fußweg ab. Der Einstieg befindet sich beim 3. Strommast vom Lesong Hotel aus gezählt. Sobald man den Bewässerungskanal erreicht, geht es rechts ab und einen schmalen Weg an den Reisfeldern vorbei zum Fluss hinab. Hier hat der Strom Becken in den Stein geschliffen, die Einheimischen als natürliche Pools und Wasserrutschen dienen und Wanderer zu einer Erfrischung einladen. Das Durchqueren des schlüpfrigen Flussbeckens ist jedoch sehr gefährlich und erfordert besondere Vorsicht! Auf der gegenüberliegenden Flussseite steigt der Weg zu den Reisterrassen hinauf. Wo der Weg die Straße erreicht, befindet sich rechts eine Anlage, in der Reis gedroschen, getrocknet und die Hülsen entfernt werden. Auf der anderen Straßenseite führt der Weg weiter die Terrassen hinauf und folgt anschließend dem Bewässerungskanal am Waldrand entlang oberhalb der Felder. Von hier aus lassen sich die unterschiedlichen Stadien des Reisanbaus gut beobachten. Vor einem Wohnhaus ist eine Weggabelung erreicht, links geht es steil nach Munduk hinauf.

Ein Beitrag von Lorenz Schweizer

Empfehlenswert ist das Essen im **Aditya Homestay** und **Taman Ayu Home Stay**.

Terrasse du Lac Tamblingan Sari, Jl. Danau Tamblingan, Kayuputih, 4,8 km außerhalb von Munduk, ☏ 0819-0330 1917, 💻 www.terrassedulac.com. Mit Blick auf den Bergsee werden leckere, schön angerichtete Hauptgerichte und Desserts in ordentlichen Portionen serviert, darunter vor allem Westliches. Wenn es kalt wird, kann man sich am Kamin wärmen, und wem es besonders gut gefällt, der kann hier auch komfortabel übernachten, ❹–❺.
⏲ 9–20 Uhr.

AKTIVITÄTEN UND TOUREN

An den vielfältigen **Kursen, Workshops** und **Aktivitäten** der **Puri Lumbung Cottages** (s. o.) können auch bis zu 2 Tagesgäste teilnehmen. Auf dem Programm stehen Kochen, Opfergaben-Arrangements sowie Wanderungen, Mountainbike-Touren oder Yoga.

Alle Unterkünfte organisieren **Wanderungen**: Spaziergänge zu den Wasserfällen in der Umgebung kosten um 150 000 Rp pro Std., es sind auch anspruchsvollere 3 1/2 Std.-Treks und Halbtagestouren möglich.

Mountainbiking

Bali Bike Park, am Ufer des Danau Buyan, ☏ 0811-399 7906, 💻 www.balibikepark.com, Karte S. 378. Der Abenteuerspielplatz für Mountainbiker bietet 3 km lange Strecken mit ca. 150 m Gefälle für alle Erfahrungsstufen und Vorlieben – von Downhill bis Cross Country. Ein Tagesticket inkl. unbegrenzter Anzahl von Shuttletransporten (8–14 Uhr) von den Trailenden zurück zum Startpunkt kostet 875 000 Rp. Der Park schließt bei Regen. Die Miete eines Mountainbikes inkl. Helm, Knie- und Ellbogenschutz kostet 450 000 Rp, eine Versicherung weitere 200 000 Rp.

Lesong Hotel, Gesing, s. Übernachtung.

Mit 3 hochwertigen Mountainbikes und einem Kinderfahrrad kann man die pittoreske Umgebung erkunden. Von lockeren Fahrten durch die umliegenden Felder (9,5 km, 100 000 Rp) über steigungsreichere Touren (19–23 km, 200 000 Rp, mit teilweisem Transport 600 000 Rp) bis zur abenteuerlichen Umrundung der beiden Bergseen (45 km, 300 000 Rp) ist für jeden etwas dabei. Die Fahrräder sind in Topzustand und kosten stets zusätzlich 100 000 Rp pro Fahrrad und Tour.

Auch die **Puri Lumbung Cottages** und das **Terrasse du Lac Tamblingan Sari** bieten Bike-Touren an.

TRANSPORT

In Ermangelung öffentlicher Verkehrsmittel müssen **Autos mit Fahrer** gechartert werden:

AMED oder TULAMBEN 650 000 Rp.
CANDI DASA 600 000 Rp.
BEDUGUL 250 000 Rp.
FLUGHAFEN 500 000 Rp.
GILIMANUK (Fähre nach Java) 550 000 Rp.
KINTAMANI oder TOYA BUNGKAH 600 000 Rp.
KUTA, SANUR oder SEMINYAK 500 000 Rp.
LOVINA oder PEMUTERAN 400 000 Rp.
SIDEMEN 600 000 Rp.
TIRTAGANGGA 650 000 Rp.
UBUD 400 000 Rp.

Batur-Massiv

Die rauen landschaftlichen Facetten des balinesischen Hochlands eröffnen sich am besten bei einer Fahrt durch das von Witterung und Vulkanismus geprägte Bergland um den **Gunung Batur** (1717 m), den zweitheiligsten Berg der Insel, der wegen seiner geologischen und botanischen Besonderheiten von der UNESCO als Geopark ausgezeichnet wurde. In den letzten 200 Jahren war der Batur über 20 Mal aktiv, zuletzt im Jahr 2000, zum Glück ohne Todesopfer. Die zwei schwersten Ausbrüche in den Jahren 1917 und 1926 hingegen forderten viele Menschenleben und vernichteten ganze Dörfer. Die raue Landschaft hat sich auch auf den Charakter der Bewohner ausgewirkt. Der Umgang der Menschen miteinander ist im Vergleich zur feinsinnig-kultivierten Sanftheit im Tiefland kernig und ungeschönt.

Nach knapp 40 km hat man von der Nordküste kommend die gefühlt unzähligen Haarnadelkurven der steilen Straße hinter sich gelassen. Im Westen des Danau Batur verläuft die Haupt-

Die Legende vom Batur-See

Einst lebte auf Bali der Riese **Kebo Iwa**, ein Wesen so groß wie ein Berg und erster Minister des Königs Ratna Banten. Mit seiner ungeheuren Kraft half er den Menschen bei der Anlage neuer Reisterrassen und Bewässerungssysteme und auch beim Bau großer Tempel. So soll er die Felsenheiligtümer **Gunung Kawi** (S. 361) und **Goa Gajah** (S. 360) in nur einer Nacht mit seinen Fingernägeln aus dem harten Gestein geschabt haben. Als Belohnung für seine Arbeit gab er sich mit einer Mahlzeit zufrieden, aber das bedeutete für die Dorfbewohner, jedes Mal die Nahrung für mehr als 1000 Menschen zu opfern.

Nach einer Missernte konnten die Dörfler den Forderungen des Riesen nicht mehr nachkommen, und in seinem Ärger zerstörte er Häuser und Tempel und fraß einige Männer und Frauen. Die so Geplagten bedienten sich einer List: Wenn er ihnen einen tiefen Brunnen graben könne, versprachen sie Kebo Iwa reiche Belohnung. Der begann, mit seinen Händen ein tiefes Loch auszuheben, auf dessen Grund sich schon das Grundwasser sammelte. Aber selbst für einen Riesen war es eine ermüdende Arbeit, und so pflegte er in dem kühlen, feuchten Erdloch täglich seinen Mittagsschlaf zu halten.

Eines Tages versammelten sich die Menschen um den Brunnen und überschütteten den schlafenden Riesen mit Unmengen von Kalk, den man sonst zum Weißen der Hauswände gebrauchte. Der Kalk wurde im Wasser schnell zu einer harten Masse, die dem Riesen seine Bewegungsfreiheit raubte und ihn schließlich begrub. Das Wasser stieg, floss über den Brunnenrand und formte den Batur-See. Das ausgehobene Erdreich liegt noch immer an seinem Platz – als Gunung Batur. Manchmal regt sich der Riese noch, dann kommt es zu Erdbeben oder Vulkanausbrüchen.

straße nun über mehrere Kilometer auf dem Kraterrand. Im Südosten ragt der Randkegel des **Gunung Abang** („älterer Bruder") auf, der mit 2151 m die höchste Erhebung des Massivs bildet.

Penelokan und die Caldera am Batur-See

In 1450 m Höhe bietet sich in **Penelokan** („Aussichtspunkt"), 6 km südlich von Kintamani, ein einmaliger, herrlicher Blick auf den **Gunung Batur**, die fremdartige Caldera und den Kratersee. Bei gutem Wetter ist sogar die Südküste der Insel am Horizont zu erspähen.

Die spektakuläre Sicht lockt zahlreiche Touristen an, die wiederum viele penetrante fliegende Händler nach sich ziehen. Am entspanntesten lässt sich das **Panorama** bei einem kühlen Drink von der Terrasse des am Kraterrand gelegenen Restaurants im Lakeview Hotel genießen. Das große Restaurant wird wegen der Aussicht von großen Touristenbussen angefahren, die hier zur Mittagszeit ihre Fahrgäste auf die überteuerten Buffets loslassen.

Wer durch Penelokan und hinab in den Krater fährt, muss 30 000 Rp Eintritt entrichten. Besonders in der Hochsaison sind die Geldeintreiber sehr aktiv.

Eine sehr steile Straße führt in den Krater zum halbmondförmigen, 90 m tiefen **Danau Batur** hinab. In **Kedisan** gabelt sie sich: Die linke Abzweigung leitet gen Nordwesten durch die zu den größten und eindrucksvollsten Vulkankratern der Welt zählende Caldera nach **Toya Bungkah**. Hier übernachten einige Touristen, um frühmorgens die Besteigung des Vulkans in Angriff zu nehmen (Kasten S. 391). Am besten wohnt man im neuen, familiär geführten **Volcano Terrace**, ✆ 0822-3744 4410, 💻 www.fb.com/VolcanoTerraceBali, mit vier großen, sauberen, nett möblierten Zimmern mit Panoramafenstern, Kühlschrank und TV etwas abseits vom, aber mit Ausblick auf den See. Die Familie kocht auch leckere Gerichte mit Fisch direkt aus dem See. Frühstück inkl., ❹.

Die hügelige Strecke führt durch eine fremdartige Mondlandschaft – unwirtlich, trocken, wüstenartig und von großen, schwarzen Lavabrocken übersät. Einen starken Kontrast dazu bilden die fruchtbaren Felder an den Seeufern und Fischfarmen, in denen der Tilapia-Buntbarsch *(Mujair)* gezüchtet wird.

Trunyan

Das Dorf auf der anderen Seite des Sees ist wie Tenganan (S. 413) von den *Bali Aga* bewohnt, den Ureinwohnern Balis. Eingezwängt auf einem schmalen Landstreifen zwischen See und steilem Kraterrand leben hier rund 700 Menschen in fast völliger Isolation vom restlichen Bali. Besucher sind nicht so willkommen wie in Tenganan, werden aber geduldet.

Viel zu sehen gibt es hier nicht: Mauern aus Lavablöcken umgeben die eng aneinandergereihten Grundstücke, auf denen man Gärten und Bäume vermisst. Wenn man Glück hat, kann man einen Blick auf die Arbeitsweisen der Weberinnen und Kunsthandwerker werfen. Hinter dem Ort führt ein steiler, gewundener Pfad die Kraterwand hinauf zu einem weiteren Dorf außerhalb des großen Kraters mit den Ländereien der *Bali Aga*.

Das größte Heiligtum des Ortes ist der schmucklose **Pura Pancering Jagat** („Nabel der Welt"). In seinem siebenstufigen *Meru* verbirgt sich eine 3 m hohe Statue der obersten Lokalgottheit, Ratu Gede Pancering Jagat, die nur einmal im Jahr einigen Auserwählten gezeigt wird.

Die Bewohner von Trunyan wurden kaum vom Hinduismus oder anderen Fremdeinflüssen berührt und entwickelten eine einmalige Art der **Totenbestattung**. Die Leichen werden nicht wie bei hinduistischen Balinesen verbrannt, auch nicht wie bei den *Bali Aga* von Tenganan beerdigt, sondern in weiße Tücher gehüllt und im Freien aufgebahrt, wo sie dann verwesen.

Ein oder zwei Mal im Jahr werden ausgewählte Verstorbene zeremoniell zum **Friedhof** gebracht, der eine kurze Bootsfahrt nördlich liegt. Besucher begrüßen die ordentlich aufgebahrten Gebeine und Schädel der Ahnen. Die Neuzugänge werden in elf Bambuskäfigen unter dem Schatten von bunten Regenschirmen und dem Baum *Taru Menyan* („süßer Duft") platziert, dessen süßliche Ausdünstung angeblich den Geruch der Verwesung neutralisiert. Tatsächlich riecht es weit weniger streng als erwartet.

Vor Ort lässt sich ein Preis von 300 000 Rp p. P. für eine **Bootstour von Trunyan** zum Friedhof und eine Führung durch das Dorf aushandeln, die ersten Preise sind meist unverschämt überhöht. Generell sind die Bewohner nicht auf Touristen eingerichtet und zurückhaltend, daher ist kulturelles Feingefühl gefragt.

Man kann den Ort und den Friedhof auch im Rahmen einer fünfstündigen **organisierten Tour** mit dem zuverlässigen Guide Yansu, ✆ 0857-3726 8735, für 700 000 Rp p. P. inkl. Transport ab Ubud, Eintrittspreisen und Mittagessen oder auf einer **Bootstour aus Kedisan** besuchen, wo Boote für die See-Rundfahrt gechartert werden können. Neben Trunyan wird auch in Toya Bungkah angelegt. Tickets bekommt man an einem Kiosk. Manchmal muss man handeln, aber eigentlich sollten die Preise ausgewiesen sein und US$55 pro Boot betragen.

Touren mit sozialem Anspruch

Die schweizerisch-indonesisch geführte Stiftung **Zukunft für Kinder**, ✆ 0812-3843 4555, 💻 www.zukunft-fuer-kinder.ch, organisiert morgens in **Songan** mittelschwere Trekkingtouren, die 6 km über den Krater hinab bis ins Dorf Kulkul führen, von dort mit dem Auto fortgesetzt werden und an der Nordküste enden. Oftmals sind es weibliche Guides, die durch die wundervoll wilde, noch weitgehend unberührte Bergwelt an den Hängen des Batur-Massivs und in ihre eigenen Dörfer führen. Es eröffnen sich tolle Ausblicke auf die Caldera und bis hinunter zum Meer. Die Touren kosten ab Ubud/Amed bei 2 Teilnehmern 1,2/1,4 Mio. p. P., bei 4 Pers. 950 000/1,1 Mio p. P. inkl. Transfers und Verpflegung.

Alle Profite kommen Guides und Kooperativen in den ärmlichen Dörfern im Gebiet Muntigunung zugute. Sie werden zum Aufbau einer funktionierenden Wasser- und Gesundheitsversorgung sowie für die Schulbildung der Kinder verwendet.

Die beiden Westler Rach und Sibran von Canoeing & Cultural – Cycling Tours, ✆ 0813-5342 0541, 💻 www.c-bali.com, haben fünf Jahre in Kedisan gelebt und bieten interessante kulturelle Tagesausflüge mit 2-stündigen Kanutouren auf dem See für 550 000 Rp. bei 2 Pers. ab Ubud an. Auch Radtouren gibt es zum gleichen Preis. Mit den Einkünften unterstützen sie die lokale Schule.

Besteigung des Gunung Batur

© FOTOLIA / DUDAREV MIKHAIL

Die Bergwelt rund um den Gunung Batur fasziniert mit schroffer Wildnis und grandiosen Ausblicken.

- **Länge**: je nach Tour 11–16 km, 600–900 Höhenmeter
- **Dauer**: je nach Tour 4–7 Std.
- **Nicht vergessen**: Sonnenschutz, Windjacke, feste Schuhe, warmer Pullover, Stirnlampe

Der Gunung Batur (1717 m) kann mit Guide bestiegen werden. Der Aufstieg beginnt meist zwischen 3 und 4 Uhr morgens in Toya Bungkah und findet mit einem Picknick auf dem Gipfel zum Sonnenaufgang seinen Höhepunkt. Der Aufstieg über die unwirklichen Lavaformationen ist ein großartiges Erlebnis. Gegen 9 Uhr ist man wieder zurück und kann die müden Beine in den heißen Quellen entspannen. Alternativ werden auch Touren angeboten, die erst gegen 7 Uhr zum Sonnenaufgang starten und den Gipfel gegen 9 Uhr erreichen sowie solche, an denen man im Anschluss an die Gipfelbezwingung den Tag über umliegende Krater und Höhlen erkundet.

Touren inkl. Transfers, teils auch Übernachtungen und Besuch der heißen Quellen, werden von Veranstaltern in ganz Bali angeboten. Guides und Informationen bekommt man direkt in Toya Bungkah im Büro der **Association of Mount Batur Trekking Guides**, ☎ 0366-52362, 0878-6313 0080. Die 4-stündige Tour zum Sonnenaufgang (3 Std. Marsch und 1 Std. Aufenthalt auf dem Gipfel) kostet 500 000 Rp p. P., die 6-stündige Tour über den Kraterrand und Pura Jabi 550 000 Rp p. P.

Eine Besteigung ohne Guide wird von der Organisation untersagt. Die jungen Männer zeigen sich schnell von einer aggressiven Seite, wenn man dennoch versuchen sollte, den Berg auf eigene Faust zu bezwingen – allerdings sind Bergsteigern im Alleingang in der Vergangenheit auch schlimme Unfälle widerfahren.

Man sollte sich stets vor dem Aufstieg über die Wetterlage erkundigen, andernfalls kann es sein, dass man in Regen gerät und durchnässt oder aufgrund schlechter Sicht umkehren muss. Zwischen November und März ist die Aussicht oft wolkenverhangen, sodass sich ein Aufstieg möglicherweise nicht lohnt.

Trunyan ist alternativ über eine schmale, kürzlich ausgebaute Straße zu erreichen, die ab Kedisan (an der Gabelung rechts) 8 km auf und ab durch Dörfer am See entlangführt.

Von Singaraja nach Osten

Jagaraga

Etwa 500 m östlich von Sangsit zweigt eine Straße Richtung Süden zu den Dörfern **Jagaraga** und Sawan mit ebenfalls sehenswerten Tempeln ab. Die Tempelanlagen sind mit reichen, fantasievollen Reliefdarstellungen an den Tempelmauern, bizarren Figuren und Dämonenköpfen ausgeschmückt. Bemerkenswert sind vor allem die häufigen „europäischen" Motive, vielleicht Karikaturen der ungeliebten Kolonialherren, vielleicht auch Darstellungen von Dämonen, die als Europäer verkleidet die Welt (Bali) unsicher machen.

Nach 4 km ist der **Pura Dalem Segara Madhu** in Jagaraga erreicht. Dieser Tempel zeigt die interessantesten Motive: Ozeandampfer inmitten von Seeungeheuern, ins Meer stürzende Flugzeuge, langnasige Europäer im Auto, die von einem Banditen mit Pistole überfallen werden usw. Die spannendsten Reliefs befinden sich zwar an der Außenwand, dennoch lohnt sich eine geführte Tour mit dem örtlichen Guide Ketut Suradnya, der auf lebendige Weise die Symbolik und Geschichte des Tempels erklärt und meist im gegenüberliegenden Warung anzutreffen ist.

Sekumpul

Hinter Sawan führt die Straße weiter nach Sekumpul, der Heimat eines der schönsten und mit 80 m höchsten **Wasserfälle** Balis. Das Wasser stürzt in sieben, von dichtem Dschungel durchkämmten Stufen in den malerischen Talkessel, wo ein natürlicher Pool zum Baden einlädt. Der etwas beschwerliche, schweißtreibende Weg dorthin führt 1,2 km über rund 350 steile Treppenstufen sowie durch einen knietiefen Bach vorbei an Snackverkäufern, Reisfeldern, Kaffee-, Nelken- und Kakaoplantagen. Auf halber Strecke belohnt ein Aussichtspunkt mit schönem Blick auf den Wasserfall die Anstrengung. Ein Schild weist auf zwei- bis vierstündige Treks in die Umgebung hin, die alle am Wasserfall enden. An Wochenenden und Feiertagen ist der Ort mit einheimischen Besuchern überlaufen, sonst ist es hier ruhiger als am Gitgit. Es ist möglich, den Wasserfall ohne Guide zu besuchen – auch wenn diese das Gegenteil behaupten und dann unverschämte 300 000 Rp verlangen, beträgt der offizielle Eintritt 20 000 Rp.

Kubutambahan

Weiter auf der Hauptstraße von Sangsit gen Osten liegt Kubutambahan. Nur 400 m östlich der Abzweigung nach Kintamani erhebt sich nördlich der Straße der **Pura Meduwe Karang** („der, dem die Erde gehört"), der zu den neun wichtigsten Staatstempeln zählt. Hier werden der Sonnengott Surya, der Herr der Felder, sowie Dewi Sri, die Reis- und Fruchtbarkeitsgöttin, verehrt, und es wird für eine ertragreiche Ernte gebetet.

Die Reliefs der Tempelmauern und Schreine stellen Dämonen, Geister, Fürsten und erotische Handlungen sowie eine Kampfszene aus dem *Ramayana* dar. Eine Darstellung ähnelt sogar dem letzten Abendmahl Christi. Am Sockel der zentralen Terrasse im dritten Innenhof findet sich das ungewöhnliche Relief eines Fahrrads. Der in Stein gehauene **Radfahrer** ist der langen Nase nach zu urteilen ein Holländer, und zwar der Forscher und Künstler W. O. J. Nieuwenkamp, der 1904 die Insel mit einem Zweirad erkundete. Das bis dahin unbekannte Fortbewegungsmittel beeindruckte die Balinesen so sehr, dass sie es für ein magisches Vehikel hielten: Es lässt sich ohne Antriebskette fahren und Reifen und Speichen sind durch Ranken und Lotusblüten ersetzt – ein „Blumenfahrrad".

Eintritt gegen Spende. Guides erklären bei einem Rundgang die Details der einzelnen Reliefs, sie erwarten dafür eine Entlohnung, Leihsarong 10 000 Rp.

Tejakula

Tejakula, 34 km östlich von Singaraja, war lange vor Benoa, Padang Bai und Singaraja ein bedeutender **Hafen**. Archäologische Funde, u. a. importierte Keramiken, belegen die bereits vor 2000 Jahren weitreichenden Handelsverbindungen der hier ansässigen balinesischen Ureinwohner *(Bali Aga)*.

Am steinigen Strand geht es beschaulich zu. Im ruhigen Wasser plantscht spätnachmittags die Dorfjugend, während ein paar Männer fischen. Nach weiteren gut 30 km durch die trockene Landschaft erreicht man den vom Tauchtourismus eroberten Ort Tulamben (S. 421).

Schön wohnt man 1,4 km nördlich der Straße in der von Jochen und Nicole bewusst nachhaltig und energiearm konzipierten, persönlichen Anlage des **Cili Emas**, ✆ 0878-6245 6739, 💻 www.ciliemas.com, mit Pool und sehr gepflegtem Garten am Meer. 5 Zimmer mit bequemen Himmelbetten, großem Open Air-Bad und Veranda, die teureren mit AC. Zudem 2 geräumige *Lumbung* und 2 tolle Bungalows mit 2 oder 3 komfortablen, schön gestalteten Schlafzimmern, 2 riesige Villen mit 2 bzw. 3 Zimmern und Privatpool, großem Gemeinschaftsbereich mit TV, Esstisch und ganz viel Privatsphäre. Septische Tanks, Abwasserrecycling und Energiesparmaßnahmen verringern die Umweltbelastung. Ein kleines Hausriff zum Schnorcheln, ein Yoga-Pavillon sowie ein Spa sorgen für Abwechslung und Entspannung. Kajak-, Stand Up Paddle- und Motorradverleih. Abends gemeinschaftliches, meist vegetarisches Essen mit Bio-Zutaten für 175 000 Rp p. P., Frühstück inkl. 3,1 km östlich liegt 600 m nördlich der Hauptstraße das neue **Desa Saya** mit 7 edlen Holzhäusern und Villas sowie Spa, großem Pool und Restaurant. Cili Emas: ❺–❼, Desa Saya: ❽.

Ost-Bali

Mit saftig grünen Reisterrassen, fruchtbaren Flusstälern, nebligem Bergwald, einem alles überragenden Vulkan, trockenen Küstenstreifen und kargen Lavaböden ist der Osten die landschaftlich vielfältigste Region der Insel. Die Unterwasserwelt ist berauschend, und Kulturinteressierte kommen in Palästen, Tempeln und ursprünglichen Dörfern auf ihre Kosten. Die Gerichtshalle Kertha Gosa in **Semarapura** (Klungkung) beeindruckt mit den feinsten Deckenmalereien, während der **Pura Besakih** der größte und heiligste Tempelkomplex der Insel ist. Sportliche können den **Gunung Agung** besteigen – wenn es die Sicherheitslage erlaubt – und seine fruchtbaren, fotogenen Ausläufer zwischen **Sidemen** und dem Wassergarten **Tirtagangga** erkunden. Die Insel **Nusa Lembongan** ist vor allem bei Surfern und Tagesausflüglern beliebt, die Juwelen ihrer großen Nachbarin **Nusa Penida** liegen hingegen unter der Wasseroberfläche. An der Südostküste locken der Hafenort **Padang Bai** und die Touristenenklave **Candi Dasa** mit tropischen Buchten und Stränden. Vor **Amed** und **Tulamben** können Taucher schöne, intakte Korallengärten und Wracks erkunden. Amed ist zudem ein entspannter Ort zum Abschalten.

Semarapura (Klungkung)

Die Hauptstadt des Bezirks Klungkung war lange Zeit ein Zentrum der balinesischen Kultur. Heute verirren sich nur wenige Touristen hierher, denn zum Urlaubmachen empfiehlt sich in dieser Gegend das nahe Sidemen (S. 395) mit einer besseren Auswahl an Unterkünften und Restaurants. Obwohl bereits 1995 eingeführt, ist der Name Semarapura noch immer nicht geläufig.

Im Zentrum der Stadt stehen die restaurierten Überreste des Königspalastes. Am 28. April 1908, zwei Jahre nach der dramatischen Niederlage von Denpasar, lieferten sich balinesische Truppen hier eine erbitterte Schlacht mit der holländischen Kolonialarmee, die in einem erneuten *Puputan* gipfelte: dem aufopferungsvollen Kampf bis in den Tod, der oft als ritueller Selbstmord einheimischer Krieger und der Königsfamilie beschrieben wird. An ihn erinnert das hohe **Puputan-Denkmal** nördlich des Taman Gili. Der Palast wurde von holländischen Kanonen fast völlig zerstört, nur das Südportal **Pemedal Agung** blieb erhalten.

Im nordöstlichen *Bale* befindet sich die rekonstruierte Gerichtshalle **Kertha Gosa**, die um 1700 unter König Dewa Agung Jambe errichtet wurde. Hier tagte das oberste Gericht aus Brahmanenpriestern und Adligen bei Fällen, die nicht durch die Dorfversammlungen geregelt werden konnten. Eindrucksvoller als jeder Gesetzestext verdeutlichen bunte Deckenmalereien im *Wayang*-Stil, welche Strafen ein Delinquent erwarten konnte. Ähnliche Bilder sind im **Bale Kam-**

bang zu bestaunen, einem Pavillon im Zentrum des großen Seerosenteiches.

Vom **Busbahnhof** im Süden verkehren Busse und Minibusse von 6–14 Uhr u. a. nach AMLAPURA, 38 km, am frühen Morgen, besser mit blauen oder weißen Bussen nach Padang Bai, 17 km, für 20 000 Rp und dort umsteigen, Denpasar (Batubulan), 24 km, für 20 000 Rp in 1 Std. und SIDEMEN, 10 km, nur am Vormittag für 15 000 Rp in 30–45 Min.

BALI

Besakih

Es gäbe kaum einen passenderen Standort für den größten, ältesten und heiligsten Tempel der Insel als den als Weltnabel verehrten Gunung Agung. Der Muttertempel **Pura Besakih** liegt rund 20 km nördlich von Semarapura, auf 950 m Höhe an der Südflanke des Vulkans. Er soll im 8. Jh. vom legendären Hindu-Priester Rsi Markandeya gegründet worden sein. Doch wahrscheinlich fand schon dieser ein uraltes Megalithenheiligtum vor, das der Verehrung eines Berggottes und vor allem der Ahnen diente.

Über die Jahrhunderte wurde das Heiligtum zu einem Komplex mit über 200 Gebäuden erweitert. Jedes Herrscherhaus, jeder Familienclan und jede klassische Berufsgruppe sind mit einem eigenen Tempel vertreten. Der bedeutendste ist der **Pura Penataran Agung** für die damalige Königsfamilie von Klungkung. Nur Hindus dürfen das allerheiligste Innere betreten, einige Nebentempel können in korrekter Bekleidung auch von Touristen besichtigt werden. Da Pura Besakih aus zahlreichen Einzeltempeln besteht, wundert es nicht, dass häufig Zeremonien abgehalten werden, meist nach dem *Saka*-Kalender bei Vollmond.

Vor dem Eingang herrscht Touristenrummel mit Essens- und Souvenirständen. Ein früher Besuch lohnt, denn ab 11 Uhr ist der Berg oft wolkenverhangen. Eintritt 15 000 Rp, Guides ab 60 000 Rp. Entgegen anderslautender Behauptungen sollte der Besuch auch ohne Guide möglich sein, s. Kasten.

Die meisten Besucher kommen in Reisebussen oder mit dem eigenen Fahrzeug. Einen Pkw ab SEMARAPURA oder SIDEMEN zu chartern kostet 250 000–300 000 Rp.

Abzocke am Besakih

Besucher werden darauf hingewiesen, dass der Zutritt nur mit einem Guide erlaubt sei, was jedoch nur für die inneren Tempel und Schreine, nicht aber für das Gelände an sich gilt. Guides gibt es offiziell für 60 000 Rp; doch nicht selten verlangen sie zusätzliche Beträge in absurder Höhe von bis zu 30 €, z. B. als Trinkgeld nach der Führung. Mitunter wird das Gästebuch mit überhöhten „Spenden" anderer Besucher vorgezeigt, das zu einer ähnlich großzügigen Zahlung motivieren soll. Auch für die Ausleihe von Sarong und Tempelschal, die andernorts im Eintrittspreis enthalten ist, wird eine überzogene Gebühr erhoben. Zudem wird gern behauptet, die „weite" Strecke zum Tempeleingang könne nur per Motorrad zurückgelegt werden, tatsächlich sind es fußläufige 300 m. Dort warten bettelnde Kinder und Frauen mit scheinbar selbstlos übergebenen Blüten und „Geschenken", doch auch sie erwarten eine Bezahlung. Und noch im Tempelkomplex auftauchende Begleiter, die dem Besucher ungefragt etwas zum Gesehenen erzählen, fordern hinterher einen saftigen Obolus.

Gunung Agung

Einer Legende nach soll die Hindu-Gottheit Pashupati die spirituelle Mitte der Welt, den heiligen Berg Meru, gespalten und den Gunung Agung aus einem seiner Fragmente geformt haben. Den Balinesen gilt der Vulkan als Zentrum des Kosmos und Sitz der Götter, den Bergsteigern als ultimative Herausforderung.

Sofern er nicht mehr wegen **Ausbruchsgefahr** gesperrt ist (s. Kasten S. 395), ist die beste Zeit für die Besteigung des mit 3031 m höchsten Bergs der Insel natürlich die Trockenzeit (s. Klima S. 38). Die meisten Touren starten nachts, sodass man zum Sonnenaufgang auf dem Gipfel beim Frühstück die Aussicht bis Lombok und Java genießen kann, bevor sich im Laufe des Vormittags die Wolken zusammenziehen.

Achtung: Vulkanische Aktivität des Gunung Agung

Im September 2017 begann nach 53 Jahren erstmals wieder eine Eruptionsphase des Vulkans. Tausende Dorfbewohner wurden evakuiert, denn seismische Minibeben, Asche- und Dampfsäulen sowie Hebungen des Kraterbodens ließen am bevorstehenden **Ausbruch** keinen Zweifel. Dieser setzte noch im November ein und dauerte mit Zwischenphasen trügerischer Ruhe bis Februar 2018 an. Prognosen sind immer schwierig, und auf einer Insel wie Bali beschäftigen Aschewolken und explosive Ausbrüche nicht nur die Geologen, denn fast der gesamte Tourismus ist davon betroffen: Touristen brechen ihren Urlaub ab oder reisen gar nicht erst an, der **Flugverkehr** kommt aufgrund von Aschewolken zeitweise zum Erliegen oder wird aus wirtschaftlichen Gründen zusammengestrichen, und in einigen Orten hat die Versorgung von über 50 000 Evakuierten in provisorischen Lagern oberste Priorität. Für die nicht im **Evakuierungsradius** (je nach Warnstufe 4–10 km) lebenden Menschen sind Stornierungen und leergefegte Geschäfte die vielleicht unangenehmste Folge.
Im Internet kann man sich über den Status des Vulkans informieren; nur wenn der Gunung Agung auf 💻 www.bnpb.go.id/status-gunung-api unter „awas" gelistet wird, gilt die höchste Warnstufe. Wer dann – und nur dann – die in und an der Evakuierungszone gelegenen Orte wie Tulamben, Kubu und Besakih meidet und sich nicht tagelang in den möglichen Abflusszonen um Amlapura und nördlich von Sidemen aufhält, hat wenig zu befürchten. Auch Amed gilt als sicher, die dortige Schnellbootverbindung nach Lombok bietet sogar eine gute Alternative zur Ab- und Weiterreise, falls der Flughafen auf Bali gesperrt wird.

Achtung: Guides sind unbedingt erforderlich, da sich Wanderer bereits verirrt haben und es anspruchsvolle Kletterpassagen zu meistern gilt. Für den Aufstieg ist gute bis sehr gute Kondition erforderlich! Wer an einem Tag hinauf und wieder herunter möchte, ist 8 Std. zum Kraterrand bzw. 10–12 Std. zum Gipfel und zurück unterwegs. Man benötigt feste Schuhe, Regenschutz, warme Kleidung, eine Stirnlampe, Trinkwasser und Verpflegung. Gaskocher sind aufgrund der Waldbrandgefahr verboten! Manche Guides sind selbst nicht entsprechend ausgerüstet. Zeitweise beschränken Wolken die Sicht auf wenige Meter, und nach Regenfällen ist der Untergrund extrem rutschig.

Der einfachste Weg zum **Krater** beginnt in 1575 m Höhe am **Pura Pasar Agung** in **Sebudi** nördlich von Selat. Der Aufstieg führt zunächst über 297 Stufen zum Tempel und von dort 2 Std. durch den Bergwald. Wo er ausdünnt, kurz vor dem steilen Anstieg, steht ein kleiner Tempel. Von hier sind es 3–4 Std. zwischen Lava-Felsbrocken hindurch bis zum 2866 m hohen Rand des gut 700 m breiten Kraters.

Oberhalb der Baumgrenze wird man mit wundervollen Aussichten auf Süd-Bali und Lombok belohnt.

Der **Gipfel** liegt westlich des Kraters und knapp 200 m höher, dazwischen erstreckt sich ein schmaler, gefährlicher Grat aus losem Lavagestein, den man nicht überqueren sollte! Stattdessen führt ein dreistündiger, körperlich anstrengender Marsch auf 2500 m links ab zum Gipfel, allerdings hat man auf diesem Weg keine Aussicht in den Krater und bewegt sich streckenweise nur krabbelnd voran.

Ein empfehlenswerter Guide ist I Wayan Dartha (Agung), ✆ 0852-3700 8513, 💻 www.darthamountagungtrekking.com, der Touren für 1,7–2 Mio. Rp bei 2 Pers. inkl. Verpflegung anbietet. Andere schwören auf Ketut Subawa, ✆ 0852-0372 3242, 💻 www.bawamountagungtrekking.com, mit ähnlichen Preisen. Günstiger sind Touren ab Sidemen (s. S. 398).

Sidemen

Rund 12 km nördlich von Semarapura liegt in einem malerischen, ganzjährig grünen Tal nahe den Flüssen Sungai Unda und Telaga Waja das idyllische Sidemen mit ursprünglicher Atmosphäre – einer der Orte auf Bali, die den agrarromantischen, tropisch-traumhaften Urlaubsversprechen der Reisebranche am nächsten kommen.

Hervorragend entspannen lässt es sich an den Pools und Terrassen familiär geführter Unterkünfte, die sich locker zwischen den Reis- und Gemüsefeldern verteilen und mit malerischen Ausblicken punkten. Aktive können Wanderungen, Ausflüge zum Pura Besakih oder nach Semarapura (Klungkung) sowie Rafting- oder Trekkingtouren unternehmen.

Die ganze Szenerie ist landwirtschaftlich geprägt, selbst einige Gästehausbetreiber bestellen nebenbei noch ihre Felder. Da das Wasser im vulkanisch porösen Boden rasch versickert, werden diese während der Trockenmonate über Kanäle bewässert. Wenn kein Wasser mehr zur Verfügung steht, reicht die Bodenfeuchtigkeit nicht mehr für den Nassreisanbau, aber immerhin für Gemüse und Gewürze.

Ein beliebter Aussichtspunkt mit Restaurant ist **Bukit Jambul**, 16 km südwestlich von Sidemen an der Jalan Raya Besakih nach Klungkung. Näher, kaum besucht und mit fabelhafter Aussicht ins Tal Richtung Gunung Agung liegt das **Pondok Wisata Patal Kikian** (s. Essen).

Die mit dem Pondok Damai (s. Übernachtung) assoziierte Stiftung **Pasraman Vidya Giri** unterweist Kinder in Englisch und balinesischen Künsten. Wer zwischen 16 und 18 Uhr vorbeischaut, kann bei Tanzproben, Gamelan-Musik und der Herstellung von Opfergaben zuschauen und sogar mitmachen.

ÜBERNACHTUNG

Alle Unterkünfte liegen, wenn nicht anders angegeben, im südwestlichen Ortsteil Tabola und haben Warmwasser, ein Restaurant und WLAN. Dank milder Temperaturen kann auf Klimaanlagen verzichtet werden.

Darmada Eco Resort, 0853-3803 2100, www.darmadabali.com. Auf dem idyllischen, grünen Areal mit Quellwasser-Pool und Yoga-Raum am Zusammenfluss zweier Bäche stehen 7 komfortable, mit viel Bambus eingerichtete Zimmer in Doppelhäuschen mit großem Himmelbett und Open Air-Bad, davon 3 für Familien. Einige haben schöne Kacheln,

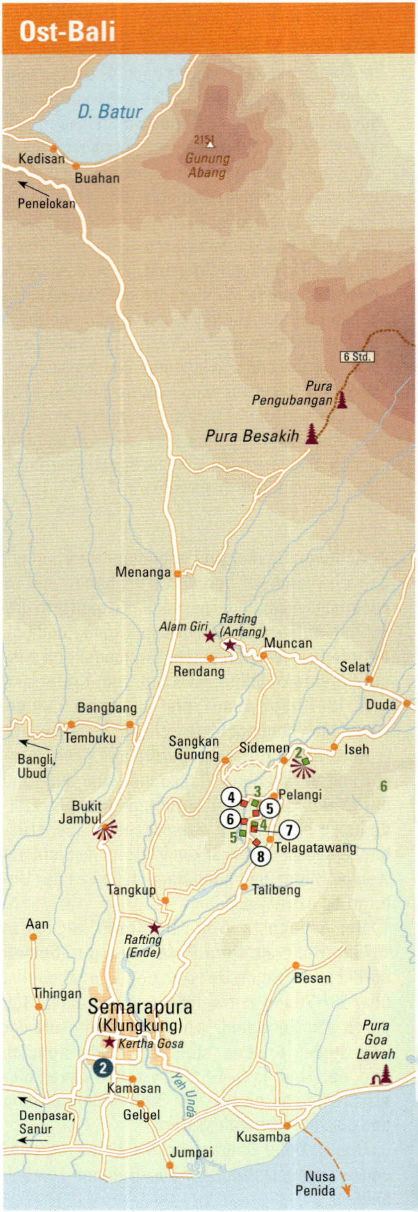

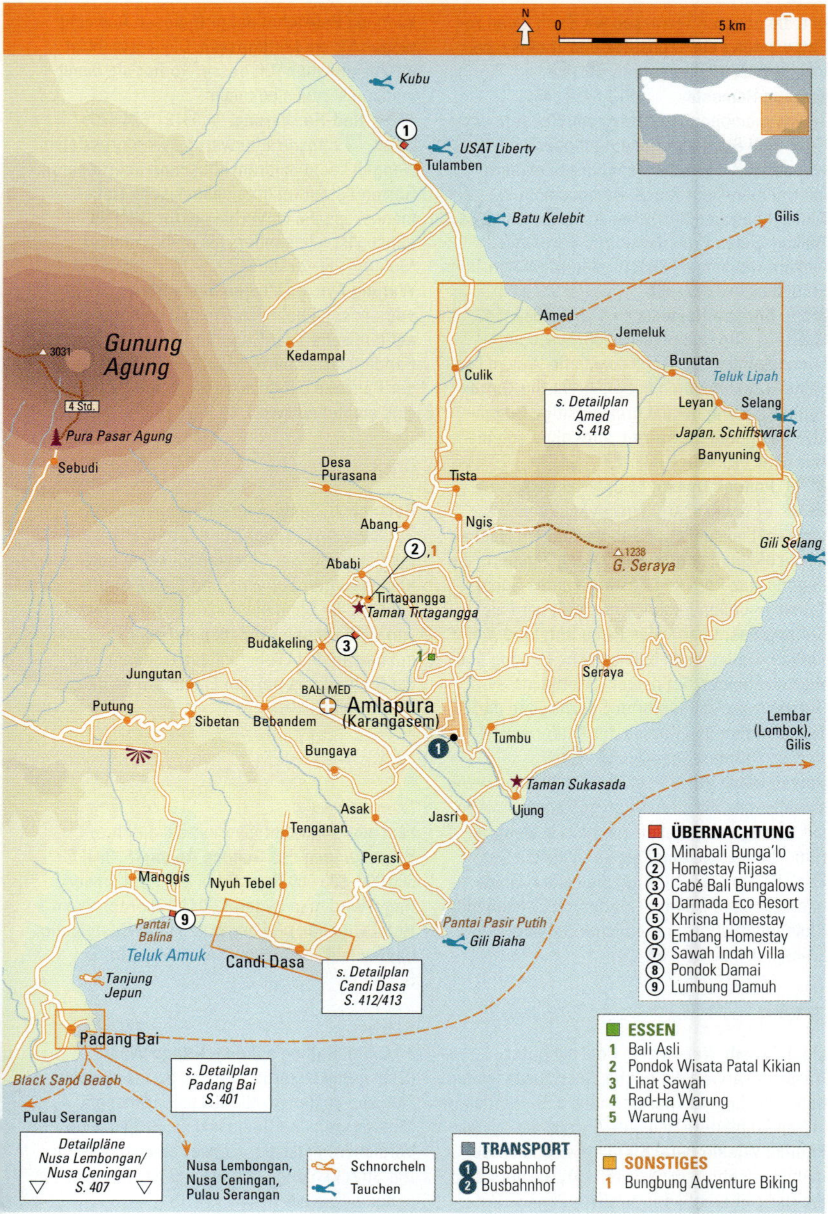
N
0
5 km
Kubu
USAT Liberty
Tulamben
Batu Kelebit
Gilis
Gunung Agung
3031
4 Std.
Pura Pasar Agung
Sebudi
Kedampal
Amed
Jemeluk
Culik
Bunutan
Teluk Lipah
s. Detailplan Amed S. 418
Leyan
Selang
Japan. Schiffswrack
Banyuning
Desa Purasana
Tista
Abang
Ngis
Ababi
1238
G. Seraya
Gili Selang
Tirtagangga
Taman Tirtagangga
Budakeling
Jungutan
Seraya
BALI MED
Amlapura (Karangasem)
Putung
Sibetan
Bebandem
Tumbu
Lembar (Lombok), Gilis
Bungaya
Taman Sukasada
Ujung
Asak
Jasri
Tenganan
Perasi
Manggis
Nyuh Tebel
Pantai Balina
Teluk Amuk
Candi Dasa
Pantai Pasir Putih
Gili Biaha
Tanjung Jepun
s. Detailplan Candi Dasa S. 412/413
Padang Bai
Black Sand Beach
s. Detailplan Padang Bai S. 401
Pulau Serangan
Detailpläne Nusa Lembongan/ Nusa Ceningan S. 407
Nusa Lembongan, Nusa Ceningan, Pulau Serangan
Schnorcheln
Tauchen
TRANSPORT
1 Busbahnhof
2 Busbahnhof
ÜBERNACHTUNG
1 Minabali Bunga'lo
2 Homestay Rijasa
3 Cabé Bali Bungalows
4 Darmada Eco Resort
5 Khrisna Homestay
6 Embang Homestay
7 Sawah Indah Villa
8 Pondok Damai
9 Lumbung Damuh
ESSEN
1 Bali Asli
2 Pondok Wisata Patal Kikian
3 Lihat Sawah
4 Rad-Ha Warung
5 Warung Ayu
SONSTIGES
1 Bungbung Adventure Biking

und die privaten Terrassen am Bach laden zur Entspannung ein. Frühstück und Trinkwasser inkl., WLAN im Restaurant. ❹–❺

Embang Homestay, ✆ 0813-3753 6464, 💻 www.embanghomestay.com. Bei Jero und Gusti sind Besucher gut aufgehoben und wohnen in 4 einfachen, sauberen Zimmern mit traditionellem Touch, Bambusmöbeln, Moskitonetz und herrlicher Aussicht vom Balkon. Gutes Preis-Leistungs-Verhältnis, leckere Hausmannskost für den schmalen Taler. Frühstück inkl. ❸–❹

€ **Khrisna Homestay**, ✆ 0815-5832 1543, 💻 http://pinpinaryadi007.wix.com/khrisnahomestay/. Der freundliche Wayan und seine Frau vermieten neben ihrem Bio-Garten saubere, einfache und preisgünstige Bungalows mit guten Matratzen, aber ohne schöne Aussicht. Frühstück inkl. ❸

Pondok Damai, ✆ 0811-399 9496, 💻 www.pasramanvidyagiri.com. Versteckt im südlichen Tabola liegt ein Neubau mit vier klimatisierten, kompakten Zimmern, die Zugang zum Pool und Restaurant des Subak Tabola nebenan haben. Vom Profit wird die Stiftung Pasraman Vidya Giri unterstützt, die Kindern traditionelle balinesische Bildung und Werte vermittelt. Frühstück, Shuttle ins Dorfzentrum, ein geführter Spaziergang und Teilnahme an den Kursen der Kinder sowie 15 Min. Fußmassage inkl. ❹–❺

Sawah Indah Villa, ✆ 0819-9924 2978, 💻 www.sawahindahvilla.com. Offen gestaltete Anlage mit 12 eleganten, hellen Zimmern in kleineren Häuschen sowie einer großen Villa mit Spa, Pool, Balkon und Blick auf die Felder. Einige haben schöne Open Air-Bäder mit freistehender Steinbadewanne. Freundlicher Service. Frühstück inkl. ❹–❺

ESSEN

Lihat Sawah. Neben dem Pool mit guter Aussicht serviert die Küche des Hauses leckere balinesische und Thai-Gerichte, z. B. Hühnchen in Pandanblättern und gute Currys.

Pondok Wisata Patal Kikian, zwischen Sidemen und Iseh, ✆ 0859-3615 1761. Die versteckt am Hang oberhalb der Straße gelegene Unterkunft mit Pool lohnt der grandiosen Aussicht wegen für ein Mittagessen. Die Auswahl ist gering, und man ruft besser vorher an, damit man auch etwas bekommt.

Rad-Ha Warung, ✆ 0819-1624 8209, 💻 https://radhawarung.wordpress.com/. Nengah kocht in ihrem hübschen überdachten Gartenrestaurant gute balinesische Hausmannskost, die im Verhältnis zur Qualität günstig ist – besonders als mehrgängiges Menü. ⌚ 11–23 Uhr.

Warung Ayu. Im kleinen Restaurant gibt es authentische balinesische und weniger authentische Thai-Gerichte. *Pepes Ikan*, im Pandanblatt gegarter Fisch mit Gemüse, sowie der Pancake mit Kokosraspeln und Palmsirup sind empfehlenswert. ⌚ 8–22 Uhr.

EINKAUFEN

Pelangi, Jl. Semarapura-Karangasem 67, ✆ 0366-23012. Schon vor der touristischen Erschließung war Sidemen für seine qualitativ hochwertigen *Songket*- und *Endek*-Stoffe bekannt. Im Shop einer lokalen Kooperative von Weberinnen kann man bei der Produktion an den Webstühlen zuschauen und die Stoffe direkt bei den Erzeugern kaufen. ⌚ 8–18 Uhr.

AKTIVITÄTEN UND TOUREN

Bergsteigen

Fast alle Unterkünfte vermitteln geführte Besteigungen des **Gunung Agung** (S. 394) für 500 000–600 000 Rp p. P. bei 2–3 Pers. In der Regel wird man gegen 1.30 Uhr morgens vom Hotel abgeholt und beginnt mit der Besteigung nach einer 1-stündigen Fahrt. Mehr Infos S. 394.

Rafting

2 1/2 Std. Rafting auf dem **Telaga Waja** (Schwierigkeitsgrad 3–4) von Rendang nach Tangkup kosten ab 400 000 p. P. Transport, Mittagessen und Guide inkl. (s. S. 298). Eine Versicherung ist nicht immer eingeschlossen. Die Streckenlänge variiert und beträgt durchschnittlich etwa 16 km.

Wandern

Auf Wanderungen durch die Reis- und Gemüsefelder werden Dorfleben, Feldarbeit, Nutz- und Heilpflanzen und balinesische Traditionen vorgestellt. Ein guter Guide ist **Ketut Laba** vom Rad-Ha Warung (s. Essen), der ab 2 Pers. 75 000 Rp pro Std. verlangt.

TRANSPORT

Nach SEMARAPURA (KLUNGKUNG), 10 km, mit grünen **Minibussen** bis 9 Uhr für 15 000 Rp in 30 Min.

Taxis über die Unterkünfte oder Sidemen Bali Transport, ✆ 0813-3955 4604, 💻 http://sidemenbalitransport.com/, kosten nach:

AMED 320 000 Rp.
CANDI DASA und SANUR 300 000 Rp.
KUTA und FLUGHAFEN 350 000 Rp.
LOVINA 600 000 Rp.
PADANG BAI 250 000 Rp.
PENELOKAN 350 000 Rp.
SEMARAPURA (KLUNGKUNG) 200 000 Rp.
UBUD 400 000 Rp.

Goa Lawah

Wenige Schritte nördlich der Küstenstraße bildet der große, dem Gott Maheswara geweihte „Todestempel" den Eingang zu einer heiligen Höhle. Der **Pura Goa Lawah** erscheint in allen Verzeichnissen der *Sad Kahyangan* (der sechs heiligsten Tempel von Bali), die ansonsten selten übereinstimmen. Sicher war die Höhle schon eine Kultstätte, bevor der Tempel im 11. Jh. von Empu Kuturan, einem Hindu-Priester aus Java, gegründet wurde.

Wer schon andere Tempel kennt, wird hier wenig Neues entdecken, wenn nicht gerade eine Zeremonie wie das *Odalan* ansteht. Es wird alle 210 Tage an einem Dienstag gefeiert, zehn Tage nach *Kuningan*. Häufiger sieht man den Ausflug der **Fruchtfledermäuse** (eigentlich kleine Flughunde) gegen Sonnenuntergang. Sie hängen tagsüber zu Tausenden kopfüber in dicken Trauben von der Höhlendecke, sodass es aussieht, als sei der Fels von einer kompakten Masse zappelnder Leiber überzogen.

🕒 bis 19 Uhr, Eintritt 10 000 Rp inkl. Leih-Sarong und Tempelschal, mit eigenem Sarong 6000 Rp, Guides für 50 000 Rp.

Padang Bai

Der überschaubare Hafenort in einer Bucht, 2 km abseits der Fernstraße, dient nicht nur als Zwischenstation auf dem Weg nach Lombok: Backpacker und Taucher bevorzugen ihn als Basis für Ausflüge in die Umgebung oder zu den Tauchspots vor den Nusa-Inseln gegenüber dem verschlafenen Candi Dasa. Seit viele Schnellboote nach Lombok von anderen Orten starten, kommen merklich weniger Backpacker. Hochbetrieb herrscht nur, wenn eine der großen Fähren anlegt; dann wird alles Erdenkliche – von gackernden Hühnern bis zu Elektrogeräten – auf das große Schiff nach Lembar verladen, und schwer bepackte Einheimische bahnen sich den Weg zu ihren Transportmitteln.

Den Strand säumen bunte, eng aneinandergereihte **Auslegerboote**, deren Bug mit magischen Augen und einem „Schnabel" verziert ist. Auf einem Hügel östlich des Hafens baute sich der legendäre Religionslehrer und Reformator Empu Kuturan im 11. Jh. eine Einsiedlerklause. Daran erinnert heute der kleine **Pura Silayukti**, einer der vier ältesten Tempel der Insel.

Im Osten liegt auch die kleine, geschützte Bucht **Blue Lagoon** mit schönem Strand und wenig Strömung. Sie eignet sich zum Schnorcheln und für die ersten Tauchgänge, bei steigender Flut kann die Strömung aber tückisch werden. Ein Bistro vermietet Sonnenliegen und Schnorchelausrüstung, allerdings sollten Badeschuhe zum Schutz vor Steinfischen getragen werden. Die Bucht ist über einen Pfad vom Parkplatz an der steilen Zufahrt zum Bloo Lagoon Village erreichbar, Parkgebühr 5000 Rp, Motorrad 2000 Rp.

In der Bias Tugel-Bucht südlich des Ortskerns führt ein kurzer Spaziergang einen steilen, teils vermüllten Pfad hinab zum eher gelblichen **White Sand Beach** (Eintritt 4000 Rp). An den Strandbistros werden Liegestühle und Schirme für 20 000 Rp vermietet. Bei Verzehr von Essen und Getränken sind sie meist kostenfrei.

Das farbliche Kontrastprogram ist, etwas weiter der Straße folgend, über kleine Wege durch den Palmenwald erreicht. Der schwarze Sand am ruhigen, breiten **Black Sand Beach** kann sehr heiß werden, und die heftige Strömung erschwert das Schwimmen.

ÜBERNACHTUNG

Bamboo Paradise Homestay, Jl. Penataran Agung, ✆ 0822-6630 4330, 💻 www.fb.com/bambooparadisebali. Beliebtes familiäres Hostel mit einfachen, von Bambusmöbeln dominierten Doppelzimmern und einem kleinen, klimatisierten Schlafsaal für 4 Pers. à 120 000 Rp. Die Etagenbetten quietschen manchmal etwas. Kleiner Garten und Essen im Warung. Frühstück inkl. ❸

OK Divers Resort & Spa, Jl. Silayukti 6, ✆ 0811-3858828, 💻 www.okdiversresort.com. Jenseits des Tauchzentrums und des offenen, luftigen Restaurants mit Pool liegt ein großer, weißer Bau im modernen Kolonialstil mit 30 komfortablen Zimmern mit guten Matratzen, TV, Holzmöbeln, Safe und Wasserkocher, die teureren sind etwas größer. Zudem 2 Familien- und ein behindertengerechtes Zimmer. Kleiner Innenhof mit Palmen und weiterem Pool. Frühstück inkl. ❺–❻

€ **The Lemon House**, westlich des Fährhafens vor dem weißen Pura Penataran Agung der kleinen Gasse folgen und nach 120 m links die Treppenstufen hinauf, ✆ 0812-4637 1575, 💻 www.lemonhousebali.com. Kleines, schweißtreibend erreichbares, aber freundlich-familiäres Gästehaus. Die 3 günstigen, sauberen Zimmer haben mit gute Matratzen (nur Doppelbetten), Bambusmöbel und teils Gemeinschaftsbad. Zudem ein Zimmer mit 2 Etagenbetten für 100 000 Rp p. P. Von der großen Terrasse hat man eine tolle Aussicht. Nach Voranmeldung gibt es Hilfe beim Gepäcktragen. Frühstück inkl. ❷–❸

ESSEN UND UNTERHALTUNG

Wasserflaschen können im OK Divers Resort, am Waroong Bloo in der Blue Lagoon sowie im Blue Lagoon Village aufgefüllt werden.

Molly's, Jl. Segara. Das offene, einfache Restaurant an der Straße bietet günstige Spare Ribs, Burger, Tacos und Pizzen. 🕒 8–22 Uhr.

Omang Omang, Jl. Silayukti, ✆ 0812-3959 3121, 💻 www.fb.com/OmangOmangM3. Angesagte Café-Bar mit Hockern an der Straße und rustikalem, halboffenem Innenraum. Besonders wenn gute Livebands wie Komang and the Bad Piper spielen, ist der Laden bis spät in die Nacht mit Travellern gefüllt, die für gute Stimmung sorgen. Lohnt dank gutem Kaffee aber auch nachmittags. 🕒 7–1 Uhr.

Ozone Café, Jl. Segara, ✆ 0812-3617 1620. Beliebter, durch kräftige Farben akzentuierter Traveller-Treff mit Frühstück, günstigen balinesischen Gerichten, Fisch, leckerem Cordon Bleu und großer Auswahl an Cocktails in gemütlichen Sitzecken oder am Tisch. 🕒 11–22 Uhr.

Topi Inn, Jl. Silayukti 99, ✆ 0363-41424, 💻 www.topiinn.nl. Das offene, kreativ gestaltete Restaurant besteht seit 1990 und kocht ohne chemische Zusätze. Große Auswahl an leckeren Baguettes, vegetarischen Gerichten, knackigen Salaten und Kuchen. Die günstigen indonesischen und Seafood-Gerichte sind nicht immer schmackhaft. Do und So ab 19.30 Uhr Livemusik, Mi und Sa ab 20.30 Uhr Filmvorführungen. Freundlicher Service und Workshops (s. Aktivitäten). 🕒 7.30–22, Bar bis 1 Uhr.

Warung Manggane und **Warung Segara Ayu**, an der Straße zum Bloo Lagoon Village. 2 einfache, günstige und freundliche Restaurants mit bunt gemischten Speisekarten, die dank ihrer Hanglage mit schöner Aussicht über die Bucht punkten. Im Manggane sind das Hühnchen-Curry und der gegrillte Barrakuda lecker. 🕒 9–21 Uhr.

AKTIVITÄTEN

Trekkingtouren zum Gunung Rinjani auf Lombok sollten nicht in Padang Bai gebucht werden (S. 459).

Im **Topi Inn** (s. Essen) helfen Brettspiele, aber auch Batik-, Flecht- und Kochkurse sowie Gamelan-Unterricht für 130 000–280 000 € p. P. gegen Langeweile.

Schnorcheln

Vor der Blue Lagoon liegen hübsche Korallengärten, man sollte aber die bei zunehmender Flut anziehende Strömung berücksichtigen. Am Strand von Padang Bai können Fischerboote gechartert werden, die Schnorchler zum beliebten Tauchrevier **Tanjung Jepun** bringen. Die Ausrüstung kostet 30 000 Rp pro Tag, 2-stündige Schnorcheltrips für 2 Pers. kosten 300 000 Rp.

Tauchen

Von Padang Bai aus werden Tauchspots in ganz Ost-Bali angesteuert, besonders vor Nusa Penida, Pulau Tepekong, Tulamben und Amed. In der näheren Umgebung liegt der artenreiche Steilabfall nördlich der **Blue Lagoon**, wo sich Haie, Schildkröten, Muränen und kleinere Riffbewohner tummeln. Zwischen den großen Korallenstöcken am **Shark Point** (auch Pura Kecil) sind fast immer Haie, Rochen und größere Fischschwärme zu sichten. Die von Korallen bewachsenen Pfeiler einer ungenutzten **Jetty** sind Heimat bunter Jungfische und werden daher von kleineren Räubern wie Skorpionfischen oder dem gut getarnten Fransen-Drachenkopf aufgesucht.

Open Water-Kurse kosten 4,8–5,2 Mio. Rp, ein Schnupperkurs 1–1,5 Mio. Rp und 2 Tauchgänge je nach Tauchgebiet 1–1,4 Mio. Rp.

OK Divers, Jl. Silayukti, ✆ 0363-41790, 💻 www.okdiversresort.com. Tauchschule unter tschechischer Leitung mit 2 Tauchbooten und Pool. Hier arbeiten manchmal deutschsprachige Tauchlehrer. Auch Pauschalangebote mit Übernachtung im OK Divers Resort.

Water Worxx, Jl. Silayukti, ✆ 0363-41220, 💻 www.waterworxbali.com. Gute Tauchschule mit SSI- und PADI-Zertifizierung und eigenem Boot unter Leitung von David und Claudia aus Deutschland.

TRANSPORT

Busse

SEMARAPURA (Klungkung), 17 km, mit blauen und weißen *Angkot* für 20 000 Rp in 45 Min.

Minibusse

Minibusse von **Perama**, 100 m westlich der Fähranlegestelle, 💻 www.peramatour.com, fahren nach:

AMED und TULAMBEN (100 000 Rp, 2 Std.) via TIRTAGANGGA (75 000 Rp) um 8.30 Uhr.

CANDI DASA um 9, 13.30 und 16.30 Uhr für 35 000 Rp in 20 Min.

KUTA und FLUGHAFEN (75 000 Rp, 2 Std) via SANUR (1 1/2 Std.) um 13.30 und 16.30 Uhr, nach KUTA auch um 9 Uhr.

LOVINA um 9 Uhr für 175 000 Rp in 3 Std.

UBUD um 9, 13.30 und 16.30 Uhr für 75 000 Rp in 1 Std.

Abholung und Drop-Off kosten 15 000 Rp extra. Andere Anbieter kosten etwas mehr, bieten aber zusätzliche Abfahrtszeiten und holen ohne Aufpreis vom Hotel ab.

Fähren

Gegenüber den Schnellbooten sind die großen Fähren die langsamere, aber weniger aufreibende Alternative für alle, die schnell seekrank werden. Einige Agenten verkaufen überteuerte Fährtickets, deshalb sollten sie nur am offiziellen Schalter gekauft werden.

LEMBAR rund um die Uhr etwa stdl. für 44 000 Rp, Kinder 28 000 Rp, Motorrad ab 125 600 Rp inkl. 2 Pers., Pkw ab 917 000 Rp inkl. 4 Pers, in 4–6 Std. **Tipp:** Aufgrund der überzogenen Taxipreise in Lembar die Weiterreise vorab organisieren, z. B. mit **Perama**, s. o., nach GILI TRAWANGAN, GILI MENO oder GILI AIR via SENGGIGI und MATARAM (150 000 Rp) mit der Fähre um 9 Uhr für 225 000 Rp inkl. Fährticket.

Die mit Augen bemalten Auslegerboote *(Jukung)* sind typisch für Ost-Bali.

© MISCHA LOOSE

TOYAPAKEH (Nusa Penida) um 8.30 und 17.30 Uhr für 25 000–35 000 Rp, Motorrad 30 000 Rp, Pkw 250 000 Rp, in 1 Std.

Schnellboote

Transfers in Süd-Bali, Senggigi und auf Nusa Lembongan sind meist inkl. Die teils sehr hohen offiziellen Preise können besonders in der Nebensaison heruntergehandelt werden, einfach vor Ort oder am Telefon nach Rabatten fragen. Kinder zahlen in der Regel 30–50 % weniger. Das Angebot fluktuiert, manche Anbieter gehen pleite oder benennen sich nach Zwischenfällen einfach um. Da es oft unangenehm schauklig wird, sind Schnellboote für Kleinkinder ungeeignet und auch wenig seefesten Erwachsenen nicht zu empfehlen. Eine Ausnahme bilden die großen Schnellfähren von Eka Jaya und Patagonia Express, auf denen bis zu 180 Pers. Platz finden, ohne mit jeder Welle hin und her zu schaukeln; sie sind auch preisgünstiger. Bei allzu hohem Wellengang bleibt trotzdem nur die langsame Fähre nach Lembar, s. o.

Auf die GILIS und nach LOMBOK für 250 000–790 000 Rp in 70–120 Min. mit:

Blue Water Express, ✆ 0813-3841 8988, 💻 www.bwsbali.com, nach GILI TRAWANGAN, GILI AIR und TELUK KODE um 9.15 und 12.15 Uhr, in der Hochsaison auch 13 Uhr;

Eka Jaya, ✆ 0822-6640 0678, 💻 www.ekajaya fastboat.com, nach GILI TRAWANGAN, GILI MENO, GILI AIR und BANGSAL um 9, 11 und 13 Uhr in der großen, teils klimatisierten Fähre;

Patagonia Express, ✆ 0811-389 3271, 💻 www. patagonia-xpress.com, nach GILI TRAWANGAN, GILI AIR und BANGSAL um 10 Uhr in der großen, teils klimatisierten Fähre;

Perama, ✆ 0361-751875, 💻 www.peramatour. com, um 13.30 Uhr nach GILI TRAWANGAN, GILI AIR und GILI MENO.

Nusa Penida

Nusa Penida ist mit 202,6 km² und etwa 7000 Einwohnern die größte der Nusa-Inseln südöstlich von Bali. Während die Küsten im Westen und Süden von Felsklippen geprägt sind und sie im Norden flach abfallen, bestehen das Inselinnere und die Ostküste aus hügeligem Kuppenkarst. Eine durch die ausgeprägte Trockenzeit bedingte karge Vegetation bestimmt das Landschaftsbild.

Da es die meisten Besucher nach Nusa Lembongan zieht, geben weite Teile von Nusa Penida ein ausgesprochen untouristisches Bild ab – genau der richtige Ort für ein Vogelschutzgebiet (s. Kasten oben). Zudem finden sich vor den Küsten die spektakulärsten und anspruchsvollsten Tauchplätze von ganz Bali.

Der Ort **Toyapakeh** hat einen schönen Strand, an dem die Boote aus Nusa Lembongan ankommen. Leider eignet sich die Bucht nicht zum Schwimmen, da hier Algen angebaut werden (Kasten S. 408). **Sampalan** ist das kommerzielle Zentrum der Insel mit dem Markt und vielen Essensständen. Im Dorf **Ped** liegen die Vogelzuchtstation und der wichtigste Tempel der Insel, der dem Dämon Jero Gede Macaling geweihte **Pura Ped**.

Dramatische Steilklippen mit im Internet populär gewordenen Fotospots prägen die südliche und westliche Küstenlinie, allen voran die

Ein Refugium fürs Federvieh

Das **Bali Bird Sanctuary** der Friends of the National Parks Foundation, ✆ 0828-9760 8696, 💻 www.fnpf.org, einer NGO, kümmert sich um bedrohte Vogelarten. Die Tiere werden im Schutzgebiet angesiedelt, wo sie sich ungestört vermehren können. Bei ausreichendem Nachwuchs werden einige Exemplare im ursprünglichen Habitat wieder ausgewildert. Bekanntestes Beispiel ist der Bali-Star, von dem es 2005 nur noch zehn Exemplare gab. Nach intensiver Pflege zählte die Population über 60 Vögel, von denen einige freigelassen wurden. Zudem wurden 100 der ebenfalls bedrohten, bunten Javaspechte entlassen. Freiwillige können einige Tage in der Unterkunft des Schutzgebiets bei Sampalan wohnen und 3–4 Std. am Tag mithelfen. Sie zahlen p. P. und Nacht 325 000 Rp bzw. 182 000 Rp im Schlafsaal.

Tauchen vor den Nusa-Inseln

Die starke Strömung in der Lombok- und der Badung-Straße macht die Tauchplätze vor Nusa Penida, Nusa Ceningan und Nusa Lembongan zu etwas ganz Besonderem. Das aufsteigende, kalte, nährstoffreiche Wasser lässt farbenprächtige Korallengärten mit rund 250 Korallen- und 560 Fischarten gedeihen, und Großfische finden hier ausreichend Nahrung. Makrelen, Haie, Thunfische, majestätische Mantarochen und der seltene, prähistorisch anmutende Mondfisch *(Mola Mola)* mit Flossenspannweiten von bis zu 3 m werden regelmäßig gesichtet, besonders von Mai–November.

Nusa Penida

Beliebt ist der **Manta Point**, eine bis zu 20 m tiefe Putzerstation für Mantarochen und Meeresschildkröten vor der Südküste. Auch der **Malibu Point** vor der Ostküste ist ideal, um Großfische zu sichten. Beim Drifttauchen am Abhang des **SD Point** vor der Nordküste geht es an schönen Korallengärten mit winzigen Meeresbewohnern, aber auch Mantas, Haien und Barrakudas vorbei; meist ist die Sicht gut, aber die Strömung stark und wechselhaft. Das an der nördlichen Westküste gelegene **Toyapakeh-Riff** bietet weniger erfahrenen Tauchern Korallengärten mit Kleintieren, Skorpions- und Kugelfischen, Hummern und Aalen sowie vereinzelten Großfischen; erst am Steilabfall nimmt die Strömung zu. Bei guten Sichtverhältnissen kann man in der **Crystal Bay** vor der Westküste in etwa 30 m Tiefe Teppichhaie und Adlerrochen, von Juli–November auch Mondfische erspähen. In der Hochsaison tummeln sich hier manchmal über 30 Tauchboote zugleich.

Nusa Ceningan

Um die farbenprächtige Korallenwand und die bunten Fischschwärme an der **Ceningan Wall** zu genießen, braucht es wegen der starken Strömung viel Erfahrung und einen guten Tauchguide. Am anderen Ende der Insel lässt sich der Tauchspot **Double Rainbow** gut mit der nahen Crystal Bay (s. o.) kombinieren.

Nusa Lembongan

Am 30 m tief abfallenden Steilhang **Blue Corner**, dem besten Tauchrevier für Großfische, tummeln sich Mantas, Rochen, Haie, Schildkröten und mit etwas Glück Mondfische. Der **Mangrove Point** im Mangrovengebiet ist voll farbenfroher Fische und schöner Korallen. Schwärme von Kaiser- und Drückerfischen ziehen vorbei, und Muränen, Haie, Riesenbarsche und Barrakudas lassen sich blicken.

Achtung: Die Tauchplätze sind aufgrund der starken, unberechenbaren Strömungen nichts für Anfänger, vor allem im Nordwesten von Nusa Lembongan und zwischen Nusa Penida und Ceningan. Die teils abwärtsziehenden Strömungen haben schon erfahrenen Tauchern das Leben gekostet. Ein kundiger Tauchguide ist unabdingbar! Um den erhöhten Risiken zu begegnen, haben sich einige Tauchanbieter zur Lembongan Marine Association, 💻 www.fb.com/LembonganMarine, zusammengetan und ein Sicherheitskonzept erarbeitet, das z. B. die Verwendung derselben Funkfrequenz auf allen Booten vorschreibt.

Lagune **Angel's Billabong**. Nur durch vorsichtiges Klettern gelangt man in den von scharfkantigen Felsen umrahmten Spalt. Unten angelangt, kann man sich ins kühle Nass stürzen, aber nicht an den Ausgang schwimmen – hier wurden schon Touristen von Wellen erfasst und ins Meer gezogen!

Wer Nusa Penida mit dem Roller erkundet, sollte sich auf schlechte Straßen und viele Schlaglöcher einstellen. Tipp für Smartphone-Nutzer: Die Karte vorher herunterladen und die Ausflugsziele vorab markieren; manch einer verfährt sich zwischen den vielen Funklöchern und Schleichwegen.

NAHVERKEHR

Vormittags fahren wenige **Minibusse** für 6000 Rp die Nordküste entlang.
Motorräder sind für 70 000–80 000 Rp pro Tag in den Unterkünften und am Hafen zu bekommen.
Selbstfahrer können die Googlemap auf 💻 http://kubuganesh.blogspot.de/, nutzen.

TRANSPORT

Boote

Nach NUSA LEMBONGAN erwischt man eventuell gegen 8 Uhr ein von den Marktfrauen genutztes Boot für 50 000 Rp. Meist müssen jedoch Boote für 150 000–200 000 Rp gechartert werden.

Fähren

PADANG BAI mit der Autofähre ab Toyapakeh um 6.30 und 15.30 Uhr für 25 000–35 000 Rp, Kinder 20 000–25 000 Rp, Motorroller 30 000 Rp, Pkw 250 000 Rp, in 1 Std.

Schnellboote

Schnellboote verkehren nach BALI in 30–45 Min., Kinder bekommen 30–50 % Rabatt. Gewarnt sei vor dem Anbieter Semaya One Fast Cruises (S. 330).
Caspla Bali Sea View, ☎ 0361-369 9999, 💻 www.baliseaview.com. Nach SANUR ab Buyuk (1 km westlich von Sampalan) um 7 und 15.30 Uhr für 300 000 Rp; nicht der zuverlässigste Anbieter.
Gangga Express, ☎ 0818-0546 4622, 💻 www.ganggaexpress.com. Nach KUSAMBA ab Buyuk um 6.30 und 7.30 Uhr ab 100 000 Rp.
Maruti Express, ☎ 0813-3875 4848, 💻 http://marutigroupfastboat.com/. Nach SANUR ab Toyapakeh, 300 m nördlich vom Anlegestrand der übrigen Boote, um 7.30, 9, 15 und 16.30 Uhr für 175 000 Rp.
Mola-Mola Express, ☎ 0813-3744 2555, 💻 www.mola-molaexpress.com. Nach Sanur ab Sampalan um 8.30 und 15.30 Uhr für 175 000 Rp.
Optasal, ☎ 0823-3966 5478. Nach SANUR ab Nyuh, 400 m nördlich vom Strand von Toyapakeh, um 7, 8, 9, 13, 14, 15 und 15.30 Uhr, ab Buyuk um 7.30 und 15.30 Uhr für jeweils 200 000 Rp.

Nusa Lembongan

Die von Korallenriffen und Kalksteinkliffs gesäumte, 8 km^2 große Insel ist von Bali durch die 12 km breite Straße von Badung getrennt. Obwohl deutlich kleiner als Nusa Penida, erfährt sie dank der schönen Strände und lohnenswerten Surfspots den größeren Besucherzustrom. Folglich ist auch die Auswahl an Unterkünften, Restaurants und Aktivitäten viel größer als auf der Nachbarinsel. Landschaftlich prägen karge Vegetation, poröse Felsen und spärlich besiedelte Hügel das Bild. Die flache Ostküste ist im Kontrast dazu von üppigen Mangroven bewachsen. Um herumzukommen, sind Motorroller am besten geeignet.

Jungutbatu

Am meisten los ist an der Westküste in Jungutbatu, wo viele Boote anlegen und sich die Unterkünfte bis weit nach Norden aneinanderreihen. Ein Teil der Bucht sowie die nördliche Küste wird von Algenbauern bewirtschaftet; bei Ebbe kann man sie bei der Arbeit beobachten (Kasten S. 408). In Jungutbatu sieht man von April bis Oktober auch den **Sonnenuntergang** am besten, von Oktober–April dagegen am **Sunset Point**, s. Karte S. 407.

Mushroom Bay und Dream Beach

Im Westen liegen traumhafte Sandstrände. Zum Baden eignet sich die beliebte **Mushroom Bay** mit einigen größeren Hotelanlagen und dem schönsten Strand. Über einen östlich abgehenden Pfad gelangt man in die benachbarte **Selegin Bay**. Am **Dream Beach** weiter südlich ist Schwimmen und Surfen möglich, aber aufgrund starker Strömungen und heftiger Brandung gefährlich. Viele Tagesgäste hängen am Überlaufpool (50 000 Rp) der **Dream Beach Huts** ab und begnügen sich mit der Aussicht. Ein kleines Schild kurz vor dem Dream Beach weist den Weg querfeldein nach rechts zum **Devil's Tear**, wo sich die Wellen dramatisch an den Felsen brechen.

Underground House

Im Dorf **Lembongan** leben die meisten der 5000 Insulaner. Wer etwas südlich des großen Beringin-Baums der Beschilderung **Gala-Gala** in eine schmale Gasse folgt, gelangt zum Underground House. Das unterirdische, ca. 500 m² große Labyrinth mit niedrigen Durchlässen wurde 1961–75 von einem einzigen Mann aus dem Stein gehauen, inspiriert durch eine Hindu-Legende aus dem *Mahabarata*. Man hat es in wenigen Minuten besichtigt, daher ist der Eintrittspreis die Sache kaum wert; einige handeln ihn auf bis zu 20 000 Rp herunter. ⌚ 9–18 Uhr, Eintritt 50 000 Rp.

Nusa Ceningan

Ein Abstecher führt über eine schmale, mit Motorrädern befahrbare Brücke zur kleinen Nachbarinsel. Vorbei an Algenfeldern gelangt man an versteckte, meist gezeitenabhängige Strände und Aussichtspunkte mit Blick auf die Brandung, z. B. die **Blue Lagoon** wenige Meter gegenüber vom Eingang der Secret Point Huts. Ein atemberaubendes Schauspiel bieten die sich tief in die zerklüfteten Klippen bohrenden Wellen. Wenige Gehminuten südlich der Secret Point Huts liegt der bei Fotografen beliebte **Mahana Point** mit Aussicht auf die von Surfern geschätzten Wellen – zum Klippenspringen sollte man sich aber nicht verleiten lassen! Fotogen ist außerdem der Blick vom **Le Pirate Beach Club** auf den Sonnenuntergang.

ÜBERNACHTUNG

In Jungutbatu wollen Einheimische penetrant bei der Zimmersuche und Motorradvermietung helfen, ihre Provision zahlen natürlich die Gäste. Während **Jungutbatu** und die **Mushroom Bay** mit günstigen und Mittelklasse-Unterkünften fußläufig zu erkunden sind, ist man an den übrigen Buchten und auf Nusa Ceningan auf Transport angewiesen. In vielen günstigen Unterkünften duscht man mit Salzwasser.

Jungutbatu

€ **Blue Corner Dive**, ✆ 0823-4130 8480, 💻 www.bluecornerdive.com. Die bei Tauchern beliebte, gesellige Anlage mit Pool und Bar-Restaurant bietet 3 etwas dunkle, schmucklose *Lumbung* mit Veranda, AC, guten Matratzen und Open Air-Bad. Zudem einen Schlafsaal mit Ventilator und 7 Einzelbetten à 100 000 Rp und ein 4-Bett-Zimmer mit AC für 150 000 Rp p. P. Beliebte Bar, s. Unterhaltung. Regelmäßig werden Strandsäuberungen organisiert. ❹

d'Mel Sari Garden View, ✆ 0812-3711 2285, 💻 www.dmelsarilembongan.com. Um die winzige Grünfläche liegen 8 preisgünstige, überwiegend klimatisierte Zimmer mit Kühlschrank, TV und Warmwasser in einem Doppel- und zwei Reihenbungalows. Der Pfad hierher ist nachts nicht beleuchtet, dafür schläft man ruhiger als an der Straße. Frühstück inkl. ❸

Krisna Homestay, ✆ 0821-4703 6910, ✉ krisnalembongan@gmail.com. Empfehlenswerte Budget-Bleibe in Laufnähe zur Anlegestelle, mit einer Handvoll klimatisierter sauberer Zimmer mit Veranda und guten Matratzen bei freundlichen Gastgebern. ❸

Yogi Beach, ✆ 0817-978 2646, 💻 www.fb.com/shipwreack. Auf dem ruhigen, spärlich bepflanzten Grundstück mit Liegen am Meer stehen 5 einladende, helle Massivbungalows mit bequemen Betten, AC, Kühlschrank, Veranda und teils Warmwasser zu fairen Preisen. Kleines Restaurant und hilfsbereiter Besitzer. Frühstück inkl. ❹

Mushroom Bay

Alam Nusa Huts, ✆ 0819-1662 6336, 💻 www.alamnusahuts.com. Im beschaulichen, schattigen Garten unweit vom Strand stehen 4 etwas kleine, gemütliche *Lumbung* mit Himmelbett, AC, Veranda und Open Air-Dusche. Freundlicher Service. Spa. Frühstück inkl. ❹

Perdana Homestay, ✆ 0821-4655 2616, 💻 www.fb.com/perdanalembongan. Ein paar Schritte vom Strand entfernt vermieten die herzlichen Inhaber preisgünstige, sehr gepflegte und saubere Bungalow- und Reihenhaus-Zimmer mit Moskitonetz, AC, Veranda und Zugang zum Pool in einem kleinen Garten. Frühstück inkl. ❹

ESSEN

Bali Eco Deli, Jungutbatu, 💻 www.baliecodeli.net. Der kleine, entspannte Deli serviert nicht nur leckere Säfte, guten Kaffee und allerlei Leckereien, wie etwa hausgemachtes Brot, Kuchen, Waffeln, Salate

Nusa Lembongan und Nusa Ceningan

oder Müsli, sondern bemüht sich auch um Nachhaltigkeit: Es wird kein Palmöl verwendet, viele Zutaten kommen aus ökologischem Anbau, 90 % der Küchenabfälle sowie die Abwasser werden im Garten verwendet, im Garten wird Solarstrom generiert und man kann Wasserflaschen auffüllen. ⏲ 7–21 Uhr.

Nick's Place, ✆ 0852-3834 7999, 🖳 www.nicksplacelembongan.com. Zu Nick's Place zieht es all jene, die für fleischlastige Spezialitäten wie saftige Schweinerippchen mit Barbecue-Soße oder knusprige Ente schwärmen. Zudem Burger, freundlicher Service und kostenlose Abholung. ⏲ 10–23 Uhr.

€ **Nyoman's Warung**, im Norden von Jungutbatu, ✆ 0878-6192 3765. Einfaches Strandrestaurant mit Plastikbestuhlung im Sand. Die nette Betreiberin kocht leckere und günstige indonesische Gerichte. Empfehlenswert ist *Pepes Ikan*, im Bananenblatt gegarter Fisch. Da die Zubereitung etwas dauert, sollte man Zeit mitbringen, sich nicht wundern, wenn alles nacheinander kommt, und in der Hochsaison abends reservieren oder früh erscheinen. ⏲ 9–22 Uhr.

Sandy Bay Beach Club, Sunset Beach, ✆ 0813-3757 0624, 🖳 www.sandybaylembongan.com. In stilvoller Strandatmosphäre kann man hier früh-

Die Algenfarmer

© FOTOLIA / DINOZZAVER

In den mit Algenfeldern bewirtschafteten Buchten von Nusa Lembongan, Nusa Ceningan und Nusa Penida hängt ein unverwechselbarer Geruch in der Luft, denn am Strand und in den Hinterhöfen wird weiß-gelblicher, grüner und dunkelroter Seetang auf Plastikmatten getrocknet. Während die Männer – kleine Auslegerboote oder schwimmende Pontons hinter sich herziehend – im Wasser die Felder abgrasen, verteilen die Frauen die Algenhaufen mit Harken zum Trocknen oder setzen entlang von Drahtseilen junge Schösslinge in die Bambusrahmen. Im nährstoffreichen Meerwasser der geschützten Buchten gedeihen die anfälligen Gewächse besonders gut, da sie keinen größeren Temperaturschwankungen ausgesetzt sind. Nur hungrige Fische machen den Algenbauern die Ernte streitig. Nach einer Reifezeit von gut einem Monat und dreitägiger Trocknung wird der Seetang für 4000–7000 Rp pro Kilo nach Sanur verkauft, wo er zu Pulver zermahlen und nach Japan, China oder in den Westen exportiert wird. Aus Algenpulver werden Polysaccharide wie Karrageen und Agar gewonnen, die als Lebensmittelstabilisatoren sowie in der Kosmetik- und Pharmaindustrie Verwendung finden. Algen sind reich an Eiweiß, Vitaminen, Mineralien und Spurenelementen. Wer ihre heilende Wirkung testen möchte, kann sich im Spa Algenpackungen machen lassen oder bei einer Algenmassage entspannen.

stücken, ein kühles Bier, Cocktails oder Weine genießen und am Pool liegen. Kulinarisch stehen teure indonesische und internationale Gerichte zur Auswahl, auch Barbecue mit Steak, Fisch und Hummer. Nebenan ein Spa und eine Boutique. Kostenlose Abholung. ⌚ 8–23 Uhr.

UNTERHALTUNG

Blue Corner Dive, Jungutbatu, 💻 www.fb.com/BlueCornerBarLembongan. Hier steigt jeden Fr ab 19 Uhr die beliebteste Party der Insel, zu der sich auch Expats und Besucher von anderen Orten einfinden und Cocktails, Sangria und kaltes Bintang schlürfen. Refill von Wasserflaschen. Mi ab 20 Uhr Pub Quiz. ⌚ 7–23 Uhr.

Jungutbatu Theatre Restaurant, ✆ 0812-361 9493, 💻 www.fb.com/jungutbatuthetrerestaurant. Auf der Leinwand werden tgl. ab 19.30 Uhr Filme gezeigt, die Besucher in gemütlichen Sitzkissen bei westlichen und indonesischen Gerichten oder einem kühlen Bier schauen können. 7–22 Uhr.

AKTIVITÄTEN

Schnorcheln

Die guten Schnorchelplätze Mangrove Point, Wall Bay und Giant Trevally Point liegen an der Nordküste. Ein 2–3-stündiger Ausflug mit einem motorisierten *Jukung* kostet 300 000–400 000 Rp pro Boot inkl. Ausrüstung. Letztere ist bei den Tauchzentren besser in Schuss. Wer bei Tauchausflügen mitfährt, zahlt 250 000 Rp.

Surfen

Vor der Bucht von Jungutbatu trumpfen die Surfreviere **Shipwreck**, **Lacerations** und **Playground** mit meterhohen Wellen auf. Boote lassen sich für ein paar Std. ab 300 000 Rp chartern, oder man paddelt vom Strand in die Brandung. Bretter werden für 60 000–75 000 Rp verliehen. 2–3-stündige Kurse kosten 350 000–400 000 Rp.

New Bro Surfing, Jungutbatu, 0813-3734 6056, www.newbrosurfing.com. Unter der Leitung des freundlichen Surfers Lena wird alles rund um das Wellenreiten organisiert.

Nusa Islands Surf School, Mushroom Bay, 0812-3777 7653, www.nusaislands.com. Beliebte Surfschule mit guter Ausrüstung und sympathischen Guides. Auch GoPro-Verleih und Pauschalangebote mit Schnorcheltour und Motorrollervermietung.

Tauchen

In den hiesigen Tauchschulen kosten 2 Tauchgänge 800 000–1 Mio. Rp, der Open-Water-Kurs 5–5,4 Mio. Rp.

Big Fish Diving, Jungutbatu, 0813-5313 6861, www.bigfishdiving.com. Die Tauchschule der Secret Garden Bungalows hat einen Pool und unterrichtet in kleinen Gruppen alle Stufen bis zum Divemaster.

Blue Corner Dive, Jungutbatu, 0877-6137 7718, und Mushroom Bay, 0819-3434 3260, www.bluecornerdive.com. Die netten Meeresbiologen Andrew und Cody legen Wert auf den ökologisch verträglichen Umgang mit der Unterwasserwelt. Bei Reef Checks und in Eco Dive Master-Programmen werden wissenschaftliche Kenntnisse und Methoden vermittelt.

Yoga

Regelmäßige, 60–90-minütige Yoga-Sessions für 100 000–150 000 Rp p. P. in Jungutbatu bei **Serenity Yoga**, 0812-3849 9141, www.serenityyogalembongan.com, sowie **Yoga Shack**, Secret Garden Bungalows, 0813-5313 6861 www.yogashacklembongan.com, und **The Village**, 0812-3953 6379, www.fb.com/TheVillageNusaLembongan; zwischen Mushroom Bay und Selegin Bay bei **Yoga Dunia**, 0813-5398 0227, www.yoga-dunia.com.

TOUREN

An der Bootsanlegestelle nordöstlich von Jungutbatu werden halbstündige Touren mit kleinen Gondelbooten in den Mangrovenwald für 100 000 Rp bei max. 4 Pers. angeboten. Eine gute Gelegenheit, um einen Einblick in das fragile Ökosystem zu erhalten und Warane, Krebse, Vögel und Fische zu erspähen.

SONSTIGES

Geld

In Jungutbatu und nahe der Mushroom Bay gibt es unzuverlässige **Geldautomaten**, die nur Mastercard (Jungutbatu) oder Visa (Mushroom Bay) akzeptieren. Einige **Money Changer** geben gegen Kreditkartenzahlung Bargeld aus, wofür sie eine Gebühr von 7 % erheben.

Motorradverleih

Motorroller werden an fast jeder Ecke für 50 000–70 000 Rp pro Tag vermietet.

Wellness

Harumaya Day Spa, 0822-3780 5682, www.harumayadayspa.com. Massagen für 200 000 Rp pro Std., zudem Gesichtsmasken mit Algen, Haartherapien, Nagelpflege, Waxing und mehrstündige Anwendungen ab 400 000 Rp inkl. Abholung. 9–20 Uhr.

TRANSPORT

Boote

Boote nach TOYAPAKEH (Nusa Penida) fahren ab der Brücke zwischen Nusa Lembongan und Nusa Ceningan. Eventuell erwischt man gegen 6 Uhr eines der Boote für die einheimischen Marktfrauen und zahlt nur 50 000 Rp. Meist muss jedoch ein Boot für 150 000–200 000 Rp gechartert werden, was auch in Jungutbatu möglich ist. Das öffentliche Auslegerboot von **Optasal** verkehrt Mo–Sa um 8 Uhr von Jungutbatu nach SANUR für 100 000 Rp in 1 1/2 Std.

BALI

Schnellboote

Die meisten Schnellboote legen von Jungutbatu oder der Mushroom Bay ab und benötigen nach BALI 30–45 Min., die offiziellen Preise von 225 000–490 000 Rp können manchmal bis auf 175 000 Rp pro einfache Strecke heruntergehandelt werden. Das Angebot fluktuiert stark, manche Anbieter gehen pleite oder benennen sich nach Zwischenfällen einfach um.

Nach SANUR u. a. mit:
Lembongan Fast Cruises, ✆ 0821-4404 0928, 💻 www.rockyfastcruise.com, ab Jungutbatu um 9, 11, 13 und 16.30 Uhr;
Lembongan Paradise Cruise, ✆ 0821-4153 2011, 💻 www.lembongancruise.com, ab Mushroom Bay um 8, 11 und 15.30 Uhr;
Optasal, ✆ 0823-3966 5478, ab Jungutbatu um 8, 10.30 und 15 Uhr, ab Mushroom Bay um 7, 7.30, 8, 9, 11, 13, 14.30, 15.30, 16 und 16.30 Uhr, aber ohne Transfer;
Scoot Fast Cruises, ✆ 0812-3767 4932, 💻 www.scootcruise.com, ab Jungutbatu um 8.30, 10.45, 12.30 und 16.30 Uhr.

Nach SERANGAN mit:
Blue Water Express, ✆ 0813-3841 8988, 💻 www.bluewater-express.com, ab Jungutbatu um 11.45 und 16.30 Uhr;
Marina Srikandi, ✆ 0819-9899 6688, 💻 www.marinasrikandi.com, um 13.30 und 16.30 Uhr.

Nach PADANG BAI mit:
Eka Jaya, ✆ 0822-6640 0678, 💻 www.ekajaya fastboat.com, ab der Brücke bei Nusa Ceningan um 10.30 Uhr.

Nach GILI AIR und GILI TRAWANGAN, teils auch SENGGIGI, für 450 000–690 000 Rp in 2 1/2–3 Std. mit:
Blue Water Express, s. o., um 8.45 Uhr;
Eka Jaya, s. o., um 10.30 Uhr via Padang Bai;
Gili Sea Express, ✆ 0853-3925 3944, 💻 www.gili-sea-express.com, um 10 Uhr;
Marina Srikandi, s. o., ab Mushroom Bay um 9.15 Uhr;
Scoot Fast Cruises, s. o., ab Jungutbatu um 10.45 Uhr.
Auf dieser Strecke fahren bei zu hohem Wellengang überhaupt keine Boote, dann bleibt nur der Umweg über Padang Bai und Lembar bzw. ein Flug nach Lombok.

Candi Dasa

Wohl kaum ein anderer Touristenort Ost-Balis steht bei älteren Reisenden, Pauschaltouristen und europäischen Pensionären derart hoch im Kurs wie Candi Dasa. Der ehemalige Fischerort wurde bereits in den 1970er-Jahren für den Tourismus erschlossen und hat sich zu einer 2 km langen Ansammlung von Mittelklassehotels, komfortablen Resorts und Restaurants entlang der stark befahrenen Hauptstraße entwickelt.

Man lässt es ruhig angehen, brutzelt am Pool in der Sonne oder unternimmt Ausflüge ins *Bali Aga*-Dorf Tenganan, nach Tirtagangga, und Amlapura. In Ermangelung eines richtigen Strandes stören weder Strandpartys noch Motorboote die Atmosphäre. Ruhige Abgeschiedenheit herrscht auch an den westlichen Küstenabschnitten **Pantai Balina**, **Pantai Mendira** und **Pantai Sengkidu**.

Der nächstgelegene Strand, der diese Bezeichnung verdient, ist 5 km östlich der **Pantai Pasir Putih** in einer schönen Bucht. Mit feinem Sand zwischen den Zehen kann man auf Liegen in der Sonne lümmeln und gut schwimmen, Essensstände sorgen für das leibliche Wohl. Wer in

Perasi am Schild mit der Aufschrift „White Sand Beach“ oder „Virgin Beach“ rechts abbiegt, muss im Dorf 10 000 Rp zahlen und am Strand erneut 10 000 Rp Eintritt; man umgeht den ersten Eintritt über die südwestliche Jl. Raya Bukit Asah, die am Pura Bias Putih endet.

ÜBERNACHTUNG

Ganesh Lodge, Jl. Pantai Indah, ☏ 0363-41567, ✉ ganeshbalicandidasa@gmail.com, 💻 auf Facebook. Rund um den üppigen tropischen Garten mit Pool, Liegen und Lotosteichen verteilen sich 10 einladende, geräumige und modern ausgestattete Zimmer mit AC und guten Matratzen; die teureren mit Raumtrenner, dekorativen Akzenten und künstlerischem Touch. Gutes Restaurant, Frühstück inkl. ❹–❻

Ida's Homestay, ☏ 0363-41096, ✉ jsidas1@aol.com. Wer die Traveller-Idylle von einst sucht, wird im weitläufigen Palmengarten des Stuttgarters Jörg fündig: Seit 1974 führt er eine Oase der Ruhe mit entspannter Atmosphäre und 6 individuell eingerichteten, einfachen Holzhäusern mit guten Matratzen, Moskitonetz, Open Air-Bad und Veranda. Auch ein preiswertes Einzelzimmer ohne Strom und mit Außentoilette. Frühstück inkl. Reservierung empfehlenswert. ❸–❹

€ **Temple Café & Seaside Cottages**, ☏ 0363-41629, 💻 www.balibeachfront-cottages.com. Im hübschen Steingarten stehen 15 alte, gepflegte Massivbungalows mit harten Schaumstoffmatratzen, die schönsten aus Naturstein am Wasser für bis zu 3 Pers. mit AC und Wasserkocher. Die Besitzerin Shirley spricht Deutsch. Poolbenutzung im benachbarten Watergarden für 25 000 Rp. ❷–❹

Pantai Balina

Lumbung Damuh, 2 km westlich, gegenüber vom Royal Bali Beach Club, Karte S. 396/397, ☏ 0363-41553, 💻 www.damuhbali.com. Fernab vom Touristenrummel laden die freundliche Tania und ihr Mann Lempot in ihr kleines Paradies mit Meerblick. Zwischen Palmen stehen 4 etwas enge, einfache, aber liebevoll eingerichtete *Lumbung* mit Moskitonetz, Kühlschrank und teils Open Air-Bädern. Unter den Bungalows befinden sich gemütliche Liegen und Kissen zum Ausspannen. Abends selbst gebackene Pizzen. Frühstück mit frischem Brot inkl. ❸–❹

ESSEN UND UNTERHALTUNG

€ **Candi Bakery**, 300 m nördlich der Abzweigung nach Tenganan, ☏ 0363-41883. Das kleine, unscheinbare deutsche Restaurant serviert reichhaltige Portionen Bratwurst, Bauernfrühstück, Wiener Schnitzel, Gulasch und Leberkäse zu sehr günstigen Preisen. Zudem leckeres Brot und Frühstück nach heimischem Geschmack. 🕒 9–21 Uhr.

Crazy Kangaroo, ☏ 0363-41996, 💻 www.crazy-kangaroo.com. Schickes Restaurant mit Bar, Billard und einsehbarer Küche. Von indonesischen Klassikern über Seafood bis zu Steaks und Pasta ist alles zu haben. Do Abend wird der *Legong*-Tanz aufgeführt, Di und Sa gute Livemusik. Abholservice. 🕒 10–23 Uhr.

Loaf Cafe, ☏ 0812-4629 9878, 💻 auf Facebook. Eine gute Anlaufstelle für Frühstück mit gutem Brot nach europäischer Machart. Das klimatisierte kleine Café hat auch leckere Kuchen und guten Kaffee im Angebot. 🕒 8–18 Uhr.

Pandan Restaurant, ☏ 0363-41949. Hier speist man direkt am Meer und günstiger als in vergleichbaren Restaurants. Breite Auswahl an Meeresfrüchten, frischem Fisch und indonesischen Gerichten. 🕒 7–22 Uhr.

Vincent's Restaurant, ☏ 0363-41368, 💻 www.vincentsbali.com. Die beste Adresse im Ort unterteilt sich in eine Lounge-Bar mit Sesseln und ein Restaurant mit Tischen im Innenbereich sowie im begrünten Innenhof. Zu gepflegtem Jazz und alten Balladen werden exquisite balinesische und internationale Küche in angenehmer Atmosphäre serviert, z. B. Seafood, herzhafte Sandwiches, vegetarische Gerichte und überzeugende Steaks. Große Auswahl an Weinen und Bieren. Das feine Ambiente wird durch professionellen Service abgerundet. Do ab 18 oder 19 Uhr guter Livejazz. 🕒 10.30–24 Uhr.

BALI

Candi Dasa

AKTIVITÄTEN UND TOUREN

Ausflüge

Über Unterkünfte und Anbieter sind Autos mit Fahrer zu mieten. Preisbeispiele von **Perama** (s. Transport) pro Fahrzeug:

Amlapura, Tirtagangga und Tenganan für 450 000 Rp.

Gunung Seraya und Schnorcheln bei Amed für 450 000 Rp.

Pura Besakih, Semarapura und Goa Lawah für 500 000 Rp.

Sidemen, Gunung Batur, Pura Tirta Empul und Gunung Kawi für 850 000 Rp.

Tauchen und Schnorcheln

Fast jedes Hotel verleiht Schnorchelausrüstung ab 30 000 Rp pro Tag und organisiert Ausflüge mit Fischerbooten ab 250 000 Rp. Getaucht wird vor Tulamben (S. 420) oder Nusa Penida (S. 403) sowie vor der kleinen Insel **Gili Biaha**, wo ein anspruchsvoller Höhlentauchgang in die Shark Cave erfahrenen Tauchern die Möglichkeit bietet, Haie, Barrakudas und Feuerfische zu sehen.

Zen Dive, neben dem Hotel Rama Candidasa, ✆ 0813-3959 2040, 💻 www.zendivebali.com. Gut ausgestattete, holländisch geführte Tauchschule mit deutschsprachigen Tauchlehrern. 2 Tauchgänge kosten US$80–145, der Open Water-Kurs US$425. Schnorcheln kostet bei 2 Pers. US$25–45 p. P.

Wandern

Trekking Candi Dasa, ✆ 0878-6145 2001, 💻 www.trekkingcandidasa.com. Somat leitet entspannte 2-stündige Wanderungen nach Tenganan für 250 000–350 000 Rp p. P. inkl. Abholung bei 2 Pers., Kinder bis 15 Jahre kostenfrei. Es geht durch eine abwechslungsreiche Landschaft mit Wald und Reisfeldern, während Somat über das Leben der Bauern, ihre Arbeit und Nutzpflanzen informiert. Anspruchsvolleres Trekking mit Kletterpartien kostet 350 000–450 000 Rp p. P. und ist für Kinder bis zu 15 Jahren nicht geeignet.

SONSTIGES

Motorradverleih

Mopeds werden ab 60 000 Rp pro Tag vermietet.

TRANSPORT

Motorradtaxis *(Ojek)* fahren Kurzstrecken nach TENGANAN und zum PASIR PUTIH für 20 000–

BALI

30 000 Rp. **Busse** nach PADANG BAI (20 km, 20 000 Rp) und AMLAPURA (13 km, 20 000 Rp) fahren bis mittags durch den Ort und müssen angehalten werden.

Minibusse

Perama, ✆ 0363-4114, 💻 www.peramatour.com, fährt folgende Ziele an:
AMED und TULAMBEN (100 000 Rp) via TIRTAGANGGA (75 000 Rp) um 9 Uhr.
FLUGHAFEN um 13 und 16 Uhr für 75 000 Rp.
KINTAMANI ab 2 Pers. um 8.30 Uhr für 165 000 Rp.
KUTA, SANUR und UBUD um 8.30, 13 und 16 Uhr für 75 000 Rp.
LOVINA mit Umstieg in Ubud um 8.30 Uhr für 175 000 Rp.
PADANG BAI um 8.30, 13 und 16 Uhr für 35 000 Rp.
Abholung und Drop-Off jeweils 15 000 Rp.
Andere Anbieter kosten etwas mehr, bieten aber zusätzliche Abfahrtszeiten und holen ohne Aufpreis vom Hotel ab.

Taxis

Die Unterkünfte vermitteln Taxis nach:
AMED und TULAMBEN für 300 000 Rp.
LOVINA für 500 000–600 000 Rp.
PEMUTERAN für 700 000–800 000 Rp.
SÜD-BALI oder UBUD für 350 000–400 000 Rp.

Tenganan

Etwa 3,4 km landeinwärts von Candi Dasa liegt das Dorf Tenganan der **Bali Aga**. Neben den Bewohnern von Trunyan am Batur-See (S. 389) zählen sie zu den konservativsten der balinesischen Ureinwohner. Jahrhundertelang lebten sie isoliert und blieben – von äußeren Einflüssen nur geringfügig berührt – ihren Traditionen treu.

Das Dorf besteht aus zwei parallelen Wegen, an deren Außenseiten sich terrassenartig abgestufte Reihen von Steinhäusern befinden. Dadurch (und durch die umgebende Mauer) ist die Siedlung wie eine Festung nach außen abgeschottet. Durch vier Tore kommt man gegen eine Spende hinein. In vielen Souvenirläden können Palmblattmanuskripte *(Lontar)* und aufwendige Doppel-*Ikat* zu Liebhaberpreisen erstanden werden, aber auch allerhand Dinge ohne Bezug zu den *Bali Aga*. Interessierte können beim Beschreiben der *Lontar* nach alten Vorlagen und beim Spielen des *Gamelan* zusehen.

Den Hinduismus haben die Bali Aga nur in Ansätzen aufgenommen. So werden in den Dorftempeln statt der üblichen Götter mysteriöse Steine verehrt, es gibt kein Kastensystem, keine Zahnfeilung, und die Toten werden begraben. Das Dorf wird patriarchalisch, aber auch „kommunistisch" verwaltet: Es gibt keinen privaten Landbesitz, und jeder Einwohner ist abhängig von Familienstand, Geschlecht, Alter usw. Mitglied einer der Dorforganisationen.

Hier wird ein einzigartiger **Doppel-Ikat** *(Geringsing)* hergestellt. Vor dem Weben werden die Fäden mit einem Extrakt aus Wurzeln, Rinden, Blättern oder Früchten aufwendig gefärbt. Die in jahrelanger Kleinarbeit gefertigten Stücke sind mehrere Millionen Rupiah wert und werden zum Schutz vor Krankheiten und Dämonen nur zu wichtigen Anlässen getragen.

Zudem folgt Tenganan einem anderen Kalendersystem als das übrige Bali. Im *Calendar of Events* am Haupteingang erfährt man, wann ein Fest stattfindet.

Bei einem Besuch fällt auf, dass die üblichen Kinderscharen fehlen. Die Kultur der Bali Aga verbietet eine Heirat außerhalb des Dorfes. Wer gegen das Gebot verstößt, wird verbannt und siedelt sich in einem der Nachbardörfer an. Die Kinderlosigkeit vieler Frauen ist das schwerwiegendste Symptom allmählicher Degeneration. Im Laufe des 20. Jhs. ist die Bevölkerung um mehr als die Hälfte auf nur noch etwa 300 Bewohner geschrumpft. Aber wie könnte ein erzkonservativer Bali Aga sich über die Tradition hinwegsetzen? Die übrigen Balinesen sind stolz auf ihre Anpassungsfähigkeit und haben für die Bali Aga meist nur ein mitleidiges Lächeln übrig.

Amlapura (Karangasem)

In der Bezirkshauptstadt mit 87 000 Einwohnern und vielen verwirrenden Einbahnstraßen steht bei Touristen zumeist nur der königliche Palast auf dem Programm. Weitere Sehenswürdigkeiten und nette Unterkünfte findet man in der landschaftlich reizvollen Umgebung. Die Stadt ist auch unter ihrem alten Namen Karangasem bekannt, wurde aber 1963 nach dem katastrophalen Ausbruch des Gunung Agung umbenannt, um böse Geister zu vertreiben.

Von den drei Palästen ist der **Puri Agung Kanginan** in der Jl. Teuku Umar am besten erhalten. Er wurde Ende des 19. Jhs. von den Holländern als Zeichen der Kooperation mit dem Herrscherhaus erbaut und diente dem ersten kolonialen Statthalter Anak Agung Gede Jelantik als Residenz. Bei einer Besichtigung der öffentlich zugänglichen Bereiche fallen europäische und chinesische Einflüsse auf. Im *Bale Kambang* in der Mitte des Seerosenteiches pflegte der Adel bei festlichen Anlässen zu speisen. Im *Pemandesan* fanden Zahnfeilungszeremonien statt, und in dem nach englischen Möbeln benannten *Bale London* wohnte die königliche Familie. Auf der Veranda hängen Fotos vom letzten *Raja* und einigen seiner 35 Frauen. Die hinteren Gebäude werden noch bewohnt. 🕒 8–17 Uhr, Eintritt 10 000 Rp.

Der zentrale **Markt** lohnt frühmorgens einen Besuch, wenn kaum ein Durchkommen durch die schmalen Gänge möglich ist und sich im chaotischen Getümmel authentische Fotomotive bieten. Auffallend ist ein relativ großer Anteil an Moslems, bedingt durch die Zeit, als die Könige von Karangasem über Lombok herrschten.

SONSTIGES

Medizinische Hilfe

Bali Med, 📞 0363-430 1530, 💻 www.fb.com/baliMedKarangasemHospital. Das für weite Teile von Ost-Bali nächstgelegene Krankenhaus ist diese kleine Privatklinik mit Notaufnahme, Kinder-, Haut- und Augenarzt sowie Ambulanz.

TRANSPORT UND NAHVERKEHR

Busse

Der Transport mit den günstigen Öffentlichen gestaltet sich schwierig, da kaum noch Busse verkehren. Am **Busbahnhof** im Westen der Stadt erwischt man eventuell vormittags einen nach:

DENPASAR (Batubulan; 58 km, 40 000 Rp) via PADANG BAI und SEMARAPURA (Klungkung).

Singaraja (89 km, 30 000 Rp, 2 1/2 Std) via CULIK und TULAMBEN.

Minibusse

In der Stadt kosten *Bemos* 5000 Rp pro Strecke. Von der Station hinter dem Markt starten wenige Minibusse vormittags in die Umgebung. Nachmittags kommt man oft nur mit einem gecharterten Minibus weg. Zudem werden von Touristen höhere Preise verlangt.

CULIK (bei Amed) via TIRTAGANGGA für 20 000 Rp.

PADANG BAI (20 000–40 000 Rp) via CANDI DASA (10 000–20 000 Rp).

UJUNG für 10 000 Rp.

Die Umgebung von Amlapura

Ujung

Bei Ujung, 2 km südöstlich von Amlapura, lohnt der **Taman Sukasada** einen Besuch. Der 1919 zur Krönung des letztes Königs Anak Agung Anglurah erbaute Wassergarten wurde durch die Eruption des Gunung Agung 1963 und ein großes Erdbeben 1979 größtenteils zerstört und mit Geldern der Weltbank restauriert. Die weitläufige, sehenswerte Parkanlage blieb bisher von Besuchermassen verschont, weil es das Gros der Touristen nach Tirtagangga (S. 415) zieht. Besonders frühmorgens ist die Atmosphäre sehr idyllisch.

Im Tempel **Pura Manikan** beteten die Mitglieder der königlichen Familie. Der Balai Gili in der Mitte des großen Teichs war ihr Rückzugsort und beherbergt eine kleine, interessante Fotoausstellung über die letzten Könige von Karangasem sowie einige alte Möbelstücke. Unweit des Palastes befindet sich ein kleiner moosbewachsener Brunnen mit sechs Engelstatuen und Vasen. In der Mitte symbolisiert eine Statue, die einen Krug mit sprudelndem Wasser hält, den Reichtum ihrer Erbauer. Eintritt 50 000 Rp, Parken 3000 Rp. ⏲ 7–19 Uhr.

Tirtagangga

Die Hauptstraße schlängelt sich nördlich von Amlapura durch schöne Reisterrassen. Hier empfiehlt sich Tirtagangga am Fuße des Gunung Agung mit seinem angenehmen Klima, wunderbaren Ausblicken und netten Unterkünften als idealer Zwischenstopp für Ruhesuchende und Ausgangspunkt für Ausflüge.

Die meisten Besucher halten am **Taman Tirtagangga**. Den unter dem letzten *Raja* von Karangasem 1946 erbauten, dreistufig angelegten **Wassergarten** zieren steinerne Fabelwesen und Seerosenteiche. „Wasser des Ganges" ist – gottseidank – nur symbolisch gemeint, denn gespeist wird die Anlage von einer heiligen Quelle, die oberhalb des Palastes unter einem Banyanbaum hervortritt. Im Zentrum steht ein elfstufiger Brunnen. Man kann auf einem Pfad aus Betonpfeilern über den nordöstlichen Karpfenteich gehen. Es heißt, wer im nordwestlichen Becken badet, bleibt ewig jung – also Schwimmsachen nicht vergessen. Umkleidekabinen sind vorhanden. Westlich des Badebeckens bilden acht Steinfiguren einen Meditationskreis, der die menschlichen Zustände im Spannungsfeld zwischen Göttern und Dämonen darstellt. ⏲ 7–18 Uhr, Eintritt 30 000 Rp, Schwimmen 10 000 Rp. Am Eingang sind Warung, Souvenirgeschäfte und ein Restaurant.

ÜBERNACHTUNG

Cabé Bali Bungalows, Desa Temega, 1,3 km südlich von Tirtagangga, im Straßenknick 600 m von der Hauptstraße nach Norden, nur von Süden kommend ausgeschildert, ✆ 0363-22045, 💻 www.cabebali.com. Eingerahmt von Reis- und Gemüsefeldern bietet die freundliche Barbara aus Deutschland in ihrem gepflegten Garten mit Pool 4 geräumige, saubere Bungalows mit hübschen Holzmöbeln, Safe, Veranda und solarerwärmtem Wasser. Für Zeitvertreib sorgen geführte 3-stündige Spaziergänge für 200 000 Rp bei 2 Pers. sowie kostenloser Tee, Kaffee und Kuchen am Nachmittag. Abends empfiehlt sich das kleine Restaurant. Abholung aus Tirtagangga inkl. ❻

€ **Homestay Rijasa**, gegenüber dem Parkplatz vom Taman Tirtagangga, ✆ 0363-21873. Im Garten liegen 9 einfache, saubere und geräumige Massivbungalows mit Ventilator, weichen Schaumstoffmatratzen und teils Warmwasser. Die freundlichen Vermieter haben 2 weitere Bungalows mit guter Aussicht im Leging View in Ababi und vermitteln Guides für Wanderungen, s. Aktivitäten. Frühstück inkl. ❷–❸

BALI

ESSEN

Bali Asli, Gelumpang, ab Tirtagangga ausgeschildert, ✆ 0822-3690 9215, www.baliasli.com.au. In traumhafter Lage mit Blick auf die Reisterrassen und den Gunung Agung serviert das beliebte, offene Restaurant unter Leitung von Penelope aus Australien ein täglich wechselndes Menü an authentischen balinesischen Speisen. Fast alle Zutaten kommen aus der Region, dafür sind die Gerichte etwas teurer. Zudem Wein, Cocktails und hausgebraute Fruchtbiere. Ein Erlebnis sind die exzellenten Kochkurse (s. Aktivitäten). Auch Trekking- und Mountainbike-Touren mit anschließendem Mittagessen. ◷ 10–18 Uhr.

AKTIVITÄTEN UND TOUREN

Fahrradfahren

Bungbung Adventure Biking, Homestay Rijasa, ✆ 0813-3804 1232, 0813-3812 1056 http://sites.google.com/site/bungbungbikeadventure/. 3-stündige Fahrradtouren für 250 000 Rp p. P. bei 4 Pers. führen durch die Dörfer der Umgebung und zu einer Grundschule. Die zweite Variante für 300 000 Rp startet am Hang des Gunung Agung und verläuft 20 km talwärts über Waldwege an Tempeln vorbei und durch Dörfer nach Tirtagangga.
Mountainbike-Touren mit Mittagessen auch bei **Bali Asli**, s. Essen.

Kochkurse und Ausflüge

Bali Asli, s. Essen. Ab 2 Pers. werden hervorragende, 4–6-stündige Kombinationen aus Kochkurs und geführten Touren für 998 000 Rp p. P. angeboten: Man unternimmt wahlweise einen Besuch auf dem Morgenmarkt, eine Stippvisite ins Dorf Pangi oder einen Workshop zur Herstellung von Hautpflegeprodukten, um anschließend ein balinesisches Mittagessen mit mehreren Gerichten zu kochen. Direkt serviert bekommt man sein Essen im Anschluss an eine Wanderung zum Pura Luhur Lempuyang, eine Radtour nach Tirtagangga oder eine Vespa-Tour zum Palast in Amlapura, zu einer traditionellen Kris-Schmiede und zum Taman Ujung; diese Touren ohne Kochkurs kosten 420 000–880 000 Rp p. P.

Wandern

Homestay Rijasa, s. Übernachtung. 3-stündige geführte Spaziergänge in der Gegend von Tirtagangga kosten 250 000 Rp p. P., die 5–6-stündige Wanderung nach Tenganan 450 000 Rp p. P. bei 2 Pers. Transport inkl.

TRANSPORT

In vormittags fahrende **Busse** von Amlapura nach CULIK (10 000 Rp) und SINGARAJA (30 000 Rp, 2 1/2 Std.) kann an der Hauptstraße zugestiegen werden. Minibusse von **Perama**, www.peramatour, fahren von Tirtagangga gegen 10.15 Uhr nach AMED für 75 000 Rp und nach CANDI DASA, PADANG BAI, SANUR, KUTA sowie zum FLUGHAFEN gegen 12.15 Uhr für 75 000–150 000 Rp.

Amed

Unter dem Namen des Fischerdorfs an der trocken-heißen Nordostküste werden allgemein auch die Nachbardörfer **Jemeluk**, **Bunutan**, **Lipah**, **Leyan**, **Selang** und **Banyuning** zusammengefasst. Zusammen bilden sie einen 9 km langen, hügeligen Küstenstreifen, dessen schwarze Sand- und Steinstrände von schroffen Felsklippen unterbrochen werden.

Als Ausgangspunkt für spannende Tauchgänge und die kürzeste Überfahrt nach Lombok empfängt Amed einen beachtlichen Zustrom an Touristen. Viele schätzen die Ruhe und Abgeschiedenheit und die Möglichkeit, bequem vom Ufer aus die herrliche Unterwasserwelt zu entdecken (Kasten S. 420). Gleichzeitig finden Nichttaucher hier mehr Abwechslung als im nahen Tulamben.

In vielen Buchten liegen bunte Fischerboote dicht aufgereiht. Frühmorgens kann man beobachten, wie die Fischer mit ihnen den Fang an die Strände holen. Am Strand von Amed wird auf traditionelle Weise Meersalz gewonnen und an kleinen Straßenständen verkauft.

Am frühen Abend versammeln sich viele Besucher am **Sunset Point** von Jemeluk, dessen Bucht vor dem Hintergrund des mächtigen Gunung Agung die perfekte Bühne für den Sonnenuntergang abgibt. Beidseits der Straße hat die Gastronomie das Potenzial erkannt und die Aussichtpunkte mit Restaurants und kostenpflichtigen Parkplätzen bebaut.

Einziger Dämpfer ist das Straßenbild, denn es gibt keine Straßenbeleuchtung oder nennenswerte Fußgängerwege, dazu wenig Schatten und praktisch keinen öffentlichen Nahverkehr.

ÜBERNACHTUNG

Die Unterkünfte reihen sich entlang der schmalen Küstenstraße. Während sich die günstigen in Amed und Jemeluk konzentrieren, bilden die Resorts im Osten mit ihren gut gewässerten Gärten einen starken Kontrast zur spärlichen Vegetation der trockenen Umgebung. Südlich der Straße sind einige Zimmer nur über steile Treppen erreichbar.

Beten Waru Bungalows & Restaurant, Bunutan, ✆ 0815-5867 4743, 💻 www.betenwarubungalow.com. Die 7 geräumigen, klimatisierten Zimmer am steilen Hang bieten teils schönen Meerblick und ein gutes Preis-Leistungs-Verhältnis. Neben dem netten Pool mit Sonnenliegen lockert etwas Grün die Anlage auf. Direkt nebenan gibt es ähnliche Zimmer. Frühstück inkl. ❸–❹

GaneshAmed, Jemeluk, ✆ 0363-430 1084, 💻 www.ganeshamed.com. Schöner Garten am Meer mit einem kleinen Pool und 4 großen, sauberen Zimmern mit AC, großem Bad und Veranda mit Meerblick, zudem 2 kleinere, günstigere Zimmer mit Ventilator. Organisation von Yoga-Sessions für 100 000–120 000 Rp. Frühstück inkl. ❸–❺

Om Shanti Villa & Cottages, Jemeluk, ✆ 0858-5706 9673, 💻 www.omshantibali.com. An den Hang geschmiegte, gepflegte Anlage mit kleinem Pool und 4 gemütlichen Villen bzw. Cottages, die mit AC, großem Open Air-Bad, Kühlschrank und einer großzügigen Veranda überzeugen. Von ganz oben hat man tollen Meerblick. Freundlicher Service und gutes Preis-Leistungs-Verhältnis. Frühstück inkl. ❹–❺

Palm Garden Amed Beach & Spa Resort Bali, Leyan, ✆ 0363-430 1058, 💻 www.palmgardenamed.com. Das Resort unter Schweizer Leitung liegt am Strand in einem grünen Palmengarten mit Pool und bietet neben 9 schönen Bungalows mit AC, Minibar, Open Air-Bad mit Mosaikverzierungen und Terrasse auch 2 geräumige Zimmer in einem Häuschen mit Privatpool. Frühstück inkl. ❻–❽

Rumahku Homestay, Jemeluk, ✆ 0819-3300 4147, 💻 www.fb.com/RumahkuHomestay. In dem liebevoll angelegten Garten mit kleinem Fischteich werden 4 saubere Zimmer mit Moskitonetz und schöner Open Air-Dusche, teils auch AC, vermietet. Familiäre Atmosphäre und freundlicher Service. Leckeres Essen im Warung an der Straße. Frühstück inkl. ❷–❸

Warung Ary & Home Stay, Bunutan, ✆ 0819-3653 3871, ✉ warung_ary@yahoo.com. Steile Treppen führen den Hang hinauf zu 5 sauberen Zimmern mit AC, Himmelbett und Warmwasser. Gutes Preis-Leistungs-Verhältnis und von den Verandas der oberen Zimmer gute Aussicht aufs Meer. Restaurant. Frühstück inkl. Sehr ähnlich sind die 5 Zimmer nebenan im **Titi Sedana**, ✆ 0877-6202 3711, 💻 auf Facebook. ❸

ESSEN

Einige Restaurants bieten kostenlosen Abholservice, da die Distanzen nicht fußläufig sind und die Straße für Fußgänger wenig geeignet ist.

Aroma de la Mer, Jemeluk, ✆ 0819-9912 3847, 💻 http://aromadelamer.blogspot.de/. Von den beiden Restaurants am Sunset Point ist der höher gelegene Bambusaufbau des Aroma die bessere Wahl, wenn man nach dem Sundowner auch ein Abendessen zu sich nehmen möchte. Die herzliche Putu und ihr Team servieren balinesische Gerichte in reichlichen Portionen, dazu kühles Bier oder Detox-Mocktails. Für Kochkurse s. S. 419. 🕒 8–22 Uhr.

Aquaterrace, Leyan, ✆ 0813-3791 1096, 💻 www.aquaterrace-amed.com. In luftiger Lage werden aus der offenen Küche des kleinen, japanisch-balinesisch geführten Restaurants leckere, überwiegend japanische Speisen zu günstigen bis mittleren Preisen serviert. Auch gute Saftkreationen, Salate,

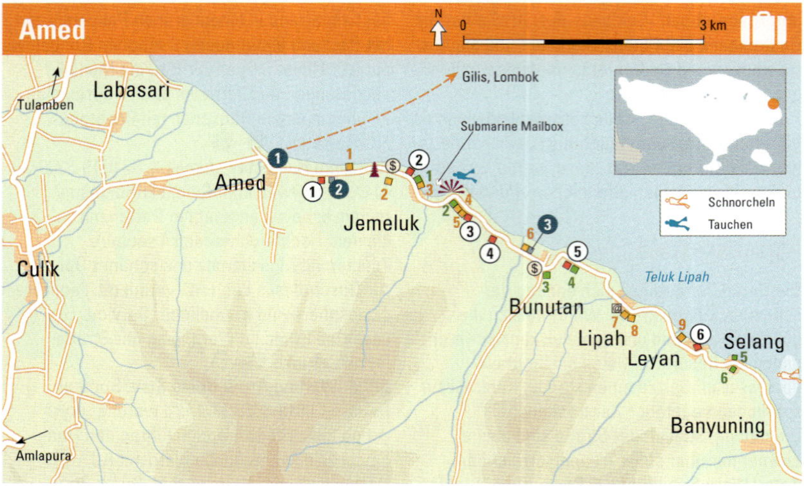

ÜBERNACHTUNG
1. Rumahku Homestay
2. GaneshAmed
3. Om Shanti Villa & Cottages
4. Warung Ary & Home Stay, Titi Sedana
5. Beten Waru Bungalows & Restaurant
6. Palm Garden Amed Beach & Spa Resort

ESSEN
1. Green Leaf Café
2. Aroma de la Mer
3. The Grill
4. Gusto
5. Komang John's Café
6. Aquaterrace

SONSTIGES
1. Wawa-Wewe Beach Bar & Restaurant
2. Adventure Divers Bali
3. Apneista
4. Wäscherei
5. Amed Scuba
6. East Bali Bike Tour
7. Wäscherei
8. Wawa-Wewe I
9. Life in Amed

TRANSPORT
1. Gili Sea Express
2. Kuda Hitam Express
3. Freebird Express

Pasta und einheimische Gerichte. Shuttleservice. ⌚ 7–21 Uhr.

Green Leaf Café, Jemeluk, ☎ 0813-3830 1158, 💻 www.fb.com/GreenLeafCafeAmed. Entspanntes und geselliges Café, wo man in Sitzkissen aufs Meer blickt und aus einer kleinen, aber feinen Auswahl von Snacks, Salaten und wechselnden Gerichten wählen kann. Auch Frühstück. Auffüllen von Wasserflaschen. ⌚ 8–18.30 Uhr.

Gusto, Bunutan, ☎ 0813-3898 1394, 💻 auf Facebook. Das halboffene Restaurant unter ungarischer Leitung überzeugt mit authentischem Gulasch, gutem Wiener Schnitzel, exzellenten Nachspeisen sowie dem aufmerksamen, freundlichen Service. Mittlere, dem netten Ambiente angemessene Preise. ⌚ 15–22 Uhr.

Komang John's Café, Blue Moon Villas. In einladendem Ambiente mit gedeckten Tischen und etwas Meerblick serviert man hier sehr gute und optisch ansprechend angerichtete balinesische und indonesische Küche ohne Geschmacksverstärker sowie frisches Seafood zu mittleren bis gehobenen Preisen. ⌚ 11–22 Uhr.

The Grill, Bunutan, ☎ 0363-23530, 💻 www.fb.com/thegrillamedbali. Unter Leitung der herzlichen Susanna werden Gerichte aus aller Welt in angenehmem Ambiente im Garten oder auf der Veranda serviert. Empfehlenswert sind die zarten Spare Ribs, die großen Salate (teils mit Bio-Zutaten aus eigenem Anbau) und die leckeren Fischgerichte. Shuttleservice. ⌚ 12–23 Uhr.

UNTERHALTUNG

Wawa-Wewe I, Leyan, und **Wawa-Wewe Beach Bar & Restaurant**, Jemeluk, ☎ 0363-

23522, 💻 www.bali-wawawewe.com. In den beiden Strandbars wird gute Livemusik gespielt: Im Wawa-Wewe I Mi und Sa, in der Beach Bar Mo und Do ab 19.30 Uhr. Dazu kühle Drinks, aber nicht besonders gutes Essen. 🕒 8–23 Uhr.

AKTIVITÄTEN UND TOUREN

Bootstouren

Lohnenswert ist eine mit Schnorcheln kombinierte **Fahrt im Fischerboot**, die bei 2 Pers. für 2 Std. etwa 250 000 Rp kostet, ein ganzer Tag 400 000 Rp. Idealerweise beginnt die Fahrt früh am Morgen oder endet am Spätnachmittag mit Grillen am Strand.

Fahrradtouren

East Bali Bike Tour, 📞 0812-466 7752, 💻 www.eastbalibike.com. Ab 600 000 Rp p. P. führen 4–6-stündige Fahrradtouren von „leicht" bis „fordernd" bis zu 28 km und meistens *downhill* durch die Dörfer und den Wald. Man sollte vorher die Gruppengröße und körperliche Fitness mit dem Guide besprechen. Hin- und Rücktransport im Pkw sowie Mittag- bzw. Abendessen am Pantai Perasi inkl.

Freediving und Stand Up Paddling

Apneista, Jemeluk, 📞 0813-3830 1158, 💻 www.apneista.com. Beim Green Leaf Café (s. Essen) bietet Matthew aus Irland professionelle 2-tägige Apnoetauchkurse für US$200, ein SSI-Zertifikat kostet 250 000 Rp extra. Auch Fortgeschrittenenkurse, Yoga (s. u.) sowie Verleih von Stand Up Paddles.

Kochkurse

Aroma de la Mer, Jemeluk, s. Essen. Immer Mo und Fr laden Putu, Iluh und Sincan zum gemeinsamen Kochen von 2 Gerichten für 250 000–400 000 Rp p. P., je nachdem ob vegetarisch oder mit Fleisch bzw. Fisch.

Schnorcheln

Besonders die Buchten von Bunutan, Jemeluk und Leyan sowie die Unterwasserwelt vor dem Amed Café sind gut zum Schnorcheln geeignet. Die Ausrüstung wird in vielen Unterkünften und Tauchzentren ab 25 000 Rp pro Tag verliehen.

Tauchen

Nahezu jede Unterkunft unterhält Verbindungen zu einer Tauchschule oder betreibt eine eigene. Die Angebote unterscheiden sich kaum.
2 Tauchgänge kosten inkl. Transport und Ausrüstung US$60–90, weiter entfernte Ziele in Ost-Bali bis US$150, ein Schnupperkurs US$80–95 und der 3-tägige Open Water-Kurs US$330–400. Fast alle Tauchschulen haben eigene Gästezimmer und Pauschalangebote mit Übernachtung.

Adventure Divers Bali, 📞 0813-5313 6113, 💻 www.adventurediversbali.com. Das Tauchzentrum punktet mit freundlichem Service. Unter den Fittichen der Belgierin Liselotte fühlen sich auch Anfänger schnell wohl.

Amed Scuba, 📞 0819-9912 3847, 💻 www.amedscuba-diving-bali.com. Das Tauchzentrum unter deutscher Leitung mit eigenem Pool hat etwas höhere Preise, dafür gute, persönliche Betreuung und kleine Gruppen. Auch interessante Tauchtouren in Kombination mit Sightseeing.

Yoga

Apneista, s. o., bietet tgl. von 18.30–20 Uhr Hatha-Yoga für 100 000 Rp p. P.

Life in Amed, Leyan, 📞 0363-23152, 💻 www.lifebali.com. Tgl. um 8 und 17.30 Uhr Kurse mit Yin/Yang oder Yoga Flow für 100 000 Rp p. P. Auch Retreats und Pauschalangebote mit Übernachtung.

SONSTIGES

Fahrrad- und Motorradverleih

Viele Unterkünfte vermieten Fahrräder ab 25 000 Rp und Motorroller ab 60 000 Rp pro Tag.

Informationen

Auf 💻 https://amedbali.info/ werden jede Menge Adressen vorgestellt und beschrieben; auch weiterführende Infos zu den einzelnen Dörfern und Stränden.

Post

Taucher und gute Schwimmer können ihre Postkarten unter Wasser abschicken! Der wahrscheinlich schwerste Briefkasten der Welt, die 3,5 t schwere

Den Ozean vor der Tür – Tauchen vor Amed und Tulamben

Die Tauchspots bei Amed und Tulamben sind dank schwacher Strömungen, milder Wassertemperaturen, kurzer Wege und der sehr guten Zugänglichkeit vom Ufer her sowohl für Anfänger als auch Traveller mit wenig Zeit geeignet. Der wohl bekannteste Spot vor Tulamben ist das 125 m lange Wrack der **USAT Liberty**, ein 1942 rund 40 m vor der Küste versenktes US-amerikanisches Versorgungsschiff. Als leichtester Wracktauchgang der Welt wird das von Korallen überwachsene Schiff an manchen Tagen von mehr Tauchern als Fischen bevölkert. Kein Wunder also, dass Insider hier bevorzugt nachts tauchen, wenn der Trubel vorbei ist und andersartige Meeresbewohner zu sehen sind. Etwas südlich locken weitere Tauchspots, etwa das vor einer unzugänglichen Steilklippe gelegene und daher nur per Boot erreichbare, topografisch interessante **Batu Kelebit** mit hoher Artenvielfalt.

Nur fünf Fahrminuten nördlich von Tulamben liegt ein jüngeres Wrack namens **Kubu**. Tulamben hat zudem gute Hausriffe und die **Drop-Off** genannte Steilwand mit großen Meeresfischen. Im schwarzsandigen Meeresgrund finden sich farbenfrohe Nacktschnecken und anderes ausgefallenes Meeresgetier.

An der Küste von Amed ist der bunte Korallengarten bei **Jemeluk** besonders attraktiv, wo man wenige Meter östlich der Bucht in geringer Tiefe durch ein lebhaftes Gewimmel von Kleinfischen und Schwämmen, Fächerkorallen und überwucherten Felsen taucht, bevor man über einen artenreichen Abhang zurück vor den Strand driftet. Wer gern tiefer taucht, kann sich den bis zu 40 m tiefen Steilabfall vor **Bunutan** entlangtreiben lassen, der von Barrakudas, Kugelfischen, Weiß- und Schwarzspitzenhaien frequentiert wird. Das **japanische Schiffswrack** bei Selang auf 3–15 m Tiefe ist auch für Anfänger geeignet und zeichnet sich durch eine bunte Vielfalt an Fischen in und um das Frachtschiff aus.

Submarine Mailbox im balinesischen Design in 5 m Tiefe, 20 m in der Bucht von Jemeluk, macht es möglich. Wasserfeste Postkarten werden in vielen Tauchzentren verkauft.

Wellness

Aquaterrace Spa, s. Essen. Balinesische Massagen für 220 000 Rp, von 13–16 Uhr sogar 2 zum Preis von 1. Zudem japanische Akupressur, Scrubs und kosmetische Anwendungen.

TRANSPORT

Nach Amed kommt man am besten mit dem **eigenen Fahrzeug**.

Öffentliche Busse

Busse nach AMLAPURA (15 000 Rp, 30–45 Min.) oder SINGARAJA (30 000 Rp, 2 1/2 Std.) halten vormittags in CULIK. Der Umstieg nach Amed ist schwierig, denn *Angkot* (hier Kleinlaster mit offener Ladefläche oder blau-weiß gestreifte Minibusse) fahren selten; sie kosten 5000–10 000 Rp, viele Fahrer verlangen aber deutlich mehr, oder man muss chartern. Besser mit der Unterkunft eine Abholung vereinbaren, denn kilometerweit mit Gepäck durch die Hitze zu laufen ist kein Vergnügen.

Nach TULAMBEN geht es mit *Angkot* ab Culik für 5000–10 000 Rp.

Shuttle-Busse

Perama, ✆ 0361-751875, 💻 www.peramatour.com, holt für 15 000 Rp von der Unterkunft ab und fährt gegen 11.30 Uhr via TIRTAGANGGA (75 000 Rp) und CANDI DASA (100 000 Rp) nach PADANG BAI (100 000 Rp) und weiter nach SANUR, KUTA oder UBUD sowie zum FLUGHAFEN (jeweils 175 000 Rp).

Andere Shuttle-Transporte werden über Unterkünfte und Tourbüros vermittelt und fahren ab 2 Pers. ohne Aufpreis für die Abholung nach: CANDI DASA und PADANG BAI für 140 000–150 000 Rp.

JIMBARAN, MUNDUK und NUSA DUA für 350 000 Rp.
KUTA und zum FLUGHAFEN für 350 000 Rp.
LOVINA, SANUR und UBUD für 200 000 Rp.
PEMUTERAN für 450 000 Rp.
SIDEMEN für 155 000 Rp.
TIRTAGANGGA und AMLAPURA für 100 000–125 000 Rp.

Schnellboote

Schnellboote legen zwischen 9 und 9.30 Uhr ab und fahren in nur 1 Std. nach GILI TRAWANGAN, GILI AIR und BANGSAL, teils auch GILI MENO, für 350 000–650 000 Rp p. P. inkl. Abholung aus Amed und Tulamben. In der Nebensaison sind vor Ort saftige Rabatte möglich. Bei hohem Seegang fallen die Schnellboote aus, dann bleibt nur der Umweg via Padang Bai, Lembar und Bangsal; alternativ kann man in Padang Bai bei den Anbietern mit großen Schnellfähren anfragen.
Freebird Express, ✆ 0821-4052 7073, www.pacha-express.com.
Gili Sea Express, ✆ 0853-3925 3944, 💻 www.gili-sea-express.com, viele Beschwerden über Stornierungen und die schlechte Organisation.
Kuda Hitam Express, ✆ 0363-23482, 💻 www.kudahitamexpress.com.

Tulamben

Das verschlafene Örtchen 10 km nordwestlich von Amed ist für sich genommen uninteressant: Die Hauptstraße wird stark von Lkw befahren, es gibt wenig Treffpunkte außerhalb der Hotels, weder Bars noch eine Post. Das Hinterland ist von Kakteen übersät und die meiste Zeit knochentrocken, der steinige, schmale Strand eignet sich nicht wirklich zum Baden, zudem wohnt man bei einem Ausbruch des Gunung Agung bedenklich nah am betroffenen Evakuationsradius.

Die Riffe aber sind das Highlight! Außerhalb der Monsunzeit bieten sich in vier auch für Anfänger geeigneten Revieren sehr gute Möglichkeiten zum Tauchen oder Schnorcheln (s. Kasten S. 420). Und so hat sich Tulamben ganz auf diese Klientel eingestellt. Wer mit hoteleigenen Tauchschulen taucht, kann mit Rabatten auf die Zimmerpreise rechnen oder günstige Pauschalangebote wahrnehmen. Meist kosten zwei Tauchgänge US$50–70, den Open Water-Kurs gibt es ab US$360. Angenehmer wohnt man allerdings im nahen Amed.

ÜBERNACHTUNG

Minabali Bunga'lo, 500 m nordwestlich des Ortskerns, 3,5 km südöstlich vom Kubu Indah Dive & Spa Resort, ✆ 0363-22666, 💻 www.minabalitulamben.com. Die beschauliche, ummauerte Anlage mit kleinem Pool ist nicht leicht zu finden, punktet aber mit 5 einladenden, gemütlichen Zimmern mit AC, Himmelbetten und Open Air-Bad sowie der persönlichen Atmosphäre. Die nette Christine aus Frankreich kümmert sich um das Wohlergehen ihrer Gäste. Abends gemeinsames Essen. Frühstück inkl., Reservierung empfehlenswert. ❺

TRANSPORT

Ein paar wenige **Busse** nach SINGARAJA kommen vormittags durch den Ort und kosten 30 000 Rp. Nach AMLAPURA für 20 000 Rp.
Perama, ✆ 0361-751875, 💻 www.peramatour.com, holt für 15 000 Rp von der Unterkunft ab und fährt gegen 11 Uhr via AMED, TIRTAGANGGA (75 000 Rp), CANDI DASA und PADANG BAI (100 000 Rp) nach SANUR, KUTA oder UBUD sowie zum FLUGHAFEN für 175 000 Rp.

GUNUNG RINJANI; © MISCHA LOOSE

Nusa Tenggara

Wer von Bali Richtung Osten reist, tauscht Hektik, Verkehr und Massentourismus gegen Entschleunigung und Abenteuerstimmung. Von den Touristenhochburgen Lomboks ist es ein weiter Weg bis zu den entlegenen Inseln an der Peripherie Indonesiens – nicht nur geografisch. Aufgeschlossene Reisende mit genügend Zeit werden von den gastfreundlichen Einheimischen und uralten Traditionen begeistert sein.

Stefan Loose Traveltipps

Gili Trawangan, Gili Air und Gili Meno
An den Stränden der Gilis wird gefeiert, getaucht und ausgiebig relaxt. S. 443

8 **Gunung Rinjani** Der heilige Vulkan von Lombok bietet einen tollen Panoramablick auf den Kratersee. S. 459

Sumbawa Anspruchsvolle Surfspots locken Wellenreiter nach West-Sumbawa und zum Pantai Lakey. S. 464 und S. 472

9 **Komodo-Nationalpark** Den großen „Drachen" auf der Spur oder einfach nur abtauchen. S. 475

Todo, Wae Rebo, Bena und Belaraghi
In den traditionellen Dörfern auf Flores sind alte Bräuche und faszinierende Webkunst lebendig geblieben. S. 491, S. 492, S. 493 und S. 494

10 **Kelimutu-Seen** Hoch über Moni bezaubern drei verschiedenfarbige Seen. S. 500

Solor- und Alor-Inseln Abseits der ausgetretenen Pfade lohnen indigene Kultur und Unterwasserwelten einen Abstecher. S. 512

VERKÄUFERIN IN BAJAWA; © ELISABETH MICHIEL

WARAN IM KOMODO-NATIONALPARK; © FOTOLIA / PICATTOS

Wann fahren? April bis November

Wie lange? Zwei bis drei Wochen

Outdoor-Tipps Die Surfspots von Kuta Lombok, West-Sumbawa und Pantai Lakey, Schwimmen in der Schlucht von Cunca Wulang und die Wanderung nach Wae Rebo

Unbedingt anschauen Die Stock- und Peitschenkämpfe der Sasak und Manggarai auf Lombok bzw. Flores; die majestätischen Mantarochen im Komodo-Nationalpark, die Reigentänze in den Dörfern von Flores und Alor

Nusa Tenggara

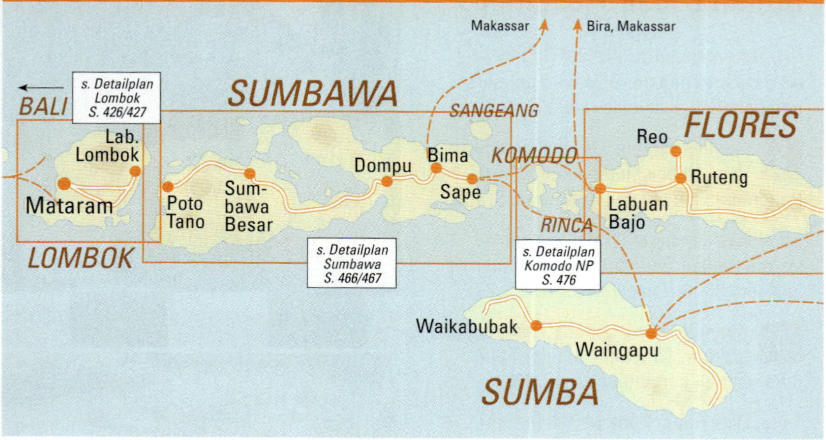

Nusa Tenggara („südöstliche Inseln") bezeichnet die **Kleinen Sunda-Inseln** östlich von Bali. Sie sind unterteilt in die Provinzen Nusa Tenggara Barat (4,9 Mio. Einwohner) mit den Hauptinseln Lombok und Sumbawa sowie Nusa Tenggara Timur (5,2 Mio. Einwohner) mit den Komodo-Inseln, Flores, dem Solor- und Alor-Archipel, West-Timor, Sumba und den Sawu-Inseln. Während man auf Lombok noch gut eine Rundreise unternehmen kann, verläuft die Route durch die östlicheren, lang gestreckten Inseln entlang der Breitengrade.

Zwischen Bali und Lombok verläuft die **Wallace-Linie**. In dem Wallacea genannten Raum östlich davon treten Arten sowohl asiatischer wie auch australischer Flora und Fauna auf. Große Säugetiere fehlen nahezu völlig; dafür sind Papageien und fantastische Meerestiere sowie die ehrfurchtgebietenden Komodo-Warane zu sehen. Auch in der nach Osten immer dünner gesäten Bevölkerung wird ein Übergang sichtbar: Auf Sumbawa, Lombok und an den Küsten von Flores leben überwiegend moslemische Malaien, im Landesinneren der Inseln weiter östlich mehrheitlich christlich-animistische Proto-Malaien. Diese werden manchmal auch als Melanesier bezeichnet und ähneln rein äußerlich den Papua-Völkern.

Lombok

So mancher fühlt sich auf Lombok an Balis ursprüngliche Schönheit erinnert. Auch wenn sich die beiden Inseln durchaus ähneln, besticht Lombok doch mit ganz eigenen Facetten. Die meisten Besucher machen Station in Senggigi sowie auf **Gili Trawangan**, **Meno** und **Air**, um anschließend den mächtigen **Gunung Rinjani** zu erklimmen oder den Strandurlaub in **Kuta Lombok** fortzusetzen, wo Surfer traumhafte Bedingungen vorfinden.

Den Norden dominiert der Gunung Rinjani, Indonesiens zweithöchster Vulkan (3726 m). In Ost- und Süd-Lombok erschweren karge Böden und lange Trockenheit die Landwirtschaft, sodass sich die Bevölkerung in den fruchtbaren Ebenen um die kommerziellen Zentren **Mataram** und **Praya** ballt. Der aride Süden, Osten und die 26 kleinen, zumeist unbewohnten Inseln (Gilis) unterscheiden sich deutlich von der grünen Landschaft am Gunung Rinjani. Ähnlich wie auf Bali liegen im Süden aber auch die schönsten Strände.

Etwa 85 % der 3,5 Mio. Einwohner sind **Sasak**. Ältesten Aufzeichnungen zufolge bestand einst ein Sasak-Reich namens Selaparang. Das

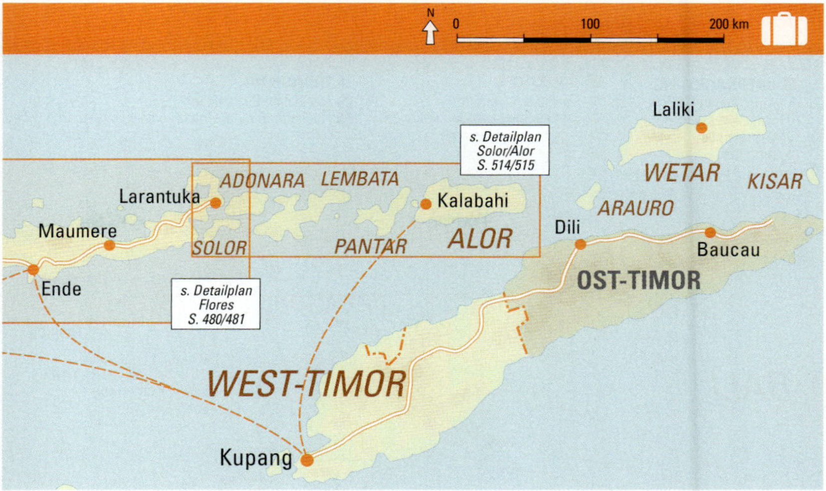

auf Palmblättern verfasste *Babad Lombok* beschreibt, wie der Ausbruch des inzwischen nicht mehr existenten Vulkans **Samalas** im Jahr 1257 einen hufeisenförmigen Krater hinterließ und die Hauptstadt des Königreichs in Schutt und Asche legte. Die Niederländer landeten 1674 auf der Insel, siedelten aber erst viel später an der Ostküste. In der Zwischenzeit hatten balinesische Invasoren vier Fürstentümer auf Lombok gegründet. Zusammen mit den Sasak bekämpften die Niederländer ab 1891 diese Hindu-Dynastie, und ab 1894 war die Insel ins Kolonialreich integriert. Bereits im 17. Jh. brachten islamische Gelehrte aus Sumbawa ihren Glauben auf die bis dahin hindu-buddhistisch geprägte Insel. Heute sind über 90 % der Einwohner **Moslems**, und die Zahl der Moscheen steigt rasant – die Bezeichnung „Insel der tausend Moscheen" steht sogar auf offiziellen Werbeplakaten.

Lembar

In einer Bucht an der Westküste, 35 km südlich von Mataram, liegt der wichtigste Hafen der Insel. Hier legen die großen Passagierschiffe und Fähren aus Bali und Java an, es gibt Geldautomaten und Essensstände, und man wird direkt von Fahrern belagert – alles in allem wenig einladend. Wegen der überteuerten Privattaxi-Preise sollten per Schiff eintreffende Besucher ihre Weiterreise bereits organisiert haben oder sich auf Preisverhandlungen einstellen. Auf wartende Blue Bird-Taxis ist kein Verlass (allenfalls per Bestellung).

TRANSPORT

Minibusse

Bereits auf Bali sollte man **Shuttlebusse** nach MATARAM, SENGGIGI oder BANGSAL buchen. Ab 2 Pers. verkehren sie auch zu anderen Zielen. In Lembar ist es schwierig, einen Platz in diesen Bussen zu ergattern.

Perama verkehrt gegen 13 oder 14 Uhr nach Mataram für 75 000 Rp.

Öffentliche Minibusse *(Angkot)* warten zwischen 6 und 16 Uhr an der 500 m vom Hafen entfernten Hauptstraße. Man sollte vorher den Preis aushandeln bzw. andere Fahrgäste nach dem Preis fragen und erst am Ziel bezahlen! Wer nachmittags ankommt, muss lange warten oder zum acht- bis zehnfachen Normaltarif chartern.

MATARAM (Mandalika-Busbahnhof) für 25 000 Rp in 1 Std.

Lombok

ÜBERNACHTUNG
1 Arnel Bungalows
2 Pondok Anggrek Putih
3 Batu Bambu
4 Drop In
SONSTIGES
1 Kencana Adventure
2 Rumah Sakit Harapan Keluarga
TRANSPORT
1 Mandalika-Busbahnhof
2 Flughafen Bandara Internasional Lombok
s. Detailpläne
Gili Air S. 457
Gili Meno S. 454
Gili Trawangan S. 444
GILI TRAWANGAN
GILI MENO
GILI AIR
Amed
Surabaya
BALI
Gondang
Tanjung
Bangsal
Lombok Elephant Park
Pemenang
Teluk Nara
Teluk Kode
Selat Lombok
s. Detailplan Senggigi S. 438
Mangsit
Pusuk-Pass
Kerandangan
Senggigi
Batubolong
Gunungsari
Meninting
Sanur, Serangan, Nusa Lembongan, Padang Bai
Padang Bai
Mambalan
Batukumbung
Lingsar
Ampenan
Cakra-negara
Sweta
Mataram
Narmada
s. Detailplan Mataram/Ampenan/Cakranegara S. 434/435
Telagawaru
G. Pengsong
Banyumulek
Kediri
Ubung
Kuripan
Gerung
Jembatankembar
Ungga
Lembar
Bangko-Bangko
Pemadikan
Desert Pt.
GILI LAYAR
GILI RINGGIT
GILI ASAHAN
GILI GEDE
GILI POH
GILI NANGGU
GILI SUDAK
GILI TANGKONG
GILI KEDIS
Labuhan Poh
Tembowong
Taun
Sekotong Timur
Bukit Mereje
Pengge-Stausee
Pelangan
Sekotong Tengah
Sekotong-Halbinsel
Montongsapah
Mekaki
Teluk Mekaki
Belongas
Sepi
Sengketan
Teluk Belongas
Teluk Panggang
GILI WAYANG
GILI KAWU
GILI SARANG
Teluk Mawi
Selong Blanak
Teluk
GILI PAYUNG

N
0
30 km
Tauchen
Akarakar
Sukadana
Anyar
Selengan
Kayangan
Bayan
Obel-Obel
GILI LAWANG
GILI SULAT
Senaru
Teresgenit
Gangga
Sajang
Tiu Pupus-Wasserfälle
Kerta Gangga-Wasserfall
Sugian
Sambelia
Sembalun Lawang
Danau Segara Anak
Labuhan Pandan
s. Detailplan Gunung Rinjani-NP S. 463
2664
2363
3726
Gunung Rinjani
3 Std.
GILI PETAGANG
Padak
GILI BIDARI
GILI KONDO
GUNUNG RINJANI-NATIONALPARK
Riesenbäume
Poto Tano
Labuhan Kayangan
Benang Kelambu-Wasserfall
7 Std.
Jukut-Wasserfall
Sapit
Taman Wisata Alam Suranadi
Tibu Topat-Wasserfall
Tibu Duren-Wasserfall
Labuhan Lombok
Suela
Seasot
Benang Stokel-Wasserfall
Black Monkey Forest
Timbanuh
Suranadi
Otakkokok
Kembang Kuning
Pengandangan
Selaparang
Pringgabaya
Aik Berik
Pacordao
Terutak
Goak
Tetebatu
Pringgasela
Aikmel
Sedau
Lenek
Mantang
Mas-Mas
Kotaraja
Lendang-nangka
Hikmah
Loyok
Masbagik
Korleko
Pringgarata
Lendangara
Paokmotong
Kopang
Terara
Sikur
Selong
Pancor
Suradadi
Pandan Duri-Stausee
Labuan Haji
Puyung
Praya
Sakra
Sukarara
Janapria
Padak
Batujai
Batujai-Stausee
Selat Alas
Penunjak
Beleka
Mujur
Ganti
Keruak
Tanjung Luar Fischmarkt
Bonder
Sengkol
Jerowaru
Jor
GILI MERENGKE
GILI INDAH
Ende
Pemokong
SUMBAWA
Sade
Kuang Rundun
Batu Nampar
Teluk Ekas
Ekas
Tanjung Ringgit
Goa Bang-kang
Awang
Surf-revier
Teluk Seriwe
Mawun
Kuta
Bumbang
Kaliantan
Benete
Mawun
GILI NUSA
Gerupuk
Tanjung Aan
Tanjung Bungkulan
Tanjung Ujung Mas
s. Detailplan Kuta Lombok S. 430
Surf-revier
Surf-revier

Taxis

Mit den Privattaxis am Hafen muss um den Preis gefeilscht werden. Blue Bird-Taxis mit Taxameter warten (sofern sie zuvor Passagiere zum Hafen befördert haben) an der Hauptstraße, ca. 500 m entfernt.
Preisbeispiele:
BANGSAL für 300 000–350 000 Rp in 75 Min.
KUTA LOMBOK ab 300 000 Rp in 1 1/2 Std.
MATARAM für 80 000–100 000 Rp in 45 Min.
SENGGIGI für 250 000–350 000 Rp in 2 Std.

Fähren

Nach PADANG BAI (Bali) etwa stdl. rund um die Uhr für 44 000 Rp, Kinder 28 000 Rp in 4–6 Std., je nach Wellengang und eventuellen Verzögerungen in den Häfen. Motorrad ab 125 600 Rp inkl. 2 Pers., Pkw 917 000 Rp inkl. 4 Pers.
Nach SURABAYA mit der KMP Legundi alle 3–4 Tage (zuletzt Mo und Do) für 72 000 Rp, Kinder 47 000 Rp (inkl. Mahlzeit) in 21 Std. Motorrad ab 225 000 Rp, Pkw ab 1,53 Mio. Rp. Tickets kurz vor Abfahrt am offiziellen Schalter.

Kuta Lombok und die südlichen Strände

Lange Zeit hatte der Ort mit seinem berühmt-berüchtigten Namensvetter auf Bali außer einem Strand, vielen Surfern und lässiger Atmosphäre kaum etwas gemein. Seit wenigen Jahren herrscht jedoch ein regelrechter Bauboom, der außer zusätzlichen Unterkünften auch schicke Cafés und Restaurants, neue Straßen und eine repräsentative Strandpromenade hervorgebracht hat. Supermärkte ziehen nach, dazu die ersten Spas und Yoga-Studios. Große Areale sind als Bauflächen ausgewiesen. Und längst zieht es nicht mehr nur Wellenreiter hierher – auch Familien beim Strandurlaub und gewöhnliche Backpacker sieht man immer öfter. Beliebtes Ziel sind die benachbarten Buchten, wo weißer Sand und blaues Meer fotogen in der Sonne glitzern.

Von Kuta Lombok nach Selong Blanak

Nach Westen windet sich die Straße die Hügel auf und ab, mit schönen Aussichten über Kokos- und Tabakplantagen. Nach 7 km erreicht man die atemberaubende, halbmondförmige **Teluk Mawun** mit schneeweißem Sand und glasklarem Wasser, in dessen seichten Wellen auch bei Ebbe gebadet und geschnorchelt werden kann.

Die **Teluk Mawi** mit schattenspendenden Warung am Strand ist schwerer zu erreichen. Man folgt der Straße weitere 10 km und nimmt die ausgeschilderte Linksabzweigung, danach die rechte und anschließend die linke Seite der Gabelungen. Die schlechte Straße wird auf den letzten 2 km zum sandigen Pfad (zuletzt waren Straßenbauarbeiten im Gange). Bei ausreichendem Wellengang herrschen hier ideale Surfbedingungen für Fortgeschrittene.

Weiter westlich liegt der beliebte, weiße Sandstrand von **Selong Blanak**, der sich als Beach Break besonders gut für Surfanfänger und zum Baden eignet. Hier fühlen sich auch Familien mit Kindern wohl. Es gibt Liegen und Schirme gegen Gebühr.

Die nördlichen Sasak-Dörfer

An der Hauptstraße nach Sengkol liegt 4,7 km nördlich von Kuta Lombok das traditionelle, für Touristen verschönerte Dorf **Sade**. Bei einer Führung können aus Holz, Reisstroh und Lehm errichtete Häuser bewundert werden, deren mit *Alang-Alang*-Gras gedeckte Dächer alle paar Jahre erneuert werden, und man erfährt einiges über die Kultur und das Zusammenleben der Sasak. Insgesamt macht alles einen kommerziellen Eindruck, da es viele Verkaufsstände, einen Busparkplatz und sogar einen Geldautomaten gibt. Rund 900 m nördlich pilgern viele Moslems in **Rembitan** auf einen Hügel zur **Mesjid Kuno**, einer der ältesten Moscheen Lomboks mit Strohdach und Bambuswänden. Nur 1,4 km nördlich liegt **Ende**, das ebenfalls Touristen zwischen den traditionellen Häusern herumführt, aber kleiner und weniger stark am Verkauf von Souvenirs orientiert ist. Für Führungen wird eine Spende erwartet, zudem eine Spende für das Dorf.

ÜBERNACHTUNG

Batu Bambu, 1 km nördlich, östlich der Straße, ✆ 0823-4189 4519, 💻 www.batubambu.com, Karte S. 426. Die von Elisa aus Deutschland geführte Unterkunft liegt abseits vom Trubel und hat 7 liebevoll mit Naturmaterialien eingerichtete Zimmer, benannt nach Kindern, deren Schulbesuch aus den Einnahmen finanziert wird. Eines der Zimmer ist für max. 4 Pers., die günstigsten haben Gemeinschaftsbad, teurere eigene Bäder und AC. Es gibt einen Pool und nette Sitzbereiche. Reservierung empfohlen. Frühstück aus Bio-Zutaten inkl. ❸–❺

Botchan Hostel, ✆ 0370-650 2888. Bei Backpackern beliebte Unterkunft mit Pool sowie vier 6-Bett-Zimmern und einem 12-Bett-Zimmer für 135 000–150 000 Rp p. P. Die meisten Betten sind Etagenbetten, einige Einzelbetten stehen auf eingezogenen Zwischenböden. Alle Zimmer haben Warmwasser und eine Veranda. Weitere waren zur Zeit der Recherche in Bau. Frühstück inkl.

Bule Homestay, ✆ 0819-1799 6256, 💻 www.bulehomestay.com. Die kleine Anlage mit Koi-Teich und Tischtennisplatte im Innenhof bietet 9 geräumige, helle und saubere Zimmer mit AC und guten Matratzen. Hamiri war lange Zeit als Koch im Novotel und auf Kreuzfahrtschiffen tätig und kocht exzellente indonesische, europäische und Fusion-Gerichte. Frühstück inkl. ❸

Drop In, 1,7 km östlich Richtung Gerupuk, ✆ 0819-0723 4673, 💻 www.dropinlombok.com, Karte S. 426. In dem chilligen, großen Garten mit kleinem Pool, Liegen und gemütlichen Pondoks zum Relaxen wohnen Gäste in 6 ansprechenden Zimmern mit AC und Warmwasser, wobei die teureren etwas größer sind. Zudem ein Schlafsaal für 23–27 € p. P. Gutes Restaurant und Pauschalangebote für Surfer. ❺–❼

ESSEN

Gulas Garden Bar & Restaurant, ✆ 0877-6538 3576, 💻 www.gulasgardenkutalombok.com. Das von der Straße zurückversetzte Gartenrestaurant mit überdachten *Berugas* punktet mit nettem Ambiente, internationalen Gerichten zu vertretbaren Preisen und dem freundlichen Service. 🕒 14–22 Uhr.

Einheimische und Touristen zieht es an die weißen Sandstrände von Kuta Lombok.

KRNK, ✆ 0819-9911 3026. Der stylisch mit alten Nähtischen, Paletten und Fensterläden im modernen Industrial-Look gestaltete, halboffene Laden hat herzhafte Bowls, Pasta, gute Beef Burger, vegetarische Gerichte und Säfte im Angebot. Die Portionen könnten größer sein, und den Cod Burger fanden wir fad. ⌚ 11–3 Uhr.

Milk Espresso, ✆ 0822-6618 9838, 💻 www.fb.com/milkespresso. Beliebtes und stilsicher in Schwarz, Weiß und Grau designtes Café, wo außer dem belebenden schwarzen Getränk auch gesunde Bowls (z. B. mit Lachs), Pasta und kreative Drinks wie Drachenfrucht-Margherita serviert werden. Abends Akustik-Livemusik. ⌚ 7–21 Uhr.

The Corner Boutique Café, ✆ 0823-3942 3842, 💻 www.fb.com/thecornerboutiquecafe. Der nette Laden mit Klamottenverkauf und Bistro-Bestuhlung an der Straße ist die beste Option für ein gesundes Frühstück oder Mittagessen, denn es gibt herzhafte Sandwiches, Säfte, guten Kaffee, Müsli, Eggs Benedict und Smoothie Bowls. ⏲ Mo–Sa 8.30–18 Uhr.

UNTERHALTUNG

Surfer's Bar, 💻 www.fb.com/surfersbarkuta lombok. Die mit Barhockern, langen Holzbänken und lässiger Atmosphäre ausgestattete Bar wird besonders Fr zum abendlichen Treffpunkt der Surfer und Traveller, wenn ab 20 Uhr eine gute Liveband auftritt.

The Bus Bar, ✆ 0823-4089 7270, 💻 www.fb.com/thebuslombok. Die kleine Bar mit dem namengebenden Vehikel als Hingucker und Ausschankort wird abends von durstigen Travellern frequentiert, die sich bei Bier, Pizza und Cocktails in unprätentiösem Ambiente über Surfspots und Reiserouten austauschen. ⏲ Mo–Mi, Fr und Sa 18–1 Uhr.

AKTIVITÄTEN

Stand-Up-Paddling (SUP)

What SUP?, ✆ 0878-6597 9701, 💻 www.whatsuplombok.com. Hier werden SUPs für 200 000 Rp pro Std. oder 350 000 Rp halbtags verliehen, eine Übungsstunde kostet 350 000 Rp. Ungewöhnlich sind die SUP-Touren bei Nacht mit LED-Leuchten für 450 000 Rp p. P. ab 3 Pers. Außerdem Kitesurfing für 600 000 Rp. ⏲ 8–20 Uhr.

Surfen

Ein Boot zu den Wellen kostet 150 000–200 000 Rp. Man kann sich nach den besten Zeiten erkundigen und mit einem Bootsfahrer oder Surfguide für den nächsten Tag verabreden. Die besten Bedingungen herrschen in den Monaten Sep–Dez und Feb–Mai.

Kimen Surf, ✆ 0878-6590 0017, 💻 www.kuta-lombok.net. An- und Verkauf, Reparatur sowie Verleih von Surfbrettern (50 000 Rp pro Tag) und Ausrüstung. Surftrips ab 550 000 Rp für 2 Pers., in die Bucht von Gerupuk 950 000 Rp, jede weitere Pers. 150 000 Rp. Surfkurse kosten 550 000 Rp bzw. bei mehr als 4 Pers. 400 000 Rp p. P. Zudem Infos zu den Breaks der Umgebung. ⏲ 9–21 Uhr.

Yoga

Mana Yoga Studio, ✆ 0853-3862 8659, 💻 www.manalombok.com. In der stimmungsvollen Location gibt's tgl. 3–4x tgl. Sessions mit Vinyasa, Yin Yang oder Acro Yoga für 100 000 Rp, 3x für 250 000 Rp und 5x für 400 000 Rp.

SONSTIGES

Auto- und Motorradvermietung

Die meisten Unterkünfte vermitteln **Pkw** mit Fahrer ab 450 000 Rp pro Tag. **Motorräder** werden fast überall ab 50 000 Rp pro Tag angeboten.

Sicherheit

Achtung: Eine kriminelle Masche verlangt von Touristen die teure „Auslösung" ihres zuvor gestohlenen Rollers. Da die Polizei praktisch untätig bleibt, sind bewachte Parkplätze oder die Nähe von Essensständen als Abstellorte ratsam. Niemals Wertsachen im Fahrzeug lassen!

Alleinreisende Frauen sollten gesunde Vorsicht walten lassen und v. a. nachts nicht an einsame Orte oder zum Strand gehen, in der Vergangenheit gab es Überfälle und Vergewaltigungen.

Wellness

Matcha Spa, ✆ 0823-3905 0182. Gutes Spa mit Ambiente und qualitativ hochwertigen Produkten. Massagen für 180 000 Rp, hervorzuheben sind die 2-stündigen Wellness-Bäder und Scrubs nach indonesischer Tradition *(Mandi Lulur)* inkl. Massage für 380 000 Rp. ⏲ So–Fr 10–19.30 Uhr.

TRANSPORT

Minibusse und Busse

Perama, ✆ 0370-635928 (Mataram), fährt bei mind. 2 Pers. nach MATARAM, SENGGIGI oder LEMBAR gegen 8.30 Uhr für 125 000 Rp p. P. Andere Anbieter sind nicht immer seriös.

Bei der vielerorts angebotenen Verbindung nach SAPE (Sumbawa) via SUMBAWA BESAR (230 000–250 000 Rp), DOMPU (325 000 Rp) und BIMA (350 000 Rp) gegen 12.30 Uhr für

375 000 Rp wird man zum Busbahnhof in Mataram gefahren, wo man in die großen Busse umsteigt.

Taxis

Taxis mit Taxameter dürfen Passagiere absetzen, jedoch keine neuen einsammeln. Bleiben also nur private Pkw mit Fahrer, die an jeder Ecke vermittelt werden. Allerdings sollte man sichergehen, dass man nicht einfach in einen Perama-Bus gesetzt wird. Preisbeispiele:
BANGSAL für 350 000–400 000 Rp in 2 1/2 Std.
FLUGHAFEN für 150 000 Rp in 30 Min.
LABUHAN LOMBOK für 300 000 Rp in 2 1/2 Std.
SELONG BLANAK für 300 000 Rp in 30 Min.
SENARU für 600 000–700 000 Rp in 5 Std.
SENGGIGI, MATARAM und LEMBAR für 300 000–350 000 Rp in 1 1/2–2 Std.
TANJUNG MAWUN für 100 000–200 000 Rp in 10–20 Min.

Praya und der Flughafen

Rund 30 km südöstlich von Mataram liegt die Distrikthauptstadt Praya, deren rund 900 000 Einwohner zählender Verwaltungsbereich Zentral-Lombok vom Gunung Rinjani wie ein Pizzastück an die Südküste reicht. Fast überall wird Reis angebaut, aber auch Tabak, Vanille, Baumwolle, Kokosnüsse und Maniok. Der internationale Flughafen liegt einige Kilometer südlich. Da Mataram nur eine Stunde und Kuta Lombok nur eine gute halbe Stunde entfernt liegen, muss auch bei einem frühen Flug nicht hier übernachtet werden.

TRANSPORT

Busse

Vom Flughafen nach SENGGIGI via MATARAM (30 000 Rp) mit Damri-Bussen etwa stdl. von 7–16 Uhr für 40 000 Rp in 1 1/2 Std.

Taxis

Wer mit den Fahrern am Ausgang des Flughafens handelt, kann mit einem Festpreis etwas günstiger wegkommen als mit den Taxis mit Taxameter von **Blue Bird**, ✆ 0370-627000, und **Express**, ✆ 0370-647555. Es lohnt sich, wenn man auf dem Weg zum Zielort für Sightseeing oder Einkäufe anhalten möchte. Preisbeispiele für Taxameter:
BANGSAL (Boote nach Gili Trawangan, Gili Meno und Gili Air) für 250 000–300 000 Rp in 1 1/2 Std.
KUTA LOMBOK für 100 000 Rp in 30 Min.
LABUHAN LOMBOK (Fähren nach Sumbawa)

Authentisches Dorfleben entdecken

Etwas Besonderes bietet das Dorf **Mas-Mas.** Besucher bekommen auf einer abwechslungsreichen Tour einen Einblick ins tägliche Leben. Dabei kann man die Schule besuchen, Korbflechterinnen treffen, bei der Herstellung von *Krupuk* aus Bananenstauden zusehen oder den Bauern bei Aussaat und Ernte zur Hand gehen. Angebaut werden je nach Saison Reis, Chili, Tabak, Mais, Erdnüsse und Obst. Kompetent erklärt Pak Habib den landwirtschaftlichen Zyklus und zeigt beim Spaziergang Obstsorten, Blumen und Heilpflanzen. Den Abschluss bildet ein traditionelles Sasak-Essen. Führungen für mind. 2 Pers. beginnen nach Voranmeldung (spätestens am Tag vorher) gegen 9 Uhr, dauern 5–6 Std. und kosten 150 000 Rp p. P., Kinder bis 12 Jahre 75 000 Rp, Essen und Getränke inkl. Abholung und Weitertransport mit dem Auto für 500 000–600 000 Rp. Diese Einnahmen kommen dank eines Verteilungsschlüssels allen zugute. Besucher werden gebeten, ihre Schultern zu bedecken, Sarongs gibt's vor Ort. Übernachtung im Homestay für 150 000 Rp inkl. Frühstück. Wer als Freiwilliger Englisch oder Deutsch unterrichten möchte, zahlt 100 000 Rp pro Tag für Kost und Logis, sollte aber mind. eine Woche Zeit mitbringen. Anmeldung bei **Pak Habib**, ✆ 0817-575 8182, 0823-5944 3272, 💻 www.vbtmasmas.wordpress.com (mit Anfahrtsbeschreibung), ✉ habib_kemus@yahoo.com. Von Westen kommend, ist Mas-Mas hinter Pacordau, von Süden via Kopang und von Osten via Lendangara ausgeschildert.

für 300 000 Rp in 1 1/2–2 Std. Günstiger wäre der Damri-Bus nach SELONG (35 000 Rp) und ein Taxi von dort.
MATARAM für 150 000 Rp in 45–60 Min.
SENGGIGI für 200 000–220 000 Rp in 60–75 Min.
SENARU, SEMBALUN und TERESGENIT (Gunung Rinjani-Nationalpark) für 550 000–650 000 Rp in 4 Std.

Flüge

Vom **Bandara Internasional Lombok** (BIL bzw. LOP), 💻 www.lombokairportonline.com, fliegen:
AirAsia, 💻 www.airasia.com, nach KUALA LUMPUR;
Citilink, 💻 www.citilink.co.id, nach JAKARTA und SURABAYA;
Garuda Indonesia, 💻 www.garuda-indonesia.com, nach BIMA, DENPASAR, JAKARTA, MAKASSAR, SINGAPORE, SUMBAWA BESAR und SURABAYA;
Lion Air, Wings Air und Batik Air, 💻 www.lionair.co.id, nach BANDUNG, BIMA, DENPASAR, JAKARTA, MAKASSAR, SUMBAWA BESAR und SURABAYA;
Silk Air, 💻 www.silkair.com, nach SINGAPORE.

Mataram

Die Hauptstadt der Provinz West-Nusa Tenggara ist mit den Nachbarorten Ampenan und Cakranegara zusammengewachsen. Obwohl oder gerade weil sich die meisten Touristen allenfalls für medizinische Behandlung oder die Visumsverlängerung in die Stadt begeben, lässt es sich hier gut aushalten, wenn man Touristenenklaven lieber meidet. Man kann ausgesprochen günstig wohnen und essen gehen, es gibt Einkaufszentren und Kinos, und von der Lage her sind viele Ausflugsziele gut erreichbar. Wirklich urban ist die Stadt nur im Zentrum, nach Norden und Süden hin verliert sie sich bereits nach wenigen Blocks zwischen Reisfeldern und dörflichen Strukturen.

Masjid Raya Hubbul Wathan

An der Jalan Pejanggik mit den für indonesische Provinzhauptstädte typischen Verwaltungs- und Repräsentativbauten dominiert die gigantische **Masjid Raya Hubbul Wathan** das Stadtbild. Ihre bis zu 114 m hohen Minarette sind bereits in Ampenan zu erspähen. Mit einer Kapazität von 15 000 Gläubigen ist sie eine der größten Moscheen Südostasiens und das höchste Gebäude der Provinz. Besucher werden manchmal (und nur in angemessener Kleidung) außerhalb der Gebetszeiten herumgeführt. Nachts wird die Moschee farbig angestrahlt.

West Nusa Tenggara Museum

Es lohnt sich, eine halbe Stunde im kleinen **Museum Nusa Tenggara Barat**, Jl. Panji Tilar Negara 6, ☎ 0370-632159, zu verbringen, das sich Lombok und Sumbawa widmet. Im vorderen Raum sind detaillierte Miniaturen der Vulkane Tambora und Rinjani sowie Gesteinsproben aus der Mine von Batu Hijau zu sehen. Die kulturhistorische Ausstellung dahinter besteht aus Textilien, archäologischen Fundstücken, Keramiken, Haushaltsgegenständen, Waffen, Werkzeugen, Münzen und Musikinstrumenten. Einige Dolche im Badik- und Golok-Stil sind sehr aufwendig gearbeitet. Eine Karte zeigt die antikolonialen Aufstände um die vorletzte Jahrhundertwende, während eine Tafel die alten Schriftsysteme auf Lombok und Sumbawa abbildet. 🕒 Di–Fr 8–16, Sa und So bis 14 Uhr, Eintritt 5000 Rp.

ÜBERNACHTUNG

Aston Inn, Jl. Panca Usaha 1, ☎ 0370-750 5000, 💻 www.astonhotelsinternational.com. Das moderne Hotel in zentraler Lage punktet mit einem großen Pool, Bar, Spa, Restaurant sowie komfortablen Zimmern von gutem Standard. Von den höheren Etagen hat man schöne Aussicht über die Dächer. ❺

€ **Oka & Son Gh.**, Jl. Repatmaja, ☎ 0819-1600 3637. Die gastfreundlichen balinesischen Besitzer Opi und Gek vermieten in familiärer Atmosphäre hinter dem Shop 5 saubere, einfache Zimmer mit AC, kleinem TV, guten Matratzen und kleiner Veranda. Motorradvermietung und Transporte werden arrangiert. Morgens krähen die Hähne auf dem Nachbargrundstück. Frühstück inkl. ❷

NUSA TENGGARA

Mataram, Ampenan und Cakranegara

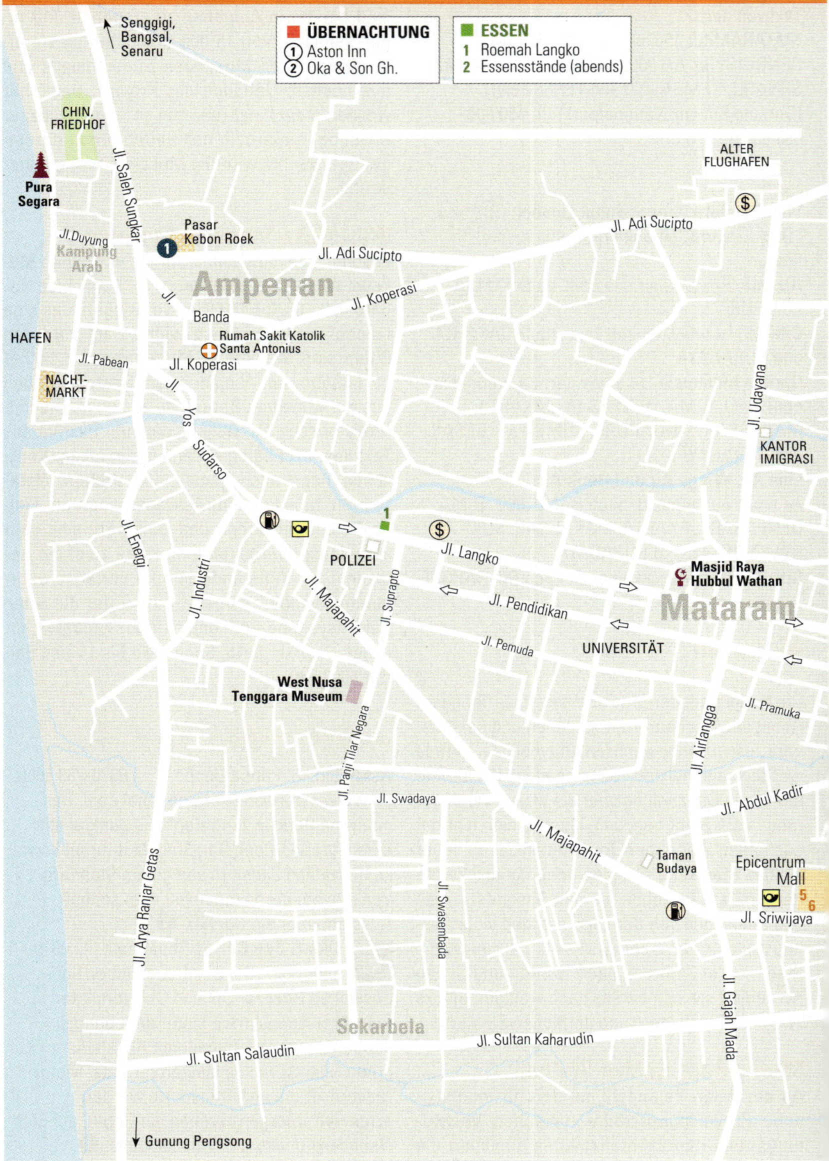

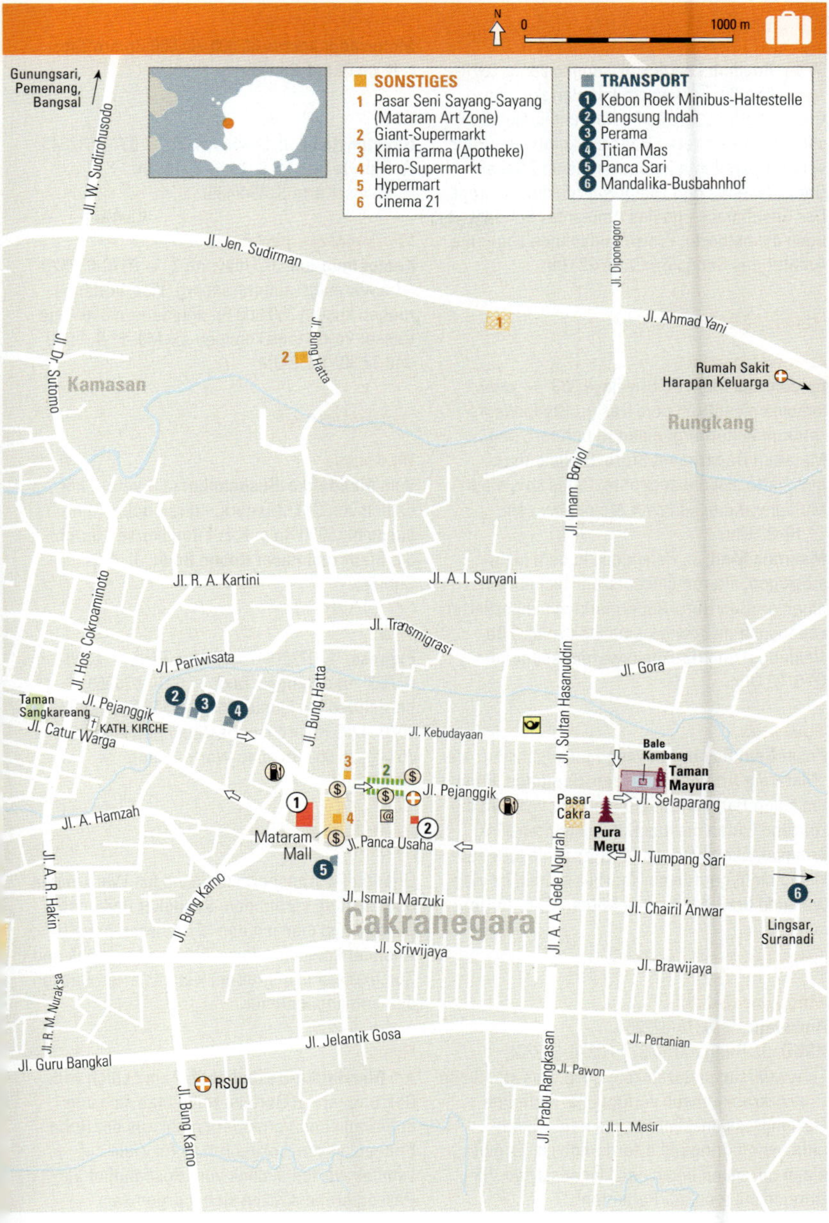
N
0
1000 m
SONSTIGES
1 Pasar Seni Sayang-Sayang (Mataram Art Zone)
2 Giant-Supermarkt
3 Kimia Farma (Apotheke)
4 Hero-Supermarkt
5 Hypermart
6 Cinema 21
TRANSPORT
1 Kebon Roek Minibus-Haltestelle
2 Langsung Indah
3 Perama
4 Titian Mas
5 Panca Sari
6 Mandalika-Busbahnhof
Gunungsari, Pemenang, Bangsal
Jl. W. Sudirohusodo
Jl. Jen. Sudirman
Jl. Ahmad Yani
Jl. Diponegoro
Jl. Dr. Sutomo
Kamasan
Jl. Bung Hatta
Rumah Sakit Harapan Keluarga
Rungkang
Jl. Imam Bonjol
NUSA TENGGARA
Jl. R. A. Kartini
Jl. A. I. Suryani
Jl. Hos. Cokroaminoto
Jl. Transmigrasi
Jl. Pariwisata
Jl. Gora
Jl. Sultan Hasanuddin
Taman Sangkareang
Jl. Pejanggik
KATH. KIRCHE
Jl. Catur Warga
Jl. Kebudayaan
Bale Kambang
Taman Mayura
Jl. Pejanggik
Pasar Cakra
Jl. Selaparang
Jl. A. Hamzah
Mataram Mall
Jl. Panca Usaha
Pura Meru
Jl. Tumpang Sari
Jl. A. R. Hakin
Jl. Bung Karno
Jl. Ismail Marzuki
Jl. A. A. Gede Ngurah
Jl. Chairil Anwar
Cakranegara
Lingsar, Suranadi
Jl. Sriwijaya
Jl. Brawijaya
Jl. R. M. Nuraksa
Jl. Jelantik Gosa
Jl. Pertanian
Jl. Guru Bangkal
RSUD
Jl. Prabu Rangkasan
Jl. Pawon
Jl. Bung Karno
Jl. L. Mesir

ESSEN

Roemah Langko, Jl. Langko 68, ✆ 0370-630080, 💻 www.roemahlangko.com. Das halboffene, große Restaurant in einem stilsicher gestalteten Haus mit kolonialem Flair serviert exzellente indonesische und Sasak-Gerichte, etwa den pikant-sauren Fischeintopf. Der Geschmack und das Ambiente rechtfertigen die mittleren Preise und lohnen sogar die Anfahrt aus Senggigi. 🕒 10–22 Uhr.

EINKAUFEN

Einkaufszentren

Epicentrum Mall, Jl. Sriwijaya 333, 💻 www.lombokepicentrum.com Das größte Einkaufszentrum beherbergt einen Hypermart, den Matahari Department Store, Bekleidungsgeschäfte, Essensangebote, Cafés sowie ein Multiplex-Kino, 💻 www.21cineplex.com. 🕒 10–22 Uhr.

Mataram Mall, Jl. Pejanggik. In dem mehrstöckigen, älteren Einkaufszentrum gibt es einen großen Hero-Supermarkt mit importierten Lebensmitteln sowie kleine Elektronik-, Bekleidungs- und Haushaltswarengeschäfte. 🕒 9–22 Uhr.

Souvenirs

Pasar Seni Sayang-Sayang (ausgeschildert als „Mataram Art Zone"), Jl. Jen. Sudirman. Rund um einen Parkplatz mit Restaurant verkauft ein Dutzend Läden die aus Bali bekannten Mitbringsel, Kunstwerke und Holzschnitzarbeiten. Wenn nicht gerade ein Tourbus anhält, ist man weit und breit der einzige Käufer. 🕒 8–18 Uhr.

SONSTIGES

Medizinische Hilfe

Ambulanz, ✆ 0370-622254.

RSUD, Jl. Bung Karno 3, ✆ 0370-640774, 💻 www.rsud.mataramkota.go.id. Das staatliche Provinzkrankenhaus verfügt u. a. über eine Dekompressionskammer, die nach Tauchunfällen oft dringend erforderlich ist. Es gibt einen normalen und einen klimatisierten VIP-Bereich mit weniger Patienten.

Motorradvermietung

Motorräder kosten 50 000–60 000 Rp pro Tag, z. B. im Oka & Son Gh.

Post

Hauptpostamt, Jl. Sriwijaya 37, ✆ 0370-632645. 🕒 Mo–Do und Sa 8–14, Fr 8–11 Uhr. Filialen s. Karte S. 434/435.

Visaangelegenheiten

Kantor Imigrasi, Jl. Udayana 2, ✆ 0370-632520, 💻 www.imigrasimataram.org. Visa-Verlängerungen kosten 350 000 Rp und dauern 3–6 Tage. Besser vormittags kommen. 🕒 Mo–Fr 8–11.30 und 13.30–15.30 Uhr.

NAHVERKEHR

Minibusse

Vom **Mandalika-Busbahnhof** in Sweta, 2 km östlich von Cakranegara, fahren gelbe Minibusse für 5000 Rp p. P. auf Rundkursen durch die Stadt zum **Pasar Kebon Roek**, Jl. Adi Sucipto.

Taxis

Express, ✆ 0370-647555, **Blue Bird**, ✆ 0370-627000, und **Rangga Taxi**, ✆ 0370-626000, berechnen bei Einstieg 5000–7500 Rp, dann 4000–4250 Rp pro km. Bestellungen kosten 20 000–25 000 Rp, eine Wartestunde 40 000 Rp.

TRANSPORT

Öffentliche Transportmittel sind mit Wartezeiten und Umstieg verbunden. Schneller und unabhängiger ist man mit den Minibussen privater Anbieter sowie mit Taxis. Fahrten nach Bali und Sumbawa sind in großen, klimatisierten Bussen deutlich angenehmer.

Busse

Am **Mandalika-Busbahnhof**, 2 km östlich von Cakranegara in Bertais, sollte man sich von aufdringlichen Vermittlern nicht aus der Ruhe bringen lassen. Lokale Busse für Ziele auf Lombok warten südlich vom Busbahnhof auf Passagiere und füllen sich morgens am

schnellsten. Der Fahrpreis sollte beim Fahrer oder bei seinem Helfer entrichtet werden.
ANYAR (nördlich von SENARU) via BANGSAL (35 000 Rp) für 50 000 Rp in 4 Std.
LABUHAN LOMBOK via AIKMEL (25 000 Rp, Umstieg nach SEMBALUN) für 40 000 Rp in 2 1/2–3 Std.
LEMBAR für 25 000 Rp in 1 Std.
FLUGHAFEN mit Damri-Bussen etwa stdl. von 4–18 Uhr für 25 000 Rp in 1 Std. Zustieg auch am Damri-Parkplatz 2 km westlich an der Jl. TGH Faesal.

Die Preise für Fernziele enthalten 1–2 Mahlzeiten sowie die Überfahrt nach Bali, Sumbawa und Flores. Einige Unternehmen verkaufen Tickets im Stadtzentrum, z. B. **Langsung Indah**, Jl. Pejanggik, ✆ 0813-3808 6883. Am Busbahnhof sollte man Tickets nicht bei Vermittlern außerhalb des Terminals kaufen.
BIMA via SUMBAWA BESAR (150 000–200 000 Rp, 7–8 Std.) und DOMPU (225 000 Rp, 9–10 Std.) um 9, 14.30 und 15 Uhr für 250 000 Rp in 13 Std.
LABUAN BAJO mit Bussen nach Bima und Umstieg in Kleinbusse nach SAPE für 300 000–375 000 Rp in 26–28 Std.
SURABAYA via DENPASAR (200 000–225 000 Rp, 7–8 Std.) und PROBOLINGGO gegen 11 Uhr für 325 000–475 000 Rp in 16–18 Std.

Minibusse

Ab **Kebon Roek** nach BANGSAL via SENGGIGI (10 000–20 000 Rp) für 30 000 Rp.
Shuttle-Busse von **Perama**, Jl. Pejanggik 66, ✆ 0370-635928, 🖳 www.peramatour.com, sind die komfortablere Alternative:
BANGSAL um 7.15 Uhr für 60 000 Rp in 1 Std.
KUTA LOMBOK via FLUGHAFEN bei mind. 2 Pers. um 10.30 Uhr für 125 000 Rp in 2 Std.
LEMBAR um 10.30 Uhr für 75 000 Rp in 30 Min.
SENGGIGI bei mind. 2 Pers. um 7.15 Uhr für 25 000 Rp in 30 Min.
Abholung in Mataram +15 000 Rp.

Nach SUMBAWA BESAR (Sumbawa) mit **Panca Sari**, Jl. Panca Usaha Blok A 8, ✆ 0370-625505, und **Titian Mas**, Jl. Pejanggik 86 B, ✆ 0859-3436 6688, insgesamt 14x tgl. von 8–20 Uhr für 120 000–140 000 Rp in 7–8 Std.

Taxis

BANGSAL für 100 000 Rp in 1 Std.
FLUGHAFEN für 110 000–150 000 Rp in 45 Min.
KUTA LOMBOK für 300 000–350 000 Rp in 2 Std.
SENARU für 450 000–500 000 Rp in 2 1/2–3 Std.
SENGGIGI für 30 000–50 000 Rp in 15–20 Min.

Senggigi

Seit Mitte der 1990er-Jahre ist der zersiedelte, 13 km lange Küstenabschnitt um das einstige Fischerdorf Senggigi die größte Touristenenklave von Lombok. Da es das Gros der Touristen inzwischen aber auf die Gilis zieht, ist hier wieder mehr Ruhe eingekehrt. Ein guter Ort für jene, die Wert auf Komfort, gute Infrastruktur sowie die Nähe zu Ausflugszielen legen und den Trubel der Gilis meiden.

Zwischen den Luxushotels der nördlichen Buchten finden sich schöne Strände, die von **Mangsit** eignen sich zum Schwimmen. Weiter nördlich führt die Straße die Hügel hinauf, entlang einer Steilküste und hinab an den kleinen **Pantai Nipah**, wo man schwimmen und schnorcheln kann. Unter der Woche ist hier kaum jemand.

Im Zentrum sollte man sich derweil auf Händler gefasst machen, die mit Sarongs oder Bauchläden voller Sonnenbrillen, Schmuck und gefälschten Uhren die Strände und die Hauptstraße auf- und abstreifen. Außer dem breiten Angebot an Unterkünften, Restaurants und Souvenirläden verfügt Senggigi besonders im Zentrum über ein reges Nachtleben.

ÜBERNACHTUNG

Senggigi

Lombok Senggigi Hotel, Gang Arjuna, ✆ 0370-692372, 🖳 www.lomboksenggigihotel.com. Das ganz in Weiß und Rosa gehaltene Kleinhotel mit kompaktem Pool und großem Buddha-Kopf im Innenhof liegt versteckt im dörflichen Ortsteil. Es bietet 14 kleine Zimmer mit farbigen

NUSA TENGGARA

Senggigi

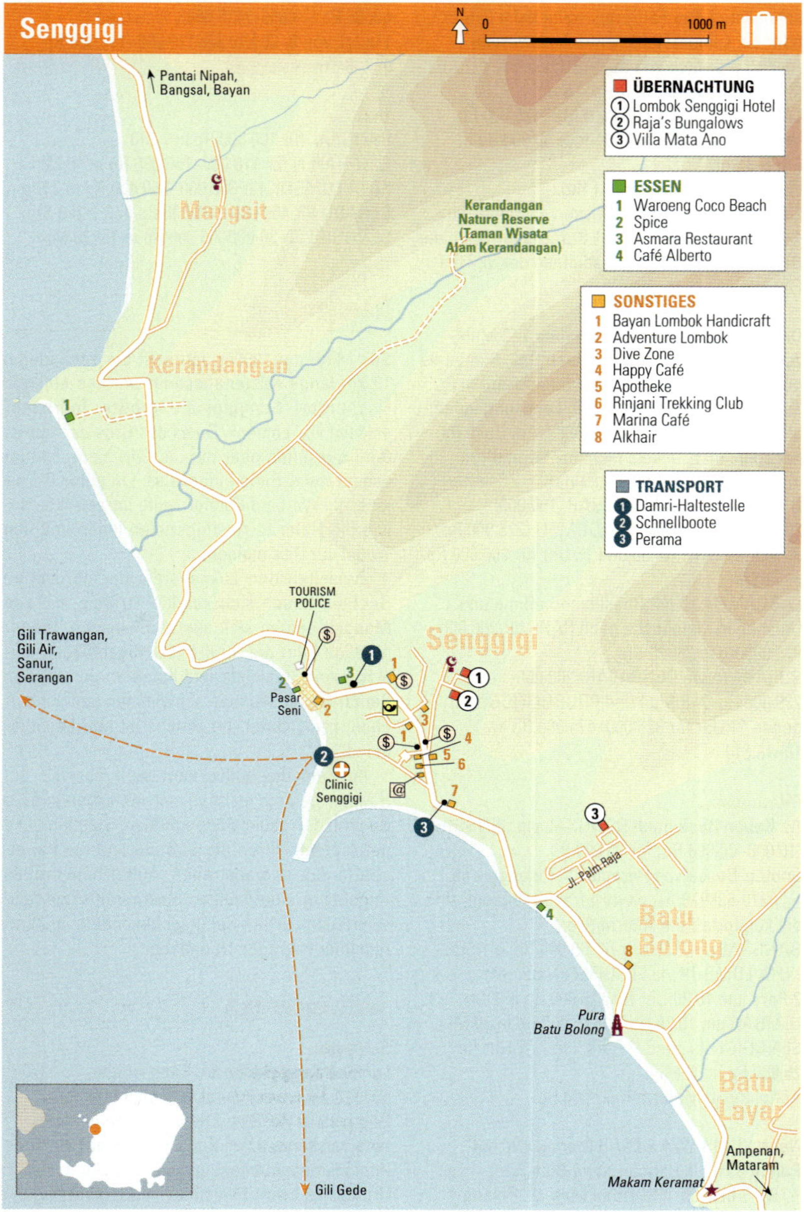
N
0
1000 m
ÜBERNACHTUNG
1 Lombok Senggigi Hotel
2 Raja's Bungalows
3 Villa Mata Ano
ESSEN
1 Waroeng Coco Beach
2 Spice
3 Asmara Restaurant
4 Café Alberto
SONSTIGES
1 Bayan Lombok Handicraft
2 Adventure Lombok
3 Dive Zone
4 Happy Café
5 Apotheke
6 Rinjani Trekking Club
7 Marina Café
8 Alkhair
TRANSPORT
1 Damri-Haltestelle
2 Schnellboote
3 Perama
Pantai Nipah, Bangsal, Bayan
Mangsit
Kerandangan Nature Reserve (Taman Wisata Alam Kerandangan)
Kerandangan
TOURISM POLICE
Senggigi
Gili Trawangan, Gili Air, Sanur, Serangan
Pasar Seni
Clinic Senggigi
Jl. Palm Raja
Batu Bolong
Pura Batu Bolong
Batu Layar
Ampenan, Mataram
Makam Keramat
Gili Gede

Akzenten, AC, guten Matratzen und Regendusche, die teureren haben größere Betten und TV. Frühstück inkl. ❹–❺

Raja's Bungalows, Gang Arjuna 1, ☏ 0812-377 0138, ✉ rajas22@yahoo.com. Um einen kleinen, üppigen Garten nahe der Moschee liegen 5 einfache, saubere Zimmer in Massivhäuschen mit guten Matratzen, Bambusmöbeln, Moskitonetz, Open-Air-Bad (teils Warmwasser) und hübschen Details. Ein *Lumbung* hat Außen-Du/WC. In der gemütlichen Sitzecke kann man sich mit Vermieter Adrian auch auf Deutsch unterhalten. Frühstück inkl. ❸–❹

Batu Bolong

Villa Mata Ano, Jl. Alamanda 8A+B, ☏ 0370-619 5336, 💻 www.villamataano.com. Zurückversetzt im ruhigen Villenviertel versteckt sich ein Komplex aus mehreren Häusern, die sich terrassenartig an den Hang schmiegen und 15 geräumige, einladende Zimmer mit allem Komfort umfassen. Es gibt einen Pool und von den oberen Zimmern sogar etwas Aussicht. Frühstück inkl. ❹–❺

Meninting

Pondok Anggrek Putih, 600 m östlich der Hauptstraße, ☏ 0877-8432 5192, 💻 www.anggrekputih.com, Karte S. 426. In einem gepflegten, ruhigen Garten mit Pool und Liegen vermieten Dewi aus Java und Chris aus Griechenland 6 geräumige, saubere Zimmer mit Holzboden, Wasserkocher, AC und Veranda oder Balkon in einem großen Haus. Keine Twin-Betten. Essen auf Bestellung, zudem Motorradvermietung sowie Kochkurse für 350 000 Rp p. P. Gutes Frühstück inkl. Reservierung erforderlich, da oft ausgebucht. ❹

ESSEN

Einige Restaurants bieten kostenlosen Abholservice.

Asmara Restaurant, ☏ 0370-693619, 💻 www.asmara-group.com. Die deutsche Chefin Sakinah bietet ihren Gästen seit 1997 angenehmes Ambiente, professionellen Service, leckere europäische und asiatische Küche zu mittleren bis gehobenen Preisen sowie ausgezeichneten Kaffee. Mit Souvenirladen, Leihbibliothek, Billardtisch und Spielbereich für die Kleinen. Livemusik Fr 20–22.30 Uhr. ⌚ 7.30–23 Uhr.

Café Alberto, ☏ 0370-693039, 💻 www.cafealberto.com. In dem offenen Restaurant mit Tischen und Stühlen sowie Sitzkissen und Liegen am Pool gibt es Pasta, Seafood, Salate und eine gute Auswahl an Cocktails. Zum Sonnenuntergang sitzt man bei Kerzenschein, und ab 18 Uhr werden die leckersten Pizzen von Senggigi aufgetischt. ⌚ 7.30–23.30 Uhr.

Spice, ☏ 0370-619 7373, 💻 www.spice-lombok.com. Luftiges Restaurant mit Bar und sehr freundlichem Service. Bei Meeresrauschen können leckere Gerichte aus Indonesien (z. B. Sate Lilit) und aller Welt sowie originelle Desserts probiert werden. Dazu Cocktails und Säfte. Preislich dem Geschmack und Ambiente durchaus angemessen. ⌚ 12–22.30 Uhr.

Waroeng Coco Beach, ☏ 0821-4468 3300. Am Kerandangan-Strand sitzt man rund um die Bar zwischen Palmen in luftigen Gazebos und genießt traditionelle Kräutergetränke *(Jamu)*, gegrillten Fisch, indonesische Gerichte, Currys und Gemüsekuchen mit Zutaten aus dem eigenen Garten. ⌚ 12–22 Uhr.

UNTERHALTUNG

Neben zwielichtigen Etablissements für Einheimische gibt es Bars und Clubs mit guter Livemusik. Viele sind während des Fastenmonats (S.59) geschlossen.

Happy Café, ☏ 0370-693984. Beliebtes, halboffenes Bar-Restaurant mit internationaler Küche und flottem Service, wo sich Touristen und Einheimische treffen und ab 20.30 Uhr den Coversongs der exzellenten Livebands lauschen. Hier ist auch unter der Woche etwas los, die Stimmung ist gut und die Auswahl an Wein, Bier und Spirituosen stimmt. ⌚ So–Fr 10–1, Sa ab 13 Uhr.

Marina Café, ☏ 0370-693136, 💻 www.marinasenggigi.com. In dem 2-stöckigen, ziemlich dunklen Club spielt eine gute, rockige Liveband Di–So ab 22 Uhr indonesische und westliche Songs. In den Pausen heizen DJs dem (wenn

Vorsicht beim Genuss von Arak!

Seit es in Senggigi und auf den Gilis Methanol-Vergiftungen und Todesfälle gab, ist von Arak (z. B. in Cocktails) aus unbekannter Herstellung abzuraten. Eine gut organisierte Alkoholmafia panscht den beliebten Palmschnaps mit lebensgefährlichen Zusätzen, um sie in Touristenzentren in Umlauf zu bringen, oft unter gefälschtem Etikett. In Cocktails fällt das Gift zunächst nicht auf. Je nach Mischung drohen schon nach wenigen Gläsern **Erblindung**, **Kreislaufkollaps** oder sogar der **Tod**. Im Supermarkt gekaufte Flaschen mit Siegel sowie Arak vertrauenswürdiger Herkunft (z. B. aus teuren Hotelbars) sollten unbedenklich sein, doch im Zweifelsfall kann der Verzicht Leben und Gesundheit retten! Anweisungen zur Ersten Hilfe im Notfall geben deutsche Giftnotrufstellen, z. B. an der Berliner Charité, ✆ +49-30-19240, 💻 http://giftnotruf.charite.de.

überhaupt erst nach Mitternacht zahlreichen) Publikum zu Elektro und Clubhits ein. Bier ist im Vergleich zu den starken Cocktails relativ teuer. 🕒 Mo–Fr 19–2, Sa und So bis 3 Uhr.

EINKAUFEN

Alkhair, Batu Bolong, ✆ 0817-002 5035. Das Geschäft verkauft eine kleine, aber feine Auswahl an Halsketten, Armbändern, Ohrringen und anderen Accessoires mit Perlen zu Festpreisen. 🕒 10–22 Uhr.

Bayan Lombok Handicraft, ✆ 0370-693784, 💻 www.bayanlombok.com. Wer Kunsthandwerk ohne Verhandlungsstress erwerben möchte, findet an den 2 Standorten eine breite Auswahl an Schnitzereien, Gemälden, Metallfiguren und anderen Souvenirs zwischen „klassisch" und „kitschig" zu Festpreisen. Verpackungs- und Versandservice. 🕒 9.30–22.45 Uhr.

AKTIVITÄTEN

Canyoning

Canyoning Lombok, ✆ 0370-750 8698, 💻 www.canyoninglombok.com. Abenteuerlustige ab 15 Jahren können mit dem professionellen Anbieter in der Ombak-Schlucht bei Gumantar (1 1/2 Fahrstd.) in Nord-Lombok diverse Höhenunterschiede durch Rutschen, Abseilen und (optionale) Sprünge ins kühle Nass überwinden. Sicherheit steht im Vordergrund, der Preis von US$165 beinhaltet Transport, Frühstück, Protektoren, Versicherung und Fotos.

Fahrradfahren

Adventure Lombok, Pasar Seni, ✆ 0370-693005, 💻 www.adventure-lombok.com. Der Anbieter organisiert ab 2 Pers. Fahrradtouren am Gunung Pengsong mit Besuch in Dörfern und häuslichen Kleinbetrieben für US$55 p. P. Eine anspruchsvollere, aber schönere Route wird für US$67 p. P. bei Goak und Lingsar gefahren.

Tauchen und Schnorcheln

Dive Zone, Senggigi Square, ✆ 0877-6514 5899, 💻 www.divezone-lombok.com. Zweite Niederlassung der für Tauchgänge um die Sekotong-Halbinsel renommierten Tauchschule, die gemeinsam mit Two Fish Divers auch vor den nördlichen Gilis taucht.

TOUREN

Bergsteigen

Viele Anbieter in Senaru (S. 460) holen Gäste ohne Aufpreis aus Senggigi, Bangsal oder vom Flughafen ab. Es ist daher nicht notwendig, bei Vermittlern in Senggigi zu buchen. Oft werden Bergsteiger von diversen Vermittlern zu einer Gruppe arrangiert, sodass mitunter dieselbe Leistung zu verschiedenen Preisen geboten wird. Es sollte genau festgehalten werden, welche Verpflegung und Gruppengröße vereinbart wurde, um bei Nichteinhaltung eine Grundlage für Beanstandungen zu haben.

Rinjani Trekking Club, ✆ 0817-573 0415, 💻 www.rinjanitrekclub.com. Touren zum Rinjani starten gegen 5.30 Uhr. Je nach Gruppengröße, Ausrüstung und Verpflegung kostet die 2-Tages-Tour 1,35–2,5 Mio. Rp, die 3-Tages-Tour zum Gipfel und Kratersee 1,95–3 Mio. Rp, die 4-tägige Tour 2,25–3,45 Mio. Rp. Die Touren sind nicht besser als die von anderen Anbietern, und man sollte den Preis etwas herunterhandeln. Hinzu kommt der Parkeintritt (S. 460), wobei dieser Anbieter maximal 2 Tage berechnet.

Bootstouren

Die von bis zu 50 Passagieren genutzten Live-aboard-Touren von Lombok nach Flores (oder umgekehrt) eignen sich nur für seefeste Naturen ohne Ansprüche an Komfort.
Am 1. und 2. Tag geht es ab Bangsal oder Labuhan Lombok die Nordküste Sumbawas entlang, wo geschnorchelt und manchmal ein Wasserfall auf Pulau Moyo besucht wird. Am 2. Tag geht es via Pulau Satonda zum Komodo-Nationalpark. Am 3. Tag und ggf. 4. Tag ist man auf Komodo den Waranen auf der Spur, bevor man Labuan Bajo erreicht. Vollpension, Schnorchelausrüstung und der Transfer zum/vom Hafen sind inkl.
Kencana Adventure, Batu Layar, ✆ 0812-2206 6066, 💻 www.kencanaadventure.com, Karte S. 426. Mo und Do (in der Hochsaison auch Sa) startet ein motorisiertes Phinisi-Segelschiff mit Du/WC gen Osten. Preis für die 3-tägige Tour bei Übernachtung an Deck 1,65 Mio. Rp p. P., bei Übernachtung in der 2-Personen-Kabine 2,5 Mio. Rp p. P. Zudem ein reines Motorboot ohne Duschen und Kabinen für 1,55 Mio.Rp p. P.
Perama, ✆ 0813-3947 7474, 💻 www.perama tour.com. Hat ähnliche Touren wie Kencana für 2,2 Mio. Rp p. P. an Deck und 3,3 Mio. Rp p. P. in der Kabine, sie beinhalten am ersten Tag jedoch mehrere Stopps an Sehenswürdigkeiten auf Lombok.

SONSTIGES

Auto- und Motorradvermietungen

Fast alle Unterkünfte und Reisebüros vermitteln Fahrzeuge. Einen Roller gibt es ab 50 000 Rp und Autos ab 200 000 Rp pro Tag bei längerer Mietdauer.

Medizinische Hilfe

Die Krankenhäuser von Mataram sind nicht weit, S. 436. Kleine Privatpraxen *(Clinic)* liegen im Zentrum entlang der Hauptstraße.

Polizei

Senggigi Tourism Police, nördlich des Pasar Seni, ✆ 0370-693267.

Post

Postfiliale, s. Karte, 🕒 Mo–Do 7.30–15, Fr bis 11.30 Uhr, Sa bis 13 Uhr.

TRANSPORT

Busse

Zum FLUGHAFEN ab der Haltestelle unweit vom Asmara Restaurant mit Damri-Bussen stdl. von 3–15 Uhr für 40 000 Rp in 1 1/2 Std. Sie sind unzuverlässig, sodass man ausreichend Zeit einplanen sollte, falls einer ausfällt. Die billigen *Bemos* nach Keboen Roek in AMPENAN (Mataram) für 10 000–15 000 Rp sieht man immer seltener.

Minibusse

Zahlreiche Vermittler bieten Transporte, die gegen 8.30 oder 10.30 Uhr starten.
Preisbeispiele p. P. ggf. inkl. Fährticket:
BANGSAL für 50 000 Rp in 1 Std.
FLUGHAFEN für 100 000 Rp in 1 1/2 Std.
GILI AIR, GILI MENO und GILI TRAWANGAN via Bangsal für 75 000 Rp in 1 1/2 Std.
KUTA, SANUR, UBUD und CANDI DASA für 175 000 Rp.
KUTA LOMBOK für 120 000–150 000 Rp in 2 1/2 Std.
LABUAN BAJO (Flores) via SUMBAWA BESAR (Sumbawa, 250 000–300 000 Rp), BIMA (325 000–400 000 Rp) und SAPE (350 000–450 000 Rp) für 450 000–500 000 Rp mit großen Fernbussen ab Mataram.
LEMBAR für 100 000–110 000 Rp in 1 Std.
PADANG BAI für 135 000–175 000 Rp.
SENARU für 200 000–275 000 Rp in 2 Std.

Taxis

Mit **Blue Bird**, ✆ 0370-627000, oder anderen Taxis mit Taxameter nach:
BANGSAL für 100 000–120 000 Rp in 30 Min.
FLUGHAFEN für 200 000–220 000 Rp in 60–75 Min.
KUTA LOMBOK für 300 000 Rp in 2 Std.
MATARAM für 50 000–60 000 Rp in 20–30 Min.
SENARU für 300 000–350 000 Rp in 2 Std.

Schnellboote

Gili Getaway, ✆ 0813-3707 4147, 💻 www.giligetaway.com. GILI AIR via GILI TRAWANGAN um 10.15 Uhr für 200 000 Rp in 30–60 Min.

Mahi Mahi Dewata, ✆ 0813-3965 3444, 💻 www.mahimahidewata.com. GILI AIR via GILI TRAWANGAN und GILI MENO um 11 Uhr in 1 Std., anschließend ein Stopp in Bangsal und weiter nach PADANG BAI (Bali) für US$55. Nicht immer zuverlässig und sicher.

Marina Srikandi, ✆ 0361-729818, 💻 www.marinasrikandi.com. SERANGAN (Bali) via NUSA LEMBONGAN um 10 Uhr für 550 000 Rp in 2 1/2–3 Std. Transfer inkl.

Scoot Fast Cruises, ✆ 0823-4002 9647, 💻 www.scootcruise.com. GILI AIR, GILI MENO und GILI TRAWANGAN um 12.30 Uhr für 200 000 Rp einfach in 15–45 Min.

Bangsal

Die Boote zu den Inseln Gili Trawangan, Gili Meno und Gili Air legen in Bangsal ab, einem Ortsteil von Pemenang, in dem man nicht länger als nötig verweilen möchte. Auch Schnellboote nach Bali oder Senggigi machen hier Halt, damit der Papier- und Gebührenkram erledigt werden kann. Vom Festland kommend, kann man an der Kreuzung in Pemenang aussteigen und die 1,2 km zum Strand laufen oder mit einem *Cidomo* für 15 000–20 000 Rp p. P. fahren. Am **bewachten Parkplatz** hinter dem westlichen Ticketschalter kann man Motorräder für 10 000 Rp und Autos für 25 000 Rp pro Tag abstellen.

Zur Hochsaison sind die Hafenzufahrt und der Parkplatz von Verkäufern gesäumt, die überteuerte Tickets verkaufen und behaupten, dass alle anderen Tickets ausverkauft seien oder keine anderen Boote mehr führen. Einige Guides bzw. Fahrer laden ihre Gäste in Restaurants an der Zufahrtsstraße ab und erwarten, dass man dort Essen, Getränke oder Tickets kauft und sie dann Provision kassieren können. Man sollte sich nicht aus der Ruhe bringen lassen und zielsicher die offiziellen Ticketschalter ansteuern.

Wer vor Sonnenuntergang kein Boot mehr bekommt, kann sich bei dem freundlichen holländisch-indonesischen Besitzerpaar im **Arnel Restaurant**, ca. 400 m vor der Anlegestelle, ✆ 0370-619 5212, 💻 ww.arnel-restaurant.com, einquartieren. Die vier Zimmer und Bungalows sind sauber und mit guten Betten ausgestattet. ❷–❸

TRANSPORT

Minibusse

Lokale Minibusse *(Bemo)* und größere 11-Sitzer vom Typ Colt fahren ab der Kreuzung, 1 km südlich der Anlegestelle, via SENGGIGI zur Minibus-Haltestelle Keboen Roek von MATARAM für 30 000 Rp, einige auch bis zum Mandalika-Busbahnhof in Sweta für 35 000 Rp. Für private Minibusse s. S.452.

Taxis

Taxis mit Taxameter von **Blue Bird** warten bis gegen 18 Uhr ca. 400 m südlich an der Zufahrtsstraße. **Private Fahrer** haben sich in der Kooperative „Wisnuman" mit überteuerten Preisen organisiert, die heruntergehandelt werden sollten, da sie am oberen Ende der folgenden Preisspannen liegen:

FLUGHAFEN für 300 000–350 000 Rp in 2 Std.

KUTA LOMBOK für 350 000–400 000 Rp in 2 1/2 Std.

LEMBAR für 300 000–350 000 Rp in 2 Std.

MATARAM für 200 000 Rp in 1 Std.

SEKOTONG-HALBINSEL für 450 000–600 000 Rp in 3 Std.

SENARU (Gunung Rinjani) für 300 000–350 000 Rp in 1 1/2 Std.

SENGGIGI für 150 000–200 000 Rp in 30 Min.

Boote

Die öffentlichen Boote sind in der Kooperative „Karya Bahari" organisiert, die 2 Ticketschalter mit Preisaushang betreibt: Für Gili Trawangan und Gili Meno im großen Gebäude westlich vom Parkplatz, für Gili Air in der kleinen Hütte östlich vom zentralen Gebäude der Schnellboot-Agenten. Zu den Booten muss man ein paar Schritte durchs Wasser waten. Sie fahren bis

17 Uhr bei genügend Passagieren (20–30 Pers.) in 10–20 Min. nach GILI AIR für 19 500 Rp, GILI MENO für 21 500 Rp und GILI TRAWANGAN für 22 500 Rp. Am kürzesten sind die Wartezeiten vormittags, an manchen Feiertagen fahren weniger Boote. Der Charterpreis beträgt 450 000–550 000 Rp.

Schnellboote

Schnellboote nach GILI TRAWANGAN, GILI MENO und GILI AIR legen 8x tgl. von 9–16 Uhr für 85 000 Rp vom Pier ab und werden von Vermittlern beworben; sie lohnen allenfalls, wenn man nasse Füße oder Spritzwasser unbedingt vermeiden will. Ansonsten wartet man auch am Nachmittag nicht allzu lange auf die billigen öffentlichen Boote (s. o.).

Gili Trawangan

Die drei kleinen Inseln Gili Trawangan, Gili Meno und Gili Air sind dank schöner Strände, kristallklarem Wasser und ihrer enormen Beliebtheit eine etablierte Station auf vielen Reiserouten. Seit sie mit Schnellbooten von Bali aus erreichbar sind, bilden sie gewissermaßen die touristische Peripherie der westlichen Nachbarinsel – auch wer Lombok nicht bereist, fährt zumindest auf die Gilis.

Die ersten Bewohner waren **Bugis** aus Süd-Sulawesi, die Gili Air vor rund 200 Jahren wegen ihrer Süßwasservorkommen ansteuerten. Gili Meno wurde später zwecks Salzgewinnung besiedelt. Im **Zweiten Weltkrieg** nutzten die japanischen Besatzer Gili Trawangan als Gefangenenlager und Spähposten. Sie trieben kleine Tunnel *(Terowongan)* in die Erhebung und gaben der Insel somit ihren späteren Namen. Richtige Dörfer entstanden erst ab den 1970er-Jahren durch die Anlegung von Kokosplantagen und den Zuzug von Sasak, in den 1980er-Jahren gefolgt von den ersten Touristen.

Heute treffen Rucksackreisende und Yoga-Schüler auf Sauf- und Tauchtouristen, indonesische Familien, Honeymooner aus Down Under und die asiatische Schickeria. Trotz allem geblieben sind eine entspannte Atmosphäre und die bescheidene Infrastruktur – statt Autos und Motorrädern juckeln hier Pferdekutschen und Radfahrer (und ein paar E-Roller) über die sandigen, kaum beleuchteten Wege.

Während es auf Gili Air und Gili Meno eher beschaulich zugeht, genießt die größte Insel „Gili T" einen Ruf als Partyinsel. Bis zu 3000 Besucher treffen in der Hochsaison täglich hier ein, aber da sich das 1500 Einwohner zählende Dorf, die meisten Unterkünfte und der laute Trubel an der Ostküste ballen, ist der Rest der Insel ruhig. Sie lässt sich in einer zwei- bis dreistündigen Wanderung umrunden, und während auf der Ostseite die ersten Beats aus den Bars wummern, kann man im Westen in Ruhe den Sonnenuntergang genießen. Das Abendrot lässt sich auch vom 72 m hohen **Bukit Trawangan** im Süden beobachten.

Aufgrund der Korallen eignen sich nur wenige Stellen zum Schwimmen. Auch beim Strand-

Das grüne Gewissen der Gilis

Wie immer bringt der Tourismus auch Probleme mit sich: Wasser muss vom Festland eingekauft werden, das aus immer tieferen Erdschichten gewonnene Grundwasser weist einen zunehmenden **Salzgehalt** auf. Der Energiehunger der Klimaanlagen, Pools und Kühlschränke wird kaum gedeckt – Stromausfälle sind die Folge. Auch wird Indonesiens **Müllproblem** auf den kleinen Inseln besonders sichtbar, allerdings kämpfen Initiativen dagegen an. Die Initiativen des **Gili Eco Trust**, www.giliecotrust.com, konzentrieren sich auf die Wiederherstellung der Korallenriffe sowie Mülltrennung, -recycling, -kompostierung und -entsorgung. Im Office kann man spenden, Souvenirs aus recyceltem Müll erstehen und sich über Teilprojekte wie **Horses of Gili**, www.horsesofgili.com, oder **Cats of Gili**, www.catsofgili.com, informieren. Aktiv beteiligen kann man sich am wöchentlichen Debris Free Friday ab 17 Uhr zur Säuberung der Strände. Einen passiven Beitrag leistet man mit der Entrichtung der **Riffsteuer** von 50 000 Rp in Tauchzentren.

Gili Trawangan

spaziergang sind Flipflops oder Badeschuhe ratsam. Im Nordosten verschandeln künstliche Wellenbrecher die Sicht. Am Oststrand findet man bei der **Gili Trawangan Turtle Conservation** *(Taman Konservasi Penyu)* drei Becken mit Schildkröten. Die Eier werden aufgesammelt, sicher aufbewahrt und nach etwa einem Jahr können Touristen die geschlüpften Schildkröten in die Freiheit entlassen und per Spende „adoptieren". Auch sonst sind Spenden erwünscht.

ÜBERNACHTUNG

Unsere Preiskategorien gelten für die Nebensaison, s. Kasten „Preispolitik auf den Gilis", diese Seite.

Untere Preisklasse

Broken Compass, Jl. Ikan Hiu, ✆ 0877-6585 0022, 💻 www.the-broken-compass.com. In dem hier und da mit Farbe und kreativ integrierten Glasflaschen dekorierten, gepflegten Hostel sorgen 2 Pools, eine Tischtennisplatte und die gesellige Bar für Austausch und Interaktion. Es gibt 6 klimatisierte Schlafsäle mit je 3 Betten à 170 000–190 000 Rp sowie 6 saubere Doppelzimmer mit eigenem Bad und mehr Privatsphäre. Frühstück inkl. ❹

Daily Gili, Jl. Udang Besar, ✆ 0877-8013 6702, 💻 www.dailygilihostel.com. Der freundliche Apin aus Surabaya führt diese gemütliche kleine Unterkunft mit 6 sauberen Twin-Bett-Zimmern mit AC, guten Matratzen und Gemeinschaftsbad mit Warmwasser. Ideal für gemeinsam reisende Traveller, die nicht in Schlafsälen nächtigen wollen. ❸

Rumah Kundun, Jl. Ikan Baronang, ✆ 0813-3863 1414. Auf dem ruhigen kleinen Grundstück vermieten Kade und Dian in familiärer Atmosphäre im Reihenhaus 4 saubere, geräumige und hübsch dekorierte, teils klimatisierte Zimmer mit guten Matratzen und Veranda. Hier fühlt man sich wohl und schont den Geldbeutel. Frühstück inkl. ❸

€ **Wombat's B&B**, ✆ 0821-4468 1834, 💻 https://i86717.wixsite.com/wombats-trawangan. Bei Marie aus Deutschland finden Gäste im Norden der Insel ein ruhiges Quartier mit Garten. Die 5 einladenden Zimmer (darunter eins für Familien) sind ausgesprochen sauber, hell und mit AC, guten Matratzen und Veranda ausgestattet. Gutes Preis-Leistungs-Verhältnis, günstiger Fahrradverleih. Unbedingt reservieren. Frühstück inkl. ❸

Mittlere und obere Preisklasse

Desa Dunia Beda, Jl. Pantai, ✆ 0370-614 1575, 💻 www.desaduniabeda.com. Für Familien und Paare auf der Suche nach einer Unterkunft mit Lokalkolorit und dem gewissen Etwas eignen sich die 12 weitläufig über ein offenes Grundstück verteilten Holzhäuser in unterschiedlichen javanischen Bauweisen, die mit zentralen Himmelbetten, AC, Open-Air-Bad (ohne Warmwasser), hochwertigem Holzinterieur und antiquarischem Touch punkten. Pool, Frühstück und Schnorchelausrüstung inkl. ❼–❽

Dream Village, Jl. Pantai, ✆ 0853-802 2205, 💻 www.dreamvillagetrawangan.com. Die gepflegte Anlage mit 6 ruhigen, komfortablen Zimmern im großen Haus sowie 5 *Lumbung* mit dunklem Holz, AC und Bad mit Steinwaschbecken und Regendusche überzeugt durch ihr gutes Preis-Leistungs-Verhältnis. Nur 2 Zimmer haben Twin-Betten. Frühstück inkl. ❹

Eden Cottages, ✆ 0819-1799 6151, 💻 www.edencottages.com. Im hübschen, ruhig gelegenen Garten mit Pool hat sich die US-Amerikanerin Suzanne ein kleines Refugium aus 6 klimatisierten, einladend dekorierten Bungalows mit guten Matratzen, TV (nur DVD-Filme) und schattiger Veranda errichtet. Nutzung des Strandabschnitts vor dem Karma Kayak und Frühstück inkl. ❹–❺

Karma Kayak, Jl. Pantai, ✆ 0818-0559 3710, 💻 www.karmakayak.com. Freundliche Anlage von Grace und Astrid aus Holland, die hinter

Preispolitik auf den Gilis

In der Saison von Mai/Juni–Sept/Okt sind Aufschläge von 50–100 % auf die hier angegebenen Nebensaisonpreise üblich. Da die Inseln in diesem Zeitraum extrem gut besucht sind, sollte im Voraus gebucht werden. Zudem kosten die meisten Waren mehr als auf dem Festland.

dem Pool und Restaurant 6 saubere, klimatisierte Bungalows und Zimmer in 2-stöckigen Häusern mit Liebe zum Detail eingerichtet haben. Vor dem hoteleigenen Strandabschnitt mit Liegen und Sitzkissen kann man gut am Hausriff schnorcheln. Von der Leihgebühr für Schnorchelausrüstung von 60 000 Rp pro Tag gehen 30 000 Rp an den Gili Eco Trust (Kasten S. 443). Reservierung empfehlenswert. Badeschuhe und Frühstück inkl. ❺–❻

ESSEN

Viele Restaurants bieten die Auffüllung von Wasserflaschen gegen eine kleine Gebühr, mehr Infos auf www.refillbali.com.

Amerikanisch

Taco Corner, Jl. Ikan Paus, 0812-3810 2025, www.fb.com/tacocornertrawangan. Das klimatisierte Restaurant mit Interieur aus recyceltem Holz serviert solide Tacos, Burritos und Quesadillas zu mittleren Preisen. Einige Portionen könnten größer sein. 11–22.30 Uhr.

The Roast House, Jl. Cumi-Cumi, 0877-6526 5972, www.fb.com/giliroasthouse. Das urig zusammengezimmerte, mit Postern und Magazinseiten beklebte Bar-Restaurant glänzt mit „Pub Grub", z. B. dick belegten Burgern, Sandwiches und Grillhähnchen. 11–23.30 Uhr.

Asiatisch

Südlich der Bootsanlegestelle findet am Pasar Seni ein sehr beliebter **Nachtmarkt** statt, auf dem Seafood, Sate, preisgünstige indonesische Gerichte vom Buffet und Süßigkeiten an Tischen verzehrt oder mitgenommen werden können. ab 17.30 Uhr.

Thai Garden, Jl. Karang Biru, 0878-6453 1253, www.fb.com/thai.garden.resto. In dem kleinen Gartenrestaurant kochen 2 Geschwister aus Thailand leckere Gerichte aus dem Land des Lächelns zu mittleren Preisen. Die Tom Yam fanden wir allerdings enttäuschend, und Schweinefleisch gibt's nur auf dem Papier. Di–So 18–23 Uhr.

Cafés

Gili Gelato, Jl. Pantai, www.fb.com/giligelatogilitrawangan. Das auf der Insel hergestellte und an mehreren Zweigstellen verkaufte Eis kostet 25 000 Rp pro Kugel (40 000 Rp für 2 Kugeln) und wird in 16 wechselnden Geschmacksrichtungen angeboten. 8–23 Uhr.

Kayu Café, Jl. Pantai, 0878-6239 1308, www.fb.com/kayucafe. Das mit viel Holz *(kayu)* eingerichtete, klimatisierte Café überzeugt mit hausgemachten Kuchen, Salaten, Frühstück und Suppen sowie Falafel und anderen Hauptgerichten. Zudem frische Säfte, Smoothies, Tee und guter Kaffee sowie Verkauf von Bio-Produkten. 7–21 Uhr.

International

Le Pirate Beach Club, Jl. Pantai, 0819-9953 2666, www.lepirate.com. Der beliebte Beach Club mit Pool, Liegen und Sitzkissen sowie Tischen unter dem hohen Dach bietet sich bei einer Umrundung der Insel für eine Verschnaufpause an. Die bunt gemischte Speisekarte listet u. a. passable Burger sowie Smoothies und Cocktails. 7–22 Uhr.

The Beach House, Jl. Pantai, www.beachhousegilit.com/dining, und das benachbarte **Scallywags Seafood Bar & Grill**, www.scallywagsresort.com, wetteifern um das beste Seafood-Barbecue. Abends werden Fische, Garnelen und andere Meerestiere auf einer Theke ausgelegt und frisch zubereitet, Beilagen sind jeweils inkl. Im Beach House etwas günstiger (nach Discount fragen lohnt). Alternativ auch internationale Küche à la carte. 18.30–23 Uhr.

Italienisch

La Dolce Vita, Jl. Bintang Laut, 0813-1772 0228, www.fb.com/ladolcevitagilit. Das 2-stöckige, von 3 Italienern geführte Restaurant mit einsehbarer Küche empfiehlt sich für ein Frühstück mit leckeren Croissants, Paninis und gutem Kaffee. Tagsüber und abends locken gute Antipasti (z. B. Carpaccio), schmackhafte Pasta, Pizza oder Salate. Auch mit den süßen Desserts wie Profiteroles macht man nichts falsch. 7.30–22 Uhr.

Auf den Gili-Inseln ist man am besten mit dem Fahrrad unterwegs.

UNTERHALTUNG

DJs und Livebands spielen abends in Bars an der östlichen Jl. Pantai. Größere Partys steigen Mo bei Blue Marlin Dive, Di in der Jiggy Bar, Sa in der Sama-Sama Bar und So in der Evolution Bar. Als beliebter Treffpunkt zum „Vorglühen" dient die dem Gili Beach Bum Hostel angegliederte **Lava Bar** mit Happy Hour von 18–21 Uhr.

Evolution Bar, ✆ 0819-0720 2796, 💻 www.fb.com/nduevolution. Das von Neonlicht beschienene Innere dieser Location mag nicht sonderlich einladend wirken – Trinkspiele (vor allem Beer Pong) stehen hier hoch im Kurs und die Rangliste der trinkfestesten Besucher am Eingang sagt eigentlich alles –, aber auf der gegenüberliegenden Seite spielt an mehreren

Urlaub vom Urlaub – Strandkultur auf den Gilis

Einen Gang runterschalten, den Gaumen verwöhnen und gepflegt nichts tun – viele haben das nach ihrer aufregenden Reise durch Bali oder Lombok bitter nötig. Wie gut, dass die Gilis hierfür wie gemacht sind, und darin liegt wohl auch der Grund für ihre hohe Beliebtheit. Hier verbringt man seine Tage mit Sand zwischen den Zehen, Sonne auf dem Pelz und einem Drink in der Hand. Ruft der Hunger, braucht man nicht weit von der Liege zu rollen, und kaum eine Stranddestination Indonesiens hat ein derartiges **kulinarisches Angebot**. In den Beach Clubs und strandnahen Restaurants von Gili Trawangan kann man nach Lust und Laune mediterran frühstücken, vegetarisch zu Mittag essen, bei Kaffee und Kuchen überlegen, ob man später lieber mexikanisch, deutsch, thailändisch oder indisch schlemmen möchte, um sich dann letztlich doch für frischen Fisch zu entscheiden und sich mit einer Wasserpfeife oder Cocktails auf den späten Abend einzustimmen. Auf Gili Trawangan wurden per Verordnung alle strandseitigen Bauten entfernt oder zurückversetzt, sodass nur noch Tische, Sofas und Stühle im Sand stehen; auf den Nachbarinseln war zum Zeitpunkt der Recherche Ähnliches geplant. Vor einigen Strandbars stehen **Schaukeln im Meer** – ein beliebtes Fotomotiv. Für die Nutzung der Schirme und Pools gilt ein **Mindestverzehr** von 100 000–130 000 Rp, 🕒 10–22 Uhr.

Gili Trawangan

Tagsüber empfehlen sich die gediegene **Pearl Beach Lounge** und der lässige **Le Pirate Beach Club**, beide mit Pool. Für den Sundowner geht es im Süden zur **Paradise Sunset Bar** oder nebenan ins beliebte **Pink Coco**; wenige Gehminuten von hier ziehen das **The Exile** und der benachbarte **Malibu Beach Club** auch Familien aus den Unterkünften der ruhigen Westküste an.

Gili Meno

Der südwestliche, nahezu weiße Sandstrand ist – sofern er gereinigt wird – die vielleicht **beste Badestelle** der drei Inseln. Schicke Beach Clubs gibt es keine, aber einige Hotels haben Liegen, Schirme oder Gazebos am Strand. Zum Sonnenuntergang bietet das rustikale **Diana Café** die beste Aussicht.

Gili Air

Auf Gili Air liegen Sonnenanbeter am Strand der **Scallywags Seafood Bar & Grill** und **Zipp Bar** (S. 456), oder in den beschirmten Sitzkissen der vielen nördlichen Strandrestaurants. Abends geht es zum **Scratch Beach Club** und ins **Mowie's** (S. 456).

Auch wenn der Tourismus die Haupteinnahmequelle darstellt und der soziale Umgang offen und entspannt ist, sollten Besucher den **moslemischen Glauben** der Einheimischen respektieren. Abseits der Strände, v. a. in der Nähe einer Moschee, gehört es sich nicht, in knappen Badesachen herumzulaufen; Nacktbaden ist ohnehin gesetzlich verboten.

Abenden die Woche eine gute Coverband. 🕒 18–1 Uhr.

Jiggy Bar, ☏ 0877-6553 9803, 💻 www.fb.com/jiggyisland. Hier läuft Mi vorwiegend R&B und Hip-Hop, So ab 21 Uhr dann Techno und House, dazwischen von allem etwas. Deutlich beliebter ist die **Jiggy Boat Party**, 💻 http://jgyboatparty.com, die Mi und Sa um 14 Uhr zu einer 5-stündigen Schiffsfahrt um die Inseln lädt, während derer ein Mix aus R&B, House und Charthits bis zu 120 feierlustige Passagiere beschallt. Je nach Ticketkategorie (Jungs/Mädels ab 350 000/250 000 Rp) sind Getränke inkl. 🕒 19–3 Uhr.

Sama-Sama Bar, ☏ 0370-612 1106, 💻 auf Facebook. In der großen, beliebten Reggae-Bar kann man relaxt den Tag bei einem Bier oder günstigen Mojitos ausklingen lassen. Es gibt Akustikmusik ab 17 Uhr, eine richtige Band spielt ab 21 Uhr – dann wird es voll und laut. 🕒

EINKAUFEN

An der östlichen Jl. Pantai liegt der Souvenirmarkt **Pasar Seni**. Dahinter befindet sich der **William Bookshop**, wo gebrauchte Bücher sowie Briefmarken verkauft werden. 🕒 8–22 Uhr.

In **Minimärkten** bekommt man alles Nötige von Snacks und Kosmetikartikeln bis hin zu Spirituosen und Bier. Am Oststrand gibt es zudem **Spirituosenläden**.

AKTIVITÄTEN

Kochen

Sweet & Spicy, ☏ 0878-6577 6429, 💻 http://gili-cooking-school.webs.com. Um 11, 16 und 20 Uhr werden je 2 Std. lang 7 verschiedene Snacks und Gerichte für 385 000 Rp p. P. zubereitet und gemeinsam gegessen.

Minigolf

Gili Golf, Jl. Nautilus, ☏ 0821-4501 6419, 💻 www.giligolf.com. Die bunte Minigolf-Anlage mit Bar lädt für 50 000 Rp p. P. auf einen 18-Loch-Kurs. Außerdem Trampolinspringen für 50 000 Rp und Tischfußball. 🕒 9–22 Uhr.

Vorsicht beim Feiern!

Wie überall sonst sollte man auch auf den Gilis beim Feiern ein gesundes Maß an Vorsicht walten lassen. Das Fehlen einer Polizei macht es so gut wie unmöglich, Diebstahl, Vergewaltigungen oder Ausschank von gepanschtem Alkohol zu ahnden! Man sollte seine **Getränke nie aus den Augen lassen**, damit keine Substanzen zugemischt werden können. Es ist wiederholt vorgekommen, dass junge Frauen so gefügig gemacht und vergewaltigt wurden! Allein reisende Frauen sollten aufpassen, mit wem sie einen Drink nehmen, und sich in bedrohlichen Situationen (z. B. wenn sie bedrängt werden) sofort bemerkbar machen und den Schutz anderer Traveller suchen. Zudem sollten bei allzu günstigen Mixgetränken oder „Local Booze" die Alarmglocken schrillen, s. Kasten S. 440.

Paddeln

Auf der Ostseite werden am Strand **Kajaks** und **Stand-Up-Paddles** für 1/2/3 Std. für 80 000/150 000/200 000 Rp vermietet. **Vorsicht**: Beim Versuch, die Insel zu umrunden oder nach Gili Meno überzusetzen, wurden Leute von der Strömung abgetrieben.

Kayaks Gone Wild, ☏ 0823-3992 6925, 💻 www.kayaksgonewild.com. Dieser Anbieter hat seine Kajaks in Anbetracht der hiesigen Strömungen mit 125-ccm-Motoren ausgerüstet und bietet die 1-stündige Umrundung von Gili Meno für 300 000 Rp inkl. Fotos und Videos vom Ausflug an.

Reiten

Stud Horse Riding, ☏ 0878-6179 1565. Ausritte auf 12 gepflegten Australier-Pferden für 400 000 Rp pro Std.

Schnorcheln

Ausrüstung wird am Strand für 30 000 Rp pro Tag vermietet, allerdings ist die in Tauchzentren vermietete Ausrüstung besser in Schuss. Erfahrene Schnorchler könnten vom Zustand der Korallen und der Artenvielfalt vor den Stränden enttäuscht sein. Relativ gute

Schnorchelgebiete liegen vor der Nord- und Nordostküste. Man kann am Oststrand Richtung Norden laufen und sich schnorchelnd von der Strömung zurücktreiben lassen. Für weiter seewärts gelegene Stellen sollte man die überladenen Touren in (Glasboden-)Booten für 100 000–120 000 Rp p. P. meiden und ein Boot mit Guide chartern (z. B. als kleine Gruppe), um unabhängig und ohne Zeitdruck zu sein, Kostenpunkt für 3–4 Std. 600 000–800 000 Rp pro Boot.

Silberschmieden

Yin, Jl. Pantai, ✆ 0818-0370 0275, 💻 www.yinjewelryforthesoul.com. In der Werkstatt hinter dem Schmuckgeschäft kann man sich von 10–13 und 15–18 Uhr unter Anleitung sein eigenes Souvenir oder Geschenk aus Silber gestalten. Nach einem gezeichneten Entwurf geht es ans Schmelzen, Formen, Sägen und Stanzen des Metalls, bevor es am Ende glänzend aufpoliert wird. Im Preis von 350 000 Rp sind 5 g Silber enthalten, zusätzliches Silber wird nach dem Marktpreis berechnet.

Tauchen

In allen Tauchzentren gelten dieselben Preise: Schnupperkurse kosten 900 000 Rp, Open Water-Kurse 5,5 Mio. Rp und Tauchgänge 490 000–600 000 Rp. Oft sind deutschsprachige Tauchlehrer verfügbar, und fast jede Tauchschule vermietet Zimmer.

Dream Divers, ✆ 0812-375 4583, 💻 www.dreamdivers.com. Die von einer Deutschen geführte, von Extra Divers übernommene Tauchbasis mit Pool und SSI-Standards bietet neben Kursen auf Deutsch auch die Möglichkeit, für 140 000 Rp zum Schnorcheln mitzufahren.

Freedive Gili, ✆ 0370-619 7180, 💻 www.freedivegili.com. Neulinge werden in 2–4-tägigen Kursen für 3,9–6,65 Mio. Rp ans Apnoetauchen herangeführt. Mit ein wenig Übung im 25 m langen Pool und der richtigen Technik kann man seinen Atem doppelt so lange anhalten und am Leitseil über 20 m tief hinabsteigen. Einzelne Tauchgänge kosten ab 384 000 Rp.

Manta Dive, ✆ 0812-3788 9378, 💻 www.manta-dive.com. Alteingesessene Schule mit Pool, die nach SSI-Standard unterrichtet und u. a. Nachttauchgänge mit UV-Lampen bietet. Meist sind deutschsprachige Tauchlehrer verfügbar.

Yoga

Die meisten Sessions dauern 90 Min. und kosten 100 000 Rp, Rabatte ab 3 Sitzungen.

Gili Yoga, Jl. Pantai, ✆ 0370-619 7180, 💻 www.giliyoga.com. Tgl. 3–4 Kurse in Hatha, Vinyasa und Yin-Yoga; wer alle Kurse eines Tages belegt, zahlt nur 150 000 Rp.

Soraya Yoga, Jl. Ikan Todak, ✆ 0819-1645 0490, 💻 www.sorayayoga.com. Tgl. 2–4 Sitzungen in Vinyasa-, Hatha-Yoga, Reiki Yin und weiteren Stilen sowie Mo, Mi und Sa von 6.15–7.15 Uhr Yoga am Strand der Pearl Beach Lounge (s. Essen) für 150 000 Rp.

SONSTIGES

Fahrräder

Fast überall werden Fahrräder für 10 000–15 000 Rp pro Std. bzw. 40 000–50 000 Rp pro Tag vermietet. Stellenweise sind die Wege so sandig, dass man nur schiebend vorankommt.

Informationen

Gute Infos findet man auf 💻 www.thegiliguide.com. Zudem liegt vielerorts die kostenlose, auch online einsehbare Zeitschrift **Gili Life**, 💻 www.gililife.com, aus.

Medizinische Hilfe

Blue Island Medical Clinic, Vila Ombak, ✆ 0819-9970 5701. Die kleine Privatpraxis berechnet 300 000 Rp pro Untersuchung und organisiert Rettungstransporte, etwa zur Dekompressionskammer in Mataram.

Post

Der Briefkasten im William Bookshop hinter dem Pasar Seni wird wöchentlich geleert.

Wellness

Azure Spa, ✆ 0823-3910 4881, 💻 www.azurespagili.com. Empfehlenswertes Spa mit Massagen für 150 000 Rp pro 30 Min. bzw.

Tauchen und Schnorcheln vor den Gilis

© CHRISTIAN WACHSMUTH

Auch wenn viele Korallen beschädigt sind, lohnt ein Schnorchelausflug oder Tauchgang, um im klaren Wasser bunte Meerestiere zu bestaunen. Am **Shark Point** westlich von Gili Trawangan kann man im flacheren Teil Weichkorallen und Schildkröten beobachten oder in den tieferen, strömungsstärkeren Gefilden Bekanntschaft mit Riffhaien, Barrakudas und Rochen machen. Im **Coral Fan Garden** weiter nördlich betaucht man einen bunten Korallengarten mit Fächerkorallen und unzähligen Kleinfischen. Am planktonreichen **Manta Point** tummeln sich v. a. in der Regenzeit viele der faszinierenden Rochen. Der Steilabfall **Halik** endet in einer Reihe von Schluchten mit Tiefen bis zu 35 m. Nach schönen Hartkorallen, Papageienfischen, Schildkröten und Muränen im flacheren Teil können erfahrene Taucher im **Deep Halik** auf die Suche nach Mantas, Oktopussen und Haien gehen. An der bis zu 25 m tiefen **Meno Wall** östlich von Trawangan tummeln sich Schildkröten und Ammenhaie. Unter dem Titel **Nest** hat der bekannte Bildhauer Jason deCaires Taylor vor Gili Meno in geringer Tiefe eine Kreisformation von 48 menschlichen Skulpturen versenkt, die nach und nach von Lebewesen besiedelt werden. Das **Hans Reef** vor Gili Air eignet sich für Anfänger, die zwischen Seepferdchen und Fangschreckenkrebsen ihre ersten Tauchgänge sicher absolvieren und dabei Muränen und Glaswelse sichten können. Zwischen den Bogen und Überhängen der mit Weichkorallen bewachsenen und bis zu 30 m tiefen **Air Wall** kann man quirligen Korallenbewohnern, Oktopussen und Skorpionfischen begegnen, etwas tiefer auch Haien und Anglerfischen. Ein Stück nördlich zwischen Gili Meno und Gili Air finden erfahrene Taucher im **Simon Reef** mit 14–35 m Tiefe schöne Korallen und Großfische vor.

220 000 Rp pro Std., auch Packages und Kosmetik.

NAHVERKEHR

Pferdekutschen heißen hier **Cidomo**, eine Zusammenziehung aus dem Sasak-Wort *cikar* (Handwagen), dem indonesischen *dokar* (Pferdewagen) und dem internationalen *motor*. Auf Gili Trawangan sind sie meist gelb, auf Gili Air und Gili Meno blau-weiß. Die Fahrer bilden eine Kooperative mit **Festpreisen**, die neben dem Ticketoffice für die öffentlichen Boote auf einer Tafel stehen. Da auch das Tierfutter vom

Festland gebracht wird, ist ein *Cidomo* nicht billig. Von der Bootsanlegestelle kostet eine Fahrt zum Hotel 50 000–100 000 Rp, eine Rundfahrt für max. 3 Pers. 175 000 Rp. Vormittags zur Checkout-Zeit sind viele *Cidomo* belegt – am besten vorab über die Unterkunft bestellen, ✆ 0877-6547 0423.
Man sollte vor der Fahrt darauf achten, dass die Tiere keine Verletzungen aufweisen. **Fußgänger** sollten auf die schnell die schmalen Wege entlangpreschenden Kutschen achtgeben.

TRANSPORT

Busse und Minibusse

Preisbeispiele inkl. Bootsfahrt und ggf. Fähre oder Schnellboot:
CANDI DASA, DENPASAR, KUTA, SANUR oder UBUD für 250 000–400 000 Rp; KUTA auch per Schnellboot für 500 000 Rp.
FLUGHAFEN und KUTA LOMBOK für 200 000–275 000 Rp.
LEMBAR für 175 000 Rp.
MATARAM und SENGGIGI für 100 000–150 000 Rp.
PADANG BAI per Fähre ab Lembar für 200 000–225 000 Rp.
SENARU und TETEBATU für 250 000–300 000 Rp.

Sumbawa
SUMBAWA BESAR für 275 000 Rp.
DOMPU für 300 000–350 000 Rp.
BIMA für 325 000–375 000 Rp.
SAPE für 350 000–400 000 Rp.

Flores
LABUAN BAJO für 500 000–550 000 Rp.

Öffentliche Boote

Tickets für Fahrten am selben Tag bekommt man am Schalter am Oststrand, ⌚ bis 17 Uhr.
Nach BANGSAL bei genügend Passagieren (20–30) bis 17 Uhr für 15 000 Rp, Charter 500 000 Rp, zudem Schnellboote 8x tgl. von 9.45–17 Uhr für 85 000 Rp.
Nach GILI AIR via GILI MENO (35 000 Rp, Charter 400 000 Rp) um 9.30 und 16 Uhr für 40 000 Rp, Charter 450 000 Rp.

Schnellboote

Zahlreiche Anbieter verbinden die Gilis und Lombok mit Bali. Einige haben Büros am Oststrand, s. Karte S. 444. Viele Besucher reisen nur im nördlichen Lombok (Sengiggi, Gilis, Gunung Rinjani) und sparen mit Schnellbooten viel Zeit im Vergleich zur Fähre zwischen Lembar und Padang Bai. **Vorsicht**: Auf dem Oberdeck wird man nass und durchgeschaukelt! Da die Überfahrt bei starkem Seegang (v. a. durch starken Ostwind in der ersten Jahreshälfte) schaukelig und anstrengend wird, ist sie für Kinder ungeeignet und auch Erwachsenen nicht immer zu empfehlen; wer leicht seekrank wird, sollte die großen Schnellfähren von Eka Jaya und Patagonia Xpress nehmen oder auf die Fähre ab Lembar ausweichen.
Wer im Voraus plant, kann auf den Websites der Anbieter buchen, zahlt jedoch locker das Doppelte im Vergleich zum Ticketkauf vor Ort – Ausnahmen sind die Hochsaison und Scoot Fast Cruises. Besser vor Ort erkundigen und nach **Rabatten** fragen.
Wenn wegen zu hoher Wellen gar keine Schnellboote fahren, bleibt nur der Umweg zur großen Fähre ab Lembar (S. 428) oder ein Flug (S. 433).
Nach AMED für 350 000–650 000 Rp in 1 Std. mit:
Freebird Express, ✆ 0821-4052 7073, ab Gili Trawangan um 10.45 Uhr via Gili Meno, Gili Air und Bangsal.
Kuda Hitam Express, ✆ 0363-23482, 💻 www.kudahitamexpress.com, ab Gili Trawangan um 10.15 Uhr via Gili Air und Bangsal. Transfer in Amed bzw. nach Tulamben inkl.

Nach NUSA LEMBONGAN oder NUSA CENINGAN für 450 000–690 000 Rp in 3 Std. mit:
Blue Water Express, ✆ 0813-3841 8988, 💻 www.bluewater-express.com, ab Gili Air um 14.30 Uhr, ab Gili Trawangan um 15 Uhr.
Eka Jaya, ✆ 085-3337 50434, 💻 www.ekajayafastboat.com, ab Gili Trawangan um 12.30 Uhr via Gili Meno, Gili Air, Bangsal und Padang Bai.
Marina Srikandi, ✆ 0819-9899 6688, 💻 www.marinasrikandi.com, ab Gili Trawangan um 8.30, via Gili Air, Bangsal und Senggigi; von Nusa Lembongan weiter nach SERANGAN.

Scoot Fast Cruises, ✆ 0823-4002 9679, 💻 www.scootcruise.com, ab Gili Trawangan um 13.45 Uhr.

Nach PADANG BAI für 250 000–790 000 Rp in 70–90 Min. mit:

Blue Water Express, s. o., ab Gili Air um 11.15 Uhr, ab Gili Trawangan um 11.45 Uhr.

Eka Jaya, s. o., ab Gili Trawangan um 10.30, 12.30 und 14.30 Uhr via Gili Meno, Gili Air und Bangsal; die große Fähre fasst max. 180 Personen und hat ein klimatisiertes Deck.

Patagonia Xpress, ✆ 0818-826666, 💻 www.patagonia-xpress.com, ab Gili Trawangan um 12 Uhr via Gili Air, dann ab Bangsal um 13 Uhr; von Padang Bai weiter nach BENOA HARBOUR. Die Fähre fasst 184 Personen und hat ein klimatisiertes Unterdeck.

Perama, ✆ 0370-613 8514, 💻 www.peramatour.com, ab Gili Trawangan gegen 11 Uhr via Gili Air.

Nach SANUR für 500 000–750 000 Rp in 2 1/2 Std. mit:

Scoot Fast Cruises, s. o., ab Gili Air um 12.45 Uhr via Gili Meno und Gili Trawangan.

Gili Meno

Die kleinste und ruhigste der drei Inseln kann zu Fuß in einer Stunde umrundet werden. Sie ist deutlich naturbelassener und oft bis in den Juni hinein vergleichsweise grün. Stromausfälle sind häufiger als auf Gili Trawangan, und nach Einbruch der Dunkelheit sollte man eine Taschenlampe mitführen.

Der Osten hat die **schönsten Strände**, mit feinem hellen Sand und guten Badestellen. Nördlich vom Karma Beach säumen bizarr geformte **Santigi-Bäume** das Ufer, die wie Treibholz aussehen, aber lebendig und an Ort und Stelle verwurzelt sind. Im Westen liegt ein mangrovengesäumter **Salzsee**, an dessen Rand in der Trockenzeit häufig weiße Häufchen glitzern; vom Steg sind viele **Wasservögel** zu beobachten.

Suppen- und Echte Karettschildkröten kommen zur Regenzeit bis etwa April an die Strände, wo ihre Eier von Freiwilligen aufgesammelt werden. Die Babyschildkröten werden im **Gili Meno Turtle Sanctuary** am Oststrand und in einem kleinen Becken am Diana Café im Westen bis zur Freilassung geschützt.

ÜBERNACHTUNG

Einige der günstigen Unterkünfte nutzen Salzwasser-Duschen, Frischwasser gibt es in den teureren Anlagen. Unsere Preiskategorien gelten für die Nebensaison, s. Kasten „Preispolitik auf den Gilis“, S. 445.

Meno Dream Resort, ✆ 0819-1596 1251, 💻 www.gilimenobungalows.com. Versteckt im Inselinneren überzeugt die verspielte Gartenanlage von Made aus Lombok und Berni aus Slowenien mit 6 ansprechenden, sauberen Zimmern mit Open-Air-Bad und AC in teils 2-stöckigen Holzhäuschen mit warmen Farben und hübschen Korbsesseln auf der Veranda. Frühstück inkl. ❺–❻

Turtle Bungalows, ✆ 0819-3303 7210, ✉ turtlebungalows@gmail.com. Hinter einem kleinen Restaurant liegen in einem spärlich bepflanzten Garten 8 gemütliche, saubere Massivhäuschen mit Spitzdach oder im *Lumbung*-Stil, darin Zimmer mit guten Matratzen, AC, Moskitonetz und kleinem Kühlschrank. Es gibt nur Kaltwasser, trotzdem stimmt das Preis-Leistungs-Verhältnis. Frühstück inkl. ❸–❹

Villa Sayang & Villa Sunset, ✆ 0818-361052, 💻 www.villasayanggilimeno.com. Im großen Garten mit eigener Zisterne liegen 2 liebevoll dekorierte, familienfreundliche Ferienhäuser: Villa Sayang mit 2 Zimmern im Obergeschoss, großem Balkon, Küche, Wasserspender, Open-Air-Bad und Warmwasser. Die Villa Sunset hat ebenfalls 2 Zimmer und Küche (bald auch AC). Zustellbett mit Moskitonetz für Kleinkinder. Die sehr freundlichen, deutschsprachigen Gastgeber Silvia und Saleh organisieren Transporte und verwöhnen ihre Gäste mit selbst gebackenem Brot, Marmelade oder Räucherfleisch. Unbedingt reservieren. Kaffee, Tee und Wasser inkl. ❹–❼

ESSEN UND UNTERHALTUNG

Mehr Infos für einen gelungenen Strandtag im Kasten auf S. 448.

NUSA TENGGARA

Gili Meno

Diana Café. Einfaches Restaurant mit Bar und Muscheldeko, Tischen und *Berugas* am Strand, wo Seafood-Barbecue, indonesische und internationale Gerichte zu verträglichen Preisen serviert werden. Nebenan werden kleine Schildkröten aufgepäppelt. ⌚ 8–22 Uhr.

Rust Restaurant. In den *Bale* und unter dem offenen Dach wird eine breite Auswahl an indonesischen und internationalen (Wraps, Pasta, Pizza), preislich angemessenen Gerichten serviert; auch Bier und illy-Kaffee. Der Service ist aber träge und lustlos. ⌚ 7–22 Uhr.

€ **Yaya Warung**. Das abends beliebte Strandrestaurant macht einen verlotterten Eindruck, serviert aber frisches Seafood mit Beilagen sowie Currys, Frühstück und Pasta zu sehr günstigen Preisen. Da es etwas länger dauern kann, lohnt ein frühes Erscheinen zum Abendessen, bevor sich die Nachbartische und Gazebos füllen. ⌚ 9–22 Uhr.

AKTIVITÄTEN

Tauchen und Schnorcheln

Die nordwestliche Küste eignet sich zum Schnorcheln; Ausrüstung kostet 30 000 Rp pro Tag. Die Strömung kann stark sein, sodass man nicht zu weit vom Strand wegschwimmen sollte. Ein Boot kann für etwa 400 000 Rp für 3 Std. gechartert werden, um zu entfernteren Schnorchelplätzen zu gelangen. Die Preise der Tauchzentren sind wie auf Gili Trawangan (S. 450).

Blue Marlin Dive, ✆ 0812-3946 8996, 💻 www.bluemarlindive.com. Der große Anbieter unterhält eine gut ausgestattete Niederlassung mit 2 Booten. Max. 5 Pers. pro Gruppe und auch deutschsprachige Tauchlehrer.

Divine Divers, ✆ 0852-4057 0777, 💻 www.divinedivers.com. Die Tauchschule mit 3 Booten bietet auch Kurse auf Deutsch sowie Pauschalangebote mit Übernachtung in eigenen Bungalows.

EINKAUFEN

Am Oststrand hat der **Rust Shop** eine Auswahl an Lebensmitteln, Sonnenbrillen und Hygieneartikeln.

SONSTIGES

Medizinische Hilfe

Kleine Wehwehchen versorgen die **Blue Island Medical Clinic**, ✆ 0819-9970 5702, 💻 www.blueislandclinic.com, und die **Gili Medika Clinic**, ✆ 0819-0746 3698. Mit ernsthaften Erkrankungen besser nach Mataram oder Bali gehen.

TRANSPORT UND NAHVERKEHR

Cidomo (S. 451) kosten 65 000–80 000 Rp pro Fahrt bzw. 170 000 Rp für die Inselrundfahrt.

Boote zu den Nachbarinseln

Boote zu den Nachbarinseln bei genügend Passagieren oder wenn man sie für 450 000–550 000 Rp chartert. Da sie vormittags recht zuverlässig verkehren, sollte man die teureren Schnellboote nur wählen, wenn man ansonsten lange warten müsste oder unter Zeitdruck steht.

BANGSAL gegen 8 Uhr sowie zwischen 12 und 15 Uhr für 14 000 Rp; Schnellboote 8x tgl. von 10–17.15 Uhr für 85 000 Rp.

GILI AIR um 9.45 und 16.15 Uhr für 35 000 Rp oder mit Schnellbooten auf dem Weg nach Bangsal.

GILI TRAWANGAN gegen 8.45 und 15.15 Uhr für 35 000 Rp; Schnellboote 8x tgl. von 9.20–16.40 Uhr für 85 000 Rp.

Schnellboote nach Bali und Nusa Lembongan

S. Transport auf S. 452.

Gili Air

Die Lombok am nächsten gelegene Insel ist mit knapp 1800 Einwohnern im Verhältnis zur Fläche die am dichtesten besiedelte, doch davon merken die meisten Besucher wenig. Selbst in der Hauptsaison ist Gili Air ruhiger und übersichtlicher als Gili Trawangan und noch in der Nebensaison deutlich betriebsamer als Gili Meno.

Die Insel lässt sich auf einem knapp zweistündigen Spaziergang umrunden; wer mit dem Rad fährt, muss streckenweise schieben, da der Weg im Norden und Westen teils sehr sandig ist. Im Inselinneren ist es nicht immer einfach, sich auf den verschlungenen Pfaden zu orientieren. Die Stromversorgung ist in den letzten Jahren besser geworden, die Straßen werden jedoch weiterhin kaum beleuchtet – nachts besser das Handy oder eine Taschenlampe mitnehmen!

Am meisten los ist im Südosten, wo sich von der Anlegestelle im Süden durch das Dorf bis auf etwa halber Höhe des Oststrands zahlreiche Restaurants, Souvenirläden und Unterkünfte ballen. Nach Norden und Westen dünnt das Angebot zwar aus, doch haben sich auch hier zwischen Palmen und den „gili-typischen" Brachen und Schutthalden erstaunlich viele Unterkünfte und Restaurants angesiedelt. Den Nordstrand säumen Bungalowanlagen und Restaurants mit Liegen und Sitzkissen. Für einen Tag am Strand s. Infos im Kasten auf S. 448.

ÜBERNACHTUNG

In der Hochsaison ziehen die Preise an, s. Kasten S. 445.

Begadang Backpackers, ✆ 0823-4034 8781, ✉ begadangbackpackers@gmail.com. Auf dem großen, bei Budgetreisenden beliebten Grundstück im Norden verteilen sich sehr einfache, überteuerte Bambushütten mit Rollos oder abschließbaren Türen, Ventilator und Moskitonetz sowie Gemeinschaftsbad. Ein halboffener Gemeinschaftsbungalow mit Ventilator und ein weiterer mit AC bieten Platz für 6–8 Pers. à 120 000–170 000 Rp. Geselligkeit steht im Vordergrund, man gammelt in Sitzkissen am Pool, spielt Spiele und tauscht sich aus. ❷

Bollata Bungalows, ✆ 0878-6499 3850, 💻 www.bollata.weebly.com. In einem Garten hinter der Strandbar stehen 12 *Lumbung* mit guten Matratzen, Moskitonetz und Open-Air-Bad, darunter 4 mit AC und Kühlschrank. Nebenan vermietet die Familie weitere Massivbungalows mit ähnlich gutem Preis-Leistungs-Verhältnis. Frühstück inkl. ❸

Captain Coconuts, ✆ 0812-3717 9083, 💻 http://captaincoconutsgili.blogspot.co.id. Das einladend gestaltete Boutique-Resort um einen Garten mit Pool bietet freundliche, helle und mit antiquarischem Touch dekorierte Bungalows aus restaurierten Elementen traditioneller Häuser, kombiniert mit westlichem Komfort und kreativen Hinguckern (etwa Bäume im Badezimmer). Außerdem 2 x 9 frei von der Decke hängende Einzelbetten für je 200 000 Rp mit Moskitonetz, Lampe, Schließfach und Steckdose in einem halboffenen, 2-stöckigen Bau aus Bambus – originell, aber nichts für empfindliche Schläfer. Gutes Restaurant. ❼

Damai Homestay, ✆ 0878-6142 0416. Gemütliche kleine Anlage mit 5 liebevoll dekorierten Zimmern, die teils mit AC und Open-Air-Bad ausgestattet sind. Die Terrasse mit Hängematten und Korallenschrott lädt zum Verweilen ein. Frühstück und Schnorchelmaske inkl. ❸–❹

ESSEN

🌳 Viele Restaurants bieten die Auffüllung von Wasserflaschen gegen eine kleine Gebühr, mehr Infos auf 💻 www.refillbali.com.

Classico Italiano, ✆ 0819-1604 3357, 💻 www.fb.com/classicoitalianogiliair. Alessio und Andreana aus Italien führen das beliebte offene Restaurant mit überschaubarer Karte, freundlichem Service und sehr guten Pizzen aus dem holzbefeuerten Steinofen. Zudem italienischer Kaffee und Desserts. Reservierung empfehlenswert. 🕒 18–22 Uhr.

🌳 **Pachamama**, ✆ 0878-6415 2100, 💻 www.pachamamagiliair.com. Zurückversetzt zwischen Kokospalmen serviert dieses Konzeptrestaurant für Ernährungsbewusste kreative vegetarische, vegane und sogar Paläo-Gerichte ohne Geschmacksverstärker, Industriezucker oder Palmöl, dafür mit regionalen Zutaten und auf originelle Weise zubereitet. Die Preise sind angesichts der Portionen überdurchschnittlich. Auch Verkauf von Bio-Produkten. 🕒 10–22 Uhr.

Zipp Bar, ✆ 0819-1731 0209, 💻 www.fb.com/zippbarrestaurantandbungalowes. Hier serviert man ab 17 Uhr frisches Seafood zu angemessenen Preisen sowie westliche und günstige indonesische Gerichte. Gesessen wird überdacht am Tisch oder auf Sitzkissen am Strand. Die Reste werden von umherstreunenden Katzen stibitzt. Happy Hour von 16–20 Uhr, gute Livemusik am Do und Fr ab 19 Uhr. 🕒 8–23 Uhr.

UNTERHALTUNG

In Bezug auf Alkohol gelten die Warnungen wie auf S. 440 und S. 449.

Mowie's, ✆ 0878-6423 1384, 💻 www.mowiesbargiliair.com. Beliebter Beach Club mit elektronischer und Top-40-Musik, rustikalen Holztischen, Sitzkissen und Sicht auf den Sonnenuntergang. Hungrige werden mit westlichen Gerichten (z. B. Fischfilet auf Buchweizennudeln), Snacks und Suppen versorgt, dazu gibt's Säfte, Cocktails, Wein und Bier. 🕒 7.30–20.30 Uhr.

Scratch Beach Club, ✆ 0819-3433 7000, 💻 www.fb.com/scratch.beach.club. Gediegener Beach Club am Strand des Grand Sunset mit Burgern, Tapas, Seafood und Cocktails

sowie schönen Sonnenuntergängen. Tischtennis und Billard sowie in der Hochsaison Di und Fr ab 20 Uhr Feuertänzer. ⌚ 7–22 Uhr.

AKTIVITÄTEN

Kochkurse

Gili Cooking Classes, ☏ 0877-6506 7210, 💻 www.gilicookingclasses.com. In einer halboffenen Küche finden 1 1/2–2 1/2-stündige Kurse um 11.30, 16 und 20 Uhr mit 3 Menüs für 275 000–385 000 Rp statt.

Schnorcheln

Der schmale Oststrand eignet sich aufgrund der Korallen nur stellenweise zum Schwimmen, dafür umso besser zum Schnorcheln. Schildkröten und Fischschwärme sind keine Seltenheit, aber man sieht auch viel Korallenschrott. Ausrüstung kostet ab 25 000 Rp pro Tag.

Tauchen

Infos zum Tauchen im Kasten auf S. 451, die Preise sind wie auf Gili Trawangan (S. 450).

Dream Divers, ✆ 0812-375 8035, 💻 www.dreamdivers.com. Gute Tauchschule unter deutscher Leitung mit 2 Booten und etwas umweltfreundlicheren 4-Takt-Außenbordern. Zudem Pauschalangebote mit Übernachtung.
Manta Dive, ✆ 0813-3990 6010, 💻 www.manta-dive-giliair.com. Professionelle Tauchschule mit Pool, PADI- und SSI-Kursen sowie eigener Unterkunft (Karte S. 457). Max. 4 Pers. pro Guide.
Oceans 5 Dive, ✆ 0813-3877 7144, 💻 www.oceans5dive.com. Neben den üblichen Kursen auch Schulungen zu Korallen und zur Bestimmung von Fischen. Zudem Apnoetauchen nach AIDA- und PADI-System, Schnupperkurs für 1,95 Mio. Rp, 3 Tage für 4,95 Mio. Rp. Eine von 2 Schulen in Indonesien, die am DDI-Programm für behinderte Taucher teilnehmen.

Yoga

H2O Yoga & Meditation Centre, ✆ 0877-6103 8836, 💻 www.h2oyogaandmeditation.com. Die mit Zimmern, Restaurant und Pool bestens für Retreats ausgestattete Anlage lädt um 9 und 17 Uhr zu jeweils 90-minütigen Hatha-, Yin- oder Vinyasa-Sessions für 120 000 Rp, 3 Kurse für 300 000 Rp. Einstündiges Aqua Yoga tgl. um 10.45 Uhr für 200 000 Rp. 3-stündige Kurse für Anfänger am Di, Fr und So um 13 Uhr für 300 000 Rp.

SONSTIGES

Kleine Arztpraxen, s. Karte, versorgen einfache Beschwerden. Ernsthafte Erkrankungen sollten in Mataram (S. 436) oder auf Bali (S. 298) behandelt werden.

NAHVERKEHR

Mit einem **Cidomo** (S. 451) kommt man für 40 000–80 000 Rp von der Bootsanlegestelle zum Hotel. Eine Inselrundfahrt kostet ab 180 000 Rp. Vielerorts können **Fahrräder** für 50 000 Rp pro Tag geliehen werden, dick bereifte Fat Bikes kosten mehr.

TRANSPORT

Boote zu den Nachbarinseln

Die Boote starten am Pier im Süden, die Tickets für Fahrten am gleichen Tag gibt's am Schalter,

Auch auf Gili Air bieten sich Strandbars an, um ein paar Stunden zu faulenzen und Sonne zu tanken.

© MORITZ JACOBI

🕑 7–17 Uhr. Meist sind die günstigen Boote rasch voll, die teuren **Schnellboote** für 85 000 Rp p. P. empfehlen sich nur unter Zeitdruck oder wenn am späten Nachmittag keine anderen mehr verkehren.
GILI TRAWANGAN via GILI MENO (35 000 Rp, Charter 450 000 Rp) gegen 8.30 und 15 Uhr für 40 000 Rp, Charter 500 000 Rp; Schnellboote 8x tgl. von 9–16.15 Uhr.
BANGSAL bei genügend Passagieren (max. 40 Pers.) für 19 500 Rp, Charter 500 000 Rp; ein verlässliches Boot legt gegen 8.30 Uhr für 35 000 Rp ab. Schnellboote 8x tgl. von 10.15–17.15 Uhr.

Schnellboote nach Bali und Nusa Lembongan

S. Transport S. 452.

8 HIGHLIGHT

Gunung Rinjani

Der abenteuerliche Höhepunkt vieler Indonesienreisen, aber auch eine körperliche Herausforderung, ist die Besteigung des zweithöchsten Vulkans im Inselreich – über 90 000 Bergsteiger zählt man jedes Jahr. Die bewaldete, von Bächen und Quellen durchzogene Nordseite lohnt aber auch sonst einen Besuch, denn hier sind ohne größere Anstrengungen schöne Wanderungen zu Wasserfällen möglich.

Während der Kolonialzeit wurde ein 40 000 ha großes Gebiet um den 3726 m hohen Berg unter Naturschutz gestellt. Inzwischen wurde es um mehr als die Hälfte erweitert und zum **Nationalpark** erklärt. Besonders bedeutend sind die ausgedehnten Bergwälder als einziger natürlicher Wasserspeicher der Insel. Lombok beheimatet keine große Vielfalt an Säugetieren – umso spannender ist die Vogelwelt, die einen australischen Einschlag hat. So kommen Arten von Honigfressern und der Timor-Gelbwangenkakadu vor.

Der Gunung Rinjani ist für die Einheimischen das spirituelle Zentrum der Insel und Wohnsitz der Götter. Viele pilgern an Pujawali zum halbmondförmigen, blauen Kratersee **Danau Segara Anak** („Kind des Ozeans") auf knapp über 2000 m Höhe. Dort werfen die Gläubigen während der *Pekelan*-Zeremonie Opfergaben ins Wasser und baden in den **heißen Quellen**. An der Ostseite des Sees erhebt sich der im Verlauf vieler Eruptionen nach 1847 entstandene, 2363 m hohe **Gunung Baru**, der zuletzt 2015 ausbrach.

In der Trockenzeit können sporadische Busch- und Waldbrände problematisch werden, die Rauchschwaden mit dem Wind ins Camp tragen. Sehr unschön ist auch der Müll, den manche Gruppen in solchen Mengen hinterlassen, dass selbst engagierte Einheimische, die mehrmals im Monat zur Müllbeseitigung losziehen, nur wenig ausrichten.

Batu Kok und Senaru

Die meisten Besucher wohnen in **Batu Kok** und **Senaru**, wo sich die meisten Unterkünfte befinden. Auch wer nicht vorhat, den Berg zu erklimmen, kommt auf seine Kosten, denn man kann durch den tropischen Dschungel zu **Wasserfällen** wandern.

Der knapp 40 m hohe **Sendang Gile** liegt am Ende eines 20-minütigen, befestigten Fußwegs, der unweit vom Pondok Senaru Cottage östlich der Hauptstraße über 315 Stufen in die Schlucht führt. Der Legende nach jagten Einheimische eine große Raubkatze, die in blinder Wut das Dorf angegriffen hatte, und entdeckten dabei zufällig den Wasserfall (*Sendang* bedeutet „Wasserfall", *Gile* „verrückt"). Über zwei Stufen stürzt das kühle Nass aus einer Höhe von 31 m, und wer hinter den Wasserfall gelangt, verjüngt sich der Überlieferung nach um ein Jahr. Zum Baden ist das Wasser jedoch zu flach. Eintritt 10 000 Rp.

Etwas oberhalb von hier führt ein naturbelassener Pfad zu den tiefer im Wald gelegenen, zum Baden geeigneten Wasserfällen **Tiu Kelep** (30 Min.) und **Betara Lenjang**; es empfehlen sich Badeschuhe, da auch ein Fluss knietief durchquert werden muss. Bereits am Eingang zum Sendang Gile können Guides für ca. 100 000 Rp angeheuert werden.

Eine nette Aktivität ist auch der von Frauen aus dem Dorf geführte **Panorama Walk** ab 8 Uhr zu einem Wasserfall, in ein traditionelles Dorf und zu kleinen Plantagen. Bei Buchung über die Lighthouse Accommodation, s. Übernachtung, kostet die Tour bei 1/2/3 bzw. ab 4 Pers. 300 000/250 000/200 000/180 000 Rp p. P. inkl. Wasser, Eintritt und Mittagessen.

Sembalun

An der Ostseite des Gunung Rinjani bietet sich Sembalun als alternativer Ausgangspunkt für eine Besteigung an. Die Ortschaft selbst ist zwar unattraktiv, die Umgebung aber durchaus fotogen: Die Ortsteile **Sembalun Lawang** und **Sembalun Bumbung** erstrecken sich auf 1100 m Höhe in einem von steilen Bergkämmen eingerahmten Tal. Besonders reizvoll ist die steile, kurvige Anfahrt von Süden via **Suwela** und **Sapit**. Nach 45-minütiger Fahrt durch den Nationalpark lichtet sich die Vegetation, und man gelangt zu einem Aussichtspunkt am **Pusuk-Pass** mit Blick auf das Tal von Sembalun.

ÜBERNACHTUNG UND ESSEN

Bei den meisten Pauschalangeboten ist die 1. Übernachtung nach der Anreise im Preis inbegriffen. Übernachtungen nach dem Abstieg sind optional, da die Weiterfahrt meist am selben Tag möglich ist.

Sembalun

Rudi's Villa, ✆ 0812-3710 5767, 💻 www.rudisvillasembalun.com. Die große Fläche dieses Grundstücks füllen außer einem Restaurant und einem Pool die 18 Zimmer in Bungalows und Reihenhäusern, ausgestattet mit Warmwasser, TV, guten Matratzen und insgesamt besserem Standard als bei vielen anderen Unterkünften im Ort. Auch Schlafsaalbetten für 100 000 Rp p. P. ❹–❺

Senaru und Batu Kok

Lighthouse Accommodation, ✆ 0818-0548 5480, 💻 www.rinjanilighthouse.com. Melle und Ari aus Deutschland vermieten auf ihrem großen Grundstück mit Mangobäumen 4 geräumige Zimmer in 2 Häusern mit kühlen Böden, Moskitonetzen und Warmwasser. Zudem 1 Familienhaus mit Steinboden, Bastwänden, Kochnische, Trinkwasserspender und 1 Doppel- und 2 Etagenbetten; mehr Privatsphäre bietet ein zum Bungalow umfunktionierter Reisspeicher. Ari engagiert sich als Entwicklungshelfer, und wer für kostenlosen Wasser-Refill spendet, unterstützt den Kauf von Nazava-Wasserfiltern für das Dorf. Gemüse und Obst werden teils selbst angebaut und das Restaurant serviert u. a. „What the locals eat". Frühstück inkl. ❹

Rudy Trekker, ✆ 0812-3929 9896, 💻 www.rudytrekker.com. Der Trekkingveranstalter bietet über seinem Restaurant sowie im Garten dahinter 16 empfehlenswerte Zimmer mit guten Matratzen, AC, TV und Warmwasser. Die hinteren am Pool mit Kinderbecken sind ruhiger und zu bevorzugen. Frühstück inkl. ❹–❺

Teresgenit

Rinjani Mountain Garden, ✆ 0818-569730, ✉ rinjanigarden@hotmail.com. Das ca. 2 ha große, harmonisch in die Reisterrassen eingepasste Areal mit Quellwasserpool und traumhafter Lage ist einmalig, denn hier laufen viele Tiere überwiegend frei herum: Ein Hund, Katzen, Truthähne, Gänse, ein Pony, ein Pferd, ein Affe und sogar ein Nashornvogel werden von den deutsch-indonesischen Gastgebern genauso gut gepflegt wie die Gäste. Man wohnt in komfortablen Bungalows, kleinen Holzhütten, 2 Massivhäuschen mit Terrasse oder Zelten mit sauberen Gemeinschaftsbädern. Die indonesischen Gerichte und die deutsche Hausmannskost sind lecker und reichhaltig. Organisiert werden Transporte und Touren in die Umgebung sowie die Bergbesteigung. Gutes Frühstück inkl. ❹–❺

TOUREN

Die Buchung einer **Pauschaltour** vereinfacht die Bergbesteigung enorm. Alternativ muss man sich selbst um Ausrüstung, Guide und Träger kümmern, was am Ende teurer sein kann. Im Tourpaket sollten ein Guide, Träger, **Parkeintritt** (150 000 Rp p. P.), Versicherung, Zelt, Schlafsack, Kochutensilien, Wasser und 3 Mahlzeiten

pro Tag inkl. sein. Teurere Touren haben oft bessere Ausrüstung (z. B. dickere Isomatten) und Verpflegung.
Meist bilden die Veranstalter Gruppen von 4–10 Pers. mit 3 Trägern und 1–2 Guides, wobei die Preise bei steigender Gruppengröße sinken. Einzelreisende sollten sich vor Ort oder direkt bei den Anbietern umhören, um sich einer Gruppe anzuschließen. Bucht man an anderen Orten auf Lombok, sollte auch der Transport und die erste Übernachtung inbegriffen sein (die eigene Anreise ist teurer bzw. mit öffentlichen Verkehrsmitteln sehr zeitaufwendig).
Die folgenden Preisangaben gelten p. P.

Andreas Expedition, Senaru, ✆ 0812-3776 8281, 💻 www.andreasexpedition.com. Eka organisiert gute Treks, die dank kleinem Betreuungsschlüssel (2 Guides für 5 Bergsteiger), dicker Schlafmatten, Wärmflaschen, guter Verpflegung mit Obstsäften und sogar Bier den Aufpreis lohnen. Bei 2–4 Pers. kosten 2 Tage 2,8 Mio. Rp, 3 Tage 3,8 Mio. Rp, 4 Tage 5,05 Mio. Rp. An- und Abreise, 1 Übernachtung und Abendessen bei Ekas Familie inkl. Die Kommunikation im Vorfeld übernimmt Ekas Frau Sandra aus Österreich.
Rinjani Trekking Center, Senaru, ✆ 0853-3751 1869, 💻 www.rinjanitrekkingcenter.com. Bei diesem Anbieter unter balinesischer Leitung stimmt die Kommunikation und in den meisten Fällen auch die Leistung. Je nach Gruppengröße und Verpflegung kosten 2 Tage ab US$170, 3 Tage ab US$180 und 4 Tage ab US$210. Auf der Website sind die Preise höher als vor Ort oder im Sales Office in Senggigi.
Rudy Trekker, Senaru, ✆ 0812-3929 9896, 💻 www.rudytrekker.com. Nicht der billigste Anbieter, doch die Isomatten sind dick, das Essen gut, die Zimmer in Senaru komfortabel und die Englischkenntnisse der Guides (2 für max. 6 Pers.) passabel. Zudem sammelt der Anbieter regelmäßig Müll von den Pfaden und akzeptiert Kreditkartenzahlung. Für 2–5 Pers. kostet die 2-tägige Tour US$225–250, die 3-tägige US$280 (inkl. Gipfel US$320) und die 4-tägige US$360–385. Transport inkl.

SONSTIGES

Ausrüstung

Ausrüstung sollte auf Qualität und Funktionalität überprüft werden. Bei Tourpaketen ist sie i. d. R. enthalten. Luftmatratzen isolieren nachts besser vor der Bodenkälte als Isomatten.
John's Adventures, ✆ 0817-598 8018, 💻 www.rinjanimaster.com. Verleiht neben der gängigen Ausrüstung auch Schuhe für 200 000 Rp, Wanderstöcke für 50 000 Rp und Stirnlampen für teure 100 000 Rp pro Stück und Tag.

Medizinische Hilfe

Ein kommunales Gesundheitszentrum *(Puskesmas)* liegt 4 km nördlich von Senaru. Bei ernsthaften Beschwerden sollte man nach Mataram oder Bali fahren.

TRANSPORT

€ Günstiger ist die An- und Abreise im Rahmen einer Pauschaltour; wer nach dem Abstieg nicht hier übernachtet, fährt am selben Tag weiter. Besucher, die auf die Gilis möchten, kommen oft erst spät am Nachmittag in Bangsal an und müssen länger auf das nächste Boot warten, chartern oder in Bangsal übernachten.
Motorradtaxis kosten von Senaru nach Sembalun 80 000–100 000 Rp, nach BAYAN oder ANYAR 25 000 Rp. Von Anyar verkehren vormittags ein paar wenige **Busse** via PEMENANG (Bangsal) nach MATARAM für 50 000 Rp in 3–4 Std.
Minibusse fahren vormittags von Sembalun nach AIKMEL für 35 000 Rp, wo man nach MATARAM umsteigen kann, 25 000 Rp, 2 1/2 Std.

Taxis

Praktisch jede Unterkunft vermittelt Pkw mit Fahrer nach:
BANGSAL für 300 000–350 000 Rp in 1 1/2 Std.
FLUGHAFEN für 550 000–650 000 Rp.
KUTA LOMBOK für 600 000–700 000 Rp.
LABUHAN LOMBOK für 340 000–450 000 Rp.
LEMBAR (Fähren nach Bali) für 600 000 Rp.
SENGGIGI und MATARAM für 400 000–600 000 Rp in 2–3 Std.

Besteigung des Gunung Rinjani

© CHRISTIAN WACHSMUTH

NUSA TENGGARA

Die Bergbesteigung ist ein berauschendes, außerordentlich anstrengendes Abenteuer und gelingt nur mit lizenzierten Guides und fähigen Trägern. Obwohl man unnötiges Gepäck in der Unterkunft lässt und Träger die Verpflegung und Ausrüstung schleppen, muss man körperlich fit sein. Festes Schuhwerk mit Profil, ein Rucksack sowie warme, wetterfeste Kleidung sind erforderlich – am Gipfel herrschen oft einstellige Temperaturen. In Senaru kann man manches ausleihen. Organisierte Besteigungen führen in 2–4 Tagen je nach Wunsch zum Kraterrand, zum Kratersee, zu den heißen Quellen oder bis hinauf zum Gipfel. Da die Preise für 1–3 Personen hoch sind, empfiehlt sich Budgetreisenden die Besteigung in größeren Gruppen, s. Aktivitäten und Touren.

Achtung: Besonders der erste Tag kann auch für den Kopf sehr anstrengend sein, da fast 2000 m Höhenunterschied überwunden werden. Man sollte viel Wasser trinken und regelmäßige Pausen einlegen, um der **Höhenkrankheit** und damit verbundenen Kopfschmerzen vorzubeugen.

Bereits zwischen Sept und Nov kann der Gipfel die meiste Zeit bewölkt und regnerisch sein. In der **Regenzeit** von Dez–April werden oft nur Touren bis zum Kraterrand zugelassen. Von Jan–März wird der Nationalpark meist wegen Erdrutsch- und Steinschlaggefahr geschlossen. Mit der Schließung des Gipfels, des Lake Camps oder des ganzen Parks muss auch gerechnet werden, wenn der Gunung Baru aktiv wird. Für die Wetterprognose ist 💻 www.mountain-forecast.com/peaks/Mount-Rinjani/forecasts/3726 zu empfehlen.

- **Route:** Senaru – Base Camp – Kraterrand – Gipfel
- **Dauer:** 3 Tage
- **Länge:** 22 km

Die Tour startet frühmorgens am Rinjani Trek Center (600 m Höhe). Es geht in 5–6 Stunden über 7,4 km erst durch dichten Wald, dann über spärlich bewachsene Hügel zum **Base Camp** (Pos 3) auf 2000 m. Man kann hier übernachten, doch die schöne Nachmittagssonne und den herrlichen Sonnenuntergang am Kratersee sieht nur, wer auch noch den nächsten, sehr steilen Abschnitt mit viel Geröll zum **Kraterrand bei Plawangan 1** (2641 m) zurücklegt. Die meisten Gruppen schlagen hier nach 9,2 km Strecke ihr Lager für die windig-kalte Nacht auf, um den Sonnenuntergang genießen zu können und Kraft für den nächsten Tag zu tanken, der mit einem imposanten Sonnenaufgang (oft über den Wolken) grüßt.

Ist man sehr gut in Form und schnell unterwegs, kann am ersten Tag noch vor Sonnenuntergang der Abstieg in den Krater zum **Lake Camp** in Angriff genommen werden (ohne längere Pausen und Abstecher insgesamt etwa 9 Stunden und

12 km). Bei Regen ist der Pfad äußerst rutschig und gefährlich.

Das Lake Camp am Kratersee ist ein Zeltplatz mit Trinkwasserquelle, und die heißen Quellen sind nicht allzu weit entfernt. Der 6–8-stündige Aufstieg zum **Gipfel** ist extrem anstrengend, belohnt aber mit einem unvergesslichen Sonnenaufgang. Bei wolkenfreiem Himmel hat man eine tolle Sicht bis nach Sumbawa im Osten und Bali im Westen.

- **Route:** Sembalun – Kraterrand – Gipfel
- **Dauer:** 2 Tage
- **Länge:** 14 km

Von hier ist der Gipfel schneller erreicht, da man nicht erst hinunter zum Lake Camp wandern muss. Im Gegensatz zu den Touren ab Senaru kann der Berg ab Sembalun (1156 m) in einer anstrengenden Zweitagestour bezwungen werden. Am ersten Tag geht es durch schattenlose Savanne. Als Belohnung für die Strapazen eröffnet sich bereits während des Aufstiegs eine wunderbare Aussicht. In 7 1/2–8 Stunden ist man am Kraterrand bei **Plawangan 2** (2639 m), wo der Sonnenuntergang über dem **Kratersee** zu bewundern ist. Nach einer kurzen Nacht folgt der 3–4-stündige Aufstieg zum **Gipfel**, den man kurz vor Sonnenaufgang erreicht.

Labuhan Lombok

Von Labuhan Lombok legen Fähren nach Sumbawa ab. Der Hafen ist als **Labuhan Kayangan** ausgeschildert und liegt etwa 3,5 km außerhalb des Orts. Als Fotostopp in der Nähe bieten sich die 4,6 km nördlich stehenden **Riesenbäume** *(Pohon Purba)* mit ihren gewaltigen Brettwurzeln an. Sie ragen westlich der Straße 40–50 m in die Höhe, gehören zur Gattung der Feigen und sind rund 350 Jahre alt. Parken 5000 bzw. 10 000 Rp.

TRANSPORT

Busse und **Ojek** zwischen Hafen und Markt kosten 10 000 Rp. Vom Markt zum Mandalika-Busbahnhof in MATARAM via AIKMEL (Umstieg nach SEMBALUN) nur vormittags mit Bussen für 40 000 Rp in 3 Std.

Taxis

Wer von der Fähre kommt, wird von Fahrern belagert. Taxis mit Taxameter (z. B. Blue Bird) können Passagiere absetzen, müssen jedoch außerhalb des Geländes warten. Oft sind nur Privattaxis verfügbar. Preisbeispiele:
BANGSAL via SENGGIGI 400 000–500 000 Rp in 3–4 Std.
FLUGHAFEN für 300 000 Rp 2 1/2 Std.
KUTA LOMBOK für 300 000 Rp in 2 1/2 Std.
SENARU oder SEMBALUN 350 000 Rp in 2 1/2 Std.

Fähren

Nach POTO TANO (Sumbawa) rund um die Uhr alle 45–60 Min. für 17 000 Rp, Motorrad 55 000–88 000 Rp, Pkw 465 000 Rp, in 1 1/2–2 Std.
Nach BENETE, nördlich von Maluk, mit der Schnellfähre gegen 10 und 16 Uhr für 125 000 Rp in 1 1/2 Std.

Sumbawa

Wer abseits der ausgetretenen Pfade schnuppern möchte, braucht nicht bis auf die Außeninseln zu reisen. Es reicht schon, zwischen Lombok und Flores ein paar Tage auf Sumbawa zu verbringen. Die Insel fristet ihr touristisches Dasein im Windschatten der vielbesuchten Nachbarinseln und ist geprägt von hügeligen Graslandschaften, dürftig erschlossenen Berg- und Küstenregionen, einsamen Stränden und der freundlichen, eher konservativ-moslemischen Bevölkerung.

Touristen zieht es in erster Linie zu den erstklassigen Surfspots im Süden, den bunten Unterwasserwelten im Norden und zum Gunung Tambora. Die Bewohner der Städte kommen hingegen selten mit westlichen Besuchern in Berührung, denn Sumbawa Besar, Dompu und Bima sind allenfalls zum Umsteigen relevant. Die Verhältnisse sind sehr bescheiden, und der Export von Gold, Kupfer, Zwiebeln und Salz haben weder die ärmlichen Lebensverhältnisse der meisten Menschen noch die schlechte Infrastruktur abseits der Hauptorte nennenswert verbessert.

Das rund 15 500 km² große Sumbawa zählt nur 1,5 Mio. Einwohner. Im Westen leben **Sumbawanesen**, deren Sprache mit jener der Sasak auf Lombok verwandt ist. Den Osten besiedeln vorwiegend **Bimanesen**; in abgelegenen Bergdörfern leben die **Dou Donggo** und **Dou Kolo**. Einst gehörte der Westen zur Peripherie der Fürstentümer von Bali, und auch der Osten war bis ins 17. Jh. hindu-buddhistisch. Allmählich geriet die Insel dann unter den Einfluss moslemischer Herrscher des Gowa-Reiches in Süd-Sulawesi, dem die kleinen Sultanate Sumbawa, Bima, Dompu, Sanggar, Pekat und Tambora an der Nordküste unterstanden.

Im Jahr 1815 ereignete sich eine der größten Eruptionen der Geschichtsschreibung, als der Vulkan **Tambora** ausbrach und das Weltklima veränderte. Etwa 117 000 Menschen kamen ums Leben, zahllose weitere verhungerten nach den folgenden Ernteausfällen. Der Vulkan brach von ca. 4300 m auf 2851 m zusammen, ist aber noch immer die höchste Erhebung der Insel.

West-Sumbawa

Die Landschaft im Westen ist überwiegend schroff und hügelig. An den Küsten erstrecken sich menschenleere Sandstrände in Buchten,

Surfstrände in West-Sumbawa

In der Saison von Mai–Nov tummeln sich professionelle Wellenreiter an den Sandstränden. Kein Wunder, zählen die Spots doch zu den besten, aber auch schwierigsten Surfgebieten weltweit. Das **Scar Reef** am Pantai Jelenga trägt seinen Namen nicht ohne Grund, denn die Wellen ziehen über ein spitzes Korallenriff hinweg. In der Bucht von Maluk lockt der populäre **Donut**, auch bekannt als „Right-hand Mystery", denn hier weiß man nie genau, wie sich die von rechts brechenden Wellen verhalten. Weiter südlich liegt der bekannteste Surfspot der Region, der **Supersuck**. An diesem Reefbreak sorgen bei stärkerem Seegang bis zu 4 m hohe Left-hand Breaks und Barrels für spektakuläre, aber ebenso gefährliche Bedingungen. Die Wellen ermöglichen einen extrem langen Ride. Am schönen Sandstrand **Pantai Sekongkang** südlich von Maluk erfreut sich die bis zu 2 m hohe Brandung von **Yoyo's** großer Beliebtheit, der sich nicht nur für Profis, sondern auch für Fortgeschrittene eignet. In der südlich gelegenen Bucht brechen die Wellen im **Tropical Left** und einem kleineren Right-hand Break ebenfalls surfgerecht.

die vielerorts in Korallenriffe übergehen. Der 8,5 km² große, von Sumpfland umgebene See **Danau Lebo** zwischen Seteluk und Taliwang ist mit Schilf und Lotosblüten bewachsen und schön anzuschauen. Die Distrikthauptstadt **Taliwang**, 26 km südlich von Poto Tano, hat Verwaltungsbauten, eine riesige Moschee, ein Krankenhaus und einen Busbahnhof, aber nichts von Interesse.

Stark geprägt ist die Region durch die Aktivitäten im Tagebau **Batu Hijau**, wo der indonesische Konzern Medco Energi Internasional große Mengen Gold und Kupfer fördert – eines der größten Kupfervorkommen der Erde. Insgesamt arbeiten rund 8000 Menschen für die Mine, die der mit Abstand wichtigste Arbeitgeber und Steuerzahler ist. Ganze Ortschaften haben sich auf die Bedürfnisse der Minenarbeiter eingestellt.

Während die südlichen Strände nur von Surfern und bierdurstigen Minenarbeitern aufgesucht werden, kann in den ruhigen Unterkünften am Strand von **Jelenga** auch einfach nur relaxt werden. Man kann zur Anreise in **Jereweh** aus dem Bus steigen und die restlichen 10 km per Motorradtaxi zurücklegen oder sich abholen lassen.

Im 23 km südlich von Taliwang gelegenen Maluk herrscht dank des Zuzugs von Minenarbeitern ein gewisses Wildwest-Flair. Wenn diese ihren Monatslohn erhalten haben, sind abends alle Männer auf den Beinen, Frauen sieht man auf den staubigen Straßen jedoch kaum. Auch die schlammverkrusteten Pickups zeugen vom harschen Charakter der Kleinstadt, die – abgesehen von den Surfrevieren – ein paar Unterkünfte, Geschäfte, Geldautomaten und einen Strand zu bieten hat.

An den Stränden des Nachbarorts **Sekongkang**, 7–9 km südlich, haben sich ebenfalls Unterkünfte auf die Surfer eingestellt.

ÜBERNACHTUNG UND ESSEN

Kertasari

Whales & Waves, ✆ 0821-4466 6777, 💻 www.whales-and-waves.com. Wer hier wohnt, hat die umliegenden Surfspots ganz sicher für sich. Die zwischen Palmen situierten Zimmer und etwas geräumigeren Bungalows sind zweckmäßig, aber mit AC und guten Matratzen ausgestattet, die teuren Villen mit 2 Schlafzimmern, Wohnraum, TV und Kühlschrank sind da schon wohnlicher. Der Strand ist durch Fischerei und Algenzucht geprägt, bei Flut kann man schwimmen oder surfen. Motorradvermietung und Shuttleservice zu den umliegenden Stränden. ❻

Jelenga

MYAMO Beach Lodge, ✆ 0811-3908 006, 💻 www.myamolodge.com. Teure Anlage im Stil einer australischen Strandvilla mit „White-wash"-Look, farbigen Akzenten und Terrassen, teils auch Meerblick. Restaurant,

Sumbawa

Liegen am Strand, Surfausflüge und Stand-Up-Paddles trösten über die schwache Internetverbindung hinweg. Frühstück inkl. ❼–❽

Scar Reef Lodge, ✆ 0812-3744 7637, 💻 www.scarreeflodge.com. Eine Wohlfühl-Oase mit familiärer Atmosphäre. Auf einem schattigen Gartengrundstück mit eigener Wasserquelle werden einladende Zimmer mit Ventilator oder AC und guten Matratzen vermietet, auch ein 2-stöckiges Haus für 4 Pers. mit Open-Air-Bad. Wer nicht am vorgelagerten Scar Reef (Kasten S. 465) surfen möchte, kann sich die Zeit mit Stand-Up-Paddling, Kitesurfen, Schnorcheln oder Angeln vertreiben. Im Restaurant hausgemachtes Brot und lokal angebauter Kaffee sowie Verzicht auf Palmöl. Recycling und Kompostierung von Müll runden den nachhaltigen Ansatz ab. In der Regenzeit geschlossen, Reservierung empfohlen. ❸–❺

Sekongkang

Baha Baha Villas, ✆ 0821-4750 0377, 💻 www.bahabahavillas.com. Im großen Haus über dem Restaurant vermietet der australische Betreiber schlicht und funktional gehaltene Zimmer mit AC und TV, im gepflegten Garten davor einfache, geräumige Bungalows mit Bastwänden, Holzmöbeln, Ventilator und Veranda sowie bepflanzten Open-Air-Bädern und Warmwasser. Frühstück inkl. ❻–❼

€ **Santai Beach Bungalows**, ✆ 0878-6393 5758, 💻 www.fb.com/santaibeach.bungalow. In kleinen Reihenhäusern nahe dem

Strand liegen 12 Zimmer mit guten Matratzen, Ventilator und Moskitonetz, die günstigen mit Gemeinschaftsbad. Die Bar mit gutem Essen ist ideal, um mit Surfern in Kontakt zu kommen. ❶–❷

TRANSPORT

Busse und Minibusse

In **Poto Tano** kann man in Busse und Minibusse zusteigen, die von der Fähre kommen oder dort warten. Busse nach West-Sumbawa (TALIWANG häufig für 20 000 Rp, 1 Std., MALUK selten für 30 000 Rp, 2 Std.) erwischt man früh morgens am ehesten, Fernbusse nach SUMBAWA BESAR (93 km, 30 000 Rp, 2–3 Std.) und BIMA am späten Nachmittag und Abend. Wer ein Fahrzeug chartert, sollte nach MALUK und SUMBAWA BESAR nicht mehr als 300 000 Rp zahlen.

Vom Parkplatz der Mine in **Benete**, nördlich von Maluk (Motorradtaxi 20 000 Rp), fahren am frühen Morgen sowie von 16–18 Uhr Busse nach POTO TANO für 30 000 Rp in 2 Std.; SUMBAWA BESAR für 60 000 Rp in 4–5 Std. mit Sihab, der Passagiere, die über die Unterkunft anrufen lassen, auch in Maluk abholt. Alternativ mit Umstieg in TALIWANG (25 000 Rp, 1 Std., Motorradtaxi 50 000 Rp), wo mehrmals tgl. Busse nach MATARAM auf Lombok starten.

Taxis

Wer den Bus verpasst oder wenig Zeit hat, kann sich umhören und Pkw mit Fahrer für 400 000–

600 000 Rp pro Tag chartern, zzgl. Benzin, bei weiten Strecken deutlich mehr.

Fähren

LABUHAN LOMBOK ab **Poto Tano** rund um die Uhr alle 45–60 Min. für 17 000 Rp, Motorrad 55 000–88 000 Rp, Pkw 465 000 Rp, in 1 1/2–2 Std. Schnellfähren ab dem Hafen von **Benete**, ✆ 0370-635318, bei Maluk gegen 8 und 14 Uhr für 125 000 Rp in 1 1/2 Std.

Sumbawa Besar

Die knapp 60 000 Einwohner zählende Distrikthauptstadt erstreckt sich locker zwischen Grünflächen und Geschäftsstraßen. Hier ließ Sultan Jalahuddin III. 1885 den **Dalam Loka** genannten hölzernen Palast errichten, einen imposanter Pfahlbau ohne einen einzigen Nagel. Der Vorraum enthält alte Fotografien der Sultansfamilie sowie interessante Gruppenportraits,

z. B. die Jolly Jazz Band of Sumbawa von 1927, aber leider nur indonesische Erläuterungen. ⏲ 8–12, 13–17, Fr 8–11.30, 13.30–17 Uhr, Eintritt frei (Spende).

Das zentrale **Balai Putih**, auch *Kantor Gubernur*, von 1932 ist schön anzusehen. Es wird zur einen Seite von einem Rehgehege, zur anderen vom gelben Nebenhaus **Balai Kuning** von 1942 an der Jl. Dr. Wahidin flankiert. Es war der Wohnsitz der letzten Sultansfamilie.

Pantai Kencana, 11 km Richtung Alas (Minibus 10 000 Rp, *Ojek* 30 000 Rp), ist ein von Bäumen beschatteter Kieselstrand in einer Bucht mit kleinem Hindutempel. Man kann schwimmen, schnorcheln und den Pool der Kencana Beach Cottages nutzen, wo Schnorchelmasken und Flossen für je 20 000 Rp verliehen werden.

ÜBERNACHTUNG

Hotel Garuda, Jl. Garuda 78, gegenüber vom Flugplatz, ✆ 0371-21780, ✉ hotelgaruda78@gmail.com. Die motelartige Unterkunft um einen Parkplatz bietet 28 Zimmer mit soliden Matratzen, AC, TV, altem Interieur, teils auch Wasserkocher und Warmwasser für alle, die nur auf der Durchreise sind. Vorn ein kleiner Supermarkt. Frühstück inkl. ❷–❹

Hotel Suci, Jl. Sultan Hasanuddin 57, ✆ 0371-21589. Die in Nachbarschaft zur Moschee vermieteten 30 sauberen, alten Zimmer mit eher weichen Matratzen, teils mit AC und TV, sollten nicht unbesehen gebucht werden. Die günstigen im Innenhof sind ruhiger, haben aber teils kaputte Du/WC. Dürftiges Frühstück bei teureren Zimmern inkl. ❷

Samawa Transit Hotel, Jl. Garuda 41, laufnah zum Flugplatz, ✆ 0371-21754. Mittelklassehotel mit 37 älteren, gepflegten, etwas überteuerten Zimmern mit AC, TV, Warmwasser und guten Matratzen, im Erdgeschoss auch Einzelzimmer. Vermittlung von Motorrädern und Autos mit Fahrer. Frühstück inkl. ❸–❺

ESSEN

Lesehan Putra Jogya, Jl. Barat Kerangka Baja Bugis. Gute indonesische Küche zu günstigen bis mittleren Preisen, Spezialitäten des Hauses sind u. a. Huhn oder Fisch mit Honigsoße. ⏲ 9–15, 18–22.30 Uhr.

Rumah Makan Aneka Rasa Jaya, Jl. Sultan Hasanuddin 14A, ✆ 0371-21291. Das seit Jahrzehnten im Familienbetrieb geführte Restaurant mit nüchterner Einrichtung und einem kleinen Lebensmittelladen serviert eine große Auswahl chinesisch-indonesischer Gerichte zu günstigen Preisen. ⏲ 7.30–15, 17.30–22 Uhr.

SONSTIGES

Autovermietungen

Das **Samawa Transit Hotel** vermietet Motorräder für 100 000 Rp und Autos mit Fahrer ab 500 000 Rp pro Tag zzgl. Benzin. Auch Stunden- oder Halbtagsmiete.

Medizinische Hilfe

Klinik Lawang Gali, Jl. Sudirman 18–20, ✆ 0371-626567.

Post

Kantor Pos, Jl. Yos Sudarso 6 und Jl. Garuda 99, ⏲ Mo–Fr 8–17, Sa bis 12 Uhr.

TRANSPORT

Innerhalb der Stadt fahren Minibusse ab 4000 Rp, Motorradtaxis ab 5000 Rp.

Busse

Vom Busbahnhof **Terminal Sumur Payung**, 5,5 km nordwestlich des Zentrums (gelbe Minibusse für 7000 Rp, *Ojek* für 15 000 Rp), geht es mit billigen Economy-Bussen nach:

BIMA via DOMPU (40 000–70 000 Rp, 5–6 Std.) stdl. von 5–12 Uhr für 90 000–150 000 Rp in 7–8 Std.

MALUK gegen 13 oder 14 Uhr für 60 000 Rp in 4–5 Std.

POTO TANO alle 30–60 Min. von 5.30–18 Uhr für 30 000 Rp in 2–3 Std.

TALIWANG bis zum späten Nachmittag für 35 000 Rp in 3 Std.

BIMA und MATARAM (Lombok) mit klimatisierten Nacht- und Fernbussen

etwa 250 m westlich am **Rumah Makan Rini** bzw. 400 m westlich am Office von **Safari Dharma Raya** für 150 000–200 000 Rp in insgesamt 7–8 Std.

Minibusse

Nach MATARAM (Lombok) für 120 000–140 000 Rp inkl. Fähre in 7–8 Std. mit: **Panca Sari**, Jl. Diponegoro 49, ✆ 0371-21513, um 5.30, 10, 12, 14, 16, 17 und 20 Uhr.

Titian Mas, Jl. Manggis, ✆ 0371-22176, um 6, 10, 14, 17 und 21 Uhr.

Flüge

Vom kleinen **Bandar Udara Brangbiji** (SWQ) fliegen **Garuda Indonesia**, 💻 www.garuda-indonesia.com, und **Wings Air**, 💻 www.lionair.co.id, nach LOMBOK.

Pulau Moyo

Die für Taucher und Schnorchler interessante Insel steht größtenteils unter Naturschutz. Obwohl 350 km² groß, existieren auf Moyo nur sechs kleine Dörfer. Bis auf die Live-aboard-Touren, die zwischen Lombok und Flores hier einen Stopp einlegen, eine Handvoll Homestays in **Labuhan Haji** und das superteure Amanwana Resort gibt es kaum Tourismus. Regelmäßige Besucher sind dagegen Suppen- und Lederschildkröten, die zur Eiablage an die einsamen feinen Sandstrände kommen. Bei Wanderungen durch den Wald sind Schmetterlinge und seltene Vögel wie das taubenartige Wallace-Huhn zu sichten. Diverse Wasserfälle laden zum Baden ein, am schönsten ist der idyllische **Mata Jitu-Wasserfall**. Ein Guide mit guten Englischkenntnissen ist **Ramli**, ✆ 0853-3772 3178. Bargeld muss mitgebracht werden.

ÜBERNACHTUNG

Blue EmOcean, 5 km nördlich von Labuhan Haji, ✆ 0822-3760 5134, 💻 www.bluemoceanresort.com. Das unmittelbar an einem Pier am Strand gelegene Domizil bietet klimatisierte Zimmer von gutem Standard, ein Restaurant (mit Alkohol), einen Pool und sogar Tauchausrüstung. Das Hausriff lohnt den Blick unter Wasser, Wanderungen ins Inselinnere werden arrangiert. Tauchgänge kosten 200 000–400 000 Rp. ❻

Davi Homestay, Labuhan Haji, ✆ 0853-3993 2815. Ein familienbetriebenes Homestay am Strand. Mahindra, Halima und ihre sehr gut Englisch sprechende Tochter Missa kümmern sich liebevoll um ihre Gäste. 5 Zimmer mit Moskitonetz und Ventilator für 200 000 Rp p. P. inkl. Vollpension und Trinkwasser.

Sunset Moyo Bungalows, Labuhan Haji, ✆ 0813-3824 8314, 💻 www.sunsetmoyobungalows.com. Dini und Jeff haben neben ihrem kleinen Warung direkt am Strand 5 traditionelle Bungalows mit Moskitonetz und Ventilator. Frühstück inkl. ❹

TRANSPORT

Von Mulut Kali in Sumbawa Besar fährt ein Boot nach LABUHAN HAJI gegen 11.30 Uhr für 50 000 Rp p. P. in 1 1/2–2 Std., zurück gegen 7 Uhr. Vorher erkundigen, ob es auch wirklich fährt.

Zentral-Sumbawa

Im geschäftigen, völlig untouristischen **Dompu** trennen sich die Wege der Surfer und der Bergsteiger. Gut 7 km nördlich ist das Dorf **Saneo** für die Zucht von Sandelholzponys und für Stutenmilch bekannt, die unter Einheimischen als besonders gesund gilt. Wer in Dompu übernachten muss, findet im **Hotel Rinjani**, Jl. Jend. Sudirman 1, ✆ 0373-21445, günstige, saubere Zimmer, ❷–❸.

Gunung Tambora

Während an den Südausläufern des 2722 m hohen Bergs trockene Grassteppe vorherrscht, ist der Norden dicht bewaldet. Über 710 km² stehen als **Nationalpark** unter Schutz, aber gegen illegale Abholzung wird wenig unternommen. Die anspruchsvolle Bergbesteigung beginnt bei **Pancasila** (mit Homestay) und erfordert eine Übernachtung im Zelt, aber keine Kletterpassagen. Ab Labuhan Kanangan und Piong soll es alternative Pfade geben, für Pancasila spricht allerdings die vergleichsweise gute Straße dorthin. Ein höher gelegener Ausgangspunkt ist die per Motorrad erreichbare Kaffeeplantage **Oibura** (690 m), wo man im **Tambora Guesthouse** übernachten kann, ❸.

Oberhalb von **Pos 1** (1115 m, 2 Std.) passiert man in Höhenabständen vier weitere Rastplätze; ein Rinnsal bei **Pos 2** (1360 m) führt trinkbares

Wasser. Am Krater herrscht starker Wind, daher besser bei **Pos 3** (1630 m) zelten, 150 m südwestlich ist eine weitere Quelle. Nach **Pos 4** (1870 m) sind es noch 2 Std. bis **Pos 5** auf 2070 m. Die Aussicht vom 2 1/2 Stunden entfernten Kraterrand (2630 m) mit seinem gewaltigen Durchmesser von 8 km entschädigt für alle Mühen. Der höchste Punkt ist durch eine Flagge markiert.

Der Eintritt ins Naturschutzgebiet beträgt 150 000 Rp. Für Ausrüstung und Träger sind ca. 500 000 Rp pro Tag einzuplanen, für Verpflegung 50 000 Rp. Ein guter Vermittler ist Rik Stoetman, ✆ 0813-5337 0951, 🖳 www.visittambora.com. Sein Pauschalangebot kostet 4,5 Mio. Rp für 2 Pers. und beinhaltet zwei Übernachtungen im Guesthouse, die Besteigung, Eintritt und Verpflegung.

Pulau Satonda

Der Krater eines halb versunkenen, 289 m hohen Vulkans wurde durch den Tambora-Ausbruch (S. 97) mit Meerwasser geflutet. Aufgrund mineralischer Prozesse ist sein **Kratersee** sogar salziger als das umliegende Meer. Diese von Korallenriffen umgebene „Insel" ist ein beliebter Zwischenstopp der Live-aboard-Schiffstouren (S. 485) zwischen Lombok und Flores, man kann aber auch in **Labuhan Kananga** ein Boot für 500 000 Rp chartern, um einen Ausflug vom Festland zu unternehmen. Es gibt einen Warung, einen Wanderweg zum Krater, und wer wie viele andere einen Stein an den Bäumen beim See befestigt, lässt der Legende nach einen Wunsch in Erfüllung gehen. Das Satonda Island Beach Resort erhebt eine geringe Eintrittsgebühr.

Pantai Lakey

Ein weiteres Surfermekka auf Sumbawa liegt ca. 60 km südlich von Dompu bei **Hu'u**. Erfahrene Wellenreiter schliddern an den vorgelagerten Riffen durch lange Tubes, und internationale Wettbewerbe finden an spektakulären Surfspots mit Namen wie Periscopes, Nangas, Lakey Peak, Pipeline, Cobblestones und Nangadoros statt. Pantai Lakey hat Warung und Surfshops, aber die trockene Gegend bietet wenig Abwechslung. Der nächste Geldautomat ist in Madawa.

ÜBERNACHTUNG

Karte S. 467

Ju Jol Homestay, ✆ 0813-3983 5875, 🖳 www.juljolhomestay.com. Die freundlichen Gastgeber Putu und Danny vermieten 6 preisgünstige, klimatisierte und saubere Bungalows mit guten Matratzen und Warmwasser. Nebenan ein kleiner Laden. Frühstück inkl. ❸

Kita Garden Homestay, nebenan, ✆ 0813-3720 8564, 🖳 www.kitagarden.net. Colin aus Australien und seine freundliche Frau Rama vermieten um ihren kleinen Garten mit Frangi_pani-Bäumen 6 einfache Zimmer für 4–6 Pers., wobei die Qualität der Matratzen sehr unterschiedlich ausfällt. Frühstück inkl. ❹

TRANSPORT

Von **Bima** nach CALABAI mit Bussen um 6.30 und 15 Uhr für 60 000 Rp in 5 Std. Ein Pkw mit Fahrer kostet bis PANCASILA ab 1 Mio. Rp. Ab Calabai/Pancasila per *Ojek* nach OIBURA für 100 000/50 000 Rp.

Zwischen **Dompu** und HU'U fährt ein klappriger Bus für 25 000 Rp gegen 6 und 13 Uhr, weiter zum Lakey Peak per *Ojek* für 25 000 Rp. Besser ist ein Pkw mit Fahrer für 250 000 Rp, ab/nach BIMA 600 000–800 000 Rp.

Bima

Die im Nordosten einer weiten Bucht gelegene, größte Stadt Sumbawas ist mit dem Nachbarort Raba zusammengewachsen und zählt über 150 000 Einwohner. Ein Überblick und schöne Sonnenuntergänge bieten sich vom unweit des Busbahnhofs gelegenen Hügel **Dana Taraha**. Dort fanden auch der erste Sultan Kahir aus Makassar und seine Nachfahren ihre letzte Ruhe.

Im von alten portugiesischen Kanonen umgebenen Sultanspalast aus dem Jahr 1927 befindet sich das bescheidene **Museum Asi Mbojo**. Die Sammlung im Erdgeschoss besteht aus Erbstücken der Sultansfamilie (Kris, Betelnussgeschirr, Speere), alten Waffen portugiesischer Herkunft, Komodo-Trommeln aus dem 17. Jh. und Alltagsgegenständen wie Fischreusen, Kleidung und

Kochutensilien. Im Obergeschoss können traditionell kostümierte Puppen mit dem typischen, vom Kopf abstehenden Fächer sowie die ehemaligen Wohnräume der Sultansfamilie besichtigt werden. Alte Fotos zeigen die Familie mit ihren Bediensteten und Beamten, aber auch die gewöhnliche Landbevölkerung. Manchmal kostenlose Führungen auf Englisch. ⏲ Mo–Do 8–14, Fr und Sa 8–12 Uhr, Eintritt 3000 Rp.

In **Panda**, 9 km südwestlich, finden an Wochenenden nach den Reisernten im April, August und Dezember traditionelle **Pferderennen** *(Pacoa Jara)* statt, bei denen Fünf- bis Elfjährige auf winzigen, unbesattelten Sandelholzponys eine 1,4 km lange Rennbahn entlang zischen. Ein guter Jockey reitet bis zu fünf Mal täglich. Während der zweimonatigen Saison gehen viele Jockeys nicht zur Schule, und es sind schon einige tragisch verunglückt.

ÜBERNACHTUNG

Lila Graha, Jl. Lombok 20, ✆ 0374-42740, ✉ lilagrahahotelbima@gmail.com. Das über 30 Jahre alte Hotel unter balinesischer Leitung ist durchweg gefliest und hat um die 70 Zimmer, die billigen mit schlechten Matratzen und Mandi/Hocktoilette, die teureren mit AC und guten Matratzen. Die „Presidential Suite" ist allerdings nur etwas größer und hat Badewanne und Kühlschrank. Frühstück inkl. ❷–❹

Marina Bima Hotel, Jl. Sultan Kaharuddin 4, ✆ 0374-42072, 💻 www.marinabima.com. Das Hotel punktet hinter der verspiegelten Fassade mit 52 sauberen und für Bima-Verhältnisse geradezu modernen Zimmern mit AC, guten Matratzen, TV, Warmwasser und Wasserkocher. Frühstück inkl. ❹–❺

ESSEN

Rumah Makan Arema Raya, Jl. Sultan Hasanudin. Über dem indonesischen Lokal mit Gerichten in der Auslage und Säften befindet sich im 2. Stock ein mäßiges Pizza-Restaurant, das die italienischen Teigfladen in verschiedenen Größen zubereitet. ⏲ 8–21.30 Uhr.

Rumah Makan Lila Graha, Jl. Sumbawa. Das zum Hotel gehörige Restaurant serviert neben günstigen Gerichten und Frühstück sogar Bier, allerdings kostet eine große Flasche Bintang stolze 50 000 Rp. ⌚ 7.30–21 Uhr.

SONSTIGES

Informationen

Ein paar Infos hat Anwar, ✆ 0852-0525 7309, vom Fremdenverkehrsamt **Dinas Pariwisata**, Jl. Gajah Mada. Er spricht Englisch. ⌚ Mo–Do 7–13, Fr und Sa 7–12 Uhr.

Medizinische Hilfe

R. S. Muhammadiya, Jl. Gajah Mada, ✆ 0374-646822.

Post

Jl. Sultan Hasanuddin 42. ⌚ Mo–Do 8–15, Fr 8–11.30 und Sa 8–13 Uhr.

TRANSPORT

Busse

Agenten großer Anbieter sind nördlich vom Busbahnhof ansässig, z. B. **Safari Dharma Raya**, ✆ 0374-42183, oder **Langsung Indah**, ✆ 0374-42544.

Vom **Terminal Dara**, Jl. Sultan Salahuddin, nach:
MATARAM um 9 und 19 Uhr für 250 000 Rp in 13 Std.
SAPE (Fähre nach Flores) von 11–16 Uhr für 25 000 Rp in 1 Std.; wer früher zum Hafen möchte, muss per *Angkot* zum östlichen **Terminal Kumbe** fahren, wo Busse ab 7 Uhr starten.
SUMBAWA BESAR via DOMPU (25 000 Rp, 2 Std.) etwa stdl. von 7–11 Uhr für 80 000 Rp, mit AC und WC 150 000 Rp in 8 Std.

Taxis

Pkw mit Fahrer z. B. bei **Mustakim** (Kim), ✆ 0813-3984 8838, oder über die Unterkünfte: DOMPU für 450 000 Rp, PANTAI LAKEY für 600 000–800 000 Rp in 2 1/2 Std., SAPE und PANCASILA für 300 000 Rp, SUMBAWA BESAR für 600 000 Rp.

Fähren

Pelni, Jl. Kesatria, ✆ 0374-42046, 💻 www.pelni.co.id. Der monatliche Fahrplan hängt aus, Tickets auch bei Agenten nördlich vom Terminal Dara. Fahrplan und Preise auf der Website.

Flüge

Zum **Sultan M. Salahuddin Airport** (BMU) fahren Busse vom Terminal Dara für 15 000 Rp sowie Taxis. Es fliegen:
Garuda Indonesia, 💻 www.garuda-indonesia.com, nach LOMBOK;
Wings Air, 💻 www.lionair.co.id, nach DENPASAR und LOMBOK.

Ost-Sumbawa

An der Straße nach Sape liegt **Wawo**, ein Dorf der **Dou Donggo**, der Ureinwohner von Ost-Sumbawa. Sie zogen sich mit fortschreitender Islamisierung in die Berge zurück und sind heute offiziell Moslems oder Christen; noch immer weben sie ihre traditionellen Stoffe. Südöstlich von Wawo weist in **Maria** ein Schild linker Hand in eine schmale Straße, die zu einer Ansammlung traditioneller Hütten *(Uma Lengge)* führt, in denen früher Lebensmittel gelagert wurden. Pak Jon, ✆ 0818-0573 2380, führt Besucher gegen eine Spende herum.

Der Hafenort **Sape** ist für Touristen nur wegen der Fährverbindungen nach Flores und Sumba relevant. Wer auf die Fähre wartet, kann per *Ojek* (5000 Rp) oder Pferdekutsche *(Benhur)* zum traditionellen Markt fahren. Am Hafen übernachten kann man im **Mantika Hotel**, ✆ 0852-5324 4131, in 10 sauberen kleinen Zimmern, die günstigeren mit Hocktoilette, bessere mit AC und Du/WC, ❶–❷.

Ein weiterer Abstecher führt 8 km nördlich von Sape zum Bugis-Dorf **Lamere**, wo man beim Bau der berühmten **Pinisi-Boote** zusehen kann. Sie stehen in unterschiedlichen Stadien der Fertigstellung am Strand und werden von Hand und ohne Bauplan gefertigt. Die erforderlichen Hölzer werden immer seltener, was den Preis der Boote in die Höhe treibt. Diese sind ein bei Tauchsafaris beliebter Bootstyp, den man häufig im Komodo-Nationalpark kreuzen sieht.

ÜBERNACHTUNG UND AKTIVITÄTEN

Kalimaya Dive Resort, am nördlichen Ende der Bucht von Poja, ✆ 0813-3775 9548, 💻 www.kalimayadiveresort.com. Wer den westlichen Komodo-Nationalpark und die Ostküste von Sumbawa ungestört betauchen möchte, kann hier am Strand in komfortablen, geräumigen Bungalows mit Meerblick, AC und Open-Air-Bädern wohnen und abends am Pool relaxen. Der Pauschalpreis von 11,7 Mio. Rp p. P. für 3 Nächte inkl. 4 Boottauchgänge, Ausrüstung und Vollpension ist allerdings gesalzen.

TRANSPORT

Busse

Vom Hafen nach BIMA für 25 000 Rp in 1 Std.

Fähren

Der Ticketschalter öffnet, sobald eine Fähre entladen wurde. Verspätungen sind häufig.
LABUAN BAJO (Flores) gegen 9 und 16 Uhr für 60 000 Rp in 8–9 Std.
WAIKELO (Sumba) gegen 16 Uhr für 59 000 Rp in 8 Std.

9 HIGHLIGHT

Komodo-Nationalpark

Was will man als Tourist auf diesen unwirtlichen Inseln? Ihre zerklüfteten Hügel haben fast sämtliche Wälder eingebüßt, die von Lontarpalmen gespickte Savanne ist karg, und in der Trockenzeit klettern die Temperaturen auf bis zu 40 °C. Fast möchte man den kleinen Archipel links liegen lassen – wären da nicht die urzeitlich anmutenden **Komodo-Warane** und eine Unterwasserwelt, die ihresgleichen sucht.

Schon 1938 richteten die Holländer den ehrfurchtgebietenden „Drachen" ein Reservat ein, das inzwischen zum 1817 km² großen Komodo-Nationalpark erweitert und zum Unesco-Weltnaturerbe geadelt wurde.

Neben **Pulau Komodo** und **Pulau Rinca** gehören rund hundert kleinere Inseln, ein schmaler Streifen an der Westküste von Flores und eine große Meeresfläche mit ausgezeichneten **Korallenriffen** zum Nationalpark. Mittlerweile ziehen die erstklassigen **Tauchspots** mehr Besucher an als die Warane.

Das Naturschutzgebiet ist die Heimat von rund 4000 Menschen, meist Bugis und Bajau aus Sulawesi, Bimanesen aus Sumbawa oder Manggarai aus West-Flores. Auf Komodo und Rinca erlebt die Bevölkerung die Echsen als Bedrohung, da die Warane außer Büffeln und Timor-Hirschen auch Nutzvieh und vereinzelt Menschen angreifen; andererseits ziehen sie Touristen an, die neben der Fischerei die meisten Einnahmen bescheren.

Besucher erreichen die Inseln im Rahmen von Tagestouren ab Labuan Bajo oder auf einer Live-aboard-Tour zwischen Lombok und Flores. Sie gelangen nach **Loh Buaya** (Rinca) oder **Loh Liang** (Komodo), wo sie registriert und einem Guide zugewiesen werden. Dann geht es auf einem von drei Rundwegen zu Fuß durch die nähere Umgebung. Manche machen zudem Halt auf **Pulau Padar**, wo die Aussicht vom südlichen Hügel auf eine schmale Landbrücke ein beliebtes Fotomotiv ist; man kann sich Letzteres auch auf Google Streetview ansehen, und die Warane sind hier durch intensive Bejagung ihrer Beute durch den Menschen längst ausgestorben.

ÜBERNACHTUNG

Fast alle übernachten in Labuan Bajo, S. 480. Wer im Nationalpark übernachten will, kann je nach Budget auf dem Boot oder in einer der Park-Unterkünfte auf Rinca und Komodo übernachten. Allerdings sind Lebensmittel und Getränke teuer, und das Permit (s. u.) muss für mehrere Tage erworben werden. Alternativ gibt es Resorts auf Inseln außerhalb des Nationalparks, S. 487, sowie in Ost-Sumbawa, s. o. links.

SONSTIGES

Eintritt

Das **Permit** für Tauch- und Schnorcheltouren muss in Labuan Bajo besorgt werden, s. S. 480.

Oft übernehmen das die Tauchzentren und Veranstalter von Touren. Bei Ankunft in Loh Buaya oder Loh Liang werden dann häufig die Tickets für geführte Wanderungen separat ausgestellt. Ein **Ranger** kostet 80 000 Rp für max. 4 Pers. **Achtung:** Die zusammengehefteten Tickets immer gleich mit dem geforderten Betrag abgleichen, denn Leser berichteten von einer Betrugsmasche.

Reisezeit

Die beste Zeit ist von April–Juli. Danach wird es bis zur Regenzeit sehr heiß und die Warane ziehen sich zur Paarungszeit (Juli/Aug) in die Wälder zurück. Während der starken Stürme im Februar und März können Bootstouren sogar gefährlich sein.

TRANSPORT

Von LABUAN BAJO (Flores) aus sind es etwa 2 Std. nach Rinca und 4 Std. nach Komodo und Padar, Infos S. 485.

Rinca

Die Grassteppe im Norden der 198 km² großen Insel ist das Weidegebiet wilder Hirsche, Schweine und mächtiger Büffel, die hin und wieder den Waranen zum Opfer fallen. Das Gebiet im Süden rings um den **Gunung Ora** ist stärker bewaldet und die Heimat interessanter Vogelarten, aber auch gefährlicher Wespen und Skorpione. Wanderungen sind nur in Begleitung eines Führers der Naturschutzbehörde möglich. Mit einem Boot kann man in **Loh Buaya** vor Anker gehen, wo Ankömmlingen ein Guide zugewiesen wird. Anschließend geht es ins Besucherzentrum der Nationalparkverwaltung, das neben Informationen und einer Einweisung zur Wanderung auch ein Bistro und einen kleinen Souvenirladen beherbergt. Die Bungalows für Touristen wurden zuletzt neu errichtet.

Auf Rinca ist die Wahrscheinlichkeit, **Warane** zu sichten, höher als auf Komodo, denn hier leben relativ viele Tiere auf kleinerer Fläche. Bereits im und um das Ranger Camp sind die „Drachen" zu sehen – der Geruch von Essen zieht sie an. Zudem hat Rinca keine Anlegestelle für große Schiffe, weshalb Kreuzfahrtschiffe das deutlich kommerziellere Komodo ansteuern.

Komodo

Die 350 km^2 große Insel mit hügeliger Steppenlandschaft hat 2000 Bewohner. Geankert wird in der östlichen Bucht **Loh Liang**, wo Ankömm-

Tauchen und Schnorcheln im Komodo-Nationalpark

Die vielseitige Unterwasserwelt ist für viele die eigentliche Attraktion des Nationalparks und mit über 1000 Fisch- und mehr als 350 Korallenarten eine der artenreichsten überhaupt. Die Tauchreviere zählen zu den besten der Welt, sind aber für unsichere Taucher aufgrund der **Strömungen** nur bedingt geeignet; Letztere sind um Vollmond und Neumond am stärksten. Das Schnorcheln um die Inseln ist sicherer, doch sollte man in Nähe zum Ufer oder Boot bleiben. Die farbenprächtigen und fischreichen Reviere im Norden bieten **Sichtweiten** von 20 m und mehr sowie **Wassertemperaturen** von 27–29 °C. Im Süden wachsen einige seltene Weichkorallen; das Wasser ist mit 24 °C deutlich kühler und die Sichtweiten geringer. Während man im Norden auf große tropische Riffbewohner stößt, ist der Süden für seine bunte Makrofauna bekannt. Von Dez–März können die Sichtweiten aufgrund der Niederschläge geringer sein. Die Chancen, Mantas zu sichten, sind dann allerdings höher. Eine kleine Auswahl der besten Tauchgebiete:

Batu Bolong: Rund um den bis knapp unter den Wasserspiegel reichenden, üppig bewachsenen Felsen geht es zu wie im Aquarium. Während man die Topographie im Zickzack-Kurs betaucht, ist man von einer fast schon überfordernden Vielzahl von Meerestieren umgeben, darunter Barrakudas, Thunfische, Makrelen, Weißspitzenhaie, Schildkröten, Feuerfische und Sepien. Je nach Strömung auch für Schnorchler geeignet.

Castle Rock: Auch dieser Felsenkegel, dessen Spitze nur 3–4 m unter der Wasseroberfläche liegt, wird nährstoffreich umströmt und hat reichlich Fischschwärme. Hier ziehen Fledermausfische, Makrelen und Barrakudas, aber auch Weißspitzen- und graue Riffhaie sowie Delphine ihre Kreise. In 20 m Tiefe können farbenprächtige Weichkorallen und Seepferdchen gesichtet werden.

Crystal Rock: Im Strömungsschatten des 300 m hohen, bei Ebbe knapp aus dem Wasser ragenden Felsens befindet sich in 22–30 m Tiefe ein wunderschöner Korallengarten, bevölkert von Thunfischen, Schnappern, Makrelen, Drückerfischen und Haien. Hier sollte man sich dicht am Grund bewegen und Halt suchen, sobald die Strömung zu stark wird.

Karang Makassar/Manta Point: Bei diesem anspruchsvollen Strömungstauchgang kann man dicht am Grund mehrere Kilometer weit driften und mit etwas Glück die majestätischen Mantarochen beobachten. Bei Sichtung eines Tieres sucht man Halt am Boden oder an anderen Tauchern, die bereits sicheren Halt haben. Aufgrund der geringen Tiefe auch für Schnorchler interessant.

Nusa Kode: Am südwestlichen Zipfel der Insel sind große Fische inmitten riesiger bewachsener Felsblöcke zu beobachten. Stattliche Zacken- und Malabarbarsche, Kartoffel-Dorsche und Schwärme von Schnappern beeindrucken selbst erfahrene Taucher. In einer vor Strömung geschützten Bucht werden Nachttaucher und Fans der Makrofauna am Cannibal Rock glücklich, der mit hoher Artenvielfalt und hübschen Anemonen aufwartet.

Die größte Echse der Welt

© RENATE LOOSE

In den Graslandschaften von Rinca jagen die Warane sogar Büffel, die sich an Wasserlöchern aufhalten.

Etwa 3000 Komodo-Warane leben auf Komodo und Rinca sowie an der Westküste von Flores, wo sie durch die Nähe zu menschlichen Siedlungen besonders bedroht – und bedrohlich – sind. Ihr größter Gegenspieler sind Wilderer, die ihre Beute dezimieren, wie auf Padar geschehen. Einer Theorie zufolge lag der Meeresspiegel während der letzten Eiszeit so niedrig, dass die Warane von Australien hierher migrieren konnten. Während sie auf Flores weitgehend vom Menschen verdrängt wurden, haben sie auf den Komodo-Inseln keine natürlichen Feinde und konnten dort bis heute überleben. Starke Gezeitenströmungen isolieren die Population von Sumbawa. Für die westliche Wissenschaft wurde der sagenumwobene „Drache" erst 1910 durch van Hensbroek entdeckt – damals eine Sensation. Eine 1926 durchgeführte Komodo-Expedition inspirierte M. C. Cooper sogar zu seinem Filmklassiker *King Kong und die weiße Frau* von 1933.

Die Warane werden bis zu 3 m lang, 135 kg schwer und erreichen ein Alter von bis zu 30 Jahren. Auch wenn sie einen trägen Eindruck machen, so sind sie doch in der Lage, eine Geschwindigkeit von 18 km/h zu erreichen, mehrere Kilometer am Tag zurückzulegen, zu klettern und zu schwimmen. Weder Augen noch Ohren der Warane sind besonders gut ausgebildet, dafür besitzen sie einen exzellenten **Geruchssinn**, mit dem sie ihre Beute über viele Kilometer wahrnehmen. Während Jungtiere meist Kleingetier fressen, ernähren sich ausgewachsene Warane von Aas, aber auch lebende Rehe, Büffel, Wildschweine, Ziegen und Pferde stehen auf ihrem Speiseplan. Die Beißkraft der Tiere ist eher gering, doch über ein hauchdünnes Gewebe am Gebiss verteilt sich ein im Unterkiefer produziertes **Gift**. Im Maul der Aasfresser gedeihen außerdem Bakterien sehr gut – eine toxisch-tödliche Mischung. Gefährlich werden kann außerdem der lange **Schwanz**, mit dem kräftige Schläge ausgeteilt werden können. Auch wenn sie selten Menschen gefährden, wirken sie mit ihren großen Kiefern, scharfen Krallen und massigen Körpern sehr bedrohlich.

Während der Paarungszeit im Juli und August können die Tiere auch in Gruppen beobachtet werden, wobei das zu beobachtende Missverhältnis zwischen sehr vielen Männchen und wenigen Weibchen für ordentlich **Konkurrenz** sorgt. In bis zu 9 m tiefen Löchern legen die Weibchen knapp zwei Monate nach Befruchtung 15–20 Eier. Nach sieben bis neun Monaten schlüpfen etwa 45 cm lange Jungtiere und verbringen ihre ersten Lebensmonate auf Bäumen, denn auch sie sind nicht vor ihren Artgenossen sicher. Erst mit einer Länge von etwa 1 m trauen sie sich, die Bäume zu verlassen.

linge zunächst an vielen Souvenirhändlern vorbei müssen, um zum Ranger Camp zu gelangen. Hier befinden sich eine Cafeteria und eine Unterkunft für Touristen. Die besten Plätze zum Beobachten der Warane findet man im **Poreng-Tal** und am **Liang-Fluss**.

Die gängige Wanderroute führt von Loh Liang in etwa 30 Minuten nach **Banu Nggulung**, einem meist trockenen Flussbett, an dem sich oft Warane blicken lassen. Will man den **Gunung Arab** (823 m) besteigen oder auf anderen Wegen ins Landesinnere vordringen, muss das mit dem Führer abgesprochen werden.

Die Südostspitze der Insel besitzt einen von weltweit sieben rosa Stränden, **Pantai Merah** genannt. Die Färbung des Sands resultiert aus dem Mischverhältnis zwischen weißem und rotem Sand und Muschelkalkteilchen, ist hier aber allenfalls schwach zu erahnen. Man sollte den Strand nie allein aufsuchen, denn auch Komodo-Warane kommen gern hierher, um sich zu sonnen.

Flores

All jene, die nicht bloß nach Labuan Bajo und wieder zurück fahren, sondern sich auf die zweitgrößte Insel Nusa Tenggaras einlassen, erwartet der vielleicht beste Road Trip ihrer Reise. Auf der 660 km langen, ziemlich kurvigen Trans-Flores-Straße von Labuan Bajo nach Larantuka begegnet man freundlichen Menschen, lebendigen Traditionen, umwerfenden Landschaften und einem ganz eigenen Teil von Indonesien. Die Strecken sind für Tagesetappen wie gemacht und bieten – etwas Sitzfleisch und ein eigenes Fahrzeug vorausgesetzt – genügend Abstecher für eigene Entdeckungen. Die nach Norden und Süden abgehenden Straßen sind teils in schlechtem Zustand. Die meisten reisen gen Osten, aber man kann die Route auch umgekehrt fahren.

Auffällig ist das völlige Fehlen von Industrie oder größeren Ballungsräumen; auch dank der schlechten Erschließung bleiben weite Teile der Insel und ihrer Wälder in relativer Unberührtheit erhalten. Der Großteil der Menschen führt ein einfaches Leben als Bauern oder Fischer, selbst die Städte haben etwas Dörfliches, und Einkaufszentren, Kinos oder ein nennenswertes Nachtleben sucht man vergebens.

Eine zerklüftete, bewaldete und von Bächen durchzogene Gebirgskette mit bis zu 2000 m hohen **Vulkanen** erstreckt sich fast 360 km die schmale Insel entlang. Während an den Küsten auch Angehörige malaiischer Völker siedeln, ist das Landesinnere die Heimat „melanesischer" Ethnien mit eigenen Sprachen und Dialekten. Wichtigste Volksgruppen sind die **Manggarai** im Westen sowie die Altvölker **Ngagekeo**, **Ngada**, **Ende**, **Lio** und **Sikka**. Ost-Flores bildet zusammen mit den Solor- und Alor-Inseln eine eigene Kulturzone und den Lebensraum der **Lamaholot**.

Einst zählten Teile der ursprünglich *Nusa Nipa* (Schlangeninsel) genannten Insel zur Peripherie der Königreiche von Majapahit (Java) und Ternate (Molukken) sowie der Sultanate Bima (Sumbawa) und Gowa (Sulawesi). Im Jahr 1544 sichtete ein portugiesisches Handelsschiff das östliche Kap und taufte es Cabo des Flores (Kap der Blumen) – obwohl hier nicht mehr Blumen wachsen als anderswo. Manch einer ist davon überzeugt, dass der Name sich nicht auf Blumen bezieht, sondern auf die Farbenpracht der Korallenriffe.

Noch im selben Jahrhundert begann die Verbreitung des **Katholizismus** durch den portugiesischen Dominikaner Franz Xaver. Auch nachdem die Insel 1851 an die Holländer verkauft worden war, setzte sich die katholische Missionierung fort. Mit der Erforschung der lokalen Kultur und Sprachen haben sich dabei auch vie-

Ein Wanderführer für Flores und die Komodo-Inseln

Meret Signer hat 2011 mit **Flores: Adventure Trails** einen mit fairen und nachhaltigen Tourismusangeboten angereicherten, englischsprachigen Wanderführer verfasst, erhältlich auf 💻 www.periplus.com oder 💻 www.fairunterwegs.org.

Flores

le deutsche Pater und Ordensschwestern der Steyler Mission enorme Verdienste erworben. Mehr als drei Viertel der 2 Mio. Einwohner bekennen sich zur römisch-katholischen Kirche. Doch konnten die Buchreligionen den alten **Geisterglauben** und die animistischen Rituale nie ganz verdrängen.

Auf musikalischem Gebiet nimmt Flores eine herausragende Stellung innerhalb der Kleinen Sunda-Inseln ein. So haben die Manggarai den Jodlern ähnliche Gesänge, die Lio singen diatonische Erntelieder im Dur-Moll-System, auch drei- und vierstimmige Gesänge tönen sonntags aus den Kirchen. In Ost-Flores singen die Frauen sogar aus Südwesteuropa stammende Volkslieder des 17. Jhs. in abgewandelter Form.

Labuan Bajo

Die touristische Boomtown im Westen der Insel ist für viele der Ausgangspunkt für Ausflüge in den **Komodo-Nationalpark**, und für einige die erste oder letzte Station einer Reise durch Flores. In ihrer von Hügeln mit fantastischer Aussicht gesäumten Bucht liegen längst nicht mehr nur Fischerboote vor Anker; auch Kreuzfahrtschiffe, Tauchsafaris und die Jachten machen hier Station.

Entsprechend bunt zusammengewürfelt ist die Klientel: Backpacker aus aller Welt, Tauchtouristen aus Europa, asiatische Reisegruppen und jede Menge Expats aus der balinesischen Wahlheimat. Die Indonesier, überwiegend Bugis und Manggarai, aber auch einige Balinesen haben sich auf den Besucherstrom eingestellt und bauen fleißig Hotels, Hostels, Restaurants und Tauchzentren.

Ein Garant für Kontinuität bleibt immerhin das unattraktive Erscheinungsbild dieses zur Stadt explodierten Fischerdorfs, dessen staubige, fußgängerfeindliche Straßen wohl auch in Zukunft kein Bild für die Götter abgeben werden. Ein Grund mehr, auch den Ausflugszielen der Umgebung einen Besuch abzustatten, S. 287 und S. 288.

Gua Batu Cermin

Kurzweilig ist ca. 3 km östlich des Ortskerns der Besuch einer Höhle, in der je nach Jahres-

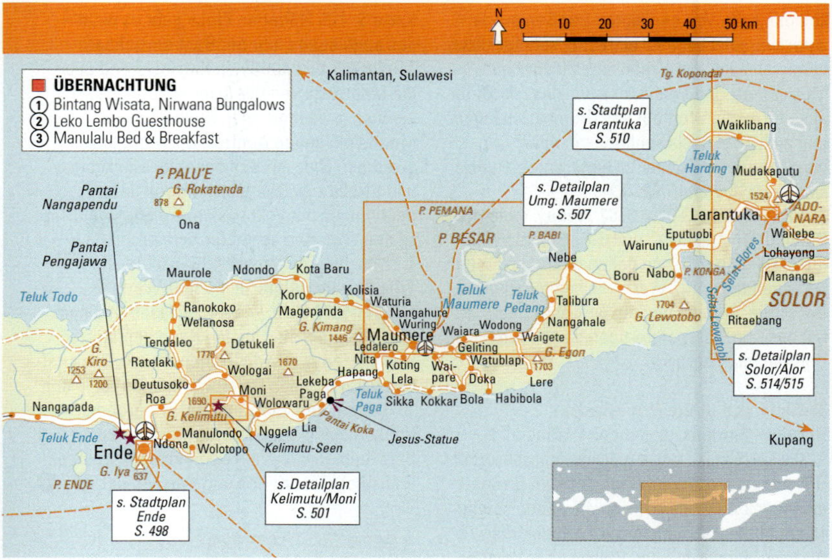

zeit zwischen 9 und 10 Uhr bzw. zwischen 12 und 13 Uhr Sonnenlicht durch Einschlüsse im Gestein reflektiert wird. Zu sehen sind außerdem Fledermäuse sowie fossile Korallen. ⌚ 7–17 Uhr, Eintritt inkl. Helm und Lampe für 10 000 Rp, Führung 20 000 Rp.

Gua Rangko

Nur per Boot erreichbar ist diese versteckte Kaverne (s. Karte). Im glasklaren, bläulich schimmernden Wasser der Höhle kann gebadet werden. Nach etwa einer Stunde Fahrt über eine schlechte Straße zum Dorf Rangko geht es per Boot (350 000 Rp) in 20 Min. zu einem Strand. Von hier ist es ein kurzer Fußweg durch den Wald zum Höhleneingang. Auf dem Rückweg kann man den Bootsführer bitten, ein Stück die Mangroven entlang zu fahren.

ÜBERNACHTUNG

Im Zentrum wohnt man günstig, aber nicht ruhig. Von den Hügeln im Norden hat man eine gute Aussicht, wohnt aber nicht fußläufig zum Geschehen. Am südlichen Pantai Pede können Ruhesuchende in größeren Anlagen am Strand entspannen. Einige Unterkünfte holen Gäste kostenlos vom Hafen und Flughafen ab oder bieten Shuttles ins Zentrum.

Untere Preisklasse

Ciao Hostel, ✆ 0812-3896 8983, 💻 www.ciaohostel.net. Viel Ausblick für wenig Geld ist das Konzept dieser Budget-Unterkunft auf dem Hügel, weit oberhalb des Zentrums, mit Blick über die Inseln des Komodo-Nationalparks. Es gibt 6 überwiegend gemischte und klimatisierte Schlafräume mit 4–12 Betten für 120 000–180 000 Rp p. P. Gelegenheit zum Treffen anderer Traveller bieten der Gemeinschaftsraum, das Restaurant und die regelmäßigen Yoga-Sessions.

Hotel Surya, Jl. Bidadari, ✆ 0813-3759 9066, 0852-3744 8000. Unscheinbares, typisch indonesisches Gästehaus für Anspruchslose mit 11 günstigen, einfachen Zimmern mit Ventilator oder AC, guten Matratzen, aber nur Kaltwasser. Frühstück inkl. ❷–❸

Manta Manta Homestay, Gang Bajo View, ✆ 0812-3982 2310, 💻 www.mantamantakomodo.com. Von den lauten Straßen etwas zurückversetzt liegen 9 einfache, schmucklose, vergleichsweise preisgünstige Zimmer mit Moskitonetz und Ventilator bzw. eins mit AC für alle, die wenig Wert auf das Drumherum legen und nicht in Hostels schlafen möchten. Die etwas teureren Zimmer im hinteren Gebäude sind zu bevorzugen. ❸–❹

The Palm, ✆ 0813-3755 3662. Neues, modernes Boutique-Hostel mit 4- und 6-Bett-Schlafsälen für 200 000 Rp p. P., von denen einer den Frauen vorbehalten ist. AC, Warmwasser, ein Pool, der Barbecue-Bereich und ein gewisses gestalterisches Konzept rechtfertigen den hohen Übernachtungspreis.

NUSA TENGGARA

Mittlere und obere Preisklasse

Bayview Gardens, Jl. Puncak Waringin, ✆ 0385-41549, 💻 www.bayview-gardens.com. Hübsch an den steilen Hang gebaute Gartenanlage mit Pool und mit vielen Treppen sowie 16 gepflegten, klimatisierten Zimmern, die z. T. recht geräumig sind und Balkon oder Veranda mit toller Aussicht über die Bucht haben. Zudem 4 neue, überteuerte Suite-Zimmer mit schickerem Interieur. Frühstück inkl., WLAN im Restaurant und in der Lobby. ❺–❼

Golo Hilltop, Jl. Pantai Binongko, ✆ 0385-41337, 💻 www.golohilltop.com. Schöne, gärtnerisch gepflegte Bungalowanlage unter holländischer Leitung mit Pool und Blick über die Binongko-Bucht. Die 10 in Weiß und Violett gehaltenen, gepflegten Zimmer haben AC, Wasserkocher, Safe und saubere Bäder. Freundliches Personal, das Touren und Transporte vermittelt. Reservierung angeraten. Frühstück inkl. ❺

Puri Sari Beach Hotel, ✆ 0385-244 3710, 💻 www.purisarihotel.com. Vor einem Garten mit vielen Bäumen und einladendem Pool steht ein breiter Bau mit 21 geräumigen Zimmern, die mit großen Bädern, breiten Matratzen, Safe, Wasserkocher, Minibar und schlichten Holzmöbeln ausgestattet und mit *Ikat*-Stoffen dekoriert sind. Auch teure Doppelbungalows mit geräumigen Bädern und Veranda. Frühstück inkl. ❻–❼

Scuba Junkie Komodo Beach Resort, ✆ 0812-3601 8523, 💻 www.scubajunkiekomodo.com, Karte S. 476. Näher an Rinca geht es nicht – das abgelegene, nur per Boot erreichbare Tauchresort ist nur einen Katzensprung über die Meerenge von der Insel entfernt. Gäste wohnen in komfortablen Bungalows mit Meerblick (gegen Aufpreis auch AC) oder günstigen *Bale* mit Bambusrollo, Moskitonetz und Strohdach. Das Minimum von 3 Übernachtungen mit Vollpension, Transfers und Tour zu den Waranen kostet für Schnorchler 3,42–4,2 Mio. Rp, für Taucher 4,13–5,5 Mio. Rp.

Villa Seirama Alam, Jl. Puncak Waringin, ✆ 0813-5377 9942, 💻 www.villaseiramaalam.com. In einem steil an den Hang gepflanzten Steingarten mit mediterranem Touch, Blick auf das Meer und den Hafen wohnt man ruhig und 10 Gehminuten vom Zentrum, in 2 großen Häusern mit je 3 klimatisierten Zimmern für 2–3 Pers. und gemütlichen Gemeinschaftsräumen. Frühstück, Tee, Kaffee und Wasser inkl. ❺–❻

ESSEN UND UNTERHALTUNG

Atlantis Beachclub, Jl. Pantai Pede KM 5, ✆ 0811-382 1177, 💻 www.plataran.com/venues-dining/atlantis-beach-club. Das Strandrestaurant mit schmalem Pool, Lounge-Musik, beschirmten Sesseln und einem Phinisi-Schiff als „Dining Room" serviert Snacks, Seafood, Wein, Bier, Mocktails und Cocktails, die einen Besuch zum Sundowner lohnen – wenn man die gehobenen Preise verkraftet. 🕒 11–23 Uhr.

Bajo Bakery, ✆ 0812-3878 8558, 💻 www.fb.com/bajobakery, und **Bajo Taco**, ✆ 0821-4782 4697, 💻 www.fb.com/bajotaco, Jl. Soekarno Hatta. Auf der luftigen Dachterrasse mit Hafenblick, kann von beiden Speisekarten bestellt werden: Dick belegte Sandwiches, Eiscreme, Säfte, guter Kaffee und Frühstück sowie hausgemachtes Brot zum Mitnehmen von der Bajo Bakery; herzhafte, auch vegetarische Tex-Mex-Küche mit Tacos und Burritos sowie Mocktails von Bajo Taco. 🕒 Bajo Bakery 7–19 Uhr, Bajo Taco 9–22 Uhr.

Happy Banana, Jl. Soekarno Hatta, ✆ 0385-41467, 💻 www.fb.com/happybananaflores. Gemütlich und stimmungsvoll mit dekorativen Fotografien und ganz unterschiedlichen Tischen, Stühlen und Sesseln

© MORITZ JACOBI

Besonders morgens herrscht am Hafen von Labuan Bajo ein reges Treiben.

eingerichtetes Café-Restaurant, das vor allem hervorragendes Sushi serviert. Besonders der Thunfisch ist ausgesprochen frisch. Zudem Frühstück, Quinoa-Bowls und hausgemachte Nudeln. Freundlicher Service und mittlere Preise. ⏲ 9–23 Uhr.

La Crêperie, Jl. Soekarno Hatta, ✆ 0821-4708 4662. Klimatisierter Ableger der Scooperific-Eisdiele auf Gili Air mit hausgemachtem *Gelato* nach italienischem Rezept sowie süßen und herzhaften Crêpes. ⏲ 7.30–22.30 Uhr.

Le Pirate, Jl. Soekarno Hatta, ✆ 0385-41962, 💻 www.lepirate.com/labuan-bajo. Zum Sundowner oder für einen Snack kann das luftige Restaurant mit Barhockern, geselligen Sitzecken, farbigen Akzenten und einer gemütlichen Dachterrasse mit Bar (und Dipping Pool) empfohlen werden. Getränke sowie indonesische und westliche Gerichte sind dieselben wie im Beach Club auf Gili Trawangan – okay, aber nicht umwerfend. ⏲ 7.30–22.30 Uhr.

Made in Italy, Jl. Pantai Pede, ✆ 0385-244 0222, 💻 www.miirestaurants.com. In dem dezent ausgeleuchteten Restaurant mit gediegenem Ambiente und aufmerksamem Service wird exzellente Küche aus dem „Stiefel" aufgetischt, z. B. Pizza aus dem Steinofen und hausgemachte Pasta abseits der ausgetretenen Geschmackspfade italienischer Lokale. Chefkoch Marco Bertini legt auch Wert auf die Optik seiner Gerichte und Kontakt mit den Gästen. Gut für einen besonderen Abend – wenn nur die hohen Preise nicht wären. Kostenlose Abholung. ⏲ 11–23 Uhr.

Mediterraneo, ✆ 0821-4616 1663, 💻 www.mediterraneo.co.id/labuan-bajo. Das halboffene Restaurant mit großen Sitzkissen sowie Stühlen und Tischen aus recyceltem Holz serviert hauptsächlich italienische Gerichte wie Pizza sowie Pasta aus eigener Herstellung und leckere Desserts; auch Wein und Kaffeespezialitäten. Freundlicher Service. ⏲ 8–22.30 Uhr.

Molas Café, Jl. Soekarno Hatta, ✆ 0385-244 0538, 💻 www.waemolascafe.com. Das idyllische Gartenrestaurant mit Sofas, Bean Bags und klassischen Tischen und Stühlen ist wie eine Oase im lauten, staubigen Stadtkern. Auf der Karte stehen indonesische und westliche Gerichte, z. B. Pulled Pork-Burger oder Käseteller, Säfte, Eistee, Bier und Mocktails. Ideal für einen relaxten Nachmittag am Pool,

eine Runde Billard oder die Stunden zwischen Check-out und Abflug. Abends werden Filme auf einer Leinwand gezeigt. Abholung vom Hotel bzw. Transfer zum Flughafen. ⌚ 11–22 Uhr.

AKTIVITÄTEN

Schnorcheln

Stopps zum Schnorcheln sind in den üblichen Touren nach Komodo und Rinca enthalten. Die Ausleihe von Maske und Flossen kostet 15 000–20 000 Rp, wer seinen Ausflug über die Unterkunft bucht, bekommt sie meist dazu. Je nach Verfügbarkeit von Plätzen und Eignung der Tauchspots (s. Kasten S. 477) können Schnorchler für 350 000–450 000 Rp auf den Tauchbooten mitfahren.

Tauchen

Die langen Fahrten in den Nationalpark machen das Tauchen teurer als anderswo, und 2–3 Tauchgänge sind bereits tagesfüllend, erst recht in Kombination mit Wanderungen auf Komodo oder Rinca. Aufgrund der langen Fahrzeiten ist bei der Wahl des Anbieters auch die Ausstattung der Boote wichtig. Open-Water-Kurs 5–5,5 Mio. Rp, 2 Tauchgänge 1,2–1,45 Mio. Rp, 3 Tauchgänge 1,5–2 Mio. Rp.

Bajo Dive Club, ✆ 0813-3945 8706, 💻 www.komododiver.com. Die älteste Tauchschule von Labuan Bajo hat nicht das modernste Office, ist aber seit 1991 ansässig und hat auch deutschsprachige Tauchlehrer. Das für die Tauchsafaris verwendete Boot bietet 3 Kabinen und Frischwasser-Dusche. Außerdem Bungalows in der nördlichen Binongko-Bucht und Rabatt für wiederkehrende Gäste.
Blue Marlin, ✆ 0385-41789, 💻 www.bluemarlinkomodo.com. Hier arbeiten vorwiegend junge Leute, der Umgang ist relaxt, und es gibt einen Pool. Günstiger als mit dem schnellen sind Ausflüge mit dem langsamen Boot, das allerdings keine Toilette hat.
Manta Rhei, Jl. Soekarno Hatta 16, ✆ 0821-4440 1355, 💻 www.mantarhei.com. Professionell und engagiert von einer belgischen Familie geführtes Tauchzentrum, das max. 4 Taucher pro Guide zulässt und Letztere mit GPS-Funkgeräten ausstattet. Das eigene Boot hat 2 WCs, eine Dusche und komfortable Sitzflächen. Ausleihe einer GoPro mit 2 Batterien und Rotfilter für 300 000 Rp. Während der Ausflüge werden bei Gelegenheit Strände vom Plastikmüll gesäubert.

TOUREN

Ob zum Tauchen, Schnorcheln oder Wandern: Vor jedem Ausflug in den Komodo-Nationalpark ist – falls nicht vom Guide bereitgestellt – ein Permit im Nationalparkbüro zu besorgen, s. Sonstiges.
Ein **Tagesausflug nach Rinca oder Komodo** kostet in den meisten Tourbüros 1,2–1,8 Mio. Rp pro Boot bzw. 300 000–500 000 Rp p. P. inkl. Mittagessen, Tee, Kaffee und Schnorchelausrüstung. Eine angekündigte Tour kommt nur dann zustande, wenn sich genügend Teilnehmer finden. Man sollte also mehrere Angebote einholen und vergleichen.
Wer sich direkt am Hafen bei den Bootsführern erkundigt und etwas handelt, bekommt das Ganze mitunter bereits ab 1 Mio. Rp oder kann sich günstig einer bestehenden Gruppe anschließen. Es empfiehlt sich, früh am Morgen nach Komodo (4 Std. Fahrtzeit) oder Rinca (2 Std.) zu fahren, um aktive Warane zu erleben und vor Einbruch der Nacht zurückzukehren.
Flores Exotic Tours, ✆ 0812-3852 2750, 💻 www.floresexotictours.id. Professionell geführte Touren mit teils deutschsprachigen Guides aus Ruteng, die zu entlegenen Dörfern oder Natursehenswürdigkeiten führen. Neben den üblichen Destinationen und Überlandtouren durch ganz Flores auch Ausflüge an die Nord- und Südküste sowie Mountainbiketouren.

Live-aboard-Touren

Eine beliebte Variante für die Reise von/nach Lombok sind mehrtägige Bootsfahrten mit Stopps im Komodo-Nationalpark sowie vor der Nordküste von Sumbawa. Es darf nicht unterschätzt werden, dass viele Boote alt sind und Strömungen, Wellen und schlechtes Wetter für raue See sorgen können. Die meisten Teilnehmer reisen mit dem Boot nach Flores, in die umgekehrte Richtung sind deutlich weniger Passagiere an Bord.
Kencana Tours, ✆ 0812-2206 6066, 💻 www.kencanaadventure.com, macht die Reise mit der *Phinisi* am Do und So in 3 Tagen, das Standardboot fährt Mo und Fr in 4 Tagen. Mehr Infos s. S. 441.
Perama, s. Busse. Die 2-tägige Fahrt nach Labuhan Lombok mit Besuch auf Pulau Rinca und Pulau Moyo sowie diversen Schnorchelspots kostet 2,2 Mio. Rp p. P. an Deck und 3,3 Mio. Rp p. P. in der Kabine.

SONSTIGES

Informationen

Flores Destination Tourist Information Center, Jl. Mutiara, ✆ 0385-41181. Informatives Büro, in dem Broschüren und Karten verteilt, Kontakte vermittelt und Fahrräder vermietet werden. ⌚ 8–12, 13–17 Uhr.

Medizinische Hilfe

Siloam Hospital, Jl. Gabriel Gampur, ✆ 0385-238 1900, Notruf -1911, 💻 www.siloamhospitals.com. Das modernste Hotel auf Flores erhält in absehbarer Zukunft vielleicht sogar eine Dekompressionskammer.

Motorradverleih

Im Motorradverleih, Jl. Soekarno Hatta, für 75 000 Rp pro Tag.

Permit

In dem kleinen **Nationalparkbüro** nördlich des Hafens für Ausflugsboote und Pelni-Fähren sind Permits für den Nationalpark erhältlich, 8–16 Uhr. Häufig übernehmen das die Tourveranstalter, aber man sollte es vorher ansprechen. Wer ohne Permit erwischt wird, kassiert eine saftige Geldstrafe. Eintritt 150 000 Rp pro Tag, Sa, So und feiertags 225 000 Rp, Tauchen 25 000 Rp, Schnorcheln 15 000 Rp, Wandern 5000 Rp.

Post

Jl. Soekarno Hatta, 0385-41210. Mo–Do 7.30–15, Fr bis 12, Sa bis 12.30 Uhr.

Wellness

Ayo Mandiri Foundation (Yayasan Ayo Mandiri), Jl. Puncak Waringin, 0385-41318, www.yam-flores.com. Hier werden Hör- und Sehgeschädigte zu Masseuren ausgebildet, um ihnen ein Stück Selbstständigkeit zu ermöglichen. Ganzkörpermassage ab 150 000 Rp. Auch Hot-Stone-Anwendungen und Akupressur. Interessierte können einen 3-stündigen Kurs für 500 000 Rp buchen. Mo–Sa 9–12.30, 15–20 Uhr.

Flores Spa, 0813-5326 6199, www.floresspa.com. In dem kleinen, professionellen Spa kostet eine Stunde Massage oder ein Körperpeeling 144 000 Rp, Fuß- und Kopfmassagen 66 000 Rp pro 30 Min. Auch Behandlungen speziell für Taucher und Sonnenbrände. Mo–Sa 10–20, So erst ab 13 Uhr.

NAHVERKEHR

Angkot verkehren für 5000–10 000 Rp gegen den Uhrzeigersinn durch den Ort und für 20 000 Rp zum Flughafen. Einige Unterkünfte bieten kostenlosen Transfer vom/zum Hafen oder Flughafen. In der dortigen Arrival Hall gibt's **Taxi**-Coupons ins Zentrum für 60 000 Rp. **Motorradtaxis** verlangen 10 000–20 000 Rp pro Fahrt.

TRANSPORT

Busse

Gunung Mas, Jl. Mor van Beckam, neben der Schule SMAK Loyola, 0852-3932 2000. RUTENG gegen 8 Uhr für 80 000 Rp, mit AC um 7, 9, 10, 11, 13, 14, 15, 16 und 17 Uhr für 110 000 Rp (inkl. Abholung im Zentrum) in 4–5 Std. Wer bis 9 Uhr abfährt, erwischt in Ruteng den Anschluss nach BAJAWA für insgesamt 170 000/200 000 Rp in 8–9 Std.

Perama, Jl. Soekarno Hatta, 0385-42015, www.peramatour.com. Kombi-Tickets für die 9-Uhr-Fähre nach SAPE mit Anschluss per Minibus nach BIMA und weiter per Nachtbus nach MATARAM für 370 000 Rp in 24–27 Std.

Sammeltaxis

Fast jede Unterkunft und jedes Tourbüro vermittelt Plätze in Sammeltaxis *(Travel)*, z. B. nach RUTENG für 80 000 Rp p. P., sowie gecharterte Autos mit Fahrer für 500 000–800 000 Rp pro Tag.

Fähren

ASDP, www.indonesiaferry.co.id, mit Schalter am Hafen (7–11, 14–17 Uhr), fährt nach:

BIRA (Sulawesi) am Di gegen 12 Uhr für 125 000 Rp in 18 Std.

SAPE (Sumbawa) tgl. gegen 9 und 16 Uhr für 60 000 Rp in 7–9 Std.

Die 2–3x im Monat hier ankernden Passagierschiffe von **Pelni**, Office s. Karte, www.pelni.co.id, bedienen u. a. Ziele auf Sulawesi, den Molukken und in Ost-Nusa Tenggara.

Flüge

Zum **Komodo Airport** (LBJ) per Taxi für 50 000 Rp, Motorradtaxi 20 000 Rp. Vom Flughafen in den Ort Festpreise von 60 000–80 000 Rp. Es fliegen:

Garuda Indonesia, www.garuda-indonesia.com, nach DENPASAR, ENDE, JAKARTA und KUPANG;

Sriwijaya Air, www.sriwijayaair.co.id, nach DENPASAR;

Lion Air und **Wings Air**, 💻 www.lionair.co.id, nach BAJAWA, DENPASAR, ENDE und KUPANG.

Inseln um Labuan Bajo

Auch außerhalb des Komodo-Nationalparks liegen kleine Inseln mit schönen Stränden, guten Schnorchelgründen und ein paar Unterkünften für das gewisse Robinson-Feeling. Die genaue Lage der Inseln zeigt die Karte auf S. 476.

Pulau Bidadari

Die 15 ha kleine, hügelige Insel ist umgeben von weißem Sandstrand sowie anfängergerechten Schnorchel- und Tauchspots. Der 30-minütige Bootstrip ab Labuan Bajo sollte hin und zurück nicht mehr als 350 000 Rp inkl. Schnorchelausrüstung kosten. Für überraschte Gesichter sorgt Bertie, ein auf dem Eiland gestrandeter Büffel und das „Maskottchen" des teuren **Angel Island Resort**, 📞 0812-3660 8475, 💻 www.angelisleflores.com. Dessen 10 geräumige Villen haben breite Fensterfronten und sind mit allem Komfort ausgestattet. Massagen, Restaurant, Tauchzentrum. Mindestaufenthalt 3 Nächte. Kajakverleih, Schnorchelausrüstung, Transfers und Vollpension inkl. ❽

Pulau Kanawa

Die 28 ha große, karg bewachsene Insel liegt 15 km westlich von Labuan Bajo an der Grenze zum Komodo-Nationalpark. Sie ist von exzellenten Tauch- und Schnorchelspots umgeben, an denen man auf Schildkröten, Riffhaie, Rochen und gelegentlich sogar Dugongs trifft. Viele Touren halten hier zum Schnorcheln. Man kann sich auch für 500 000 Rp hin und zurück ein Boot in Labuan Bajo chartern.

Pulau Seraya Kecil

Auf dem hügeligen Eiland etwa 10 km bzw. 40 Minuten nördlich von Labuan Bajo befinden sich ein Fischerdorf und schöne Strände, vor denen besonders im Norden farbenprächtige Korallengärten und die vielfältige Makrofauna Schnorchler und Taucher faszinieren. Im Süden herrschen starke Strömungen.

Ein von der NGO **Coral Guardian**, 💻 www.coralguardian.org, künstlich angelegtes Korallenriff liegt am Nordstrand direkt vor dem **The Seraya**, 📞 0813-3939 0305, 💻 www.theseraya.com, das vier hübsche Bungalows mit Open-Air-Bädern sowie zwei 6-Bett-Schlafsäle mit AC zu bieten hat, außerdem einen Pool und einen langen Steg ins Meer. Halbpension, An- und Abreise, Schnorchelausrüstung, Kajak und Stand-Up-Paddles inkl., kaum WLAN. ❼

Preisbewusste wohnen am Weststrand im **Seraya Sunsetbeach Resort**, 📞 0813-3949 5244, 💻 www.seraya-sunsetbeach.com, mit 9 einfachen Hütten, Restaurant und Blick auf den Sonnenuntergang. Strom gibt's von 18–22 Uhr. Transfer inkl. ❹–❺

Rund um die kleine Nachbarinsel **Pulau Hatamin** gibt es bei Ebbe eine schöne Sandbank und ebenfalls künstliche Riffe von Coral Guardian.

Pulau Kalong

Auf dem Rückweg von Pulau Rinca, ungefähr auf halber Strecke, lohnt kurz vor Sonnenuntergang ein Stopp vor der „Insel der Flughunde". Von den umliegenden Mangroven kann man Hunderte der völlig ungefährlichen Flugsäuger bei ihrem abendlichen Ausschwärmen nach Rinca beobachten. Es dauert etwa 20 Min., bis die ganze Kolonie davongeflogen ist.

Sebayur Besar

Vom teuren **Komodo Resort**, 📞 0812-3810 3244 (Labuan Bajo), 💻 www.komodoresort.com, etwa 20 km westlich von Labuan Bajo haben Vieltaucher einen sehr kurzen Anfahrtsweg zu den

Die Ritualkämpfe der Manggarai

Das zu Hochzeiten, Weihe-, Richt- oder Erntedankfesten aufgeführte Ritual des **Peitschenkampfs** *(Caci)* wird zunehmend auch in verkürzter Form für Touristen aufgeführt. Während ein Kämpfer mit einer Peitsche aus Büffelhaut angreift, wehrt der andere dies mit einem Schild aus Büffelleder und einem gebogenen Stab aus Bambus ab. Es gibt strenge Regeln (enge Verwandte dürfen z. B. nicht gegeneinander antreten), und wenn Blut fließt, gilt dies als Zeichen.

Tauchplätzen des Nationalparks. Die 16 klimatisierten, geräumigen Häuschen im *Lumbung*-Stil mit komfortablen Betten, Moskitonetz und Safe sind aus recyceltem oder zertifiziertem Teakholz gefertigt, und ein schönes Hausriff lädt zum Schnorcheln ein. Relaxt wird bei einer Massage, im Restaurant oder am Hotelstrand. Bei 2 Pers. ab 2,52 Mio. Rp p. P. und Nacht, Bootstransfer und Vollpension inkl. ❽

Von Labuan Bajo nach Ruteng

Auf der Strecke nach Ruteng können Abstecher in die Natur unternommen werden. Während Cunca Wulang, Gunung Mbeliling und Sano Nggoang auch als Tagesausflüge von Labuan Bajo aus machbar sind, lohnt sich Cancar lediglich als Stopp unterwegs.

Cunca Wulang

Rund 26 km östlich von Labuan Bajo geht ca. 3 km hinter der Marienkapelle in Cekonobo eine kleine Straße nach Norden ab. Sie führt nach 8 km zum Dorf **Wersawe** nahe der Schlucht von Cunca Wulang, wo 70 000/100 000/130 000 Rp bei 1/2/3 Pers. für einen obligatorischen Guide fällig werden.

Nun verläuft ein etwa einstündiger Wanderweg (Trekking- oder Riffschuhe!) zur Schlucht bei **Cunca Wulang I** mit klarem Wasser, das zum Baden einlädt. Die Guides weisen auf Stellen hin, die zum Klippenspringen aus 6–8 m Höhe geeignet sind. Wer etwas schwimmt, gelangt zum Wasserfall, der an klaren Vormittagen besonders schön wirkt. Etwas westlich den Fluss hinab liegt **Cunca Wulang II**, von wo der Rückweg angetreten wird; nach einem guten Drittel des Wegs kann die Kalksteinhöhle **Liang Rodak** besucht werden. Zurück im Dorf erklimmt der Guide eine Palme und pflückt pro Person eine Kokosnuss, die bezahlt werden muss – besser vorher nach dem Preis fragen.

Ganztägige Touren ab Labuan Bajo kosten inkl. Besuch der Gua Batu Cermin rund 900 000 Rp pro Pkw, Essen muss mitgebracht werden. Nach starken Regenfällen kann die Straße nach Wersawe überschwemmt oder die Schlucht zu gefährlich zum Schwimmen se in: 2016 sind drei Menschen tödlich verunglückt.

Gunung Mbeliling

Ein gutes Trekkinggebiet sind die Mbeliling-Berge mit ihrem 15 ha großen Naturschutzgebiet. Die **Roe Ecotourism Association**, ✆ 0821-4443 5286 (Alfons), arrangiert Wanderungen ab Roe, östlich von Cekonobo, wo südlich der Straße auch das Häuschen der Guides liegt. Organisierte Touren ab Labuan Bajo starten mitunter auch über einen Pfad ab der Marienkapelle bei Cekonobo. Ziel vieler Treks ist der 1258 m hohe Gunung Mbeliling, der ab Roe (600 m) in 5–6 Stunden zu besteigen ist. Starker Bewuchs erfordert stellenweise den Einsatz einer Machete; wer oben zeltet, braucht warme Kleidung. Die für Guides aufgerufenen Preise sollten auf 350 000–400 000 Rp pro Tag heruntergehandelt werden. Angeboten wird auch eine Besteigung in Kombination mit Besuch in Cunca Wulang am zweiten Tag. Übernachtet wird in Homestays, z. B. dem Haus von Aventinus Abu, neben der Schule in Roe.

Sano Nggoang

Rund 10 km südlich von Werang, das in zwei Fahrstunden ab Labuan Bajo erreichbar ist, liegt einer der tiefsten vulkanischen **Kraterseen** der Erde. Mit 500 m Tiefe erreicht das Wasser des giftgrünen „Feuersees" (so der Name in der Manggarai-Sprache) viele Erdschichten und löst große Mengen an Schwefel. Besonders im Morgengrauen entsteht so das unwirkliche Bild einer dampfenden Wasseroberfläche. Die Einheimischen schwören auf die heilende Wirkung des Wassers. Bei starkem Wind werden Stücke natürlichen Asphalts an die Ufer geschwemmt. Touranbieter in Labuan Bajo organisieren Trekking und Birdwatching-Touren, Ausritte auf Pferden um den See oder Schlammpackungen an den schwefelhaltigen heißen Quellen. Die lange Strecke von der Hauptstraße bis zum See ist stark ausgewaschen und stellenweise sehr sandig Motorradfahrer sollten sehr vorsichtig fahren!

Cancar

Für einen Fotostopp eignen sich die **Spinnennetz-Reisfelder** *(Lingko)* von Cancar, am besten zu sehen von einem Hügel, 17 km westlich von Ruteng, nördlich der Hauptstraße. Die Erbteilung

© MORITZ JACOBI

Von sprudelnden Einnahmen aus dem Tourismus hat Labuan Bajo als Ortschaft bislang kaum profitiert. Viele Wohnhäuser geben noch immer ein ärmliches Bild ab.

NUSA TENGGARA

der kuchenförmigen Reisfelder wurde durch die Finger der gespreizten Hand festgelegt und erzeugt so das von einem Mittelpunkt ausgehende Strahlenmuster. Die Anwohner gewähren gegen ein kleines Entgelt (15 000 Rp) den Aufstieg über steile Treppen.

Ruteng

Die mild temperierte Hauptstadt des Distrikts Manggarai liegt in über 1000 m Höhe am Fuße des Gunung Ranaka und ist Sitz einer Akademie zur Ausbildung von Laien-Katecheten. Touristen halten sich meist nur ein oder zwei Nächte auf. Südlich eröffnet sich vom **Golo Curu** aus eine herrliche Aussicht über die Stadt und die umliegenden Dörfer und Reisfelder. Noch toller ist die Aussicht von der schmalen Straße östlich des kleinen Flugplatzes. Die **terrassierten Reisfelder** vor dem Hintergrund der Berge zählen zu den schönsten Fotospots auf Flores. Am westlichen Stadtrand sind in **Pu'u** drei traditionelle Häuser um einen rituellen Steinplatz *(Compang)* zu besichtigen, wobei Indonesischkenntnisse bzw. ein Guide sinnvoll ist, da der Informationsgehalt ansonsten gering ist. Eintritt 20 000 Rp.

ÜBERNACHTUNG

D-Rima Homestay, Jl. Kelinci, ✆ 0813-7958 1188, 💻 auf Facebook. Familiäres Homestay im Wohngebiet mit 3 spartanischen Zimmern um einen Gemeinschaftsraum und ein Gemeinschaftsbad. Ein Zimmer verfügt über ein eigenes Bad. Linda und Ricardo kümmern sich um ihre Gäste und kochen auf Anfrage gutes Abendessen. Frühstück inkl. ❸

MJR Ticketing Guest House, Jl. Niaga 23, ✆ 0385-21078, ✉ mjrticketing@yahoo.co.id. Sehr zentral befindet sich das Homestay einer indo-chinesischen Familie, die im Erdgeschoss einen Shop und im Obergeschoss 5 ordentliche Zimmer mit Holzböden und sauberen Gemeinschaftsbädern vermietet. Frühstück inkl. ❸

Sky Flores Hotel, Jl. Yos Sudarso, ✆ 0385-22084, ✉ skyfloreshotel@gmail.com. Kleines, preisgünstiges Mittelklasse-Hotel mit 20 funktionalen Zimmern, die über gute Matratzen,

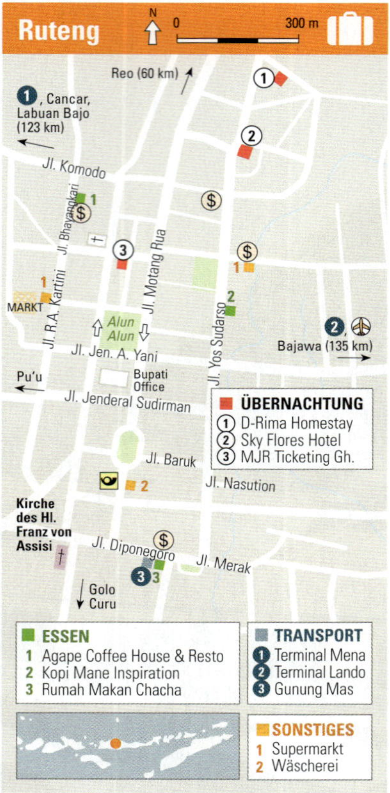

TV, Wasserkocher und (bis auf die billigsten Zimmer) Warmwasser verfügen. Für eine Nacht in Ordnung. ❷–❹

ESSEN

Agape Coffee House & Resto, Jl. Bhayangkari 8, ✆ 0385-22100. Schlichtes Restaurant mit einfachen indonesischen und chinesischen Gerichten, gutem Kaffee, auch Säften, Pancakes, French Toast und Eiskrem. 🕒 7–21 Uhr.

Kopi Mane Inspiration, Jl. Yos Sudarso, ✆ 0813-1508 0648. Kleines, rustikales und bei jungen Einheimischen beliebtes Lokal mit Hühner- und Rindfleischsuppe, *Nasi Goreng*, Bier und gutem Kaffee. 🕒 8–21 Uhr.

Rumah Makan Chacha, Jl. Diponegoro, ✆ 0812-3698 9009. In dem mit Fotos von Ruteng dekorierten Restaurant servieren die freundlichen Betreiber Yofan und Yayuk solide indonesische Küche aus frischen Zutaten.
⌚ 10–21 Uhr.

SONSTIGES

Auto- und Motorradvermietungen

Das **D-Rima Homestay** vermietet Motorroller für 100 000 Rp und vermittelt Autos mit Fahrer für 700 000 Rp pro Tag inkl. Benzin. Motorroller auch im **Kopi Mane Inspiration**.

Medizinische Hilfe

In Cancar (S. 488) steht das **Rumah Sakit St. Rafael**, ✆ 0385-22944, 💻 www.rumahsakitst rafael.com.

NAHVERKEHR

Innerorts verkehren **Minibusse** ab 5000 Rp, **Ojek** ab 5000 Rp pro Strecke.

TRANSPORT

Busse und Minibusse

Vom Busbahnhof **Terminal Mena**, ca. 3 km westlich des Zentrums, nach DENGE gegen 9 Uhr mit Lkw für 35 000 Rp in 3 1/2–4 Std.

Das Rätsel um den Flores-Menschen

In den 1960er-Jahren fand ein holländischer Priester kleine Steinwerkzeuge in der **Gua Liang Bua**, 13 km nordwestlich von Ruteng. Doch erst 2003 wurde in der Höhle auch das Skelett des **Homo floresiensis** entdeckt, einer verzwergten Hominiden-Art mit einer Körpergröße von weniger als 1 m. Lange Zeit ging man davon aus, dass der „Hobbit" bis vor 18 0000 Jahren parallel zum modernen *Homo sapiens* existierte. Heute gilt als wahrscheinlich, dass er schon vor 50 000–60 000 Jahren ausstarb, lange bevor Vertreter unserer Art die Insel erreichten.

Vom Busbahnhof **Terminal Lando**, ca. 3 km östlich des Zentrums, nach BAJAWA von 7–12 Uhr für 70 000 Rp in 4 Std., an manchen Tagen fährt sogar ein Bus bis nach RIUNG.

Gunung Mas, Jl. Diponegoro, ✆ 0813-3938 0830, hat schnellere und komfortablere Busse nach:
ENDE via BAJAWA (90 000–110 000 Rp, 4 Std.) um 7 und 14 Uhr für 150 000 Rp in 8 Std.
LABUAN BAJO stdl. von 7–17 Uhr für 110 000 Rp bzw. um 14 Uhr für 80 000 Rp in 4–5 Std.

Flüge

Der **Bandar Udara Frans Sales Lega** (RTG) liegt 2,6 km nordöstlich vom Zentrum.
TransNusa, 💻 www.transnusa.co.id, fliegt nach KUPANG.
Wings Air, 💻 www.lionair.co.id, fliegt nach ENDE und LABUAN BAJO.

Todo

Etwa 36 km südwestlich von Ruteng liegt das traditionelle Dörfchen Todo, das sich als Ursprung der Manggarai-Kultur versteht. Hier liegen die Gräber des zweiten Manggarai-Königs sowie der angeblich ersten Frau des Stammes, die noch aus West-Sumatra eingewandert sein soll. Da Stammvater Mashur aus diversen Dörfern je eine Frau genommen haben soll, werden weitverzweigte Verwandtschaften im Manggarai-Gebiet gepflegt.

Zentrum ist der rituelle Steinplatz, umgeben von drei traditionellen Häusern *(Mbaru Niang)*. Nur gegen Zahlung von 75 000 Rp p. P. hervorgeholt wird eine uralte, heilige Trommel *(Gendong Tutung)*, deren Trommelfell angeblich aus menschlicher Haut gefertigt wurde. Besucher werden herumgeführt und in die Bedeutung des *Compang*, in das Rechtssystem und diverse Bräuche eingeweiht. Frauen weben und verkaufen *Ikat*, und die Kinder freuen sich über Besuch. Eintritt 50 000 Rp inkl. Leih-Sarong und Führung. Übernachtung inkl. Abendessen und Frühstück für 150 000 Rp. Kontakt und Führung mit Titus, ✆ 0812-3798 4914, dessen Frau auch Mahlzeiten kocht.

Von Ruteng geht es bis zur Abzweigung in Pela (Bus 10 000 Rp). Von dort führt eine schlechte Straße 25 km nach Todo, Motorradtaxi ab Pela für 60 000 Rp. Alternativ fährt ein Lkw mit dröhnender Musik via Todo nach Denge, s. unten.

Wae Rebo

Die abgelegene Siedlung in 1200 m Höhe wird als „authentisches" Manggarai-Dorf beworben und von vielen Touren angesteuert. Mit etwas Zeit und Sprachkenntnissen kann man auch auf eigene Faust anreisen, allerdings sprechen viele Guides vor Ort kein Englisch. Die rund 600 Bewohner bauen nur Kaffee und Vanille an, die sie in Denge verkaufen und gegen Geld und Nahrungsmittel eintauschen; die Frauen flechten Korbwaren und Matten. Wie auf einer Sommeralm leben viele nur zur Erntezeit hier und verbringen den Rest des Jahres in einer tiefer gelegenen Siedlung. Höhepunkt des Jahres ist **Penti**, das Neujahrsfest zu Beginn eines Anbauzyklus, das meist Mitte November gefeiert wird und zahlreiche Besucher anzieht. Dann wird es richtig voll im Dorf, und Fotografen verbiegen sich beim *Caci*-Schaukampf (S. 487) für die besten Aufnahmen.

Die Anreise erfolgt von der Trans-Flores-Straße via Todo nach **Denge**. Zwischen dem nicht empfehlenswerten Homestay von Blasius Monta und der Schule führt ein ansteigender Pfad in 2–3 Std. (5,5 km) durch den Wald und vorbei an drei Rastplätzen nach Wae Rebo; der obligatorische Guide wird in Denge gestellt und kostet 200 000 Rp. Am zweiten Rastplatz Pocoroko ist die letzte Stelle mit Telefonsignal. Bei Registrierung im Haus des Dorfvorstehers wird eine Spende von 30 000 Rp fällig, ein Tagesbesuch inkl. Führung und Mittagessen kostet ab 120 000 Rp, eine Übernachtung inkl. 3 Mahlzeiten, Tee und Kaffee 325 000 Rp.

Während sechs der traditionellen, ohne einen Nagel errichteten **Manggarai-Häuser** *(Mbaru Niang)* mit den typischen, konisch geformten Strohdächern und düsterem Innenraum bis zu acht Familien beherbergen, dient eines als Ort für Zeremonien und zur Aufbewahrung heiliger Trommeln. In einem weiteren übernachten bis zu 40 Besucher auf Pandanmatten. Seit Wae Rebo populär geworden ist, sind hundert Besucher pro Tag in der Hochsaison keine Seltenheit. Das Dorf ist dann überfüllt, was der Atmosphäre leider Abbruch tut.

Ein umgebauter Lkw fährt von Ruteng nach Denge, zurück gegen 14 oder 15 Uhr.

Von Ruteng nach Bajawa

Die Etappe nach Bajawa führt zunächst durch die Berge, mit teils spektakulären Ausblicken in die Schluchten, dann ins küstennahe Tiefland und hinter Aimere schließlich gegen Ende hin wieder in höhere Gefilde. In Ruteng sollte bei Abreise der schöne Aussichtspunkt östlich vom Flugplatz nicht übergangen werden, S. 490.

Danau Ranamese

Der 43 m tiefe und 11 ha große See liegt 22 km östlich von Ruteng, unweit der Straße in einem Naturschutzgebiet. Wer den überteuerten Eintritt von 100 000 Rp in Kauf nimmt, kann mit einem Boot fahren, ein Stück um den See wandern und einen kleinen Wasserfall besuchen. Glücklich schätzen kann sich, wer kurze, abgehackte „Uh"-Rufe durch den Wald schallen hört: Es ist der Ruf der sehr seltenen Flores-Zwergohreule, die nur in dieser Region vorkommt. Ansonsten rechtfertigt das Gebotene den Eintritt nicht, zumal der See oft von Nebel und Regenwetter verhangen ist.

Aimere

Der geruhsame Hafenort an der Südküste ist v. a. für die Herstellung von Palmwein und -schnaps bekannt, der hier *Moke* heißt und am Straßenrand verkauft wird. Fast jedes Grundstück hat ein paar Palmen, die täglich von wendigen Jungs angezapft werden, wobei die Kletterer manchmal sogar von Baum zu Baum hüpfen. Der Saft gärt über Nacht und wird dann in Lehmpötten über einem Feuer erhitzt, wobei das Kondenswasser über ein Bambusrohr aufgefangen und gemessen wird, um den richtigen Zeitpunkt für das Abfüllen zu ermitteln. Dieser Vorgang wiederholt sich, bis der gewünschte Alkoholgehalt erreicht ist.

Man kann 7 km südwestlich bei Wailengga im **Leko Lembo Guesthouse**, ✆ 0822-3663 9712, 💻 http://lekolembo-guesthouse.jouwweb.nl, im gleichnamigen Dorf direkt am Meer wohnen, wo Janet aus Holland und ihr Mann Sius ein Bungalow mit zwei einfachen Zimmern, Ventilator, Moskitonetz und Schöpfkelle (statt Dusche) eingerichtet haben. Mittag- und Abendessen auf Bestellung, Frühstück inkl. ❷

TRANSPORT

Von der Hauptstraße in Aimere fahren **Minibusse** bis gegen 13 Uhr nach BAJAWA für 30 000 Rp. Vom Hafen fahren **Schiffe** nach KUPANG (West-Timor) 148 000–228 000 Rp sowie WAINGAPU (Sumba) für 80 000–115 0000 Rp, aktueller Fahrplan auf 💻 http://kupangasdp.blogspot.de.

Bajawa und Umgebung

Bajawa eignet sich hervorragend für Ausflüge nach Bena, Belaraghi und Riung. Das Zentrum hat dagegen seine einzige Attraktion verloren, seit der lebhafte Markt in einen Vorort umgezogen ist. Der auf 1100 m gelegene, mild temperierte Ort im Siedlungsgebiet der Ngada ist von Vulkanen umgeben. Darunter sind der fast exakt konische Kegel des **Gunung Inerie** (2245 m), der in gut drei Stunden anstrengenden Trekkings bestiegen werden kann, und der geologisch sehr viel jüngere **Wawo Muda** (1753 m) mit seinen fünf farbigen (manchmal ausgetrockneten) Kraterseen.

Bena und Luba

Etwa 16 km südlich liegt das für Touristen hergerichtete Ngada-Dorf Bena. Es besteht aus zwei gegenüberliegenden Reihen von 18 traditionellen Wohnhäusern mit Vordächern aus Bambus. Anthropomorphe Figuren zieren einige Dachfirste, und an den Balken erinnern Dutzende Büffelhörner an vergangene Opferfeste. Die kleineren Bauten sind **Geister- und Ahnenhäuschen**. Je nachdem, wen man fragt, erhält man in puncto Einwohnerzahl unterschiedliche Antworten: Bis zu 300 sagen manche – und zählen verstorbene Ahnen mit. Stammbäume sind leichter zu zählen: Neun Clans mit 18 Totems, je ein *Ngadhu* und ein *Bhaga* (s. Kasten) für jede Sippe.

Am Eingang trägt man sich ins Gästebuch ein und spendet 25 000 Rp, zudem informiert eine kleine Ausstellung über die Bräuche der Ngada. Besonders wichtig ist die feierliche **Pesta Reba** um den 27. Dezember, wenn alle Mitglieder einer Familien zusammenkommen. Jede Familie pflegt eigene *Ikat*-Muster und verkauft ihre Stoffe und geschnitzten Souvenirs auf der Veranda. Am hinteren Ende der Häuserreihe lohnt der Aufstieg zur **Aussichtsplattform** mit Blick ins Tal. Inmitten des grünen Walds sind die helleren Macadamia-Bäume gut zu erkennen; ihre Nüsse sind eines der Haupterzeugnisse von hier.

Auf direktem Weg von Bajawa nach Bena passiert die schmale Straße zuvor das Nachbardorf **Luba**. Es ist weitaus untouristischer und ärmlicher, auch der Steinplatz und die Geisterhäuschen fallen bescheidener aus. Die Bewohner gehen ihrem normalen Tagwerk nach und verkaufen weniger Souvenirs. Auch hier wird eine Spende und ein Eintrag ins Gästebuch erwartet. Ein Motorradtaxi sollte hin und zurück etwa 70 000 Rp kosten.

Wo die Geister wohnen

Ngadhu, die kleinen, schirmförmigen Pfähle mit Schnitzereien und einer Kriegerfigur auf der Spitze, repräsentieren das Maskuline im Kosmos der Ngada. Nachdem ein *Ngadhu* aus einem Baumstamm geschlagen worden ist, wird er in einer feierlichen Prozession von den Männern ins Dorf getragen. Frauen müssen dabei im Haus bleiben, wohnt dem Pfahl doch ein mitunter aggressiver, böser Geist inne. **Bhaga** sind die weiblichen Ahnensitze in Gestalt kleiner Hütten mit Strohdach, die häusliche Geborgenheit und Mutterschaft symbolisieren. In ihnen finden zwei Personen Platz für kleine Rituale der Ahnenverehrung, die allerdings ebenfalls von den Männern vollzogen werden.

Malanage Hot Springs

Rund 6 km südlich von Bena markieren kleine Warung und ein Parkplatz den als Naturheilbad geschätzten Zusammenfluss einer heißen Quel-

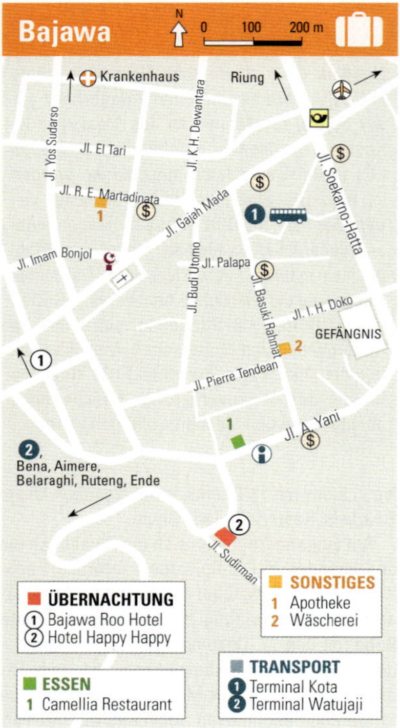

le und eines kalten Bachs. Hier kann man im 35–40 °C warmen, flachen Wasser entspannen und sogar mit einem Bein in heißem, mit dem anderen in kaltem Wasser stehen; einfache Umkleidekabinen sind vorhanden. Wer sich dem heißen Wasser und schwach schwefligen Dampf zu lange aussetzt, wird hinterher eventuell von Kreislaufschwäche und Übelkeit geplagt. Eintritt 10 000 Rp.

Belaraghi

Wem Bena und Luba zu touristisch sind, der kann sich auf den Weg ins entlegene Belaraghi machen. Die erstmals im 16. Jh. im Ngada-Stil errichteten und seither immer wieder renovierten Häuser weisen zahlreiche Verzierungen und Symbole auf, die ein mitgebrachter Guide erläutern sollte, da die Dorfbewohner kein Englisch sprechen. Insgesamt 16 Häuser stehen in zwei Reihen, wobei die fünf ältesten Häuser *(Sao Pu'u)* kleine Miniaturhäuschen auf den Dächern tragen, die jüngeren *(Sao Lobo)* dagegen eine menschliche Figur. Jeder der fünf Clans besitzt auf dem Ritualplatz aus Stein *(Loka)* einen *Bhaga* (s. Kasten S. 493). Angekündigte Besucher werden mit einer Begrüßungszeremonie und einem gemeinsamen Essen empfangen, eine Spende wird erwartet.

Belaraghi ist per Motorrad und Pkw erreichbar, die Straße ist aber in keinem guten Zustand. Von der Hauptstraße gen Westen geht es nach 35 km rechts ab nach Keligejo. Im Dorf **Pauleni** registriert man sich als Besucher und fährt bis **Paukate**, wo der 3 km lange Weg nach Belaraghi beginnt. Der schwierigere Wanderpfad führt von Beiposo nahe Bajawa über 11 km durch urwüchsigen Wald, erfordert gute Kondition und einen Guide, z. B. Wilhelmus Doi, ✆ 0852-3904 3771, ✉ wildoiyes@yahoo.com. Für Touren mit Übernachtung ruft er jedoch überzogene Preise auf, die unbedingt heruntergehandelt werden sollten.

ÜBERNACHTUNG

Bajawa Roo Hotel, Jl. Rogang Ole, ✆ 0384-222 3207, 💻 www.bajawaroo.com. Etwas abseits und doch fußläufig ins Zentrum genießen Gäste dieser 8 Zimmer zählenden Herberge fantastische Aussicht über die Stadt, v. a. zum Sonnenaufgang. Auf der Dachterrasse kann man sich beim Frühstück mit dem freundlichen Vermieter Moses sehr gut auf Englisch unterhalten und Ausflüge organisieren. ❸–❹

Hotel Happy Happy, Jl. Sudirman, ✆ 0384-21763, 💻 www.hotelhappyhappy.com. Das gepflegte Gästehaus hat saubere Zimmer, bequeme Betten und Warmwasser, aber auch Straßenlärm. Die holländisch-indonesischen Betreiber organisieren Transport und Motorräder für 100 000 Rp pro Tag. Einige Traveller waren von den angebotenen Touren mit Alfons enttäuscht. Wasser, Tee, Kaffee und gutes Frühstück inkl. ❹

Manulalu Bed & Breakfast, 3 km nordöstlich von Bena, ✆ 0812-5182 0885, 💻 www.fb.com/manulalubnb, Karte S. 481. Um die Gäste kümmert sich der nette Angestellte Jimmy in dem originell gestalteten Haus mit traumhaftem Ausblick von der Terrasse. Es umfasst 8 gemütliche Zimmer mit guten Matratzen, Warmwasser, Gemeinschaftsraum und Kamin. Frühstück inkl. ❹

ESSEN

Camellia Restaurant, Jl. Jen. A. Yani 82, ✆ 0384-21458. Vergleichsweise gutes Restaurant mit englischsprachiger Karte und soliden indo-chinesischen sowie westlichen Gerichten, Säften und Bier zu anständigen Preisen. Das süß-saure Schweinefleisch ist zwischen all den Standardgerichten besonders hervorzuheben. ⌚ 7–21.30 Uhr.

SONSTIGES

Medizinische Hilfe

RSUD Bajawa, Jl. Diponegoro 5, ✆ 0384-21030.

Post

Jl. Soekarno-Hatta. ⌚ Mo–Do 8–15, Fr bis 12 Uhr.

TRANSPORT

Busse und Minibusse

Vom Busbahnhof **Terminal Watujaji**, 3 km südlich des Zentrums (Minibus 5000 Rp), etwa stdl. bis 12 oder 13 Uhr (sonntags seltener) nach:
ENDE für 70 000 Rp in 4 Std.
RUTENG via AIMERE (30 000 Rp) für 70 000 Rp in 4 Std.
Vom **Terminal Kota** in der Jl. Gajah Mada nach RIUNG gegen 9 Uhr für 50 000 Rp in 3 Std.

In die komfortableren Busse von **Gunung Mas** nach ENDE oder RUTENG kann man an der Hauptstraße zusteigen, für eine Reservierung in Ende oder Ruteng anrufen, S. 499 bzw. S. 491.

Sammeltaxis

Sitze in privaten Taxis *(Travel)* sind über die Unterkunft zu organisieren. Fahrer warten manchmal an den Busbahnhöfen. Nach ENDE oder RUTENG für 100 000 Rp p. P. in 4 Std., LABUAN BAJO ab 160 000 Rp in 8–10 Std., MONI für 150 000 Rp in 6–7 Std.

Flüge

Vom kleinen **Bandar Udara Turalelo Soa**, 24 km nordöstlich von Bajawa, fliegen:
TransNusa, 💻 www.transnusa.co.id, nach KUPANG;
Wings Air, 💻 www.lionair.co.id, nach DENPASAR, LABUAN BAJO, KUPANG.

Riung

Die als „17 Islands" beworbenen (eigentlich 21) Inselchen vor Riung sind ein Meeresreservat mit idealen **Schnorchelgründen** und herrlichen weißen Sandstränden. Der rund 2000 Einwohner zählende Fischerort bietet entsprechend wenig Abwechslung, sodass ein bis zwei Übernachtungen ausreichen. Man kann ein Boot für 350 000 Rp inkl. Mittagessen chartern und den Tag auf dem Wasser zubringen; wird mehr verlangt, sollte man handeln oder sein Glück woanders versuchen, Eintritt ins Meeresreservat 100 000 Rp. Gut schnorcheln kann man vor der Insel **Tiga**, Leihausrüstung gibt es in Riung. Vor Bootstouren mit den Jungs der Bambusunterkunft links vom Pier wird gewarnt (Diebstahl). Abends verlassen zahlreiche Flughunde auf der Suche nach Nahrung die Inseln **Ontoloe** und **Kolong**.

ÜBERNACHTUNG

Bintang Wisata, ✆ 0813-3896 3187. Saubere, preiswerte Zimmer mit Moskitonetz, teils auch AC, bei freundlichen Gastgebern, die auch Schnorchelausflüge organisieren. Zudem kann der Besitzer auch Schnorchelausflüge organisieren. ❸–❹

Nirwana Bungalows, Jl. Pelabuhan, ✆ 0813-3852 8529, 💻 http://nirvanabungalows.doodlekit.com. Die 8 klimatisierten Zimmer in Bungalows mit Moskitonetz für 2–4 Pers. sind die beste Option im Ort. Schnorchel-verleih. Frühstück inkl., kein WLAN. ❹

TRANSPORT

Busse nach BAJAWA gegen 14 Uhr für 50 000 Rp in 3 Std. Nach ENDE via MBAY mit dem Damri-Bus gegen 6 Uhr für 60 000 Rp in 4–5 Std.

Ende und Umgebung

Die über 60 000 Einwohner zählende größte Stadt auf Flores liegt an einer Landzunge, deren zwei Vulkane von einer Legende umwoben sind: Zwei Riesen rangen um eine Frau, als dieser im Eifer des Gefechts der Kopf abgeschlagen wurde. Aus ihm wurde die vorgelagerte Pulau Ende, die beiden Riesen wurden zu den Erhebungen **Gunung Meja** (661 m) und dem nur meerseitig sichtbaren **Gunung Iya** (637 m). Die Stadt im Kerngebiet der **Ende-Lio** wird meist als uninteressanter Durchgangsort passiert, eignet sich aber durchaus für eine Übernachtung und zum Kauf von *Ikat*-Stoffen. Zum Sonnenuntergang lohnt der Blick vom großen Bootssteg beim Hafen **Pelabuhan Ende**, südlich vom Fischmarkt beim **moslemischen Kampung**.

Sukarno Museum

Noch zu Kolonialzeiten wurde Sukarno, später Indonesiens erster Präsident, wegen antikolonialer Publikationen von 1934–38 nach Ende verbannt. Hier schrieb er Theaterstücke und eine obskure Version des Frankenstein-Mythos mit dem Titel *Dr. Satan*. Ob er dabei an das zerstückelte Inselreich dachte, dass es auch nach der Unabhängigkeit zu einem lebendigen Ganzen zusammenzuflicken galt?

Sein kleines, damals von sechs Personen bewohntes Haus *Rumah Bung Karno* in der Jalan Perneira beherbergt das vernachlässigte **Sukarno Museum**. Im vorderen Raum stehen Schränke mit Büchern über Sukarno, alten Fotos und Haushaltsutensilien aus jener Zeit sowie ein von Sukarno gemaltes Bild mit balinesischem Motiv. Weiterhin sind Arbeits-, Schlaf- und Esszimmer sowie ein Hof mit Brunnen zu sehen. 🕒 Mo–Fr 8–17 Uhr. Ist abgeschlossen, sollte man nach Hausmeister Sayfrudin fragen, der gegen ein kleines Entgelt geholt wird. Ein Stück südwestlich blickt der in Bronze gegossene Staatsgründer vom **Lapangan Pancasila** in die Ferne.

Ikat-Markt

Die vielen kleinen Geschäfte in der nördlichen Jalan Pelabuhan und Jalan Pasar sind der ideale Ort, um sich einen Überblick über die verschiedenen Stile und Preise von *Ikat*-Stoffen aus ganz Ost-Nusa Tenggara zu verschaffen. Die Preise beginnen bei 80 000 Rp für einen einfachen, kleinen und chemisch gefärbten Schal aus importiertem Garn und steigen mit zunehmender Größe und Qualität auf bis zu 800 000 Rp. Antike Stoffe aus handgesponnener Baumwolle in natürlichen Farben können noch teurer sein, hängen aber selten in Läden. Man sollte die Preise verschiedener Geschäfte vergleichen und Zeit zum Handeln mitbringen. 🕒 6–17.30 Uhr.

Pantai Pengajawa

Die 3–5 km nordwestlich gelegenen Strände haben dunklen feinen Sand und sind zum Baden geeignet. Einheimische suchen die Ufer erst gegen Abend auf, wenn die Nachmittagshitze verflogen ist. Am Pantai Pengajawa, auch **Blue Pebble Beach**, mit zwei bei Fahrern beliebten Raststätten fallen türkisgrüne Steine ins Auge. Sie entstanden wahrscheinlich durch Sedimentation organischer Stoffe in einem Süßwassersee und wurden mit ansteigendem Meeresspiegel an Land gespült und glatt geschliffen. Als beliebtes Dekorationsmaterial für Fußböden und Wände werden sie buchstäblich haufenweise am Straßenrand verkauft – und dadurch immer weniger.

ÜBERNACHTUNG

DASI Guesthouse, Jl. Durian Atas 2, ✆ 0381-262 7049, 💻 auf Facebook. 15 kleine, klimatisierte Zimmer mit TV und winzigen Bädern, teils ohne Waschbecken. Zudem ein Schlafsaal für 9 Pers. à 100 000 Rp. Ausflüge und Transporte werden arrangiert. Vermietung von Motorrollern. Kleines Toastfrühstück, Tee und Kaffee inkl. ❸

Hotel Mentari, Jl. Pahlawan 19, ✆ 0381-21802. Die 10 zweckmäßigen, hellhörigen Zimmer mit AC und Neonlicht, teils auch Warmwasser und

Kleine Ikat-Kunde

© RENATE LOOSE

Während traditionelle Stoffe anderswo mit Songket-Techniken gewebt oder mit Batikmustern geschmückt sind, ist die Textilkunst Nusa Tenggaras für ihre Vielzahl von *Ikat*-Stilen bekannt. *Ikat* wird von den proto-malaiischen Völkern wahrscheinlich bereits seit der Dong-Song-Zeit produziert. Von alters her ist die *Ikat*-Herstellung ausschließlich Sache der Frauen, die dank der Einnahmen aus dem Verkauf nicht selten eine wichtige Rolle innerhalb der Familie einnehmen. Teurere Stoffe werden mit Naturfarben aus Baumrinde und Pflanzenfasern sowie Indigo gefärbt, zu erkennen an den weniger leuchtenden Farben.

Stoffe aus **Ende** sind in dunklen Erdfarben, meist Braun, gehalten. Die feinmaschig gewebten Muster verlaufen in Spalten über die Länge des Stoffes, setzen sich farblich voneinander ab und bestehen aus dreieckigen, floralen oder sich wiederholenden karoförmigen Motiven.

Ikat aus der Region **Manggarai** ist grobmaschiger, sehr bunt bestickt und weist kleine geometrische Muster auf, die sich in einer Reihe laufend wiederholen, aber auch viel vom dunklen Grundstoff übrig lassen.

Die oft nur ein- oder zweifarbigen Muster aus **Bajawa** sind hingegen deutlich dichter und heben sich in Gold oder Gelb vom dunklen Untergrund ab. Hier werden oft vierzackige Sterne oder andere sich wiederholende geometrische Formen verwendet. Auch verlaufen die Muster über die gesamte Länge des Stoffes, ähnlich einer Bordüre.

Ikat aus Kelimara ist weich und eignet sich daher gut als Schal oder Decke. Die Motive ähneln denen aus Ende, sind aber feiner gewebt und weniger geometrisch. Meist sind die Grundstoffe schwarz, die Muster weiß und rot- oder gelbbraun.

Die Webkunst auf **Sumba** setzt sich durch ihre Motivwahl deutlich von anderen *Ikat* ab. Auf den größtenteils erdfarbenen, harten und grobmaschigen Stoffen finden sich menschliche Gestalten, Tiere und Fabelwesen, oft mit Muscheln verziert und nur von einer Leiste viereckiger Formen unterbrochen.

Ikat-Arbeiten der Insel **Sawu** ähneln den Stoffen aus Bajawa, die beliebtesten Farben sind allerdings Rotbraun und Weiß. Die sich wiederholenden Muster verlaufen entlang der Länge des Stoffes und sind floral oder wappenähnlich.

Ende
1000 m
0
200
400
600
800
N
1, Pantai Nangapendu, Pantai Pengajawa
Bajawa (125 km)
Moni (53 km), Maumere (148 km)
2, 3
Wolowona
RSUD
Jl. Prof. W. Z.Yohanes
Jl. Jen. Basuki Rahmat
Jl. El Tari
Jl. Melati
Jl. Nenas
Jl. Jen. Gatot Subroto
AIRPORT
Pelabuhan Ipi
Jl. Udayana
Jl. Nuamori
Jl. Nangka
Jl. Kelimutu
Jl. Jen. A. Yani
Jl. Hayam Wuruk
Jl. Diponegoro
Pasar-Potulando
Jl. Pattimura
Jl. Banteng
POLIZEI
Jl. Polisi
Jl. Garuda
Jl. H. Doko
Jl. Pahlawan
Jl. Jen. Sudirman
Kathedrale
Jl. Y. Sudarso
Jl. Perneira
Sukarno Museum
Jl. R. A. Kartini
Jl. Soekarno
Jl. M. Hatta
Taman Kota
Lapangan Pancasila
IKAT-MARKT
FISCH-MARKT
MARKT
Jl. Kemakmuran
Jl. Pasar
Jl. Pelabuhan
Waingapu, Kupang, Makassar
Pelabuhan Ende
ÜBERNACHTUNG
1 DASI Guesthouse
2 Hotel Mentari
ESSEN
1 Mokka Coffee
2 Restaurant Pangan Lokal
3 Cita Rasa Restaurant
4 Sari Rasa
SONSTIGES
1 K24-Apotheke (24 Std.)
2 Loka Binkra
3 Apotheke
4 Roxy-Supermarkt
5 Sehati Art Shop
TRANSPORT
1 Terminal Ndao
2 Terminal Roworeke
3 Pangkalan Travel
4 Gunung Mas
5 Pelni

Kühlschrank, haben wenig für sich bis auf das gute Preis-Leistungs-Verhältnis. Restaurant mit Balkon im 2. Stock, wo auch Bier verkauft wird. Frühstück inkl. ❸–❹

ESSEN

Cita Rasa Restaurant, Jl. Kelimutu 59, ✆ 0381-24035. Westliche, chinesische und indonesische Küche kommt zu verträglichen Preisen auf den Tisch. Die Auswahl ist vergleichsweise groß – von Seafood über Rippchen und Vegetarisches ist alles dabei. WLAN. ⌚ 7–22 Uhr.

Mokka Coffee, Jl. Melati, Ecke Jl. Prof. W. Z. Yohanes, ✆ 0812-2452 5252. Ein mit Ziegelwänden und etwas Retro-Design für Ende-Verhältnisse fast schon mondänes Café mit allerlei Spezialitäten der schwarzen Bohne in Barista-Qualität sowie Pizza, Sandwiches, Snacks und WLAN. ⌚ 11–23 Uhr.

Restaurant Pangan Lokal, Jl. Melati 68, ✆ 0381-21256, 0852-3902 2974. Das kleine Familienrestaurant mit Platz für 6 Gäste an einem Tisch kocht nur nach Voranmeldung, sticht aber hervor, denn: Es gibt traditionelle Lio-Gerichte wie *Nasi Jagung*, *Ngeta* (Blattgemüse), *Ubi Ndota* sowie den leckeren *Teh Kemangi* zu günstigen Preisen. Es wird kaum Englisch gesprochen.

Sari Rasa, Jl. Jend. A. Yani. Der nette Ali und seine Frau servieren ihren Gästen 4 günstige indonesische Gerichte ohne Glutamat, dafür mit frischen Zutaten und einem gewissen Etwas: Die *Bakso* bekommen eine Herzform, die Nudeln sind hausgemacht und die mit Kokos verfeinerte Hühnerbrühe wird stundenlang gekocht. ⌚ 18–24 Uhr.

EINKAUFEN

Dinge des täglichen Bedarfs führt der **Roxy-Supermarkt**, Jl. Jen. A. Yani.

Loka Binkra, Jl. Jen. Gatot Subroto. Das von der Regierung unterhaltene Souvenirgeschäft verkauft *Ikat*, Snacks und Korbwaren. ⌚ 8–14 Uhr.

Sehati Art Shop, Jl. Jen. A. Yani. Kleiner Laden vor dem Flughafen mit *Ikat* sowie Holzschnitzereien, Schmuck und Korbtaschen zu leicht überdurchschnittlichen Preisen. ⌚ 8–16 Uhr.

SONSTIGES

Medizinische Hilfe

RSUD, Jl. Prof. W. Z. Yohanes, ✆ 0381-21031, 262 7100, 💻 www.blud-rsuende.com.

Polizei

Jl. Polisi, ✆ 0381-21501.

Post

Jl. Jen. Basuki Rahmat 15, ✆ 0381-21203, und Jl. Yos Sudarso. ⌚ Mo–Do 8–15, Fr 8–12, Sa 8–13 Uhr.

TRANSPORT

Innerorts fahren *Ojek* und Minibusse für 5000–15 000 Rp.

Busse

Vom Busbahnhof **Terminal Ndao** verkehren von 7–13 Uhr Busse nach:
BAJAWA für 60 000 Rp in 4–5 Std.
RIUNG gegen 12 Uhr für 60 000 Rp in 4–5 Std.

Vom Busbahnhof **Terminal Roworeke** bis 15 Uhr nach:
MAUMERE via MONI (20 000 Rp, 2 Std.) von 7–14 Uhr für 60 000 Rp in 5 Std.

Gunung Mas, Jl. Kelimutu (von der Straße zurückversetzt zwischen den Häusern), ✆ 0852-3933 9933 (Reservierung empfohlen), hat bequemere und komfortablere Busse nach:
MAUMERE via MONI (100 000 Rp, 2 Std.) gegen 14 oder 15 Uhr für 120 000 Rp in 4 Std.
RUTENG via BAJAWA (100 000 Rp, 4–5 Std.) um 6.30 Uhr für 150 000 Rp in 8 Std.
Eine Abholung von der Unterkunft kann vereinbart werden.

Sammeltaxis

Vom **Pangkalan Travel**, 4 km östlich des Zentrums linker Hand, fahren Privattaxis von 8–18 Uhr nach MONI, 50 000 Rp p. P., und

MAUMERE, 100 000 Rp p. P., sobald 5 Passagiere zusammenkommen oder jemand das Fahrzeug chartert. Auch die Unterkünfte organisieren Fahrer.

Fähren

Eine Fähre der **ASDP** fährt nach WAINGAPU (Sumba) am So gegen 21 Uhr für 82 000 Rp in 11 Std.

Pelni, Jl. Jen. A. Yani 2, ✆ 0381-21043, ⌚ Mo–Fr 8–14 Uhr, fährt 2–3x monatl. nach ROTE, WAINGAPU, KUPANG, BIMA und MAKASSAR, Fahrplan und Preise auf 🖳 www.pelni.co.id.

Flüge

Vom **Bandar Udara H. Hasan Aroeboesman** (ENE) mit:

TransNusa, 🖳 www.transnusa.co.id, nach KUPANG;

Wings Air, 🖳 www.lionair.co.id, nach DENPASAR, KUPANG, LABUAN BAJO.

10 HIGHLIGHT

Gunung Kelimutu

Drei **Kraterseen**, deren Wasser auf faszinierende Weise die Farben wechselt, sind die Attraktion des 1690 m hohen **Gunung Kelimutu**, auf dem sich allmorgendlich Scharen von Touristen zum Sonnenaufgang einfinden. Seit einer Eruption des Gunung Iya bei Ende im Jahr 1969 haben sich die Seen bereits mehrmals drastisch verfärbt, da das Wasser in immer tiefere Gesteinsschichten vordringt und dabei unterschiedliche Mineralien löst.

Die Krater sind dem Volksglauben nach die Ruhestätten verstorbener Seelen. Die der Kinder wohnen im **Tiwu Nuwa Muri Koo Fai**, einstmals türkisfarben, dann tiefblau, zwischenzeitlich dunkelgrün und zuletzt wieder türkis. Die Seelen der Alten ruhen nebenan im **Tiwu Ata Mbupu**; der einst dunkelblaue See war zwischenzeitlich fast schwarz und zuletzt nahezu ähnlich türkis wie im See nebenan. Im **Tiwu Ata Polo** warten die Sünder bis zur Nacht, um mit dem Wind emporzufliegen; dieser einst rote, später dunkelgrüne See war zuletzt von dunkelbrauner, fast schwarzer Farbe. Die umliegenden 50 km² sind ein **Nationalpark** mit vielen endemischen Pflanzen- und Tierarten.

Von den Besuchern, die meist nur eine Nacht bleiben und nach dem Besuch der Seen weiterziehen, lebt das kleine Dorf **Moni**, nordöstlich des Bergs an der Hauptstraße. Etwa 1,5 km westlich zweigt eine Straße rechts ab und führt ca. 11 km bergauf, aber nicht sehr steil. Auf halber Strecke werden Mo–Sa 150 000 Rp, So 225 000 Rp **Eintritt** fällig, Motorrad 5000–7500 Rp, Pkw 10 000 Rp. Am Parkplatz (1450 m) sind Warung mit Kaffee und Instantnudeln. Ein Fußweg führt von hier etwa 20 Minuten durch lichten Wald und Gesträuch zu den Seen. Wer diese ungestört erleben will, kann im Laufe des Vormittags oder Nachmittags kommen, wenn die meisten Besucher weg sind und das Tageslicht die Farben der Seen schön zur Geltung bringt. In jedem Fall warme Kleidung mitbringen!

ÜBERNACHTUNG

Die Unterkünfte liegen an der Straße, daher sind Ohrenstöpsel eine gute Investition; Klimaanlagen sind unnötig, Warmwasser und Frühstück sind die Regel, WLAN ist leider die Ausnahme. Man sollte keine hohen Erwartungen an den Service stellen und sich nicht auf mehrtägige Tourangebote der Vermieter einlassen.

Andhy's Lodge, ✆ 0813-3798 0855, 🖳 www.fb.com/andhyslodge. Die 3 sauberen, geräumigen Zimmer in einem Reihenhaus oberhalb der Straße haben bequeme Matratzen und Bäder ohne Tür. Frühstück inkl. ❹

Antoneri Lodge, ✆ 0852-2841 6877. In dem vergleichsweise weit zurückversetzten Haus gibt es rund ein Dutzend spartanische Behausungen für alle, die einfach so günstig wie möglich im Doppelzimmer schlafen möchten. In einigen Zimmern ist der Wasserdruck sehr schwach. ❷

Estevania Lodge, ✆ 0821-4799 5023, ✉ estevanialodge@gmail.com. Jenny und ihre nette Familie vermieten im Haus hinter einem Grab 3 saubere, kleine, einfach eingerichtete Zimmer sowie ein teures in der Etage darüber. Frühstück inkl. ❸–❹

Wanderungen vom Kelimutu nach Moni

- **Route:** Kelimutu-Seen–Pemo–Sigo–Mboti–Kopobhoke–Woloki–Nuaguta–Woloara–Kombobewa–Murundao-Wasserfall–Moni, alternativ die kürzere Variante von der Straße her
- **Ausgangspunkt:** die Kelimutu-Seen
- **Schwierigkeitsgrad:** einfach
- **Länge:** 6–8 km
- **Höhenunterschied:** ca. 1000 m
- **Ausrüstung:** feste Schuhe, Wasser
- **Orientierung:** Unproblematisch. Zur Sicherheit die Anwohner nach dem nächsten Ort auf der Route fragen, um nicht vom Weg abzukommen.

Wer gut zu Fuß ist, kann sich zum Parkplatz hinauffahren lassen (s. Nahverkehr S. 503), um nach dem Besuch der Seen zurück ins Tal zu wandern. Dabei bieten sich Pfade an, die von der Straße abgehen und über mäßiges Gefälle an vereinzelten Bauernhäusern, kleinen Plantagen und kleinen Siedlungen vorbei führen. Wo sie sich gabeln und kreuzen, sind oft Einheimische nicht weit, die bei der Orientierung behilflich sind. Reizvoll ist bei dieser Wanderung weniger die Landschaft als vielmehr die Möglichkeit, mit der einfachen Landbevölkerung in Kontakt zu kommen.

Die lange Variante

- **Dauer:** 3–4 Stunden

Die längere Wanderung führt über einen Abzweig knapp unterhalb des Parkplatzes rechts ab und 30–45 Minuten nach Südosten ins Dorf **Pemo** (1050 m), wo man sich gen Norden wendet und auf dem schlängelnden Pfad via **Sigo** und **Mboti** nach **Kopobhoke** (950 m) läuft. Von hier geht es in nordöstlicher Richtung nach **Woloki** (800 m),

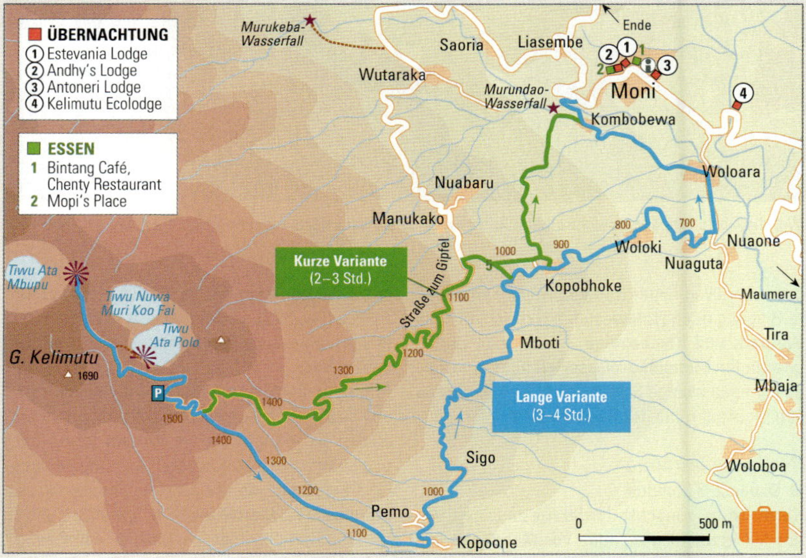

Wer die Dörfer am Kelimutu durchwandert, gewinnt viele Eindrücke vom bäuerlichen Leben.

bevor der Weg hinter **Nuaguta** (700 m) eine weite Biegung nach Nordwesten beschreibt und via **Woloara** und **Kombobewa** an den zum Baden geeigneten **Murundao-Wasserfall** führt. Nun sind es nur noch wenige Schritte zurück an die Straße von Moni auf Höhe des Rainbow Café.

Die kurze Variante

- **Dauer:** 2–3 Stunden

Kürzer ist es, zunächst der Straße zu folgen, von der auf etwa 1050 m, noch vor **Manukako**, ein unbefestigter Weg rechts ab führt. Er verläuft zunächst nach Südosten und trifft nach ca. 900 m etwas nördlich von **Mboti** auf den oben beschriebenen Weg.

Alternativ geht eine Abkürzung vorher links ab und direkt nach **Kopobhoke**. Dort folgt man entweder der Hauptroute via **Woloki** (s. o.) oder begibt sich nach Nordwesten auf einen schmalen Trampelpfad, der die kürzeste Verbindung zum **Murundao-Wasserfall** bildet. In letzter Zeit gab es hierüber Berichte über zunehmende Vermüllung.

Ein faires Homestay-Projekt mit Lokalkolorit

Mit Unterstützung von Swisscontact und dem Schweizer Staatssekretariat für Wirtschaft hat das Dorf **Waturaka** an der Straße zum Kelimutu ein gemeindebasiertes Tourismusprojekt mit fünf Homestays entwickelt. Je nach Saison kann man beim Reispflanzen oder -ernten helfen, Himbeeren pflücken, lokale Spezialitäten kosten oder an einer heißen Quelle baden. Ein Wanderweg führt zum 55 m hohen Murukeba-Wasserfall. Auf dem Rückweg lohnt der Abstecher zum kleinen Mutulo-Geysir. Sein Dampf hat die Felsen gebleicht, und es haben sich kleine Becken mit kochend heißem Wasser gebildet. Kontakt: Angela Katharina Dambo, ✆ 0812-3771 6047, Agustinus Bili da Silva, ✆ 0812-3775 0236.

Kelimutu Craters Eco Lodge, ✆ 0361-747 4205 (Büro in Bali), 💻 www.kelimutuecolodge.com. Hübsche Anlage mit Garten, Restaurant und 11 Zimmern, zum Teil in strohgedeckten Massivbungalows mit viel Naturstein, Safe und kleinem Balkon mit Blick auf den Kelimutu, einige auch mit Open-Air-Bad. Die Anlage nutzt Solarenergie, UV-Wasseraufbereitung und Recycling. Frühstück inkl. ❻–❼

ESSEN

Bintang Café, ✆ 0852-3790 6259. Das abends belebte, kleine Restaurant tischt von *Nasi Goreng* bis *Pancake* die gängige Traveller-Kost zu verkraftbaren Preisen auf und hat Bier im Kühlschrank. 🕒 7–22 Uhr.
Chenty Restaurant, nebenan. Die sehr einfache Gastronomie dieser Holzveranda sticht mit Hausmannskost hervor: *Moni Cakes*, kleine Gemüse-Kartoffel-Medaillons nach eigenem Rezept. 🕒 7–22 Uhr.
Mopi's Place, ✆ 0813-3736 5682, 💻 www.fb.com/mopisplace. Kreativ und einladend gestalteter Traveller-Treff mit offener Küche und herzhaften Gerichten, zudem guter Kaffee, hausgemachte Kuchen und Blick auf das Treiben an der Straße. Abends spielt man Brettspiele, trinkt Bier oder starke *Moke*-Drinks. 🕒 7.30–24 Uhr.

FESTE

Während des **Kelimutu-Festes** Mitte August werden zwischen den Seen traditionelle Tänze der Lio aufgeführt und Opfergaben auf einem Steinaltar am Tiwo Ata Polo dargebracht. Selbst am Parkplatz finden Zeremonien statt.

INFORMATIONEN

Das **Flores Tourism Info Office** neben dem Chenty Restaurant hat Infos, Broschüren und Mietfahrräder. 🕒 Mo–Sa 8–12, 15–18 Uhr.

NAHVERKEHR

Pkw zum Gunung Kelimutu kosten 500 000 Rp hin und zurück. **Motorradtaxi** 100 000 Rp. **Selbstfahrer** können in einigen Unterkünften ein Motorrad für 80 000–100 000 Rp mieten.

TRANSPORT

An der Straße erwischt man bis in den Nachmittag **Busse** nach ENDE für 20 000 Rp in 2 Std. und MAUMERE für 40 000 Rp in 3 Std. Die Unterkünfte vermitteln Sitze in **Sammeltaxis** nach MAUMERE oder ENDE für 50 000–80 000 Rp p. P., Charter 400 000–500 000 Rp.

Maumere und Umgebung

Die über 50 000 Einwohner zählende Hafenstadt an der Nordküste ist ähnlich unattraktiv wie Ende und für Touristen vorwiegend ihrer Flugverbindungen wegen interessant. Die Sehenswürdigkeiten liegen außerhalb des Stadtgebiets, und auch für längere Aufenthalte zum Tauchen und Schnorcheln sind die Unterkünfte entlang

der weitflächig zersiedelten Bucht dem Stadtzentrum vorzuziehen. Die Region wird mehrheitlich vom Volk der **Sikka** bewohnt, das seinen Namen auf die sagenumwobene Königin Sikka Du'a Go'it zurückführt. Die Stadt selbst wurde von Portugiesen und ihren eurasischen Abkömmlingen gegründet, die nach ihrer kurzen Herrschaft die ganze Insel 1851 an die Niederlande verkauften. Was blieb, waren portugiesische Adelstitel und der Katholizismus; der letzte Sikka-Fürst Dom Sentia da Silva trat seine Macht erst mit dem Untergang des niederländischen Kolonialreichs ab, und noch 2005 wurde die Stadt zum Bistum.

Westlich von Maumere

Knappe 4 km östlich liegt das auf Pfählen erbaute Bugis-Fischerdorf **Wuring**. Schon seit Jahrhunderten siedeln seefahrende Bugis aus Sulawesi an den Küsten der Sunda-Inseln. Man kann beim Bau von Holzbooten oder beim Verladen des Fangs zusehen. Große Bottiche mit Thunfisch wechseln den Besitzer, und ein Blick auf die Kutter enthüllt die clevere Fangmethode: Schläuche sprenkeln Wasser auf die Meeresoberfläche, was die Thunfische nach oben lockt, wo sie harpuniert werden. Nur 6 km weiter leben in **Nangahure** pflegebedürftige Kinder im kirchlich finanzierten **Kinderheim Maria Stella Maris**. Besucher können sich den bunten Skulpturenspielplatz anschauen, in dem ein Künstler den Vorstellungen der Kinder von sich und ihrer Umwelt mit Beton und viel Farbe Ausdruck verlieh.

Südlich von Maumere

Mit fabelhafter Aussicht lockt die Fahrt ins 5 km südwestliche **Nilo** auf dem Keli-Hügel. Zu Füßen der 28 m hohen Marienstatue **Bunda Segala Bangsa**, die auf einem (an Flores ausgerichteten) Globus und der biblischen Schlange steht, sieht man Maumere, den Gunung Egon, die Inseln Pulau Besar sowie Palu'e und die südliche Küste. Im 7 km von Maumere entfernten **Ledalero** kann beim örtlichen Priesterseminar das kleine **Bikon Blewut-Museum** besucht werden. Die interessant-obskure, bunt durcheinander gewürfelte Sammlung umfasst neben wertvollen *Ikat* und Elfenbeinschnitzereien auch Fossilien, altes Steinwerkzeug, Schmuck, Muscheln, alte Fotoalben, Ming-Porzellan und Knochenfunde. Sehenswert sind die handgezeichneten Karten und alten Musikinstrumente aus Flores und Timor. Ein Foto des letzten Raja von Larantuka zeigt ihn in mittelalterlich anmutendem portugiesischem Aufzug. ⌚ Mo–Fr 7–13.30, Sa bis 12.30 Uhr, Eintritt 10 000 Rp.

In **Nita**, 2 km südlich von Ledalero, betreibt *Ikat*-Expertin Alfonsa Horeng die Weberinnen-Kooperative *Tenun Ikat Lepo Lorun*, ✆ 0852-3716 5140, 💻 www.ikatflores.com, und vermietet ein Zimmer an Interessierte, die mehr über die Webkunst erfahren möchten. Minibusse ab Terminal Madawat kosten 10 000 Rp, 20 Min.

ÜBERNACHTUNG

Zentrum

Hotel Silvya, Jl. Gajah Mada 88, ✆ 0382-21829, 💻 www.sylviahotelmaumere.com. Ein akzeptables Mittelklassehotel mit Instandhaltungsmängeln, dessen 79 ältere Zimmer mit AC, bequemen Betten, Warmwasser und TV ausgestattet sind. Dank Pool, freundlichem Service und Restaurant die beste Option für eine Nacht nahe dem Busbahnhof. Shuttle vom/zum Flugplatz. Frühstück inkl., WLAN in der Lobby. ❹

Wini Rai Hotel, Jl. Gajah Mada 50, ✆ 0382-21388. Rund um den kleinen, begrünten Innenhof liegen alte, sehr einfache Zimmer mit ein paar Holzmöbeln, teils auch TV und AC; einige haben Mandi, andere Dusche. Die billigsten Zimmer sehen entsprechend aus, Zimmer vorn sind ziemlich laut. Frühstück inkl. ❷–❸

Östlich der Stadt

An den Abzweigungen ist Aus- bzw. Zustieg in Minibusse möglich. Taxis aus Maumere 100 000–150 000 Rp, WLAN oft nur im Restaurant. Kilometerangaben gelten ab Maumere:

Amrita Resort, 14 km, Waiara, ✆ 0822-3779 2682, ✉ palhtg@hotmail.com. Zwischen den Kokospalmen lädt der freundliche Herry aus Sumatra in seine 2 geräumigen, freistehenden sowie 1 Doppelbungalow mit komfortabler Ausstattung entsprechend der Preisklasse und ganz viel Ruhe. Verleih von Stand-Up-Paddles. Schnorchelausrüstung und Frühstück inkl. ❺

Ankermi Bungalows, 29 km, Watumita, ✆ 0812-466 9667, 💻 www.ankermi-happydive.com. Vor einem für Muck Diving geeigneten Küstenabschnitt situierte Anlage für Taucher unter Leitung von Claudia aus der Schweiz. Die 7 recht eng zusammenstehenden Bungalows mit Open-Air-Bädern sind schon älter. Der Service und das Restaurant sind ausbaufähig, und Schnorchelzeug kostet 30 000 Rp pro Tag. Frühstück inkl., kein WLAN. ❹

🌳 **Budi Sun Flores Diving Resort**, 12,8 km, Wairbleler, ✆ 0813-5323 7327, 💻 www.budi-sun-resort.com. Das Tauchresort mit großem Garten und Pool unter deutsch-floresischer Leitung bietet 8 mit Sikka-Begriffen betitelte, komfortable und geräumige Zimmer und Bungalows mit Federkernmatratzen, AC, Safe, großem TV, Kühlschrank, Wasserkocher und relativ hochwertiger Einrichtung. Die Chefin Netty hat lange in Deutschland gelebt und engagiert sich mit einer kleinen Stiftung für soziale Projekte. Frühstück inkl. ❺–❼

Coconut Garden Beach Resort, neben Budi Sun Flores Diving Resort, ✆ 0821-4426-0185, 💻 www.coconutgardenbeachresort.com. Honeymooner oder Freunde des gepflegten Strandurlaubs werden sich in den 8 luftigen Bungalows wohlfühlen. Diese überzeugen mit offener Architektur, hohen Runddächern, breiten Fensterfronten, zentral im Raum stehenden Betten und stimmigem Interieur aus Bambus und anderen Naturmaterialien. Wer vom Schnorcheln oder Kajakfahren zurückkehrt, kann in der Hängematte oder an der Bar relaxen. Frühstück inkl. ❼

🌳 **Sea World Club Dive Resort**, 8,8 km, ✆ 0382-242 5089, 0821-4770 0188, 💻 www.flores-seaworldclub.com. Das einer katholischen Stiftung angegliederte Resort mit gepflegtem Garten bietet 23 saubere Bungalows mit AC, Veranda, Wasserkocher und Warmwasser, wobei die teureren am Strand deutlich schicker wirken. Einige Zutaten im

Restaurant stammen aus dem eigenen Garten. Es gibt hausgemachtes Brot und solide westliche Küche. Der seit 1959 auf Flores tätige Pater Bollen hat tolle Geschichten auf Lager und lädt Mi und So ab 18.30 Uhr zum abendlichen Plausch. Die Gewinne kommen der Malariabekämpfung, Behinderten- und Waisenhilfe oder Schulen zugute. Frühstück inkl. ❺–❼

€ **Sunset Cottages**, 29 km, Wairterang, ✆ 0821-4768 7254. Sparfüchse und Backpacker finden hier 4 Bambushütten mit Strohdach, Moskitonetz und bis auf das Bett keinerlei nennenswerter Einrichtung. Henrik arrangiert Schnorcheltouren für max. 6 Pers. (600 000 Rp pro Boot) und Touren zum Gunung Egon. Wer kein Zimmer mehr bekommt, kann es nebenan im **Sante Sante**, 💻 www.santesante-homestay-flores.com, versuchen, wo Katrin und Marleno zwischen der Straße und dem Strandbistro einen Bungalow vermieten. Frühstück inkl. ❷–❸

NUSA TENGGARA

EINKAUFEN

Roxy, Jl. Don Thomas. Supermarkt mit Waren des täglichen Bedarfs und Bier. 🕒 Mo–Sa 9–21, So 14–21 Uhr.

AKTIVITÄTEN

Bergsteigen

Trekkingtouren auf den 1703 m hohen **Gunung Egon** beginnen im Dorf Andalan, kosten 450 000 Rp und dauern ca. 3 Std. Bei einem Snack am Kraterrand kann man die Aussicht genießen, bevor es in 2 1/2 Std. zurück geht. Man kann den Ausflug über die Unterkünfte organisieren oder direkt bei Marleno Lopez, ✆ 0813-3734 8453, 💻 www.marleno-flores-tourguide.com.

Tauchen und Schnorcheln

Die vorgelagerten Korallenriffe und Steilwände zählen zu den besten Tauch- und Schnorchelspots von Flores. Bei **Gusung Boni** und **Pulau Pemana Besar** gibt es Steilabfälle mit guten Sichtverhältnissen. **Pulau Besar** besitzt ähnliche, nach Aussagen erfahrener Taucher sogar die besten *Drop-offs*. Die kleine **Pulau Babi**, 37 km von Maumere, begeistert mit *The Crack*, einem 10 m tiefen Erdspalt, an dem sich Plectorhinchus, Kugel- und Kofferfische, Pfeilgrundeln und Adlerrochen tummeln. Am nahen Steilabfall mit milder Strömung und kleinen Schlupflöchern wachsen Fächerkorallen, Schwämme, und man sieht kleine Haie, Rochen, Schildkröten, Seepferdchen, Makrofauna und Leierfische.

Die *Fish Soup* an der kleinen Sandbank **Pangabatang** ist ein schmaler Durchlass zwischen Festland und Insel mit respektabler Strömung. Rochen, Weißspitzen-Riffhaie, Schnapper, Drückerfische, Papageienfische, Wahoos und Napoleonfische tummeln sich hier, manchmal sogar Hammerhaie. Flachere Passagen eignen sich bei schwacher Strömung auch zum Schnorcheln.

Die Preise der Tauchresorts (s. Übernachtung) sind p. P. bei mind. 2 Pers.:

Ankermi: 2 Tauchgänge vom Boot 65 €, Tauchgang vom Strand 25 €, Open-Water-Kurs 350 €; Schnorchelausrüstung 60 000 Rp pro Tag, bei Ausflügen für 200 000 Rp inkl.

Budi Sun Flores Diving Resort: 2 Tauchgänge vom Boot 69 €, Tauchgang vom Strand 25 €, Open-Water-Kurs 320 € und Schnorcheln vom Boot ab 3 Pers. 25 €.

Sea World Club Dive Resort: 2 Tauchgänge für US$75 zzgl. Ausrüstung für U$15. Schnorcheltour ab 4 Pers. US$25 p. P. Ausrüstung zum Schnorcheln am Strand US$5.

SONSTIGES

Medizinische Hilfe

RSUD, Jl. Wairklau, ✆ 0382-21314.

Post

Jl. Pos. 🕒 Mo–Sa 8–14 Uhr.

Visaangelegenheiten

Jl. Adi Sucipto 24, ✆ 0382-21150. 🕒 Mo–Fr 8–12, 13–16 Uhr.

TRANSPORT

Busse

LARANTUKA via WAIARA (Unterkunft nennen) ab Jl. Raja Centis alle 1–2 Std.

Umgebung Maumere

von 7–14 Uhr für 60 000 Rp in 4–5 Std., Zustieg auch an der Landstraße vor den Unterkünften.
Die letzten 7 km in Larantuka mit Motorradtaxis oder Minibussen für 10 000 Rp.

Vom **Terminal Madawat**, Jl. Gajah Mada, nach:
ENDE via MONI (40 000 Rp, 3 Std.) von 7–14 Uhr für 50 000 Rp in 4 Std.

Vom **Terminal Lokaria**, 5 km östlich des Zentrums (Minibus 5000 Rp) nach:
DOKA und BOLA vormittags für 10 000 Rp in 20 Min.
WAIARA (Unterkunft nennen) von 6–17 Uhr für 5000 Rp in 15–20 Min.

Gunung Mas, mit Agent im Beng Goan Hotel 1, Jl. Moa Toda, ✆ 0813-3919 0020.
Schnellere und komfortablere Busse fahren nach:
RUTENG via MONI (3 Std.), ENDE (120 000 Rp, 5 Std.), BAJAWA (200 000 Rp, 8 Std.) gegen 6 Uhr für 250 000 Rp in 12 Std., Abholung im Stadtgebiet bei rechtzeitiger Reservierung möglich.

Fähren

Pelni, Jl. Don Djuan, ✆ 0821-4504 0411, ⌚ Mo–Fr 8–12, 13–16 Uhr. 2–4x monatl. nach KUPANG, LEWOLEBA, MAKASSAR, BALIKPAPAN und TARAKAN. Fahrplan und Preise auf 💻 www.pelni.co.id.

Flüge

Vom **Bandar Udara Frans Seda** (MOF), 3 km östlich des Zentrums, fliegen:
NAM Air, 💻 www.sriwijayaair.co.id, nach KUPANG;
TransNusa, 💻 www.transnusa.co.id, nach KUPANG und MAKASSAR;
Wings Air, 💻 www.lionair.co.id, nach DENPASAR und KUPANG.

Von Küste zu Küste – Rundfahrt auf Flores

- **Route:** Geliting–Watublapi–Doka–Bola–Wolokoli–Waipare–Maumere–Geliting
- **Länge:** ca. 35 km
- **Fahrzeug:** Motorroller oder Pkw mit Fahrer
- **Straßenbeschaffenheit:** überwiegend gut

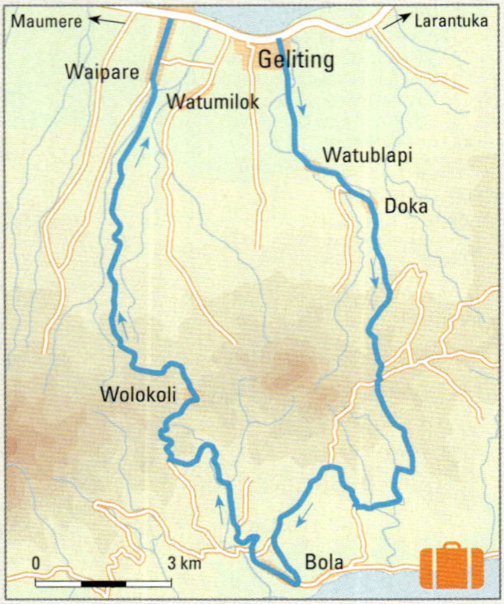

Der schmale Inselabschnitt von nur 12 km Breite ermöglicht einen Besuch der Südküste in kürzester Zeit. Mit Stopps in kleinen Dörfern kann so ein halber Tag mit einer Rundfahrt verbracht werden, bei längeren Aufenthalten in Doka oder Bola auch ein ganzer Tag. Für die dortigen Besucherzeremonien einschließlich Tanz, *Ikat*-Demonstration und Mittagessen sind bei max. 5 Pers. 500 000 Rp zu entrichten.

NUSA TENGGARA

Die Route

In **Geliting**, 7 km östlich von Maumere, geht es hinter dem Markt nach Süden, an der Kirche vorbei und die Hügel hinauf. Hier werden Hibiskus, Mais, Kakao und Jackfrucht angebaut. Stellenweise sieht man mit Lamtoro bepflanzte Erosionsschutzterrassen. Nach etwa 9 km ist **Watublapi** erreicht, das links der Straße am Eingangstor aus Bambus zu erkennen ist. Nach Voranmeldung bei Daniel David, ✆ 0813-3946 3561, werden von der Kulturkooperative *Sanggar Bliran Sina* im Rahmen einer Besucherzeremonie traditionelle Tänze und die *Ikat*-Herstellung vorgeführt. Die verwendeten Naturfarben stammen aus lokalen Pflanzen. Weiter geht es an der Gabelung im Dorf nach rechts und an der nächsten Gabelung links, vorbei an schlanken Betel- oder Arekapalmen. Nach insgesamt 12 km ist **Doka** erreicht, ein etwa 60 Familien umfassendes Sikka-Dorf, dessen Bewohner ebenfalls die *Ikat*-Herstellung demonstrieren. Die Tanzgruppe *Sanggar Doka Tawa Tana* führt nach Voranmeldung bei Cletus, ✆ 0813-7229 0368, ✉ lopez_gabby@yahoo.com, Tänze zur Musik von Saiteninstrumenten oder vom Gong auf und bereitet traditionelle Speisen zu.

Zurück auf der Straße geht es bald hinunter an die Südküste. Nach 20 km (ab Geliting 13 km) erreicht man das verschlafene Küstendorf **Bola**. In der Brandung steht ein großes Kreuz auf einem Felsen *(Batu Cruz)*, das an die Zeit Franz Xavers erinnern soll.

Auf dem Rückweg an der Gabelung im Ort links geht es an Bambushainen vorbei ins 5 km entfernte **Wolokoli**. „Schnapshügel" heißt das Dorf nicht umsonst: In einer Töpferei werden Krüge aus bloßer Erde geformt, mit Steinen oder Hölzern gehärtet und gerundet. Nach dem Trocknen werden sie gebrannt und zur Herstellung von Arak eingesetzt. Gegen eine kleine Spende (20 000 Rp) kann man sich die Produktion anschauen, allerdings ist ein englischsprachiger Guide hilfreich.

Auf den folgenden Kilometern geht es vorbei an dem einen oder anderen Straßenstand mit Jackfrüchten nach **Waipare**. Geradeaus geht es nach Maumere, rechts ab, am Pasar Baru vorbei, zurück nach Geliting.

Larantuka

Das verschlafene Hafenstädtchen am Fuß des **Ile Mandiri** (1524 m) dient als Durchgangsort zu den östlichen Inseln – Adonara liegt am anderen Ufer der schmalen Meerenge – und als Umschlagplatz für Produkte wie Mais, Tapioka, Cashewnüsse, Honig und Fisch. Spätestens hier hat man die touristische Hauptroute hinter sich, das kulinarische und Übernachtungsangebot sowie der zu erwartende Service schrumpfen beträchtlich und Westler sieht man fast nie.

Dabei stand die Region bei Europäern mal hoch im Kurs: Das lukrative Geschäft mit Gewürzen von den Molukken und Sandelholz aus Timor führte portugiesische Schiffe ab 1515 in die ostindonesische Inselwelt, und da bot sich Larantuka als Stützpunkt an. Mitte des 17. Jhs. boomte die Stadt wirtschaftlich, und auch die Abtretung Malaccas an die niederländische VOC im Jahr 1641 spülte Portugiesen nach Larantuka. Aus ihren mit einheimischen Frauen gezeugten Nachkommen entstand die elitäre Gruppe der **Larantuqueiros**.

Bis 1859 dehnten diese eurasischen Familienclans ihren Einfluss auf den gesamten Osten der Insel, große Teile von Timor, Solor und Alor aus. Larantuka war faktisch unabhängig geworden und unterhielt nur noch lose Verbindungen zu Lissabon. 1859 verkaufte der portugiesische Gouverneur die Stadt an die Niederlande. Heute wird zwar nicht mehr Portugiesisch gesprochen, doch viele Familiennamen sind portugiesischer Herkunft, und wer an Wochenenden einen morgendlichen Gottesdienst besucht, kann sogar überlieferte portugiesische Kirchengesänge hören.

Katedral Reinha Rosari

Larantuka ist Bischofssitz und ein Zentrum katholischer Aktivitäten in Ost-Indonesien. Als erster getaufter Herrscher übergab König Adobala 1665 sein Zepter symbolisch an die *Reinha Rosari* (die Heilige Maria), die von seinem Nachfolger Dom Lorenzo Usineno II. sogar zur Königin von Larantuka erklärt wurde. Die nach ihr benannte Kathedrale wurde 1901 erbaut und später um zwei Seitenschiffe erweitert. Sie hat außer den Bischofsgräbern keinen Friedhof mehr, seit der 1930 verjagte und unter den Japanern während des Zweiten Weltkriegs wieder eingesetzte letzte König die Toten ihrer wertvollen Grabbeigaben wegen umbetten (und plündern) ließ. Auf dem Vorplatz hängen Glocken aus deutscher und portugiesischer Herstellung. Zwischen den mit Bibelszenen verzierten Bleiglasfenstern der Kathedrale finden bis zu 2000 Gläubige Platz. Besonders sonntags von 6–8 und 8–10 Uhr ist der Gottesdienst gut besucht.

Kampung Postoh

Unter den Japanern angelegte **Bunker** *(Gua Jepang)* liegen etwa 600 m nördlich der Kathedrale in Kampung Postoh, die Einheimischen zeigen den Weg zu den Eingängen. Diese sind seit den 1970er-Jahren verschüttet, doch die Alten erinnern sich, im geräumigen Inneren sogar Fußball gespielt zu haben. In und über den Stollen werden vergrabene Schätze aus Kriegsbeute vermutet, und seltsame Steinmarkierungen am Hügel befeuern die Gerüchteküche. Wan-

Semana Santa – die heilige Woche

Wichtigstes Ereignis im katholischen Ost-Nusa Tenggara ist die **Karfreitagsprozession** zu Ostern. Von weither kommen die Gläubigen zu Tausenden nach Larantuka, um am Umzug von der **Kapela Tua Ana** zur **Kapela Tuan Ma** teilzunehmen. Folglich sind alle Unterkünfte zu dieser Zeit ausgebucht. Die Zeremonien beginnen am Mittwoch *(Rabu Trewa)* in Erinnerung an den Verrat des Judas; am Gründonnerstag *(Muda Tua)* wird die Marienstatue hervorgeholt und in Trauergewänder gekleidet, und man stellt Zäune mit Kerzen für die Karfreitagsprozession auf *(Tikam Turo)*. Bei dieser wird eine Jesusstatue *(Tuan Ana)* zu Wasser und an Land – mit Stopps an acht Wegpunkten, symbolisch für die acht Clans von Larantuka – in die **Katedral Reinha Rosari** getragen, wo eine nur an Ostern ausgestellte Marienstatue *(Tuan Ma)* aus dem 16. Jh. steht. Beide Statuen werden dort gewaschen und die Gläubigen mit dem so geheiligten Wasser gesegnet. Am Ostersonntag wird mit einer langen Messe die Wiederauferstehung Jesu gefeiert.

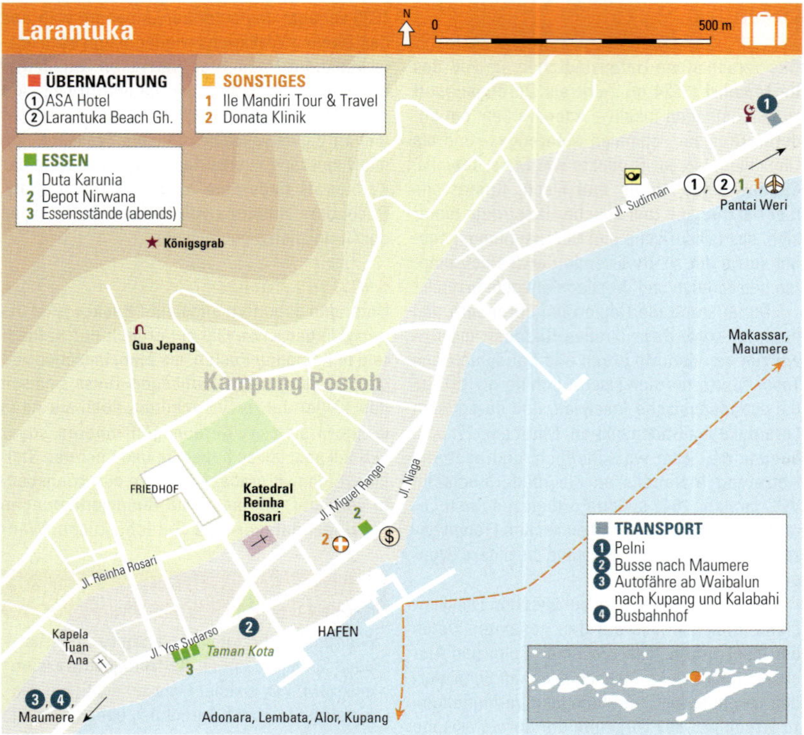

dert man den Hang hinauf, fallen terrassenartig angeordnete Steine auf – Überreste einer **vorkolonialen Siedlung**. Diese muss eine erstaunliche Ausdehnung gehabt haben und dank ihrer Hanglage für Angreifer schwer einnehmbar gewesen sein. Etwas nordwestlich den Hügel hinauf gelangt man zum **Grab des dritten Königs von Larantuka**, Dom Gaspar Sebarang. Die Einheimischen bringen ihm bis heute kleine Opfergaben.

ÜBERNACHTUNG

ASA Hotel, 5 km nordöstlich des Zentrums, ✆ 0383-232 5018, 💻 http://asahotel-larantuka.com. 1- und 2-stöckige, um einen Innenhof mit Pool gruppierte Häuser mit 29 klimatisierten, recht charakterlosen Zimmern mit guten Matratzen, Wasserkocher, Warmwasser und Kühlschrank. Ein Zimmer mit Twin-Betten und Außen-Bad wurde in einem auf Beton fixierten Boot am schmalen Strand eingerichtet, der vom Hotelgelände durch einen unschönen Metallzaun separiert wird. Restaurant (🕒 10–22 Uhr), nebenan ein kleiner Laden. Frühstück inkl. ❹

Larantuka Beach Gh., Jl. Bawah, 3 km nordöstlich des Zentrums, ✆ 0812-3826 5501 (Maria), 💻 www.fb.com/larantukabeach guesthouse. Chris und Maria vermieten 5 komfortable Zimmer mit AC in zwei Häuschen am Strand: 3 günstige im Haupthaus mit Gemeinschaftsbad, ein teureres im wohnlichen Beach Bungalow und ein weiteres in einem umgebauten Boot. Von dem verspielt mit Unterwasser-Motiven dekorierten Grundstück mit Strandsand, zutraulichem Hund und Blick auf Adonara ist man schnell an guten Tauch- und Schnorchelgründen; Touren s. u. Frühstück inkl. ❹–❺

ESSEN

Abends öffnen Essensstände und Open-Air-Coffeeshops am **Taman Kota**, Jl. Yos Sudarso.

ASA Restaurant, im ASA Hotel. Klimatisiertes Restaurant mit indo-chinesischen Gerichten in verschiedenen Portionsgrößen. Lecker sind *Mantau Isi*, mit Hühnchen und pikanter Cashew-Soße gefüllte kleine „Tacos" chinesischer Machart. 🕒 bis 22.30 Uhr.

Depot Nirwana, Jl. Yos Sudarso. Das einfache Lokal serviert *Nasi Goreng*, *Soto Ayam* u. a. Klassiker zu günstigen Preisen. 🕒 8–20.30 Uhr.

Duta Karunia, 3,7 km nordöstlich vom Hafen, ☎ 0812-2274 1772, 💻 www.fb.com/jawada88. Das unter einem Strohdach platzierte Lokal serviert gutes Seafood zu mittleren und indonesische Gerichte zu günstigen Preisen. Etwas Charakter verleihen die ausgehängten *Ikat*-Stoffe und der Verkauf von lokalen Souvenirs. Bier aus dem Kühlschrank.

AKTIVITÄTEN UND TOUREN

Korallengärten finden sich vor dem Pantai Weri nördlich des Zentrums, um die kleine Insel Pulau Mas sowie vor Wureh (Adonara). Auf keinen Fall nach Adonara schwimmen – die Strömung ist zu stark!

Ile Mandiri Tour & Travel, Larantuka Beach Gh., s. Übernachtung. Tages- und Halbtagsausflüge zu nahen Zielen, etwa Soft Trekking am Fuße des Ile Mandiri und Spaziergänge durch Wureh auf Adonara. Der erfahrene Taucher Christopher kennt zudem die besten Tauch- und Schnorchelspots der Gegend und leitet einen Tauchgang für 750 000–1,1 Mio. Rp bei 2 Pers., der 2. Tauchgang plus 200 000 Rp. Schnorcheltouren kosten 255 000–635 000 Rp. Außerdem Flug- und Fährtickets.

SONSTIGES

Medizinische Hilfe

Donata Klinik, Jl. Niaga. Führt Bluttests durch. Medizinische Behandlung sollte in Maumere, Kupang oder Bali erfolgen – das örtliche Krankenhaus ist den Namen nicht wert.

Auf der Strecke von Larantuka nach Maumere kann es vorkommen, dass ein lebendes Schwein im Bambuskäfig am Minibus baumelt.

Motorradverleih

Ile Mandiri Tour & Travel, s. Touren, verleiht Roller für 100 000 Rp am Tag.

Post

Jl. Sudirman, ⌚ Mo–Fr 8–13 Uhr.

TRANSPORT

Nahe dem Hafen starten **Busse** nach MAUMERE von 6–12 Uhr für 60 000 Rp in 4–5 Std., oft kurven sie vorher durch den Ort.
Unterkünfte organisieren **Pkw mit Fahrer** nach MAUMERE für 600 000 Rp in 3 Std., MONI für 1 Mio. Rp in 6–7 Std.

Fähren

Vom **Pantai Paloh**, nördlich des Zentrums mit kleinen Booten nach TANAH MERAH und WAILEBE (Adonara) den ganzen Tag über für 5000 Rp, Charterpreis 40 000–50 000 Rp in 15 Min.

Vom **Hafen** im Zentrum nach:
LEWOLEBA (Lembata) via WAIWERANG (Adonara) mit der *Fantasi* gegen 12 oder 13 Uhr für 100 000 Rp in 2 Std.; mit der langsamen *Lembata Karya* um 8 Uhr für 50 000 Rp in 4 Std.
LAMAKERA (Solor) am Mi gegen 12 Uhr für 25 000 Rp in 1 Std.
Pelni, Jl. Yos Sudarso, ☎ 0383-21155, hat Fähren nach KALABAHI (Alor) und KUPANG, zudem MAUMERE und MAKASSAR. Fahrplan und Preise auf 💻 www.pelni.co.id.

Vom **Hafen** mit der Autofähre ab Waibalun (4 km westlich des Zentrums) nach KALABAHI (Alor) am Mo und Fr gegen 12 Uhr für 116 000–170 000 Rp in 18–20 Std.

Flüge

Vom kleinen **Bandara Gowayan Tanah**, 10 km nordöstlich des Hafens (Ojek 30 000 Rp), nach KUPANG mit **NAM Air**, 💻 www.sriwijayaair.co.id, **TransNusa**, 💻 www.transnusa.co.id, und **Wings Air**, 💻 www.lionair.co.id.

Solor- und Alor-Inseln

Eine Reise zu den Inseln zwischen Flores, Timor und Wetar kann für Traveller mit Abenteuerlust ein unvergessliches Erlebnis werden. In den blauen Fluten tummeln sich Delphine, Wale, fliegende Fische und Manta-Rochen. Kleine Dörfer schmiegen sich an die Ufer und die Hänge der Vulkane. Schon früh wurden die Inseln in Europa bekannt: Antonio Pigafetta berichtet in seinen Reisetagebüchern davon, wie 1522 das letzte Schiff der Magellan-Expedition den kleinen Archipel durchkreuzt.

Die Inseln **Solor**, **Adonara** und **Lembata** bilden mit Ost-Flores eine sprachlich-kulturelle Einheit, deutlich abgegrenzt von **Pantar** und **Alor**, deren Idiome teilweise den Papua-Sprachen zugeordnet werden. Erkennbar wird die kulturelle Grenze auch am Brautpreis: Von Larantuka bis Wairiang ist dieser traditionell Elfenbein, z. B. schwere Armbänder oder auch komplette Stoßzähne. Die uralten Stücke, wahrscheinlich von den Portugiesen aus Sumatra eingeführt, sind unverkäuflich – wo sollte man auch Ersatz herbekommen? An die Stelle des Elfenbeins treten auf Alor und Pantar die antiken *Moko*, bis zu 1 m hohe, verzierte, bronzene Kesseltrommeln, die von chinesischen Händlern eingeführt wurden und historisch auf die Dong-Son-Kultur in Vietnam zurückgehen. Wie auf Flores leben im Solor-Alor-Archipel „melanesische" Völker neben zugewanderten Bugis und Bajau. Die Mehrheit sind Christen, aber wie üblich leben die animistischen Vorstellungen und Ahnenkulte weiter. Es herrscht eine Unzahl von Sprachen und Dialekten, doch die Leute verwenden überwiegend Indonesisch.

Die Inseln liegen fast immer in Sichtweite zueinander, doch nicht alle Häfen sind schnell erreicht. Während man etwa von Lembata aus problemlos an einem Tag Adonara, Solor und Larantuka besuchen kann, dauert die Schiffsreise nach Pantar oder Alor mindestens einen Tag; wer nur Lembata und Alor besucht, kann Flüge nutzen. Aus Java, Sulawesi oder Bali kommend, ist ein Umstieg in Kupang (West-Timor) erforderlich. Es gibt praktisch kaum touristische Infrastruktur, und Grundkenntnisse des Indonesischen sind von Vorteil. Auch Reservierungen, vorab vereinbarte Transfers, die Bestätigung von Abfahrtszeiten von den Flugplätzen oder Pauschaltouren erleichtern die Sache enorm. Mobilfunknummern sind per SMS und WhatsApp oft besser kontaktierbar als per Anruf.

Adonara

Die bergige Insel in Spuckweite zu Larantuka (Flores) scheint fast überall mit Kokospalmen überzogen. Die meisten Dörfer liegen wie eine Perlenschnur entlang der Küste, überragt vom 1659 m hohen **Ile Boleng**. Auf Adonara existiert eine jahrhundertelange Feindschaft zwischen den Clans der *Demon* und der *Padji*. Es gibt keine befriedigende Erklärung, doch mögen politische und wirtschaftliche Ursachen maßgebend gewesen sein. Schon in den Mythen des Volkes wird die Feindschaft begründet: Die zwei Brüder *Demon* und *Padzi,* Söhne des ersten Menschenpaares, machten sich den Platz an der Mutterbrust streitig und kämpften später um ihre Schwestern, die sie heiraten wollten.

Waiwerang

Der von vielen Moslems bewohnte größte Ort der Insel wird von den Fähren angesteuert und ist der Ausgangsort für Bergbesteigungen oder eine Inselrundfahrt, da hier die einzigen Unterkünfte sind. Montag und Donnerstag kommen zahlreiche Händler zum **Ziegenmarkt** *(Pasar Kambing).* Auf dem täglichen **Pasar Inpres** werden derweil Gemüse und *Ikat* angeboten. Das fünf Zimmer mit Mandi und Hocktoilette, teils auch AC umfassende **Losmen Asri**, ✆ 0813-3714 0777, liegt etwa 100 m vom Hafen nach rechts, an der Kreuzung bei der Kirche nach links, dann linker Hand hinter Toko Sahabat. Die freundlichen Betreiber sprechen Englisch und vermieten Motorräder. ❷–❸

Ile Boleng

In Waiwerang kann man eine Besteigung des Bergs mit Führer in einem Tagesmarsch arrangieren. Es gibt mehrere Routen, am einfachsten ist die ab **Lamalota**, etwa 20 Min. per Motorrad an der Westseite des Bergs, wie auf 💻 www.gunungbagging.com/ili-boleng beschrieben.

Adonara

Das für die Insel namengebende Dorf an der heißen, trockenen Nordküste kann bei einer Inselrundfahrt besucht werden, wenn man sich für Überbleibsel der portugiesischen Herrschaft interessiert. Am Ortseingang passiert man die **Reste einer Festung**, und um den Dorfplatz herum liegen diverse alte **Kanonen**, darunter eine aus französischer Herstellung, andere mit arabischen Inschriften. Letztere sind gut erhalten, andere rosten zwischen den Häusern vor sich hin.

Wureh

Das verschlafene Örtchen gegenüber von Larantuka ist historisch von den Portugiesen geprägt. Man findet alte Kanonen, einen restaurierten Pier und **Korallengärten** zum Schnorcheln (für Touren s. S. 518). Kurios: Obwohl vor der **Katedral San Domingo** eine von der portugiesischen Botschaft gestiftete Glocke hängt, wird stattdessen mitunter eine umfunktionierte japanische Bombenhülse geschlagen. Wenige Schritte nördlich nutzen die Anwohner einen Brunnen *(Sumur Cina),* der angeblich vor vielen Jahrhunderten von chinesischen Seefahrern angelegt wurde.

TRANSPORT

Minibusse fahren nur unregelmäßig.
Besser ist man mit **Motorradtaxis** unterwegs, z. B. von Waiwerang nach Lamalota für 30 000 Rp, nach Wureh für 100 000–150 000 Rp.
Ab Waiwerang fahren **Boote** nach:
BARANUSA (Pantar) am Mi gegen 16 Uhr für 89 000 Rp in 7–8 Std., LAMAKERA (Solor) mehrmals tgl. für 5000 Rp in 25 Min.; LARANTUKA (Flores) um 9 Uhr für 50 000 Rp in 1 Std.; LEWOLEBA (Lembata) um 15.30 Uhr für 50 000 Rp in 1 Std.

Solor

Ein Besuch der trockenen, von Touristen gänzlich ignorierten Insel macht sich am besten als Tagesausflug von Waiwerang und mit einem gecharterten Motorradtaxi vor Ort. Die überwiegend moslemischen Küstenbewohner leben vom Meer; besonders der Hauptort **Lamakera**

ist ein typisch indonesisches Fischerdorf. Schon 1561 wurde auf Solor eine Dominikaner-Mission gegründet, die sich zum Hauptsitz der Portugiesen auf den kleinen Sunda-Inseln entwickelte. Doch 1613 besetzen die Holländer die Insel, und 1859 gab Portugal seine Ansprüche auf Solor und Ost-Flores zugunsten einer besseren Grenzregelung in Timor auf. In **Loh Hayong** kann man die Reste der 1566 errichteten portugiesischen Festung besichtigen: Mauerreste zwischen der Vegetation und ärmlichen Hütten sowie zwei von ehemals 50 stationierten Kanonen. Südwestlich von Loh Hayong liegen schöne, einsame Strände. Östlich von Loh Hayong (bei Podor nach Süden abbiegen) sind in **Karawutung** traditionelle Häuser zu sehen, in denen Erbstücke aus Elfenbein, Gold und Bronze aufbewahrt werden; hervorgeholt werden sie zum *Berauk*, dem jährlichen Erntedankfest am Beginn der Trockenzeit.

TRANSPORT

Von **Lamakera** nach:
LARANTUKA (Flores) am Mi gegen 9.30 Uhr für 25 000 Rp in 1 Std.;
LEWOLEBA (Lembata) am Mi gegen 13 Uhr für 23 000 Rp in 2 Std.;
WAIWERANG (Adonara) mehrmals tgl. für 5000 Rp in 25 Min.

Lembata (Lomblen)

Die größte Insel des Solor-Archipels mit etwa 130 000 Einwohnern ist ausgesprochen unregelmäßig geformt und hat auf jedem ihrer drei großen Segmente einen mächtigen Vulkankegel, aber auch Wälder, lange Sandstrände und aride Küstenstreifen. Beängstigend sind die reißenden Strömungen, die sich aufgrund des Gezeitenwechsels in den umliegenden Meerengen bilden – kleine Kutter haben schwer zu kämpfen und kommen nur im Schneckentempo voran. Im Hauptort **Lewoleba** in einer weiten Bucht gegenüber der Insel Adonara sind Geschäfte und Unterkünfte; montags ist großer Markt. Der kleine Markflecken **Wulandoni** ist an Samstagvormittagen mit Minibussen erreichbar. Dann ist Markttag, und die Frauen kommen von überall zum *Pasar Barter*, um Gemüse, Fisch und

Walfleisch (s. Kasten S. 516) zu tauschen. Es ist einer der wenigen Märkte, auf denen noch bargeldlos gehandelt wird.

ÜBERNACHTUNG UND ESSEN

Hotel Olympic, Jl. Trans Lembata, 1 km östlich vom Hafen, ✆ 0383-41702. Preisgünstiges Hotel der unteren Mittelklasse mit annehmbaren, klimatisierten Zimmern und guter Lage; allerdings nicht gut gepflegt. Die hilfsbereite Angestellte Esther spricht gutes Englisch. Frühstück und Transfer zum Hafen oder Flugplatz inkl. ❸–❹
An den **Warung** östlich vom Hafen kann man essen und Bier trinken, was sonst nicht überall vorhanden ist. Weitere Warung öffnen abends südöstlich vom Hotel Olympic.

NAHVERKEHR

Motorradtaxi vom Hafen ins Zentrum 5000 Rp, vom Flugplatz 10 000 Rp. Per **Bus** vom Terminal Timur nach LAMALERA gegen 12 oder 13 Uhr für 30 000 Rp in 2–3 Std., wer mit einem frühen Boot oder Flug kommt, kann ihn erwischen, zurück gegen 6 Uhr; gecharterter **Pkw** 700 000 Rp, **Motorradtaxi** 300 000–400 000 Rp. Busse vom Terminal Barat nach Norden und Osten, z. B. BALAURING alle 1–2 Std. bis gegen 14 Uhr.

TRANSPORT

Fähren

Vom Hafen, ca. 1 km westlich von **Lewoleba**, nach:
KALABAHI (Alor) via BARANUSA (Pantar, 54 000 Rp) am Mi gegen 18 Uhr für 80 000 Rp in 16 Std.
LAMAKERA (Solor) gegen 7.30 Uhr für 23 000 Rp in 2 Std.
LARANTUKA (Flores) via WAIWERANG (Adonara) um 8 Uhr für 50 000 Rp in 2 Std.; um 11 Uhr für 100 000 Rp in 2 Std.
KUPANG (West-Timor) am Sa gegen 12 Uhr für 91 000–163 000 Rp in 12–14 Std.

Pelni, fährt u. a. nach KUPANG, MAUMERE, MAKASSAR, BALIKPAPAN und TARAKAN. Fahrplan und Preise auf 💻 www.pelni.co.id.

NUSA TENGGARA

Die Walfänger von Lamalera

Das kleine Dorf an der Südküste von Lembata ist zusammen mit Lamakera auf Solor (S. 513) – mit dem es verwandtschaftlich verbunden ist – das einzige in Indonesien, dessen Bewohner außer von der Fischerei auch vom Walfang leben. Das felsige, ertragsarme Land zwingt die Menschen, ihren Lebensunterhalt auf dem Meer zu verdienen. Die Jagd auf die Pott- und Grindwale ist eine jahrhundertealte Tradition und wird *Leva Nuang* genannt. Am 29. April wird ein Eröffnungsritual für die Jagdsaison veranstaltet, gefolgt von einer christlichen Messe am 1. Mai. Bis 31. Oktober fahren dann bei Sichtung eines Wals doppelmastige Boote mit jeweils 7–14 Männern hinaus. Ist das Tier nah genug, springt ein Mann mit einer langen Harpune aus Bambus, an deren Spitze ein langes Messer befestigt ist, auf den Rücken des Tieres, um dem Stoß mehr Wucht zu geben. Die Waffe ist durch ein Seil mit dem Boot verbunden, und nun zieht der verletzte Wal den Kahn oft stundenlang hinter sich her, bis er verendet oder die Männer ihn töten können. Häufig werden Boote von der Schwanzflosse getroffen und kentern. Traditionsgemäß wird die Beute an alle verteilt und nichts verschwendet. Das Fleisch und die Innereien werden getrocknet und als Vorrat oder zum Tauschhandel verwendet. In einer Saison werden 20–25 Wale erbeutet, was keine große Bedrohung für den Bestand darstellt – im Gegensatz zu den Walfangflotten einiger Industrieländer. Für 150 000 Rp können Touristen mit hinausfahren. Wer dies tun möchte, sollte ein motorisiertes Boot wählen, da das Spektakel nicht ungefährlich ist. Bleiben die Wale aus, werden Haie, Rochen und Delphine gejagt. Es gibt vier einfache Homestays, jedoch darf man keinen Komfort erwarten. Englischlehrer Jeffrey, ✆ 0813-3905 8831, hilft bei der Zimmervermittlung.

Flüge

Vom **Bandar Udara Wunopito** (LWE) nach KUPANG mit **TransNusa**, 💻 www.transnusa.co.id, und **NAM Air**, 💻 www.sriwijayaair.co.id.

Pantar

Die westlichste der Alor-Inseln hat etwa 30 000 Einwohner und mit Ausnahme eines Tauchresorts praktisch keinen Tourismus. Anders als auf den westlichen Inseln sind die animistischen Einwohner hier zum Protestantismus calvinistischer Prägung (oder zum Islam) konvertiert. Der uninteressante Hauptort **Baranusa** liegt in der Blangmerang-Bucht mit der vorgelagerten kleinen Pulau Kura, die der Sage nach aus einer Schildkröte entstand. **Homestay Burhan** (Losmen Baranusa), unweit der Anlegestelle neben einem Kiosk, hat vier spartanische Zimmer, aber kein Schild, ❶.

Eine Besteigung des basaltischen **Gunung Sirung** (1336 m) ist von **Kakamauta** oder **Beang** in 3–4 Std. möglich. Seine rund 2 km weite, zeitweise von Schwefelfumarolen durchwehte Caldera mit einem kleinen Säuresee bietet einen spektakulären Anblick. Die schattenlose, trockene Savanne erfordert allerdings zeitigen Aufbruch.

TRANSPORT

Ab Baranusa gehen **Fähren** nach:
KALABAHI (Alor) gegen 7 Uhr (am Do mit der großen Fähre) für 45 000 Rp in 4 Std., auch 2–3x wöchentl. ab Beang;
LEWOLEBA (Lembata) 2x wöchentl. gegen 12 Uhr für 54 000 Rp in 8 Std.; außerdem unregelmäßig ein Boot nach WAIRIANG (4 Std.), wo mittags ein Bus nach Lewoleba fährt.

Alor

Die größte und touristisch bedeutsamste Insel weit und breit erstreckt sich 2105 km² weit über bewaldete Bergketten, schmale Täler, trockene Grassteppen, Strände und die Siedlungsgebiete von nicht weniger als 17 Sprachgruppen. Kamen früher allenfalls Taucher in diesen entlegenen Winkel der Welt, so erkunden inzwischen immer mehr Touristen auch die landseitigen Attraktionen. Drei Übernachtungen sollten es mindestens sein, um einen kleinen Eindruck von Alor mitzunehmen.

Neben einer Mehrheit von Protestanten und Katholiken lebt eine Minderheit von Moslems an den Küsten; die Alten in den Dörfern erzählen auch vom urtümlichen Glauben an den Schöpfergott *Lahatala* und die Sonne-Mond-Gottheit *Lera Wulan*. In einigen Gegenden steht die Verehrung der *Naga*-Schlange, die wegen ihrer magischen Kräfte in vielen Fällen um Hilfe angerufen wird, im Vordergrund – erkennbar an hölzernen *Naga*-Figuren, denen Speiseopfer dargebracht werden.

Kalabahi

Wichtigster Ort der Insel und Ausgangspunkt für Erkundungstouren ist das 40 000 Einwohner starke, ziemlich weitläufige Kalabahi. Die Stadt liegt am Ende eine schmalen, 15 km langen Bucht. Die Vielfalt der Gesichter ist spannend – dunkle Abui und Pantaresen leben Seite an Seite mit züchtig verhüllten Bugis und Bajau, langansässigen Indo-Chinesen und Bewohnern der kleinen vorgelagerten Inseln. Auf dem großen **Pasar Kadelang**, östlich des Zentrums an der Jl. Buton, verkaufen Frauen allerlei Essbares, aber auch Haushaltswaren und Textilien; die verbreiteten *Ikat*-Stoffe mit dem Fischmuster sind typisch für die nahe Pulau Ternate.

Das **Museum 1000 Moko**, Jl. Jend. Sudirman, ✆ 0852-3868 9169 (Yanti), stellt 47 bronzene Kesseltrommeln aus verschiedenen Ecken des Archipels aus, darunter zwei große Exemplare, aber auch solche aus Nord-Vietnam oder Thailand. Die Moko aus Pantar unterscheiden sich mit ihren geometrischen Mustern deutlich von denen aus Alor, die mit Darstellungen von Tieren und Blumen verziert sind. Daneben werden Waffen, Werkzeuge, Kopfschmuck und Musikinstrumente (u. a. eine große Muschel) vorgestellt, auch alte Fotos der letzten Alor-Fürsten. ⌚ Mo–Fr 8–15 Uhr, Eintritt 5000 Rp.

Takpala

Eine halbstündige Fahrt führt nach Takpala, wo ein steiler, unbefestigter Weg in das gleichnamige **traditionelle Dorf** abgeht. Die strohgedeckten zeremoniellen Häuschen und halboffenen Gemeinschaftsräume sind Begegnungsstätte für weniger als 50 Einwohner vom Volk der Abui. Man sollte einen Guide mitnehmen und sich vom Dorfvorsteher etwas über die Symbolik der Schnitzereien und die Geschichte des Dorfs erzählen lassen. Als Requisite für Fotos liegt traditioneller Kopfschmuck bereit. Die verkauften *Ikat*-Stoffe stammen von Alor Kecil, denn traditionell haben nur Frauen der Küstendörfer *Ikat* gewebt und diese gegen Lebensmittel von den weiter im Landesinneren gelegenen Communities getauscht.

Ilawe-Wasserfall

Eine Abwechslung vom Tauchen und Schnorcheln bietet die 1 1/2-stündige Wanderung von **Alila Timur** im Gebiet der Kabola – eine Fahrstunde von Kalabahi – zum idyllischen Ilawe-Wasserfall. Die 3,1 km lange Strecke führt überwiegend durch schattigen Wald und folgt einem kleinen Fluss, der jedoch ganze zwölf Mal durchwatet werden muss – Trekkingsandalen oder Badeschuhe sind hier sinnvoll. Wir sind eine Strecke barfuß gelaufen, was auf die Dauer jedoch anstrengend ist. Man sollte einen der Jungs aus dem Dorf anheuern (ca. 50 000 Rp) und an Mückenschutz denken. Am Wasserfall kann gebadet werden.

Pantai Batu Putih

Das Trekking zum Wasserfall lässt sich mit einem Besuch am 5 km entfernten Kieselstrand verbinden. Hier werden zwar 10 000 Rp Eintritt fällig, dafür eignet sich das westliche Ende sehr gut zum **Schnorcheln**, denn das Wasser über den Korallen ist ruhig, klar und nicht vermüllt. Ausrüstung muss mitgebracht werden.

ÜBERNACHTUNG

€ **Homestay Cantik**, Jl. Dahlia, ✆ 0813-3229 9336. Eine gute Budget-Option sind die einfachen, klimatisierten Zimmer um einen Innenhof mit Tischen, die über gute Matratzen, Mandi/WC und ansonsten nur minderwertige Ausstattung verfügen. Über den hinteren fallen oft Früchte vom Baum lautstark aufs Wellblechdach. Der Besitzer organisiert Mietfahrzeuge. Dürftiges

Tauchen vor den Alor-Inseln

Die Unterwasserwelt ist *das* Highlight der Alor-Inseln und Grund für nicht wenige Tauchtouristen, die weite Reise in Kauf zu nehmen. In der Pantar-Straße – je nach Gezeitenhub auch den Buchten – herrscht mittlere bis starke **Strömung**, weshalb man hier nicht als blutiger Anfänger tauchen und sich bei Drifttauchgängen wohlfühlen sollte. Einige der besten Tauchspots befinden sich um **Pulau Pura**, wo man Seepferdchen, Mandarinfische und seltene Kreaturen wie Geistermuränen und Anglerfische antrifft. Füsiliere, Barsche und Thunfische sichtet man entlang der kleinen, korallenreichen **Pulau Ternate** mit topografisch interessanten Überhängen an der Südseite und dem strömungsstarken Engpass *The Bullet* an der Westseite, wo sich sogar Hammerhaie blicken lassen. Makro-Freunde werden in kälteren Gewässern vor der Südküste von **Pantar** glücklich. Der südlichste Tauchspot *The Cathedral* ist ein Durchlass, der in 35 m Tiefe beginnt und auf 20 m endet; seine einzigartige „Savannenlandschaft" besteht aus Kelp und dichten Korallen, bevölkert von Kleinfischen und vereinzelten Mola-Molas. Die lange, schmale **Kalabahi-Bucht** zieht Delphine, kleine Thunfische und manchmal sogar Wale an, ist aber besonders für *Muck Diving* und skurrile Makro-Tierchen bekannt.

Alami Alor Dive Resort, Wolwal, ✆ 0821-6541 6273, 💻 www.alamialor.com. Kleines Tauchresort an einem von Bäumen und Pflanzen gesäumten Steinstrand mit 4 hochwertig eingerichteten, hellen Bungalows und einem großen Gemeinschaftsraum mit Sonnendeck. 2 Tauchgänge vom Boot kosten US$85, am Hausriff US$10–20. Transfer zum Flughafen am Mi, Do und So kostenfrei, sonst US$60. Vollpension und Wäscheservice inkl. ❼

Alor Dive, Kalabahi, ✆ 0386-222 2663, 💻 www.alor-dive.com. Thomas aus Deutschland kennt die Tauchspots wie kein zweiter und verfügt über ein gut ausgestattetes Tauchboot. 1 bzw. 2 Tauchgänge vom Boot kosten 39/79 €, 3 Tage à 2 Tauchgänge 207 € inkl. Transfer, Ausrüstung und Mittagessen. Kein Singlezuschlag. Nichttaucher können für 20 € bei Tauchfahrten mitfahren oder ab 49 € p. P. bei mind. 2 Pers. eine 5-stündige Schnorcheltour buchen.

Alor Divers, Pantar, ✆ 0813-1780 4133, 💻 www.alor-divers.com. Die 7 an einem schönen Strand mit Hausriff situierten Bungalows aus Naturmaterialien mit Veranda können max. 14 Taucher beherbergen. 4 Übernachtungen kosten 380 € für Nichttaucher, für Taucher 700 € inkl. 2 Tauchgängen vom Boot pro Tag, unbegrenztem Tauchen am Hausriff, Vollpension, Wäscheservice, am So und Mi auch Transfer (sonst 65 €), zzgl. Leihgebühr für Tauchausrüstung.

La Petite Kepa Homestay & Diving, Pulau Kepa, ✆ 0813-3910 2403, 💻 www.alor-diving-kepa.com. Anne und Cedric haben ihre 10 Bungalows umweltbewusst aus Naturmaterialien errichtet und mit (harten) Kapok-Matratzen, Bastwänden, Dusche oder Mandi. Die günstigen sind halboffene Schlafhütten ohne Steckdose mit Gemeinschaftsbad, die teureren haben eigene Open-Air-Bäder, teils Steckdose mit Solarstrom und sind sehr geräumig. Auf Ventilatoren und AC wurde verzichtet. Vollpension inkl., schwaches WLAN und manchmal lauter Bootsverkehr. Tauchgänge kosten 26–34 € zzgl. Ausrüstung für 5 €, Schnorchler zahlen bei Tauchausflügen 100 000 Rp zzgl. 50 000 Rp für Ausrüstung. Vollpension inkl. ❺–❼

NUSA TENGGARA

Frühstück und Transfer zum Flugplatz oder Hafen inkl. ❷

Pulo Alor Hotel, Jl. El Tari, ✆ 0386-21727. Das 3-stöckige Mittelklasse-Hotel mit Pool, Dachterrasse und 30 Zimmern bietet den besten Standard in Kalabahi, wenn auch zu überteuerten Preisen und mit Schwächen im Service. Das WLAN reicht oft nicht bis in die 3. Etage. Frühstück und Transfer zum Flugplatz oder Hafen inkl. ❺–❻

ESSEN

Resto Mama, Jl. Buton 15, 150 m westlich vom Pasar Kadelang, ✆ 0813-3947 0459. Das einzige richtige Restaurant der Stadt liegt schön am

Wasser und serviert neben Seafood und indonesischen Klassikern sogar ein paar lokaltypische Gerichte wie die säuerliche *Kuah Asam* mit Fisch oder *Jagung Bose* mit Mais. Auf Anfrage wird auch Bier serviert. ⌚ 10–22 Uhr.

TOUREN

Mala Tours, ✆ 0822-1171 8755, 💻 www.malatours.com. Der Anbieter mit englisch- und deutschsprachigen Guides wird von engagierten Frauen geführt, deren Fokus auf sozialverträglichen, teils maßgeschneiderten Touren in Kleingruppen liegt. Neben Besuchen in traditionellen Dörfern, an Stränden und Wasserfällen gibt es Ausflüge zu vorgelagerten Inseln zur Beobachtung von Dugongs.

TRANSPORT

Auf der Insel verkehren **Minibusse** in verschiedenen Farben: weiße und gelbe innerhalb von Kalabahi für 3000–5000 Rp, blaue nach Moru, rote nach Takpala. Für weitere Strecken ist ein Mietfahrzeug erforderlich.

Fähren

Vom **kleinen Bootshafen** nach BARANUSA, BEANG, KOLIABANG und PUNTARU (Pantar) vom kleinen Bootshafen gegen 7 Uhr für 45 000 Rp in 4 Std.

Vom **großen Fährhafen** nach:
BARANUSA (Pantar) am Fr gegen 8 Uhr für 45 000 Rp in 4–5 Std.
KUPANG (West-Timor) am Mi und So gegen 12 Uhr für 114 000–168 000 Rp in 7–8 Std.
LARANTUKA am Fr gegen 8 Uhr für 107 000 Rp in 15–17 Std.
Pelni, Jl. H. O. S. Cokroaminoto 5, ✆ 0386-21195, ⌚ Mo–Do 8–12 und 13–15, Fr und Sa 8–12 Uhr, hat große Fähren nach KUPANG, LARANTUKA, WAINGAPU, MAUMERE. Fahrplan und Preise auf 💻 www.pelni.co.id.

Flüge

Vom **Bandar Udara Mali** (ARD), 15 km vom Hafen (Minibus 10 000 Rp), fliegen:
Trans Nusa, 💻 www.transnusa.co.id, in Kooperation mit **Nam Air**, 💻 www.sriwijayaair.co.id, nach KUPANG mit Anschluss nach LEWOLEBA, FLORES, MAKASSAR und WAINGAPU;
Wings Air, 💻 www.lionair.co.id, nach KUPANG mit Anschluss nach DENPASAR.
Von Kupang fliegen weitere Airlines nach JAKARTA (z. B. **Garuda Indonesia**) und SURABAYA (z. B. **Citilink**).

TOBA-SEE; © ISTOCKPHOTO / PETRUSLOO

Sumatra

Üppiger Dschungel, mächtige Gebirgszüge, ursprüngliche Kultur und schier endlos viele Ausflugsziele machen den Reiz der gigantischen Insel im Westen des Archipels aus. Wer sich zwischen Medan, Banda Aceh und Padang auf die riesige Ausdehnung Sumatras und die überwiegend einfachen Verhältnisse einlässt, wird mit authentischen Eindrücken und einer Prise Abenteuer belohnt.

Stefan Loose Travelinfos

11 **Gunung Leuser-Nationalpark** Orang-Utans und Elefanten auf der Spur. S. 532

Berastagi Im Hochland der Karo-Batak zum Gipfel des Sibayak wandern. S. 539

12 **Toba-See** Die Insel Samosir lockt mit idyllischer Landschaft, mildem Klima und der faszinierenden Kultur der Toba-Batak. S. 544

Pulau Weh In den Gewässern um Sabang warten farbenfrohe Unterwasserwelten auf Taucher und Schnorchler. S. 563

13 **Bukittinggi und Umgebung** Das Kernland der Minangkabau besticht mit fotogenen Landschaften und einer lebendigen Tradition. S. 569

Kerinci-Seblat-Nationalpark Spektakuläre Aussicht von dem höchsten Vulkan Südostasiens. S. 587

Mentawai-Inseln Anspruchsvolle Surfreviere, toughes Trekking oder einfach Strandurlaub. S. 591

MOTORISIERTES BECAK IN BOHOROK; © MORITZ JACOBI

MARKT IN BUKITTINGGI; © MORITZ JACOBI

Wann fahren? Ende März bis September; wer ein wenig Regen verkraftet, kann auch etwas früher oder später fahren.

Wie lange? Zwei bis drei Wochen

Bekannt für die Orang-Utans im Gunung Leuser-Nationalpark, den riesigen Toba-See und die lebendigen Traditionen der Batak und Minangkabau

Outdoor-Tipp Dschungeltrekking bei Ketambe, Elefantenbaden in Tangkahan und die Wanderung zum Danau Gunung Tujuh im Kerinci-Seblat-Nationalpark

Die sechstgrößte Insel der Welt mit ihren vielen Bevölkerungsgruppen, ausgedehnten Wäldern und einer schier endlosen Kette von Bergen ist der bevorzugte Abenteuerspielplatz für Aktiv- und Budgetreisende, für Entdeckernaturen, Backpacker, Wanderlustige und Hartgesottene. Wer keinen Luxus benötigt und Massentourismus meidet, wer authentische Begegnungen sucht und sich mit schmalem Geldbeutel fortbewegt, wird hier glücklich. Wenn der Moloch Medan erst einmal hinter einem liegt, scheint die Insel im Vergleich zum übervölkerten Java und den Touristenmassen auf Bali mancherorts geradezu menschenleer. Etwa 55 Mio. Menschen leben hier, und während die meisten im Einzugsbereich der großen Städte Medan, Palembang, Pekanbaru und Padang wohnen, fährt man andernorts mehr als 40 km ohne nennenswerte Siedlungen.

Mit 473 482 km² ist Sumatra fast so groß wie Deutschland, Österreich und die Schweiz zusammen. Die Nord-Süd-Entfernung beträgt 1800 km, die breiteste Stelle misst nur 435 km. Beinahe die gesamte Ostküste besteht aus Sumpfgebiet, das weiter westlich in tropischen Regenwald übergeht. Die Westküste entlang ziehen sich das **Barisan-Gebirge** und die große Bruchlinie zwischen der Australischen und der Eurasischen Platte.

Schon gegen Ende des 19. Jhs. begannen europäische Pflanzer damit, Plantagen zur Gewinnung von Kautschuk, Pfeffer oder Kaffee anzulegen; heute wird das große Geschäft mit Palmöl gemacht. Wenngleich große Flächen von eintöniger Plantagenlandschaft geprägt sind, gibt es noch immer ursprüngliche Dschungelgebiete. So bilden der Gunung Leuser- (S. 532), der Kerinci Seblat- (S. 587) und der Bukit Barisan Selatan-Nationalpark ein als **Unesco-Weltnaturerbe** anerkanntes Waldgebiet.

Bemerkenswert ist die **ethnische Vielfalt**: In Aceh wohnen orthodoxe Moslems, in Nord-Sumatra die größtenteils christlichen Batak, in West-Sumatra findet man die moslemische, matrilinear organisierte Gesellschaft der Minangkabau, auf der Insel Nias eine Megalithkultur und auf den Mentawai-Inseln eine animistische Stammesgesellschaft. Im traditionell malaiischen Süden siedelten sich im Rahmen der *Transmigrasi* (S. 106) viele Sundanesen und Javaner an.

Der **Tourismus** konzentriert sich auf die Nationalparks, den Toba-See, das Gebiet um Bukittinggi sowie kleine Traveller-Enklaven auf den vorgelagerten Inseln. Dank der Nähe zu Malaysia und Singapur bestehen günstige Ein- und Ausreisemöglichkeiten, und auch das allgemeine Preisniveau ist vergleichsweise gering. Aufgrund der geografischen Ausdehnung dauern Überlandfahrten von einer Provinz in die andere sehr lange, weshalb sich für manche Strecken Flüge anbieten.

Nord-Sumatra

Tiefer Dschungel, kühles Hochland und die beeindruckende Seenlandschaft am größten Kratersee der Erde – all dies bietet Nord-Sumatra vielleicht nicht auf kleinem, aber doch überschaubarem Raum. Die meisten Sumatra-Reisen beginnen oder enden hier. Wer aus Java, Bali, Singapore oder Malaysia anreist, wird sehr viel bescheidenere Verhältnisse vorfinden, dafür aber mit Ursprünglichkeit und authentischen Eindrücken belohnt. Die Provinz zählt rund 13 Mio. Einwohner, etwa 30 % sind christliche Batak, den Rest bilden islamisierte Batak, Malaien und kleine Minderheiten. Auf einem 250 km breiten Küstenstreifen werden Kautschuk und Ölpalmen, Tabak und Kakao angebaut. Doch sind Teile der Provinz auch mit Urwald bedeckt. Reservate wie der **Gunung Leuser-Nationalpark** sind Rückzugsorte für die letzten verbliebenen Elefanten, Orang-Utans, Sumatra-Nashörner und Sumatra-Tiger. Ältester Urlaubsort ist der **Toba-See**, dessen herrliche Landschaft schon seit den 1980er-Jahren westliche Besucher anzieht.

Medan

Aus dem einstigen Dorf an der Mündung des Deli und des Babura ist im Laufe des 20. Jhs. die drittgrößte Metropole Indonesiens geworden. Besonders für Asien-Neulinge dürfte es

schwer sein, diesem Moloch, in dem sich alles Schöne hinter schmutzigem Grau, Abgaswolken und Großstadtlärm zu verstecken scheint, etwas abzugewinnen. Da wundert es kaum, dass Touristen hier nur einen kurzen Stopover einlegen oder die Stadt gänzlich meiden.

Dabei hätte die Stadt durchaus Potential, angefangen bei ihrem kosmopolitischen Charakter. Nachfahren chinesischer und javanischer Kulis, eingewanderte Sikhs, Araber und Tamilen, aber auch Batak, Minangkabau und Angehörige anderer Volksgruppen prägen das Stadtbild. Es gibt eine Chinatown und ein indisches Viertel. Auch die Kolonialzeit hat Spuren hinterlassen, die manchmal leicht übersehen werden. Denn in Medan spiegelt sich auch der rasante Wandel wider, den das Land seither durchlebt hat. Vor allem in den letzten Jahren quetschte der Bauboom protzige „Plazas" und „Malls" zwischen die alte Bausubstanz im Zentrum.

Koloniales Viertel

Beispiele für Kolonialarchitektur findet man in der Jalan Jen. A. Yani und der Gegend um den **Lapangan Merdeka** („Platz der Unabhängigkeit"), z. B. das 1909–1911 erbaute **Hauptpost-**

Nord-Sumatra

amt. Schräg gegenüber hat sich das **Dharma Deli Hotel** das alte Hotel De Boer einverleibt. Früher kamen hier ausländische Pflanzer und die Verwalter ihrer Plantagen zusammen und versoffen gewaltige Summen.

Ein paar Schritte südlich steht das Gebäude der **Bank Indonesia** aus dem Jahr 1907, in dem früher die Javasche Bank britisches und spanisches Geld aus dem Verkehr zog, um niederländisches einzuführen. Etwa zur gleichen Zeit entstanden der benachbarte exklusive **Witte Sociéteit Club** (heute Bank Negara) sowie das **Rathaus** von 1908.

Auf der Jalan Jen. A. Yani weiter in Richtung Süden gelangt man zu einem Granitgebäude aus den 1920er-Jahren, dem **Lonsum** (London Sumatra), früher Juliana Building. Die einstige Niederlassung von Harrison & Crosfield war damals das größte britische Handelshaus in Südostasien.

Ein Spaziergang über den **Pajak Ikan Lama** („alter Fischmarkt") genannten Textilmarkt zwischen Jalan Pegadalan und Jalan Jen. A. Yani bietet Eindrücke vom bunten Treiben der Händler. Als die Barken noch den Sungai Deli hinauffuhren, wurde dort tatsächlich Fisch gehandelt.

Chinesisches Viertel

Obwohl die Schilder der Geschäfte kaum chinesische Schriftzeichen tragen, ist der Stadtteil charakteristisch für eine Chinatown in Südostasien. In der Jalan Irian Barat verschwindet der farbenfrohe Tempel **Vihara Setia Budi** fast neben dem zugehörigen siebenstöckigen Zeremoniengebäude, das das gesamte Viertel dominiert. Typische Ladenzeilen, chinesische Restaurants und Kleingewerbe finden sich in den Straßen nördlich der Jalan Pandu.

Indisches Viertel

Bereits 1884 ließ die indische (überwiegend tamilische) Minderheit für die Göttin Kali den großen **Sri Mariamman-Tempel** an der Jalan Zainul Arifin erbauen. Früher wurde die Gegend als *Kampung Keling*, indisches Viertel, bezeichnet, und bei einem Spaziergang entdeckt man das eine oder andere indische Restaurant. Noch heute wird hier im Januar oder Februar das Thaipusam-Fest begangen, einer der wichtigsten Hindu-Feiertage. Bei dem großen Umzug zu Ehren von Lord Murugan tragen die Gläubigen einen bunt leuchtenden Schrein durch die Straßen.

Tjong A Fie Mansion

Das große Anwesen in der Jalan Jen. A. Yani war Wohnsitz des Millionärs Tjong A Fie, Unternehmer und philanthropisch engagierter Chef der chinesischen Community. Ende des 19., Anfang des 20. Jhs. machte er aus dem Besitz von Plantagen, Banken, Hotels sowie der Rekrutierung chinesischer Kulis ein Vermögen. Eine englischsprachige Führung leitet durch die teils original eingerichteten Räumen auf zwei Etagen. Alte Fotos und Drucke bebildern das Leben in Deli (Medan) zu Zeiten des hakka-chinesischen Immigranten, der die größte Spende für den Bau der Mesjid Raya aufbrachte, Eisenbahnstrecken bauen ließ und ein Freund des Sultans war. Der Fußboden im Erdgeschoss entspricht dem im Maimoon-Palast, auch die originalen Wand- und Deckenmalereien verleihen dem Anwesen seinen Charme. Erst 2021 wird der im Schlafzimmer stehende Safe testamentsgemäß geöffnet – bis dato kennt niemand den Inhalt. 💻 www.tjongafiemansion.com, 🕒 9–17 Uhr, Eintritt 35 000 Rp inkl. Führung.

Polonia

Der Stadtteil zwischen dem alten Flughafen und dem Fluss steht mit seinen Grünflächen und breiten Alleen im Gegensatz zum übrigen Zentrum. Hier zeigt sich die Metropole von einer anderen Seite, mit großzügiger Straßenplanung, alten, ausladenden Bäumen und repräsentativen Bauten. An der Jalan Hang Tuah bewachen weiße Steinlöwen und bunte Drachen den am Ufer des Sungai Babura gelegenen chinesischen Tempel **Vihara Gunung Timur**. Götter, Buddhas und Dämonen bewohnen sein mit schönen Lampions geschmücktes Inneres. 🕒 6–22 Uhr, Eintritt frei (Spende).

Maimoon-Palast

Sehenswert ist der mit geometrischen und floralen Mustern verzierte Maimoon-Palast in der Jalan Brigjen. Katamso. Er wurde 1887–1891 von einem italienischen Architekten als Wohn- und Wirkstätte des Sultans Maimun Al-Rashid erdacht. Während dessen Nachfahren noch im hinteren Teil wohnen, ist die Audienzhalle der Öffentlichkeit zugänglich. Die eklektizistisch-orientalistische Architektur des 30 Zimmer umfassenden Prachtbaus vereint mediterrane und islamische Elemente. ⏲ 8–17 Uhr, Eintritt 10 000 Rp.

Mesjid Raya

Die Mesjid Raya genannte Al-Mashun-Moschee an der Jalan Sisingamangaraja ist die prächtigste der Stadt. Der 1909 von der niederländischen Königin Wilhelmine eingeweihte Kuppelbau im maurischen Stil wurde zum Teil aus den Steinen alter buddhistischer und hinduistischer Tempel sowie aus italienischem Marmor errichtet. Interessant sind im Inneren die floralen Deckenverzierungen sowie die originale Pendeluhr aus deutscher Herstellung. Eintritt mit langen Hosen oder ausleihbarem Sarong außerhalb der Gebetszeiten 7000 Rp.

Museum Negeri

Das Provinzmuseum südöstlich der großen Moschee in der Jalan H. M. Joni hat englisch beschriftete Exponate zur holländischen Kolonialzeit und den ethnischen Gruppen in der Provinz, v. a. den Batak-Stämmen. Es gibt Kunsthandwerk, archäologische Fundstücke, historische Fotos, Miniaturen ausgewählter Gebäude und traditionelle Kleidung. ⏲ Di–So 10–15.30 Uhr, Eintritt 2000 Rp.

ÜBERNACHTUNG

Da im Zentrum viel Verkehr durch die Straßen rauscht, sind Zimmer nach hinten, innen oder ohne Fenster für empfindliche Schläfer die bessere Wahl.

Untere Preisklasse

Gandhi Inn, Jl. Gandhi 125 AB/137–139, ✆ 061-733 2330, 💻 www.gandhiinn.com. Einfaches Hotel in der Nähe des Pasar Ramai und der Thamrin Plaza mit 48 kleinen, sauberen, jedoch etwas gesichtslosen Zimmern mit TV und AC. Minimarkt, Reisebüro und Restaurant. Freundlicher Service. Frühstück inkl. ❸–❹

K77 Guest House, Jl. Seto 6B, ✆ 0813-9653 8897, 💻 www.k77guesthousemedan.com. Kleines Gh. mit einer Handvoll farbenfroher, sauberer Einzel-, Doppel- und Familienzimmer mit TV und AC sowie einem Schlafsaal mit Gemeinschaftsbad. Das hilfsbereite Besitzerehepaar organisiert Transporte und Touren. Fahrradverleih. ❶–❸

€ **Permata Inn**, Jl. Guru Patimpus 53, ✆ 0823-0439 2108, 💻 www.permatainn.com. Schlichte, saubere Zimmer mit Gemeinschaftsbad, AC, die besseren mit TV und eigenem Bad. Gutes-Preis-Leistungsverhältnis, freundliches Personal und nur 15 Gehminuten vom Einkaufszentrum Plaza Medan Fair entfernt. Wäscheservice. Flughafenshuttle, Frühstück inkl. ❶–❷

Wisma Sederhana, Jl. Selat Panjang 11, ✆ 061-415 9223 💻 wisma_sederhana@hotmail.com. Budgethotel in Chinatown mit 12 kleinen, fensterlosen Zimmern mit AC, die billigsten sind etwas abgewohnt. Restaurant-Café im Erdgeschoss, viele günstige Restaurants und Garküchen in der Nachbarschaft. Kostenlose Abholung vom Bahnhof, Frühstück inkl. ❶–❷

Mittlere und obere Preisklasse

D'Prima Hotel, Jl. Stasiun Kereta Api 1, ✆ 021-2922 2827, 💻 www.dprimahotelmedan.com. Zentrales Transithotel über der Airport Rail Link-Bahnstation und in Nachbarschaft zur Centre Point Mall. 52 moderne Zimmer mit bequemen Betten, TV und AC. Der Straßenlärm ist auch in den Zimmern zu hören. Frühstück im angrenzenden Starbucks inkl. ❹–❺

Hotel Deli River, Jl. Namorambe 129, ✆ 061-703 2967, 💻 www.hotel-deliriver.com. Das im Kolonialstil und mit Elementen traditioneller Batak-Architektur gestaltete Kleinhotel liegt rund 12 km vom Stadtzentrum entfernt. 14 saubere, geschmackvolle Zimmer mit bequemen Betten, TV, AC und Balkon mit Blick auf einen tropischen Garten. Pool und Restaurant mit indonesischen Gerichten. Freundliche Besitzer. Frühstück inkl. ❺–❻

JW Marriott, Jl. Putri Hijau 10, ✆ 061-455 3333, 💻 www.marriott.com/hotels/travel/mesmc-jw-marriott-hotel-medan. Die beste Adresse der Stadt mit 5-Sterne-Komfort in 287 Zimmern und Suiten mit toller Aussicht sowie Pool im 17. Stock. Fitnesscenter, Spa sowie Restaurants und ein Café im eleganten chinesischen Stil.

© MORITZ JACOBI

Erfrischung gefällig? Frisch gepresster Zuckerrohrsaft auf dem Textilmarkt Pajak Ikan

SUMATRA

Sehr freundlicher Service. An Wochenenden günstiger. Frühstück inkl. ❻–❽

Swiss-Belinn, Jl. Surabaya 88, ✆ 061-4107 7777, 💻 www.swiss-belhotel.com. In den 8 Stockwerken rund um einen überdachten Innenhof, der auf die mit *Wayang*-Figuren verzierte Lobby blickt, liegen 180 minimalistisch-geschmackvolle Zimmer mit bequemen Betten, AC, TV und schwarzen Fliesen. Sehr hellhörig, die günstigeren Zimmer ohne Fenster. Gutes Restaurant mit indonesischer Küche sowie ein Supermarkt. Frühstück inkl. ❹–❻

Thong's Inn, Jl. Pasar V, ✆ 0813 6220 0707, 💻 https://web.thongsinn.com. Das angenehme Transit-Hotel mit Restaurant ist nur 10 Minuten vom Flughafen entfernt und eine gute Wahl für Reisende mit früher An- oder Abreise. 150 saubere, stilneutrale Zimmer mit bequemen Betten, AC, TV. Flughafen-Shuttle und Frühstück inkl. ❹–❺

ESSEN

Abends von 17–23 Uhr öffnet der **Merdeka Walk** am Lapangan Merdeka. Die Auswahl ist groß: Indonesisch, Chinesisch, Japanisch, Western, Seafood u. v. m. In der angenehmen Atmosphäre spielen oft Livebands. Einen abendlichen Spaziergang lohnt auch der Nachtmarkt **Kuliner Pagaruyung** in der Jl. Pagaruyung nahe dem Sun Plaza, wo allerlei Spezialitäten zubereitet werden. Zudem öffnen in der **Jl. Selat Panjang** gegenüber vom Menara Tirtanadi abends zahlreiche kleine Restaurants und Garküchen.

Cafés

Macehat Coffee, Jl. Karo 20, ✆ 061-452 9944, 💻 www.macehatcoffee.com. Das kleine, unscheinbare Café mit Innen- und Außenbestuhlung ist populär bei Einheimischen und immer voll. Kaffee-Liebhaber kommen hier auf ihre Kosten, besonders lecker ist der *Avocado Coffee*. Im Shop wird Kaffee auch zum Kauf angeboten, darunter der berühmte *Kopi Luwak*. 🕒 10.30–18.30 Uhr.

Pilastro, Jl. Bukit Barisan 3, ✆ 061-452 4199, 💻 www.instagram.com/pilastro_mdn. Vom Balkon des modernen Café-Restaurants blickt man auf die Bäume am Lapangan Merdeka. Neben Kaffeevariationen auch indonesische und Pasta-Gerichte sowie Steaks. 🕒 10–22, Fr–So bis 23 Uhr.

Medan

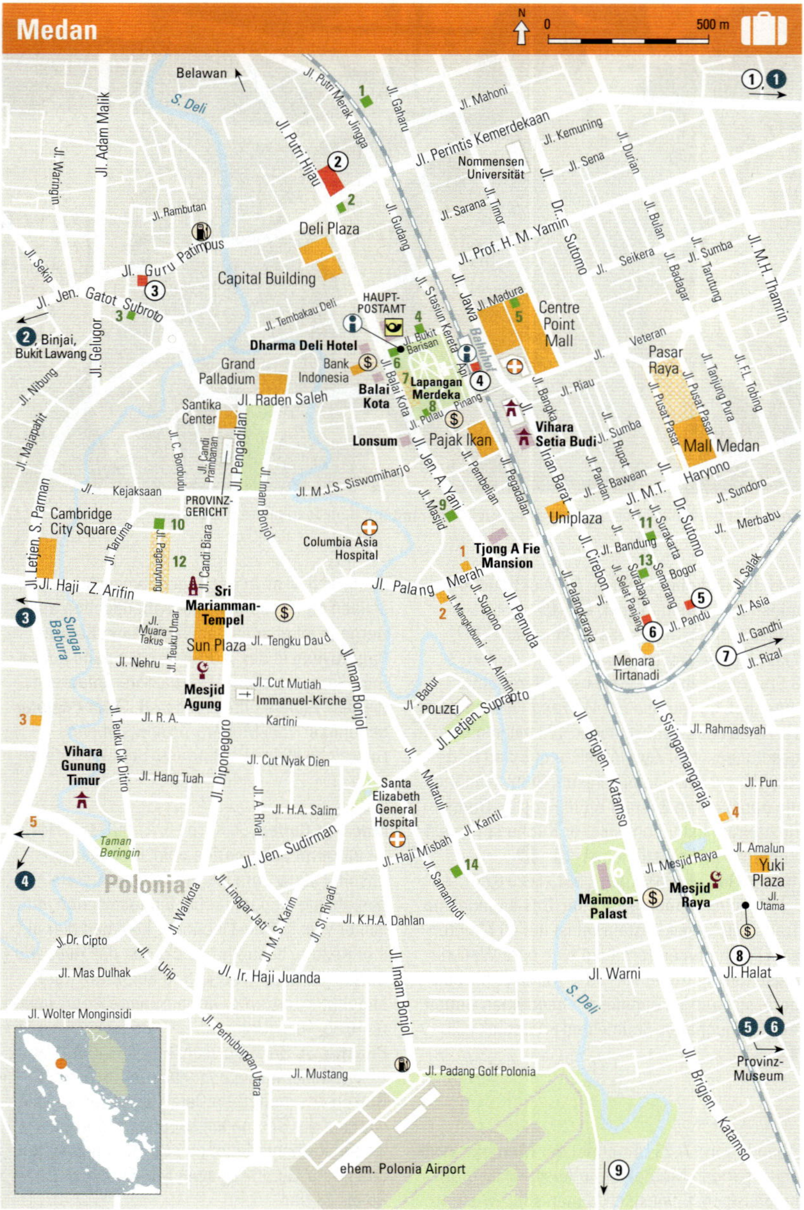
N
0
500 m
Belawan
S. Deli
Jl. Adam Malik
Jl. Waringin
Jl. Rambutan
Jl. Guru Patimpus
Jl. Sekip
Jl. Jen. Gatot Subroto
Binjai, Bukit Lawang
Jl. Gelugor
Jl. Nibung
Jl. Majapahit
Jl. Letjen S. Parman
Cambridge City Square
Jl. Taruna
Jl. Pagaruyung
Jl. Haji Z. Arifin
Sungai Babura
Jl. Putri Merak Jingga
Jl. Putri Hijau
Jl. Gaharu
Jl. Mahoni
Jl. Perintis Kemerdekaan
Jl. Kemuning
Jl. Sena
Jl. Durian
Nommensen Universität
Jl. Sarana
Jl. Timor
Dr. Sutomo
Jl. Gudang
Deli Plaza
Capital Building
Jl. Prof. H. M. Yamin
Jl. Bulan
Jl. Seikera
Jl. Badagar
Jl. Sumba
Jl. Tarutung
Jl. M.H. Thamrin
Jl. Tembakau Deli
HAUPT-POSTAMT
Jl. Stasiun Kereta Api
Jl. Jawa
Jl. Madura
Centre Point Mall
Bahnhof
Dharma Deli Hotel
Jl. Bukit Barisan
Bank Indonesia
Grand Palladium
Jl. Balai Kota
Balai Kota
Lapangan Merdeka
Jl. Pulau Pinang
Jl. Raden Saleh
Santika Center
Jl. Riau
Jl. Bangka
Vihara Setia Budi
Veteran
Pasar Raya
Jl. Pusat Pasar
Jl. Tanjung Pura
Jl. FL. Tobing
Mall Medan
Haryono
Lonsum
Pajak Ikan
Jl. Pembelian
Jl. Pegadalan
Irian Barat
Jl. Sumba
Jl. Rupat
Jl. Pandan
Jl. Bawean
Jl. M.T.
Jl. C. Borobudu
Jl. Candi Prambanan
Jl. Pengadilan
Jl. Imam Bonjol
Jl. M.J.S. Siswomiharjo
Jl. Jen. A. Yani
Jl. Masjid
Jl. Kejaksaan
PROVINZ-GERICHT
Jl. Candi Biara
Columbia Asia Hospital
Tjong A Fie Mansion
Uniplaza
Jl. Cirebon
Jl. Bandung
Jl. Surakarta
Jl. Semarang
Bogor
Jl. Sundoro
Jl. Merbabu
Jl. Salak
Jl. Asia
Jl. Gandhi
Jl. Rizal
Jl. Palang Merah
Jl. Mangkubumi
Jl. Sugiono
Jl. Pemuda
Jl. Palangkaraya
Jl. Surabaya
Jl. Selat Panjang
Jl. Pandu
Menara Tirtanadi
Sri Mariamman-Tempel
Sun Plaza
Jl. Tengku Daud
Jl. Muara Takus
Jl. Teuku Umar
Jl. Nehru
Mesjid Agung
Jl. Cut Mutiah
Immanuel-Kirche
Jl. Aminin
Jl. Badur
POLIZEI
Jl. Letjen. Suprapto
Jl. R. A. Kartini
Jl. Teuku Cik Ditiro
Vihara Gunung Timur
Jl. Hang Tuah
Jl. Diponegoro
Jl. Cut Nyak Dien
Jl. Multatuli
Jl. Brigjen. Katamso
Jl. Sisingamangaraja
Jl. Rahmadsyah
Jl. Pun
Jl. A. Rivai
Jl. H.A. Salim
Santa Elizabeth General Hospital
Jl. Kantil
Jl. Haji Misbah
Jl. Samanhudi
Taman Beringin
Polonia
Jl. Jen. Sudirman
Jl. Linggar Jati
Jl. M. S. Karim
Jl. Sl. Riyadi
Jl. K.H.A. Dahlan
Jl. Walikota
Jl. Mesjid Raya
Mesjid Raya
Maimoon-Palast
Jl. Amalun
Yuki Plaza
Jl. Utama
Jl. Dr. Cipto
Jl. Urip
Jl. Mas Dulhak
Jl. Ir. Haji Juanda
Jl. Warni
Jl. Halat
S. Deli
Jl. Wolter Monginsidi
Jl. Perhubungan Utara
Jl. Mustang
Jl. Padang Golf Polonia
ehem. Polonia Airport
Provinz-Museum

ÜBERNACHTUNG	10 Socrates Vegan Hut
(1) Thong's Inn	11 Tiong Sim
(2) JW Marriott	12 Nachtmarkt Kuliner Pagaruyung
(3) Permata Inn	13 Gu Bak Wan
(4) D'Prima Hotel	14 The Thirty-Six
(5) Wisma Sederhana	
(6) Swiss-Belinn	**SONSTIGES**
(7) Gandhi Inn	1 Apotheke Kimia Farma
(8) K77 Guesthouse	2 Kantor Imigrasi
(9) Hotel Deli River	3 Zen Garden
ESSEN	4 DHL
1 Sari Laut Nelayan	5 Deutsches Honorarkonsulat
2 Rumah Makan Sederhana	**TRANSPORT**
3 Macehat Coffee	1 Kualanamu International Airport
4 Pilastro	2 Pinang Baris-Busbahnhof
5 Healy Mac's Irish Bar and Restaurant	3 Putra Pelangi, Kurnia, Sempati Star
6 Pizza Hut	4 Padang Bulan
7 Merdeka Walk	5 Amplas-Busbahnhof
8 McDonald's	6 ALS
9 Tip Top Restaurant & Lunchroom	

Tip-Top Restaurant & Lunchroom, Jl. A. Yani 92A, ✆ 061-451 4442, 🖳 www.tiptop-medan.com. Ein Hauch von Kolonialflair weht noch durch das seit 1934 bestehende, auch bei Einheimischen beliebte Café-Restaurant mit alten Fotos an den Wänden und der Vintage-Kasse im Eingangsbereich. Hier kehrt man auf Kaffee, Kuchen, Eis, Bier oder herzhafte Mahlzeiten zu mittleren Preisen ein. Livemusik Sa und So ab 19.30 Uhr. ⏲ 10–23 Uhr.

Chinesisch

Gu Bak Wan, Jl. Surabaya, Ecke Jl. Bogor, ✆ 0852-7631 7009. Hier kommen seit 1937 diverse Arten von *Mie Bakso* (S. 52) und gefüllte Hefeteigklöße *(Pao)* auf den Tisch. Dazu Tee, Säfte und Bier. ⏲ 7–22 Uhr.

€ **Tiong Sim**, Jl. Bogor 77, Ecke Jl. Semarang. Noch 4 Jahre mehr als Gu Bak Wan hat dieses Restaurant auf dem Buckel, das günstige Variationen von *Mie Pangsit* serviert. Wer sich durch die Lage aus Nudeln und Fleisch nach Wahl futtert, wird am Boden der Schüssel mit fleischgefüllten Teigtaschen *(Pangsit)* belohnt. Zudem Tee, Kaffee und Säfte. ⏲ 7–0.30 Uhr.

Indonesisch

Sari Laut Nelayan, Jl. Putri Merak Jingga 8 A-D, ✆ 061-452 5532, 🖳 http://restoran-nelayan.id bzw. Tenda Nelayan am Merdeka Walk, s. o. ✆ 061-457 0460. Das beliebte Restaurant der Seafood-Kette mit Ablegern in größeren Malls serviert Meeresgetier für 40 000–80 000 Rp pro Unze (28,35 g) je nach Saisonpreis. ⏲ 18–22 Uhr.

Rumah Makan Sederhana, Jl. Putri Hijau 8 J-K, ✆ 061-455 1175. Gegenüber dem JW Marriott wird preisgünstiges Essen nach Padang-Art aufgetischt. Hauptgerichte wie *Nasi Ikan Lele Goreng* (gebratener Fisch mit Reis) oder *Nasi Kari Kambing* (Ziegenfleischcurry) kosten etwas mehr. Wer sich nicht entscheiden kann, bestellt eines der Menüs um 25 000 Rp. ⏲ 8–22 Uhr.

International

Healy Mac's Irish Bar and Restaurant, Block m 15–16, Centre Point Business Park, ✆ 061-8051 0892, 🖳 www.healymacs.com. Pizza, Burger, Steaks und Guinness in angenehmer Atmosphäre. Jeden Fr und Sa Livemusik. ⏲ 12–01.00 Uhr.

Socrates Vegan Hut, Jl Airlangga 14 C, ✆ 061-456 8950. Preiswerte vegane Gerichte in entspanntem Ambiente. Netter Service, Bücherecke. ⏲ 10–22 Uhr.

The Thirty-Six, Jl. Multatuli 36, ✆ 061-453 0970. Hippes Restaurant in modernem Design mit Garten und Außenbestuhlung. Die Speisekarte reicht von Pasta über Salate bis zu Burger, besonders lecker ist das *Grilled Spring Chicken*. Jeden Fr und Sa Livemusik. ⏲ 11–24 Uhr.

EINKAUFEN

Centre Point Mall, Jl. Jawa 8, ✆ 061-8051 0533, 🖳 www.centrepoint.co.id. Im Geschäfts- und Shoppingkomplex verteilen sich Shops, Restaurants und Cafés über 7 Etagen. Neben großen Hypermarts wie Lotte Mart sowie einem Parkson Store findet man Bekleidungs- und Elektronikgeschäfte. ⏲ 10–22 Uhr.

Sun Plaza, Jl. H. Zainul Arifin 7. Das 6-stöckige Einkaufszentrum beherbergt neben Starbucks, Mango und den üblichen Verdächtigen auch die japanische Kaufhauskette Sogō, einen großen Hypermart und ein Factory Outlet mit Markenkleidung zu reduzierten Preisen. In den oberen Etagen gibt es Foodcourts und Restaurants. ⏲ 10–22 Uhr.

SONSTIGES

Autovermietungen

Medan Rent Car, ✆ 0821-6666 6812, 💻 www.medanrentcar.com. Große Auswahl an Pkw. Der Toyota Avanza kostet 350 000 Rp pro Tag und wird zum Flughafen gebracht. Auch Chauffeurdienste.

Informationen

Touristeninformation, Rail Link-Bahnstation (Bahnhof), Jl. Jawa (gegenüber der Centre Point Mall), sowie in der Jl. Balai Kota am Merdeka Walk (neben Pizza Hut, gegenüber der Post), ✆ 061-452 5248, 💻 www.medantourism.com. ⌚ Mo–Fr 8–17 Uhr.

Konsulat

Deutsches Honorarkonsulat, Herr Liliek Darmadi/ Frau Adeline Tampubolon, Jl. Abdullah Lubis 47A, ✆ 061-415 2323, ✉ medan@hk-diplo.de.

Medizinische Hilfe

Columbia Asia, Jl. Listrik 2A, ✆ 061-456 6368, 💻 www.columbiaasia.com/medan. Das beste Krankenhaus der Provinz mit englischsprachigen Ärzten.

Post

Hauptpostamt, Jl. Bukit Barisan. ⌚ Mo–Sa 8–17 Uhr.

DHL, Jl. Sisingamangaraja 27/39, ✆ 061-734 6312, 💻 www.dhl.co.id. Verschickt Pakete oder größere Umschläge schnell und teuer nach Europa. ⌚ Mo–Fr 8–17, Sa 9–13.30 Uhr.

Visaangelegenheiten

Die **Visa-Verlängerung** erfolgt beim *Kantor Imigrasi*, Jl. Mangkubumi 2, ✆ 061-453 3117, oder Jl. Gatot Subroto 286 A, KM 6,2, ✆ 061-845 2112. Besuchern in Shorts oder kurzem Rock wird der Eintritt verwehrt. ⌚ Mo–Fr 8–12, 13–16 Uhr.

Wellness

Zen Garden, Jl. S. Parman 22, ✆ 061-451 9306, 💻 www.zengarden.co.id/en. Massagen für 198 000–210 000 Rp, auch Ganzkörperbehandlungen. ⌚ Mo–Fr 10–22, Sa, So 9–21 Uhr.

NAHVERKEHR

Motorradtaxis

Die **Becak** sind bei stockendem Verkehr die schnellste Transportvariante und kosten im Zentrum 10 000–50 000 Rp, zum Busbahnhof Pinang Baris 50 000–70 000 Rp, zum Amplas-Busbahnhof 30 000–50 000 Rp. Wird mehr verlangt, ist Verhandlungsgeschick gefragt.

Minibusse

Die sogenannten **Opelet** sind nummeriert, fahren feste Routen und kosten 6000 Rp für ca. 10 km. Man muss sie anhalten, um zuzusteigen. Zwischen den Busbahnhöfen Amplas und Pinang Baris fahren Nr. 120 (rot) und Nr. 64 (gelb) in etwa 1 Std. Nach Padang Bulan geht es mit gelben oder blauen Bussen.

Busse

ALS-Busse fahren alle 45 Min. von 5–23 Uhr vom Flughafen via Jl. Gatot Subroto nach Binjai (Umstieg nach Bukit Lawang) für 40 000 Rp in 2–3 Std.

Damri-Busse fahren alle 30 Min. von 6–18 Uhr vom Flughafen via Jl. Gatot Subroto und Plaza Medan Fair (20 000 Rp) nach Stabat (Umstieg nach Banda Aceh) für 50 000 Rp sowie zum Amplas-Busbahnhof (Umstieg zum Toba-See) für 15 000 Rp.

Taxis

Eine Fahrt im Zentrum sollte nicht mehr als 50 000 Rp kosten, zu den Busbahnhöfen ca. 70 000 Rp. Besteht man auf der Benutzung des Taxameters, verlangen die Fahrer mitunter überhöhte Mindestpreise.

Blue Bird, ✆ 061-846 1234 und **Express**, ✆ 061-8003 0000, fahren zuverlässig mit Taxameter, Einstiegsgebühr 25 000 Rp. Vom Flughafen ins Zentrum für rund 200 000 Rp.

Eisenbahn

Vom Bahnhof fahren **Rail Link**-Zubringer, ✆ 061-456 1331, 💻 www.railink.co.id, zum **Kualanamu International Airport** alle 30–90 Min. (tagsüber häufiger) von 3.30–21.10 Uhr, zurück von 4.40– 23.40 Uhr für 100 000 Rp in 30 Min.

TRANSPORT

Busse

In Medan gibt es diverse Abfahrtsorte je nach Transportunternehmen und Destination. Bei allen Anbietern gilt: Niemals das Handgepäck aus den Augen lassen und wichtige Dinge sicher verstauen.

Amplas, Jl. Pertahanan, ca. 7 km südöstlich des Zentrums:
DUMAI (Fähre nach Melaka, Malaysia) mit Makmur gegen 9.30 für 150 000 Rp in 12 Std.
PARAPAT (Toba-See) mit Sejahtera alle 40 Min. von 6–18 Uhr, für 65 000 Rp in 4 1/2 Std. Busse um 6 und 6.40 Uhr fahren außerhalb des Parkplatzes ab.

Pinang Baris, Jl. Gatot Subroto, 10 km nordwestlich des Zentrums: Statt vom eigentlichen Busparkplatz starten die meisten Busse an der Straße. Besonders vor der Mawar Bakery, 50 m südlich der Jl. Gatot Subroto, gaukeln mafiöse Schlepper höhere Preise vor, um Provision zu kassieren. Daher Tickets erst nach dem Einstieg bzw. Ausstieg am Zielort beim Fahrer bezahlen. Wer mit großem Gepäck reist, zahlt das eineinhalb- bis zweifache.
BERASTAGI alle 30 Min. von 6–18 Uhr mit blauen Bussen (Sutra oder CV Murni Express) für 15 000 Rp–20 000 Rp in 2 1/2 Std.
BUKIT LAWANG alle 30 Min. von 7–17 Uhr mit orangen und roten Minibussen für 30 000 Rp in 2 1/2 Std. Alternativ vom Flughafen mit Bussen, s. Nahverkehr, bis BINJAI, 25 000 Rp, und dort umsteigen. In Binjai wurden allerdings Traveller bei der Weiterfahrt abgezockt.
TANGKAHAN mit großen orangen Bussen von Pemb. Semesta um 11 und 13 Uhr oder mit blauen Borneo-Bussen um 11 und 12 Uhr für 40 000 Rp in 5 Std., die letzten 30 Min. auf unbefestigten Straßen; alternativ bis TITI MANGGA etwa stdl. von 7–17 Uhr für 40 000 Rp in 4 1/2 Std., weiter per Motorradtaxi für 50 000 Rp.

Von **Padang Bulan**, 8 km südlich des Zentrums (rote *Opelet* 42, 103 und 104 in 40 Min., *Becak* für 30 000 Rp in 20 Min.) nach KUTACANE mit **Karsima**, Jl. Jamin Ginting, ✆ 0823-7005 9120, gegenüber dem Citra Garden (mit großen Pferdestatuen über dem Eingang) um 20 Uhr für 70 000 Rp in 8–9 Std.

Nach BANDA ACEH in 12–14 Std. fahren:
Kurnia, ✆ 061-845 2525, ab Jl. Gagak Hitam 12, südlich der Kreuzung 2,5 km östlich von Pinang Baris, um 20, 20.15, 21, 22 Uhr für 220 000–250 000 Rp.
Putra Pelangi, ✆ 061-457 6011, ab Jl. Gajah Mada 56, 1 km östlich vom Zentrum, um 20.30 Uhr für 280 000 Rp.
Sempati Star, ✆ 061-844 0715, ab Jl. Asrama Pondok Kelapa 19–20, nördlich der Kreuzung 2,5 km östlich von Pinang Baris, um 20.30 und 21 Uhr für 250 000–270 000 Rp.

Nach PADANG via Parapat und BUKITTINGGI in 24–26 Std. fahren:
ALS, ✆ 061-786 6685, ab Jl. Sisingamangaraja KM 6, um 14 und 16.30 Uhr für 190 000–290 000 Rp, abhängig von der Buskategorie.
Kurnia, ✆ 061-78 64177, ab Jl. Gagak Hitam 12, südlich der Kreuzung 2,5 km östlich von Pinang Baris, um 10 Uhr für 200 000 Rp.

Busverbindungen vom Flughafen s. S. 530.

Sammeltaxis

Sammeltaxis *(Travel)* für 6–7 Pers. kosten minimal mehr, sind aber komfortabler und holen Passagiere ab. Man kann sie in der Unterkunft buchen bzw. sich bei der Bestellung helfen lassen. Die Fahrzeuge starten erst mit genügend Fahrgästen; der Charterpreis beginnt bei 650 000 Rp pro Tag.
Preisbeispiele von **Bagus Holidays Taxi**, ✆ 0813-9638 0170:
BERASTAGI für 100 000 Rp in 2 1/2 Std.
BUKIT LAWANG für 150 000 Rp in 4 1/2 Std.
PARAPAT (Toba-See) für 85 000 Rp in 4 1/2 Std.

KUTACANE mit **Borneo Taxi**, ✆ 0852-9608 2227 (Medan), 0852-7062 2288 (Kutacane), gegen 10 und 22 Uhr für 200 000 Rp p. P. ab 3 Personen in 8 Std., Charter bis KETAMBE 1 Mio. Rp.

SUMATRA

Eisenbahn

Wer nicht nach Pinang Baris fahren will, kann vom Bahnhof im Zentrum mit dem Zug nach BINJAI um 4.55, 6.25, 8, 9.30, 11, 12.30, 14, 15.30, 17.15, 18.45, 20.15 und 21.45 Uhr für 5000 Rp, um dort in Busse nach BUKIT LAWANG (25 000 Rp) umzusteigen. In Binjai mussten jedoch einige Traveller für die Weiterfahrt überzogene Preise zahlen.

Fähren

Vom Hafen **Belawan**, 20 km nördlich (*Opelet* 81 für 10 000 Rp in 1 1/2 Std.) fahren Fähren, 💻 www.pelni.co.id, nach BATAM und JAKARTA, allerdings sind Flüge die bessere Alternative.

Flüge

Den 39 km entfernten **Kualanamu International Airport** (KNO), 💻 www.kualanamu-airport.co.id, bedienen ALS- und Damri-Busse, Taxis und Züge, s. Nahverkehr.

SUMATRA

Airlines und Ziele:
AirAsia, 💻 www.airasia.com. BANGKOK (Don Mueang), KUALA LUMPUR (KLIA2), PENANG, SINGAPORE, YOGYAKARTA.
Citilink, 💻 www.citilink.co.id. BANDUNG, BATAM, JAKARTA.
Firefly, 💻 www.firefly.com.my. KUALA LUMPUR (Subang).
Garuda Indonesia, 💻 www.garuda-indonesia.com. JAKARTA, SABANG (Pulau Weh) und SIBORONG-BORONG (Toba-See).
Jet Star, 💻 www.jetstar.com. SINGAPORE.
Lion Air und **Wings Air**, 💻 www.lionair.co.id. BANDA ACEH, BANDUNG, DENPASAR, JAKARTA, PENANG, SURABAYA, SABANG (Pulau Weh) und SIBORONG-BORONG (Toba-See).
Malaysia Airlines, 💻 www.malaysiaairlines.com. KUALA LUMPUR (KLIA).
Silk Air, 💻 www.silkair.com. SINGAPORE.
Sriwijaya Air, 💻 www.sriwijayaair.co.id. JAKARTA, PADANG.
Susi Air, 💻 www.susiair.com. SINABANG (Pulau Simeulue) und SIBORONG-BORONG (Toba-See).

11 HIGHLIGHT

Gunung Leuser-Nationalpark

Die Besucherzentren des 11 000 km² großen Naturschutzgebiets haben alle Zutaten für einen gelungenen Abstecher in den Urwald: üppigen Dschungel, glasklare Flüsse, freundliche Einwohner, lässige Atmosphäre. Zwar gehört das Reservat zu drei Vierteln der Provinz Aceh, doch liegen die etablierten Travellerorte, allen voran Bukit Lawang, sämtlich in Nord-Sumatra oder sind von Nord-Sumatra her am schnellsten erreicht. In den Gästehäusern tauschen sich Gäste begeistert über ihre Erlebnisse im Dschungel aus, denn eine Begegnung mit seltenen Groß- und Kleintieren gehört zweifellos zu den faszinierendsten Erlebnissen einer Indonesien-Reise.

Auf spannenden Touren sind rund 3500 Pflanzenarten, 285 Vogelarten, 35 verschiedene Spezies von Amphibien sowie gut 90 Arten von Säugern zu entdecken, darunter Thomas-Languren, Schweinsaffen, Gibbons und Siamang, vielleicht sogar Spuren der fast ausgestorbenen Tiger, Nashörner und Elefanten. Das absolute Highlight aber sind die **Orang-Utans** (S. 98), denn ein Großteil der geschätzt 13 000 auf Sumatra verbliebenen Menschenaffen lebt im Leuser-Ökosystem. Der **Eintritt** in den Nationalpark kostet in Tangkahan und Bukit Lawang 150 000 Rp pro Person und Tag; in Ketambe wird kein Eintritt erhoben.

Bukit Lawang

Der beliebteste Ausgangspunkt für Trekkingtouren befindet sich rund 90 km westlich von Medan im engen Flusstal des **Bohorok**. Das trotz hoher Besucherzahlen idyllische Örtchen hat rund 6000 Einwohner und Übernachtungsmöglichkeiten inmitten üppiger, tropischer Vegetation. Entlang des Südufers befinden sich Souvenir-, Bekleidungs- und Essensstände, und seit einigen Jahren prägen westliche Expats das dörfliche Treiben mit. An Wochenenden zieht es Städter aus Binjai und Medan an den Fluss. Touristen, die individuell und mit öffentlichen Verkehrsmitteln anreisen, werden sogleich von Guides belagert, die Touren und Unterkünfte vermitteln wollen.

Das 1973 vom WWF gegründete Orang Utan Rehabilitation Centre ist geschlossen. Doch bietet sich nach wie vor die Möglichkeit, die faszinierenden Menschenaffen aus der Nähe zu erleben. Es handelt sich überwiegend um Tiere, die nach illegaler Haltung und Konfiszierung durch die Behörden wieder an ihre natürliche Umgebung gewöhnt werden konnten. Diese **Orang-Utans** erhielten mehrere Jahre von Rangern Bananen und müssen ihre Nahrung nun selbst im Wald suchen. Einige finden sich immer noch bei der alten Fütterungsplattform ein und werden dort von manchen Guides unerlaubt angefüttert (s. Kasten S. 534).

Am Nordufer führt nordöstlich der Ecolodge ein **Eco Trail** zu beschilderten und beschriebenen Pflanzen, und auch der Garten der Lodge ist informativ beschildert. Rund 1 km nordwestlich der Ecolodge, vorbei am Waisenhaus und an Kautschukplantagen, kann man – etwas Kondition und Kletterfertigkeiten vorausgesetzt – etwa 200 m in den Fels und durch die **Goa Kelalawar** (Bat Cave) krabbeln. Die große, von Fledermäusen und Schwalben bewohnte Höhle mit mehreren Kammern ist einen Besuch wert, Eintritt 25 000 Rp inkl. Taschenlampe. Wer die Bat Cave rechts liegen lässt, gelangt nach einem rund zehnminütigen Fußmarsch über einem schönen Weg an einen kleinen Fluss, wo man absolute Ruhe genießen kann.

Tangkahan

Ein schöner Tagesausflug führt von Bukit Lawang 2 1/2 Fahrstunden über eine schlechte Straße durch Ölpalmplantagen und mehrheitlich von Karo-Batak bewohnte Dörfer ins 37 km nördlich gelegene, idyllische Tangkahan, wo der Sungai Buluh in den Batang Serangan mündet. Besucher registrieren sich am Eingang im Visitor Centre. Eine Hängebrücke mit 5000 Rp Wegzoll oberhalb des Visitor Centre führt zu einem kleinen **Wasserfall** und einer **heißen Quelle**.

Etwa 1 km nördlich am Ostufer des Sungai Buluh liegt ein **Elefantencamp** mit zehn Sumatra-Elefanten. Die teils aus Aceh eingeführten Dickhäuter werden bei Patrouillen der Ranger eingesetzt und können für einstündige Ausritte oder Spaziergänge in den Dschungel mit anschließendem Baden gemietet werden, ein kommerzielles, aber schonendes Programm, s. Kasten S. 537. Verantwortlich ist die ökotouristische Kooperative *Lembaga Pariwisata Tangkahan*, 💻 www.tangkahanecotourism.com, deren Einnahmen dem Erhalt von 170 km2 Wald und einer sozialverträglichen touristischen Entwicklung zugutekommen sollen. Wer die mit Zwang und Züchtigung einhergehende Dressur von Elefanten ablehnt, findet hier immerhin eine schöne, steinige Badestelle am sauberen Fluss.

Batu Katak

Das kleine Dorf, 18 km östlich von Bukit Lawang und rund 30 Min. Fahrzeit von Bohorok entfernt, liegt am Fluss Berkail und ist der Startpunkt für saisonale Touren zur **Rafflesia arnoldi**, der größten Blüte der Welt, oder zur **Amorphaphalus titanum**, der größten Blume der Welt. Touristisch relativ unberührt, war der Ort bisher lediglich Durchgangsstation für Aktivreisende aus Bukit Lawang. Die rund 250 Einwohner, mehrheitlich

Bukit Lawang Reloaded

Eines der beliebtesten Reiseziele Sumatras existierte zeitweilig nicht mehr, nachdem im November 2003 stundenlange Regenfälle den Bohorok mehrere Meter hoch über die Ufer treten ließen. Die nach illegalen Rodungen durch nichts gebremsten Wassermassen und die mitgeführten Baumstämme rissen praktisch alles weg, unter den 239 Todesopfern waren auch Touristen. Bis 2006 wurden viele Häuser und eine verbesserte Infrastruktur wiederhergestellt. Nordwestlich der Eco Lodge betreiben die Holländerin Saskia Landman und ihr indonesischer Mann Sugianto die **Stichting Kindertehuis Bukit Lawang**, 📞 0813-7608 2284, 💻 www.kindertehuisbukitlawang.com. Das Waisenhaus bietet 25 Kindern, deren Eltern durch die Flut umkamen oder verarmten, Schulbildung, ein Zuhause und eine Perspektive. Im Restaurant kann man mit Blick auf den liebevoll verspielten Garten essen und die Einrichtung mit dem Kauf von Postkarten oder Souvenirs unterstützen.

Ein Wort zu Fütterungen und Treks

Was viele nicht wissen: Um im großen Wettbewerb möglichst viele Gäste zu ergattern, locken profitorientierte Tourenanbieter und Guides in Bukit Lawang mit Dschungel-Treks zu **Dumpingpreisen** und legen ihre Gäste zu großen Gruppen zusammen. Selbst bei solchen „Schnäppchen" scheint das Permit inklusive zu sein – doch Gäste sind oft gar nicht registriert.
Leider werden in der Hoffnung auf höheres Trinkgeld auch immer wieder **unkontrollierte Fütterungen** arrangiert, mit schwerwiegenden Folgen für das Verhalten der Wildtiere: Nicht nur die berüchtigte Orang-Utan-Dame Minah verlangt aggressiv nach Wegzoll in Form von Futter. Verantwortungsvolle Reisende sollten sich in solchen Fällen nicht zurückhalten und maßregelnd eingreifen. Orang-Utans sollten keinesfalls gefüttert oder angefasst werden! Da die Tiere anfällig für Krankheiten sind, bedeutet für sie jeder Kontakt mit Menschen eine Gefahr.
Wer sichergehen möchte, an einem **registrierten Dschungeltrek** teilzunehmen, sollte sich sein **Permit** deshalb unbedingt vor Tourbeginn aushändigen lassen. Nur durch diese datumsgenau und pro Person ausgestellte Bescheinigung für 150 000 Rp – erkennbar am DIN-A6-Format, der roten Registrierungsnummer sowie an den farbigen Abbildern von Orang-Utan, Tiger, Elefant und Nashorn – wird sichergestellt, dass Guides bzw. Touranbieter nicht Permits auf Kosten der Gäste prellen.

Karo-Batak, leben von Kautschuk-, Palmöl-, Obst- und Gemüseanbau, in den letzten Jahren auch vom Tourismus. Es gibt eine Handvoll kleiner einfacher Unterkünfte.

Aber nicht nur Botaniker kommen rund um Batu Katak auf ihre Kosten. Der angrenzende Teil des Gunung Leuser-Nationalparks ist auch bevorzugter Rückzugsort für **Gibbons** und **Siamang**, und neben **Trekking** und **Rafting** auf dem Berkail kann man in den wenigen Unterkünften vor Ort auch eine Tour zur rund eine Stunde entfernten **Goa Air** (Water Cave) buchen.

In der Nähe des Eingangs zum Nationalpark, 5 Min. Fußmarsch vom Batu Katak Guesthouse entfernt, befindet sich das **Tiger House**, 💻 http://greenlifeproject.org/tiger-house-2, ein Informations- und Bildungszentrum für Touristen und Einheimische. Man erfährt dort Wissenswertes zum Schutz des Regenwaldes – mit besonderem Augenmerk auf den Sumatra-Tiger. 🕒 Mo–Sa 9–16 Uhr, Spenden erwünscht.

Ketambe

Der kleine Ort, 30 km nördlich von Kutacane und rund 60 km Luftlinie nordwestlich von Bukit Lawang, liegt eingeschlossen zwischen den zwei „Flügeln" des Nationalparks, an der Hauptstraße durchs zentrale Hochland von Aceh. Dschungel- und Trekking-Begeisterte haben ihn längst als Geheimtipp für individuelle Wanderabenteuer in kleinen Gruppen entdeckt. In den Trekkinggebieten östlich des **Alas**-Flusses begegnet man nur selten anderen Touristen. Orang-Utans, Haubenlanguren, Schweinsaffen oder Weißhandgibbons lassen sich häufiger blicken.

An den Ufern des Alas lebt die gleichnamige Minderheit, die eine entfernt mit den Batak verwandte Sprache spricht, vom Anbau von Reis, Obst, Nüssen und Kakao. Westlich des Flusses untersucht das **Sumatran Orang Utan Conservation Program**, 💻 www.sumatranorangutan.org, seit 1971 die Lebensweise der Tiere sowie die Auswirkungen der Entwaldung auf ihre Populationen.

ÜBERNACHTUNG

Zur Hochsaison empfiehlt sich eine Reservierung. Viele Zimmer kommen ohne Ventilator aus, da es nachts angenehm abkühlt – tagsüber bleibt häufig nur die kalte Dusche oder das Bad in einem der sauberen Flüsse. Stromausfälle sind keine Seltenheit, in Ketambe fast schon an der Tagesordnung.

Bukit Lawang

Wer viel Gepäck hat, kann sich dieses für 35 000–50 000 Rp von Trägern zu den entlegeneren Unterkünften tragen lassen. In der Reihenfolge flussabwärts von Ost nach West:

Nordufer

On the Rocks, oberhalb des Ortes auf einem Hügel (viele Stufen), ✆ 0822-7360 1888, 💻 www.ontherocksbl.com. Beliebte Bleibe mit 7 hübschen, sauberen Bungalows mit Veranda an einem netten Garten. Entspannte Atmosphäre. WLAN im Restaurant. ❷–❹

€ **Junia Gh.**, ✆ 0813-9677 2804, 💻 www.juniaguesthouse-bukitlawang.com. Hier findet man nicht nur saubere Zimmer in allen Preislagen mit Veranda und Blick auf den Fluss: Auch das Essen im Restaurant bietet eine große Auswahl und schmeckt hervorragend. Freundliches Personal, abends Gitarren-Livemusik. Gutes Preis-Leistungs-Verhältnis. ❶–❹

Ecolodge, ✆ 0821-260 9983, 💻 www.ecolodges.id. Alle Bungalows in dem großen, ökologisch nachhaltig bewirtschafteten Areal haben bequeme Betten und Veranda, teils auch bepflanzte Open-Air-Bäder. Viele Zutaten im Restaurant stammen aus dem eigenen Bio-Garten. Das Personal spricht gutes Englisch. Frühstück inkl., WLAN im guten und geschmackvoll designten Restaurant. ❸–❹

Batu Kapal Guesthouse, am ruhigen Landak-Fluss, 15 Min. Fahrt mit dem Moped, ✆ 0812-6486 7589, 💻 www.batukapalguesthouse.wordpress.com. Nett geführte, abseits gelegene Unterkunft mit Restaurant und 10 sauberen Zimmern für Ruhesuchende, einige mit Gemeinschaftsbad. Camping möglich für 70 000 Rp. Frühstück inkl., WLAN in der Lobby. ❶–❸

Südufer

Kupu-Kupu Garden, 10 Gehminuten östlich des Jungle Inn, 30 Min. ab Ortseingang, ✆ 0821-6305 6028, 💻 www.kupukupugardenbukitlawang.com. Der sympathische Jeffrey hat in laufnaher Abgeschiedenheit sein kleines Idyll eingerichtet und vermietet hübsche Zimmer unterschiedlichen Standards, meist mit eigenem Bad und toller Aussicht auf den Fluss und den Dschungel. Im guten Restaurant wird gemeinsam das Abendessen eingenommen. ❷–❻

Garden Inn, ✆ 0813-9600 0571, 💻 www.bukitlawang-garden-inn.com. Gut geführte, beliebte Unterkunft mit 7 Zimmern in 2-stöckigen Massivhäusern mit Holzaufbau, z. T. unten das Bad und oben das Schlafzimmer mit Balkon und Aussicht auf den Dschungel. Gepflegter Garten, preiswertes Restaurant mit WLAN, nette Besitzer. Oft spontan Gitarrenmusik. ❷–❸

€ **Riverside Gh.**, ✆ 0813-9684 3235, 💻 www.riversidebukitlawang.com. Marie und Fadil vermieten in ihrem mehrstöckigen Massivhaus 4 freundliche, saubere Zimmer für bis zu 4 Pers. mit Moskitonetzen, teils Dschungelblick sowie Bädern, die entweder Dusche oder Wasserbecken mit Schöpfkelle haben. Frühstück auf der schönen Dachterrasse. ❷–❸

Green Hill Gh., ✆ 0813-7034 9124, 💻 www.greenhillbukitlawang.com. Primatenexpertin Andrea aus England und ihr indonesischer Ehemann managen den netten Betrieb mit Restaurant, 4 Zimmern mit eigenem und 1 mit Gemeinschaftsbad; gut für anspruchslose Budgetreisende. ❶–❸

EcoTravel Cottages, ✆ 0822-7609 2633, 💻 www.sumatra-ecotravel.com. Beliebte Unterkunft am Fluss bei netten indonesisch-deutschen Besitzern. 2 hübsche Häuser mit Dächern im Batak-Stil umfassen 5 wohnliche, geräumige Zimmer bzw. 2-stöckige Suiten mit Balkon und Hängematte, Warmwasser, Moskitonetz und Minibar. Gepflegter Garten mit Blick auf den Dschungel, wo sich fast täglich Orang-Utans und Kleinaffen in Sichtweite tummeln. Empfehlenswerte Touren. Gutes Preis-Leistungs-Verhältnis. ❸–❺

Tangkahan

Vom Dorfzentrum führen zwei Brücken über den Fluss, beschilderte Pfade führen von dort zu den Unterkünften.

Jungle Lodge, westlich des Mega Inn, ✆ 0813-7633 4787, 💻 www.junglelodge.net. Das schön am Batang Serangan gelegene Grundstück des deutsch sprechenden Alex und seiner Frau hat 11 Zimmer in teils 2-stöckigen Bungalows mit Balkon. Einige liegen oberhalb des Steilufers. ❷–❸

Linnea Resort, westlich des Mega Inn, ✆ 0821-4639 4851, 💻 www.linnearesort.wordpress.com. Die 6 alten Zimmer in soliden Steinbungalows für 2–3 Pers. mit Bambusmöbeln, dicken Matratzen und Moskitonetzen sind etwas dunkel und haben oben offene Natursteinbäder und Waschbecken. Zudem 2 Zimmer im Haus am Fluss mit Restaurant. Frühstück inkl. ❸

Mega Inn, ✆ 0813-7021 1009, 🖳 www.mega-inn-tangkahan.op-het-web.be. Eine nette Gartenanlage mit 24 Bungalows und einfachen Zimmern mit *Mandi*, Moskitonetz, Terrasse und Hängematte. Restaurant. ❶–❷

Batu Katak

Batu Katak Gh., ✆ 0813-6134 4777, 🖳 www.batukatakguesthouse.com. Direkt am Berkail-Fluss, mit schönem Blick auf den Dschungel, liegen 6 schlichte kleine Zimmer in einem schönen Garten, erreichbar über eine Brücke. Restaurant, Trekkingtouren. ❶–❷

Ketambe

Für Annehmlichkeiten wie Post, Geldautomat und Internetcafé muss man nach Kutacane fahren. Von Süd nach Nord liegen an der Durchgangsstraße:

Pak Mus Gh., KM 30, ✆ 0812-9099 0804, 🖳 www.pakmus.com. Am Waldrand mit einer großen Wiese betreibt eine sehr nette indonesische Familie 6 einfache Holzbungalows mit *Mandi* und Hocktoilette oder aber Dusche und WC, teils auch Warmwasser. Restaurant. ❶–❷

Pondok Wisata Gh., KM 30, 50 m abseits der Straße am Hang, ✆ 0822-6036 6163, 🖳 www.pondokwisataketambe.com. Irwan und seine holländische Partnerin Dieuwertje quartieren Gäste in 11 Holzbungalows in einem gepflegten großen Garten ein. Nettes Restaurant, das Aceh-Küche serviert. ❶–❷

Thousand Hills Gh., KM 32, ✆ 0812-6417 6752, 🖳 www.thousandhillsketambe.net. Die 2 ha große, belgisch-indonesisch geführte Bungalowanlage mit schönem Garten und Restaurant bietet saubere Zimmer in massiven Häuschen aus Ziegelstein und Holz. ❶–❷

Friendship Gh., KM 32, ✆ 0852-9688 3624, 🖳 www.ketambe.com. Auf einem Grundstück zwischen Fluss und Straße mit schönem Blick in die Landschaft und Bademöglichkeit liegen 3 Zimmer in blauen Massivhäuschen mit Dusche und 8 ältere in bunten Holzhütten mit *Mandi*. Gemeinschaftsbereich mit kleinem Shop, einfaches Restaurant mit guten westlichen und indonesischen Gerichten. Neben Trekking auch Schlauchboottouren auf dem Alas. ❶

Wisma Cinta Alam, KM 32, nebenan, ✆ 0852-7086 4580, 🖳 auf Facebook. Mr. Johan vermietet 10 Holzbungalows von unterschiedlicher Größe, einige mit sehr kleinen Terrassen mit schöner Aussicht. Trekkingtouren kosten ab 250 000 Rp pro Tag. ❶–❷

ESSEN

Restaurants sind den meisten Unterkünften angeschlossen oder in der Nachbarschaft zugänglich.

Bukit Lawang

Im **Bukit Lawang Indah**, **Junia Gh.** und **Garden Inn** ist das Essen erfahrungsgemäß gut. **Tony's Restaurant** am Südufer bei den Souvenirgeschäften macht für ein Restaurant im Dschungel respektable Pizza. Große Portionen tischt man im unweiten **Ida's Restaurant** auf. In **Eriono's Art Shop & Restaurant** am Südufer serviert ein freundliches Paar sehr gute indonesische Gerichte. Im **Waterstone** nebenan isst man ebenfalls sehr lecker mit schönem Flussblick, zu empfehlen Guacamole mit Tapioca-Chips.

Lawang Inn, schräg gegenüber von Eriono's, ✆ 0852-6175 5832, 🖳 www.lawanginn.com, bereitet leckere Currys und teils vegetarische Gerichte zu. Außerdem guter Kaffee aus der Maschine und frisch gebackenes Brot. Im Obergeschoss wartet eine einladende offene Lounge. 🕒 7–23 Uhr. Die netten Besitzer vermieten auch 4 hübsche, saubere Zimmer am Hang hinter dem Restaurant, ❶–❷.

UNTERHALTUNG

Gitarrenmusik und Gesang gibt es in Bukit Lawang allabendlich in vielen Unterkünften mit Restaurant. Samstagabend (außer im Ramadan) ist es etwas lauter, denn nicht nur im **Thomas'**

Retreat finden „Saturday Night Partys" mit Livemusik statt.
Achtung: In der Vergangenheit starben Touristen nach dem Konsum methanolhaltiger Spirituosen (Whiskey) in Bukit Lawang. Im Zweifel lieber bei Bier bleiben!

AKTIVITÄTEN UND TOUREN

Sumatra Eco Travel, EcoTravel Cottages, Bukit Lawang, ✆ 0822-7609 2633, 0813-7089 5186, 💻 www.sumatra-ecotravel.com. Unter Leitung von Kembar aus Bukit Lawang und mit zuverlässiger Unterstützung von Christina aus Deutschland finden umsichtig geführte Touren mit zertifizierten Guides statt. Die beiden engagieren sich seit vielen Jahren für nachhaltigen Tourismus in Sumatra und kümmern sich u. a. aktiv um Müllentsorgung im Regenwald rund um Bukit Lawang. Neben Dschungeltrekking und Rafting auch empfehlenswerte Mountainbiketrips mit Besuch in häuslichen Produktionsstätten der Dörfer Lambo, Kampung Bukit, Timbang Lawan und Simpang Mursal. Zudem längere Touren durch Sumatra. Im Sommer frühzeitig buchen!

Rafting

Der Bohorok ist an vielen Stellen zu flach für Rafting-Boote, doch Veranstalter bieten Touren auf dem Sungai Wampu (südlich von Binjai), dem Sungai Asahan (bei Bandar Pulo) und dem Sungai Alas (bei Ketambe) an.
Sumatra Savages, ✆ 0813-9766 8727. Verlässliche Guides, die auch Touren in Kombination mit Dschungeltrekking bei anderen lokalen Anbietern organisieren. Tagestour zum Sungai Wampu für 75 € p. P. bei mind. 3 Pers.
Rapid Plus Adventure, ✆ 061-821 2145, 💻 www.sumatera-adventure.com. 2 Tage Rafting auf dem Asahan oder 3 Tage auf dem Alas ab 1,8 Mio. Rp p. P. bei 5 Pers. inkl. Transport, Ausrüstung, Übernachtung und Verpflegung.

Trekking

1–2-tägige geführte Treks sind auch für normalsportliche Dschungel-Neulinge geeignet und führen zu Orang-Utans, besonderen Pflanzen, Wasserfällen und Höhlen. Längere Treks sind dagegen eher aktiven Abenteuerreisenden zu empfehlen. Treks von Bukit Lawang nach Kutacane oder Ketambe dauern 6–7 Tage, empfehlen sich nur in der Trockenzeit und erfordern eine robuste Kondition; es werden einige Flüsse durchquert, und der Gepäcktransport muss organisiert werden.

Touren können in jeder Unterkunft oder direkt mit einem der Guides, Ranger oder Veranstalter gebucht werden. Die Auswahl und die Zahl der Anbieter ist groß und das Angebot scheint auf den ersten Blick überall ähnlich. Es gibt jedoch große Unterschiede im Standard der Ausrüstung und Verpflegung, in den Sprach- und Naturkenntnissen der Guides sowie der Professionalität der ganzen Organisation.
Langjährige Trekkingerfahrung haben neben **Sumatra Eco Travel** (s. o.) z. B. **Expedition Jungle** (www.expeditionjungle.com), **Jungle Edie** (www.jungleediebukitlawang.com), **Indra Valley Inn Trekking** (www.indravalleyinn-bukitlawang.com) oder **Thomas Jungle Tours** (www.thomasjungletours.com); jüngere Anbieter sind **Bukit Lawang Jungle Trekking** (www.bukitlawang-jungletrekking.com), **Green Life Adventure** (www.greenlifeadventure.com) oder **Bukit Lawang – Jungle Trekking** (www.

Mit Elefanten durch das Flusstal

In Tangkahan finden um 10 oder 14 Uhr einstündige Ausritte durch den Sungai Buluh und in den umliegenden Dschungel für 1 Mio. Rp p. P. statt. Wer nicht reiten, den Elefanten aber trotzdem nahe sein möchte, kann die Tiere um 8.30 und 15.30 Uhr für 250 000 Rp rund 1 Std. baden, schrubben und füttern oder gleich die 3-stündige Angon Gajah-Tour für 750 000 Rp buchen. Die Teilnehmerzahl ist limitiert, rechtzeitige Voranmeldung ist deshalb empfohlen, Fr ist Ruhetag. Informationen und Buchung über Tangkahan CTO (Community Tour Operator), ✆ 0852-7560 5865, 💻 www.tangkahaneco tourism.com. Tagestouren ab Bukit Lawang kosten mit Baden um 70 €, mit Elefantenreiten um 120 €, mit Angon Gajah 105 €.

bukitlawang-wildlife.blogspot.de). Hierbei gilt es jedoch einiges zu beachten, s. Kasten S. 534.

Bukit Lawang
Preise p. P. bei mind. 3 Pers. inkl. Permit, Guide, Essen und ggf. Übernachtung: Halbtagesausflug 35 €, Tagesausflug 45 €, 2/3/4/5 Tage 80/110/155/190 €. Tubing zum Abschluss +10 €.

Ketambe
Trekking mit 2 Pers. ab 350 000–450 000 Rp. Träger für mehrtägige Touren kosten 150 000 Rp pro Tag. Der Gunung Kemiri (3330 m) ist in 3 Tagen à 8–10 Std. zu erklimmen, inkl. Abstieg 5 Tage. Empfehlenswerte Guides sind „JFK" vom **Friendship Gh.** sowie **Jhony Jungle**, ✆ 0811-627666, 💻 www.jhonyjungletrek.com.

Tubing
In Bukit Lawang kann man die Gummireifen vielerorts für 15 000 Rp leihen und sich flussabwärts treiben lassen, oder man trägt bzw. rollt sie flussaufwärts, um dann zurück zu „tuben". Einige Verleihe haben Schwimmwesten für Kinder. Auch viele Dschungeltreks enden mit Tubing.

SONSTIGES

Geld
Bukit Lawang hat keinen Geldautomaten, aber gegen einen Aufschlag von 6 % kann man hinter der Moschee bei „Sutra Money Changer" von der Mastercard und Visa Card Geld beziehen. Ansonsten muss man ins 11 km entfernte **Bohorok**, Minibus 5000 Rp, wo jedoch nur Mastercard und Cirrus akzeptiert und 50 000-Rp- bzw. 100 000-Rp-Scheine ausgegeben werden; auch in **Batu Katak** ist Bohorok (7 km) die nächste Abhebemöglichkeit. Der BRI-Automat im 4 km entfernten **Turangie** gibt 100 000 Rp-Scheine aus. VISA-Inhaber müssen nach **Binjai**.

Informationen
National Park Visitor Centre, Bukit Lawang, ⌚ 8–17 Uhr. Die Hauptverwaltung ist in Medan, ✆ 061-787 2919, 💻 www.gunungleuser.or.id.

Internet
Bukit Lawang hat Internetcafés oberhalb der großen Moschee (Sutra Money Changer), am südlichen Flussufer (Mboy Guesthouse) sowie in der Nähe der Busstation. Außerdem hat das Waisenhaus (Kasten S. 533) WLAN, dessen Nutzung gegen eine Spende oder Restaurantbestellung erfolgen sollte.

Medizinische Hilfe
Wer ärztlicher Behandlung bedarf, sollte nach Medan, s. S. 530.

Post
Die Ecolodge sowie das Visitor Centre in Bukit Lawang haben einen kleinen Briefkasten.

NAHVERKEHR

Motorradtaxis und **Geländewagen** von Bukit Lawang nach Tangkahan für 200 000 Rp bzw. 700 000 Rp in 2 1/2 Std., **Motorradtaxi** nach Batu Katak ab 150 000 Rp, von Bohorok für 50 000 Rp. Zwischen Ketambe und Kutacane (Markt) verkehren **Transporter** und **Minibusse** von 7–17.30 Uhr für 25 000 Rp in 1 Std., **Motorradtaxis** kosten 50 000–70 000 Rp.

TRANSPORT

Bukit Lawang
Becak fahren für 10 000 Rp vom Vistor Center oder vom Parkplatz des Hotels Rindu Alam zum Busparkplatz in Gotong Royong. Der Fußweg nimmt allerdings nur 15 Min. in Anspruch: flussabwärts am kleinen Kanal entlang, diesen nach etwa 10 Min. über eine kleine weiße Steinbrücke überqueren und über den Sportplatz zum Busparkplatz laufen. Von dort fahren orange **Minibusse** von Pemb Semesta nach MEDAN (Pinang Baris) via BINJAI (25 000 Rp) halbstdl. von 7–17 Uhr für 30 000 Rp in 2 1/2–3 Std.
Sammeltaxis von Bagus Holidays Taxi, ✆ 0813-9600 0590, sollten 1 Tag vorher gebucht werden und fahren gegen 8.30 Uhr vom Parkplatz gegenüber dem Nationalparkbüro nach:
BERASTAGI für 170 000 Rp in 4 Std.
MEDAN für 120 000 Rp in 2 1/2 Std.

KUALANAMU INTERNATIONAL AIRPORT für 190 000 Rp in 4 1/2 Std.
PARAPAT (Toba-See) für 230 000 Rp (inkl. Fähre nach Pulau Samosir) in 8 Std.
Aufgrund einer Gebühr für örtliche Vermittler unterscheiden sich die Preise von denen in die Gegenrichtung.

Binjai

BANDA ACEH mit Nachtbussen von Sempati Star, Putra Pelangi oder Kurnia (Kontakt in Medan S. 531) gegen 21 Uhr für 250 000–280 000 Rp in 10 Std.
KUALA NAMU INTERNATIONAL AIRPORT mit Bussen von ALS von 5–22 Uhr für 40 000 Rp in 2–3 Std.

Tangkahan

Busse nach MEDAN (Pinang Baris) ab Titi Mangga (Motorradtaxi für 50 000 Rp in 30 Min.) von 7–15 Uhr alle 30 Min. für 40 000 Rp in 3 1/2 Std. In Tanjung Beringin (20 000 Rp) kann man aussteigen (dem Fahrer Bescheid geben) und gegen 21.30 Uhr in die Nachtbusse von Medan nach BANDA ACEH zusteigen, am besten telefonisch reservieren, s. Busse ab Medan S. 531.

Ketambe

Nach MEDAN mit **Sammeltaxis** von Borneo Taxi, S. 531, gegen 10 und 22 Uhr für 200 000 Rp p. P. ab 3 Pers. (Charterpreis 650 000–000 Rp) in 7–8 Std.

Kutacane

Ab dem Markt in Kutacane fahren **Minibusse** nach:
KABANJAHE bei genügend Passagieren für 60 000 Rp in 8–9 Std.
MEDAN (Padang Bulan) via BERASTAGI (60 000 Rp, 6–7 Std.) mit Karsima und BTN etwa stdl. von 7–19 Uhr für 70 000–80 000 Rp in 8–9 Std.
PANGURURAN (Toba-See) via SIDIKALANG (50 000 Rp) für 100 000 Rp in 9–10 Std.
TAKENGON (Zustieg in Ketambe möglich) für 130 000 Rp in 6–8 Std., weiter nach BANDA ACEH in 6–8 Std.
Flüge von **Susi Air**, 💻 www.susiair.com starten Mo, Mi und Sa von Banda Aceh nach Kutacane und zurück; Buchungen im Reisebüro oder telefonisch unter ✆ 0811-211 3081. Da sie von Subventionen abhängig sind, fallen sie manchmal zeitweise aus.

Berastagi und Umgebung

Die kurvige Fahrt von Medan führt 66 km hinauf in die auf über 1300 m gelegene Hochebene und Heimat der Karo-Batak. Schon in den 1920er-Jahren genossen weiße Plantagenverwalter hier die kühle Bergluft in ihren Residenzen am **Bukit Gundaling**. Dieser Hügel, der wie die restliche Stadt recht vermüllt ist, bietet besonders zum Sonnenuntergang eine schöne Aussicht über das Plateau. Darin liegt Berastagi („Reiskammer"), flankiert von den Vulkanen **Sibayak** (2212 m) und **Sinabung** (2460 m). Letzterer zwingt seit 2014 mit wiederholten Ausbrüchen viele Tausend Menschen zur Flucht.

In der ehemaligen Kirche am Platz mit dem Kriegerdenkmal wurde das kleine **Museum Pusaka Karo** eingerichtet. Ausgestellt und auf Englisch beschrieben sind traditionelle Kleider, ein Miniaturhaus, Werkzeuge, Alltagsgegenstände, Musikinstrumente, Waffen und Utensilien für den Konsum von Betelnuss. Das Highlight sind die alten Fotos von Personen und dem traditionellen Dorfleben. Beachtlich sind u. a. die Ohrringe, die früher von Karo-Frauen getragen wurden. 🕒 Mo–Fr 9–16, Sa 9–15 Uhr, Eintritt frei (Spende).

Etwa 1,5 km nordöstlich des Zentrums thront am Bukit Kubu die prächtige **Gereja Katolik Santo Fransiskus Asisi**, eine Kirche im Karo-Batak-Stil mit schönen Schnitzereien, schwarz-rot-weißen Ornamenten und biblischen Szenen in Bleiglasfenstern.

Taman Alam Lumbini

Eine kleine Attraktion wartet wenige Kilometer nördlich der **Gereja Katolik Santo Fransiskus Asisi**, jenseits der Straßengabelung (rechts halten) in Dolat Rayat, am Ende eines nach 500 m rechts abzweigenden Schotterwegs. Hier wurde eine große, goldene Pagode von 2006–2010 als Nachbildung der Shwedagon-Pagode in Myanmar errichtet und mit einem Park, vielen Tier- und Buddha-Figuren sowie einem Meditationsklos-

SUMATRA

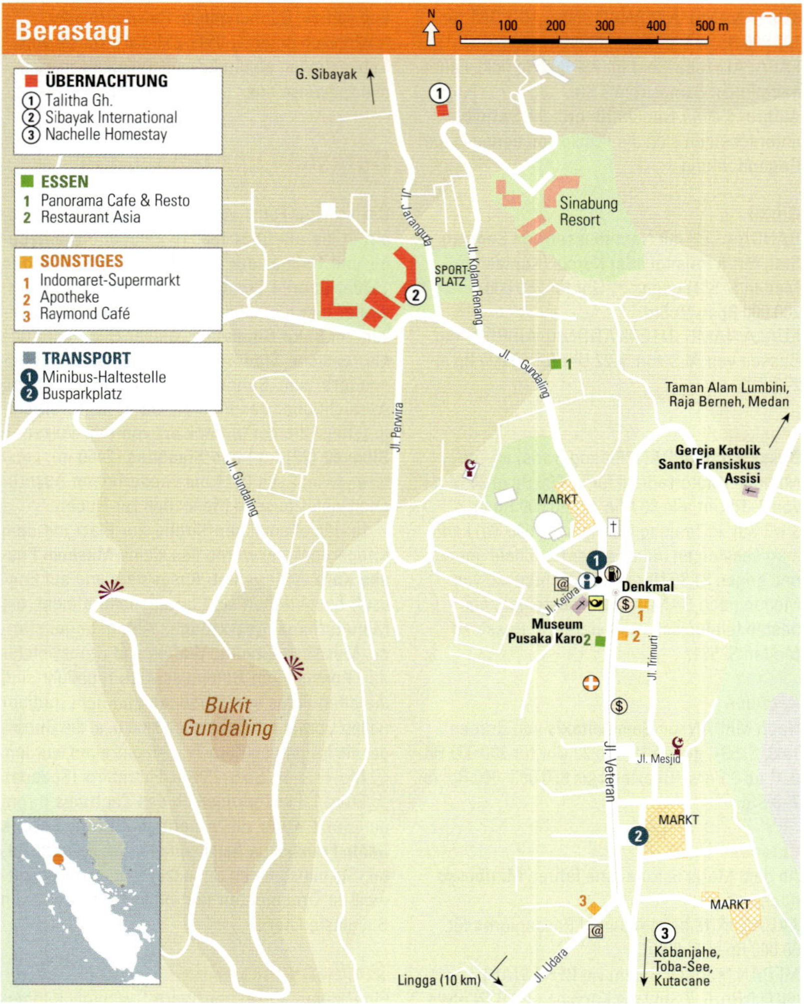

ter ausgestattet. Gebetsmühlen führen im Uhrzeigersinn um den Tempel, dessen Inneres von einem imposanten Kronleuchter dominiert wird. Fast 3000 Buddha-Amulette rotieren in blinkenden Türmchen. Ein Restaurant bietet vegetarische Kost. Gelbe Sigantang Sira-Minibusse fahren für 5000 Rp in 20 Min. ⌚ 9.30–16 Uhr.

Lingga

Der Gabelung im südlichen Zentrum nach rechts folgend, geht es ca. 6 km geradeaus und an der ersten Kreuzung im Dorf links ab. Weitere 4 km Richtung Westen und man erreicht nach Passieren eines Sendemastes die Zufahrt zum Karo-Batak-Dorf **Lingga** mit drei z. T. über 250 Jahre alten traditionellen Wohnhäusern, die Besuchern gegen eine Spende offenstehen. Im bunt bemalten und mit winzigen Fenstern versehenen **Si Waluh Jabu** leben noch acht Familien. Mehr Infos im Kasten auf S. 545. 1 km vor dem Ort steht rechts der Zufahrtsstraße ein kleines **Batak-Museum**, ⌚ 8–17 Uhr. Gegen eine Spende (kleine Gruppe 150 000 Rp) führen Tänzer im Garten den traditionellen Masken- und Stocktanz auf, und man kleidet die Besucher in Karo-Tracht und lehrt sie tanzen. Man erreicht Lingga mit gelben Minibussen von „KT" (Karya Transport) in 45 Min. für 8000 Rp, per Motorrad in 30 Min.

ÜBERNACHTUNG

Nachelle Homestay, Jl. Jamin Ginting, ✆ 0821-6275 7658, 💻 www.nachelle homestay.wordpress.com. Saubere, klimatisierte Zimmer in angenehmen Farben, die 5 teureren mit Blick auf den Sibayak, die 3 günstigeren mit Gemeinschaftsbad. Die engagierten, freundlichen Eigentümer sprechen sehr gut Englisch. Frühstück ab 25 000 Rp, Wäscheservice, Parkplatz, WLAN in der Lobby. ❷–❸

Sibayak International, Jl. Merdeka, ✆ 0628-91301, 💻 www.hotelsibayak.com. Das Resort mit Restaurant am Stadtrand ist eine gute Adresse mit 103 gepflegten Zimmern und Bungalows mit AC, TV und Schreibtisch. Gegen Langeweile helfen ein Pool, ein Pub und Karaoke, Minigolf und Kinderspielplatz. Frühstück inkl., WLAN in der Lobby. ❺–❼

Talitha Gh., Jl. Kolam 60B, ✆ 0628 91480, 💻 www.fb.com/GuesthouseTalitha. Nettes familiäres Homestay mit Garten bei dem Holländer Willem und seiner indonesischen Frau Efonia. Die recht spartanischen 7 Zimmer für 2–4 Pers. sind nicht immer sehr sauber; z. T. mit Warmwasser. Bis auf die Gebetsrufe aus der angrenzenden Moschee sehr ruhig. ❶–❸

ESSEN

In der Jl. Veteran liegen Restaurants, die von Batak- und chinesischer Küche über Padang-Küche oder KFC-Verschnitte alles auftischen. **Essensstände** servieren von 18–2 Uhr zudem Nudelgerichte, Fisch, gegrillte Maiskolben und *Martabak*. Berastagi ist Umschlagplatz für Gemüse, entsprechend gibt es selbst in mäßigen Lokalen frisches Gemüse.

Panorama Cafe & Resto, Jl. Gundaling, ✆ 0183-9726 5797. Fröhlich designtes Restaurant; aus dem 2. Stock tolle Aussicht auf den Sibayak. Serviert werden westliche, japanische und indonesische Gerichte, besonders lecker *Gule Nurung Nila Acem Cikala*: Fisch nach Karo-Batak-Art, mit scharfer Soße. Der nette Besitzer Dr. Purba spricht auch Deutsch. ⌚ 10–22 Uhr.

Restaurant Asia, Jl. Veteran 9-10, ✆ 081-91678. Alteingessenes, gut besuchtes Restaurant mit einer großen Auswahl an indo-chinesischen Gerichten (allein 15 Suppen!). Die Kantinenatmosphäre tut dem Genuss von ausgezeichneten Batak-Gerichten wie paniertem Schweinefleisch *(Bistik Babi)* mit würziger Soße keinen Abbruch. ⌚ 11–22 Uhr.

SONSTIGES

Informationen

Touristeninformation, Jl. Gundaling 1, ✆ 0813-7072 1793. ⌚ Mo–Sa 8–18 Uhr.

Medizinische Hilfe

Das beste Krankenhaus ist das **Efarina Etaham** an der Straße nach Kabanjahe, ✆ 0628-323716. Bei ernsthaften Erkrankungen sollte man nach Medan.

Motorradverleih

Raymond Café, Jl. Jamin Ginting, vermietet Roller für 100 000 Rp.

Post

Gegenüber der Touristeninformation, ✆ 0628-91591. ⌚ Mo–Do 8–15, Fr und Sa bis 13 Uhr.

NAHVERKEHR

Die Routen der lokalen **Minibusse** sind farblich zu unterscheiden. Die Busse befahren die Hauptstraße bis gegen 20 Uhr im Minutentakt. Zum Bukit Gundaling oder zum Fuße des Gunung Sibayak ab der Haltestelle Bintang Karo

Die Besteigung des Gunung Sibayak

- **Dauer**: mit Abstieg 4–5 Std.
- **Distanz**: Auf- und Abstieg jeweils ca. 5 km
- **Schwierigkeit**: einfach

Der Sibayak („König") brach zuletzt 1881 aus und ist zu Fuß in einem Tagesausflug zu meistern. Man kann in Berastagi loslaufen oder die Besteigung in **Raja Berneh** beginnen (Minibus 7000 Rp). Die meisten bevorzugen die erste Variante und den Abstieg über Raja Berneh. Ab der Bushaltestelle am Ende der Jalan Jaranguda (grüner Kama-Minibus, 3000 Rp) geht es nach Zahlung des Eintritts (5000 Rp) die Straße hinauf zu einer kleinen Ebene mit guter Aussicht, zu Fuß etwa 2 Std. Hier beginnt die eigentliche Besteigung auf einem steil ansteigenden Pfad, auf dem in 1 Std. der Krater erreicht ist. Die Steinwüste mit Schwefel- und Wasserdämpfen gibt ein unwirkliches Bild ab. Einige Guides kochen ihren Gästen ein Ei in den heißen Schwefelquellen. Ist der Sibayak wolkenfrei, überblickt man das Hochland im Süden und Westen und die glitzernde Küstenlinie mit Medan im Norden. Die Schwefelfumarolen zur Linken etwas bergauf gelangt

Regenerieren nach der Tour in der Thermalquelle von Raja Berneh

man auf der Rückseite des Gipfels, dem **Puncak Tapal Kuda** („Hufeisengipfel"), zu einem primitiven Unterstand. Wer die Stufen nach Raja Berneh hinabsteigen will (nach Süden), muss sich am Unterstand rechts halten und die steile Kraterwand hinaufklettern. Oben folgt man einem Pfad abwärts und erreicht nach ca. 40 m den Anfang der Stufen. **Achtung:** Auf keinen Fall vom Unterstand nach links (Nordosten) gehen, auch wenn es einfacher aussieht! Viele haben sich am Sibayak verirrt, bei manchen hat man nach Jahren nur noch die Skelette gefunden. Anscheinend waren sie dem Pfad nach Nordosten gefolgt. Auch sind schon Wanderer durch spontane Austritte giftiger Gase aus dem Vulkan umgekommen.
Läuft man zum Abstieg den angenehmeren Hinweg wieder zurück, bietet sich zehn Minuten unterhalb des Plateaus eine asphaltierte Linksabzweigung. Diese führt in ca. einer Stunde zwischen Gemüsefeldern, an einer geothermischen Anlage vorbei zu den heißen Quellen in **Raja Berneh**. Hier kann man in einem *Pemandian Air Panas* für 7000 Rp die müden Glieder in heiße Becken tauchen. Mit dem Minibus geht es in 20 Min. zurück in die Stadt (7000 Rp).

Praktische Tipps

Wer zum Sonnenaufgang oben sein möchte, sollte spätestens gegen 4 Uhr mit der Besteigung beginnen. Ein kundiger, englischsprachiger Guide ist Awan Ginting, ✆ 0813-7072 1793, ✉ awan072@hotmail.com. Die Besteigung kostet bei 2–3 Pers. 200 000–250 000 Rp p. P. inkl. Transport und Essen. An warme Kleidung und feste Schuhe denken!

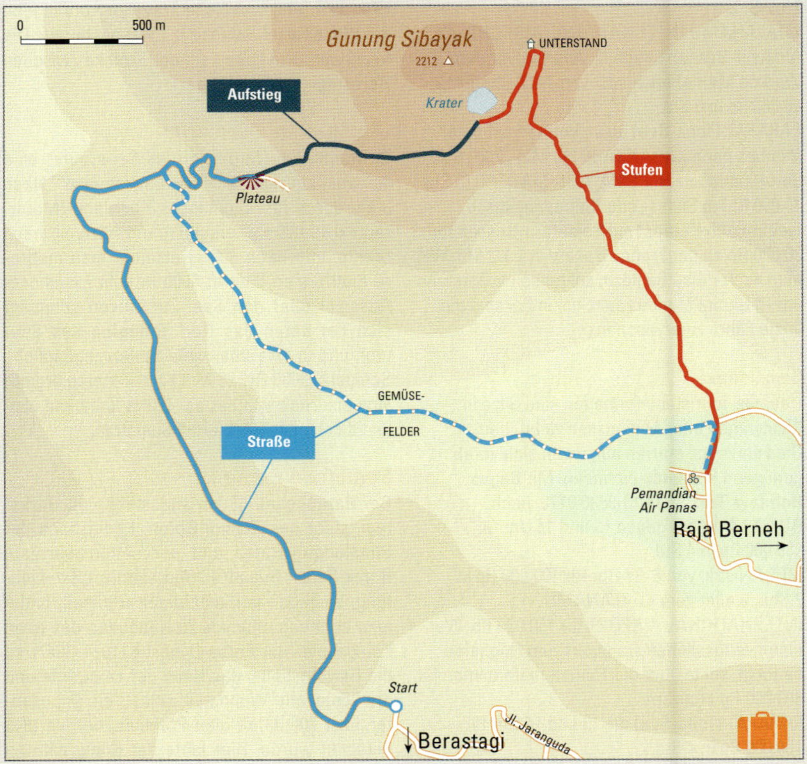

vor der Touristeninformation mit grünen Kama-Bussen, 4000 Rp.

TRANSPORT

Busse

Zustieg am zentralen Busparkplatz oder entlang der Jl. Veteran.

DOKAN per KT-Minibus in 45 Min. für 8000 Rp nach Kabanjahe, von dort per Suka Sari-Minibus in 45 Min für 8000 Rp.

KUTACANE etwa stdl. von 9–15 Uhr für 75 000 Rp in roten oder weißen Bussen von Karsima, BTN oder Pinem in 6–7 Std., dort Umstieg nach KETAMBE, s. S. 539.

MEDAN (Pinang Baris oder Padang Bulan) etwa alle 30 Min. von 6–18 Uhr für 20 000 Rp in blauen Bussen von Sutra, Borneo oder Sinabung in 2 1/2 Std.

KUALANAMU INTERNATIONAL AIRPORT, mit Almasar-Bussen in der Jl. Veteran (vor dem Warkop Mama) etwa stdl. von 7–17 Uhr für 40 000 Rp in 5 Std.

PARAPAT (Toba-See) ab Jl. Veteran mit dem Minibus nach KABANJAHE (30 Min., 7000 Rp), dort Umstieg nach PEMATANG SIANTAR (3 Std., 40 000 Rp) in Simas- oder Sepadan-Busse, weiter nach Parapat mit Sejahtera-Bussen für 30 000 Rp ab der France Bakery in 1 1/2 Std. Will man nach Pulau Samosir, sollte man spätestens um 10 Uhr im Minibus sein, um in Parapat die letzte Fähre zu erwischen.

Sammeltaxis

Über die Touristeninformation sind Sitze in Kleinwagen oder Minibussen zu buchen. Die Fahrzeuge starten nur, wenn sich vorab genügend Reisende einfinden. Mit **Bagus Holidays Taxi**, ✆ 0813-9638 0170, nach:

BUKIT LAWANG gegen 13 und 14 Uhr für 150 000 Rp in 4 Std.

MEDAN stdl. von 6–17 Uhr für 100 000 Rp in 2 Std., weiter zum KUALANAMU INTERNATIONAL AIRPORT für 150 000 Rp. Wer einen verlässlichen Transport zum Flughafen benötigt, sollte über die Touristeninformation für 600 000 Rp chartern.

PARAPAT (Toba-See) um 13 und 14 Uhr für 150 000 Rp in 4 Std.

Toba-See

Für ein paar entspannte Tage nach den aufregenden Dschungeltreks und strapaziösen Überlandreisen zieht es die meisten Sumatra-Reisenden an den Toba-See. Sein mildwarmes Klima erinnert an europäische Sommertage, die weite, bergige Landschaft ist ausgesprochen fotogen und die Menschen sind freundlich. Kein Wunder, dass viele hier ein paar Übernachtungen mehr einlegen, als eigentlich geplant.

Die **Toba-Caldera**, Überbleibsel der folgenschweren Eruption eines Supervulkans (s. Kasten S. 97), ist der größte See Südostasiens und der größte vulkanische See der Erde – rund 87 km lang und 27 km breit, mit einer maximalen Tiefe von 505 m. An Feiertagen und Wochenenden zieht es einheimische Urlauber an seine Ufer, während westliche Traveller vorwiegend die **Binneninsel** Samosir (S. 547) ansteuern. Die folgenden Orte liegen auf der Strecke zwischen Berastagi und Toba-See.

Sipiso-piso-Wasserfall

In Merek, am Nordzipfel des Sees, führt eine Abzweigung zum „Air Terjun Sipiso-piso". Nach 3 km durch fast baumloses Hochland (Motorradtaxi 10 000 Rp) erscheint ein Abzweig nach rechts, und nach 300 m erreicht man mehrere Plattformen (Eintritt 8000 Rp) mit grandioser Aussicht über den See. Zur Linken schmiegt sich tief unten das Dorf **Tongging** ans Seeufer, und in eine über viele Stufen zugängliche Schlucht (2000 Rp, 20 Min.) zur Rechten ergießt sich eindrucksvoll der ca. 120 m hohe und vielleicht schönste Wasserfall Sumatras.

Pematang Purba

Bei Haranggaol, 65 km südöstlich von Berastagi, steht das **Rumah Bolon**, Königshaus der Simalungun-Batak und der sehenswerteste Batak-Palast Sumatras. Auf einer großen Lichtung, umgeben von mächtigen Bäumen, findet man acht von ehemals 20 Gebäuden des alten Königshofes der Purba-Dynastie (1624–1947), so die Gerichtshalle, das Haus der Leibgarde und die königliche Wohnstatt selbst: ein imposanter, über 200 Jahre alter Pfahlbau, der bis 1945 bewohnt wurde. Hier lebte der König mit sei-

Jabu – traditionelle Wohnhäuser der Batak

© MORITZ JACOBI

Das Wohnhaus einer Großfamilie mit dem typischen sattelförmigen (Toba) bzw. pyramidenförmigen (Karo) Dach wird traditionell mit Fibern der Zuckerpalme oder Holzschindeln gedeckt. Über eine steile Treppe gelangt man ins dunkle Innere mit einer oder mehreren Koch- und Feuerstellen. Während früher mehrere Kleinfamilien ohne Privatraum lebten, sind die Innenräume heute durch Wände unterteilt. Die drei Etagen des Baus repräsentieren den Kosmos: Die Wohnebene auf Pfählen über dem Erdboden symbolisiert die Lebenswelt der Menschen. Unterhalb werden zwischen den Pfählen die Tiere gehalten. Das hohe Dach, in dem sich Vorräte und Opferaltäre befinden, repräsentiert die Sphäre der Geister und Ahnen. Bei den Karo-Batak werden die Spitzen der Dachgiebel von stilisierten Büffelhörnern gekrönt. In die Außenwände, besonders die Vorderseiten, sind Ornamente geschnitzt. Diese geometrischen Muster und stilisierten Darstellungen von Mensch und Tier werden bei den Toba-Batak mit weißer, rostbrauner und schwarzer Farbe bemalt, gemäß der o. g. Dreiteilung der Welt. Die Schnitzereien sollen vor bösen Geistern schützen sowie Krankheit und Unglück abhalten.
Die alten Dörfer am **Toba-See** waren oft von hohen Erdwällen umgeben und nur durch ein schmales Tor zugänglich. Wohnhäuser, Versammlungshaus *(Bale)* und Reisspeicher *(Sopo, Sapo)* umgaben einen zentralen Platz, den *Alaman*. Im **Karo-Hochland** existieren nicht einmal mehr zwei Dutzend traditionelle Häuser, meist in schlechtem Zustand, z. B. in **Lingga** (S. 540) und **Dokan** (von Berastagi 25 km Richtung Toba-See, am Ende einer 1,5 km langen Stichstraße, s. Transport S. 544).

nen Palast-Eunuchen und zwölf Frauen. Das ohne einen Nagel errichtete Langhaus enthielt einen Gemeinschaftsraum mit zwölf Feuerstellen (für jede Frau eine), das private Gemach des Königs, ein Empfangszimmer und eine Schatzkammer. Heute sind u. a. Musikinstrumente und eine Büste des letzten Königs ausgestellt. Im hinteren Teil befinden sich Gräber. ⌚ 8–17 Uhr, Eintritt 5000 Rp.

Parapat

Der größte Ort am Toba-See ist die meiste Zeit des Jahres geradezu verschlafen. An Feiertagen jedoch ist alles ausgebucht, denn während westliche Touristen die Insel Samosir bevorzugen, verbringen viele asiatische Touristen ihren Urlaub in den hiesigen Hotels.

Sehenswert ist der **Markt**, der samstags auf dem Platz am Fährhafen Tiga Raja stattfindet.

SUMATRA

Toba-See
N
0
10
20 km
Medan
Medan
Sungaibamban
s. Detailplan G. Sibayak S. 543
Batubelin
Bangunpurba
Tebingtinggi
Kualabali
Rantauparapat
Sibolangit
Bandar Baru
s. Stadtplan Berastagi S. 540
G. Sibayak
2272
Raja Berneh
Lau Kawar
Kuta Rajat
Sukandu
Tongkoh
G. Sinabung
2460
Naman
Taman Alam Lumbini
Sukandewi
Berastagi
Dolokmerawan
Perteguhan
Gurusinga
Simpang Empat
Linggajulu
Barusjahe
Rajalingga
Lingga
Kabanjahe
Kutacane, Ketambe
Tiga Panah
Dokan
Sinaksak
Sondi
Merek
Seribudolok
Pematang Siantar
G. Siluatan
2460
Sipiso-piso-Wasserfall
Haranggaol
Pematang Purba
Rumah Bolon
Tongging
Pematang Tanahjawa
Tigadolok
S. Renun
Toba-See
Tigaras
Silalahi
P. MALAU
Sidamanik
P. TAO
s. Detailplan Tuktuk S. 554
Sidikalang
Simanindo
Simarmata
Sangkal
Panggang
Tolping
Huta Bolon
Siallagan
Parbaba Beach
Ambarita
Tuktuk
Parapat
Tomok
P. TULAS
Ajibata
Subulus Salam, Singkil
Heiße Quellen
Sigarantung
Parmonangan
D. Sidihoni
1972
1630
Lumbanjulu
Bukit Pusuk
Pangururan
Lontung
2150
Rianate
Aek Natonang
Jujungan
Binanga-Lom-Wasserfall
P. SAMOSIR
Tele
Simbolon
Hatoguan
Palipi
Banjarsiantar
Lagundi
Goratmogang
Porsea
Nainggolan
Onan Runggu
Urat
Sipinggan
Silaen
P. SIBANDANG
Laguboti
Muara
Balige
Bakara
Pusuk
SILANGIT AIRPORT
Perhebangan
G. Pinapan
2038
Siborong-borong
Sibolga, Bukittinggi
Pakkat
ÜBERNACHTUNG
1 Eco Village Silimalombu
TRANSPORT
1 Fährhafen Tiga Raja
2 Sejahtera-Büro und Busbahnhof
3 Autofähre
SUMATRA

Aus allen Dörfern kommen die Frauen, um Obst, Gemüse, Fisch und Reis zu verkaufen. Während sie ihre schweren Lasten durch das Getümmel tragen, genießen die Männer ihren Palmwein. **Geldautomaten** sind in der Jalan Sisingamangaraja nahe der Tankstelle. Hier und in der Jalan Haranggaol gibt es **Antiquitäten- und Souvenirläden** sowie Money Changer. Da die Straße zum Fährhafen nur in eine Richtung führt, kurven lokale **Minibusse** (4000 Rp) gegen den Uhrzeigersinn durch den Ort.

Batak-Küche servieren die Lokale an der Jalan Veteran sowie am Hafen in **Parapat**. Häufig kann man sich vorgekochte Gerichte aussuchen – wie wär's mit Hundefleisch-Curry *(Saksang)* oder für weniger Mutige Fisch in einer scharfen Soße *(Nani Arsik)*? Zudem werden während der Saison ausgezeichnete Passionsfrüchte (*Markisa*), Avocados und Mangos angeboten.

ÜBERNACHTUNG

Verpasst man die Fähre zur Insel oder muss einen sehr frühen Bus nehmen, kann man in **Parapat** übernachten. Ansonsten sind die Unterkünfte auf der Insel Samosir vorzuziehen, S. 549. Zur Hochsaison ziehen die Preise an.

Atsari Hotel Parapat, Jl. Kol. TPR. Sinaga 9, ✆ 0625-41219. Auf halber Strecke zwischen der Jl. Sisingamangaraja und dem Fährhafen wohnt man in klimatisierten Zimmern mit Warmwasser, TV, bequemen Betten und Zugang zum Pool. Frühstück inkl. ❺

TRANSPORT

Busse

Vom Busbahnhof an der nördlichen Jl. Sisingamangaraja nach:

BUKITTINGGI mit **ALS** jeweils 4–5 Std. nach Abfahrt in Medan (S. 530) für 195 000–275 000 in 15 Std.

MEDAN mit **Sejahtera**, 100 m südlich vom Busbahnhof, ✆ 0625-42345, stdl. von 8–16 Uhr für 65 000 Rp in 4 1/2 Std.

PEMATANG SIANTAR alle 30–60 Min. von 5–17 Uhr für 30 000 Rp in 1 1/2 Std., weiter nach KABANJAHE und BERASTAGI.

Sammeltaxis

Sie sind nicht viel schneller als Busse doch man hat in jedem Fall einen Sitzplatz und wird zum Zielort gebracht. Es kann aber auch in den Pkw sehr eng werden, vor allem mit viel Gepäck. Charterpreis 600 000 Rp pro Tag.

Preisbeispiele von **Bagus Holidays Taxi**, am Fährhafen Tiga Raja, ✆ 0625-41747, 0813-9638 0170:

BUKIT LAWANG via BERASTAGI (4 Std., 150 000 Rp) oder via MEDAN um 9.30 Uhr für 200 000 Rp in 8 Std.

MEDAN stdl. von 8–18 Uhr für 85 000 Rp in 4–5 Std., zum KUALANAMU INTERNATIONAL AIRPORT 150 000 Rp.

PADANG und BUKITTINGGI sind mit Sammeltaxis nicht zu empfehlen.

Fähren

s. S. 555

12 HIGHLIGHT

Pulau Samosir (Toba-See)

Die rund 40 km lange und 20 km breite Insel im Toba-See entspricht flächenmäßig etwa der Größe von Berlin und war bereits vor mehr als 40 Jahren ein Traveller-Treffpunkt auf Sumatra. Zu Fuß, mit dem Fahrrad oder einem gemieteten Motorrad kann man die hügelige, von Reisfeldern geprägte Landschaft zwischen den Dörfern erkunden (siehe Tour S. 551), im See baden, traditionelle Häuser besichtigen oder einfach am Ufer relaxen und die Seele baumeln lassen. Es gibt preisgünstige Backpacker-Unterkünfte, aber auch komfortablere Quartiere für etwas mehr Geld. Gratis dazu gibt's das typisch zeitvergessene Inselflair.

Tuktuk

Der touristische Hauptort lockt mit entspannter Atmosphäre, freundlichen Menschen und Unterkünften in typischen Batak-Häusern. Seine Halbinsel kann man in einem zweistündigen Spaziergang umrunden. Von Süden führt die Straße durch Reisfelder und Wiesen, vorbei

Die Batak

Das Hochland ist die Heimat proto-malaiischer Batak-Stämme. Indonesien zählt 8–10 Mio. Batak, davon etwa 3 Mio. in Nord-Sumatra. Sie unterteilen sich in sechs Stämme mit drei Sprachen und mehreren Dialekten. Die **Toba**, die als die ursprünglichen Batak gelten, siedeln auf der Insel Samosir und entlang des Toba-Sees, wo sie Nassreisanbau betreiben, sich aber auch auf die Kultivierung von Trockenreis, Mais und Kaffee verstehen. Etwa 400 000 **Karo** leben im Hochland um Berastagi sowie im Flachland um Bukit Lawang. Da ihre Dörfer meist in einer Höhe von 1000 m oder mehr liegen, bauen die Karo meist Gemüse an. Im Osten schließt sich das Land der **Simalungun** um Pematang Siantar an. Im Nordwesten bei Sidikalang siedeln die **Pakpak**, auch Dairi genannt, und im Süden die **Angkola** und die **Mandailing**. Etwa 60 % der Batak sind Christen, der Rest bekennt sich zum Islam. Gleichwohl haben die Batak viele Elemente ihrer alten Kultur bewahrt.

Geschichte und Kultur

Die Batak sind vor 2500–3000 Jahren aus Südchina migriert. Linguistische Untersuchungen legen nahe, dass ihre Vorfahren über Taiwan und die Philippinen einwanderten und Sumatra zunächst an der Westküste besiedelten. Als ehemalige Bergbewohner zogen sie bald auch hier ins Gebirge, wo sie rings um den Berg Bukit Pusuk weitgehend isoliert von malaiischen Küstenbewohnern kleine Reiche gründeten. In der *Suma Oriental* aus dem 15. Jh. wird ein Reich der „Bata" im Gebiet des Sriwijaya-Imperiums erwähnt. In relativer Abgeschiedenheit lebten die Batak bis Mitte des 19. Jhs., obschon Familiennamen und archäologische Funde auf Kontakte mit Chinesen und indischen Tamilen hindeuten. Auch weist die Kultur der Batak frühhinduistische Einflüsse auf, etwa im Vokabular, in den Schriftzeichen und der Religion, aber auch in den Kenntnissen des Schachspiels und der Baumwollweberei. Dagegen scheinen die Metallurgie, der Nassreisanbau oder der Gebrauch von Pflug und Wasserbüffel schon lange vorher bekannt gewesen zu sein.

Unter anderem hielten übertriebene Berichte über kriegerische Menschenfresser die Europäer davon ab, ins Hochland vorzudringen. Als erste besuchten Burton und Ward 1824 das südliche Batak-Land und fanden dort eine hochentwickelte Schrift- und Buchkultur vor. Der deutsche Arzt und Entdecker Franz Junghuhn veröffentlichte 1847 das zweibändige Werk *Die Battaländer auf Sumatra.* Mit der christlichen Missionierung begann 1864 die protestantische Rheinische Missionsgesellschaft unter Ludwig Ingwer Nommensen, dem „Apostel der Batak". Daraus ging in den 1930er-Jahren eine eigen-

an der katholischen Kirche. An der nördlichen Bucht kann man einen Abstecher nach Ambarita machen. Von den am Hang gelegenen Unterkünften und Restaurants bietet sich ein sehr viel besserer Ausblick auf die Bucht und den See, denn landseitig ist die Straße mit Unterkünften, Läden und Restaurants zugebaut. Wer den Ort während der indonesischen Feiertage besucht, begreift den Grund für das ansonsten nicht beanspruchte Überangebot an Souvenirs, Kunsthandwerk und Nippes, in den Geschäften.

Tomok

Pauschaltouristen kommen oft von Parapat herüber, um die **Königsgräber** zu besichtigen. Entsprechend reihen sich von der Anlegestelle bis zum Grab des Königs Sidabutar die Stände mit Kunsthandwerk und Souvenirs: traditionelle Batak-Stoffe *(Ulos)*, Holz- und Knochenschnitzereien, Batak-Kalender, Musikinstrumente u. v. m.

Rechts des Wegs kommt man zu einem freien Platz. Hier steht ein steinerner Tisch mit Stühlen neben dem **Grab von König Sidabutar**, das von zwei Elefantenfiguren bewacht wird. Das steinerne Grab ziert eine hockende menschliche Figur, gekrönt von einem gehörnten Gesicht. Die Figuren im Hintergrund stellen wahrscheinlich ehemalige Herrscher dar. Dahinter stehen drei alte Batak-Häuser, wo ab und an Vorführungen der tanzenden Holzpuppen *(Si Gale Gale)* stattfinden. Die Souvenirstände enden am Aufgang zu den Grabmälern anderer ständige Batak-Kirche (HKBP, *Huria Kristen Batak Protestan)* hervor. Wegen der zum Teil kargen Böden und mangels anderer Erwerbsmöglichkeiten waren sie oft gezwungen auszuwandern, und so trifft man sie heute in allen Landesteilen Indonesiens. In Regierung, Verwaltung und Armee sind sie überdurchschnittlich vertreten. Ebenso in der Musikszene, was wohl auf ihr musikalisches Talent zurückzuführen ist: Die Gitarre oder ein Handy mit MP3s sind immer dabei, ob bei Spaziergängen, im Bus oder bei abendlichen Treffen. Während die Männer eher abends zu einem Gläschen Palmwein melodische Batak-Lieder und westliche Popsongs singen, bestreiten die Frauen die Gesänge der sonntäglichen Gottesdienste.

Gesellschaft und Sozialstruktur

Früher lebten die Batak in hierarchischen Dorfgemeinschaften. Die Karo hatten einen *Sibayak*, auch *Raja Urung*; er war das Oberhaupt einer aus mehreren Dörfern bestehenden Gemeinde (*Urung)*. Ihm oblagen die Rechtsprechung und das Oberkommando im Krieg, ansonsten war seine Macht gering. Die Dörfer der Toba-Batak wurden von einem *Raja* aus der Adelsschicht geleitet und nach außen repräsentiert. Er musste Recht sprechen und die Einhaltung des *Adat*, der von den Ahnen übernommenen, ungeschriebenen Gesetze und Verhaltensregeln, überwachen. Zu beachtlichem Wohlstand gelangte ein *Raja* vor allem durch Handelsprivilegien und Sklavenbesitz, denn die Batak lebten in einer Kastengesellschaft. Den **Adel** bildeten Mitglieder der Familie, die das Dorf gegründet hatte und der das umliegende Land gehörte. Die **Freien** waren meist entfernt mit der Gründerfamilie verwandt und erhielten das zeitlich befristete Recht, einen Teil des Landes zu bewirtschaften. Kriegsgefangene und verschuldete Dorfbewohner waren die **Sklaven**.

Die Sozialstruktur der Batak basiert auf der **Großfamilie**. Bis zu zehn Großfamilien der väterlichen Verwandtschaft wohnten zusammen in einem Dorf und bildeten eine *Huta*. Ihr Zusammenleben wurde durch strenge *Adat*-Gesetze geregelt. Probleme und Fragen wurden öffentlich auf dem Versammlungsplatz außerhalb des Dorfes, dem *Partukoan*, oder im *Bale*, dem zentralen Versammlungshaus, besprochen. Unter der Leitung des Dorfvorstehers nahmen außer den Sklaven alle Mitglieder der Gemeinschaft daran teil und hatten Mitspracherecht. Über die *Huta* hinaus gehört jeder Batak zu einem **Clan** *(Marga)*, der seinerseits auf einen mythischen Urahnen zurückgeht und besonders zu Begräbnissen eines Clanmitglieds äußerst zahlreich erscheint.

Mitglieder der königlichen Familie. Südlich hinter den Verkaufsständen befindet sich ein bescheidenes **Museum** (Spende), das einmal das Haus des Königs gewesen sein soll. Es zeigt Haushaltsgeräte, Waffen, Fotos, Beteldosen und Musikinstrumente.

Tipp für Wanderer: Hinter den Sendemasten zweigt von der Hauptstraße ein befestigter Weg in Richtung der 780 m hohen Hügel ab. Wer am Ende der Reisfelder rechts abbiegt, gelangt auf einem Fußweg vorbei an Gräbern und kleinen Siedlungen in 45 Min. zu einer Abzweigung hinab zur Straße nach Tuktuk. Wer von Tuktuk kommt, nimmt an der Hauptstraße, die von Tomok nach Ambarita führt, die schmale Abzweigung vor der Reparaturwerkstatt den Berg hinauf.

ÜBERNACHTUNG

An Weihnachten, Neujahr, dem chinesischen Neujahr sowie zum Ende des Ramadan ziehen die Preise an.

Bagus Bay Homestay, ✆ 0823-6822 9003, 💻 http://bagusbay.com. Um ein Stück Grün mit Volleyballfeld hinter dem rustikalen Restaurant liegen 21 saubere, sehr unterschiedliche Zimmer, z. T. sehr einfach und nur mit Bett und Gemeinschaftsbad, andere schön dekoriert in einem alten Batak-Haus. Mi und Sa werden Batak-Tänze aufgeführt. ❶–❸

Eco Village Silimalombu, Silimalombu, ✆ 0812-6085 8209, 💻 www.laketoba.net und www.fb.com/EcovillageSamosir, Karte

S. 546. Ratna hat mit ihrem deutschen Mann Thomas und freiwilligen Helfern auf dem Land ihrer Familie tausende Bäume gepflanzt und einen Öko-Bauernhof etabliert. Gäste können in den Tagesablauf der Farm eingebunden werden und wohnen in 10 Zimmern, im alten oder im neueren Batak-Haus mit der Familie. Im Restaurant gibt's Bio-Gerichte sowie Pizza und Seafood. Zudem geführte Wanderungen, Kaffeeseminare, Kochkurse. Die Straße ist schlecht, am besten von Ajibata per Boot direkt zur Farm um 13 Uhr für 15 000 Rp in 1 Std. ❷

Horas Family Home, ✆ 0813-6206 0838, 0813-610 5141, 💻 www.holidaysumatra.com. Die beliebte, familienfreundliche Anlage von Berend wird von einem Gemüsegarten, Orchideen und anderen Topfpflanzen begrünt und bietet 3 Wohneinheiten für je 5–8 Pers.: das Family Home mit Batak-Haus am See, das Horas Indah genannte Apartment mit Kochzeile und Gartenblick sowie Horas Mini mit 2 Zimmern, die sich eine Veranda und ein Bad teilen. Kajak-, Boots- und Angelverleih inkl. ❺–❻

€ **Liberta Homestay**, ✆ 0625-451035, ✉ liberta_homestay@yahoo.co.id. Beliebte Budget-Unterkunft mit Hängematten, entspannter, freundlicher Atmosphäre und 16 Zimmern, teils in rustikalen Batak-Häusern und mit Gemeinschaftsbad. Restaurant mit WLAN. ❶

Mas Cottages, ✆ 0625-451051, 💻 http://mas-cottages.blogspot.de. Etwas abseits an den Hang gebaute Anlage mit Seeblick und 23 Zimmern unterschiedlicher Kategorien in teils klimatisierten Massivhäuschen oder originalen Batak-Häusern; einige mit Warmwasser. Freundlicher Service, gutes Restaurant, Fahrrad- und Motorradverleih. Gegen Aufpreis von 5000 Rp halten Schiffe am Steg der Unterkunft. Restaurant mit guten Guacamole-Tacos und WLAN. ❷–❹

Merlyn Gh., ✆ 0813-6116 9130, ✉ merlyn guesthouse@hotmail.com. Kathi aus Deutschland und Ivan vermieten in ihrem gepflegten Garten 4 saubere, hübsch dekorierte Zimmer, teils in traditionellen Batak-Häusern, mit schlichter Einrichtung, weichen Matratzen, Moskitonetz und Warmwasser. An der Straße ein nettes Restaurant. ❶

Parna's Homestay, ✆ 0813-7694 3742, 💻 www.yopnik.com/parnas. Fußläufig relativ weit von den meisten Restaurants der Halbinsel entfernt liegen teils an der Straße, teils am Ufer mit Blick über den See 7 schlichte, farbenfrohe Zimmer, davon 5 mit Warmwasser. Relaxte Atmosphäre, luftiges Restaurant mit umfangreicher Speisekarte, Tischtennis und Billard. ❶–❸

Reggae Gh., ✆ 0625-451040. Die rüstige Betreiberin vermietet 6 rustikale Zimmer, die nicht durch ihre Einrichtung glänzen, dafür aber mit schönem Blick auf den See und der Badestelle mit Baumschaukel. Die hohen Stufen sind nichts für Ältere oder motorisch Eingeschränkte und der Service ist mitunter unfreundlich. ❶

Romlan Gh., etwas versteckt hinter den Nachbarunterkünften, ✆ 0822-7685 5722, 💻 www.romlantuktuk.com. Bei Budgetreisenden beliebte Adresse unter deutsch-indonesischer Leitung. 13 sehr saubere Zimmer mit guten Matratzen und Balkon am Seeufer mit Grillplatz, zudem 2 nette Batak-Häuser. Die günstigeren mit Gemeinschaftsbad neben dem Restaurant, das auch Bratwurst und Bauernfrühstück serviert. ❶–❷

Tabo Cottages, ✆ 0625-451318, 💻 www.tabocottages.com. Die schönste Anlage auf Samosir hat einen großen, gepflegten Garten mit Pool am See. Die 30 einladenden, komfortablen Zimmer und Suiten mit großen Balkonen sind mit Batak-Elementen gestaltet. Freundlicher Service und luftiges Restaurant mit sehr guter Küche, hausgemachtem Brot sowie Kuchen. Auch wird Kaffee aus regionalem Anbau geröstet, serviert und abgepackt verkauft. Zudem Massagen und empfehlenswerte Touren, die von der deutschen Chefin oft selbst geführt werden. Sa gibt's Livemusik zum abendlichen Buffet. Frühstück inkl. ❹–❻

Toba Village Inn, ✆ 0625-451346, 💻 www.tobavillageinn.com. Eine solide Adresse für Mittelklasse-Komfort, wenn in den Tabo-Cottages nichts mehr frei ist. Die 2-stöckigen Massivhäuser umfassen 21 Zimmer mit guten Matratzen, Warmwasser, Veranda oder Balkon sowie Regendusche, teils auch AC. Restaurant, Pool. Frühstück inkl. ❹–❺

Toba-See: Per Roller um die Insel Samosir

- **Start und Ziel**: Tuktuk
- **Varianten**: vollständige Umrundung (anspruchsvoll), halbe Umrundung (für Anfänger) entgegen dem Uhrzeigersinn
- **Strecke**: 115 km, bei halber Umrundung ca. 80 km hin und zurück
- **Dauer**: 6–7 Std., bei halber Umrundung 5–6 Std.
- **Straßenbeschaffenheit**: überwiegend gut mit sporadischen Schlaglöchern, im Süden schlechter

Eine Erkundung der verkehrsarmen Insel auf dem Motorroller zählt zu den beliebtesten Aktivitäten am Toba-See. Die von grünen Reisfeldern und idyllischen Dörfchen geprägte Szenerie mit großartigen Ausblicken auf den Kraterrand der Toba-Caldera sorgt für Fahrspaß und einen gelungenen Tag auf zwei Rädern. Besonders auf der ersten Etappe bieten sich Sehenswürdigkeiten für Zwischenstopps an. Unbedingt an lange Kleidung und Sonnencreme denken!

Die Route

An der Uferstraße von Tuktuk nach Nordwesten liegt linker Hand der weit über 300 Jahre alte **Parubalangan** (1,5 km), ein heiliger Hügel der Siallagan-Könige und ihrer Magier *(Datu)*. An Steintischen und Statuen wurden Verbrecher für schuldig befunden und bestraft. Eine Statue erinnert an das einwöchige Festsetzen, gefolgt vom Eingraben des Delinquenten bis zum Hals. Nach Wiederherstellung der spirituellen Ordnung durch Opferung von Speichel des Verurteilten an die Götter wurden im Falle einer Exekution Stücke seines Fleisches zur Abschreckung des Bösen an Hauseingängen angebracht. 🕒 6–18 Uhr, Eintritt 5000 Rp.

In **Siallagan** wird das steinerne **Königsgrab** (2 km) von drei annähernd lebensgroßen Figuren der bestatteten Siallagan-Herrscher gekrönt. Auf der anderen Straßenseite stehen steinerne Stühle, Bänke und Tische. Hier versammelten sich der König und die Vertreter der Dörfer, um ihr Palaver abzuhalten. Es wurde diskutiert, Recht gesprochen und hart geurteilt. Auch hier fanden Hinrichtungen gleich nebenan statt, wo Verurteilte auf einem großen Stein geköpft wurden. Eins der acht **Batak-Häuser** am Vorplatz enthält einen Webstuhl sowie *Ulo* (Batak-Tücher) und kann besichtigt werden. Eintritt 5000 Rp.

Richtung Norden verläuft die Straße von **Ambarita** (3,5 km) am Ufer entlang durch eine hügelige Landschaft. In Simanindo (18 km) führt ein Weg rechts ab zur traditionellen **Huta Bolon**, der alten Siedlung des Königs Sidauruk, die einen Stopp lohnt. Hinter der Kasse befinden sich das königliche Langboot *(Solu Bolon)* und dahinter ein kleines Museum mit Holzschnitzereien, Waffen, *Ulo*, Küchenutensilien, alten Fotos, Messinggefäßen und Ritualgegenständen der Batak. Über einen Durchgang in der Mauer gelangt man ins **Frei-**

Bei einer Rundfahrt um die Insel eröffnen sich vielerorts fabelhafte Ausblicke auf den Kraterrand des Toba und die kultivierten Ländereien der Batak.

lichtmuseum. Um den großen Platz verteilen sich traditionelle Häuser, deren Dächer aber teils mit Wellblech gedeckt sind. Das Haus des Königs *(Rumah Bolon)* ist mit besonders vielen Schnitzereien und Skulpturen verziert. Gegenüber den Häusern stehen vier Reisspeicher *(Sopo)*. Um 10.30 Uhr (außer So) und 11.45 Uhr wird hier von festlich gekleideten Batak zu den sonoren Klängen eines Musikensembles eine Reihe von traditionellen Tänzen *(Mangalahat Horbo)* aufgeführt. Heimlicher Star ist der umtanzte, am *Borotan*-Stab angebundene Büffel, den die Show wenig zu beeindrucken scheint – dabei endete solch ein Fest traditionell mit seiner Schlachtung. Beim *Sigale-Gale*-Tanz tritt eine hölzerne Puppe als Repräsentant der Verstorbenen auf. 🕒 9–17 Uhr, Eintritt 50 000 Rp zur Tanzvorführung, sonst 10 000 Rp.

Weiter geht die Fahrt durch **Simarmata** (26 km) und **Huta Bolon** (30 km, nicht zu verwechseln mit dem Freilichtmuseum, s. o.), wo ein Schild rechts ab zum **Parbaba Beach** weist. An dem bei Einheimischen beliebten schmalen Sandstrand gibt es Tretboote und Kanus für 35 000 Rp, für Fahrten mit dem Bananenboot werden 200 000 Rp fällig.

Nach 40 km ist **Pangururan** erreicht, das mit dem Festland verbunden ist. Viele machen hier kehrt und fahren dieselbe Strecke wieder zurück, doch seit der Ausbesserung der Straße können zumindest geübte Motorradfahrer auch die große Runde fahren.

Die Straße verläuft durch ein Schwefelabbaugebiet kurz hinter **Rianate** (47 km) und durch das landschaftlich schönste Gebiet von Samosir mit fantastischer Aussicht. Bei **Goratmogang** (59 km) werden Nelken angebaut, und im Süden der Insel reichen kunstvoll angelegte Reisfelder bis an den See. **Nainggolan** (75 km) liegt zwischen Hügeln, die für den Reisanbau terrassiert wurden.

Hinter **Onan Runggu** (87 km) führt die Straße etwas landeinwärts hinauf in die zerklüfteten Berge mit Reisterrassen. Nochmal 8 km weiter ist in **Jujungan** (103 km) die Anhöhe erklommen und die Aussicht fabelhaft; von hier sind es ca. 7 km auf einer schlechten unbefestigten Straße hinunter nach Tomok.

ESSEN UND UNTERHALTUNG

Die Menüs vieler Restaurants gleichen sich. Dunkles Brot, Pizza oder Joghurt sind keine Seltenheit, Hauptgerichte kosten 25 000–80 000 Rp, ⌚ 8–23 Uhr. Sehr gutes Brot, Kuchen und Kaffee aus der eigenen Rösterei verkauft und serviert das Restaurant der **Tabo Cottages**, s. Übernachtung.

Jenny's Restaurant. Während andere Restaurants abends leer oder gerade halb voll sind, ist Jenny's stets gut besucht, auch dank der großen Portionen *Nasi Goreng* und des exzellenten Fisches vom Grill.

Maruba Restaurant, ✆ 0813-9784 4254. Sehr gute Batak-Küche, zudem viele indonesische und westliche Gerichte. Auf Bestellung bis spätestens 2 Std. vorab kann man gegrillten Flusskrebs genießen.

Popy's Restaurant, ca. 30 m von Jenny's Restaurant. Große Auswahl an indonesischen und westlichen Gerichten sowie Frühstück.

Rumah Makan Elios. Hier können Batak-Spezialitäten wie *Ikan Arsik* (Fisch), *Saksang* (Hund) oder *Babi Panggang* (Schwein) probiert werden.

Rumba Pizzeria & Restaurant. Wer Lust auf Pizza, Pasta, Bratkartoffeln, Nudeln oder Schnitzel mit Pommes hat, ist hier richtig. Sauberes, gut geführtes Restaurant unter Schweizer Leitung. Sehr lecker ist auch das Vanilleeis mit Schokosoße.

UNTERHALTUNG

Traditionelle Batak-Tänze und Musik finden wöchentlich im **Tabo Cottages** und **Bagus Bay Homestay** statt, s. Übernachtung. Für gesellige Abende mit kaltem Bier und junger Klientel empfiehlt sich **Roy's Pub**, ✆ 0812-6456 6363, wo Di, Do und Sa abends Coversongs und rockige Livemusik gespielt werden. ⌚ ab 17 Uhr.

AKTIVITÄTEN UND TOUREN

Unterkünfte und Geschäfte in Tuktuk organisieren **Tagesausflüge** im Pkw (max. 6 Pers.) für 500 000 Rp oder im Minibus (max. 8 Pers.) für 1,1 Mio. Rp inkl. Fahrer und Benzin. **Angelausflüge** mit dem Motorboot kosten 300 000 Rp pro Std.

Kanus oder **Kajaks** 40 000 Rp pro Tag.

Tabo Cottages, S. 550, bietet gute Touren: 2 Pers. zahlen für die klassische Inseltour 750 000 Rp, für die erweiterte Tour mit Besuch an den heißen Quellen und weiteren Aussichtspunkten 1 Mio. Rp, für eine 16 km lange Mountainbike-Tour inkl. Abholung per Pkw 600 000 Rp und für die kulinarische Tour 1 Mio. Rp inkl. Marktbesuch und Kochkurs. Die 6-stündige Batak Heritage Tour ist mit 1,4 Mio. Rp inkl. Mittagessen und Eintritte teuer, aber lohnenswert. Kaffee-Interessierte können bei Annette außerdem eine mehrtägige Tour zu Plantagen um den Toba-See mit Stopps an Sehenswürdigkeiten kombinieren.

Horas!

So lautet der Willkommens- und Abschiedsgruß der Toba-Batak. Die Sprache unterscheidet sich stark vom Indonesischen. Ein paar nützliche Brocken:

Danke	*Mauliate*
Wie viel kostet ...?	*Sadia ...?*
Ich hätte gern ...	*Boi ...*

EINKAUFEN

In Tuktuk findet man zwischen der Massenware eher selten echte Handarbeit. Holzschnitzereien gibt es bei **Silalahi Carving**; Holzstäbe und -figuren, Windspiele und Batak-Stoffe *(Ulo)* bei **Parpulo**, ⌚ 8–21 Uhr. Hinter dem Laden kann man oberhalb der Straße im **Handicraft Centre** bei der Herstellung zusehen.

SONSTIGES

Geld

Money Changer und Unterkünfte wechseln zu schlechten Kursen. Die **Geldautomaten** in Ambarita und in Tomok sind nicht immer einsatzbereit. **Tabo Cottages** zahlen bei

Tuktuk
N
0 200 400 600 800 1000 m
Siallagan
Königsgrab
Steintische
Parubalangan
Ambarita
POLIZEI
Simanindo
PROTESTANT. KIRCHE
KATH. KIRCHE
POLIZEI
Parapat
Bukit Beta
SENDEMAST
SENDEMAST
SENDEMAST
Tomok
Tomok
Königsgräber
Museum
ÜBERNACHTUNG
1 Reggae Gh.
2 Romlan Guesthouse
3 Merlyn Gh.
4 Mas Cottages
5 Parna's Homestay
6 Tabo Cottages
7 Horas Family Home
8 Bagus Bay Homestay
9 Liberta Homestay
10 Toba Village Inn
ESSEN
1 Jenny's Restaurant
2 Popy's Restaurant
3 Maruba Restaurant
4 Rumah Makan Elios
5 Rumba Pizzeria & Restaurant
SONSTIGES
1 Buchladen
2 Handicraft Center
3 Parpulo
4 Wäscherei
5 Buchladen
6 Arztpraxis
7 Roy's Pub
8 Coffee2Go
9 Silalahi Carving
TRANSPORT
1 Fähre nach Parapat
2 Autofähre nach Ajibata

Bezahlung per Kreditkarte gegen Gebühr Bargeld aus. Ansonsten bleibt nur die Fahrt nach Parapat.

Informationen

Rund 50 m von der offiziellen, nicht immer besetzten **Touristeninformation** bietet das **Coffee2Go**, ✆ 0822-7600 4894, ✉ lamtiar_tiar80 @yahoo.com, jede Menge nützliche Tipps. Die nette Besitzerin Lam ist auch bei der Weiterreise behilflich und organisiert Bus- und Flugtickets.

Medizinische Hilfe

Die örtliche Praxis *(Puskesmas)* liegt unweit der Carolina Cottages. Die Ärztin wohnt dort, eine Klingel ist hinter dem Warteraum. Bei ernsthaften Erkrankungen sollte man nach Medan, S. 530.

Post

Einige Unterkünfte haben **Briefkästen**, **Postfilialen** sind in Ambarita und Pangururan.

NAHVERKEHR

Minibusse verkehren etwa stdl., aber nicht zuverlässig von 8–18 Uhr zwischen Tomok und Pangururan für 5000 Rp von Ort zu Ort bzw. die gesamte Strecke für 15 000 Rp in 1 1/2 Std. Sie fahren nur auf der Hauptstraße, d. h. nicht durch Tuktuk. Schneller und ungebunden ist man als Selbstfahrer. **Motorroller** kosten in Tuktuk und Ambarita 75 000–100 000 Rp pro Tag. **Fahrräder** sind ebenfalls zu mieten, eignen sich aber eher für kurze Ausflüge in und um Tuktuk.

TRANSPORT

Minibusse

Ab der Jl. Sisingamangaraja in **Pangururan** fahren gelbe **Minibusse** etwa stdl. von 8–14 Uhr nach SIDIKALANG für 50 000 Rp in 3 Std. Hier Umstieg nach KUTACANE für 50 000 Rp in 5 Std. und weiter nach KETAMBE, s. Transport S. 539

Fähren

Rustikale Fähren fahren von verschiedenen Anlegestellen und nehmen auch Motorräder auf (5000 Rp). Bezahlt wird während der Überfahrt.
Ab **Tiga Raja** in Parapat:

Ein Refugium für bedrohte Tiere

Wer die Strecke vom Toba-See nach West-Sumatra mit einem eigenen Fahrzeug zurücklegt, kann ca. 10 km vor Padang Sidempuan einen 20 km langen Abstecher zum **Barunum Nagari Wildlife Sanctuary**, ✆ 0634-432 1115, 💻 www.barumunnagari.com, bei Batu Nanggar unternehmen. Die private Initiative beherbergt auf 500 ha Land zwölf freilaufende Elefanten, die aus nicht artgerechter oder tierquälerischer Haltung gerettet wurden. Man kann sie beim Baden beobachten und füttern. Auch gerettete Tiger, Raubvögel und Siamang werden hier gepflegt. Ein 4-stündiger Besuch mit Führung und Mittagessen kostet 500 000 Rp p. P., Voranmeldung erforderlich.

TOMOK etwa stdl. von 7–19 Uhr für 10 000 Rp in 45 Min., zurück von 6.30–18.30 Uhr.
TUKTUK etwa stdl. von 8.30–19 Uhr für 20 000 Rp in 45–60 Min., zurück von 7–17.30 Uhr. Die Fähren halten an den Anlegestellen der Unterkünfte. Wer die späte Fähre ab Tomok erreichen will, kann sich für 30 000 Rp von Tuktuk mit dem Motorradtaxi hinfahren lassen.

Ab Ajibata, 2 km südlich von Parapat, verkehrt eine **Autofähre** nach TOMOK gegen 8.30, 11.30, 14.30, 17.30 und 21 Uhr für 150 000 Rp pro Pkw, zurück gegen 7, 10, 13, 16 und 19.30 Uhr. Für Selbstfahrer ist die Autofähre vom nördlichen **Tigaras** nach SIMANINDO gegen 8, 9.30, 11.30, 15, 17 und 19.30 Uhr für 20 000 Rp eine Abkürzung, wenn man aus Berastagi oder vom Sipiso-piso-Wasserfall bzw. dorthin will. Zurück gegen 7, 9, 10.30, 12.30, 14 und 18 Uhr.

Flüge

Die dem **Flugplatz Silangit** (DTB) in Siborong-Borong am nächsten gelegenen Fähranlegestellen (Taxi 200 000 Rp) sind zwar das 18 km entfernte Muara (nach Sipinggan Sa und So 15 Uhr, zurück 9 Uhr) und das 20 km entfernte Balige (nach Onan Runggu Mo–Fr 16.30 Uhr, zurück 10.30 Uhr). Wer bis Tuktuk will, muss sich dann jedoch abholen lassen, und zeitlich hat es gegenüber den Fähren von Parapat (Taxi

350 000 Rp, alternativ Minibusse von Siborong-Borong) nach Tuktuk kaum Vorteile. Es fliegen:
Citilink, 💻 www.citilink.co.id, nach JAKARTA;
Garuda Indonesia, 💻 www.garuda-indonesia.com, nach JAKARTA, MEDAN und SINGAPORE (nicht tgl.);
Sriwijaya Air, 💻 www.sriwijayaairkcp.com; nach JAKARTA;
Wings Air, 💻 www.lionair.co.id, nach MEDAN.

Aceh

Reisende, die sich gern abseits der Hauptattraktionen bewegen, erleben in Aceh eine faszinierende Kultur und herzliche Gastfreundschaft. Die westlichste Provinz von Indonesien zieht vor allem Backpacker und Taucher an, die ein paar entspannte Tage auf **Pulau Weh** (S. 563) verbringen. Aber auch auf dem Festland tummelt sich der eine oder andere Tourist zwischen den Sehenswürdigkeiten von **Banda Aceh** (S. 557) oder den Dschungelpfaden von **Ketambe** (S. 534).

Das zu großen Teilen gebirgige, sehr waldreiche Aceh zählt ca. 4,7 Mio. Einwohner und ist eine der fünf Provinzen mit Autonomiestatus. Die Bevölkerung besteht zu über 50 % aus Acehnesen, daneben gibt es Javaner in den Städten, Gayo in Zentral- und Ost-Aceh, ein paar Tausend Malaien und Chinesen sowie weitere Minderheiten. Neben Landwirtschaft und Fischerei ist die Öl- und Gasindustrie ein wichtiger Wirtschaftszweig – dank der hiesigen Vorkommen ist Indonesien einer der weltgrößten Flüssiggasexporteure. Doch flossen die Gewinne jahrzehntelang an die Zentralregierung in Jakarta; erst seit 2008 profitiert die Provinz vom Ressourcenreichtum, allerdings haben sich die erschlossenen Gasvorkommen nahezu erschöpft.

Banda Aceh war über Jahrhunderte einer der wichtigsten Handelshäfen Asiens, und auch im Inland profitierte man von der Nachfrage nach begehrten Handelsgütern wie z. B. Pfeffer. Hier entstand eines der einflussreichsten Sultanate Indonesiens. Es existierte bis 1903, als der letzte Sultan gegenüber der niederländischen Kolonialmacht kapitulierte. Allerdings schafften es die Kolonialherren nie, die Region gänzlich zu befrieden. Noch Jahrzehnte nach der Unabhängigkeit wütete der Krieg zwischen den Guerillas der GAM *(Gerakan Aceh Merdeka, Bewegung Freies Aceh)* und der indonesischen Armee.

Erst die **Tsunami-Katastrophe** vom Dezember 2004 führte zur Beendigung der Kriegshandlungen und zum Kompromiss einer regionalen Autonomie. Aceh musste mit mehr als 128 000 Toten und 37 000 Vermissten fast die Hälfte aller Opfer des Tsunamis beklagen. Stark betroffen waren die Westküste und die Provinzhauptstadt Banda Aceh: 70 000 Wohnhäuser und ein Großteil der Infrastruktur wurden verwüstet. Auf die Katastrophe folgte eine globale Welle der Hilfsbereitschaft. Insgesamt waren mehr als 460 Organisationen in die Nothilfe und den Wiederauf-

Hier gilt islamisches Recht

Das seit jeher konservative Aceh war früher eine Station auf der Pilgerreise nach Mekka, weshalb es auch als *Serambi Makkah*, „Veranda von Mekka", bezeichnet wird. Die herrschende Auslegung des Islam ist eine orthodoxe, und die Provinz ist die einzige im Inselstaat, in der die **Scharia** gilt. Für Besucher bedeutet dies v. a., körperbedeckende Kleidung zu tragen. Zum **Freitagsgebet** zwischen 11.30 und 14 Uhr sind die Straßen leergefegt, Restaurants geschlossen und Tauchgänge nicht gestattet. Seit 2015 gilt ein lokales Gesetz, wonach auch Nicht-Moslems für den Erwerb oder Besitz von Alkohol mit 20 Peitschenschlägen bestraft werden können. Ferner sind Ehebruch oder homosexuelle Handlungen mit bis zu 100 Peitschenschlägen bestrafbar. Allerdings sollte das niemanden davon abhalten, eine Reise nach Aceh zu unternehmen, da zwischen dem Gesetz und seiner Umsetzung eine große Kluft besteht. In letzter Zeit werden Bemühungen der Provinzregierung erkennbar, die Fundamentalisten zurückzudrängen, da ihr negatives Image sowohl Touristen als auch Investoren abschreckt. Westliche Besucher werden von der **Religionspolizei** in der Regel nicht behelligt.

bau involviert. Heute sind zahlreiche Gebäude in einem besseren Zustand als vor dem Tsunami, allerdings sind viele Bewohner von Krieg und Tsunami traumatisiert.

Banda Aceh und Umgebung

Die Hauptstadt mit etwa 240 000 Einwohnern liegt im Einzugsgebiet der Flüsse Daroy und Aceh. Im Vergleich zu anderen Städten Indonesiens macht sie nicht nur einen sauberen, sondern auch einen sehr entspannten Eindruck: Der Verkehr ist überschaubar und geordnet, die Kriminalität gering, Grünanlagen sind zahlreich und die Leute sehr freundlich und selten aufdringlich. Viele Straßen wurden nach dem Tsunami neu angelegt, eine funktionierende Müllabfuhr hält die Stadt sauber, und auch die sonstige Infrastruktur hat sichtbar von den Aktivitäten der Hilfsorganisationen profitiert. Mehr als ein oder zwei Nächte muss man sich jedoch nicht aufhalten, viele passieren die Stadt lediglich auf der Durchreise nach Pulau Weh.

Mesjid Raya Baiturrahman

Die im 13 Jh. unter Sultan Alaidin Mahmudsyah erbaute Moschee zwischen Jalan Mohammed Jam und Jalan Perdagangan ist das Wahrzeichen der Stadt und der Provinz. Bei einem Angriff 1873 wurde der im 17. Jh. unter Sultan Iskandar Muda erweiterte Bau zerstört, doch als Zeichen der Versöhnung ließ die niederländische Kolonialmacht sie wiederaufbauen. Der 1881 fertiggestellte Neubau im Mogul-Stil hatte zunächst nur eine Kuppel, doch im 20. Jh. kamen vier weitere hinzu, womit nun die fünf Säulen des Islam repräsentiert sind. Auch die Gebetsräume bezaubern mit ihrer hellen, weißen Innenarchitektur und dem italienischen Marmorboden. Ihre Kapazität von 9000 Menschen ist zum Freitagsgebet schnell erschöpft, daher wurde der Vorhof mit ausfahrbaren Schirmen ausgestattet. 🕒 8–16 Uhr, außer zu Gebetszeiten. Nicht-Moslems wird der Zutritt verwehrt, doch sie dürfen (in angemessener Kleidung) den Vorplatz betreten; an manchen Tagen ist das Minarett von 15–18 Uhr zugänglich – von oben hat man eine gute Aussicht.

Museum Aceh

Das **Museum Aceh** in der Jalan Sultan Alaidin Mahmudsyah, Ecke Jalan Sultan Iskandar Muda, stellt Kunstschätze und acehnesisches Kulturgut wie Kalligrafie oder Keramiken aus. Ein besonderes Stück ist die *Cakra Donya*, eine große Glocke aus dem 15. Jh., die Sultan Iskandar Muda vom Ming-Kaiser geschenkt und von Admiral Cheng Ho (s. Semarang, S. 246) überreicht wurde. Das Grab von Sultan Iskandar Muda, dessen Herrschaft dank des florierenden Handels mit Gujarat (Indien) und einer militärisch-expansiven Politik als „goldene Zeit" betrachtet wird, befindet sich südlich des Museums. 🕒 Di–Do 8.30–14, Fr–So bis 12 Uhr, Eintritt 7500 Rp. Sehenswert ist auch das **Rumoh Aceh** nebenan, ein 1914 errichteter, traditioneller Pfahlbau in Steckbauweise, ganz ohne Nägel.

Taman Sari

Südlich der Moschee, gegenüber dem 1880 errichteten Gouverneursgebäude, wurden die ehemaligen Gärten des Sultans nach dem Tsunami als Symbol der Erneuerung und der Hoffnung zu einem kleinen Park umfunktioniert. Auf dem Gelände befindet sich der **Gunongan**, ein kleiner Hügelbau in Form einer Blüte, den Sultan Iskandar Muda für seine malaiische Gattin erbauen ließ. Deshalb wird der Park auch *Taman Putroe Phang* genannt – „Garten für die Prinzessin aus Pahang". Wahrscheinlich diente der oktagonale, knapp 10 m hohe Bau als Umkleidekabine für Badegäste. 🕒 8–17 Uhr.

Rund um das Tsunami-Museum

Vor dem **Kherkhoff**, dem Friedhof der niederländischen Kolonialoffiziere und der Streitkräfte des Sultans in der Jalan Teuku Umar, befindet sich das große **Tsunami-Museum** an der Jalan Sultan Iskandar Muda. Während der Bau von oben selbst wie eine Welle erscheint, steht sein unterstes Stockwerk in der traditionellen Bauweise auf Säulen, um einem eventuell nächsten Tsunami zu trotzen (und Besuchern ein schattiges Plätzchen zu bieten). Neben berührenden Fotos, Videos und Geschichten von Überlebenden sieht man u. a. eine Simulation der Katastrophe, geologische Erklärungen zur Entstehung von Tsunamis und Gemälde von lokalen Künstlern. Die Namen einiger Opfer sind in eine Wand eingraviert. ⏲ tgl. außer feiertags 9–16.30 Uhr, Eintritt frei.

Den Besuch des Museums kann man mit einem Besuch im **Blang Padang-Park** verbinden, wo nachmittags viele Stände Snacks und Getränke verkaufen. Bei einer Umrundung des Parks sieht man Steine mit Inschriften für „Danke" und „Frieden" in den jeweiligen Landessprachen der Nationen, die nach dem Tsunami geholfen haben.

Im Park steht auch das **Monument R. I. 001**, eine im Unabhängigkeitskampf erworbene Douglas DC-3, mit der die Blockade der Holländer gebrochen werden konnte und die später das erste Flugzeug der nationalen Fluggesellschaft **Garuda Indonesia** wurde.

SUMATRA

Kapal PLTD Apung und Kapal Apung Lampulo

Südlich der Jalan Sultan Iskandar Muda liegt in einer Parkanlage mitten zwischen den Häusern das **Kapal PLTD Apung**. Das 2500 Tonnen schwere Stromversorgungsschiff wurde von den Wassermassen des Tsunamis 4 km landeinwärts geschwemmt und begrub zwei Häuser unter sich. Es wirkt wegen seiner Größe im ersten Moment eher wie ein Haus mit Schornstein. Man kann es begehen und vom Schiff aus einem Steg zu einer separaten Aussichtsplattform folgen. Vom Tsunami-Museum kommend, geht es nach links (an der Abzweigung steht ein Miniaturschiff) und anschließend die dritte Querstraße nach rechts. ⏲ Mo–So 9–12 und 14–17.30, Fr 14–17 Uhr, Eintritt frei (Spende erbeten).

Es war nicht das einzige Fahrzeug, das der Tsunami wie Treibgut gespült hat: Nur fünf Fahrminuten nördlich des Zentrums liegt das 25 m lange und 20 Tonnen schwere Fischerboot **Kapal Apung Lampulo** – auf einem Hausdach! Auf dieses bizarre Mahnmal, das heute von einem Gerüst aufrechterhalten wird, konnten sich am Tag des Unglücks 59 Menschen vor den Fluten retten.

Lhampu'uk und Lhok Nga

Ein schönes Ausflugsziel ist der 4 km lange, weiße Sandstrand von **Lhampu'uk** (sprich: Lampu-Uk), südwestlich der Stadt. Hier kann man baden, angeln, relaxen und besonders von November bis März auch surfen. Einfache Stände bieten Getränke, Snacks und gegrillte Fische, und zahlreiche kleine Pavillons spenden Schatten. An den belebten Wochenenden fahren Jetskis und ein Bananenboot vor dem Strand auf und ab, Baden sollte man hier allerdings nur ausreichend bekleidet.

Etwa 3 km südlich von Lhampu'uk liegt der Strand von **Lhok Nga**, dessen fünf Breaks sich bei fortgeschrittenen Surfern noch größerer Beliebtheit erfreuen. **Kitesurfen** ist von Januar bis März sowie Mai bis Oktober über das Lhoknga Riverside Resort möglich, s. Übernachtung.

Achtung: So herrlich die Wellen und Breaks für Surfer geeignet sind, so gefährlich sind sie für Schwimmer. Es sollte nicht weiter als 50 m vom Ufer und niemals alleine geschwommen werden. Manchmal kann man sich an den im Wasser stehenden Anglern orientieren. Wer in eine Strömung gerät, sollte parallel zum Ufer aus der Strömung schwimmen und erst dann Richtung Strand.

Anfahrt: Selbstfahrer folgen der Jalan Teuku Umar ca. 16 km stadtauswärts. In einer Kurve mit einem alleinstehenden, großen Baum geht es rechts ab und etwa 1 km am Golfplatz vorbei und links durch ein Tor zum Strand von Lhampu'uk. Mit dem *Labi-Labi* vormittags für 20 000 Rp in 30 Min.; nachmittags muss man lange warten oder das Labi-Labi chartern; per *Becak* (Motorradtaxi) für max. 50 000 Rp.

ÜBERNACHTUNG

Banda Aceh

My Home Guest House, Jl. S. R. Safiatuddin, Block E 1+3, ✆ 0811-681 9889, 💻 http://my-home-aceh.business.site. Relativ neues Gästehaus mit klimatisierten Zimmern, guten Matratzen, Warmwasser und zentraler Lage. ❸

Kyriad Muraya Hotel, Jl. Tengku Moh. Daud Beureuh, ✆ (0651) 6300123, 💻 www.kyriadmurayaaceh.com. Vergleichsweise modernes Hotel in zentraler Lage. Alle Zimmer mit AC, gemütlichen Betten, Schreibtisch und TV. Coffeeshop in der Lobby. Frühstück inkl. ❹–❺

Banda Aceh
N
0
500 m
Kapal Apung Lampulo
Pasar Pisang
Jl. Sisingamangaraja
Jl. Prof. M. Yamin
Jl. Pocut Baren
Jl. Gabus
Jl. T. Panglima Polem
Jl. Bakti
Jl. Kartini
Jl. Jen. A. Yani
Jl. Cut Meutia
Jl. Taman Siswa
Jl. Lampaseh
Jl. Merduati
Jl. Tengku Moh. Daud Beureuh
Jl. Syeh Abd. Rauf
Jl. S.R. Safiatuddin
Simpang Lima
Jl. Tgk. Chik Kuta Karang
MILITÄR-KOMPLEX
Jl. T. Hamzah Bendahara
RS TNI Iskandar Muda
Jl. Perdagangan
Jl. Diponegoro
Mesjid Raya Baiturrahman
Jl. Dimurtala
Jl. Tengku Iskandar
Jl. Mohammed Jam
Krueng Aceh
Jl. Imam Bonjol
Taman Sari
Jl. Sultan Mahmud Syah
Jl. Tengku Cik Ditiro
Jl. Tengku Imung Leung Bata
Blang Padang-Park
WASSER-TURM
GEDUNG SOSIAL
Jl. Prof. A. Majid Ibrahim 1
Jl. T. Abd. Ujong Rimba
Jl. T. Abu Lamu
Jl. Calang
Monument R.I. 001
Museum Aceh
Massen-gräber
SCHIFFS-MINIATUR
Jl. Sultan Iskandar Muda
Rumoh Aceh
Tsunami-museum
Taman Putroe Phang
Grab des Iskandar Muda
Kherkhoff
GOVENOR'S HOUSE
Jl. Pahlawan
SOLDATEN-FRIEDHOF
Kapal PLTD Apung
Jl. Pembina
Gunongan
Jl. T. M.
Jl. Teuku Umar
Jl. Dr. I. T. Moh. Hasan
Jl. Seulawah
Lhampu'uk, Lhok Nga
SUMATRA
ÜBERNACHTUNG
1 Kyriad Muraya Hotel
2 My Home Guest House
3 Wisma Permata Hati
4 Oasis Atjeh Hotel
5 Eddie's Homestay, Lhoknga Riverside Resort, Yudis Place
6 Linda's Homestay
ESSEN
1 Rumah Makan Lem Bakrie
2 Rex Foodcourt
3 Mie Razali
4 Country Steakhouse
5 Samudra Seafood
6 Kuta Alam Coffee
7 Solong Coffee Ulee Kareng
8 Warung D'Wan
9 La Piazza
10 Imperial Kitchen
SONSTIGES
1 Gallery Pusaka
2 Souvenir Apotek Laris 2
3 Wäscherei
4 Pasar Atjeh Central
5 Suzuya Mall
TRANSPORT
1 Labi-Labi-Station
2 Labi-Labi-Haltestelle
3 Trans Koetaradja-Busse
4 Labi-Labi-Haltestelle
5 Minibusterminal L300
6 Hafen Ulee Lheue
7 Busterminal Komplek Terminal Terpadu Bathoh

Linda's Homestay, Jl. Rahmat 3, Lambheu Barat, 4 km südlich des Zentrums, 0811-680305, http://lindas-homestay.blogspot.de. Nette Villa im Vorort Mata Ie, wo Traveller in 5 sauberen Zimmern mit AC, teils auch Mandi/Hocktoilette wohnen; die besseren liegen im Vorderteil des Hauses. Die herzliche Gastgeberin kocht gern und hat gute Infos. Linda ist sehr geschäftstüchtig, deshalb bei der Vermittlung von Touren den Preis vorher vereinbaren. Frühstück inkl. ❹

Oasis Atjeh Hotel, Jl. Tengku Imum Lueng Bata 115, Lueng Bata, 0651-636999, www.oasisatjehhotel.com. Das auf halbem Weg zum Flughafen gelegene Mittelklassehotel um einen grünen Innenhof mit Kokospalmen und Goldfischteichen bietet 90 gepflegte Zimmer mit Warmwasser gemütlichen Betten, Schreibtisch, TV und Minibar. Das Restaurant bietet auch westliche Gerichte. *Becak* fahren für 20 000 Rp ins Zentrum. Frühstück inkl. ❹–❺

Wisma Permata Hati, Jl. T. Hamzah Bendahara 11, 0651-28164. In Laufnähe zum großen Krankenhaus und dem Simpang Lima bietet das einfache Gästehaus helle Zimmer mit AC, TV, guten Matratzen und Gemeinschafts-Mandi/WC, die teureren mit 2 Betten und kleiner Dusche. Das freundliche Personal spricht kein Englisch. Indonesisches Frühstück inkl. ❷–❸

Lhok Nga

Eddie's Homestay, gegenüber dem Golfplatz, 0811-688682, www.eddieshomestay.com. Bei den Brüdern Eddie und Dani wohnt man nur 5 Min. vom Strand entfernt in sauberen, spartanisch eingerichteten Zimmern mit guten Matratzen, AC oder Ventilator und teils eigenem Bad. Mit Hängematten im Garten, Surfbrett- und Motorradverleih lässt es sich hier sehr entspannt aushalten; leider macht die Anlage den Eindruck einer ewigen Baustelle. Supermarkt und Warung in Laufnähe. ❶–❷

Lhoknga Riverside Resort, 0812-6942 7770, www.aceh-kitecamp.com. Die Kitesurf-Schule vermietet saubere und geräumige Bungalows, die teureren mit AC, TV und eigenem Bad. Die weitläufige Anlage ist an der Hauptstraße etwas abseits vom Strand und hat einen schönen Gemeinschaftsraum mit Kochnische und TV. Frühstück inkl. ❸–❹

Yudi's Place, an der Straße zum Strand, 0812-694 2879, www.yudisplace.com. Nette, funktional gehaltene Bungalows sowie Zimmer im Reihenhaus um einen gepflegten Garten, ausgestattet mit AC oder Ventilator. Im gemütlichen Restaurant gibt es guten Kaffee und auch Bier. ❶–❷

ESSEN

Aceh ist für seinen **Gayo-Hochlandkaffee** weltbekannt. Der „gezogene" Kaffee *(Kopi Tarik)* ist stark und wird oft mit süßer Kondensmilch gemischt *(Kopi Sangger)*. Abends öffnen kleine Nachtmärkte in der Jl. Jen. A. Yani sowie um die Jl. Mohammad Jam. Ein beliebter Foodcourt mit Essensständen ist **Rex** gegenüber dem Hotel Medan, der ab 18 Uhr öffnet. In den Gassen östlich der Jl. R. A. Kartini sind kleine **chinesische Coffeeshops**.

Country Steakhouse, Jl. Sri Safiatuddin 45B, 0651-24213, auf Facebook. In einer kleinen Seitenstraße versteckt, ist dies einer der wenigen Orte, wo im Zentrum (auf Anfrage) verlässlich Bier serviert wird. Die Steaks sind nichts Besonderes, auch Fisch und andere westliche Gerichte zu mittleren Preisen. 12–22 Uhr.

Imperial Kitchen, Jl. Teuku Umar 21, 0811-688777. Angenehmes chinesisches Restaurant mit englischsprachiger Karte und breiter Auswahl an günstigen Gemüse-, Rind-, Fisch- und Seafood-Gerichten sowie Bier. 9–22 Uhr.

Kuta Alam Coffee, Jl. Teungku Angkasa Bendahara, www.fb.com/kutaalamaceh. In dem zentralen Coffeeshop unweit des Simpang Lima sitzt man gemütlich unter alten Bäumen. Der Kaffee ist aromatisch, und es wird eine Auswahl an akzeptablen Gerichten serviert. WLAN. 7–24 Uhr.

La Piazza, Jl. Sultan Iskandar Muda 308+309, 0651-805 7041, auf Facebook. Das italienische Restaurant auf einer Dachterrasse an der Straße zum Hafen serviert leckere Appetizer, frische Salate, Pizza, Pasta und Fischgerichte. Dazu eine große Auswahl an Bier, Wein, Cocktails und Spirituosen in mittlerer Preislage. Guter Service und besonders schön abends bei Kerzenlicht. 🕒 Mo–Fr 12–14, Mo–So 17–22 Uhr.

€ **Mie Razali**, Jl. T. Panglima Polem 83, ☎ 0651-740 0174. Sehr beliebt bei Einheimischen, wenn es um die preisgünstige Lokalspezialität *Mie Aceh* geht. Die Spaghetti nicht unähnlichen Nudeln werden in würziger Soße mit Shrimps *(Udang)*, Tintenfisch *(Cumi-cumi)*, Krebsfleisch *(Kepiting)* oder Fleisch *(Daging)* zubereitet. Zudem frische Fruchtsäfte. 🕒 9–24 Uhr.

Rumah Makan Lem Bakrie, Jl. P. Nyak Makam, ☎ 0852-7732 0036. Restaurant mit typisch acehnesischen Spezialitäten wie gebratenen Hähnchen, Currys, gegrilltem Rindfleisch und verschiedensten Fisch und Gemüsegerichten. 🕒 11–14 Uhr.

Samudra Seafood, Jl. Pante Pirak, ☎ 0877-4713 2710. Einfaches indonesisches Warung mit Plastikhockern und Tischen sowie einer großen Auswahl an frischen vegetarischen, Fisch- und Hühnchengerichten vom Buffet. Gute Auswahl an Fruchtsäften und meist günstig. 🕒 11–22 Uhr.

Solong Coffee Ulee Kareng, Jl. T. Iskandar 13+14 A, ☎ 0651-636684. Das seit 1974 existierende, älteste Kaffeehaus Acehs mit eigener Rösterei und Direktverkauf ist schon fast Kulturgut. In traditioneller Atmosphäre kann man in der Küche zuschauen, wie der Kaffee per Hand gefiltert wird. 🕒 6–23 Uhr, während der Gebetszeiten geschlossen.

Warung D'Wan, Jl. Teungku Imum, Lueng Bata. Wenn es um Fleischspieße vom Grill geht, so verweisen Einheimische gern auf dieses Lokal. Hier gibt es die besten *Sate* von Banda Aceh und sehr leckere Fruchtsäfte. 🕒 17.30–23 Uhr.

EINKAUFEN

Im Zentrum verkaufen zahlreiche Geschäfte Kleidung, Taschen, Elektronik und Haushaltswaren. Aceh-Souvenirs wie bestickte Taschen, Kaffee, Gebäck, Gewürze oder T-Shirts sind in Läden entlang der Jl. Sri Ratu Safiatuddin erhältlich, z. B. in der **Gallery Pusaka Souvenir**, Jl. Sri Ratu Safiatuddin 78. Viele Geschäfte schließen während der Gebetszeiten, v. a. Fr von 11.30–14 Uhr.

Pasar Atjeh Central, Jl. Diponegoro. Nahe der Moschee ähnelt das große Marktgebäude seit der Renovierung mit den vielen Bekleidungsläden eher einem Outlet. 🕒 8.30–20 Uhr.

Suzuya Mall, Jl. Teuku Umar. Hier flaniert die Mittelschicht; großer Supermarkt mit breitem Sortiment, zudem Pizza Hut, KFC und andere Imbissketten. 🕒 9–22 Uhr.

AKTIVITÄTEN UND TOUREN

Aceh Explorer Adventure Tours, ☎ 0822-7633 9091, 0813-7707 7477, 💻 www.acehexplorer.com. Der deutschsprachige Niederländer Mendel (am besten telefonisch erreichbar) bietet Touren für 350 000–400 000 Rp p. P. inkl. Transport und Mittagessen. Hervorzuheben sind die Island Tour nach Pulau Keuresih mit schönem Strand, eine Wanderung zum Gle Bruk Lhoong-Wasserfall sowie Dschungeltrekking mit ehemaligen Guerillakämpfern, die nun als Guides tätig sind.

Linda, s. Übernachtung (Linda's Homestay), spricht gutes Englisch, ist sehr bemüht und führt für 100 000 Rp pro Std.

SONSTIGES

Autovermietungen und Taxiservice

Mit **Grab** und **GoJek** kommt man gut und günstig von A nach B. Für Strecken ins Umland sind die Tarife zu teuer und ein richtiges Mietfahrzeug mit Fahrer günstiger, z. B. **Jopi Taxi & Rental**, ☎ 0852-6015 5600 (Jopi), ☎ 0821-6125 3231 (Fidos, spricht Englisch).

Informationen

Android-Nutzer erhalten durch die App **The Remains of Koetaradja** eine Audiotour, insbesondere zu kolonialhistorischen Sehenswürdigkeiten. Historisch Interessierten sei auch 💻 www.acehbooks.org empfohlen, das rund 1200 Bücher über Aceh aus der Bibliothek der Universität Leiden in verschiedenen Sprachen zum Download bereitstellt.

Medizinische Hilfe

Rumah Sakit Umum Zainoel Abidin, Jl. Daud Beureueh 108, etwa 1 km vom Zentrum, ☎ 0651-

34565. Großes, öffentliches Krankenhaus mit Notaufnahme, nach dem Tsunami errichtet mit Mitteln der deutschen KfW.

Post

Jl. Hamzah Bendahara 33, ✆ 0651-33985, ⏲ Mo–Fr 8–17 Uhr.

NAHVERKEHR

Busse

Trans Koetaradja-Busse fahren von 6–20 Uhr kostenlos alle 20–30 Min. zum Flughafen und zum Hafen; der Zu- bzw. Umstieg erfolgt an der Haltestelle nördlich der Mesjid Raya Baiturrahman, Jl. Diponegoro.

Minibusse

Kleinbusse heißen **Labi-Labi** und fahren auf festen Routen ab 3000 Rp. Man kann an einer der Haltestellen, am Labi-Labi-Terminal gegenüber der Mesjid Raya Baiturrahman oder unterwegs zusteigen. In der Jl. Teuku Amir Hamzah Bendahara, nahe Simpang Lima, halten Busse Richtung Flughafen. Wer es eilig hat, sollte ein Taxi nehmen, da die Busse erst fahren, wenn sie halbwegs voll sind. Gegenüber der Mesjid Raya Baiturrahman, Jl. Diponegoro, fahren zumeist morgens und am frühen Nachmittag Labi-Labi zum Hafen Ulee Lheue (5000 Rp) sowie nach Lhampu'uk und Lhok Nga (15 000 Rp).

Becak

Im Zentrum findet man Motorradrikschas, deren Preise ausgehandelt werden. Eine Fahrt in der Innenstadt kostet für Touristen 10 000–20 000 Rp, zum Hafen Ulee Lheue oder zum Busbahnhof max. 50 000 Rp, zum Flughafen 70 000 Rp. Ein von Lesern empfohlener Fahrer ist Little John, ✆ 0813-6023 1339.

Taxis

Private Taxis, die am Hafen und Flughafen warten, sind für indonesische Verhältnisse recht teuer. Eine Fahrt vom Flughafen in die Stadt kostet 90 000–100 000 Rp, zum Hafen Ulee Lheue 100 000 Rp und vom Zentrum zum Hafen 50 000 Rp. Billiger ist es mit der Taxi-App Grab, s. S. 83.

TRANSPORT

Busse

Der Busbahnhof **Komplek Terminal Terpadu Bathoh** liegt in der Jl. Dr. Teuku H. M. Hasan, ca. 3 km südlich von der Simpang Surabaya genannten großen Kreuzung. Der Minibusterminal für die Route entlang der Westküste befindet sich direkt dahinter. Man sollte einen Tag vor Abreise ein Ticket im Reisebüro bzw. am Schalter kaufen, vor Feiertagen deutlich früher.
MEDAN um 6, 12 und mehrmals von 16–23 Uhr für 170 000–275 000 Rp in 12–14 Std. Am angenehmsten und schnellsten sind **Sempati Star**, ✆ 0651-25616, um 20.15 und 20.30 Uhr, und **Kurnia**, ✆ 0651-32922, um 20.15 Uhr.
Man kann in TANJUNG BERINGIN aussteigen und zwischen 7 und 15 Uhr in Busse nach TITIMANGGA zusteigen, 20 000 Rp, 1 1/2 Std., weiter mit Motorradtaxis nach TANGKAHAN für 50 000 Rp in 30 Min.

Minibusse

KETAMBE (Gunung Leuser-Nationalpark) via TAKENGON (120 000 Rp, 6–8 Std.) mit Minibussen (L300) nach KUTACANE vom **Terminal L300** („el tiga ratus") schräg gegenüber dem Oasis Atjeh Hotel gegen 9 und 10 Uhr für 220 000 Rp in 16–18 Std. Latif, ✆ 0823-6644 5992, spricht etwas Englisch und ist ein guter Ansprechpartner am Terminal. Beim Ticketkauf kann man eine Abholung vom Hotel vereinbaren.

Fähren

Zum Hafen in **Ulee Lheue** (sprich: Ulee-lee) fahren *Becak* in 20 Min. für 50 000 Rp sowie kostenlose Trans Koetaradja-Busse der Linie 2B ab Mesjid Raya Baiturrahman. Nach BALOHAN auf Pulau Weh fahren die **Autofähre** um 8 Uhr (manchmal erst 11 Uhr) und 14 Uhr (manchmal erst 16 Uhr) ab 27 000 Rp in 90 Min.; die **Schnellboote** *Express Cantika 89* und *Express Bahari* um 9.30 und 16 Uhr ab 65 000 Rp in 1 Std. Wir empfehlen die Schnellboote, Tickets im Hafengebäude.

Flüge

Nahe des **Bandara Sultan Iskandar Muda** (BTJ) fahren Taxis sowie Trans Koetaradja-Busse

(s. Nahverkehr, Haltestelle ca. 800 m vom Ausgang). Es fliegen:
AirAsia, 💻 www.airasia.com, nach KUALA LUMPUR;
Citilink, 💻 www.citilink.co.id, nach MEDAN;
Firefly, 💻 www.fireflyz.com.my, nach PENANG;
Garuda, 💻 www.garuda-indonesia.com, nach JAKARTA und MEDAN;
Lion Air, 💻 www.lionair.co.id, nach MEDAN.

Pulau Weh

Wunderbare Meeresbiotope machen die Insel Weh zum Unterwasserparadies für Taucher, Schnorchler und solche, die es werden wollen. Davon abgesehen gibt es Höhlen, einen Wasserfall und heiße Quellen zu entdecken. Die bei Tauchern beliebte Insel, auch wie ihre Hauptstadt Sabang genannt, liegt eine Stunde Bootsfahrt nördlich von Banda Aceh und gehört zur geologisch jungen Inselkette der Andamanen. Steil aus dem Meer ragende Klippen wechseln sich ab mit flachen Kiesel- und Sandstränden, von denen einige zum Baden geeignet sind. Der schönste von ihnen ist der **Pantai Sumur Tiga** im Nordosten.

Die etwa 30 000 Einwohner leben hauptsächlich von der Landwirtschaft und Fischerei, zunehmend auch vom Tourismus. Teile der Insel sowie die umliegenden Gewässer stehen unter Naturschutz, damit sich die u. a. durch extensive Dynamitfischerei beschädigten Korallenriffe regenerieren können. Auch wurden Tausende Mangroven gepflanzt, um die natürliche Gezeitenzone wiederherzustellen, die durch den Tsunami im Jahr zuvor zerstört worden war.

In **Sabang** konzentrieren sich Banken und kleine Geschäfte mit Lebensmitteln und Souvenirs. Der **Kuliner-Nachtmarkt** neben dem Hafen öffnet zum Sonnenuntergang; eine Spezialität sind gegrillte Tintenfisch-Spieße *(Sate Gurita)*.

Die touristischen Hauptorte sind jedoch **Gapang** und **Iboih**, die, scheinbar entrückt vom restlichen Aceh, eine buchstäbliche Randerscheinung am Westende des indonesischen Inselreichs bilden. Denn folgt man der Straße ans Ende, wird der **Kilometer Null** des indonesischen Straßennetzes erreicht. Ein Monument markiert die Stelle, dank welcher die Insel im geflügelten Wort „von Sabang bis Merauke" jedem Schulkind in Indonesien ein Begriff ist. Streng genommen bildet jedoch die kleine, unbewohnte **Pulau Rondo**, die man in der Ferne sehen kann, das eigentliche Westende.

ÜBERNACHTUNG

Pantai Sumur Tiga

Casanemo, ✆ 0812-8266 1164, 💻 www.casanemo.com. Die kreative Besitzerin hat ihre 17 Zimmer und großen Bungalows aus Naturmaterialien mit Kunsthandwerk verziert und mit Moskitonetzen, guten Matratzen, Warmwasser und teils Steinbadewannen ausgestattet; die günstigsten haben Gemeinschaftsbad. Ein Sonnendeck mit Bar und schöner Aussicht aufs Meer bietet Platz zum Ruhen und eine große Auswahl an Cocktails. Gutes Essen im Restaurant und samstags Lagerfeuer am Strand, außerdem ein Spa. Frühstück (außer bei den billigen Zimmern) und Schnorchelausrüstung inkl. ❷–❺

Freddie's, 500 m nördlich vom Casanemo, ✆ 0813-6025 5001, 💻 www.santai-sabang.com. Wesentlich ruhiger als beim Nachbarn wohnt man in den älteren, luftigen bastverkleideten Bungalows am Hang mit Ventilator, Moskitonetz, Kühlschrank, Wasserkocher, Warmwasser und Safe, dazu Meerblick. Freddie ist ein exzellenter Gastgeber und Koch und bereitet an einigen Abenden der Woche ein lohnendes Buffet zu. Schnorcheltrips und Massagen. WLAN im Haupthaus. ❸–❹

Gapang

Lumba Lumba Diving Centre, ✆ 0811-682787, 💻 www.lumbalumba.com. Von den Holländern Marjan und Ton hinter dem Tauchzentrum gemanagte Gartenanlage mit geselligem Gemeinschaftsbereich. Tauchern vorbehalten sind die günstigeren Zimmer im Reihenhaus mit Gemeinschaftsbad, während die 7 sauberen Bungalows mit eigenen Bädern, Warmwasser, guten Matratzen, Wasserkocher und Kühlschrank auch Nicht-Tauchern offenstehen. Großer Gemeinschaftsbereich in der Mitte der Anlage. ❸–❺

SUMATRA

Western Bungalows, ✆ 0853-6009 2343. Sehr einfache, aber saubere Zimmer mit einer Matratze auf dem Boden und einem Ventilator sowie Gemeinschaftsbad. Im Erdgeschoss sind ein kleiner Laden und ein einfaches Restaurant. Rabatte bei längeren Aufenthalten. ❶

Iboih

Iboih ist bei Backpackern und Langzeitgästen beliebt, da es eine große Auswahl an Restaurants, gute Möglichkeiten zum Schnorcheln und Tauchen sowie günstige Unterkünfte gibt. Letztere gewähren bei längeren Aufenthalten oft Rabatte. Vom Parkplatz geht es parallel zum Wasser über zwei Hügel mit vielen Stufen. Nachts ist der Weg kaum beleuchtet.

Erick's Green House, ✆ 0852-0655 0917. Recht nah am Parkplatz mit Geschäften und Warung. Der angenehme Gastgeber spricht gutes Englisch und lädt in ordentliche Holzbungalows mit komfortabler Ausstattung, Warmwasser und Kühlschrank ein. Von den am Ufer stehenden Bungalows mit Veranda kann man schnorcheln. Am Hang auch günstige Zimmer mit Gemeinschaftsbad und ein großer Aufenthaltsbereich für gemeinsames Essen und Entspannen. ❶–❹

Tree Top Gh. & Bungalows, ✆ 0852-1773 7797, 💻 www.treetopguesthouseiboih.com. Die Bungalows sind schön und ruhig am Ufer gelegen, allerdings nur über eine steile Treppe erreichbar. Das Haupthaus mit 3 klimatisierten Zimmern, großer Veranda und Gemeinschaftsbad oben an der Straße bietet ebenfalls gute Ausblicke. Aufenthaltsbereich mit Kühlschrank. ❸–❹

Yulia Bungalows, 0821-6856 4383, www.yuliabungalow.com. Nette, schattige Anlage mit einfachen Holzbungalows mit Ventilator, Moskitonetz, Gemeinschaftsbad und Hängematte auf der Veranda, die teureren auch mit AC, TV, etwas mehr Einrichtung und eigenem Bad sowie guten Matratzen. Freundlicher Service, aber mäßiges Restaurant. Sonnendeck und direkt am Ufer gute Schnorchelgründe. Kanuverleih. ❷–❹

Teupin Reudeup (Long Beach)

Stone Park, KM 7, 0852-6258 1111, www.fb.com/acehpulauweh. An einer ruhigen Bucht befindliche Anlage mit Holzbungalows mit Kochnische sowie 2 Zimmern im Haus der Familie mit Gemeinschafts-Mandi. Viele Langzeitgäste. Auf Wunsch kann das Essen zubereitet werden, die meisten Gäste essen allerdings im nahen biXio Café. Frühstück inkl. ❸

Tien's Place, KM 7, 0852-7777 5212, www.tiensplace.sumatraecotourism.com. Auf einem bewaldeten Hügel zwischen Iboih und dem Sandstrand von Teupin Reudeup laden Jürgen aus Deutschland und seine nette Frau Tien in eine ruhige Oase am Felshang ein. Die hübschen Holzbungalows mit Veranda haben etwas härtere Matratzen aus Kapokfasern und Open-Air-Duschen aus Korallengestein. Gekocht wird auf Wunsch, der Kaffee wird noch von Hand gemahlen. Nicht vom bellenden Haushund abschrecken lassen. WLAN im Haupthaus. ❹

ESSEN

biXio Café, Long Beach, 0821-6430 1071. Ein kleines Schild in Iboih weist den ca. 30 Min. Fußweg zum ruhigeren Long Beach, wo die Inhaber Luca und Eva exzellente und frisch zubereitete italienische Gerichte servieren. Speziell das Tiramisu ist zu empfehlen. Außerdem indonesische Menüs, Fischbarbecue nach Vorbestellung sowie Bier. Sehr schön zum Sonnenuntergang. Nebenan werden 2 schöne und gepflegte Bungalows vermietet, ❷–❸. Mi–Mo 12–22 Uhr.

Café Olala Restaurant, Iboih, 0852-6060 7311. Eine der besten Küchen von Iboih mit entspannten Sitzmöglichkeiten und günstigen Preisen. Currys, Fischbarbecue und Spätzle nach Vorbestellung. WLAN. 8–24 Uhr.

Dee Dee's, Iboih. Immer gut gefülltes Restaurant mit geschmacksverstärkerfreien Travellergerichten, von Sandwiches mit hausgemachtem Brot, Salaten und Pasta bis zu indonesischen Gerichten. WLAN. tgl.

Freddie's, Pantai Sumur Tiga, s. Übernachtung. Wenn der passionierte Koch Freddie nicht gerade im La Piazza in Banda Aceh nach dem Rechten schaut, bereitet er abends ein annehmbares Buffet mit italienischen, südafrikanischen und indonesischen Variationen, Salat und frischem Fisch zum bezahlbaren Pauschalpreis pro Person. Lecker sind der Apfelkuchen, South African Pumpkin Pie und Tuna Steak mit Mango Salsa. 9–22 Uhr.

Le Café Bleu, 0813-2171 0012, www.fb.com/lecafebleupulauweh. Hier gibt es guten Kuchen, Crêpes sowie großartiges Sauerteigbrot. Die französische Besitzerin führt den Laden voller Leidenschaft. Am Samstagabend gibt es Livemusik. 8–22 Uhr.

AKTIVITÄTEN

Kanufahren

Iboih Inn und **Yulia Bungalows** verleihen Kanus zum Erkunden der Ufer, 100 000 Rp für 4 Std.

Schnorcheln

Für 25 000 Rp pro Tag sind in jeder Unterkunft Taucherbrille, Schnorchel und Flossen ausleihbar. Die schönsten Schnorchelgründe liegen vor Iboih, wo man bereits nach wenigen Metern von Korallen und bunten Fischen umgeben ist, und um Pulau Rubiah, per Boot ab 30 000 Rp p. P. Auch vor Anoi Itam und dem Pantai Sumur Tiga gibt es schöne Hartkorallen und bunte Fische, manchmal auch eine Schildkröte zu sehen. In der Regenzeit kann es viele Quallen geben.

Tauchen

Aufgrund des islamischen Ruhetags ist das Tauchen am Fr bis 14 Uhr untersagt. Die Militärbasis von Sabang hat eine Dekompressionskammer.

Tauchen und Schnorcheln

Der Tauchspot **Battee Tokong** ist als unterseeisches Plateau mit vielen Felsen überaus artenreich. In der starken Strömung tummeln sich Schwärme von Füsilieren, Schnappern oder Makrelen, Schwarzspitzen-Riffhaie, Napoleonfische und Rochen. Zehn Arten von Muränen, etwa Netz- und Geistermuränen, leben in einem Unterwasserwald aus Gorgonien. Schöne Korallen bedecken die Wände des bis zu 75 m tiefen **Canyons**. Erfahrene **Wracktaucher** erkunden in der Bucht von Pria Laot das im Zweiten Weltkrieg versenkte, 134 m lange deutsche Handelsschiff **Sophie Rickmers** in 30–70 m Tiefe. Die Besatzung hatte das Schiff auf Befehl selbst versenkt und entzog es so der Konfiszierung durch die holländische Marine. Einfacher zu betauchen ist das Wrack eines kleinen Schleppers in nur 14 m Tiefe im Hafen von Sabang, wo Seepferdchen und Geisterpfeifenfische zu sehen sind. Ein Highlight ist der 9 m tiefe **Unterwasservulkan**, aus dem dicke, heiße Gasfumarolen aufsteigen und einen regelrechten Vorhang aus Gasbläschen bilden. Die Sichtweite beträgt bei gutem Wetter bis zu 20 m. In den europäischen Sommermonaten kann es aufgrund starker Westwinde stellenweise zu gefährlichen Strömungen kommen. Manchmal werden dann Taucher an unberechenbaren Stellen wie **Arus Paleh** von der Strömung erfasst und weit ins Meer gezogen (daher auch der Name: „Witwenströmung"). Geübte Schwimmer können beim Schnorcheln zwar von Iboih aus in zehn Minuten zur kleinen Pulau Rubiah hinüberschwimmen, sollten aber unbedingt auf die starke Strömung achten und im Zweifelsfall lieber abwarten oder ein Boot nehmen. Im dortigen **Sea Garden**, einem die Insel umgebenden Korallenring, leben u. a. Oktopusse, Barrakudas, Schildkröten und eine große Vielfalt an Korallenfischen. Wenngleich es um die Insel Weh eine artenreiche Tierwelt gibt, ist die Biodiversität in puncto Korallen vergleichsweise gering.

Lumba Lumba Diving Centre, Gapang, ✆ 0811-682787, 💻 www.lumbalumba.com. Von zwei Holländern betriebenes PADI-Tauchzentrum. Ein Tauchgang 29 €, 5 für 125 €, 10 für 119 €, Open-Water-Kurs für 220 €. Es werden alle PADI-Kurse bis zum Dive Master angeboten. Nacht- und Wracktauchen zusätzlich 9 €.
Monster Divers, Gapang, ✆ 0812-6960 6857, 💻 www.monsterdivers.com. Neueres Tauchzentrum, das von drei Spaniern betrieben wird und günstige Preise bietet. Ein Tauchgang 26 €, 5 für 119 €, 10 für 224 €, Open-Water-Kurs für 270 €.
Rubiah Tirta Divers, Iboih, ✆ 0823-6000 2100, 💻 www.rubiahdivers.com. Die älteste Tauchschule der Insel berechnet Tauchgänge in Rupiah, Kurse in Euro. Tauchgang 320 000 Rp, Open-Water-Kurs 268 €.

SONSTIGES

Auto- und Motorradvermietungen

Pkw mit Fahrer können am Hafen, in Iboih oder bei den Unterkünften am Pantai Sumur Tiga für 500 000 Rp am Tag gebucht werden, doch kommt man auf der verkehrsarmen Insel gut mit einem **Motorrad** aus. Über die meisten Unterkünfte lässt sich ein solches ab 90 000 Rp am Tag mieten.

Geld

Geldautomaten an der Hauptstraße von Sabang, Jl. Perdagangan, sind von BNI (max. 1,5 Mio. Rp pro Abhebung) und Mandiri (1,25 Mio. Rp). Im Parkplatzbereich von Iboih befindet sich ein Geldautomat von BRI (1,25 Mio. Rp).

Medizinische Hilfe

Rumah Sakit Umum, Jl. Teuko Umar 21 (Jl. Kesehatan), Sabang, ✆ 0652-22156. Das einzige Krankenhaus der Insel mit Notaufnahme. 🕒 24 Std.

Polizei

Jl. Perdagangan 185, Sabang, ✆ 0652-22264.

Post

Jl. Perdagangan, Sabang, 🕒 Mo–Do 8–16, Fr 8–11, Sa 8–14 Uhr.

NAHVERKEHR

Von Balohan per **Minibus** oder **Becak** nach Sabang und zum Pantai Sumur Tiga für 25 000–35 000 Rp p. P. in 20 Min., nach Gapang und Iboih für 50 000–60 000 Rp p. P. in 40 Min. Minibusse warten, bis sie voll sind, der Charterpreis ist 180 000 Rp. **Taxis** fahren für 50 000–60 000 Rp p. P. von Iboih nach Balohan und zurück. Man sollte sie über die Unterkunft reservieren.

TRANSPORT

Fähren

Von Balohan nach BANDA ACEH fährt die **Autofähre** um 8 Uhr (manchmal erst gegen 11 Uhr) und 14 Uhr (manchmal erst gegen 16 Uhr) ab 27 000 Rp in 90 Min.; verlässliche **Schnellboote** verkehren um 8 und 14.30 Uhr ab 65 000 Rp in 1 Std. Tickets an Schaltern rechts neben der Wartehalle.

Flüge

Zum **Bandara Maimun Saleh** (SBG) in Sabang per Taxi oder *Becak* zu ähnlichen Preisen wie zum Hafen, s. Nahverkehr. Nach MEDAN mit **Garuda Indonesia**, 💻 www.garuda-indonesia.com, am Fr und So sowie **Wings Air**, 💻 www.lionair.co.id, am Di, Do und So.

Takengon

Im Zentrum des Gayo-Hochlands auf etwas über 1000 m Höhe lockt Takengon ganzjährig mit frühlingshaften Temperaturen – ideal für einen Stopover auf der Fahrt durchs Landesinnere zwischen Ketambe und Banda Aceh. Die Stadt liegt am Ufer des Calderasees **Lut Tawar**, der mit seinen steilen Flanken einen beeindruckenden Anblick bietet. Rund um Takengon können einige Aussichtspunkte erklommen und Kaffee- und Obstgärten besichtigt werden – hier ist die vorrangige Anbauregion von hochwertigem Arabica-Kaffee in Indonesien.

Eine Umrundung des Sees mit *Becak* oder Mietmoped dauert etwa zwei Stunden. Dabei sollte man den am Weg liegenden idyllischen **Mengaya-Wasserfällen** (ausgeschildert) einen Besuch abstatten. **Bur Telege** und **Pantan Terong** sind zwei schöne Aussichtspunkte.

ÜBERNACHTUNG

Hotel Bayu Hill, Jl. Lebe Kader 398B, ☏ 0852-9780 2016, 💻 www.bayuhill.com. Das etwas eingezwängt wirkende, kleine Hotel bietet saubere, zweckmäßige Zimmer und ausreichend Schlafkomfort für eine Nacht. Frühstück inkl. ❸–❺

ESSEN

Gegarang Resto, ca. 2,5 km westlich vom Zentrum, Tansaril, ☏ 0853-7057 4211. Halboffenes Lokal in idyllischer Atmosphäre am Stadtrand, mit dem Becak erreichbar. Authentische Gayo-Gerichte, die Spezialität ist Hummer. ⏲ Di–So 10–21 Uhr.

Datu Coffee, Jl. Sengeda, ☏ 0813-6069 6961, 💻 www.fb.com/datucoffee. Dim Sum und einfache Nudelgerichte, dazu günstige Kaffeespezialitäten, Tee und Säfte. ⏲ 11–24 Uhr.

EINKAUFEN

Aroma Gayo, Jl. Lebe Kader 122. Ein Besuch der Kaffeerösterei ist interessant, um die Stationen der Kaffeeverarbeitung bis zum fertigen Produkt zu beobachten. Der Besitzer Baron serviert auch gern einen Chemex zur Verkostung, und es können Kaffeebohnen oder -pulver in guter Qualität sowie unbedenklicher Luwak-Kaffee (500 000 Rp/kg) aus Wildbeständen erworben werden.

TRANSPORT

Busse

BANDA ACEH per Minibus (L-300) mehrmals tgl. für 120 000 Rp in 6–8 Std.

KETAMBE für 130 000 Rp in 6–8 Std.

Flüge

Vom Flughafen **Rembele-Takengon** (TXE) (Taxi ca. 100 000 Rp, 40 Min.) fliegt **Wings Air**, 💻 www.lionair.co.id, nach MEDAN. Nach Ankunft eines Flugzeugs fährt ein Bus für 30 000 Rp nach Takengon. Nach Bussen zum Flugplatz sollte man sich in der Unterkunft erkundigen.

West-Sumatra
N
0 10 20 30 km
Pamatonggunung
Toba-See, Medan, Sibolga
s. Detailplan Umgebung Bukittinggi S. 574
Kinali
Kumpulan
Suliki
Sipisang
Kota Alam
Pahambatan
Sarilamak
Batukambing
Palembulan
Batang Palupuh
S. Masang
Koto Kobiak
Payakumbuh
Pilaldang
Lawang
Baso
Lubuk Basung
Muko Muko
Bayur
Matur
Tanjung Kalin
Maninjau
Bukittinggi
Tabek Patah
G. Sago
2262
Padang Garing
Danau Maninjau
Padang Luar
Rao Rao
Koto Baru
2891
Batang Arang
2876
Sungayang
Tiku
G. Singgalang
G. Merapi
Taphirlo
Sungai Tarok
Malalak
Padang Panjang
Juar
Rumah Adat Kampai Nan Panjang
Batusangkar
Sungai Limau
Belimbing
Tanjungkarlak
Piliang
Sungaisirian
Ombilin
Schildkrötenaufzucht
Sicincin
Sungai Sanak
Kayutanam
Talawi
Danau Singkarak
Pariaman
Parakgadang
Sawahlunto
Singkarak
Lubukalung
s. Ortsplan Sawahlunto S. 586
Buayan
Silungkang
Paluangan
Rumah Pohon
Solok
Duku
ÜBERNACHTUNG
1 Rimba Ecolodge
2 Paradiso Village
3 Triza Hotel
Tabing
s. Stadtplan Padang S. 581
Cupak
Kubangnandua
Talang
Padang
Lubukbargalung
P. PISANG GADANG
P. PISANG KECIL
Pantai Air Manis
G. Talang
2599
Lubuksulasih
Teluk Bayur
Danau Dibawah
Malayu
Pasir Putih
Alahan Panjang
Bungus
Air Terjun Tiga Tingkat
Pantai Carolin
Danau Diatas
Cubadak
Koto Lubuk Hitam
P. SIKUAI
Muara Siberut, Sikakap, Tua Pejat
Jembatan Akar
Sungaipenuh, Kerinci-Seblat-Nationalpark
P. PAGANG
S. Bajang
P. MARAK
Mentawai-Inseln
P. CUBADAK
Caradok
Tarosan
2690
Pasar Baru
Painan

West-Sumatra

Sattgrüne Wälder, vom Reisanbau geprägte Landschaften, große Seen, majestätische Vulkane und die lebendige Kultur der Minangkabau machen den Reiz der Provinz aus, die sich zum größten Teil über das zentrale Barisan-Gebirge erstreckt. Im Osten grenzt sie an die Schwemmlandebenen von Riau und Jambi, während sie im Westen steil zur Küste hin abfällt, wo sie außer einer fast 375 km langen Küstenlinie auch diverse Inseln im Indischen Ozean umfasst. Wer gern auf kurzen Distanzen unterwegs ist, findet hier viele Reise- und Ausflugsziele relativ nah beieinander, die auf landschaftlich reizvollen Fahrstrecken erreichbar sind. Die Provinz ist auch in der Trockenzeit sehr grün, große Plantagen sieht man kaum.

Neun von zehn Einwohnern gehören zum Volk der **Minangkabau**, das eine faszinierende und lebendige Kultur besitzt. Obwohl sie dem Islam folgen, herrscht bei ihnen eine matrilineare Sozialordnung, welche die Familienangehörigkeit und die Erbfolge regelt, mehr Infos auf S. 577.

Neben der Hauptstadt **Padang** und dem kleineren **Bukittinggi** mit lohnenswerten Zielen in der Umgebung finden Outdoor-Freunde im **Kerinci-Seblat-Nationalpark** ausreichend Betätigung. Historisch Interessierte können der ehemaligen Minenstadt **Sawahlunto** einen Besuch abstatten. Hauptsächlich Surfer und hartgesottene Trekker zieht es auf die **Mentawai-Inseln**, deren schöne, einsame Strände aber auch Normalurlauber mit Sonne, Sand und Meer überzeugen dürften.

13 HIGHLIGHT

Bukittinggi und Umgebung

Die rund 112 000 Einwohner zählende Stadt in mildem Klima auf einer Höhe von 900 m gewinnt zwar keinen Blumentopf für Attraktivität, dafür ist ihre abwechslungsreiche Umgebung umso sehenswerter. Auf herrlichen Fahrstrecken kann das von Kultur- und Gebirgslandschaft geprägte Kernland der Minangkabau in Tagestouren erkundet werden. Wer vom Toba-See anreist, kann zunächst zwei Nächte im Harau Valley verbringen, dann eine oder zwei Übernachtungen in Bukittinggi einlegen und eventuell weiter zum Maninjau-See. Alternativ sind alle Ziele auch in Tagesausflügen erreichbar.

Bis zur Unabhängigkeit hieß die Stadt Fort de Kock, nach dem Gouverneur von Holländisch-Ostindien, der 1825 während der Padri-Kriege (s. Kasten S. 572) die *Benteng Sterreschant* genannte Befestigungsanlage auf dem Bukit Jirek errichten ließ. Heute existieren davon nur noch alte Kanonen. Die Hängebrücke **Jembatan Lempapeh** führt auf den gegenüberliegenden Hügel zum **Taman Bundo Kanduang** mit dem Minangkabau-Haus **Rumah Adat Nan Baanjuang** (2000 Rp). Es enthält Textilien, Schmuck, Alltagsgegenstände, Werkzeuge, Motive der Holzschnitzerei und Modelle alter Minangkabau-Häuser (außerdem ausgestopfte, achtbeinige Kälber). 🕒 8–18 Uhr, Eintritt 10 000 Rp. Der kleine Zoo ist dagegen nur trostlos.

Vom **Jam Gadang**, dem 26 m hohen Uhrturm von 1926 (damals noch mit runder Spitze und Wetterhahn), sind der Gunung Merapi (2891 m) und der Gunung Singgalang (2877 m) im Süden zu sehen. An der Nordseite des Platzes beim Uhrturm parken Pferdekutschen, die Touristen für 100 000 Rp auf eine Rundfahrt mitnehmen. Abends sowie an Wochenenden füllt sich der Platz mit Menschen.

Er grenzt an den **Pasar Atas** (auch *Pasar Ateh*), den „oberen Markt", wo vor allem Souvenirs und billige Massenware verkauft werden. Morgens lohnt ein Spaziergang über den nordöstlich gelegenen **Pasar Bawah**, den „unteren Markt", wo Obst, Gemüse, Gewürze, Fleisch und Fisch angeboten werden. Es herrscht ein wuseliges Treiben, und mit ein paar Brocken Indonesisch (s. Sprachführer) kommt man schnell mit den Menschen in Kontakt. Ein Stand bereitet Pancakes zu, die *Pinuku* genannt werden. Mittwoch und Samstag ist Markttag, dann kommen viele Bewohner aus den Dörfern in die Stadt.

Vom **Panorama Park** im Südosten kann man in den 15 km langen und bis zu 200 m breiten **Sianok Canyon** sehen – mit dem Gunung Singgalang im Hintergrund (wenn er nicht gerade wolkenverhangen ist) ein schönes Fotomotiv. Zudem befindet sich hier der über 131 Stufen führende Zugang in einen Stollen. Während der japanischen Besatzung (S. 116), als die Stadt das Hauptquartier der Japaner war, legten Zwangsarbeiter bis zu 1400 m lange Tunnel als Munitionslager an. Wer jedoch, unten angekommen, nähere Infos erwartet, wird enttäuscht – die Gänge und Kammern stehen nahezu leer. ⌚ 7.30–17.30 Uhr, Eintritt 20 000 Rp.

Unweit vom Panorama Park zeigt das kleine, von einer Harvard B419 „bewachte" **Tridaya Eka Dharma Museum** historische Fotos mit englischen Erläuterungen und Waffen aus der Zeit der japanischen Besatzung und des Unabhängigkeitskriegs. Einige Säbel sollen sogar aus der Zeit der Padri-Kriege (s. Kasten S. 572) stammen. ⌚ Di–So 8–16 Uhr, während der Gebetszeit geschlossen, Eintritt frei (Spende).

SUMATRA

Maninjau-See

Wer aus Bukittinggi kommend die 44 steilen Haarnadelkurven überlebt hat (als Selbstfahrer auf die Spiegel achten!), gelangt an einen der landschaftlich schönsten Seen Sumatras. Sein 20 km langer und bis zu 8 km breiter Krater entstand infolge eines Vulkanausbruchs vor 52 000 Jahren. Oft schieben sich weiße Wolken über den dicht bewaldeten Kraterrand. An dessen Hängen und in der Ebene gedeihen Reis, Obst- und Zimtbäume, Kaffeesträucher, Zuckerrohr, Kardamom und Muskat.

Es geht geruhsam zu – man kann angeln, Motorroller fahren, wandern, vielleicht sogar Paragliden (S. 576) oder einfach die Landschaft genießen. Baden ist möglich, aber Fisch- und Garnelenzuchten haben die Wasserqualität stellenweise beeinträchtigt. Dienstags findet an der Kreuzung im Dorf Maninjau ein **Markt** statt, der an den übrigen Wochentagen die Runde um den See macht.

Beeindruckend ist der Blick auf den See von der 1226 m hohen Bergkuppe **Puncak Lawang**, Eintritt 5000 Rp. Vom Dorf Maninjau per Minibus bis Matur (Ortsteil Lawang) für 6000 Rp, dort an der Kreuzung aussteigen und per Motorradtaxi 4 km zum Aussichtspunkt für 8000 Rp. Rund 2,5 km südlich auf der talwärts führenden Straße hat man vom etwas niedrigeren Aussichtspunkt **Ambun Tanai** (3000 Rp) gute Sicht auf den Wald, vielleicht lassen sich sogar Nashornvögel blicken.

Die größte Blüte der Welt

Die **Rafflesia arnoldi** kann über 1 m breit und 10 kg schwer werden. Rafflesien bestehen aus einer Blüte, die parasitär auf einer Liane wurzelt. Die Knospen sehen aus wie braune Kohlköpfe. Jede Pflanze blüht nur einmal, weshalb Rafflesien als Attraktion gelten. In der Gegend von **Batang Palupuh** (Minibusse vom Pasar Bawah Richtung Pasar Banto für 8000 Rp) werden das ganze Jahr über Blüten gesichtet. Nach Ankunft im Dorf führt ein Guide für 100 000 Rp pro Gruppe zur jeweiligen Stelle. Anschließend kann für 20 000 Rp pro Tasse der teure *Luwak*-Kaffee aus den Exkrementen vorgeblich freilebender Fleckenmusangs gekostet werden, 💻 www.rafflesialuwakcoffee.org. Die Verkäuferin Umul, ✆ 0813-7417 8971, gibt nach Voranmeldung auch Kochkurse für 350 000 Rp p. P.

Harau Valley

Rund 55 km nordöstlich von Bukittinggi und 10 km nordwestlich der Stadt **Payakumbuh** liegt ein malerisches Tal, das von hohen Felswänden aus Kalkstein begrenzt wird. In dörflicher Idylle kann man hier Fünf gerade sein lassen, Spaziergänge und Trekkingtouren unternehmen, Tiere beobachten und unter Wasserfällen baden. Die Einwohner kultivieren Reis, Gemüse, Kaffee sowie Zimtbäume und richten sich mit einer zunehmenden Zahl an Homestays und kleinen Geschäften auf Besucher ein.

Die Gabelung im Dorf **Tarantan** (2 km ab dem Eingang ins Tal, 5000 Rp) führt rechts etwa 2 km zu einem Parkplatz mit Souvenir- und Pflanzengeschäften, die u. a. den eigentümlichen *Pakis Monyet* verkaufen, einen Farn in Gestalt eines Affenschwanzes. Zu Fuß geht es in wenigen Minuten zu den Wasserfällen **Sarasah Murai** und **Sarasah Bunta**; leider ist der Weg von Ständen gesäumt und vermüllt.

Der linken Straße folgend, gelangt man durch den schönsten Talabschnitt nach 1,7 km zum **Sarasah Aka Barayun**. Unterwegs passiert man

Bukittinggi

das Gelände des Lembah Echo (s. Übernachtung), wo in der Dämmerung manchmal Thomaslanguren in den Bäumen zu sehen sind. Die Straße führt noch ein paar Kilometer durch die schöne Szenerie, bevor sie zum Schotterweg wird. An den Pflanzungen nördlich der Grundschule beginnt der steile Aufstieg durch den Dschungel zum Panorama Point mit toller Aussicht, s. Touren. Selten zu sehen, aber oft zu hören sind die Rufe der Siamang, die gern lautstark im Duett durch den Wald tönen.

Südöstlich von Bukittinggi

Biegt man von der Straße nach Payakumbuh nach 12 km in Baso gen Süden ab, folgt eine kurvige Strecke mit schöner Landschaft. Kurz hinter Koto Laweh bietet sich das Café **Kiniko** an, um einen Snack einzunehmen und mit Blick in ein kleines grünes Tal den lokalen *Kawa Daun* zu probieren, ⌚ 8–16 Uhr. Unmittelbar nördlich von **Batusangkar** sind die Reisterrassen besonders fotogen. Die Kleinstadt selbst lohnt allenfalls für einen Bummel durch das Marktgebäude, denn dort kann man *Lama' Tapai* kaufen, fermentierten Reis in süßlicher violetter Flüssigkeit mit leicht weinartigem Aroma.

Im Süden von Batusangkar (ca. 32 km ab Baso) taucht links das kleine **Rumah Gadang Bundokanduang** auf, ein traditionelles Haus, das mit Erlaubnis des Hauswarts besichtigt werden kann: Eine Vitrine enthält eine heilige Schale aus Tibet; außerdem sind ein Speer aus dem Pajajaran-Reich auf Java, diverse Kris und zwei alte Koran-Ausgaben ausgestellt. Auf der anderen Straßenseite liegen acht **Batu Basurek**, Steine mit Sanskrit-Inschriften aus dem 14. Jh.

Beeindruckend ist der 2 km östlich gelegene Königspalast **Istana Basa Pagaruyung**, ein Nachbau des 2007 abgebrannten Originals. Das imposante, mit *Ijuak*-Stroh gedeckte Dach mit elf Hörnern schützt einen hohen, unterteilten Innenraum mit vielen Holzschnitzereien. Im Untergeschoss befinden sich die Schlafräume, im hinteren Teil das Küchenhaus mit Kochutensilien. Im ersten Stock wohnten unverheiratete Königstöchter, während im obersten Stock Waffen gelagert wurden. Leider sind viele Erbstücke beim letzten Brand verloren gegangen. Englischsprachige Guides führen kostenlos durch das Haus, und junge Frauen tragen die traditionelle Festkleidung der Minangkabau. Außer dem Reisspeicher *(Rangkiang)* zur Rechten wird der Palast zur Linken von zwei überdachten, ca. 5 m langen Trommeln *(Tabwah)* flankiert, die einst zur Versammlung riefen. ⌚ 8–17 Uhr, Eintritt 12 000 Rp.

Ungefähr 13 km südwestlich von Batusangkar liegt **Belimbing**, wo eine Stichstraße 2 km nach Westen zum **Rumah Adat Kampai Nan Panjang** führt. Das vom Rauch unzähliger Feuerstellen im Laufe der Zeit fast vollkommen schwarz gewordene Holzhaus wurde vor über 400 Jahren ohne

Der Padri-Krieg

Während das Königshaus und die Bewohner des Hochlands im 15. Jh. mit Moslems in Kontakt kamen, wurden die Städte an der Westküste erst im 16. und 17. Jh. islamisiert. Als mit Beginn des 18. Jhs. orthodoxe Moslems *(Padri)* nach der Hadsch aus dem von Wahhabiten eroberten Mekka zurückkehrten, wollten sie den orthodoxen Islam auch im Hochland durchsetzen. Sie lehnten das matrilineare Erb- und Familienrecht ab und wollten Sufismus, Alkoholgenuss, Glücksspiel, Hahnenkampf und Opiumrauchen abschaffen – auch mit Gewalt. So kam es 1821 zwischen den *Padri* und der sogenannten Adat-Partei der Minangkabau-Fürsten zum Krieg. Diesen machten sich wiederum die Niederländer zunutze, um an der Seite der Fürsten ihren Einflussbereich auszudehnen. Zwar mussten sich die *Padri* 1838 geschlagen geben, doch es war ihnen gelungen, die Orthodoxie in ihrer Heimat zu konsolidieren. Zudem sahen sich Orthodoxe ebenso wie die Anhänger des *Adat* zunehmend als Benachteiligte im holländischen Kolonialsystem, was beide Parteien enger zusammenbrachte. Der patriarchalische Islam wurde so in die traditionelle *Adat*-Gesellschaft integriert. Als eine Leitfigur der islamisch-antikolonialen Rebellion wird Padri-Führer Imam Bonjol verehrt – sein Denkmal steht an der Jalan Veteran in Bukittinggi.

Nägel errichtet, enthält aber inzwischen welche in den ausgebesserten Bereichen. Im Inneren steht der Festsitz *(Pelaminan)* für Brautpaare, die traditionell in einer der sechs angrenzenden Kammern wohnen, bis sie ein eigenes Heim haben. Eine Vitrine enthält den Kopfschmuck der Braut. Eintritt frei (Spende).

ÜBERNACHTUNG

Bukittinggi

Nahezu alle Unterkünfte im Zentrum sind von den lauten nächtlichen Gebetsrufen der Moscheen betroffen – Ohropax mitbringen! Aufgrund der milden Temperaturen sind Klimaanlagen verzichtbar.

Grand Kartini, Jl. Teuku Umar 5, ☏ 0752-33337, 💻 www.grandkartini.com. Ein zentral gelegenes, gepflegtes Kleinhotel mit 20 sauberen Zimmern mit dicken Matratzen, kleinem TV, teils auch AC. Am Wochenende geringfügig teurer. Frühstück inkl. ❸–❹

Hello Gh., Jl. Teuku Umar 6B, ☏ 0752-21542, 💻 www.helloguesthouse.net. Die freundliche, hilfsbereite Ling und ihre Familie vermieten 10 saubere, teils etwas kleine Zimmer mit sehr guten Matratzen und Warmwasser, auch ein Schlafsaal mit Betten à 75 000 Rp und ein Einzelzimmer für 150 000 Rp. Viele Infos, Frühstück und Oropax sind inkl. ❷–❸

Orchid Hotel, Jl. Teuku Umar 11, ☏ 0752-32634. Relativ helle, ordentliche Zimmer mit Hocktoilette, TV, Kommode und Balkon. Das Personal spricht gutes Englisch, organisiert Touren und vermietet Motorräder. Tee, Kaffee und Toastfrühstück inkl., WLAN in der Lobby. ❷

Novotel, Jl. Laras Datuk Bandaro, ☏ 0752-35000, 💻 www.novotel.com. 4-stöckiges Hotel in einem luftigen, mogul-indisch inspirierten Bau mit schöner Holzdekoration, Springbrunnen, Billard und Pool. Die 98 komfortablen Zimmer haben AC, TV, Wasserkocher, bequeme Betten und z. T. Blick auf die Stadt und den Gunung Singgalang, der Aufpreis für Deluxe-Zimmer lohnt aber kaum. Freundliches Personal und nettes Restaurant mit Terrasse und Frangipani-Bäumen. Seichte Livemusik Mo–Sa 20–23 Uhr. Frühstück inkl. ❻–❼

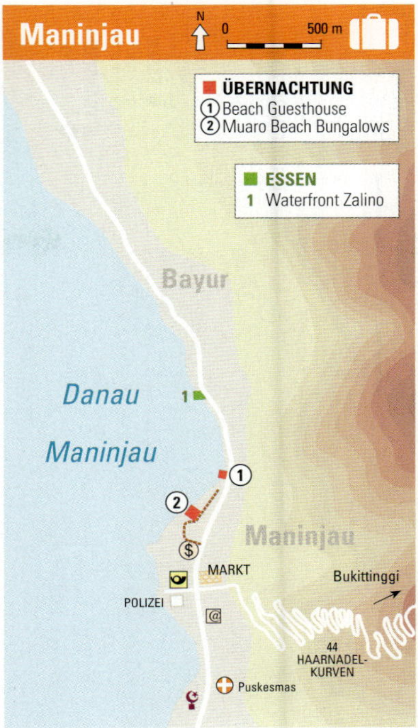

Maninjau-See

Beach Gh., ca. 500 m nördlich der Kreuzung, ☏ 0813-6379 7005, 💻 www.beachguesthouse maninjau.com. Etwas abseits der Straße gelegenes Gh. mit freundlicher Atmosphäre bei Jack und seiner Frau, die 10 spartanisch eingerichtete Zimmer mit Kaltwasser-Dusche und Hocktoilette (die besseren in der vorderen Reihe) sowie 4 Schlafsaalbetten à 45 000 Rp vermieten. Touren und Motorradverleih. ❶–❷

Muaro Beach Bungalows, wenige Hundert Meter nördlich der Kreuzung am See, ☏ 0813-3924 0042, 💻 www.fb.com/muaro.beach. Auf einem Grundstück mit Palmen und freilaufenden Hunden stehen 7 einfache, ruhige Bungalows für 2–4 Pers., teils mit *Mandi* und Hocktoilette. Die freundliche Neni spricht gutes Englisch, und das Ufer ist nahezu frei von Fischfarmen. Direkt am Wasser vermietet Nenis Bruder Eka über Airbnb einen besseren Bungalow mit guter

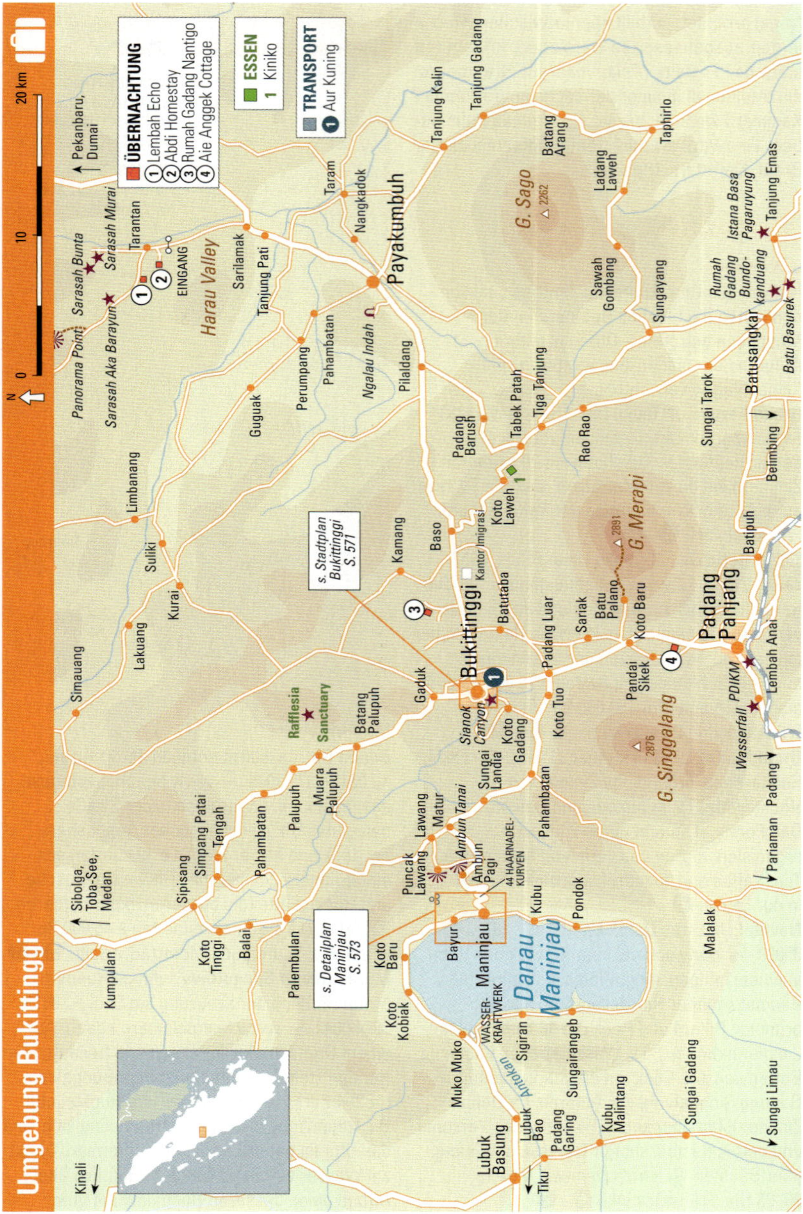
Umgebung Bukittinggi
ÜBERNACHTUNG
1 Lembah Echo
2 Abdi Homestay
3 Rumah Gadang Nantigo
4 Aie Anggek Cottage
ESSEN
1 Kiniko
TRANSPORT
1 Aur Kuning
0
10
20 km
N
Pekanbaru, Dumai
Sibolga, Toba-See, Medan
Kinali
Tiku
Pariaman
Padang
Sungai Limau
Belimbing
Panorama Point
Sarasah Bunta
Sarasah Murai
Sarasah Aka Barayun
Tarantan
EINGANG
Harau Valley
Sarilamak
Tanjung Pati
Taram
Nangkadok
Payakumbuh
Tanjung Kalin
Tanjung Gadang
Batang Arang
G. Sago
2262
Taphirlo
Ladang Laweh
Sawah Gombang
Sungayang
Istana Basa Pagaruyung
Tanjung Emas
Rumah Gadang Bundo-kanduang
Batu Basurek
Batusangkar
Sungai Tarok
Ngalau Indah
Pahambatan
Perumpang
Guguak
Piliadang
Padang Barush
Tabek Patah
Tiga Tanjung
Rao Rao
Limbanang
Suliki
Kurai
Lakuang
Simauang
Kamang
Baso
Koto Laweh
Kantor Imigrasi
G. Merapi
2891
Batu Palano
Batipuh
s. Stadtplan Bukittinggi S. 571
Bukittinggi
Batutaba
Padang Luar
Sariak
Koto Baru
Padang Panjang
Lembah Anai
PDIKM
Wasserfall
Pandai Sikek
G. Singgalang
2876
Koto Tuo
Sianok Canyon
Koto Gadang
Gaduk
Rafflesia Sanctuary
Batang Palupuh
Muara Palupuh
Palupuh
Pahambatan
Simpang Patai
Tengah
Sipisang
Koto Tinggi
Balai
Kumpulan
Palembulan
Puncak Lawang
Lawang
Matur
Ambun Tanai
Ambun Pagi
44 HAARNADEL-KURVEN
Sungai Landia
Pahambatan
s. Detailplan Maninjau S. 573
Koto Baru
Bayur
Maninjau
Kubu
Pondok
Danau Maninjau
Koto Kobiak
WASSER-KRAFTWERK
Sigiran
Sungairangeb
Muko Muko
Antokan
Lubuk Basung
Lubuk Bao
Padang Garing
Kubu Malintang
Sungai Gadang
Malalak

Matratze und Bad nach westlichem Standard aus Naturstein. Motorradverleih. ❶–❸

Harau Valley

Ruhiger und schöner als in den Unterkünften an der Straße wohnt man hier:

Abdi Homestay, 1 km ab dem Eingang, ca. 400 m westlich der Straße, ✆ 0852-6378 1842, 💻 http://abdihomestay.blogspot.com. Der freundliche Ikbal und seine Frau Noni vermieten zwischen Reisfeldern und der hoch aufragenden Felswand 7 einfache, teils 2-stöckige Holz- und Bambushütten für 2–4 Pers. mit einer kleinen Veranda, Hängematte, Moskitonetz, Mandi/WC und viel Ruhe. Für Gruppen und Familien gibt es außerdem ein Haus mit 5 Zimmern. Gute Infos, Kochkurse mit Noni (150 000 Rp inkl. Marktbesuch in Payakumbuh) und Touren in die Umgebung – sogar mit *Becak*. Frühstück, Tee und Kaffee inkl. ❷

Lembah Echo, 1 km ab der Gabelung (links halten), ✆ 0752-775 0306, 0821-7004 4611, 💻 www.fb.com/lembahecho. Das grüne Areal mit kleinem Wasserlauf liegt umgeben von üppiger Vegetation zwischen zwei imposanten Felswänden. Von den 8 älteren, teils strohgedeckten Holz- und Massivhäusern sind die billigen mit Gemeinschaftsbad und sehr dünnen Matratzen nicht mehr empfehlenswert, auch die besseren Bungalows und Zimmer zeigen Alterserscheinungen und Pflegemängel, sind aber für eine Nacht annehmbar. Den besten Eindruck machen die zweistöckigen Häuser für Familien. Mahlzeiten nach Vorbestellung, Frühstück inkl. ❷–❹

ESSEN

Bukittinggi

Baroena, Jl. A. Karim, ✆ 0813-6347 3365. Neben acehnesischen Gerichten wie *Mie Rebus Seafood* (Nudeln mit Seafood in würzig-scharfer Soße) ist der *Kopi Telur Pinang* empfehlenswert: Kaffee mit einem Topping aus gezuckertem Eischaum und Betelnusssplittern. Flotte Bedienung und verträgliche Preise. 🕒 12–3 Uhr.

Bedudal Café, Jl. A. Yani 95/105. Bei Travellern beliebtes Restaurant mit Bambusinterieur, Reggaemusik, solider Küche und englischsprachigem Service. Die Speisekarte bildet von westlichem Frühstück (mit Bratkartoffeln) über kühles Bintang bis zu Pizza und indonesischen Gerichten die übliche Kulinarik der Backpacker-Treffpunkte ab. 🕒 9–24, Küche bis 23 Uhr.

De Kock Café, Jl. Teuku Umar 18B, ✆ 0752-33052. Auch hier gibt es in lockerer Atmosphäre Frühstück, europäische Gerichte wie Pizza, Pasta oder Calzone, Sandwiches sowie Bier zu verträglichen Preisen. Manchmal Livemusik. Zudem Organisation von Touren. 🕒 7–24 Uhr.

Simpang Raya, Jl. S. Sudirman 8, ✆ 0752-22163. Das bei Einheimischen sehr beliebte Restaurant serviert gute, authentische Padang-Küche (s. S. 583). 🕒 10–23 Uhr.

Maninjau-See

Waterfront Zalino, 1,5 km nördlich der Kreuzung, ✆ 0752-61766, 💻 http://waterfront zalino.blogspot.de. Auf Wild, Garnelen und Fisch spezialisiertes Restaurant, das Letzteren in der gegrillten Variante am besten zubereitet. Das Bier zum Sonnenuntergang lässt sich entspannt im Wasserpavillon trinken. Auch Frühstück und indonesische Standardgerichte. 🕒 8–21 Uhr.

UNTERHALTUNG UND KULTUR

Lenggong Geni, Jl. Khatib Sulaiman, ✆ 0815-960 7221 (Hendri Adek). Die Sakato Group zeigt um 20.30 Uhr bei mindestens 10 Zuschauern eine ca. 90-minütige Show mit traditionellen Tänzen, Silat-Schaukämpfen und musikalischer Begleitung, an der sich auch die Gäste einmal versuchen dürfen. Zum Abschluss gibt es sogar Feuer- und Scherbentanz. Eintritt 70 000 Rp p. P.

EINKAUFEN

Markas, Jl. A. Yani 36B, Bukittinggi. Trekkingausrüstung der Marke Eiger, Rucksäcke und allerlei Outdoor-Accessoires wie Seile, Zelte und wetterfeste Kleidung. 🕒 8–21 Uhr.

Plaza Bukittinggi, Jl. A. Yani, gegenüber der Turmuhr. Zahlreiche Bekleidungs-, Spielwaren- und Elektronikgeschäfte sowie ein Ramayana Department Store. 🕒 9–22 Uhr.

Kunsthandwerk

Folgt man aus Bukittinggi der Straße in den Canyon und nach 2 km der Linksabzweigung, dann erreicht man nach weiteren 2 km Koto Gadang, das Dorf der Silberschmiede. In Geschäften wie **Leo Silver** ist Silberschmuck günstig zu erstehen.

Ganesha, Jl. Teuku Umar, Bukittinggi, hat schöne Schnitzarbeiten, Wandschmuck, Masken, *Wayang*-Figuren und Porzellan. ◷ 8.30–17.30 Uhr.

Palanta Loom, 7 km südöstlich von Bukittinggi, 400 m nördlich der Kreuzung von Jl. Labuah Gadang und Jl. Simpang Bukik im Dorf Batutaba, auf dem Gelände der Schule, ✆ 0823-8936 8875, 💻 www.palantaloom.com. Bernhard und Erika aus der Schweiz revitalisieren gemeinsam mit 13 Weberinnen die Songket-Weberei. Man kann bei der Arbeit an den Webstühlen zusehen und hochwertige Brokatstoffe aus Seide und Goldfaden erstehen, v. a. Schultertücher mit traditionellen Motiven, aber auch kleinere Stücke, die sich als Souvenir eignen. Voranmeldung empfehlenswert, denn nicht immer sind Bernhard und Erika zugegen, und niemand sonst spricht Englisch. ◷ Mo–Sa 8.30–12 und 13–16 Uhr.

AKTIVITÄTEN UND TOUREN

Viele Reisebüros und Guides organisieren Touren in den Sianok Canyon, zu Ochsenrennen in den Dörfern, zum Maninjau-See, ins Harau Valley und zu Rafflesienblüten. Kulturell Interessierte machen mit der klassischen „Minangkabau Tour" zum Königspalast in Pagaruyung und zu ausgewählten Dörfern nichts verkehrt.

Lite'N'Easy Tours, De Kock Cafe, s. o., und Jl. Yos Sudarso 12, ✆ 0813-7453 7413, 💻 www.liteneasy.co.id. Fikar und seine Kollegen bieten Touren von 9–17 Uhr, die Minangkabau-Tour für 600 000 Rp p. P. bei 2 Pers. Auch Ausflüge mit Motorrollern für 300 000 Rp p. P., Radtouren durch die von Reisfeldern bedeckte Ebene nordöstlich der Stadt für 500 000 Rp p. P.

Paragliding

Gleitflüge vom Puncak Lawang am Maninjau-See (am besten von März–September) kosten 1,4 Mio. Rp. Kontakt: Joe Mairi, ✆ 0812-673 8152, 💻 www.sumatra-paragliding.com, oder über Lite'N'Easy.

Trekking

Der inaktive **Gunung Singgalang** (2877 m) und der aktive **Gunung Merapi** (2891 m) bei Bukittinggi sind jeweils in etwa 5 Std. zu erklimmen, jedoch sollte man einen Guide mitnehmen. Start ist bei Morgengrauen, um bei klarer Sicht am Morgen auf dem Gipfel zu sein. Geführte Touren ab 2 Pers. für 700 000 Rp p. P. inkl. Frühstück und Wasser. Bei individueller Organisation: Guide für etwa 500 000 Rp, Motorradtaxi zum Startpunkt Batu Palano (G. Merapi) oder zum Sendemast bei Pandai Sikek (G. Singgalang) für 60 000 Rp bzw. mit gechartertem Minibus für 100 000 Rp.

Im **Harau Valley** organisiert Ikbal vom Abdi Homestay (S. 575) gute 3-stündige Trekkingtouren in den Wald ab 150 000 Rp p. P. inkl. Essen. Lohnenswert ist der einstündige, steile Aufstieg zum Panorama Point, gefolgt von einem Spaziergang zu den Höhlen von Ngalau Seribu. Wer Klettertouren an den Steilwänden

Die Stierrennen von Tanah Datar

Seit Jahrhunderten findet im Distrikt Tanah Datar (z. B. in Sungai Tarab bei Batusangkar) im August das **Pacu Jawi** statt. An vier bis fünf Samstagen preschen dann Bullen paarweise unter lauten Rufen der Zuschauer über ein schlammiges Reisfeld, angespornt von wagemutigen Männern, die auf Bambuspflügen im Schlepptau reiten und sich an den Schwänzen der Tiere festhalten. Entscheidend ist, wie gerade und gleichmäßig jedes Tandem die rund 200 m zurücklegt, ohne dass der Reiter vom Pflug fällt – ein Zeichen für gute Führungskraft. Siegreiche Bullen werden als Glücksbringer teuer gehandelt und gepflegt. Man kann mit genügend Vorlaufzeit bei Lite'N'Easy Tours (s. links) eine Tour für 2 oder 3 Pers. für 1,4 bzw. 1,8 Mio. Rp buchen oder sich in Bukittinggi erkundigen und für ein Drittel des Preises einen eigenen Fahrer zum nächsten Austragungsort anheuern.

Mythen und Ursprünge der Minangkabau

Über die Entstehung des Namens (*Minangkabau* bedeutet „Sieg des Büffels") gibt es eine Legende: Als ein javanisches Heer das Land erobern wollte, schloss der König eine Übereinkunft mit seinem Widersacher. Zwei Büffel sollten gegeneinander kämpfen, um das Blutvergießen zwischen den Heeren zu vermeiden. Die Minangkabau ließen ein Kalb längere Zeit hungern und befestigten vor dem Kampf eine Speerspitze auf seiner Nase. Durstig stürzte es sich auf den Bauch seines Gegners, wo es das Euter der Mutter zu finden hoffte, und tötete den Büffel. In einer anderen Version besiegt der Büffel der Minangkabau einen Tiger der Javaner. Seither bauen die Minangkabau Häuser, deren Dächer wie Büffelhörner aussehen; eine Form, die sich auch im traditionellen Kopfschmuck der Frauen wiederfindet. Der Kampf geht wahrscheinlich auf ein Ereignis im 13. oder 14. Jh. zurück, möglicherweise sogar auf die Ankunft des Adityawarman. Der Sohn eines javanischen Adligen und einer Prinzessin aus Malayu wurde 1347 von seinem König ausgesandt, um Sumatra für das Majapahit-Reich zu erobern. Auf Sumatra hatte sich das Minangkabau-Reich zu einem wichtigen Machtfaktor entwickelt. Adityawarman ließ sich im Hochland nieder, wo er das *Adat* – die traditionellen Sitten und Gesetze – respektierte und als König akzeptiert wurde. Aus der Zeit des Adityawarman sind Steininschriften in Sanskrit und altjavanischem Kawi erhalten. Zudem taucht der Name Minangkabau zum ersten Mal im *Negara Kertagama* aus dem Jahr 1365 auf, in dem die Majapahit-Herrscher tributpflichtige Reiche auflisteten. Unter Adityawarman erreichte die Minangkabau verstärkt hindu-buddhistisches Gedankengut, das sich mit dem älteren Animismus und Ahnenkult vermischte, das *Adat* jedoch kaum beeinträchtigte. Sogar der Islam konnte die matrilineare Sozialordnung nicht verdrängen und musste sich dem *Adat* anpassen, s. Kasten S. 572.

organisieren möchte, sollte eigene Schuhe mitbringen, die übrige Ausrüstung kann vor Ort gestellt werden.

Am **Maninjau-See** können die Routen vom Puncak Lawang durch die Dörfer hinab nach Bayur oder über einen Pfad nach Bukittinggi führen; Tagestouren kosten etwa 600 000 Rp inkl. Transport und Essen. Zal, ✆ 0812-6649 5103, vom Waterfront Zalino führt ab und an noch Touristen durch die umliegenden Wälder oder nimmt sie mit auf Wildschweinjagd. Jack vom Beach Gh., s. Übernachtung, unternimmt Treks für 150 000 Rp p. P. und Tag.

SONSTIGES

Motorradverleih

Das Orchid Hotel, Hello Gh., De Kock Café, die Unterkünfte am Maninjau-See sowie Lite'N'Easy Tours vermieten Motorroller ab 60 000 Rp.

Post

Jl. Jen. Sudirman und Jl. Pemuda. ⌚ Mo–Do 7.30–17, Fr 8.30–12.30, 14–17, Sa 7.30–14 Uhr.

Visaangelegenheiten

Kantor Imigrasi, Jl. Raya Bukittinggi–Payakumbuh KM 9, Koto Hilalang, ✆ 0752-628 269, 💻 http://agam.imigrasi.go.id. Erreichbar mit rotem *Opelet* bis Simpang Mandiangin, dann mit blauem *Opelet* Richtung Baso (dem Fahrer Bescheid geben). ⌚ Mo–Fr 7.30–10 Uhr.

NAHVERKEHR UND TRANSPORT

Der Nahverkehr wird bis auf wenige Taxis über **Minibusse** *(Opelet)* abgewickelt. Einfach anhalten, Zielort nennen, zusteigen. Eine Fahrt kostet 3000–4000 Rp, allerdings sind die *Opelet* nur bis zum frühen Abend unterwegs.

Ab Bukittinggi

Vom **Busbahnhof Aur Kuning**, ca. 2,5 km südöstlich vom Zentrum (rote und blaue *Opelet*) nach:

BATUSANGKAR via Baso oder via Padang Panjang etwa alle 30 Min. von 7–17 Uhr für 13 000 Rp in 2 Std. Weiter per *Ojek* zum Istana Basa Pagaruyung oder zum Rumah Adat Kampai Nan Panjang für 15 000–20 000 Rp.

Traditionelle Häuser der Minangkabau

Der rekonstruierte Pagaruyung-Palast bei Batusangkar

Charakteristisch für das **Rumah Gadang** („großes Haus") eines Hochland-Clans sind die verschachtelten Dächer. Die Zahl der wie Büffelhörner spitz nach oben gebogenen Dachgiebel entspricht der Anzahl der Räume im Haus. Dessen Rückseite besteht aus Bambus, um eine gute Durchlüftung zu gewährleisten. Die hölzernen Wände, Pfähle und Decken sind mit Schnitzereien, oft auch bunten Farben und Spiegelsteinchen verziert. Eine offene Veranda *(Anjung)* dient als gemeinschaftlicher Aufenthaltsort. Wer in einem Minangkabau-Haus wohnen möchte, findet im Dorf Koto Marapak bei Bukittinggi das **Rumah Gadang Nantigo**, 4 km östlich vom Zentrum am Simpang Pinang Balirik links ab und nach 1,6 km am Schild links durch den Torbogen, ✆ 0811-842 676, ✉ pemilik.rumahgadang@gmail.com, 💻 auf Facebook und Airbnb, Karte S. 574. Es bietet drei kleine Zimmer mit Gemeinschaftsbad, die vom großen Aufenthaltsraum mit Sitzmöglichkeiten und alten Fotos abgehen. Die Matratzen sind jedoch recht dünn und unbequem. Man kann Fahrräder und einen Motorroller ausleihen und die Umgebung erkunden. Reservierung erforderlich, Frühstück inkl. ❹

DUMAI (Fähre nach Melaka) um 10 und 17 Uhr für 110 000 Rp in 10–12 Std. (besser zum nahen Kuala Lumpur International Airport fliegen).
HARAU VALLEY mit PO Sarah (ohne Schalter) etwa 10x tgl. bis Tanjung Pati für 15 000 Rp in 1 1/2 Std., von wo *Ojek* für 10 000 Rp fahren.
KERSIK TUA (Kerinci-Seblat-Nationalpark) mit Bussen nach Sungai Penuh etwa stdl. von 9–16 Uhr für 120 000 Rp in 8–9 Std. Außerdem fahren nach Vorbestellung die Sammeltaxis von Ayu, ✆ 0813-7422 9735, je nach Anzahl der Passagiere für 120 000–130 000 Rp p. P. inkl. Abholung.
MANINJAU mit Harmoni und Harmonis etwa stdl. von 8–17 Uhr für 20 000 Rp in 1 Std.
MEDAN via PARAPAT (Toba-See, 13–14 Std.) und PEMATANG SIANTAR (Umstieg nach Berastagi), mit ALS, ✆ 0752-21214, auch vom weniger hektischen Büro in der Jl. Soekarno Hatta (blaue *Opelet*, 3000 Rp) gegen 12, 16 (dieser nicht via Parapat) und 17 Uhr für 180 000–290 000 Rp in 18 Std.

PADANG via PADANG PANJANG stdl. von 5–18 Uhr für 20 000 Rp in 3 Std. Schneller sind Sammeltaxis und Minibusse von AWR, ☏ 0751-37337, für 40 000 Rp, zum Flughafen 50 000 Rp inkl. Abholung und Drop-Off in 2 1/2 Std.
SAWAHLUNTO mit Emkazet etwa stdl. von 6–17 Uhr für 20 000 Rp in 2 1/2 Std.

Ab Maninjau-See

Minibusse nach BUKITTINGGI (20 000 Rp) und LUBUK BASUNG (10 000 Rp), 1 Std., müssen zwischen 7 und 15 Uhr an der Straße angehalten werden. Nach PADANG via Bukittinggi (s. o.) oder ab Lubuk Basung mit LBE (Lubuk Basung Express) für 20 000 Rp in 1 1/2 Std.
In der Unterkunft können Plätze in **Sammeltaxis** gebucht werden, z. B. nach BUKITTINGGI für 25 000–40 000 Rp (Charter 150 000 Rp) in 1 Std. und nach PADANG für 50 000–70 000 Rp (Charter 250 000 Rp) in 2 Std.

Ab Harau Valley

Mit Motorradtaxis für 10 000 Rp nach TANJUNG PATI, wo **Busse** von PO. Sarah Group 10x tgl. für 15 000 Rp nach BUKITTINGGI fahren. Ab Payakumbuh (*Ojek* vom Harau Valley 20 000 Rp) nach PADANG mit Tranex etwa stdl. von 6–18 Uhr für 25 000 Rp in 4 Std.

Ab Batusangkar

Ab der Busstation **Terminal Dobo** nach:
BUKITTINGGI via Baso oder via PADANG PANJANG (8000 Rp) etwa alle 30 Min. von 7–17 Uhr für 13 000 Rp in 2 Std.
PADANG alle 30–60 Min. von 5.30–17 Uhr für 35 000 Rp in 2 1/2 Std.
PAYAKUMBUH (nahe Harau Valley) bis zu 5x tgl. von 5.30–14 Uhr für 12 000 Rp in 1 1/2 Std.

Von Bukittinggi nach Padang

Mit eigenem Fahrzeug kann die Fahrt nach Padang mit etwas Sightseeing und Aktivitäten kombiniert werden. Rund 9 km südlich von Bukittinggi führt ein Abstecher an der Gabelung rechts und nach 500 m gen Westen ins Dorf **Pandai Sikek**. Hier verkaufen Geschäfte Batik aus Java, aber auch vor Ort produzierte, mit Goldfäden durchwirkte *Songket*-Stoffe, Souvenirs und Antiquitäten. Eine kleine Werkstatt fertigt Holzschnitzarbeiten mit Arabesken zur Dekoration von Häusern und Innenräumen.

Zurück auf der Hauptstraße lädt 14 km südlich von Bukittinggi am KM 6 das **Aie Anggek Cottage**, ☏ 0752-498400, 💻 www.aieangekcottage.com, zu einer Pause ein. Vom Café-Restaurant (⌚ 11–21 Uhr) hat man Blick auf die Vulkane Merapi und Singgalang und im verglasten Hauptgebäude ist die Kunst- und Antiquitätensammlung des Besitzers zu bestaunen (z. B. eine umfangreiche Kollektion von Kris-Dolchen, Stabpuppen und Schmuck). Übernachten kann man in einem der 22 hübsch dekorierten Zimmer mit Zugang zum (ziemlich kalten) Pool, Frühstück inkl. ❺–❻

Auch in der 5 km südlich folgenden Kleinstadt **Padang Panjang** kann man einen Zwischenstopp einlegen, denn hier befindet sich 3 km südlich vom Zentrum das **PDIKM**, ☏ 0752-84164, ein Dokumentations- und Informationszentrum für Minangkabau-Kultur. Es liegt 200 m östlich der Straße in einem prächtigen *Rumah Gadang*, umgeben von einem gepflegten Park. Es zeigt eine Ausstellung rund um das Thema *Adat*, mit historischen Fotografien, Zeichnungen und einigen Objekten, darunter Musikinstrumente und Kostüme, die man teils auch anprobieren darf. ⌚ Sa–Do 8–16 Uhr, Fr bis 12 Uhr, Eintritt 5000 Rp.

Back on track schlängelt sich die Straße ein grünes Tal mit kleinem Flüsschen hinab. Nach rund 6 km ist rechter Hand der ca. 20 m hohe Wasserfall von **Lembah Anai** ein bei Einheimischen beliebtes Fotomotiv, Eintritt 3000 Rp. Es folgt eine längere Fahrstrecke ohne Unterbrechung; erst in der Küstenebene, 37 km ab dem Wasserfall, zweigt gegenüber der grünen Moschee links eine Straße nach **Kuliek Sungai Buloh Timur** ab, von der nach 1,5 km rechts ein unbefestigter Fahrweg abgeht. Er endet an einem kleinen *Warung*, von wo Guide Edrianto (30 000 Rp) eine 1,9 km lange Wanderung zu einer Hütte mit Aussicht *(Rumah Pohon)* führt. Es geht bergauf und unterwegs sind eventuell Languren zu sehen. Die Aussicht auf die Küstenebene ist gut, aber nicht überragend, und nach Regenfällen schwirren viele Moskitos durch die umliegenden Kautschukplantagen. Wo sich der Weg gabelt, geht es links nach ca. 2,8 km zu einem Wasserfall, der nach dem schweißtreibenden Marsch eine willkommende Abkühlung ist; alternativ kann man auch beim Ausgangspunkt im Fluss baden.

Padang

Die großflächige Provinzhauptstadt mit mehr als 1 Mio. Einwohnern besuchen Touristen in erster Linie auf der Durchreise nach Bukittinggi sowie zu den Mentawai-Inseln. Entlang der Hauptstraßen sind viele Regierungseinrichtungen in repräsentative Bauten mit moderner Minangkabau-Architektur eingezogen. Selbst ein imposantes Gotteshaus wie die **Masjid Raya** mit ihrem weit geschwungenen, von Kalligrafien verzierten Dach verzichtet nicht auf das typische Büffelhorn-Design. An einem Nachmittag hat man alles gesehen, sodass ein bis zwei Übernachtungen genug sind.

Museum Nagari

Das große Museum an der Jalan Diponegoro ist ein Minangkabau-Haus *(Rumah Gadang)* mit schönen Schnitzereien. Das Hauptgebäude zeigt traditionelle Fischfangmethoden, Textilien, Kleidung und Keramik. Im Gebäude dahinter sind Modelle traditioneller Bauweisen und Miniaturen echter Gebäude zu sehen. So haben die Minangkabau-Häuser an der Küste interessanterweise keine geschwungenen Dächer und allenfalls aufgesteckte Spitzen statt Büffelhörnern. Eine Tafel zeigt die Lettern eines vorislamischen Alphabets. Im Garten steht ein Replikat der Adityawarman-Statue aus Sarusao, deren Original sich im Nationalmuseum von Jakarta befindet. Eingang ab Jalan Gereja, 🕒 Di–So 7.30–16, Fr 7.30–11.30 und 13.30–16.30, Sa und So 8–16 Uhr, Eintritt 3000 Rp.

Chinatown

Vor Jahrhunderten war Padang ein Umschlagplatz für Gold, Gewürze und Holz, was chinesische Händler anzog. Das chinesische Viertel (*Kampung Cina* oder *Kampung Pondok*) wird durch die Jalan Dobi, den Batang Arau und die Jalan Nias begrenzt. Restaurants und kleine Geschäfte prägen das Bild, und am Batang Arau wurden einige verfallene Gebäude aus der Kolonialzeit restauriert. Unweit des Flusses in der Jalan Klenteng verblasst der 1861 erbaute und nach einem Feuer 1897 restaurierte **Klenteng Kwan Im** vor dem gegenüberliegenden, prächtigen **Klenteng See Hin Kiong** mit seinen steinernen Löwen, Drachen und Reliefs. Auch dieser neuere Tempel ist Göttin Kuan Yin (Kwan Im) geweiht, die, von filigranen goldenen Plastiken umrahmt, den mittleren von drei figürlichen Altaren einnimmt.

ÜBERNACHTUNG

Brigitte's House, Jl. Kampung Sebelah, ✆ 0813-7425 7162, 💻 www.brigitteshousepadang.com. Familiäres, von Brigitte und ihrem bretonischen Mann Bruno geführtes, 3-stöckiges Homestay mit Dachterrasse und klimatisierten Zimmern mit Gemeinschaftsbad sowie Schlafsaalbetten für 95 000 Rp, auch Einzelzimmer. Im zweiten Haus an der Jl. Nipah etwas ruhigere Zimmer für alle, die mehr Privatsphäre wünschen. Motorradverleih, Wäscheservice und Touren zu den Mentawai-Inseln. Frühstück inkl. ❸

Grand Zuri, Jl. M. Thamrin 27, ✆ 0751-894888, 💻 www.grandzuri.com/padang. Zentrales, Mittelklassehotel mit Restaurant, Fitnessraum und freundlichem Service sowie 131 Zimmern in sanften Farben, ausgestattet mit TV, Föhn, Wasserkocher und teils guter Aussicht. Eine gute Wahl für alle, die es etwas komfortabler mögen. Frühstück inkl. ❹–❺

New House, Jl. H.O.S. Cokroaminoto 104, ✆ 0823-9168 7250, 💻 www.fb.com/New-House-Padang-174744162682006. Freundliches, ebenfalls von Brigitte und Bruno gemanagtes Guesthouse mit hübschem Steingarten sowie klimatisierten Zimmern, die gute Matratzen, etwas Deko und teils Gemeinschaftsbad haben. Schlafsaalbetten für 100 000–125 000 Rp. Großer Gemeinschaftsraum mit TV. Frühstück inkl. ❸

€ **Yani Homestay**, Jl. Nipah 1, ✆ 0852-6380 1686, 💻 www.fb.com/yanihomestay. Für eine Übernachtung annehmbar sind die von Yulius und seinen Jungs sehr preisgünstig vermieteten, einfachen und teils sehr spärlich und ohne Waschbecken eingerichteten Zimmer. Betten im Schlafsaal für 80 000 Rp.

Padang
N
0
500
1000 m
ÜBERNACHTUNG
1 Grand Zuri
2 New House
3 Yani Homestay
4 Brigitte's House
ESSEN
1 Rumah Makan Bahagia
2 Rumah Makan Ampera Mutiara Malam
3 Restoran Kubang Hayuda
4 Indah Jaya
5 Warung Kopi Nan Yo
6 Warung Cokro
7 Safari Garden
8 Weekend
9 Karambia
SONSTIGES
1 Fremdenverkehrsamt West-Sumatra
2 Kantor Imigrasi
3 Trans Mart
4 Cinema 21
5 Wäscherei
6 Bat & Arrow
TRANSPORT
1 Tranex, LBE, Safa Marwa
2 Bahnhof Simpang Haru
3 ASDP
4 ALS nach Medan, Toba-See, Arfa Wisata nach Kersik Tua, Jasa Malindo nach Sawahlunto
5 Damri-Busse zum Flughafen
6 Mia Tour & Travel nach Painan
7 Blue Bird Taxis
8 Mentawai Fast
Minangkabau International Airport, Bukittinggi
1, 2, 3, 1
Masjid Raya
Banda Bakali
Jl. Rasuna Said
Jl. Jati
Jl. Jambu
Jl. Purus 5
Jl. Ujung Gurun
Jl. Mangunsarkoro
Jl. Purus 4
Jl. Aur
Jl. Situjuh
Yos Sudarso Hospital
Jl. Padang
Pasir 9
GOVERNOR'S OFFICE
GOVERNOR'S RESIDENCE
Jl. Purus 3
Jl. Bandar Purus
Jl. Padang Pasir
Jl. Setiabudi
Jl. Jen. Sudirman
Jl. Cut Mutia
Jl. Kampong Baru
Jl. Koto Tinggi
Jl. Perintis Kemerdekaan
Jl. Minahasa
Jl. Samudra
Jl. Purus 2
Jl. Purus 1
Jl. Abd. Muis
Jl. Jati 4
Jl. Jati 3
Jl. Olo Ladang
Jl. Jen. A. Yani
Jl. Kutilang
Jl. Damar
Jl. Bandar Damar
Jl. Pattimura
Jl. R. Kudus
Jl. Perak
Jl. Perak 3
Jl. Perak 2
Jl. Abd. Ahmid
Jl. Jati 2
Jl. Jati 1
Semen Padang Hospital
Jl. Ujung Belakang
Jl. Belakang Olo
Jl. Dr. Sam Ratulangi
Jl. Tan Malaka
Dalam
Jl. Koro Merapik
Jl. Bandar Olo
Jl. Jawa Dalam
Jl. Permindo
Jl. Haji Agus Salim
Jl. Sawahan
Jl. Ujung Padang
Jl. Pemuda
Jl. Pemindo
Pasar Raya
Jl. Pasar Baru
Jl. Pasar Raya
Jl. Bagindo Aziz Chan
Jl. Terandam
Plaza Andalas
POLIZEI
Jl. Proklamasi
Jl. Hang Tuah
Jl. Prof. M. H. Yamin
Taman Imam Bonjol
Jl. Bandar Belakang Tangsi
Jl. Hiligoo
Jl. Bundo Kanduang
Jl. Imam Bonjol
Jl. Alang Lawas
Jl. Hasanuddin
Nurul Iman-Moschee
Jl. Samudra
Jl. Pancasila
Jl. K. Anwar
Jl. Karya
Jl. M.H. Thamrin
Taman Budaya
Jl. Diponegoro
Museum Nagari
Jl. Pondok
Jl. Nias
Jl. A. Hakim
Jl. R.W. Monginsidi
Jl. Gereja
Jl. Bandar Gereja
Jl. Belakang Pondok
Jl. Ranah Binuang
Jl. M.H. Thamrin
Pantai Air Manis, Teluk Bayur, Bungus
Kampung Cina
Jl. Mudik
Jl. Hayam Wuruk
Cokroaminoto
Jl. Niaga
Jl. Pasar Hilir
Jl. Palinggan
Jl. H.O.S.
Simpang Enam
Jl. Pulau Air
Pantai Padang
Klenteng Kwan Im
Mentawai-Inseln
Jl. Nipah
Jl. Kg. Sebelah
Jl. Pulau Karam
Jl. Klenteng
Klenteng See Hin Kiong
Jl. Muara
Siti Nurbaya-Brücke
Jl. Batang Arau
Batang Arau
Chin. Friedhof
Gunung Padang
SUMATRA

Mehr ein Gästehaus als ein richtiges Homestay, und wegen der lauten Straße sind Oropax ratsam. ❷

ESSEN UND UNTERHALTUNG

Bat & Arrow, Jl. Batang Arau 25, ☏ 0751-893552, 🖳 www.fb.com/BatArrowBar. Die originell in eine Ruine am Fluss integrierte Open-Air-Bar bietet sich an für einen geselligen Abend bei kühlem Bier und Livemusik. Hungrige können Pizza essen, und wer es nicht mehr nach Hause schafft, kann sich sogar ein Zimmer nehmen. 🕒 14–2 Uhr.

Karambia, Jl. Batang Arau 70, ☏ 0751-895 0366. Großes Café-Restaurant, dessen Wände teils mit Holz und Kokosnussschalen verkleidet sind und das unter dem hohen Dach von surrenden Ventilatoren gekühlt wird. Es gibt eine große Auswahl an indonesischen Gerichten, von denen einige in Kokosnussschalen serviert werden. Außerdem Eistee, Säfte, Kaffeevariationen und abendliche Akustik-Livemusik. 🕒 8–24 Uhr.

Restoran Kubang Hayuda, Jl. Prof. M. H. Yamin 138. Beliebtes *Martabak*-Restaurant, wo seit 1976 bis in die Nacht die herzhaft gefüllten Teigtaschen auf heißen Platten brutzeln. 🕒 14–24 Uhr.

Safari Garden, Jl. Nipah 21, ☏ 0751-36055, 🖳 www.safarigarden.net. Hinter der hohen Glasfassade verbirgt sich ein auf zwei Etagen mit Tischen, Stühlen und gemütlichen Sofas eingerichtetes Café-Restaurant mit einsehbarer Küche, das außer indonesischen Gerichten und Kaffeespezialitäten vor allem Pasta, Snacks und Salate zu mittleren Preisen sowie teure Steaks serviert. Abends wird Akustik-Livemusik gespielt. 🕒 11–23 Uhr.

Warung Cokro, Jl. Nipah, ☏ 0853-6304 8340. Beliebtes chinesisches Frühstücksrestaurant, das warme und herzhafte Gerichte wie Dim Sum, Nudeln oder Lontong Pecel serviert. 🕒 6.30–13.30 Uhr.

Warung Kopi Nan Yo, Jl. Niaga. Uriger alter chinesischer Coffeeshop mit süßen Snacks und Nudelgerichten *(Kwetiau)*, die bei Einheimischen zum Frühstück beliebt sind. 🕒 6.30–15.30 Uhr.

Weekend, Jl. Klenteng 1, ☏ 0811-6630 099, 🖳 www.instagram.com/weekendpdg. In einem der wenigen renovierten Gebäude aus der Kolonialzeit sitzt man auf zwei klimatisierten Etagen an langen Bänken oder 4er-Tischen und wählt aus einer kleinen Karte mit Burger, Steaks, Pasta, kleinen Häppchen, herzhaften Bowls und ein paar indonesischen Standardgerichten. Zu trinken gibt es Bier, Eistee, Kaffee und Tee. Mittlere Preise. 🕒 10–24, Fr und Sa bis 1 Uhr.

EINKAUFEN

Auf dem großen **Pasar Raya** im Stadtzentrum und in den Geschäften der umliegenden Blocks gibt es so ziemlich alles. Das Einkaufszentrum **Plaza Andalas** in der Jl. Pemuda (mit Kino) und das **Trans Mart**, Jl. Khatib Sulaiman 85, bieten Kleidung, Haushaltswaren, Schmuck, Handyzubehör, Unterhaltungselektronik. 🕒 10–22 Uhr.

AKTIVITÄTEN UND TOUREN

Bellvafom Pesiar Ventoura, ☏ 0811-664 3456, 🖳 www.bellvafom.com. Ongky Wahyudi kennt sich bestens mit den Outdoor-Aktivitäten der Provinz aus und organisiert Rafting auf dem Tarosan bei Painan (in der Regenzeit extrem) für 500 000 Rp p. P. bei 5 Pers., Bergbesteigungen am Gunung Kerinci sowie am Gunung Merapi und Gunung Singgalang für 1,5 Mio. Rp p. P. ab Padang.

SONSTIGES

Medizinische Hilfe

Semen Padang Hospital, Jl. Bypass KM 7, ☏ 0751-777888, 🖳 www.semenpadanghospital.co.id. Das modernste Krankenhaus der Provinz.

Motorradverleih

Motorroller vermieten **Brigitte's House** und das **Yani Homestay**, s. Übernachtung, für 75 000 Rp.

Polizei

Jl. M. Yamin, ☏ 0751-33724.

Die Qual der Wahl: Padang-Küche

Ein kulinarischer Exportschlager ist die Küche der Minangkabau, **Nasi Padang**. Es gibt wohl keine indonesische Stadt, in der es kein Padang-Restaurant gibt, und Ketten wie Restoran Sederhana, Lamun Ombak und Rumah Makan Keluarga sind landesweit erfolgreich. Typischerweise werden die Gerichte im Voraus zubereitet und dann den ganzen Tag über auf vielen kleinen Tellern portioniert zu Reis serviert. Der Vorteil: Man braucht keine Speisekarte zu studieren, kann alle Gerichte begutachten und von vielen Tellern kosten. Jedes Restaurant hat eine andere Auswahl an Gerichten. Gegessen wird mit der rechten Hand, bezahlt wird je nach Anzahl der verzehrten Portionen.

Indah Jaya, Jl. Niaga. Chinesisch geführtes Padang-Restaurant, das auch im Ramadan tagsüber Essen serviert. Vor allem das *Rendang* und *Tempe* sind zu empfehlen. 🕒 7–23 Uhr.

Rumah Makan Ampera Mutiara Malam, Jl. Belakang Olo 30, neben Jelita Sports. Seit über 25 Jahren erfolgreicher Familienbetrieb mit großer Auswahl an sehr leckeren Gerichten, u. a. hervorragendes zartes, mildes *Rendang*. 🕒 ab 16 Uhr.

Rumah Makan Bahagia, Jl. Ujung Gurun. Sehr gutes Padang-Restaurant mit einem halboffenen und einem klimatisierten Raum und großer Auswahl, z. B. leckeren Bällchen aus Kartoffeln oder Mais *(Pergedel)* sowie Fisch. 🕒 9–19.30 Uhr.

Post

Jl. Bagindo Aziz Chan. 🕒 Mo–Sa 7.30–18, So und feiertags 9–13 Uhr.

Visaangelegenheiten

Kantor Imigrasi, Jl. Khatib Sulaiman, ✆ 0751-55113. Nicht sehr hilfsbereit.
Visaverlängerungen dauern bis zu einer Woche und kosten 355 000 Rp. 🕒 Mo–Do 7.30–12 und 13–16, Fr 7.30–12 und 13.30–16.30 Uhr.

NAHVERKEHR

Busse

Busse von **Trans Padang** mit festen Haltestellen und Einheitstarif von 3500 Rp fahren von 6–20 Uhr etwa alle 30 Min. ab Pasar Raya, Jl. Bagindo Aziz Chan, die Jl. Sudirman hoch.

Minibusse

Die farblich unterscheidbaren **Opelet** mit Nummern auf der Frontscheibe werden per Wink angehalten. Eine Fahrt in der Innenstadt kostet 4000 Rp; die Busstationen von Tranex und ANS werden von den gelben und weißen Bussen angefahren. Zum **Pantai Carolina** mit einem blauen *Opelet* Nr. 437 für 8000 Rp, zum **Pantai Air Manis** mit einem blauen *Opelet* Nr. 402 für 8000 Rp.

Taxis

Vom Zentrum zum Flughafen für etwa 150 000 Rp in 45 Min. Vom Flughafen nach Bungus für 250 000–300 000 Rp in 1 1/2 Std. Innerhalb des Stadtzentrums kosten Fahrten etwa 30 000 Rp, z. B. mit **Blue Bird**, ✆ 0751-442123, Sammelpunkt s. Karte S. 581.

TRANSPORT

Busse

Busse fahren am Sitz des jeweiligen Transportunternehmens ab.

BUKITTINGGI via PADANG PANJANG (1 1/2 Std.) mit **Tranex** ab Terminal Ulak Karang (laufnah zu ANS, schräg gegenüber dem DPRD-Gebäude), etwa stdl. von 5–18 Uhr für 20 000 Rp in 3 Std.

KERSIK TUA (Kerinci-Seblat-Nationalpark) mit **Safa Marwa**, Jl. S. Parman, 150 m südlich von Tranex, ✆ 0852-6355 8899, gegen 9 und 19 Uhr für 100 000 Rp in 7 Std.

LUBUK BASUNG (Umstieg zum Maninjau-See) mit **LBE** (Lubuk Basung Express), Jl. Hamka 119, etwa stdl. von 5–18 Uhr für 25 000 Rp in 2 1/2–3 Std.

MEDAN via PARAPAT (Toba-See, ca. 19 Std.) und PEMATANG SIANTAR (Umstieg nach Berastagi) mit **ALS**, Jl. Bypass KM 6, Lubuk Begalung (violette Minibusse), ✆ 0751-776 229,

um 11 Uhr für 190 000 Rp, um 13 Uhr (mit AC) und 14 Uhr (mit WC) für 215 000 bzw. 290 000 Rp in ca. 24 Std.
PAINAN mit **Mia Tour & Travel**, Jl. Alang Lawas, ✆ 0812-6701 4567, stdl. von 5.30–19.30 Uhr für 20 000 Rp in 1 1/2 Std.
PAYAKUMBUH (Umstieg ins Harau Valley) mit **Tranex**-Bussen nach Bukittinggi (s. o.) für 25 000 Rp in 4 Std.
SAWAHLUNTO mit blauen Bussen von **Jasa Malindo**, Jl. Dr. Sutomo 42 (gegenüber der grünen Moschee, hierher mit roten *Opelet*), von 5–17 Uhr alle 30–60 Min. für 20 000 Rp in 3 Std.

Sammeltaxis und Shuttlebusse

BUKITTINGGI mit **AWR**, ✆ 0751-37337 (Indonesisch), für 40 000 Rp, vom Flughafen 65 000 Rp inkl. Abholung in 2 1/2 Std.
KERSIK TUA (Kerinci-Seblat-Nationalpark) mit **Arfa Wisata**, keine 100 m östlich der Kreuzung Jl. Dr. Sutomo, Jl. Bypass (rote *Opelet* nach Indarung), ✆ 0823-7930 1997, gegen 9 und 19 Uhr für 130 000 Rp in 7–8 Std.

SUMATRA

Fähren

ASDP, Jl. Perintis Kemerdekaan 4, ✆ 0751-27153, 0813-6353 4415, ⌚ Mo–Fr 8–12 und 13–17 Uhr, fährt mit der *Ambu-Ambu* und *Gambolo* ab Bungus (dunkelblaue Minibusse ab Padang für 8000 Rp, 1 Std.) für 95 000–143 000 Rp:
SIBERUT am Mi/Fr um 18 Uhr, zurück Do (außer am 2. und 4. des Monats) und Sa um 15 Uhr;
SIKABALUAN am Di und Mi (außer am 4. Mi des Monats) um 18 Uhr; zurück Do gegen 19 Uhr.
SIKAKAP am Di/Sa um 18 Uhr, zurück Mi/So gegen 17 bis 18 Uhr;
TUA PEJAT am Do/So um 18 Uhr, zurück Fr/Mo um 20 Uhr;
Tickets können in Padang reserviert werden, man erhält sie dann vor Abfahrt am Hafen.

Schnellboote

Mentawai Fast, Jl. Batang Arau, ✆ 0751-893489, 0812-6624 1256 💻 www.mentawaifast.com, ⌚ Mo–Sa 6–18 Uhr, fährt in nur 3 Std. für 295 000 Rp p. P. inkl. 15 kg Gepäck (pro weiteres Kilo 7000 Rp) ab dem Hafen an der Jl. Batang Arau nach folgendem Fahrplan:
SIKABALUAN und MUARA SIBERUT am Di, Do und Sa gegen 7 Uhr, zurück ab Muara Siberut gegen 15 Uhr;
SIKAKAP am Fr gegen 7 Uhr, zurück gegen 14 Uhr;
TUA PEJAT am Mo, Mi, Fr und So gegen 6–7 Uhr, zurück gegen 15 Uhr. Die Fähre am So hält zunächst in SIOBAN.

Flüge

Zum **Minangkabau International Airport** (PDG), 💻 www.minangkabau-airport.co.id, fahren Taxis für 150 000 Rp sowie Damri-Busse ab der Jl. Hasanuddin, südlich vom Sportplatz, zum Flughafen stdl. von 6.15–17.15 Uhr für 23 500 Rp in 1 Std. Es fliegen:
AirAsia, 💻 www.airasia.com, nach KUALA LUMPUR und SINGAPORE;
Citilink, 💻 www.citilink.co.id, nach BATAM und JAKARTA;
Garuda Indonesia, 💻 www.garuda-indonesia.com, nach JAKARTA;
Lion Air und **Batik Air**, 💻 www.lionair.co.id, nach JAKARTA und MEDAN;
Sriwijaya Air, 💻 www.sriwijayaair.co.id, nach JAKARTA und MEDAN;
Xpress Air, 💻 www.xpressair.co.id, nach BANDUNG.

Von Padang nach Painan

Ein Tagesausflug mit dem Motorrad oder Mietwagen führt die Küstenstraße entlang, zunächst auf der nach Süden führenden Jl. Sultan Syahrir. Es geht vorbei an der Stichstraße nach Air Manis (KM 0), die sich 6 km durch die dörfliche Umgebung über einen Hügel windet, bis der an Wochenenden überlaufene und vermüllte, 1,5 km lange Strand **Pantai Air Manis** (5000 Rp) mit Essensständen erreicht ist. Die viel befahrene Küstenstraße passiert dann **Teluk Bayur**, den wichtigsten Hafen an der Westküste.

Südlich vom Fährhafen Bungus (KM 13) liegt der von Palmen und Kasuarinen beschattete, relativ saubere **Pantai Carolin** (KM 17), Eintritt 10 000 Rp, Motorrad 5000 Rp. Für 800 000–1,2 Mio. Rp pro Boot inkl. Maske und Schnorchel kann man die vorgelagerten Inseln Pagang, Pasum Pahan, Pemutusan und Seronjong erkunden, die mit einsamen Stränden und Schnorchelgründen locken. Weiter südlich in derselben Bucht sind morgens und spätnachmittags Fischer mit Wurfnetzen zu beobachten. Die Homestays an der lauten Straße sind nicht zu empfehlen. Letzter *Opelet* nach Padang gegen 17 Uhr, 8000 Rp.

Rund 3 km südlich des Pantai Carolina (am besten per *Ojek*) biegt kurz vor der Brücke und gleich hinter der kleinen Polizeistation in **Koto Lubuk Hitam** eine Straße links ab und führt 1 km zum bereits aus der Ferne sichtbaren Wasserfall **Air Terjun Tiga Tingkat**, dessen Wasser über drei Stufen seinen Weg nach unten findet. Mit gutem Schuhwerk und sicherem Tritt kann man einen steilen, teils glitschigen Dschungelpfad nach oben wandern, das Wasser über Steine hüpfend überqueren – oder sich einfach darin abkühlen.

Nun wechseln sich Reisfelder und kleine Dörfer ab mit bewaldeten Hügeln, während die Straße den Mäandern des Batang Tarosan folgt. Am KM 62 führt eine Abzweigung von Pasar Baru über eine schmale Straße rund 19 km ins Landesinnere ins Dorf Puluik-Puluik. Hier bildet die **Jembatan Akar**, das Wurzelwerk zweier Bäume, seit 1916 eine natürliche Brücke über den Batang Bayam. Eintritt 5000 Rp, Motorradtaxi ab Pasar Baru 30 000 Rp.

Zurück an der Hauptstraße hat man nach 11 km die flache Bucht von **Painan** erreicht. Im Zentrum der geruhsamen Küstenstadt schlängelt sich von der Jl. Darwis eine Zufahrt zu dem von Souvenirständen markierten Eingang zum **Pantai Carocok**, Eintritt 5000 Rp. Über Stege gelangt man von hier zur vermüllten Felsinsel **Batu Kureta**, wo Boote für 24 000 Rp p. P. zur **Pulau Cingkuak** übersetzen. Die Reste eines holländischen Forts und die Wassersportangebote (z. B. Jetski für 100 000 Rp pro 10 Min.) ziehen allerdings nur Einheimische an. Der örtliche Paragliding-Verein bietet nach Voranmeldung bei Donald, ✆ 0852-7241 8333, für 300 000 Rp p. P. Tandemflüge vom **Bukit Langkisau** über die Bucht mit Sicht bis zu den unbewohnten Inseln Semangki und Babi sowie den besiedelten Inseln Aur Besar und Aur Kecil.

Wer ohne eigenes Fahrzeug anreist und weiter in den Kerinci-Seblat-Nationalpark (oder zu anderen Zielen) möchte, kann bei **Korasaki Tour & Travel** (gegenüber von Mia Tour & Travel), ✆ 0756-21048, einen Pkw mit Fahrer für 450 000 Rp (zzgl. Benzin) chartern, allerdings wird kein Englisch gesprochen (Sprachführer: S. 700).

ÜBERNACHTUNG

Karte S. 568

Paradiso Village, Pulau Cubadak, erreichbar ab Pantai Carodok, 57 km südlich von Padang, ✆ 0812-663 7609, 💻 www.cubadak-paradiso village.com. Resort unter italienisch-französischer Leitung mit Tauchzentrum auf einer 15 ha großen Insel mit Schnorchelgründen, weißem Sandstrand und dichtem Urwald. In 12 Cottages aus Naturmaterialien für 2–4 Pers. und einem Suite-Bungalow auf dem Wasser wohnt man an der Lagune und kann das Hausriff, die umliegenden Tauchspots oder das Inselinnere erkunden. Mindestaufenthalt 2 Nächte inkl. Vollpension, Tee, Kaffee, Kanus und Schnorchelausrüstung, ab 3 Übernachtungen auch Transport ab Padang (sonst 910 000 Rp). ❼–❽

Rimba Ecolodge, Pantai Muaro Duo, ✆ 0821-7082 6361, 0888-0740 2278 (WhatsApp), 💻 www.rimba-ecoproject.com. In den von Nadege aus Frankreich gemanagten 4 Bungalows und 3 Zimmern im Reihenhaus am Strand herrscht einsiedlerische Ruhe, denn es gibt keine Straßenanbindung. Mit Recycling sowie Maßnahmen zum Schutz von Korallen und Schildkröten wird viel zur Minimierung des ökologischen Fußabdrucks unternommen; selbst auf Ventilatoren wurde verzichtet. Eine assoziierte NGO bildet den formellen Rahmen für weitere Projekte. Anfahrt von Padang per Taxi zum Tintin Homestay südlich von Bungus (etwa 150 000 Rp, 40 Min.), weiter per Boot für 400 000 Rp (max. 4 Pers., 1 Std.). Vollpension, Schnorcheln und Nutzung des Kanus inkl. ❹–❺

Triza Hotel, Jl. Dr. Hamka, Painan ✆ 0756-21333, 💻 www.trizahotel.com. Einfaches Kleinhotel mit 14 klimatisierten und sauberen Zimmern mit bequemen Matratzen um einen schmalen Lichthof. Kein Englisch, Frühstück inkl. ❹

Sawahlunto

Knapp 100 km nordöstlich von Padang und 70 km östlich von Bukittinggi überrascht die geruhsame, ehemalige Minenstadt am Batang Lunto mit kolonialem Erbe und freundlicher Atmosphäre.

Nachdem hier 1868 Kohlelagerstätten entdeckt worden waren, wurde ab 1898 eine Stadt angelegt und bis zum Beginn dieses Jahrhunderts Kohle gefördert. Diese wurde auf Schienen nach Emmahaven (heute Teluk Bayur) bei Padang geschafft – in den 1990er-Jahren bis zu 1 Mio. Tonnen im Jahr.

Das gut zu Fuß erkundbare Zentrum rings um die Jalan A. Yani geht nach Osten in den dörflichen Ortsteil Kampung Air Dingin mit einigen Homestays über. Das **Museum Goedang Ransoem** in den alten Kolonialbaracken an der Jl. Diponegoro ist die ehemalige Arbeiterküche. Damals wurden hier täglich rund vier Tonnen Reis gekocht. Neben acht riesigen Kesseln und Kochutensilien erläutern englisch beschriftete Tafeln und interessante Archivfotos die Geschichte des Orts. Im hinteren Gebäude steht eine deutsche Röhrendampfkesselfabrik von 1894. ⌚ Di–So 8–16 Uhr, Eintritt 4000 Rp.

Wenige Schritte westlich liegt die **Galeri Batubara Mbah Soero**. Im Foyer sind die Ketten javanischer Zwangsarbeiter *(orang rantai,* engl. *chain people)* ausgestellt. Auch hier werden alte Fotos und Werkzeuge gezeigt, aber nicht alle sind auf Englisch erläutert. Über den Hof gelangt man in einen stillgelegten Stollen von 1898 mit befestigten Wegen und Wänden, in denen stellenweise noch Kohle blank liegt. ⌚ Mo–Fr 8–16.30, Sa, So 9–16 Uhr, Eintritt 8000 Rp.

Weiter westlich stehen um einen kleinen Platz herum das 1916 erbaute Verwaltungsgebäude der **Bukit Asam Company** und schräg gegenüber das kleine **Museum Tambang Batu Bara Ombilin** mit den ausgemusterten Loren im Vorgarten. Südwestlich des Platzes trafen sich die Holländer in der 1910 errichteten **Societeit** (heute Gedung Pusat Kebudayaan) zu gesellschaftlichen Anlässen und Billardpartien.

Fünf Gehminuten südwestlich eine Anhöhe hinauf, stellt das kleine **Museum Kereta Api** im stillgelegten Bahnhof (1912) alte Fotos vom Bau der 1894 fertiggestellten Eisenbahnstrecke sowie Morsegeräte, Lampen und Werkzeuge aus. Vor dem Eingang hängt eine gute Karte. ⌚ Di–So 8–16 Uhr, Eintritt 3000 Rp.

Über Treppen gelangt man hinab zur Jalan A. Yani, die einst von typisch chinesischen Ladenzeilen dominiert war. Aus dieser Zeit ist das von einem Säulenvorbau beherrschte **Rumah Pek Sin Kek** von 1906 erhalten, das u. a. als Theater und später als Eisfabrik diente.

Ein paar Schritte nördlich und gegenüber der Societeit sind auch die protestantische **Gereja Santa Barbara** und das bis heute für Gäste geöffnete **Hotel Ombilin** (1918) Relikte der alten Ära.

Rund 2 km nordwestlich (am besten per *Ojek*) gelangt man zum **holländischen Friedhof** (Kerkhof), mit erstaunlich vielen, zumeist verfallenen Gräbern.

ÜBERNACHTUNG UND ESSEN

Homestay Oma, Kampung Air Dingin, nordöstlich den Hügel hinauf, ✆ 0812-6729 4275. Familiäres Homestay, das 13 Zimmer mit AC, Du/WC und teils guten Matratzen bietet und einen

großen Gemeinschaftsraum mit TV hat. Snack zum Frühstück, Tee und Kaffee inkl. ❷–❸
Zu den wenigen Essensangeboten gehört das **Rumah Makan Ira**.

SONSTIGES

Neben dem Hotel Ombilin ist eine **Touristeninformation**, die Broschüren und Informationen zu Unterkünften bereithält, allerdings nur manchmal besetzt ist. Gute **Stadtführungen** auf Englisch bietet Sisca Rahmalinda, ✆ 0812-7616 5823, ✉ sisca_rahmalinda@yahoo.com, für 150 000 Rp.

TRANSPORT

Von der Bushaltestelle an der südlichen Jl. A. Yani mit **Minibussen** nach:
BUKITTINGGI via BATUSANGKAR (15 000 Rp, 1 1/2 St.) oder via PADANG PANJANG (15 000 Rp, 1 1/2 Std.) etwa stdl. von 6–17 Uhr für 20 000 Rp in 2 1/2 Std.
PADANG etwa halbstdl. von 5–17 Uhr für 20 000 Rp in 2 1/2 Std.
Schneller sind **Sammeltaxis** (Travel) für je 50 000 Rp nach Padang oder Bukittinggi, die ebenfalls an der Bushaltestelle starten.

Kerinci-Seblat-Nationalpark

Der mit 13 895 km² größte Nationalpark Sumatras erstreckt sich über einen 350 km langen Abschnitt des Barisan-Gebirges und vier Provinzen. Das Herzstück liegt in der Provinz Jambi, das restliche Gebiet in West-Sumatra, Süd-Sumatra und Bengkulu. Ein Gebiet im Osten ist durch eine Fernstraße abgetrennt, und im Süden und Osten durchziehen besiedelte Flusstäler den Wald. Die nördlichsten Ausläufer des Parks liegen bereits im Einzugsgebiet von Padang. Benannt ist der Nationalpark nach den Bergen **Gunung Seblat** (2383 m) und dem mächtigen **Gunung Kerinci** (3805 m), einem rund 325 km² weiten Massiv im nordwestlichen Teil.

Vom Tiefland- über Bergwald bis hin zur alpinen Flora reichen die über 4000 Pflanzenarten zählenden Biotope, in denen fast die gesamte Fauna Sumatras vertreten ist. Ausnahmen sind z. B. Orang-Utans, die nur im Norden der Insel auftreten. Anscheinend hat die Toba-Eruption vor rund 75 000 Jahren (S. 544) eine zoogeografische Bresche zwischen die Wälder des Nordens und des Südens geschlagen. Besonders beliebt ist der rund 370 Vogelarten (darunter auch Nashornvögel) zählende Nationalpark bei Vogelkundlern. Zudem leben hier wahrscheinlich die meisten der nahezu ausgestorbenen **Sumatra-Tiger**.

Das vom Nationalpark umschlossene, über 40 km lange **Kerinci-Tal** (900 m) ist der Ausgangspunkt für Ausflüge in die nördliche Hälfte des Reservats. Erst 1903 kamen die Holländer in dieses Tal, und in den 1920er-Jahren entstand eine Straßenverbindung zur „Außenwelt". Die lokale Volksgruppe der Kerinci umfasst über 35 Dialekte; sie praktiziert neben dem Islam bis heute Animismus, Tigerkult und Ahnenverehrung. Traditionell werden an den Rändern des Tals Obst, Rattan und Zimt angebaut, allerdings dehnen sich die Pflanzungen unter dem hohen Bevölkerungsdruck zunehmend bis hinter die Grenzen des Nationalparks aus.

Kersik Tua

Der Ausgangspunkt für die Besteigung des Gunung Kerinci und den Besuch am Danau Gunung Tujuh liegt in der Provinz Jambi an der Straße nach Sungai Penuh inmitten einer großen staatlichen **Teeplantage**. Seit Mitte des 20. Jhs. werden hier Assam-Hybride im großen Stil angebaut. Freitag und Samstag ist Markttag. Ein guter Orientierungspunkt ist das Tiger-Denkmal **Simpang Macan** an der Abzweigung zum Gunung Kerinci.

Danau Gunung Tujuh

Bemerkenswert ist der sieben Gipfel tragende **Gunung Tujuh** (2732 m) mit seinem idyllischen, von steilen bewaldeten Hängen umgebenen Kratersee. Dieser liegt auf 1950 m Höhe, ist 4,5 km lang, 3 km breit und aufgrund seiner Abgelegenheit sehr sauber. Oft werden Siamang und andere Primaten gesichtet.

Minibusse fahren von 8–17 Uhr von Kersik Tua nach **Pelompek**, 14 km, für 5000 Rp in 20 Min. Ab der Ortsmitte (ggü. dem Motorradtaxi-Posten) führt eine Straße 3 km zum Dorf **Pesisir Bukit** mit dem Parkeingang und einem selten besetzten Posten links der Straße (neben einem blauen Haus), per Motorradtaxi für 7000 Rp.

Auf einem Fußpfad gelangt man an Gemüsefeldern vorbei und nach 1 km zu einer Gabelung, deren linker, schmalerer Pfad durch eine kleine Zimtplantage (Kerinci verzeichnet die weltgrößte Produktion des Gewürzes) und fortan durch den Wald über unzählige Wurzeln immer steiler nach oben führt. Insgesamt dauert die etwa 4 km lange Wanderung bis auf 2136 m Höhe an die 2 Std. und der Abstieg zum See ca. 20 Min. Ein schmaler, teils abschüssiger Trampelpfad führt im Uhrzeigersinn am Ufer entlang zu Stellen, an denen gezeltet werden kann. Ist der Eigner zugegen, kann ein kleines Paddelboot *(Sampan)* gemietet werden, 50 000 Rp.

Air Terjun Telun Berasap

Etwa 4 km nordöstlich von Pelompek weist ein Schild den vermüllten, von Essensständen gesäumten Weg entlang zu 167 Stufen, die auf eine Aussichtsplattform hinunterführen. Die aus ca. 30 m herabstürzenden, gewaltigen Wassermassen erzeugen derart viel Sprühnebel, dass sie den Namen „rauchender Wasserfall" tragen, und ihr Rauschen ist noch am Gunung Tujuh zu hören. 🕒 7–18 Uhr, Eintritt 5000 Rp.

ÜBERNACHTUNG

In **Kersik Tua** bietet eine Handvoll Homestays an der lauten Straße einfache Zimmer und vermittelt Touren, Guides, Transporte und Ausrüstung.

Homestay Family, 400 m westlich des Tiger-Denkmals, 40 m abseits der Straße, ✆ 0821-8389 7788. Gegenüber einer Motocross-Strecke liegen 22 ordentliche Zimmer für 2–3 Pers. in Bungalows mit Du/WC sowie im großen Holzhaus mit Mandi/Hocktoilette. Aufenthaltsraum mit Sesseln. Kein Verleih von Ausrüstung, doch Guide Endatno, ✉ endatno@gmail.com, bringt alles Erforderliche für seine Touren mit. Frühstück inkl. ❶–❷

Homestay Subandi, an der Durchgangsstraße, wenige Meter westlich des Tiger-Denkmals, ✆ 0812-7411 4273, 0748-357 009, ✉ subandi.homestay@gmail.com. Nette Familie mit 6 einfachen Zimmern mit Kaltwasser-Mandi/WC oder Hocktoilette, die oberen mit besseren Matratzen und Warmwasser. Infos, Kartenmaterial und Verleih von Trekkingausrüstung. Kaffee, Tee, Wasser und Kekse inkl., Frühstück 20 000 Rp. ❶

ESSEN

Die Auswahl ist überschaubar und Obst ist Mangelware und sollte ggf. mitgebracht werden. Man kann in kleinen Restaurants und Warung an der Durchgangsstraße essen, z. B. Padang-Küche im **Rumah Makan M. Nur** östlich des Tiger-Denkmals, 🕒 8–22 Uhr. Weitere mit Reis- und Nudelgerichten und z. T. sogar Bier (auf Anfrage) westlich des Tiger-Denkmals. Zudem kann man in den Homestays Mahlzeiten ordern und für Trekkingtouren abpacken lassen.

AKTIVITÄTEN UND TOUREN

Explore Kerinci, ✆ 0813-6631 9255, 💻 www.explorekerinci.com. Zacky Zaid und sein Team leiten Touren im Kerinci-Tal und der Umgebung, z. B. mit Vogelbeobachtung, Rafting, Besuch auf Plantagen bei Lempur sowie zu Seen bei Lempur in einem Seitental. Auch Trekking zu den Ladeh Panjang Wetlands, dem höchsten Feuchtgebiet von Südostasien. Eine 3-tägige Tour kostet bei 2 Pers. 4,5 Mio. Rp.

SONSTIGES

Geld

Ein **Geldautomat** der BNI steht ca. 200 m westlich des Tiger-Denkmals.

Informationen und Permits

Permits organisieren die Guides und Homestays von Kersik Tua. Gute Infos und eine grobe GoogleMap auf der Website von **Wild Sumatra**, 💻 www.wildsumatra.com.

Internet

Wenige Meter westlich vom Paiman Homestay ist ein kleines **Internetcafé**, 3000 Rp pro Std., mit Drucker.

Die Besteigung des Gunung Kerinci

- **Startpunkt**: Kersik Tua
- **Länge**: ca. 5 km
- **Höhenunterschied**: ca. 2100 m
- **Gehzeit**: 8–9 Std. (Abstieg in 4–6 Std. mit Pausen)
- **Schwierigkeitsgrad**: anspruchsvoll, da streckenweise sehr steil

Anno 1878 benötigte der holländische Abenteurer van Hasselt mit seiner Mannschaft für die Erstbesteigung des höchsten Vulkans Südostasiens eine gute Woche. Heute ist der Aufstieg von Süden in etwas mehr als einem Tag zu bewältigen, wobei mehrere Vegetationszonen durchwandert werden – vom submontanen (1400 m) über montanen (2400 m) Wald bis zu subalpinem Gesträuch. Bis zu einer Höhe von 1800 m sind manchmal Siamang (aus der Familie der Gibbons), Binturong und Sumatra-Languren zu sichten.

Die Route

Man sollte sich am frühen Morgen per Motorradtaxi durch die Teeplantage zum **Startpunkt** fahren lassen (20 000 Rp) und für den Transport nach dem Abstieg die Telefonnummer des Fahrers notieren, da man die 5 km mit müden Knochen oder nach Einbruch der Dunkelheit nur ungern zu Fuß zurücklegt.

Nach ca. 1 km durch leicht morastigen Wald ist die Lichtung **Pos 1** auf 1893 m Höhe erreicht. Dem linken Pfad folgend, bietet sich nach nur ca. 850 m Wegstrecke auf 2007 m Höhe **Pos 2** für eine Pause an. Nach insgesamt rund 2 Std. auf dem zunächst sanft ansteigenden Pfad zeigt der Höhenmesser gut 1 km weiter bei **Pos 3** bereits 2229 m an. Der Pfad wird nun steil und erfordert mehr und mehr Halt an Wurzeln und Ästen.

Nach weiteren 1 1/2 Std. bietet sich bei **Shelter 1** auf 2520 m der erste Campingplatz. Wir empfeh-

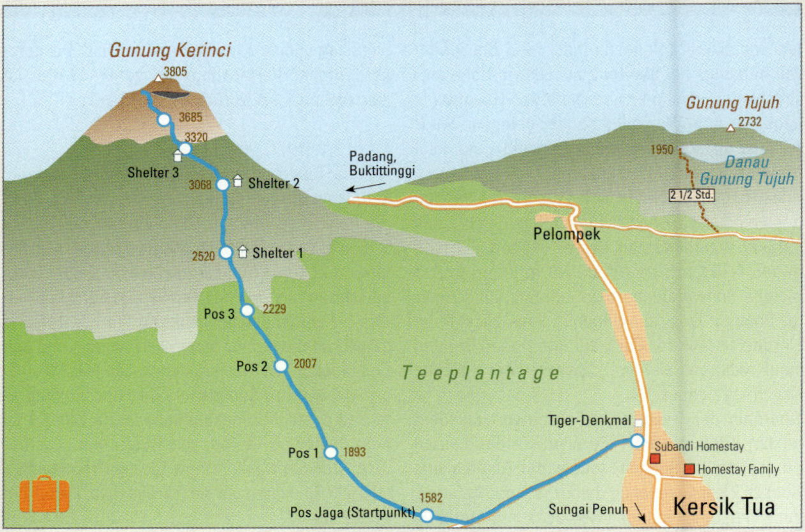

© MORITZ JACOBI

SUMATRA

len jedoch, das Zelt nach rund 2 1/2–3 Std. weiteren Aufstiegs bei **Shelter 2** auf 3068 m Höhe aufzuschlagen, das links unterhalb des Hauptpfads liegt. Das eine Wegstunde höher gelegene **Shelter 3** ist unzureichend wettergeschützt und kein guter Ort für eine Übernachtung.

In der folgenden Nacht sind es je nach Kondition noch einmal 3 1/2 anstrengende Stunden bis zum kahlen, windumtosten **Gipfel** (Sonnenaufgang gegen 6.15 Uhr). Aus dem 600 m tiefen Krater steigen Schwefelfumarolen auf, und ein schmaler Erdspalt lässt auf glühende Lava blicken. Im Nordosten fällt der Blick auf den Danau Gunung Tujuh, während sich im Südwesten der Indische Ozean abzeichnet.

Oberhalb der Baumgrenze erschwert auf dem letzten Kilometer eine Geröllwüste das Laufen an den steilen Hängen, sodass der **Abstieg** zum Shelter 2 genauso lange dauert wie der Aufstieg. Zwischen dem niedrigen Bewuchs in Kraternähe blüht hier und da Javanisches Edelweiß. Bei guter körperlicher Verfassung und gutem Wetter ist man binnen 4 Std. zurück am Startpunkt.

Praktische Tipps

Für die Tour sind warme, wetterfeste Kleidung, Zelt, Isomatte und Schlafsack erforderlich, denn die Temperaturen am Gipfel fallen auf bis zu 5 °C, und es kann extrem windig werden. Ausrüstung ist in Kersik Tua auszuleihen, s. S. 587. Trinkwasser aus natürlichen Quellen ist bei den Shelters 1–3 vorhanden und muss nur für den Aufstieg mitgebracht werden, zudem Verpflegung und ggf. Campingkocher. Guides kosten 500 000 Rp, Träger 450 000 Rp. Schlafsack, Zelt und Kochgeräte sind u. a. im Homestay Subandi für 200 000 Rp auszuleihen. Eine Tour mit Guide inkl. Ausrüstung, Transport und Permits für den Nationalpark (150 000 Rp) kostet um die 900 000 Rp p. P. und Tag bei 2 Pers.

Medizinische Hilfe

Östlich des Tiger-Denkmals in Kersik Tua liegen eine **Arztpraxis** *(Puskesmas)* und eine **Apotheke**.

TRANSPORT

BUKITTINGGI mit **Minibussen** und **Sammeltaxis** aus Sungai Penuh, z. B. Ayu, ✆ 0748-324411, 0813-6700 4208, gegen 10 und 22 Uhr für 110 000–130 000 Rp in 7–8 Std.

PADANG mit **Bussen** aus Sungai Penuh, z. B. Safa Marwa, ✆ 0852-6312 7199, gegen 9 und 21 Uhr für 100 000 Rp in 7–8 Std.

Ein **Pkw** kann für 600 000 Rp pro Tag gechartert werden, kostet aber bis Padang oder Bukittinggi oft das Doppelte, da die Autos dann leer zurückfahren.

Mentawai-Inseln

Wer am Ende einer Sumatra-Reise ein paar Tage am Strand die Seele baumeln lassen oder aber einen anspruchsvollen Dschungeltrek zu einigen der letzten Ureinwohner unternehmen möchte, ist auf den Mentawais richtig. Dank der Schnellfähren und Flüge ist es keine Tagesreise mehr auf die 85–135 km entfernten Inseln. Die größte ist Siberut, gefolgt von Sipora und den Pagai-Inseln. Siberut und Sipora stehen bei Surfern hoch im Kurs, da sich an den exponierten West- und Südküsten hervorragende Wellen brechen.

Die Inseln sind durch einen Tiefseegraben von Sumatra isoliert, weshalb sich eine hochgradig endemische Fauna und Flora entwickelt hat. Auch die proto-malaiischen Ureinwohner unterscheiden sich stark von den in jüngerer Zeit zugewanderten Minangkabau, Batak und Javanern. Nach fruchtlosen Versuchen der Engländer, hier im 19. Jh. Plantagen anzulegen, beschränkten sich die wenigen Kontakte nach außen auf den Handel mit Kopra, Rattan und Holz. Erst 1904 entstand eine holländische Garnison auf Siberut.

Inzwischen sind mehr als die Hälfte der Mentawai christianisiert, aber auf Siberut hat sich ihre traditionelle Lebensweise erhalten. Sie leben von der Jagd, dem Fischfang, der Verarbeitung von Sago und dem Anbau von Taro und Bananen, schmücken sich mit Tätowierungen und pflegen animistische Bräuche. In *Ein bedrohtes Paradies: Meine Jahre bei den Sakuddei in Indonesien* (Quintus Verlag 2017) schildert der deutsche Anthopologe Reimar Schefold die Traditionen und Denkweisen der Ureinwohner sehr anschaulich.

Pulau Sipora

Die Fähren legen im gesichtslosen Verwaltungsort **Tua Pejat** an. Gegenüber liegt ein dichter Mangrovengürtel, der mit einem Boot (ca. 500 000 Rp) erkundet werden kann. Westlich vom Hafen führt eine schmale Straße mit kleinen Läden und der gemütlichen Bar Mentawai Bagus (mit Surfshop) ca. 1 km zum **Pantai Jati**, wo weißer Sand auf blaues Wasser trifft; der Weg endet am Aggau Café mit lässiger Atmosphäre und Holzbänken im Sand. ⌚ 12–24 Uhr. Im flachen Bereich der Bucht kann geschnorchelt werden. Entlang des Weges wird Fisch getrocknet und gesäuert – ein beliebtes Mitbringsel für Einheimische.

Von Tua Pejat passiert die Hauptstraße nach 4,5 km eine Rechtsabzweigung, die bergab zum 1,2 km entfernten Weststrand führt. Hier kann bei Mamaz Shop ein Boot zum Surfspot Telescopes für 100 000 Rp gechartert werden. Die Hauptstraße verläuft derweil s-förmig zur Ostseite, durch Sekundärwald und kleine Dörfer, vorbei an der Abzweigung zum **Wasserfall** bei KM 13 (Einheimische zeigen den Weg), am Flugplatz und dem größeren Ort **Sioban** bis nach **Katiet**. Wenn man kleine Abstecher einplant, ist die gesamte Strecke hin und zurück mit einem Motorrad allerdings bereits tagesfüllend, und stellenweise ist die Straße schlecht.

Schöne Getaways finden sich auf den Tua Pejat vorgelagerten Inseln **Awera** und **Simakakang**, in 20 Min. mit einem Boot erreichbar (hin und zurück etwa 150 000 Rp) – ideal, um an langen einsamen Stränden die Zehen in den Sand und die Nase in ein Buch zu stecken. Die umliegenden Surfspots sind teilweise auch anfängergerecht.

ÜBERNACHTUNG

Pulau Sipora

Losmen Ombak, Katiet, ✆ 0853-6281 7489, 💻 www.ombakmentawaisurfcamp.com. Um eine kleine Grünfläche am Strand (gleich beim Surfspot Lance's Right bzw. Hollow Trees) stehen 4 Bungalows mit Ventilator sowie ein Langhaus mit einfachen Zwei-Bett-Zimmern. Da der Bootstransfer für max. 4 Pers. von/nach Tua Pejat 3 Mio. Rp kostet, ist es besser, sonntags mit der Fähre nach Sioban zu reisen, von wo es nur halb so teuer ist. Frühstück inkl. ❸–❹

Oinan Gh., KM 4,5, südwestlich von Tua Pejat und 200 m westlich der Straße, Motorradtaxi 15 000 Rp, ✆ 0821-1166 8833 (Didit), 0821-7433 8168 (Desti), 🖳 www.fb.com/oinanguesthouse. Nette Lodge aus Holz und Naturstein mit etwas Garten und Blick auf den Surfspot Telescopes. Es gibt 6 Zimmer im Haupthaus mit oder ohne eigenes Bad sowie einen großen Familienbungalow für 500 000 Rp. Es geht ruhig zu, und der Motorradverleih wird arrangiert. Frühstück inkl. ❹

SUMATRA

Pulau Awera

Awera Resort, 20 Min. von Tua Pejat, Nord-Sipora, ✆ 0823-8584 2307, 🖳 www.awera resort.com. In einem grünen Garten mit vielen Palmen liegen 4 hübsche Bungalows im Mentawai-Stil, die mit Moskitonetz und guten Matratzen sowie Bädern von gutem Standard ausgestattet sind. Zudem ein Bungalow für 4 Pers. Mikel aus Spanien kümmert sich um seine Gäste, die Pauschalangebote für US$164 umfassen den Transport, tgl. 2 Surfausflüge, Vollpension und den Transfer von/nach Tua Pejat, Nicht-Surfer zahlen US$140 und Kinder US$82. Am Strand stehen Sonnenliegen, es gibt eine Tischtennisplatte und ein richtiges Restaurant.

Survival Mentawai, ✆ 0812-7580 7358 (Tom), 🖳 auf Facebook und Airbnb. Im Schatten der Palmen liegt diese kleine, mit Korallenschrott und Treibgut dekorierte Anlage für Preisbewusste. Es gibt 2 Bungalows mit Moskitonetzen, guten Matratzen und Veranda sowie 2 Zimmer im großen Haus. Surfer zahlen im Pauschalangebot mit Vollpension und Ausflügen US$70, Nicht-Surfer US$50.

Pulau Simakakang

Aloita, ✆ 0813-2097 1810, 🖳 www. aloitaresort.com. Unser Tipp für Honeymooner, Pärchenurlaub und Familien mit Kindern: Fabrizio aus Italien führt das idyllische, liebevoll und ansprechend gestaltete kleine Resort an einem langen, von Palmen gesäumten Strand. Gäste wohnen in 8 strohgedeckten, komfortabel ausgestatteten und geräumigen Bungalows mit Meerblick und einem Surfhaus mit 3 Zimmern. Auch abseits der Wellen finden sich Aktivitäten – kostenlos sind Stand-Up-Paddelboote, Tischtennis, Billard und Schnorchelausrüstung, zudem gibt es Yoga. Das Restaurant bietet auch vegane Küche, guten Kaffee und (für die Mentawai-Inseln) durchaus abwechslungsreiche Gerichte. Das Pauschalangebot kostet US$120, 2 Surfausflüge kosten US$50.

Pulau Maonu

Umma Maonu, ✆ +44 7391-582608, 🖳 www.ummamaonu.com. Auf der von einsamen Stränden und Mangroven geprägten Insel im Süden von Siberut bietet das abgelegene Surfcamp ein traditionelles Uma mit zwei Schlafzimmern sowie drei Bungalows aus Naturmaterialien für 3–6 Pers., die sich z. T. eine Toilette teilen, jedoch eigene Duschen haben. Das Pauschalangebot mit Bootstransfer ab Muara Siberut (45 Min.), 3 Mahlzeiten und Surfausflügen kostet US$100, Nicht-Surfer zahlen S$60. Das Surfcamp unterstützt die lokale NGO, 🖳 www. sukumentawai.org.

Pulau Siberut

Manai Koat Guest House, Muara Siberut, ✆ 0813-6315 8892, 🖳 http://manaikoatsi berut.blogspot.de. Die einzige halbwegs vernünftige Unterkunft in Muara Siberut liegt direkt am Ufer im Süden der Bucht und bietet Abholung vom Fährhafen. Das teuerste der 8 geräumigen Zimmer hat AC. Nicht zu verwechseln mit dem Manai Koat Surf Camp auf Sipora! ❸–❹

SONSTIGES

Geld

Auf Sipora befindet sich ein Geldautomat der BNI ca. 1 km westlich vom Hafen in Tua Pejat.

Trekkingtouren auf Siberut

Das Dschungeltrekking zu den Ureinwohnern auf Siberut zählt zu den abenteuerlichsten Expeditionen im ganzen Archipel, denn es erfordert einiges an Organisation, um per Boot und zu Fuß durch teils sumpfigen Urwald bis zu ihren traditionellen Siedlungen vorzudringen. Es existieren noch 17 solcher *Uma* auf Siberut, Schamanen *(Sikerei)* leben vor allem im südlichen Teil bei Muntei, Bat Obai, Madobag, Butui und Attabai. Schon bei Ankunft in Muara Siberut bieten sich Guides an. Allerdings tummeln sich auch schwarze Schafe darunter: Manche Touristen wurden nicht wie versprochen zu einer authentischen Siedlung im Dschungel geführt, anderen lief der Guide davon. Ein guter Guide sollte aus Siberut stammen, die lokale Sprache sprechen und idealerweise etwas älter sein. Man sollte sich Zeit nehmen und den Ablauf sowie die Kosten genau besprechen, hier einige Preisbeispiele: Ein **Guide** kostet 300 000 Rp pro Tag, ein optionaler **Koch** 100 000 Rp und **Träger** 50 000 Rp für kurze Strecken bzw. 150 000 Rp ab 2 Std. und 200 000 Rp ab 4 Std. Dauer. Ein **Boot** *(Pongpong)* für max. 3 Pers. kostet 1 Mio. für eine 1 1/2-stündige Fahrt in den Dschungel zum *Uma Aman Gresik* bei Bat Obaie, Rorogot; von Muntei (nahe Maileppet, Ojek 20 000 Rp) nach Butui zum *Uma Aman Laulau* für 2,4 Mio. Rp hin und zurück. Eine Übernachtung im *Uma* macht 150 000 Rp für 5 Personen. **Aktivitäten** mit den Ureinwohnern kosten 100 000 Rp p. P. und sind zumeist Fischen, Sago sammeln und die Jagd mit Pfeil und Bogen. Eine Tanzvorführung kostet 300 000 Rp und gemeinsames Musizieren 200 000 Rp. Hinzu kommen der **Proviant** sowie **Gastgeschenke** für die Schamanen und ihre Familien. Eine Pauschaltour über 4 Nächte kostet etwa 12,5 Mio. Rp inkl. Transport ab Padang; mit Pauschalangeboten und Vorabbezahlung gibt man freilich auch weitere Gestaltungsmöglichkeiten aus der Hand. Ein guter Guide ist Sarhul, ✆ 0813-7226 5185, 💻 www.fb.com/sarhulmentawaitrekking, Traveller empfehlen außerdem Oncy und Eru, ✆ 0812-6151 3662, 💻 www.mentawaitribe.com.

SUMATRA

Motorradverleih

Motorräder können über die Unterkünfte auf Sipora für 100 000 Rp pro Tag ausgeliehen werden.

Permit

Seit 2016 gilt für Surfer eine Surfsteuer von 1 Mio. Rp, die vor Abreise am Hafen fällig bzw. von Surfcamps weitergegeben wird. Das dafür ausgegebene Armbändchen berechtigt zu 15 Tagen Surfen auf den Mentawai-Inseln.

NAHVERKEHR

Auf den Inseln verkehren **Motorradtaxis** und **Kleinlaster** (L300), die für 5 km etwa 15 000 Rp bzw. 50 000 Rp kosten.

Da der Transport zwischen den Hauptinseln nur sehr sporadisch mit Händlerbooten möglich ist, sollte man sich für eine Insel entscheiden – oder den Umweg mit den **Fähren** und **Schnellbooten** via Padang in Kauf nehmen, s. S. 583.

Alternativ kann man sich erkundigen, ob zufällig eine der Fähren km Simatalu, km Simasini oder km Nade zwischen Siberut und Sipora verkehrt, auch die Facebook-Seite 💻 www.fb.com/kominfo.centre gibt solche Abfahrten bekannt.

TRANSPORT

Tickets für die Schnellboote von Mentawai Fast gibt es an den Häfen, in Tua Pejat öffnet der Schalter 🕒 Mo, Mi und Fr von 8–14.50 Uhr, Di und Do 14–17 Uhr und So 12–14.50 Uhr. Fahrplan s. S. 584.

Flüge

Susi Air, ✆ 0811-211 3080, auf Sipora ✆ 0853-7232 1608, 💻 www.susiair.com, fliegt Di und So für 374 000 Rp p. P. mit kleinen Propellermaschinen von PADANG nach Rokot auf Sipora, wo die Weiterfahrt nach Tua Pejat (1 Std.) mit Lastwagen für 150 000 Rp p. P. erfolgt. Nach Katiet muss man den Transport mit der Unterkunft arrangieren. Zurück nach Padang am selben Tag in Abhängigkeit vom Wetter, Kontakt zum Flugplatz, ✆ 0852-6713 0636 (Sofyan).

SCHWIMMENDER MARKT VON LOKBAINTAN, BANJARMASIN; © CHRISTIAN WACHSMUTH

Kalimantan

Kalimantan ist nicht nur die Heimat der sagenumwobenen Dayak-Völker, sondern auch der größte Lebensraum der Orang-Utans. Indonesien-Reisende können hier trotz fortschreitender Waldzerstörung die beeindruckenden Menschenaffen am besten in freier Wildbahn beobachten, tagelange Hausbootfahrten oder Trekkingtouren durch Primärwälder unternehmen sowie der Kultur der ehemaligen Kopfjäger-Stämme im Inselinneren näherkommen.

Stefan Loose Travelinfos

14 **Banjarmasin** Eine Bootsfahrt über die Kanäle und Flussarme der Stadt führt zu den größten schwimmenden Märkten des Landes. S. 597

Loksado Der verschlafene Ort ist Ausgangspunkt für Dschungel-Trekkingtouren in das Meratus-Gebirge oder Wildwasserfahrten mit einfach zusammengebundenen Bambusflößen. S. 602

15 **Tanjung Puting-Nationalpark** Entspannt tuckert man mit dem Hausboot durch das größte geschützte Sumpfgebiet Südostasiens und kommt Orang-Utans, Nasenaffen und Krokodilen ganz nah. S. 605

Mahakam-Fluss Mit Riverbussen und motorisierten Langbooten geht es den zweitlängsten Fluss von Borneo hinauf, durch schwimmende Dörfer bis zu den Langhäusern der Dayak. S. 618

Pulau Derawan Ein Paradies mit Palmenstränden, Meeresschildkröten und Mantarochen wartet auf Traveller, die es bis auf die abgelegenen Inseln in der Celebessee schaffen. S. 621

ORANG-UTANS, TANJUNG PUTING-NATIONALPARK; © RENATE LOOSE

DAYAK-SCHNITZEREI; © FOTOLIA / RAFAL CICHAWA

Wann fahren? Mai–Okt. In der Regenzeit sind viele Straßen unbefahrbar.

Wie reisen? Mit viel Zeit oder Geld. Ins Inselinnere gelangt man nur in mehrtägigen Bootsfahrten oder mit Allradfahrzeugen.

Bekannt für Hausbootfahrten zu Dayak-Dörfern und zu Orang-Utan-Auswilderungsstationen.

Outdoor-Tipps Trekking mit einheimischem Guide durch die Primärwälder

Unbedingt ausprobieren Gebackene Bananen zum Frühstück vom schwimmenden Markt in Banjarmasin

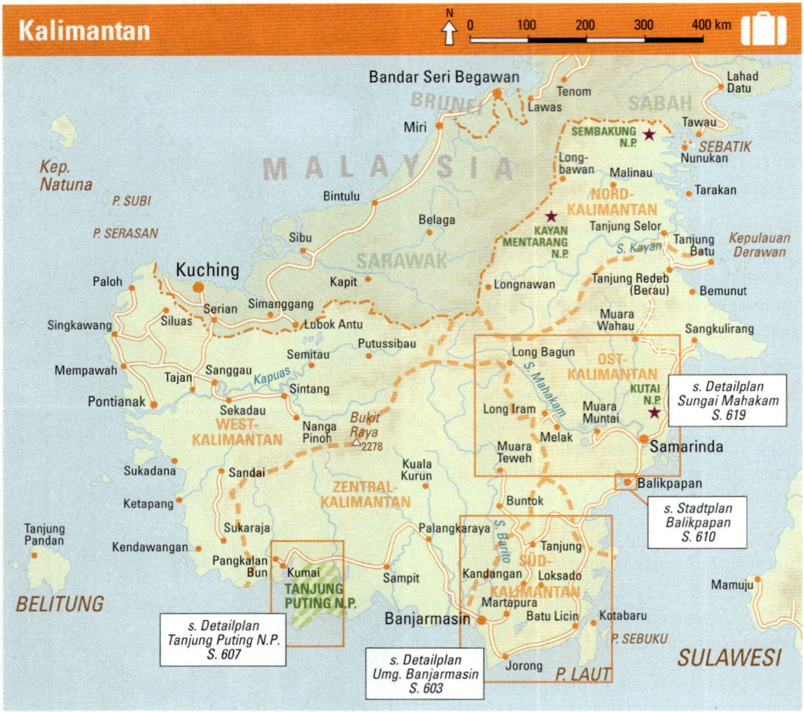

Trotz immenser Waldzerstörung ist der indonesische Teil von Borneo (73 %, 544 150 km²) noch immer der größte Lebensraum der rothaarigen Orang-Utans und Heimat der Dayak-Völker, der einst als Kopfjäger bekannten Ureinwohner (Kasten S. 600). Riesige Urwaldströme durchziehen die fünf Provinzen und sind trotz fortschreitender Entwicklung und Entwaldung weiterhin die wichtigsten Verkehrsadern Kalimantans. Sie verbinden die wenigen großen islamisch geprägten Küstenstädte mit den dünn besiedelten Regionen und traditionellen Dörfern im Inselinneren.

Neben der interessanten animistisch geprägten Kultur der Dayak bietet Kalimantan noch immer vielfältige Naturräume mit seltenen Pflanzen- und Tierarten. Besonders nah kann man Orang-Utans, aber auch Nasenaffen, Koboldmakis und Rhinozerosvögeln im **Tanjung Puting- und Kutai-Nationalpark** kommen. Traditionelles Flussleben ist dagegen am besten rund um **Banjarmasin** und entlang dem **Sungai Mahakam** zu erleben. Das bei Travellern noch recht unbekannte Inselparadies **Kepulauan Derawan** mit Südsee-Flair und guten Tauchmöglichkeiten liegt vor der nördlichen Küste von Ost-Kalimantan.

Süd-Kalimantan

Kalimantan Selatan ist die kleinste und am dichtesten besiedelte Provinz der Insel. Auf nur 37 660 km² leben 4,1 Mio. Menschen. Ein großer Teil der Provinz ist von Sümpfen bedeckt, und auch das wichtigste urbane Zentrum, **Banjarmasin**, wurde in einer sumpfigen Gegend am Ostufer des Barito gegründet. Die schwimmenden Märkte der Stadt sind in ganz Indonesien bekannt, aber längst nicht so touristisch überlaufen wie jene in Thailand. Im Norden der Provinz erhebt sich das Meratus-Gebirge, das noch mit tropischem Primärwald bedeckt ist und sich für Trekkingtouren und Floßfahrten eignet.

14 HIGHLIGHT

Banjarmasin

Zahlreiche Kanäle und Flussarme durchziehen Banjarmasin wie ein Labyrinth. Von morgens bis abends herrscht auf ihnen ein reger Verkehr. Die freundliche Stadt mit wenigen Besuchern zählt über 830 000 Einwohner. Die Orang Banjar sind ein wohlhabendes Volk von Küstenmalaien, streng muslimisch und sehr gastfreundlich.

Die Stadt scheint nur aus Märkten zu bestehen, denn der Handel ist die Hauptbeschäftigung der Banjaresen. Entlang der Jalan Pasar Baru im Süden des Zentrums breitet sich der geschäftige **Pasar Baru** mit vielen Läden aus. Direkt um die Ecke erwachen Jalan Katamso und Jalan Niaga abends zum Leben, wenn zum **Nachtmarkt** zahlreiche Verkaufsstände die Straße säumen. Ein Muss ist eine Flussfahrt entweder in den frühen Morgenstunden zum **schwimmenden Markt von Lokbaintan** *(Pasar Terapung Lokbaintan)* oder am Nachmittag durch die Hinterhöfe der Stadt. Der Markt von Lokbaintan beginnt noch vor Sonnenaufgang gegen 5 Uhr bei der Anlegestelle am Sungai Martapura an der Jl. Hasanuddin-Brücke. Rund eine Stunde dauert die Fahrt mit einem einmotorigen *Klotok* bis zum Dorf Sungai Pinang, wo sich allmorgendlich bis zu hundert mit tropischen Früchten und frischem Gemüse beladene Boote treffen. Nur mit Körperkraft und ohne Hast hangeln sich die Händler von einem Verkaufsboot zum nächsten. Zum Schutz gegen die Sonne und den häufigen Regen tragen die Menschen breite, geflochtene Hüte, die wie umgestülpte Körbe aussehen. Einige Boote sind sogar mit Gasherd und Wok ausgestattet und servieren zum Frühstück frittierte Bananen und Gebäck. Am Nachmittag baden die Einwohner in den schlammbraunen Fluten, und Frauen machen zwischen den Pfählen der wellblechgedeckten Häuser große Wäsche. Sonntags kommen weniger Verkäuferboote auf den schwimmenden Markt. Da viele einheimische Touristen am Wochenende kommen, sind andere Tage der Woche für einen Marktbesuch sinnvoller.

Das 45 m hohe Minarett der Ufo-artigen **Mesjid Raya Sabilal Muhtadin** überragt im nördlichen Zentrum das Ufer des Sungai Martapura. Hier stand zu Kolonialzeiten das holländische Fort Benteng Tatas. Heute ist es eine der wichtigsten Gebetsstätten Kalimantans und fasst bis zu 15 000 Gläubige. Eintritt nur mit langen Hosen und bedeckten Schultern gegen Spende.

Der interessante alte **chinesische Tempel Po An Kiong** befindet sich an der Jalan Niaga 45. Noch besser erhalten und farbenfroher ist der **Soetji Nurani-Tempel**, Jl. P. Tendean 34, am östlichen Ufer des Sungai Martapura.

ÜBERNACHTUNG

Banjarmasin hat eine breite Auswahl an Mittelklassehotels, die sowohl an der Jl. Jen. A. Yani außerhalb des Zentrums als auch entlang der Jl. P. Samudra im Stadtzentrum liegen. Das Angebot an sauberen Budgetunterkünften ist eingeschränkter.

Borneo Homestay, Jl. Hasanuddin I 33, ✆ 0511-436 6545, 0812-5182 8311, ✉ joyas64@gmail.com. Abgewohntes Gästehaus, in dem eine Wendeltreppe zu den billigsten Zimmern der Stadt führt. Schaumstoffmatratzen, Spanplattenwände, Ventilator und einfaches Gemeinschaftsbad bieten nur wenig Komfort. Kleine Leihbibliothek mit deutschen Büchern. Der Besitzer Joe organisiert Trips und Motorroller. ❶

Favehotel Ahmad Yani, Jl. Ahmad Yani KM 2, ✆ 0511-674 2777, 💻 www.favehotels.com. Neueres Business-Hotel nicht zu weit vom Zentrum mit sauberen, funktional eingerichteten Zimmern mit AC und gemütlichen Betten, auch Familienzimmer. Gute Preise über die Website. ❹–❺

€ **Hotel Perdana**, Jl. Jen. Katamso 8, ✆ 0511-335 3276, 💻 www.perdanahotel.blogspot.com. Freundliches Hotel mit großer Auswahl an günstigen, aber sauberen und geräumigen Zimmern, auch für Familien. Die neuesten Zimmer liegen im 3. Stock und wurden mit guten Betten und Ventilator eingerichtet, heizen sich aber auf. Weiter unten auch AC-Zimmer, teils mit 2 Doppelbetten. Linda an der Rezeption spricht ausgezeichnet Englisch. Einfaches Frühstück, Nachmittagssnack und Abendessen inkl. ❶–❸

Mercure, Jl. Jen. A. Yani KM 2, Nr. 98, ✆ 0511-326 8888, 💻 www.mercure.com. 180 blitzblanke Zimmer und Suiten mit moderner Einrichtung und elegantem Design in den oberen Stockwerken der Duta Mall. Poollandschaft, Restaurant und Spa. Günstige Angebote im Internet. ❺–❻

Victoria River View, Jl. Lambung Mangkurat 48, ✆ 0511-336 0111, 💻 www.victoriabanjarmasin.com. Älteres 3-Sterne-Haus direkt am Sungai Martapura mit schöner Aussicht aus den Zimmern mit Flussblick. Die Zimmer haben zum Teil Wasserkocher, Safe, große LCD-TVs und Minibar, aber alten Teppichboden. Frühstück inkl. ❹–❺

ESSEN

Zum Abendessen streift man am besten über den Nachtmarkt in der Jl. Niaga oder kehrt in einem der traditionellen Restaurants in der Jl. P. Samudra oder in der Chinatown, Jl. Veteran, ein. Mittags bringt die traditionelle *Soto Banjar*, eine köstliche Hühnersuppe mit Klebreis, die nötige Stärkung.

€ **Depot 59**, Jl. Veteran 53/54, ✆ 0511-325 0472. Viele Fruchtsäfte und günstige chinesische sowie indonesische Gerichte ab 17 000 Rp. Englische Karte. 🕒 10–22 Uhr.

Jorong Café, Jl. S. Parman 115, ✆ 0511-336 0823, 💻 http://caferesto.jorong.com. Wer Lust auf Steaks aus neuseeländischem Fleisch, chinesische oder japanische Gerichte hat, ist hier goldrichtig. Bei Nachfrage auch Bier. Mittlere Preislage. 🕒 9–24 Uhr.

RM. Jayakarta, Jl. M. T. Haryono 7. Etwas teureres chinesisches Restaurant mit breiter Auswahl und Bier. 🕒 11–13.30, 16–23 Uhr.

RM. Lezat Baru, Jl. P. Samudra 3, ✆ 0511-335 3191. Beliebter Chinese mit englischer Speisekarte, auf der gute Shabu-Shabu-Fondues, Tauben-, Frosch- und Krebsgerichte stehen. Zudem viel Schwein. Mittlere Preise. 🕒 10–13.30, 17–21 Uhr.

Soto Banjar Haji Anang, Jl. Pekapuran A Rt. 8 Rw. 2. Der kleine, stadtweit bekannte Warung öffnet schon zum Sonnenaufgang und serviert die leckere Banjar-Suppe *Soto Banjar* nur so lange, bis der Topf mittags leer ist. Dazu gibt es *Lontong*, in Bananenblatt gekochten Klebreis, und Hühnchen-*Sate*. 🕒 Sa–Do 6–14 Uhr.

SONSTIGES

Autovermietungen

Ein Auto inkl. Fahrer kann man direkt am Flughafen ab 500 000 Rp zzgl. Benzin für 12 Std. mieten.

Einkaufen

Beliebte Mitbringsel sind bunt bemalte Dayak-Schwerter *(Mandau)* und -Schilde *(Tameng)*, Dayak-Schmuck sowie Urwald-Honig und die traditionellen Batik-Sarongs *Kain Sasirangan*. Sie sind sowohl in den kleinen Läden auf dem **Sudimampir Baru-Markt**, Jl. Ujung Murung und Jl. Sudimampir III, als auch entlang der **Jl. P. Antasari** zu finden, z. B. **Aneka Karya**, 🕒 9–20 Uhr.

Duta Mall, Jl. Jen. A. Yani, KM 2,5, Nr. 5, ✆ 0511-327 8888, 💻 www.dutamall.co.id. Riesiges Einkaufszentrum mit großem Supermarkt, Geldautomaten, Matahari-Kaufhaus, Foodcourt und Kino auf 4 Stockwerken. 🕒 10–22 Uhr.

Geld

Die meisten **Banken** mit Geldautomaten sind entlang der Jl. Lambung Mangkurat zu finden. Weitere **Geldautomaten** auch in den großen Shopping Malls. Den **Money Changer** PT Haji La Tunrung findet man in der Jl. M.T. Haryono 11, 🕒 7.30–18 Uhr.

Guides und Touren

Guides und Reiseveranstalter organisieren Touren zu einem der schwimmenden Märkte oder tagelange Treks durch die Meratus-Berge. Viele Guides trifft man in den Traveller-Bleiben, z. B. im Hotel Perdana. Beste Begleitung für

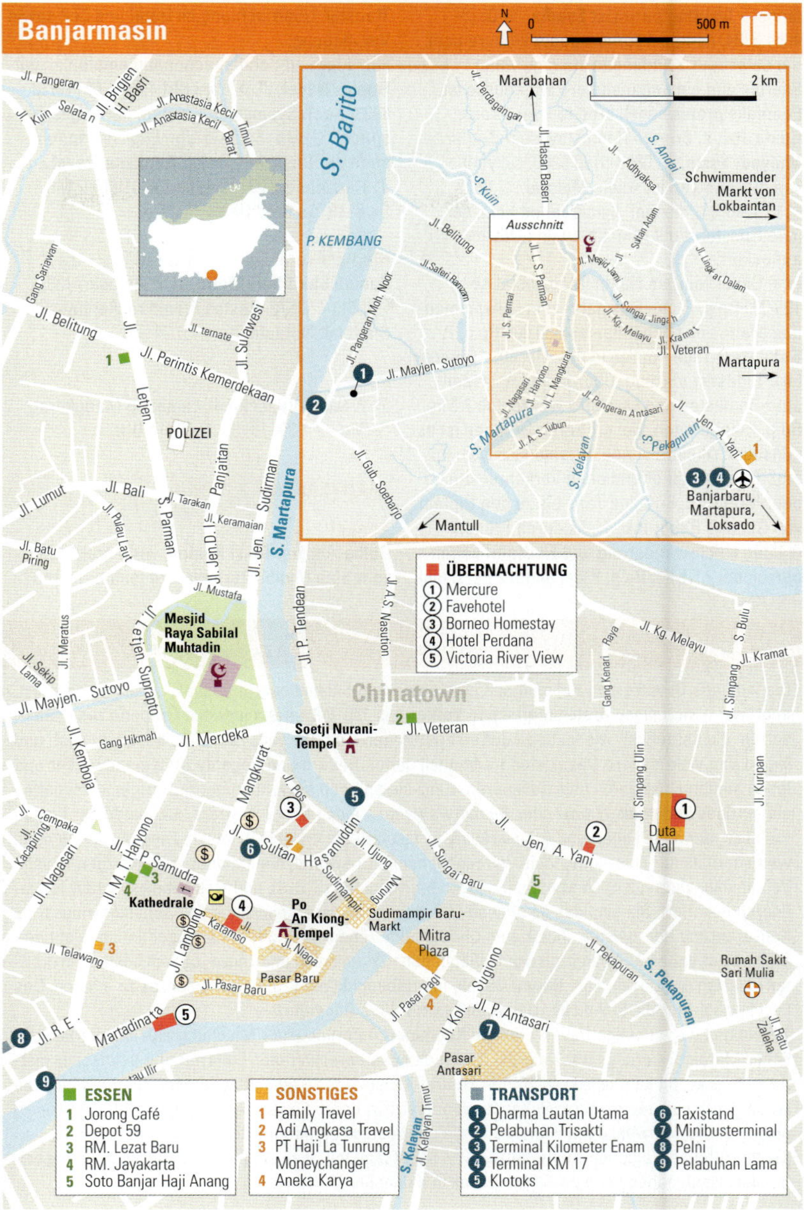
Banjarmasin
N
0
500 m
S. Barito
Marabahan
0
1
2 km
Jl. Perdagangan
Jl. Hasan Baseri
S. Andai
Jl. Adhyaksa
Schwimmender Markt von Lokbaintan
S. Kuin
Jl. Belitung
Ausschnitt
P. KEMBANG
Jl. Saferi Ramzam
Jl. L. S. Parman
Jl. Mesjid Jami
Jl. Sultan Adam
Jl. Lingkar Dalam
Jl. Pangeran Moh. Noor
Jl. S. Permai
Jl. Sungai Jingah
Jl. Kg. Melayu
Jl. Kramat
Jl. Veteran
Martapura
Jl. Mayjen. Sutoyo
Jl. Nagasari
Jl. Haryono
Jl. L. Mangkurat
Jl. Pangeran Antasari
S. Martapura
Jl. A. S. Tubun
S. Pekapuran
Jl. Jen. A. Yani
Jl. Gub. Soebarjo
S. Kelayan
Banjarbaru, Martapura, Loksado
Mantull
Jl. Pangeran
Jl. Kuin Selatan
Jl. Brigjen H. Basri
Jl. Anastasia Kecil Timur
Jl. Anastasia Kecil Barat
Gang Sarikawan
Jl. Belitung
Jl. ternate
Jl. Sulawesi
Jl. Perintis Kemerdekaan
Jl. Letjen.
POLIZEI
Jl. Lumut
Jl. Bali
Jl. Tarakan
Jl. Pulau Laut
S. Parman
Jl. Jen.D.I. Panjaitan
Jl. Keramaian
Jl. Jen. Sudirman
S. Martapura
Jl. Batu Piring
Jl. Mustafa
Jl. Meratus
Jl. Letjen. Suprapto
Mesjid Raya Sabilal Muhtadin
Jl. Sekip Lama
Jl. Mayjen. Sutoyo
Jl. P. Tendean
Jl. A.S. Nasution
ÜBERNACHTUNG
1 Mercure
2 Favehotel
3 Borneo Homestay
4 Hotel Perdana
5 Victoria River View
Chinatown
Jl. Kg. Melayu
Gang Kenari
Raya
S. Bulu
Jl. Kramat
Jl. Simpang
Jl. Kemboja
Gang Hikmah
Jl. Merdeka
Soetji Nurani-Tempel
Jl. Veteran
Mangkurat
Jl. Pos
Jl. Simpang Ulin
Jl. Kuripan
Jl. Cempaka
Jl. Kacapiring
Jl. Nagasari
Jl. M.T. Haryono
Jl. P. Samudra
Jl. Sultan Hasanuddin
Jl. Ujung
Jl. Sungai Baru
Jl. Jen. A. Yani
Duta Mall
Kathedrale
Jl. Lambung
Jl. Katamso
Jl. Sudimampir
Jl. Nurung III
Po An Kiong-Tempel
Sudimampir Baru-Markt
Mitra Plaza
Jl. Niaga
Jl. Telawang
Pasar Baru
Jl. Pasar Baru
Jl. Pasar Pagi
Jl. Kol. Sugiono
Jl. Pekapuran
S. Pekapuran
Rumah Sakit Sari Mulia
Martadinata
Jl. R. E.
Jl. P. Antasari
Jl. Ratu Zaleha
Pasar Antasari
S. Kelayan
Jl. Kelayan Timur
ESSEN
1 Jorong Café
2 Depot 59
3 RM. Lezat Baru
4 RM. Jayakarta
5 Soto Banjar Haji Anang
SONSTIGES
1 Family Travel
2 Adi Angkasa Travel
3 PT Haji La Tunrung Moneychanger
4 Aneka Karya
TRANSPORT
1 Dharma Lautan Utama
2 Pelabuhan Trisakti
3 Terminal Kilometer Enam
4 Terminal KM 17
5 Klotoks
6 Taxistand
7 Minibusterminal
8 Pelni
9 Pelabuhan Lama

längere Trekkingtouren ist **Syadie**, ✆ 0813-4954 5994, 💻 http://borneo-ecoadventure.com, der selbst aus Kandangan stammt, voller Energie und ein angenehmer Zeitgenosse ist. Ebenfalls professionell arbeiten der älteste Guide **Joe**, s. Borneo Homestay, sein Bruder **Mulyadi Yasin**, ✆ 0813-5193 6200, ✉ yadi_yasin@yahoo.co.id, sowie **Mukani**, ✆ 0813-5119 4444, ✉ mukani_bmc@yahoo.com, der jede Flussfahrt mit Anekdoten und Witzen auflockert.

Eine Canal Tour am Nachmittag kostet ab 125 000 Rp p. P., die Flussfahrt zum schwimmenden Markt von Lokbaintan ab 200 000 Rp p. P. Geführte 3-Tage-Touren in das Meratus-Gebirge inkl. Tageswanderung, Übernachtung im Zelt oder Homestay und Floßfahrt werden ab 2 Mio. Rp p. P. angeboten. Bei größeren Gruppen ist es günstiger. Alleinreisende bezahlen 2,8 Mio. Rp zzgl. Transfer mit öffentlichen Verkehrsmitteln oder Motorrad. 8-tägige Trips bis zu den Gipfeln von Gunung Besar inkl. Treks durch Primärwälder, Nachtwanderung und Floßfahrt liegen derzeit bei 7,5 Mio. Rp p. P. bei mind. 2 Pers. inkl. Transfer, Übernachtung im Hotel und Zelt sowie Verpflegung.

Für Flug- und Schiffsbuchungen empfehlen wir **Family Travel**, Jl. A. Yani KM 4,5, ✆ 0511-326 8923. Nach Syamsuddin fragen, der Englisch spricht. 🕒 Mo–Sa 9–17 Uhr. Englisch spricht auch der Besitzer von **Adi Angkasa Travel**, Jl. Hasanuddin 27, ✆ 0511-436 6100, 🕒 Mo–Sa 8–18, So 9–17 Uhr.

Medizinische Hilfe

Rumah Sakit Sari Mulia, Jl. P. Antasari 139, ✆ 0511-252570. Bestes Privatkrankenhaus der Stadt mit Notaufnahme. 🕒 24 Std.

Post

Jl. P. Samudra, Ecke Jl. Lambung Mangkurat, 🕒 Mo–Fr 7.30–18, Sa, So 9–14 Uhr.

NAHVERKEHR

Angkot

Gelbe *Angkot*, **Taksi Kuning**, verkehren vom zentralen Minibusterminal auf festen Routen

Die Dayak

Die indigene Bevölkerung Kalimantans wird unter dem Sammelbegriff „Dayak“ zusammengefasst, auch wenn sich diese **protomalaiischen Völker** aus 150–200 verschiedenen Gruppen zusammensetzen, die sprachlich wie kulturell äußerst heterogen sind. Die Bidayuh, Iban, Kayan, Kenyah und Ngaju und viele andere Dayak sind traditionell Jäger, Bauern und begabte Kunsthandwerker und leben an den Flussläufen im Inselinneren. Ganz selten noch bewohnen ganze Dorfgemeinschaften ein einziges **Langhaus** *(Lamin* oder *Rumah Panjang)* – einen bis zu mehrere hundert Meter langen Pfahlbau, der auch Lager- und Arbeitsräume umfasst. Heute findet man intakte Langhäuser nur noch weit oberhalb der Flussläufe. Viele werden nicht mehr bewohnt, dienen aber noch als zeremonielle Versammlungsorte, z. B. in Malaris (S. 602) oder Mancong (S. 620), und sind mit mystischen Totemfiguren dekoriert. Sie sind das deutlichste Zeichen dafür, dass Animismus und Schamanismus trotz Konvertierung der meisten Dayak zum Christentum, Hinduismus oder Islam noch einen wichtigen Stellenwert haben. Die damit zusammenhängenden Zeremonien und Tänze sind am besten am größten Feiertag der Dayak, dem **Gawai Dayak**, mit Höhepunkt am 1. Juni jedes Jahres zu erleben. Das Fest symbolisiert die Einheit der Dayak und wurde 1957 eingeführt.

Traditionell waren einige Dayak-Stämme **Kopfjäger**. Aufgrund einer Mischung aus u. a. wirtschaftlicher Marginalisierung, Transmigrasi (Umsiedlungsprogramm unter Suharto) und politischer Instrumentalisierung kam es zuletzt 2001 in Zentral-Kalimantan zu gewalttätigen ethnischen Konflikten zwischen Dayak und maduresischen Zuwanderern, in deren Folge uralte Kopfjagd-Rituale wiederbelebt wurden. Obwohl die Geschehnisse nie ganz aufgeklärt oder politisch verarbeitet wurden, sind die betroffenen Regionen heute befriedet – hauptsächlich, weil sämtliche Maduresen vertrieben wurden. Heute leben noch ca. 3 Mio. Dayak in Kalimantan.

innerhalb der Stadt und kosten 5000 Rp, egal wie weit. Sie fahren bis 20 Uhr z. B. von der Jl. Lambung Mangkurat zum Busbahnhof Kilometer Enam (KM 6) an der Jl. Jen. A. Yani oder zum Trisakti-Hafen am Sungai Barito.

Flussboote

Die fast parallel verlaufenden Flüsse Barito, Kapuas und Kahayan sind im Deltagebiet durch zahlreiche Kanäle und Flussarme verbunden, die ein zusätzliches Straßennetz über Banjarmasin spannen. Um zum schwimmenden Markt von Lokbaintan zu gelangen, muss man ein **Klotok**, einen Kahn mit schwachem Motor, chartern. Ohne Guide nur mit Indonesischkenntnissen für ca. 400 000 Rp an der Anlegestelle am Sungai Martapura nahe der Hasanuddin-Brücke.

Taxis

Die Smartphone-Apps für Fahrdienstleistungen von **Go-jek**, 💻 www.go-jek.com, und **Grab**, 💻 www.grab.co/id, funktionieren zuverlässig und sind günstiger als offizielle Taxis, diese Fahrer dürfen allerdings keine Gäste am Flughafen abholen.
Außerdem offizielle Taxis, die auch am Flughafen warten:
Koperasi-Taxis, ✆ 0511-724 5763, ohne Taxameter stehen an der Kreuzung der Jl. Bank Rakyat und Jl. Hasanuddin bereit. Die Fahrt vom/zum Flughafen kostet 120 000 Rp, in der Stadt mind. 50 000 Rp.

TRANSPORT

Minibusse und Busse

Terminal Kilometer Enam
Der Busbahnhof Terminal Kilometer Enam (KM 6) liegt 6 km außerhalb des Zentrums an der Jl. Jen. A. Yani, zu erreichen ab dem Stadtzentrum mit einem gelben *Taksi Kuning* für 5000 Rp. Von hier fahren **Taxi-Colts** von 7–19 Uhr, sobald sie voll besetzt sind, in die umliegenden Orte:
AIRPORT (grün), für 20 000 Rp in 30 Min.
BANJAR BARU (orange), für 20 000 Rp in 45 Min.
KANDANGAN (weiß), für 50 000 Rp in 4 Std.
MARTAPURA (orange), für 20 000 Rp in 1 Std.

Terminal KM 17
Ein neuer Busbahnhof, 17 km außerhalb des Zentrums an der Jl. Jen. A. Yani, wurde 2017 offiziell für Fernbusse eröffnet. Vom Terminal KM 6 fahren grüne Minibusse für 7000 Rp zum neuen Terminal KM 17. **AC-Busse** fahren tagsüber stdl. nach:
BALIKPAPAN, z. B. mit **Pulau Indah Jaya**, ✆ 0511-325 0658, 💻 www.pulauindahjaya.com, um 14 und 17.30 Uhr für 180 000–205 000 Rp in 15 Std. und weiter nach SAMARINDA für 210 000–235 000 Rp in 18 Std.
PALANGKA RAYA, mit Economy- oder AC-Bussen z. B. von **PO. Logos**, ✆ 0511-326 8190, 0821-5539 4567, um 9 Uhr für 100 000 Rp in 5 Std. und weiter nach PANGKALAN BUN für 215 000 Rp in 18 Std.

Fähren

Banjarmasin hat zwei Häfen. Der **Pelabuhan Lama**, der alte Hafen, liegt am Sungai Martapura an der Jl. R.E. Martadinata. Vor allem traditionelle *Pinisi*-Schoner legen hier an. Pelni- und Dharma Lautan-Passagierfähren sind am **Pelabuhan Trisakti** direkt am Sungai Barito zu finden. Dorthin gelangt man mit einem *Taksi Kuning* ab Terminal Pasar Antasari für 5000 Rp oder mit einem Go-jek für ca. 20 000 Rp.
Dharma Lautan Utama, Jl. Yos Sudarso 8, ✆ 0511-441 0555, 💻 www.dlu.co.id. Nach SURABAYA alle 2–3 Tage zu unterschiedlichen Zeiten für 260 000–320 000 Rp in 21 Std.
Pelni, Jl. R.E. Martadinata 10, ✆ 0511-335 3077, 💻 www.pelni.co.id. Nach SEMARANG ca. 2x monatl. um 16 Uhr in 23 Std.

Flüge

26 km südöstlich der Stadt, in Banjar Baru, liegt der **Syamsudin Noor Airport (BDJ)**, zu erreichen mit einem grünen Colt vom Busbahnhof Terminal KM 6 für 20 000 Rp. Von der großen Kreuzung am Rollfeld muss man den letzten Kilometer laufen. Flughafentaxis 120 000 Rp.
Es fliegen:
Citilink, 💻 www.citilink.co.id, nach JAKARTA und SURABAYA;
Garuda, 💻 www.garuda-indonesia.com, nach BALIKPAPAN, JAKARTA und SURABAYA;

Lion Air, Batik Air und **Wings Air**, 🖳 www.lionair.co.id, nach BALIKPAPAN, BANDUNG, JAKARTA, MAKASSAR, SEMARANG, SURABAYA und YOGYAKARTA;
Sriwijaya, 🖳 www.sriwijayaair.co.id, nach BALIKPAPAN und JAKARTA.

Die Umgebung von Banjarmasin

Pulau Bakut

Die Insel im Sungai Barito nördlich von Banjarmasin ist Naturschutzgebiet und Heimat des **Nasenaffen**. Es wurden zuletzt noch über 30 Tiere auf der Insel gezählt. Die Flussfahrt dauert ca. zwei Stunden flussaufwärts. Auf der Insel hält man sich etwa eine halbe Stunde auf und hat am Nachmittag beste Chancen, den Nasenaffen nahe zu kommen. Der 4 1/2-stündige Trip kostet 600 000 Rp für maximal vier Personen inkl. Guide und Transport.

Banjar Baru

In dem Ort, 36 km südöstlich von Banjarmasin, gibt es außer dem **Museum Negeri Lambung Mangkurat**, Jl. Jen. A. Yani KM 36, ✆ 0511-477 2453, nur wenig zu sehen. Das Museum hat eine gute ethnografische Sammlung mit Keramiken und Webkunst sowie Ausstellungsstücke vom Banjar-Krieg (1859–1865) mit Informationen auf Englisch. 🕒 Mo–Do, Sa, So 8–14.30, Fr 8–11 Uhr, Eintritt 5000 Rp.

Cempaka

Am Kreisverkehr von Banjar Baru nach rechts Richtung Pelaihari erreicht man nach 6 km Cempaka, wo mit einfachen Mitteln Diamanten ausgewaschen sowie Edel-, Halbedelsteine und viel Glas zum Verkauf angeboten werden. Man nimmt zunächst einen Colt von KM 6 nach Martapura bis zum Kreisverkehr, von dort mit einem grünen *Angkot* für 5000 Rp Richtung Bangkal bis **Pumpung** oder **Ujung Murung**. Von der Hauptstraße läuft man den letzten Kilometer zu Fuß zu den **Diamantenfeldern** *(Penyulangan Intan)*.

Martapura

Ab dem Kreisverkehr in Banjar Baru nach links kommt man nach weiteren 7 km zum Marktort Martapura. Im südlichen Teil des Markts sind das **Handelszentrum für Diamanten** und Souvenirs zu finden. Neben teuren Edelsteinen werden viel billiger Schmuck, Dayak-Kunsthandwerk, T-Shirts und traditionell gewonnener Urwald-Honig verkauft. Einige Männer tragen weiße Umschläge mit noch ungeschliffenen Diamanten mit sich, blinzeln durch Lupen oder debattieren um den angemessenen Preis. Die sehenswerte **Diamantenschleiferei** *Penggosokan Diamond* liegt zwischen Banjar Baru und Martapura in der Jl. A. Yani KM 37, ✆ 0511-92519, gegenüber der Pertamina-Tankstelle, 🕒 8–16 Uhr.

Loksado

Der angenehme Bergort liegt am rauschenden Fluss **Sungai Amandit** in den Meratus-Bergen. Loksado ist das größte von etwa 20 Dörfern, die sich entlang dem Gebirgsfluss angesiedelt haben und über eine geteerte Straße mit der Distrikthauptstadt **Kandangan** verbunden sind. Flussabwärts wurden traditonell Bambusflöße als schnellstes Transportmittel genutzt, und so gibt es im Ort noch rund 80 geschickte Floßfahrer, die heute Touristen durch die Stromschnellen zurück gen Kandangan manövrieren. Im Ort führen nur Holz- oder Hängebrücken über den reißenden Fluss. In jedem Hinterhof steht ein bunter Rambutan-Baum. Kaum ein Bewohner spricht Englisch.

Dank einiger netter Unterkünfte ist Loksado ein idealer Ausgangspunkt für ein- oder mehrtägige **Trekkingtouren** durch die Wälder des Meratus-Gebirges. Allerdings ist im Umkreis des Flusses kein Primärwald mehr vorhanden. Lokale Guides führen Gäste auf Tageswanderungen stattdessen durch Wälder voller Bambus-, Obst- und Zimtbäume zu verschiedenen Dörfern der Kaharingan-Dayak, teils mit noch intakten Langhäusern. Erst bei mehrtägigen Trekkingtouren, die man am besten mit einem erfahrenen Guide in Banjarmasin plant, dringt man bis in den unberührten Dschungel vor.

Ohne Guide kann man in einer guten halben Stunde nach **Malaris**, dem wichtigsten Ort

Umgebung Banjarmasin

der Meratus-Region, wandern. Man läuft flussabwärts, überquert an der Schule den Sungai Amandit und biegt nach links, den Stromleitungen folgend, ab. Im Ort steht das größte Langhaus der Region, das ausschließlich für die *Aruh Ganal*-Zeremonie genutzt wird, wenn dreimal im Jahr den Göttern für die Reisernte gedankt wird.

Etwas anstrengender, aber auch ohne Guide zu meistern, ist die dreistündige Wanderung flussaufwärts zum 8 km entfernten **Haratai-Wasserfall**. Bevor der Zementweg zum Wasserfall erreicht wird, passiert man das Dorf **Balai Haratai**, wo vor den Häusern die Rinde der Zimtbäume getrocknet wird, bis sie sich zu den uns bekannten Zimtstangen rollt.

ÜBERNACHTUNG UND ESSEN

Kandangan

Hotel Mutia, Jl. Jend. Soeprapto 70, ✆ 0517-21270. Wer am Nachmittag in Kandangan keinen Transport nach Loksado erwischt, kann hier in der Nähe zum Busbahnhof preiswert und sauber übernachten. Frühstück inkl. ❷

Loksado

Alam Roh Tujuh, 0812-5150 4899, www.fb.com/Wisma-Alam-Roh-7-Loksado-1950749495192821. Holzbungalows oder Zimmer im Holzhaus mit einfachem Bad und Ventilator. Frühstück inkl. ❹

Amandit River Lodge, 6 km westlich von Loksado, 0813-4826 3467. Toll gelegen in einer Senke des Flusses mit einfachen, aber sauberen Zimmern und Restaurant. Nur mit eigenem Fahrzeug zu empfehlen. ❸

Mountain Meratus Resort, 0811-226 9920, www.mountmeratusresort.com. Holzlodge mit einfachen Zimmern, guten Matratzen, Ventilator und teils Warmwasser. Außerdem 2 alleinstehende Familienbungalows mit Küche und je 2 Betten. Café mit günstigen Gerichten. Frühstück inkl. ❹

€ **Alya Homestay**, am Ortseingang links am Flussufer, 0813-4894 3728. Grün-pinkes Holzhaus in toller Lage am rauschenden Fluss. Die 5 einfachen Zimmer mit guten Matratzen teilen sich ein Bad mit Hocktoilette. Das Haus wird von einer netten Familie geleitet, die gegenüber wohnt. ❷

Im Ort gibt es eine Handvoll einfache **Warung**, die oft nur Hühnchen und Reis zubereiten. Empfehlenswert ist der Warung 50 m flussabwärts vom Alya Homestay. Zum Frühstück gibt es süßes Fettgebackenes, das an Krapfen erinnert.

TOUREN

Englischsprachige Guides für **Trekkingtouren** kann der örtliche Guidekoordinator Amat mit 20 Jahren Erfahrung und gutem Englisch organisieren, 0813-4876 6573, amatloksado99@gmail.com. Guides berechnen pro Tag 500 000 Rp exkl. Transport- und Übernachtungskosten.

TRANSPORT

Die Fahrt von Terminal KM 6 in BANJARMASIN nach Loksado dauert mind. 5 Std. Am besten nimmt man früh morgens den weißen **Taxi-Colt L300** für 50 000 Rp in 4 Std. direkt nach KANDANGAN. Von dort fahren bis 11 Uhr

Loksado ist ein romantischer Ort mit Hängebrücke am Fluss Sungai Amandit.

© CHRISTIAN WACHSMUTH

KALIMANTAN

Minibusse und **Pick-ups** für 30 000 Rp in 40 Min. nach Loksado. Nachmittags ist die einzige Wahl ein **Ojek** für 100 000 Rp. Von Loksado zurück nach KANDANGAN fahren Minibusse und Pick-ups morgens um 6 Uhr für 30 000 Rp. Es eignet sich auch ein **Bambusfloß** für 300 000 Rp mit max. 2 Pers. Nach 2-stündiger Wildwasserfahrt nimmt man nach Absprache ab Muara Tanuhi ein *Ojek* für 100 000 Rp zur Minibusstation in Kandangan.

Zentral-Kalimantan

Die 153 564 km² große Provinz **Kalimantan Tengah**, kurz Kalteng, hat rund 2,5 Mio. Einwohner, die überwiegend verschiedenen Dayak-Stämmen angehören. Abgesehen vom Tanjung Puting-Nationalpark und den angeschlossenen Orang-Utan-Rehabilitationszentren wird die Provinz kaum besucht. Sie erstreckt sich von den Gebirgen im Zentrum der Insel bis an die Javasee im Süden, durchzogen von mehreren großen Flüssen. Die Küste wird von Sümpfen und Mangroven gesäumt, die stellenweise bis zu 100 km ins Landesinnere reichen. Traveller reisen in der Regel mit dem Flugzeug oder Schiff von Java oder mit dem Bus aus Banjarmasin oder Balikpapan an. Wer aus Banjarmasin kommt, beachte den **Zeitunterschied** von einer Stunde.

15 HIGHLIGHT

Tanjung Puting-Nationalpark

An der südwestlichen Küste der Provinz liegt die sumpfige Halbinsel Tanjung Puting, die 1982 zu einem über 4150 km² großen Nationalpark erklärt wurde. Die Sümpfe und Wälder beheimaten neben rund 6000 Orang-Utans u. a. auch die vom Aussterben bedrohten Nasenaffen, Malaienbären und Nebelparder. Das **Unesco-Biosphärenreservat** war die erste Auswilderungsstation für die „Waldmenschen" in Indonesien.

Das Gebiet ist nur mit einem langsam dahintuckernden Hausboot *(Klotok)* oder einem laut röhrenden Schnellboot (weniger umweltfreundlich) erreichbar. Die Fahrt auf einem *Klotok* beginnt in **Kumai**, 15 km südöstlich des Flughafens in Pangkalan Bun. Es ist eine ruhige, kleine Hafenstadt mit einem Markt, Fährhafen und knapp 40 000 Einwohnern – eine bunte Mischung aus Banjaresen, Küstenmalaien, Javanern, Bugis, Sundanesen, Dayak und Chinesen.

Von Kumai steuern die *Klotoks* den **Sungai Sekonyer** an, der entlang der nördlichen Grenze des Nationalparks fließt. Etwa zwei Stunden dauert die Fahrt bis **Tanjung Harapan**, der ersten Auswilderungsstation für ca. 25 aufgepäppelte Orang-Utans. Die Fütterungsstelle der Menschenaffen (tgl. 15 Uhr) ist zehn Minuten von der Anlegestelle entfernt und es gibt ein kleines Informationszentrum. Der Wald wurde bereits in den 1960er-Jahren abgeholzt, sodass man überwiegend durch Sekundärwälder wandert. Dort, wo einst Siedlungen waren, hat sich auf dem sandigen Lateritboden Kerangasvegetation ausgebreitet. Schräg gegenüber von Tanjung Harapan liegt das beschauliche Dorf **Sekonyer** mit zwei Homestays. Die Einheimischen schnitzen kleine Orang-Utan-Statuen aus Eisenholz, die in einem Laden am Bootssteg verkauft werden.

Eine halbe Stunde flussaufwärts liegt das Aufforstungsgebiet **Pesalat**, wo der Dschungel bis 1984, bevor er Teil des Nationalparks wurde, von Brandrodung vollständig zerstört wurde. NGOs haben hier eine Fläche von 50 ha mit Setzlingen wieder aufgeforstet, und gegen eine Spende (mind. 100 000 Rp) kann jeder Besucher selbst einen Baum pflanzen. Mit eigener Ausrüstung kann man hier sogar zelten und mit einem lokalen Guide durch Sumpfgebiete bis Pondok Tanggui wandern.

Weiter flussaufwärts folgt ein Gebiet, wo Nasenaffen und Makaken in den Baumwipfeln sitzen, wilde Orang-Utans am Ufer eine Trinkstelle suchen und manchmal Krokodile oder große Eisvögel zu sehen sind. Nach einer Stunde Fahrt suchen die *Klotok*-Fahrer oft schon einen Platz für die erste Übernachtung, denn am nächsten Tag geht es noch vor 8 Uhr zur zweiten Orang-Utan-Station **Pondok Tanggui** (Fütterung tgl. 9 Uhr). Es ist nicht nur Anpassungsgebiet für

Spannender Dokumentarfilm

Der beeindruckende Naturfilm *From Orphan to King* der BBC beschreibt das Leben von Camp Leakeys einstigem Alphamännchen Kusasi und ist eine informative Vorbereitung auf einen Besuch des Nationalparks.

ausgewilderte Primaten, sondern auch Lebensraum für Hirsche, Wildschweine und verschiedene Vogelarten.

Danach biegen die Boote vom verschlammten Sekonyer-Fluss, der zu einem Gebiet des Gold- und Zirkoniumabbaus führt, in einen kleinen Nebenfluss mit deutlich klarerem, wenn auch dunklem Wasser. Zwei Stunden das fast stille Gewässer flussaufwärts fahrend, gelangen die Boote zum 1971 gegründeten Orang-Utan-Rehabilitationszentrum **Camp Leakey**. Hier warten Orang-Utans manchmal schon an der Bootsanlegestelle auf Besucher oder versperren spielerisch den Holzplankenweg, der zum Camp, Forschungs- und Informationszentrum führt. Am Anlegeplatz werden immer wieder Krokodile gesichtet, daher ist das Schwimmen hier lebensgefährlich. Eine halbe Stunde dauert die Wanderung durch den Dschungel, bis der Fütterungsplatz erreicht wird. Hier sind die Tiere besonders an den Menschen gewöhnt, und so hat man bei der täglichen Fütterung um 14 Uhr die besten Chancen, sie nah vor die Kamera zu bekommen.

ÜBERNACHTUNG

Viele Besucher lassen sich morgens vom Flughafen abholen und verbringen die erste Nacht schon an Bord eines *Klotoks*. Wer am Nachmittag ankommt oder mit den Bootsbesitzern verhandeln will, übernachtet am besten in Kumai. Einen höheren Standard bieten die Hotels in Pangkalan Bun.

Pangkalan Bun

Arsela Hotel, Jl. Iskandar 15, ✆ 0532-28808, 💻 www.arselahotels.com. Großes, traditionelles Dayak-Haus, gut gelegen recht nah zum Flughafen und an der Straße nach Kumai. Die geräumigen, sauberen Zimmer haben gute Betten, große LCD-TVs, Warmwasser-Bäder sowie teils AC und Tropendusche. Im Restaurant ab 20 Uhr Livemusik. Tropischer Garten, Frühstück inkl. ❹

Hotel Andika, Jl. Hasanuddin 20, ✆ 0532-21218. Günstiges Hotel mit billigen, älteren Zimmern um einen kleinen Palmenhof und weiter hinten die neueren Zimmer mit AC und Warmwasser. Frühstück inkl. ❶–❹

Swiss-Belinn, Jl. A. Yani KM 2, ✆ 0532-27888, 💻 www.swiss-belhotel.com. Größtes Hotel der Stadt etwas außerhalb mit guten Angeboten am Wochenende, wenn allerdings die Karaokebar recht laut ist. Die Zimmer bieten einen hohen Komfort, besonders wenn man gerade von einem *Klotok*-Trip kommt. Außenpool und Frühstücksbuffet inkl. ❺–❻

Kumai

Hotel Mentari, Jl. Gerilya 98, ✆ 0852-3576 6065. Ca. 600 m von der Kreuzung an der Hafenstraße. Hinter der gelb-grünen Fassade erstrecken sich 2 Stockwerke mit gefliesten, sauberen Zimmern mit durchgelegenen Betten, AC und Warmwasser. ❷–❸

Losmen Permata Hijau, Jl. Bendahara 229, ✆ 0532-61325. Mitten im Ort ist das Gästehaus strategisch gut gelegen und auch die günstigste Unterkunft in Kumai. Die billigeren Zimmer mit Ventilator und Gemeinschaftsbad, die teureren mit AC und Mandi. ❶–❷

Majid Hotel, Jl. H.M. Idris, ✆ 0532-61240, 0852-4859 0487. Vom günstigen Touranbieter Majid Klotok betriebenes Hotel mit 9 einfachen, sauberen AC-Zimmern, teils mit Warmwasser, direkt gegenüber dem Bootsanleger. Café mit indonesischen Gerichten. Frühstück inkl. ❷–❹

Im Park

Die *Klotoks* sind groß genug und entsprechend ausgestattet, um an Deck auf Matratzen unter Moskitonetzen und umgeben von Dschungelgeräuschen zu übernachten. 2 Homestays sind im Dorf Sekonyer zu finden:

Flora Homestay, ✆ 0812-516 4727, ✉ flora1.homestay@gmail.com. 3 saubere Zimmer mit großem Bett und Moskitonetz in stattlichem Holzhaus am Steg. Ein palmenbedecktes

Häuschen dient als Esszimmer. Frühstück bei längerem Aufenthalt inkl.; Mahlzeiten werden aus dem Dorf gebracht. ❹

Sekonyer Homestay, ✆ 0821-5988 7670. Recht neue Unterkunft etwas weiter flussabwärts, geführt von der Karya Sekonyer-Kooperative. 3 schön hergerichtete Zimmer mit Rattanmöbeln, Ventilator und kleinem Bad mit Mandi. Gemeinschaftsküche. ❹

Rimba Ecolodge, 5 Min. flussaufwärts von Sekonyer, ✆ 0361-701098, 0857-5271 9336, 💻 www.rimbaecolodge.com. Ruhige, angenehme, aber deutlich teurere Alternative zu den Hausbooten mit 35 Zimmern in rustikalen Holzpavillons, die mit Holzplanken verbunden sind. Moskitonetz, Ventilator, teils AC und Warmwasser sowie Generatorstrom von 17–10 Uhr. Gute eigene Guides, Boote und Frühstück inkl. Die Anlage ist ökozertifiziert und beschäftigt die lokale Bevölkerung. ❻–❼

ESSEN

In Pangkalan Bun gibt es einige gute Restaurants. An Bord der *Klotoks* wird man abwechslungsreich mit indonesischen Gerichten bekocht. Achtung: Im gesamten Distrikt ist der Verkauf von Alkohol verboten; teures Bier bekommt man nur auf dem Schwarzmarkt.

Pangkalan Bun

Dunia Laut, Jl. Diponegoro, Ecke Jl. Kelinci, ✆ 0532-23251. Bestes chinesisches Restaurant nahe dem Avilla Hotel mit gutem Fisch, Shrimps und Krebsen ab 50 000 Rp. Frisch gepresster Orangensaft *(Jeruk murni)*. Mittlere Preislage. 🕒 9–21 Uhr.

Iduna Café & Bakery, Jl. Rangga Santrek 5, ✆ 0532-21031. Angenehmes, westliches Café im Zentrum mit englischsprachiger Bedienung, Lounge-Musik und kleiner Boutique und Bäckerei. Sandwiches und Burger ab 30 000 Rp, guter Espresso und viele Fruchtsäfte. 🕒 9–22 Uhr.

Kumai

Entlang der **Jl. H.M. Idris** sind zahlreiche Warung mit dem bekannten indonesischen Essensangebot und teils frischem Fisch zu günstigen Preisen zu finden. Guten gegrillten Fisch mit leckerem Sambal gibt es im **RM. Aloha**, Jl. H.M. Idris, Ecke Jl. Gerilya, mit angeschlossenem Reisebüro.

Tanjung Puting-Nationalpark

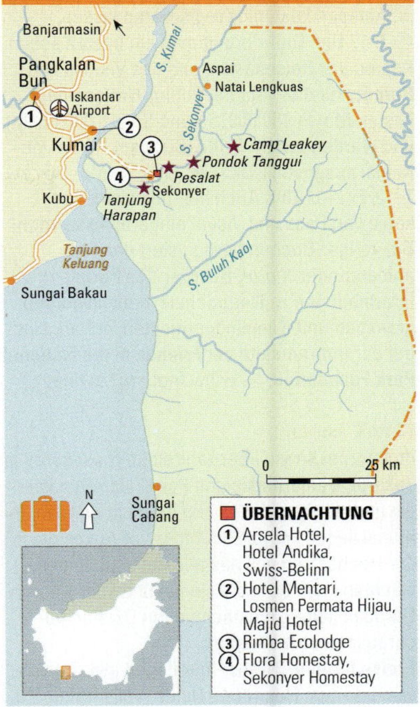

SONSTIGES

Geld

In **Pangkalan Bun** finden sich die Banken in der Jl. Antasari, z. B. BNI, Jl. Antasari 123, wo max. 2 Mio. Rp pro Abhebung ausgezahlt werden und Geld getauscht wird, 🕒 Mo–Fr 8–16 Uhr.

In **Kumai** gibt es einen Geldautomaten in der Jl. Bendahara links neben dem Losmen Permata Hijau. Es werden Cirrus-, Visa- und Mastercard akzeptiert.

Informationen und Permits

Nach der Ankunft am Flughafen oder mit dem Bus muss sich jeder Tourist, der ohne Reiseveranstalter ankommt, zunächst bei der örtlichen **Polizei** von Pangkalan Bun in der Jl. Antasari kostenlos registrieren lassen, ⌚ 7–17 Uhr. Dafür bringt man am besten schon Kopien des Reisepasses und des Visums mit. **Permits** für den Tanjung Puting-Nationalpark kosten Mo–Fr 150 000, Sa und So 225 000 Rp/Tag und werden in dem PHKA-Büro am Hafen von Kumai ausgestellt, Jl. H.M. Idris, ⌚ Mo–Do 7–12, Fr 7–11 Uhr. Auch hier muss eine Fotokopie von Pass und Visum eingereicht werden. Bei voriger Buchung organisiert der Touranbieter oder *Klotok*-Besitzer das Permit. Informationen zu Naturschutz, Freiwilligenprogrammen und Gemeindeprojekten im Park sind auf der Internetseite der **Friends of the National Park Foundation**, 💻 www.fnpf.org, zu finden.

Klotok-Touren

Im Internet sowie über zahlreiche Reisebüros in Jakarta, Banjarmasin und Pangkalan Bun kann ein mehrtägiger *Klotok*-Trip gebucht werden. In Kumai liegen knapp 60 *Klotoks* vor Anker, die in der Hochsaison voll ausgelastet sind. In den Nächten kann es recht klamm und kühl werden. Ohropax helfen, die nächtlichen Dschungelgeräusche abzudämpfen.

Preise für eine 3-Tage-Tour liegen inkl. Transfer vom und zum Flughafen, Guide, Vollverpflegung und Übernachtung auf dem Deck bei 3–4 Mio. Rp p. P. (bei 2–8 Pers. pro Boot). Erwartet werden zusätzlich Trinkgelder für den Führer und die Besatzung des Bootes.

€ Alternativ kann man selbstständig vom Flughafen mit Taxi oder *Ojek* nach Kumai fahren und direkt mit den *Klotok*-Besitzern verhandeln bzw. mit einem Speedboot zu einem Homestay in Sekonyer fahren. Am günstigsten ist es, wenn 4–8 Pers. zusammen ein ganzes *Klotok* chartern. Dann werden meist je nach Verhandlungsgeschick für eine 3-Tage-Tour mit einer Gruppe ab 4 Pers. mind. 2 Mio. Rp p. P. inkl. Vollverpflegung, Übernachtung an Bord und Rangerkosten berechnet. Hinzu kommen die Kosten für den **Permit** i. H. v. 150 000–225 000 Rp/Tag, die in Tourenpaketen inbegriffen sind.

Ani Nasir, ☎ 0812-5316 5970, organisiert Fahrten mit dem Speedboot nach Tanjung Harapan bzw. zur Rimba Ecolodge (400 000 Rp) oder zum Camp Leakey (1 Mio. Rp) für jene, die auf ein *Klotok* verzichten wollen.

Arsil Majid, Majid Klotok (s. Übernachtung), ☎ 0852-4859 0487, ✉ reservationhoteltour@gmail.com. Größter und günstiger Anbieter mit 9 *Klotoks* der Satria Group in verschiedenen Größen. Bei Bedarf mischt er Einzelpersonen und kleinere Gruppen, um niedrige Preise anzubieten.

Fardi, ☎ 0857-5134 9756, 💻 www.orangutanhouseboattour.com. Guide und Tourorganisator mit dem aufmerksamsten, freundlichsten Team, das auch (Klein-)Kinder professionell betreut. Fardi kennt jeden Orang-Utan beim Namen, organisiert individuelle Touren und bringt Gäste gegen eine Spende *(pay as you wish)* in der eigenen Pension unter, 20 Min. zu Fuß von den Booten. Preis: 3-Tage-Tour für 2 Pers. im privaten *Klotok* inkl. Transfer, Guide, Übernachtung, Verpflegung und Parkgebühren je nach Saison für 7,5–8 Mio. Rp.

Isy Iskandar, ☎ 0812-2518 2307, 💻 www.fb.com/isy.iskandar. Der passionierte Guide und professionelle Tourorganisator bietet Gesamtpakete ab US$75 p. P. und Tag bei 4 Pers.

Medizinische Hilfe

Apotek Pondok Sehat, Jl. Antasari 86, ☎ 0532-21167. Apotheke im Zentrum von Pangkalan Bun mit Arztpraxen.

NAHVERKEHR

Im Stadtgebiet von Pangkalan Bun verkehren gelbe **Minibusse** für 5000 Rp, **Ojeks** ab 20 000 Rp und **Taxis** für 30 000–50 000 Rp. Ein guter englischsprachiger Taxifahrer ist Pak Sus, ☎ 0812-507 6959.

Vom Zentrum nimmt man entweder ein *Angkot* für 20 000 Rp, ein *Ojek* für 50 000 Rp oder das Taxi wird für 160 000 Rp vom Flughafen für die gesamte Strecke nach Kumai gechartert.

TRANSPORT

Busse

Busse verbinden Pangkalan Bun in einer holprigen Fahrt für 125 000–220 000 Rp in 10–12 Std. mit PALANGKARAYA und weiter nach

BANJARMASIN in 16–18 Std. Ticketverkauf auch in Kumai im RM. Aloha, S. 606. Die Busse starten von den Büros der Busgesellschaften:
Logos, Jl. Antasari, ✆ 0532-27275, tgl. ein AC-Bus um 16 Uhr;
Yessoe, Jl. Kawitan 1 Nr. 68, ✆ 0532-21276, tgl. mehrere Busse inkl. günstige der Economy-Klasse.
Agung Mulia, Jl. A. Yani, ✆ 0532-6612271, tgl. ein Executive-Bus um 19 Uhr.

Fähren

Fähren von **Pelni**, Jl. Bendahara 210, ✆ 0852-5115 1500, und **Dharma Lautan Utama**, Jl. Gerilya 265, ✆ 0813-4833 3444, verbinden den Hafen von Kumai 2x wöchentl. in 20–24 Std. mit SEMARANG und alle 2 Wochen in 24 Std. mit SURABAYA. Aktuelle Abfahrtszeiten und Preise unter 💻 www.pelni.co.id und 💻 www.dluonline.co.id.

Flüge

Der **Iskandar Airport** von Pangkalan Bun (PKN) liegt 8 km außerhalb der Stadt und ist am besten mit einem blauen **Flughafentaxi** für 100 000 Rp vom Stadtzentrum oder für 160 000 Rp aus Kumai zu erreichen. Es fliegen:
Garuda, 💻 www.garuda-indonesia.com, nach SEMARANG;
Nam Air, 💻 www.sriwijayaair.co.id, nach JAKARTA, SEMARANG und SURABAYA;
Trigana Air, 💻 www.trigana-air.com, nach BANJARMASIN, JAKARTA, SEMARANG und SURABAYA;
WingsAir, 💻 www.lionair.co.id, nach SEMARANG.

Ost- und Nord-Kalimantan

Ost-Kalimantan, **Kalimantan Timur**, war einst die größte Provinz Kalimantans, bevor 2013 der nördliche Teil zur 34. Provinz Indonesiens, **Kalimantan Utara** (Nord-Kalimantan), erklärt wurde. Beide Provinzen umfassen zusammen eine Fläche von 245 238 km² mit mehr als 4,7 Mio. Einwohnern. Riesige Sumpfgebiete mit Hunderten von Seen in den Mündungsdeltas der großen Flüsse sind ebenso schwer zu bereisen wie die dichten Regenwälder im Landesinneren. Verkehrsknotenpunkt ist die Ölstadt **Balikpapan**, von der aus die Hauptstadt Ost-Kalimantans, **Samarinda**, zu erreichen ist (Samarinda hat keinen Flughafen mit Direktflügen nach Java).

Die beiden Provinzen haben touristisch gesehen ein breit gefächertes Angebot. Bekannt sind die **Mahakam-Flussfahrten**, die an schwimmenden Dörfern vorbei zu beeindruckenden Langhäusern der Dayaks führen. Unbekannter, jedoch nicht weniger interessant ist der **Kutai-Nationalpark** rund 120 km nördlich von Samarinda, wo nach Parkangaben noch 2000 Orang-Utans leben, und die **Derawan-Inseln** vor der Küste von Berau, ein Taucherparadies mit Südsee-Feeling.

Balikpapan und Umgebung

Der Ölboom des frühen 20. Jhs. hat aus dem ehemals kleinen Fischerdorf der Bugis die schillerndste Metropole Kalimantans gemacht. 1897 baute Shell in der Nähe des Hafens die zweitgrößte Ölraffinerie Indonesiens. Heute hat Balikpapan knapp 800 000 Einwohner, überraschend saubere Straßen, mehrere große Einkaufszentren und eine Vielzahl an Business-Hotels. Das Gros der Hotels, Geschäfte und Märkte reiht sich entlang der **Jalan Sudirman**, die sich an der Küste zwischen dem Fährhafen Semayang im Westen und dem Flughafen im Osten erstreckt. Im Zentrum schlägt das kommerzielle Herz rund um die **Plaza Balikpapan**. Rings herum werden immer modernere Apartmenttürme und Einkaufskomplexe an der Küste hochgezogen. 500 m in westliche Richtung schließt sich **Ruko Bandar** an – ein kleines Bauprojekt mit Restaurants am Meer, alternativen Bars mit Livemusik, Massagesalons und Büros. Weiter im Westen folgt der traditionelle Markt **Pasar Klandasan** mit vielen günstigen Warungs am Meer. Auf der anderen Straßenseite des Marktes sind die Minarette der größten, 1922 erbauten Moschee der Stadt, **Masjid Agung At-Taqwa**, nachts in buntes Licht getaucht.

Balikpapan
800 m
0
400
N
Samarinda
Jl. M.T. Haryono
Jl. Jen. Sudirman
Jl. Siaga
Jl. Polantas
Jl. M. Sutoyo
Jl. Bukit Sion
Jl. Mekarsari
Jl. J.A. Yani
Jl. Pranoto
Plaza Balikpapan
POLIZEI
Bekapai Park
Ruko Bandar
Jl. Kapt. P. Tendean
Jl. Telaga Sari
Jl. ARS Muhammad
Masjid Agung At-Taqwa
Pasar Klandasan
Jl. Imam Bonjol
Jl. Gunung Pasir
RATHAUS
Sudirman Stadion
Jl. Prapatan
Jl. Banda
Jl. Sumba
Pertamina Hospital
Pantai Kemala
3 km
Bukit Bangkirai, Samarinda
Jl. M.T. Haryono
Jl. Pattimura
Jl. Kol. S. Yoes
Jl. R. Rahayu
Siloam Hospital
Jl. M. Riswahyudi
Sultan Aji Muhamad Sulaiman Airport
Golfplatz
Jl. S. Hatta
Jl. A.S. Ampal
Jl. J.A. Yani
Jl. Bula
Jl. Sudarso
Jl. Suprapto
Jl. Jen. Sudirman
s. Detailplan
ÜBERNACHTUNG
1 Swiss-Belinn
2 Gajah Mada
3 Samboja Ecolodge
4 Blue Sky
5 Comfort House
6 Grand Tjokro
ESSEN
1 Obor Café
2 Ocean's Resto
3 Warungs
4 Kemala Beach Restaurant
SONSTIGES
1 Haji La Tunrung Money Changer
2 Bayu Buana
3 Kantor Imigrasi
4 Pasar Kebun Sayur
TRANSPORT
1 Kangaroo Premier, Sunjaya Trans
2 Terminal Angkot Damai
3 Terminal Batu Ampar
4 Bus Pool Pulau Indah Jaya
5 Dharma Lautan Utama
6 Pelni
7 Pelabuhan Semayang

Beliebt an Wochenenden und zum Sonnenuntergang ist der schöne Sandstrand mit Palmen, **Pantai Kemala** (auch Pantai Polda), der mit Restaurants und abendlicher Livemusik die Gäste anlockt (Eintritt 5000 Rp).

Das Besondere an Balikpapan ist aber die Natur in der Umgebung der Stadt. Das Waldschutzgebiet rund um den **Sungai Wain**, ca. 30 km nördlich, ist in nur einer Stunde zu erreichen und bietet sich für Tageswanderungen und Bootstouren durch Sumpflandschaften und Primärwälder an. Hier leben noch Orang-Utans, Malaienbären, Nasenaffen und endemische Vogelarten wie der Borneo-Spiegelpfau und der Borneo-Laufkuckuck. Ein 9 km langer Pfad führt bis zum **Camp Djamaludin**, wo Hartgesottene mit eigener Ausrüstung übernachten können. Anmeldung und Infos bei Pak Agusdin im Büro des Schutzgebiets, Jl. Soekarno-Hatta KM 23, ✆ 0812-580 6329.

Das **KWPLH Sun Bear Sanctuary**, Jl. Soekarno-Hatta KM 23, ✆ 0542-710 8304, 💻 www.beruangmadu.org, das dem Maskottchen Balikpapans, dem Malaienbären, gewidmet ist, liegt hinter dem Büro der Sungai Wain-Behörde, 23 km nördlich der Stadt Richtung Samarinda. Bei der Fütterung um 9 und 15 Uhr können die Bären in natürlicher Umgebung beobachtet werden, und es gibt gute interaktive Infos auf Englisch. ⌚ 8–17 Uhr, Eintritt frei.

Noch weiter in Richtung Samarinda gibt es die Möglichkeit, den Regenwald von oben zu sehen. Im **Bukit Bangkirai**, Jl. Soekarno-Hatta KM 38, verbinden Hängebrücken auf insgesamt 60 m fünf Urwaldbäume auf 30 m Höhe und bieten eine schöne Aussicht. Zudem einfache Lodge, 💻 www.bukitbangkirai.com, Eintritt 75 000 Rp.

Eines der erfolgreichsten Aufforstungsprojekte Indonesiens ist das **Samboja Lestari Project** der Stiftung Borneo Orangutan Survival (BOS), 35 km nordöstlich von Balikpapan. Seit 2001 wurde hier ein von Ölfirmen abgeholztes und von Waldbränden zerstörtes Gebiet von über 1800 ha unter der Leitung des Niederländers Dr. Willie Smits wieder aufgeforstet. Mit Spendengeldern wurden bereits 1200 verschiedene Baumarten gepflanzt, ein Orang-Utan-Rehabilitationsprojekt mit Klinik aufgebaut und ein Schutzgebiet für 50 Malaienbären geschaffen, die nicht wieder ausgewildert werden können. 3- bzw. 5-stündige Touren für Tagesbesucher für 500 000 bzw. 800 000 Rp. Übernachtet werden kann in der schönen, aber teuren **Samboja Ecolodge**, Jl. Balikpapan-Handil KM 44, ✆ 0821-5133 3773, 💻 www.sambojalodge.com, mit AC, Warmwasser und Restaurant, ❼.

ÜBERNACHTUNG

Blue Sky, Jl. Letjen Suprapto 1, ✆ 0542-735845, 💻 www.blueskygroups.com. Beliebtes, gut gepflegtes Mittelklassehotel mit ruhigen, großen Zimmern etwas außerhalb vom Zentrum, 500 m vom Kebun Sayur-Markt (s. Einkaufen). Mehrere gute Restaurants, großer Pool, Spa. Erreichbar vom Stadtzentrum mit den Minibussen Nr. 5 und 6. Frühstücksbuffet inkl. ❺

Comfort House, Jl. MT Haryono Dalam V, Gang Damai 89, ✆ 0857-8777 3709, 0822-3105 3010, 💻 www.fb.com/ComfortHousebpn. Indonesisches *kost* – kleine, saubere, geflieste Zimmer in einem Privathaus, die pro Tag, Woche oder Monat vermietet werden. Alle mit AC, Federkernmatratze und eigenem Bad. 7 km vom Stadtzentrum entfernt, aber auf halbem Weg zum Busbahnhof. ❷

Gajah Mada, Jl. Sudirman 328, ✆ 0542-734634. In bester Lage neben der Plaza Mall mit vielen einheimischen Gästen. Saubere, geflieste Zimmer ohne Fenster mit Ventilator oder AC. Im Flur schöne Dayak-Kunst. WLAN nur in der Lobby, Frühstück inkl. ❸–❹

Grand Tjokro, Jl. Marsma Iswahyudi 21, 💻 www.grandtjokro.com. Modernes Haus in unmittelbarer Nähe vom Flughafen für jene, die einen frühen Flug haben. 149 voll ausgestattete, saubere Zimmer mit guten Betten und Tropendusche. Frühstück inkl. ❹

Swiss-Belinn, Jl. Sudirman, Sudirman Square, ✆ 0542-746180, 💻 www.swiss-belhotel.com. Zu günstigen Internetpreisen wird 3-Sterne-Standard geboten. Die Zimmer haben kuschelige Betten, Wasserkocher, Minibar, LCD-TV und Safe. Freundlicher Service. Gegenüber ein Club mit Livemusik bis 4 Uhr, ein Zimmer zur Rückseite ist ruhiger. Frühstück inkl. ❹–❺

ESSEN

Kemala Beach Restaurant, Jl. Sudirman, Pantai Polda, ✆ 0542-419111. Am schönen Kemala Beach große Auswahl an Huhn-, Fisch- und Seafood-Gerichten sowie *Nasi Goreng* und *Mie Goreng* von verschiedenen Anbietern ab 20 000 Rp. Guter Espresso, enttäuschende Fruchtsäfte. Sa und So Livemusik ab 20 Uhr. ⌚ 9–22 Uhr.

Ruko Bandar, Jl. Sudirman. Hier reihen sich ein Dutzend Restaurants und Cafés am Meer, teils mit Livemusik oder Sportübertragung, teils mit ruhiger Atmosphäre und höheren Preisen. Es lohnt sich, am Wasser entlang zu flanieren und das Passende für den Abend auszusuchen, z. B.:

Ocean's Resto, Ruko Bandar, ✆ 0542-739439. Im beliebtesten Restaurant der Stadt sitzt man im Garten oder direkt auf dem Pier. Trotz der breiten Auswahl an westlichen, chinesischen und indischen Gerichten ist nur das frische Seafood aus der Auslage zu empfehlen. Mittlere bis gehobene Preislage. ⌚ 9–2 Uhr.

Obor Café, Ruko Bandar. Direkt am Sandstrand, von jungen Einheimischen geführte Shisha-Bar. Es gibt Fingerfood und Nasi Goreng zu günstigen Preisen sowie Wasserpfeifen ab 40 000 Rp. Oft angenehme indonesische Livemusik ab 20 Uhr. ⌚ 16–1 Uhr.

SONSTIGES

Einkaufen

Pasar Kebun Sayur, Jl. Letjen Soeprapto, 20 Min. vom Zentrum mit *Angkot* Nr. 5. Größter traditioneller Obst- und Gemüsemarkt und ein Teil mit Souvenir-Verkaufsständen: Edelsteine, Sarongs aus Samarinda, Dayak-Schwerter, Kunsthandwerk und Schmuck aus Rattan und Perlen sowie Essensstände.

Plaza Balikpapan, Jl. Sudirman, 💻 www.plaza-balikpapan.com. Lohnendes Einkaufszentrum mit dem westlichen Ranch-Supermarkt im Erdgeschoss, wo es u. a. Käse und Müsli gibt, Eiger-Outdoorladen im 1. Stock, Boutiquen, Buchhandlung und Kino. Eine Brücke führt zur alten Mall mit vielen Elektronikartikeln und einem großen Hypermart. ⌚ 10–22 Uhr.

Geld

Geldautomaten sind entlang der Jl. Sudirman und in jedem Einkaufszentrum zu finden.

Haji La Tunrung, Jl. A. Yani 6 A. Zentrale Wechselstube, gute Kurse. ⌚ 7.30–21 Uhr.

Guides und Touren

Bayu Buana, Jl. Sudirman, Komplek Ruko Bandar Blok B 18, ✆ 0542-720 3389, 💻 www.bayubuanatravel.com. Zuverlässiges Reisebüro für Flugbuchungen. Mietwagen 1 Mio. Rp pro Tag inkl. Fahrer und Benzin sowie teure Tagestrips, ⌚ Mo–Fr 8.30–17, Sa bis 14 Uhr.

Indra, ✆ 0812-585 9800, 💻 www.alesatour.com. Guter Guide für die Region Balikpapan, der für 500 000 Rp Tagestouren begleitet. Er kann auch Mietwagen mit Fahrer organisieren. Zudem 4-tägige Mahakam-Touren für 6,5 Mio. Rp p. P. mit Langbooten und Übernachtung in Homestays bzw. 8,5 Mio. Rp p. P. im Hausboot bei mind. 2 Pers. Weitere Informationen und Guides für Mahakam-Touren s. S. 616.

Medizinische Hilfe

Pertamina Hospital, Jl. Sudirman 1, ✆ 0542-734020, 💻 www.rspb.co.id.

Siloam Hospital, Jl. MT Haryono 9 Ring Road, ✆ 0542-886 2911, 💻 www.siloamhospitals.com.

Post

Jl. Sudirman 31, ⌚ Mo–Sa 8–20, So 9–14 Uhr.

Visaangelegenheiten

Kantor Imigrasi, Jl. Sudirman 23, ✆ 0542-421175. Visaverlängerungen für 300 000 Rp.

NAHVERKEHR

Der **Terminal Angkot Damai** ist die zentrale Minibusstation. Von hier fahren orangefarbene *Angkot* Nr. 1 und grüne *Angkot* Nr. 2 zum Terminal Batu Ampar, gelbe *Angkot* Nr. 5 zum Pasar Kebun Sayur, blaue *Angkot* Nr. 6 via Plaza Balikpapan und Kemala Beach zum Hafen und grüne *Angkot* Nr. 7 zum Flughafen. 5000–10 000 Rp je nach Entfernung.

Vor der **Plaza Balikpapan** treffen sich viele *Angkot*-Linien: Nr. 2, 3 und 4 fahren zum Terminal Batu Ampar für 10 000 Rp.

TRANSPORT

Shuttlebusse

Mehrere Unternehmen betreiben komfortable Shuttleminibusse vom Flughafen in Balikpapan nach SAMARINDA.
Am häufigsten fährt **Kangaroo Premier**, ✆ 0812-555 1199, 🖳 www.kangaroo.co.id, von 5–23 Uhr alle 10 Min. in 3 1/2 Std. für 150 000 Rp.
Weiterer Anbieter:
Sunjaya Trans, ✆ 0541-777 9292, 🖳 www.sunjayaabadi.com, um 10.30, 13, 16 und 21 Uhr für 80 000–110 000 Rp.

Busse und Minibusse

Vom Busbahnhof **Terminal Batu Ampar** fahren Busse nach SAMARINDA, von 6–20 Uhr alle 10 Min. für 30 000–38 000 Rp in 3–4 Std. Anfahrt mit blauem *Angkot* Nr. 3 für 10 000 Rp.
Vom **Bus Pool Pulau Indah Jaya**, Jl. KM 2,5, ✆ 0542-420289, 🖳 www.pulauindahjaya.com, fahren die Busse nach BANJARMASIN von 13.30–20.30 Uhr für 150 000–205 000 Rp in 15 Std. Die besten Busse mit AC und Toilette fahren um 15, 18 und 20.30 Uhr. Anfahrt mit einem blauen *Angkot* Nr. 3 für 8000 Rp.
Flughafentaxis fahren ebenfalls nach SAMARINDA für 350 000 Rp in 2 Std.

Fähren

Der Fährhafen **Pelabuhan Semayang** ist 4 km vom Zentrum entfernt. (Auto-)Fähren wöchentl. in 18–24 Std. nach MAKASSAR (Sulawesi):
Pelni, Jl. Yos Sudarso 1, gegenüber dem Hafeneingang, ✆ 0542-24171, 🖳 www.pelni.co.id, ⌚ Mo–Sa 9–13 Uhr.
Dharma Lautan Utama, Jl. Soekarno-Hatta KM 0,5, ✆ 0542-442222, 🖳 www.dluonline.co.id.

Flüge

Der **Sultan Aji Muhamad Sulaiman Airport (BPN)**, ehemals Sepinggan International Airport, liegt 8 km östlich des Stadtzentrums an der Küste. Einkaufszentrum, Restaurants und Hotels im Terminal Island B. Flughafentaxis in die Innenstadt kosten 70 000–115 000 Rp je nach Entfernung. Grüne *Angkot* Nr. 7 fahren bis zum Eingangstor für 10 000 Rp in ca. 20 Min.
Es fliegen:
Citilink, 🖳 www.citilink.co.id, nach Jakarta, Makassar, Surabaya und Yogyakarta;
Garuda und **Explore Jet**, 🖳 www.garuda-indonesia.com, nach Banjarmasin, Berau, Jakarta, Makassar, Maratua, Surabaya und Yogyakarta;
Lion Air, **Wings Air** und **Batik Air**, 🖳 www.lionair.co.id, nach Bandung, Banjarmasin, Berau, Jakarta, Makassar, Manado, Palu, Semarang, Surabaya und Yogyakarta;
Silk Air, 🖳 www.silkair.com, nach Singapore;
Sriwijaya Air, 🖳 www.sriwijayaair.co.id, nach Banjarmasin, Berau, Jakarta, Makassar, Palu, Surabaya und Yogyakarta.
Xpress Air, 🖳 www.xpressair.co.id, nach Berau (via Samarinda) und Melak.

Balikpapans Ölkatastrophe von 2018

Im März 2018 strömten in der Bucht von Balikpapan Unmengen von Erdöl aus einer beschädigten Pipeline und führten zur bisher größten Ölkatastrophe Indonesiens. Auf über 70 km² breitete sich das Öl aus und zerstörte 240 ha Mangrovenwald. Die indonesischen Behörden riefen den Notstand aus, nachdem Teile des Ölteppichs in Brand gesteckt wurden und die 2 km hohen Flammen 5 Fischer in den Tod rissen. In ganz Balikpapan roch es nach Öl und Atemmasken mussten an Tausende Einwohner verteilt werden. Die ökologischen und sozialen Auswirkungen dieser Katastrophe werden noch für Jahre zu spüren sein.
Zum Zeitpunkt der Recherche war die Ursache des Lecks noch nicht endgültig geklärt. Während ein Kohlefrachter unter panamaischer Flagge verdächtigt wurde, die Pipeline mit seinem unerlaubt geworfenen Anker beschädigt zu haben, wurde auch der staatliche Energiekonzern Pertamina angeklagt, der den Schaden zu spät bemerkte.

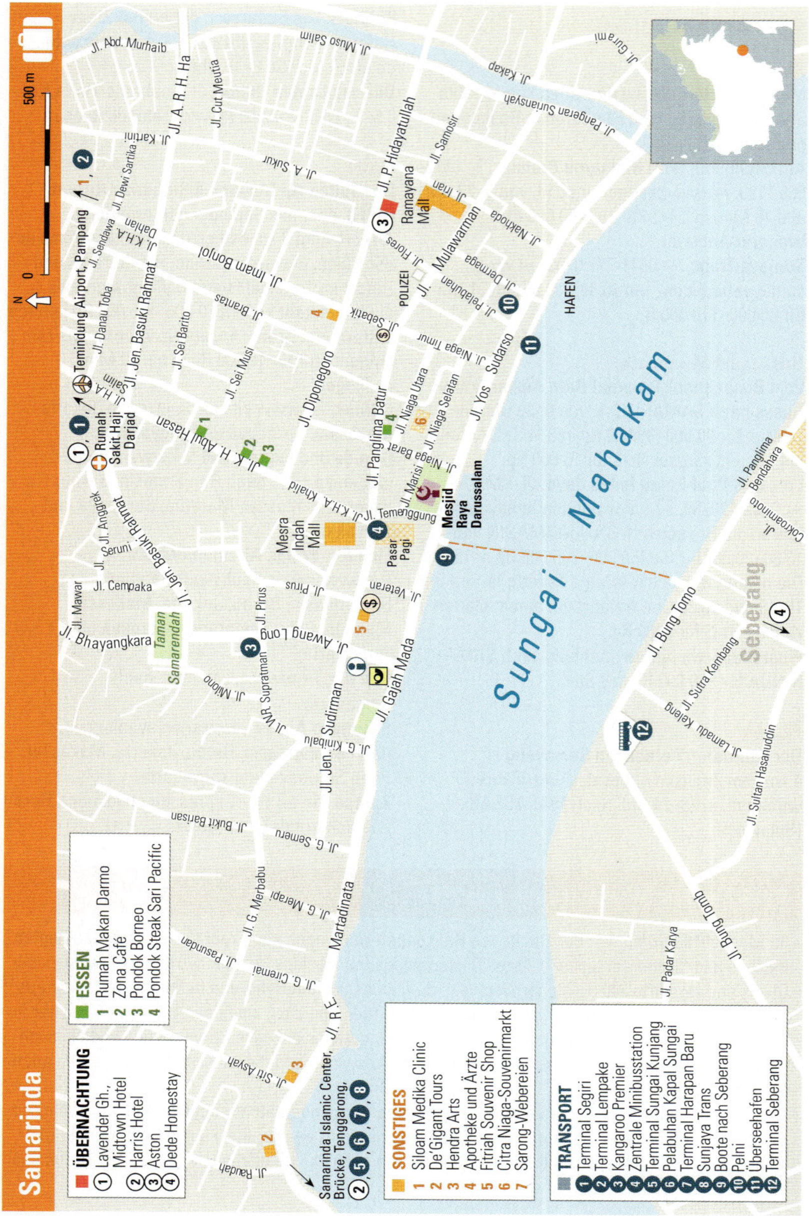
Samarinda
ÜBERNACHTUNG
① Lavender Gh., Midtown Hotel
② Harris Hotel
③ Aston
④ Dede Homestay
ESSEN
1 Rumah Makan Darmo
2 Zona Café
3 Pondok Borneo
4 Pondok Steak Sari Pacific
SONSTIGES
1 Siloam Medika Clinic
2 De'Gigant Tours
3 Hendra Arts
4 Apotheke und Ärzte
5 Fitriah Souvenir Shop
6 Citra Niaga-Souvenirmarkt
7 Sarong-Webereien
TRANSPORT
1 Terminal Segiri
2 Terminal Lempake
3 Kangaroo Premier
4 Zentrale Minibusstation
5 Terminal Sungai Kunjang
6 Pelabuhan Kapal Sungai
7 Terminal Harapan Baru
8 Sunjaya Trans
9 Boote nach Seberang
10 Pelni
11 Überseehafen
12 Terminal Seberang
Samarinda Islamic Center, Brücke, Tenggarong, ②, 5, 6, 7, 8
Temindung Airport, Pampang
Rumah Sakit Haji Darjad
Taman Samarendah
Mesra Indah Mall
Pasar Pagi
Mesjid Raya Darussalam
Ramayana Mall
POLIZEI
HAFEN
Sungai Mahakam
Seberang
0
500 m
N
Jl. Abd. Murhaib
Jl. A. R. H. Ha
Jl. Cut Meutia
Jl. Muso Salim
Jl. Kakap
Jl. Gurami
Jl. Pangeran Suriansyah
Jl. Kartini
Jl. A. Sukur
Jl. P. Hidayatullah
Jl. Samosir
Jl. Irian
Jl. Dewi Sartika
Jl. Sendawa
Jl. K.H.A. Dahlan
Jl. Imam Bonjol
Jl. Nakhoda
Jl. Mulawarman
Jl. Flores
Jl. Dermaga
Jl. Pelabuhan
Jl. Danau Toba
Jl. Jen. Basuki Rahmat
Jl. Sei Barito
Jl. Brantas
Jl. Sebatik
Jl. Niaga Timur
Jl. Yos Sudarso
Jl. H.A. Salim
Jl. Sei Musi
Jl. Diponegoro
Jl. Niaga Utara
Jl. Niaga Selatan
Jl. Panglima Batur
Jl. K.H. Abul Hasan
Jl. Niaga Barat
Jl. Marisi
Jl. K.H.A. Khalid
Jl. Temenggung
Jl. Anggrek
Jl. Seruni
Jl. Cempaka
Jl. Mawar
Jl. Bhayangkara
Jl. Jen. Basuki Rahmat
Jl. Pirus
Jl. Veteran
Jl. Awang Long
Jl. Milono
Jl. W.R. Supratman
Jl. Jen. Sudirman
Jl. Gajah Mada
Jl. G. Kinibalu
Jl. Bukit Barisan
Jl. G. Semeru
Jl. G. Merbabu
Jl. G. Merapi
Martadinata
Jl. Pasundan
Jl. G. Ciremai
Jl. R.E.
Jl. Siti Aisyah
Jl. Raudah
Jl. Panglima Bendahara
Jl. Cokroaminoto
Jl. Bung Tomo
Jl. Sutra Kembang
Jl. Lamadu Kelang
Jl. Sultan Hasanuddin
Jl. Padar Karya
Jl. Bung Tomo

Samarinda und Umgebung

Mehr als 820 000 Einwohner leben in der Provinzhauptstadt, deren Innenstadt zwar überschaubarer, aber nicht so freundlich ist wie die von Balikpapan. Sie wurde 1668 von Bugis-Siedlern etwa 50 km flussaufwärts vom Mündungsdelta von Borneos zweitlängstem Fluss gegründet. Selbst größere Schiffe können hier den bis zu 500 m breiten **Sungai Mahakam** hinauffahren. Die Stadt lebt von der Holzindustrie, denn der Mahakam ist der beste Transportweg für die riesigen Baumstämme, die tief im Inselinneren noch immer in rauen Mengen abgeholzt werden.

Blickfang ist das 2008 eröffnete, monumentale **Samarinda Islamic Center**, das gut 3 km, bevor man das Stadtzentrum erreicht, passiert wird. Es beherbergt Indonesiens viertgrößte Moschee, die Mesjid Baitul Mutaqien, mit starken arabischen Einflüssen und sieben Minaretten. Eines davon ragt 99 m empor und kann mit einem Aufzug bestiegen werden, Eintritt 20 000 Rp, ⌚ 10–17 Uhr.

Im Stadtzentrum liegen der Morgenmarkt **Pasar Pagi**, die zentrale Moschee **Mesjid Raya Darussalam** und der sehenswerte Souvenirmarkt **Citra Niaga** recht nah beieinander, sodass man gut umherspazieren kann.

Seberang

Es lohnt sich, mit einem Boot ab der Anlegestelle am Pasar Pagi den Fluss für 7000 Rp nach Seberang zu überqueren. Von der Anlegestelle läuft man bis zur Jalan Bung Tomo und geht dann links die Jl. Bendahara entlang, bis die häuslichen **Sarong-Webereien** *(Pertenuan Sarung)* ausgeschildert sind und man die Webstühle klacken hört. Der Samarinda-Sarong ist indonesienweit für seine hohe Seidenqualität und die aufwendigen Muster bekannt. Die Weberinnen der Kooperativen verkaufen maschinell produzierte Sarongs der großen Fabriken ab 30 000 Rp, ihre eigenen Stücke, die in mühevoller Handarbeit hergestellt werden, kosten über 500 000 Rp.

Pampang

Ein längerer Ausflug bietet sich sonntags zum 26 km nördlich gelegenen **Transmigrationsdorf der Kenyah-Dayak** an (Desa Budaya Pampang). Hunderte Kilometer von ihrem Heimatdorf Apokayan an der malaysischen Grenze entfernt, hat die Dorfgemeinschaft ihre Kultur über die Jahrzehnte farbenfroh und lebendig gehalten. Im großen Langhaus mit Schnitzereien und abstrakten Mustern werden jeden Sonntag von 14 bis 15 Uhr **traditionelle Dayak-Tänze** in typischen Trachten aufgeführt. Auch die für einige Stämme bekannten Tätowierungen und gedehnten Ohrläppchen sind bei den älteren Dayak zu sehen. Eintritt 20 000 Rp. Achtung: Wer fleißig fotografiert, wird von den kostümierten Kindern am Ende zur Kasse gebeten und muss um die Höhe der „freiwilligen" Spende hart verhandeln. Anreise mit einem gelben *Angkot* vom Pasar Segiri für 20 000 Rp oder mit einem gecharterten *Angkot* in 45 Min. für 150 000 Rp pro Strecke.

ÜBERNACHTUNG

Aston, Jl. P. Hidayatullah, ✆ 0541-732600, 💻 www.aston-international.com. Modernes Haus der bekannten Hotelkette mit angenehmen, gut ausgestatteten Zimmern, die teils einen schönen Ausblick auf den Mahakam bieten. Gutes Restaurant, Innenpool und Spa. Gutes Frühstücksbuffet inkl. ❺–❻

€ **Dede Homestay**, Jl. SMPN 8, Samarinda-Seberang, Mangkupalas, ✆ 0821-5454 7600, ✉ borneoden_guide@yahoo.com. Dennis ist ein einheimischer Guide für die Mahakam-Region und bietet günstige, saubere Zimmer mit Gemeinschaftsbad und Frühstück in seinem Haus im Stadtteil Seberang auf der anderen Seite des Mahakams. ❶

Harris Hotel, Jl. Untung Suropati 35, ✆ 0541-411 2700, 💻 www.harrishotels.com. Neues, modernes Hotel mit Pool direkt am Mahakam-Ufer, 5 km südl. des Stadtzentrums. Die Zimmer sind schlicht, aber geräumig und haben große gemütliche Betten. Gegen Aufpreis mit Flussblick und Balkon – besonders lohnend zum Sonnenaufgang! Nur wenige Schritte vom größten Einkaufszentrum der Stadt, Big Mall, entfernt. ❺–❻

Lavender Gh., Jl. Biola 32, ✆ 0541-412 1619. Hinter der lavendelfarbenen Fassade warten saubere geflieste Zimmer mit neuer AC, teils

Gemeinschaftsbad, teils eigenem Bad mit Warmwasser. ❷–❸

Midtown Hotel, Jl. Hasan Basri 58, ✆ 0541-412 2222, 💻 www.midtown.id. Schönes Boutiquehotel mit gutem Preis-Leistungs-Verhältnis, 2 km nördl. des Stadtzentrums, nahe des alten Flughafens. Qualitativ hochwertig ausgestattete, geräumige Zimmer, einladender Außenpool, Fitnesscenter und gutes Restuarant. ❹

ESSEN UND UNTERHALTUNG

Pondok Borneo, Jl. Abdul Hasan 5, ✆ 0541-736605. Kleines, sehr beliebtes, einfaches Restaurant mit großer Auswahl an Meeresfrüchten und Fisch vom Grill. Besonders bekannt für seinen geräucherten Krebs *(kepiting asap)* an intensiver Gewürzsoße. Außerdem guter gegrillter Fisch und verschiedene Gemüsebeilagen. Leider verraucht. ⌚ 11–14.30, 16.30–22.30 Uhr.

Pondok Steak Sari Pasific, Jl. Panglima Batur Blok A5-A7, ✆ 0541-743289. Großes Restaurant mit vielen chinesischen Gästen und störender Karaokebar im 2. Stock ab 20 Uhr. Auf der umfangreichen, englischen Karte stehen japanische Gerichte, Steaks und indonesische Küche. Mittlere Preislage. ⌚ 9–22 Uhr.

Rumah Makan Darmo, Jl. KH. Abdul Hasan 38, ✆ 0541-737287. Beliebtes, einfaches chinesisches Restaurant auf 2 Stockwerken mit einer großen Auswahl an vegetarischen, Seafood- und Fischgerichten. Indonesische Karte, große Portionen ab 25 000 Rp. ⌚ 11–14.30, 18–22 Uhr.

Zona Café, Jl. Abdul Hasan 10. Durch ein Heineken-Tor kommt man in die große, kühle Bar mit DJ oder Livemusik und aufgebrezelten Gästen ab 22 Uhr. Indonesische Gerichte ab 50 000 Rp, kleines Bier ab 45 000 Rp. ⌚ 19–3 Uhr.

SONSTIGES

Einkaufen

Bei einem Spaziergang über den **Citra Niaga-Markt** kann man sowohl günstige Samarinda-Sarongs als auch Dayak-Souvenirs und viel Perlenschmuck aus den Dörfern im Inselinneren erstehen. Höherpreisige Mitbringsel sind dagegen im **Hendra Arts** (antike Dayak-Schnitzereien), Jl. Marthdadinata 9, ✉ hendra.arts@gmail.com, oder im **Fitriah Souvenir Shop** (handgewebte Sarongs, Dayak-Schmuck, Urwaldhonig), Jl. Sudirman 10, ✆ 0541-736771, zu finden.

Die **Mesra Indah Mall** an der Jl. Khalid war das erste Einkaufszentrum der Stadt. Mittlerweile haben ihr im Zentrum die **Ramayana Mall** an der Jl. Mulawarman sowie die größte **Big Mall** an der Jl. Untung Suropati nahe der Mahakam-Brücke, 5 km südl., mit Supermärkten, Kino und Restaurants den Rang abgelaufen.

Guides und Touren

Da in Samarinda nur selten Touristen über die Straßen spazieren, wird man schon bald von freiberuflich arbeitenden Guides angesprochen. Sie können Mietwagen mit Fahrer, Charterboote und Übernachtungen auf dem beschwerlichen Weg stromaufwärts organisieren und damit einen Mahakam-Trip deutlich beschleunigen. Für eine 3-Tage-Tour nach Muara Muntai, Tanjung Isuy und Mancong inkl. Transport, Übernachtung und Essen in einer Gruppe ab 4 Pers. bezahlt man mind. 3 Mio. Rp. p. P. Empfehlenswerte Guides sind:

Abdullah, ✆ 0813-4727 2817, ✉ doe1l@yahoo.com. Freundlicher Guide, der seine Gäste kostenlos in seinem Haus in Samarinda aufnimmt. Er betreibt einen kleinen Handel mit Dayak-Antiquitäten und organisiert individuelle Mahakam- und Kutai-Touren.

Rema, ✆ 0813-4755 0645, ✉ rhey.liana@gmail.com. Die erste und einzige weibliche zertifizierte Führerin der Region, die aus dem Dayak-Dorf Tiong Ohang stammt. Sie spricht Englisch und organisiert neben Mahakam-Trips individuelle Trekkingtouren mit Zelt durch den Dschungel im oberen Mahakam-Gebiet.

Rustam, ✆ 0812-585 4915, 💻 www.crossborneotour.com. Bietet günstige Mahakam- und Kutai-Touren und ist auch ein erfahrener Guide für Cross-Borneo-Trekkingtouren.

Für einen der berühmten Hausboot-Trips auf dem Mahakam oder ausgefallene Touren zu Dayak-Dörfern und einer Orang-Utan-Insel bei Berau sowie nach Nord-Kalimantan ist

Zwei Wochen Abenteuer pur

Eine **Cross-Borneo-Trekkingtour** von Samarinda den Mahakam entlang und über das Müllergebirge nach Pontianak in West-Kalimantan ist eine der extremsten Erfahrungen, die ein Indonesienreisender machen kann. Für die 5- bis 7-tägige Überquerung des Gebirges sollte man dschungelerprobt und gut trainiert sein. Der gesamte Trek dauert ca. 14 Tage und kostet je nach Gruppengröße 20–30 Mio. Rp p. P. Professioneller Ansprechpartner für die Organisation mit erfahrenen Guides ist De' Gigant Tours in Samarinda, s. unten.

der erfahrene, holländische Reiseveranstalter Lucas die beste Adresse: **De' Gigant Tours**, Jl. Martadinata Raudah 1, Nr. 21, ✆ 0812-584 6578, 💻 www.borneotourgigant.com. 5-tägige Ausflüge mit dem Hausboot inkl. Verpflegung kosten in einer größeren Gruppe ab 6,8 Mio. Rp p. P., 3-tägige Ausflüge zu Dayak-Dörfern und Orang-Utan-Gebieten rund um Berau ab 3,5 Mio. Rp p. P. und 7-tägige Trips in den Sembakung-Nationalpark ab 11,9 Mio. Rp p. P. bei 4 Pers. inkl. Flüge.

Informationen

East Kalimantan Regional Tourist Office, Jl. Jen. Sudirman 22, Ecke Jl. Awang Long, ✆ 0541-41669. 🕒 Mo–Fr 8–15.30 Uhr.

Medizinische Hilfe

Kimia Farma, z. B. Jl. Diponegoro. Apotheke mit Arztpraxen an verschiedenen Orten. 🕒 8–24 Uhr.

Rumah Sakit Haji Darjad, Jl. Dahlia 4, ✆ 0541-732609. Bestes Privatkrankenhaus im Stadtkern mit Notaufnahme. 🕒 24 Std.

Siloam Medika Clinic, Jl. A. Yani II Nr. 3, ✆ 0541-209 0911, 💻 www.siloamhospitals.com. Moderne, kleine Privatklinik an der Hauptstraße Richtung Norden mit Notaufnahme. 🕒 24 Std.

NAHVERKEHR

Die öffentlichen **Minibusse** im Nahverkehr kosten 5000 Rp. *Taksi Hijau* (A, grün) fahren in Ost-West-Richtung vom Hafen, Jl. Yos Sudarso, zum Busbahnhof Sungai Kunjang und zur Bootsanlegestelle. *Taksi Merah* (B, rot) fahren Rundtouren durch die Stadt, u. a. für 7000 Rp zum Temindung Airport. *Taksi Biru* (C, blau) fahren in die nördlichen Vororte. Die zentrale Minibusstation befindet sich vor dem Pasar Pagi.

Die blauen **Malibo Taxis**, ✆ 0541-722 2222, kosten innerhalb der Stadt ca. 70 000 Rp, Mindestgebühr 50 000 Rp.

TRANSPORT

Busse und Shuttlebusse

Kangaroo Premier, Jl. W.R. Supratman 7A, ✆ 0812-555 1199, 💻 www.kangaroo.co.id. Komfortable Shuttleminibusse nach BALIKPAPAN von 1.20–19.40 Uhr alle 10 Min. in 3 1/2 Std. für 150 000 Rp. Gegen Aufpreis Abholung vom Hotel.

Sunjaya Trans, Jl. Cendana 12B, ✆ 0541-777 9292, 💻 www.sunjayaabadi.com. Shuttlebusse zum Flughafen von BALIKPAPAN um 2, 3, 5, 8, 10 und 13 Uhr für 80 000–110 000 Rp in 4 Std. sowie nach SANGATTA um 1, 13 und 19 Uhr für 145 000–185 000 Rp in 5 Std.

Ab **Terminal Sungai Kunjang**, ca. 6 km westlich von Samarinda, zu erreichen mit einem grünen *Taksi A* für 5000 Rp:

BALIKPAPAN, von 6–20 Uhr alle 10 Min. für 30 000–38 000 Rp in 3–4 Std.;

KOTA BANGUN, von 6.30–16 Uhr alle 30 Min. für 35 000 Rp in 4 Std.;

MELAK, von 7.30–13.30 Uhr alle 45 Min. für 120 000 Rp in 8–9 Std.

Ab **Terminal Lempake**, 3 km nördlich vom Stadtzentrum und zu erreichen mit einem roten *Taksi B* für 10 000 Rp:

BONTANG, von 7–17 Uhr stdl. für 40 000 Rp in 3 Std.;

SANGATTA von 7–15 Uhr alle 2 Std. für 60 000 Rp in 5 Std.

Ab **Terminal Harapan Baru**, am südlichen Ufer des Mahakam rechts der Brücke:

TENGGARONG, von 7–16 Uhr alle 30 Min. für 20 000 Rp in 1 1/2 Std.

Ab **Terminal Segiri**, Jl. Pahlawan:

PAMPANG, von 7–15 Uhr für 20 000 Rp in 1 Std.

Fähren und Flussboote

Alle Boote flussaufwärts starten am **Pelabuhan Kapal Sungai**, der Anlegestelle schräg ggü. dem Terminal Sungai Kunjang, 6 km flussaufwärts vom Stadtzentrum, zu erreichen mit einem grünen *Taksi A* für 5000 Rp.

Flussboote fahren allmorgendlich gegen 7 Uhr für 30 000 Rp in 2 Std. nach TENGGARONG; für 75 000 Rp in 14 Std. nach MUARA MUNTAI und für 150 000 Rp in 19 Std. nach MELAK. Seltener fahren die Boote von Melak weiter für 190 000 Rp in 22 Std. nach LONG IRAM und für 300 000 in 36 Std. nach LONG BAGUN. Fahrkarten werden auf dem Boot verkauft und beinhalten bei längeren Strecken die Nutzung einer Matratze.

Pelni-Passagierfähren laufen regelmäßig aus dem Überseehafen an der Jl. Yos Sudarso aus, z. B. in 24 Std. nach PARE PARE auf Sulawesi oder in 3 Tagen nach SURABAYA auf Java. Das Pelni-Büro befindet sich in der Jl. Yos Sudarso 76, ✆ 0541-741402, 💻 www.pelni.co.id.

KALIMANTAN

Flüge

Seit über zehn Jahren plant die Lokalregierung die Eröffnung des neuen **Samarinda International Airport** (BSB, auch: Sungai Siring Airport), ca. 30 km nordöstlich der Stadt, der Direktflüge auch nach Jakarta und Surabaya ermöglichen soll. Die Fertigstellung ist allerdings aktuell nicht abzusehen. Der alte **Temindung Airport** (SRI), 3 km vom Zentrum, wird nur von kleinen Fluggesellschaften (Aviastar, Kaltim Airlines) mit Zielen in Ost- und Nord-Kalimantan angeflogen. Er ist mit einem roten *Taksi Merah* für 5000 Rp erreichbar.

Sungai Mahakam

An der Grenze zu Sarawak (Malaysia) entspringt der zweitlängste Fluss Borneos, der Sungai Mahakam. Unternimmt man einen Trip nach **Ulu**, wie hier das Gebiet flussaufwärts genannt wird, ist die wichtigste Voraussetzung eine gehörige Portion Zeit. Je weiter flussaufwärts, desto unregelmäßiger sind die öffentlichen Bootsverbindungen bzw. desto höher sind die Preise für gecharterte motorisierte Langboote *(Ces)*.

Die ersten 500 km auf dem Mahakam sind kein Dschungelabenteuer. Die Ufer sind weitgehend auf viele Kilometer landeinwärts abgeholzt und besiedelt. Auf dem Fluss schwimmen zu Flößen zusammengebundene Baumstämme, und an den Ufern passiert man die Sägemühlen der großen Holzunternehmen. Richtige Dschungeltouren sind nur sehr weit flussaufwärts oder auf einem der kleineren Nebenflüsse möglich.

Tenggarong

Die Flussschiffe legen den ersten Stopp in Tenggarong ein, seit über 200 Jahren die Residenz der Sultane von Kutai. Das Sultanat war lange Zeit eine bedeutende Handelsmacht, die aus Furcht vor Piraten ihre Hauptstadt immer weiter flussaufwärts verlegte. Als Vorläufer von Kutai betrachtet man das Hindu-Königreich von Mulawarman, dessen Geschichte bis ins 4. Jh. zurückreicht.

Tenggarong ist ein relativ ruhiger, kleiner Ort, der sich um den Markt und die Bootsanlegestelle konzentriert. Der letzte Sultanspalast, eine Betonkonstruktion, beherbergt seit 1976 das **Mulawarman Museum**. Zu besichtigen sind der Thronsaal des Sultans, zahlreiche Gräber, eine Ausstellung zur Geschichte des Sultanats und Ethnografika der Dayak-Stämme. Glanzstück des Museums ist die Sammlung alter Dayak-Statuen und -särge *(Lungun)*. ⌚ Di–Do, Sa, So 9–16 Uhr, Eintritt 5000 Rp.

Eine Fußgängerbrücke führt von Tenggarong zur Insel **Pulau Kumala** mit einem kleinen Vergnügungspark und einem sehenswerten Langhaus mit vielen Antiquitäten aus der Mulawarman-Epoche und Informationstafeln auf Englisch.

Von Tenggarong flussaufwärts

Das Dorf **Senoni** besteht aus einer langen Reihe schwimmender Warung, wo jeder „Flussbus" einen Essensstopp einlegt. Danach gelangt man zum Ort der Schiffsbauer, **Kota Bangun**, der von Samarinda auch gut und schneller mit dem Bus oder einem gecharterten Auto erreichbar ist. Westlich der Stadt durchströmt der Mahakam die riesige Seenplatte von Ost-Kalimantan: über hundert kleine und große, fischreiche, aber flache Gewässer, die durch Flussläufe und Ka-

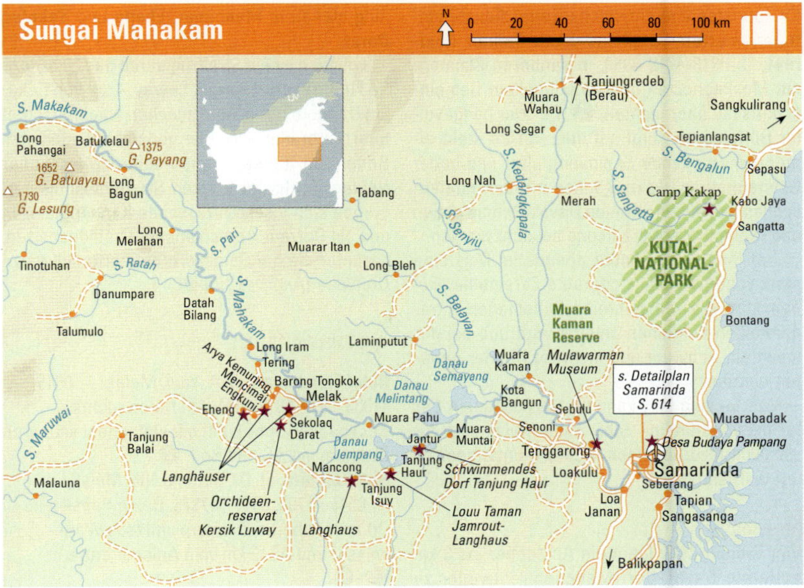

näle verbunden sind und in denen der Mahakam-Delphin heimisch ist. Die drei größten Seen sind der **Danau Jempang** (15 000 ha), der **Danau Semayang** (13 000 ha) und der **Danau Melintang** (11 000 ha).

Muara Muntai

Dies ist ein sehenswerter Ort, in dem die Häuser auf Holzstelzen thronen und die Straßen aus dicken Planken des widerstandsfähigen Eisenholzes bestehen. Hier leben ausschließlich streng moslemische Banjar. Es gibt einige einfache Pensionen und Restaurants, und man kann ohne Probleme ein motorisiertes Langboot *(Ces)* für die Fahrt über den Jempang-See nach Tanjung Isuy (1 1/2 Std., ab 350 000 Rp) oder nach Melak (6 Std., ab 1,5 Mio. Rp) chartern. Eine Tagesrundfahrt von Muara Muntai oder Kota Bangun mit einem Langboot nach Tanjung Isuy, Mancong und zurück kostet 900 000 Rp.

Mehrere *Losmen* bieten einfache, günstige Zimmer mit Gemeinschaftsbad bestehend aus Mandi und Hocktoilette und bereiten Mahlzeiten zu, z. B. **Penginapan Tiara**, Jl. RA. Kartini 40, ✆ 0813-4737 6794, etwa 50 m von der Bootsanlegestelle entfernt mit 8 Zimmern mit Ventilator, nette Besitzerin, ❶.

Danau Jempang

Die große Banjar-Siedlung **Jantur** ist das Tor zum Danau Jempang. Auf der weiten Seefläche verankert sieht man lange Reihen von Häusern, die einzeln auf dicken Flößen schwimmen. Danach wird das schwimmende Dorf **Tanjung Haur** passiert, bis man in die offenen Weiten des 15 000 ha großen, aber nur 8 m tiefen Sees vorstößt. Er ist Teil des größten Feuchtgebiets von Kalimantan. Neben einer hohen Biodiversität besonders bezüglich der hier lebenden Vogelarten ist in dem See auch der vom Aussterben bedrohte **Irrawaddy-Delphin** *(Orcaella brevirostris)* beheimatet, den man vor allem in der Regenzeit am frühen Morgen oder frühen Abend erspähen kann.

Tanjung Isuy

Nach zwei- bis dreistündiger Fahrt über den See wird die erste Siedlung der Benuaq-Dayak, **Tanjung Isuy**, erreicht. Dort kann man in dem für Touristen und christliche Gottesdienste umfunktionierten Langhaus **Louu Taman Jamrout**, ✆ 0813-4718 3352, in sauberen Zimmern mit Moskitonetzen und traditionellem Gemeinschaftsbad übernachten, ❶. Der Flur hängt voller Büffelhörner, und auf dem Vorhof steht eine beeindruckende Sammlung alter und neuer Geisterstatuen. Gäste können mit den Kindern spielen, bei einigen Frauen Dayak-Schnitzereien und -Schmuck erwerben und bekocht werden.

Hat man Glück, findet abends im Dorf eine stark vom Animismus geprägte Zeremonie *(Belian)* statt, die von mehreren Schamanen in traditionellen Kostümen geleitet wird und bei der meist ein Schwein und mehrere Hühner geopfert werden.

Von Tanjung Isuy kann für 800 000 Rp ein *Ces* für die vierstündige Fahrt nach Melak oder für 350 000 Rp zurück nach Muara Muntai gechartert werden.

Mancong

Von Tanjung Isuy lohnt ein Abstecher ins 8 km entfernte Dayak-Dorf Mancong, entweder zu Fuß oder auf dem Rücksitz eines gecharterten *Ojeks* (150 000 Rp) oder Pick-ups (300 000 Rp). Falls der Fluss genug Wasser führt, ist ein angenehmer dreistündiger Bootstrip mit einer gecharterten *Ces* durch die Dschungel- und Sumpfwildnis am interessantesten.

In Mancong steht ein schönes altes, zweistöckiges **Langhaus** mit überdachten Balkonen, deren Geländer mit Schnitzereien verziert sind. Das ca. 60 m lange Gebäude steht leider leer, da die Dayak-Familien nun in Wellblechhütten am Fluss umgezogen sind. Touristen können in den Räumen des Langhauses für 50 000 Rp p. P. eher unbequem übernachten. Ein traditioneller Willkommenstanz kann für 500 000 Rp organisiert werden.

Melak

Melak ist ein größerer Ort mit einigen Hotels, Geldautomaten und Souvenirläden. Er ist Ausgangspunkt einer abwechslungsreichen Rundfahrt (7–8 Std.) mit einem gemieteten Motorrad über die holprigen Straßen des Umlands. Montag und Donnerstag ist großer Dayak-Markt in **Barong Tongkok**. Langhäuser der Dayak-Tunjung stehen in **Mencimai**, **Eheng** und **Sekolaq Darat**.

Lohnend ist ein Streifzug durch das 20 ha große Naturreservat **Kersik Luway**, 4 km von Sekolaq Darat. In der gespenstischen Nachbarschaft toter, verbrannter Wälder gedeiht auf sandigem Boden ein für Kalimantan seltener, trockener Heidewald. In der dichten Strauchwildnis verbergen sich insektenfressende Kannenpflanzen und ein Dutzend verschiedener Orchideenarten, darunter die bei Sammlern begehrte schwarze Orchidee *(Anggrek Hitam)*.

ÜBERNACHTUNG

Hotel Flamboyan, Jl. A. Yani, Melak, ✆ 0545-41033, 0812-5323 1994. Am Hafen rechts. Backpacker-Unterkunft mit einfachen, sauberen Zimmern mit AC und Bad. ❷

Hotel Monita, Jl. Dr. Sutomo 106, Melak, ✆ 0545-41798, 0811-547316. Beste Pension im Ort mit sauberen Zimmern und teils Warmwasser und AC. 2 km vom Anleger entfernt. ❷–❹

TRANSPORT

Von Long Iram kommende **Boote** fahren gegen Mittag von Melak in 18 Std. für 150 000 Rp bis nach SAMARINDA. Stromaufwärts fahren die Boote in 5 Std. für 65 000 Rp nach LONG IRAM.

Gecharterte *Ces* nach MUARA MUNTAI kosten mind. 1,5 Mio. Rp, nach TANJUNG ISUY mind. 800 000 Rp. In Hafennähe fahren Economy-**Busse** nach SAMARINDA, von 7.30–13.30 Uhr alle 45 Min. für 120 000 Rp in 8 Std.

Kutai-Nationalpark

Schon 1936 hat der Sultan von Kutai die Tieflandregenwälder um den **Sungai Sangatta** unter Schutz gestellt, um die artenreiche Fauna zu erhalten, u. a. Orang-Utans, Gibbons und Nasenaffen. In den folgenden Jahren wurde trotzdem durch Waldrodungen, Ölbohrungen und Straßenbau viel natürlicher Lebensraum der bedrohten Tiere zerstört. Glücklicherweise erkannte die Regierung später wieder den Wert des Reservats (2000 km²) und versucht seit 1979 jede weitere Zerstörung zu unterbinden. Seitdem scheint sich der Dschungel etwas zu erholen, und bei der letzten Erhebung im Jahr 2010 wurde eine Population von rund 2000 Orang-Utans gezählt. Etwa 25 Menschenaffen leben im Umkreis von 2 km um die **Prefab Orang Utan Research Station** (auch: Camp Kakap) herum, wo Besucher übernachten können. Die Orang-Utans leben hier wild im Dschungel und ernähren sich eigenständig. Daher ist nicht garantiert, dass bei einem drei- bis vierstündigen Spaziergang mit einem Ranger (150 000 Rp p. P.) am frühen Morgen oder Abend entlang der Pfade ein Tier in den Baumwipfeln gesichtet werden kann. Gleichzeitig kann es durchaus passieren, dass sich ein Orang-Utan über die Früchte der Bäume neben dem Camp hermacht oder ein Nest an einem der Bäume am Wegrand baut, sodass man ihn von der Veranda aus beobachten kann.

Sangatta ist ein größerer Bergbauort mit staubigen Straßen, einigen einfachen Hotels, Supermärkten und Banken. Man sollte sich möglichst schon in Samarinda mit Proviant und Wasser eindecken, Fotokopien von Reisepass und Visum machen und sich bei dem **Ranger Udin**, ✆ 0813-4641 7675, melden, um den Aufenthalt zu planen. Er spricht ein wenig Englisch und organisiert die Fahrt mit einem Langboot in den Park. Ein **Permit** zum Besuch des Nationalparks bekommt man für 200 000 Rp pro Tag (250 000 Rp am Wochenende) direkt im Park (Camp Kakap) oder im **PHKA-Büro** in Sangatta, Jl. Soetomo S-27, ✆ 0549-24651, ⌚ Mo–Do 7.30–16, Fr 7.30–12 Uhr.

ÜBERNACHTUNG UND TRANSPORT

Vom **Terminal Lempake** in Samarinda verkehren Busse für 60 000 Rp in 4 Std. nach SANGATTA. Von dort fahren gelbe *Angkot (Taksi kuning)* für 15 000 Rp p. P. nach Kabo Jaya, von wo man nach Absprache mit dem Ranger Udin (s. o.) ein motorisiertes Langboot (max. 4 Pers.) für 350 000 Rp inkl. Rückfahrt chartert.
Das **Camp Kakap** bietet 2 einfache Zimmer mit Matratzen unter Moskitonetzen, Küche, Gemeinschaftsbad und Strom von 18–21 Uhr. ❷

Ein Sitzplatz in einem *Kijang* von Sangatta nach BERAU kostet 300 000 Rp, Fahrtdauer 14–16 Std. am besten über Nacht.

Kepulauan Derawan

Nur 40 km vor der Küste von **Berau** liegen die winzigen Derawan-Inseln, die unter Tauchern schon längst kein Geheimtipp mehr sind. Touristisches Zentrum der paradiesischen Inselgruppe mit weißen, von Palmen gesäumten Sandstränden, glasklarem Meer und einer beeindruckenden Unterwasserwelt ist **Pulau Derawan** mit rund 20 Unterkünften, Fischlokalen und einigen Souvenirläden. Viele der Unterkünfte befinden sich auf Holzpiers über dem Wasser, wo morgens mehrere Meeresschildkröten entlang gleiten, um an den Bananenblättern zu knabbern, die einige Bewohner an den Holzpfählen befestigen. Die nur 45 ha kleine Insel hat über 1000 Bewohner und kann in einer Stunde zu Fuß umwandert werden. Am Wochenende wird sie von einheimischen Touristen vom Festland eingenommen, dann ist es weniger ruhig und die Strände sind oft von viel Plastikmüll verschmutzt. Am unbebauten Oststrand legen in den späten Abendstunden Meeresschildkröten ihre Eier in den Sand – wo sie leider allzu oft von den Inselbewohnern weggenommen werden. Eine Schildkröten-Aufzuchtstation versucht, die geschlüpften Tierchen aufzupäppeln. Von den Piers am Südstrand können Motorboote für Schnorchel- und Tauchtrips zu den umliegenden Inselchen gechartert werden.

Pulau Sangalaki ist eine der kleinsten Nachbarinseln und dafür bekannt, dass bei einsetzender Flut häufig Schwärme von bis zu 20 Mantarochen auf der Suche nach Plankton vor der Küste vorbeiziehen. Auch diese Insel besitzt eine Schildkröten-Aufzuchtstation und zudem ein mittelmäßiges Resort mit Tauchcenter, 💻 www.sangalakiresort.net, ❻.

Eine absolute Besonderheit und weltweit sonst nur mit Mikronesien vergleichbar ist die Süßwasserlagune von **Pulau Kakaban**, die vor 90 000 Jahren durch vulkanische Aktivität entstand. Seitdem haben sich in dem See einzigartige, nicht nesselnde Ohrenquallen vermehrt.

Mit Schnorchelausrüstung springt man in den See voller Quallen und kann die wundersamen Tiere aus nächster Nähe begutachten und behutsam anfassen. Eintritt 20 000 Rp.

Pulau Maratua, ein größeres sichelförmiges Atoll, dessen nördlicher Teil steil aus dem Wasser ragt, ist besiedelt und hat einen kleinen Flughafen mit seltenen Flügen nach Berau und Balikpapan. Es ist deutlich ruhiger und sauberer als auf Pulau Derawan. Die südliche Hälfte liegt unter dem Wasserspiegel.

In der idyllischen Lagune ragen im Westen die kleinen Resortinseln **Pulau Nabucco**, www.nabuccoislandresort.com, **Pulau Nunukan**, www.nunukanislandresort.com, und **Virgin Cocoa Island**, www.virgincocoa.com, mit deutschsprachigen Tauchcentern auf, ❽. Vor der traumhaft schönen Küste gibt es die besten Korallengärten der Region und es sind regelmäßig auch seltene Drescherhaie anzutreffen.

ÜBERNACHTUNG UND ESSEN

Berau (Tanjung Redeb)

In der Distrikthauptstadt gibt es nur wenig zu sehen. Die Hotels sind oft ausgebucht und recht teuer.

Hotel Sederhana, Jl. P. Antasari 471, 0554-22079, www.hotelsederhana.com. Älteres und günstigstes Hotel mit Café, Reisebüro und einem Geldautomaten. Die Zimmer haben AC, gegen Aufpreis auch Warmwasser und Safe. WLAN nur im Café, Frühstück inkl. ❷–❹

Palmy Hotel, Jl. P. Antasari 26, 0554-202 0333, palmyhotel@yahoo.com. Nettes, modernes Haus mit Restaurant und 29 geschmackvoll eingerichteten Zimmern, teils auch Fön, Safe und Minibar. Guter Mittelklassestandard. Frühstück inkl. ❹–❻

Palmy Exclusive, Jl. S.A. Maulana 21, 0554-21351. Neuerer Ableger des Palmy Hotels in der gleichen Straße mit besseren Betten, Restaurant und einem Skylounge-Dachgarten, der einen schönen Blick über die Stadt bietet. Frühstück inkl. ❺

Pulau Derawan

Die Unterkünfte stehen auf eigenen Piers über dem Wasser. Eine kleine Auswahl, von der Bootsanlegestelle dem Weg durch das Dorf Richtung Westen folgend:

Reza Homestay, auf einem größeren Pier, wo auch Boote anlegen, 0813-4795 5950, http://derawanhomestay.com. Riesige, neue Holzbungalows mit Bad, großer Terrasse zu beiden Seiten des Stegs, guten Matratzen und in den vorderen Zimmern auch AC und Warmwasser. Günstigere Doppelzimmer zum Teil mit AC an Land. Frühstücksgebäck inkl. ❷–❹

Scuba Junkie, 0882-55816, www.scubajunkiesangalaki.com. Recht neues, kleines Tauchresort auf einem Steg mit hervorragender, umweltbewusster Tauchbasis. Private Zimmer oder 4er-Schlafsaal mit Hochbetten, Warmwasser und Terrasse. Angebote inkl. Tauchgänge oder Schnorcheln, Aufpreis für Nicht-Taucher. Frühstück inkl. ❷–❺

Fisheries Eco Villa, 0812-829 2399, www.fisheries-ecovilla.com. Große, einfache AC-gekühlte Holzbungalows auf einem Steg mit Terrasse und Hängematte. Tauchcenter und enttäuschendes Frühstück inkl. ❺

Mirroliz Pelangi Cottage, am Ende des Dorfes, 0813-4780 7078. Knallig bunte Unterkunft auf einem langen Steg. Zur einen Hälfte AC-Zimmer und eigenem Bad und Balkon oder Terrasse, zur anderen Hälfte Zimmer mit Ventilator und Gemeinschaftsbad. Alle sind einfach, aber geräumig und sauber. ❸–❻

Derawan Dive Lodge, 0431-824445, www.derawandivelodge.com. Nach einem Brand nun wieder eröffnet. Kleines, vom Rest des Dorfes abgeschirmtes Resort mit 2 großen Strandbungalows sowie 8 (Familien-)Zimmern mit AC, Safe und Warmwasser rund um einen privaten Strand mit Pulversand und Palmen. Professionelles Tauchcenter, gutes Restaurant und freundliches Personal. ❻–❼

Pulau Maratua

Die günstigste Variante ist, mit etwas Indonesischkenntnissen in einem **Homestay** einer einheimischen Familie zu übernachten. ❸

Maratua Guesthouse, www.maratuaguesthouse.com. Etwas versteckt, aber idyllisch und ruhig an der Küste mit guten Schnorchelplätzen gelegen und vom umsorgenden, englischsprachigen Jun und seiner Frau Ana geführt. Einfache Holzbungalows auf Stelzen mit Moskitonetz und Hängematte. Leckeres, selbst gekochtes Essen. ❻–❼

Green Nirvana Resort, 💻 www.greennirvana resort.com. Resort mit Luxusbungalows, Restaurant und Spa direkt am paradiesischen Palmenstrand. ❼

Maratua Paradise Resort, auf einem Pier, 💻 www.maratua.com. Älteste Anlage der Insel mit Strandbungalows und „Wasser-Villas" auf einem langen Steg, umgeben von Korallenriffen und einem langgezogenen Sandstrand. ❼

SONSTIGES

Schnorchelausrüstung kann in vielen der Souvenirläden im Ort für 70 000 Rp pro Tag ausgeliehen werden. Besonders morgens kann man direkt von den Bootsanlegestellen ins Wasser springen und hat gute Chancen, eine der riesigen grünen Meeresschildkröten anzutreffen, da sie von Bananenblättern angelockt werden, die die Einheimischen an den Piers festbinden.

Ein **Speedboot** kann von den verschiedenen Bootsleuten an den Piers ab 1,5 Mio. Rp für Inselhopping oder einen Schnorchelausflug gechartert werden.

Es gibt keine **Bankautomaten** auf den Inseln! Da Tauchpreise häufig in EUR oder USD abgerechnet werden, empfiehlt es sich, genug Bargeld verschiedener Währungen mitzubringen.

Da es auch kein **WLAN** in den Unterkünften gibt, sollte man sich schon in Balikpapan oder Berau eine indonesische SIM-Karte mit genügend Datenvolumen kaufen.

TRANSPORT

Seit September 2017 ist ein kleiner Flughafen auf **Pulau Maratua** eröffnet und gelegentlich (je 1x wöchentl.) gibt es die Möglichkeit, direkt von Balikpapan und Berau auf die kleine Insel zu fliegen. Diese Flüge können aktuell nicht online, sondern nur über die Büros der Fluggesellschaften und die Hotels vor Ort gebucht werden. Alternativ geht es vom Flughafen in Berau mit einem Taxi zum Hafen von Tanjung Batu und weiter mit einem Speedboot, s. unten.

Ab Berau (Tanjung Redeb)

Von Berau fahren mit genügend Passagieren regelmäßig **Kijangs** von 8–20 Uhr für 100 000 Rp p. P. in 2 Std. bis zum Hafen von TANJUNG BATU. Dort chartert man ab 200 000 Rp für 2 Pers. ein **Speedboat** für die 30-minütige Überfahrt nach Pulau Derawan. Öffentliche Speedboote berechnen 100 000 Rp p. P.

Flüge

Vom **Kalimarau Airport** (BEJ) in Berau (Tanjung Redeb) verkehren Flughafentaxis für 700 000 Rp zum Hafen von Tanjung Batu. Es fliegen:

Garuda, 💻 www.garuda-indonesia.com, nach BALIKPAPAN;

Wings Air, 💻 www.lionair.co.id, nach BALIKPAPAN;

Sriwijaya, 💻 www.sriwijayaair.co.id, nach BALIKPAPAN;

Susi Air, 💻 www.susiair.com, nach MARATUA.

Der neue Flughafen auf **Pulau Maratua** wird von Balikpapan aus jeden Sa um 14.15 Uhr in 1 1/4 Std. mit einer kleinen Propellermaschine von **Garuda** angeflogen. Am gleichen Tag um 16 Uhr fliegt die Maschine wieder zurück nach BALIKPAPAN. Tickets gibt es nur über die Fluggesellschaft vor Ort oder die Hotels auf Maratua. Außerdem fliegt Susi Air jeden Mi Morgen mit einer kleinen Maschine (12 Sitze) von Tarakan nach MARATUA, danach von Maratua nach BERAU und zurück über Maratua nach TARAKAN. Allerdings werden die Tickets zunächst nur an Bewohner von Pulau Maratua verkauft, erst kurz bevor der Counter schließt, kommen Touristen zum Zug.

FELSENGRÄBER VON LEMO, TANA TORAJA; © CHRISTIAN WACHSMUTH

Sulawesi

Sulawesi hat die ungewöhnlichste Form aller indonesischen Inseln und eine Küste, die von Sandstränden und vorgelagerten Korallenriffen durchsetzt ist. Die Tauchgebiete im Bunaken- und Togian-Nationalpark sind dank ihres außergewöhnlichen Artenreichtums weltbekannt. Ein kulturelles Muss ist das einzigartige Toraja-Hochland. Ebenso einzigartig ist die Tierwelt der Insel, die sich vom Rest Indonesiens unterscheidet.

Stefan Loose Traveltipps

Makassar In der Hauptstadt Ost-Indonesiens lockt das umfassend restaurierte Fort Rotterdam aus dem 16. Jh. S. 626

Bira Die Küste mit ihren weißen Sandstränden bietet nicht nur gute Tauchgründe, sondern auch die Möglichkeit, die traditionelle Handwerkskunst der Pinisi-Schiffsbauer zu bewundern. S. 635

16 **Tana Toraja** Ein Muss: Wanderungen durch das malerische Toraja-Hochland zu traditionellen Dörfern und Höhlengräbern. S. 638

Togian-Inseln Die paradiesischen Inseln im Golf von Tomini sind hervorragende Anlaufpunkte für Tauchausflüge und Oasen der Entspannung. S. 657

17 **Pulau Bunaken** Beim Schnorcheln und Tauchen lässt sich die vielfältige Unterwasserwelt mit ihren bunten Korallengärten entdecken. S. 669

Tangkoko-Dua Saudara-Nationalpark Einer der vielfältigsten Naturparks Indonesiens lädt zu Wanderungen ein – in der Abenddämmerung begleitet von aufmerksamen Koboldmakis. S. 679

KOBOLDMAKI, TANGKOKO-DUA SAUDARA-NATIONALPARK; © CHRISTIAN WACHSMUTH

TOGIAN-INSELN; © FOTOLIA / JAKARTATRAVEL

Wann fahren? Mai–Okt. Im Toraja-Hochland regnet es auch in dieser Zeit oft am Nachmittag.

Wie lange? Für Tana Toraja oder Nord-Sulawesi jeweils eine Woche, für eine Trans-Sulawesi-Tour vier Wochen

Wie reisen? Mit viel Zeit und Flexibilität

Bekannt für die einmalige Kultur der Toraja, die Tauchspots der Bunaken- und Togian-Nationalparks und die endemische Tierwelt

Nicht verpassen Eine Begräbniszeremonie der Toraja

Sulawesi hat fast die gleiche Nord-Süd-Ausdehnung wie Deutschland. Die eigentümliche Form der Insel erinnert an eine Orchidee, manche meinen auch, einen riesigen Tintenfisch zu erkennen. Ihr europäischer Name, Celebes, wurde von den Portugiesen eingeführt, als diese im 16. Jh. die Insel umsegelten. „Ponto dos Celebres“ bedeutet so viel wie „Punkt der Berüchtigten“, was entweder auf die damals zahlreichen Piraten oder die gefährlichen Monsunstürme der Region zurückzuführen ist.

Seit der indonesischen Unabhängigkeit trägt die Insel ihren modernen Namen Sulawesi, der sich aus den Worten „sula“ (Insel) und „besi“ (Eisen) zusammensetzt und sich auf die großen Eisenvorkommen der Insel bezieht. Die mit rund 19,3 Mio. Menschen bevölkerte viertgrößte Insel des Landes ist in die sechs Provinzen Nord-Sulawesi, Gorontalo, Zentral-Sulawesi, West-Sulawesi, Süd-Sulawesi und Südost-Sulawesi unterteilt. Im Süden siedeln die Makassaren und das bekannteste Seefahrervolk des Archipels, die Bugis. Im zentralen Hochland findet man die Toraja, ein protomalaiisches Volk, das heute zum größten Teil christianisiert ist und mit seinen aufwendigen Bestattungsritualen die meisten Touristen anzieht. An der Nordspitze leben die Minahasa, die zu 90 % Protestanten sind.

In Bezug auf Flora und Fauna bildet Sulawesi zusammen mit den Kleinen Sunda-Inseln eine Art Übergangszone zwischen der indischen und der australischen Pflanzen- und Tierwelt. Die meisten Großsäugetiere Borneos oder Sumatras sind hier nicht mehr anzutreffen, die für die weiter östlich gelegenen Inseln typischen Beuteltiere, Kasuare und Paradiesvögel aber ebenfalls nicht. Dafür existieren mehrere nur auf Sulawesi vorkommende Tierarten, z. B. der Hirscheber *(Babirusa)* und das Zwergrind *(Anoa)*, das kaum 2 m lang wird und eine Schulterhöhe von 1 m erreicht.

Nur wenige Orte sind mehr als 40 km vom Meer entfernt – überall findet man herrliche Sandstrände, Korallenriffe und häufig gleich dahinter steil aufragende Berge. Im Landesinneren sind sie bis zu 3500 m hoch. In allen Teilen der Insel erstrecken sich unberührte Dschungelgebiete.

Süd-Sulawesi

Süd-Sulawesi ist mit Abstand die am dichtesten besiedelte Provinz der Insel: ca. 9 Mio. – fast die Hälfte aller Einwohner von Sulawesi – leben hier auf 46 717 km². Die wichtigsten ethnischen Gruppen sind die **Makassaren**, die mit ihnen verwandten **Bugis**, die als Seefahrer, Fischer und Händler entlang der Küsten siedeln, und im gebirgigen Norden die protomalaiischen **Toraja**, deren ausgeprägte Stammeskultur in aufwendigen Totenbestattungen gipfelt. Ihr Kerngebiet, **Tana Toraja** („Land der Toraja“), ist das wichtigste Touristenzentrum der Region.

Hauptstadt der Provinz und Drehkreuz der gesamten Region ist **Makassar**. Bis zur holländischen Eroberung im 17. Jh. war dieser Hafen das Tor zum mächtigen Makassar-Reich von **Gowa**. Dessen Einflusssphäre reichte von Sumbawa und Lombok im Süden über die Molukken im Osten bis nach Kalimantan im Westen. Der VOC (S. 111) gelang es zwischen 1615 und 1666 nur durch die Unterstützung der Bugis unter dem legendären **Arung Palakka**, den König von Gowa zu unterwerfen.

Arung Palakkas Kriegszüge endeten nicht mit dem Sieg über Gowa, sondern es wurden noch viele kleinere Reiche unterworfen, sodass Not und Elend über die Menschen Süd-Sulawesis kamen. Viele Bugis und Makassaren flohen nach Sumbawa, Flores, Lombok, Kalimantan, Java, Sumatra und auf die Malaiische Halbinsel, wo sie neue Siedlungen gründeten, meist Fischerdörfer, die z. T. bis heute von den Nachfahren der Aussiedler bewohnt werden. Als Piraten waren sie bis weit ins 19. Jh. der Schrecken des Archipels. Noch heute lautet der Wappenspruch der Provinz übersetzt „Wenn das Segel erst einmal gehisst wurde, kehrt man so schnell nicht zum Strand zurück“.

Makassar

Die Provinzkapitale ist (wie die meisten indonesischen Städte) nicht sonderlich attraktiv, aber ein wichtiger wirtschaftlicher Motor Indonesiens. Die mit knapp 1,6 Mio. Einwohnern größte

Stadt Sulawesis gilt seit Jahrhunderten als eine der bedeutendsten Hafen- und Handelsstädte des Archipels und als Tor nach Ost-Indonesien. In den 1950er-Jahren wurde Makassar in **Ujung Pandang** umbenannt, nach dem alten Namen der Befestigungsanlage von Gowa. Seit 2001 heißt die Stadt wieder Makassar. In den letzten Jahren wurden viele Megaprojekte gestartet, um das touristische und wirtschaftliche Potenzial der „Hauptstadt von Ost-Indonesien" auszuschöpfen, allen voran der in Bau befindliche Kongress-, Wohn und Entertainmentkomplex CitraLand City auf dem aufgeschütteten Land vor der Küste. Doch neben den vielen Hotels, Ein-

© CHRISTIAN WACHSMUTH

Das Fort Rotterdam gilt als eines der am besten erhaltenen holländischen Bauwerke Indonesiens.

kaufszentren und Hafenanlagen sind die alten kulturhistorischen Sehenswürdigkeiten der Küstenstadt die eigentlichen Highlights geblieben.

Fort Rotterdam

Unweit vom Meer steht das gut erhaltene Fort Rotterdam, Jl. Ujung Pandang 2, das oft auch **Benteng Ujung Pandang** genannt wird. Es gilt als einer der am besten erhaltenen frühen holländischen Bauten in Indonesien. Bereits der 9. König von Gowa ließ hier 1545 eine Befestigungsanlage mit Erdwällen anlegen, die zu den elf Festungen des Königreichs gehörte. 1667 musste Gowa das Fort an die Niederländer abtreten, und Admiral Cornelius Speelman machte es zum militärischen und administrativen Mittelpunkt. Die meisten Gebäude innerhalb der Mauern wurden als Unterkünfte der holländischen Garnison und der Verwaltung gegen Ende des 17. und zu Beginn des 18. Jhs. erbaut.

Der Eingang in den Innenhof liegt an der Westseite der Bastion, wo man auch ein Stück auf den 2 m dicken und 7 m hohen Mauern spazieren kann. Die Kolonialgebäude beherbergen das **Museum La Galigo**, benannt nach dem alten Bugis-Epos *La Galigo*, das das umfangreichste literarische Werk Indonesiens überhaupt ist. Die interessantesten, aber nicht immer gut ausgeleuchteten Ausstellungen finden sich im südlichen Teil und umfassen die Kulturgeschichte der Provinz, traditionelle Landwirtschaft, Bootsbau, Webkunst und Fischerei, aber auch Replikate königlicher Erbstücke sowie Objekte zum städtischen Leben mit vielen antiken Exponaten und englischen Infotafeln. Die Räume der ethnografischen Sammlung im nördlichen Teil wurden zuletzt renoviert. Das Gebäude in der südwestlichen Ecke diente als Gefängnis für Prinz Diponegoro (S. 114). ⌚ 8–17 Uhr, Eintritt gegen Spende, Museum 10 000 Rp.

Gegenüber dem Fort wird häufig ein traditioneller **Bugis-Schoner** (Ausschilderung: *Pinisi Boat*) in Handarbeit gebaut. Besucher sind willkommen und können eine schmale Planke zum Boot hinaufsteigen, um die Arbeit auf Deck zu beobachten.

Chinesisches Viertel

Nördlich vom Fort liegt das Viertel der chinesischen Minderheit, wo zwei imposante Tempel jüngeren Datums zu besichtigen sind. Der **Vihara Agung Bahari** an der Jalan Sulawesi versammelt auf drei Etagen über der Parkfläche diverse Figuren von Buddha und Kwan Im (S. 231) sowie im obersten Stockwerk die Hauptgottheit Ibu Agung Bahari (Tien Sang Shen Mu'u), umringt von Kerzen und zahlreichen Schutzheiligen. Nur wenige Schritte entfernt liegt der noch größere **Klenteng Xian Ma** zu Ehren von Sheng Zu Xian Ma. Neben zahllosen weiteren Figuren fällt hier die verbreitete Verwendung von chinesischen Schriftzeichen ins Auge – in Indonesien keine Selbstverständlichkeit (S. 106). Eintritt frei (Spende).

Pelabuhan Paotere

Der Paotere-Hafen, etwa 3 km nördlich des Zentrums, ist der geschäftigste und sehenswerteste Hafen der Stadt. Hier liegen alle Arten von Fracht- und Fischerbooten vor Anker. Besonders am frühen Morgen, wenn Fischer ihre Ware feilbieten, und am Nachmittag, wenn bei den Schiffswracks am westlichen Ende badende Kinder das Hafenbecken bevölkern, lohnt ein Besuch. Rund um die Uhr werden die großen traditionellen **Bugis-Schoner** *(Pinisi)* noch immer wie vor einem halben Jahrtausend be- und entladen. Sie beliefern die östlichen Inseln hauptsächlich mit Zement und Lebensmitteln. Vom Fort Rotterdam per *Becak* für 20 000 Rp, alternativ mit hellblauen *Pete-pete* für 5000 Rp bis Pasar Butung und von dort zu Fuß 2 km zum Hafen. Eintritt 10 000 Rp.

Zentrum

Südlich des Fort Rotterdam laden in der **Jalan Somba Opu** neben den chinesischen Goldläden auch viele Souvenir- und Kunstgeschäfte zum Stöbern ein. Zum Sonnenuntergang lohnt ein Spaziergang entlang der mit Kokospalmen gesäumten Küstenpromenade **Jalan Penghibur**, um die kühle Abendbrise zu genießen. Auf dem großen Platz **Pantai Losari** treffen sich die jungen Leute zum Sonnenuntergang, und an Feiertagen und Wochenenden treten Musiker auf.

Tanjung Bunga

Bestes Beispiel für die boomende Wirtschaftsentwicklung Makassars ist dieser junge Stadtteil im Südwesten. Im **Trans Studio Resort**, 💻 www.transstudiomakassar.com, mit dem modernsten Konsumtempel der Stadt (s. Einkaufen), wurde einer der größten überdachten Themenparks Indonesiens erbaut. In vier Themenbereichen à la Universal Studios sind 15 Fahrgeschäfte, ein 4D-Kino und ein Dutzend Restaurants untergebracht, zudem ein Luxusresort, Jachthafen und private Residenzen. 🕒 Mo–Fr 10–21, Sa und So 10–22 Uhr, Eintritt 150 000–200 000 Rp.

ÜBERNACHTUNG

Untere Preisklasse

Hotel Agung, Jl. Jampea 33, ☎ 0411-362 3685, 💻 www.hotelagung.com. Günstiges Hotel in der Chinatown mit kleinem Spa und Restaurant mit Aussicht. Die Zimmer sind teils fensterlos, aber sauber und teilrenoviert, mit Warmwasser, TV und AC; für die unschönen Einlegeteppiche gibt's einen Punktabzug. Frühstück gegen Aufpreis. ❷–❹

Ibis Budget Airport, Sultan Hasanuddin Airport, ☎ 0411-365 6156, 💻 www.accorhotels.com. Gutes Transithotel direkt im Flughafengebäude zwischen Ankunfts- und Abflugshalle. Enge, funktional eingerichtete Zimmer mit gemütlichen Betten, kleinen Fenstern, AC und Warmwasser. Café mit PC in der Lobby. ❹

Legenda Beril Hostel, Jl. Serui 2, ☎ 0411-894123, ✉ rinajun@yahoo.com. Die nette Rina aus Rantepao vermietet in einer ruhigen Gasse 14 schlichte, preisgünstige Zimmer mit AC und eher harten Matratzen. Das Warmwasser wird nicht immer warm, und manche Zimmer sind etwas muffig – vorher ansehen. Rina ist auch bei Visaverlängerungen behilflich. Frühstück inkl. ❷

€ **POD House**, Jl. Penghibur 58-59, ☎ 0411-894 1760. Das moderne Kapselhotel bietet über einem Café 3 klimatisierte Schlafsäle mit Betten für 159 000 Rp p. P. Jede Kapsel hat Rollo, Steckdose, Leselicht und Schließfach, dazu saubere Gemeinschaftsbäder. Außerdem 3 funktionale, kompakte Doppelzimmer im 3. Stock, wo eine Dachterrasse zum Relaxen einlädt. ❸

Mittlere und obere Preisklasse

Aston Hotel, Jl. Hasanuddin 10, ☎ 0411-362 3222, 💻 www.astonhotelsinternational.com. Ableger der indonesienweiten Kette, zentral gelegen mit geräumigen 4-Sterne-Zimmern und Suiten, wunderbares Panoramarestaurant im

Makassar
N
0
200
400
600
800
1000 m
Pelabuhan Paotere
Maros, Pare Pare
Jl. Insinyur Sutami
Jl. Dawah
Jl. Cakalang
Jl. Tinumbu
HAFEN
Jl. Dr. Wahidin Sudirohusodo
Jl. Kalimantan
Jl. Barang Lompo
Jl. Barang Caddi
Jl. Salemo
Jl. Tarakan
Jl. yos Sudarso
FRIEDHOF
Pasar Butung
Jl. Tentara Pelajar
Jl. Butung
(Jl. Irian)
Jl. Pasar Cidu
Jl. Tinumbu
Jl. Nusantara
Jl. Banda
Jl. Sarappo
Jl. Muhammadiyah
Jl. Buru
Panampu Canal
Jl. Sangir
Makam Diponegoro
Jl. Bunga Raya
Jl. Sulawesi
Jl. Lembeh
Jl. Diponegoro
Jl. Pajenekang
Jl. Andalas
Jl. Bandang
Jl. Kandea
HAFEN
Klenteng Xian Ma
Jl. Timor
Jl. Satanga
NEW MAKASSAR MALL
Jl. Lamuru
Vihara Ibu Agung Bahari
Jl. Bali
Jl. Bonerate
Jl. H.O.S. Cokroaminoto
Jl. Agus Salim
Jl. K.H. Ramli
Jl. Laiya
Masjid Raya
Jl. Mesjid Raya
Jl. Jampea
Jl. Sumba
Jl. Jend. Sudirman
Jl. Nusa
Jl. Kembongan
Jl. Ribuane
Jl. Serui
POLIZEI
Jl. Ujung Pandang
RRI
Balai Kota
Jl. J.A. Yani
Jl. Bulusaraung
Jl. Sungai Cerekang
Fort Rotterdam
NACHTMARKT
Pinisi Boat
Jl. Slamet Riyadi
Jl. Balai Kota
Jl. Kajaolalido
Makassar Trade Center
Lapangan Karebosi
Jl. Gunung Lompobatang
Taman Macan
Jl. Gunung Bawakaraeng
Jl. Titang
Jl. Baronang
Jl. Supratman
Jl. Pattimura
Jl. Kartini
Jl. Thamrin
Pulau Samalona (7 km)
Jl. Amanagappa
Pelamonia Hospital
Jl. Sungai Poso
Jl. Gunung Latimojong
Jl. Bulu 2
Jl. Balana
Jl. Baumasepe
Mandala Monument
Jl. Bulu Salaka
Jl. Veteran Utara
Jl. Sultan Hasanuddin
Jl. Ince Nurdin
Jl. G.Tinggimae
Jl. Gunung Merapi
Jl. S. Pareman
Jl. G. Salahutu
Jl. Somba Opu
Jl. Ranggong
Jl. Ch. Anwar
Jl. Kerung Kerung
Jl. Ali Malaka
Jl. Dr. Sutomo
Jl. S. Gading
Jl. Jend. Sudirman
Jl. Penghibur
Jl. M. Luthfi
Jl. Botolempangan
Jl. S. Lariang
Jl. Sungai Limboto
Pantai Losari
Jl. Datu Musseng
Jl. E. Saelan
Jl. G. Klabat
Jl. Sungai Tangka
Stella Maris Hospital
Govenor's Residence
Jl. Sungai Nona
Jl. Maipa
Jl. Karunrung
Jl. Lamadukelleng
Jl. A. Rate
Jl. Sungai Saddang
Jl. Kenari
Jl. Lasinrang
Jl. Bulukunyi
Jl. Gunung Batu Putih
Jl. H.I.S. Daeng Tompo
Jl. Lagaligo
Jl. Sungai Walanae
Jl. Haji Bau
Wisma Kalla
Jl. R.W. Monginsidi
Siloam Hospital
Jl. Rajawali
Jl. Pelanduk
Jl. Palanduk
Jl. Domba
Jl. Rusa
Jl. Gajah
Jl. Lembu
Jl. Anuang
Jl. Veteran Selatan
Jl. Metro Tanjung Bunga
Siloam Makassar
Jl. Garuda
Jl. Merpati
Jl. Cendrawasih
Jl. Dr. Sam Ratulangi
Jl. Kasuari
Jl. Mappanyukki
Ratu Indah Mall
Jl. L.D. Pasewang
Tanjung Bunga
Jl. Mawar
FRIEDHOF
Museum Balla Lompea, Malino (75 km)
SULAWESI

■ ÜBERNACHTUNG
1. Ibis Budget Airport
2. Hotel Agung
3. Legenda Beril Hostel
4. Whiz Prime Hasanuddin
5. Aston Hotel
6. POD House
7. Fave Hotel Daeng Tompo
8. Ibis City Center

■ ESSEN
1 Coto Nusantara
2 Kampoeng POPSA
3 Sushi Tei
4 Kios Semarang
5 Bistropolis
6 Lae Lae

■ SONSTIGES
1 Caraka Travelindo
2 Kantor Imigrasi
3 Aneka Sutra
4 Unggul Souvenir Shop
5 Kanebo Souvenir
6 OneUp Kitchen & Bar
7 Toko Kerajinan
8 Gelael Supermarket
9 Wäschereien
10 D'Liquid, Redtro
11 Trans Studio Resort &
12 Mall

■ TRANSPORT
1 Pelni-Hafen
2 Zentrale Minibusstation
3 Terminal Daya
4 Damri-Busse zum Flughafen
5 Boote nach Pulau Samalona
6 Blue Bird Taxis
7 Pelni-Büro
8 Terminal Mallengkeri (5 km), Terminal Sungguminasa (12 km)

20. Stock, Innenpool, Fitnessstudio, Sauna und Spa. Frühstück inkl. ❺–❻

Fave Hotel Daeng Tompo, Jl. Daeng Tompo 28-36, ✆ 0411-363 9777, 💻 www.favehotels.com. Laufnah zum Losari Beach und zu zahlreichen Fischrestaurants liegt das Hotel der Fave-Kette. Die modern-minimalistischen Zimmer sind gepflegt und überzeugen mit gemütlichen Betten, AC, Safe, Wasserkocher, TV sowie guter Warmwasser-Dusche. Pool und mittelmäßiges Restaurant sowie Massagen. ❹

Ibis City Center, Jl. Maipa 8, ✆ 0411-834888, 💻 www.accorhotels.com. Hip gestaltetes Haus der Ibis-Kette. Die Zimmer sind funktional nach weltweitem Standard. Professioneller Service, Restaurant und kostenlose PC-Nutzung in der Lobby. Frühstück inkl. ❹

Whiz Prime Hasanuddin, Jl. Sultan Hasanuddin 6, ✆ 0411-361 2288, 💻 www.whizprime.com. Typisches Haus der Whiz-Kette in guter Lage mit zweckmäßig gehaltenen, nicht sonderlich großen Mittelklasse-Zimmern, in denen Dusche und WC separat in kleinen Glaskabinen untergebracht sind. Laufnah zum Fort und zur Jl. Somba Opu. ❸–❹

ESSEN

Die besten **Fischrestaurants** finden sich am Paotere-Hafen und in der Jl. Datu Musseng. Die geschäftige Jl. Penghibur bietet zahlreiche (Hotel-)Restaurants und Warung.

Ein **Nachtmarkt** mit Garküchen befindet sich schräg gegenüber dem Fort Rotterdam.

Bistropolis, Jl. Sultan Hasanuddin 18, ✆ 0411-363 6988, 💻 www.bistropolis.net. In dem klimatisierten Restaurant wird gute westliche Küche zu gehobenen Preisen serviert. Wie wäre es mit Beef Stroganoff, Steak, Pizza, hausgemachtem Eis oder Apfelstrudel? ⏲ 10–23 Uhr.

€ **Coto Nusantara**, Jl. Nusantara 162. Das weit über die Stadtgrenzen hinaus bekannte Lokal ist immer überfüllt mit Schülern, Beamten und Geschäftsleuten, die die landesweit bekannte Suppe *Coto Makassar* aus kleinen Schalen löffeln. Dazu gibt es in Palmblättern gepressten Reis *(Ketupat)*. ⏲ 7–21 Uhr.

Kampoeng POPSA, Jl. Ujung Pandang 4, ✆ 0411-375 6080. Schön gelegener Food Court schräg gegenüber dem Fort Rotterdam mit Blick auf den Industriehafen. Große Auswahl an westlichen, japanischen und indonesischen Gerichten. Abends Livemusik und toller Sonnenuntergangsblick von den Tischen auf dem Steg. Günstige Preise. ⏲ 10–24 Uhr.

Kios Semarang, Jl. Penghibur 20A, ✆ 0411-313932. Netter Platz für ein kühles Bintang zum Sonnenuntergang. Im 3. Stock der beliebten chinesischen Bar werden bei schöner Aussicht über die Küstenpromenade neben viel Bier auch Chicken Wings, Froschschenkel und Seafood serviert. Große Portionen ab 30 000 Rp. ⏲ 10–23 Uhr.

Lae Lae, Jl. Datu Musseng 8, ✆ 0411-363 4326. Seine Beliebtheit bei einheimischen Familien verdankt dieses große, einfache Seafood-Restaurant sicherlich nicht seiner simplen, kantinenartigen Einrichtung, sondern den frischen, preiswerten Meeresfrüchten und Fischen, die auf den Punkt gegrillt mit *Sambal*, Reis und Gemüse serviert werden. Ganze Fische ab 60 000 Rp. ⏲ 9–24 Uhr.

Sushi Tei, Jl. Pattimura 1, ✆ 0411-363 7799, 💻 www.sushitei.com. Erstes Sushi-Restaurant der Stadt mit *Running Sushi* und japanischen Nudel- und Suppengerichten in einem ruhigen, gekühlten Raum. Mittlere Preise. ⏲ 11–21.30 Uhr.

UNTERHALTUNG

OneUp Kitchen & Bar, Jl. Pattimura 3A, ✆ 0411-894 0586, 💻 www.fb.com/OneUpKitchenandBar. Die im halb offenen 1. Stock über einem Café situierte Bar ist ein guter Platz für Cocktails, Bier und einen späten Snack. Fast jeden Abend spielen Livebands oder DJs, die Stimmung ist entspannt und freundlich. 🕒 10–2 Uhr.

D'Liquid und **Redtro**, Grand Clarion Hotel, Jl. AP. Pettarani 3, 💻 www.grandclarionmakassar.com. In den beiden Clubs im 2. und 3. Stock des Clarion spielen je nach Programm rockige Coverbands oder House & Techno-DJs. Das überwiegend männliche Publikum sitzt an Tischen, nur wenige tanzen. 🕒 23–4 Uhr.

EINKAUFEN

In der oberen **Jl. Somba Opu** werden inmitten der Goldläden auch Makassar-Sarongs aus Seide, Toraja-Schnitzereien und andere Souvenirs verkauft. Eine große Auswahl an **Kunsthandwerk** wie Filigranarbeiten aus Silber (Kendari), Holzschnitzereien (Tana Toraja), Seiden-Sarongs (Sengkang) und viele weitere Souvenirs findet man im **Unggul Souvenir Shop**, Jl. Pattimura 8, **Kanebo Souvenir**, Jl. Pattimura 29, und **Toko Kerajinan**, Jl. Somba Opu 34.

Aneka Sutra, Jl. Gunung Lompo Batang 18, ✆ 0411-362 0804, 💻 http://toko-aneka-sutra.business.site. Verkauft günstige Seidenprodukte aus Sengkang. 🕒 8–21 Uhr.

Gelael Supermarket, Jl. Sultan Hasanuddin 16, Ecke Jl. Amanagappa. Große Auswahl an Lebensmitteln für Selbstversorger, mit Früchtebar und Drogerieartikeln. 🕒 7–22 Uhr.

Pasar Sentral, Jl. K. H. Ramli 22. Der einst größte Umschlagplatz von Waren ist 2011 abgebrannt. Trotz Eröffnung des Neubaus **New Makassar Mall** haben noch immer viele Händler ihre Stände rund um die Markthalle und entlang der Jl. H.O.S. Cokroaminoto aufgebaut.

Ratu Indah Mall, Jl. Sam Ratulangi 35, 💻 http://malratuindah.co.id. Typische Mall, wie sie in jeder indonesischen Millionenstadt zu finden ist, mit einem obligatorischen Matahari-Kaufhaus, amerikanischen Fastfood-Ketten, einem Hero-Supermarkt und teuren Boutiquen. 🕒 10–22 Uhr.

Trans Studio Mall, Jl. Metro Tanjung Bunga, 💻 https://tsm-makassar.com. In der modernsten Mall der Stadt sind internationale Designerläden, amerikanische Fastfood-Ketten sowie ein Gramedia-Buchladen und ein Carrefour-Supermarkt vertreten. 🕒 10–22 Uhr.

TOUREN

Caraka Travelindo, Jl. Samalona 12, ✆ 0411-361 8877, 💻 www.sulawesi-indonesia.com. Professionelles Reisebüro mit großem Angebot an Pauschaltouren, von 5 Tagen durch Tana Toraja bis zu 19-tägigen Transsulawesi-Touren von Makassar bis Manado. Mietwagenverleih. 🕒 Mo–Fr 9–17, Sa 9–14 Uhr.

Cycle Indonesia, ✆ +61 416-944202, 💻 www.cycleindonesia.com.au. Der Sulawesi-Kenner und begeisterte Radfahrer Colin Freestone organisiert zu festen Zeiten im Jahr geführte Radtouren durch ganz Sulawesi ab 7 Tagen. Nähere Infos auf seiner Website.

Dodo the Penman, ✆ 0812-412 9913, 💻 www.dodopenman.blogspot.com. Empfehlenswerter Guide und Zauberkünstler mit eigenem Auto und Fahrern. Individuelle, günstige Trips durch Süd-Sulawesi nach Absprache. Auch Abholung vom Flughafen sowie 2 günstige, einfache Zimmer mit AC im eigenen Homestay im Süden der Stadt. ❷

SONSTIGES

Autovermietungen

Alle größeren Hotels sowie die Touranbieter (s. o.) vermieten Autos inkl. Fahrer und Benzin für 600 000 Rp (Dodo the Penman) bis 800 000 Rp pro Tag. Ein Blue Bird Taxi kostet für Ausflüge in die Umgebung auch nicht viel mehr und ist spontan verfügbar.

Informationen

South Sulawesi Provincial Tourist Office, Jl. Jend. Sudirman 23, ✆ 0411-872366. Im Gedung Mulo, einem Gebäude aus der Kolonialzeit, sind die Mitarbeiter zwar hilfsbereit, aber nur Endang spricht gutes Englisch. 🕒 Mo–Do 8–16, Fr 8–12 und 13–16 Uhr.

Medizinische Hilfe

Siloam Makassar, Jl. Metro Tanjung Bunga, ✆ 0411-366 2900, Notruf 811 7911, 💻 www.siloamhospitals.com. Moderne Privatklinik mit annähernd internationalem Standard.

Polizei

Jl. Ahmad Yani, Notruf ✆ 110.

Post

Jl. Slamet Riyadi 10, Ecke Jl. W. R. Supratman. 🕒 Mo–Fr 8–18 Uhr.

Visaangelegenheiten

Kantor Imigrasi, Jl. Perintis Kemerdekaan, KM 13, nahe Terminal Daya, ✆ 0411-584559. Visaverlängerungen dauern 2–3 Tage und kosten 350 000 Rp. 🕒 Mo–Fr 9–16 Uhr.

NAHVERKEHR

Minibusse heißen *Pete-pete* oder *Mikrolet* und kosten 5000 Rp innerhalb der Stadt. Die zentrale Sammelstelle liegt an der Jl. H.O.S. Cokroaminoto.

Die Smartphone-Apps für Fahrdienstleistungen von **Grab** und **Go-Jek** (S. 82) funktionieren zuverlässig und sind günstiger als Taxis.

Taxis kosten bei Einstieg 6000 Rp inkl. der ersten 2 km, dann 520 Rp pro 300 m. Empfehlenswert sind **Blue Bird**, ✆ 0411-441234, und **Bosowa**, ✆ 0411-454545. Die Fahrt zu den Busterminals kostet 120 000 Rp, zum Flughafen 150 000 Rp.

TRANSPORT

Busse

Es gibt 3 Busbahnhöfe in Makassar: **Terminal Daya**, 8 km nördlich, für Busse nach Tana Toraja; gen Süden und Südosten verkehren private Sammeltaxis *(Kijang)* oder Minibusse vom **Terminal Mallengkeri**, 5 km südöstlich, und vom **Terminal Sungguminasa**, 12 km südöstlich vom Zentrum.

Terminal Daya

Zu erreichen in 1 Std. mit den blauen *Pete-pete* in Richtung Daya. Allerdings fahren die Busse auch von den Büros der Busgesellschaften ab, die näher an der Innenstadt liegen. Empfehlenswert ist es, sich direkt zum Büro der Busgesellschaft bringen zu lassen und alle Wertsachen am Körper zu tragen.

RANTEPAO, 314 km, gegen 9 und 10 Uhr sowie von 20–22 Uhr für 130 000–300 000 Rp in 8–9 Std. Am komfortabelsten ist Manggala Trans um 21 Uhr für 300 000 Rp.

Busgesellschaften:

Bintang Prima, Jl. Perintis Kemerdekaan KM 12, ✆ 0852-4287 8266.

Kharisma, Jl. Perintis Kemerdekaan KM 9, ✆ 0821-7545 2005.

Litha, Jl. Urip Sumoharjo KM 7, ✆ 0411-5132455.

Manggala Trans, Jl. Perintis Kemerdekaan (gegenüber Makassar Townsquare, M-Tos), ✆ 0852-4287 8226.

Terminal Mallengkeri

Erreichbar mit roten und hellblauen *Pete-pete* für 5000 Rp. Hellblaue *Pete-pete* mit einem weißen Streifen in Richtung Butung fahren von Mallengkeri via Jl. Hasanuddin und Jl. Pattimura ins Stadtzentrum.

BIRA, 181 km, Busse fahren nur von 7–9 Uhr für 100 000–150 000 Rp; *Kijangs* bei genügend Passagieren bis 17 Uhr für 80 000 Rp in 5–7 Std., Charterpreis 700 000–800 000 Rp.

Fähren

Pelni, Jl. Sawerigading 14, Ecke Jl. Jend. Sudirman, ✆ 0411-361 4861, 💻 www.pelni.co.id, 🕒 Mo–Sa 8–14 Uhr. Von Makassar ist auf dem Seeweg praktisch jeder Winkel des Archipels zu erreichen. Fahrpläne und Preise sind auf der Website aktuell abrufbar.

Flüge

Der **internationale Flughafen Sultan Hasanuddin** (UPG) fungiert oft noch unter dem Namen **Ujung Pandang** und liegt 22 km nördlich der Stadt. Es verkehren Flughafentaxis für 150 000 Rp bzw. Damri-Busse von 6–18 Uhr etwa alle 30 Min. für 27 000 Rp in ca. 1 Std. (Haltestelle „RRI" gegenüber vom Singgasana Hotel nahe Pantai Losari). Es fliegen:

AirAsia, 💻 www.airasia.com, nach KUALA LUMPUR;

Citilink, 💻 www.citilink.co.id, nach AMBON, BALIKPAPAN, GORONTALO, JAKARTA, MANADO und SURABAYA;
Garuda Indonesia, 💻 www.garuda-indonesia.com, nach BALIKPAPAN, DENPASAR, GORONTALO, JAKARTA, JAYAPURAM, LOMBOK, MANADO, SORONG, SURABAYA und YOGYAKARTA;
Lion Air, Batik Air und **Wings Air**, 💻 www.lionair.co.id, nach AMBON, BALIKPAPAN, DENPASAR, GORONTALO, JAKARTA, JAYAPURA, LOMBOK, MANADO, POSO, PULAU SELAYAR, SORONG, SURABAYA und YOGYAKARTA;
Silk Air, 💻 www.silkair.com, nach SINGAPORE;
Sriwijaya Air, 💻 www.sriwijayaair.co.id, nach BALIKPAPAN, BANJARMASIN, DENPASAR, GORONTALO, JAKARTA, MANADO, MANOKWARI, SORONG, SURABAYA und YOGYAKARTA;
TransNusa, 💻 www.transnusa.co.id, nach MAUMERE, MOROWALI und TANA TORAJA.

Die Umgebung von Makassar

Die vorgelagerten Inseln

In der Straße von Makassar, nur wenige Kilometer vor der Küste, liegen die Inseln des **Spermonde-Archipels** mit teils weißen Sandstränden und kristallklarem Wasser. Die beliebteste Insel mit guten, vom Strand erreichbaren Schnorchelgründen ist die 7 km entfernte **Pulau Samalona**. Die Boote für max. 8 Pers. fahren vom Pier schräg gegenüber dem Fort Rotterdam für 500 000 Rp (bzw. 40 000 Rp p. P.) in 30 Min. Es gibt eine einfache Unterkunft und einen Warung sowie Leihschnorchel und -flossen auf der Insel.

Gowa (Sungguminasa)

Der Vorort im Speckgürtel südöstlich von Makassar (*Pete-pete* 5000 Rp) war früher der Sitz der Könige von Gowa. Ihr einstiger Palast, ein hölzerner Pfahlbau aus dem Jahr 1936, beherbergt das enttäuschende **Balla Lompoa Museum** mit Waffen und Trachten, alten Fotos der Königsfamilien, einem Stammbaum, aber kaum Erläuterungen. Auf Fotos sieht man die Kroninsignien, darunter die 16 kg schwere Krone. Eine Tabelle am Eingang zeigt, wann bestimmte Gebiete im Archipel unter die Herrschaft von Gowa fielen – Bima 1617, Kutai 1618, Sumbawa Besar 1621, Ternate 1640 usw. 🕒 8–16 Uhr, Sa und So manchmal geschlossen, Eintritt 2000 Rp.

Etwa 3 km vom Museum wieder in Richtung Makassar liegen die **Königsgräber**, u. a. das von Sultan Hasanuddin (1629–1670), der wegen seines Widerstands gegen die Niederländer als Nationalheld verehrt wird. 🕒 Mo–Fr 8–17 Uhr. Außerhalb der Friedhofsmauern steht der **Tomanurung-Stein**, auf den zu Beginn der Geschichte himmlische Vorfahren der Gowa-Könige herabgestiegen sein sollen und wo die Könige in prunkvollen Zeremonien gekrönt wurden.

Taman Wisata Bantimurung

Der Nationalpark liegt 40 km nordöstlich von Makassar inmitten einer einzigartigen Landschaft von steilen, überwucherten Kalkfelsen. Schon der bekannte Naturforscher Alfred Russel Wallace war 1857 von seinem Naturreichtum begeistert. Glanzstück ist ein 20 m breiter und 30 m hoher **Wasserfall**: Zwischen zwei senkrechten Wänden aus Kalkstein ergießt sich der Fluss über einen breiten, schrägen Basaltfelsen. Betonstufen führen am Wasserfall hinauf zu einem Pfad durch die Schlucht. Rechts vom Wasserfall, 20 Minuten zu Fuß über einen betonierten Weg mit vielen Treppenstufen, kommt man zu mehreren Höhlen, z. B. zur **Goa Mimpi**, die mit Guide betreten werden können. Beste Zeit für einen Besuch ist von Mai bis Oktober, wenn die Bäume blühen.

Bantimurung war stets für seine große Schmetterlingspopulation bekannt. Leider sieht man sie immer weniger, zudem ist der Park für internationale Besucher deutlich überteuert und ziemlich vermüllt. 🕒 9–18 Uhr, Eintritt 150 000 Rp, Sa und So 225 000 Rp.

Anfahrt: *Pete-pete* fahren vor dem Terminal Daya für 8000 Rp nach Maros, hier umsteigen und für 10 000 Rp nach Bantimurung. Den letzten Kilometer vom Dorf zum Naturpark *(Taman Wisata)* muss man laufen.

Taman Prasejarah Leang-Leang

Zwischen Bantimurung (3 km) und Maros (8 km) führt in **Bakalu** eine Brücke über den Fluss. Von hier sind es noch 5 km bis zu den **Leang-Leang-Höhlen**, die man zu Fuß, per Minibus oder *Ojek* erreicht. Mit einem Guide geht es 200 m durch einen kleinen Park mit Bachlauf und großen Felsblöcken – unter der Woche recht idyllisch – und schließlich eine steile Treppe hinauf zu stark verwitterten **Wandmalereien**. Sie wurden 1950 von einem niederländischen Professor entdeckt, aber erst 2017 annähernd genau datiert. Die Darstellung eines Hirschebers sowie unweit entdeckte Handnegative sind mit 35 000–40 000 Jahren die ältesten Kunstwerke des Archipels. In einem kleinen, meist verschlossenen Museum sind die Ausgrabungstätigkeiten dokumentiert (Spende). Die Umgebung mit den abrupt aus der Ebene aufragenden, teilweise überhängenden Kalksteinbergen und bizarren Felsformationen verlockt zu ausgedehnten Wanderungen. ⌚ 8–18 Uhr, Eintritt 20 000 Rp.

Rammang-Rammang

Gut mit den Leang-Leang Höhlen oder einem längeren Aufenthalt am Flughafen kombinierbar ist ein Ausflug ins idyllische Rammang-Rammang-Tal. Das hiesige Dorf **Desa Berua** mit seinen Fischteichen, Reisfeldern und Kokospalmen, vereinzelten Häusern, grasenden Ziegen und Rindern ist komplett von Karstfelsen eingeschlossen und nur über den Fluss **Sungai Pute** erreichbar. Guides (die aber nicht vor Ort gestellt werden, s. Makassar Touren) weisen bei einem Spaziergang durch die Felder den Weg zu **Höhlen**, wo australische Forscher jahrtausendealte Werkzeuge fanden. An Wochenenden wird die ländliche Ruhe häufig von größeren Gruppen aus Makassar gestört.

Für eine Tagestour mit einem Guide nach Leang-Leang und Rammang-Rammang sind ab 600 000 Rp zu zahlen. Auf eigene Faust nimmt man ein *Pete-pete* vom Terminal Daya über Maros in Richtung Pangkep für 10 000 Rp. 9 km hinter Maros steigt man an der Abzweigung zur Zementfabrik *Bosowa* aus und läuft 800 m von der Hauptstraße zur Bootsanlegestelle **Dermaga Rammang-Rammang 1**. Hier kann man sich an zwei Warung stärken und eines der kooperativ organisierten Boote für 200 000/250 000 Rp hin und zurück (bei 1–4 bzw. 5–8 Pers.) nehmen. Die Fahrt dauert 15 Min. und führt durch Nipah-Palmen und Mangroven; auf dem Fluss und im Tal gibt es kaum Schatten – Kopfbedeckung mitnehmen! Eintritt ins Dorf 10 000 Rp.

Von Makassar nach Bira

Die Busse zwischen Makassar und Bira/Pulau Selayar machen in **Bantaeng** eine kurze Rast. Es ist ein ruhiger, uninteressanter Ort mit Berghängen auf der einen und weiten Buchten auf der anderen Seite. Aus Makassar kommend, werden vorher ausgedehnte **Salzgärten** passiert: Meerwasser wird auf riesige, von Dämmen eingefasste Felder geleitet, um in der Tropensonne zu verdunsten. Zurück bleibt das Salz, das wie Schnee in der Sonne glänzt.

Ein Zwischenstopp lohnt bei der Ortschaft **Tanaberu** kurz vor Bira, wo an den Stränden in mühevoller Handarbeit bis zu 40 m lange und 400 t schwere *Pinisi* (Bugis-Schoner) und kleinere Fischerboote gebaut werden. Schiffe in allen Größen und in den verschiedenen Bauphasen können bestaunt werden. Ganz ohne Baupläne und Eisennägel werden die Planken aus schwerem Eisenholz mit Holzdübeln verbunden und mit Kapokfasern oder Baumrinde abgedichtet. Zwischendurch erfrischen sich die Bootsbauer gut gelaunt im Meer und lassen sich gegen Zigaretten und andere Geschenke auch bei der schweißtreibenden Präzisionsarbeit fotografieren.

Bira und Pulau Selayar

Das kleine Fischerdorf an der äußersten Südostspitze Süd-Sulawesis ist ein Strandort mit überwiegend einfachen Bungalow-Anlagen, die für Wochenendausflügler aus Makassar bereitstehen. Bira liegt fast am Ende einer kargen, trockenen Halbinsel, die von niedrigen Steilküsten aus Korallenkalk gesäumt und von einer Buschwildnis bedeckt ist. Am Oststrand werden *Pinisi*-Schoner gebaut, und von einem **kleinen Hafen** legen die Fähren nach **Pulau Selayar** und Labuan Bajo ab. Der breite Weststrand mit pulverfeinem, weißem Sand ist ebenfalls kilometerlang. Es gibt weder eine nennenswerte Brandung noch starke Strömungen, sodass gefahrlos gebadet werden kann. Allerdings wurden alle Schatten spendenden Palmen abgeholzt, stattdessen zieht sich eine lange Reihe an Garküchenzelten und leider viel Plastikmüll den Strand entlang gen Norden.

Taka Bonerate – das drittgrößte Atoll der Welt

Eine fünfstündige Bootsfahrt trennt Pulau Selayar (südlich von Bira) vom drittgrößten Atoll der Welt, das südöstlich der Insel in der Floressee liegt. Lediglich das Kwajalein-Atoll der Marshall-Inseln und das Suvadiva-Atoll der Malediven sind größer als dieses 2200 km² umspannende indonesische Korallenriff. Der 2001 gegründete **Taka Bonerate-Nationalpark** umfasst 5307 km², knapp 20 Inseln und eine unglaubliche maritime Artenvielfalt: 261 Korallenarten, 295 Fischarten und 244 Mollusken sowie verschiedene Schildkrötenarten.

Boote fahren nur von Pulau Selayar zu dem Taucherparadies, und bisher bietet nur die 1,5 km lange und 400 m breite Insel **Tinabo** offizielle Unterkünfte.

Um den Nationalpark zu erreichen, nimmt man von Bira tgl. um 14 Uhr die Autofähre nach Pamatata auf Pulau Selayar, von dort geht es mit einem Minibus in 1 1/2 Std. nach Benteng, wo z. B. das Tinabo Dive Resort Gäste mit dem Speedboot nach Tinabo (5 Std.) bringt. Kontakt über 💻 www.fb.com/tinaboselayar.

Auf der Straße Richtung Norden vorbei an einigen zwielichtigen Karaoke-Bars und durch einen lichten Wald von Mango-Bäumen – oder bei Ebbe schöner entlang des Strands – erreicht man nach 3 km den ruhigeren **Bara Beach**, wo die Kokospalmen noch stehen. Hier findet man nettere Unterkünfte und ein Tauchcamp.

Insgesamt gibt es 28 **Tauchplätze** entlang der Küste sowie um die vorgelagerten Inseln Pulau Liukang, Pulau Kambing, Pulau Pasi und Pulau Selayar. Dort tummeln sich vor allem Schwarzspitzen-, Weißspitzenriff- und Grauhaie, aber auch Thunfische, Schildkröten, Zackenbarsche, Barrakudas sowie Mantas und Adlerrochen. Die farbenprächtigen Korallengärten rund um Pulau Liukang und Kambing sind auch für Schnorchler sehenswert. Speziell im April können Delphine und im November der größte Barsch der Welt *(Giant Grupa)* gesichtet werden.

Alle ankommenden Gäste zahlen einmalig 40 000 Rp **Eintrittsgebühr** an der Hauptstraße.

ÜBERNACHTUNG UND ESSEN

Bira Beach

€ **Salassa Gh. & Restaurant**, im Ortszentrum links der Hauptstraße, ✆ 0812-426 5672, 💻 www.fb.com/salassaguesthouse bira. Ein 2-stöckiges Stelzenhaus mit beliebtem Restaurant, 6 einfachen Zimmern mit Ventilator, Federkernmatratzen und Gemeinschaftsbad im 2. Stock sowie Bungalows mit privatem Bad. Hausherr Erique und seine Frau Shanty sind erfahrene Guides und können Transport, Motorroller und Touren organisieren. In dem gemütlichen Restaurant werden an robusten Holztischen günstige und frische Fruchtsäfte, Fisch, Spaghetti und indonesische Gerichte serviert. ❷–❸

Warung Bamboo, links der Hauptstraße. Beliebtes Warung mit überschaubarer, zweisprachiger Karte und 4 großen Holztischen, wo man gut mit anderen Travellern ins Gespräch kommen kann. Die Küche bereitet frischen Fisch, Seafood und indonesische Gerichte ab 30 000 Rp zu. 🕒 7–23 Uhr.

Bara Beach

Bira Dive Camp, Jl. Bara, ✆ 0812-2181 3253, 💻 www.biradivecamp.com. Erste Adresse für Taucher in Bira unter neuem Management seit 2017. Das Camp liegt direkt am Strand, mit günstigen Dorms mit Hochbetten und einfachen Holzbungalows. Alle Zimmer haben neue Matratzen, Safe und Gemeinschaftsbad. Angebote inkl. Verpflegung, 2 Tauchgängen und Übernachtung ab 990 000 Rp. ❷–❹

BaraCoco Bungalows, Jl. Bara, ✆ 0813-5584 8601, 💻 www.fb.com/BaraCoco-Bungalows-1014024711982759. Ruhige Anlage mit 5 rustikalen, hochwertigen Holzbungalows mit Panoramafenstern und einem schönen Blick auf Kokospalmen und das Meer. Alle Zimmer mit großem Bad, Moskitonetz und Veranda mit Hängematte. Gutes Restaurant, freundliches belgisch-indonesisches Betreiberpaar. Frühstück inkl. ❹

Cosmos Bungalows, Jl. Bara, ✆ 0822-9260 8820, 💻 www.cosmosbungalows.com. Erste von Backpackern gegründete Unterkunft am Bara Beach. Die 7 Holzbungalows in verschiedenen Größen mit Bad, stabilem Bett, Moskitonetz, großer Fensterfront und Hängematte liegen auf der Steilklippe teils mit schöner Aussicht auf das Meer. Restaurant mit Meerblick und Treppe hinab zum Strand. Frühstück inkl. Früh buchen! ❸–❹

Weststrand

Kaluku Cottages, Jl. Panrang Luhu, ✆ +61-422 984 889 (Australien, nur WhatsApp), 💻 www.kalukucottages.com. 1,5 km nördlich des Fährhafens am Weststrand betreibt Carol aus Australien in einem tropischen Garten eine familienfreundliche Anlage mit unterschiedlichen Bungalows und einem Strandhaus. Alle sind mit Bad, Safe und Kühlschrank, teils auch mit AC und Warmwasser ausgestattet. In 5 Minuten erreicht man zu Fuß einen Strandabschnitt, wo *Pinisi*-Boote in Handarbeit gefertigt werden. Frühstück inkl. ❹–❻

Pulau Selayar

Selayar Dive Resort, Bonetapalang, 2,5 Std. mit dem Schnellboot ab Bira, 💻 www.selayar-dive-resort.de. Familiäres deutsches Tauchresort unter der Leitung von Jochen, der das Hausriff seit über 20 Jahren mit viel Einsatz schützt. Einfache, aber geräumige Holzbungalows mit Moskitonetz und eine luxuriöse Strandvilla mit offenem Bad und AC am weißen Sandstrand und in abgelegener Umgebung. Gut organisiertes Tauchcenter, Abholung in Makassar. Vollverpflegung inkl. Nur Okt–April geöffnet. ❽

AKTIVITÄTEN UND TOUREN

Es gibt 3 **Tauchzentren** in Bira und Bara. Empfehlenswert ist das Bira Dive Camp, s. Übernachtung, mit dem neuesten Equipment und zwei eigenen Booten. Ein Tauchgang kostet 35 €, PADI-Open-Water-Kurs für 4,9 Mio. Rp. Bei mehreren Tauchgängen reduzieren sich die Preise.
In Bara ist das **Schnorcheln** direkt vom Strand aus möglich. Schnorchelmaske und -flossen können am Strand und in den Unterkünften ausgeliehen werden. Tauchboote nehmen Schnorchler oft für 150 000 Rp mit. Für Schnorchelausflüge bieten Bootsbesitzer am Strand von Bira ihr Boot für 350 000 Rp inkl. Schnorchelausrüstung für max. 6 Pers. an.
Motorräder und **Fahrräder** können vom Salassa Gh., s. Übernachtung, gemietet werden.

SONSTIGES

Bira hat weder eine Bank noch eine Post oder ein Krankenhaus. Der nächste **Geldautomat** befindet sich am Fährhafen und akzeptiert sowohl Kreditkarten (Mastercard und Visa) als auch Bankkarten (Maestro und Cirrus).

TRANSPORT

Auto

Kijangs können ab 800 000 Rp nach MAKASSAR und ab 900 000 Rp zum FLUGHAFEN in Makassar gechartert werden. Für die Fahrt direkt nach TANA TORAJA muss ein Auto mit Fahrer ab 2 Mio. Rp gemietet werden. Günstiger ist die Fahrt nach Tana Toraja über Makassar und weiter mit einem komfortablen (Nacht-)Bus.

Busse

Vom Terminal Mallengkeri in MAKASSAR (181 km) fahren bis 9 Uhr Busse (100 000–150 000 Rp) und bis 17 Uhr *Kijangs* (80 000 Rp) in 5–7 Std. nach Bira. Rückfahrt nach Makassar zum gleichen Preis um 6, 9 und 10 Uhr kann jede Unterkunft organisieren.

Fähren

Eine Autofähre fährt So um 24 Uhr nach LABUAN BAJO (Flores) für 125 000 Rp in ca. 24 Std. Die Fähre nach PULAU SELAYAR legt tgl. um 14 Uhr ab (ab 20 000 Rp) und benötigt 2 Std.

Sengkang

Die Kleinstadt mit über 50 000 Einwohnern liegt in einer fruchtbaren Ebene zwischen Pare Pare und Watampone an dem schönen **Danau Tempe**. Dieser See befindet sich nur 3 km westlich vom

Die Seidenweberei von Sengkang

In einigen Dörfern um Sengkang wie in Sempange und in Ujung Pero wird handgesponnene Naturseide zu sehr feinen Sarongs verarbeitet. Frauen sitzen unter den Pfahlhäusern und klappern mit Webstühlen, die erst seit 40 Jahren benutzt werden. Früher wurden die Sarongs in monatelanger Handarbeit am Boden sitzend in traditionellen Webrahmen gefertigt. Heute ist man schneller und produktiver. In Webstühlen lassen sich auch meterlange Seidenbahnen herstellen, die zu Hemden und Kleidern verarbeitet werden.

Ortszentrum, aber es ist so gut wie unmöglich, sein Ufer zu Fuß zu erreichen, da er von Sümpfen umgeben ist, durch die zudem mehrere Flussarme verlaufen. In Richtung Danau Sidenreng erstrecken sich noch Reste sumpfiger Wälder, die zum Naturschutzgebiet (9445 ha) erklärt worden sind. Der Danau Tempe ist ein sehr seichter See – weite Flächen sind von Wasserpflanzen bedeckt – und äußerst fischreich, wie man schon an der erfreulichen Vielfalt der Wasservögel erkennen kann. Man kann sich am Flussufer in Sengkang eines der langen, sehr schmalen *Prahu Motor* chartern und sich die **schwimmenden Dörfer der Bugis** auf dem See aus nächster Nähe anschauen.

Die Sengkang-Region ist in Indonesien für ihre Seidenproduktion berühmt. Allerdings sind die Menschen hauptsächlich mit der **Seidenweberei** beschäftigt – die Seidengewinnung wird in den Dörfern um Watangsoppeng, 42 km südlich von Sengkang, betrieben.

ÜBERNACHTUNG

Hotel BBC, Jl. Andi Pallawarukka 17, ✆ 0485-21363, 💻 www.fb.com/hotelBBCSENGKANG. Beste Unterkunft in Sengkang mit Blick auf den Tempe-See mit 30 kleinen, sauberen Zimmern, komfortablen Matratzen und Warmwasser. Nur wenig Englisch. Frühstück inkl. ❹

Pondok Eka, Jl. Maluku 12, ✆ 0852-9944 9959. In zentraler Lage liegen um einen Innenhof mit nicht ganz sauberem Pool geräumige und saubere Zimmer mit AC und Warmwasser. Die Familie ist freundlich und hilfsbereit. Frühstück inkl. ❹

EINKAUFEN

Die Seide wird hauptsächlich in den Dörfern um Sengkang in Heimproduktion verarbeitet. 5 km nördlich der Stadt an der Straße nach Palopo bestehen ganze Dörfer aus Seidenkooperativen. Ein größeres Produktionshaus mit Laden und großer Auswahl ist **Losari Silk**, Jl. Andi Baso 4, gegenüber dem Markt von Sempange, ✆ 0485-22489.

SONSTIGES

Guides

Ortskundige, lizenzierte Führer für Touren kann man in allen Hotels finden. Eine 2-stündige **Bootstour** auf dem Danau Tempe für bis zu 5 Pers. kostet 200 000 Rp.

Informationen

Tourist Information Center, Jl. Mesjid Raya 6. 🕒 Mo–Do 8–13, Fr 8–11, Sa 8–12.30 Uhr.

TRANSPORT

Vom zentralen **Busbahnhof** fahren Busse und *Kijangs*. Um von Sengkang nach RANTEPAO zu gelangen, nimmt man einen Bus Richtung Pare Pare oder Makassar und steigt in Lawawoi (Puluale) aus, 40 000 Rp; an der Abzweigung kommen regelmäßig Busse nach Rantepao vorbei, 100 000 Rp. Fahrtdauer ca. 4 Std.

16 HIGHLIGHT

Tana Toraja

Im gebirgigen Hochland rund 300 km nördlich von Makassar liegt Süd-Sulawesis attraktivste und von Touristen meistbesuchte Region, Tana Toraja (kurz: Tator). Steile Kalkfelswände und hohe, bewaldete Berge umgeben fruchtbare Flusstäler, in denen eine malerische Kulturlandschaft aus Reisfeldern und Bambushainen zu ausgedehnten Wanderungen einlädt. Darin fügen sich harmonisch die Dörfer der Toraja mit ihren reich verzierten traditionellen Häusern ein.

Dieses protomalaiische Volk hat, obwohl weitgehend zum Christentum bekehrt, die Ahnenverehrung und damit einen wichtigen Teil seines alten Glaubens beibehalten. Dies zeigt sich in den aufwendigen Bestattungszeremonien, zu denen manchmal über hundert Wasserbüffel und Schweine geopfert werden. Die Toten werden in Höhlen oder in den Fels gemeißelten Gräbern bestattet; davor stehen lebensechte Holzfiguren, welche die Verstorbenen repräsentieren.

Die durchschnittlich 700 m hoch gelegene Region eignet sich dank ihres relativ kühlen Bergklimas bestens für Trekkingtouren und Erkundungen mit dem Motorroller. Regenzeit herrscht von Dezember bis März, aber auch in den restlichen Monaten regnet es häufig am Nachmittag.

Rantepao

Die Hauptstadt des Bezirks Tana Toraja ist zwar **Makale**, der Tourismus konzentriert sich aber in dem günstiger gelegenen Marktstädtchen Rantepao, mit vielen Hotels, Pensionen und Restaurants. Die in einer Biegung des Sa'adan-Flusses gelegene Stadt mit 30 000 Einwohnern ist der beste Ausgangspunkt für Ausflüge in die reizvolle Umgebung.

Im Stadtkern ragt westlich vom Kreisverkehr ein 10 m hohes **Denkmal vom reitenden Pong Tiku**, dem Nationalhelden der Toraja, empor. Der Anführer der Toraja-Armee, die sich gegen das holländische Kolonialheer stellte, wurde 1907 auf diesem Platz zum Tode verurteilt. Heute beherbergt der Platz den umliegenden **Markt** und ein kleines, meist geschlossenes **Art Center** mit Veranstaltungssaal. Die Produkte der Region werden außerdem auf dem **Pasar Tradisional Rantepao**, Jl. Abdul Gani, zum Verkauf angeboten, ⏲ 4.30–19 Uhr.

Alle sechs Tage wird etwa 3 km außerhalb der Stadt an der Straße nach Palopo der wichtigste Büffel- und Schweinemarkt der Region, der **Pasar Bolu**, abgehalten. Ab Sonnenaufgang werden hier für anstehende Begräbnisse die teuren Büffel auf Kleinlaster geladen und quiekende Schweine mit Bambustragen fortgeschafft. Tagsüber bieten außerdem Bauern aus der Umgebung frisches Obst, Gemüse und den bekannten Toraja-Hochlandkaffee feil. Anfahrt mit dem Minibus vom Kreisverkehr (5000 Rp).

ÜBERNACHTUNG

Rantepao besitzt eine große Zahl von meist familiengeführten Pensionen *(Wisma)* und Hotels in allen Preislagen. Einige teurere sind etwas außerhalb inmitten von Reisfeldern zu finden. Praktisch alle Unterkünfte sind schon älter, verlangen aber immer noch stolze Preise, sodass man besonders in der Nebensaison gut Rabatte einfordern kann.

Indra Toraja, Jl. Landorundun 63, ✆ 0423-21583, 💻 www.indratorajahotel.com. Zentral gelegene Pension mit einem schönen, grünen Innenhof. Die Zimmer in 4 Kategorien mit Bambusverkleidung und Warmwasser sind alt, aber sauber und mit TV und AC ausgestattet. Frühstück inkl. ❹–❺

Luta Resort Toraja, Jl. Dr. Ratulangi 26, ✆ 0423-21060, 💻 www.torajalutaresort.com. Beste Adresse der Stadt, am Fluss mit verwinkelten Gängen und ungewöhnlicher Architektur, die moderne mit traditionellen Toraja-Elementen verbindet. 36 unterschiedlich ausgestattete Zimmer mit Marmorböden, guten Betten und Natursteinbädern, teils mit Balkon zum üppig begrünten Innenhof. Die günstigen dunkel, die teureren heller und gepflegter. Mit Restaurant, kleinem Pool und Spa. Professioneller Service. Frühstück inkl. ❺–❻

Madaranda, Jl. Sa'adan 21 B, ✆ 0423-23777. Die 4 großen, traditionellen Toraja-Häuser sind im Inneren ausgebaut, aber überteuert. Die 16 hohen Zimmer sind geräumig, einfach ausgestattet und haben saubere Bäder mit Warmwasser. Restaurant mit Auswahl an westlichem Essen. Frühstück inkl. ❹

Pia's & Poppies, Jl. Pongtiku, Lorong Merpati 4, ✆ 0423-21121, 💻 www.fb.com/poppiestoraja. Im Süden des Ortes

SULAWESI

gegenüber einer Kirche wird die bei westlichen Travellern beliebte Unterkunft von der freundlichen, hilfsbereiten Yon geführt. Im Reihenhaus hinter dem Restaurant sowie im 3-stöckigen Neubau mit schöner Aussicht über die Reisfelder sind geräumige Zimmer mit Warmwasser, aber spärlicher Einrichtung. Morgens weckt das Krähen der Hähne und Glockengeläut die Gäste. Auch Einzel- und Familienzimmer. Büchertausch, Massagen und Motorradvermietung. ❷

€ **Rosalina Homestay**, Jl. Pongtiku, ✆ 0812-424 6228, 💻 www.fb.com/RosalinaHomestayRantepao. Der erfahrene Guide Enos führt ein familiäres Homestay mit 5 kleinen Zimmern an der südlichen Ortsgrenze. Sie bieten neben guten Betten und Warmwasser auch einen wunderbaren Blick über die Reisfelder gen Süden. Frühstück inkl. ❷–❸

Toraja Heritage, Jl. Kete Kesu, 1,5 km südöstlich, ✆ 0423-21192, 💻 www.toraja-heritage.com. Das ehemalige Novotel auf einem ruhigen Hügel erfüllt mit stilvoll eingerichteten Zimmern, teils Marmorbädern und mächtigen traditionellen *Tongkonan*-Dächern noch immer den höchsten Standard, wenn auch viele Gebäude von außen deutlich verblasst sind. Die große Poollandschaft mit einem Kinderbecken kann für 25 000 Rp auch von Tagesgästen genutzt werden. Frühstück inkl. ❼

Toraja Misiliana, Jl. Pongtiku 27, 3 km südlich, ✆ 0423-21212, 💻 www.torajamisiliana.com, Karte S. 642. Große 3-Sterne-Anlage mit 5 bewohnbaren traditionellen *Tongkonan* und knapp 100 voll ausgestatteten Zimmern in verschiedenen Preisklassen. Mehrere Restaurants, Pools und Tennisplätze, Spa sowie Yoga-, Pilates- und Zumba-Kurse. Frühstück inkl. ❺–❻

Toraja Torsina, Jl. Pao Rura 26, 1,8 km südlich, ✆ 0423-21293, 💻 www.hotel-torsina.com. Etwas älteres Haus mit gepflegtem Garten und 18 Zimmern in ruhiger Lage, umgeben von Reisfeldern. Restaurant und großer, nicht sehr gepflegter Pool. Frühstück inkl. ❹

Wisma Monika, Jl. Sam Ratulangi 36, ✆ 0423-21216. Großes, helles Privathaus mit großen Fenstern und 16 sauberen Gästezimmern, eher harten, festen Matratzen und Warmwasser, gegen Aufpreis geräumiger und mit AC. Frühstück inkl. ❹

ESSEN

Viele Restaurants haben sich auf Traveller eingestellt und servieren eine Auswahl an westlichen Speisen. Empfehlenswert sind aber die Toraja-Gerichte, die in der Regel 1–2 Std. vor Verzehr vorbestellt werden müssen, z. B. *Pa'piong*, auf offenem Feuer im Bambusrohr gegartes, würziges Huhn, Schwein oder Fisch. Interessant sind auch Büffelfleisch- und Avocadogerichte sowie die leckeren Tamarillo- und Markisasäfte. Sonntags öffnen viele Restaurants erst am späten Nachmittag oder gar nicht, eine Ausnahme bilden die Lokale der teureren Hotels.

Café Aras, Jl. A. Mappanyuki 64, ✆ 0823-9627 5688. Schönes Restaurant mit Bambuswänden, großen Schnitzereien und offener Küche. Große Auswahl an Toraja-, indonesischen und westlichen Gerichten. Hier trifft man auf Guides, die ein- und ausgehen. Mittlere Preise, WLAN. ⏲ Mo–Sa 9–23, So 15–23 Uhr. Eine weitere Filiale wenige Schritte südlich auf der anderen Straßenseite.

Mambo Restaurant, Jl. Sam Ratulangi 34, ✆ 0423-21134. Modern gestaltetes Restaurant mit Backsteinwand und bunter, englischsprachiger Karte. Gutes indonesisches Essen, *Sate* vom Schwein und Büffel sowie Pasta und Rösti zu günstigen Preisen. Bier und diverse Gesundheitsdrinks, z. B. mit Aloe Vera oder Manggis-Schalen. WLAN. ⏲ Mo–Sa 10–22 Uhr.

Pizza Kinaya, Jl. A. Yani 80, ✆ 0852-4043 5301, 💻 www.fb.com/Pizza-Kinaya-442317075910688. Im hippen, halb offenen Warung an der lauten Straße werden akzeptable Pizza sowie Büffelsteak, Pasta und indonesische Gerichte zu vertretbaren Preisen serviert. Zudem Bier und Säfte, Sa ab 20 Uhr Livemusik. ⏲ Mo–Sa 10–23 Uhr.

Restaurant Pia's & Poppies, Jl. Pongtiku, ✆ 0423-21121. Im gleichnamigen Guesthouse werden abends schmackhafte lokale Gerichte in angenehmer Umgebung serviert. Man sollte für die Zubereitung eine Stunde einplanen oder vorbestellen. Ausgezeichnetes frittiertes Hühnchen, *Pa'piong* und *Babi Kecap* zu mittleren Preisen. ⏲ 18–22 Uhr.

Tana Toraja
N
0 1 2 3 4 5 km
Wanderung
Lempo – Rantepao S. 649
Wanderung
Kandeapi – Batutumonga
S. 649
ÜBERNACHTUNG
1 Mentirotiku Gh.
2 Toraja Torsina
s. Stadtplan
Rantepao
S. 642
Pulio
G. Sesean
2100
Limbonglangi
Babangan
Sarambu
Ra'be
1086
Buntu Erong
Pebulian
Webereien
To'barana
Sa'dan
Traditionelles Dorf
Sangkombong
Londongbiang
Tampan
Bonga
To'karau'
Batukamban
Lempo
Tinimbayo
Berurung
Lo'ko'mata
Bestattungsfelsen
Felsengräber
Deri
Palawa
Traditionelles Dorf
Batutumonga
Kata
Pana
Buntulobo
Lalimanuk
Pangli
Sangbua
Tanete
Bori
Sumpia
Megalithenzirkel
Felsengrab,
Megalithenzirkel
Rantedengan
Pariding
Kayurame
Traditionelles Dorf
Ponding
Mapaken
S. Sa'dan
Tikala
Kandeapi
Tantanan
Kole
Höhlengräber
Buntu Barana
Marante
Palopo
(20 km)
Lolai
Sereale
Tutunganbia
Barana'
Tallunglipu
Traditionelles Dorf
Tondon
Pemanikan
Kalambe
Pasar Bolu
Buntu Mamulu
1378
Negeri Atas Awan
930
Rantepao
Tagari
Pasanglambe
Buntu Singki
Pa'pulungan
Batupiak
Tampak
Karasik
Marampa'
Tongkonan Batu Rongko
957
Buntu Layang
G. Rangi
1134
Buntu TVRI
Ba'tan
S. Aang
Siguntu
Kendenan
Tandung
Altes Königsdorf
Angin-Angin
Mengkepe
Kadundang
Tiroan
Ke'te
Kesu
Altes Königsdorf,
hängende Gräber
Layang
Nanggala
Bua
Alang-Alang
Hängende
Gräber
Traditionelles
Dorf
Palatokke
Labo
Pa'tangngan
Bokin
Felsengräber
Paniki
Kaffee-
plantage
Londa
703
1140
Buntu Sarira
S. Kada
Kalaa
Madandan
Padesenan
Rorre
Tobulo
Ledo
Tonglo
S. Sa'dan
Tilanga-
Badesee
1156
G. Talangpura
S. Marara
Pongtiku
Buntao
Lemo
Bokko
Balik
Lemo-
Felsengräber
Sarira
Lengko
Titopang
Balabatu
Tembamba
Kapa
S. Palau
Durian
Tumerang
Kote
S. Lamba
Kindergräber
Sangalla
Tampangallo
Hängende Gräber
Lobe
Kambira
Sepon
Sarapung
Megalithen
Buntu Kalando
1092
G. Burake
Königsgräber
Suaya
Makale
Makula (4 km)

SULAWESI

€ **Rumah Makan Saruran**, Jl. A. Mappanyuki 19, ✆ 0423-21079. Bei Einheimischen beliebtes, preiswertes toraja-chinesisches Restaurant. Überwiegend gebratene Nudeln und Reis, zudem „Kentucky"-Chicken und vegetarische Gerichte, auch zum Mitnehmen. Indonesische Speisekarte und viele Fruchtsäfte. ⏲ 8–21.30 Uhr.

Warung Pong Buri', Jl. Emy Saelan 1. Die halb offene, einfache Garküche ist seit über 20 Jahren Anlaufstelle für authentische, erschwingliche Toraja-Küche und bei den Einheimischen sehr beliebt. Jeden Morgen werden die Gerichte vorgekocht und in Töpfen präsentiert, z. B. *Ledong Pamarassan*, Aal in dunkler Soße mit Reis. Der Warung schließt am frühen Nachmittag, wenn das Essen verkauft ist.

FESTE

Begräbniszeremonien in den Dörfern rund um Rantepao werden zu jeder Jahreszeit abgehalten, die größten finden zur Ferienzeit im Sommer oder um Weihnachten herum statt, damit möglichst viele Familienmitglieder anreisen können. Das **Tourist Office** und **Guides** wissen, wann und wo ein Begräbnis besucht werden kann. Es ist ratsam, sich von einem Guide führen zu lassen. Verhaltenshinweise s. Kasten.

Alljährlich im Juli oder August werden zum **Toraja International Festival** in Ke'te Kesu traditionelle Toraja- und Weltmusik sowie Tänze aufgeführt, aber auch Workshops und Kunstaustellungen organisiert.

EINKAUFEN

Die **Souvenirgeschäfte** im Zentrum an der Jl. A. Mappanyuki bieten Holzschnitzereien, Miniatur-*Tongkonan* sowie Web- und Flechtarbeiten. Schnitzereien sind immer in den überlieferten Farben Schwarz, Weiß, Rostrot und Ockergelb gehalten. Man kann sie auch direkt bei den Schnitzern, z. B. in Ke'te Kesu und Londa, erwerben.

Todi Weaving Shop, Jl. Pembangunan 19, ✆ 0423-27003, 💻 www.fb.com/todishop. Johannes Todi und seine Familie aus Kalumpang haben die dortige Tradition der *Ikat*-Weberei mit Naturfarben nach Tana Toraja gebracht. In dem großen Geschäft demonstriert er diese traditionelle Abbindetechnik (S. 135) und verkauft Stoffe der Weberinnen aus seinem Dorf, außerdem gewebte Stoffe aus Sa'dan, Batiken und andere traditionelle Textilien sowie Antiquitäten, Souvenirs und T-Shirts mit hochwertigem Design. Kreditkarten werden akzeptiert. ⏲ Mo–Sa 8–18.30, So ab 14 Uhr.

Toko Abadi, Jl. Mappanyuki. Größter Supermarkt im Ort mit guter Auswahl an Getränken, Snacks und Drogerieartikeln. Perfekt, um sich vor Trekkingtouren und Begräbnisbesuchen einzudecken. An der Kasse gibt es manchmal die empfehlenswerte Periplus-Landkarte für Tana Toraja. ⏲ Mo–Sa 8–19, So ab 14 Uhr.

AKTIVITÄTEN UND TOUREN

Guides

Besuche der touristisch etablierten Orte wie Ke'te Kesu, Londa, Lemo und Sa'dan sowie schöne Wanderungen in der Berglandschaft um Palawa und Batutumonga können gut auf eigene Faust unternommen werden. Es ist aber ratsam, für den Besuch einer Feierlichkeit sowie für längere Treks auf die Dienste offizieller Guides zurückzugreifen. Diese sind in der „Guide Association" zusammengeschlossen und an feste Preise gebunden. Man trifft sie meist bereits vor den Unterkünften, abends im Café Aras oder über das Tourist Office. Pro Tag verlangen sie 400 000 Rp, bei Transport auf dem Motorrad bzw. mit dem Pkw 450 000 bzw. 850 000 Rp. Guides für mehrtägiges Trekking verlangen 500 000 Rp pro Tag. Empfehlenswert sind:

Daud Rapa, ✆ 0852-4217 7888, 💻 www.daudtoraja.com. Daud hat viel Erfahrung sowie profunde Kenntnisse der Kultur und Geschichte seines Volkes, die er sehr gut vermitteln kann. Er bietet auch Trans-Sulawesi-Touren in 21 Tagen an.

Enos Tandiarrang, ✆ 0852-5572 5432, ✉ enostoraja@yahoo.com. Enos spricht sehr gutes Englisch und ist seit 1987 ein beliebter Guide mit unerschöpflichem Wissen über Tana Toraja. Stark nachgefragt, deshalb ist eine frühe Kontaktaufnahme ratsam.

Hendrik Sampe, ✆ 0823-4781 3381, ✉ explore.indo@yahoo.co.id. Junger deutschsprachiger Guide für kulturelle Veranstaltungen und traditionelle Dörfer.

Yuspan Minggu, ✆ 0813-4039 7395, 💻 www.torajagood.blogspot.co.id. Junger, freundlicher und unaufdringlicher Guide, der individuelle Touren serviceorientiert anbietet.

Rafting und Wandern

Die stellenweise reißenden Flüsse Mai'ting, Maulu und Bambalu westlich sowie der Sa'dan südlich von Rantepao mit teils heftigen Stromschnellen eignen sich hervorragend für Wildwasserfahrten in der Regenzeit, das wiederum gut mit Wanderungen kombinierbar ist.

Toraja One Stop Adventure, ✆ 0812-1458 7515, 💻 www.torajaonestopadventure.com.

Verhalten bei Toraja-Festlichkeiten

Ausländer sind bei Toraja-Festlichkeiten gern gesehen, denn eine große Zahl von Gästen macht die Gastgeber stolz und soll ihnen Glück bringen. Wie bei vielen anderen indonesischen Festlichkeiten muss auch bei den Toraja auf bestimmte Regeln und Formen geachtet werden. Ein guter Guide kann nicht nur die Hintergründe des Festes erklären, sondern auch Hinweise zu richtigen Verhaltensweisen geben.

- Niemals sollte man vor den Teilnehmern stehen. Auch das Sitzen auf den Reisspeichern, wo die einflussreichsten und wichtigsten Leute **Platz** nehmen, ist nicht angebracht. Als Regel gilt: Immer im Hintergrund warten, bis man platziert wird.
- Bei der **Kleidung** gilt: Schultern müssen bedeckt sein, eine lange Hose oder ein Sarong sind angemessen. Bei Begräbnissen sollte man möglichst dunkle Farben und **kein Rot** tragen.
- Es besteht kein Zwang, **Geschenke** mitzubringen, die Höflichkeit gebietet es aber, einem der nächsten Verwandten etwas zu geben. Eine Stange Zigaretten oder 1 kg Zucker sind besser als Bargeld.

Professioneller Anbieter von Rafting auf dem Mai'ting (11 km, Stufe 2–3) in Kombination mit Wanderungen für US$75 inkl. Versicherung, Transport und Verpflegung. 2 Tage auf dem Sa'dan (45 km, Stufe 2–5) kosten mit Camping und Baden in heißen Quellen US$250. Nicht den Zeitaufwand wert ist das Rafting auf dem Rongkong, das 3 Stunden dauert, durch die weite Anreise aber den ganzen Tag in Anspruch nimmt.

Indo' Sella' Eco Expedition, Jl. Limbong, Ba'lele, nordwestlich von Rantepao, ✆ 0813-4250 5301, 💻 www.sellatours.com. Agus Lamba ist seit 1990 professioneller Rafting-Anbieter mit internationaler Erfahrung. Raftingtouren kosten bei 2 Pers. ab 65 € p. P., mit Trekking plus 10 €. Agus engagiert sich für soziale und ökologische Projekte und pflanzt mit seinen Gästen Bäume.

Trekkingtouren

Bei mehrtägigen Wanderungen ist ein Guide unerlässlich, z. B. 3 Tage durch Dörfer und Reisfelder von Tikala über Pulio und Limbong oder durch Wälder und Kaffeeplantagen von Nanggala über Bokin nach Makale. Er verlangt 500 000 Rp pro Tag plus 100 000 Rp pro Übernachtung. Normalerweise werden tgl. 15–20 km zurückgelegt (5–7 Std.). Genächtigt wird in einfachen Toraja-Häusern mit Verpflegung durch die Gastfamilien. Da es auch in der Trockenzeit oft regnet, gehört Regenschutz ins Gepäck. Hartgesottene Trekker auf der Suche nach Abenteuer sollten sich mit **Budi**, ✆ 0821-9296 7444, 💻 www.budi-trekking.com, kurzschließen, der in kaum erschlossene Regionen im Norden führt, Dschungeltreks mit Survival-Charakter und traditionelle Jagd organisiert.

SONSTIGES

Fahrrad- und Motorrollerverleih

Einige Unterkünfte und Reisebüros vermieten Motorroller für 70 000–100 000 Rp und Mountainbikes ab 50 000 Rp pro Tag.

Geld

Haji La Tunrung, Jl. Landorundun 27, ist ein Money Changer mit recht guten Kursen. 🕒 7–18 Uhr.

Informationen

Tourist Office, Jl. Jend. A. Yani 62 A, ✆ 0423-21277. Die Beamten sprechen etwas Englisch, haben Informationen zu aktuellen Veranstaltungen (z. B. Begräbniszeremonien), Transportmöglichkeiten, lizenzierten Guides und kostenloses Kartenmaterial. 🕒 Mo–Do 7.30–14, Fr bis 11.30 und Sa bis 12.30 Uhr.

Medizinische Hilfe

Rumah Sakit Elim, Jl. Jend. A. Yani, ✆ 0423-21258. Das einzige Krankenhaus der Stadt hilft bei leichten Erkrankungen, mit ernsten Sachen sollte man nach Makassar.

Post

Kantor Pos, Jl. Jend. A. Yani 111. 🕒 Mo–Fr 8–16, Sa 8–12 Uhr.

Die Toraja

© CHRISTIAN WACHSMUTH

Traditionelle Begräbnisfeier in Tana Toraja

Geschichte

Die Urahnen der Toraja, heute ca. 750 000 Menschen, kamen zwischen etwa 2500 und 1500 v. Chr. aus dem indochinesischen Raum nach Sulawesi. Wie die Batak oder die Dayak gehören sie zur protomalaiischen Bevölkerungsgruppe. Schwer zugängliche Wälder und Gebirgsketten isolierten die Toraja bis vor rund 500 Jahren vom Rest Sulawesis. Im 16. Jh. eroberte Arung Palakka, König von Bone, das Land der Toraja, wurde aber bald wieder vertrieben. Das 19. Jh. war von inneren Auseinandersetzungen der Toraja geprägt. Verschiedene Historiker führen das auf verstärkte Feuerwaffenverkäufe von Bugis-Händlern an die Toraja zurück; einige Toraja-Fürsten beschäftigten sogar Bugis als Militärberater. Im März 1906 kamen erstmals niederländische Truppen nach Tana Toraja und gliederten das Gebiet ihrem Kolonialreich ein.

Sozialstruktur

Trotz der zahlreichen äußeren Einflüsse, die im Laufe der vergangenen Jahrhunderte auf sie einwirkten, haben sich die grundlegenden Traditionen, Sitten und Gebräuche der Toraja nur wenig verändert. Zu einem nicht geringen Teil liegt das an der starren Sozialstruktur, die auch heute im ländlichen Tana Toraja bestimmend ist.

70 % aller Toraja sind **Kleinbauern**, die vom Nassreisanbau und von der Schweine- oder Büffelzucht leben. Sie gehören zur Klasse der Besitzlosen *(Tobuda)*. Eine landbesitzende Mittelschicht, die etwa 25 % der Bevölkerung umfasst, wird *Tomakaka* genannt, was „älterer Bruder" bedeutet. Die restlichen 5 % sind *Tokapua*, Angehörige des landbesitzenden Adels.

Fortsetzung auf S. 646

Fortsetzung von S. 645

Häuser

Die beeindruckende Architektur der traditionellen Toraja-Häuser mit den Dächern in Schiffsform ragt überall im Hochland aus den Reisfeldern heraus. Ein typisches Dorf besteht aus zwei parallel verlaufenden Häuserreihen in Ost-West-Richtung. Die **Wohnhäuser** *(Tongkonan)* sehen nach Norden und damit den Göttern entgegen und sind auf eckigen Holzpfählen errichtet. Ihnen gegenüber werden die **Reisspeicher** *(Alang)* von runden Pfählen getragen.

Das **Dach** aus übereinander gelegten Bambusschichten oder bei neueren Bauten öfter aus Wellblech ähnelt nicht nur einem Schiff, sondern seitlich auch der Form eines Büffelhorns. Die vorderen Stützbalken der Häuser sind z. T. mit zahlreichen Büffelhörnern von vergangenen Begräbnissen geschmückt und geben Aufschluss über die soziale Stellung und den Reichtum der Bewohner. Die Außenwände sind mit geschnitzten geometrischen Ornamenten in den Farben Rot, Schwarz, Weiß und Gelb verziert. Nägel werden bei der traditionellen Bauweise nicht benutzt.

Religion

Das Wort *Toraja* stammt von *To ri aja,* was so viel wie „die, die von oben kamen" bedeutet. Wahrscheinlich ist damit der Norden gemeint. Selbst wenn viele Toraja heute Christen sind, so werden noch immer alte Überlieferungen bewahrt und befolgt. Das Christentum der Toraja ist damit nur eine dünne Schicht auf der traditionellen animistischen Religion *Aluk Todolo.*

Nach dem *Aluk Todolo* ist das Universum dreigeteilt in Oberwelt, Erde und Unterwelt. Am Zenit der Oberwelt steht *Puang Matua,* der allgegenwärtige Schöpfer aller Dinge. Er sendet die *Dewata* auf die Erde, Gottheiten, die auf die Einhaltung der Religion und der religiös bestimmten Überlieferungen achten. Rituelles Verhalten und religiöse Gegenstände sind auf diese drei Sphären ausgerichtet. Der Osten repräsentiert die Götter im Allgemeinen, der Norden den Zenit und damit *Puang Matua,* der Westen die Ahnen und der Süden den *Nadir,* die Unterwelt.

Totenrituale

Nach dem Glauben der Toraja ist das Leben im Diesseits nur ein Übergang und allein das Sein danach von Bedeutung. Aus diesem Grund werden wochenlange Totenfeste gefeiert. In der Vorstellung der Toraja bleiben die Toten auf der Erde und müssen sich auf die lange, gefährliche Reise nach *Puya* begeben, einem mythischen Ort weit im Süden hinter dem Horizont. Ihr Weg beginnt im Tunnel eines Felsengrabs *(Liang).* Erreichen sie tatsächlich *Puya* und sind die erforderlichen religiösen Rituale von den lebenden Verwandten durchgeführt worden, können sie den heiligen Berg *Bambapuang* besteigen und damit in die Oberwelt eingehen. Die meisten Verstorbenen erreichen zwar *Puya,* kommen aber nicht in die Oberwelt, sondern leben mit den ins Grab genommenen Opfern in Frieden in *Puya.*

Daraus ergibt sich für die nächsten Angehörigen ein starker sozialer und religiöser Zwang, die vorgeschriebenen und äußerst kostspieligen Rituale durchzuführen. Eine Bestattung wird erst bekannt gegeben, wenn die nächsten Angehörigen des Verstorbenen die notwendigen materiellen Mittel aufgebracht haben. Damit können Hunderte Millionen von Rupiahs gemeint sein. Die Verwandten und sonstigen Gäste bringen aus diesem Anlass Geschenke mit: Büffel, Schweine, *Tuak* (Palmwein), Zigaretten oder andere Dinge.

Bis zum eigentlichen Begräbnis wird der Tote aufgebahrt. Die Totenfeiern laufen nach genau festgelegten Riten ab. Der Leichnam wird einbalsamiert, in Tücher eingebunden, und bei der oberen

sozialen Schicht wird ein aus Holz geschnitztes Ebenbild des Verstorbenen *(Tao Tao)* stellvertretend für den Toten hergestellt. Dann beginnt der Empfang der Gäste, und die Büffel werden nacheinander geopfert.
Begräbniszeremonien werden in sechs unterschiedliche Kategorien unterteilt:

- **Disili** das Begräbnis eines Kindes der untersten Klasse. Dabei wird nur ein Schwein geopfert. Babys, die noch keine Milchzähne haben, werden im Stamm eines lebenden Baumes beigesetzt.
- **Dipasang Bongi** eine Begräbniszeremonie von nur einer Nacht für einfache oder junge Menschen. Dabei können vier Schweine und ein oder zwei Büffel geopfert werden.
- **Dipatallung Bongi** Zeremonie für Angehörige der *Tomakaka* (Mittelschicht), die drei Tage dauert und bei der ca. vier bis zwölf Büffel und viele Schweine geopfert werden.
- **Dipalimang Bongi** dauert fünf Tage und ist für einen wohlhabenden *Tomakaka* vorgeschrieben. Zwei bis über zwölf Büffel und viele Schweine werden geopfert.
- **Dipapitung Bongi** eine einwöchige Totenfeier. Mehr als zwölf Büffel und zahlreiche Schweine werden geschlachtet, Stierkämpfe veranstaltet und, um die vielen Gäste willkommen zu heißen, Tänze aufgeführt.
- **Dirapai** ist die größte und seltenste aller Begräbniszeremonien für *Tokapua*. Sie ist in zwei Hälften unterteilt, wobei jede sieben Tage dauert. Die Zeit zwischen den zwei Teilen kann sechs Monate, ein Jahr oder auch mehr umfassen. Das letzte *Dirapai* fand Anfang 1987 in Ke'te Kesu statt. Tausende von Gästen wurden empfangen, die Zahl der geopferten Büffel ging in die Hunderte.

Gräber

Die Toraja setzen ihre Toten in Gräbern *(Liang)* bei. Hier werden fünf Arten unterschieden:

- **Liang Gua Erong** Der Körper des Verstorbenen wird in einem Holzsarg in eine natürliche Höhle gelegt (z. B. in Londa).
- **Liang Pa** Diese Gräber sind seit dem 17. Jh. gebräuchlich. Sie werden von den Toraja in einem langwierigen und arbeitsaufwendigen Prozess in Felsen geschlagen. Die Toten werden ohne Särge in die Felsen geschoben, die Öffnung des Felsengrabs wird dicht verschlossen (z. B. in Lemo).
- **Liang Pia** Gräber für Kinder, die noch keine Milchzähne haben, werden in den Stamm eines lebenden Baumes gebohrt. Nach wenigen Jahren ist das Loch im Baumstamm wieder zugewachsen (z. B. in Kambira und Katebang).
- **Liang Patane** In Gebieten ohne Felswände werden die Toten in der Erde begraben, und ein kleines Toraja-Haus wird darauf errichtet. Alle Familienmitglieder werden zusammen ohne Särge begraben (z. B. in Buntao und Ke'te Kesu).
- **Liang Erong** Bei den sogenannten „hängenden Gräbern" sind die Särge meist an Holzgestellen an hohen Felswänden aufgehängt (z. B. in Ke'te Kesu und Palatokke).

Aufwendig aus Holz geschnitzte und eingekleidete Ebenbilder der Verstorbenen *(Tao Tao)* stehen auf Balustraden vor den Felsen- und Höhlengräbern. Oft wurden Wertgegenstände mitgegeben, die besonders seit der Ankunft der Holländer im 17. Jh. häufig von Grabräubern gestohlen wurden. Seit den 1980er-Jahren wurden vermehrt die *Tao Tao* selbst gestohlen, um in Antiquitätenläden in Jakarta und im Ausland verkauft zu werden. Somit sind die Ahnenfiguren, die noch heute bestaunt werden können, größtenteils Repliken oder Originale von Bestattungen der letzten 30 Jahre.

NAHVERKEHR

Becaks

Die Motorradrikschas verkehren im Stadtgebiet für mind. 10 000 Rp.

Minibusse und Ojeks

Minibusse kosten innerorts 5000 Rp und halten in der Jl. Diponegoro, rings um den Kreisverkehr sowie am **Terminal Bolu**. Von hier v. a. vormittags Minibusse nach:
MARANTE und PALAWA für 8000 Rp;
SA'DAN für 10 000 Rp (*Ojek* 60 000 Rp);
LO'KO'MATA via BORI und PARINDING (7000 Rp, *Ojek* 30 000 Rp) sowie LEMPO und BATUTUMONGA (20 000 Rp) gegen 7 und 10 Uhr für 25 000 Rp (*Ojek* 60 000 Rp) in 1 1/2 Std.
Allerdings fahren immer weniger Minibusse in die Umgebung, da auch die Einheimischen mehr und mehr eigene Fahrzeuge nutzen.
Nach Süden und MAKALE fahren Minibusse ab Jl. Mangadil, Ecke Jl. Jend. A. Yani, 10 000 Rp, einige halten am Kreisverkehr im Zentrum.
Nach BUNTU BARANA', 4 km, per *Ojek* für 20 000 Rp.

SULAWESI

TRANSPORT

Auto

Ein Auto kostet mit Fahrer und Benzin mind. 500 000 Rp pro Tag, teurer ist eine Fahrt nach:
AMPANA für 2 Mio. Rp in 14–16 Std.;
MAKASSAR für 1,5 Mio. Rp in 8 Std.;
TENTENA für 1,7 Mio. Rp in 10 Std.

Busse

Plätze sollten einen Tag im Voraus reserviert werden. Die Busse fahren von den Büros, holen aber auf Anfrage auch Touristen an der Unterkunft ab (unbedingt kurz vorher rückbestätigen).
MAKASSAR, 314 km, mit **Manggala Trans**, Jl. Mappanyuki 55, ✆ 0852-1460 5304, um 9 Uhr für 130 000 Rp, bequemer im Nachtbus um 21 Uhr für 160 000–200 000 Rp; alternativ mit **Batutumonga**, Jl. Mappanyuki 65, ✆ 0423-21018, um 20 Uhr für 150 000 Rp oder mit **Borlindo**, Jl. Mappanyuki 49, ✆ 0813-4811 7680, um 19 Uhr für 200 000 Rp in 8–9 Std.
POSO, 370 km, via TENTENA (312 km, 170 000 Rp, 11–13 Std.) mit **Rappan Marannu**, Jl. Mappanyuki 25, ✆ 0813-5478 9444, um 8 Uhr für 180 000 Rp in 16 Std.

Flüge

Vom **Pongtiku Airport** (TTR) bei Makale fliegt **TransNusa**, ✆ 0823-9960 0815, 💻 www.transnusa.co.id, 4x wöchentl. nach MAKASSAR.
Nach Ankunft eines Flugzeugs fahren ein, zwei Minibusse nach Rantepao, 28 km, für 20 000 Rp in 1 Std.

Die Umgebung von Rantepao

Südlich von Rantepao sind die bekanntesten Grabstätten mit großen Sammlungen lebensechter Ahnenfiguren *(Tao Tao)* sowie sehr gut erhaltene Toraja-Häuser zu finden. Das Gebiet im Norden um **Sa'dan** ist hingegen für seine Webkunst bekannt, wartet aber auch mit beeindruckenden *Tongkonan* (s. Kasten S. 646) auf. Im Nordwesten um **Batutumonga** und im Osten um **Nanggala** führen die Straßen durch die Bergwälder und bieten immer wieder tolle Panoramablicke hinab in die Täler. Zu vielen Orten verkehren sporadisch öffentliche Minibusse nach einiger Wartezeit direkt aus Rantepao oder vom Terminal Bolu. Aussteigen kann man überall, um in die einzelnen Dörfer zu laufen.

Richtung Südwesten

Siguntu

Rund 1,4 km nördlich der Abzweigung bei Alang-Alang von der Hauptstraße Rantepao–Makale (Minibus 5000 Rp) liegt das alte Königsdorf **Siguntu** auf einer Hügelkuppe mit drei gut erhaltenen *Tongkonan*, die einer imposanten Reihe von *Alang* gegenüberstehen. Nur 750 m nördlich verläuft ein schmaler Weg in einer Schleife nach Westen zu den traditionellen Tongkonan von **Batu Rongko** inmitten schöner Reisfelder. Man kann auch ab Rantepao gut hierher wandern, dann über die Flussbrücke zur Hauptstraße.

Londa

In einem Tal, aus dem eine massive Karstwand emporragt, sind die berühmtesten **Felsengräber** von Tana Toraja zu finden. Nur Verstorbene, für

Wanderungen im Toraja-Hochland

- **Karte**: Routenverlauf s. Karte „Tana Toraja" S. 641
- Beide Wanderungen sind an einem Tag machbar, durch die Steigung nach Norden hin jedoch nicht zu unterschätzen.

Wanderungen durch Tana Toraja gehören zu den Highlights einer Sulawesi-Reise. Entlang üppig grüner Reisfelder mit grasenden Büffeln, schroffer Karstfelsen, ausgedehnter Kaffee- und Kakaoplantagen sowie schöner Bambuswälder sind die traditionellen Toraja-Dörfer und beeindruckenden Felsengräber meist in Tagestouren erreichbar. Die Temperaturen in 700–1300 m Höhe sind nicht so schweißtreibend wie im Tiefland, und viele Wege – oftmals eher kaum befahrene Straßen – relativ breit und überwiegend befestigt. Wer einfach nur wandern und keine der spektakulären Begräbniszeremonien sehen möchte, braucht nicht zwingend einen Guide, unsere Karte (S. 641) und ein GPS-fähiges Smartphone (möglichst mit Offline-Karten) sind dafür ausreichend.

Von Kandeapi nach Batutumonga

- **Distanz**: 9 km
- **Dauer**: 4–5 Std.
- **Schwierigkeit**: mittel bis anstrengend (580 m Höhenunterschied)

Wer sich von einem Motorradtaxi oder *Becak* auf der westlichen, schlechteren Straße von **Kandeapi** absetzen lässt, läuft gen Norden, durch lichten Wald, Bambushaine und vorbei an kleinen Siedlungen mit traditionellen Häusern. Die Straße ist schlecht und kaum befahren. Wo sie sich gabelt, folgt man dem linken, ansteigenden Abzweig. Eine Verschnaufpause kann nach insgesamt einer guten Stunde in einer von Reisfeldern und großen Felsbrocken gezeichneten, sanft abfallenden Landschaft eingelegt werden. Sie gibt den Blick frei auf interessante Felsnadelformationen im Südwesten. Die Bewohner haben hier einen **Megalithenzirkel** angelegt. Eine weitere knappe Stunde später ist **Buntulobo** erreicht (erkennbar an der kleinen Kirche rechter Hand), wo man links und 15 Min. später bei der nächsten Abzweigung rechts abbiegt. Man sollte sich allerdings auf einen bis zu 16° steilen, anstrengenden Aufstieg gefasst machen, der nur sporadisch von flachen Passagen und den südlichen Ortsteilen von **Lempo** unterbrochen wird. Alternativ kann man die Dorfbewohner um ein Motorradtaxi zur Hauptstraße bitten – oder die Wanderung in die umgekehrte Richtung unternehmen. Auf 1386 m angekommen, läuft es sich bei herrlichen Ausblicken prima die Hauptstraße entlang bis **Batutumonga**, wo man im **Mentirotiku Restaurant** am Ortseingang mit herrlicher Aussicht einkehren und sich ein Ojek nach Rantepao organisierern kann. Alternativ kann man die nachfolgende Strecke zurückwandern.

Von Lempo nach Rantepao

- **Distanz**: 12 km
- **Dauer**: 4–5 Std.
- **Schwierigkeit**: mittel

Diese Strecke ist im Wesentlichen eine weniger anstrengende – weil talwärts verlaufende – Variation der ersten Wanderung, mit ähnlichen Sehenswürdigkeiten und Landschaftsverläufen. Von **Lempo** geht es über **Tinimbayo, Deri** und **Kandeapi** hinab nach Rantepao. Bei **Bori** befindet sich direkt an der Straße ein **Felsengrab** und im Dorf selbst ein *Rante* mit mehreren Megalithen, Eintritt 20 000 Rp. Jeder einzelne der aufgerichteten **Megalithen** steht für die Bestattung eines Adligen, bei der mindestens 24 Büffel geschlachtet wurden. Gut erhalten sind sieben *Lakkian*, Häuser, in denen die Leichen während der Feier aufgebahrt wurden, und ein *Balakayan*, eine Plattform in den Bäumen, von der aus das Büffel-

SULAWESI

© MORITZ JACOBI

Der Bestattungsfelsen von Lo'ko'mata mit den typischen Tao Tao-Balustraden und Miniatur-Häusern der Toraja.

fleisch an die Gäste verteilt wird. In **Parinding** stehen östlich der Straße zwei gut erhaltene *Tongkonan*, verziert durch hölzerne Büffelköpfe und schön geschnitzte *Katik*, aus dem Frontgiebel herausragende, Häuptlingswürde symbolisierende Fabelwesen mit Schlangenkörper und Hahnenkopf. Südlich von **Kandeapi** sollte man im Dorf **Barana'** nach *Buntu Barana' (Buntu* für „Hügel") fragen; über steile Pfade gelangt man zu **Höhlengräbern** mit *Tao Tao* und den Resten einer mindestens 500 Jahre alten Befestigungsanlage mit tiefen Höhlen auf dem Hügel, von dem man eine schöne Aussicht hat.

Praktische Tipps

- In fast jedem Dorf gibt es einen **Warung**, an dem man sich stärken und die Wasservorräte auffüllen kann.
- **Übernachten** kann man am nördlichen Ortseingang von Batutumonga im **Mentirotiku Guesthouse**, ✆ 0813-5550 3399, in 5 rustikalen *Tongkonan* mit schönen Schnitzereien und je 2 Zimmern mit Gemeinschafts-Mandi für 150 000 Rp p. P., zudem im Reihenhaus mit 3 überteuerten Zimmern mit Warmwasser sowie Terrasse mit wunderbarer Aussicht. Frühstück inkl. ❹
- **Transport**: Zu den Ausgangspunkten bzw. zurück nach Rantepao geht es am besten mit einem Ojek, das man vor Ort mit Hilfe der Anwohner organisiert. Minibusse sind besonders am Nachmittag selten und für die Rückfahrt eher unzuverlässig.
- **Witterung**: Da es ganzjährig zu täglichen Schauern kommen kann, sollte man entsprechende Vorkehrungen treffen.

die ein *Dirapai* (s. Kasten S. 647) ausgerichtet wurde, sind hier bestattet. Für das Fotografieren der Felswand eignet sich am besten das Nachmittagslicht.

Viele der alten *Tao Tao* wurden gestohlen, stattdessen blicken von der Balustrade nun 30 eingekleidete und lebensgroße Figuren jüngeren Datums herab. Männer aus dem Dorf führen Besucher mit Petroleumlampen durch die **Höhlen** im Bestattungsfelsen. Sie verlangen dafür 50 000 Rp inkl. Lampe. In beiden Höhlen links und rechts der *Tao Tao* stehen Särge, und auf den Felsen und in Nischen liegen viele Schädel. Die beiden Höhlen sind durch einen sehr engen, 25 m langen Gang miteinander verbunden. ⌚ 8–17.30 Uhr, Eintritt 20 000 Rp.

Folgt man dem Pfad, der vor der Felswand nach rechts verläuft, führen Treppen wieder hinauf ins Dorf. Fast am Ende der Treppe sind oben in der Felswand in etwa 60 m Höhe weitere in die Felswand eingelassene Särge zu erspähen. Ein Tao Tao-Schnitzer verkauft kleine, lebensecht wirkende Figuren. Der schmale Fußpfad führt von seinem Verkaufsstand rund 1 km durch Reisfelder ins Tal hinab zurück zur Hauptstraße, etwa 3 km südlich von der Stichstraße, die man vorher nach Londa genommen hat. Die linke Abzweigung auf dem Weg an den Reisfeldern führt hinauf auf die Anhöhe und endet in Tilanga.

Minibusse von Rantepao verkehren nur auf der Hauptstraße, 5000 Rp; von hier biegt man links ab und folgt knapp 2 km den Wegweisern auf einer kaum befahrenen Straße durch die Reisfelder.

Tilanga

In dem Bambuswald liegt im Schatten einer Felswand ein schöner, tiefer See, der zum Baden einlädt. Sonntagsbesuche sollte man jedoch meiden, denn dann versammeln sich Großfamilien an diesem natürlichen **Badeplatz**, ⌚ 8–18 Uhr, Eintritt 20 000 Rp. Von Tilanga führt ein Fußpfad etwa 3 km durch Reisfelder nach Lemo. Anfahrt mit dem Minibus 5000 Rp; die letzten 2 km von der Hauptstraße muss man zu Fuß zurücklegen.

Lemo

Bei Lemo (Minibus 5000 Rp) ragt eine 40 m hohe Felswand empor, in die zahlreiche Gräber eingelassen sind, sodass die Wand durchlöchert scheint. Aus Rantepao kommend, ist sie nach 12 km über eine ca. 800 m lange ausgeschilderte Stichstraße erreichbar. Auf mehreren **Galerien** stehen knapp 50 *Tao Tao*, eines der bekanntesten Fotomotive von Tana Toraja, Eintritt 20 000 Rp. Ältere Figuren sucht man vergeblich, da sie fast alle von Grabräubern gestohlen wurden. Die beste Zeit zum Fotografieren ist morgens.

Links der Felswand, 100 m entlang der Reisfelder, ist die kleine Hütte von Anton Tangdiembong – einer der wenigen verbliebenen **Holzschnitzer**, die auf die lebensechten *Tao Tao* spezialisiert sind. Neben den großen, eingekleideten Figuren mit Haaren aus Ananasfasern schnitzt er auch abstrakte Statuen und verkauft kleine Schnitzereien als Souvenirs. Es sind auch einige sehr alte *Tao Tao* ohne Kleidung seines Vaters und Großvaters zu sehen. Nicht weit davon führt eine steile Treppe hinauf zu weiteren Felsengräbern auf halber Höhe.

Makale

Die 18 km von Rantepao entfernte Bezirkshauptstadt von Tana Toraja wurde in den 1920er-Jahren von den Holländern angelegt. Ein großer, interessanter **Markt** findet ein Mal in der Woche statt. Auch sonst ist Makale geschäftiger als Rantepao, insgesamt aber ebenso unattraktiv. Minibusse und *Kijangs* verbinden Makale und Rantepao für 10 000 Rp p. P.

Richtung Westen

Ein bei Einheimischen beliebter Fotospot und Rastplatz befindet sich im Westen bei **Lolai**, knapp 7 km nördlich der Abzweigung in Alang-Alang. Der auch zum Zelten genutzte Aussichtspunkt **Negeri Di Atas Awan** („Land über den Wolken") bei To'Tombi bietet bei passenden Wetterverhältnissen tatsächlich den Anblick eines sanft über dem Tal wogenden Wolkenmeers. An allen anderen Tagen hat man eine gute Sicht auf die Ebene von Rantepao. Am besten mit eigenem Fahrzeug oder per *Ojek* ab Alang-Alang.

Näher an der Stadt liegt der 930 m hohe, mit hohem Bambus bewachsene Berg **Buntu Singki**. Auf seiner Spitze ragen ein 20 m hohes Kreuz und der Schriftzug *Toraja Utara* (Nord-Toraja) in

Hollywoodlettern empor. Man kann ihn besteigen. Vorsicht: Einige Wanderer haben den überwucherten Pfad nach unten nicht mehr gefunden!

Richtung Südosten

Minibusse und *Kijangs* fahren auf schmalen Straßen von Rantepao nach **Buntao** (15 000 Rp). Nach **Sangalla** steigt man am besten an der Hauptstraße Rantepao–Makale an der großen Kreuzung südlich von Lemo in einen *Kijang* Richtung Sangalla um. Diese fahren von der Straße gen Osten für 10 000 Rp p. P. auch bis nach Kambira. Die Gräber von Tampangallo und Suaya sind von dort auch zu Fuß erreichbar.

Ke'te Kesu

Es ist das wohl bekannteste Toraja-Dorf und berühmt für seine Schnitzkunst (Eintritt 20 000 Rp). Den fünf *Tongkonan* stehen ein Dutzend Reisspeicher *(Alang)* gegenüber. Hinter dem zweiten *Tongkonan* führt ein betonierter Weg an Verkaufsständen vorbei durch ein Tal zur Felswand mit **hängenden Gräbern**. Am Fuß des Felsens erkennt man jüngere, aus Zement errichtete Grabmäler. Darüber ist in einer ebenerdigen künstlichen Höhle eine Gruppe neuerer *Tao Tao* zu sehen. Auf niedriger Höhe hängen viele verwitterte, aufwendig geschnitzte Holzsärge, aus denen Schädel und Knochen hervorschauen, und auch am Boden sind die Gebeine und Opfergaben verstreut.

Rund 500 m, bevor man Ke'te Kesu erreicht, liegt links der Straße das Haus des **Holzschnitzers** Mesa, der sich auf Büffelköpfe spezialisiert hat, und wenig weiter das des alten Rakka Sangpulo und seiner Helfer, die noch nach alten Traditionen arbeiten.

Minibusse fahren von Rantepao 4 km entlang der Hauptstraße, 5000 Rp. Von der Abzweigung sind es 2 km zu Fuß.

Palatokke

Ein schmaler, teils sehr steiler Weg über Geröll, durch Wälder und Reisfelder führt von der Hauptstraße 2,5 km nach Palatokke mit seinen beiden **hängenden Gräbern** *(Liang Erong)*. Sie sind 700–800 Jahre alt und stehen auf dicken Holzstangen, die in die Felswand eingelassen sind. Einige Schädel liegen „dekorativ" am Fuße des Felsens.

Alten Überlieferungen nach bezeichnet der Begriff *Palatokke* einen Menschen, der wie ein Gecko die steilen Felswände hinauf- und hinunterklettern kann. Bei der Anbringung der beiden hängenden Gräber wäre diese Eigenschaft durchaus von Vorteil gewesen.

Man erreicht Palatokke (9 km ab Rantepao) über Ke'te Kesu und Sullukan. Minibusse fahren für 6000 Rp nach **Labo**, dem Dorf der Schmiede. Hier gabelt sich die Straße: Links geht es nach Buntao und Paniki, rechts nach Sangalla. Weiter fahren nur wenige Minibusse.

Sangalla

Ursprünglich und geschäftig wirkt der kleine Ort Sangalla, 12 km östlich von Makale, an Markttagen. Nicht weit davon liegen mehrere **Kindergräber** in einem Bambushain in **Kambira**, Eintritt 20 000 Rp. Die etwa 100 Jahre alten Gräber *(Liang Pia)* für kleine Kinder, denen noch keine Zähne gewachsen waren, wurden in einem Baum angelegt. Man glaubte, dass sie dadurch mit den Bäumen weiter wachsen könnten.

Kijangs fahren häufig ab Makale nach Sangalla und Kambira für 10 000 Rp. In Sangalla biegt man an der ersten Kreuzung rechts ab, danach sind die *Baby Graves* ausgeschildert. Von der Hauptstraße sind es 500 m bis zur Treppe, die zu den Gräbern hinunter führt.

Lobe, Tampangallo und Suaya

Von Kambira die Hauptstraße weiter Richtung Südwesten ist in **Lobe** ein alter Steinkreis *(Rante)* mit seltsam geformten Megalithen zu entdecken.

Etwa 1 km die Hauptstraße weiter zweigt die Straße nach rechts in Richtung **Tampangallo** ab. Nach 600 m passiert man weitere Kindergräber (10 000 Rp) und kommt nach wenigen Metern zu den **Höhlengräbern** von Tampangallo. Ein asphaltierter Weg führt steil hinab zu Reisfeldern, wo eine Betonbrücke zur Begräbnishöhle mit alten Särgen, *Tao Tao* und vielen Schädeln auf vier Balustraden führt. ⌚ 8–17.30 Uhr, Eintritt 20 000 Rp.

Folgt man dem Asphaltweg entlang der Reisfelder und durch einen lichten Wald für 900 m, erhebt sich rechter Hand die steile Grabwand von **Suaya**, ⌚ 8–17.30 Uhr, Eintritt 20 000 Rp. Es sind neben den Königsgräbern noch mehr als

40 *Tao Tao* erhalten. Die Särge aus dem Holz des Jackfrucht-Baumes stehen geschützt in einem kleinen Haus mit großen Glasfenstern. Vormittags ist das Licht am besten, um die antiken *Tao Tao*, die in drei Galerien in der steilen Felswand stehen, zu fotografieren.

Richtung Osten

Richtung **Palopo** fahren etwa stündlich Minibusse. Man muss damit rechnen, den Weg zurücklaufen zu müssen, wenn man spätnachmittags unterwegs ist. Die Dörfer liegen alle nahe der Straße.

Marante und Tondon

Marante ist ein sehenswertes traditionelles Dorf mit einem Bestattungsfelsen an der Straße nach Palopo; ähnlich präsentiert sich **Tondon**, das nächste Dorf weiter östlich an derselben Straße. Anfahrt per Minibus vom Pasar Bolu, 7000 Rp.

Nanggala und Umgebung

Der Ort **Nanggala**, von der Straße nach Palopo südlich abzweigend, hat zahlreiche *Alang* (Reisspeicher) mit Verzierungen an den Unterseiten, die Dorf- und Kriegsszenen darstellen. In dem Bambushain am Ende des Dorfes hält sich eine große Zahl an Flughunden auf (Eintritt 20 000 Rp). Die Umgebung eignet sich gut für Rundwanderungen über Reisterrassen und durch Bambushaine, vorbei an versteckt liegenden Dörfern.

Unterhalb des Dorfes beginnt rechts der etwa 8 km lange Fußpfad über die Berge nach **Paniki** (herrliche Aussicht!). Der einsame Weg führt durch Palmen- und Nadelwälder, entlang von Reisfeldern und grasenden Wasserbüffeln, zur weitläufigen Kaffeeplantage Toarco Jaya in **Bokin**, wo Hochlandkaffee gekostet und erworben werden kann. Folgt man einem Fußpfad auf den Berggrat bis oberhalb von Paniki, gibt es wieder eine befestigte Straße. Ab Paniki fahren Minibusse nach Rantepao.

Richtung Norden

Batutumonga und Umgebung

Eine schöne Ecke für Touren auf dem Motorroller ist die Gegend um den 2100 m hohen **Gunung Sesean**. Fabelhafte Ausblicke genießt man beispielsweise entlang der Straße zwischen **Lempo** und **Batutumonga**, die bereits über 1300 m hoch liegt. Auch das kleine **Lo'ko'mata**, etwa 6 km westlich, bietet malerische Ausblicke ins Tal. Vor allem die herrlich terrassierten Reisfelder an den Ausläufern des Bergs lohnen den Abstecher für ein Foto. Zuvor passiert man einen gewaltigen **Bestattungsfelsen**, in den zahlreiche Gräber geschlagen wurden, und neben neueren Steingräbern finden sich auch jahrhundertealte Megalithen. Von Lo'ko'mata führt zudem ein 4 km langer Weg rechts ab auf den Gunung Sesean. Hinter Lo'ko'mata wird die Straße, die jetzt mehr und mehr von Kaffeebäumen gesäumt ist, deutlich schlechter und von Schlaglöchern gesäumt; wer sich allerdings noch ein paar Kilometer nach Norden quält, wird mit fabelhaftem Reisterrassen-Panorama belohnt, bis der Zustand der Straße vollends zum Umkehren zwingt.

Palawa und Umgebung

Palawa ist ein recht touristisches, vollständig im traditionellen Stil erhaltenes Dorf, 9 km nördlich von Rantepao (Eintritt 20 000 Rp). Eines der Häuser ist mit 150 Büffelhörnern geschmückt. Im Dorf reihen sich zahlreiche *Tongkonan* aneinander, denen die Reisspeicher in einer geraden Reihe gegenüberliegen. In einigen alten Häusern und Buden hinter den Reisspeichern werden Souvenirs verkauft. Bevor das Dorf erreicht wird, passiert man südlich der Straße zwei verwitterte Steinkreise *(Rante)* etwas versteckt hinter neueren Gräbern.

Von Palawa führt eine schmale, geteerte Straße ein landschaftlich abwechslungsreiches Seitental hinauf 2 km nach **Bonga** und als Betonweg weitere 2 km nach **Tampan**, das oberhalb wunderschöner Reisterrassen liegt. Wer früh aufbricht, kann von hier über Lempo weiter Richtung Batutumonga wandern – ein langer Tagesmarsch.

Minibusse ab Pasar Bolu nach Palawa kosten 10 000 Rp, der Dorfeingang liegt 700 m auf einem Hügel abseits der Straße.

Deri

In diesem weitläufigen Areal, das zahlreiche kleine Ansiedlungen umfasst, stehen viele traditionelle Häuser, darunter auch einige mit einem

Rante. Inmitten von Reisterrassen und Bambushainen liegen die **Felsengräber** der Ahnen. Von hier führt eine angenehme fünfstündige Wanderung hinunter an die Hauptstraße zwischen Sa'dan und Rantepao. Alternativ kann man von hier auch an der katholischen Kirche vorbei bergab in 1 1/2 Stunden nach Bori (s. Kasten S. 649) wandern und eine herrliche Weitsicht auf das Sa'dan-Tal genießen. Von Rantepao fahren Minibusse für 15 000 Rp nach Deri.

Sa'dan

Bereits vor der Brücke am Ortseingang führt links eine Straße hinauf nach **To'barana** (Malimbong). An der Gabelung geht es nach rechts und vorbei an einigen modernen Wohnhäusern zu den traditionellen *Tongkonan* von **Sa'dan**, darunter einer mit 60 Büffelhörnern, Eintritt 20 000 Rp. In ihnen kann man auch auf Matratzenlagern für 100 000 Rp p. P. inkl. Frühstück übernachten.

Der Weg ist gesäumt von zahlreichen Buden, in denen Frauen an einfachen Webstühlen zumeist einfarbige Stoffe weben. Die meisten hier angebotenen Stoffe stammen allerdings von anderen Inseln oder sind gar Fabrikware. Die Enkelin des ehemaligen Dorfchefs, Erni Pongpadati, ist mit den schönsten Stoffen der professionellen Weberinnen schon in Jakarta auf dem Laufsteg aufgetreten. Ihre Produkte werden auch in Jakarta und unter 💻 www.torajamelo.com vermarktet.

Anfahrt per Minibus vom Pasar Bolu für 10 000 Rp.

Von Tana Toraja auf die Togian-Inseln

Tentena und Umgebung

Der kleine, von Nelkenplantagen umgebene Ort liegt am Nordende des pittoresken **Danau Poso**. Hier hat der See auch seinen Abfluss, den Sungai Poso, der bei der Stadt Poso in den Golf von Tomini mündet. Nicht weit von Tentena am Nordufer des Sees liegt die **Gua Pamona**, eine Höhle, in der 1972 frühgeschichtliche Bronzeringe, Schmucksteine und Muschelschalen gefunden wurden. Im Dorf **Peura** am Ostufer grub man vier Jahre später Bronzeäxte im Stil der *Dongson*-Kultur aus.

Tentenas verheilende Wunden

Wenn der Blick vom idyllischen Städtchen Tentena über die friedliche Kulisse des Poso-Sees schweift, ist kaum vorstellbar, dass der Ort mit seinen hauptsächlich christlichen Einwohnern noch bis vor wenigen Jahren zum Schlachtfeld eines der größten religiös motivierten Konflikte in Indonesiens junger Demokratie gehörte. Zwischen 1998 und 2001 forderte die paramilitärische Auseinandersetzung zwischen Christen und Moslems in Zentral-Sulawesi über 500 Leben und vertrieb über 80 000 Menschen aus ihrer Heimat. Tentena war in diesen Jahren ein Auffangbecken vieler christlicher Flüchtlinge. Bis 2007 kam es immer wieder zu Bombenanschlägen und gewalttätigen Übergriffen zwischen den Konfessionsgruppen, u. a. gab es im Mai 2005 zwei verheerende Anschläge auf den Markt von Tentena mit 22 Todesopfern.
In den vergangenen Jahren hat sich die Situation beruhigt, und es scheint endlich Friede eingekehrt zu sein. Die Regierung scheint den Terror nun effizient und entschlossen zu bekämpfen, allerdings sollten sich Reisende hier besonders sensibel verhalten.

Ein sehr schöner, mehrstufiger Wasserfall, **Air Terjun Saluopa**, auch bekannt als Air Terjun Wera und gut zum Baden, verbirgt sich 18 km von Tentena in den Bergen am nordwestlichen Seeufer. Zu erreichen ist er über **Tonusu**, 15 km; von der Straße ist es nur noch ein kurzes Stück zu laufen (Eintritt 20 000 Rp).

Siuri Beach, ein attraktiver Strand samt Bungalowanlage, liegt 5–6 km südlich von Tonusu. Ein mehrere Tage dauernder Trek führt in westliche Richtung nach **Gintu** im Bada-Tal, am Südrand des Lore Lindu-Nationalparks; die Geländestrecke ist nur bedingt befahrbar.

Lore Lindu-Nationalpark

Ungefähr 50 km südlich von Palu beginnt der 2290 km^2 große Lore Lindu-Nationalpark. Be-

Lore Lindu-Nationalpark

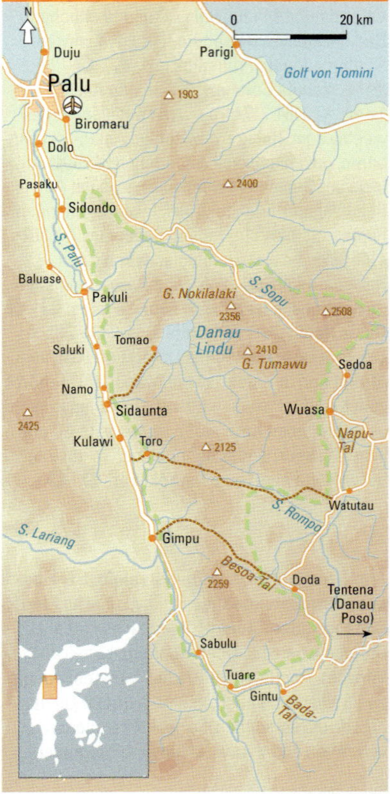

sucher können auf den alten, oft von Einheimischen benutzten Pfaden über bewaldete Bergketten und durch weite, offene, savannenartige Täler wandern oder reiten. Ziel dieser Ausflüge sind der **Danau Lindu** und die Täler von **Napu**, **Besoa** und **Bada**, wo uralte seltsame Megalithen zu finden sind, die einzeln oder in Gruppen beisammenstehen. Es handelt sich um mächtige Steinbottiche mit Deckel, genannt *Kalamba*, in die Gesichter eingemeißelt sind (möglicherweise Begräbnisurnen), und monolithische, menschenähnliche Statuen. Herkunft, Alter und Bedeutung sind bis heute ein ungelöstes Rätsel.

Tierfreunden bietet das Reservat ein breites Spektrum der endemischen Fauna Sulawesis, z. B. Anoa (eine Rinderart), Babirusa (Hirscheber), den seltenen Celebes-Palmenroller (eine Schleichkatze), Makaken, Nashornvögel, Kakadu, Maleo (Hammerhuhn) etc.

Der Park ist über mehrere schlechte Straßen zugänglich: im Norden und Osten von Wuasa und Gintu, im Westen von Sidaunta (65 km von Palu), von Kulawi oder von Gimpu am Ende der Straße. Dolidi Ndano Towale, Hotel Victory und Tandolala Cottages, s. Übernachtung, organisieren bis zu 3-tägige **geführte Treks** ab Tentena.

ÜBERNACHTUNG

Dolidi Ndano Towale, Jl. Peura, 5 km südlich, ✆ 0812-4523 9357, 💻 www.dolididano-towale.com. 4 große, gepflegte Cottages direkt am Seeufer mit gemütlicher Einrichtung, Warmwasser und guten Matratzen. Die sehr freundlichen Gastgeber haben hier auch ein Hilfsprojekt für Waisenkinder initiiert und organisieren Touren zum Lore Lindu-Park. Abholung aus Tentena für 50 000 Rp. Frühstück inkl. ❹

Hotel Victory, Jl. Diponegoro 18, ✆ 0458-21392, 0813-5511 8099, 💻 www.victorytentena.com. Gepflegte Anlage mit einem schönen Garten und einfachen, älteren und neueren Zimmern in zentraler Lage. Empfehlenswert sind die Deluxe-Zimmer im Steinhaus mit AC und Warmwasser. Freundliche, hilfsbereite Gastgeber, Touren und Motorradverleih. Frühstück inkl. ❷–❸

Tandolala Cottages, auf der östlichen Seeseite 3 km südlich von Tentena, ✆ 0852-5515 1593, 0821-9558 5361, ✉ tandolala@gmail.com. Die einfachen Bungalows am Ufer und auf Stelzen im Wasser sind ruhig und bieten eine tolle Aussicht über den See. Man schläft auf bequemen Matratzen unter Moskitonetzen und nutzt ein Gemeinschaftsbad mit Mandi. Die neuen Bungalows haben private Bäder. Der freundliche Besitzer Simon holt auch nachts seine Gäste vom Bus ab, kennt die Nester der Koboldmakis in der Nähe und führt Treks durch den Lore Lindu-Nationalpark. Motorradverleih, gute Küche, Frühstück inkl. ❸

Ue Datu Cottages, Jl. Lorong Ue Datu 92-93, ✆ 0811-344 1597, 💻 www.uedatu.id. Einfache, saubere Zimmer mit bequemen Betten, Moskitonetz, teils Warmwasser und Terrasse. Restaurant um einen netten Seerosenteich. Fahrradverleih und Frühstück inkl. Die Besitzerin Elli spricht Englisch. ❷–❸

TRANSPORT

Von der **Busstation**, 3 km außerhalb von Tentena (erreichbar mit *Ojeks* ab 20 000 Rp), fahren *Mikrolet* von 7–13 Uhr für 30 000–50 000 Rp in 3 Std. nach POSO. Für die Weiterfahrt von Poso nach AMPANA, 156 km, 4 Std., fahren in der Jl. Sumatera bis 14 Uhr regelmäßig Minibusse für 85 000 Rp ab. Ein Mietwagen mit Fahrer direkt nach Ampana kostet 900 000 Rp. Nachtbusse nach RANTEPAO, 312 km, um 16 und 17 Uhr für 170 000–180 000 Rp in 11–13 Std. können direkt bei den Unterkünften oder Reisebüros im Ortszentrum gebucht werden. Gecharterte **Jeeps** nach GINTU im Lore Lindu-Nationalpark kosten ca. 1,5 Mio. Rp.

Ampana

Der Hafenort mit dörflichem Charakter liegt in einer schönen Bucht an der Halbinsel Tanjung Api, nordöstlich von Poso. Ziegen und Kühe tummeln sich auf den stillen Straßen. Ampana ist der beste Ausgangspunkt, um auf die Togian-Inseln überzusetzen.

ÜBERNACHTUNG UND ESSEN

Hotel Kahyangan, Jl. Yos. Sudarso, ✆ 0852-4118 2440. Hübsche, AC-gekühlte Steinbungalows in wunderschöner Gartenanlage. Leider etwas außerhalb gelegen, dafür ruhig und mit Meerblick. Frühstück inkl. ❺

Lawaka Hotel, Jl. Tanjung Lawaka 10, ✆ 0462-21690. Gepflegte Hotelanlage mit AC-Zimmern in der Nähe des Nachmittagsmarktes. Frühstück inkl. ❸–❺

Marina Cottages, Jl. Tanjung Api 33, ✆ 0464-21280, ✉ ampana249@gmail.com. Etwa 3 km außerhalb in Richtung Labuhan an einem Steinstrand, 100 m vom Pier, wo Boote nach Bomba und Poya Lisa ablegen. Bungalows mit Veranda und Mandi, teils AC und westlichem Bad. Im kleinen Reisebüro hilft Edy Lamy bei Flugbuchungen. Frühstück inkl. ❷–❹

Nebula Cottages, Jl. Tanjung Api 5, ✆ 0464-21743, 💻 www.nebulacottages.weebly.com. Ruhige, großzügige Anlage mit sauberen, geschmackvoll eingerichteten Holzbungalows und Zimmern mit Terrasse, teils mit AC. Reichhaltiges Frühstück inkl. Im dazugehörigen Restaurant betreibt Dadang Setiawan, ✆ 0852-4100 3685, 💻 www.infotogian.weebly.com, ein Reisebüro für Flug-, Fähr- und Busverbindungen. Seine Website bietet viele aktuelle Infos. ❸–❹

Oasis Hotel, Jl. R. A. Kartini 5, ✆ 0464-21058. Die strategisch gelegene Unterkunft 50 m vom Strand und in Hafen- sowie Marktnähe gehört zum Kadidiri Paradise Resort. Die Zimmer in verschiedenen Kategorien haben teils AC und Warmwasser. Leider befindet sich in unmittelbarer Nähe eine laute Karaokebar. ❷–❸

SONSTIGES

Am Hafen gibt es eine **Touristeninfo**. Bei **Flug- und Fährreservierungen** ist Edy Lamy im Marina Cottages oder Dadang Setiawan im Nebula Cottages, beide s. Übernachtung, behilflich.

Vorsicht: Am Hafen und in der Touristeninformation treiben sich auch nicht registrierte Guides herum, die versuchen, Falschinformationen zu verbreiten und Vorauszahlungen abzugreifen!

TRANSPORT

Auto

Mietwagen mit Fahrer (max. 5 Pers.) vom Hafen nach LUWUK für 800 000 Rp in 6 Std.; nach PALU für 1 Mio. Rp in 8 Std.; nach TENTENA für 900 000 Rp in 7 Std. und nach RANTEPAO für 2 Mio. Rp in 14–16 Std.

Minibusse und Kijangs

Der **Busterminal** befindet sich 300 m östlich vom Hafen.

POSO, 156 km, Minibusse um 10 und 17 Uhr für 85 000 Rp in 4 Std. Sie fahren weiter nach PALU, 366 km, für 120 000 Rp in 10 Std.

Um nach TENTENA zu gelangen, fährt man zunächst nach Poso, wo am Busbahnhof *Mikrolets* für 50 000 Rp abfahren (3 Std., 58 km).
Ein Nachtbus von Ampana über PALOPO, 470 km, nach MAKASSAR, 820 km, fährt um 23 Uhr ab. Nach RANTEPAO steigt man in Palopo um, 250 000 Rp.
Tipp: Wegen der langen Fahrt nach/von RANTEPAO mit alten Bussen und schlechten Straßenbedingungen empfiehlt sich eine Zwischenübernachtung in Tentena.

Fähren

Tgl. außer Fr und So fährt die *KM Puspita Sari* und/oder *KM Capia Touna* um 10 Uhr nach WAKAI (4 Std., 65 000 Rp), KATUPAT (6 Std., 70 000 Rp), MALENGE (7 Std., 75 000 Rp) und DOLONG (10 Std., 80 000 Rp).
Die Speedboote Hercules und Manakarra Ekspress verkehren täglich um 9 und 12 Uhr in entgegengesetzter Richtung von/nach WAKAI in 1 1/4 Std für 130 000 Rp. Wer nach Bomba will, muss das am Ticketschalter melden. Wenn nötig, wird ein außerordentlicher Stopp beim Anleger von Bomba Divers gemacht.
Kleinere Fähren fahren von einem Anleger zwischen den Marina und Nebula Cottages, s. Übernachtung, Di, Fr und So um 9 Uhr für 30 000 Rp direkt nach BOMBA und Mo, Do und Sa um 9 Uhr wieder zurück.
Achtung: Vor gecharterten, kleinen Booten zu den Togian-Inseln ist bei schlechtem Wetter zu warnen, da diese bei hohem Wellengang oft nicht genug Sicherheit und Schwimmwesten bieten!

Flüge

Ampanas **Flughafen Tanjung Api** liegt rund 7 km östlich des Ortszentrums. Es gibt keine Busse, daher sollte die Abholung im Vorhinein mit einer Unterkunft vereinbart werden.
Wings Air, 💻 www.lionair.co.id. Tgl. eine Maschine von Palu um 9.50 Uhr in 50 Min. nach AMPANA und um 10.35 Uhr zurück nach PALU.

Togian-Inseln

Die paradiesischen Togians sind ein idyllischer Archipel im Golf von Tomini und gehören dank der artenreichen Unterwasserwelt zu den bekanntesten Tauchregionen Indonesiens. Doch den langen, beschwerlichen Land- und Seeweg hierher bezwingen nur die Abenteurer unter den Tauchtouristen, und so finden sich auf den Inseln statt Fünf-Sterne-Resorts noch menschenleere Strände und unberührter Dschungel.

Der 120 km lange Inselbogen besteht aus sieben eng beieinanderliegenden Hauptinseln und vielen kleinen, dicht bewaldeten Koralleninseln mit etwa 40 000 Einwohnern. Die lokale Bevölkerung, knapp zehn verschiedene ethnische Gruppen, lebt hauptsächlich von der Fischerei, der Kopra-Produktion und an einigen Orten auch von der Perlenzucht. Interessant kann ein Ausflug zu einer Pfahlbausiedlung der Orang Bajo, der sogenannten „Seenomaden", sein.

Wakai auf **Pulau Batudaka** ist das wirtschaftliche und administrative Zentrum der Region und Hauptanfahrtspunkt aller Fähren aus Ampana und Gorontalo. Neben einem geschäftigen Markt sonntagmorgens, kleinen Läden, einem Postamt und einer Poliklinik bietet der Ort wenige Gründe für einen längeren Aufenthalt. Größtenteils einfache Bungalowanlagen an schönen Stränden sind in **Bomba**, auf der beliebten **Pulau Kadidiri**, **Pulau Malenge** und auf den kleine-

SULAWESI

Die Unterwasser-Highlights der Togians

Es lohnt sich, zumindest für einen Tag ein kleines Fischerboot zu chartern und die Inseln zu erkunden. So können herrliche Strände entdeckt werden, an denen man sich wie Robinson Crusoe fühlt. Man kann in allen Unterkünften direkt vom Strand aus losschnorcheln und viele Unterwassertiere auf eigene Faust entdecken. Bei den Riffen von **Batu Lomoto** sind morgens Delphine und viele Wasservögel zu beobachten. Gut geeignet zum Schnorcheln sind die Gewässer vor **Pulau Taipi**, vor dem Dorf **Bomba** und rund um die Halbinsel **Tanjung Kramat** auf Pulau Waleabahi. Auf **Malenge** lohnt sich ein Schnorcheltrip zu den Riffen Nr. 1 und Nr. 5, wo die Korallen am farbenprächtigsten sind.

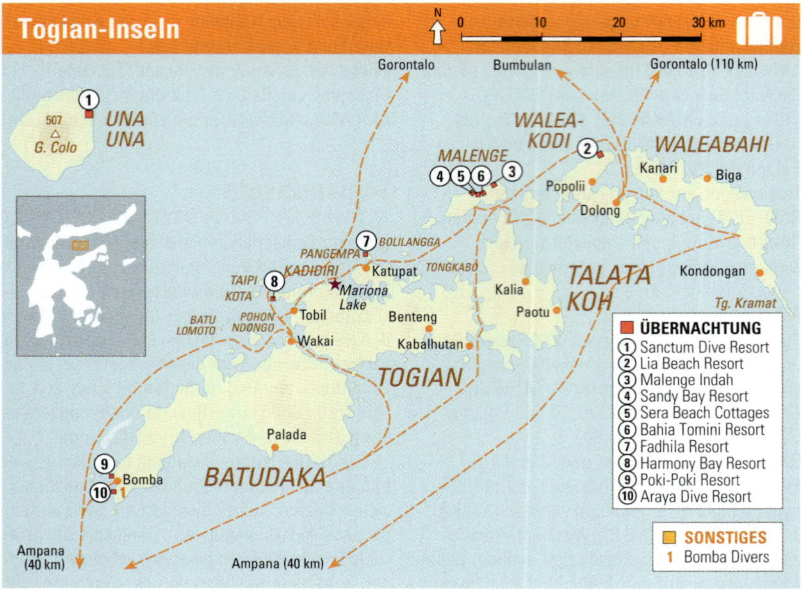

ren **Pulau Pangempa** und **Pulau Bolilangga** zu finden. Oft ist eine Tauchschule der Unterkunft angeschlossen, und es wird Schnorchelausrüstung verliehen.

Etwas abseits im Nordwesten, drei Stunden Fahrt mit einem Taxiboot (Di, Fr und So um 8 Uhr) von Wakai, liegt die bewohnte Vulkaninsel **Pulau Una Una**. Der Gunung Colo (507 m), ein aktiver Vulkan auf Una Una, brach zuletzt im Juli 1983 aus. Der Vulkan kann in drei Stunden bestiegen werden und belohnt mit einem herrlichen Blick über die Inselwelt.

Ein **Salzwassersee** (Mariona Lake) mit nicht nesselnden Quallen, ähnlich wie auf Pulau Kakaban (Kalimantan, S. 594), befindet sich auf der Nordseite der **Pulau Togian** in der Nähe von Katupat. Man kann im See schnorcheln und die wundersamen Tiere aus nächster Nähe beobachten und behutsam anfassen. Achtung: Flossen und Sonnencreme sind verboten, um die Quallen nicht zu gefährden.

Ein Gebiet von 362 605 ha rund um die Inselkette der Togians wurde 2004 von der indonesischen Regierung zum **Nationalpark** erklärt. Hier leben Dugong, Seeschildkröten, Salzwasserkrokodile und Palmendiebe *(Birgus latro)*, Krebse, die auf Kokospalmen klettern, um die Nüsse zu verspeisen. In den Primärwäldern der Inseln können u. a. die vom Aussterben bedrohten Hirscheber (Babirusa), Kuskus *(Phalanger)*, Sulawesi-Hornvögel *(Penelopides exhartus)*, Tonkeana-Makaken *(Macaca tonkeana)* und Koboldmakis *(Tarsius)* gesichtet werden. Die dichten Mangrovengürtel, die die Inseln säumen, werden häufig von kleinen Sandstränden unterbrochen. Alle Typen und Formen von Korallenriffen sind vertreten und zum Teil noch in relativ unberührtem Zustand. Zur Finanzierung von Schutzmaßnahmen wird am Hafen in Ampana und Gorontalo eine einmalige Gebühr von 150 000 Rp pro internationalem Besucher erhoben.

ÜBERNACHTUNG

Die angegebenen Preiskategorien gelten für 2 Pers. inkl. 3 Mahlzeiten. Alle Unterkünfte sind mit Moskitonetzen ausgestattet. Strom ist bisher meist auf wenige Stunden am Tag begrenzt. Auch Wasser ist in einigen Unterkünften nur beschränkt verfügbar, da es häufig per Boot geliefert werden muss. Zum Schutz gegen unliebsame Krabbeltiere sollten Lebensmittel immer dicht verschlossen und aufgehängt werden. Es ist ratsam, die Gastgeber per SMS oder E-Mail im Voraus zu kontaktieren, da der Handyempfang lückenhaft ist. Frühzeitige Reservierungen werden besonders in der Hochsaison (Juni–Sep) empfohlen.

Pulau Batudaka

Der ruhige Ort **Bomba** ist am besten erreichbar mit den morgendlichen Booten, die von Labuhan bei Ampana abfahren. Wer das Speedboot nimmt, muss einen Stopp am Steg von Bomba Divers anmelden.

Araya Dive Resort, ✆ +358 50-598 4666 (nur WhatsApp), 💻 www.arayadiveresort.com. Das neueste Tauchresort der Togians! Schöne Lodge mit großzügigen Zimmern und 3-Bett-Schlafsaal. Zudem nagelneue, großzügige Bungalows am Hang mit Blick über die Tomini-Bucht, modernem Bad mit Steingarten, großen Fenstern und Veranda mit Hängematten. Kein Strand, aber angeschlossenes deutschsprachiges Tauchcenter Bomba Divers. ❹–❻

Poki-Poki Resort, ✆ 0821-9440 9401, 💻 www.pokipoki.land. An einem ruhigen Bilderbuchstrand mit Steg und Hausriff wohnt man in familiärer Atmosphäre in individuellen Holz- und Bambusbungalows mit einfachem Open-Air-Bad. Die deutsch-östereichischen Gastgeber Angie und David führen die Unterkunft mit viel Kreativität und Liebe zum Detail. Fußläufig zu Bomba Divers (s. Araya Dive Resort). ❹

Pulau Kadidiri

Auf Kadidiri befinden sich mehrere Unterkünfte und Tauchbasen an dem selben Strand. Wer es etwas privater mag, dem empfielt sich das:

Harmony Bay, ✉ harmonybaykadidiri@gmail.com. An einer traumhaften Bucht gelegen, 4 geräumige Bungalows in der ersten Reihe mit guten Betten, Moskitonetzen und schönen Bädern. Dahinter günstigere, kleinere Bungalows mit Gemeinschaftsbad. Empfehlenswertes Tauchcenter, Beachvolleyballplatz und Schnorchelmöglichkeiten. ❹–❻

Pulau Pangempa

Fadhila Resort, ✆ 0852-4100 3685, 💻 www.fadhilacottage.com. Schon ältere Unterkunft in einem netten Garten nur wenige Minuten mit dem Boot von Katupat auf Pulau Pangempa. Die neueren Deluxe-Bungalows mit privatem Bad und besseren Moskitonetzen sind den Aufpreis wert. Alle mit großer Veranda samt Hängematte. Der Manager Saiful hat die Initiative „Everybody for Togean" (s. Kasten unten) gegründet, die sich für Umweltschutzprojekte einsetzt. ❸–❻

Pulau Malenge

Die Insel bietet eine Vielzahl an neueren Anlagen und eignet sich hervorragend für Neuankömmlinge.

Bahia Tomini, ✆ 0852-4032 9259, 💻 www.bahiatomini.com. Geführt von einem spanischen Ehepaar. Am Strand 2 kreativ gestaltete Bungalows mit Open-Air-Bad und Hängematte; ein großzügiger Bungalow steht auf Stelzen im Meer, von wo man direkt losschnorcheln kann. Das exzellente Essen ist eine Mischung aus spanischer, europäischer und indonesicher Küche. ❻–❼

€ **Malenge Indah**, ✆ 0852-9890 5807, 💻 www.malengeindah.weebly.com. Nette Steinbungalows mit Bad und großzügiger

SULAWESI

EVERTO – Everybody for Togean

Die Organisation EVERTO, ✆ 0853-4283 7431, 💻 www.everto.org, setzt sich für den Umweltschutz auf den Togian-Inseln ein. Im Dorf Katupat wurde ein Mülltrennungs- und Recyclingsystem eingeführt. Flaschen und Metalle werden nach Ampana verschifft, aus Plastiktüten werden Recyclingtaschen und Accessoires hergestellt und verkauft. Regelmäßig werden sogenannte *Bintang-Touren* durchgeführt. Dabei werden die hochgiftigen und für die Riffe schädlichen Dornenkronenseesterne *(Acanthaster planci)* eingesammelt und später verbrannt. Außerdem unterrichtet die Organisation Umweltschutz in der Schule. Das EVERTO-Büro befindet sich in Katupat. Es verkauft künstlerische Recyclingprodukte. Fast alle Unterkünfte haben Postkarten im Angebot.

Veranda sowie 3 günstige Zimmer mit Gemeinschaftsbad im hinteren Teil. Gutes Preis-Leistungs-Verhältnis, sauber und gepflegt. Am Strand wachsen große Hibiskusbäume. ❸–❹

Sandy Bay Resort, 0823-4995 1833, www.sandybay-resort.com. Die 11 hochwertigen Bungalows verteilen sich auf 2 Strandabschnitte und eine Felsenklippe. Leider sind die Preise für die Schnorchelausflüge und Bootstransfers recht teuer. Wem der Sinn nach Strand und Erholung steht, ist hier aber am richtigen Platz. ❺

Sera Beach, 0823-4995 1833, www.seramalengesulawesi.com. An einem der schönsten Strände der Togians gelegen. Neuere Bungalows auf einer Anhöhe mit großzügiger Veranda, stilvollem Bad und schönem Ausblick auf das Meer. Günstigere direkt am Strand mit Hängematte und Mandi. Der Manager Nuir ist freundlich und hilfsbereit, seine Frau Nun bekocht die Gäste mit gutem Essen. ❹–❺

Pulau Waleakodi

Lia Beach, 0821-9011 1340, www.pae-lia-beach.com. 2 sehr gepflegte Bambus-Bungalows im balinesischen Stil. Ein französisch-indonesisches Ehepaar leitet die Unterkunft mit viel Liebe zum Detail und einem praktischen Verständnis, was für Traveller wichtig ist. Das Essen ist europäisch angehaucht und wird von der Besitzerin selbst zubereitet. Frühzeitig buchen! ❻

Pulau Una Una

Sanctum Dive Resort, 0812-8532 5669, www.unauna-sanctum.com. Sehr schöne und bisher die einzige Unterkunft auf der Vulkaninsel. Erreichbar in rund 5 Std. mit der öffentlichen Fähre von Wakai oder per Charterboot. Die weite Anreise lohnt sich hauptsächlich für Taucher: Es gibt keinen schönen Strand, dafür die besten Tauchspots der Togians. Preise inkl. Tauchgänge. ❼

AKTIVITÄTEN UND TOUREN

Wanderungen im Dschungel und **Ausflüge** zur Vulkaninsel Pulau Una-Una oder zu einem Bajo-Dorf werden von allen Gastgebern organisiert.

Bootstouren

Togian Boat Trip, 0853-4283 7431, www.togianboattrip.com. Ikbal aus Malenge und die Schweizerin Stefanie organisieren mit ihrem Team mehrtägige Bootstouren inkl. Schnorcheltrips zu den Riffen, Trekking, Besuche bei den Bajo. Auf Anfrage auch Zelten an einsamen Stränden und Individualtouren. 5 Tage ab 2,5 Mio. Rp p. P. inkl. Mahlzeiten, Ausflüge, Guides und Boottransfers. Spezielle Angebote für Gruppen und Familien.

Tagesausflüge zum **Quallensee** Mariona Lake und zu schönen Stränden werden von vielen Unterkünften je nach Distanz für 300 000–600 000 Rp pro Boot inkl. Verpflegung angeboten.

Tauchen und Schnorcheln

Tauchcenter findet man fast in jeder Unterkunft mit Preisen um 28 € pro Tauchgang. Bei mehreren Tauchgängen reduzieren sich die Preise. In Bomba gibt es eine unabhängige Tauchschule: **Bomba Divers**, www.bombadivers.com.

Schnorchelausflüge können meist direkt von den Unterkünften organisiert werden. Für die nötige Schnorchelausrüstung fällt allgemein eine Leihgebühr von 30 000 Rp pro Tag an.

Am schnellsten zu den Togians

Die Togian-Inselgruppe ist nicht einfach zu erreichen. Dank eines neuen Flughafens in Ampana und Wings Air-Flügen von Makassar nach Poso lassen sich Zeit und Geld sparen:

- Flug oder Bus von Manado oder Flug von Makassar nach **Gorontalo**; vom Hafen fährt Di und Fr um 17 Uhr die Fähre *Tuna Tomini* in 14 Std. nach WAKAI.
- Tgl. ein Flug von Makassar nach **Poso** mit Wings Air um 7.55 Uhr (nur 10 kg Freigepäck!). Von Poso fahren Minibusse in 4 Std. nach **Ampana**, dort tgl. Speedboote um 9 und 12 Uhr und außer Fr und So eine Fähre um 10 Uhr in 5 Std. nach WAKAI.
- Tgl. Flüge nach **Palu**, von dort mit Wings Air tgl. um 9.50 Uhr in 50 Min. nach **Ampana**. Vom Flughafen fahren Minibusse zum Hafen, wo tgl. Fähren und Speedboote nach WAKAI übersetzen (s. o.).

Weitere Infos in den Transport-Abschnitten.

© STEFANIE ANDREA DAENA

Die beschwerliche Anreise lohnt sich: Inselidylle auf den Togians

SONSTIGES

Einkaufen

Der größte **Markt** findet sonntags in Wakai statt. In jedem Dorf findet man kleinere Läden mit Snacks und Getränken. Die Preise, besonders von Klopapier, Getränken, Snacks und Bier, sind deutlich höher als auf dem Festland.

Geld

Auf den Inseln gibt es keine Geldautomaten, und nur selten werden Kreditkarten akzeptiert – wenn doch, fallen Gebühren an. Am besten aus den Städten Ampana, Rantepao, Gorontalo oder Poso ausreichend **Bargeld** mitbringen.
Tipp: Während Übernachtungen immer in Rp abgerechnet werden, fallen Tauchkosten in € an. Es ist ratsam, mit beiden Währungen ausgestattet zu sein. Geldtausch nur zu schlechten Kursen.

Telefon

Nur an ausgewählten Plätzen hat man auf den Inseln Netzempfang, um **Handys** zu nutzen. Bei kurzfristiger Kontaktaufnahme mit den Unterkünften sind SMS oder E-Mails empfohlen.

TRANSPORT

Motorboote können für den Transport zwischen den einzelnen Inseln gechartert werden, wenn kein öffentliches Boot verkehrt. Die Preise liegen i. d. R. bei 300 000–700 000 Rp.
Achtung: Bei schlechtem Wetter ist ausdrücklich von der Fahrt mit kleineren Booten abzuraten, da diese keine ausreichende Sicherheit und oft nicht genügend Schwimmwesten bieten!

Fähren

Die Fahrpläne können sich jederzeit ändern, und manchmal fallen einzelne Verbindungen aufgrund technischer Probleme aus. Auf der Website 💻 http://infotogian.weebly.com sind aktuelle Informationen zu finden.

Ab Wakai (Pulau Batudaka)
AMPANA tgl. außer Mo und Sa um 10 Uhr, Mi und Sa um 7 Uhr, für 65 000 Rp in 4 Std. Tgl. Speedboote um 9 und 12 Uhr für 130 000 Rp in 1 1/2 Std.
Die Fähren *Puspita Sari* und *Kapia Touna* kommen Mo, Di, Mi und Sa gegen 14 Uhr aus Ampana und fahren nach 1 1/2 Std. Aufenthalt für 5 000–15 000 Rp weiter nach KATUPAT (2 Std.), MALENGE (3 Std.) und DOLONG (6 Std.). GORONTALO mit der *Tuna Tomini* Mo und Do um 15 Uhr ab 63 000 Rp (Kabine für 550 000 Rp Aufpreis) in 14 Std. via Malenge und Dolong.

Ab Dolong (Pulau Waleakodi)
MARISA/BUMBULAN mit der *Cengkih Afo* Mi und Sa um 8 Uhr in 5 Std. Von dort geht es mit einem gecharterten Auto für 400 000 Rp in 4 Std. nach GORONTALO.

Ab Pulau Kadidiri
Charter-Speedboote nach MARISA ab 3,5 Mio. Rp.

Nord-Sulawesi

Die sich im Norden Sulawesis erstreckende Halbinsel ist durchschnittlich nur 50 km breit, aber rund 600 km lang. Sie ist administrativ in zwei Provinzen aufgeteilt: **Sulawesi Utara** und **Gorontalo**, die zusammen auf einer Fläche von 27 515 km^2 ca. 3,5 Mio. Einwohner haben. Nach Nordosten findet die Halbinsel ihre Fortsetzung in den Sangihe- und Talaud-Inselgruppen. Touristen kommen in erster Linie nach **Manado**, um zwischen den kleinen Inseln des Pulau Bunaken-Nationalparks oder in der Lembeh-Straße zu tauchen oder zu schnorcheln. Aber auch das gebirgige Hinterland der Stadt bietet lohnende Ausflugsziele wie den schönen Tondano-See, einige aktive Vulkane, heiße Quellen und den Tangkoko-Dua Saudara-Nationalpark.

Zahlreiche Völker siedeln in Nord-Sulawesi, von denen die bekanntesten, die Minahasa, aus Manado und der Umgebung stammen. Der sichere, natürliche Hafen von **Bitung** war für den Gewürzhandel und damit für die Entwicklung der gesamten Region von großer Bedeutung. Die ersten Kontakte der Minahasa mit Europäern erfolgten im 16. Jh., als zuerst Portugiesen und später auch Spanier hier landeten. Zu Beginn des 18. Jhs. folgten die Holländer, und 100 Jahre später war der größte Teil der Minahasa im Gegensatz zu ihren islamischen Nachbarvölkern zum Christentum übergetreten. Wichtige landwirtschaftliche Produkte sind heute Kopra, Nelken, Muskatnuss und andere Gewürze.

Gorontalo und Umgebung

Der zweitgrößte Ort auf der Nordhalbinsel Sulawesis liegt am Rande einer von Bergen umgebenen Ebene, in deren Zentrum sich der nur wenige Meter tiefe **Danau Limboto** befindet. Im Süden der Stadt durchschneidet der mächtige Sungai Bone die Bergketten und bildet an seiner Mündung in den Golf von Tomini einen natürlichen Hafen. Abgesehen von einigen Sehenswürdigkeiten in der Umgebung ist Gorontalo für Reisende vor allem als Verkehrsknotenpunkt zwischen den Provinzen Nord-Sulawesi und Zentral-Sulawesi von Interesse.

Das Bild der konservativ-islamischen Stadt wird von zahlreichen bunten *Bentor*, umgebauten Motorrollern, die vorne zwei Räder haben und bequem Platz für zwei Personen bieten, geprägt. Sitz der Verwaltung der Provinz Gorontalo ist der kleine Ort **Limboto**, nördlich des gleichnamigen Sees.

Etwa 60 km östlich von Gorontalo erstreckt sich auf 2871 km^2 der **Bogani-Nani-Wartabone-Nationalpark**, der als wichtigster Ort für den Schutz von wild lebenden Tieren auf Sulawesi anerkannt ist. Er ist die Heimat von seltenen endemischen Tierarten wie Anoa, Sulawesi-Pustelschwein und tiefschwarzen Schopfmakaken *(Macaca nigra)*. Der Ort **Kotamobagu**, 240 km östlich von Gorontalo, liegt dem Parkeingang und dem Parkbüro, Jl. AKD Mongkonai, ✆ 0434-22548, Eintritt 150 000 Rp pro Tag, am nächsten.

ÜBERNACHTUNG UND ESSEN

Amaris Hotel, Jl. Sultan Botutihe 37, ✆ 0435-830988, www.amarishotel.com. Ableger der bekannten Hotelkette in der Nähe der Gorontalo Mall mit 90 funktional eingerichteten, klimatisierten Zimmern, guten Betten und Safe. Frühstück inkl. ❹

Double Dipps Coffee, Jl. M. T. Haryono 196, ✆ 0435-828787. Kleine Karte mit Säften, Heißgetränken, Pasta und asiatischem Essen, schnelles WLAN und viele Steckdosen. Im 1. Stock Karaoke. Mittlere Preise. ⌚ 10–24 Uhr.

Eljie Hotel, Jl. Sudirman 99, ✆ 0823-4732 6666. Fensterlose, saubere Zimmer mit Warmwasser und AC. Freundliches Personal mit schlechten Englischkenntnissen. Angeschlossen ist ein Padang-Restaurant. Indonesisches Frühstück inkl. ❸

Magic Pan Pizza, Jl. Ahmad Yani 55, ✆ 0435-829619. Für Reisende, die von den Togians kommen, sind die leckeren, authentischen Pizzen und Nudelgerichte eine ungewohnte Gaumenfreude. Schneller und freundlicher Service. Mittlere Preislage. ⌚ 10–23 Uhr.

Maqna Hotel, Jl. Sultan Botutihe 88, ✆ 0435-859267, www.prasanthi-hotels.com. Ansprechendes Businesshotel in der Gorontalo

Mall mit geräumigen, gut ausgestatteten, hellen Zimmern. Zudem Außenpool, Wellness- und Fitnessbereich. Frühstücksbuffet inkl. ❺

New Melati Hotel, Jl. Wolter Monginsidi 1, ✆ 0435-822934. Günstige Unterkunft in zentraler Lage mit vielen Informationen zur Weiterreise. Die älteren Zimmer mit Ventilator oder AC sind ungepflegt, besser und sauberer sind die teuersten, neuen Zimmer im Anbau. WLAN und Warmwasser mit Problemen. Viele Essensstände auf der anderen Straßenseite. ❷–❹

Rumah Makan Li'Mami, Jl. Sultan Botutihe. Selbstbedienungsbuffet mit großer Auswahl an frischen Speisen. Empfehlenswert für Vegetarier, da auch viel Gemüse, Tofu und *Tempe* angeboten wird. Günstige Preise. ◷ 10–21 Uhr.

AKTIVITÄTEN UND TOUREN

Aqua Diving Center, Jl. Tribrata 116, Ipilo, ✆ 0821-9122 2456, 💻 www.aquadivingcenter gorontalo.blogspot.com. Gutes Tauchcenter in der Stadt für Tauchgänge direkt vor der Küste von Gorontalo.

Hendra Wahab, Jl. Jend. Pol Anton Sujarwo 64, ✆ 0853-4213 3888, 0853-9872 7779, 💻 www.travelingsulawesi.com. Spezialist für die Region Gorontalo, die Togian-Inseln und den Bogani-Nani-Wartabone-Nationalpark.

NAHVERKEHR

Minibusse kosten 5000 Rp innerhalb der Stadt, in die nördliche Umgebung fahren sie ab dem **Terminal Telaga**, 2,5 km nordwestlich vom Zentrum, 500 m vom Fernbusterminal Andalas. Minibusse in den Süden, z. B. zum Hafen, starten ab **Terminal Pasar Sentral**.

Die Fahrt vom Hafen in die Innenstadt kostet 30 000–50 000 Rp.

TRANSPORT

Busse und Kijangs

Der Terminal für Fernbusse, **Andalas**, liegt 3 km nördlich vom Zentrum.

MANADO, 400 km, Bus um 5.30 Uhr für 100 00 Rp in 10 Std.; *Kijangs* direkt vom Hafen oder vom Busterminal bis 14 Uhr für 150 000–200 000 Rp in 8–9 Std. Gecharterte **Autos** für max. 5 Pers. kosten 1,2 Mio. Rp.

Fähren

Der Schiffsverkehr verteilt sich auf 2 Häfen, ca. 4 km vom Stadtzentrum.

Vom **Pelabuhan Ferry** fährt die Fähre *Tuna Tomini* am Di und Fr um 16 Uhr ab 63 000 Rp (Kabine 500 000 Rp) in 14 Std. über den Golf von Tomini nach WAKAI und weiter nach AMPANA, Zentral-Sulawesi. Empfehlenswert ist die Tatami-Klasse für 72 000 Rp, wo man für zusätzliche 10 000 Rp eine Matratze auf dem Boden mieten kann. Da der Zeitplan kurzfristig geändert werden kann, ist es besser, sich die Abfahrtszeiten im Hotel bestätigen zu lassen. Aktuelle Informationen unter www.pelni.co.id oder beim **Pelni-Büro**, Jl. 23 Januari 8, ✆ 0435-828669.

Flüge

Der **Jalaluddin-Flughafen** (GTO) liegt 32 km nordwestlich bei Isimu. Sammeltaxis kosten 70 000 Rp bis ins Stadtzentrum. Damri-Busse fahren vom Flughafen in rund 1 Std. für 35 000 Rp ins Ortzentrum. Es fliegen:

Garuda, 💻 www.garuda-indonesia.com, nach JAKARTA, MAKASSAR und MANADO;

Lion Air, **Batik Air**, **Wings Air**, 💻 www.lionair.co.id, nach JAKARTA, MAKASSAR, MANADO und PALU;

Sriwijaya Air, 💻 www.sriwijayaair.co.id, nach MAKASSAR.

Manado

Die Hauptstadt der Provinz Sulawesi Utara und mit knapp 430 000 Einwohnern die zweitgrößte Stadt Sulawesis liegt an der Bucht von Manado, umgeben von einer schönen Berglandschaft mit Seen und Vulkanen. Touristen halten sich kaum in Manado auf, sondern fahren direkt weiter auf die nahe Pulau Bunaken (S. 669), ins Minahasa-Hochland (S. 674) oder zum Tangkoko-Nationalpark (S. 679). Für viele ist die Stadt lediglich dank ihrer Infrastruktur mit Behörden, Krankenhäusern und Einkaufsmöglichkeiten sowie als

Manado
N
0 200 400 600 800 1000 m
ÜBERNACHTUNG
1 Hotel Celebes
2 Sintesa Peninsula
3 Aston
4 Swiss-Belhotel Maleosan
5 Istanaku Gh.
6 Manado Green Hostel
7 Libra Homestay
8 Lumbalumba Diving
ESSEN
1 d'Terrace
2 McDonald's
3 the Club
4 Cabal
5 Raja Sate
6 Green Garden
7 Puncak Manado
8 Fisch-Warungs
SONSTIGES
1 PT Sentralindo Valutama Money Changer
2 Wäscherei
3 Lippo Plaza, Trans Mart
4 Safari Tours & Travel
5 Kantor Imigrasi
6 Grand Merciful Building
7 Corner
TRANSPORT
1 Öffentliche Boote
2 Charter-Boote, Schnellboote
3 Zero Point (Minibusse)
4 Kijangs nach Gorontalo
5 Terminal Paal Dua
6 Terminal Malalayang
7 Terminal Karombasan
Pulau Bunaken
Manado Bay
Sukarno-Brücke
HAFEN
Siau, Tahuna (Sangihe-Archipel)
Ban Hing Kiong-Tempel
Marina Plaza
Molas
WAWONASA
Jl. Sultan Hasanuddin
Jl. Ari Lasut
Jl. Sisingamangaraja
Jl. D.L. Lasut
Sutomo
Jl. Pattimura
Bitung
Jl. Brigjen. Katamso
Jl. W. Maramis
S. Tondano
Jl. Sam Ratulangi
Jen. Sudirman
Gereja Sentrum
Masjid Raya
Provinz-museum
Jl. W.R. Supratman
Sarapung
Siloam Hospital
Mega Mall
Jl. Dr. Sam Ratulangi
Jl. Wakeke
Jl. Garuda
Jl. Diponegoro
Jl. Kamaraka
Jl. Lapian
Jl. Balai Kota
Jl. Tikala Ares
BALAI KOTA
WENANG
Jl. Lumimuut
Citraland, Tondano
Jl. Toar
TIKALA
Jl. Daan Mogot
Jl. Pomurouw
Jl. Tangkulis'an
Jl. Titiwungen
Jl. 14. Februari
TITIWUNGEN
Jl. Katamso
Manado Town Square
TELING
Jl. 17. Agustus
POLIZEI
Jl. Pierre Tendean
KONI Sports Complex
Jl. Dr. Sam Ratulangi
Jl. Pramuka
Governor's Office
Jl. Jen. A. Yani
SARIO
TANJUNG BATU
Adventist Hospital
FRIEDHOF
Convention Ctr.
Boulevard Mall
POLIZEI
Jl. Pemuda
S. Sario
Jl. Babe Palar
Jl. Tololu Supit
Bahu Mall
Jl. Bethesda
Tanawangko
Jl. W. Monginsidi
St. Joseph
Jl. Santo Joseph
WANEA
KELEAK
Jl. Kampus Barat
Jl. Kampus
Sam Ratulangi University
Klabat Stadium
Jl. Bengawan Solo
Jl. Tanjung Merah
Jl. Kampus Selatan
Jl. Sam Ratulangi
Tomohon, Tondano

Transportdrehkreuz des Nordens von Interesse. Wer jedoch den Komfort städtischer Hotels, Ausgeh- und Shoppinggelegenheiten nicht missen möchte, kann seine Ausflüge auch von hier aus organisieren.

Geschichte

Ihren Wohlstand verdankt die Stadt der Tatsache, dass sie bereits zu Kolonialzeiten ein wichtiger Umschlagplatz im Gewürzhandel war. Als der Naturforscher Alfred Russell Wallace 1859 für ein Jahr im 46 km südlich gelegenen Dorf Rurukan forschte, besuchte er Manado und erwähnte es als eine der schönsten Städte des Ostens.

Davon ist nicht mehr viel zu spüren, denn die Stadt wurde sowohl im Zweiten Weltkrieg von Alliierten als auch 1958 als Hochburg sezessionistischer Rebellen vom indonesischen Militär bombardiert. Seither ist sie als wichtiger Warenumschlagplatz dank des nahen Tiefseehafens Bitung und zunehmenden Tourismus stark gewachsen und sieht nun aus wie viele andere indonesische Städte. Vor einigen Jahren wurde ein über 4 km langer Küstenstreifen aufgeschüttet, wo nun Einkaufszentren, luxuriöse Hotels und Restaurants das moderne Manado verkörpern.

Obwohl der Katholizismus bereits mit Ankunft der Spanier und Portugiesen seinen Einfluss auf Sulawesi hinterlassen hatte, waren es holländische Missionare, die das Christentum protestantischer Prägung im Laufe des späten 19. und frühen 20. Jhs. langfristig etablierten. Daher besteht die Bevölkerung hauptsächlich aus Protestanten. Die erste Kirche der Stadt, **Gereja Sentrum**, kann in der Jalan Sarapung besichtigt werden. Die christliche Dominanz wurde zudem im exklusiven Vorort **Citraland** (auch: City of Blessings), 7 km südlich, mit einer gewaltigen **Jesusstatue** (*Monumen Yesus Memberkati*, „Monument des segnenden Jesus") buchstäblich zementiert. Die gigantische weiße Jesus-Figur soll mit etwa 30 m eine der größten weltweit sein.

Provinzmuseum

Eine der wenigen Sehenswürdigkeiten ist das **Museum Negeri Propinsi Sulawesi Utara**, Jl. W.R. Supratman 72, ✆ 0852-4083 3318 (Robi Kolibu). Es hat Infos zu den ethnischen Gruppen, der endemischen Fauna und den frühen Steingräbern *(Waruga)* von Nord-Sulawesi, wobei die Exponate mitunter weniger interessant sind als die informativen englischen Texte. An Objekten sind die traditionellen Trachten und Haushaltsgegenstände, Waffen, obskure Tierdioramen, alte Bibeln und Fotografien, Boots- und Hausmodelle sowie die vor langer Zeit verbreiteten Koffo-Stoffe aus Bananenfaser zu erwähnen. ⌚ Mo–Do 8–16, Fr 8–11.30 Uhr, Eintritt frei (Spende).

Ban Hing Kiong-Tempel

Weiter nördlich, in der Nähe des Hafens, lohnt ein Besuch eines chinesischen Tempels. Dieser älteste buddhistische Tempel Ost-Indonesiens steht in der Jalan Jend. D. I. Panjaitan. Er wurde Anfang des 19. Jhs. errichtet und musste zuletzt in den 1970er-Jahren nach einem großen Brand wieder aufgebaut werden. Vom ersten Stock hat man eine gute Sicht über das geschäftige Stadtzentrum und den Hafen. Bekannt ist er durch die spektakuläre Goan Siau-Prozession, die am 15. Tag nach dem chinesischen Neujahr stattfindet.

ÜBERNACHTUNG

Untere Preisklasse

€ **Hotel Celebes**, Jl. Rumambi 8 A, ✆ 0431-870425, 💻 www.hotelcelebesmdo.com. Die günstigste Unterkunft nahe dem Hafen für jene, die am nächsten Morgen ein frühes Boot zur Pulau Bunaken nehmen. Große Auswahl an älteren, mitunter renovierungsbedürftigen Zimmern, teils nur mit Ventilator und Gemeinschaftsbad, teils geräumig mit Warmwasser, AC und Fenster zum Hafen. Gute Aussicht von der Dachterrasse, die auf Anfrage zugänglich ist. Kleines Frühstück inkl. ❷–❹

Istanaku Gh. 1 und **2**, Jl. W. R. Supratman 6+7, ✆ 0431-840085 (Haus 1), 851000 (Haus 2), 💻 www.fb.com/IGHManado. Die beste Budget-Unterkunft verteilt sich auf 2 gegenüberliegende Häuser in guter Lage. Die Zimmer haben gute Matratzen und sind teils großzügig geschnitten, die Bäder dagegen

SULAWESI

winzig. Moderne Wanddesigns und das junge freundliche Personal geben der Bleibe etwas Freundliches. Motorroller für 100 000 Rp. ❸

Libra Homestay, Jl. Pramuka XI 16, ✆ 0821-9268 6320. Große, schöne Privatvilla etwa 5 Autominuten vom Manado Town Square in einer ruhigen Seitenstraße (ohne Schild und schwer zu finden). Die geräumigen AC-Zimmer mit schlichter Einrichtung haben gute Betten, Warmwasser und Schreibtische. Terrasse und Dachterrasse zum netten Garten. Frühstück inkl. Frühe Reservierung empfohlen, manchmal ist niemand zugegen, daher nichts für Walk-In-Gäste. ❸–❹

Manado Green Hostel, Jl. Sarapung 38, ✆ 0431-880 2967, 💻 www.fb.com/Manado-Green-Hostel-1246457592031745. Ziemlich schlicht und funktional gehaltenes, 2-stöckiges Hostel mit schmucklosen Etagenbett-Zimmern, in denen jeweils 4 oder 6 Pers. zu 150 000 Rp bzw. 175 000 Rp p. P. unterkommen, je nachdem ob mit eigenem oder Gemeinschaftsbad. Eine Gemeinschaftsküche steht zur Verfügung.

Mittlere und obere Preisklasse

Aston, Jl. Sudirman 128, ✆ 0431-888 8989, 💻 www.aston-international.com. Gute Mittelklasse-Wahl mit Nichtraucherzimmern im 6. Stock. Geräumig und gepflegt, alle Zimmer bieten den bekannten Standard. Fitness, Spa und Restaurant. Frühstück inkl. ❺–❻

Sintesa Peninsula, Jl. Jend. Sudirman, ✆ 0431-855008, 💻 www.sintesahotels.com. Das luxuriöse 5-Sterne-Hotel erhebt sich auf einem Hügel mitten im Zentrum der Stadt, sodass man von hier einen herrlichen Blick über ganz Manado hat. Günstige Angebote am Wochenende, guter Sonntagsbrunch inkl. Poolnutzung. ❺–❼

Swiss-Belhotel Maleosan, Jl. Jend. Sudirman 85-87, ✆ 0341-861000, 💻 www.swiss-belhotel.com. Makellose Adresse der bekannten Hotelkette im Zentrum der Stadt mit stilvoll eingerichteten Zimmern. Pool, Fitnesscenter, Spa, Restaurant und Schweizer Café. Reichhaltiges Frühstücksbuffet inkl. ❺–❻

ESSEN

In den **Food Courts** der Malls, allen voran **Mega Mall** und **Bahu Mall**, mangelt es nicht an indonesischen und internationalen Restaurantketten. Hinter der Bahu Mall an der Küstenstraße werden zudem in einfachen Warung günstige **Fischgerichte** zubereitet. An der Mega Mas Waterfront, hinter der Mega Mall, finden sich die nettesten Restaurants mit künstlerischem Flair, Kerzenschein und frischer Meeresbrise.

Cabal, Jl. P. Tendean 14, Mega Mas Waterfront, ✆ 0432-879877. Bar, Café, Lounge und Restaurant mit Bier vom Fass, Cocktails und Weinen sowie leckerer Pizza. Mittlere bis gehobene Preislage. Livemusik ab 21 Uhr. 🕒 15–24 Uhr.

d'Terrace, Mega Mas Waterfront, ✆ 0431-888 0939. Gemütliches, offenes Restaurant mit entspannter Musik und großer Auswahl an Säften, Tee und Kaffee aus verschiedenen Anbaugebieten sowie Shisha-Pfeifen. Auf der umfangreichen zweisprachigen Karte stehen Steaks, Seafood, indonesische und Minahasa-Gerichte (leckere *Sate*) sowie Pasta und Salate zu mittleren Preisen, die Steaks sind teurer. Langsamer Service. 🕒 9–2 Uhr.

Green Garden, Jl. Sam Ratulangi 170, ✆ 0431-470089. Bekanntes, chinesisch-indonesisches Restaurant mit Aquarien, in denen sich Zierfische tummeln. Es gibt eine große Auswahl an Nudel- und Reisgerichten. Zu empfehlen ist die Spargelsuppe sowie Schwein und Fisch vom Grill. Mittlere Preislage. 🕒 8–23 Uhr.

Minahasa-Küche – gut zu wissen

Die Minahasa-Küche ist mit scharf gewürzten Gerichten nur etwas für Experimentierfreudige. Das Essen wird in bis zu 15 kleinen Schälchen serviert, die neben kross gebratenem Schwein auch Hund (*Rintek Wuuk*, abgekürzt R.W.), Ratte und Fledermaus beinhalten. Man zahlt nur, was man auch isst. Gute, authentische Minahasa-Warung mit viel Auswahl finden sich in **Tinoor** an der Straße nach Tomohon.

Tauchresorts im Umland von Manado

Wer außerhalb der Stadt zur Ruhe kommen und ab und an zu einem Tauchgang aufbrechen möchte, muss nicht zwangsläufig auf den Inseln übernachten. In **Molas**, 8 km nördlich, sowie in **Malalayang**, 10 km südlich von Manado, haben sich gute Resorts mit professionellen Tauchzentren angesiedelt. Von hier ist es zu einigen Tauchspots sogar näher als von den Inseln. Am Stadtstrand Boboca Malalayang etwa kann man versunkene Motorräder bewundern. Mittlerweile haben sich an diesem einzigartigen Riff schöne Korallen gebildet, die eine beeindruckende Vielzahl an Fischen beheimaten. Südlich von Manado.

Lumbalumba Diving, Jl. Raya Trans Sulawesi, 18 km südlich, ✆ 0822-9291 9056, 🖳 www.lumbalumbadiving.com, Karte S. 664. In dem 3,5 ha großen, tropischen Garten stehen 4 separate sowie ein Familien- und ein Doppelbungalow in absoluter Ruhe, behaglich eingerichtet und mit bestem Meerblick nach Pulau Manado Tua. Sehr familiäre und angenehme Atmosphäre, freundliches Personal, exzellentes Essen und professionelles Tauchcenter. Tauchtagestrip 1,2 Mio. Rp zzgl. Ausrüstung. Frühstück inkl. ❼

Puncak Manado, Jl. 17 Augustus, ✆ 0431-866581. Auf einem Hügel oberhalb der Stadt, am besten mit einem Taxi zu erreichen. Großartige Sicht über ganz Manado, nachts bunt beleuchtet. Relativ teuer, aber große Portionen chinesischer Gerichte. Im 1. Stock Karaoke. ⏲ 10.30–22 Uhr.

€ **Raja Sate**, Jl. Pierre Tendean 39, ✆ 0431-852398. Am „Boulevard" südlich der Mega Mall. Sehr beliebtes Restaurant mit einer breiten Auswahl an Steak-, Curry-, *Sate-* und Fischgerichten zu günstigen Preisen. Leckere *Sate*-Combos mit Hühnchen-, Rind-, Ziegenfleisch sowie Shrimp und Tintenfisch, Bier, WLAN. ⏲ Mo–Sa 11.30–23, So 18–22.30 Uhr.

the Club, Mega Mas Waterfront, ✆ 0431-367 5888. Das stilvolle Café-Restaurant bietet das netteste Ambiente, um an der Küste bei angenehmer Gitarren-Livemusik ab 21 Uhr den Abend ausklingen zu lassen. Die mittelmäßigen Pasta-, Steak- und asiatischen Gerichte sind angesichts der kleinen Portionen etwas überteuert. ⏲ 16–2 Uhr.

UNTERHALTUNG

Corner, Jl. Pierre Tendean, Bahu Mall, ✆ 0811-433 3365, 🖳 www.fb.com/Corner-Club-Manado-58078191639. 2-stöckige Bar mit angeschlossenem Club und Livemusik. Eintritt 100 000 Rp. ⏲ Mo–Sa 18–3, Club ab 22 Uhr.

TOUREN

Guides

Viele Guides haben sich auf Minahasa-Hochlandtouren, Vulkanbesteigungen, Vogelsafaris und den Tangkoko-Nationalpark spezialisiert. Ihre Tagessätze beginnen bei 300 000 Rp pro Tag bzw. Aktivität. Mietwagen inkl. Fahrer und Benzin kosten ab 450 000 Rp.

Ateng Ganta, ✆ 0813-5603 8113, ✉ gyulisman@yahoo.com. Hervorragender Guide für Touren zum Tangkoko-Nationalpark, der auch als Ranger arbeitet.

Donald Tapehe, ✆ 0853-9594 3581, ✉ donadventures@yahoo.co.id. Guter Guide für das Minahasa-Hochland und den Tangkoko-Nationalpark sowie Wildwasser-Rafting.

Touranbieter

Bunaken Tour & Travel, ✆ 0898-443 5867, 🖳 www.bunakentourtravel.com. Tages- und Mehrtagetouren in Nord-Sulawesi sowie Wildwasserrafting, Seekajaktouren und Vulkanbesteigungen. Flugbuchung, Autovermietung ab 600 000 Rp für 12 Std. inkl. Fahrer und Benzin.

CocosTravel, ✆ 0813-3764 0179, 🖳 www.cocostravel.de. Der auf Fahrradtouren in Indonesien spezialisierte Anbieter unter deutsch-indonesischer Leitung offeriert 3x im Jahr eine 12-tägige Nord-Sulawesi-Tour (226–250 km), die von Manado ins Tomohon-

Hochland, weiter zum Tangkoko-Nationalpark und nach Pulau Bangka führt.
Safari Tours & Travel, Jl. Sam Ratulangi 176, ✆ 0431-857637, 💻 www.manadosafaris.com. Professioneller, international geführter Reiseveranstalter. Tauchpackages für die Lembeh-Straße, den Bangka-Archipel und den Bunaken-Nationalpark, verschiedene Touren ab 2 Personen inkl. Hochland, Tangkoko-Nationalpark, Wildwasserrafting und Reiten. Tagestouren für US$65–110 p. P. 🕒 Mo–Sa 8–18 Uhr.

EINKAUFEN

Die beliebtesten Einkaufszentren **Mega Mall**, **Manado Town Square** („Mantos") und **Bahu Mall** liegen direkt an der Küste. Sie sind mit großen Supermärkten, Food Courts, Fastfood-Ketten und Boutiquen gefüllt. Die beste Auswahl an Kunsthandwerk und Souvenirs aus ganz Indonesien findet sich im Erdgeschoss des **Grand Merciful Building**, Wanea Plaza, 💻 www.mercifulbuilding.co.id, 🕒 24 Std. Jüngeren Datums sind das **Lippo Plaza** und **Trans Mart**, beide nordöstlich des Zentrums.

SONSTIGES

Geld

Ein Money Changer ist **PT Sentralindo Valutama**, Jl. Sarapung Ruko 4, ✆ 0431-878855. **Geldautomaten** s. Karte S. 664.

Informationen

Am Flughafen befindet sich das **North Sulawesi Tourism Information Center**, dessen freundliche Mitarbeiter bei der Reservierung von Hotels und Organisation von Transport behilflich sein können.

Medizinische Hilfe

Siloam Hospital, Jl. Sam Ratulangi 22, ✆ 0431-888 3911, 💻 www.siloamhospitals.com. Die zentrale Privatklinik ist das beste Krankenhaus der Stadt. Notaufnahme 🕒 24 Std.

Polizei

Jl. 17. Agustus, ✆ 0431-852162, Notruf ✆ 110.

Post

Jl. Sam Ratulangi 21, ✆ 0431-852301. 🕒 Mo–Do 8–20, Fr 8–11 und 14–20, Sa 8–18 Uhr.

Visaangelegenheiten

Kantor Imigrasi, Jl. 17. Augustus, ✆ 0431-841688. 🕒 Mo–Fr 7.30–11.30 und 13–16.30 Uhr.

NAHVERKEHR

Minibusse

Ein endloser Schwarm von blauen Minibussen *(Mikrolet)* kreist von 5–22 Uhr durch die Hauptstraßen. Sie drängen sich an der zentralen Minibusstation **Zero Point**, um Fahrgäste aufzunehmen, halten ansonsten überall und fahren kleinere Umwege, um Passagiere vor der Tür abzusetzen. Die Zielorte stehen jeweils an der Frontscheibe. Im Stadtgebiet kostet eine Fahrt 4000 Rp.

Taxis

Die Smartphone-Apps für Fahrdienstleistungen von **Grab** und **Go-Jek** (S. 82) funktionieren zuverlässig und sind günstiger als Taxis.
Das zuverlässigste Taxiunternehmen ist **Blue Bird**, ✆ 0431-861234, das nach Taxameter berechnet und rund um die Uhr im Dienst ist. Bestellung auch über die App.

TRANSPORT

Busse und Minibusse

In die Umgebung fahren Minibusse und Busse von 5–21 Uhr von 3 Stationen ab, sobald genügend Passagiere vorhanden sind. Vormittags stehen die Chancen gut, dass etwa 1x stdl. ein Bus fährt.

Von **Paal Dua** nordöstlich des Zentrums nach:
AIRMADIDI, 19 km, für 6000 Rp in 40 Min.
BITUNG, 47 km, für 10 000 Rp in 1 Std.
FLUGHAFEN, 13 km, für 5000 Rp in 40 Min.
LIKUPANG (Fähre nach Bangka), 46 km, für 12 000 Rp in 1 1/2 Std.

Von **Karombasan** im Südosten nach:
TOMOHON, 25 km, 9000 Rp. in 1 Std.
TONDANO, 36 km, 12 000 Rp in 1 Std.

Fernbusse fahren vom Terminal **Malalayang**, etwa 5 km südwestlich des Zentrums, nach:
GORONTALO, 400 km, 100 000 Rp in 10–12 Std.
KOTAMOBAGU, 164 km, 40 000 Rp. in 4–5 Std.
Tipp: *Kijangs* nach GORONTALO fahren häufiger und sind schneller am Ziel (150 000–200 000 Rp, 8 Std.). Büro und Abfahrtspunkt in der Jl. Kartini (hinter Bank BCA).

Fähren

Am **Pelabuhan Manado** fahren die öffentlichen Boote nach BUNAKEN und SILADEN vom nördlichen, kleineren Hafenbecken hinter dem Pasar Bersehati gegen 14 bis 15 Uhr für 50 000 Rp in 45 Min.
Vom größeren, südlichen Hafenbecken legen ausschließlich Charterboote nach BUNAKEN für 350 000–400 000 Rp ab.
Nach TAHUNA (Sangihe-Archipel) via Tagulandang und Siau fahren die *Majestic Kawanua* und die *Bahari Express* tgl. gegen 10 Uhr (So 11.30 Uhr) für 180 000–260 000 Rp in 7 Std. (4 Std. bis Siau). Kontakt und Infos unter ✆ 0431-882 0188, 0851-0540 5499, 💻 www.fb.com/PLPU MajesticKawanua.

Flüge

Der **Sam Ratulangi Airport** (MDC) liegt 13 km nordöstlich der Stadt. Damri-Busse fahren unzuverlässig von 8–16 Uhr alle 2 Std. ins Zentrum für 20 000 Rp in 40 Min., zum Terminal Malalayang für 25 000 Rp in 1 Std. und nach Tomohon für 30 000 Rp in 1 Std. Minibusse fahren ab der Hauptstraße zum Terminal Paal Dua für 5000 Rp. Taxis kosten ins Zentrum 120 000 Rp, bis TOMOHON 225 000 Rp. Es fliegen:
Citilink, 💻 www.citilink.co.id, nach JAKARTA und MAKASSAR;
Garuda Indonesia, 💻 www.garuda-indonesia.com, nach BALIKPAPAN, DENPASAR, JAKARTA, JAYAPURA, MAKASSAR, SORONG und TERNATE;
Lion Air, **Batik Air** und **Wings Air**, 💻 www.lionair.co.id, nach BALIKPAPAN, GORONTALO, JAKARTA, MAKASSAR, SORONG, SURABAYA, TAHUNA und TERNATE;
Silk Air, 💻 www.silkair.com, und **Singapore Airlines**, 💻 www.singaporeair.com, nach SINGAPORE;
Sriwijaya Air und **NAM Air**, 💻 www.sriwijayaair.co.id, nach DENPASAR, SORONG und TERNATE.

17 HIGHLIGHT

Pulau Bunaken

In der faszinierenden Unterwasserwelt um die Inseln Bunaken, Manado Tua, Siladen, Mantehage und Nain erwarten den Besucher einige der vielfältigsten und buntesten Korallenriffe Indonesiens, eine ungeheure Artenvielfalt und damit eines der schönsten und abwechslungsreichsten Tauchreviere weltweit. Einige Riffe liegen nur knapp unter der Wasseroberfläche, andere fallen hunderte Meter tief ab. Besonders bekannt ist das 890 km^2 große **Meeresschutzgebiet** für seine Makro-Tierwelt: Nacktschnecken, Harlekingarnelen oder die hier entdeckten Pontohi-Seepferdchen sind Höhepunkte vieler Tauchgänge.

Der große Touristenmagnet ist die von Mangroven und Kokospalmen bewachsene halbmondförmige **Pulau Bunaken**. Die meisten ihrer rund 6000 Bewohner leben im gleichnamigen Dorf an der Südspitze der Insel. Der Großteil der Unterkünfte reiht sich von hier gen Norden am **Pantai Pangalisang** entlang, wo man herrliche Schnorchelgebiete direkt vor der Tür hat. In der Beuge des **Pantai Liang** an der Südwestküste sind ebenfalls einige Resorts sowie Bootsanlegestellen und Verkaufsstände für Tagesausflügler vom Festland angesiedelt. Da außerhalb des Dorfs praktisch kaum Infrastruktur existiert, spielt sich das Geschehen überwiegend in den Unterkünften und unter der Wasseroberfläche ab.

Auf der in Sichtweite befindlichen **Manado Tua** erhebt sich ein erloschener Vulkan (806 m), der das Landschaftsbild prägt und in 4–5 Stunden umwandert bzw. in 3–4 Stunden bestiegen werden kann. Zwischen den strandnahen Kokos- und Mangoplantagen entdeckt man bisweilen auch Schildkrötennester.

Etwa 2 km östlich von Bunaken liegt die nur 28 ha kleine **Pulau Siladen** mit weißem Sandstrand und 4 hochpreisigen Resorts. Das vorgelagerte Korallenriff mit Steilwänden bietet schöne Schnorchel- und Tauchmöglichkeiten, z. B. am Tauchspot **Siladen Jetty**, wo das Riff steil und farbenreich abfällt und sich Barrakudaschwärme, Kofferfische und verschiedenste Anemonenfische tummeln, oder im Norden, wo bei größerer Strömung Haie und Rochen gesichtet werden können.

Der Eintritt für den Meeresnationalpark in Höhe von 50 000 Rp pro Tag und 150 000 Rp für einen mehrtägigen Aufenthalt wurde bislang weder am Hafen noch von den Unterkünften erhoben. Zum Leidwesen vieler Touristen wird besonders in den Wintermonaten durch die Strömungen jede Menge Müll vom Festland angespült, der sich vor Bunaken sammelt und nicht nur die Strände verunziert.

ÜBERNACHTUNG UND ESSEN

Auch wenn sich viele Unterkünfte mit dem Beinamen „Resort" schmücken, heißt dies nicht zwangsläufig, dass hoher Standard geboten wird. Oft sind es Bungalows mit Ventilator und ohne Warmwasser. In den günstigen Unterkünften kommt leicht salziges Brackwasser aus der Leitung, teurere haben Brunnen oder Wassertanks. Strom gibt es häufig nur von 18–6 Uhr. Achtung: Die nachfolgend angegebenen **Preiskategorien gelten p. P.** inkl. 3 Mahlzeiten pro Tag und werden teilweise in Euro ausgewiesen. Tauchresorts bieten zudem All-inclusive-Angebote. Eine rechtzeitige Reservierung in der Hochsaison von Mai bis Oktober ist ratsam.

Pantai Pangalisang

Arto Moro B&B, 0822-3663 6021, www.fb.com/AMBunaken. Direkt am Pier von Kampung Bunaken vermietet Michael aus Holland 3 spartanisch eingerichtete Zimmer mit Meerblick vom 2. Stock über einem Bistro, wo seine javanische Frau solide Hausmannskost und Getränke serviert. Verleih von Full-Face-Schnorchelmasken für 100 000 Rp. ❷

Cakalang Resort, 0811-430 2018, www.cakalang-bunaken.com. Kleines Tauchresort im Schutz des Mangrovengürtels mit 3 sauberen (teils familienfreundlichen) Bungalows mit Schaumstoffmatratzen und Terrasse. Im 1. Stock des Haupthauses zudem 3 Zimmer, von denen sich 2 ein Gemeinschaftsbad teilen. Der holländische Besitzer Ferdinand spricht Deutsch. ❹

Living Colours, 0812-430 6401, www.livingcoloursdiving.com. Das professionellste Tauchresort am Oststrand liegt an einem Hang mit Blick auf Pulau Siladen. Die 10 geräumigen Bungalows mit Natursteinwänden, großer Veranda, Warmwasser und Moskitonetz sind vergleichsweise gut möbliert und wohnlich. Büchertausch, Strandbar, freundliche Manager aus Finnland. ❻

€ **Novita Homestay**, 0812-443 0729, novita.caroles@yahoo.co.id. Das älteste Homestay im Ort hat 5 sehr preisgünstige, einfache, aber ordentliche Zimmer mit Schaumstoffmatratzen und Moskitonetz, teils auch Gemeinschaftsbad. Familienanschluss garantiert. ❶

Raja Laut, 0812-1974 2053, www.rajalaut-bunaken.com. Überschaubare Gartenanlage mit 6 frei stehenden, geräumigen Holzbungalows im Minahasa-Stil mit Veranda und Hängematte, teils mit Warmwasser. Betten und Moskitonetze sind hochwertig. Es gibt eine Tischtennisplatte und von Zeit zu Zeit italienisch angehauchte Küche. ❺

Bunaken Sea Garden Resort, 0812-4473 8802, www.bunakenseagardenresort.com. An einer kleinen Bucht zwischen den Mangroven situierte Budget-Anlage mit ausbaufähigem Charme, was das Äußerliche angeht, allerdings auch sehr verträglichen Preisen. Die 11 Zimmer in teils 2-stöckigen Cottages sind einfach und eine gute Wahl für preisbewusste Taucher. ❹

The Village Bunaken, 0813-4075 7268, www.bunakenvillage.com. Nettes, familienfreundliches Tauchhotel mit schattigem Garten, Blick auf die Mangroven und 11 ordentlichen Zimmern in Steinbungalows, die teils auch als Einzelzimmer vermietet werden. Alle haben Warmwasser, in einigen ist AC gegen Aufpreis verfügbar. Ein kleiner Pool, Spa und Cocktailbar runden das Konzept ab. ❻

Two Fish Divers, 0811-432805, www.twofishdivers.com. Reines Tauchresort unter

englischem Management mit Ferienclub-Atmosphäre, Pool und vielen Spezialkursen. Die einfachen, teils spärlich eingerichteten Bungalows und Zimmer bieten Warmwasser, die Budget-Zimmer haben Gemeinschaftsbad, aber gute Matratzen. Rabatte ab 3 Nächten. ❹–❻

Pantai Liang

Die schönste Anlage der Insel, das **Bunaken Oasis**, 💻 www.bunakenoasis.com, befindet sich an dieser Bucht, ruft aber für ihren luxuriösen Komfort astronomische Preise auf. Geselliger und preiswerter sind:

Bastiano's Diving Resort, ✆ 0811-435176, 💻 www.bastianos.com. Große Anlage mit Pool an einer etwas zugebauten Betonpromenade am Strand mit Liegen und Schirmen. Die 28 Zimmer haben Meerblick, teils AC und Warmwasser. Luftiges Restaurant mit Billard und Bean Bags. Statt Plastikflaschen bekommt jeder Gast eine wiederverwendbare Aluminium-Flasche. Zudem ein Spa mit Massagen für 250 000 Rp pro Std. sowie Kajakverleih. ❹–❼

Mamaling Souldiving, ✆ 0852-4000 0169, 💻 www.mamaling.com. In der abgeschiedenen Anlage unter persönlicher Leitung von Tom aus der Schweiz und seiner Frau Rose fühlen sich vor allem Ruhesuchende wohl. Am Mangrovenufer stehen hangseitig 4 gepflegte Bungalows (keine Twin-Betten) mit Holzmöbeln, guten Matratzen, Moskitonetz sowie Veranda mit

© CHRISTIAN WACHSMUTH

Korallenvielfalt: Vor dem Pantai Pangalisang ist das Schnorcheln am schönsten.

SULAWESI

Hängematte. Auch beim Essen und bei den Tauchgängen achtet man auf Qualität. ❹

Panorama Dive Resort, ✆ 0813-4021 7306, 💻 www.bunakendiving.co. Vom Strand den Hang hinauf erstreckt sich dieses schön in die Natur und den gepflegten Garten integrierte Tauchresort unter deutsch-indonesischem Management von Ester und Sven. Günstige, einfache Backpacker-Bungalows sowie 4 Zimmer im Reihenhaus, zum Teil mit Hängematte, guten Matratzen und Meerblick. Teurer sind die hochwertig eingerichteten Bungalows im Minahasa- und Lumbung-Stil mit Moskitonetz, Regendusche sowie Hängematte auf der Veranda. Abends tauschen sich die Gäste beim abwechslungsreichen Essen über ihre Erlebnisse aus. ❸–❹

Pulau Siladen

Karte S. 675

Bobocha Cottages, ✆ 0853-4161 5044, 💻 www.bobochasiladen.com. Kleines Resort mit komfortablen Bungalows direkt am Privatstrand. Die Gastgeberin Sarah ist eine hervorragende Köchin und geht auch gerne auf individuelle Gästewünsche ein. Schnorcheln direkt vom Strand aus. Überzeugendes Öko-Konzept mit Recycling, Solarstrom und Regenwassernutzung sowie soziales Engagement für die lokale Bevölkerung. Mindestaufenthalt 3 Nächte. ❼

Siladen Resort & Spa, ✆ 0811-4300 6441, 💻 www.siladen.com. Schönstes und teuerstes Resort der Insel an einem eigenen Strandabschnitt mit luxuriösen, geräumigen Bungalows, großem lagunenartigen Pool, Spa und Tauchzentrum. ❽

AKTIVITÄTEN UND TOUREN

Die beste Zeit zum Tauchen oder Schnorcheln ist von April bis November. Für alle, die vom Tauchen und Schnorcheln genug haben, werden in Unterkünften **Delphin- und Angeltouren** sowie **Exkursionen** zum Manado Tua-Vulkan angeboten.

Schnorcheln

Korallengärten zum Schnorcheln sind am flachen, mit Mangroven und einer großen Vielfalt an Weich- und Hartkorallen bewachsenen **Pantai Pangalisang** am einfachsten zu erreichen. Auch die Insel **Siladen** mit ihren schönen Korallenformationen ist ein beliebtes Ziel. **Schnorchelausrüstung** ist bei den Tauchanbietern ab 40 000 Rp oder bei Einheimischen ab 60 000 Rp pro Tag erhältlich, in teureren Unterkünften werden mitunter 5 € pro Teil berechnet. Das Raja Laut sowie lokale Bootsbesitzer am Pantai Liang bieten **Schnorcheltrips** inkl. Ausrüstung ab 150 000 Rp p. P. Man kann für 25 000–50 000 Rp (zzgl. Ausrüstung) auch bei Tauchausflügen mitfahren, sollte sich aber vorher informieren, ob sich die angefahrenen Spots zum Schnorcheln eignen.

Tauchen

Die bis zu 60 m tief abfallenden, überaus reich mit Korallen und Schwämmen bewachsenen Riffe und Steilwände von **Likuan I**, **Likuan II** und **Alung Banua** begeistern bei einer Sicht von bis zu 30 m mit vielen Schwarmfischen, Nacktschnecken, Pygmäenseepferdchen, Schildkröten, Napoleon- und Anglerfischen sowie leuchtenden Feilenmuscheln *(electric clams)*. Freunde von Großfischen werden am Abhang von **Ron's Point** glücklich, wo sich Makrelenschwärme, Napoleonfische und Haie tummeln. Tolle Korallen sind zudem bei **Mandolin** zu sehen.

Viele **Tauchresorts** bieten „Packages" mit Übernachtung, Vollverpflegung, 2 Tauchgängen pro Tag und Transport. Außerhalb dieser Angebote kostet ein Tauchgang 640 000–720 000 Rp (es winken Rabatte für Vieltaucher) und ein Open-Water-Tauchkurs 5,25–6,7 Mio. Rp. Von Sept–Juni bietet das Panorama Dive Resort eine **Tauchsafari** (Tagestour) zum 1 1/2 Std. entfernten Bangka-Archipel für 2,5 Mio. Rp für 6 Pers. zzgl. der Tauchpreise an.

SONSTIGES

Geld

Auf keiner der Inseln gibt es **Geldautomaten** oder **Money Changer**. Man sollte sich in Manado mit Bargeld eindecken, einige Unterkünfte akzeptieren Kreditkarten.

Wellness

Syandana Spa, Pantai Pangalisang, ✆ 0813-4075 7268, 💻 www.bunakenspa.com. Das nette Spa neben dem The Village Bunaken bietet Massagen ab 250 000 Rp pro Std., u. a. Hot Stone-Anwendungen und Scrubs, zudem Fußmassagen für 150 000 Rp pro 30 Min. und Nagelpflege.

NAHVERKEHR UND TRANSPORT

Auf Pulau Bunaken, Siladen und Manado Tua verkehren nur einige wenige **Motorräder**. Ein **Ojek** für die Strecke vom Kampung Bunaken zum Pantai Liang kostet 20 000 Rp.

Öffentliche Boote *(Perahu Taksi)* fahren zurück von Bunaken nach MANADO gegen 9 Uhr (außer So) für 50 000 Rp in 1 Std., Charterpreis 350 000–400 000 Rp.

SULAWESI

#SaveBangkaIsland – Kampagne gegen Erzabbau im Korallendreieck

Die **Inseln Bangka**, **Gangga** und **Sahaung** mit ebenso sehenswerten Tauchspots, traumhaften Stränden und artenreichen Riffen sind vom Bunaken-Nationalpark mit dem Boot in einer Stunde oder mit öffentlichen Booten von Likupang zu erreichen. Es haben sich auch hier gute Tauchresorts (z. B. Coral Eye Resort, Blue Bay Divers, Gangga Island Resort) niedergelassen, aber es gibt auch günstige Homestays bei einheimischen Familien. Die ganze Inselgruppe und ihre Biodiversität sind von einem Eisenerzminenprojekt bedroht. Die Social-Media-Kampagne **#SaveBangkaIsland** und der **Freundeskreis Lembeh-Pulisan-Bangka e. V.** kämpfen seitdem zusammen mit lokalen NGOs in langwierigen Gerichtsverfahren gegen das chinesische Minenunternehmen und profitorientierte Politiker. Nachdem die Chinesen 2014 mit schwerer Maschinerie die Zerstörung der Insel begannen, konnten die Aktivisten 2015 die Annullierung der Abbaugenehmigung erreichen. Das durch Spenden finanzierte Berufungsverfahren dauert noch an. Aktuelle Informationen unter 💻 www.fb.com/groups/SaveBangkaIsland.

Nach MANADO TUA ab Manado 14 Uhr jeden Mo, Mi und Sa für 50 000 Rp in 1 1/2 Std. Besonders im Dez/Jan können die öffentlichen Bootsverbindungen tageweise vollständig eingestellt werden.

Das Minahasa-Hochland

Ein Besuch in den mild temperierten, von Seen und Vulkanen geprägten Höhenlagen rund um Tomohon und Tondano gehört zum Pflichtprogramm vieler Rundreisen durch Nord-Sulawesi. Als Kontrastprogramm zu den maritimen Verlockungen der tropisch-heißen Küsten und Inseln eignet sich ein Aufenthalt im Kerngebiet der Minahasa besonders zum Wandern, Spazieren und für etwas Sightseeing abseits des Massentourismus. Der Vogel- und Pflanzenreichtum der Region zieht außerdem Ornithologen und Pflanzenkundler an.

Auf der Fahrt von Manado nach Tomohon laden nach dem ersten steilen Anstieg der kurvigen Straße in **Tinoor** („Tino-or") mehrere Ausflugslokale mit einer herrlichen Aussicht auf die Bucht von Manado zu einem Zwischenstopp ein. Hier wird traditionelle Minahasa-Küche zubereitet, d. h. neben Schwein werden auch Gerichte mit Hunde-, Ratten- und Fledermausfleisch serviert.

Tomohon

Das freundliche, mit den umliegenden Dörfern verwachsene Gebirgsstädtchen Tomohon, 22 km von Manado, liegt in einer Hochebene mit Bambushainen, Baumfarnen, fruchtbaren Gärten mit Obst-, Nelken- und Zimtbäumen sowie großen Gemüsefeldern an den Hängen der aktiven Vulkane **Gunung Soputan** (1825 m) und **Gunung Lokon** (1559 m). In der Umgebung kann man herrliche Spaziergänge und Wanderungen zu Wasserfällen und heißen Quellen unternehmen. Hübsche Holzhäuser schmücken die Vororte, und zahlreiche Blumenläden säumen die Straßen. Dieser floristische Reichtum hat der Stadt den Beinamen *Kota Bunga* („Stadt der Blumen") eingebracht.

Im Zentrum, neben der Minibusstation, liegt der sehenswerte **Markt** mit einem großen Angebot an Obst und Gemüse von den fruchtbaren Feldern an den Hängen der Vulkane. Die eigentliche Attraktion des Marktes ist die Fleischabteilung mit ihrem exotischen Angebot an frisch geschlachteten Hunden, Fledermäusen, Waldratten und sogar Python-Fleisch.

Der westliche Vorort **Woloan** ist für den Minahasa-Hausbau bekannt. Entlang der Jalan Tanawangko-Tomohon werden die Pfahlbauten individuell von Hand gefertigt und können in den verschiedenen Bauphasen betrachtet werden. Nach der Fertigstellung werden sie wieder in ihre Einzelteile zerlegt und sogar bis nach Java und ins Ausland verschifft.

Einen Besuch wert ist auch der buddhistische Tempel **Vihara Buddhayana**, Jl. Sunge, inmitten von Gärten und Feldern östlich der Hauptstraße, ein reich mit goldenen Statuen, Brunnen und Stupas verziertes Areal aus dem Jahr 2009. Es gibt einen Gebetsraum für Kuan Yin (Kwan Im), dahinter sogar einen weiteren in Gestalt einer begehbaren Schildkröte. Gute Aussicht genießt man von der 7-stöckigen Pagode, die über Treppen begehbar ist. 🕒 8–18 Uhr, Eintritt 10 000 Rp.

Gunung Mahawu

Einen guten Eindruck von der Landschaft erhält man bei einer Wanderung am Gunung Mahawu (1328 m) wenige Kilometer östlich von Tomohon. Man nimmt ein *Mikrolet* vom Markt in Tomohon in Richtung Rurukan und fährt bis zur ausgeschilderten Abzweigung; von dort auf einer schmalen Straße zwischen Gemüsefeldern und Bergwäldern 2 km hinauf. Ein Motorradtaxi kostet von Tomohon bis zum Parkplatz 30 000–40 000 Rp. Ab und an öffnen sich gute Ausblicke über das Tal bis zum Tondano-See. Vom Parkplatz mit einem Posten der Forstbehörde (dort registrieren, Spende) führen steile Treppen in 5–10 Min. zum **Kraterrand**, den man durch dichtes *Alang-Alang*-Gras umrunden kann. Der Pfad ist ziemlich überwachsen, daher sind lange Hosen und Ärmel ratsam. **Achtung**: Es ist lebensgefährlich, den steil abfallenden Krater hinabzusteigen! Ein alternativer Abstieg führt auf der gegenüberliegenden Seite des Kraters ca. 3 km die Westseite des Bergs hinab und endet etwa 500 m nördlich vom Jhoanie Hotel. Nachmittags ist der Berg oft wolkenverhangen, dann lohnt die Anreise nicht.

Östliche Halbinsel Minahasa

Danau Linow

Etwa 6 km südlich von Tomohon, in der Nähe des Dorfs **Lahendong**, liegt ein idyllischer Kratersee inmitten einer geologisch sehr aktiven Gegend. An mehreren Stellen steigt schwefelhaltiger, heißer Dampf aus dem Erdinneren empor, den ein Thermalkraftwerk jenseits des Sees zur Energiegewinnung nutzt. Den Schwefelquellen verdankt der See seine ungewöhnliche Farbe, die je nach Sonneneinstrahlung von

Graugrün über verschiedene Türkistöne bis zu Dunkelgrün wechselt. Man kann mit Tretbooten, Kanus und Kajaks den See erkunden und seltene Vogelarten erspähen. Eintritt 25 000 Rp (beim Restaurant am Seeufer).

Mikrolets in Richtung Sonder fahren vom Busbahnhof in Tomohon in 20 Min. für 5000 Rp nach Lahendong. Von der Kirche folgt man zu Fuß der Beschilderung für ca. 1 km zum See. Selbstfahrer können die schöne Strecke durch die Dörfer östlich der Hauptstraße wählen.

Danau Tondano

Südlich der Stadt Tondano erstreckt sich der etwa 50 km^2 große und 60 m tiefe Tondano-See. An seine Ufer schmiegen sich kleine Dörfer mit traditionellen Häusern, Ausflugsrestaurants, Reisfeldern und Fischzuchten, aber auch Sumpfwiesen, auf denen Pferde weiden. Der See kann auf einer Strecke von ca. 40 km gut mit einem Motorrad oder Fahrrad umrundet werden. Landschaftlich reizvoll ist der Abschnitt zwischen Tondano und **Remboken** am Westufer. In Urongo, etwa 2 km vor der Kreuzung in Remboken liegt rechter Hand das **On Hill Tree House**, ein kleiner, erhöht am Hang klebender Park mit Warung, Musik, Aussichtsplattformen aus Holz und Bambus sowie einem Mini-Hochseilgarten für die Selfie-Generation. Eintritt frei (Spende).

SULAWESI

Ein ungewöhnlicher Friedhof

Waruga sind hohe Sarkophage, in denen die Toten in hockender Position bestattet wurden. Die oben offenen, angeblich bis zu tausend Jahre alten Steinsärge wurden mit schweren, dachförmigen Deckeln verschlossen, die sie wie kleine Tempel aussehen lassen. Die Dächer und Wände sind mit aufwendigen Steinmetzarbeiten verziert, die von abstrakten Ornamenten bis zu Personendarstellungen reichen. Am häufigsten sind gebärende Frauen oder Kolonialherren mit europäischer Kleidung dargestellt. Männer erhielten als Grabbeigabe ihre Waffen, während Frauen Schmuck (Armreifen, Ketten) und chinesisches Porzellan mitgegeben wurden.

Zum Unabhängigkeitstag und zum Nordsulawesi-Tag am 23. September werden bei **Tompaso**, einem kleinen Dorf südwestlich des Sees, Stierrennen veranstaltet.

Vom Markt in Tomohon verkehren *Mikrolet* für 5000 Rp nach Tondano (10 km). Minibusse zum See fahren von Tondano nach Remboken.

Sawangan

Eine streckenweise kurvenreiche Straße führt von Tondano nach **Airmadidi** durch das schmale Tal des Tondano-Flusses mit einer üppigen Vegetation aus Bambus, Kokospalmen, Obst- und Nelken-Bäumen. Rund 4,5 km vor Airmadidi erreicht man Sawangan (Minibus ab Airmadidi 5000 Rp). Ein ausgeschilderter Pfad führt von der Hauptstraße 100 m nach links zum **Taman Purbakala Waruga Waruga**, dem bedeutendsten Kulturdenkmal der Provinz. Hier wurden 144 *Waruga* (s. Kasten unten) aus der Minahasa-Region zusammengetragen. Die Friedhofsmauer stellt in großen Reliefs den Alltag der vorzeitlichen Minahasa und ihre Begräbniszeremonien dar. Ein Teil der Grabbeigaben ist in einem Museum im traditionellen Minahasa-Gebäude rechts neben dem Friedhof zu besichtigen (Spende).

ÜBERNACHTUNG

Karte S. 675

Tomohon

Gardenia Country Inn, Jl. Kakaskasen II, ✆ 0431-351282, 💻 www.gardeniacountryinn.com. In einem traumhaft ruhigen, von Vögeln und Schmetterlingen bevölkerten Garten voller Blumenbeete, Bäche und Fischteiche liegen 12 Zimmer in älteren Steinbungalows und Holzchalets mit Wohn- und Schlafzimmer, Warmwasser und Veranda. Die teureren im hinteren Bereich haben große Steinbäder. Frühstück inkl. ❼

Jhoanie Hotel, Jl. Lingkar Timur, Kakaskasen III, ✆ 0431-354439, 💻 www.jhoaniehotel.com. Kleines, gepflegtes, in dezenten Mischfarben gehaltenes Mittelklasse-Hotel an der östlichen Umgehungsstraße am Fuße des Gunung Mahawu. Die recht geräumigen, sauberen

Wanderung zum Lokon-Krater

Die Aussicht vom Gunung Lokon kann man auch ohne Guide und übermäßige Anstrengung genießen. Da der Krater unterhalb des eigentlichen Gipfels liegt und keine extremen Steigungen überwunden werden müssen, reicht ein halber Wandertag.

- **Dauer:** hoch 1 1/2 Std., runter etwas schneller
- **Distanz:** hin und zurück ca. 3 km
- **Höhenunterschied:** ca. 320 m
- **Schwierigkeit:** einfach bis mittel

Für viele besteht die einzige Schwierigkeit der Wanderung im Auffinden des Wegs: Die Jl. Lokon führt von Tomohon auf ein Gebiet mit Steinbrüchen zu, wo sich die Schotterstraße gabelt, links halten. Bevor sie sich die Hügel hinaufwindet, liegt geradezu der **Steinbruch** von Fonny Poluan (mit Bambusschranke). Es gibt nun zwei Zugänge, links vor der Schranke hinter dem Bambushain über einen schmalen Trampfelpfad, der weiter oberhalb auf das Flussbett trifft (rechts halten), oder – wenn niemand zugegen ist – direkt durch den Steinbruch. Wer den Weg durch den Steinbruch wählt, muss hier den ersten von drei Felsstürzen umgehen, indem man vorsichtig den schmalen Trampelpfad links am Wegrand benutzt. Nun geht es eine gute Stunde durch ein meist trockenes **Flussbett** aus erkalteter grauer Lava und Geröll, zu beiden Seiten von hohem Gras und Sträuchern gesäumt. Nach Regenfällen kann der Untergrund sehr rutschig sein. Wo die Vegetation einer unwirklichen Steinwüste weicht, ist es nicht mehr weit zum **Kraterrand**, den man ostseitig entlang wandern kann. Wer durch das scharfe Gras (lange Hose!) weiter nördlich stapft, kann von hier die Küste mit den Inseln Bunaken und Manado Tua überblicken. Der weitere Anstieg zum Gipfel ist ein undankbarer, steiler Pfad und nicht zu empfehlen, da die Aussicht nicht mehr sehr viel besser wird.

Praktische Tipps

Wer den Sonnenaufgang am Krater erleben will, sollte um 4 Uhr morgens loslaufen, allerdings kann man sich im steinigen Flussbett ohne ausreichende Beleuchtung auch schnell vertreten oder stürzen. **Achtung**: Der hoch aktive Vulkan ist häufig gesperrt! Man sollte sich vorher immer über die aktuelle Situation erkundigen und nicht allein gehen, auch um im Falle eines Sturzes nicht auf sich allein gestellt zu sein. Ein Guide kostet 300 000 Rp, ein Motorradtaxi zum Ausgangspunkt am Steinbruch 40 000 Rp. Hat man den Weg erst einmal gefunden, ist ihm danach leicht zu folgen. Er ist weitgehend der Sonne ausgesetzt – Kopfbedeckung mitnehmen! Unweit vom Ausgangspunkt bietet das Green Garden (S. 678) Stärkung an.

SULAWESI

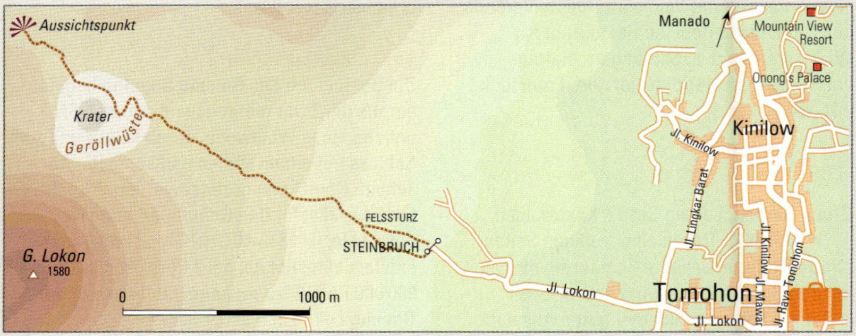

Zimmer sind nicht zu teuer, und das freundliche Personal spricht Englisch. Nebenan ist ein Restaurant. Frühstück inkl. ❸–❹

Leo's Hotel, Kompleks Terminal Tomohon, ✆ 0431-354949, 💻 www.leoshotel.com. Verkehrsgünstig (entsprechend nicht ruhig) am Minibus-Terminal gelegenes Hotel der unteren Mittelklasse, das auf 3 Etagen akzeptable Zimmer mit guten Matratzen, geringwertiger Möblierung und Warmwasser vermietet. Gute Aussicht von der Dachterrasse, Motorradvermietung für 100 000 Rp. Frühstück inkl. ❸–❹

Kinilow

In dem Vorort von Tomohon, etwa 5 km nördlich, wohnt man recht idyllisch und naturnah, ist aber auf Transportservice oder Mietfahrzeuge angewiesen, wenn man in die Stadt möchte.

Mountain View Resort und **Cekakak Hostel**, Jl. Kali, ✆ 0431-315 8666, 💻 www.mountainviewtomohon.com. Auch für Familien geeignete Bungalows mit Warmwasser sowie ein traditionelles Holzhaus mit Etagenbetten und Gemeinschaftsbad ab 133 000 Rp p. P. unter deutscher Leitung. Im Restaurant auch deutsche Gerichte. Viele Outdoor-Aktivitäten, z. B. Wasserfall-Abseilen, Kajaktouren. Tagestouren mit Motorroller/Pkw ab 475 000/650 000 Rp p. P. bei 2 Pers. Frühstück inkl. ❸–❹

Onong's Palace, Jl. Kimereng Kali, ✆ 0431-315 7090, 💻 www.tomohon-onong.com. Umgeben von tropischem Dschungel stehen rustikale, gemütliche Holzbungalows mit Palmblätterdach, Veranda und Bambusinterieur. Im Restaurant mit WLAN werden u. a. Schlangen-, Ratten- und Fledermausgerichte serviert. Frühstück inkl. ❹

ESSEN

Green Garden, Lorong SMP2, Kakaskasen, ✆ 0431-354613. Das in einer ruhigen Seitenstraße situierte, beliebte Restaurant mit Blick auf den Gunung Lokon vom halb offenen 1. Stock überzeugt mit einer guten Auswahl an chinesisch-indonesischen Gerichten, großen Portionen sowie Menüs für unentschlossene Kleingruppen. Die Preise sind angemessen. 🕒 Mo–Fr 10–23, Sa ab 12, So ab 11 Uhr.

Elmonts Coffee & Roastery, Jl. Raya Tomohon, schräg gegenüber der Tankstelle, ✆ 0813-1849 9404. Das entspannte kleine Café serviert einfache Gerichte wie Nasi Goreng oder Spaghetti und ein paar Desserts, punktet aber vor allem mit dem guten Kaffee aus eigener Röstung, der man bei Gelegenheit beiwohnen kann. Neben seltenem Arabica-Kaffee aus dem Minahasa-Hochland (auch zum Mitnehmen erhältlich) gibt es Sorten aus Tana Toraja, Flores oder Aceh sowie Blends in diversen Variationen, von Syphon bis Cold Brew. 🕒 10–22 Uhr.

AKTIVITÄTEN UND TOUREN

Jede Unterkunft vermittelt Guides und Fahrer für Ausflüge. Eine Tagestour im Pkw zum Gunung Mahawu, Vihara Buddhayana, nach Woloan, zum Pinaras-Wasserfall sowie Linow- und Tondano-See kostet etwa 1 Mio. Rp pro Fahrzeug. Guides kosten 300 000–500 000 Rp pro Tag. **Motorroller** kosten 150 000 Rp p. Tag im Mountain View Resort, Leo's Hotel oder Onong's Palace, s. Übernachtung.

Rafting

Manado Rafting, ✆ 0813-4079 8030 (Dany), 💻 www.manadorafting.com. Ab 2 Pers. werden 2–2 1/2-stündige Schlauchbootfahrten von Timbukar nach Tangkunei für 500 000 Rp p. P. organisiert (ca. 9 km).

Vulkanbesteigungen

Die Besteigung des **Gunung Soputan** beginnt bereits um 3 Uhr morgens und dauert 5 Std. entlang eines Waldwegs, durch Flüsse und zum Schluss auf einem steilen und sandigen Abschnitt. Oben kann gezeltet werden.

Ein Spezialist für den Gunung Soputan ist **Jotje Lala**, ✆ 0813-40 310 671, 💻 http://guidejotjelala.blogspot.de, bei 2 Pers. ist mit 900 000 Rp p. P. zu rechnen. Einfacher ist der **Gunung Lokon**, s. Kasten S. 677.

SULAWESI

Pulau Lembeh und Lembeh-Straße

Lembeh ist eine 19 km lange und 2 km breite Insel, die durch die bis zu 100 m tiefe Lembeh-Straße vom Festland getrennt ist. Diese Region zieht Taucher und Unterwasserfotografen aus aller Welt an, um die einzigartige **Makrotierwelt** *(critters)* zu bestaunen. Über 300 Nacktschneckenarten, bizarre Fische und winzige Seepferdchen leben hier. Auch Schnorchler kommen an einigen Riffen auf ihre Kosten. Zu den beliebten Tauchplätzen gehören fünf Wracks, davon zwei aus dem Zweiten Weltkrieg.

ÜBERNACHTUNG

Auf der Insel Lembeh und dem gegenüberliegenden Festland etablieren sich immer mehr Tauchresorts der höheren Preiskategorie.
Der Bootstransfer vom Hafen **Bitung** zu den Anlagen ist bei mehrtägigem Aufenthalt meist kostenlos; Fahrtzeit 10–30 Min. Charterkosten für ein Boot ab 200 000 Rp. Alle Preise p. P. inkl. Vollverpflegung. Karte S. 675.

Black Sand Dive, Kasawari, nördlich von Bitung, ✆ 0821-9969 5992, 💻 www.blacksanddive.com. Kleines, familiäres Resort, geschützt in der Bucht Kambahu und direkt am schwarzen Lavasandstrand mit Hausriff. Restaurant und 6 Bungalows liegen erhöht am Hang mit Blick auf die Meerenge. Alle mit AC und halb offenem Bad mit Warmwasser. Persönlicher und freundlicher Service. ❼

Kungkungan Bay Resort, Tandu Rusa, nördlich von Bitung, ✆ 0438-30300, 💻 https://kungkungan.com. Hochpreisige Anlage direkt am Meer und an einem schönen Hausriff, mit 17 geräumigen, voll ausgestatteten Holzbungalows mit AC und großer Veranda. Netter Pool mit Liegen, Restaurant, professionelles Tauchcenter. Angebote inkl. Tauchen. ❽

Lembeh Dive Resort, Nord-Lembeh, ✆ 0851-0050 3139, 💻 www.lembehresort.com. Herausragendes Tauchresort mit professionellem Tauchcenter, freundlichem Service und deutschsprachigem Management. Die geräumigen Bungalows nach traditioneller Minahasa-Bauart bieten Open-Air-Bad, Ausblick über das Meer und luxuriöse Ausstattung. Gutes Restaurant, Pool und Spa. ❼–❽

NAD Lembeh Resort, Teluk Rarandam Kecil, Nord-Lembeh, ✆ 0812-475 6661, 💻 www.nad-lembeh.com. Familiär geführte Anlage, eingebettet in einen tropischen Garten mit Pool an einer kleinen geschützten Privatbucht mit schwarzem Sandstrand. Kleine, zweckmäßige Zimmer und 5 im typischen Minahasa-Stil erbaute Bungalows mit AC und Warmwasser. Preise inkl. Tauchen. ❼–❽

TRANSPORT

Die Tauchresorts bieten in der Regel Transfer vom Flughafen Sam Ratulangi bei Manado an. Alternativ fahren vom Flughafen **Damri-Busse** nach BITUNG, 32 km, 8–16 Uhr alle 2 Std. für 30 000 Rp, **Taxis** für 250 000 Rp.
Vom Terminal Tangkoko im Stadtteil Girian von Bitung fahren **Mikrolets** für 5000 Rp zum Hafen von Bitung. **Charterboote** zu den Resorts kosten 200 000 Rp, **öffentliche Boote** zum Dorf Mawali 5000 Rp p. P., von dort verkehren *Ojeks* ab 20 000 Rp p. P. zu den jeweiligen Unterkünften.

SULAWESI

Tangkoko-Dua Saudara-Nationalpark

Das 8867 ha große Naturschutzgebiet um die beiden Berge Dua Saudara (1351 m) und Tangkoko (1109 m) im äußersten Nordosten Sulawesis bietet gute Möglichkeiten für Dschungeltouren durch Tropenwald mit einigen Urwaldriesen, vielen Würgefeigen und Farnen. Wer am Nachmittag den Eingang in **Batuputih** erreicht, kann bei einer Abendwanderung im Wald die seltenen, nur in der Dunkelheit aktiven Koboldmakis *(Tarsius)* sehen. Der **Gunung Tangkoko** lässt sich in drei bis vier Stunden besteigen. Häufig machen Makaken und Kletterbeutler *(Kuskus)* auf sich aufmerksam, aber auch Nashornvögel, Kakadus und die seltenen Celebes-Schopfmakaken *(Macaca nigra)* können in den Baumwipfeln des Parks entdeckt werden.

Im Anschluss an eine reichlich schweißtreibende Dschungeltour kann man hinunter zu den **schwarzen Sandstränden** wandern, um ein Bad zu nehmen oder mit einem Schnorchel die vorgelagerten Korallenbänke zu erkunden. An der Küste legen manchmal die vom Aussterben bedrohten Lederschildkröten ihre Eier im Sand ab. Seltene Maleo (Hammerhühner, *Macrocephalon maleo)* haben nahe der Batuangus-Höhle ihre Nistplätze. Im August und September vergraben sie im Sand ihre Eier, wo sie von der Sonne ausgebrütet werden.

Die Naturschutzorganisation **Selamatkan Yaki**, www.selamatkanyaki.com, setzt sich für den Artenerhalt der endemischen schwarzen Schopfmakaken ein und führt Informationsveranstaltungen in Schulen und öffentlichen Einrichtungen durch, um bei der lokalen Bevölkerung, die u. a. gerne das Fleisch isst, ein Bewusstsein für diese seltenen Primaten zu schaffen.

Eintritt zum Nationalpark 100 000 Rp p. P.; hinzu kommen 100 000 Rp (2 Std.) bis 400 000 Rp (12 Std.) für einen Guide.

ÜBERNACHTUNG

In **Batuputih** haben sich an der Straße zum Parkeingang einige einfache Homestays angesiedelt. Die folgenden Unterkünfte finden sich auf der Karte S. 675. Alle Preise inkl. Vollverpflegung.

Vom Parkeingang die Straße entlang

Tarsius Homestay, 0812-4466 0300. Großes Familienhaus mit einfachen, gefliesten Zimmern, Schaumstoffmatratzen, Moskitonetz, teils AC. ❸–❹

Mama Roos, 0813-4042 1454, mamaroos @ymail.com. Einfache, saubere Zimmer mit guten Betten und Moskitonetz, teils AC, bei Alfons, einem netten, englischsprachigen Ranger und Guide. 5 Min. Fußweg zum schwarzen Lava-Sandstrand. ❸

Tangkoko Ranger Homestay, 0821-9508 5495, www.tangkokoranger.blogspot.com. 8 einfache Zimmer mit Moskitonetz, zum Teil AC. Der Besitzer Yunus ist ein Kenner des Nationalparks und bei der Auswahl guter Guides behilflich. ❸–❹

Tangkoko Lodge, 0813-4002 6980, https://tangkokolodge.com. Der Vogelexperte Bobby bietet saubere, liebevoll eingerichtete Zimmer mit AC, teils Warmwasser, in einem 2-stöckigen Neubau. Im Flur sind die Bastsessel in Stöckelschuhform sehenswert. ❹

Tangkoko Hill, 0813-4030 2444, www.tangkokohill.com. Neueste Unterkunft mit allein stehenden Steinbungalows, ausgestattet mit hochwertigen Betten, Moskitonetz und AC. Transport zum Parkeingang inkl. ❹

Weiter nördlich in Pulisan

Pulisan Jungle Beach Resort, Kinunang, nahe Pulisan (30 km vom Parkeingang), die letzten 15 Min. zum Resort nur Fußpfad, 0812-8825 3723, www.pulisanresort.com. Abgeschiedene Anlage mit 6 einfachen Strandbungalows und 2 Doppelbungalows im Minahasa-Stil mit Mandi oder Dusche und Moskitonetz am einsamen Sandstrand. Mit Hausriff sowie Tauchcenter. Preise p. P. Reservierung erforderlich. ❹–❺

TRANSPORT

Mit dem **Mikrolet** oder **Bus** geht es ab MANADO 40 km Richtung Bitung bis Girian, 12 000 Rp. Von hier fahren *Kijangs* und Pick-ups über Tanao Wudu und Dua Saudara nach Kampung Batuputih (20 km, 15 000–20 000 Rp in 20 Min.). So und an Feiertagen gibt es keinen Transport, aber **Motorradtaxis** für 25 000 Rp. Ein **gechartertes Auto** nach/von Manado/ Flughafen wird von einigen Unterkünften für 350 000 Rp angeboten.

Sangihe-Archipel

Die Sangihe-Inseln sind knapp 50 bergige und vulkanische Inseln in der Celebessee nordöstlich von Manado auf halbem Weg zu den Philippinen. Sie umfassen eine Landfläche von 1056 km², die von 40 Vulkanen beherrscht und hauptsächlich mit Nelken- und Muskatnussbäumen bewirtschaftet ist. Die Hauptstadt Sangihes ist **Tahuna** auf der Insel Sangihe Besar mit

16 000 Einwohnern, per Schiff und Flugzeug gut an Manado angebunden.

Vom Dorf Angges, 10 km nördlich der Stadt, kann in 4 Std. das 1340 m hohe Vulkanmassiv **Gunung Awu** bestiegen werden. Die Wanderung, die teils recht steil bergauf führt, bietet schöne Ausblicke auf die Bucht von Tahuna und vom Kraterrand auf den Vulkandom in einer breiten Caldera.

Sehenswert ist auch **Pulau Siau** mit dem 1784 m hohen Schichtvulkan **Gunung Karangetang** – einer der aktivsten Vulkane Indonesiens, der täglich heiße Lava spuckt und im Meer Steilwände aus erstarrter Lava geschaffen hat. Hier kann auch in heißen Quellen gebadet und der vom Aussterben bedrohte, nachtaktive Siau-Koboldmaki *(Tarsius tumpara)* angetroffen werden. Unweit von Siau warten mehrere unbewohnte Inseln (z. B. Mahoro) mit feinen Sandstränden auf. Taucher haben bei der Erkundung der unberührten, vulkanischen Korallenriffe eine Sichtweite von bis zu 50 m. Kurios ist der Unterwasservulkan **Banua Wuhu**, westlich der Insel Mahengetang, der sich 400 m vom Meeresgrund erhebt und 5 m unter der Wasseroberfläche gipfelt. Bei diesem außergewöhnlichen Tauchgang sollten die 38 Grad heißen Schwefelblasen, die der Vulkan ununterbrochen ausstößt, vermieden werden!

ÜBERNACHTUNG UND ESSEN

Pulau Sangihe Besar

Hotel Nasional, Jl. Makaampo 8, Tahuna, ✆ 0432-21185. Bestes Hotel mit 25 gefliesten, sauberen Zimmern mit Warmwasser und AC am alten Hafen. ❷–❹

Marina Coffeehouse, Jl. Makaampo 10, Tahuna, ✆ 0432-24752. Nettes günstiges Warung unweit des Hotel Nasional, wo auch Bier serviert wird. 🕒 8–20 Uhr.

Pulau Siau

Bahari Homestay, Ulu, am Hafen, ✆ 0812-4415 9391. Die günstige Herberge bietet einfache Zimmer mit Ventilator und indonesischem Frühstück inkl. ❷–❸

Little House, Ulu, ✆ 0853-4004 9399. Neues Hotel mit Dachterrasse, sauberen Zimmern, AC, Warmwasser und gutem Restaurant. ❷–❸

Kalea Beach Resort, Balirangen, ✆ 0812-2036 7236, 💻 www.kaleabeachresort.com. Im Süden der Insel, 20 Min. von Ulu, betreibt die herzensgute Ayu die kleine Anlage an einer Bucht mit Sandstrand und einfachen Holzbungalows mit Moskitonetz, teils großzügigem Bad und Blick auf den aktiven Vulkan Karangetang. Rollervermietung, Tourorganisation, Vollpension inkl. ❺

AKTIVITÄTEN UND TOUREN

Die Region eignet sich besonders für Schnorchel- und Tauchtouren. Die bisher einzige Tauchbasis auf Siau ist das **Limangu Diving Centre**, 💻 www.limangudiving.com, in Ulu.
Die Deutsche Anke Andree und ihr Mann Salmon Pieter, die das **Blue Bay Divers Resort**, 💻 www.blue-bay-divers.de, auf der Insel Sahaung betreiben, führen regelmäßig 7-tägige Tauchsafaris im Sangihe-Archipel mit ihrem traditionellen Bugis-Schoner *KM Sunshine* durch.
Ein zuverlässiger, offizieller Guide mit Sitz in Tahuna, Sangihe Besar, ist **Nirwan Lahopa**, ✆ 0823-4730 9230, 💻 www.nirwanasangihe.com.
Auf Siau ist **Dominik Derek**, ✆ 0853-9866 6999, ✉ dominikusderek@gmail.com, ein empfehlenswerter Guide.

TRANSPORT

Fähren

Von Manado nach TAHUNA via Siau fahren tgl. um 9 Uhr die **Schnellboote** *KM Majestic Kawanua* oder *Express Bahari* (S. 669). Zurück nach MANADO fahren sie tgl. um 9 Uhr ab Tahuna und 12 Uhr ab Siau für 180 000–260 000 Rp in 7 Std. (4 Std. ab Siau), ✆ 0813-2728 1888 (Tahuna), 0823-4711 4999 (Siau).
Langsamere Fähren fahren ab Manado um 16 Uhr und 19 Uhr für 85 000 Rp in 10 Std. und ab Likupang gegen 17 Uhr für 55 000 Rp in 12 Std. nach TAHUNA via Siau.

Flüge

Vom Sam Ratulangi Flughafen bei Manado fliegt **Wings Air**, 💻 www.lionair.co.id, tgl. um 7 Uhr in 50 Min. nach TAHUNA und um 8.15 Uhr zurück.

STAMMESTANZ DER DANI; © MARC WEIGLEIN

West-Neuguinea

Der östlichste Landesteil fasziniert Besucher durch seine exotischen Völker und einmaligen Naturdestinationen abseits der ausgetretenen Pfade. Nicht nur die indigene Kultur, auch Fauna und Flora sind bereits Teil der ozeanischen Sphäre und sehr verschieden vom indomalaiischen Raum. Wer Abenteuer sucht und dafür etwas tiefer in die Tasche greifen kann, wird nicht enttäuscht.

Stefan Loose Travelinfos

Jayapura und Umgebung Unweit der wichtigsten Stadt der Region können kleine Dörfer rings um den Sentani-See besucht werden. S. 685

18 **Baliem-Tal** In dem abgelegenen Tal sind Wanderungen zu den Dörfern der Dani möglich, deren Traditionen und Bräuche westliche Besucher bis heute faszinieren. S. 689

19 **Raja Ampat** Die Unterwasserwelt im Nordwesten der Provinz West-Papua lässt Taucherherzen höher schlagen. Wer die weite Anreise und hohen Kosten in Kauf nimmt, findet eines der letzten Tropenparadiese der Erde vor. S. 695

FAHRRADRIKSCHAS IN WAMENA; © ISTOCKPHOTO / LANABYKO

UNTERWASSERWELT, RAJA AMPAT; © FOTOLIA / MYCHADRE77

Wann fahren? Ganzjährig, da Regen- und Trockenzeit nicht sehr ausgeprägt sind.

Wie lange? Eine Woche

Bekannt für die exotische Kultur der Dani, die farbenfrohen Paradiesvögel und die tropischen Sandstrände der Raja Ampat-Inseln

Kultur-Tipp Einen guten Überblick vermitteln das Museum von Jayapura und die Dörfer am Sentani-See.

Für Abenteurer Auf einer Kajaktour von Insel zu Insel im Raja-Ampat-Archipel kommt man in kleinen Homestays mit einheimischen Familien in Kontakt.

Uralte Stammeskulturen, in der Sonne glitzernde Traumstrände, paradiesische Unterwasserwelten und unzugängliche Dschungelregionen – der Westen der Insel Neuguinea zählt zweifellos zu den entlegensten und exotischsten Landesteilen. Für viele Reisende macht gerade das den Reiz dieser von West-Indonesien ganz verschiedenen Destination aus. Während viele Orte noch immer von jeglicher Infrastruktur abgeschnitten oder nur mit gecharterten Booten, Kleinflugzeugen oder Expeditionen erreichbar sind, haben sich einige wenige zu etablierten Reisezielen für Abenteuerlustige entwickelt.

Neuguinea ist mit 773 000 km^2 nach Grönland die zweitgrößte Insel der Erde. Ihre östliche Hälfte gehört zu Papua-Neuguinea. Im westlichen Teil leben auf 21 % der indonesischen Landmasse nur 4,2 Mio. Einwohner, zu etwa gleichen Teilen Indigene und Zuwanderer aus den westlichen Provinzen. Fast 60 % der Fläche sind mit tropischem Regenwald bedeckt. Im zentralen Bergland, das über 4000 m emporragt, geht der Regenwald in Monsun- und Nebelwälder und alpine Vegetation über.

1526 landete der Portugiese Jorge de Meneses auf den Inseln von Raja Ampat, deren Bewohner er wegen ihres Kraushaars – der malaiischen Bezeichnung folgend – **Papua** nannte. Sie faszinieren die westliche Welt bis heute, da man im schwer zugänglichen Landesinneren von Neuguinea immer wieder auf Verbände trift, die naturverbunden oder geradezu steinzeitlich leben. Erst im Dezember 1991 stieß man zu einem Stamm vor, dem der Umgang mit Feuer fremd war.

Die Bewohner der nördlichen Küstenregion, teilweise auch die des Baliem-Tals, haben ihre alte Lebensweise weitgehend aufgegeben und befinden sich in einem Schwebezustand zwischen Tradition und Moderne. Die Isolation vieler Gebirgstäler hat einige Stämme jedoch weitgehend vor den negativen Begleiterscheinungen der Zivilisation bewahrt.

Der Tourismus hat bislang nur geringe Bedeutung. Da die Insel eines der rohstoffreichsten Gebiete der Erde ist, wird sie von Prospektoren großer Konzerne durchkämmt. Ölförderung, Kupferbergbau und Holzwirtschaft sind die ökonomischen Eckpfeiler, deren Erträge größtenteils nach Jakarta, ins Ausland und in die Hände mächtiger Militärs fließen.

Derweil leben große Teile der indigenen Bevölkerung in Armut und Abhängigkeit, was einer aktiven **Unabhängigkeitsbewegung** der Papua breiten Rückhalt sichert. Dem brutalen Vorgehen staatlicher Sicherheitskräfte und Militärs fielen seit 1969 schätzungsweise mehr als 150 000 Menschen zum Opfer. Einige Gebiete dieses gewaltsamen Konflikts sind weder für Touristen noch für Journalisten zugänglich.

Bis zur Teilung der Provinz im Jahr 2004 galt der Name **West-Papua** für das gesamte West-Neuguinea. Seitdem bezeichnet es nur den westlichen Zipfel der Insel, einschließlich Raja Ampat, mit der Hauptstadt Manokwari. Die wesentlich größere Provinz mit der Hauptstadt Jayapura trägt den Namen **Papua**.

Jayapura und Umgebung

Jayapura war einst unter den Namen „Hollandia" und „Sukarnopura" bekannt. Die Stadt erstreckt sich auf einem langen schmalen Küstenstreifen und wird durch steile Hügel in Dörfer und Vororte unterteilt. Sie ist das administrative und kulturelle Zentrum von Papua und unterscheidet sich optisch tatsächlich kaum von größeren Städten auf Java oder Sulawesi. Der Verkehr hat stark zugenommen, v. a. die Straße vom Flughafen/Sentani in die Stadt ist häufig verstopft.

Wer sich auf kulturellem Gebiet informieren möchte, kann das der Cendrawasih-Universität angegliederte, sehenswerte **Museum Loka Budaya** im Vorort Abepura besuchen. Es zeigt Schnitzereien aus dem Gebiet der Asmat, außerdem Waffen, Schmuck und Miniaturboote verschiedener Völker. Auf Anfrage werden Führungen in Englisch organisiert. ⌚ Mo–Fr 8–16 Uhr, Eintritt frei (Spende). Nebenan befindet sich ein Kulturpark, in dem Nachbauten traditioneller Häuser aus verschiedenen Regionen Papuas stehen, allerdings schlecht gepflegt und häufig geschlossen.

Hamadi

Die Strände in der Umgebung sind schön, wenn auch nicht sehr gut gepflegt. Die bekanntesten, der **Base G** und der **Pantai Hamadi**, sind an den Wochenenden gut besucht, dann wird ein Eintritt von 20 000 Rp pro Fahrzeug verlangt. Man kann baden, Frauen sollten jedoch vom Sonnenbaden im Bikini absehen. Wer einen längeren Tagesaufenthalt plant, bringt am besten eigene Verpflegung mit.

Am Pantai Hamadi, 3–4 km vom Zentrum, liegen Reste von Panzern und Landungsbooten aus dem Zweiten Weltkrieg. Auf dem Hügel hinter der Stadt hatte der US-amerikanische General MacArthur während der Neuguinea-Phase des Pazifikkriegs gegen Japan sein Hauptquartier. Die alte Kommandobaracke kann man besichtigen.

Der **Pasar Ikan**, der größte Fischmarkt der Region, lohnt einen Besuch. Von frühmorgens bis abends legen hier Boote an und laden ihren Fang aus, der noch am Platz verkauft und verpackt wird – immer viel Trubel, und die schönen Holzboote sind gute Fotomotive.

Sentani

In Sentani, einem Dorf am Flughafen, 32 km vom Zentrum entfernt, übernachten mehr Traveller als in der Stadt selbst, da eine Fahrt vom Flughafen nach Jayapura verkehrsbedingt bis zu zwei Stunden dauern kann.

Bei einer Bootsfahrt auf dem **Danau Sentani** können verschiedene Dörfer besucht werden. Einige sind bekannt für ihre traditionellen, *Maro* genannten Malereien – einfache Tierdarstellungen auf gepresster Baumrinde in den Grundfarben Rot, Weiß und Schwarz. Ursprünglich als Röcke getragen, dienen sie heute meist als Wandschmuck in Hotels, Restaurants und Amtsstuben.

Der See hat diverse Anlegestellen, an den beiden wichtigsten, Kalkote und Yahim, finden sich tagsüber Boote für eine Rundfahrt (100 000 Rp pro Std.). Die bekannten Künstlerdörfer **Asei** und **Ayapo** sind von Kalkote 45 Min., von Yahim 1 1/2 Std. Fahrtzeit entfernt.

Nimbokrang

Die Dorfansammlung Nimbokrang ist ungefähr 1 1/2 Fahrstunden Richtung Westen vom Flughafen entfernt. Fernab der Hauptstadt ist die Natur hier noch größtenteils unberührt, und in den Wäldern lassen sich mehrere Paradiesvogelarten gut beobachten, darunter der Kleine Paradiesvogel, der Königsparadiesvogel und der 12-Faden Hopf. Paradiesvögel suchen täglich ihre festen Bäume auf, um mit Gesang und Tanz Weibchen anzulocken, aber ohne ortskundigen Führer sind sie nahezu unmöglich zu finden. Das kleine Gasthaus von Jamil und seiner Familie bietet für ca. 1,2 Mio Rp p. P. und Tag geführte **Vogeltouren** inkl. einfacher Unterkunft und Verpflegung, ✆ 0852-5433 2796. Gut sind auch die Touren mit Alex Waisimon, ✆ 0813-3847 0896, ✉ heavenisland38@yahoo.com, der besseres Englisch spricht und bei Repang Muaif ein eigenes Waldareal besitzt.

ÜBERNACHTUNG

Zentrum

Aston Hotel, Jl. Percatakan 50, ✆ 0967-537700, 💻 www.astonjayapura.com. 10-stöckiges, blaues Businesshotel in zentraler Lage mit kleinem Pool und geräumigen, klimatisierten Zimmern, teils mit Balkon. Günstige Superior-Zimmer haben keine Fenster. Zahlreiche Essensmöglichkeiten in der Nachbarschaft, der Jayapura Night Market liegt gegenüber. Frühstück inkl. ❺

Swiss-Belhotel, Jl. Pasifik Permai, ✆ 0967-551888, 💻 www.swiss-belhotel.com. Lange Zeit die erste Adresse, mit zentraler Lage direkt am Meer und beliebt bei Geschäftsreisenden. Die klimatisierten, leicht renovierungsbedürftigen Zimmer haben teils Meerblick und sind in den oberen Etagen ruhiger, weil abends die gut besuchte Bar im Erdgeschoss mit Livemusik aufwartet. Schöner Pool, guter Service und für Papua sehr gutes Frühstück inkl. ❼

Hamadi

Le Premier Hotel, neben dem Konsulat von Papua-Neuguinea, Jl. Raya Kelapa Dua Entrop 18, ✆ 0967-537999, ✉ lpremiere.papua@gmail.com. Kleine, preisgünstige Alternative im Zentrum des ruhigen Vororts mit gemütlichen, sauberen Zimmern mit AC. Taxi-Service rund um die Uhr, eine Fahrt zum Pantai Hamadi dauert keine 5 Min., ins Zentrum von Jayapura 20 Min. ❹

Sentani

Grand Allison Hotel, Jl. Kemiri Raya 282, 5 Fahrminuten vom Flughafen, ✆ 0967-592210, 💻 www.grandallisonsentani.com. In die Jahre gekommen, aber bei Touristen und Pendlern beliebt. Geräumige, saubere Zimmer mit TV, AC, Minibar, in den oberen Etagen ruhiger. WLAN funktioniert meist nur in der Lobby. Überteuertes Restaurant und gepflegter Pool (für Tagesgäste 30 000 Rp). Annehmbares Frühstück und Flughafentransfer inkl.; Reservierung empfohlen. ❻

Hotel Rasen, Jl. Kelurahan 2, 5 Min. zu Fuß vom Flughafen, ✆ 0967-594455. Das verkehrsgünstig gelegene, ruhige Hotel bietet große Zimmer mit TV, AC und gutem WLAN. Die Zimmer sind einfach und etwas düster, aber preiswert. Das Empfangspersonal spricht ein wenig Englisch. Die Hauptstraße mit vielen Essensmöglichkeiten und Supermärkten ist nicht weit. ❸–❹

ESSEN

Zentrum

Bagus Pandang, Jl. Bhayangkara Dok 7, vom Zentrum 10 Min. Fahrt bergauf, hinter dem Krankenhaus. Das Restaurant mit der besten Aussicht über die Bucht von Jayapura füllt sich erst abends. Große Auswahl an guten, preislich angemessenen chinesischen und indonesischen Gerichten; das *Fried Chicken Chili* ist empfehlenswert. Wer keinen Hunger hat, kann einen Kaffee bestellen, der Ausblick lohnt den Besuch allemal. 🕒 Mo–Sa 10–14 und 17–22 Uhr.

Dante Coffee, Jl. Pacific, neben dem Swiss-Belhotel. Eine der wenigen Locations für guten Kaffee und Espresso. Angebot und Einrichtung erinnern an Starbucks. 🕒 7–22 Uhr.

Restaurant Bali Hai, Jl. Pacific, unweit des Swiss-Belhotel. Kleiner, preiswerter Warung mit guter Auswahl an indonesischen Gerichten. Flusskrebse aus dem Hochland werden hier in

allen Varianten zubereitet. ⌚ 10–14 und 17–22 Uhr.

Rumah Laut Café & Resto, Jl. Koti, ✆ 0967-537673. Geschmackvoll eingerichtetes Restaurant, nah am Zentrum, direkt am Wasser, mit herrlichem Blick über die Bucht von Jayapura. Viele Fischgerichte – für Thunfisch gibt es sogar eine eigene Speisekarte –, zudem gute Auswahl an frischen Säften. Aufgrund des Ambientes und der hohen Qualität preislich einwandfrei. ⌚ Mo–Sa 10–22 Uhr.

Hamadi

Restaurant Bintang Laut, Jl. Kelapa Dua Entrop, ✆ 0967-550858. Unweit vom Strand und Fischmarkt ist dieses Restaurant bekannt für Seafood und sehr guten Fisch. Leider sitzt man nicht so schön. Bier nur auf Anfrage. ⌚ Mo–Sa 10–22 Uhr.

Sentani

An der Hauptstraße Jl. Kemiri Raya gibt es zahlreiche Warung; hier wird jeder fündig.

Mickey Restaurant, Jl. Kemiri Raya. Gutes Restaurant mit großer Speisekarte und verhältnismäßig preiswerten Gerichten, u. a. Seafood, chinesische und indonesische Küche sowie Steaks. Spezialität des Hauses ist Wild-*Sate*. Bier nur auf Anfrage. ⌚ Di–So 10–14 und 17–22 Uhr.

Restaurant Yoga, Jl. Raya Sentani (Straße nach Jayapura). Das v. a. mittags gut besuchte Restaurant steht auf einer Pfahlkonstruktion am Wasser und bietet einen wunderbaren Blick über den See. Die chinesische und indonesische Küche schmeckt einwandfrei und ist etwas höherpreisig – man zahlt für den Blick. Nicht jedermanns Sache ist die Lokalspezialität

Papeda, eine geschmacksneutrale Masse aus Sagomehl mit einer salzigen Fischbrühe. ⌚ 10–22 Uhr.

EINKAUFEN

Mall Jayapura, Jl. Sam Ratulangi. Das größte Einkaufszentrum Jayapuras, mit vielen Geschäften, Kino, großem Supermarkt und Food Court. ⌚ Mo–Sa 9–20 Uhr.

Pasar Sentral Jayapura, Jl. Perikanan, Hamadi. Der größte Markt der Stadt umfasst zahlreiche Souvenirläden, daher heißt er auch Pasar Souvenir. Wer Kunsthandwerk sucht, wird hier fündig. ⌚ Mo–Sa 9–20 Uhr.

SONSTIGES

Geld

Geldautomaten sind überall. Geldwechseln ist schwierig, lediglich große Banken in der Jl. Diponegoro akzeptieren kleinere Beträge zu schlechten Kursen. ⌚ 8–16 Uhr.

Informationen

Konsulat von Papua-Neuguinea, Jl. Raya Kelapa Dua Entrop 16, Hamadi. Wer über die Landgrenze reisen möchte, sollte hier vorab die Aus- und Einreisebedingungen abklären. ⌚ Mo–Fr 9–15 Uhr.

Medizinische Hilfe

Rumah Sakit Dian Harapan, nahe Sentani, Jl. Teruna Bhakti Yabansai, ✆ 0967-572325. Sehr sauberes, gut geführtes Krankenhaus der katholischen Kirche mit Ärzten aller gängigen Fachbereiche (auch Zahnarzt), Ambulanz und Apotheke. ⌚ 8–15 Uhr.

Rumah Sakit UD Jayapura, Jl. Kesehatan 1, ✆ 0967-533616. Größtes Krankenhaus mit allen medizinischen Fachbereichen und Apotheke.

Permit

Reisen in selten besuchte Gebiete (z. B. die Asmat-Region) erfordern eine Genehmigung *(Surat Jalan)*. In Jayapura bekommt man sie bei **Polda**, Jl. Samratulangi 8. Mitzubringen sind 2 aktuelle Passbilder, eine Kopie des Reisepasses, Kopie des Einreisestempels. Für Jayapura, Raja Ampat und das Baliem-Tal ist keine Genehmigung erforderlich.

Post

Kantor Pos, Jl. Koti. ⌚ Mo–Fr 8–14 Uhr. Auch Sentani hat eine kleine Post, ca. 300 m vom Flughafen.

NAHVERKEHR

Minibusse *(Taksi Umum)* fahren die beiden Hauptstraßen des Zentrums entlang und können angehalten werden. Die meisten verkehren nach Hamadi, 20 000 Rp, und zum Busbahnhof in Entrop, 20 000 Rp, ca. 3 km vom Zentrum an der Jl. Raya Abepura. Vom Flughafen ins Zentrum zahlt man 50 000 Rp.

Motorradtaxis *(Ojek)* sind für kurze Strecken ohne Gepäck sehr gut; der Preis muss verhandelt werden und beträgt mindestens 10 000 Rp.

TRANSPORT

Wer nach Papua-Neuguinea möchte, muss mit dem Pkw zur Grenze fahren (ca. 2 Std.) und diese zu Fuß überqueren. Hinter der Grenze ist vom Flughafen Vanimo die Weiterreise möglich. Die Aus- und Einreisebedingungen ändern sich regelmäßig und sollten unbedingt vorab geklärt werden, s. Informationen.

Fähren

Pelni-Schiffe fahren bis MAKASSAR oder SURABAYA mit Stopps u. a. in Nabire, Manokwari und Sorong. Fahrplan und Preise auf 💻 www.pelni.co.id. Zur Buchung begibt man sich am besten ins **Pelni Office**, Jl. Argapura Atas 15, Jayapura, ✆ 0967-533270, ✉ jayapura@pelni.co.id, ⌚ Mo–Fr 8–15, Sa 8–13 Uhr.

Flüge

Der Flughafen **Bandar Udara Sentani** (DJJ) liegt 32 km vom Zentrum entfernt am Sentani-See. Es fahren Taxis zum Einheitspreis von 350 000 Rp ab Jayapura bzw. 150 000 Rp ab

Sentani, mit *Taksi Umum* nur 50 000 Rp ab Jayapura. Es fliegen:

Batik Air, **Lion Air** und **Wings Air**, 💻 www.lionair.co.id, nach JAKARTA, MAKASSAR, SURABAYA und WAMENA;

Garuda Indonesia, 💻 www.garuda-indonesia.com, nach BIAK, DENPASAR, JAKARTA, MAKASSAR, MANOKWARI, MERAUKE, NABIRE, SORONG, TIMIKA;

Sriwijaya Air und **Nam Air**, 💻 www.sriwijayaair.co.id, nach BIAK, SORONG, TIMIKA;

Trigana Air, ✆ 0967-592373 (Flughafen), 💻 www.trigana-air.com, nach DEKAI und WAMENA. Flüge nach Wamena fallen nachmittags aufgrund starker Winde in den Bergen häufig aus – besser vormittags fliegen!

18 HIGHLIGHT

Baliem-Tal

Eine Reise zu den Stämmen des Baliem-Tals zählt zu den ethnologisch spannendsten Erlebnissen, die Indonesien zu bieten hat. Die Kultur der Dani, der im Westen lebenden Lani und der im Osten fast isoliert siedelnden Yali wirkt selbst auf Indonesier höchst exotisch.

Das 1700 m hoch gelegene, fruchtbare Baliem-Tal ist etwa 75 km lang und bis zu 15 km breit. Es wurde erst 1938 von dem US-Amerikaner Richard Archbold für den Westen entdeckt. Seit Mitte der 1970er-Jahre hat sich die Region rasant entwickelt, dennoch haben sich nicht alle Stämme von der Begegnung mit der Moderne beeinflussen lassen. In den Randgebieten begegnet man immer noch Menschen, die unbeirrt nach der Tradition ihrer Vorfahren leben.

Wamena

In die größte Ortschaft im Landesinneren von Papua kommen die meisten Touristen. Dennoch ist Wamena kein touristischer Ort, weitere Besucher sieht man selten. Von Wamena aus lassen sich Wanderungen zu herrlichen Zielen in der Umgebung unternehmen. Obwohl einige Wege mit Pkw befahrbar sind, werden nur Wanderer die Eigenart und Schönheit der Natur und die Lebensweise der Menschen ungestört erfahren.

Die größte Sehenswürdigkeit des Ortes sind die Märkte, v. a. der **Pasar Baru**. Stämme aus allen Teilen des Tals nutzen ihn zum Handeln und als Nachrichtenbörse. Frauen aus den Dörfern laufen häufig nachts los, um hier morgens ihre Waren anzubieten. Die meisten verkaufen Obst und Gemüse, es gibt aber auch eine Auswahl an Fisch, Fleisch und Flusskrebsen. Das exotischste Tier im Angebot ist der Lemur, eine Baumrattenart, die in den Bergwäldern zu Hause ist. Der Markt ist auch der wichtigste Handelsplatz für lebende Schweine. Die größeren Exemplare sind am Eingang festgebunden und erzielen Spitzenpreise von 2000 € (!) und mehr.

ÜBERNACHTUNG

Wamena

Hotel Putri Dani, Jl. Irian 12, ✆ 0969-31223. Kleines, familiengeführtes Hotel mit 14 Zimmern mit Du/WC. Für die 5 neueren Zimmer mit Terrasse an einem gartenähnlichen Innenhof sollte im Voraus reserviert werden. ❺

Hotel Baliem Pilamo, Jl. Trikora 114, am Flughafen, ✆ 0969-31043, ✉ baliempilamohotel@yahoo.co.id. Eines der ältesten Hotels mit Restaurant, mitten im Zentrum. Die günstigen der 87 Zimmer in 9 Kategorien sind stark in die Jahre gekommen und dunkel. Zimmer im Neubau sind zu empfehlen, weil sauber, modern eingerichtet, mit TV, Minibar und teils Balkon. WLAN gegen Gebühr. Schöner Innenhof mit Garten. Morgens Fluglärm. ❺–❼

Hotel Rainbow, Jl. Irian 26, ✆ 0813-2078 6166, ✉ ezar_william@yahoo.com. Einfaches Hotel mit 21 Zimmern am ruhigeren Ende der ansonsten sehr belebten Jl. Irian. Zimmer zur Straße sind dennoch etwas laut. Zimmer im hinteren Gebäudeteil besser im Voraus reservieren. Einfaches Frühstück inkl., WLAN nur manchmal in der Lobby. ❺

Außerhalb

The Baliem Valley Resort, am östlichen Rand des Baliem-Tals in der Nähe von Pugima, 40 Min. Fahrt von Wamena, ✆ 0812-4802 3489, 💻 www.baliem-valley-resort.de.

WEST-NEUGUINEA

Auf einem 1600 ha großen, parkähnlichen Gelände in 1900 m Höhe stehen rustikale, geschmackvoll eingerichtete Bungalows unter deutscher Leitung mit großartiger Aussicht ins Tal und Warmwasser-Du/WC. Die Lobby beherbergt eine einmalige Sammlung traditioneller Schnitzereien. Sehr erfahrenes und freundliches Personal, viele Touren und Expeditionen weit über das Tal hinaus. Vollpension inkl. ❼

ESSEN

Zahlreiche Warung finden sich entlang der Jl. Trikora und Jl. Irian in Wamena.
Pelambangan, Jl. Trikora. Kleiner Warung mit guter Küche und Gerichten in der Auslage. Einfache Speisen werden auch auf Bestellung zubereitet. Der Klassiker ist Reis mit gebratenem Fisch oder Hühnchen. Mittags sehr gut besucht und schnell ausverkauft. ⌚ Mo–Sa 9–22, So 17–22 Uhr.
Pilamo Bakery, Jl. Trikora 114. Eine kleine Bäckerei mit Café, wo einfache Backwaren, aber auch Croissants, tgl. frisch gebacken werden. Manchmal gibt es lokalen Hochlandkaffee. ⌚ Mo–Sa 8–22, So 18–22 Uhr.
Rumah Makan Mas Budi, Jl. Patimura 32, im gleichnamigen Hotel. Etwas düster, dafür sauber. Umfangreiche Speisekarte mit indonesischen und chinesischen Gerichten, oft auch Flusskrebse. ⌚ Mo–Sa 9–22, So 17–22 Uhr.

Die Kultur der Dani

Die Lebensweise der ca. 65 000 Dani unterscheidet sich von der anderer Hochlandvölker durch ihre Siedlungsform und eine Gesellschaftsordnung, die auf der Sippe beruht. Ihre abgeschlossenen Siedlungen erinnern an Befestigungsanlagen, und ihre sorgfältig angelegten Gärten prägen das Landschaftsbild. Innerhalb des Palisadenzauns stehen die runden Männer- und Familienhäuser sowie lang gestreckte Koch- und Stallgebäude. Dicke Grasdächer bieten hervorragenden Schutz gegen die sintflutartigen Regenfälle. Für Frauen ist das Männerhaus tabu; ihr Refugium ist die Familienhütte, in der das Familienleben stattfindet.

Bei den Dani wird der Unterhalt der Frauen durch **Polygamie** gesichert. Für jede Frau muss der Mann ein Familienhaus bauen sowie ein Feld anlegen, das sie und ihre Kinder ernähren kann. Das Roden, Umgraben und Säubern der Entwässerungsgräben ist Männersache. Das Bestellen der Felder und das Einbringen der Ernte erledigen die Frauen. Das Tal ist sehr fruchtbar, und die Dani sind geschickt im Anlegen von **Gärten** an steilen Hängen. Es werden überwiegend Süßkartoffeln, Yams, Bananen, Bohnen, Pandanusfrüchte und Zuckerrohr angebaut. Schweine *(Wam)* spielen als Fleischlieferanten kaum eine Rolle, sind aber von sehr großer gesellschaftlicher Bedeutung. Sie dienen als Statussymbole und Tauschobjekte, v. a. aber als Brautgeld. Das gegenseitige Schenken von Schweinen stärkt die Bande innerhalb einer Familie oder zwischen verschiedenen Clans. Beim seltenen, von Dorf zu Dorf individuell ausgerichteten **Schweinefest** garen die festlich geschmückten Dani ein Schwein mit Süßkartoffeln in Erdgruben. Es ist der absolute Höhepunkt des sozialreligiösen Lebens, denn um diese Zeit werden auch Ahnen- und Hochzeitsfeste sowie Initiationsriten durchgeführt.

Obwohl man den Dani eine kriegerische Vergangenheit nachsagt, wird sich jeder Besucher von ihrer angenehmen Wesensart überzeugen können. Bei ihren **Stammeskämpfen**, die sie bei großer Hitze, Regen, Dunkelheit und zu den Essenszeiten unterbrachen, wurde nie bis zum letzten Mann gekämpft. Schon mit der Verletzung eines Gegners waren die Ahnengeister der Angreifer zufriedengestellt, und man konnte sich ohne Gesichtsverlust zurückziehen. Die Revanche der Verlierer erfolgte erst Monate oder Jahre später.

EINKAUFEN

In der Jl. Irian gibt es kleine Geschäfte, die alles Mögliche anbieten. Ein paar Souvenirläden wie **New Guinea Art Shop** und **Wamena Souvenir** finden sich in der Jl. Trikora, in der Nähe des **Ropan-Supermarkts**. Häufig wird auch in den Dörfern **Kunsthandwerk** verkauft.

Pasar Baru, Jl. Way Saee. Hier bekommt man Kunsthandwerk wie Steinäxte, Pfeil und Bogen (200 000 Rp), Tragenetze (100 000 Rp), Armbänder (20 000 Rp) und Penisköcher (Dani: *Holim*; Indonesisch: *Koteka*, 50 000 Rp). ⌚ Mo–Sa 6–17 Uhr.

Ropan Supermarket, Jl. Trikora. Bietet die größte Auswahl an Lebensmitteln und Waren des täglichen Bedarfs. ⌚ Mo–Sa 8–21, So 17–21 Uhr.

SONSTIGES

Geld

Im Zentrum gibt es viele Geldautomaten und entlang der Jl. Trikora einige Bankfilialen.

Internet

papua.com, Jl. Jen A. Yani. In dem ältesten Internetcafé Wamenas unter japanischer Leitung begrüßt ein Kakadu alle Kunden am Eingang. Es gibt Computer, aber auch verhältnismäßig gutes WLAN zum Einloggen, zudem Drucker und Kopierer. ⌚ Mo–Sa 9–20 Uhr.

Medizinische Hilfe

RSUD Wamena, Jl. Trikora 9, gegenüber vom Flughafen, ✆ 0969-31152. Kleines Krankenhaus mit Apotheke und 24-Std.-Ambulanz.

Polizei

Im Büro der Polizei, Jl. Bayangkara, hängen eine Karte des Baliem-Tals und eine Liste der gesperrten Orte und Gebiete aus.

Post

Kantor Pos, Jl. Timor. Hier können Postkarten verschickt werden (20 000 Rp). ⌚ Mo–Fr 8–14 Uhr.

TOUREN

Bevor man eine mehrtägige Tour startet, sollte man sich unbedingt nach einem ortskundigen **Guide** umsehen. Jedes Hotel kann einen Guide oder Fahrer organisieren oder einen Kontakt vermitteln. Gute Guides sind begehrt und verlangen ab 800 000 Rp pro Tag. Ein wenig Vorsicht ist bei Guides am Flughafen geboten, denen es oft an Sprachkenntnissen und Erfahrung mangelt. Ein **Pkw mit Fahrer** kostet für normale Touren ca. 1,5 Mio. Rp pro Tag. Sonderdestinationen wie der 3 Std. entfernte Habbema-See können bis zu 3 Mio. Rp pro Tag kosten.

Ein geeigneter Start- oder Endpunkt für eine 3-tägige Wanderung von/nach Wamena ist der 3200 m hohe **Danau Habbema** auf einem südwestlichen Hochplateau. Er gilt als der höchstgelegene See Indonesiens. Auf dem Weg in die Berge ändert sich die Vegetation dramatisch; man passiert großartige Bergwälder und hat häufig einen tollen Blick ins Tal. Die Gegend um den See ist menschenleer, landschaftlich wunderschön und ideal zum Wandern. Bei gutem Wetter hat man eine fantastische Sicht auf das Massiv der Trikora-Spitze.

NAHVERKEHR

Im Zentrum Wamenas verkehren **Becak** für ca. 15 000 Rp/km. Tagsüber warten **Minibusse** *(Taksi)* an den drei Märkten Wamenas auf Passagiere: Vom **Pasar Baru**, Jl. Way Saee, u. a. nach SIEPKOSI für 25 000 Rp in 30 Min., nach JIWIKA für 50 000 Rp in 1 Std. und nach UWOSILIMO für 50 000 Rp in 1 Std.; vom **Pasar Misi**, Jl. Jen A. Yani, nach KURIMA für 50 000 Rp in 1 1/2 Std.; vom **Pasar Sinakma**, Jl. Yos Sudarso, nach HABBEMA für 3 Mio. Rp (Charter) in 3 Std.

TRANSPORT

Das Baliem-Tal ist nur mit dem **Flugzeug** zu erreichen. Das Reisebüro **Rainbow Travel**, Jl. Irian 26, in Wamena hilft bei Ticketbuchungen und ist zudem der lokale Agent für Lion Air und Wings Air, ✆ 0969-31148,

Wanderungen im Baliem-Tal

Süd-Baliem

- **Route:** Sogokmo–Seinma–Sogokmo
- **Dauer:** 3–4 Std.

Wanderungen entlang des Flusses sind ideal, denn v. a. im südlichen Tal liegen viele kleine Siedlungen und Dani-Weiler; die schöne Landschaft des Hochlands kommt hier besonders zur Geltung. Vom Pasar Misi in Wamena fahren Minibusse Richtung **Kurima**. Seit einem Erdrutsch ist ein Teil der Straße kaputt, sodass man nicht mehr ganz bis Kurima kommt. Es ist daher empfehlenswert, kurz hinter **Sogokmo**, bei der gleichnamigen Hängebrücke *(Jembatan Sogokmo)*, auszusteigen. Links der Straße, hinter einer kleinen Bushaltestelle, beginnt der Weg und geht zunächst steil bergab. Sofort ist man umgeben von den Feldern der Dani. Neben Süßkartoffeln werden Mais, Maniok und Bananen angebaut.

Nach 10 Min. erreicht man eine leuchtend gelbe Hängebrücke; auf der anderen Flussseite hält man sich rechts und folgt dem Baliem-Fluss in südliche Richtung. Hier gibt es einige Pfade, aber der tosende Fluss bietet immer eine gute Orientierung. Nach 45 Min. durch weitere Gärten, in denen auch häufig Dani-Frauen bei der Feldarbeit zu sehen sind, lädt der kleine Kirchplatz von **Hulesi** zur Mittagsrast ein.

Von hier erreicht man in weiteren 45 Min. die schöne Ortschaft **Seinma**. Kirchplatz und Schulhof liegen auf einer Anhöhe und bieten einen tollen Blick über das Flusstal. Man überquert den Schulhof und läuft leicht bergab; nach kurzer Zeit sieht man die nächste Hängebrücke. Kurz hinter der Brücke steht ein Kiosk, und mit etwas Glück wird ein kühles Getränk verkauft. Nun folgt man der Straße wieder flussaufwärts und kommt an einer kleinen Militärstation vorbei (Fotografierverbot!). Man folgt der Straße durch Kurima und erreicht nach 1 Std. die Stelle, an der die Straße durch einen Erdrutsch zerstört wurde. Hier kann man manchmal ein Geländefahrzeug nach Wamena anhalten. Notfalls muss der Wildbach überquert werden, und man läuft 1 Std. nach Sogokmo zurück. Selbstverständlich lässt sich der Baliem noch weiter in südliche Richtung verfolgen. Für mehrtägige Treks ist dann ein Guide zu empfehlen.

Jiwika

- Route: Jiwika–Kurulu–Salzquelle
- Dauer: 4 Std. hin und zurück

In der Nähe Jiwikas liegt eine Salzquelle, an der die Dani auf traditionelle Weise dieses für sie sehr wertvolle Mineral gewinnen. Getrocknete pflanzliche Fasern, z. B. Bananenstrünke, werden in der Sole eingeweicht, getrocknet und verbrannt. In der Asche bleibt das Salz zurück.

Minibusse fahren vom Pasar Baru in Wamena bis **Jiwika**. Ein Stück weiter entlang der Straße liegt der schöne Dani-Weiler **Kurulu**. Hier gibt es die bekannteste Mumie des Tals zu bestaunen. Der Clan-Chef, Pak Yali, holt sie gegen Gebühr gerne aus der Hütte (50 000 Rp p. P.). Nur vier solcher Mumien existieren im Tal, sie sollen ca. 300 Jahre alt sein, erkennbar an den Schnüren um den Hals – eine für jedes Jahrzehnt.Hinter dem Dorf führt der 1 1/2 Std. dauernde Fußweg zur **Salzquelle** *(Air Garam)* vorbei am alten Flugfeld und an der Kirche, dann durch schönen Wald auf die Berge zu. Es geht steil bergauf – bei Nässe sind die Steine glatt, gutes Schuhwerk ist erforderlich. Man kann sich von traditionell gekleideten Dani aus Kurulu begleiten lassen (100 000 Rp pro Begleitperson). Sie zeigen den Weg, helfen bei schwierigen Passagen und demonstrieren, oben angekommen, die alte Form der Salzgewinnung.

Wo'ogi

- **Route:** Uwosilimo–Wo'ogi–Hängebrücke–Uwosilimo
- **Dauer:** 3–4 Std. hin und zurück

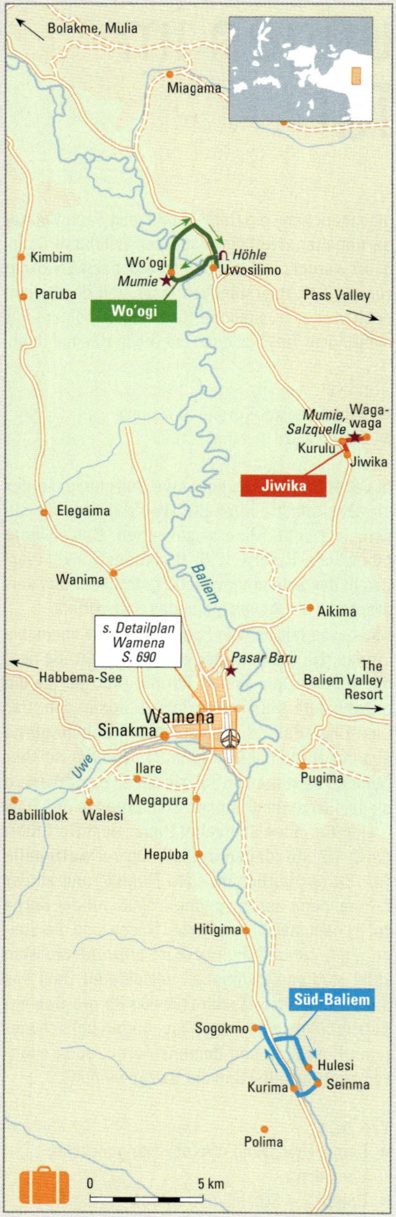

Vom Pasar Baru in Wamena fährt man per Minibus nach **Uwosilimo**. Kurz hinter dem Dorf steht linker Hand eine kleine Kirche mit silbernem Dach. Ganz in der Nähe befindet sich auch eine sehenswerte **Höhle** *(Goa)*; Einheimische zeigen für ein kleines Trinkgeld den Weg.

Der Pfad nach Wo'ogi beginnt links hinter der Kirche und trifft nach 10 Min. Fußweg auf den Baliem-Fluss. Hat es in der Nacht zuvor geregnet, ist es stellenweise sehr schlammig, ansonsten ist der Weg schön und man begegnet häufig Dani in ihren Booten. Auch Paradiesvögel kann man mit etwas Glück im lichten Wald erspähen. Nach weiteren 30 Min. flussabwärts erreicht man **Wo'ogi** auf der anderen Flussseite; bei Niedrigwasser lässt sich der Fluss zu Fuß durchwaten, eventuell sieht man einen Dani und kann ihm folgen. Bei Hochwasser muss ein Boot angehalten werden, das einen übersetzt (50 000 Rp).

Anders als z. B. Jiwika wird Wo'ogi kaum besucht, da bislang keine Straße zum Dorf führt. Dieser große, sehenswerte Dani-Weiler beherbergt eine der wenigen Mumien im Baliem-Tal, deren Betrachten und Fotografieren bezahlt werden muss (50 000 Rp p. P.) Man sollte etwas Geduld für das Prozedere mitbringen.

Auf dem Rückweg geht es wieder den Baliem entlang, diesmal stromaufwärts. Nach 45 Min. ist eine **Hängebrücke** erreicht. Hier überquert man den Fluss, und nach kurzem Weg bergauf gelant man zur Straße. Von hier sollte man wieder Richtung **Uwosilimo** laufen und ein Fahrzeug nach Wamena anhalten.

Praktische Tipps

Die meisten Dörfer erreicht man zu Fuß ab Wamena, oder man fährt die erste Strecke mit dem Minibus oder eigenem Jeep und Fahrer. Ein **Dani-Guide**, der auch Bahasa Indonesia spricht, ist sehr hilfreich. Er sollte etwa 500 000 Rp am Tag erhalten. Englisch sprechende Guides kosten ab 800 000 Rp. Am besten nimmt man ausreichend **Kretek-Zigaretten** mit, da diese bei den Dorfbewohnern sehr beliebt sind.

Wer längere Wanderungen plant, sollte ein gutes Zelt und warme Kleidung dabeihaben. Die Nächte sind oft kühl und regnerisch.

Details zu Minibusverbindungen, s. Nahverkehr S. 692.

✉ rainbowtravelwamena@gmail.com, ⌚ Mo–Sa 9–14 und 15–19 Uhr.

Flüge

Am **Bandar Udara Wamena** (WMX) spielen Flugzeiten keine große Rolle, geflogen wird nach Wetterlage bis zum frühen Nachmittag. Normalerweise erwischt man mit der ersten Maschine nach Jayapura den dortigen Anschluss.

Susi Air fliegt unregelmäßig kleinere Flugpisten an, z. B. TIOM, KARUBAGA, MULIA, ELELIM und BOKONDINI. Buchungen erfordern Geduld und sind nur vor Ort möglich.

Trigana Air, 💻 www.trigana-air.com, nach JAYAPURA, DEKAI;

Wings Air, 💻 www.lionair.co.id, nach JAYAPURA.

19 HIGHLIGHT

Raja Ampat

Das 1800 Inseln umfassende **Meeresschutzgebiet** Raja Ampat, nordwestlich der Vogelkopf-Halbinsel, liegt mitten im Korallendreieck und verzeichnet die höchste marine Biodiversität der Erde. Im Zusammenspiel zwischen Halmaherasee und Seramsee hat sich unter dem begünstigenden Zustrom von pazifischem Plankton in den Indischen Ozean eine faszinierende Unterwasserwelt gebildet, der selbst die andernorts um sich greifende Korallenbleiche bisher kaum etwas anhaben konnte.

Über eine Fläche größer als die Niederlande spornte die relative Isolation unterseeischer Senken im Wechselspiel mit ausgeprägten Meeresströmungen die Evolution zu einem regelrechten Kreativitätsschub an – man zählt inzwischen über 1700 Fischarten. Auch die Korallengärten sind von unglaublicher Vielfalt, sogar Google Street View ließ es sich nicht nehmen, die Gewässer virtuell „betauchbar" zu machen. Mehr Infos s. S. 696, Tauchen. Die knapp 60 000 Einwohner von Raja Ampat leben von Fischerei, Subsistenzanbau, Perlenzucht oder Tourismus.

Auch über der Wasseroberfläche zeigt sich die Natur verschwenderisch schön: Imposante Kalkfelsen, üppiger Dschungel und paradiesische Traumstrände wie aus dem Katalog. Die gerade einmal 35 besiedelten Inseln, darunter die Hauptinseln **Waigeo**, **Batanta**, **Misool** und **Salawati**, sind Heimat von Beuteltieren und endemischen Vogelarten. Die anderen Inseln bestehen überwiegend aus dschungelbewachsenen Karstformationen oder Sandbänken. Die beliebte **Pulau Kri** (auch Mansuar Kecil) in guter Lage zu vielen Tauchspots ist u. a. die Heimat des nachtaktiven, pelzigen Kuskus, aber auch Eisvögel, bunte Loris und der Palmendieb – die größte bekannte Krebsart – lassen sich blicken. Im mangrovengesäumten Westen von **Pulau Gam** werden ab und an Salzwasserkrokodile gesichtet.

Zwar zieht es hauptsächlich Taucher nach Raja Ampat, doch können auch Nichttaucher (s. Aktivitäten) mit etwas Zeit und Abenteuerlust den spannenden Archipel entdecken. Als periphere Destination mit hohem Preisniveau und starker Importabhängigkeit schlägt Raja Ampat teurer zu Buche als jede andere Region Indonesiens. Hier können die Kosten locker das Dreifache eines in West-Indonesien üblichen Tagessatzes betragen. Als Transportdrehkreuz fungiert die unattraktive Ölstadt **Sorong** auf dem Festland.

ÜBERNACHTUNG

Die Unterkünfte an entlegenen Stränden bieten durchaus Robinson-Crusoe-Feeling. **Reservierung** ist ein Muss, **Vollpension** ist der Standard. Aufgrund der unzuverlässigen Telekommunikation und sporadischer Internetverbindung sind SMS der beste Weg, um Unterkünfte zu kontaktieren. **Strom** gibt es oft erst ab 18 Uhr. Ab Waisai auf der Hauptinsel Pulau Waigeo ist eine **Abholung** durch die Unterkunft ratsam. Weitere Adressen und Tipps auf 💻 www.stayrajaampat.com.

Pulau Waigeo

Papuarts Alter-Native Stay, wenige Gehminuten von Saporkren, ☏ 0821-9884 1907, 💻 http://papuarts.wixsite.com/rajaampat. Helga und

Timon führen diese Unterkunft am Strand mit einer Pfahlhütte über dem Wasser sowie Zimmern mit Moskitonetz und Gemeinschafts-Du/WC in Holzhäusern zwischen schattenspendenden Bäumen. Timon organisiert Bird Watching-, Schnorchel- und Bootstouren. 6–7

Pulau Gam

Batu Lima Homestay, ✆ 0852-4437 4644, 0812-4895 8037. Das von Onas und Rosa geführte Homestay bietet einfache, funktionale Zimmer mit Moskitonetz, Veranda und Gemeinschafts-Mandi/WC in einem Doppel- und zwei Einzelbungalows am palmenbestandenen Strand. Taucher können Ausflüge mit dem benachbarten Raja Ampat Biodiversity Eco Resort unternehmen (wo auch das Telefonsignal besser ist). 4–5

Pulau Kri

Kri Eco Resort und **Sorido Bay Resort**, ✆ 0811-485 7763 (Sorido Bay), 0811-485 7903 (Kri Eco), 💻 www.papua-diving.com. Das seit 1994 bestehende Kri Eco Resort bietet einfache Holzbungalows mit guten Matratzen, Ventilator, Moskitonetz und (teils Gemeinschafts-) Mandi oder Du/WC. 7 geräumige, hübschere Bungalows mit AC, modernen Bädern, WLAN und Safe stehen im Sorido Bay Resort. 10 % der Taucheinnahmen gehen ans Raja Ampat Research and Conservation Centre, 💻 www.stichting-rarcc.org. 7 Übernachtungen inkl. Wäscheservice, Kajak und Stand-Up-Paddle sowie Transfer ab/nach Sorong (1 1/2 Std.) ab 890 €.

Yenkoranu Homestay, im Norden, ✆ 0821-9849 8519, ✉ gracetadia74@gmail.com. Die familiär geführte Unterkunft mit Palmen und Hängematten am Strand bietet einfache Hütten mit Gemeinschafts-Mandi/Hocktoilette, zudem etwas bessere Massivbungalows mit eigener Du/WC. Tauchgänge mit eigenem Boot für 550 000 Rp. Wasser, Tee, Kaffee inkl. 4–6.

In Sorong

Swiss-Belhotel, Jl Jend. Sudirman, ✆ 0951-321199, 💻 www.swiss-belhotel.com. Das beste Hotel der Stadt hat einen Pool, ein Restaurant und 126 komfortable, saubere Zimmer mit AC, TV und Safe, die günstigsten mit 2 Einzelbetten. Bei Frühbuchung im Internet günstiger. 5–6

AKTIVITÄTEN

Kajakfahren

Kayak4Conservation, ✆ 0811-483 4617, 💻 www.kayak4conservation.com. Kein klassischer Touranbieter, sondern eine Vermittlung sozialverträglicher Touren: In Gruppen von max. 6 Teilnehmern werden geführte 8-, 11- und 14-tägige Kajakreisen (ab 1270 €) p. P. inkl. Transfer mit Tagesetappen von 10–23 km in vor Ort gebauten Fiberglas-Kajaks zurückgelegt, geführt von einheimischen Guides. Übernachtet wird in Homestays.

Schnorcheln

Schnorchelausrüstung ist ab 150 000 Rp pro Tag in den meisten Unterkünften zu leihen. Nicht immer sind genügend Boote vorhanden, dann haben Tauchausflüge Vorrang und Schnorchler müssen mit dem Hausriff vorliebnehmen. Schnorchelausflüge mit Booten sind manchmal in Pauschalangeboten enthalten.

Tauchen

Tauchgänge kosten ab 50 €, oft kostet die Ausrüstung zusätzlich 30 € oder mehr. Von Homestays organisierte Tauchgänge sollten nicht ohne Prüfung der Ausrüstung angetreten werden. Professioneller, aber auch teurer wird es an Bord mehrtägiger Touren von Tauchsafari-Schiffen.

In der **Dampier-Straße** ist das Tauchen ganzjährig möglich. Sehr abwechslungsreich ist das Gebiet südöstlich von Pulau Misool. Am wenige Minuten nordöstlich von Kri gelegenen **Cape Kri** zählte ein Forscher einst 374 Tierarten bei einem einzigen Tauchgang. Riffhaie und Schildkröten sind zwischen den Korallen zu Gast, und große Fischschwärme ziehen durch die Meerenge zwischen Kri und Koh. Ein abwechslungsreiches Bild bietet **Sardine**, gute 10 Min. von Kri, wo ein Riff die Strömung teilt und die farbenfrohen Korallen einen großen Fischreichtum aufweisen. Wer Mantarochen beobachten möchte, findet gute

© RENATE LOOSE

Raja Ampat steht nicht nur für traumhafte Unterwasserwelten, sondern auch für paradiesische Strände.

WEST-NEUGUINEA

30 Min. entfernt am 15 m tiefen **Manta Sandy** eine Putzerstation, die besonders von Okt–April von den anmutigen Tieren aufgesucht wird. Legendär ist **The Passage**, ein enger Graben zwischen Wam und Waigeo, in dem faszinierende Kleintiere leben. Die topografisch einmaligen Tauchspots **Boo Windows** und **Yillet** mit Überhängen, Aushöhlungen und Durchlässen sind für manche genug, einen teuren Aufenthalt im nahen Misool Eco Resort zu buchen.

SONSTIGES

Geld

Wer kein Pauschalpaket vorab bezahlt hat, sollte sich in Sorong oder Waisai (Pulau Waigeo) mit viel Bargeld eindecken.

Medizinische Hilfe

Die Region ist Hochrisikogebiet für **Malaria**, allerdings halten sich Moskitos auf den Inseln in Grenzen. Wer Prophylaxemittel einnehmen möchte, sollte deren Verträglichkeit beim Tauchen abklären. Das **Angkatan Laut Hospital** in Sorong entspricht nicht westlichen Standards, hat jedoch eine Notaufnahme. Eine **Dekompressionskammer** ist in Waisai.

Permit

Die einmalige Gebühr für Reisen ins Meeresschutzgebiet beträgt 1 Mio. Rp. Bei Pauschalreisen werden die Zahlungsnachweise in den meisten Fällen vom Anbieter bzw. von der Unterkunft ausgegeben, ansonsten muss bei Ankunft am Hafen von Sorong oder Waisai gezahlt werden (Reisepass vorzeigen).

Reisezeit

Obwohl es keine ausgeprägte Regen- und Trockenzeit gibt, gilt an Land die Zeit von Mai–Nov als günstigste Reisezeit, während Taucher von Nov–Mai die beste Sicht haben.

NAHVERKEHR

Die Hauptinseln erreicht man mit **Booten** von Sorong. Ein Boot von Waisai nach Pulau Kri (45–60 Min.) kostet ab 350 000 Rp p. P., nach Pulau Gam (30 Min.) nur 500 000 Rp pro Boot (max. 4 Pers.). Wer ein Boot für eigene Ausflüge chartern möchte, findet auf 💻 www.stayrajaampat.com/ultimate-raja-ampat-guide/information/raja-ampat-boat-hire beispielhafte Benzinkosten (bei 15 bzw. 40 PS) für ausgewählte Routen, die zzgl. der Entlohnung für den Bootsführer eine ungefähre Preisvorstellung geben.

TRANSPORT

Fähren

Die Fahrpläne und Preise ändern sich häufig. Zum Stand der Recherche ging es vom Pier in **Sorong** nach:
WAISAI (Pulau Waigeo) mit Marina Express (250 000 Rp) oder Bahari Express (130 000/240 000 Rp) gegen 9 und 14 Uhr, Mo, Mi und Fr auch 13 Uhr, in 1 1/2–2 Std. Die langsame Fajar Mulia tgl. gegen 14 Uhr für 140 000 Rp in 4 Std.
PULAU MISOOL (mehrere Stopps) mit Marina Express 3B am Mo, Mi und Fr gegen 12 Uhr für 250 000 Rp in 5 Std., zurück Di, Do und So gegen 8 Uhr. Die langsame Fajar Mulia II fährt Di und Fr gegen 23 Uhr für 200 000 Rp in 8 Std.

Flüge

Flüge sind lange im Voraus zu buchen. Nicht selten fallen sie aus, sind überbucht oder verspätet. Ein Taxi vom Hafen in Sorong zum **Domine Eduard Osok Airport** (SOQ) kostet 100 000 Rp, ein Motorradtaxi 25 000 Rp, 20 Min. Minibusse mit Umstieg vor dem geschlossenen Terminal Remu 10 000 Rp.
Garuda Indonesia, 💻 www.garuda-indonesia.com, nach MAKASSAR;
Sriwijaya Air, 💻 www.sriwijayaair.co.id, nach JAKARTA, JAYAPURA, MAKASSAR, SURABAYA;
Wings Air, 💻 www.lionair.co.id, nach AMBON, MANADO;
Xpress Air, 💻 www.xpressair.co.id, nach JAKARTA.

Anhang

Sprachführer

Eine Nation – ein Land – eine Sprache: Der Slogan der indonesischen Nationalisten aus den 1920er-Jahren verdeutlicht den politischen Stellenwert einer einigenden Sprache. Seit 1945 ist das aus dem Riau-Malaiisch entwickelte Indonesisch Staatssprache. Viele Wörter wurden aus Fremdsprachen entlehnt – aus Regionalsprachen sowie aus dem Arabischen, dem Sanskrit, dem Chinesischen, dem Holländischen und dem Englischen. Viele Wortschöpfungen sind daher ohne Weiteres verständlich (z. B. *informasi, taksi, polisi* oder *dokter*). Leider ist nicht alles so einfach zu verstehen, deshalb hier einige Hilfestellungen.

Grundregeln

Attribute stehen immer hinter dem Bezeichneten, z. B. ist *langit* (Himmel) *biru* (blau) nicht „himmelblau", sondern der „blaue Himmel". Alle Wörter, außer Namen, Anredeformen, Satzanfänge und Sonderbezeichnungen, werden kleingeschrieben.

Das Hilfsverb „sein" *(adalah)* wird im Indonesischen nur dann verwendet, wenn explizit auf dieses „sein" Bezug genommen wird. Wenn man sagen möchte: „Ich bin hungrig", reichen die Worte für „ich" *(saya)* und „hungrig" *(lapar)* absolut aus.

Aussprache

Bis auf wenige Ausnahmen werden die Wörter ausgesprochen, wie sie geschrieben werden:

(e) selten wie in „Meer", häufig verschluckt oder wie „g**e**kommen"
(c) *candi* (Tempel): ein tsch wie in „rutschen"
(j) *jalan* (Straße): ein weiches dsch wie z. B. in „Gin"
(kh) *akhirnya* (endlich): wie in „Loch"
(ng) *bunga* (Blume): wie in „singen"
(ny) *nyanyi* (singen): ähnlich wie das gn in „Champagner"
(r) *roti* (Brot): gerolltes r wie im bayerischen Dialekt
(y) *wayang* (Theater): wie in „ja"

Wörterbücher und Sprachführer

Indonesisch Wort für Wort, Gunda Urban (Reise Know-How, 2016). In der Kauderwelsch-Reihe sind auch ein Sprachführer Balinesisch, Javanisch sowie indonesischer Slang und Jugendsprache erschienen.

Kamus Jerman – Indonesia, Adolf Heuken (Gramedia, 2006). Das empfehlenswerte zweibändige Wörterbuch hat jede Gramedia-Buchhandlung in Indonesien.

Kamus Jerman – Indonesia, R. Yunia und T. Kühne (Jakarta 2010). Kleineres und handlicheres Wörterbuch.

Apps und Websites

Indonesisch lernen mit Babbel von Babbel, in der Basisversion kostenlos als App und unter http://de.babbel.com. Gute App mit Wörtern und Redewendungen. Neben dem Basiswortschatz kann eine kostenpflichtige Vollversion heruntergeladen werden. Gute Sprachfassung, aber nicht immer zuverlässige Spracherkennung.

Learn Bahasa Indonesian/Learn Indonesian – Phrasebook for Travel in Indonesia von Codegent, kostenlos. Die englischsprachige App ist eine gute Ergänzung des Basiswortschatzes. Die nach Kategorien sortierten Sätze werden vorgesprochen. Die Premium-Version kostet knapp 5 €.

www.jot.de. Online-Wörterbuch, das mehr als 15 500 Übersetzungen umfasst (Deutsch–Indonesisch, Indonesisch–Deutsch).

Ortsnamen besser verstehen

Air Terjun	**Wasserfall**
Bukit	**Hügel**
Danau	**See**
Goa	**Höhle**
Gunung	**Berg**
Gunung berapi	**Vulkan**
Hutan	**Wald**
Jalan	**Straße**
Kampung, desa	**Dorf**
Kota	**Stadt**
Negara, negeri	**Land**
Pantai	**Strand**
Pulau	**Insel**
Puncak	**Gipfel**
Pusat	**Zentrum**
Sungai	**Fluss**
Taman nasional	**Nationalpark**

Wortschatz

Fragen

Was?	*Apa?*
Was ist das?	*Apa ini?*
Wer?	*Siapa?*
Wie viel?	*Berapa?*
Wie lange?	*Berapa lama?*
Wie weit?	*Berapa jauh?*
Wann?	*Kapan?*
Wann kommt der Bus an? (Frage nach Ankunftszeit)	*Kapan bis datang? / Jam berapa bis datang?*
Warum?	*Mengapa?/Kenapa?*
Warum (ist das) so?	*Mengapa begitu?*
Wie?	*Bagaimana?*
Wie geht/ funktioniert das?	*Bagaimana caranya?*
Wo?	*Di mana?*

Personen

ich	*saya* (förmlich) / *aku* (umgangssprachlich)
du/Sie	*kamu/Anda*
er/sie	*dia*
wir	*kita/kami** (*ohne die angesprochene Person)
ihr	*kalian*
sie (Plural)	*mereka*

Anrede

Herr, Vater	*bapak (pak)*
Frau, Mutter	*ibu (bu)*
älterer Bruder, ältere Person (freundschaftlich)	*kakak (kak)*

ANHANG

jüngerer Bruder, fremdes Kind	*adik (dik)*
Großmutter	*nenek*
Großvater	*kakek (kek)*
Bruder/Schwester (förmlich)	*saudara*
Kind	*anak*
Frau	*perempuan/wanita*
Mann	*laki-laki*
Freund	*kawan/teman*

Grußformeln

Herzlich willkommen	*Selamat datang*
Guten Morgen	*Selamat pagi*
Guten Mittag	*Selamat siang*
Guten Nachmittag (von ca. 14 Uhr bis Sonnenuntergang)	*Selamat sore*
Guten Abend	*Selamat malam*
Schlafe gut	*Selamat tidur*
Auf Wiedersehen (zu dem, der bleibt)	*Selamat tinggal*
Auf Wiedersehen (zu dem, der geht)	*Selamat jalan*

Gespräch

Wie geht's?	*Apa kabar?*
Mir geht's gut.	*Kabar baik. / Baik-baik.*
Wie heißt du?	*Siapa nama kamu?*
Ich heiße …	*Nama saya …*
Woher kommst du?	*Dari mana?*
Aus Deutschland, der Schweiz, Österreich.	*dari Jerman, dari Swiss, dari Austria.*
Wohin gehst du?	*(Pergi/Mau) ke mana?*
Zum Strand.	*Ke pantai.*
Spazieren.	*jalan-jalan.*
Wo wohnst du?	*Tinggal di mana?*
Im Hotel.	*Di hotel.*
Wie lange bist du schon in Indonesien?	*Sudah berapa lama di Indonesia?*
Schon lange.	*Sudah lama.*
Einen Tag.	*Satu hari.*
Eine Woche.	*Satu minggu.*
Sprichst du Indonesisch?	*Bisa bicara bahasa Indonesia?*
Nur ein wenig.	*Sedikit saja.*
Ich verstehe kein Indonesisch.	*Saya tidak mengerti bahasa Indonesia.*
Ich verstehe nicht.	*Saya tidak mengerti.*
Wie alt bist du?	*Umur berapa?*
20 Jahre.	*Dua puluh tahun.*
Alleine? (Sofern man alleine unterwegs ist)	*Sendiri? / Kok sendiri?*
Schon verheiratet?	*Sudah kawin/nikah?*
Falls „Ja", folgt: **Wie viele Kinder?**	*Berapa anak-anak?*
Vielen Dank.	*Terima kasih banyak.*
Gern geschehen!	*Sama-sama!*
Bitte! (fordernd/ bittend/anbietend)	*Tolonglah…! / Saya minta… / Silahkan..!*
Entschuldigung!	*Permisi!* (vorher)
	Maaf! (nachher)
Das macht nichts, kein Problem.	*Tidak apa-apa.*
gut/okay	*bagus/baik-baik*
ja/nein (nicht)	*ya/tidak*
Bsp.: **Ich weiß nicht.**	*Saya tidak tahu.*
kein(e, s)	*bukan*
Bsp.: **Das ist kein Buch.**	*Ini bukan buku.*
Tu (das) nicht! (verneinter Imperativ)	*jangan!*
Bsp.: **Fass das/mich/ etc. nicht an!**	*jangan memegang!*
Ich lerne Indonesisch.	*Saya belajar bahasa Indonesia.*
Ich mag/möchte/kann/ muss/brauche	*saya suka/mau/bisa/ harus/perlu*
Sprechen Sie Englisch?	*Apakah Anda bisa bicara bahasa Inggris?*
Bitte sprich langsam!	*Tolong bicara lebih pelan!*

Was ist das?	*Apa ini? / Apa itu?*
Wie heißt das auf Indonesisch?	*Bagaimana dalam bahasa Indonesia?*
Was ist die Bedeutung von …?	*Apa artinya …*
Darf ich fotografieren?	*Boleh saya (ambil) foto?*
Religion/Glaube	*agama/kepercayaan*
kennen/wissen	*tahu*

Essen und Trinken

Brot	*roti*
Essen	*makanan*
Fisch	*ikan*
Krabben	*udang*
Tintenfisch	*cumi-cumi*
Fleisch	*daging*
Büffel	*kerbau*
Ente	*bebek*
Huhn	*ayam*
Rind	*sapi*
Schwein	*babi*
Ziege	*kambing*
Frucht	*buah*
Frühstück	*sarapan/makan pagi*
Gemüse	*sayur*
Kartoffel	*kentang*
Knoblauch	*bawang putih*
Zwiebel	*bawang bombay*
Glas	*gelas*
Mittagessen	*makan siang*
Portion/zum Mitnehmen	*porsi/bungkus*
Teller	*piring*
Wasser	*air*
essen	*makan*
mögen	*suka*
trinken	*minum*
gebraten, frittiert	*goreng*
gekocht (in Wasser)	*rebus*
heiß	*panas*
kalt	*dingin*
(sehr) lecker	*enak/lezat*
warm	*hangat*
Ich habe Hunger/Durst.	*Saya lapar/haus.*
Ich hätte gern …	*Saya minta …*
Ich möchte essen.	*Saya mau makan.*
Ich mag kein Fleisch.	*Saya tidak suka daging.*
Das Essen ist gut!	*Makanan itu enak!*

Mehr dazu im Abschnitt „Essen und Trinken" S. 50

Einkaufen

Baumwolle	*kapas*
Brief	*surat*
Briefmarke	*pranko*
Briefumschlag	*amplop*
Brille	*kaca mata*
Buchhandlung	*toko buku*
Einkaufsladen	*toko*
Geld	*uang/duit*
Gepäck	*barang*
Hemd	*kemeja*
Hose	*celana*
Internetcafé	*warnet*
Kleidung	*pakaian*
Koffer	*koper*
Lohn, Verdienst/ Ernte, Einkommen	*gaji/hasil*
Markt	*pasar*
Moskitocoils, Mückenschutz	*obat nyamuk*
Papier	*kertas*
Postamt	*kantor pos*
Preis/Kosten	*harga/ongkos, biaya*
normaler (richtiger) Preis	*harga biasa*
Festpreis	*harga pas*
Seide	*sutra*
Shampoo	*sampo, sampu*

(gewebter) Stoff	*kain*
Supermarkt	*pasar swalayan*
Tageszeitung	*koran*
T-Shirt	*kaos*
billig	*murah*
teuer	*mahal*
zu (teuer)	*terlalu (mahal)*
(etwas) bezahlen	*(mem)bayar*
(etwas) kaufen	*(mem)beli*
(etwas) verkaufen	*(men)jual*
Wie viel kostet es? (wörtl.: **Wie viel der Preis?**)	*Berapa harganya?*
Kann man handeln/ feilschen?	*Boleh menawar?*
Geht es billiger?	*Bisa turun?*

Orientierung

geradeaus	*terus*
links/rechts abbiegen	*belok kiri/kanan*
Norden/Süden	*utara/selatan*
Osten/Westen	*timur/barat*
vorbei	*lewat*
weit/nah	*jauh/dekat*
eintreten	*masuk*
hinausgehen	*keluar*

Reisen und Transport

Achtung!	*awas*
Auto	*mobil*
Bahnhof	*stasiun*
Brücke	*jembatan*
Busbahnhof	*terminal bis*
Eisenbahn	*kereta api*
Fahrkarte	*karcis, tiket*
Businessklasse	*bisnis*
günstigste Klasse	*ekonomi*
Fahrkartenschalter	*loket*
Fahrrad	*sepeda dorong*
Flughafen	*bandara*
Flugzeug	*pesawat*
Hafen	*pelabuhan*
Kreuzung	*perempatan*
Motorrad	*sepeda motor*
Schiff/Fähre	*kapal laut/feri*
Sitzplatz	*tempat duduk*
Straße	*jalan*
Tankstelle	*pompa bensin*
Taxi	*taksi*
Vorsicht!	*hati-hati*
hin und zurück	*pulang pergi (pp)*
in/auf	*di*
nach/in/von	*ke*
unten/oben	*di bawah/di atas*
von/aus	*dari*
vor/hinter	*di depan/di belakang*
langsam	*pelan*
schnell	*cepat*
aufbrechen, abfahren	*berangkat*
Auto fahren	*naik mobil*
fliegen	*terbang*
Flugzeug fliegen	*naik pesawat*
gehen nach	*pergi ke*
mieten	*sewa*
umherreisen	*keliling*
zu Fuß gehen	*jalan kaki*
zurückkehren	*pulang*
Ich gehe nach …	*Saya pergi ke …*
Ich komme aus …	*Saya datang dari …*
Ich wohne (übernachte) in …	*Saya tinggal (nginap) di …*
Welche Richtung?	*Arah mana?*
in … Richtung	*di arah …*
Wo ist/gibt es …?	*Dimana ada …?*

Übernachten

Bad	*kamar mandi*
Bett	*tempat tidur*
Decke (zum Zudecken)	*selimut*

ANHANG

Fenster	*jendela*
Handtuch	*handuk*
Klimaanlage	*AC*
Kühlschrank	*kulkas*
Moskito	*nyamuk*
Moskitonetz	*kelambu*
Schlüssel	*kunci*
Stuhl	*kursi*
Tisch	*meja*
Tür	*pintu*
Warmwasser	*air panas*
Zimmer	*kamar*
leer	*kosong*
voll	*penuh*
aufstehen	*bangun*
baden, duschen	*mandi*
schlafen	*tidur*
sitzen	*duduk*
Kleidung waschen	*cuci pakaian*
Wo gibt es ein Hotel?	*Di mana ada hotel?*
Haben Sie ein freies Zimmer?	*Ada kamar kosong?*
für 2 Personen (Nächte)	*untuk dua orang (malam)*

Umwelt

Ameise	*semut*
Baum	*pohon*
Blatt	*daun*
Blume	*bunga*
Bucht	*teluk*
Ebbe	*air surut*
Eisen	*besi*
Elefant	*gajah*
Fisch	*ikan*
Flut	*air pasang*
Gipfel	*puncak*
Gold	*(e-)mas*
Hirsch	*rusa*
Holz	*kayu*
Hund	*anjing*
Katze	*kucing*
Koralle	*karang*
Luft	*udara*
Maus	*tikus*
Meer	*laut*
Mond	*bulan*
Moschee	*mesjid*
Nassreisfeld	*sawah*

Zahlen

0	*nol/kosong*
1	*satu*
2	*dua*
3	*tiga*
4	*empat*
5	*lima*
6	*enam*
7	*tujuh*
8	*delapan*
9	*sembilan*
10	*sepuluh*
11	*sebelas*
12	*dua belas*
20	*dua puluh*
100	*seratus*
200	*dua ratus*
1000	*seribu*
2000	*dua ribu*
10 000	*sepuluh ribu*
100 000	*seratus ribu*
1 000 000	*sejuta*
1/2	*setengah*
1/4	*seperempat*
viel	*banyak*
wenig	*sedikit*
weniger (–)	*kurang*
mehr (+)	*tambah/lagi/lebih*

Pferd	*kuda*
Quelle	*mata air*
Sand	*pasir*
Schlange	*ular*
Silber	*perak*
Sonne	*mata hari*
Stein	*batu*
Stern	*bintang*
Strand	*pantai*
Tier	*binatang*
Vogel	*burung*
Wasserfall	*air terjun*
Welle	*ombak*
Welt	*dunia*

Wetter

Blitz	*kilat*
Regen	*hujan*
Wind	*angin*
Wolken	*awan*
nass	*basah*
trocken	*Kering*

Zeit

Minute	*menit*
Stunde	*jam*
Tag	*hari*
Woche	*minggu*
Monat	*bulan*
Jahr	*tahun*
Jahrhundert	*abad*
Ära, Zeitalter	*zaman*
jeden Tag	*setiap hari*
Montag	*hari Senin*
Dienstag	*hari Selasa*
Mittwoch	*hari Rabu*
Donnerstag	*hari Kamis*
Freitag	*hari Jumat*
Samstag	*hari Sabtu*
Sonntag	*hari Minggu*
Morgen	*pagi*
Mittag	*siang*
Nachmittag	*sore*
Abend	*malam*
heute, dieser Tag	*hari ini*
morgen	*besok*
übermorgen	*lusa*
gestern, zuletzt	*kemarin*
bald (bis 12 Stunden)	*sebentar lagi*
jetzt	*sekarang*
noch nicht	*belum*
später	*nanti*
schon/fertig	*sudah*
vor …	*… yang lalu*
lange andauernd	*lama*
vorher, früher	*dulu*
gerade, vorhin	*tadi*
vor, bevor	*sebelum*
Zeit	*waktu*
Wie spät ist es?	*Jam berapa?*
„Gummizeit" (die typische indonesische Unpünktlichkeit)	*jam karet*

Freizeit

Fußball	*sepak bola*
Party, Feier	*pesta*
ein Buch lesen	*membaca buku*
entspannen, relaxen	*bersantai*
schwimmen	*berenang*
spielen	*(ber)main*
tauchen	*menyelam*

Farben

(hell-) blau	*biru (muda)*
braun	*coklat*
gelb	*kuning*
grün	*hijau*
rot	*merah*

ANHANG

schwarz	*hitam*
weiß	*putih*

Körperteile

Auge	*mata*
Arm	*lengan*
Bauch	*perut*
Bein, Fuß	*kaki*
Brust (bei Frauen)	*dada/payudara*
Finger	*jari*
Haar	*rambut*
Hand	*tangan*
Kopf	*kepala*
Mund	*mulut*
Nase	*hidung*
Ohr	*telinga*
Rücken	*punggung*
Zahn	*gigi*
Zeh	*jari kaki*
Zunge	*lidah*

Krankheit

Arzt/Apotheke	*dokter/apotik*
Blut	*darah*
Durchfall haben	*mencret, diare*
Erkältung	*flu, masuk angin*
Fieber	*demam*
Husten	*batuk*
Krankenhaus	*rumah sakit*
kommunale Poliklinik	*puskesmas (pusat kesehatan masyarakat)*
Medizin	*obat*
Schnupfen	*pilek*
gesund	*sehat*
sterben	*meninggal*
sich übergeben	*muntah*
Ich bin krank/habe Schmerzen.	*Saya sakit.*
Mein Kopf/Bauch/ Zahn schmerzt.	*Saya sakit kepala/ perut/gigi.*

Gefühle und Gemütszustände

enttäuscht	*kecewa*
froh, glücklich, sich wohlfühlen	*senang*
glücklich/fröhlich	*bahagia/gembira*
müde	*lelah, capek*
wütend, zornig	*marah*
mögen/lieben/ vermissen	*suka/cinta/rindu*

Wichtige Adjektive

alt/jung/neu	*tua/muda/baru*
freundlich	*ramah*
friedlich/sicher	*damai/aman*
groß/klein	*besar/kecil*
gut aussehend (für Frauen/für Männer)	*cantik/ganteng*
hoch/niedrig	*tinggi/rendah*
laut, betriebsam, voller Leute	*ramai*
kaputt	*rusak*
lang/kurz	*panjang/pendek*
leise, still	*sepi*
schmutzig/hässlich	*kotor/jelek*
schön (Dinge)	*indah*

Glossar

Adat umfassender Begriff für alle traditionellen Normen, Bräuche, Rechtssysteme und Ausdrucksformen eines Volkes
Alang-Alang Riedgras, das zum Decken von Häusern verwendet wird
Angkot *Angkutan Kota*, öffentlicher Minibus, der entlang der Strecke überall angehalten werden kann, auch: *Bemo*
Animismus schriftlose Religion, die von der Beseeltheit aller Dinge und einem Regelwerk der Naturelemente ausgeht
Bajaj motorisierte Rikscha
Batutulis „Beschriebener Stein" – mind. 450 Jahre alte Steinrelikte mit Sanskrit- oder Pallawa-Schriftzeichen (West-Java)
Becak Fahrrad-Rikscha
Bemo s. Angkot
Benteng Fort, oft eine Festung aus der Kolonialzeit
Beruga traditioneller, hölzerner Pavillon
Candi buddhistischer oder hinduistischer Tempel
Cidomo Pferdekutsche (auf Lombok)
Dangdut indonesische Popmusik mit Elementen der traditionellen arabischen, indischen und malaiischen Musik
Desa Dorf
Dokar Pferdekutsche
Endek handgewebter Stoff, bei dem die einzelnen Kettfäden schon vor dem Weben im aufwendigen *Ikat*-Verfahren eingefärbt werden
Gamelan auf Java und Bali gebräuchliches Metallophon-Orchester, S. 133
Gedung Gebäude
Gereja Kirche
Goa Höhle
Gunung Berg, häufig auch Vulkan
Ikat traditionelle Webtechnik, bei der das Garn vor der Verarbeitung abschnittsweise abgebunden und eingefärbt wird. Besonders aufwendig sind Doppel-*Ikat*.
Kampung Dorf oder ältliches, ärmliches Stadtviertel
Kantor (Imigrasi) Büro (Einwanderungsbehörde)
Kawah (Vulkan-)Krater
Kebun Raya botanischer Garten
Kebun Teh Teeplantage
Ketoprak traditionelles javanisches Theater mit Gamelan-Begleitung
Ketupat in Bananenblatt gepresster Reis
Kijang in Indonesien beliebtes Geländewagenmodell von Toyota
Klotok Hausboot
Kopi Luwak Kaffee, der sein Aroma durch den Verdauungsprozess des Fleckenmusangs erhält. Die ausgeschiedenen, aber nicht verdauten Bohnen werden zu Kaffee gemahlen. Der Kaffee ist eine begehrte, seltene und teure Spezialität, aus Tierschutzperspektive aber sehr fragwürdig.
Kraton Palastanlage eines Sultans oder *Rajas*
Kris traditioneller Dolch, dem eine spirituelle Bedeutung beigemessen wird. Er gilt als Symbol für die Würde des Mannes, S. 136
L300 Kleintransporter von Mitsubishi, der oft als Minibus auf Java und Sumatra genutzt wird (gesprochen: *el tigaratus*)
Lontar-Schriften in die Blätter der Lontar-(Rontal-)Palme geritzte Schriften
Lulur traditionelle javanische Hautpflege inkl. Peeling
Lumbung traditionelle Reisspeicher auf Pfählen
Mahabharata altindisches Epos über den Kampf der Brüder Pandawa gegen die familiär verwandten Kaurawa, das im javanischen *Wayang* aufgeführt wird
Majapahit hindu-buddhistisches Großreich vom 13.–16. Jh., S. 269
Mandau traditionelles Dayak-Schwert (Kalimantan)
Mandi indonesische Dusche. Besteht aus einem großen Wasserbehälter und einer kleinen Schüssel, mit der man das Wasser schöpft und den Körper übergießt.
Menara Turm
Mikrolet Minibus
Ojek Motorradtaxi
Pantun indonesische Gedichtsform, oft im Duett vorgetragen
Pasar traditioneller Markt

Bali-Glossar

Bale Versammlungshalle der Dorfgemeinschaft
Banjar Dorfrat, Dorfversammlung
Barong magiegeladene, menschenähnliche riesige Figur
Galungan/Kuningan erster/letzter Tag der zehntägigen Feier zu Ehren der Schöpfer der Welt
Lamak Opfergabe aus kunstvoll geflochtenen Palmenblättern
Melasti aufwendige Prozessionen zu einer Wasserquelle, meist zum Strand, mit ritueller Reinigung von Figuren, Masken oder anderen Heiligtümern
Meru balinesische Pagode, ein turmartiges Bauwerk, v. a. bei Tempeln; der Berg Meru ist Sitz der Götter
Moksa Vorgang der Nirwana-Erlangung
Ngaben rituelle Verbrennung, durch die ein Verstorbener seine nächste Wiedergeburt erreicht. Die Asche wird anschließend im Meer oder in Flüssen verstreut.
Nyepi balinesisches Neujahrsfest und Tag der Stille
Odalan Jahresfeier eines Tempels; wichtigstes Tempelfest
Penjor mit Opfergaben behängter, dekorativer Bambusstab
Pratima kleine steinerne Götterfiguren. Sie dienen als Behälter für die göttlichen Ahnen oder Götter bei ihren Besuchen auf der Erde.
Puputan der in ausweglos erscheinenden Situationen von den Königshäusern durchgeführte rituelle Massenselbstmord
Pura balinesischer Tempel
Puri balinesischer Palast
Sad Kahyangan Bezeichnung für die sechs heiligsten Tempel auf Bali
Subak Gemeinschaft von Reisbauern
Sudra die niedrigste Kaste des hinduistischen Kastensystems
Trimurti Dreiheit von Shiva, Vishnu und Brahma (Hinduismus)
Wantilan Hahnenkampfarena, oft im Inneren eines Tempels

Pasar Terapung schwimmender Markt
Perahu malaiisches Segelboot
Pinisi traditionelle Schoner aus Süd-Sulawesi
Purnama Vollmond
Puskesmas Abkürzung für *Pusat Kesehatan Masyarakat*, örtliches, staatliches Gesundheitszentrum und Ärztehaus
Raja König
Ramayana indisches Heldenepos, das von der Entführung Sitas durch die Dämonen und ihrer Rettung durch Prinz Rama erzählt
Ratu Kidul (auch: Nyai Loro Kidul) Meeresgöttin in der javanischen und sundanesischen Mythologie
Rumah Panjang (auch: Lamin) Langhaus
Sambal scharfe Soße auf Chili-Basis, die traditionell als Würzbeilage zu jedem Gericht gereicht wird
Sarong indonesischer Wickelrock
Sasak die indigenen Einwohner Lomboks
Saung sundanesischer offener Pavillon (Gazebo) aus Bambus
Sawah Reisfeld im Nassreisanbau
Slendang Tempelschal (wird in balinesischen/hinduistischen Tempeln um die Hüfte gebunden)
Songket Stoff mit Gold-/Silberstickerei; Brokat
Sriwijaya malaiischer Stadtstaat im 7.–13. Jh., S. 108
Taman Park oder zentraler Platz
Tao Tao aus Holz geschnitzte Figur, die in Tana Toraja einen Verstorbenen repräsentiert
Toko Obat traditionelle chinesische Apotheke
Tongkonan traditionelle Wohnhäuser der Toraja (Sulawesi)
Topeng Maske
Vihara buddhistische Tempelanlage
Waruga Steingräber der Minahasa (Sulawesi)
Warung Essensstand
Wayang Kulit Schattenspiel mit flachen Puppen aus Tierhaut *(kulit)*, S. 131
Wayang Golek Puppentheater mit geschnitzten Stabpuppen, S. 132
Wayang Orang Theaterspiel mit Schauspielern und Geschichten aus dem *Ramayana* oder *Mahabharata*
Wisma familiengeführte Pension

Reisemedizin zum Nachschlagen

Chikungunya-Fieber

Die Virusinfektion bricht regional begrenzt immer wieder aus. Sie wird durch Aedes-Mückenarten übertragen, die auf Plantagen und Baustellen besonders häufig sind. Die Infektion verursacht Kopfschmerzen, Gelenkschmerzen, Übelkeit und Fieber und ist äußerlich nicht von einer Malaria zu unterscheiden. Die Symptome klingen nach einigen Tagen ab. Die Krankheit ist normalerweise nicht tödlich, dennoch sterben noch immer Menschen nach einem schweren Verlauf daran.

Denguefieber

Denguefieber nimmt global rasant zu, die Zahlen haben sich in den letzten 50 Jahren verdreißigfacht. Die Viruserkrankung tritt auch in Ballungsräumen immer häufiger epidemieartig auf, vor allem zur Regenzeit, und nimmt besonders bei Kindern und Jugendlichen einen schweren Verlauf.

Überträger ist die Tigermücke *Aedes aegypti* mit schwarz-weiß gebänderten Beinen, die ganztags sticht und sich anders als die Anopheles-Mücke auch in Städten wohlfühlt. Nach der Inkubationszeit von bis zu einer Woche kommt es zu Fieberanfällen, Kopf- und Muskelschmerzen. Nach drei bis fünf Tagen kann sich ein Hautausschlag über den ganzen Körper verbreiten. Normalerweise klingen nach ein bis zwei Wochen die Krankheitssymptome ab. Nur in seltenen Fällen kommt es zu inneren und äußeren Blutungen.

Wie bei der Malaria ist der Schutz vor Mückenstichen die beste Vorsorge. Der erste Impfstoff gegen Denguefieber, Dengvaxia, wurde Anfang 2016 freigegeben und muss dreimal gespritzt werden. Er wird vom Hersteller nur für Personen empfohlen, die sich zuvor bereits mit Dengue infiziert haben. Schmerztabletten, fiebersenkende Mittel und kalte Wadenwickel lindern die Symptome. **Achtung**: Keinesfalls sollten ASS, Aspirin oder ein anderes acetylsalicylsäurehaltiges Medikament genommen werden, da diese einen lebensgefährlichen hämorrhagischen Verlauf begünstigen!

Durchfall und Verstopfung

Das Hauptübel, mit dem sich Indonesien-Reisende herumplagen, ist **Durchfall** (Diarrhöe). Verdorbene Lebensmittel, nicht kontinuierlich gekühlter Fisch, zu kurz gegartes Fleisch, ungeschältes, schon länger liegendes, aufgeschnittenes Obst, Salate, kalte Getränke oder schlecht gekühlte Eiscreme sind häufig die Verursacher. Da auch Mikroorganismen im Wasser durchschlagende Wirkung zeigen können, sollte man nur Wasser aus Flaschen oder Wasserspendern trinken. Eis ist meist unbedenklich, solange es sich nicht um zerstoßenes Stangeneis handelt, das eigentlich nur zum Kühlen dient. Erkrankte sollten auf Gemüse, Obst und fette Speisen verzichten.

Eine **Elektrolyt-Lösung**, die die verlorene Flüssigkeit und Salze ersetzt, reicht bei harmlosen Durchfällen völlig aus und wird auch in Indonesien verkauft; eine Alternative sind isotonische, elektrolythaltige Sportgetränke. Wer selbst eine Lösung herstellen möchte, nimmt 4 Teelöffel Zucker oder Honig, 1/2 Teelöffel Salz und 1 l Orangensaft oder abgekochtes Wasser. Zur Not, etwa vor langen Fahrten, kann auf ein Antidiarrhoikum, das die Darmtätigkeit stilllegt, zurückgegriffen werden. Zudem hilft eine Bananen- oder Reis-und-Tee-Diät sowie Cola in Maßen. Bei längeren Erkrankungen einen Arzt aufsuchen – es könnte sich auch um eine **Ruhr** oder Cholera handeln. Es ist zu bedenken, dass die Wirksamkeit anderer Medikamente, auch der Antibabypille, durch anhaltenden Durchfall beeinträchtigt werden kann.

Verstopfungen können durch eine große Portion geschälter Früchte, darunter Ananas oder Papaya (mit Kernen essen), gelöst werden.

Giardiasis / Lambliasis

Giardiasis ist eine Infektion des Verdauungstraktes, ausgelöst von dem Parasiten *Giardia lamblia*, der über fäkal verunreinigtes Wasser oder

Lebensmittel aufgenommen wird. Die Symptome treten ein bis zwei Wochen nach der Infektion auf: Durchfälle, Bauchkrämpfe, Blähungen, Müdigkeit, Gewichtsverlust und Erbrechen. Bei ausbleibender Behandlung mit Antibiotika verschlimmert sich das Krankheitsbild, daher sollte unverzüglich ein Arzt aufgesucht werden.

Giftige Tiere

An Land

In Indonesien leben einige giftige **Schlangen**, darunter Bambusotter und Kobra, aber die weitverbreitete Angst vor einem Biss steht in keinem Verhältnis zum Risiko. Gefährlich ist eventuell die Zeit nach Sonnenuntergang, vor allem bei Regen. Giftschlangen greifen nur an, wenn sie selbst attackiert werden. Da Schlangen im Gelände relativ leicht zu übersehen sind, sollten beim Wandern knöchelhohe Schuhe und lange Hosen getragen werden. Auch ein Stock hilft dabei, die Schlangen zu vertreiben. Einige Schlangen töten durch ein Blutgift, in diesem Fall benötigt man sofort ein Serum, andere töten durch ein Nervengift, dann ist außerdem eine künstliche Beatmung wichtig. Der Betroffene muss schnellstens ins Krankenhaus, das sofort informiert werden muss, damit ein Arzt und das Serum beim Eintreffen bereitstehen. Ein Foto der Schlange oder die getötete Schlange selbst helfen bei der Bestimmung der Art, man sollte sich aber keiner zusätzlichen Gefahr aussetzen.

Stiche von **Skorpionen** sind in der Region generell nicht tödlich. Kräutertabletten und das Ruhigstellen des Körperteils lindern den Schmerz, Wasserkontakt meiden. Normalerweise lassen die starken Schmerzen nach ein bis zwei Tagen nach.

Auch die großen **Tokee-Geckos** beißen, wenn sie sich bedroht fühlen. Die kleinen sind hingegen harmlos.

Im Wasser

Durchaus real ist die Gefahr, mit nesselnden und giftigen Meerestieren in Kontakt zu kommen. Zwei Arten von Fischen, die man nur schwer vom Meeresboden unterscheiden kann, können gefährlich werden: **Stachelrochen**, deren Gift fürchterliche Schmerzen verursacht, und **Steinfische**, die sehr giftige Rückenstacheln besitzen. Beim Schnorcheln führt die Berührung von **Feuerkorallen** zu stark brennenden Hautreizungen, während giftige Muränen, Rotfeuerfische und Seeschlangen nur ganz selten gefährlich werden. **Seeigel** sind zwar nicht giftig, ein eingetretener Stachel verursacht aber eiternde Wunden.

Tipp für Surfer und Schnorchler: Bei Korallenverletzungen eine Zitrusfrucht in die Wunde reiben. Durch die Säure stirbt die Koralle und die Wunde entzündet sich meist nicht.

Wie überall auf der Welt breiten sich auch in Indonesien vermehrt **Quallen** aus, sodass Badende immer häufiger ihre giftigen Tentakel streifen. Die Wunden sollten sofort mit reichlich Salzwasser oder Essig abgewaschen werden, um alle Quallennesseln zu entfernen und die Haut zu neutralisieren. Auf keinen Fall Süßwasser oder Alkohol verwenden! Anschließend geht es so schnell wie möglich in ein Krankenhaus. Menschen, die unter Allergien leiden, reagieren besonders heftig.

Hepatitis

Hepatitis ist in Indonesien sehr weit verbreitet. Nach Schätzungen des Gesundheitsministeriums leiden über 25 Mio. Indonesier an der Krankheit, und die meisten wissen es nicht einmal. Die Infektion der Leber wird von verschiedenen Virus-Typen verursacht (inzwischen sind die Typen A–G bekannt). Für Reisende spielen besonders die ersten beiden eine Rolle. Während in Südostasien viele Menschen nach einer harmlosen Hepatitis-A-Infektion im Kindesalter immun sind, trifft dies nur auf ein Drittel aller Europäer zu. Ob eine Impfung notwendig ist, zeigt ein Antikörpertest.

Hepatitis A, auch Reisegelbsucht genannt, wird oral durch infiziertes Wasser und Lebensmittel übertragen. Die Symptome ähneln am Anfang denen einer Grippe: Übelkeit, Erbrechen, gelegentlich Durchfall und allgemeine Abgeschlagenheit. Später kommt es zu einer Gelbfärbung der Haut, der Stuhl wird heller und der Urin dunkler. Einen guten Schutz bieten die Impfstoffe Havrix und Vaqta (auch als Kombi-Impfung Twinrix für Hepatitis A und B bzw. ViATIM oder Hepatyrix für Hepatitis A und Typhus erhältlich). Eine Impfung ist bei langen Aufenthalten zu erwägen.

Hepatitis B ist die gefährlichste Hepatitis-Ausprägung und wird vor allem durch Intimkontakte oder Blut (ungenügend sterilisierte Injektionsnadeln, Bluttransfusionen, Tätowierung, Piercen, Akupunktur) übertragen. Die Symptome ähneln denen einer Hepatitis A, jedoch kann eine Hepatitis B chronisch werden. Im schlimmsten Fall führt sie nach einigen Jahren zu einer Leberzirrhose und zum Tod.

Insekten, Stiche und Bisse

Insekten und Fliegen sind allgegenwärtig und zu Beginn der Trockenzeit eine echte Plage. Auch in der heißen Jahreszeit lassen sie sich in Scharen von Lichtquellen und Wärme anlocken, doch die meisten sind eher lästig als gefährlich.

Ameisen und Tausendfüßler

Kleine, unangenehme Zimmergenossen sind Ameisen, die in unglaublichen Mengen auftauchen können, wenn sie irgendetwas Essbares vorfinden. Deshalb möglichst keine Lebensmittel mit auf das Zimmer nehmen oder sie zumindest luftdicht in Dosen verschließen – im Zweifelsfall mit Klebeband abdichten. Die roten **Feuerameisen** (*Semut Merah)* sind besonders aggressiv und ihre Bisse überaus schmerzhaft. Sie leben auf Büschen und Bäumen und sind in vielen Gärten zu finden.

Bisse von **Tausendfüßlern** sind schmerzhaft, aber nicht tödlich.

Bettwanzen

Obwohl sich die meisten Besitzer um Sauberkeit bemühen, haben sich in vielen Traveller-Unterkünften Bettwanzen zu einer wahren Plage entwickelt. Besonders betroffen sind fensterlose Schlafsäle und Billigzimmer mit einer hohen Fluktuation.

Die 1–7 mm großen, gold- oder rotbraunen Insekten leben versteckt in Bettritzen, schmalen Spalten und Hohlräumen in Bettgestellen und -kästen sowie zwischen den Matratzen, unter Polstern und Gardinenvorrichtungen. Nachts krabbeln die Wanzen aus den Ritzen ins Bett, um bei friedlich Schlummernden Blut zu saugen. Nach dem 5–10 Minuten dauernden Mahl wandern die Tiere in ihre Verstecke zurück. Der beim Stich abgegebene Speichel verursacht einen Juckreiz, der 7–10 Tage andauern kann, und häufig Quaddeln. Nach gegenwärtigem Wissensstand übertragen Bettwanzen keine Krankheitserreger. Dennoch sollte man beim Einzug Matratzen und Bettgestelle untersuchen und Bettwanzen an der Rezeption melden.

Mit einem doppelten Klebeband rings um die Matratze kann man einige der Tiere nachts eventuell fangen. Ist man von nicht entdeckten Wanzen überfallen worden und findet am Morgen kleine Blutspuren im Bett oder Quaddeln auf der Haut, sollte man darauf achten, die Wanzen nicht weiterzuverbreiten: gründlich duschen, die Kleidung heiß waschen und das Gepäck mit einem Insektenspray behandeln.

Bei intensivem Kontakt ist es sinnvoll, alle Kleidungsstücke entlang der inneren Nähte – dem beliebtesten Eiablageplatz – auf winzige Eier zu überprüfen. Haben sie es sich einmal im Rucksack bequem gemacht, wird es sehr schwer, sie wieder loszuwerden.

Vorsorglich sollte niemals Gepäck auf das Bett gelegt werden. Mittlerweile haben so viele Reisende Bettwanzen als unfreiwillige Souvenirs mitgebracht, dass sie selbst in deutschen Städten zu einem häufigen Fall für Kammerjäger geworden sind.

Blutegel

Blutegel, recht harmlose Tierchen, sitzen v. a. während der Regenzeit auf Dschungelpfaden und warten meist an feuchten Stellen in Gewässern oder in Wassernähe darauf, dass ein Warmblüter vorbeikommt. Meist kriechen sie in die Schuhe und saugen sich mit Blut voll. Dabei wird ein Enzym abgegeben, das die Blutgerinnung stoppt. Sind sie vollgesaugt, fallen sie ab.

Vorbeugende Maßnahmen: Hosen in die Stiefel schnüren oder besser *leech socks* anziehen: dichte Stulpen, die keine Egel eindringen lassen; leihen Veranstalter manchmal aus. Zudem hilft es, um die Stiefel Ringe mit insektenabwehrendem Spray zu sprühen. Man kann Blutegel, die am Körper entlangwandern, leicht wegschnippen, bevor sie sich festgebissen haben. Festsitzende Blutegel löst man besser mit ätherischen Ölen (*Cap Kapak* ist vielerorts erhältlich), Salz oder einer glühenden Zigarette ab.

Kakerlaken

Man kann wochenlang in billigen Hotels wohnen, ohne eines dieser Tierchen gesehen zu haben, und während der ersten Nacht in einer besseren Unterkunft huschen sie plötzlich durchs Badezimmer und verschwinden im nächsten Abfluss. Ist ihre Population übermächtig, dann hilft nur Sprühen. Da sie in der Regel Abstand halten, kann man sie auch ignorieren. Ein Moskitonetz hält auch Kakerlaken fern.

Moskitos

Gefährliche Zimmergenossen sind Moskitos, denn die Stechmücke *Anopheles* überträgt Chikungunya-Fieber, Malaria sowie Japanische Enzephalitis, während die *Aedes-aegypti*-Mücke, die tagsüber sticht, Denguefieber übertragen kann. Tipps zum Schutz vor Mücken s. S. 67.

Sandfliegen

An einigen Sandstränden treten vor allem am Nachmittag und Abend **Sandfliegen** auf, deren gemeine Bisse sich erst einige Stunden später durch juckende, extreme Hautrötungen bemerkbar machen. Kratzen erhöht die Gefahr einer Entzündung, die mitunter erst nach einem Monat abklingt und Narben hinterlässt. Da sich die kleinen Plagegeister nur in begrenzten Bereichen aufhalten, sollte man sich von diesen Stränden fernhalten. Zudem hilft es, sich vor dem Strandbesuch mit Babyöl einzureiben.

Japanische Enzephalitis

Diese Virusinfektion, die zu einer schweren Hirnhautentzündung führen kann, wird durch nachtaktive Moskitos in ländlichen Regionen übertragen. Die Symptome entwickeln sich nach vier bis zehn Tagen: Fieber, Kopfschmerzen, Nackensteife und Erbrechen. Die Vermeidung von Mückenstichen ist die beste Vorbeugung. In Deutschland ist der Impfstoff Ixiaro ab einem Lebensalter von zwei Monaten zugelassen und wird zweimal im Abstand von vier Wochen gespritzt. Eine Impfung ist für Reisende zu erwägen, die einen langen Aufenthalt in gefährdeten Regionen oder Endemie-Gebieten planen.

Malaria

Auf Bali, Java und Lombok tritt Malaria regionsabhängig das ganze Jahr über auf – in der Regenzeit herrscht ein höheres Risiko, an Malaria zu erkranken. Als **malariafrei** gelten die Großstädte sowie die Tourismuszentren Balis, hingegen besteht im Hinterland und auf Lombok ein geringes Malaria-Risiko. Ein **leichtes bis mittleres Risiko** besteht in Nordost- und Südost-Sumatra, Kalimantan (Borneo) sowie Nord- und Zentral-Sulawesi. Ein Stand-by-Medikament ist hier ratsam. Ein **mittleres bis hohes Risiko** besteht in Papua, auf den Molukken sowie östlich von Lombok.

Die häufigste Form der Malaria in Indonesien ist die *Malaria tropica,* die unbehandelt zum Tod führen kann. Die weibliche *Anopheles*-Mücke, die den Erreger *Plasmodium falciparum* überträgt, sticht zwischen Beginn der Dämmerung und Sonnenaufgang. Ein Reisemediziner hilft bei der Abstimmung der vorbeugenden Maßnahmen auf Reiseart, -dauer und gesundheitliche Verfassung.

Über die beste **medikamentöse Prophylaxe** ist immer wieder heftig debattiert worden. Allen Mitteln gemein ist, dass sie unangenehme Nebenwirkungen hervorrufen können. So kann z. B. das Tauchen problematisch werden (s. 💻 http://gtuem.org/content/199/136/tauchmedizin/malaria). Zu den am häufigsten verschriebenen Präparaten gehören Lariam (Wirkstoff Melfloquin) und Malarone (Wirkstoff Atovaquon/Proguanil).

Wer sich in einem Gebiet ohne ärztliche Versorgung infiziert hat, kann zur Überbrückung mit einer **Standby-Therapie** mit Lariam oder Malarone beginnen. Wer aus Indonesien zurückkehrt und an einer nicht geklärten fieberhaften Erkrankung leidet, auch wenn es sich nur um leichtes Fieber und Kopfschmerzen handelt und es erst Monate nach der Rückkehr auftritt, sollte dem Arzt unbedingt vom Tropenaufenthalt berichten. Die ersten Symptome einer Malaria können denen eines grippalen Infektes ähneln und werden daher häufig verkannt.

In Deutschland gibt es den Malaria-**Schnelltest** MalaQuick, mit dem Reisende im Notfall anhand eines Blutstropfens selbst feststellen können, ob sie an Malaria erkrankt sind. Frühzeitig diagnostizierte Malariainfektionen haben über die Behandlungszeit von einer Woche hinaus oft keinen großen Einfluss auf die Urlaubsreise.

Tetanus (Wundstarrkrampf)

Verletzungen sind nie auszuschließen, und Wundstarrkrampf-Erreger finden sich überall auf der Erde. Die Grundimmunisierung erfolgt über zwei Impfungen im Abstand von vier Wochen, die nach einem Jahr aufgefrischt werden müssen. Danach genügt eine Impfung alle zehn Jahre. Gut ist die Impfung mit dem Tetanus-Diphterie-Pertussis-Impfstoff (für Personen ab fünf Jahre). So erhält man gleichzeitig einen Schutz vor Diphtherie und Keuchhusten.

Tollwut

In Indonesien ist die Tollwut leider noch weit verbreitet. Nachdem auf Bali wiederholt Menschen von tollwütigen Tieren gebissen wurden, wurden zur Eindämmung der Krankheit Zehntausende von streunenden Hunden eingeschläfert. Dennoch ist Tollwut weiterhin eine nicht zu unterschätzende Gefahr!

Theoretisch können alle Säugetiere mit dem Tollwut-Virus infiziert sein. Wer von einem streunenden Hund, einer Katze oder einem Affen gekratzt oder gebissen wurde, muss die Wunde sofort mit viel Wasser und Seife oder einem anderen Detergenz (Shampoo, Geschirrspülmittel) für mindestens 15 Minuten waschen und anschließend mit einem Desinfektionsmittel behandeln – PVP-Jod, 70 % Alkohol (schmerzhaft) o. Ä. Hierdurch wird das Virus bereits in der Wunde inaktiviert. Anschließend gilt es, schnellstmöglich ärztlichen Rat und eine Impfung zu suchen.

Eine vorbeugende Impfung ist zwar teuer, aber bei längerem Aufenthalt in ländlichen Gegenden oder bei vorhersehbarem Umgang mit Tieren sinnvoll. Hat man eine Grundimmunisierung mit drei Injektionen oder entsprechende Auffrischungsimpfungen, braucht man im Notfall keine passive Impfung mit Immunoglobin, das nicht immer verfügbar ist. Zudem sind lediglich zwei statt fünf Spritzen nötig und man hat nach tollwutverdächtigem Kontakt ein Zeitfenster von bis zu 72 Stunden für diese Injektionen.

Typhus

Typhus ist eine Salmonellenerkrankung, die durch den Konsum infizierter Lebensmittel oder Getränke verursacht wird. Typische Symptome sind ansteigendes Fieber, einhergehend mit einem eher langsamen Puls und Benommenheit. Später folgen eventuell Hautausschlag, Verstopfung oder Durchfall und Bauchschmerzen.

Empfehlenswert ist die gut verträgliche dreifache Schluckimpfung mit Typhoral L; parallel eingenommene Antibiotika oder Malaria-Prophylaxe machen sie jedoch wirkungslos. Drei Jahre lang schützt eine Injektion der Typhus-Impfstoffe Typhim VI oder Typherix.

Wurmerkrankungen

Würmer können überall lauern: in rohem oder halbgarem Fleisch und Fisch, verunreinigtem Wasser oder auf Gemüse. Sie setzen sich an verschiedenen Organen fest und sind oft erst Wochen nach der Rückkehr festzustellen. Die meisten Wurmerkrankungen sind harmlos und durch eine einmalige Wurmkur zu heilen. Nach einer Reise in abgelegene Gebiete ist es sinnvoll, den Stuhl auf Würmer untersuchen zu lassen. Das wird auch notwendig, wenn man über einen längeren Zeitraum leichte Durchfälle hat.

An durch Hunde- oder Katzenkot verunreinigten Stränden können Infektionen mit **Hakenwürmern** auftreten. Die Parasiten dringen durch die Fußsohlen ein und graben sich von außen sichtbare Gänge. Zur Behandlung empfiehlt es sich, einen Facharzt aufzusuchen.

Eine unangenehme Erscheinung sind **Lungen- und Leberegel**, die in rohem Süßwasserfisch, fermentierter Fischsoße und Schalentieren vorkommen können. Die Symptome hängen von der Schwere des Befalls ab. Bei Leberegeln kann es zu Fieber, Bauchschmerzen und Gelbsucht kommen, Lungenegel verursachen Husten (z. T. mit rötlichem Auswurf), Fieber und Brustschmerzen. Die Diagnose erfolgt anhand einer Stuhlprobe. Die beste Prävention ist, auf rohe oder halbgare Süßwassertiere zu verzichten.

Erreger von **Bilharziose** (auch Schistosomiasis) kommen in einigen Binnengewässern von Zentral-Sulawesi vor, z. B. im Napu- und Lindu-Tal. Der Parasit gelangt in den menschlichen Organismus, indem er sich durch die Haut, bevorzugt an den Fußsohlen, bohrt. Von dort bahnt er sich den Weg in den Darm oder die Blase, wo er heranwächst und neue Eier produziert. Manchmal tritt um die Stelle, an der die Larven in den Körper eingedrungen sind, eine leichte Rötung auf. Deutlichere Symptome machen sich jedoch in der Regel erst nach sechs bis zehn Wochen bemerkbar. Dann kann es zu Fieber, Durchfall und einem allgemeinen Krankheitsgefühl kommen. Im schlimmsten Fall treten nach einigen Monaten Unterleibsschmerzen und Blut im Stuhl oder Urin auf.

Hakenwürmer, Bilharziose und Leberegel klingen nach bedrohlichen Erregern, doch ist das Risiko meist sehr gering, den Parasiten überhaupt ausgesetzt zu sein, sofern die elementaren Regeln für den Verzehr bedenklicher Lebensmittel beachtet werden.

Bücher

Nicht alle gelisteten Bücher sind im Buchhandel verfügbar. Dafür erscheinen immer mehr als E-Book oder sind über das Internet sowie gebraucht bei Internet-Antiquariaten zu bekommen. Buchhandlungen in Indonesien, die Secondhand- und englischsprachige Bücher verkaufen, sind im Regionalteil gelistet. Eine der größten ist **Periplus**, 💻 www.periplus.com.

Allgemeine Einführungen

Garuda im Aufwind: Das moderne Indonesien, Franz Magnis-Suseno (Dietz 2015). Der Philosoph, Politikberater und Jesuit Franz Magnis-Suseno lebt seit über 50 Jahren in Indonesien. Sein Buch gibt einen tiefen historischen, kulturellen und politischen Einblick in die 70-jährige Geschichte des Landes.

Indonesien und so weiter – Die Erkundung einer unglaublichen Nation, Elizabeth Pisani (DuMont Reiseverlag 2015). Mehr als eine Reisebeschreibung. Fundiert, informativ und unterhaltsam. Das beste Buch, das in den letzten Jahrzehnten über Indonesien geschrieben wurde.

Romane

Alle Farben Rot, Laksmi Pamuntjak (Ullstein 2015, auch als E-Book). Erfolgreicher Roman, der im Stil des *Mahabharata*, des mythologischen Kriegs innerhalb der Familie, von einem Liebespaar erzählt, das durch die blutigen Morde und Deportationen infolge der Machtergreifung Suhartos auseinandergerissen wird, 💻 www.laksmipamuntjak.com.

Bali – Das letzte Paradies, Nigel Barley (Klett-Cotta 2015, auch als E-Book). Der unterhaltsam geschriebene Roman nimmt den Leser mit auf eine spannende Reise ins Bali der 1930er-Jahre. Der Künstler Walter Spies lebte damals in der Nähe von Ubud und empfing zahlreiche Berühmtheiten. Barleys neuestes Werk **Snow over Surabaya** (Monsoon 2017, auch als E-Book) erzählt die Lebensgeschichte der Schottin Muriel Stuart Walker, auch bekannt als Surabaya Sue, die 1932 nach Bali auswanderte und als Radiosprecherin den indonesischen Unabhängigkeitskampf unterstützte.

Die Regenbogentruppe, Andrea Hirata (Hanser Berlin 2012, auch als E-Book). Der in 25 Sprachen übersetzte und als erfolgreichster indonesischer Film aller Zeiten auf die Leinwand gebrachte Roman über die Schicksale bildungshungriger Kinder aus armen Verhältnissen auf der Insel Belitung verkörpert die Aufstiegshoffnung einer ganzen Generation. Das meistgelesene Buch Indonesiens. Die Fortsetzung **Der Träumer** (Hanser Berlin 2015 – auch als E-Book) spinnt die Geschichte weiter.

Eat, Pray, Love, Elizabeth Gilbert (Berlin Verlag 2013, auch als E-Book). Kaum ein Buch (und die dazugehörige Verfilmung) löste einen derartigen Bali-Hype aus wie die Schilderung der Autorin auf Selbstfindungsreise, welche schließlich auf Bali ihr krönendes Ende findet. Der Tourismus in Ubud profitiert noch heute von Besuchern, die auf den Spuren der Autorin wandeln.

Indonesien fürs Handgebäck, Lucien Leitess (Unionsverlag 2017). Textsammlung hauptsächlich indonesischer Schriftsteller, deren Erzählungen aus völlig verschiedenen Perspektiven das Leben der Menschen, den Alltag, aber auch ihre Gedanken, Hoffnungen, Zweifel und Ängste beleuchten. Der Vorgängertitel **Reise nach Indonesien – Geschichten fürs Handgepäck** (Unionsverlag 2010) mit Kurzgeschichten von modernen und älteren indonesischen Schriftstellern sowie europäischen Kollegen ist ebenfalls lesenswert.

Dämmerung in Jakarta, Mochtar Lubis (Unionsverlag 1997, auch als E-Book). Der in Padang geborene Journalist und Schriftsteller (1922–2004) kämpfte für die Pressefreiheit und wurde mehrfach eingesperrt. Auf dem Index stand auch dieses Buch über die Korruption in der jungen Republik.

Straße ohne Ende, Mochtar Lubis (Unionsverlag 1996, auch als E-Book). Der ängstliche Lehrer Isa lässt sich von Partisanen in den Unabhängigkeitskampf gegen die Niederländer hineinziehen. Die kurze, tragische Geschichte findet ein überraschendes Ende!

Tiger! Tiger!, Mochtar Lubis (Unionsverlag 2015). Beschreibt anhand von sieben Personen, die von einem Tiger angegriffen werden, die Archetypen menschlicher Ängste mit traditionellen indonesischen Glaubensvorstellungen. Kann als versteckte Kritik am damaligen Diktator Suharto gedeutet werden.

Garten der Menschheit / Kind aller Völker / Spur der Schritte / Haus aus Glas, Pramoedya Ananta Toer (Rowohlt 1997, Unionsverlag 2015 und 2002, auch als E-Book, Horlemann 2003) Der bekannteste indonesische Schriftsteller (1925–2006) wurde in 37 Sprachen übersetzt. Berühmt wurde seine in der Gefangenschaft geschriebene und in den 1980er-Jahren in Indonesien veröffentlichte Roman-Tetralogie Buru.

Saman, Ayu Utami (Horlemann 2015, auch als E-Book). Umstrittener Roman der bekanntesten Schriftstellerin des Landes über Sex und Politik in Indonesien. Mit dem Meisterstück begründete Utami die neue Literaturrichtung *Sastra Wangi* (Duftende Literatur): Werke junger, moderner Autorinnen, die sich offen mit ihrer Sexualität, Religion und Politik auseinandersetzen. Von der gleichen Autorin ist **Larung** (Horlemann 2015), eine Sammlung an Geschichten aus der Suharto-Zeit.

Schönheit ist eine Wunde, Eka Kurniawan (Unionsverlag 2017). Viel gepriesener Genremix, ein mitunter fantastischer Roman über die Wiederauferstehung der Dewi Ayu, die 21 Jahre nach ihrem Tod feststellen muss, dass ihre Töchter schlimme Schicksale erleiden – alle, bis auf die jüngste, mit Hässlichkeit „gesegnete". Als Dewi Ayu nach der Ursache dieses Fluches sucht, fängt ihre Suche die Geschichte einer Familie und eines ganzen Landes ein.

The Land of Five Towers, Ahmad Fuadi (Gramedia 2010). Der junge Alif aus West-Sumatra wird auf eine Islamschule in Ost-Java geschickt und erfährt dort Freundschaften, Sehnsüchte und viele Lektionen für sein späteres Leben. Preisgekrönter und verfilmter Roman. 2014 erschien die Fortsetzung **The Earth of Three Colours**.

Historische Belletristik

Gesammelte Erzählungen, William Somerset Maugham (Diogenes 2005). Südostasien in den 1920er- und 1930er-Jahren vor dem Zusammenbruch der europäischen Einflusssphären. Maugham präsentiert in seinen zahllosen Kurzgeschichten koloniale Charaktere und deren Verhalten.

Liebe und Tod auf Bali, Vicki Baum (Kiepenheuer & Witsch 2002, auch als E-Book). Der Roman (Erstveröffentlichung 1937) erzählt von den tragischen Ereignissen der Jahre 1904–1906: Die Holländer nehmen die angebliche Plünderung eines chinesischen Schiffes zum Vorwand, um im Süden der Insel einzumarschieren; die Invasion gipfelt in der Schlacht von Badung, wo Hunderte von Balinesen ihrem Fürsten freiwillig in den Tod folgen.

Max Havelaar oder die Kaffeeversteigerung der niederländischen Handelsgesellschaft, Multatuli (Bruckner u. Th. 1998). Unter Pseudonym schrieb Eduard F. E. Douwes Dekker diesen Roman, der sich erstmals kritisch mit dem holländischen Kolonialismus auseinandersetzte und die Zustände in der Plantagenwirtschaft anprangerte.

Geschichte

A History of Modern Indonesia, M. C. Ricklefs (Stanford University Press 2008, auch als E-Book). Umfangreiches, verständliches Lehrbuch über die Geschichte von 1300 bis Ende des 20. Jhs.

A History of Modern Indonesia, Adrian Vickers (Cambridge University Press 2014, auch als E-Book). Von der Kolonialherrschaft bis zu den Bombenanschlägen auf Bali reicht Vickers' Beschreibung der sozio-politischen Landschaft.

Der Ruf des Geckos: 18 erlebnisreiche Jahre in Indonesien, Horst H. Geerken (Books on Demand 2009, auch als E-Book). Der Autor lebte von 1963 bis 1981 in Indonesien und erzählt neben unterhaltsamen persönlichen und kulturhistorischen Details auch, wie er hautnah den Militärputsch von Präsident Sukarno im Jahr 1965 erlebte.

Kleine Geschichte Indonesiens, Fritz Schulze (C. H. Beck 2015, auch als E-Book). Kompakte, interessante historische Betrachtung der indonesischen Geschichte von den ersten menschlichen Siedlungen bis zu aktuellen Themen, wie der Rolle des Islam und der Korruption.

Sie sind viele, sie sind eins – Eine Einführung in die Geschichte Indonesiens, Armin Wertz (Glaré Verlag 2009). In dieser historischen Abhandlung interessiert vor allem, wie das multi-ethnische und -religiöse Land zu einer Nation zusammenwachsen konnte.

Kultur und Regionalgeschichte

Das kuriose Indonesien-Buch: Was Reiseführer verschweigen, Marjory Linardy (Fischer 2015, auch als E-Book). Die Autorin ist in Indonesien geboren und aufgewachsen und versammelt Wissenswertes und Kurioses über ihre Heimat.
Die Religionen Indonesiens, Waldemar Stöhr und Piet Zoetmulder (Kohlhammer 1965). Umfassende Religionsgeschichte Indonesiens, die sowohl die Stammesreligionen der Altvölker als auch die Hochreligionen Islam, Buddhismus und Hinduismus einbezieht.
Kulturschock Indonesien, Bettina David (Reise Know-How 2015, auch als E-Book). Die Indonesien-Expertin vermittelt grundlegende Charakteristika der indonesischen und regionalen Sitten, Glaubenssysteme und Verhaltensregeln. Sie erläutert nicht nur die traditionell typischen Denksysteme, Tabus und Gepflogenheiten, sondern auch Jugendkultur, Slang und moderne Lebensweisen.

Java

Batik – Fabled Cloth of Java, Inger McCabe Elliott und Brian Brake (Periplus 2013, auch als E-Book). Herkunft und Entwicklung der Batik mit vielen detailreichen Fotografien.
History of Java, T. S. Raffles (Cambridge Scholars Publishing 2010). Nachdruck des umfangreichen, zweibändigen Werks (1817) des Abenteurers, Politikers und Kolonialbeamten, der kurzzeitig Gouverneur der Insel war.
Mythology and the Tolerance of the Javanese, Benedict Anderson (Equinox 2009). Das 1965 erschienene Werk zur javanischen Spiritualität ist knapp gehalten und nach wie vor lesenswert.
Raffles and the British Invasion of Java, Tim Hannigan (Monsoon Books 2012, auch als E-Book). Das oft verklärte Bild des kurzzeitigen Gouverneurs von Java und späteren Gründers von Singapore erfährt hier eine Korrektur; Raffles' mit Gewalt umgesetzte Politik auf Java und Sumatra sowie seine imperialistische Gesinnung stehen im Vordergrund.

Bali

Bali Daze – Freefall off the Tourist Trail, Cat Wheeler (Tokay Press 2011, auch als E-Book). Kurzgeschichten einer kanadischen Auswanderin und Umweltaktivisten in Ubud mit interessanten und humoristischen Erzählungen abseits der Touristenpfade.
Bali – Götter, Geister und Dämonen, Thomas Moog (Mackingerverlag 2013, auch als E-Book). Umfangreiche Betrachtung der balinesischen Götterwelt mit über 400 Fotos und guten Beschreibungen.
Ein Haus in Bali, Colin McPhee (Unionsverlag 2015). Ein liebevolles Portrait Balis und seiner Künste in den 1930er Jahren, bevor die Insel touristisch erschlossen wurde.
Erdentanz, Oka Rusmini (Horlemann 2015). Die Geschichte balinesischer Frauen wird über einen Zeitraum von vier Generationen erzählt. Dabei zeigt sich, wie die durch gesellschaftliche Zwänge und das Kastensystem entstandenen hierarchischen Strukturen ihr Leben beeinflussen.
Secrets of Bali – Fresh Light on the Morning of the World, Jonathan Copeland (Orchid Press 2010). Umfassende, klar verständliche Erläuterungen des balinesischen Alltags, der Religion, Feste, Architektur, Tänze und Künste.
Surf Bali, Petra Hess, Melissa Schumacher, Barbara Nickl (Indojunkie 2017, auch als E-Book). Erster umfassender Reiseführer zum Thema Surfen auf Bali. Ein perfekter Begleiter, um die schönsten Ecken und Surfspots der Insel zu entdecken.

Sulawesi

Die Gabe der Seenomaden: Bei den Wassermenschen in Südostasien, Milda Drüke (NG 2000). Die Autorin lebte wochenlang mit dem Seenomadenvolk, den Bajos, auf offenem Meer und erzählt von ihren Erfahrungen, die ihr Leben veränderten.
Sulawesi – On the Road and Inside Indonesia, Petra Hess und Melissa Schumacher (In-

dojunkie 2015, auch als E-Book). Spezialisierter, schön aufgemachter Backpacking-Guide für Sulawesi.

Sumatra

Forgotten Kingdoms in Sumatra, F. M. Schnitger (OUP 1989). Der Autor des 1939 erschienenen Werkes war Konservator am Sriwijaya Museum in Palembang und leitete in den 1930er-Jahren drei archäologische und anthropologische Expeditionen durch Sumatra.

The Batak, Achim Sibeth (Thames & Hudson 1991). Umfassendes Werk über das bekannte Volk Nord-Sumatras mit zahlreichen historischen Fotos.

West-Papua

Bis ins Land des Vogelschweins: West-Papua. Zeitreise in Eigenregie, Astrid Roenig (Books on Demand 2009, auch als E-Book). Die Autorin nimmt den Leser mit auf ihre abenteuerliche Reise nach West-Papua, wo sie einen indigenen AIDS-Lehrer auf seinem Wandervortrag von Dorf zu Dorf begleitet.

Dschungelkind, Sabine Kuegler (Knaur 2006, auch als E-Book). Sabine Kuegler berichtet von ihrer Kindheit und Jugend, die sie beim Volk der Fayu im Dschungel West-Papuas verbrachte, und von den Schwierigkeiten, im Alter von 17 Jahren in die „Zivilisation" zurückzukehren.

Reisebeschreibungen und Biografien

Abenteuer Indonesien: Backpacking Bali, Lombok, Sumbawa, Komodo Island & Flores, Stefan Schüler (CreateSpace 2016, auch als E-Book). Ein facettenreicher Reisebericht, der zum individuellen Reisen animiert. Als Backpacker mit schmalem Geldbeutel reist der Autor auf der Suche nach dem großen Abenteuer durch Indonesien.

Am Ende des Archipels – Alfred Russel Wallace, Matthias Glaubrecht (Berlin 2013). Spannend und fachkundig werden die abenteuerlichen Forschungsreisen von Wallace in der indonesischen Inselwelt dargestellt, die die Grundlage der von ihm und Darwin entwickelten Evolutionstheorie bilden.

Aus Insulinde – Malaiische Reisebriefe, Ernst Haeckel (A. Kröner Leipzig 1923, 3. Aufl.). Reisebericht des großen Naturforschers auf Java und Sumatra um die Jahrhundertwende; mit Fotos, Zeichnungen und Aquarellen.

„... dahin wo der Pfeffer wächst." Vierhundert Jahre Deutsche auf den Inseln Indonesiens, Adolf Heuken (Herbert Utz 2010). Die Geschichte deutscher, österreichischer und Schweizer Emigranten, Abenteurer und Flüchtlinge, z. B. Naturforscher F. Junghuhn, General Bernard von Sachsen-Weimar, Dichter Max Dauthendey, Hitlers Vertrauter W. Hewel u. v. a.

Lady Sophia Raffles auf Sumatra: Ein wagemutiges Leben, Susanne Knecht (Piper 2003). Sehr lesenswerte Schilderung der Gouverneursfrau und ihrer abenteuerlichen Reisen an der Seite ihres berühmteren Mannes.

Macht's gut, Ihr Trottel!: Ich zieh dann mal ins Paradies, Christiane Hagn (Eden Books 2013, auch als E-Book). Authentisch und mit viel Witz erzählt die Autorin, wie sie nach Pulau Weh vor Sumatra auswanderte, um mit einem südafrikanischen Fischer zusammenzuleben.

Tempeltänzerin und Senatorin – Ein Leben für Bali, Monika Endres-Stamm und Ida Ayu Agung Mas (Elisabeth Sandmann Verlag 2015). Die bewegte und bewegende Lebensgeschichte einer außergewöhnlichen Frau, die zunächst traditionell in einer Brahmanenfamilie aufwächst, nach ihrem Studienaufenthalt in Deutschland als Frauenrechtlerin aktiv wird und schließlich als erste Senatorin Balis ins Parlament einzieht.

Unterwegs in Indonesien: Eine Reise durch Java, Sulawesi, Bali, Flores und Lombok, Rüdiger Neukäter (Wiesenburg 2016, auch als E-Book). Informativ, erlebnisreich und spannend erzählt der Autor von seiner Reise von Java über Sulawesi bis nach Flores.

Flora und Fauna

Biodiversity of Indonesia – Tanah Air, David Stone (Fotos: Alain Compost; Singapore 1997). Sehr schöner, großformatiger Bild- und Textband über Indonesiens natürliche Ökosysteme, von Korallengärten über Küstenregionen bis zum tropischen Regenwald.

Der Malayische Archipel, A. R. Wallace (Römerweg 2014). Deutsche Übersetzung des Klassikers von 1869 des englischen Forschers, der jahrelang die Inseln bereiste.

Bildbände

Abenteuer Indonesien, Dominique Wirz (Stürtz 2008). Schöne Fotos von Reisterrassen, Traumstränden, Vulkankegeln oder Flora und Fauna, die Lust aufs Reisen machen.

Indonesien – Das verlorene Paradies, Luis M. Bisschops (Fackelträger Verlag 2005). Mit interessanten Texten versehene, gesellschaftlich orientierte Fotografien des holländischen Fotografen. Von urbanen Szenen bis zu ländlicher Idylle ist alles dabei.

Into Indonesia: Eastern Territories, Michael Grünwald (Biodiversity Books 2013). Grünwald bereiste den Archipel auf den Spuren von A. R. Wallace. Ergebnis ist dieser wunderschöne Bildband mit ausdrucksstarken Fotografien.

Kinder- und Jugendbücher

Du zahlst den Preis für mein Leben, Carolin Philips (Überreuter 2013 – nur als E-Book erhältlich). Die junge Nica überlebt den Tsunami von 2004 als Waise und findet eine Ersatzfamilie. Als diese nach Deutschland zieht, bleibt eines der Kinder zurück. Nica macht sich auf Spurensuche. Ab 12 Jahren.

Gecko's Complaint – A Balinese Folktale, Ann M. Bowler und I Gusti Made Sukanada (Periplus 2009, auch als E-Book). Eine Geschichte über einen wohlgenährten Gecko für Kinder bis zehn Jahre, mit einigen schönen Illustrationen.

Lucky der Gecko, Martin Avi Abraham und John Bendall-Brunello (Kommode 2013). Das liebevoll illustrierte Kinderbuch handelt von einem balinesischen Gecko, der seine Reiselust entdeckt und ins ferne Island möchte. Ein zweites Vorlesebuch, **Lucky: Ein Gecko auf Reisen** (Kommode 2016), erzählt, wie Lucky Abenteuer in Asien, Afrika und Europa erlebt.

Filme

Eat, Pray, Love (2010). Die Verfilmung des Bestsellers von Elizabeth Gilbert (S. 716) sorgte für einen regelrechten Bali-Boom. Gezeigt werden sehr schöne Bilder der Region um Ubud, die Handlung ist allerdings recht seicht.

Ein Jahr in der Hölle (The Year of Living Dangerously, 1983). Jakarta, 1965: Während US-Journalist Guy Hamilton über die gewaltsamen Ereignisse nach der Machtergreifung Suhartos berichtet, lernt er über seinen kleinwüchsigen, halbchinesischen Fotografen Billy die britische Botschaftsangestellte Jill kennen und lieben. Der gelungene Balanceakt zwischen melodramatischer Romanze und fesselndem Politthriller durfte bis zum Jahr 2000 in Indonesien nicht gezeigt werden.

The Act of Killing (2012). Der preisgekrönte Dokumentarfilm macht die Welt erneut auf die Massenmorde von 1965/66 aufmerksam, indem er einige der beteiligten Handlanger von damals ihre Taten vor der Kamera nacherzählen und szenisch darstellen lässt. Eine bizarre und äußerst verstörende Form der Darstellung. In der Folgedokumentation **The Look of Silence** (2015) werden die Begegnungen eines Hinterbliebenen mit den Mördern von damals festgehalten.

The Raid 2 (2014). Guter Actionfilm über die Infiltrierung einer mächtigen Mafia in Jakarta durch den jungen Undercover-Polizisten Rama. Sehr gute Kampfsportszenen, stark von der indonesischen Kampfkunst Pencak Silat beeinflusst.

Index

A

B

L

M

ANHANG

N

O

P

Q

R

S

ANHANG

Notizen

ANHANG

Danksagung

Wir danken allen Menschen, die uns unterwegs mit Tipps und Informationen versorgt haben sowie unseren Familien und Freunden.

Ein ganz besonderes Dankeschön gilt Juliane Jacobi, Uyen Nguyen und Cynthia Wachsmuth, die uns tatkräftig unterstützt sowie schöne Fotos beigesteuert haben.

Wichtige Beiträge für diese Auflage haben Stefanie Daena, Stephan Kitzbichler, Christina Ley und ihr Mann Kembar, Lorenz Schweizer, Cynthia Wachsmuth, Marc Weiglein und Lucas Zwaal beigesteuert.

Für ihre Fotos möchten wir uns bei Claudia Caspani, Stefanie Daena, Elizabeth Michiel, Lorenz Schweizer, Tizza Taylor und Oliver Tschopp bedanken.

Zudem danken wir Stefan und Renate Loose sowie Werner Mlyneck, die diesen Indonesien-Reiseführer viele Jahre lang betreuten, dem gesamten Bintang-Team in Berlin, Maria Anna Hälker und dem DuMont Reiseverlag in Ostfildern.

Für hilfreiche Tipps und Unterstützung bei der Recherche bedanken wir uns bei Ardian Romy und Candha Adwitiyo in Jakarta, Ika und Jocean in Bogor, Irwan Kumis in Cianjur, Rifyan Ardhy in Bandung, Anti und Adellia in Yogyakarta, Adjie Wahjono, Nurdin Razak, Retno Indrawan und Ipung in Surabaya, Rene, Rini und Emma auf Kemujan, Andreas „Andre" Reich in Sanur, Jochen und Nicole in Tejakula, Jon Zürcher und seiner Frau Suci in Kuta, unserer Gastfamilie in Ubud rund um Kadek, Elisa, Toni, Sylvia und Saleh sowie Pak Rudi auf Lombok, Dodo und Jimmy in Makassar, Dadang Setiawan in Ampana, Sven Reumschüssel auf Bunaken, Annette Horschmann in Tuktuk, Oci Padakama in Kalabahi, Esther in Lewoleba, Christopher Foster und Maria Tukan in Larantuka, Syadie in Banjarmasin und Fardi in Pangkalan Bun.

Ein Dankeschön gebührt unseren aufmerksamen Lesern Andreas Kunz-Lübcke, Andreas, Sylvi und Jim Bratschke, Claudia Knöpfle, Clemens Heiland und Sabine, Denise Dullnig, Elena Bringmann, Elvira Becker, Felix Haldimann, Florian und Johanna, Frank Cichos, Gabriel Bender, Gerold Fix, Heidrun Malze, Ina Schindler und Dietrich Kollmann, Isabel Frey, Janina Klemm, Jeanette Sigari, Jennifer Rusnak, Josef Buchelli, Julia Wächter, Kathrin Reineke, Katja Krey, Katja Tannhäuser-Fröhlich, Kirsten und Sandro Essig, Klaus Häusler, Klaus Lohse, Laura Niebel, Lena Kolling, Luana Hafner, Martina Meierjürgen, Melanie Zünd, Michael und Jenni Fischer, Moritz Müller, Oliver Oes, Petra Keytel-Amelung, Philipp Kobsik, Rena Degen, Rolf Schlömer, Sandra Schönbäck, Sebastian und Christine, Simone P. Epting, Susanne Gebhardt, Theresa und Stephanie Winterhalder, Victoria Kirst und Sören, Wendelin Groß, Wolf-Dietrich Gotthilf, York Gräber und Yvonne Magnus.

Bildnachweis

Umschlag

Titelfoto laif/Le Figaro Magazine/Eric Martin; Badjos (Seenomaden)
Umschlagklappe vorn Christian Wachsmuth; Markt in Jakarta
Umschlagklappe hinten Renate Loose; Traditionelles Dorf auf Flores

Highlights

S. 6 iStock.com/hanafichi
S. 7 laif/Malherbe (oben); mauritius images/Alamy/Marka (unten)
S. 8/9 Lookphotos/age fotostock (oben)
S. 8 laif/contrasto/Riccardo Venturi (unten)
S. 9 laif/Eitan Simanor (unten)
S. 10/11 laif/Tobias Hauser
S. 12 Josie Grabarevic (oben); Mischa Loose (unten)
S. 13 iStock.com/greta6 (oben); Oliver Tschopp (unten)
S. 14 laif/Hemispheres (oben); mauritius images/Reinhard Dirscherl (unten)
S. 15 Lookphotos/age fotostock
S. 16 Lookphotos/Konrad Wothe (oben); Fotolia/Alexandr (unten)
S. 17 Getty Images/age fotostock/Melba (oben); Claudia Caspani (unten)
S. 18 mauritius images/ib/Konrad Wothe (oben);
picture alliance/Augenklick/Foto Rauchensteiner (unten)
S. 19 iStock.com/Michael Stubblefield
S. 20 Marc Weiglein (oben); Fotolia/jeremy keith brown (unten)

Regionalteil

Stefanie Andrea Daena S. 661
Fotolia ermakovep S. 25, ead72 S. 29, jeep5d S. 101, Mariusz Prusaczyk S. 109, mihály samu S. 117, bayu harsa S. 182, Galyna Andrushko S. 243, Alexandr S. 253, Dudarev Mikhail S. 391, dinozzaver S. 408, picattos S. 423 (unten), anjokan S. 502, Rafal Cichawa S. 595 (unten), jakartatravel S. 625 (unten), GNNick S. 552, mychadre77 S. 683 (unten)
iStock.com chrisinthai S. 138, satori13 S. 169, 5bf5911a_905 S. 263, dinozaver S. 287, Holger Mette S. 295 (oben), Petrusloo S. 520, lanabyko S. 683 (oben)
Moritz Jacobi S. 44, 132, 139 (unten), 204, 220, 235, 247, 251, 273, 279, 320, 332, 336, 429, 447, 458, 483, 489, 511, 521 (2), 527, 542, 545, 578, 590, 650
Mischa Loose S. 43, 294, 305, 315, 359, 365, 368, 402, 422
Renate Loose S. 37, 79, 226, 351, 383, 478, 497, 595 (oben), 697
Elisabeth Michiel S. 423 (oben)
Uyen Nguyen S. 295 (unten), 342, 356
Lorenz Schweizer S. 387
Christian Wachsmuth S. 94, 139 (oben), 144, 149, 161, 167, 178, 189, 196, 215, 451, 462, 594, 604, 624, 625 (oben), 628, 645, 672
Marc Weiglein S. 682, 691

Mitarbeiter dieser Auflage

Stefanie Daena lebt mit ihrem Mann Ikbal und ihrer Tochter auf den Togian-Inseln, wo sie „Togian Boat Trip" gegründet haben. Die Inseln sind, neben der Schweiz, zu ihrer zweiten Heimat geworden.

Ich danke meiner indonesischen Familie, die mich so unkompliziert aufgenommen hat, meinen Eltern und Geschwistern, die mir trotz tausender Meilen Distanz immer nah sind und allen Freunden; besonders Irfan, Dadang und Koh Jemy in Ampana sowie Andy, Ririen und Milly in Gorontalo für die Hilfe und Tipps bei der Recherche.

Stephan Kitzbichler lebt und arbeitet seit acht Jahren in Aceh. Er ist Diplom-Geograf und hat als Backpacker Süd- und Südostasien, Südamerika und Kanada bereist.

Mein herzlicher Dank gilt allen, die sich für die Entwicklung des Tourismus in Aceh einsetzen.

Christina Ley ist Journalistin und hat Südostasien bereits vor mehr als 20 Jahren für sich entdeckt. Die Reise-Expertin ist verzaubert von der kulturellen Vielfalt und der Herzlichkeit der Menschen.

Ich danke vor allem meinem Partner Kembar für viele gemeinsam gereiste Kilometer, tiefe kulturelle Einblicke und tatkräftige Unterstützung während dieser Recherche – v. a. aber für seine konsequente und engagierte Umsetzung unserer gemeinsamen Vision von umweltverträglichem und verantwortungsbewusstem Tourismus in Sumatra.

Cynthia Wachsmuth ist Ökotourismus-Expertin aus West-Java. Sie leitete bereits ein Öko-Resort vor der Küste Jakartas und ist auf Umwelterziehung spezialisiert.

Ein großer Dank gilt meinem Mann Christian für die Möglichkeit an diesem Buch mitarbeiten zu können. Ich danke allen Freunden, die mich bei der Recherche unterstützt haben und hoffe, dass unsere Hinweise viele Menschen zusammenführen werden.

Marc Weiglein ist seit seiner Kindheit mit Indonesien verbunden. Nach über 60 Reisen und längeren Aufenthalten ist das Land für ihn zur zweiten Heimat geworden. Heute leitet er Touren in Papua.

Ich danke meinen Freunden Siprianus Osan in Jayapura und Jumading in Wamena für ihre Unterstützung bei meiner Recherche. Außerdem ein besonderer Dank an alle Menschen des Baliem-Tals für ihre langjährige Gastfreundschaft.

Impressum

Indonesien
Stefan Loose Travel Handbücher
4., vollständig überarbeitete Auflage **2018**

Die in diesem Buch enthaltenen Angaben wurden von den Autoren nach bestem Wissen erstellt und vom Lektorat im Verlag mit großer Sorgfalt auf ihre Richtigkeit überprüft. Trotzdem sind, wie der Verlag nach dem Produkthaftungsrecht betonen muss, inhaltliche und sachliche Fehler nicht vollständig auszuschließen.
Deshalb erfolgen alle Angaben ohne Garantie des Verlags oder der Autoren. Der Verlag und die Autoren übernehmen keinerlei Verantwortung und Haftung für inhaltliche und sachliche Fehler. Alle Landkarten und Stadtpläne in diesem Buch sind von den Autoren erstellt worden und werden ständig überarbeitet.

Gesamtredaktion und -herstellung
Bintang Buchservice GmbH
Zossener Str. 55/2, 10961 Berlin
www.bintang-berlin.de
Redaktion: Sabine Bösz
Lektorat: Dorit Aurich, Jan W. Haas, Katja Rasmus
Satz: Stefan Müssigbrodt
Bildredaktion: Anja Linda Dicke
Karten: Alexander Augsten, Klaus Schindler
Reiseatlas: DuMont Reisekartografie, Fürstenfeldbruck

Printed in Poland

Kartenverzeichnis

Fortsetzung von S. 737

Schnellstraße mit Anschlussstelle
Fernstraße
Hauptstraße
Nebenstraße
Fahrweg, Piste
Fußweg, Pfad
Straße in Bau
Straße in Planung
Straße für Kfz gesperrt
Tunnel
Fähre, Schiffsverbindung
Staatsgrenze
Regionalgrenze
Nationalpark; Naturpark
Sperrgebiet
Korallenriff
Internationaler Flughafen

Regionaler Flughafen
Hafen; Flugplatz, Landepiste
Kirche, Kapelle; Kloster
Sehenswürdigkeit; Archäologische Stätte
Hotel, sonstige Unterkunft; Tankstelle
Turm; Leuchtturm
Wasserfall; Höhle
Berggipfel; Pass, Joch
Badestrand; Schiffswrack
Windsurfen; Wellenreiten
Schnorcheln; Tauchen
Campingplatz; Aussichtspunkt
Information; Krankenhaus
Museum; Theater, Oper
Polizei; Post
Busbahnhof; Denkmal, Monument
Parkhaus; Parkplatz

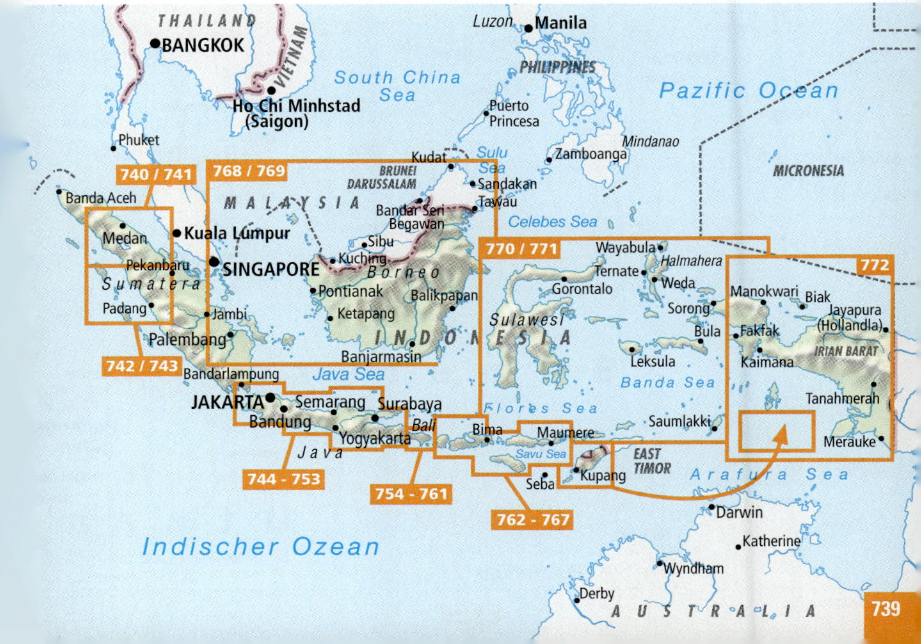

Tanjungpura
Karanggaging
Hampenan-perak
Belawan
Genting
Medan Fair
Maimoon Palace
Mesjid Raya
Perkut
Pantaicermin
Binjai
MEDAN
Baungan (Perbaungan
Krapuh
Bukit Lawang
Kuala
Bohorok
Lubukpakan
Joharun
Sungairampa
Sungaiba
Delitua
Bangunpurba
Rumahkota
Kualabali
Sibolangit
TEBINGTINGGI
Brastagi
Laukawar
Kabanjahe
Barusiahe
Dolokmerawan
Perdagan
Rajalinggae
Tigabi-nanga
Lingga
Sondi
Bataker Pala
PEMATAN
Pematangta
Siala
Merek
Seribudolok
Pematang Purba
Sipisopiso Falls
Danau
Tigaras
Tigadolok
Bandarpa mandoga
Fortress
Simanindo
Ambarita
Prapat
Pangu-ruran
Tuk Tuk
630
Tomok
Stone Sculpture
437
Labuanlob
Hot Springs
P. Samosir
Porsea
Nanrunggu
Mogang
Toba
Siregar
Silaer
Balige
Siborongborong
Muara
Dolok Pinapan
2038
Tele
Banjarsiantar
Hutagalung
Doloksanggul
Onanganjang
Sipoholan
Sipahutar
Pangasean
Tarutung
Onanhasang
Sarulla
Sibatunanggor
Sorkam (Pasarsorkam)
Sibolga
Tel. Tapanuli
512
P. Musala
Huraba
Padangs puan
Janji
Si Galangar
Mosa
Balumundan
Singkuang
U t a r a
S u m a t e r a
660
Leuser
3404
Taring
G.Bandahara
3012
Peg. Sergeulangit
Alas
Gunung
Pulo Nas
Kutacane
D a e r a h
Leuser
Lawelubang
Kotabaru
Kruet
1657
Nat. P.
A c e h
Simpang Kiri
tuan
Kutaseuneubok
Payadupa
Kluet Selatan
Kandang
Bakongan
1117
Kruengluak
Trumon
Moriji
Perbulan
Durianrungun
Sidikalang
Parbakalan
Sumbul
Napasanggar
Kalakepen
Rundeng
Pulaksama
Simonggo
Simpang-Kanan
Situbutubu
Bungas
Mandumas
Pakkat
Barus
P.Bago
P.Ujungbatu
Halaban
Singkilbaru (Singkil)
P. Tuangku
P. Bangkaru
ep. B a n y a k
Tg.Dowi
Sifahandra
Ladara
Afia
Afulu
Fuloto
Ombolata
Hiligeo
Gunungsitoli
Bumboito
Pulau Nias
Sirombu
887

S. 742

+8h Gr. Time
+7h Gr. Time
S e l a t M e l
58
Slim River
G. Liang East
1933
Sabak Bernam
Bernam
222
242
73
Tanjung Malim
Selangor
E1
55
Gumut
21
193
Kg. Sekinchan
Ulu Yam
5
70
32
Tanjung Karang
Batang Berjuntai
Rawang
1
Kuala Selangor
Batu Arang
SELAYANG BARU
Sungai Buloh
72
31
Kapar
Meru
KLANG
2
P. Ketam
Port Klang
8
SHAH ALAM
P. Selat Kering
P. Pintu Gedong
35
70
Jenjarom
Kuala Selat Lumut
Banting
Dengkil
Morib
28
205
Tanjung Sepat
Chuah
Tanjung
Tanjungtiram
Labuhanruku
Teluknibung
Kisaran
Tanjungbalai
Simpangkawat
Kampungmesjid
Sukajadi
Masihi
A. Panai
Ulakmedan
Tanjung Bangsi
Sungailurus
Telukpulaidalem
Berembang
Sungaingirih
Aekanopan
Labuhanbilik
Kuala
Gajahrmati
Simpangtiga
Sungaipelancang
Negiralama
112
Bila
Merbau
Malinda
Labuhanbatu
Tg. Senebui
Sungaibakau
P. Alang Besar
Bagansiapiapi
Tg. Medang
Rantauprapat
Perbaugan
Telukpanji
Telukmerbau
Tianjung
Medang
54
Sarumatinggi
Bantaian
Sungaisahir
Kotapinang
P. Rupat
Sipiongot
Bagansinembah
Batupanjang
Langgapayung
Sel. Rupat
Hiteurat
Ujungbatu
Barumun
Tanahputih
Dumai
Guntung
150
Sintong
Padang Lawas Ruins
Mandasip
76
Binanga
Tanjungmedan
Siarangarang
Bonai
Rantauk
Rantaukampar
Duri
Sipangabu
A
Kumu
R i
Daludalu
Titigading
Tasiksera
Balaipungut
Ujungbatu
Wates
Rokan-Kanan
Rokan-Kiri
Malea
Pasirpenga
123
Minas

S. 743

Hiligeo
Bumbo
S. 740
Pulau Nias
Sirombu
887
Kep. Hinako
P.Hinako
Tuhegafoa
Hilkoya
Hilibowo
Hilialawa
Hilismaetano
Bawomataluwo (Sunhill)
Lagudri (Lagundi)
Hiliotaluwa
Telukdalam
Tel. Lagundi
U t a r a
90
Singkuang
Tabuyung
1877
Muarasom
Karan
Sikarakara
Natal
Tompet
I N D O
Kep. Batu
Lambak
Labuhanrima
Pulau Pini
Pulautelo
Pulau Simuk
Bawo Ofuloa
Pulau Tanahmasa
Tg.Sairo
Pulau Tanahbela
271
Hilibofunna
P.Bojo
INDIAN OCEAN
Selat Siberut
Sela
Muarasigeb
Tg.Sigep
Tg. Bulanbatu
Kep. Mentawai
Kagologolo
384
Muarasikabaluan
Pulau Siberu
Muarasaibi
Muarasimatalu
Saudainu
Sakubo
Sabulubek
Tailelee

S. 741
Daludalu
Wates
Titigading
Balaipungut
Tasiksera
Pasarsibuhuan
Ujungbatu
G. Malea
2012
Pasirpengarayan
Kotalama
Bancahsaga
Minas
Kelantan
Jenbatanmerah
Tambanganjae
Kotanopan
Kotanopan
Senamaninik
Tebingtinggi
308
Ujungbatu
Sungaibilut
Muarasipongi
Rao
Rokan
Aliantan
Batugajah
Meridan
PAKANBARU
Pasarsontang
Muaro Takus Ruins
Bangkinang Candi
Rumbia
Parit
Andilanmudik
Gubadak
Panti
Banjarsungairias
Sibiruang
Kamparkan
Rantauparangin
Lubuksakat
Talao
Sungaipagar
Ujungtanjung
Petok
Baruh
Talu
Kojai
2912 G. Ophir
Simpangampat
Lubuksikaping
Pangkalankotabaru
Kebondurian
Kamparkiri
Kernang
Bonjol
Binuang
Sungaisalik
Lipatkain
Pamatonggunung
Sasak
Kinali
Pandan
Suliki
Mandiangin
Cave Croa Ngalau Kamang
Pasir
Harau Canyon
Paku
Bukit Ujungrej
Batung
Tayenbaruh
Kotabaru
Kotabaru
Fort de Cock
Payakumbuh
Masang
Mukormuko
Maninjau
Matur
Bukittinggi
Padanglaring
D. Maninjau
Muaralembu
Tiku
Batusangkar
Palakgadang
Juar
Padangpanjang
Pagarruyung
Sungailimau
Sicincin
Batutabal
Sumpur
Manganti
Duriangadang
Taluk
Kayutanam
D. Singkarak
Talawi
Sawahlunto
Banjarkasang
Pariaman
Muara Sijunjung
Anai Valley
Lubukalung
Singkarak
Paluangan
Sumani
Tanjunglolo
Duku
Tanjunggadang
Tabing
Solok
Paritrantang
Lubukbargalung
Sungaidareh
PADANG
Labuksulasih
Lubukkarak
Situng
Telukbayur
Bung Hatta Nat. Res.
2599
D. Dibaru
D. Diatas
Garabak
Tel. Bayur
Telukkabung
Alahanpanjang
Tg. Batumandi
Barungbarung
Kotabaru
Surian
U. Teluklembu
Tarusan
Pasarbaru
Painan
2690
Gasing
Abai
Tel. Painan
Kerinci
Muaralabuh
Lubukmalaka
Pasarkuok
Timbulun
Seblat
Sungaisirah
Liki
3805
G. Kerinci
Kambang
Balaiselasa
National Park
Pegunungan Barisan
Jakarta
Barat

Lampung
Teluk Pedada
Selat Legundi
Pulau Legundi
Pulau Siuncal
Pulau Sijebi
Pulau Legundita
Kalianda
Gunung Rajabasa
1281 m
Bakauheni
Pulau Sebeku-Kecil
Pulau Sebesi
Tanjung Tua
Pulau Mundu
Pulau Seram
Pulau Kopiah
Selat Sunda
Pulau Krakatau
Pulau Sertung
Anak Krakatau Volcano
Pulau Krakatau-Kecil
813 m
Pulau Rakata (Krakatau Is.)
Ujung Kulon National Park
Pulau Sangiang
Pantai Florida
Merak
Tanjung Pujut
Teluk Banten
Bird Sanctuary
Pulau Panjang
Mesjid Agung
Dutch Fort
Cilegon
Anyer
Tanjung Cikoneng
Rancau Danau Reserve
SERANG
Zentrum für Vulkanologie und Geologische Schadensminderung
Tanjung Bangkuang
Tanjung Katapang
Hutan Wisata Carita Forest Reserve
Gunung Karang
1778 m
Pandegelang
Tanjung Gelebeg
Labuhan
Menes
Gunung Pulasari
1346 m
Saketi
Warunggunung
Tanjung Lesung
Teluk Lada
BANTEN
Badui Village
Oil Palm Plantations
Ujung Kulon National Park
Pulau Panaitan
Tanjung Parat
Teluk Kasuaris
Tanjung Waton
Selat Panaitan
Teluk Peucang
Pulau Peucang
Teluk Selamadatang
Pulau Handeuleum
Ujung Kulon
Ujungkolon
Tanjung Layar
Tanjung Guhakolak
National Park
Teluk Keusiklega
Sumur
Malingping
Muara Binuangeun
Tanjung Panto
Pulau Tinjil
Pulau Deli
Java
Indian Ocean

1 cm = 12 km
1 : 1.200.000
0
15
30
45 km
Pulau Panjang
Pulau Kelapa
Pulau Putri
Pulau Macam
Pulau Bira
Marine
Pulau Kotok Besar
Pulau Bongko
Pulau Panggang
National Park
Pulau Sekati
Kepulauan Seribu
(Thousand Islands)
Pulau Payung
Pulau Pari
Pulau Lancang
Pulau Bokor
Pulau Laki
Pulau Untungjawa
Pulau Rambut
Bird Sanctuary
Tanjung Kait
Candi Tjoe Soe Kong
Tanjungkait
Tanjungpasir
Pulau Damar Besar
Pulau Ayer Besar
Pulau Bidadari
Pulau Nyamuk Besar
Titik Karawong
Tanjung Bungin
Tanjung Sedari
Sedari
Cabangbungin
Kedawung
Tambaksumur
Muaragembong
Pondok Dua
Cibuaya
Sungaibuntu
Mauk
Teluknaga
Teluk Jakarta
JAKARTA (BATAVIA)
Utankramet
Barujaya
Pedes
Kampungsawah
Gandok
Karangjati
Soekarno-Hatta International Airport
Kamal
Ancol
Cilincing
Gereja St. MATH
Mesjid Istiqlal
Pulogadung
Baleban
Bekasi
Srengseng
Rengasdeklok
Cikande
Bendala
Pasirputih
Rajeg
Sepatan
TANGERANG
Kalideres
Glodok
Batuceper
Balaraja
Nat'l. Mus.
Nat'l. Mon.
Sukaraya
BEKASI
Tambun
Cikarang
Rawamerta
Krasak
Cilamaya
Teluk Ciasem
Cikupa
Curug
Cileduk
Kebayoran Baru
Halim Perdana Airport
Cibitung
Lemahabang
Telagasari
Wadas
Sukajaya
Tigaraksa
Legok
Serpong
Pasar Minggu
Taman Mini Indonesia Indah
KARAWANG
Telukjambe
Klari
Cengkong
Jatisari
Sarengseng
Serdang
Ciputat
Rangunan Zoo
Cisalak
Cibubur
Bantargebang
Setu
Leuweungmalang
Parungpanjang
187 m
Gunungsindur
Sawangan
Cimanggis
Cileungsi
Cibenda
Parainan
Kosambi
Cikampek
Lebakwangi
Parung
DEPOK
Kebun Raya Mekasari
Cibarusa
Kaligandu
141 m
Curug
Purwadadi
Rumpin
Cibogo
CIBINONG
Gunungputri
Jonggol
Jagaita
125 m
Jasinga
Ketapang
Citeureup
Cepelas
Pangkalan
Nagrok
Cipeundeuy
Cijoged
751 m
Batutulis
Kedunghalang
Cariu
Bendungan Jatiluhur
Sadang
PURWAKARTA
Kalijati
Subang
Bunar
Cigudeg
Ciampea
Semplak
Sentul Circuit
1002 m
Cibatok
BOGOR
852 m
Waduk Jatiluhur
Cibarani
Leuwiliang
Ciomas
Herbarium Museum
Pasirtanjung
1287 m
Pasawahan
S. 746
Istana Bogor
Kebun Raya
Cijeruk
Cibogo
Cipayung
1197 m
1020 m
Keraja
Plered
Taringgultengah
310 m
Gunungmalang
Ciawi
Cisarua
Gunung Mas Teeplantage
Wanayasa
Segalaherang
Cipeundeuy
Gunung Salak
2211 m
Puncak
Cikalongkulon
840 m
Darangdan
Teeplantagen
Gunung Halimun
1929 m
Cianton
Taman Safari Indonesia
Cipanas
Istana Cipanas
Waduk Cirata
Rende
Cikalongwetan
Ciater
Ciamalati
Cigombong
Ciloto
Kebun Raya Cibodas
Cibodas
Cidamar
Cipeundeuy
Gunung Tangkuban Prahu
Gunung Kendeng
1764 m
Gunung Endut
1474 m
Cicurug
Pacet
Gede-Pangrango
Karangtengah
825 m
Warungkupa
3 Volcanic Craters
2076 m
Gunung Pangrango
3019 m
Cirangjang
Cisarua
Lembang
Maribaya
National Park
Kalapanunggal
Pasirdatar
Cugenang
Cipatat
Panyadakan
Padalarang
Juanda Park
Bukit Dago
Gunung B 2209 m
Telaga
Parungkuda
Selabintana
National Park
Cianjur
Bojongpicung
Rajamandala
CIMAHI
Geological Mus.
Cipetir
Nagrak
Warungkundang
Jati
Waduk Saguling
Husein Sastranegara Airport
Citunjung
Cicadas
Cikidang
689 m
Cibadak
Cisak
Gunung Kancana
1233 m
Sukurama
Dunguspurna
Bandung
Cisolok
Citanduh
726 m
Sukaraja
Cireungas
Cibeber
1150 m
Bendungan
Katarak Citarum
Institute of Technology
Kiaracondong
Citkak
Cimanggu
SUKABUMI
Cikembar
Baros
Gegerbitong
1250 m
Pasirpogor
BANDUNG
Citepus
687 m
Pantai Pelabuhanratu
Pelabuhan Ratu
Warungkiara
Pangleseran
1333 m
Cisandawut
Sidangkerta
Dayeuhkolot
Sukamanah
Rongga
Gununghalu
1517 m
Soreang
Banjaran
Gua Rawa Kalong
Bojongkopo
Boyonglopang
908 m
1175 m
Gunungrosa
Campaka
Ciparay
Takokak
Nyalindung
(WEST JAVA)
Pasirijambu
850 m
Cimerang
Sukanegara
Gunung Masigit Reserve
Rancasuni
Ciwidey
Cisondari
Gunung Malabar Reserve
Malabar
647 m
Pengkolan
Cisitu
1350 m
Gunung Tilu
2040 m
Gunung Malabar
Ciemas
Kiaradua
925 m
Lengkong
Lauwimanggu
Sinumbra
Gunung Patuha
2434 m
2350 m
Pacet
Ciateul
Rancabali
Danau Patengan
Gunung Tilu Res.
Pengalengan
Gunung Wayang
2182 m
Cikadal
Ancun
Cilalahap
Pagalaran
Kawa Putih
Patuhawati
Danau Cileunca
Sanggarawa
804 m
Padabeunghar
Sagarantan
Kadupandak
808 m
Tanjungkarang
Kertasari
Gunung Kendang
Santosa
2608 m
Jampangkulon
711 m
Sadea
1300 m
Gunung Kacana
2182 m
Gunung Genteng Nature Reserve
Kaso
Ciragil
555 m
Cibinong
Kubanggede
Surade
275 m
Gunungbitung
611 m
Gunung Papandayan
2622 m
Cipangparang
Cipamingkis
Kuleberes
Cisireum
Cisewu
Arjuna
Leles
Sumadra
Cikarang
Rawauncal
Lunkungsari
Ciagra
Tenjolaut
Muaracikadu
Pakenjeng
Cikaret
Badaban
Tegalbuleud
Sindangbarang
Bayuning
Bungbuleng
Cijarian
Cigarogol
Bandarwaru
594 m
Cipandak
Cidaum
Cipancong

Titik Pomanukan
Teluk Ciasem
Mayangan
Patimbah
Ujunggebang
Pamanukan
Titik Indramayu
Tanjung Sentigi
Pabeanhilir
Indramayu
Batik Market
Balongan
Eretan
Eretanwetan
Patrol
Sukra
Ciasem
Sukamandi
Sarengseng
Anjatan
Kadanghaur
Sindang
Losarang
Lohbener
Juntinyuat
Karangampel
Ujung Tanah
Jav
Pagadenbaru
Haurgeulis
Gabuswetan
Jatibarang
Sliyeg
Jayawinangun
Subang
Kertajati
Bangodua
Kapetakan
Kalijati
JAWA BARAT
Gegesik
Arjawinangun
Suranenggala
Makam Sunan Gunung Jati
Mesjid Agung
Balaikota
CIREBON
Tanjung Bangkaderes
Taman Sunyaragi
Sumber
Palimanan
Jatiwangi
Kadipaten
Astanajapura
Losari
Babakan
Ciledug
Lembang
Tangkuban Prahu
Sumedang
Prabu Keusan Ulun Museum
Scenic Forest
Majalengka
Cimalaka
Geological Mus.
Cicadas
Bandung Zoo
Kiaracondong
BANDUNG
Dayeuhkolot
Cicalengka
Cikeruh
S. 745
Kuningan
Trad. Arts
Telagakulon
Danau Darma
Sindanglaut
Karangsembung
Ciawigebang
Majalaya
Danau Cangkuang
Candi
Kamojang Geysers
Malabar Reserve
Gunung Cakrabuwana
Gunung Sawal
Gunung Sawal Reserve
Situ Lengkong
Panjalu
Kawali
Panawangan
Subang
GARUT
Tarogong
Gunung Telagabodas
Gunung Galunggung
TASIKMALAYA
Crafts Market
Singaparna
Kampung Naga (Traditional Village)
Gunung Papandayan
Volcanic Craters
Cikajang
Gunung Cikuray
Ciamis
Cikoneng
Cibeureum
Banjar
Karang Kamulyan
Cisaga
Banjarsari
Gunung Bongkok
Langkaplancar
Pameungpeuk
Teluk Cilauteuren
Leuweung Sancang Reserve
Tanjung Gedeh
Cipatujah
Sindang Kerta
Karangnunggal
Cikalong
Cimanuk
Kalapagenep
Tanjung Tawulan
Cijulang
Jurang Hijau (Green Canyon)
Batu Hiu
Pantai White Sand
Teluk Parigi
Pangandaran
Pangandaran National Park
Teluk Pangandaran
Pantai Karang
Teluk Penanjung-Barat
Tanjung Madasari
Sidareja
Kedungreja
Gandrungmangu
Majenang
Wanareja
India

Laut Java
(Java Sea)
Ocean
(CENTRAL JAVA)
Titik Brebes
Titik Pemalang
Tanjung Karowelang
Brebes
TEGAL
Kramat
PEMALANG
Petarukan
Ulujami
Wiradesa
Batik City
PEKALONGAN
Batang
Kendal
Kaliwungu
Weleri
Cepiring
Margorejo
Gempolsewu
Gringsing
Comal
Taman
Surodadi
Warurejo
Kedungbanteng
Talang
Tarub
Adiwerna
Slawi
Pangkah
Danau Cacaban
Lebaksiu
Jatinegara
Balapulang
Bojong
Margasari
Bumijawa
Tonjong
Panas Guti
Gunung Slamet
3432 m
Moga
Randudengkal
Belik
Bantarbolang
Ujungnagara
Kosisi
Sragi
Bodeh
Buaran
Kedungwuni
Wonopringgo
Kajen
Karanganyar
Doro
Talun
Wonotunggal
Subah
Bandar
Limpung
Tersana
Sukorejo
Temanggung
Wonosobo
Candi Dieng
Dieng Plateau Reserve
Gunung Sundoro
Gunung Sumbing
Kledung
Banjarnegara
Purbolinggo
Purbolingga
Kaligondang
Kejobong
Bukateja
Mandiraja
Klampok
Sukaraja
Kalibagor
PURWOKERTO
Cilongok
Baturaden
Banyumas
Sumpiuh
Tambak
Gombong
Karanganyar
KEBUMEN
Kutoarjo
Purworejo
Kroya
Maos
Adipala
CILACAP
Dutch Fort
Teluk Penyu
Titik Karangboto
Tanjung Karangbata
Tanjung Karangbolong
Birds Nest Cliffs
Gua Jatijajar
Petanahan
Puring
Ambal
Mirit
Prembun
Butuh
Grabag
Purwodadi
Kemiri
Gebang
Loana
Bagelen
Kaligesing
Wates
Sentolo
Glagah
Pantai Glagah
Candi Borobudur
Borobudur
Salaman
Candi Banon
Kyai Langgeng Park
Kaliwiro
Sapuran
Kepil
Wadaslintang
Waduk Wadaslintang
Waduk Sempor
Karanggayam
Alian
Sadang
Karangsambung
Wadalintang
Bukit Menoreh
Kali Progo
Parakan
Ngadirejo
Candiroto
Terjun Curug Sewu
Jatilawang
Rawalo
Kebasen
Binangun
Nusawungu
Rowokele
Kuwarasan
Pejagoan
Klirong
Bulupesantren
Kotowinangun
Gunung Jimat
Gunung Prau
Gunung Rogojembangan
Gunung Bismo
Gunung Butak

S. 748
S. 750

Kepulauan Karimunjawa
Pulau Kembar
Pulau Parang
Pulau Bengkoang
Pulau Menyawakan
Pulau Kemujan
Pulau Cendikian
Karimunjawa
Gunung Gendoro 600 m
Pulau Njamuk
Pulau Karimunjawa
Karimunjawa
National Park
Pulau Genting
Pulau Gelean
Pulau Menjangan
(Karimunjawa Islands)
Lau
(Jav
Java
Tanjung Blenderan
Tanjung Tuwesi
Metawar
Tanjung Bugel
Tanjung Jati
Margokerta
Beji
717 m
Margorejo
Puncel
Dukuhseti
Balungarto
Keling
Titik Piring
Bangsri
Dermolo
Cluwak
Kenanti
Kelet
Tanjung Kuniran
Mlongga
Kaliputih
Tayu
Guyangan
Pulau Panjang
Jepara
Dampak
Margoyoso
Pantai Kartini
Museum Kartini
Gunung Muria
Bulumanis
Teluk Rembang
Mesjid Mantingan
Mantingan
Bategit
1602 m
Gunungwungkai
Makam Rato Kalinyamat
Colo
Makam Sunan Muria
Wedarijesko
Pecangan
Birthplace of Raden Ayu Kartini
Menawan
Batangan
Rembang
Kedung
Mutihwetan
Krasag
Daweh
Gambong
Telogorejo
Juwana
Kalori
Mayong
Kretek Museum
Bae
Margorejo
PATI
Jakenan
Jaken
Welahan
Mesjid Al-Manar
Jadi
Kaliwungu
Sumber
Wedung
KUDUS
Jati
Jekulo
Sugihrejo
Winong
Gebang
Bonang
Mejobo
Puncakwangi
Ngiri
Tanjung Karowelang
Mesjid Agung Demak
Karanganyar
Gabus
Demak
Gajah
Undakankdul
Tambakromo
299 m
Makam Sunan Kalijaga
Teluk Semarang
Karangtengah
Kayen
Tunjungan
Kendal
Kendal Port
Sayung
Sukolilo
Brangsong
Genuk
Batu
Pilangsari
Prawoto
Todanan
Japoh
Mangkang
Grogol
Dempet
535 m
Kaliwungu
Tugu
Candi Tay Kak Sie
400 m
Ngawen
Guntur
Klambu
JAWA TENGAH
SEMARANG
Mesjid Baiturahan
Gatak
Brati
Grobogan
Ngaringan
Jonggolan
Mranggen
Tegawanu
Godong
Penawangan
Kali Lusi
Banjarre
309 m
Karangawen
Gubug
PURWODADI
Wirosari
Singaraja
Mijen
Banyumanik
Kajen
Kunduran
Gunungpati
Kapung
Maja
Tawangharjo
Jetak
Tambangan
Ungaran
Mud Volcano
Kuwu
Pungkruk
Boja
342 m
Krarangruyung
Panunggalan
Trembes
Limbangan
Gunung Ungaran 2050 m
Bergas
Buyaran
Kedungjati
Gabus
250 m
Toroh
Semanjing
Klepu
Candireja
197 m
Mangsulan
Sulursari
Gemawang
Karangsono
Wulu
Sumowono
Bandungan
Gandu
Juwangi
Gundih
Jati (Doplang)
Candi Gedung Songo
Museum Kereta Api
Bringin
Srru
Kandangan
Bawen
Kradenan
Kepoh
Ambarawa
Tuntang
Dadapayam
Geyer
Bago
Drojo
Kaloran
Danau Rawapening
Kemusu
Bukit
Danurejo
Bedono
Jenar
Banyubiru
Salatiga
Wonosegoro
Waduk Kedungombo
Sumberlawang
Pojok
Gesi
Tangen
Peluk
Gunung Telomoyo 1893 m
Klego
Bengawan Solo
Tembarak
Pringsurat
Grabag
Getasan
Suruh
Miri
Kedungbanteng
Mantingan
Widodaren
Karanggede
Sambungmacan
Soko
Kopeng
Scenic Beauty
Andong
Tanon
Ngrampal
Secang
Ngablak
Tengaran
Sruwen
Susukan
Gemolong
Sragen
Gondang
Kedunggalar
Gunung Merbabu
Ampel
Simo
Nogosari
Kalijambe
Pilang
Sidoharjo
Karangmalang
Pakis
3142 m
Sangiran
Kedawung
Sukalaras
Magelang
Tegalrejo
Sambi
Danau Cengklik
Kalioso
Sangiran Site Museum
Masaran
Klagen
Candimulyo
Puncak Ketep Museum
Pepe
Adi Sumarmo
Kebakramat
Sambirejo
Ngrambe
Mertoyudan
Sawangan
Selo
Capogo
Boyolali
SURAKARTA (SOLO)
Sine
Blondo
Gunung Merapi
Musuk
Kerju
Balong
Jogorogo
Mungkid
Badaban
2930 m
Teras
Kartosuro
Candi Ceto
Dukun

S. 747
S. 750

Tanjung Mentigi
Pulau Batu Kebo
Pulau Nusa
Sukaoneng
Tambak
Kepuhlaut
Tanjung Cina
Pulau Bawean
Gelam
Besar
675 m
Tanjung Gili
Bangsal
Bawean Reserve
Sangkapura
Tanjung Alangalang
Tanjung Menuri
Java
Sea)
Tanjung Kapal
Sumbertawang
Gunung Celering Reserve
Kragan
Sarang
Sedan
Karanganyar
Tanjung Petokol
Bulu
Bancar
Semen Gresik
Remen
Tanjung Awarawar
Karangdowo
Tambakboyo
Jenu
Sima
Sekaran
Jatorogo
Pule
Merakurak
Jembel
Tuban
Palang
Pambon
Tanjung Batusawang
Paciran
Tanjung Pakis
Sentul
Ujung Pangkah
Brondong
Banyuurip
Panceng
Ujungpangkah
Tanjung Modung
Arosbaya
Holy Spring
Salo
Sidomukti
Dingil
Kerek
Semanding
Kepek
175 m
Minohorejo
Karangjiwo
175 m
Drajat
Lawayu
Prupuh
Sedayu
Museum Cakraningrat
Gebang
Bangkalan
Bagilan
Jojogan
Montongsekar
Gesikan
Mlangi
Laren
Karanggeneng
Kalitengah
Dukun
Karangbinangun
Bungah
325 m
Kedewan
Dadangilo
Senori
Kedungjambe
Rayung
525 m
499 m
Plumpang
Brumbun
Sekaran
Blawi
Glagah
Teluk Surabaya
Sembilangan
Socah
Parengan
Rengel
Widang
Turi
Tambaherjo
Sukodadi
Pucuk
Wedoro
Manyarrejo
Sambong
Kasiman
Malo
Solo
Kalitidu
Sokosari
Kanor
Baureno
Babat
Lamongan
Deketwetan
S. 752
Padangan
Bojonegoro
Kedungpring
Sugio
Dukuhsampean
Makam Sunan Giri
GRESIK
Purwosari
Punggur
Balen
Janar
Kembangbahu
Tikung
Kebomas
SURABAYA
Bancer
Paren
Kapas
Talun
Lemgkir
Kepohbaru
Gagar
Kalipang
Cerme
Boboh
Kenjeran
Mesjid
Kluan
Ngambon
Ngasem
Dander
Gudang
Majangkawas
Modo
Danau Prijetan
Bulurejo
Sukomanunggal
Yuka
Candi
Monkasel
Wonokromo
Bluluk
Ngimbang
Mantup
Balongpanggang
Menganti
Pacal
Babulan
Kedungandem
Sambeng
Dawirblandong
Kedamean
305 m
Temayang
Sugiwaras
Mildek
Sukorame
Mendogo
172 m
Ngemplak
Driorejo
Taman
WARU
Kaliklampok
Deling
Ngepuh
Kabuh
Ngengreng
Kemlagi
Museum Purbakala Mojokerto
Wringinanom
Jetis
Balong Bendo
Karangnongko
Gedangan
Buduran
Sekar
JAWA TIMUR
Ngluyu
Kudu
Gedeg
Mojokerto
Krian
Wonoayu
Sidoarjo
Karangjati
Klino
336 m
Plangdakan
Ploso
Brantas
Kesamben
Krembung
Candi
899 m
Bangak
Munung
Tembelang
Sumobito
Bangkalan
Bangsal
Pungging
Porong
Tulangan
Pilangkenceng
Sumbersono
Gondang
Lengkong
S. 751
BANG
Candi Brahu
Trowulan
Mojosari
Hot
Caruban
Mejayan
Saradan
Wilangan
Bagor
Rejoso
Widas
Peterongan
Museum Purbakala
Ngoro
Gempol
749

Java: Yogyakarta, Surakarta, Jombang, Blitar

S. 749

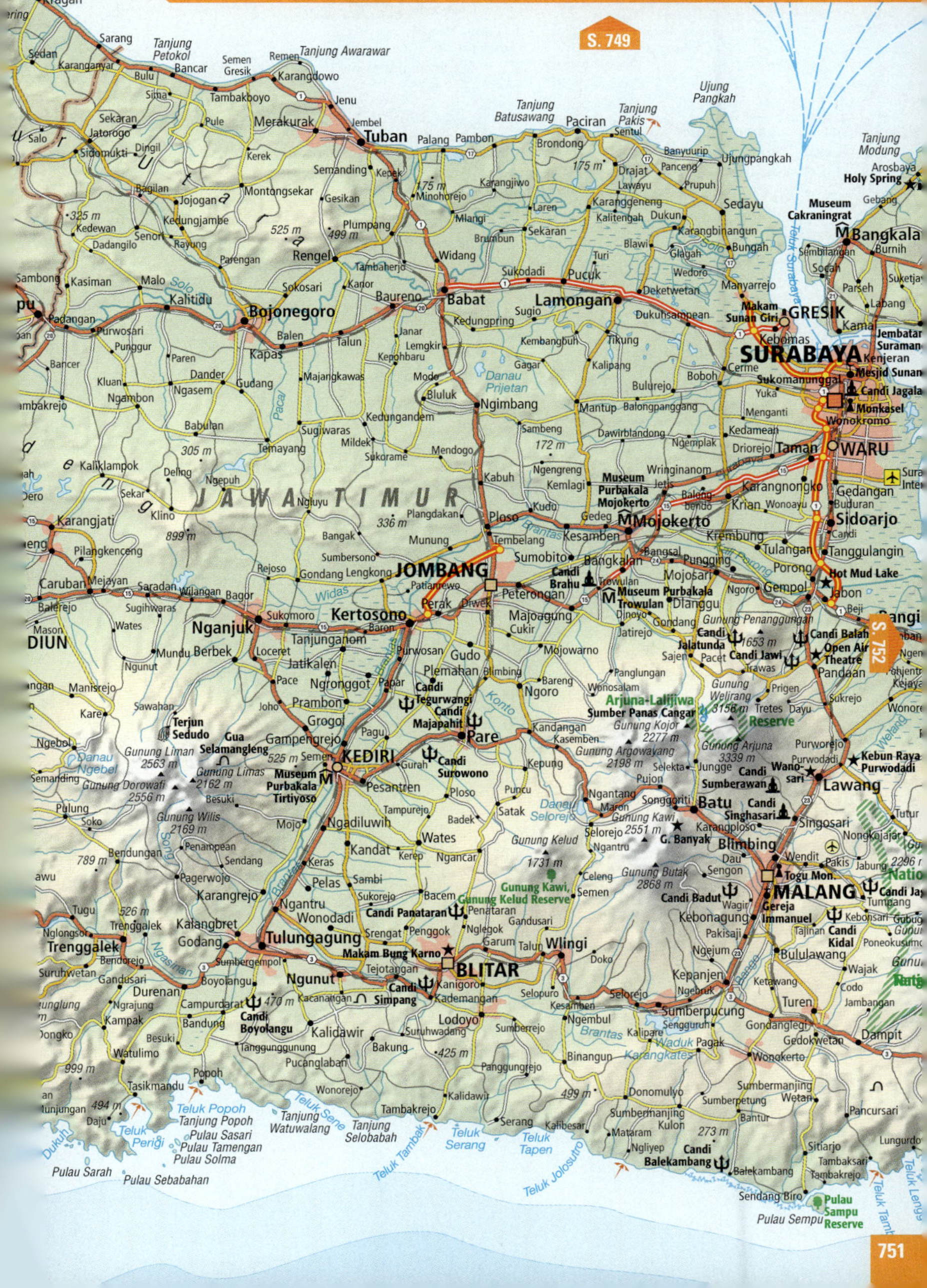
JAWA TIMUR
Tanjung Kapal
Sumbertawang
Gunung Celering Reserve
Kragan
Sarang
Tanjung Petokol
Semen
Gresik
Remen
Tanjung Awarawar
Sedan
Karanganyar
Bancar
Bulu
Karangdowo
Sima
Tambakboyo
Jenu
Pule
Merakurak
Jembel
Tuban
Palang
Pambon
Tanjung Batusawang
Paciran
Tanjung Pakis
Sentul
Ujung Pangkah
Sekaran
Jatorogo
Salo
Sidomukti
Dingil
Kerek
Brondong
Banyuurip
Ujungpangkah
Tanjung Modung
Arosbaya
Holy Spring
Semanding
Kepek
175 m
Drajat
Panceng
Prupuh
Bagilan
Jojogan
Montongsekar
Gesikan
Minohorejo
Karangjiwo
Lawayu
Museum Cakraningrat
Gebang
325 m
Kedewan
Kedungjambe
525 m
499 m
Plumpang
Mlangi
Laren
Karanggeneng
Kalitengah
Dukun
Sedayu
Bangkala
Dadangilo
Senori
Rayung
Brumbun
Sekaran
Karangbinangun
Bunguh
Burnih
Rengel
Widang
Turi
Blawi
Glagah
Sembilangan
Sambong
Kasiman
Malo
Parengan
Tambaherjo
Sukodadi
Pucuk
Wedoro
Socah
Suketja
Kalitidu
Sokosari
Kanor
Baureno
Babat
Lamongan
Deketwetan
Manyarrejo
Parseh
Labang
Padangan
Bojonegoro
Sugio
Dukuhsampean
Makam Sunan Giri
GRESIK
Kamal
Jembatan Suramadu
Purwosari
Balen
Janar
Kedungpring
Kebomas
Punggur
Kapas
Talun
Lemgkir
Kembangbahu
Tikung
SURABAYA
Kenjeran
Bancer
Paren
Kepohbaru
Gagar
Cerme
Mesjid Sunan
Kluan
Dander
Ngasem
Gudang
Majangkawas
Modo
Danau Prijetan
Kalipang
Boboh
Sukomanunggal
Candi Jagala
Ngambon
Bluluk
Ngimbang
Bulurejo
Yuka
Monkasel
Babulan
Kedungandem
Mantup
Balongpanggang
Menganti
Wonokromo
Sugiwaras
Mildek
Sambeng
Dawirblandong
Kedamean
305 m
Temayang
Sukorame
Mendogo
172 m
Ngemplak
Driorejo
Taman
WARU
Kaliklampok
Delingi
Ngepuh
Kabuh
Ngengreng
Kemlagi
Museum Purbakala Mojokerto
Wringinanom
Jetis
Sura Inter
Sekar
Nglayu
Balong
Karangnongko
Gedangan
Klino
Plangdakan
Kudu
Gedeg
Bendo
Krian
Wonoayu
Buduran
Sidoarjo
Karangjati
899 m
336 m
Ploso
Mojokerto
Kesamben
Krembung
Candi
Pilangkenceng
Bangkak
Munung
Tembelang
Sumobito
Bangsal
Pungging
Tulangan
Tanggulangin
Sumbersono
Bangkalan
Mojosari
Porong
Hot Mud Lake
Rejoso
Gondang
Lengkong
JOMBANG
Candi Brahu
Trowulan
Caruban
Mejayan
Saradan
Wilangan
Bagor
Widas
Patianrowo
Peterongan
Museum Purbakala Trowulan
Dlanggu
Ngoro
Gempol
Jabon
Balerejo
Sugihwaras
Perak
Diwek
Dinoyo
Beji
Wates
Sukomoro
Kertosono
Majoagung
Gondang
Gunung Penanggungan
Mason
DIUN
Nganjuk
Baron
Tanjunganom
Cukir
Jatirejo
Candi Jalatunda
1653 m
Candi Jawi
Candi Balah
Open Air Theatre
Mundu
Berbek
Loceret
Purwosari
Gudo
Mojowarno
Sajen
Pacet
Trawas
Pandaan
Ngunut
Jatikalen
Plemahan
Blimbing
Panglungan
Gunung Welirang
3156 m
Prigen
Manisrejo
Pace
Ngronggot
Papar
Candi Tegurwangi
Bareng
Ngoro
Wonosalam
Arjuna-Lalijiwa
Sumber Panas Cangar
Tretes
Dayu
Sukrejo
Kare
Sawahan
Joho
Prambon
Grogol
Candi Majapahit
Konto
Gunung Kojor
2277 m
Reserve
Ngebol
Terjun Sedudo
Gua Selomangleng
Gampengrejo
Pagu
Pare
Kandangan
Kasembe
Gunung Argowayang
2198 m
Gunung Arjuna
3339 m
Purworejo
Purwodadi
Kebun Raya Purwodadi
Danau Ngebel
Gunung Liman
2563 m
525 m
Semen
KEDIRI
Candi Surowono
Kepung
Selekta
Junggo
Candi Wanosari
Semanding
Gunung Limas
2162 m
Museum Purbakala Tirtiyoso
Gurah
Pujon
Sumberawan
Lawang
Gunung Dorowati
2556 m
Besuki
Pesantren
Ploso
Puncu
Ngantang
Songgoriti
Batu
Pulung
Tampurejo
Satak
Danau Selorejo
Maron
Candi Singhasari
Singosari
Soko
Gunung Wilis
2169 m
Mojo
Ngadiluwih
Badek
Gunung Kawi
2551 m
Karangploso
Tutur
Penampean
Wates
Selorejo
G. Banyak
Nongkojajar
Bendungan
Kandat
Kerep
Ngancar
Gunung Kelud
Ngantru
Blimbing
Pakis
Jabung
789 m
Sendang
Keras
1731 m
Dau
Wendit
2296 m
awu
Pagerwojo
Pelas
Sambi
Gunung Kawi, Gunung Kelud Reserve
Celeng
Gunung Butak
2868 m
Sengon
Togu Mon.
Natio
Karangrejo
Sukorejo
Semen
MALANG
Candi Ja
Tugu
526 m
Ngantru
Bacem
Candi Badut
Wagir
Gereja Immanuel
Tumpang
Trenggalek
Kalangbret
Wonodadi
Candi Panataran
Penataran
Gandusari
Kebonagung
Kebonsari
Gubug
Nglongsor
Trenggalek
Godang
Srengat
Penggok
Nglegok
Pakisaji
Tajinan
Candi Kidal
Gunun
Bendorejo
Tulungagung
Makam Bung Karno
Garum
Talun
Wlingi
Ngejum
Poneokusumo
Suruhwetan
Gandusari
Sumbergempol
Ngunut
Tejotangan
BLITAR
Doko
Bululawang
Wajak
Boyolangu
Candi Simpang
Kanigoro
Kepanjen
Ngebruk
Ketawang
Codo
Durenan
Kademangan
Selopuro
Selorejo
Turen
Jambangan
Campurdarat
470 m
Kacanagan
Sumberpucung
Kampak
Candi Boyolangu
Lodoyo
Kesamben
Senggurun
Gondanglegi
Ngrajung
Bandung
Kalidawir
Suruhwadang
Sumberrejo
Ngembul
Brantas
Kalipare
Waduk Karangkates
Pagak
Gedokwetan
Dampit
Besuki
Tanggunggunung
Bakung
425 m
Binangun
Wonokerto
Watulimo
Pucanglaban
Panggungrejo
999 m
Popoh
Wonorejo
Kalidawir
499 m
Donomulyo
Sumbermanjing
Wetan
Tasikmandu
Teluk Popoh
Tanjung Popoh
Teluk Sene
Tambakrejo
Sumberpetung
Bantur
Pancursari
494 m
Pulau Sasari
Tanjung Watuwalang
Tanjung Selobabah
Serang
Kalibesar
Sumbermanjing Kulon
273 m
Daju
Teluk Perigi
Pulau Tamengan
Teluk Serang
Teluk Tapen
Mataram
Candi Balekambang
Sitiarjo
Lungurdo
Pulau Solma
Teluk Tambak
Teluk Jolosutro
Ngliyep
Balekambang
Tambaksari
Tambakrejo
Pulau Sarah
Pulau Sebabahan
Sendang Biro
Pulau Sampu Reserve
Pulau Sempu
Teluk Tamb
Teluk Lengg

S. 752

S. 749
S. 751
Pulau Madura (Madura Island)
Tanjung Modung
Klampis
Tanjungbumi
Banyuates
Ketapang
Arosbaya
Holy Spring
Makam Air Mata Royal
Sapulu
Panarutan
191 m
Dupok
Talung
Karangpenang
Museum Cakraningrat
Gebang
Campor
Kokop
Plampitan
Jelegung
Geger
Bangkalan
Burnih
Sembilangan
Socah
Petrah
Tanamorah
Taman
Bandung
Trembelangan
223 m
Galis
Parseh
Suketjaya
Labang
Kamal
245 m
Konganban
Jrengik
262 m
Kendungdung
Omben
Pejangan
Kebanyartimur
Gigir
Belega
Bundah
Torjun
Lampek
Modung
Labuhan
Pengaringan
Sampang
Songosong
Camplong
Tambak
Karangtengah
Jembatan Suramandu
Kenjeran
Mesjid Sunan Ampel
Candi Jagalan
Monkasel
Wonokromo
Pulau Kambing
GRESIK
Makam Sunan Giri
Kebomas
SURABAYA
Cerme
Sukomanunggal
Yuka
Menganti
Kedamean
Driorejo
Taman
WARU
Surabaya Juanda International Airport
Gedangan
Buduran
Sidoarjo
Candi
Tanggulangin
Hot Mud Lake
Jabon
Beji
Porong
Tulangan
Krian
Wonoayu
Karangnongko
Balongbendo
Wringinanom
Krembung
Bangil
PASURUAN
Kraton
Tanjung Warangan
Rambang
Lekok
Grati
Nguling
Tongas
Pulau Ketapang
PROBOLINGGO
Gending
Pejarakan
Teluk Surabaya
Babat
Lamongan
Pucuk
Sukodadi
Sugio
Kedungpring
Deketwetan
Dukuhsampean
Manyarrejo
Bungah
Sidayu
Karangbinangun
Glagah
Wedoro
Turi
Blawi
Karanggeneng
Kalitengah
Laren
Karangjiwo
Lawayu
Prupuh
Minohorejo
175 m
Mlangi
Brumbun
Sekaran
Widang
Tikung
Kalipang
Kembangbahu
Gagar
Danau Prijetan
Modo
Bluluk
Ngimbang
Mantup
Balongpanggang
Bulurejo
Boboh
Sambeng
172 m
Dawirblandong
Ngemplak
Mendogo
Kabuh
Ngengreng
Kemlagi
Museum Purbakala Mojokerto
Jetis
Kudu
Ploso
Plangdakan
Gedeg
Mojokerto
Kesamben
Munung
Tembelang
Sumobito
JOMBANG
Perak
Diwek
Peterongan
Candi Brahu
Bangkalan
Trowulan
Museum Purbakala Trowulan
Mojosari
Pungging
Bangsal
Dlanggu
Ngoro
Gempol
Gondang
Dinoyo
Jatirejo
Majoagung
Cukir
Mojowarno
Gudo
Plemahan
Blimbing
Bareng
Ngoro
Wonosalam
Panglungan
Candi Tegurwangi
Candi Majapahit
Pare
Kandangan
Kasembon
Candi Surowono
Kepung
Puncu
Ploso
Badek
Satak
Danau Selorejo
Gunung Kelud
1731 m
Gunung Kawi Gunung Kelud Reserve
Penataran
Panataran
Nglegok
Penggok
Garum
Talun
Wlingi
BLITAR
Kanigoro
Kademangan
Lodoyo
Suruhwadang
Sumberejo
425 m
Kalidawir
Gunung Penanggungan
1653 m
Candi Jalatunda
Candi Belahan
Open Air Theatre
Candi Jawi
Trawas
Prigen
Pandaan
Pacet
Sajen
Gunung Welirang
3156 m
Arjuna-Lalijiwa Reserve
Sumber Panas Cangar
Gunung Kojor
2277 m
Gunung Argowayang
2198 m
Gunung Arjuna
3339 m
Tretes
Dayu
Sukrejo
Purworejo
Purwodadi
Kebun Raya Purwodadi
Wonorejo
Gayam
Winongan
Rejoso
Pasrepan
Galih
Lumbang
Puspo
Tosari
Wonokitri
Terjun Madakaripura
Gunung Penanjakan
2770 m
Sukapura
Ngadisari
Cemoro Lawang
Tengger Caldera
Sumber
Ketapang
Kademangan
Wonoasih
Mupeng
Bantaran
Leces
Banyuanyar
353 m
Ranuyoso
Kuripan
536 m
Klakah
1671 m
Selokbesuk
Sembo
1522 m
Gucialit
Randuagung
Sukodono
Kalibotо
Senduro
Panjunan
LUMAJANG
Tekung
Tempeh
Pasirian
Kunir
Yosowilangun
Candipuro
Tropical Forest
Lava Flows
Pronojiwo
Semeru
Base Camp
Gunung Semeru (Mahameru)
3676 m
Gunung Semeru "Seat of Gods"
Ranu Kumbolo
Bromo-Tengger-Semeru
Nationaal Park
Gunung Bromo
2329 m
2296 m
Jabung
Pakis
Ngadas
Rano Pani
Gubugklakah
Gunung Kepolo
Poneokusumo
3035 m
Candi Jago
Tumpang
Kebonsari
Tajinan
Candi Kidal
Wajak
Bululawang
Codo
Jambangan
Turen
Dampit
Ampelgading
Gondoruso
644 m
428 m
Legongjambe
Bulakmojo
Meleman
Majangan
Teluk Dampar
Tanjung Carat
325 m
Nusa Barung
Java
Indian Oc
Lawang
Wonosari
Candi Sumberawan
Selekta
Jungge
Pujon
Ngantang
Songgoriti
Batu
Maron
Gunung Kawi
2551 m
G. Banyak
Karangploso
Candi Singhasari
Singosari
Tutur
Nongkojajar
Blimbing
Selorejo
Ngantru
Dau
Wendit
Sengon
Celeng
Gunung Butak
2868 m
Semen
Candi Badut
Wagir
Togu Mon.
MALANG
Gereja Immanuel
Kebonagung
Pakisaji
Ngejum
Kepanjen
Ngebruk
Ketawang
Gondanglegi
Gedokwetan
Sumberpucung
Sengguruh
Kalipare
Waduk Karangkates
Pagak
Wonokerto
Doko
Selopuro
Kesamben
Ngembul
Binangun
Panggungrejo
499 m
Donomulyo
Sumbermanjing Kulon
Sumbermanjing Wetan
Sumberpetung
Bantur
Pancursari
Sitiarjo
Tambaksari
Tambakrejo
Lungurdowo
Pujihardjo
Mataram
Ngliyep
273 m
Candi Balekambang
Balekambang
Sendang Biru
Pulau Sempu
Pulau Sampu Reserve
Teluk Tambakan
Teluk Lenggosono
Teluk Sipulot
Teluk Serang
Teluk Tapen
Teluk Jolosutro
Serang
Kalibesar

1 cm = 12 km
1 : 1.200.000
0
15 km
Selat Madura
(Madura Strait)
Laut Bali
(Bali Sea)
Selat Sapudi
Selat Raas
Teluk Sumenep
Sumenep
Asta Tinggi Cemetery
Mesjid Jamik
Royal Carriagehouse Mus.
Salt Production
Makam Astatinggi
Kalianget
Pasongsongan
Ambunten
Slopeng
Lebak
Dasok
Batuputih
Legung
Batangbatangdaya
Rubaru
Manding
Gapura
Kertasada
Waru
Batuampar
Pasean
Pakong
Ganding
Lenteng
Gulukguluk
Saroka
Saronggi
Prenduan
Blajut
Bluto
Karduluk
Angsana
Larangan
Ponteh
Galis
Bull Races Centre
Bunder
Padelagan
Ombul
Pang-gulan
Tanjung
Tanjung Tanjung
Dungkek (Jurangan)
Tanjung Lapak
Gili Iyang
Pulau Pajangan
Pulau Bulumanuk
Sombang
Soratak
Esang
Thalga
Tanjung Sarotak
Pulau Genteng
Gili Raja
Kamadu
Aenganyar
Budan
Lombi
Pulau Puteran
Pulau Gililawak
Sukaramepasisar
Rasang
Nongnunung
Sonok
Trebung
Sumberjati
Gayam
Poncor
Pulau Sapudi
Pulau Sarok
Pulau Raas
Raas
Jungkat
Koproh
Brakas
Pulau Talango Ayer
Pulau Talango Timur
Pulau Tundu
325 m
398 m
433 m
499 m
Tanjung Pacinan
Kalbut
Tambakdalem
Mangaran
Alasmalang
Panarukan
Panjilor
Kapongan
Tanjung Ketah
Gunung Ringgit
1250 m
Pasir Putih
Klatakan
Situbondo
Arjasa
Jangkar
Tanjung Jangkar
Asembagus
Banyuputih
Bilik
Tanjung Lumut
Tanjung Merak
Karanganyar
Sumberanyar
Banta
Kambangsari
Bayeman
Cerme
326 m
Sukodadi
Besuki
Buduan
Mlendingan
Kendit
Prajekan
539 m
Gondosuli
Jatibanteng
Wringin
Pakuhiran
Alasnyior
1691 m
Baderan
Gunung Beser
1369 m
Kali Sampean
Klabang
Kelekean
Jumas
Tapen
Tanahmerah
Peleh
Kali Dalem
Kali Banyuputih
Baluran
Gunung Baluran
1275 m
Bekol
Nature Trails
Tanjung Sedanu
National Park
Tanjung Canding
Panjaitan
Wonorejo
Pandean
Bajulmati
Kali Bajulmati
Tegalampel
Wonosari
Curahdami
Tenggarang
Lalangan
Kayumas
Ijen-
Merapi-
Maelang
Reserve
Gunung Jambangan
2492 m
Gunung Saing
1608 m
Bondowoso
Sukosari
Kloncing
Gunung Argopuro
3088 m
Gunung Krincing
2773 m
Grujugan
Pujer
744 m
Pakisan
Tlogosari
Maesan
Sampol
Blawang
Pasewaran
411 m
Wongsorejo
Alasbuluh
1252 m
Sumbersari
Tamanan
Kembang
1994 m
Pondokrajap
Ijen Plateau
2950 m
Jampit
Gunung Merapi
2800 m
Sukowono
Sumberjambe
Kaliselogiri
Selogiri
Candri
Cumedak
1057 m
Gunung Raung
3332 m
Gunung Pendil
2338 m
Kaliklatak
Ketapang
Kalipura
Glengseran
Arjasa
Ledokombo
JEMBER
Panti
Mayang
Kalisat
Sempolan
Garahan
Licin
Giri
Gilimanuk
Rambipuji
Mangli
Ajung
Wirotegi
Mumbulsari
Bajukidul
BANYUWANGI
Bedadung
Jenggawah
920 m
Darungan
Kalibaru
Jambewangi
287 m
Kabat
Balung
Tampurejo
Curahmati
Glenmore
Kalisetali
Singojuruh
Pakistaji
Blimbingsari
Wuluhan
501 m
Kebonpinang
Paralingga
Sempu
Rogojampi
Ambulu
Kotablater
Wonowiri
Sanen
Kandenglembu
Malangsari
Beluki
Tamareja
Genteng
Bakurejo
Gunung Betiri
1213 m
Kalirejo
Gambiran
Srano
Watu Ulo
1036 m
Jajag
Benculuk
Kebaman
Muncar
Meru Betiri National Park
294 m
Purwadadi
Kradenan
Purwoharjo
Bandialit
670 m
Kebondalem
Tegaldelimo
Teluk Bandialit
Teluk Meru
Karangtambak
Karetan
Jatirejo
Sukamade
Pesanggaran
Pasar Anyar
Sarongan
Pantai Sukamade
Grajagan
489 m
Silur Setipan
425 m
Tanjung Grajagan
Trianggulasi
322 m
Alas Purwo
375 m
Teluk Rajegwesi
Tanjung Tjapil
Teluk Grajagan
Pancur
Semananjung
National Park
Blambangan
Plengkung (G-Land)
Tanjung Purwo
Tanjung Sembulungan
Tel. Panggang
Tanjung Weringinan
Teluk Banyubiru
Tanjung Keben
Tanjung Kucur
Tanjung Slokah
Tanjung Karingin
Tanjung Bantenan
Teluk Bali
Pulau Menjangan
Teluk Terima
Tg. Pulaki
Teluk Pegametan
Tanjung Gondol
320 m
Makam Jayaprana
Banyu wedang
Pemuteran
Gondol
Bali Barat
698 m
Gunung Merbuk
1386 m
Pura Bakungan
Belimbingsari
National Park
Nyangkrut
Palasari
Melaya
Ekasari
Candikesuma
BALI
S. 754
Tanjung Pabuhan
Banyubiru
Cupel
Negara
Mendoyo
Penganbengan
Tanjung Pengambengan
Perancak
Yehkuning
Bali
JAWA
Plateau Reserve

Tanjung Pasirputih
Teluk Kelor
Tanjung Bedak
Pulau Menjangan
Taman Nasional
Bali Barat
Tanjung Batulicin
Gunung Prapat Agung
375 m
Teluk Gilimanuk
Teluk Terima
Labuhan Lalang
Makam Jayaprana
Sumber-klampek
Gilimanuk
Pura Bakungar
Cekik
Kantor Informasi Taman Nasional Bali Barat (Nationalparkverwaltung)
Gunung Kelatakan
698 m
Penginuman
Klatakan
Gereja Santo Fransiskus
Belimbingsari
Tanjung Pulaki
Teluk Pegametan
Tanjung Sendang
Pejarakan
Sumberkerta
Banyu-wedang
Pemuteran
Gerogak
Pura Pulaki
S. Banyupoh
B U L E L
1178 m
Gunung Sangiang
1004 m
Gunung Merbuk
1386 m
1305 m
Gunung Mese
1344 m
Kelompok Hutan
J E M
S. Melaya
S. Sangiang
Pelasari Reservoir
Sumber Sari
Pelasari
Melaya
Nusasari
Ekasari
Warnasari
Cangkup-kemuning
S. Daya
Sarikuning
Manis Tutu
Aya Barat
Berawan Tangi
Candi Kesumah
Tuwed
Tanjung Pasir
Banyubiru
Tukaddaya
Pangkunglaten
Berangbang
Banyubiru
Kaliakah
Banjabater-baleagung
Rening
Yembrana
Sebual
Pesantren
Baluk
Negara
Cupel
Loloan
Pangkung-gondang
Mendo
Tegalbanteng
Mertasari
Sangkaragung
Budeng
Mendoyo-dangintukad
Tegacantel
Pengambengan
Fischereihafen
Taman Rekreasi
Yehkuning
Dlodbrawah
Perancak
Munduk
Tanjung Pengambengan
Pura Ancak
Lemondang
Tanjung Perancak
100 m
200 m
Samuder
(Indische

S. 753

Laut Bali
(Bali-See)
100 m
200 m
Teluk Bawang
Musi
Kayuputih
Grokgak
Tinga Tinga
Celukan-bawang
Brombong
Kalisada
Yehanakan
Umaanyar
Pengastulan
Seririt
Genit
Pengayaman
Labuha
Dencarik
Bubunan
Tangguwesia
Banjar Tegede
Johanyar
Patemon
Kalaraksa
Banjar-asem
Air Panas Komala Tirta
Brahma Vih
Sideta
Ringdikit
Rangdu
Tukadsumaga
Pangkung Paruk
Gunung Musi
1224 m
Ularan
Saba
Mayong
Bestala
Unggahan
Busungbiyu
Tunjuk (Mundu
Keberan
Telaga
Gunung Patas
1580 m
1080 m
Bilukpoh
Embang
Sumbul
Subuk
Kutul
800 m
Sepang
Pucaksari
798 m
Air T
Blahmar
Sekarkejula
Medewi
Pangkung Belangsah
Tista
Pasut
Munduk Mengenu
Patang
Nusamara
Manggis Sari
Kebonpadanga
Embang Kauh
Galu
Lebih
Yeh Embang
Yeh Embang Kangin
Sambul
Medewi
Pulukan
Pulukan
Asahduren
Mengenu Anyar
Yuwuk Manis
Yeh Leh
Pura Rambut Siwi
Airsumbul
Lebah
Pangiyangan
Badingkayu
Airsatang
Pekutatan
Tinggi
Medewi Beach
Slabih
Pangyangan
Mundeh
Gumbrih
india
zean)
Penggragoan
Lumbung Kauh

S. 756

S. 760

Bali: Lovina Beach, Singaraja, Bratan-See

0 2,5 5 7,5 10 km
Tanjung Sanih
Pura Ponjok Batu
Bangkan
Pacung
Tanjung Batu
Julah
Tanjung Gulah
Bondalem
Tejakula
Depaa
Sembiran
Penuktukan
Les
Sambirenteng
Tetajun
Madenau
Tembok
Tanjung Ngis
Lupak
Satra
Subaya
Penginyahan
Tanjung Tekurena
Siakin
Kembangsari
Gunung Penulisan
1745 m
Dausa
Bantang
1399 m
Blandingan
Pura Tegeh Koripan
Pinggan
Muntigunung
Tian
Penulisan
UNESCO
Global Geopark
Mount Batur
Caldera
Mabi
1308 m
BANGLI
Songan
Lampu
Belantih
1255 m
Kolombo
1325 m
Catur
Gunung Batur
Ayung
Panek
1717 m
Mungsengan
Kintamani
Pura Ulun
Danu Batur
Toya Bungkah
Trunyan
Batur
Danau
Batur
Bali-Aga-Dorf
Uliangunungban
Kalanganyar
Banjarlawak
Pura Jati
1073 m
Temakung
S. 759
Abang
Gunung Abang
2153 m
Kedisan
Manikliya
Blancang
Buahan
Mengani
Peludu
Penelokan
1388 m
Daya
Bayunggede
Pakrisan
Daya
Bunutin
KA
Suter
Katung
Sekardadi
Sunting
Sekahan
Banua
Pengotan
Puasan
Kuda
944
Uos
Gunung A
Gate
Prean
Palaktihing
3142
Pisang
Bilukang
Kayuambua
Puakan
Penyabangan
Tegal Suci
Pupuan
Seributu
Bangklet
Pakuseba
848
Belong
Besakih
Pura Agung Besakih
Pur
Taro
Pura Gunung Raung
Petanu
Timbul
Pempatan
Semadi
Temen
Payangan
Pura
Gunung Kawi
Pangi-
yangan-
kawan
Boyan
Yeh Unda
Pontang
Kayubihi
Metrakaja
Metraklod
Sebudi
Pujung
Lebah
Sebatu
Manukaya
Kayang
Pujungklod
Pura Tirta Empul
Manikaji
Jinah
Menanga
Tanggehan
Keduwi
Sukaluwih
Kedisan
Bayad
Basangambu
Gadungen
Tegalasah
Pura Desa
Penglipuran
Rendang
Muncan
Tangkup
Tampaksiring
Bangbang
Pegu-
bugan
Gerian
Kelusa
Kubu
BANGLI
Susut
Pura Kehen
Bujaga
Selat
Yehtengah
Gunung
Kawi
Manuk
Sangsang
Tingkatbatu
Duda
Bukit
Tegalalang
Penatahan
Segah
Ipah
Cempaga
Keliki
Manuaba
Tembuku
Padangtunggal
Demulih
Bangli
Sangakan
Gunung
Iseh
Pakerisan
Nyanglan
Sekai
Wisata Budaya
(Kunstzentrum)
S. 761
Pura
Asmara
Sidemen
Sanding
Nyalian
826 m

Bali: Batur-See, Gunung Agung, Amlapura, Candi Dasa

Bali
Nusa Lembongan
Jungut Batu
Lembongan
Nusa Ceningan
Tanjung Biasmentik
Toyapakeh
Prapat
Ped
Pura Dalem Penataran Ped
Sentalkawan
Sentalkangin
Kutampi
Telaga
Mentigi
Sampalan
Batumalapan
Biyaung
Sebunibus
Sakti
139 m
Jurangpait
Goa Karangsari
Glagah
Karangsari
Klumpu
Celagilandan
Pulagan
Suana
Pura Batu Medau
Semaya
Gunung Mundi
529 m
Pundukakaja
Penang-kidan
Karangjawa
Batumadeg
Batukandik
Pejukutan
Karang
Tanjung Sari
Sebuluh
Nusa Penida
228 m
Dungkap
Antapan
Debuloh
Tanglad
422 m
Pamuhan
Sekartaji
Tanjung Moling
Tanjung Atuhlili
Tanjung Bakung
S. 761
Tulamben Beach
Tanjung Muntik
Tanjung Batunidi
Jemeluk Sea Garden
Paselatan
Amed Beach
Merita
Amed
Tanjung Jambela
Jemeluk
Culik
Biaslantang
Bunutan
Kebon
Lipah
Selang
Tanjung Ibus
Linggawana
Bangle
Tista
Margatelu
Ngis
Gunung Seraya
Pura Luhur Lempuyang
1175 m
Selang Island
Tanah Barak
Sadimara
Kuhum
Penahan
Kebon
Bangess
Susu-ang
Tegaling-gah
Selalang
Seraya
Puri Agung Kanginan
Amlapura (Karangasem)
Biyol
Ujung
Wasserpalast
Jasi
Prasi
Tanjung Biasputih
Nusa Biaha

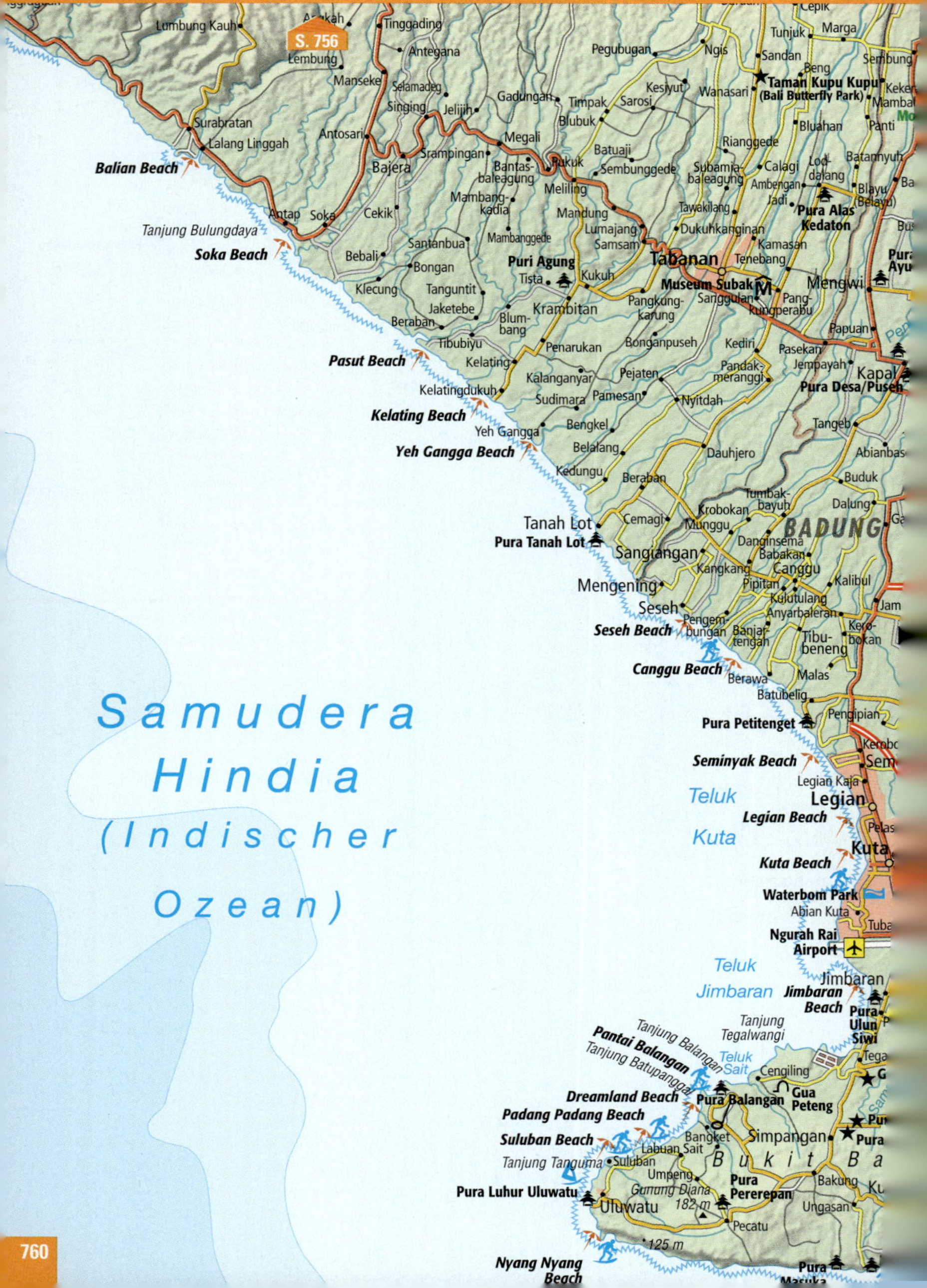
S. 756
Lumbung Kauh
Lembung
Tinggading
Antegana
Manseke
Selamadeg
Singing
Jelijih
Gadungan
Timpak
Sarosi
Kesiyut
Pegubugan
Ngis
Wanasari
Tunjuk
Marga
Sandan
Beng
Sembung
Taman Kupu Kupu (Bali Butterfly Park)
Bluahan
Panti
Surabratan
Lalang Linggah
Antosari
Megali
Blubuk
Batuaji
Sembunggede
Rianggede
Balian Beach
Bajera
Srampingan
Bantas-baleagung
Pukuk
Subamia-baleagung
Calagi
Lod-dalang
Batannyuh
Ambengan
Blayu (Belayu)
Mambang-kadia
Meliling
Mandung
Tawakilang
Jadi
Pura Alas Kedaton
Antap
Soka
Cekik
Dukuhkanginan
Tanjung Bulungdaya
Santanbua
Mambanggede
Lumajang
Samsam
Kamasan
Soka Beach
Bebali
Puri Agung
Tabanan
Tenebang
Bongan
Tista
Kukuh
Museum Subak
Mengwi
Klecung
Tanguntit
Krambitan
Pangkung-karung
Sanggulan
Pang-kungperabu
Jaketebe
Beraban
Blum-bang
Papuan
Tibubiyu
Penarukan
Bonganpuseh
Kediri
Pasekan
Pasut Beach
Kelating
Pandak-meranggi
Jempayah
Kapal
Kalanganyar
Pejaten
Pura Desa/Puseh
Kelatingdukuh
Sudimara
Pamesan
Nyitdah
Kelating Beach
Bengkel
Tangeb
Yeh Gangga
Belalang
Abianbase
Yeh Gangga Beach
Dauhjero
Kedungu
Beraban
Buduk
Tumbak-bayuh
Dalung
Tanah Lot
Cemagi
Krobokan
Munggu
BADUNG
Pura Tanah Lot
Danginsema
Sangiangan
Babakan
Kangkang
Canggu
Kalibul
Mengening
Pipitan
Kulutulang
Seseh
Anyarbaleran
Pengem-bungan
Banjar-tengah
Tibu-beneng
Kero-bokan
Seseh Beach
Canggu Beach
Berawa
Malas
Batubelig
Pura Petitenget
Pengipian
Seminyak Beach
Legian Kaja
Teluk Kuta
Legian
Legian Beach
Kuta
Kuta Beach
Waterbom Park
Abian Kuta
Ngurah Rai Airport
Samudera Hindia (Indischer Ozean)
Teluk Jimbaran
Jimbaran
Jimbaran Beach
Tanjung Tegalwangi
Pura Ulun Siwi
Tanjung Balangan
Pantai Balangan
Tanjung Batupanggal
Teluk Sait
Cengiling
Dreamland Beach
Pura Balangan
Gua Peteng
Padang Padang Beach
Bangket
Simpangan
Suluban Beach
Labuan Sait
Bukit Ba
Tanjung Tanguma
Suluban
Umpeng
Pura Pererepan
Bakung
Pura Luhur Uluwatu
Gunung Diana
182 m
Uluwatu
Ungasan
Pecatu
125 m
Nyang Nyang Beach

GIANYAR
KLUNGKUNG
Ubud
Gianyar
Semarapura (Klungkung)
Sanur
Nusa Dua
Wisata Budaya (Kunstzentrum)
S. 758
Bukit Jambul
Pura Asmara
Sidemen
Museum Neka
Museum Puri Lukisan
Pura Penataran Sasi
Pura Gunung Lebah
Monkey Forest
Goa Gajah
Museum Purbakala Gedung Arca (Archäol. Museum)
Yeh Pulu
Pura Durga Kutri
Pura Dalem
Kerta Gosa
Museum Nyoman Gunarsa
Pura Taman Pule
Pura Puseh
Pura Puseh Blahbatuh
Pura Gianyar
Kusamba
Salzgewinnung
Tanjung Setra
Pura Batu Klotok
Air Terjun Tenggunungga
Kebun Binatang Bali (Bali Zoo)
Bali Reptile Park
Pasar Seni
Sukawati
Celuk
Batuan
Batubulan
Taman Burung (Bali Bird Park)
Bali Safari & Marine Park
Pura Segara
Bangsal Beach
Tanjung Petanu
Central Bus Station
Pura Petilan
Puri Pagan Kesiman
Werdhi Budaya Art Centre
Kedaton
Museum Le Mayeur
Sanur Beach
Semawang
Tanjung Serangan
Pura Mertasari
Pura Sakenan
Pulau Serangan (Turtle Island)
Benoa Port
Tanjung Benoa
Pura Desa
Nusa Dua Beach
Pura Geger
Tanjung Lebang
Tanjung Geger
Selat Badung
(Badung-Straße)
Nusa Lembongan
Jungut Batu
Mushroom Bay
Lembongan
Nusa Ceningan
Inset S. 759
Tanjung Sari
Samudera Hindia
(Indischer Ozean)
100 m
200 m

BALI
Bali Sea
Bali
Lombok
Kubu
Agung
Culik
Amed
Seraya
1175 m
Abang
Seraya
Tirtagangga
Amlapura
Tenganan
Candi Dasa
Padang Bai
Lombok Strait
Badung Strait
Sampalan
Karangsari
Karangsari Cave
Suwana
G. Mundi
529 m
Penida
Gili Terawangan
Gili Meno
Gili Air
Pearl Farm
Pemenang
Bangsal
Tanjung
Gondang
Gangga
Selelos
Bayan
Batu
Kok
Senaru
Sayang
Obel-Obel
Gili Lawang
Gili Sulat
Belangting
Sembalun
Lawang
Sembalun
Bumbung
Sugian
Gili Petangan
P. Panja
Danau
Segara Anak
G. Rinjani
3726 m
2328 m
Labuhan
Pandan
Gunung Rinjani
Reserve
Sapit
Pusuk
Pass
G. Punikan
1500 m
Senggigi
Batu Bolong
Pura Segara
Ampenan
MATARAM
Cakra-
negara
G. Pengsong
Suranadi
Lingsar
Sesaot
Otak
Kokok
Tetebatu
Swela
Labuhan
Kayangan
P. Namo
P. Kal
Lb. M
Waja-
geseng
Jukut
Aikmel
Narmada
Pancordao
Kotaraja
Pringgabaya
P. Belang
Poto
Tano
Sepakeh
Seteluk
Lendang Nangka
Loyok
Mantang
Kopang
Terara
Masbagik
Paokmo-
tong
Selong
Tg. Belusun
Rempe
Air Suning
Gili Gede
Gili Nanggu
Sukarara
Puyung
Praya
Sakra
Labuhan Haji
Rertasari
Gerung
Lembar
Batujai
Mujur
P. Sesait
Banjar
Tali
Labuhan Poh
Pelangan
Taun
Sekotong
Penujak
Keruak
Gili Indah
Labuhan Balad
Goa Serunga
Poto
Batu
Lb. Lala
Bangko Bangko
Blongas
Sengkol
Sumut Bay
Tg. Beru
Pantai Jelenga
Jerewe
Silung-
blanak
Sade
Sunut
Tg.
Ringgit
Jelenga
Mawun
Kuta
Awang
Elas
Benete
Pantai
Maluk
Malok
(Maluk)
Alas Strait
Gumbang
Bay
Awang Bay
Tg. Amat
Sekongkang
Pantai Sekongkang
Tropical Left
Tg.
Mangkun
Sejorong
Setor
Indian Ocean

S. 759

S. 770
Saudjung
Tampaang
Lamurung
Sapinggan
Kapoposangbali
60 m
Sailus-Besar
Satengar
Satunggul
Sadapur
P. Satonde
Lb. Kanangga
P. Medang
Tg. Sebaru
Tg. Panda
Karombo
Nangamiro
Tg. Katupa
Sumbawa
Pulau Moyo
Island Reserve
P. Moyo
Sebaru
Calabai
Pancasila
Tg. Labu Billi
Tambora
2755m
Sanggar
Sanggar Bay
650m
Tg. Pekat
Pekat
Tg. Parangge
Tg. Boko
Lb. Haji
Tg. Setimma
Tambora Reserve
Tg. Tropa
Sumbawa Bay
Tg. Kolo
S. 764
Tg. Sarokaja
Tg. Radjasua
Tg. Semeleng
Doropeli
Lb. Boa
Tanjung Pasir
Piong
Kore
Dorokore
Utan
Tg. Menangis
Tg. Petie
Kil
Bajo
Air Bari
Lb. Ljuk
P. Dangar Besar
1576
Rhe
Toko
Pungkit
Hodo
Taloko
Taropo
Perang
Sebedo
Pantai Kencana
Praja
P. Liang
1088m
Raba
Koram
Kalebso
Labuhan Sumbawa
Penyaring
Saleh Bay
Baka
Saneo
Sultan's Palace (Dalam Loka)
Lb. Ijo
Tanju
Madaprama
Sumbawa Besar
Raberas
P. Ngau
Tg. Kessi
Kempo
Soriutu
Buna
Kakiang
Moyo
P. Ketapang
Sangenges
Klungkung
Jorok
Lb. Kuris
P. Dompo
Tg. Ruma
Bara
Sawete
Semongkat
Pernek
Batubulan Dam
Banggo
1924 m
Batu Dulang
Kabuyet
P. Tai Kebo
P. Rakit
Ronggo
Tepal
Pasak
Samamung
P. Besar
Langam
Lape
Lb. Sangoro
Tg. Dewa
Lb. Jambu
Tonda
1730m
Sebasang
Serange
Kwangko
Pola
Brangrea
Batu Tering
Maronge
Doro Tanahmerah
Waja
Pemangong
Mamak
Lb. Jontal
Tg. Badja
749 m
Lenangguar
Mamak Dam
Liang Petang Cave
Batu Lante
Pantai Lakey
Rasaba
Sarcophagi Batu Peti
Lb. Bontong
Ampang
Mata
Gerungan
Hu'u
1130
Bersanak
L. Sepukur
Lutulawang
Lamenta
1132 m
728 m
1200 m
Plampang
Boal
Danakal
Ropang
549 m
Cempi Bay
Nanga Doro
Marapi
Saranger
917 m
Dodo
810 m
Tg. Baru
Tg. Doro
1147 m
Hudja
1234 m
Dinding
1349 m
Sekokat
Tg. Liang Dewa
Tg. Mata
Lunyuk Ode
Perung
Talonang
Bebar
Emang
Tg. Lesek
NUSA TENGGARA BARAT
Lanopui Bay
Tg. Sebu
Tg. Liongsong

S. 770
S. 763
Sumbawa
NUSA TENGGARA BARAT
Sangeang
Api
1950m
Tambora Reserve
2755m
Sanggar
Sanggar Bay
Tg. Parangge
Tg. Batu-besar
Tg. Poropa
Tg. Ambalawi
Sampungu
Lasi
Sai
Goa Wera
Sangeang Darat
Nangakanda
Tg. Naru
Nipe
Kilo
Soromandi
1576 m
Wadu Pa'a
Stone Carvings
Sowa
Kolo
Rite
Tawali
Nggaro
Piong
Kore
Dorokore
Donggo
Palace Tombs
Raba
Bima
Ntoke
Tg. Tengge
Hodo
1088m
Taloko
Taropo
Koramaburu
Tolonggeru
Teke
Pai
Tg. Lando
Raba Baka
Saneo
Tanju
Sila
Bajo
Daroa
1484 m
Toronaru
Tg. Kessi
Kempo
Soriutu
Madaprama
Ole
Kandai
Dompu
Bolo
Wawo
Lamere
Tg. Wamba
Sape Strait
Buna
Dena
Palibela
Maria
Sape (Naruh)
Sangia
Goa Sarang Burung
Tg. Mab
Tg. Ruma
Banggo
Bara
Sawete
Pandai
Tente
Bugis
Sumi
Tai Kebo
P. Rakit
Rongga
Campa
Kilo
Samberi
Solu
856 m
Simpasai
Rato
P. Besar
Malaka
1364 m
Monta
Lantai Baru
Lambu
Lb. Jambu
Tonda
Kwangko
Pola
Karumbu
Traditional House
P. Kelapa
Tg. Badja
Doro Tanahmerah
749 m
Waja
Sondo
Simpasai
Batu Lante
Adu
Laju
Wawordara
Nggelu
Ampang
Mata
Pantai Lakey
Parado
Wilamace
Wawordara Bay
Tg. Rano
Rasabau
Boal
Lamenta
Hu'u
Tolo Uwi
Wane
Gerampi
Danakal
549 m
1130 m
Kuta
683 m
Tg. Langundu
Cempi Bay
Nanga Doro
Tg. Doro
Tg. Baru
Tg. Tenawu
Tg. Taa
Mata
Komitodanga
Waikelo
Waitabu
Buka Mbera
Malina
Waimangu
Karoso
Rara
Tosi
Bondokodi
888 m
Pero
Pronobaroro
Ratenegaro
Waiha
Denduka
Tarung
Wanjapu
Kahale
Gaura
Marosi

Tg. Besi
Reo Bay
Tg. Kurungbaja
Robek
Kedindi
Reo
Longos
Terang Bay
Bodo
Seraya-Besar
Bari
Puarundang
Pacar
Gimbang
Pota
(Nan
Benteng Jawa
Tg. Waturamba
Lawah Laut
Goa Batu Cermin
Boleng
Terang
Rareng
Kondo
Hita
Pesi
Tentang
Golongorong
Watunggong
Komodo
Sebayur
Labuhan Bajo
Liang Rodak
Noa
Cibal
Pagal
Siaba
Papagaran
Nggorang
Kawong
Noa
Danang
Loho Liang
Cunca Wulang
Cekonobo
1356 m
Komodo
Rinca
Berloka
Dataran Lemes (Petrified Forest)
Bambor
Golowelu
Cancar
Betaing
2033 m
Mukun
Wukir
National
Raja
Marienkapelle
Werang
Nampar
Orong
Ruteng
Pela
Ranaka 2400 m
365 m
Lentang
Ketang
Padar
W. Wai Sano
2350 m
Lintah Strait
Loh Karora
Waenakeng
Mok
Park
Ora 701 m
Loh Baru
Naga
Bereh
Nunang
Nangalili
1914 m
Todo
Rinca
Molo Strait
Tiwuronto
Repi
Kisol
Wairana
Moke
Aimer
Sessok
Ramut
Nusa Kode
442 m
Motang
Nanga Bere
Mborong
Wailenga
445 m
Nangalili Bay
Ritual Shr
616 m
Aimere Bay
Tg. Keritamese
Mules
Flores
Sumba Strait
e s s e r S u
S. 766
Mamboro
Lenang
Napu
Kadahang
Waiurang
Wunga
Manuakalada
Rambangaru
Mondu
Kalada
Prailiang
Maudulung
Pasung
Anakalang
Megalithic Tombs
Waibakul
Kabunduk
913 m
Gulabakul
Omata Yangu
Langa Leru
Temu
Prailiu
Tomb
Waingapu
Payeti
Kawangu
530 m
Wanokaka
Lewa
Lambanapu
Maujawa
Praipana
788 m
Kambaniru
Payeti
Watumbaka
Sumba
Tamara
Tarimbang
Umabara
Melolo
Praiyawang
Praikahembi
Rende
Pau
Tapil
768 m
Megalithic Tombs
Malahar
1100 m
Palindi
Maumbuli
Kananggar
Kabaru
Tg. Malanggu
Pahulubandil
Tg. Undu
Wanggameti 1225 m
Ngalu
Mangili
Kaliuda
Baing
Kalala
Lalindi
Monukangga
Tanahkadukung
Kotak

S. 770
Flores Sea
Reo Bay
Tg. Kurungbaja
Reo
Gimbang
Pota
Seventeen Islands
National Park
Waiklambu
Riung
(Nangamese)
Mboras
Buntal
Benteng Jawa
Golongorong
Watunggong
Pagal
Terong
Marapokot
Todo Bay
Mukusaki
Maurole
Ranokoko
Welanosa
Tendaleo
Keli Peri
878 m
Ona
Betaing
2033 m
Mukun
1356 m
Wukir
Mappar
Ranaka
2400 m
2350 m
Poma
Danga
Watuapi
Kaburea
Nabe
Dadiwuwu
Woki
Air Panas
Soa
Mok
Laku
1753 m
Moke
Lambo
Aegela
Kiro
1200 m
1253 m
Ratelaki
Deutusoko
Kelimutu
1634 m
Crater Lake
Roa
Saga
Bajawa
Boawae
Kisol
Wairana
Mborong
Wailengga
Aimere
Ritual Shrines
Langa
Mangulewa
Mataloko
Ebulobo
2149 m
Nangaroro
Nangapada
Dombe
Nuabosi
Pantai Pengajawa
Wolare
Ende Bay
Ende
Ndono
Wolotopo
Desa Onelako
Pelabuhan Ipi
Ipi Bay
Rate
Iye
659 m
Ende
Pantai Nangapendu
S. 765
Flores
Aimere
Bay
Inerie
2245 m
Bena
Wogo
Were
Jerebutu
Maumbawa
Mauponggo
1408 m
Waibela
Boba
S u n d a I s
S a
Maujawa
Melolo
S. 765

Tg. Kopondai
Tg. Bunga
Sukun
Waiklibang
Riang Koli
Laba
Tg. Watupajung
Harding Bay
Adonara
Mudakaputu
Sagu
Hingga
Bunga Mu
Wawala
Waipukan
1524 m
Kapela Maria
Larantuka
Wailebe
Waiwerang
Ile Boleng
1659 m
Lewokeling
Pomana
Lato
Tg. Watomano
Babi
759 m
Wairunu
Eputuobi
Flores Strait
Lohayong
Lamakera
Belang
Besar
Nebe
Konga
Mananga
915 m
Bata
Lamalewa
ta Baru
Boru
Nabo
Loang
Bolo
Puor
(Kolisia)
Ndete
Maumere Bay
Wairbleler-Rifte
Pedang Bay
Talibura
Lewotobo
1704 m
Ritaebang
Lamakera Strait
Imololong
1680 m
Mingar
Nangahure
Maumere
Kewapante
Waiara
Wukon
1446 m
Nangahale
Solor
Waturia
Waliti
Wuring
Wodong
Waigete
Lewatobi Strait
Lembata
Whale
Kimang
1446 m
Kokang
Watobuku
Blikon Blewut
Gelinting
Jong Dobo
Egon
1703 m
Ledalero
Nita
Waipare
Watuplapi
Watudirang
Lekeba
Hapang
Doka
Lere
Lela
Ipir
Bola
Sikka
Kokkar
Habibola
Paga
Paga Bay
NUSA TENGGARA TIMUR
Sea
a
n
d

South China
Peninsular Malaysia
Natuna Besar
Kepulauan Natuna
Kepulauan Anambas
Subi Besar
Pulau Beruit
Tioman
Mersing
Kota Tinggi
Pasir Gudang
SINGAPORE
Bintan
Tanjungpinang
Tanjung Datu
Sanmusam Wildlife Sanctuary
Sematan
Batang Lupar
Liku
Kuching
Lundu
Kota Samarahan
Sambas
Siluas
Bau
Serian
Tebedu
Apeng
Singkawang
Pemangkat
Bengkayang
Muarailai
Kepulauan Tembelan
B
Sungai Pinyah
Ngabang
Tanjung
Sanggau
Tayan
Lingga
Equator
Pontianak
Kapuas
Basu
Kepulauan Lingga
Singkep
Berhala Strait
KALIMANTAN BARAT
Telukbatang
Maya
Simpang
Sandal
Muarakumpe
Sukadana
Bangka
Karimata
Sukadana Bay
Belinyu
Kalapa
Sungailiat
Nangahtayap
Muntok
Ketapang
Bayunglincir
Bangka Strait
Pangkalpinang
Gresik
Riam
SUMATERA SELATAN
Musi
Koba
Sukaraja
Karimata Strait
Tanjungpandan
Kendawangan
Payung
Manggar
Sekayu
Telang-betutu
PALEMBANG
Toboali
Dendang
Plaju
Gelumbang
Tulungselapan
Belitung
Kayuagung
Muarakuang
Sumatera (Sumatra)
Betung
Baturaja
Talangbatu
Java S

0
100
200
300 km
1 : 7.000.000
Pulau Banggi
Kudat
Pulau Jambongan
Pitas
Kanibongan
Kota Belud
Langkon
Tuaran
Kinabalu National Park
Ranau
Sungai Sungai
Teluk Labuk
Kota Kinabalu
Sandakan
Lower Kinabatangan Segama Wetlands
Papar
Tabunan
Trus Madi 2649 m
Lundun
Kota Kinabatangan
Sukau
Kuala Penyu
BRUNEI
Labuan
Bongawan
Keningau
Beaufort
Sipitang
SABAH
Milian
Tabin Wildlife
Teluk Brunei
Bandar Seri Begawan
Sook
Kuamut
Lahad Datu
Tungku
Tutong
Lawas
Tomani
Maliau Basin Conservation Area
Teluk Lahad Datu
Kuala Belait
Seria
Sabulut
Kunak
Pensiangan
Semporna
Teluk Luak
Miri
Telingan
Kalabakan
Bekenu
Gunung Mulu National Park
Long Pa Sia
Tawau
Serudong
Sibuko Bay (St. Lucia Bay)
Niah
Beluru
Long Semado
Gua Niah
Niah Junction
Lapok
Gn. Mulu 2376 m
Ba'kelalan
Longberang
Mentarang
Besayap
milajau National Park
S. Tinjar
Kelabit Highlands
Tangung
Malinau
Ambalat
Tarakan
Bintulu
Labang
Tubau
SARAWAK
Balingan
Gua Maing
Tatau
Bakun
Belaga
Bakun Dam
Mentarang National Park
Kayan
Tanjungselor
Bahau
Selangau
Pelagus Rapids
Bt. Batu 2028 m
Bakun Dam
Kernal 2053m
Tanjungbatu
Kepulauan Derawan
Pulau Maratua
Rajang
Tanjungredeb
Pulau Derawan
Kanowit
MALAYSIA
Genoyang
Longgi
Bemurut
Bt. Wuak Besar 157 m
KALIMANTAN TIMUR
Pegunungan Sambiliung
S. 770
Batang Ai National Park
Kubumesaai
Kongbeng Caves
Pelawanbesar
Bt. Liangpran 2240 m
Muarawahau
Mangkaliha
Luar
Belayan
Sangkulirang
Putussibau
Tanjung Lokang
Mahakam
Datah Dawai
Kutai National Park
Sepasu
Sangata
Pegunungan Muller
r
n
e
o
Klampo
Longiram
Bontang
Equator
Tering
Barong Tongkok
Kota Bangun
Eheng
Melak
Melawi
Tokung
Orchideenreseervat Kersik Luway
Tenggarong
Samarinda
Danau Jempang
Bk. Raya 2278 m
Tanjung Isuy
Loajanan
Dongg
unungan Schwaner
Muarateweh
Ketapang
Samboja
Surumana
Balikpapan
Kapuas
Kualakurun
Nanang
Tumbangsamba
Longkali
Lariang
NGAH
Kahayan
Muara Koman
Kuma
Buntok
Ambah
Tanahgrogot
Sampit
Kasongan
Tangkiling
Tanjung
Babana
Kerang
Palangkaraya
Amuntai
Sampaga
Pilang
Barito
Barabai
Damardatan
Sampit
Mendawai
Pulangpisau
Loksado
Haratai
Bk. Ganda
Mamuju
Kandangan
KALIMANTAN SELATAN
Kualakapuas
Rantau
Malunda
BARAT
Markt
Kotabaru
Banjarmasin
Martapura
Somba
Kualapembuang
Museum Negeri Lambung Mangkurat
Banjar Baru
Batulicin
Cempaka
Majene
Polewa
Diamantenfelder
Pelaihari
Karambu
Laut
Kintap
Batakan
Makassar Strait

Pulau Maratua
Pulau Derawan
Mangkalihat
Mahuneni
Siau
Tahulandang
Biaro
Pulau Bunaken
Tanao Wudu
Manado
Bitung
Tara Tara
Tenga
G. Mahawu
Tondano
Amurang
Belang
Kotamogabu
Nuangan
Molibagu
M i n a h a s a
Bukaan
Tolitoli
Tompo
Bunobago
Paleleh
SULAWESI UTARA
Molinggapote
Boroko
Inobonto
Simboluton
Tembito
Limboto
Gorontalo
Marisa
Munte
Tomini
Tinombo
Sigenti
Mapaga
Kasimbar
Kepulauan Togian
Tomali
Donggala
Toboli
Tawaeli
Surumana
Palu
Pakuli
G. Lokilalaki
3311 m
Boalemo
Bunta
Poh
Teku
Ampana
Ampoa
G. Katoposa
2835 m
Mondono
Luwuk
Peleng
Tataba
Batui
Sambiat
Danau Lindu
Lore Lindu N. P.
Lariang
Wuasa
Gintu
Poso
Uekuli
SULAWESI TENGAH
Donggi
Kembani
Taliabu
Menanga
Mangole
Wayhaya
Dofa
Wendi
Kuma
S. 769
SULAWESI
Danau Poso
Tentena
Pendolo
Morowali
Baturube
Kepulauan Banggai
Babana
Kolonodale
Sulawesi
Sampaga
Danau Matano
Bahusuai
Waygay
Kepulauan Su
Mamuju
Bk. Gandadiwata
3074 m
Masamba
Wotu
Soroako
SULAWESI
Malili
Ke'te
Malunda
Rantepao
Totala
Palopo
Danau Towuti
Buleleng
BARAT
Makale
G. Rantemario
3440 m
Malamala
SULAWESI
Bayu
Somba
Polewali
Enrekang
G. Mekongga
Wawalalindu
Manui
Majene
2790 m
Lembo
Fog
Pinrang
Pangkajene
Wawotobi
Kendari
Parepare
Sengkang
Kolaka
Raterate
Munse
Danau Tempe
Uloe
Kolono
Wowoni
SELATAN
Watampone (Bone)
TENGGARA
Torobulu
Towari
Ereke
Daule
Pangkajene
Raha
Makassar
Maros
Bantimurung
Bungingkalo
Laora
Buton (Butung)
Ujung Padang
Sinjai
Muna
Waogena
Sungguminassa
Malino
Boronbong
Bulukumba
Kabaena
Baubau
Pasarwajo
Kepulauan Tukangbesi
Bontosunggu
Bira
Bantaeng
Bentung
Selayar
Tanahjampea
Bonerate
Kalaotoa
Wetar
NUSA TENGGARA
Airpanas
Sukun
Flores
Palue
Sagu
Wairiang
Kalabahi
Taramana
Labuhan-bajo
Reo
Riung
Larantuka
Adonara
Alor

Morotai
Pangeo
Sosupu
Sangowo
Daruba
Galela
Tobelo
Kahatola
Iga
Akelamo
Jailolo
Kao
Ternate
Ternate
Subaim
Buli
Halmahera
Ekor
Tidore
Mare
Sofifi
Waci
Moti
Makian
Maidi
Patani
Akelamo
Dolit
Saketa
Ruta
Kasiruta
Mandioli
Labuha
Gani
Bacan
Gebe
Kacepi
Gag
Kabolaa
Kabare
Rabia
Waigeo
Gam
Warmandi
Mega
Pk. Irau
2582 m
Mubrani
Sorong
Megamo
Batanta
Samata
Salawati
Sailolof
Seget
Rawas
Kepala Burung
Tisgedobo
Teminabuan
(Vogelkop)
Waren
War
Bisa
Laiwul
Sesepe
Obi
Fluk
Torobi
Atkri
Fagita
Misool
Baru
Mogoi
Inanwatan
Bentuni
(Steenkool)
M a l u k u
Aredo
Tanisapata
Rufrufua
Babo
Kokas
Fakfak
Bomberai
Susunu
Selassi
Ibonma
Kaimana
Kanaka
Nusawulan
Adi
Latuhelu
Wahai
Boano
Kobi
Hoti
Kelang
Namlea
Piru
Amahai
(Masohi)
Seram
Serikambelo
Rumahkai
Bemu
Waru
Tehoru
Passo
Tulehu
Saparua
Oki
Ambon
Haruku
Ambon
Undur
S. 772
Kepulauan
Gorong
Ai
Banda Naira
Kepulauan Banda
Kepulauan
Watubela
Kepulauan Kei
Kepulauan
Tayandu
Tual
Kei Besar
Dobo
Trangan
Doka
Jommo
B a r a t D a y a
Damar
Kepulauan Tanimbar
Larat
Larat
Watmuri
Yamdena
Rotang
Kepulauan
Yalbutung
Wasletan
Saumlaki
Adaut
Selaru
Kepulauan Leti
Kepulauan
Babar

Equator
Supiori
Sorendiweri
Korem
Biak
Bosnik
Paidaido
Numfor
Manokwari
Warkopi
Ransiki
Rumberpon
Waren
Miosnum
Yapen Strait
Wooi
Yapen
Serui
Rori
Waropen Bay
War
Roon
Bentuni (Steenkool)
Teluk Cenderawasih
Waren
Nuboai
Pamdai
Sarmi
Betaf
Mamberamo Foja Mounts Reserve
Mamberamo
Kapitau
Jayapura
Aredo
Babo
Warmagire
Susunu
Bawe
Van Rees Mts.
Gauttier Mts.
Napanwainami
Maki
Nabire
Tatawa
Taritatu
Kaimana
Mawefan
Lobo
Gariau
Maoke Mountains
Uwapa
Kamrau Bay
Kobowre Mts.
Enarotali
Wandai
Beoga
Mulia
Jiwika
Pk. Jaya 4884 m
Illaga
G. Daam 4922 m
Wamena
Jayawijaya Mts.
Green Riv
Uta
Aiduna
Tembagapura
G. Yamin 4595 m
Holuwon
Timika
Lorentz National Park
G. Mandala 4700 m
Uta
Kokenau
Amamapare
Baliem
Pulau
Kola
Komfane
Dobo
Wokam
Kepulauan Aru
Flamingo Bay
Agats
Tanahmerah
Birufu
Benjina
Kobroor
West-Neuguinea
Pirimapun
Trangan
Doka
Patalabala
Jommon
Digul
Mapi
Nuweh
Bade
Muting
Dolak Pulau Reserve
Yomuka
Biau
Yos Sudarso
Kai Beab
Yawinmu
Arafura Sea
Kimam
Pembre
Okaba
Mombum
Kladar
Komoran
Merauke
Yangga
Tamarike

S. 771